苏州，一个甲子的林林总总

（一）

俞明、朱熙钧　主编

文匯出版社

总序

　　本书的缘起是喝茶喝出来的。十余年前，开了不少茶馆，有零食、小吃，离退休的老人们蜂拥而至。过去的同乡、同窗、同事们，三五成群，隔三差五，聚在一起孵茶馆。天南地北，东扯西扯，述往事，思来者，边吃边喝边聊，谈谈说说笑笑，乐陶陶也。

　　在过去的年代里，聚众闲聊是大忌讳之事。祸从口出，弄得不好，妻离子散、家破人亡之事随时可能发生。特别是宣传文化部门、新闻媒体，非讲不可，非写不行，当时是对的，过后是错的，耍了一辈子笔杆，做了一辈子检讨。退下来之后，孵孵茶馆，过着清闲的日子。因为经历多，可聊之事也就多。比如童子军，凡读过中学的都参加过。换言之，中学生都必须参加童子军。这个话题，聊起来就相当热闹，但各个年级的童子军活动各不相同。经过大家补充，朱熙钧兄就写成了一篇文章。又比如一种普通的点心"斗糕"，如今已消失不见，当年是价廉物美的大众早点。熙钧兄认识巷口的"斗糕"摊主，写了一篇《斗糕大王》，介绍了当年街头一道靓丽的风景，很有意义。总之，老人们把闲聊的"口头文字"逐渐发展成了"纪实文学"，于是有了这套书的林林总总。

　　如今不是动员大众大讲幸福感吗？年轻人身在福中不知福，以为生来就是吃鱼吃肉的，祖祖辈辈都是这样过来的。殊不知，在那个困难年代，农村是吃糠咽菜，城市是买几两豆芽、扯几尺布都要票证。国家是"计划经济"，一个家庭月收入几十元，也非得过"计划经济"的日子不可。抽香烟只能抽"飞马牌"，不敢买"大前门"。冬季的农村，

每年都要进行社会主义教育，基本方法就是回忆对比。一个村增加两只竹壳子热水瓶、两双元宝套鞋，大家围在油盏灯下，在漫长的冬夜，要翻来覆去讲上两三个月。现在，老粗布、"的确良"已退出历史主流，"耐克""杰克·琼斯"等品牌的衣物穿在时髦青年身上。奇怪的是，现在动员大讲幸福感，却以为回忆过去那些事，是对过去抹黑，其实愚不可及也。

话又说回来，老头老太们善用此法倒并非为了去找幸福感。名牌衣物仍然不买不穿，也并无不幸福感。我辈善用此法，是因为只善此法。年届耄耋，不久即将终止生命的旅程，因而我辈累积了回顾过去的六七十年的优势。

我和过去的一些同事好友，多数人在机关干过，有几个在如今叫作"媒体"的地方做过。数十春秋随俗浮沉，与时俯仰，总算全身而退。而今，齿摇发落，"苍苍者或化而为白矣，动摇者或脱而落矣，毛血日益衰，志气日益微"。但我们这帮人都有一定的经历和阅历，有聊不完的故事。又因为都是亲眼所见、亲耳所闻，资料翔实。虽经几十载磨砺，记忆仍然鲜活。

比如朱熙钧兄。他土生土长在苏州，熟悉苏州土地上发生的事，熟知苏州街头巷尾一个甲子的种种变迁。以饮食而言，从苏地著名的朱鸿兴面店，到玄妙观的糖粥摊，还有观前街的绸缎局，他是店主、店员和摊主的老主顾、老朋友，他写的这一店一摊才自有独到之处。近年来，老伴病魔缠身，熙钧兄不仅要负担家务，还主动承揽了本应由我完成的编辑工作。

像钱正兄、熙钧兄，都具有那样的牺牲精神。难道还不足以证明我们这帮老头子，在行将就木前所做的最后一件事的意义和价值吗？

倚老卖老要不得，但编书这件事，正因为想到了这个"老"字，胸中才升腾起一些责任感、使命感，才有了些"非我莫属"的气概，才放弃一些清闲，自寻了这些"烦恼"。

俞明

2011 年 11 月 11 日

目录

评弹人家篇

尚书第旧梦篇

序跋篇

姑苏人物篇

痴子

1906 年 6 月间，日本东京的一批中国留学生和爱国华侨举行欢迎会，应邀赴会的章太炎先生发表了演说。其中有一段话说："大概为人在世，被他人说个'疯癫'，断然不肯承认……独有兄弟却承认自己是'疯癫'。我是有'神经病'，而且听见说我'疯癫'，说我有'神经病'的话，倒反格外高兴。为什么缘故呢？大凡非常可怪的议论，不是'神经病'的人，断不能想，就能想也不敢说。说了以后，遇到艰难困苦的时候，不是'神经病'的人也不能百折不回孤行己意。所以古来有大学问成大事业的，必得有'神经病'，才能做到。"

苏州人对一些有点神经兮分的人，称作"痴子"。苏州人自以为温文尔雅，对凡是看不惯听不惯的言行，动辄戴上"痴"的帽子。例如，对野里野气的女孩叫"痴囡"，对调皮顽劣的男孩叫"痴官"，对行为怪异的斥之为"痴头怪脑"。当时有些人便背地里把章太炎先生唤作"章痴子"。太炎先生仙逝后若干年，他的一个关门弟子，一个有大学问而性情古怪的朱季海先生，也被苏人冠以"痴子"的美称。

朱季海不仅是太炎先生的关门弟子，而且是先生最得意的门生之一。1933 年初春，春寒料峭。年方弱冠的朱季海在苏州大公园对面律师公会门口看到一张特邀太炎先生讲学的海报，入场券大洋三元（那时一个小学教员的月薪为大洋六元）。朱季海当年是东吴附中高一学生，且是唯一免修语文的学生。他的语文教师经过检验，认为朱季海的国文程度已远远超过高中语文所能给予的。比如，以国学大师章太炎的《章氏丛书》而论，小小年纪的朱季海已经通读过好几遍了。对里面晦涩难懂的文字，语文教师尚且视作"天书"，朱季海却能侃侃评说。自然，朱季海不愿放过这次面聆教诲的机会。这样，当这个身穿青竹布长衫的青年正襟端坐在国学讲习班里时，周围的同窗莫不投以惊诧的目光。盖其时数十名听课者，全系中老年国学研究人员，如东吴大学教授王佩诤便是风雨无阻每课必到的。讲习班的主持人是李根源老人和金松岑先生。太炎先生在台上开讲，发现台下竟有一个青年在，不免感到奇怪。

当时的中国，章太炎有着赫赫声望，正如侯外庐先生后来评说的，他是近代中国学术史上"自成宗派的巨人"。早年在日本东京，太炎先生就曾为鲁迅、许寿裳、钱玄同等专门开班授讲小学。他在小学、经学、史学、诸子学等方面的造诣，到了晚年已臻化境。他的一些弟子，如蕲春黄侃季刚、归安钱夏季中（即钱玄同）、海盐朱希祖逖先，又如汪东、沈兼士等，俱已饮誉海内，卓然成家。他在讲学时，虽庄谐杂出，然博大深邃，旁征博引，如无深厚之国学基础，是听不懂的。于是，太炎先生向王佩诤询问这个青年学子。王答称："后生可畏，孺子可教。"某次课前时间，太炎先生特地找朱季海闲谈，不觉忘了讲课时间，李根源老人曾两次催请开讲。章太炎在朱季海身上看到了自己年轻时的影子。须知章氏在十七岁时，已经"浏览周、秦、汉氏之书"，却又"废制艺不为"，不屑仕进，有了与众不同的见地。

不久，讲习班搬至大公园内。讲堂上设一黑板，太炎先生侃侃而谈，引文处背诵如流，作板书之弟子不知所措，常常出现"吊黑板"现象。及至讲《尚书》，先生特嘱朱季海记录。朱用毛笔作书，运笔如飞，讲解处用文言述其意，引文处忠实原文绝少讹误。课毕，稍加修改，即成书稿。太炎先生阅后大悦，乃有意正式收朱为徒。时朱季海正迷恋于爱因斯坦学说，有志于自然科学。归家告父，朱父书楼系留日学生，与黄兴、杨度，素仰太炎之人品学问，力促其子往投名师。于是，1934年春太炎先生定居苏州以后，每天黎明时分，锦帆路五十号章宅门前，便见一个穿着青竹布长衫的青年在等候开门。其时，章宅前幢住满了寄宿生，朱季海是学生。

"章先生早！"朱季海恭恭敬敬执弟子礼，一鞠躬。

"呵呵……"太炎先生含糊地应着，一边蘸着蝴蝶牌牙粉刷牙，一边打手势叫朱季海去他的书房等候。"季海哪，我昨夜写了一篇文章，想和你商量商量。"从1933年直到1936年太炎先生谢世，这位名重中外的朴学大师对待他的年轻门生亲切有加，常以平等态度和他"商量"学术问题，好似《论语》中的师生问答。太炎先生很宠爱他晚年收授的关门弟子，一天不知要叫多少遍"季海哪"！后人传说，章宅内当时有"先生派""师母派"之分，说师母汤国梨有些嫌弃朱季海，事实并非如此。章宅有前后两进，汤居后宅，不少学生常去后宅请安并呈贽敬，唯独朱季海从未跨进过后宅。汤师母却自有公允之论，她曾喟然叹道："有些泥水木匠都来拜师了，只有像朱季海这样的人，像个学生子。"

太炎先生大弟子黄季刚，执教中央大学，饮誉海内。朱虽不直黄生活上之失检，但认为黄的治学路子与己相似，对这位师兄的学问甚为钦敬，恨无机缘得识。1935年夏，太炎先生手著《论汉学》上下两卷，交朱誊写后赴宁交黄，有意让自己两个得意门生见见面。但朱抵宁后怪脾气发作，想到黄与己都有恃才傲物的毛病，唯恐话不投机反为不美，踌躇再三，卒未见而返。翌年，黄侃抵苏，太炎先生亲自打电话至朱住所附近之名店"采芝斋"，请转告朱，却因朱外出又失之交臂。是年秋，季刚竟因纵酒故世。八个月后，太炎先生患鼻菌症和胆囊炎不治溘然而逝。朱季海为治丧招待，季刚之婿来苏吊唁。遇朱，述及季刚生前常在家人面前盛赞季海之才，以缘悭一面为憾。朱闻之大恸，深悔自己的孟浪和狭隘，但朱季海在以后数十年间，并未改戒自己性格上的此类弱点。这确乎有碍于他在学术上与人切磋和向人学习。

朱季海一生至今，仅任公职两年。1946年南京成立国史馆，馆员为简任级，须有七年以上大学教授之资历方得充任。经汤国梨力荐，朱季海受聘去宁。修史时为求翔实，多次风尘仆仆去北平索求北洋军阀史料与清史稿。馆长但植之讽嘲说："君想做司马温公耶？"朱大恚，恨声道："司马亦人，为何不可学？"中国历代史官有骨气的居多，但真正能秉笔直书且又能传世的却不多，朱季海自然不能例外。一日，同事间闲谈。友人告朱，馆长评朱"目无官长"。朱瞠目而呼："此乃长官无目！"他吟唱着"进不入以离尤兮，退将复修吾初服"，拂袖辞归。

他的"初服"便是一衿青竹布长衫。他夹着一只破书包，或在怡园碧螺亭上攻读，或钻进护龙街旧书铺里做"书蠹头"（苏州方言，意为书呆子），或去悬桥巷口九如茶馆内授徒。这茶馆讲课也是苏州当时的风尚，当时社教学院的教授也有带着三五学生"孵茶馆"，边嗑瓜子边讲学的。朱季海私人授课，九如茶馆里的跑堂对这位老茶客特别照顾，专门留一张桌子给"书蠹头"。朱季海就靠着这点微薄的束脩，度其清贫的首蓿生涯。朱季海的思想体系和观念形态，思维方式和知识结构，被时代风云绞得复杂而凌乱。他在旧时代循着太炎先生的足轨行进，却不能有章氏在政治上多姿的际遇。他可能成为一个纯粹的学人，但他恰恰处在近代史上变化最多的交叉点上，他的传统思想和人生哲学使他对眼前发生的种种变革不知所措。到了新社会，他就像一面古筝置身于现代化的舞台上。铁质朱漆，形若云霞，音韵铿锵，有如龙吟。如幽斋独对，屏息以听，则烟波苍茫，木叶萧寥，令人飘然欲仙；但它夹杂到摇滚舞曲中，台下是踩着脚吹着口哨的听众，它的存在价值连同精妙的律吕，全被震耳的打击乐器淹没。

解放后，他的茶馆授徒生涯被迫收摊。学生们投身到革命洪流中，或到各类学校找出路去了，朱季海却茫然四顾，无路可走。他不愿去参加什么革命工作，也不愿到学校去正式执教，他拒绝了市政协的邀请。解放后的数十个寒暑，他坚持他固有的落拓不羁的名士生活方式。上世纪 50 年代初，江苏师范学院顾树森教授完成了名著《中国古代教育制度》初稿，慕朱之名，移樽就教。朱讲明校对一遍须酬金三百，校对后指出百余处谬误，顾再三称谢。其时，顾与海上名士时相酬酢，一次在席间谈及朱之学问和生活情况，一客当场解囊五百相助。顾返苏后将款项送去，朱慨然笑纳，竟不置一"谢"字。南京师大某教授于朱季海生日邮寄百元"为先生寿"，朱竟无一字作复。有人问起，朱淡然说："收到了。"

在"十年浩劫"期间，朱季海还算幸运，只在初期饱受一场虚惊。一天在怡园，冲进一批红卫兵，将下棋的、吃茶的、玩鸟的一网打尽，其中就有在碧螺亭上读书的朱季海。这时的朱季海的穿着已时代化，头顶解放帽，身穿褪色的蓝卡其中山装，手执宋版书一册。小将们一手夺去，发现其中有好多圈圈三角，不禁大喜，以为抓获了一个身藏情报密码本的特务，立即当场批斗勒令交代。朱结结巴巴解释不清，被口号声搅昏了头。幸亏茶客中多人证明，其人是有名的"书蠹头"，手里拿的是音韵书。红卫兵们这才网开一面，朱季海方得抱头鼠窜而去。从此，朱季海躲进小楼成一统，不问世事，居然成了当时发烧发昏社会上的一个独特的隐士。多亏了"书蠹头""朱痴子"的名声救了他，得以躲开政治雷达的扫描。这一次，水面上的风暴没有摧毁他，却使他沉溺到了湖底，被世人遗忘。他生活无着，典书卖物，每天烧饼油条。中午踅入小饭铺午餐，一角钱一碗鸭血汤，三两米饭。真是一箪食，一瓢饮，在陋巷，不降其志，不辱其身，依然故我。人不堪其忧，他却不改其志，乐在书堆中。如是，他挺过了难熬的十年。

粉碎"四人帮"后，南京大学校长匡亚明遣专人两度来苏，延聘朱季海去宁任教。朱的傲岸脾气又大发作。他以为如若真有诚意，校长应该亲自前来才合乎礼仪。"吾未闻欲见贤而召之也"，"欲见贤人而不以其道，犹欲其入而闭之门也。夫义，路也；礼，门也"，因而他故意提出种种不合理的要求来难为使者。比如，月薪三百元整，多一文不要，少一文不行。虽然这整数不合教授的月薪规定，来人也允承了。最后朱提出一个条件，他上一节课，只有二十分钟，并坚持说："我是没有水分的，二十分钟，足够了，足够了！"这是打破大学教学常规的，使者再三请朱重作考虑，卒不允所请。这样，朱季海仍然吃他的鸭血汤。但不久饭铺店主因鸭血汤利小，改革为卤肉豆腐鸭血汤，价钱一下猛增数倍。这使朱季海大为惶恐，在小饭铺前徘徊趑趄，望汤兴叹。1984年，市某部门负责人在朱同门处得知朱的窘况，商请市博物馆每月补贴车马费四十元。领款通知上门，朱竟拒领。后该负责人再三敦请馆长亲自登门送上，朱才"笑纳"。一日，朱与友人路遇此负责人。友人欲相介绍，此负责人力阻，朱亦返身疾行。友人无可奈何，笑曰："此之谓君子施恩弗望报，受恩不言谢也。"

太炎先生《致潘承弼书五》中云："季刚、绂斋，学已成就。绂斋尚有名山著述之想，季刚则不著一字，失在太秘。"及至黄侃去世，太炎先生在《黄季刚墓志铭》中写道："……然不肯轻著书，余数趣之曰'人轻著书妄也，子重著书吝也'……岂天不欲存其学邪？"由是观之，大学问家著述也不一定很多。黄侃一生只写了《三礼通论》和《声类目》。南京师大一位老教授说："季海先生在音韵、文字、训诂诸领域无一不精，就是不肯把肚里东西掏出来。"解放初期，中华书局熟知朱季海的老编辑三顾茅庐，朱感到盛情难却，动笔写了《楚辞解故》《南齐考注》和《庄子诂言》三部书。南京师大已故段熙仲教授拜读之余，叹服道："朱先生之学问诚深不可测！"朱季海后来又为上海人民美术出版社写过一册《石涛画谱注释》，却是连熟悉他的同门也感到纳闷，不知朱季海也懂画论。

那么，朱也能书法么？苏州市多如牛毛的书法家，从未听说过朱季海其人。十余年前，南京师大一位叶教授曾闯入过朱的居室。那是一块禁地，朱的一些熟人从未有过登堂入室的殊荣。朱住的楼上两大间全堆满了书，在书堆中仅一床、一榻、一椅而已，发黑的墙壁上和窗棂上全用毛边纸糊着。叶教授仔细一看，看得眼睛发直，后来悄悄告人说："这一手行书，不要说苏州，就是当今中国书坛，也是少见的！"朱季海还通晓英、日、德三国文字。他青年时期就钻研过相对论等原著。唉，朱季海可算得上是一等学问家了，但就是缺少一门学问——处世学。

"啥个大学问，嫁仔俚末，吃仔一世苦！"朱师母说。多年来她早已拒绝料理朱的生活了。她是一个刺绣工，并不了解朱，她说的话是实在的。

"一个痴子，一个书蠹头。"邻居们简洁地评说。这种评价已有四十余年历史，他们观察了这么多年，可谓实话实说。

"学问呢，我不如他，实在脾气太坏了，太坏了！"一位很有点名气的同门师长说。这样的话在同门中富有代表性。

"哼！"年已古稀的朱季海刚就着萝卜头吃过两碗泡饭，反剪双手在书堆间踱步。他吟哦道："知前辙之不遂兮，未改此度。车既覆而马颠兮，蹇独怀此异路。"

（原载《瞭望》1989 年第 26 期）

可爱的费老
——纪念费新我先生百年诞辰

十五年前，有人转告费老，我有意写他。费老说："写我的文章，已经有几十篇了，请代为谢谢，不劳费心了。"我就作罢。

这些年，费老公子之雄先生和儿媳詹小娴女士要我写费老的纪念文章。并告我，老费在世时说过他辞谢我写文，是客气。现在看，是有些遗憾了。

值兹费老百年纪念，我每每想起这位著名书法家的种种，忍不住动笔，记叙他的乐天、诙谐。除了他的字，他生活中的样样式式，我想冠以"可爱"两字，他实在是一位可爱的老先生。

十来年前，我有一次中原之行。在火车上向同行汪秀同志谈及新我老先生，汪秀讲起他几十年前和费老在万国袜厂共事的事。费老有个名号叫"广告策划"，但费老对一般职工，甚或学徒，都平等对待，经常在一起说说笑笑。费老的一切，汪秀都知之甚详。

"我对费老的了解，当然远不如你，但我今天要考考你，叫你吃瘪。"

汪秀笑笑说："谈也弗要谈。"

我就出题目说："费老除有文化、书法各种头衔外，有一个鲜为人知的头衔，是某某研究会的会长。请你猜猜，你可以猜十次。"

老汪猜来猜去猜不中。

我不再卖关子，告诉老汪，那是"首届苏州市武术协会会长"。

老汪摇头道："不可思议。"

关于太极，我和老汪曾听费老讲过一次赴日讲学遇到的事。

新我先生说："日本人请我讲书法理论，我想这可要出洋相了。我会写，但对理论，我自知说不好。怎么办呢？灵机一动，我决定讲太极。"

"书法不讲，讲太极？"老汪甚感诧异。

费老笑笑说："当然，先讲一通书法与太极的关系。讲得很玄，太极之道与世间万物都有关，只是世人甚少懂得罢了。而后我大讲特讲太极之道，并辅以动作。你们两位知道，我的太极动作是很规范的，听得日本人嘴也合不拢。镁光灯闪个不停，鼓掌声不绝于耳。哈哈哈……"

几十年前，苏州大公园里有个研究太极拳的"涵社"，费新我是主持人。每天清晨，很多学拳者跟着他学一招一式。费新我打太极拳，要招式有招式，要理论有理论。万万想不到，若干年后，居然在日本派上了用场。这件事若发生在别人身上，一是不敢用此险招，二是会从此以后讳莫如深。其实，费老对书法理论还是有研究的。在上世纪70年代，他曾多次向大、中、小学教师和学生讲授书法理论，在各种培训班上也举办过书法讲座。后来到新加坡讲学，也讲过书法，边讲理论边示范。那次在日本，座中多书法同道，一般理论无须讲，深入讲又无时间，才讲太极的。这件事，表现了他直率、诙谐、谦虚的性格。他谈在日本讲学一事，那么直率，那么天真，我听了很感动。一个名书法家，书品要高，人品也要高。

英雄不怕出身低。中国历史上，有成就的人，往往出身低微；人有成就，就常常会遭受很多磨难。费新我先生早年受聘于万国袜厂股份有限公司，为广告策划，招牌也是他写的。苏州当时的百货业招牌，大多用"袜厂"这个名称。万国在商界充当了商业改革的先河，它搞股份制是第一家。它大搞摸彩活动，几十年后，百货业仍沿用这一方法吸引顾客。万国的摸彩台，由费新我亲手绘制了狮、虎、猴等动物。摸到头奖的，彩台上灯光闪烁，奖品相当丰厚。新我先生一周去万国两次。他为各店铺写的招牌，遍布苏州大街小巷。新我先生的收入虽然主要是为教科书画插图，以上活动也不无小补。

新我先生受生活折磨，在五十六岁时，右腕患骨结核。右手活动不便，改用左腕练字，其中艰辛非外人能知。他要书一手左腕字，有自己的风格，这很不容易。我们都能见证，他练字的宣纸不知用了多少刀，踩在他家的方砖地上，废纸比地毯还要软。

到了晚年，他感到劳累，不能满足各界对其墨宝的需求。为了有所限制，他收取报酬，外界因此对他有非议。一次，省委宣传部郑部长和办公室郭主任到苏州，他们都即将卸任。在离苏那天上午，郑突然向我提出要费老的书法。我不得已写了一张便条，郭还要我也加上他的名字。我告诉他们写归写，很可能没用。费老即使答应写，至少也要半年以上兑现。当天就要，是不可能的。我抱着试试看的心情去了费家。万万想不到，费老二话没说，立即挥毫写了两条条幅。事后，他对人说，老俞从未向他求过字。他一直记在心上。这一次，虽然让他为难，但他勉为其难，总算了却了一件心事。

我把这事也一直记在心上。我写此文，纪念费老，也了却了我一件心事。

门槛

你读过屠格涅夫的《门槛》吗？那种对信仰执着的追求，对理想无私的奉献精神，深深打动着每一个读过的人。几十年间，我常常读它，令我感动的是，那女郎明明知道门槛里面等待着她的将是什么，但她还是坚定地跨进去了。

今晚我又一次读它，那女郎我熟悉她，已经认识了几十年。她当然不是什么俄罗斯女郎，而是一个苏州姑娘，她的名字叫李天俐，她跨过那种门槛，跨过三次。

"呵，你想跨进这门槛来做什么？你知道里面有什么东西在等着你？"

"我知道。"女郎这样回答。

"寒冷、饥饿、憎恨、嘲笑、轻视、侮辱、监狱、疾病，甚至于死亡？"

"我知道。"

"和人疏远，完全的孤独？"

"我知道。我准备好了。我愿意忍受一切的痛苦，一切的打击。"

那本是《门槛》中的回答，李天俐告诉我，有一次她的引路人和她作过同样的问答。她面前挂着一面红布做的旗，贴着纸剪的镰刀斧头。那些话当然不同于《门槛》里的原话，但李天俐熟读过那篇文章，她觉得，那席话就是那样的意思。她的回答是坚定的，也就是那句话："我知道。"于是她跨进去了，那是苏州地下党的门槛。其时，她刚满十五岁。

这一次，她准备迎接的牺牲并没有降临到她头上，她的大胆和机智战胜了那些灾祸。解放的曙光照射在焕发着青春朝气的姑娘的脸上，使她光艳照人。这个久享盛誉的新苏师范的高才生、学校的团委书记，在另一名学生党员离开后，她便是学生中唯一的地下党员，成了"天之骄子"。在解放初期欢乐的日子里，她坚毅的浓眉下的大眼睛里闪烁着幸福的光芒，她的笑容富有感染的力量。无论在课堂上、球场上，抑或在礼堂的舞台上，她都能证明自己的价值。她充分享受着师生们钦佩而又亲切的眼光。在不少男同学的心目中，偷偷地洋溢着对她的特别的感情，但没有人敢说出口——对所有人说来，她太高了，只能仰望。

不久，李天俐站到了第二道门槛前。

朝鲜，清川江战役的战火熄灭了，炮声远去，硝烟散尽。一个志愿军重伤员在艰难地爬动着。几小时以后，疼痛和饥饿使他昏厥过去。大地为他非凡的毅力感动得寂静无声，广袤的雪野用柔软的身躯拥着他，漫天大雪掩盖他身后拖出的长长的血痕，风雪低沉而忧伤地吟唱。周围没有生命，没有动静。深夜，他苏醒过来，双腿和双手上的鲜血凝固了，身躯麻木得像不属于自己的，只有一颗热爱祖国的心急速地跳动着。他把发烧的头深埋在雪地里，以便使自己清醒。

"哦，我不能！"他在心里反复地说。他绝不能当俘虏，如果可能，他还要去战斗。

他失去了双腿，双手几乎成了两块肉疙瘩。所幸右手留有一个拇指，可以夹得住筷子，生活能够部分自理；可以夹得住笔，能写报告或总结。他学骑自行车，被重重地摔在地上，再骑上去，摔了几十次才学成。然后，打报告给荣军教养院院长。院长吃惊地说："老弟，别打哈哈了，你是特残，受国家终身供养，还折腾什么！"

"不，我不能（靠国家供养）！"廖贻训说，他的眼神令院长感到事态的严重性。

"哎，除非你能找到一个老婆，有人侍候你，教养院才能介绍你去工作。"院长说。心里却暗暗想，唉，一个四肢残缺的人，到哪里去找什么老婆呢？！

廖贻训自己也是这样想的。于是，他提笔写了封信，给苏州新苏师范"廖贻训学习小组"的一个成员。那时全国青年火热地投入与志愿军战士的"一人一信"运动。小廖向同他建立五年通讯联系的同志倾诉了自己的苦恼。对方诚挚直爽，境界高超，在政治思想和文化修养上，小廖把对方看成是自己的老师和知心朋友，他信赖她。她的名字叫李天俐。

很快，回信来了。小廖撕开看后，不禁目瞪口呆。他揉揉眼，重新仔细看了一遍，不错，信上的确写着："让我们结婚吧！我来侍候你。"

"我不能！"小廖在心里重重落下了惊叹号。唉，哪能呢，我哪敢有这样的意思呀！以后再也别提这件事了，只当我没有写过这封信吧！小廖立刻复信，断然拒绝。

1955 年，春节期间的一个晚上，北京报子胡同廖家门口的雪地上，来了个不速之客。李天俐找上门来了。她静静地伫立着，从未经历过的北方严寒冻得她脸蛋通红。但手心里不停渗出汗珠，她听到自己的心在胸腔里猛烈地跳动。她想起了《门槛》，那声音又响起了："呵，你想跨进门槛来做什么？你知道里面有什么东西在等着你？"

"我知道。"李天俐深深吸了一口气，努力使自己平静下来。这不是一时的感情冲动，这是她冷静而审慎的决定。她的父母，她的亲友，甚至"廖贻训学习小组"的同志们，在听到她的抉择时，都不由得惊住了。但他们都了解她，因而懂得，她一经决定，便是不可变更的。

现在，在廖家的门槛前，她听到那声音问：

"你准备牺牲吗？"

"是。"她像《门槛》中的女郎一样的回答，而且更坚定、更勇敢。

她举手轻叩着门。

门开了，廖贻训过去只是在照片上见到过李天俐，立刻认出了她。见到她身旁的两只大皮箱，他知道她再也不会走了，他的眼泪不由自主地流了下来。小廖的妈妈和妹妹一见这情景，也都明白了，喜悦和感动的眼泪滚滚而下。李天俐呢，她笑着，心里也笑着。她上前执着小廖的两只肉掌，深情地抚摸着，抚摸着。不知怎么搞的，她的眼泪也夺眶而出。

婚后，荣军教养院院长不得不在工作调动表上签了字。夫妻俩一起到河北省团校工作。小廖被誉为"钢铁战士""无脚英雄"，光荣出席了全国青年积极分子代表大会，成为全国青年学习的榜样。

李天俐下决心时的本意，只是想帮助和照料她心目中的英雄，却意外地获得了真正的爱情和幸福。小廖虽然身残，但有一颗宽广而智慧的心。他懂得生活，善于创造生活乐趣。他在初中毕业后一直刻苦自学，能用仅剩的拇指写一手好字，他的隶书足以跻身书法家之林。他会创作诗歌，他的朗诵声调铿锵，他的口琴技艺是第一流的，他的歌喉富有魅力。他们的新居里，不时飘出歌声、琴声和欢畅的笑声。

然而，这样的好日子没有多久，一场比战争风暴更加猛烈的政治风暴，把李天俐推向了第三道门槛。

1957 年夏，廖贻训响应党的号召，帮助党整风，诚挚而坦率地对一些领导干部的作风提出了意见，竟被上报为"右派分子"。李天俐因此被动员划清界限，揭发丈夫"反党反社会主义"的言论。李天俐万万没有想到，竟会发生这样颠倒黑白的事。她不能允许一些黑心的人用脏水玷污英雄的丈夫，她不允许！

小廖平静而沉痛地说："母亲也会有错怪自己儿子的时候呢。"这却使李天俐激动起来，她大声说："不，我要抗争！"

这时，她又想起了《门槛》，那声音又在耳边响起。

"呵，你知道里面有什么东西在等着你？……寒冷，饥饿，憎恨，嘲笑，轻视，侮辱，监狱，疾病，甚至于死亡。"

"我知道。"李天俐在心里重重地回答。

她沉着地走到机关去，面对一些人的审问和诱供，她一字一句清楚地说道："我没有什么可揭发的，廖贻训的意见是对的，我完全赞同他的意见。"

结果，上面考虑到廖贻训是全国著名的英雄人物，不能划"右派"。而李天俐既然赞同廖贻训的意见，那么，这顶帽子就安到了李天俐的头上。河北省团校因此完成了反"右"斗争的任务指标。李天俐被开除党籍，降职降薪，下放到农场劳动改造。廖贻训则被取消候补党员的资格，逐放到传达室当勤杂工。他们把才出世不久的孩子，送到苏州外婆家。好不容易组合的一个革命家庭，被搅得妻离子散。廖贻训，这位朝鲜战场上的无畏战士，此时不仅无人照料生活，反而强忍着残肢上因假腿摩擦而产生的疼痛，一拐一瘸地替健康的人送报、送信、擦桌、扫地、打开水。他还得咬着牙，跪倒在机关的生产园地里拔草，把锄头绑在肉掌上耪地。

李天俐饱受了她立誓愿意面对的一切，缓缓擦干几十次斗争会上人们吐向她脸上的口水，默默地弓着身，劳动在冰封的北国大地上。她用澄净的目光迎着投向她的憎恨和轻视，她用坦然的微笑来回报对她的嘲笑和侮辱。她像一块岩石，默默经受风雨的侵蚀，日复一日，年复一年。她的精神支柱是她的政治信仰，她不信自己是"人民的敌人"，坚信这只是一种考验。只有同时代遭遇相同的青年知识分子才会懂得，为什么一个19世纪俄国资产阶级民主革命的坚强战士和作家的一篇短文，会使一个处于尖锐矛盾或严重关头的人经常想起它，并从中获取力量。这实际上是她自己在无边无际绝望的海洋中寻觅到的救生筏。这时，她才二十二岁。在突然的打击下，她的精神处于崩溃边缘，她用少年时代熟读的这篇短文，来鼓励自己去面对灾难。她心甘情愿地作出牺牲，是为了代廖贻训受过，宁愿自己入地狱。她年轻而健康的躯体，可以忍受大苦大难，而伤残的廖贻训则不能。每当她在望不穿的昏暗中，感到难以支撑时，她不得不在心里一次又一次地默诵着："我知道。我知道会这样的！"那篇短文的哲理思想，在她心里不停地呐喊，比雷电轰鸣还要响，震撼她的灵魂，使她思想升华，展开一条真理的大道，帮助她挺熬过来。

1982年一个夏日的夜晚，李天俐搀扶着廖贻训走下苏州火车站站台，回乡定居。她的乌发已被生活的浓霜染白，她迷人的笑容已消失在岁月之刀雕刻的皱纹中，只有眼神中坚毅的光芒仍闪耀如昔。80年代已忘却50年代初期的英雄人物。人们只知道，李天俐是一个错划的"右派"，有一个伤残的丈夫。廖贻训呢，有几次骑车被撞跌在地，围观的人群见他伸出两只肉疙瘩似的手掌，有些人皱起眉头说："喔唷，阿要腻脂相（苏州方言，泛指使人恶心的形象）！"

他们安顿下来以后，有几个李天俐的老同学来看望他们，并会同旧日"廖贻训学习小组"的几个在苏州的成员，举行了一次难得的团聚晚会。昔日能歌善舞的李天俐，在会上又一次唱起了歌。几十年间，她从未中止过她的歌，那是只属于她的一首高亢而嘹亮的生活之歌。

（原载《文汇月刊》1989 年第 6、7 期）

敉木先生

苏州有一条装驾桥巷。一进巷子，就可以看见两株亭亭玉立的广玉兰，浓荫翳翳。巷子中，吴家宅子第三进左侧小院里，更有一株树龄达二百年的广玉兰，树干要好几个人才能合抱住。一个外国旅客围着它拍了好多照，说是这种树产自美洲，但他走遍大半个美国，也没有见过这样大而有风姿的广玉兰。巷子里的老人听了后说：这有什么稀奇，这树还有神呢！百余年间，历经多少兵燹灾祸，这巷子一直完好无损，全亏它的保佑。就是这吴家宅子的主人，也一直平平安安。苏州的私家园林，也就只剩下他家一个。几十年前，还出了个神童，就是如今的吴敉木老先生。

这所房产，原先重檐叠瓦、间阎扑地，共有六进，八十四间屋，左后侧更有一个小巧的园林，房主名叫吴待秋。若是时光倒流六十年，便可见末进的厅堂上，宾主正一起观赏题为"长江万里图"的画卷。一个垂髫童子挤进去看，被吴待秋叱责道："小孩子家，也来轧什么闹猛，还不快读书去！"不料，主客还在谈笑间，这九岁的小家伙将两张宣纸放到画桌上，翰墨淋漓地画将起来。片刻之间，宣纸上寒水滔滔，帆影点点，昊天似碧，远山如黛，一幅"长江万里图"赫然在目。图上落款"敉木"。此画虽不脱童稚之气，然结构颇具章法，笔墨也小有技法。四座见之，无不称道。座中一客呵呵笑道："待秋兄，还记得我在沪上说过的话否？"客人是当年名重一时的大画家吴昌硕。敉木两岁时，吴昌硕于沪上曾宴请吴待秋夫妇，以瓜豆汤飨客，取"瓜豆绵绵"之意。

盖吴待秋先后两次丧妻，第三次续弦后生玫木，友好纷纷送礼或宴请，表示祝贺。是日，吴昌硕赤膊置玫木于膝上，玫木爬到俊卿先生肚腹间。先生笑道："凡经我抱过的孩子，都长得好。这孩子长大后，一定会承受我辈的衣钵。"这次，吴昌硕来苏做客，见到这一情景，不禁提起当年的话。吴待秋虽面露愠色，叱责玫木没有礼貌，但听着客人们的赞誉，心实欣慰。其事传闻一时，玫木遂有神童之名。

　　玫木祖父吴佰滔，浙江崇德人。生于道光年间，幼时家贫，自学成才。在沪上售画为生，人称"江南第一山水画家"。晚年定居家乡崇福镇。这小镇地处交通要道，从北京陛见后沿运河南返的官员，途经崇福，必登岸访吴佰滔求画。玫木父吴徵，号待秋，在严父的督课下，自幼习画。清末民初就学于杭州求是书院，与学监陈叔通友善。及至陈叔通在沪上商务印书馆任职，遂向总经理张元济推荐，聘待秋为商务印书馆编译所美术部部长。时沪上"提襟馆"为书画家集会场所，馆长吴昌硕。一日，提襟馆内一老画家，当众作"三童斗蟋蟀"图。吴昌硕建议补景，围观者默然。旧时代多数画家，并不真正懂得卷面构思的创造意识。这幅画只需把三个童子全神贯注的不同表情加以渲染，已算是上乘之作。但三个童子占满画面，似已无景可补。俄顷，吴待秋排众上前，画笔饱蘸，在宣纸上方刷刷刷三笔，挂下三根枝条，稍加勾勒，即成一片瓜棚。尤为妙绝的是，其中一根枝条，竟毫无顾忌地刷去了一个童子的半边脸，不仅无损于画，且突出了童子的专注神情。吴昌硕带头鼓掌，众皆叹服。又一日，沪上日人集会于"六三花园"内。吴昌硕偕吴待秋，应日本大画家桥本关雪、有雄霞峰之邀，前往作画，展示了中国画法高超的技艺，日人为之折服。桥本作诗赞曰："天下大手笔，毕竟属于吴。"吴待秋画名日噪。上世纪30年代，沪上有"三吴（吴湖帆、吴待秋、吴子深）一冯（冯超然）"之称。

　　吴门三代画家。吴佰滔督子习画，手拿藤条，好比监工手上的皮鞭。吴待秋吃足了藤条的苦头，因而有了改变教育法的念头。所以，童稚时期的玫木，得以在比较宽松的环境下成长。父亲作画，他在一旁看；父辈论画，他在一旁听。同龄孩子在课余不是打弹子，就是打铜板，他却一头钻进画斋里，看画谱和藏画，在父亲的画桌上偷偷地仿着涂抹。

家里的园子，方圆不过几分地，但布局构思巧妙严谨，山石峭立，花木扶疏。亭只有半壁，却似下临无地；池不逾丈，而有千尺之感。他在这小天地中领略大自然之生趣，恰似沈三白观蚊飞作鹤舞，视癞蛤蟆为庞然大物，对园中虫豸花鸟详加观察。画谱上的山石是假的和死的，园里的太湖石却仿佛有生命似的剔透玲珑；画谱上的几十种珍禽都是不常见的，但园中普通的鸟类却各具姿态。少年敉木偶有所得，便拿起画笔录记。在他十四岁那年，他画了一本册页，居然用了十四种传统技法，并且融合了自己在生活中汲取的营养。吴待秋看了册页，按捺不住内心的喜悦，特地将画朋诗友请到家，展示少年敉木的习作。在众人一片颂扬声中，少年敉木却感到若有所失。客人多半是行家，他们对册页中传统的程式技法的运用都了如指掌，他们称颂的多属师承奚铁生或王原祁的一些笔墨，而忽略了少年敉木幼小心灵里第一次萌发的创作意识。他的心意在于，将生活中的生动感觉融进册页上的物象中去，但宾客们并没有注意到他的努力。少年敉木沮丧地想，毕竟是自己的功力太弱，使来源于真实的客观事物，到了纸面上成为被人忽略的多余笔墨。他当然不会懂得，在旧时代，只有极少数懂得艺术真谛的人，在创作实践中才能脱颖而出成为大师，而大多数画家总是把艺术与技法等同看待。所以，这次行家们所重视和所忽略的，正是当时的评画风尚，是不足为奇的。然而，这对少年敉木来说，恰似心灵上掠过的一道闪电。这道闪电，终于在二十年后，撕开滚滚乌云，又一次迸发出耀眼的光芒。

正如思想家常常汲取前人的真知灼见，作家博览群书，音乐家熟谙世界名曲，武林豪杰按秘籍练习招式一样，一个中国画家，若是想获得创造力，舍弃成规，化蛟为龙，则必须苦其心志，熟稔各式传统技法。折带皴、荷叶皴、卷云皴、大斧劈、小斧劈；山水画常用钩斫、点苔、烘托外廓，渲染浓淡；花卉画无非双钩物像，点簇叶瓣；人物画衣褶必习十八描；四君子须练干枝花。技法求六长，画风有八格，元四家，明四家，四王四僧，扬州八怪，江西新安，浙派吴派。在数千年历史的中国画的浩瀚大海中去探索，积聚到一定力量后方能腾飞。当敉木三十而立娶妻育子后，他立志加强功底。他把双亲遗下的两只大柜中的九千张宣纸视作万贯家财，每天晨昏苦练不辍。滴水成冰的日子，屋檐挂下的冰凌垂到画斋的玻璃窗格上。他戴着露指手套，俯身到画桌上，一画就是几个小时。春季了，他顾不上对画斋外绽开的红梅看上一眼，如痴如醉地整日把自己关在画室里，把郑振铎编的《域外名画集》中一千几百幅名画反复临摹。终于，他掌握了中国画史上几十个大师的技法精髓。他在市工艺美专任教，兴趣来了，任学生点将。学生喊："吴老师，来张王茂京！"敉木先生信笔涂抹，淳雅空灵，俨然王原祁重生；学生喊："再来张八大！"敉木先生左手扶镜，右手笔下生风，简略精练，居然朱耷再现。苏城有个老资格的古画鉴赏家，看到敉木几乎乱真的临摹惊叹不已。当敉木步入不惑之年，一名画友说："敉木兄，你已经到了炉火纯青地步了。"敉木却若有所思地说："以前，我还没有真正画过一幅画，从今天起，我要开始作画。"那画友听了，以为纯属谦词，但敉木这话已经在胸中郁结了二十余年。他脑中的闪光再次豁亮了，他以为：过去作画好比儿时写字"描红"，不是自己的东西；又似写春联，只算会写字，称不上书法艺术。中国画历来注重技法，成家成派，也就是在自己独特的技法上，不断进入新的境界。一种主题甚或某个具象，造诣深了，得到了承认，鱼、虾、蟹、梅、兰、竹、虎、猿、鹤，都可以画一辈子。而能够把自己的主观感受在画笔中流出，溢于纸上，使自己的绘画对象有了灵性，有了深刻的内涵，那就称得上大家了。

中国古代的一些画论中，早有一些创新立意的观点。如五代梁荆浩在《笔法记》中写道："……景者制度时因，搜妙创真；笔者虽依法则，运转变通，不质不形。"北宋刘道醇《圣朝名画评》中也主张"师学舍短"。现代一些有造诣的画家，也有不少精辟的见解。徐悲鸿说："古法之佳者采之，垂绝者继之，不佳者改之，未足者增之，西方画可采者融之。"吴冠中嘲笑旧的技法像法海和尚，指出旧的技法有很大的局限性，主张"变法"。然而，所有这些论述，都丝毫没有抛弃传统技法的意思。几千年留传下来的名画，凝聚了大师们的心血，为后来者提供了借鉴不尽的艺术宝藏。中外古今的各类艺术，都是在继承中发展的，有识之士只是力图摆脱古法桎梏而已。所以，敉木在几十年间下苦功贯通了主要的传统技法之后，立志变法创新，也是很自然的。这样，敉木按照自己的想法，四十岁前勤学勤练传统技法，入了门。四十岁后破门而出，开始他自己的创作实践。一如清诗人袁枚所说："上取亦取，虽师勿师。"按敉木自己的算法，四十岁才开始作画，那么，至今已过二十八个春秋。他把自己的创作称为"第三类画"。

前年，著名山水画家杭城陆俨少来访。陆曾经拜过"三吴一冯"的冯超然为师。冯当时说："论名头我比你大，论本事其实你比我大。"这样，叙起谱来，有这么一层渊源。敉木把自己百余件作品求教于陆俨少。陆边看边吟哦道："这似乎源出于董其昌，这又像有王原祁的笔墨……哦，又像又不像，有自己的东西呢。"后来，陆俨少在荣宝斋说："如若要新画派的画，到苏州找找吴敉木。"

前年，敉木先生把残破的园子略加修葺，恢复成昔日模样，闲来常在园内小憩。这一日，敉木先生微弓着背，又缓步到园中，在水池旁的石矶上坐了。他扶了扶他的圆镜，习惯地用手轻抚石矶上的一道刻痕。那是半个世纪前，他在"册页会"后撑着头闷坐着感到孤单和烦闷时，不经意地拾起地上一块废铁砸在石矶上留下的。昔日少年如今已成花甲老人。他默默沉思片刻，招呼在画室"云中小筑"中整理画稿的儿子吴雍道："阿雍，那幅《游子回归图》找到没有？"吴雍在市博物馆工作，业余作画，敉木亲自指点，意欲儿子能继承自己的艺术。这天，父子俩正在整理历年画稿。敉木先生应出版界之请，准备出版《画甄》一书。整整忙了一天，敉木先生感到有些疲倦，出来活络活络筋骨。斜阳西下，敉木先生反背双手踱回画斋。他握笔边想边写道："四十后，欲得一变，但屡试屡败，差强人意者，不过十数帧耳。久而思欲超越前人，必先综览古今，食而即化，化而能用，然后思人所未思，游于像外，迄将二十八年矣。虽已获四百余法，得三百余帧。是耶？非耶？不敢入告……"他在最后写道："还冀有识之士，不吝灼见。"

我不懂画，无法妄评，只得奉上袁枚《咏岳飞》两句诗。诗曰："不依古法但横行，自有云雷绕膝生。"敉木先生胸中的云雷，积郁了五十余载，终于呼啦啦打了下来，这就够了。

大牛

韩昌黎《秋怀诗》中云："暮暗来客去，群嚣各收声。悠悠偃宵寂，亹亹抱秋明。"对秋夜的意境描述，是再确切不过的了。

他在工作室内往来蹀躞。有时穿过门厅，到卧室中去看他才满月的儿子。他俯身在小床上，婴儿在睡梦中不时绽开微笑，他从这微笑中得到了净化心灵的力量。孩子生得其时，大概不会再遭受他在三十二个春秋中饱尝的磨难了吧，大概不可能像他在青少年时代那样，受不住饥饿的煎熬而流浪街头了吧。他带着欣慰的微笑，又蹀回工作室，眼光落在壁上一幅照片上，亡父正安详地默默看着他。他从亡父的眼光中看到了赞许和鼓励。四十多年前，他的父亲是本城参议长，在与地下党取得联系后，为保护城市免遭破坏做过许多工作，到头来却被误判坐牢二十五年。他在平反获释后的第三年就一病不起，临终时，忧虑地叮嘱正在学当模具工的儿子要"努力成才"。他跪在床前记住了那段话。在掌握微雕技术之前，他早已在心头刻下了"努力成才"四个字。经历了五个寒暑以后，如今他在微雕界已崭露头角。他在亡父遗像前静静伫立了片刻，心里充满了安宁与平和。今夜，他要做好临战前的准备，去完成工艺史上的一件壮举。他自我感觉良好，心境分外明净，这是顺利进行创作的首要条件。他特意把工作台移到东窗前，窗前有一块开阔地。近窗是一家幼儿园的草坪，种植着多种花木。站在窗前，清爽的晚风不时送来盛开的金桂的香气。他把灯关了，让如水的月光泻进屋来。那天中秋甫过，湛蓝的天空把一轮皓月衬托得亮似银盘。

他举首仰望，深深地吐纳，似有甘露灌注全身。他敛神闭目，体味着醍醐灌顶的欢快。他如是伫立许久，直到外面高楼上的灯火全部熄灭。于是坐下，用笔勾勒草图。那其实是千百次刻印在他大脑皮层上的线条：唐僧的慈悲、悟空的机警、悟能的憨态、悟净的忠厚。要用世界上最简单最生动的笔触去画，因为那是要刻在直径只有十七微米的人发丝上的画——世界上最小最细的画。

工作台上放置一平板，上面固定着一根头发，旁置一刀。这把刀尖比针头还要小的刀，是他自己特地为发刻冶炼磨制的。好比剑之于剑客，此刀质地关系到发刻的成败，如果不能冶炼成极端锋利，又如何能仅仅靠感觉随心所欲地施为？但如果打磨稍稍过硬，不是刀裂，便是发断。所幸他当过模具工，知道选用何种合金，懂得一些热处理技术。他反复烧炼、锤打、淬火、打磨，使之刚柔相济，硬度虽高，但富有弹性。他像干将、莫邪铸剑那样，历尽失败而终于铸成了天下最奇特的刀刃。

他端坐，含胸拔背，放松全身，进入静功状态。一切无所思，但见月色转为朦胧，终于不见；耳畔初有秋虫悲鸣之声，终于不闻。他调息，吐纳如游丝，绵长似无间隙，如同一尊无生命的石像。时光蹑手蹑脚地从他身旁走失，月影渐渐从南窗偏西方向投入，他终于感觉到了最佳时刻。怀着神圣的心情，他握起了刀，把刀尖准确地落在发丝上端中间。他缓缓垂眼、敛神、闭气，已感觉不到心脏的搏动，将手腕上的筋络肌肉群与刀具化为一体，成为刀具之延伸。如同神箭手纪昌面对牦端悬虱，他感受到刀尖下的发丝宽可盈尺。如同聊斋促织篇中的成氏子化为蟋蟀，他已不复存在。他就是刀。

微雕艺术通常是雕在象牙上。象牙雕一般采用阴面，阴面质地比较稳定，分子结构表里相似，运刀力度可容变化。而人发则不同，一根头发直径只有千分之七毫米，在高度的显微镜下作解剖透视，则可见其相当复杂的结构，它的表皮结构缜密，表面硬滑，下面是纤维层，横断面如肉松，最里层是中空的髓管。初学时，刀尖稍一用力，发便断为两截；力不到，刀尖又易从表皮上滑落。适当的力度，应该划开表皮，透及纤维层，而不再深入。一把发刻刀的刀锋直径只有十来个微米，运刀时刀锋只能在一到二个微米深处走动，自始至终力度、深度必须均匀地不离这个范围。这似乎是无法做到的事，人的生理障碍几乎不可能使运刀符合上述要求。正如精密的机床加工需要筑上防震沟，正如捕捉和观察天体间自然的震动光，天文望远镜需要有可靠的防震设施。同样的道理，人的心脏搏动所产生的冲击，会使难度极高的发雕难以避免失败，因为发雕的误差只允许在微米级范围内。特别要防止刀尖在发的表皮边缘打滑，即使屏住气息，脉搏跳跃的幅度也超过发的直径好几倍。无怪乎，后来发雕成功的消息传播到海峡对岸一名微雕大师的耳中时，他断然认为那是不真实的神话。

他，终于开始走刀。刺破了发的表皮，感受到纤维层柔软的组织裹住了刀锋，他认准这是最适当的深度。刻画在大脑皮层上的形象从刀尖流出，游刃于毫发之上，刻、圈、勾、刮、点。其中难度最大的，要数在千分之一毫米的面积上开人物面相。稍一不慎，不要说人物的性格造型，弄不好五官都会乱成一团。这一次，他用几年苦心练成的静功，终于克服了脉息搏动对运刀的影响，摸索出借助脉息冲击自然导引刀刃走向的方法。这真用得着龚自珍的话了，"不能胜寸心，安能胜苍穹"？

四个人物的画像终于完成。他长长吁气，搁下刀。他累了，需要重新调息。感觉告诉他，这次在人物开相上没有出什么差错，整个人物造型都还可以。当然，最后要看上色后的效果，在显微镜下才能检验成功的程度。下道工序是落款。虽说刻字比刻画容易些，但他极为看重微雕作品中的书法艺术。他练就一手好字，虽不能说逼古创新，但无论篆、隶、楷、行、草，无论各家书体，都能仿其大概。他曾在一公分长、半公分阔的象牙上刻《兰亭序》全文，加上落款，共三百三十二字，在显微镜下欣赏，居然妍美流便，有"神龙体"之风味。他放松手腕，让手腕上的酸胀感逐渐消失。他开灯，借助显微镜准确地将刀尖定点，而后关灯、闭气，果断运刀，一气呵成，刻下"西游记人物，辛酉秋月，苏州大牛刻于工艺美术研究所"。"大牛"是他的乳名，他喜欢这名字。吃的是草，挤出来的是奶；肩荷沉重的铁犁，让身后的种子落入松软的泥土中发芽；总是默默地耕耘，只是在收获后于无人处发出几声欢悦的呼喊。

大牛，学名沈为众，世居苏州。完成第一幅有书有画发雕作品的时间是 1980 年秋，那年他三十二岁。从产生发刻的念头到成功，整整历经了八个春秋，受过数百次失败的磨炼。有一段时间，每天在工作台前反复琢磨达二十个小时，饿时啃一口冷馒头，冷时脚下垫一层稻草。什么是焚膏继晷，废寝忘食？这就是了。

这一幅《西游记》人物，是刻在一根一厘米长的白发上的。画面上：悟空手打遮眼，一副猴头猴脑模样；唐僧双手合十，满面慈眉善眼；八戒腆着肚子，显出憨里憨气；悟净手挂禅杖，透着忠诚老实。雕处染以红、青、黑三色，唐僧披的袈裟，悟空的猴脸和他脚踏的祥云，及款底的两方印章，均为红色，使雕刻在白发上的画面越发显得生动有趣。什么是鬼斧神工，巧同造化？这就是了。

香港报纸在评论沈为众的三根发刻时，称之为"匪夷所思的国宝"。

1981 年 1 月，沈为众发刻展在东京揭幕。日本文部省所属文化厅民俗文化部官员，特意打电话给《读卖新闻》编辑部，对"人发刻字的创举，对具有古老悠久文化的中国能养育出如此伟大的艺术大师，表示钦佩和感激"。日本工艺美术界权威人士对此发表谈话，认为这是"世界上无与伦比的艺术"，"别说在十亿人口的中国，即使在四十亿人口的世界上，也只有沈氏一人能创造出如此辉煌的艺术成就"。

1988 年 1 月 10 日，台湾《联合晚报》在报道沈为众三件发刻即将运抵台湾时，称沈为"大陆盲雕大师"。在国内微雕界称大师的人，在国外未必被承认，而这位被海外众多国家和地区称为大师的人，在苏州只被授予过"工艺师"的职称。我问沈为众有何想法，他只是淡淡一笑，说："我不在乎，但有一些评论我却是看重的……"他说着，眼神中忽然放出异样的光彩。他把一份香港报纸的复印件放在我面前，指着上面的一句话说："你看，这里说'他有着中华民族传统的惊人毅力与创造精神'。有了这句话，比大师的称号还要开心。"

（原载《瞭望》1990 年第 13 期）

杨荫榆之死

历史如潮汐，前涌、后退，日复一日，年复一年。前涌时汹涌澎湃，后退时遗下一片白沫。不久白沫消散，沙砾间留有彩色的珠母贝，间或也有蚌珠混杂在泥沙里，还有一些闪光的海月（一种海贝），被深埋着。有时历经狂风暴雨和巨浪疾卷，又被潮汐冲刷出来，展示出它不同于沙砾的闪光的一面。

鲁迅先生在《纪念刘和珍君》一文中，责备过当时女子师范大学校长杨荫榆开除了刘和珍等六名学生。鲁迅先生赞扬了刘和珍在反抗那"广有羽翼的校长"的斗争中的桀骜锋利的精神。七十余年过去了，鲁迅先生的悼文依旧如长明灯盏，祭奠于为反帝反封建而牺牲的热血青年们的灵前。杨荫榆在那场大风暴后悄然南下，移寓苏州，继续走她自己的路。这位在 1912 年毕业于日本东京女子师范，又深造于美国哥伦比亚大学的教育硕士，1938 年在姑苏吴门桥堍，以其娴熟的日语痛责日寇的强盗行径，被一名日军军官开枪射杀，尸体被踢入城河，河中漂流出淡淡的血痕。时隔半个世纪，这血痕于流逝的时光中洗成绯红，幻成杨荫榆端庄而严峻的形象，屹立于嗜血成性却终被战败的侵略者前，屹立于爱国的仁人志士英魂群中。

杨荫榆在任职北京师大之前，她的半生光阴就是在学校的女生宿舍中度过的，她受到的教育和浸透在她意识中的就是读书求知。当她成为一校之长时，自己立身处世之道就自然地成为她管理学生的唯一标准。当她用这条标准去衡量并处理刘和珍等学生时，便站到了反帝反封建运动的对立面，受到进步舆论的谴责和反对。杨荫榆引咎去职，来到她家乡无锡的近邻苏州执教鞭，先后在苏女师、草桥中学、东吴大学文理学院教授日语和教育学课程。她同苏州的名教育家俞庆棠女士、韩素分女士等交往，创建过"二乐女子学术社"，担任社长。她像同时代中年以上知识界的新女性一样，朴素地挽一个发髻，穿一袭蓝竹布旗袍，春秋两季外罩一件对襟毛衣。她习惯依旧，对学生十分严格，即便是选修课程，也不准稍有松懈。当年一位在东吴受教于杨荫榆的学生吴兆基，如今已届耄耋之年，是苏州大学的退休教授，捋着他飘长的美髯，沉浸在往事的回忆中，喃喃说："学生们都敬重她，她是一位严师。非常严肃，非常严格。"

旧社会知识界中有造诣的女性，不少是独身者，她们的婚恋观无从探索，她们只是勤奋地投身于事业。杨荫榆就是其中的一个，她一生未论婚嫁，只是献身于她的教育事业。她生性孤高，喜欢离群索居。苏州城西盘门一隅，素被苏人谑称为"冷水盘门"，喻其荒凉。杨荫榆却在这地方用私蓄砌起了一幢三楼三底的青砖小楼。远眺灵岩、天平诸山，近观盘门三景，暮听寒山钟声，度着那淡泊宁静的生涯。"八一三"的炮声扰乱了杨荫榆的生活。苏城沦陷，杨避居吴县香山。旋即返回旧居，旧居已非旧观。杨耳闻目睹日寇的种种暴行，义愤填膺。她一扫平日斯文气质，奔至盘门外日本领事馆严词斥责。日寇为其正气所慑，并顾忌她中国名流的社会地位，凶焰不得不有所收敛。一时，杨荫榆家成了邻近妇女为免遭凌辱的避难所。此后，杨又屡屡为邻近居民被杀害事，去日军司令部论争，终于激怒了野兽们。一天，日司令部遣员请杨荫榆去吴门桥堍商谈赔偿事宜。杨荫榆行至日军官桌前，谈未数语，日军官即从桌下拔枪射击。当时目击者为同行之邻居薛妈。薛妈返回后将情况告知东家，东家即为至今健在的吴兆基。

烟云岁月。吴门桥地处盘门三景之中，昔日"冷水盘门"如今已成热闹去处，游人如织，舟楫如梭。在如画的景色中，血痕已不可见，唯三层青砖小楼尚存。

杨荫榆遗体传被营造过她家小楼的木匠师傅捞起，草草殡葬，与乱冢为伍，已不可辨认。黄土一抔，荒草茫茫，唯晨鹊暮鸦相伴。

陶潜《拟挽歌辞三首》中有句："得失不复知，是非安能觉。千秋万岁后，谁知荣与辱。"杨荫榆全身心投入于教育事业，在关键时刻不失其中国人之骨气，虽有瑕疵，犹为美玉，亦难得矣。

（原载《瞭望》1988 年第 20 期）

附：杨绛致俞明信

注：上世纪 90 年代初，费孝通先生见到俞明写的《杨荫榆之死》一文后，即告俞说：杨荫榆是杨绛的姑妈，宜寄奉请教。俞遵嘱寄去收纳此文的《姑苏烟水集》一书给杨绛先生。不久，杨绛先生来信如下：

中国社会科学院外国文学研究所

俞明同志：

奉到大著「姑苏烟水集」，挥洒自如，富有情趣，我曾富苏十数载，读来殊觉亲切。有阑先姑母杨荫榆一节，与事实有出入，然颇具「真实感」，承称誉其骨气，具微史笔。专此布谢，即颂

著安

杨绛 上 三月十六日

钱锺书附候

大师远去的思考
——纪念朱季海大师

章太炎先生说："古来有大学问成大事业的，必得有'神经病'，才能做到。"这话用到朱季海身上，显得非常合拍。

一、朱季海其人其事

1933 年春，朱季海年方弱冠，就读于苏州东吴附中高一。他花了大洋三元，在一个讲习班听课。其时一个小学教员的月薪是大洋六元，可见这讲习班的听课费是极贵的。讲课人叫章太炎，侯外庐评价此人是中国学术史"自成宗派的巨人"。他的一些弟子，如黄季刚、钱玄同、朱逖先，以及汪东、沈兼士等，都已卓然成家，成为大师级的人物。这个讲习班，听课的人都是中老年国学研究人员。太炎先生在小学、经学、史学、诸子学方面的造诣，到了晚年，已臻化境。他讲学时，内容博大精深，旁征博引，听课的人如无深厚的国学基础，是很难听懂的。

这天，当章太炎讲课时，发现听课的人中间竟有一个陌生的青年，不免感到奇怪。课后询问也在讲习班听课的东吴大学教授王佩净，对这个青年才有所了解。在朱季海的身上，章太炎看到了自己昔日的影子，遂此兴发了爱才惜才的想法。

章太炎在十七岁时，已经"浏览周、秦、汉氏之书"，却又"废制艺不为"，有了与众不同的见地。在讲习班讲课时，引文处背诵如流，为章作板书的弟子往往不知所措。及至讲《尚书》，章特嘱朱作记录。朱用毛笔作书，运笔如飞，忠实原文，绝少讹误，先生阅后大悦。不久，便正式收朱季海为门徒。章太炎晚年收了朱季海为关门弟子，犹如晚年得子一样的喜悦。朱季海从此便每日出入锦帆路五十号章宅，接受太炎先生的熏陶。

朱季海一生，任公职仅两年。其时国民党中央设有国史馆，成员待遇极高。经师母汤国梨力荐，朱季海入国史馆任馆员，为简任级官员。朱上任后，多次风尘仆仆去北平索求翔实史料。馆长但植之讽嘲说："君想做司马温公么？"朱大声回答："为何不可？"友人告朱，但植之在背后斥朱"目无长官"，朱大恚说："此乃长官无目！"遂拂袖辞归。回苏后，以微薄的束脩度其菁莪生涯。他夹着一只破书包，或到旧书铺里觅善本，或到怡园碧螺亭上攻读。他教授学生的地方便是悬桥巷口九如茶馆内的一张方桌。

二、朱季海奇人奇事

及至新社会，朱季海简单、平稳、闲散的生活，受到了冲击。他像现代舞台角落里的一架古琴，融入不了现代摇滚舞曲，只是被闲置在一旁，被尘封在角落里。他的茶馆教学行不通了，学生们有的投身到革命洪流中去，有的转学到各类专业学校中去，以便学成后为祖国服务。他的茶馆教学被迫收摊，他茫然四顾，无路可走。他不愿去参加什么革命工作，也不愿到正式的学校中去执教，他拒绝市政协的邀请，他坚持过他的落拓不羁的名士生涯。只是他这个人间凡人还要食人间烟火，数十寒暑，他硬是饿一顿饱一顿地熬了过来。春节才过，朱季海就把棉裤送进当铺，用典当的钱吃了一顿饱饭。不料春寒料峭，禁不住冻，只得钻在被窝里。遇上机会，他也有些收入。例如江苏师院顾树森教授写了一部重要著作《中国古代教育制度》初稿，慕朱之名，移樽就教。朱答应为此书校对勘误，但不客气地索要酬金三百。朱浏览一遍后，指出了百余处错误，顾教授再三称谢。在上海一次集会中，顾教授介绍了朱季海奇人奇事，一些教授托顾带给朱贺金五百。有了这些收入，朱也可以宽裕地过上一阵子。

在"十年浩劫"中，"朱痴子""书蠹头"的名声救他渡过了难关。只在"文革"初期，饱受一场虚惊。一天，在怡园碧螺亭上，朱正在读宋版音韵书。红卫兵包围上去，将书夺过检查。只见书上圈圈点点，以为是特务密码。幸亏园中游客为之解围，朱方得抱头鼠窜而去。

朱季海看过我写的《痴子》一文，还好，总算点头首肯。他面带微笑说："俞某人还算得上是个文学家。就是这句'鼠窜而去'末，有点过分了。"

生活教会了朱季海节俭生活。他典当卖物，每日中午在小饭馆中花一角钱买碗鸡鸭血汤，三两米饭，如此这般过了十余年。

苏州人形容一些有现成条件放着不用，自讨苦吃的憨大为"端着金饭碗讨饭"，这话放在朱季海身上恰到好处。正当鸡鸭血汤要涨价，朱"望汤兴叹"时，南京大学中文系杨主任奉了匡亚明校长之命，专程前来敦请朱去南大执教。一见面，朱就责备匡校长没有亲自来请他："吾未闻欲见贤而召之也。"杨主任说："朱先生如真有意屈就，匡校长一定会亲自来迎接的。"谈到报酬，杨按二级教授待遇，讲明大约二百几十元。朱却说："非三百元不去，少一分不行，多一分也不行。"高校一、二级教授的薪金也没有整数的，杨想先答应再说，差额用补贴垫上。最后，朱提了一个根本行不通的条件，言明一节课他只上二十分钟。为什么只上二十分钟？朱说："我这二十分钟是没有水分的，二十分钟足够了，足够了！"这使杨主任大感为难。其时，高校统一规定一节课为五十分钟。若答应朱的条件，学校的教学秩序会全部打乱。朱季海却坚决不让步，杨主任只得无奈地回宁复命。

还有，南京文史馆有意聘朱季海为馆员，这是训诂学权威徐复老教授等人力荐的结果。如果此事成功，朱季海的衣食、医疗可保无虑。令人不解的是，朱季海就是不肯接受，此事也只得作罢。

三、大师离我们而去

朱季海于 2011 年 12 月 21 日驾鹤西去，享年九十六岁。

　　自古文人相轻，但在中国的学术界和朱季海的同门师兄弟中，却没有一个人轻看他的学问，都是赞佩有加。以朱季海先生所著《楚辞解故》来说，对《楚辞》，历代考据名家多有研究注解，《楚辞解故》一书对这些考据注解中的舛误作了纠正，旁证曲喻，博收例证，训释本意，考其源流，多具卓见。一经《楚辞解故》训释，许多疑难问题豁然而解。南师大的段熙仲教授拜读过朱著《楚辞解故》后，赞叹道："朱先生的学问诚深不可测也。"师出章太炎先生门下的中国训诂学权威徐复教授说："朱先生就是脾气坏了些，学问是没得话说的。"

　　朱季海仙逝后，一些文人在谈起他时，竟有"我的朋友胡适之"的样子。据我们了解，被朱季海引为文友的可以说寥若晨星。

　　就我们而言，不论我们如何努力，却没有做好朱季海的工作。我在市委宣传部工作多年，对朱先生是特别用心的。由于我有在高校工作二十多年的经历，接触过很多知识分子，因而在市委宣传部工作时，很自然也会了解和关心苏州的一些知识分子，特别是他们中的代表人物。在这过程中，朱季海逐渐走进了我的视线。我很想帮助朱季海，特别是当我了解到朱先生的生活正处在窘迫之中，极需给予补助。然而，宣传部门根本没有可以动用的款项。我就设法和一些下属的事业单位商量。知道市博物馆可以开支一些"车马费"，于是和当时的馆长刘冠崎研究此事。刘馆长也很支持，商定以朱"专业知识渊博"的名义，聘用为"顾问"，每月给予四十元的"车马费"。我以为事情会很快落实的。过了个把月，一次路遇刘冠崎，询问此事，才知道刘通知朱先生去市博物馆领取车马费，朱却没有去。我就说："麻烦刘馆长亲自送上门去。"刘听了面有难色，我解释道："你不用顾虑，这是知识分子的自尊心在作怪。你第一个月送去，通知他，请他以后按月去馆领取就行了。"刘遵嘱而行，果然如此。当时的四十元，相当于一个中学教师的薪金。所以，几年之内，也可保朱先生不受冻馁之苦了。

　　后来，周向群出任宣传部长时也尽了力。但我们的工作，始终深入不到朱先生的内心世界。较多接触朱先生的高志罡科长（后任副部长），向周部长详细介绍了朱季海其人其事，提出过为朱季海先生增加生活补助费。当时部里有了一些可以开支的钱，周部长当即批准每月增加至一百五十元。朱先生毗邻有个小餐馆,噪音和油烟味影响朱先生的生活。周部长也嘱咐高副部长妥善加以处理,如需费用也可解决,如此等等。多年来,也有效地解决了朱先生生活上的一些困难和问题。

正逢其时,社会上的一些人,上海、南京的一些教授,如顾树森教授,都帮助过朱。乃至本地的一些女青年,如王鏊研究会的王开征和群艺馆的徐凌霄等,隔些日子,会请朱先生吃一顿饭,加加油水。她们看着朱先生把一大方块东坡肉,连带碗里的汤汤水水,全倒进肚里,在心理上感到特别满足,觉得为振兴中国国学贡献了一份力量。朱季海有了病痛,她们陪朱先生上医院,代付医药费。南大请朱先生执教,南京文史馆聘任朱当馆员等事,她们也做了朱的思想工作,虽然朱不予领情,但她们也确实尽了力。

1997 年,王开征写了一篇文章,写到朱季海贫病交加,给香港刊物登载了。说中国的国学家只有两个半,朱季海算半个,却贫病交加。这件事不知怎么给苏州市委当时的书记知道了,觉得苏州竟养不起一个国学家,岂不坍台?书记震怒了,立即下令解决朱季海的生活问题。当时宣传部的周向群部长借这东风,聘任朱季海为市社联顾问,每月薪金五百元(不久追加到六百元)。并派遣高志罡和朱季海沟通,询问其还有什么问题要解决。高志罡当即拉了我去教育局迎峰宾馆宴请朱季海。酒过三巡,朱对五百元薪金尚称满意,提出其孙子要结婚缺房。周部长立即把部里在南门一套六十平方米住房的使用权给朱。后朱又提出其住房附近陆稿荐锅炉房吵扰甚大,能否助其解决。高向沧浪区委书记转达市委一把手的态度,区委书记二话不说,雷厉风行,予以解决。总而言之,有了一把手的关怀,朱季海的生活真像芝麻开花——节节高。

朱季海先生已经驾鹤西去了,如何考量我们的工作呢?我们的工作,以及社会的工作成效如何评价呢?老实讲,我有些茫然。

由于出版界的约稿,朱零零星星地出版了一些书,如《楚辞解故》《说苑校理》《新序校理》《南齐书校议》《庄子故言》和《南田画学》,后来又为上海人民美术出版社写过《南田画跋》和《石涛画谱校注》。南京一位老教授说:"季海先生在音韵、文字、训诂诸领域,无一不精,就是不肯把肚子里的东西掏出来。"这位老教授的话对我有很大的启发，朱先生不肯把肚子里的东西掏出来，这对国家、对人民而言，无疑是很大的损失。朱先生的学术成就决不能烂在他的肚子里，得掏出来，成为一册册的学术著作传诸后世。这就是我们的工作目标，这就是考量我们工作成效的标尺。我们做了一些工作，使这位大学问家得以生存于世，但仅止于此。当大师离我们而去时，我们回顾，不得不感到极大的遗憾。就主观而言，我们的认识是逐步提高的，特别是要正确认识和对待像朱季海这样一位有奇特个性的大学问家，需要相当的时间和过程。就客观条件而言，我们习惯在政策的指导下开展工作，但对待知识分子，在较长时期却缺乏一个完整的正确的政策。其他不便妄议，有一点可以断定，把知识分子冠以资产阶级显然不妥。特别是一些有学问有专长而又有狷介狂妄个性的人物，很容易被忽视、漠视，甚或敌视。在财政开支上，宣传文化部门很少有可动用的款项。如果没有下属机构可以机动作些开支，每月四十元的车马费就无法落实。比如朱季海的生活费用，他不愿到南大、文史馆，可总有一个还能勉强屈就的地方吧。他不是天生只愿喝鸡鸭血汤的，东坡肉是他的最爱。只要有一个地方，只要有一个他觉得很堂皇的理由，他也不会和钱有仇的。

又比如掏朱先生肚子里的东西，只要有钱，自有妙计。找某个出版社合作，出版成本费用和稿费等，一概由我们出，三方都有利，哪有不成之理？

可惜得很，大师已仙逝，一切悔之晚矣。但是，只要这个、那个事例汇总起来，转化为对待知识分子的政策，为我党所崇，那么，悔之犹未晚也。

（原载江苏省社会主义学院学报增刊《雅集》2014 年第 2 期）

父子会

一张彩色照片，彩色已经褪尽。上世纪 50 年代的彩照，其实只是着色而已，在人的首发眉眼间着上粉红色，嘴唇则涂上大红色。过了二十五年，到了上世纪 80 年代初，这些着上去的颜色便褪尽了。

褪尽也好，如果原先不着色更好。照片上的主人公，拍了这张照片不久，生活中的彩色便褪尽了，剩下的只是惨白一片。

照片上并肩坐着一对青年男女，男的很幸福地笑着，女的笑得很甜美。他们各自伸着一只手，搂住一个六七岁的男孩。我评论说："美满家庭。"老朱笑着说："谁见了这照片，都会这么说的。"老朱是这张照片的历史见证人，他是这对青年男女的挚友。

男的名叫黄南林，是市级机关的正职科长，在大学新闻系毕业后不久，被提为正科，是很不容易的。他嘴来得，笔也来得，是人们公认很有才能的人。

1957 年后，黄南林在一场大家知道的劫难中被划为"右派"。在劳改时他抓到一只鸟，为了制作一只鸟笼，他打磨一把小洋刀，却被人检举磨刀霍霍，有异常举动，上了脚镣手铐，加判了刑期，直到上世纪 70 年代末才被释放。照片上甜美地笑着的女人早已另组家庭，那个六七岁的孩子也已近中年，在一个工厂里做工。从他懂事起，失去了父母之爱，性格变得很孤僻。

老朱和黄南林的另一好友老张，蓄意要导演一幕人生喜剧：父子会。其时尚无咖啡茶座之类，老朱选定了我们的办公室，说这样可能更自然些。

黄南林被规定在九时到达，失散了二十多年的儿子应在十时到达。在他们到来之前，老朱拿出了这张褪色的彩照给我看，并在旁述说当年的情景。

青年时代的黄南林，称得上英俊潇洒，女的是师范生，一朵到处引人注目的鲜艳的花。两人像磁铁一样互相吸引，迸发出灿烂的爱情火花。他们建立了一个社会主义社会具有美满典型的细胞单位，受到很多人的艳羡。

他们有了一个孩子。一周六天，他们紧张工作。星期天，他把孩子揿在肩上，她拎了盛着鸡蛋、面包和热茶的塑料包。她精心作了打扮，梳着两根乌亮的发辫，额前的刘海烫成弯弯曲曲的模样，其时社会上的女同志作这样的打扮已经是很时髦的了。这幸福的一家兴高采烈地到公园中去，让孩子在草地上玩，他们坐在长椅上，享受着阳光空气，交流思想和工作。他们觉得生活是那么美好，就像蓝天和白云一样，明朗而厚实。有一天，他们出了公园，到全市最好的一家照相馆去，咔嚓一声，照了唯一的一张合家欢。

这张照片，是老朱抢救下来的。黄南林被划了"右派"以后，女的就和当时社会上大多数女的遇到这种情况的做法一样，划清界限，离婚改嫁。黄南林在被送劳改前，整理简单的行装。最后，他取下挂在墙壁上的照片，想要撕掉，被在场的老朱抢了下来。想不到，二十多年后，这张照片在促成父子会这一幕中还起了作用。

两个"导演"先去同"角色"商量。老张找到照片上的女主角，女的沉思片刻，说："不要认儿子了吧？为了这孩子的前途，黄南林出来后，不要再和他有什么联系了，这样对双方都有好处。"老张知道她的心思，说："这一次，黄南林是彻底平反的，请你放心。"女的默然点了点头。两人又去找黄南林的儿子，儿子说："算了吧，我已经长大成人了，有了工作和自己的生活，就是认了，又有什么意思呢？"老张用同样的钥匙去开锁，告诉他黄南林的结论是彻底平反，以后没有事的。老朱又掏出了照片，儿子凝视着照片，终于点头答应了。

九时整，黄南林来了。坐在办公桌前，他为这次相会理了发，头发已经花白，苦难之刀在他脸上雕上了许多皱纹。他穿了一身臃肿的棉制服，抽着劣质香烟，一支接着一支。他的手指颤抖得很厉害，手指上夹着的烟卷青烟乱腾，说明他内心之烦躁。这天地间两个至亲至爱之人被撕裂了二十多年之后，成了陌路，互不相识，一旦重逢，会发生怎样感人的场面呢？

若这办公室是一个旋转舞台，儿子一出现，暗转以后，便是昏暗的海滩，狂风夹着怒潮拍打着岩石，暴风雨把父子俩淋得透湿，他们对视着，脸上流淌着泪水和雨水……或者是蓝天、芳草、繁花，竟是二十多年前公园里的场景，儿子想起了在过去生活里频频出现的欢乐镜头，他跪倒在如今白发满头的老父面前，抱住老父的腿，老父喑哑地呼喊着儿子的名字，那名字是他在二十多年里一直在心里呼喊着的……

十时整，儿子终于出现了。一个消瘦的高个子，木然的脸。

想象中的旋转舞台应该暗转了……可是，什么事也没有发生。

他站在门口，叫了一声："朱伯伯，张伯伯。"老朱请他进来，他坐在老朱的办公桌旁。他没有看黄南林一眼，但我们三个人知道，他是看见黄南林的。

老朱站起倒了杯茶，放在那儿子面前，然后介绍道："这是黄南林同志！"黄南林站起来，朝他儿子点点头。

老朱又说："这是何文林同志，就是文官。"何是父母离异后跟母亲的姓的，文官是小名。

何文林也站起来，朝黄南林点点头。会见仪式就此告终。

接着，何文林说："张伯伯，朱伯伯，我走了。"说着，便走到门口。黄南林赶紧站起，往门口走了几步。老朱恰好在他们中间，说："以后，你们自己联系吧。"两个人听了，都点点头。做儿子的看了他老子一眼，头也不回地走了。

我有些失望。这场景竟是这样的平凡。但我终于想通，这类事太多了，国人涵养功夫好，经历的事又多，不免有些麻木，这样的相会，一般也就是这样的了。

（原载《美文》1995 年第 4 期）

葛老先生

这时代太伟大，而他太渺小。渺小的人也得活，他戴着滑稽可笑的面具，大家背地里称他为小丑式的人物。很多人戴着各式各样的面具，其实没有他高明，大家瞧不起他，他借以生存和自保。

他生活得很沉重，却像轻烟一般消失。故世二十余年，再没有人提起他，也从无追悼他的文字。回过头去看，他和那些争名夺利假仁假义的同仁不一样，他只伤害自己，而从不伤害他人，如果都像他，这世界就太平无事了。

知识分子爱装扮点门面。其时虽不敢逾规，西装大衣压在箱底里了，但中山装还是要穿麦尔登呢的，头发也天天搽油梳得光光的，走在校园里总还有些出类拔萃的教授样子。葛毅卿呢，人长得不登样，又不修边幅，衣着只求跟上时代而已。他穿一件皱巴巴的蓝布中山装，戴一顶褪色解放帽，脚登蚌壳棉鞋，手戴露出手指的半截子手套，走路时缩头缩颈。两个来月才上一次理发店，后脑的头发拖在帽子下面，上髭长几根焦黄须须，不伦不类，不三不四，越发叫人瞧不起他。

其时，老先生已年近花甲。若问他的过去，还是有些名头的。他解放前曾在中央研究院历史语言研究所任过职，在西北大学、江苏社会学院等六七所大学当过教授。解放后院系调整，到了南京师范学院中文系，却只给他一个教员的名称，低人一等。

他出门常带一把黑色布伞，挡阳光、遮雨，平日作"司的克"，橐橐地敲打着路面。他一摇一摆，踱着方步,挺着有肺病的胸。他于无人处，是有着人的尊严和气派的。

　　但等遇到校、系的大小领导时，他就变成了另一个人。立正，作九十度的鞠躬，一边恭敬地说："李书记好！""王科长好！"他生得又矮又小，样子很猥琐，在鞠躬时，头脸几乎碰上了膝盖。其时是上世纪50年代前期，知识分子的自尊心尚未泯灭，对领导们没有一个先打招呼的，更不用说作此贱态了。但他却很认真地这样做着。甚至在校外，在公共汽车站等车，遇上一个年轻的有职务的人，也必立正做九十度鞠躬说："王处长好！"把王处长吓一大跳，赶忙回礼说："葛先生好！"周围的知识分子对他的做法很厌恶，觉得不必这样的。被鞠躬的也很厌烦，在公共汽车站看见他，赶紧躲开，免得遭等车人的非议。

　　教研组开会，他进来了，在门口一鞠躬，说："各位早！"大家不睬他，各自谈笑说话。他踱着方步到自己位子上坐定，闭目养神，这姿态一直保持到会议结束。逢到非他表态不可的时候，他睁开小眼睛，很卑贱地说："我没有意见，非常赞成，完全拥护。"或者说："我很同意各位同仁的意见。"大家原也不指望他发表什么意见，只当他放屁。

　　他的学问，系里很少有人搞得清。他在课堂教学中，还过得去，有时摆摆噱头，学生们不讨厌他。新学年开始，新生们不知大学教师什么个模样。他进来了，操着苏州官话说："敝人姓葛，名毅卿，坚毅的毅，卿卿我我的卿。"学生就笑。他正色道："人不可貌相，春秋时的晏子，三国时的张松。你们上学，是求学问的，不是求相貌的。"学生就不笑了。他教国际音标，用小舌头颤动发了一个音，声音很怪，大家听了笑。他叫学生跟着学，却没有一个发得准的，大家也笑不出了。他说："迄今为止，中国还没有一张标准的国际音标唱片。解放前，中国唱片公司请我灌音，我开价二十担米，少一粒我也不干……"他说到不干，把手乱摇，学生又笑了。他忽然正色道："我苦练十年，十年寒窗，才练成国际音标，为什么少一粒也不干？按劳取酬，社会主义原则么！"大家听了似乎有些道理，但老师又明明说的是解放前，大家给懵住，又不笑了。课后，课代表反映给班主任，班主任反映给年级主任，年级主任反映给系办公室主任，系办公室主任反映给系主任。系主任找他谈话，说："葛先生，我们做教师的既要教书，又要教人，这二十担米似乎不必讲的……"他赶紧站起，鞠躬说："是，是，是！我知道，知错必改，一定改，一定改，一定！"说完这几句，已退至门口。系主任再想说什么，他一鞠躬，不见了。

他讲《语言学概论》，比别的老师讲得生动，只是有些过分。比如有一次分析几句唐诗，他的脸先是看着地上，看着假想中的花，时间之长使学生有些害怕。忽然，他手一指，大声喊念道："感时花溅泪……"又倏地抬头，两眼直勾勾地望着假想中的树上鸟，又是好久好久。忽然一跺脚，往天上一指，咬牙切齿地念道："恨别鸟惊——心！"当时倒是有些气氛的，学生们受了些感染。散课以后，却笑成一团，宿舍中跺脚之声不绝。

其时苏联语言学界开展争论，斯大林出来讲了话，批判苏联语言学界权威马尔。为了顺应潮流，他就来个每课必批。他的苏州官话把马尔念成"妈儿"，妈儿短，妈儿长。学生受不了，课代表又反映上去。这次反映到第一级，班主任就给顶回来了。班主任拉长脸说："批判么，没有错的！"无奈，大家给他起绰号叫"妈儿"。有人问："明天上午有什么课？"有人就回答："有'妈儿'的课。"大家就准备挨批判了。这个时期，是葛毅卿最得意的时候，是他唯一批人家的时候。他硬气得很，背后居然有斯大林撑腰。

他的看家本事，是很冷门的，研究"唐韵"，他自诩是国内有数的唐韵专家。听到的人传扬开来，只是增加了一样在背后谈论取笑他的资料而已。其实，他说的是实话。早在上世纪 30 年代，他在中央研究院历史语言研究所任职时，就在法国世界性的权威杂志上用英文发表过一篇《喻母三等之音值》，是驳斥当时瑞典斯德哥尔摩大学校长、著名语言学家高本汉的谬误的。这本杂志的名字叫《学报》，中国人在这本杂志上发表文章的一共只有三人。仅此一例就可以大致了解葛老先生学问的根底。惜乎"麟角凤嘴世莫识"，直到上世纪 70 年代，才在某大学学报上有此文的译文发表。

葛毅卿自从尝到批马尔的甜头后，喜不自胜。以为自己总算找对了头，找到了在新社会做人的诀窍。此后在课堂上，他常常把苏联如何如何挂在嘴上，说是苏联曾有杂志约他写研究中古音的文章，又在课堂上称颂赫鲁晓夫。其时赫鲁晓夫在访问别国时常发表即席演说，他从语言学角度分析赫鲁晓夫同志的语言是如何之生动，辞令是何等之锋利。学生们听得很是有趣，看待他的眼光略略有些崇敬的神色了。但为时不久，这种眼光却又变为很奇特的那种。经过层层汇报，他又成了与苏修有千丝万缕联系，不遗余力吹捧苏修的可疑对象。他自己却懵然无觉，好一阵才醒悟过来。老天爷，他要是早知道"老大哥"忽然会被冠以"修"字号，说什么也不会干这种蠢事的，悔之晚矣，悔之晚矣。

"文化大革命"中，他连"死老虎"的称号也无资格获得，只得了"死苍蝇"的雅号，几乎被人遗忘。但他不敢妄自菲薄，每每挤到牛鬼蛇神的队伍中去，忝陪末坐。跟在队伍的尾巴后，佝偻着背，一边咳着，其时他的肺病正在加剧。有几次斗争第一流的牛鬼蛇神的活动，名单上并没有他，他忽然冒了出来。小将们读完名单，问他是谁，他连连鞠躬，并作了自我介绍，气得小将们赏了他一巴掌，说："滚！"他倒也灵活，躲闪了过去，点头说："是，是，是！滚，这就滚。"抱头鼠窜而去。他的确也搞不清自己的级别、地位和作用，他只知道头上有两顶帽子，一顶是"赫鲁晓夫的孝子贤孙"，一顶是"苏修吹鼓手"。他深知这两个称号具有伸缩性和国际性，说不定忽然会升到第一流的第一名也未可知，他宁可被赏以"滚"字，这样他可以安心回牛棚养神。若排行榜上有他而缺席不到，那罪名可是担当不起的。

他用极其文明的举动，来对待施在他身上的种种。他不停地立正鞠躬，对赏他巴掌的小将连声道谢。他做了一块很标致的牌子，用漂亮的隶书写了"苏修吹鼓手"五个大字，下面倒写了自己的名字，在名字上用红墨水打了个勾，和法院公告上被处极刑的人一样。上台批斗，他用苏州官话报名而进："我是'苏修吹鼓手'葛某某！"人们戳着他鼻子批，他连连鞠躬说："有的，是的！有的，完全有的，有罪的！"批判会结束，他才同牛鬼蛇神们滚下台，在门口对造反派头头鞠躬说："再见！"出了门，四顾无人，赶紧取下颈中的牌子，夹在腋下，他知道小把戏们专门会对挂牌的人投掷砖头的。他松口气，知道今天的功课做完了，反面教员的作用完成了，踱着方步回府去了。后来一段时间，他才同牛鬼蛇神们被押送到农场劳动。因为吐着血，小将们讲政策，叫他拾拾麦穗，放放牛，他都很认真地做着。他同系里的其他教师不大接触。为免传染，小将们把一间本来是厕所后来堆着杂物的小屋拨给他专用，被像罐头沙丁鱼似的挤在一起的教师们戏称为"葛氏别墅"。人们有时只在劳动晚归时看到他腋下夹着捆麦穗，在田陌间立正，向路过的工宣队鞠躬。后来，好久没有见到他了，才知道他吐血加剧，送回城里去了。

他死在家里。那种年代，听到一个人死，特别是像他那样人的死，是很平常的。大家知道这事，是在劳动工地上休息时，有人说："葛毅卿死了。"于是有人浩叹道："真是一个小丑！"忽然有人说："有谁能说自己不也是一个小丑呢？"此言既出，如雷贯耳，如电撼心，工地上一片寂静。

（原载《美文》1995 年第 9 期）

神凝寒窗二十载

小丘,丘京辉,敝同乡,忘年交,相识廿载。如今,昔日青年已过半百,鬓有二毛,成为在国际数学界有一定影响和知名度的学者。

祸福倚伏

廿年前的一天,他来看我,抖抖索索在草绿色的布袋里摸了半天,拿出他在北京的大哥给我的信。他大哥说小丘思想包袱很重,要我给予帮助。

他垂着头坐着,一杯杯地喝着我倒给他的茶,好像渴极的样子,其实是他心里紧张的反应。对我的提问,只是说学校在审查他,他害怕,翻来覆去说这几句话。我有事,约他改日再谈。

第二次见面,才知道他在当学生时埋头读书,但在当时工农兵"上管改"的热潮下,头脑有时也会发热。因为他文笔好,同学时常要他代为起草大字报,班级搞大批判活动,也要他拟稿。他秉性随和,两年下来,"作品"倒也不少。不料因祸得福,毕业时这就成了路线觉悟高的证明,加上他专业成绩好,入选留校。"四人帮"垮台后,"揭批查"中这几张大字报又使小丘因福得祸,搞得他抬不起头。"十年浩劫"中不少事是一笔糊涂账。我从两次接触中知道,小丘是个陈景润式的"书蠹头"。为了减轻他的精神负担,以免发生意外,我去学校帮他说清了这件事。

事情过去以后，小丘对我很信任，又因谊在同乡，他便经常光临寒舍。两人坐着喝喝茶，闲聊聊，在他，这是一种难得而愉快的社交活动，在我，面对孩子似的小丘，全身可以放松，因此，宾主甚为相得。

钢瓶和酒瓶

上世纪70年代后期，逐渐兴起了请客送礼风。但那时还只是"青萍之末"，在家里弄几只菜吃顿便饭；看病的递一支烟给医生，医生用手熟练地一拨，烟便滚落在微微开着的抽屉里；送两瓶酒，被称之为"甩手榴弹"……与现今"蹶石伐木，梢杀林莽"的风势比，那时就是小巫见大巫了。

小丘对我把他从祸福的怪圈中解救出来，很是感激。他一有机会便向我表明心迹，不免使我心烦。特别有一次，他追根究底问我喜欢吃什么酒，使我想起他可能"甩手榴弹"。于是我告诉他，我不喝酒，如果我喝酒，或者任何一个喝酒的人，总是喜欢喝好酒，那种酒你小丘就是不吃饭也买不起的。小丘听了频频点头，说他确实不知道好酒会那么贵。

那年的小年夜，有人敲门。开门见是小丘，推着辆自行车，车上挂着个煤气钢瓶。他见我开门，便把自行车推进来。那时多数人家都烧的是煤球炉，我不由得暗暗吃惊，小丘居然酒瓶不送送钢瓶，这礼可真不轻。我见他正要取下钢瓶，便阻止道："小丘，听我说，我已经弄到煤气了。"

他嗫嗫说："这不是给你的，我……我想把钢瓶寄放在你家里，我……我要回家乡过年。"

"这钢瓶妨碍你回乡过年吗？"

他点点头，说："是的，我……我怕它爆炸。"

我立刻回敬他说："那么，你不怕它在我家爆炸吗？"

他满脸通红，诚恳地说："喔，它不会爆炸的。"稍停，他又补充说："这点科学知识我还是有的。"

"你既然知道，那——"

"不寄掉，我会吃不下饭睡不好觉的。"

我终于明白，这个"书蠹头"有癔症，就答应他把钢瓶留下。他说："我早知道，寄到别人家，别人是弄不懂的。"道了谢，高高兴兴地走了。

翌年春节，我等他来寄钢瓶，他却没来。他过了年上门，说起钢瓶，他说那原是他学生的，见他烧煤球，硬是要把钢瓶送给他。那学生在星期天缠着他"开小灶"，补习数学。去年毕业，又把钢瓶要回去了。他扶扶眼镜说："这也好，我仍旧烧我的煤球，再说，烧煤球比烧液化气节省几元钱呢。"他的收入低，开门七件事，都注意节约。煤球雇人送，只消几角钱，他却借了黄鱼车自己去推。我劝他不要为几角钱浪费宝贵的时间，那时好像才流行"时间就是金钱"这句话，很时髦的。

小丘摇头说："不浪费。过去我下乡插队，习惯一边劳动一边思考的。我一边推煤球，一边解数学题，蛮好的。"接着补充说："这大概就是体力劳动与脑力劳动相结合吧。"

小丘终于有了一个"甩手榴弹"的时机。一年后，他和苏州试验仪器厂的祁英琳结婚，新婚夫妇来我家玩了一次。第二天，他送一瓶洋河大曲来，说结婚没有请客，送瓶酒，算是喜酒。我不肯收，说我不喝酒，身体也不允许我喝。他显得很尴尬，僵立在那里，不知所措。

我灵机一动，问道："你老丈人喝酒吗？"

"喝的。"

"你当毛脚女婿时，上门有没有送过什么？"

"没有。"

"啧，啧，真不通情理！这样吧，你把这瓶酒去送给你老丈人，也算你一片心意。"

"蛮对蛮对，"他把那瓶酒装进了他的破布袋，"我只会解数学题，这道题多谢你帮我解，你要我送给老丈人，他会开心的。"说完，他高高兴兴地走了。

"里通外国"

一天，小丘在北京的大哥又给我来信，说美国的麦凯奈教授邀请小丘去美国和他合作研究。对方很有诚意，那里学术研究的气氛很浓，合作对小丘会有很大帮助。不料小丘从大哥处获悉这个消息后，情绪波动很大。说这事一定是他大哥的馊主意，这样做会出大问题。学校和同事们肯定会说他"里通外国"，这辈子会有无穷的麻烦。他写信埋怨他大哥破坏了他平静的生活，他大哥又气又好笑。可是，鞭长莫及，只得托我做小丘的工作。

我把小丘请到家里谈话。告诉他出国进行学术交流，政策不仅允许，而且是鼓励的，因此，不用顾虑什么里通外国。我和你们学校领导很熟，我会去把麦凯奈邀请你的事告诉他们，取得他们的同意，我也愿意帮你去办妥手续。小丘很注意地听了，慢慢平静下来，紧锁的眉头似乎也松开了一些，但仍然含糊其辞，只说他要好好想一想。

过了几天，他来了。我问他是否考虑好了，他点点头。我问他是否想通了，他说："不是想通了，而是想好了。我……我还是不去的好。"我问他为什么，他扶扶眼镜，摸着胡子拉碴的下巴，慢条斯理地说："我研究数学，全靠这头脑。要说科学研究，算我们搞数学的最节约，不要实验室，不要仪器设备，喏，全靠这只骷郎头。我早上吃两碗泡饭，一块乳腐，来得格舒服，骷郎头里氧气足足，营养得很。"

"毕竟还是牛奶鸡蛋营养好，人家爱因斯坦……"

"哦，这个，没有可比性的。人家吃不来泡饭，正像我吃不惯牛奶，各有各的习惯，勉强不来的。当然，从科学的角度看，从长远看，可能牛奶鸡蛋力道要足些，好比施肥施足似的。"小丘居然口若悬河，一反常态，说明他确实认真思考过。

"习惯可以改变的。"

"话是不错，好多留学生是适应了的，但是我不想去尝试，不想付出代价。再说，我的习惯是系列性的。我不仅吃得马虎，穿得也邋邋遢遢。一家住一间小房间，房里到处堆放着我用得着的资料，老婆孩子踮着脚从书本稿子的空当里走路。我周围都是熟面孔，相处很随便，不睬人，大家也不见怪。这一切的一切，真是太好了。我走进房间，门一关，坐到桌子旁，头脑里立刻接上昨天研究的轨迹。我，我就是要这种平静的老一套的生活，今天泡饭，明天还是泡饭。只有生活不变，我头脑里的数学题才会变、变、变……"

小丘见我不响，又作反证说："可我如果到了美国，人生地不熟，吃不惯洋荤，穿不惯洋服，我不善交际，也不愿交际。可是和洋教授们总会有些往来吧，要吃吃饭吧，要参加一些社交活动吧。唉，这也罢了，最最主要的，和人家合作，不一定会对上思路。"他说到这里戛然而止，垂下头沉思片刻，抬起头时满脸痛苦的神色，说："我怀疑合作对我会有什么帮助，国际上的学术研究我当然要了解，但我一旦选定题目，我喜欢独自思考，沿着我自己的思路走下去。总而言之，我不愿意去美国。我愈想愈怕，不成，我……我不能去！"

我得承认小丘说得对，对小丘这样的人，出洋未必是好事。他说得有道理，我得回过头来说服他大哥。

麦凯奈得到小丘不愿去美国的简短答复后，猜测小丘不去的原因也许是学衔问题，就和博士奖学金会的堪萨商量，邀请小丘去读博士，同时搞一些合作研究。小丘接信不由得苦笑，心想：这就叫做对不上思路了。他干脆拒不作复。

过了一段时间，麦凯奈又来信。麦凯奈是很欣赏他的才能的，麦在《数学评论》上发表过评论，称丘的一项发现为"丘氏性质"。这次麦凯奈来信，建议丘教授重新考虑他们的合作问题。他猜测丘教授早已成家并有了子女，如果合作期间教授夫人偕同她的子女一起来美，将会受到欢迎并得到妥善的安排。他想，这样的话，丘教授的生活将会像他在苏州一样感到愉快。

小丘带着麦凯奈的信来找我，我问他道："那么，你动心了？"

"本来我自己去，为自己操心，我告诉过你，那已经要我的命了。如果一家都去，我将为三个人操心，那我还搞得成什么研究？"

"那么，麦凯奈是白操这份心了？"

"他是瞎操心，我感谢他的真诚，只是我和他思路不对。思路不对，你懂吗？"

"我懂，思路不对，就成不了事。"我说完后，小丘频频点头。

然后，两人一齐哈哈大笑。

移樽就教

小丘不去，麦凯奈移樽就教来了。1989 年 5 月，麦凯奈致函小丘，约他在北京见面。小丘很紧张，跑来向我咨询，说他只见过一次学校领导接待外宾，五六个人拥簇着，都是西装笔挺。那时小丘尚未成家，正拿着碗筷走向食堂。他一边用筷子敲打着碗边，发出单调的点子，一边沉思一道数学题，撞了道，被那伙人推到路旁。这事令他晚饭从四两锐减到一两。这一次到北京，非同小可，要他单独接待外宾，这不是要他的命吗？

我让他说个够，不停地给他倒茶。他终于安静下来，像一只未斗已败的公鸡。我劝慰了一番：这个洋教授对你佩服得五体投地，你有什么害怕的？谈得拢就谈，谈不拢拉倒。你怕没有出客衣服有辱国体，真笑话！你又不和他比赛时装，伟大到爱因斯坦，也只穿件皱巴巴的西服和大头皮鞋；陈景润到布宜诺斯艾里斯，把西装裤卷到小腿肚，好像要下田似的，阿根廷学界照样对他毕恭毕敬。他和你平等交谈罢了，若有半点傲慢，你把他甩在北京不就了结了吗？小丘倒也听得进，说："他口口声声称我为丘教授、丘博士，可我只是个副教授。我是有些自卑，听了你这番话，我心里很踏实了。"

国体攸关，小丘还是去买了件新衬衫，晋京会见洋教授去了。他在 6 月 1 日下午赶到北京科技大学外宾楼，麦凯奈开门出来，只穿了汗衫短裤，这使小丘摸着衬衫懊悔不已。

对方很热情，也很健谈，小丘只是默默听着。麦凯奈大概知道小丘有些古怪，为了套近乎，扯了一些无关紧要的生活问题。他说自己是个素食主义者，不喜欢肉食，不抽烟不喝酒。他问小丘饮食习惯，小丘说和他也差不多，但不拒绝肉食，心里却想，自己倒是喜欢吃肉的，只是他的收入不允许肉食经常上桌而已。麦凯奈又说自己会看相，他要小丘和他四目对视。过一会，麦凯奈看到小丘面有戚容，开口说："丘教授，你是一个很容易伤感的人。"小丘大吃一惊，他只要停止思考数学问题，脑子里就会出现伤感情绪。麦凯奈又和他对视片刻，又说："丘教授，你有一种百折不挠的性格。"小丘立刻想到自己下放农村插队时苦学不辍的情景。他很奇怪洋教授也会看相,而且很准,于是赞许说:"麦凯奈教授,你看相很有本事。"

两人闲扯一通,气氛轻松。接着转入正题,麦凯奈拿出自己的一篇手稿,小丘也拿出两篇文章,相互交换着看。看完文稿,已是上灯时分。麦凯奈说:"我想和你在北京合作研究一些项目,时间大约要半年。"小丘说:"合作是可以的,不一定要半年,要视研究情况而定。"

麦凯奈说:"我想在北京租房子住,可以自由些。"

小丘赶紧说:"外面租房子,不方便的。"

"为什么?"

"会有……会有麻烦的!"

"麻烦?什么麻烦?"麦凯奈表示不理解。

"会有的。"小丘说,但自己也弄不清会有什么麻烦。其实,他思想深处还是摆脱不了"里通外国"四个字,同一个洋人住在外面,说不清。于是,果断地说:"要合作,就住在这里!"

沉默片刻,麦凯奈又出新主意说:"那么,我到苏州大学去好吗?"

"不方便的。"

"为什么?"

"这……没有先例。"

"先例?这不成为理由,任何事,都有第一次的。就是我们研究的任何数学课题,都是前人没有思考过,或者不完整而需要重新思考的,换句话说,在一定意义上都是没有先例的,不是吗?"

小丘不做声,心里想,这次麦凯奈本来要来苏大的,是他坚持在北京见面。在北京,有他大哥顶着,如若到苏州,那就是他的事了。半年里面,麦凯奈遭抢遭偷怎么办?给车子撞了怎么办?走失了怎么办?发生什么风流韵事怎么办?这个洋教授是我引进的,难道我能推卸责任吗?到苏大,不是找个虱子往头上搁吗?我还会有安逸的日子吗?还有什么心思搞研究?时间一长,不留心说溜了嘴泄露了什么机密,这不是要命的事吗?

"呃,到苏州?不行的!"小丘断然说。

麦凯奈思索了一会,颔首说:"好,不去苏州,就在北京,在这儿。"

他不理解对方的想法，但觉得还是迁就这脾气古怪的中国同行为妙。

小丘从北京回来了。他喝着茶回答我的提问说："合作的事，没有谈成。北京有点乱，我大哥劝我们赶快离开。麦凯奈是胆小的人，立刻乘飞机回去了。我也回了苏州。"

"合作不成，你不觉得可惜吗？"

小丘扶扶眼镜说："无所谓可惜不可惜，搞合作，试试也可以，不搞，我还不是照样过吗？这次给他两篇文章，他补充一些，出版的版面费就由他代付了。"这两篇稿子由两人署名发表在美国《国际数学与物理科学》杂志上，该杂志审稿人认为文章提出的严格端点理论"可能是一个非常有趣的研究领域的良好开创"，这个评论在学术界是很高的评价，此是后话了。

我问道："人家不远千里而来，你不请人家吃顿饭吗？"

"没有，"小丘简洁地回答说，"我没有想到过，再说，我没带请吃饭的钱。"

我批评说："你这人真不通人情。那么，你陪他玩过什么地方吗？"

小丘摸摸下巴说："我虽然到过北京好几次，可一次也没有玩过，我自己都弄不清东南西北，怎么陪他玩呢？"

我不由得连连摇头。

小丘说："我不像你们干部，外宾来，又请吃又陪玩的。"

我没有话说，只好打哈哈。

皇冠榜上

小丘是架思维机器，自动上油上发条，永不疲倦地转动和运算，上菜场、推煤球、领孩子、走亲戚、回乡过年，他的头脑工厂从不停歇地开动着。

他下乡插队期间，十年如一日，白天劳筋骨，饿体肤，晚上在油灯下读书和思考，直到深夜。十年寒窗，九转功成，思维机器的骨架于兹形成。中国的知识分子往往是在逆境中挺直脊梁骨，以粗粝的食粮营养大脑的。有了这番锤炼，从此不管条件再苦再累，他也欢处涸辙，耕耘不辍。十几年来，全家的生活天地，只有一间十几平方米的小房。等夫人上班、公子入学以后，这个天地便全属于他了。他躺躺坐坐，想想写写，思维之网张开，他信步在网间，心驰神往。此其时也，他对斗室以外世界的喧闹浑然不知，天底下再也没有比自由自在的思维更使他快乐的了。每当他回过神来以后，早已过了中午。他拿了个冷馒头，就着酱菜乳腐填了肚子，开了收音机放松片刻，用小丘自己的话是"上上发条"。

当助教第二年，他试投一篇稿子给国内的权威杂志《数学学报》，发表了。解放后，苏大的教师在这本杂志上，一共发表过一篇半文章。可他在当助教期间，却在《数学学报》上登载过两篇论文。当副教授的十年间，在美国《数学学会学报》《国际数学与物理科学》，德国《数学学报》等国际学术刊物上，发表过五篇学术论文，在中国《数学学报》《数学物理学报》等属于学术榜的期刊上，登过五篇文稿，还有一些文章刊载在其他学术刊物上。值得一提的是，小丘1994年前在国内发表的二十篇论文，均被美国《数学评论》评论或摘录。

小丘当了十年副教授，安之若素。他几次放弃申请正教授，唯恐和人相撞，一直到1996年春，他才递上申请，被学校通过。

一天他上门，我戏称他教授。他笑笑说："不算数的，要省里批。"又笑笑说："不申请吧，不近人情。批不批，就不关我的事了。"

"你教书怎么样？"

"很认真，学生也很满意的。"

"在大学工作，当教授也应该是追求的目标。"

"正因为如此，我不想和人相撞，宁静致远，淡泊明志。"

"你写了那么多论文，不简单。"

"不写出来不舒服。"

"美国的世界权威数学杂志《数学评论》经常摘登你的文章，你现在不怕'里通外国'了吧？"我打趣说。

"那是学术交流，正常的。"小丘严肃地说，"从1988年起，他们聘我为评论员，就是说有资格评审人家的文章了。还有，美国数学学会也聘我做会员。"

"你现在在学术界小有名气了吧？"

他纠正说："应该说在数学界。"

我是市里名人学会顾问，不由得问他道："你有没有上过什么名人录？"

想不到他说："哦，那可多着呢。"

"能说来听听吗？"

"近五年来，这些名人录什么的不断来烦我，大约有十六七家。实在一些的，有英国剑桥名人传记中心、美国 Marquis 名人录和美国名人传记研究所等，还有，美国纽约科学院请我为其成员，也是名誉性的。"

"什么叫实在一些的？"

"有些是野鸡，不是野鸡就是实在。"一个喝了几十年茶都分不清茶叶好坏的小丘居然这样回答，出乎我的意料。

"收入名人录的，有什么文字评论吧？"

"有的，比如澳大利亚与太平洋国家名人录，评论我在长期的独立研究中，专攻泛函分析并获得了一系列新成果，在拓扑向量空间的理论中发挥了重要作用。"

"再举个例子听听。"

"美国 Marquis 名人录也登载了我的传记。"

"听说美国名人传记研究所蛮正宗的？"

"那个研究所最近来过信，祝贺我已入选'皇冠名人录'，又叫做'五百有影响的带头人'。"

"听说入选名人录，都要交纳费用的，是吗？"

"是的。"

"你交得起吗？"

"哦，我刚才讲的，都是些不要钱的。"

"那些要钱的，你不交就不入录，是吗？"

"入不入，不关我的事，"小丘摇摇头说，"不论要钱不要钱，我一律不回复。他再通知我入录的，就是不要钱的了。"

我说："其实，收取少量费用也是合理的，毕竟不是慈善机构。"

"这个我能理解，但我有权利不答复。"

"你不觉得有些可惜么？"

"没有什么可惜的。"小丘很快回答。忽然又想起了什么，说："有，有是有一个。1997年1月，美国名人传记研究所，要求我接受他们的提名和邀请，当他们研究部的顾问，并可授予一枚著名研究人员的24K金质纪念章，请我提供一些名人的名单……"

"你复信了吗？"

"没有，我想不太好。什么金质24K的纪念章，不太好的，拿了烫手的。"

"还有什么讲给我听听？"

"还有，还有一个，美国名人传记研究所副总裁来信称'我们怀着愉快的心情在世界范围内评价人们的努力'，又说'我欣喜地宣布你被提名获得荣誉称号：1995——本年度的要人'，'这是出于你的总体成就以及对社会的贡献'，唉，很认真的，也是很慎重的。"

"既然如此，你不回复，就是你的不是了。"

"我不好回复的，这次费用要九十美元，可能在他们看来，是低廉和合理的，但我却要一个月不天亮。"

"那你还是觉得可惜了？"

"这次是有一点，我也不能免俗的。"

"你怎样想通的？"

"还是我老婆说得对，我完全同意她的观点。"

"教授夫人有何高见？"

"她说，什么名人，什么要人，不好当饭吃的！"

（原载《苏州杂志》1997年第2期）

疾如流星飞碧空

一

1996年7月6日，八十六岁的程金冠拆开一封来自加拿大的信，信中写道："金冠先生……弟虽非运动方面之直接参加者，但数十年来为田径赛、网球赛之忠实观众，尚能清楚记忆您在1935年两次参加百米短跑赛事之英姿，在无锡社桥江苏省立教育学院运动场举行之田径邀请友谊赛，两次兄之对手均为代表辽宁之短跑宿将刘长春，论实力您与刘可能势均力敌，但刘经验略胜，每次抵达终点时能将右肩极力伸前，顺势冲破白线。记忆中两记录均为10.7秒，两人成绩亦无分轩轾，此一记录当时多年未有一人能予突破，即亚洲最杰出之日本健将吉冈隆德之成绩亦仅为10.6秒，可见此一项目难度之高。该次教育学院之运动会可能是兄等前去柏林参加世运会以前之热身赛，记得自沪前去参加者尚有长跑之王正林、竿跳之符保卢、铅球之"铁牛"陈宝球，另有一位篮球名将兼擅中距离之冯运佑……柏林世运会，欧文斯以四面金牌称雄一时，其百米成绩10.3秒，仍为1932年黑人吐仑在洛杉矶缔造之记录，未能有所突破……先生虽届高年，体魄健旺，对祖国体育事业仍多作贡献，不胜敬佩，聊书数言，以志仰慕之甚。"署名陶鼎新。

读着信，程金冠干枯的老眼中有些湿润。无锡这件事，也许只是一次平凡而常有的表演，有些淡忘了，具体情节包括场地的地址都记不起来了。当时并无摄录像，当局者迷，跑道上瞬间发生的事自己也搞不清楚。万万想不到，旁观者清，在场的一个小观众却把这一幕牢牢记住，且在六十年后，为他描述了当时他和刘长春并肩抵达终线的情景，这不能不使他深深感动。对陶鼎新来说，当时有"北刘南程"之称的程金冠及其无锡赛事，在他心中活了一辈子。近日他听友人谈起，在苏州遇到过这位当年的"飞毛腿"，不免激动万分。当年，会有不少"程迷""刘迷"写信，他不必轧闹猛。但在一个甲子之后，他深信书信抵万金，会给程老带去意外的喜悦。于是，当即写信付邮，以偿夙愿。

1933 年，无锡的薛惠东邀请程金冠、刘长春和长跑名将王正林到无锡做友谊表演。薛家是无锡大族，薛惠东有很高的社会地位。他是袁世凯的女婿，生意做得很大，酷爱体育，是短跑运动健将。他热心资助体育，当时担任上海白虹田径队的名誉队长。白虹是上世纪 30 年代上海著名的体育俱乐部之一，取白虹贯日的意思，很有些雄心壮志。其时地方上并无体育行政组织，白虹是北四川路邮政局同仁发起组织的。在旧时代，吃邮政饭是少数几个捧铁饭碗的行当之一，生活比较安定。衣食足，思娱乐。一些职工创办了诸如乒乓球、足球等体育组织，田径是其中之一。白虹成立后，与南京鸡鸣队、俄侨飞鹰队等常有赛事。程金冠被白虹队吸收时还是个中学生，在上海复旦实验中学读书。虽然只是个中学生，但他在短跑项目上已崭露头角。上海滩上各路英雄辈出，想在人才济济的大上海的某个领域出人头地，若非有真才实学，是无法脱颖而出的。真是"自古英雄出少年"，程金冠的第一枚短跑金牌是在小学时代获得的。一个小学生在学校运动会上获奖有什么奇怪的？正因为事情突兀，上海英文《字林西报》发了专门报道，上海复旦实验中学才把这个短跑怪杰罗致在麾下。程金冠读书不出一文钱，有吃有住，还有奖学金可花，读书也很自由，不去学校也可以。当白虹队请他入队时，他欣然前往。他加盟后不久，便为白虹立了大功。

二

程金冠身材不高，少时更显矮小，但他生来就善跑善跳。儿时童伴相互追逐，他腾挪跳跃总能躲闪过去。若是直线奔跑，他心中总是充塞着快乐。他的肺里涨满了生活的欢悦，无穷的活力在他体内流动、膨胀和勃起，急速的风抚着他发烧的脸庞，在他耳边呼啸着喊道：快，快，快！他的双腿已不属于他，只听从风的召唤，只听从体内勃起的那股力量。

天生我材必有用。程金冠忆起他的一次机缘，笑眯眯地说："不怕你笑话，真好像是命中注定似的。"当他转入英人办的麦伦书院读书后，机缘来了。麦伦是一家中小学一贯制的学校，程金冠当年是十二岁，高年级学生年龄却有二十岁的。学校很看重春秋两季运动会，设有金牌和高档照相机奖给项目赛的冠军。程金冠很自信，他早就梦想着有一块灿灿的金牌了，不顾别人劝告他不要和高年级学生抗衡，毅然报名参加一英里（约1.6公里）赛跑。起跑线上，除了他，全是些人高马大的运动老手，又矮又小的程金冠夹在当中，好比两只蹄髈夹只虾米，不免惹笑，观众们指指戳戳，大摇其头。枪声响起，程金冠落在最后，又引起一阵哄笑。但人群立刻安静下来，眼看程金冠一路跑去，脚不点地，两腋生风，真个仿佛驾雾，依稀好似腾云，飞起来似的。跑在最后一个的他，一阵风似的超越了一个又一个跑在他前面的人。全场骚动起来，欢声雷动，高高扬起手臂的程金冠终于夺冠。

这样令人吃惊的盛事，后来登载在《字林西报》上，这就不仅是一个学校的事，而成为大上海万人传诵的新闻了。无怪乎上海复旦实验中学挖他去，不要他一文钱，有吃有住，还给他奖学金零花；无怪乎他成了实验中学少有的自由人，上学自由，来去自由；无怪乎上海著名的体育俱乐部白虹田径队看中他，破例吸收一个中学生为自己的队员。白虹可谓"深川掇沉珠"，程金冠也不负白虹。不久，又发生了轰动大上海的一件事。

1934年，上海《时事新报》登了一则新闻，黑字标题为"1934年径赛新出品，百公尺10.6秒，程金冠突破刘长春之国记录，是否准确待万国运动会证明"。新闻下方还登了程金冠在起跑线上的放大照片，这在当时是少见的。

在陶鼎新的信中，讲了上世纪30年代远东百米最佳成绩为日本吉

冈隆德创造之 10.6 秒,而后 1936 年的柏林奥运会上,欧文斯跑出了
10.3 秒的世界纪录。这就不难想见程金冠这个成绩,在上海乃至在中
国引起的振奋情绪。这一天,是上海白虹田径队和上海俄国侨民队比
赛,程金冠击败了高头大马的对手列夫赛斯库。程金冠吃亏在他的身材,
占便宜也在他的矮小,人总是同情弱者。在比赛场上站排,程金冠 1.65
米,在一般人中是平常的个子,但在高大的运动员中就显得特别矮小。
在麦伦书院那次,程金冠给了全校师生一次意外的惊喜,而这次赛事
是和外国人争高低,观众都想看个究竟。但一看,夹在俄国彪形大汉
中间的中国运动员,竟是一个矮瘦的青少年,不免倒抽冷气手心冒汗。
因此,出人意料的结果带给观众的狂喜就不难想见。全场沸腾了,至
今程金冠还忘不了那令他激动的场景。

青少年时代的程金冠,原是个小开。家境富裕,家里开颜料行、
丝织厂、当铺等。少年时代父母过世后,在程家这些产业中做事的亲友,
对这个小开更加巴结。他不愁没有钱花,但对理财一窍不通,对自己名
下的产业不闻不问。有人提醒他要留心带只眼睛,他却全不在意。那
些亲友处心积虑机关算尽,把程金冠名下的产业换了主,给自己戴上
一顶本来属于程金冠的资本家帽子,迎来了解放。此是后话,暂且不表。
这里所以要提一笔,是因为程金冠手里有钱,可以任性行事。他到苏
州踢了一次足球,玩了几处园林,觉得苏州好,就放弃了复旦实验中
学的优厚条件,转学到了苏州晏成中学。当上了晏成的田径队长兼足
球队长,并且在苏州成立了白虹田径队苏州分队。这全是程金冠少爷
脾气,一时兴起。不料,却从此入了苏州籍,自 1930 年春至今,一住
就近七十年。

晏成中学毕业后,程金冠考取复旦大学。读了一年,又返回苏州,
入东吴大学经济系就读,结识了同系同学蒋建镐。建镐喜欢体育,参
加了学校的体操队。他为人热情,两人说得投机,友情甚笃,一起游
观前,逛园林。蒋建镐就是蒋纬国。程金冠时常到木杏桥的姚氏公馆
去玩,常见姚氏在搓麻将。他还在建镐家遇到过几个有名人物,如戴
季陶、吴忠信、钱大钧等人,戴季陶还为他书写过一副对联呢。

三

程金冠至今还保存着几张照片。其一，是参加 1936 年第十一届柏林奥运会的体育代表团全体一百多人的合影，其中三分之一是去考察的，犹如今日以考察名义开洋荤一般。照片上居中坐的是蒋介石夫妇，程金冠站在第三排右边；其二，是柏林奥运会运动场全景，可容纳十万观众，是希特勒为了向世界炫耀武力而新建的；其三，是程金冠和四块金牌获得者欧文斯的合影，两人右手相执，欧文斯左手握住程的左臂，神情真挚而谦逊。程金冠好几次和欧文斯在练习场上相遇。虽然程金冠入选代表团，是因为他在选拔赛中，以 58.3 秒获四百米中栏冠军，并破了全国纪录。但他没有受过科学训练，姿势很糟。比如栏应该跨过去，他却是跳过去的，曾在远东运动会上受到观众嘲笑。欧文斯友善地指点这位新结识的中国兄弟，教他跨栏姿势和科学的训练方法。金冠会讲流利的英语，两人谈得甚是投合，这张照片见证了他们在练习场上珍贵的友情。

程金冠在谈及这次柏林之战时说：中国队吃了鸭蛋，全军覆没，这不能怪运动员，要怪代表团的组织者。先是经费问题，程金冠和一些运动员被通知无钱可予资助。程金冠正在惶惑之际，建镐劝慰了他，并陪其赴镇江，找到了时任江苏教育厅长的周佛海，解决了问题；其次是为了省几个钱，乘海轮出发，经阿比西尼亚、新加坡、孟买、苏黎世，在威尼斯上岸，再乘火车到柏林。在海上颠簸了二十三天，运动员个个晕船，不仅体重骤减，且晕头晕脑不易恢复，在赛场大失水准，纷纷落马，只为省几个钱而铸成大错。

中国运动员们没有戏了，只能在观众席上看戏。运动员席临近主席台，程金冠他们清晰地看到了人世间千载难逢的那个疯子。希特勒为了在世界上露脸，天天到运动场上来，身后簇拥着戈林、戈培尔一伙。希特勒神经质地不停招手致意，用僵硬的肌肉挤出微笑。他故作姿态，做出亲切的样子，接见一些得奖者，但却傲慢地拒绝与四块金牌得主欧文斯握手，这使不懂政治的程金冠明白了一些事情。

奥运会结束，代表团归去，自然又是坐海轮。程金冠可不愿意遭那份罪，宁可自费乘火车。刘长春劝金冠，一个人路途迢迢，路上又不太平，还是一起走好。金冠少爷脾气发作，又收到上海的汇款，哪里肯听。待代表团走后，在柏林玩了几天，径自登车经波兰、苏联，取道西伯利亚，过满洲里，抵大津，行程十四天。在莫斯科逗留了几天，玩了几处有名地方。柏林到处是纳粹的标记，莫斯科遍地红旗，满洲里膏药旗乱舞。短短十来天，历经三色天下，目睹几种世界。途中虽被盘问数次，好在金冠英语娴熟，手续齐全，尚称顺利，平安返回故里。只是在入苏联国境时，金冠箱子里凡有"卍"字标记的照片和资料，全被搜走没收。

旧时代的中国，对体育理论和方法的研究落后于西方。训练不够科学，不懂对赛事应有的对策研究，对有天赋的运动员缺乏培养提高，这就是在国际比赛中常常失利的原因。

四

1994年6月3日，《台北日报》登载一则新闻，标题是"30年代飞毛腿，程金冠年登耄耋做客宝岛"。

邀请程金冠去台的，是国际奥林匹克委员会委员吴经国，邀请信中称："久闻前辈为田径国手，特邀莅台指导……"

金冠此番应邀去台，心里渴望一见相违四十余年的建镐，和两度一起参加远东运动会的徐亨等人，但不知这些台湾的大亨对昔日的旧友会摆架子否。从1991年蒋纬国辗转寄来近照一幅后，两人恢复了联系。蒋纬国在一次信中写道："……一峡之隔，竟成海天之遥；岁月悠悠，而吾侪于校同窗之旧事和校园，仍然依稀记得，恍如在目……但愿苍天佑我中华，早日统一，来年将与诸友齐集母校，同庆往后之校节，并庆积愫……"1992年，蒋纬国寄一幅大红寿字立轴，为金冠祝贺八十华诞。

程金冠飞抵台北，住进圆山饭店后，蒋纬国就来了电话问候，约他到家里晤谈。那天早上，金冠收到一只大花篮，佩带上写着"金冠学长，弟建镐敬赠"。金冠看着那些鲜花，不由得笑着想，建镐真是派头一络。

建镐约了昔日东吴的三个同学在家里等候。金冠和建镐见面紧紧拥抱，一句话也说不出，真是情谊转无语，襟怀自分明。在饭桌上，话才慢慢多起来，大家你一言我一语，话题离不开少年意气。谈起东吴旧事，仿佛又回到了往昔无忧无虑的同学时代。建镐谈起一个姓朱的同学恃强欺弱，见他文质彬彬，竟要逼他受胯下之辱，不知他受过武术训练，和那人扠手，赢了那人，从此不敢挑衅。说得大家一齐笑了起来。他们俱都走到了人生的最后阶段，难得找回曾经有过，却已淡去不再重返的旧梦，真叫人心醉。蒋纬国当时刚发过心脏病，医生警告不能疲劳和兴奋，但他和金冠都不愿在梦中醒来，大家畅叙了三个小时，才兴尽而散。

程金冠来台消息传开，一些健在的老友纷纷来访，其中就有国际奥委会荣誉委员、台湾"国策"顾问徐亨。一个甲子前，金冠为江苏代表，徐亨为上海代表，联袂去过东京和马尼拉。此番老友来台，徐亨十分快慰，把金冠接到他开设的富都大酒店下榻。在富都，徐亨在旋转厅设宴为金冠洗尘，蒋纬国也赶来相陪，诸友又欢叙了一次。徐亨还陪同金冠前去医院，探望正在病中的昔日奥运会标枪选手周长星，又去会见了同去柏林的中距离跑选手李世民，不免执手唏嘘。真是"昔别是何处，相逢皆老夫"。

蒋纬国安排金冠参观了台北的东吴大学，章孝慈校长陪着他看了田径场体育设施。使金冠惊奇的是，此间东吴布局，竟和苏州旧日东吴一个模样，这使金冠相信，当年建设时一定有老东吴参与其事。

原定的日程中，要到台湾的一些名胜处去看看的，但几个老友宴请叙旧，把日程都占满了。6月9日，分手的日子终于来到了。蒋纬国来电话话别，金冠希望能在苏州重聚。飞机起飞后，金冠坐看舷窗外的蓝天白云，怅然良久。回苏州后，他和江苏省体委商量，邀请徐亨先生来江苏访问。徐亨曾数次接到大陆邀请，因种种原因未能成行。此次老友相邀，立即束装就道，翩然而至。程金冠去南京，同他把晤了几天。

今年，程金冠已经八十有七。解放后，他一直在苏州铁路中学执教，直至退休。著名运动员孙晋芳、钱进娣、卢翠蓉、顾传慧等，都是程老的学生。她们没有忘记老师，至今还和老师保持联系。上文提到，亲友们夺走了程金冠名下的产业，却使他得以加入教育工会，成为光荣的无产者，在体育教育岗位上服务了三十载。在他退休后，苏州铁道师范学院聘请他为该院体委终身顾问，每周接他去学院指导一次，风雨无阻。他还参与了省体育文史资料的整理和编写。1990 年，程金冠受到十一届亚运会邀请，以贵宾身份出席开幕式。1992 年 6 月下旬，他又应中华全国体育总会之邀，赴京参加海内外体育元老聚会，受到中央和体育界领导的接见。他还经常接见慕名来访的各国朋友，介绍他参加亚运会、奥运会的情况。如最近美国加州大学历史系博士研究生毛岸俊，为了撰写《中国近代体育史》，专程来苏向程老请教。金冠老人桑榆虽晚，却也晚霞满天。

今夏，作者前去程家造访。程老执手相送，直至小区大门口，适遇居委会几个老太太。居委会主任通知说："礼拜天上级组织参观新区，好多新工厂，马路又宽，有几幢高楼，足足有二十几层高。想请老先生也去开开眼界，两人坐一辆三轮，蛮舒服的！"程老没有接嘴，值班室门外的一个老头插嘴说："程老先生么，听说出过洋，见过世面，恐怕不肯去的。"程老听了有些惶恐，赶紧说："要去的，要去的，开开眼界蛮好的。"程老近两年被评选上"全国健康老人"，居委会很看重他，因此，有参观新区的殊荣。观乎程老年高而体健，不外修身养性，冲淡平和，安时而处顺，哀乐不入。

（原载《苏州杂志》1997 年第 5 期）

认命

我认识孙观芳时，她还是个大姑娘。那已经是将近半个世纪前的事了。一天，区里的组织科长告诉我，有个苏州的娇小姐分配来城区工作。

"娇小姐？"

"噢，那是我和同志们的感觉。一口苏白，糯嗒嗒的。当天就下田，踩在泥里东倒西歪。她学着大家卷起了裤脚管，嗨，两条腿雪白粉嫩……"

"你盯着那雪白粉嫩看？"

"嗨嗨，是同志们这样说的。"

过些日子，农村工作组撤回到区里。几个女同志住在第二进的西厢房里，我见到了这个苏州姑娘。我的目光不由得移下去看她的腿，腿晒得黝黑，我立刻想起了当时"晒黑了皮肤炼红了心"的名言。

"你劳动很努力呀！"我觉得应该赞扬她几句，以示鼓励。

"教导员。"她低着头，怯生生地叫一声。待等抬起头来，我看到她长着一双奇异的眼睛。呃，像什么呢？像，像羔羊似的眼睛。我小时邻居养的一只小绵羊就是那样的，有一种善良、赤诚、胆怯的神色。

盛夏天气，大家难得有闲，在院子里乘凉。

我问孙观芳："你好像很胆小，参加革命思想上有什么顾虑吧？"

孙观芳愣了一下，讷讷地说："我，生来就胆小，从小就胆小的。"

一起纳凉的人都笑了。

组织科长老陈严肃地说："干革命嘛，搞阶级斗争嘛，不能胆小怕事的。胆小怕事，就是阶级觉悟不高的表现！"和孙观芳同宿舍的小薛打岔说："孙观芳比初来时进步多了，她劳动很积极呢。"

"劳动积极是好事。"区委书记老孙说话了。那时称呼区委书记，叫"教导员"。我是副书记，后来才知道，地下党是不能担任正职的。书记说话，就是结论。老孙教育小孙姑娘说："生产斗争是一回事，最最重要，第一重要，是阶级斗争！只有在斗争中，才能提高阶级觉悟！"他有力地挥动手里的蒲扇，大家觉得他说得深刻极了。

月亮照着孙观芳的脸，脸上一副虔诚的神色，她认真地听着，不停地点着头。

秋后稻子收上场后，各个村子都在晚上进行社会主义教育。有一天，我路过一个会场，里面点着汽油灯，东浜西浜两个村子合起来交流学习经验。我进会场时，孙观芳正在总结发言。她说话的声音过小，会场上秩序不好。

"不要吵，不许讲话，听孙同志讲话！"村长大声说，领着大家拍了一阵手，会场终于安静下来。

孙观芳提高了声音，说道："乡亲们说得很好，通过自我教育，明确了社会主义政治方向。两个村今年成立了六个互助组，生活上也有很大提高。两个村一共添置了七个竹壳热水瓶、八双元宝套鞋，我们的生产、生活会越来越好！"汽油灯照着孙观芳兴奋的脸，她羔羊似的眼神中，似乎增添了一些坚毅的神色。她像中学生演讲似的握起了拳头，用尽力气喊道："乡亲们，我们要在斗争中提高觉悟！什么是命，到底有没有命？命是没有的，命运掌握在我们自己手中！"

在返回区里的路上，小薛赞她说得很好，孙观芳睁大着眼睛问："我真的说得很好吗？"我说："总结得很实在。"

小薛说："你看，教导员都夸你了。"回到区里，在电灯下，孙观芳兴奋得脸像发烧似的通红，心中涨满了革命热情。

我心里想，这个在城市里长大的苏州姑娘进步很快。真的，革命会很快改变一个人的。

第二天，我接到去苏南区委党校学习的通知。过了三个月回到区里，知道孙观芳因为家庭出身不好，社会关系复杂，被清退回苏州了。

在那时，这是很自然的事。我虽然想过，为什么不能把孙观芳留在革命队伍里改造呢？但立即否定了自己的想法，觉得这是自己小资产阶级的思想在作怪。

三十年后，我在苏州市工作。一天，有个白发老太来找我。老太很激动，白发蓬松地遮住了额头，身体颤抖着。我请她坐下，问她有什么事？老太喃喃地说："教导员，你不认识我了？"

我定睛一看，迎着我的是一双善良、赤诚、胆怯的眼睛，这双眼睛一下子把我已经忘却的记忆拉了回来。老天，她，她不是那个投奔革命的苏州姑娘孙观芳么？

我要她先喝些茶再说。我看着她慢慢喝完茶，终于渐渐平静下来。她捧着已经冷却的茶杯，垂着头，低声说着她几十年的变故。她的遭遇并没有什么特别，很多人很多家庭都有过相似的情形。况且，在她没有开口之前，她那低沉的声音、战栗的身体和满头的白发，已经使我猜测到生活是怎样折磨她了。

当她叙述完时，因为见闻太多而变得有些麻木的我，也不禁心头凛然。她一生不幸的根源，仅仅是她祖父做过驻日公使。她从未见过公使的荣耀，却终身背上了公使的耻辱。其时宣传的是"出身是不能选择的，道路是自己可以走的"，但当她走上她认定为光明大道时，却被堵了回来。她父亲背的包袱当然比她还大，不到四十，头发被忧愁染得霜白。在一次运动中，吓得疯疯癫癫，只得呆在家里吃闲饭。全家靠她在供销社的微薄薪水，和变卖一些物件过活。街道上很多人知道孙家祖上当过公使，常用鄙弃的眼光看他们。街道居委会的人，不时用粗暴的语言训斥他们。所幸父亲从小钻研过祖上遗下的医书秘方，父女俩省吃俭用采买草药，免费为病家服务。只有在病家感谢他们的时候，父女俩才享受到人的尊严。

在"十年浩劫"中，孙观芳的父亲被斗致死，母亲惊吓而亡，夫婿忧闷病故，幼女惊怖夭折。家中多次被抄，所有过去舍不得变卖的书画古董，全部被抄走。

她终于说完，垂下头，掏出手绢，撩开白发，不停地擦着泉涌的泪水。

我一时不知说什么话来安慰她。过了一会，我问她道："你有什么困难吗？"

她摇摇头。我立刻发觉自己这句话是够愚蠢的了，她有什么困难？她正泡在困难的泥水里。

我只能找些话题，问道："你怎么会找到我的呢？"

"我听到你在有线广播里讲话，我是在讲话中间听到的。一听这声音，就知道是你，我一直记住你们的。"她缓缓地说。我很惊异，几十年前不多的接触，她会记住我的声音。

"那几个月，是我一生中最值得纪念的，也是最快乐的日子。我一直做梦，做过成千上百的梦，梦里我还是一个革命同志，人们对我很好，我一直想起你们的……"

我真的感动了，我早就忘记她了，我想其他的人也会忘记她的。我们也没有对她很好，也有人对她很不好，但她只记住对她好的。

她抬起了头，用仍然是羔羊似的眼睛望着我，说："我是来看看你，没有什么事的。看到了你，我心里真是高兴……"说着，她笑了笑，我知道这笑在她是很难得的。

送到门口时，她问道："我可以再来看你吗？"

"当然可以的，明天下班后，我想到你家里去看你。"

她听了很惶恐似的说用不着，但看我很认真的样子，就高高兴兴走了。

孙观芳住在桃花坞大街一条很弯曲的巷子里。只是一所二进的旧房子，门窗都已破旧，实在算不上什么大户人家。室内的陈设十分寒酸，没有一件像样的家具，水瓶的竹壳用铅丝绑着，茶杯是缺口的，但杯里的茶叶还算好。桌上放着两碟瓜子、花生之类，看得出是专门买来款待我的。

我打量着屋子，不由得问道："你祖上当过公使，不至于住在这样窄小的屋里呀。"

孙观芳说："听父亲说，祖父只购买些喜欢的古董书画，没有置什么产业。老人家故世后，欠下一些债，只得把大厅拆了。厅堂上的楠木很值钱，总算抵了债，现在的屋子是后来盖的。"

"那么地盘也不会这样窄呀？"

孙观芳摇头说："本来地盘是很大的，有一个园子，有三进屋子，有厨房等附属用房。'文化大革命'，全被人家占了，像蚕宝宝吃桑叶，剩了这么点地盘。"

"那你为什么不去要还？"

孙观芳并没有直接回答我，只是很满足似的说："本来，把我们母女赶到西厢房里，现在总算还了我两进住房了，蛮好哉。"

我喝着茶，又问道："你母女俩怎么生活的呢？"

"喏，替人家缝缝补补，洗洗衣服，靠十只指头过活，苦是苦点，也熬过来了。上个月，供销社落实政策，吸收小芳去工作，总算可以苦出头了。"

在谈话中，才知道孙家被抄的物件都是价值很高的。究竟怎样值钱，孙观芳说不清。她记得有一只又粗又长的犀牛角，几件绿得像滴得出水的翡翠饰物，一对像碎片拼成的青瓷瓶，十来把陶茶壶，半箱子书画，还有看上去不起眼的青铜器。家里揭不开锅的时候，父亲说这些都是祖父传下来的东西，就是饿死，也不能变卖。要是卖出去，哪怕只是一件，也够吃用好几年的。

"你知道是谁把这些东西抄走的吗？"

"哪能弄得清呢？一批刚走，又来一批，家里人都低着头，不敢看他们。父亲把这些物件，东藏一件，西藏一件，抄家的人角角落落都不放过。每批来，都要扇我几记耳光，要我张开嘴，看看嘴里有没有藏东西。犀牛角是在灰堆里找出来的。每抄出一件，就把跪在厅堂上的父亲拳打脚踢一顿……"

"不是如今市里落实政策办在管吗？"

"来登记过两次的。"

"有什么说法呢？"

"杳无音讯，也怪我对抄走的东西说不出名堂，叫不出名称。我去问过，办公室的人在打扑克，叫我等着。站了两个钟头，他们一哄而散，说是迟了食堂里买不到菜……后来我再也没有去过。我穷虽穷，也不是要饭的叫花子。"

我告辞出门，一路上盘算，房子大概可以归还一些，抄家物资大概可望得到一些赔偿的。我去找了落实办，我只是市里一个部门的负责人，落实办也还客气，答应妥善解决。

过了一些日子，孙观芳来找我，谢谢我的关心，说是得到七百元的赔偿。

"七百元！"我不由得来火了，"就只七百元？"

孙观芳见我动怒，吓势势地说："七百元很好了。真的，国家也困难，抄家又不是国家抄的，都要赔，国家也不容易呀。"

"你倒是很为国家着想的……"

"唉，七百元数目不大，也是国家的一片心意呀，我们做老百姓的，也应该为国家着想的。"

我无话可说。这笔账本来也难算清。

第二件，归还房子，难度更大了。足足交涉了半年，一无结果。居委会确是出了力，但几家强占房子的要拼命，反诬孙观芳要"翻案"，他们决不让国家变颜色，决不让反动派的孝子贤孙翻天。吓得孙观芳跑来找我，求我尤论如何不要再管这件事了。

"求你了，求求你！"她羔羊似的眼里满含泪水，几乎是哭着说，"我决不翻案，决不，决不……"那些人咒骂她的话，全输入了她的脑中，成了她自己的思想。

我无话可说。

在以后的几年里，难得见到孙观芳。大概她怕给我添麻烦，我因为工作忙，也没有去看望她。

一天，她给我带来了自制的菊花粉，说是服了有利于像我这样内热重的人，又给我孙子带来了治疗咳嗽的药膏，可治幼儿久咳。好多大医院里治不了的，贴了她的药膏，当晚见效。

我听她讲述了为人治病的故事。前几年的一个夏天，她路过桃花坞大街，看到一户人家在院子里吃晚饭，一个背对她的人背上长着一个碗大的"发背"。她进去询问，才知道那人的痈疽已深延到内脏附近，群医束手，正在家里等死。孙观芳立即赶回家，取出自制的药膏，为那人洗净脓血后敷上。天天换药，三天后止疼退烧，二十天后收口痊愈。

病人家属要向她下跪，吓得她转身逃跑。仅仅是痛疽，十余年来已有类似数十个病例治疗成功。

"你看病总要收取些费用吧？"我问道。

她睁大她那羔羊似的眼睛，摇头说："收费？这是万万不能的！国家教育我要为人民服务，这点道理我还是懂的。"

"你哪里来钱抓药制药呢？"

她难得绽开了笑容说："我女儿，还有我女婿，两个都在供销社工作，补贴些生活费，我省吃俭用积些钱。我自己接些外发工，起早摸黑攒些钱。全部用在制药上，好在没有什么贵重药，也够用了。"

"唉，你真是个好人。"

"全靠你们教育哟，教导员！"她又用上几十年前的称呼，不好意思地说。

每逢这时，我总感到心里有愧，不由得感慨地说："观芳同志，和你这样全心全意帮助人相比，我实在感到惭愧！"

"快不要这样说，弄得我不好意思，"孙观芳红着脸说，"我只是尽一点心意，可惜我力量微薄，只能做一些小事，尽我的本分。"

"你吃了一辈子的苦，我们没有尽到应有的责任……"

"不，不，不！"她摇着白发蓬松的头，低声说道，"我早就想明白了，我吃的苦头不少，总是上代作的孽，今世还也还不清。这全是命，全是命里注定的！"

我似乎记起了什么，是了，几十年前在一个会场里，孙观芳握紧了拳头说："什么是命？命是没有的，命运掌握在自己手里！"

人类，把大自然的变幻和自然灾害，归结为神灵所示。几十年间，孙观芳从破除命运论，到重新皈依命运论，恐怕也是同样的道理。是生活使她屈服了，或者说是生活使她成熟了，她认定命运可以左右她。

我送她到巷子口，目送她的白发和佝偻的身影消失在人群中。

（原载《三角洲》1998 年第 5 期）

老严的最后一段日子

二十年前我回苏州工作，有个故人带讯说要来看我，我等了好几天也不见他来。有一天，凑巧遇上在南港乡担任过党委书记的老张，就向他打听阔别三十载的严修桢近况，老张却说不知道。

"喏，就是过去在甪直当过地下党总支书记的严修桢呀。"老张还是摇头说不知道。我不禁有些来气，甪直镇在解放后一半划给吴县，一半划给昆山，昆山的一半叫南港乡。当过书记的人，居然对解放前在甪直坚持斗争的地下党负责人一无所知！何况，解放几年后老严就回到了家乡，直到今天。好些乡党委书记连阿狗阿猫都认识，怎么就不认识老严？真是的！

但我还得耐着性子，启发道："张书记，老严在南港也算是个人物，解放后他在县里当过法院副院长。虽说后来查出有历史问题，戴了'反革命'帽子，罢了官，开除了党籍，后来又戴了'右派分子'帽子，总归不是一般老百姓……这样说罢，'五类分子'嘛，你书记也不会不知道呀！"

"哦，哦，有了，有了，严疯子呀！"张书记拍着脑门，他记起来了。

"严疯子？"

"就是他！严疯子，一点不错！"

"他疯了？"

"疯了！我记起来了，有这个人。成天疯疯癫癫，嘴里叽叽咕咕，自言自语。人和他说话，痴痴地朝人笑。不错，是他，严疯子！"

"你不了解他的历史吗？"

"不了解。我知道是'五类分子'，一个疯子，谁有心思去管。"

"后来呢？"

"我在'文化大革命'前就调离了，不知道后来的事。"

我心想，原来老严疯了。疯了的人，怎么会来找我，为什么通知我老严要来的人没有告诉我？大概，近来老严的疯病好了，也未可知。

老严终于上门来了。

他不疯，只是拘谨得很，这也难怪，我并没有忘记他有两顶帽子戴在头上。

我给他倒茶，一边问他："我只知道你是法院副院长，惩治'反革命'的，怎么自己倒成了'反革命'？"

他先表明态度，知道我认识一些能解决他问题的人物。他也不想使我为难，自己确有重大的历史问题，受到了应有的惩罚。他没有过分的奢求，只因小孩大了，希望增加些生活费，还有那顶"右派"帽子，是冤枉的。

"我什么也没有说，一句话也没有说，怎么会有什么'右派'言论呢？"

"那怎么会成了'右派'的呢？"

"我当时在劳改服刑，监狱长说你已经是'反革命'了，再送你一顶帽子也无妨。我至今也弄不明白是怎么回事，当然也无法向你解释。可能……可能他们也有……也有指标，这顶帽子可以摘掉吧？"

"我想大概可以的。"那时"右派"纠正的政策还未下达，我含糊地说。

"那就拜托了。"老严说着站起来告辞，意思是不便多打扰我。

"且慢。"我挽留他，想听听他的"反革命"罪行事实。

老严坐下来喝茶，把一杯茶都喝了，大概是想稳定一下情绪。然后低下头慢慢地说："我有两个关键问题。先讲第一个，日本人打进来时，我只有十七岁，是我们党抗日武装的外围民兵连的指导员。一次日伪拉网'清剿'，把网里的青年全抓住了，好几百人，登记造册。也只是问一些名字、年龄、村名，是农民还是抗日分子等，自然没有一个会承认自己是抗日分子，结果全都放了。当时敌人打听到我是唯一的中学生，强迫我笔录，我犟不过，如果我不答应，就会被枪毙了的。"

"你暴露了你的身份了吗？"

"当然没有，但如若不写笔录，我想倒是会暴露身份的。"

我点点头，问道："那么，这就是这件事的全部吗？"

"是的。"

我心里想，这不能形成什么问题的。于是问道："这件事，给了你什么罪名呢？"

"叛变。帮助敌人审讯。"

"第二件事呢？"

"几年后，我在战斗中被俘，押往南京战俘营。营里大队长以下的职务，全是俘虏自己担任，好像，好像《红岩》里的那样……"

"你有什么问题呢？"

"我当时年纪轻，又很瘦，队长说小严你就留在队部当文书吧，我就当了文书。"

"这件事判你什么罪呢？"

"也是叛变性质，叫做在敌人俘虏营里任伪职。"

"你没有辩白吗？"

他苦笑笑，说："你也知道的，只允许你认罪，辩白是不听的，听了也不信。"

"你知道其他人的情况吗？比如说那个队长。"

"我在判刑前和判刑后打听过，他好好的，在省里当厅长。"

"他会证明吗？"

"会的，他人很正直的。"

我心想，事情的复杂性在于无知和宗派主义。

"除了这两件事，还有什么？"

"没有了。"他抬起头看着我说。

"你想平反吗？"

"平反？"他惊异得睁圆了眼睛。

"如果事实就是如你所说的那样，平反是可能的。"

"不，不可能的。"他又垂下了头。也不奇怪，这二十来个年头，他一直在认罪、服罪，口头的、书面的，千次万次地低头认罪。

我很同情老严，让他写个报告，我来想法转呈。我没有把握解决老严的问题，但我相信，经过努力，问题最终会得到解决，因为老严是无辜的。还有，现在是几十年来最讲道理的年代。

"还有一点，老严，恕我直说，你发过疯吗？"

"发疯？"

"是的，人家称你是严疯子。"

老严笑了，一笑不可收拾。我倒是理解的，一个几十年没有笑过的人，一旦寻回笑的本能，大概不容易控制得住的。

老严笑得眼泪都出来了，他揩干了泪水，说："你记得《红岩》里的疯老头华子良吗？"

"你是装疯？"

"这还用说吗？"老严不再笑了，变得十分严肃，他说，"服刑以后，我在镇上敲石子为生，妻子离婚到上海去了。我带着小儿子，小儿子和我一起敲石子。敲一天才能活一天，日子过得很苦。"老严说得很缓慢，似乎在品味生活里的苦涩。严家本是甪直望族，是甪直首富。到了老严手里，输款革命，救助同志，耗尽了家财。及至敲石子那一阵，已是家徒四壁，一贫如洗。

"但我心里没有底。如果能长久敲石子过活，我也很满足了，但谁知道又会出什么事呢？我头上有两顶帽子，第二顶是平白无故地送给我的，谁知道又会有什么帽子在等着我。如果再出事，我的小儿子怎么办？"他求助似地望望周围，仿佛看见自己当时求助无门的情景，"有一天，我突然想起了华子良，我终于找到一个非常有用的方法，就是，就是你说的装疯……心里虽然很苦，但踏实多了。还有，最使人高兴的是，从此镇上不找我写思想汇报和检讨了。"

唉，真正想不到，地下党甪直的总支书记到了"地上"之后，又重返地下。

虽然其时正是改正冤假错案的高潮时期，但因为案件太多，排队的人太多，要搞"插队"确非易事。况且，我去找能解决问题的人物，他对俘虏营里的文书十分反感。他头脑里阶级斗争火焰的火苗还在乱窜，他需要时间去解决感情代替政策的问题。所以，事情拖了几个月才有了眉目。有权的人物签署了意见，下文到昆山。昆山却又遇上当初系铃，如今却不肯解铃的人，僵持了不少时候。"反革命"算是平反了，但拖了个尾巴，叫做"有失节行为"。他把平反结论，连同这条尾巴送来给我看。我不由得来气，责他糊涂，不该签名同意。他却笑嘻嘻地说："只要不是'反革命'就很知足了。唉，你没有当过'反革命'，不知道'反革命'的滋味。一条尾巴么，不要紧的，又不是露在屁股外面的真尾巴，人家不知道的。"

我生气地说："亏你还当过法院副院长！"

"副院长只当两年，'反革命'可是当了二十年啰！"

我无话可说。

他又去把这结论给解放后当过昆山县委书记的李聚茂看，并且出示光荣的退休证书，算是报喜的。李聚茂觉得他不应该签名，并且责他太好说话。二十多年被剥夺了工作权利，应该争一个工作岗位才是。他解释自己已经快到六十岁了。李书记说，哪怕工作一天，也要恢复名誉，这样不明不白的退休，算什么名堂。他听了不以为忤，反以为荣。这顿埋怨，表明他尊敬的老书记的同情在他一边。他又过来说给我听，满脸的喜色。也难怪，二十多年他没有听到过同情的话了。何况这些同情的话，出自一个老书记之口，使他感到温暖。尾巴也罢，退休也罢，他不在乎。熬了二十来个年头，想不到还有出头的一天。他心里想，该知足了。

按政策办，对老严作这样草率的处理，是不应该的。但当事人自己一再退让，别人就很难说什么话。

老严在退休后，帮助县里的党史办做工作。有一次开会，会场里有一位老将军，名叫周文才。周文才是常熟出身的老党员，离休前是福州军区的副政委，军区为他在苏州造了一所房子，周老将军在苏州安家。周文才不认识老严，老严可知道周文才。抗日时期，我党建立的吴县抗日民主政府的县长，就是周文才的父亲。周县长被日伪逮捕，关在司前街监狱。老严那时只是"小严"，也被关在慕家花园监狱。小严知道周县长年老体弱，十分担心。严母来探监时，小严拜请母亲置办棉垫、棉被、棉衣，外加二十元银洋，送给老县长过冬。严母照她儿子说的办妥了这事，老县长十分感激，只知道是小严救助了他，但连小严叫什么名字都不知道。老县长在临终时嘱咐儿女，他当年能苦度严冬，全靠小严。可以说，小严是他的救命恩人。老人嘱咐儿女将来要访查到小严，代他面谢。老人的遗嘱，周文才一直铭记在心，但已过去了几十个春秋，到哪里去找这个不知名字的小严呢？

这天晚上，党史办请客，宴请老同志。老严喝了点酒，走到周文才面前说："周老，我敬你一杯，祝您老健康长寿。"周老不经意地举起了酒杯，碰杯后，老严又说："周老，说起来，我们还有些缘分。我和令尊曾经是难友，但不在同一监狱。"

周老赶紧问："那是什么时候？"

"抗日中期。"

"尊姓？"

"姓严，那时同志们叫我小严。"

"是你送的棉衣和银洋？"

"是的。"

周老将军大激动，眼泪都流出来了。他一把搂住眼前的"小严"，连连拍打老严的肩膀，话都说不出来。

翌日，老严就来我家述说这一幕，他本以为老县长的后代不会知道送棉衣的事的。

"真正想不到，这样一点小事，老县长一直记在心里。"老严说着也激动起来，眼眶里潮潮的。

"那就是革命情谊深如海呀。"我听了也被深深地打动了。

"我常常想起和我一起出生入死的同志们，二十来年里，每天晚上我常常想起他们。我相信，他们不会把我看成'反革命'的。我心里就残留着这信念，一天天熬着的。"

我想起一个问题，问他："你蹲过日本人的监狱，反而得到了锤炼，这次你吃了几年官司，倒变成懦弱可欺，这是为什么？"

"这可是大不一样的呀！"他不假思索地说，"我在慕家花园拘留所里，或者在甪直被国民党迫害，我心里有股正气。群众呢，不论在我捕前捕后，不论环境多么险恶，都站我一边，送暖问寒……但当我成了

'反革命'时，心上顿时压了块叛国、反党、反人民的大石，压得我抬不起头。这块大石到谁头上，谁就会低头，不论多么冤屈，都得低头。群众呢，没有一个搭理你，个个对你咬牙切齿，自己的老婆也离你而去。你想想，这块巨石压了你二十多年，你还直得起腰吗？"

"你为革命出生入死大半辈子，却成了革命的敌人，你心里不怨恨吗？"

"不怨不怨，"老严连连摇手，"受审查是应该的，千千万万的人都受到冤屈的，审查受冤屈，应该的，应该的！"

老严真可算是忠心耿耿的人了，像他这样忠于革命而受冤屈的人很多很多。但由于他们大都有类似的态度，所以，革命的利益是一点也没有损害的。

老严终于交好运了。

他每次上城来我家，都有喜讯带来。

以后，县里进一步对他落实政策。他自己也弄不清，当他提出一些要求时，这些要求一一被驳回；当他不抱希望时，他的要求却一一实现了。

"大概，"他搔搔花白头发，笑嘻嘻地说，"大概还在考验我吧。"

他恢复了党籍。

他判刑时的二十级工资，上升到了十七级。

他的光荣退休证，改为光荣离休证。

他的"尾巴"还在，但有关部门和颜悦色地表示，可以考虑"拿掉"。

他原来有点菜黄色的面色变得很红润了，他走路的腰板挺直了，他本来蹑手蹑脚的姿态变成挺胸凸肚了，他的一身皱巴巴的蓝布中山装改为麦尔登呢了，再往后，竟穿上了一件翻毛领子的短皮大衣。

每次穿新衣服来，老严见我仔细端详他的样子，总是很不好意思地说："这是儿子媳妇给我做的。"

"媳妇对你很好？"

"很好的。"

"家和万事兴，老严，儿女们孝顺你，好福气啊。"

"托福。"

一天，他又喜滋滋地上门了。

我问他：“又有什么喜讯呀？”

他一面掏提包里的东西，一面说：“猜猜看。”

他掏出了一个纸包，要我猜。

“当然是甪直萝卜了。”我说。他常常带甪直萝卜来的，那是甪直的土特产。经过腌制，颜色黑里透红，味道很鲜，是上好的下粥菜呢。

他嘿嘿地笑了，解开纸包，是两袋喜糖。

我猜大概是他找了个老伴了，但还是故意问道：“是孙子做亲呀？”在吴县一带，孙子做亲的意思是难得和稀奇的事。

他又嘿嘿笑了，说：“孙子做亲怕是盼不到那一天了。”他把两袋糖递给我的小孙子，很开心地说：“我复婚了。”

我只知道他过去的妻子在上海做小学教师，身边带着大儿子。

我真的为他高兴，吃中饭的时候特地为他添了菜。他上城常在我家里吃便饭，那可是真正的家常便饭，两只蔬菜两只小荤，两个老头子连吃边谈，是很惬意的。我添了点菜，开瓶酒，祝贺他。他从不饮酒，在我劝说下，破例干了几盅，酡红着脸，嘿嘿嘿地傻笑。

“老严，看你开心的样子，不是新婚胜似新婚呀。”

“取笑取笑，年岁大了，谈不上什么感情。只是经历了分久又合，心里的确是很开心的。”

这些高兴的事，使老严恢复了革命的青春。先前他上城，在我家吃顿便饭，就赶到苏昆剧场看昆曲，后来就不再那么休闲了。虽说他还时常抽空到我家说些闲话，但老是惦记要去办他的正经事。有的是党史办给他的任务，有的是他正在参与编写的甪直《甫里志》要去找的一些线索，还有甪直几家大户也找老严帮忙修修家谱。他自己编写了《甫里漫笔》。老严虽说只读过初中，但文字功底还好。二十年来，除了敲石子，不停地写检讨、汇报，笔头练得不错。

我开他玩笑：“修家谱可是封建那一套呀。”

“我不能同意的，”老严认真地说，“这也是小历史，也是历史研究的一支哩。比方沈家，他家的小辈可是如今的省委书记，就是过去的封疆大吏。排起辈分，我是他的表兄，我去找他，他很客气的。”

老严又像当初的小严了，他神采奕奕地到处奔走，那种认真的模样真叫人感动。

虽说他上门的次数少了，但讲话却摆脱了个人的小圈子。常常是讲党史里的一些故事，还把他听到甪直和附近乡镇种种不正之风讲给我听。比如某村的书记，买下了现代化设施齐全的五幢洋房，分给几个儿子，村里的企业却倒了；又比如，某个水上度假村方便顾客，老百姓却说它开了"堂子"，堂子就是北方人说的"窑子"；再比如某地抓赌，搜出人家口袋里的几万元钱，全装入自己的腰包等等。

凡是讲这些事，他放轻了声音，很神秘似地凑近我耳朵讲着，虽然室内只有我们俩。

他一面讲这些事，一面再三嘱咐我不能讲给别人听。

"那你讲给我听是什么意思？"

"唉唉，一个人都不讲，心里憋得慌，讲给你听我放心的。"

我开玩笑说："那我也只讲给一个人听。"

"不能，不能的！"他很紧张地说，"我们这些老党员，不能讲这些事的，总应该有点党性嘛。"

"放心放心，我也无处可讲。"

虽说阶级斗争斗了他半辈子，他头脑里阶级斗争的弦一直绷紧着。当法院副院长时，他斗阶级敌人；判刑后二十年来，他当阶级敌人被人斗；落实政策几年后，他头脑里的阶级斗争的火苗又蹿得老高。我好几次听到他用阶级分析法谈论一些人。有一次，甪直有人托我帮忙办一件小事，我想老严总是地方的老党员，就转托了他。不料他和那人谈话后拒绝为那人办事。我问他为什么，他愤愤地说："我和他谈了半小时话，我就可以断定，这个人对我们有着刻骨的阶级仇恨！"

老严在镇上，过的是普通老百姓的生活，和镇上的领导很少接触。终于有一天，镇领导忽然重视发挥他的余热了。镇上有个中学教师，在"文化大革命"中被整死了，现在这人的弟弟将从美国回来。镇领导感到很为难，对这人怎么介绍他哥哥呢？于是想到了落实政策后表现积极的老严，决定这次要发挥老党员的余热，要严老去接待这位美籍华人教授，做好他的工作。老严受命后很是兴奋，充分领会这是镇党委对他的最大信任，所幸他为了修家谱，和这位教授的家人洽谈过几次。教授回家乡后，老严一心扑在思想工作上，陪同教授参观了腾飞的家乡，又陪同教授去苏州大学访问。老严把地下工作时做策反工作的浑身解数都使了出来，走一路，做一路工作。皇天不负苦心人，终于使本来想兴师问罪的教授回心转意，承认乃兄是咎由自取，一场误会。我家离苏大很近，老严找个空隙来我家憩息。他口枯舌干，一连喝了好几杯茶水，把他如何做工作的原原本本说给我听，最后说："总算幸不辱命，胜利完成了党交给的任务。"说完了，他告辞而去。返回苏大，他还要陪同教授回转甪直呢。

他可能来过几次的，但我只记得他十分兴奋的这一次。他身体很好，我常说他会长寿的，他自我感觉也非常之好。万万想不到，他忽然小中风，进了昆山市医院。病情稳定后，出院返回甪直。镇里给他装了电话，我和他不时电话联系，互道珍重。

有一天，他又感到不适，进了甪直镇医院。病情很快恶化，医院对这个糟老头子没有在意，作了简单处理。家属对突如其来的莫名高烧很着急，但医院不急，医生人影也不见。拖延了几天，老严自知不起，他神志一直清醒，临终前对儿子严宪说："这是一起医疗事故，你要设法查清楚，讨个说法。"说法倒有，甪直镇医院最终承认确是医疗事故，但老严不会知道了。

我身体不好，没有去参加追悼会，送了花圈去。过了几天，严宪和妻子、姐姐、姐夫来我家，讲了他父亲逝世时的情景，客气地谢我对他父亲的关照。告辞时，留下两包甪直萝卜。我切了一段萝卜下粥，不知怎么搞的，这萝卜失去了往日的口味，只觉得有股说不清的苦涩。

（原载《太湖》1998 年第 4 期）

胜兵如水崩丘陵

一

有人说，浦东风水好，才能有今天的腾飞。真不知浦东这块宝地上，玄武、朱雀、青龙、白虎，四灵是怎样的吉祥，搞得万商云集，百贾熙攘，陶朱逐时，白圭治产。不几年间，巨桥腾空，高楼拔起，五星级、八佰伴，开创了一个惊人的局面。其实，半个世纪以前，这河汊港湾密布的小块平原，被日寇铁蹄蹂躏得遍地哀鸿，老百姓被榨取得一贫如洗，和江南其他水乡比，并无特异之处。其地绝少冈峦山峰，无龙形可审、龙脉可辨。过去，因为它是大上海的外围，成为日、伪、顽及各路豪强争夺逐鹿的地方。改革开放后，也正因为它在地理上傍绕大上海，政策优厚，有利可图，跨江大桥建成后，与市区连成一片，成为列国争利的金矿。

上世纪 40 年代初，在这方圆不过三千平方公里的土地上，有日寇、和平军、举着各色旗号的土匪部队、打着抗日幌子勾结着日寇的变色武装，有土豪劣绅恶霸横强、土膏行老板大烟鬼暗娼、霸头那摩温白相人、重庆特务汪记密探、江湖巨骗拆白党，有大小检问所、县区乡镇、警察派出所、连环保甲、李士群清乡委员、熊剑东税警长官……真正的抗日武装，就得对付这数不清的魔头孽障，活动在这块土地上，如入八卦图阵，不能错走一步，不可迷失本性，要有百折不挠、视死如归的气概。

朱亚民，在老家戚墅堰大名朱永林，在香港工人组织兄弟会里改名朱复，到浦东打游击时改名诸亚民。诸亚民在浦东地方可说得上是威名赫赫，老百姓念叨他的名字，祈求保佑平安，日伪和一切妖魔鬼怪则闻名丧胆。他们只闻其名，却无缘得见。他们既想见又怕见，想见是想他的人头，怕见是怕丢了自己的脑袋。朱亚民在浦东无日无险，无日无难，他像钉子一般钉在浦东，也钉在这些魑魅魍魉的心上。朱亚民出生入死，难道他精通青乌之术，相中了浦东这块风水宝地？莫非他预卜浦东有今日局面，甘洒热血于兹？当然都不是，对他来说，只要上级下令，即便是要他赴汤蹈火，也在所不辞。只要能赶走日寇，解救人民于敌人铁蹄之下，他眉头都不会皱一下，就会从容地舍生取义。

1942年8月，日伪下决心要消灭浦东的抗日武装，实行清乡。把奉、南、川三县，围上一百七十六公里长的篱笆，内外围都驻有重兵。为保存有生力量，部队陆续分批撤向浙东，朱亚民率最后一批七十余人撤离。不久，朱亚民又受命于谭启龙，挑选了十一条熟悉情况智勇双全的汉子，组成短枪班，重回浦东来个回马枪，杀入敌千军万马之中。过去，这支部队挂着"国民党第三战区淞沪游击队第五支队"的番号。朱亚民是中共浦东的军事工作委员会书记，实际掌握这支部队。此次返回浦东后，过了一年，亮出了新四军的牌子，部队定名为"新四军浙东纵队浦东支队"，朱亚民任队长。1944年11月，部队更名为"新四军浙东淞沪支队"，仍由朱亚民任支队长。

支队在三年时间里，消灭了二百个左右鬼子和一千五百多个伪军、顽军，此外还策反了数百名伪军。而朱亚民带回的一个短枪班，发展成一支一千多人的主力部队，枪支二千五百余枝，有足够的轻重机枪。

朱亚民当时叫"诸亚民"，群众亲昵而自豪地称支队为"诸亚民部队"，日寇画像捉拿诸亚民，悬赏十万军票，买他的人头。

现年八十一岁的朱亚民，将将蓄起的银白美髯，用手在颈项间做了个切割的动作，笑眯眯地说："如今我老朽无用了，想当年它还是很值钱的呐！"

二

"重金悬赏，难道亡命徒们不来试试吗？"我问道。

"唉，十万军票，哪有不动心的，"朱老说，"浦东地界遍地都有要钱不要命的。不过嘛，我的脑袋也不是那么容易拿去的，弄不好，他自己倒先掉脑袋。"他说着呵呵地笑起来，并且讲了几则故事。有一次，税警队头子熊剑东，侦知朱亚民很优待投诚的人，就派了两个特务诈降。其中一个故作姿态带来了枪，却要求回家，朱亚民给了钱就放他走了。另一个坚决要求参加抗日，留下后表现积极。结果利用站岗放哨机会，趁朱亚民独自晚归之际，突发一枪……"那子弹好像长眼睛似的，不钻有血肉的地方，却在我的胳肢窝里穿过。哈哈，命不该绝嘛！"朱老忆起这事，开心得像个孩子，"当时我一愣，立刻明白过来，一个箭步把他按倒在地，结果是他的脑袋搬了家。"

还有，像上海警察局局长卢英、奉城税警队、南汇周浦的伪军团长、浦东恶霸刘铁城，都派过杀手来暗杀朱亚民，有的没有机会下手，有的杀错了朱亚民的警卫员。朱业民豪爽地笑着说："其实，即便是杀了我，也还有第二第三个朱亚民出现。在那种环境下，是提了头干革命，人人都把生死置之度外了。"

"你们杀回浦东的十二个人，都健在吗？"

"到北撤时，活着的连我一共三个。不是有句话叫一个人倒下去，千百个人站起来吗？返回浦东几年里，七个同志牺牲了，三个叛变了。比如王志欣，原来是地方上的武装区队长，熟悉地方情况，也能打仗。回浦东后，一度分散活动。王不能'慎独'，受不了艰苦紧张的生活，姘上了一个女人，变成了土匪。"

我不禁说："真是不容易啊，西游记里的唐僧师徒历尽劫难，是和一个个魔头斗。你们身前身后，上下左右，却遍布魑魅魍魉。十二个人，包括叛变的，没了十个，却发展成浦东地界上使日伪闻风丧胆的最强大的部队，胜利的主要因素是什么呢？"

朱老没有半点犹豫，立即说："那是民心向背。老百姓向着你，胜利就伴着你，即使有失败有挫折，胜利也会伴着你。"

　　"这是一条真理。"

　　"是的，永远的真理，"朱老说，一时沉浸在往日的回忆中，"初返浦东，日伪正在实施清乡。过去他们搞'扫荡'，好比篦头拉网网鱼，还有空当网眼。这次是车干河水捞鱼，想隔开我们和老百姓的联系。他们逼着老百姓发现我们要敲锣，老百姓都在送我们走后才敲锣；我们夜间活动怕狗叫，老百姓把养的狗都杀了；敌人扎篱笆，老百姓把一丈多高的篱笆拆得七零八落；敌人在我们活动的线上搞了十个大检问所、几十个小检问所，岗楼林立，据点遍布，过顶桥都得受盘查，我们却照样在封锁线上进出，老百姓照样想法给我们及时送来敌人动向的情报……真的，没有老百姓的支持，我们一天也生存不了。那时的环境是险恶的，我们只能睡在偏僻的小宅基、祠堂和坟山屋里，有时站在河边高高的秆棵里，蹲在蟹棚里。西风起了，还穿着单衣，饿一顿饱一顿……"

　　朱老激动起来，他低头喃喃地念叨道："董妈妈，妈妈……"董妈妈的儿子董金根，是十二个人中的一个，是大革命时代烈士的遗腹子。金根熟悉情况，机智勇敢，可惜在一次战斗中被打穿胸腹部，伤势严重。朱亚民请了大团镇的名医为他医治，用重金买来西药，但因为无法动手术，只能拖延时日，董妈妈每四五天来看望一次。一月后因敌情转移，下雨路滑，担架滚落在沟里，金根流血不止而牺牲。董妈妈忍着悲痛，只对队长和照顾金根的群众说了一些感激的话。朱亚民问她有什么困难，她摇摇头说："我会照看自己，部队比我困难多着呢。"说完领了儿子的遗体默默回家了。朱老的眼眶有些润湿，他沉重地说："我至今还时常想起董妈妈。"过了片刻，他又说："我一闭上眼，牺牲的同志一个个都在我的眼前。"

　　在和朱老的交往中，我发现这老头身上没有官气。他当过江苏省工业厅厅长、苏州市市长，却没有此种职务在身上残留的味道。他性格开朗豪爽，为人诚挚平和，有一次我笑着说："朱老，你倒是官气全无的人。"他摇摇头，哈哈一笑说："官气么，当厅长、市长时是有一些的，现在不当官时间长了，官气汽化了、跑了。要说过去在浦东当支队长，也算是个官，长官，但不能有官气，老百姓会惹气，老百姓一惹气，官就没得气了，哈，哈，哈……"

三

"老潘，给老俞倒茶，也顺带给我加点水。"朱亚民说。他习惯用搪瓷杯饮水，如今有了好茶，在满是茶垢的黑黢黢的茶缸里泡"碧螺春"，实在不匹配，但习惯的东西就是好。再说，朱亚民行走不便，茶缸里盛满了，足够半日之用，免得老是要兰珍倒水。

"来了！"潘兰珍答应一声，提了水瓶蹒跚地过来，把搪瓷杯盛满水后，放在朱亚民凑手的地方，可谓举案齐眉。

这对老夫妻八十一岁同龄，白头相映。朱亚民笑眯眯地看着潘兰珍，说："人家金婚银婚，我们算什么婚？"

我插嘴说："金刚钻婚。"

朱老呵呵大笑。我问道："你们是哪年相识的？"

潘老说："我家在南潘村，朱家在石家桥，我俩家相距二里地。我家里穷，人口人多，家里有五个姐妹、三个兄弟。朱家说没有囡五，要我过去。我九岁到朱家当童养媳，人太小，还不会做田里活，养养鸡鸭。在灶头上洗碗够不着，得站在板凳上。永林，哦，老朱那时学名叫永林，永林要比我高半个头，他拿我当妹妹，从不欺侮我。农村攀亲都要算命的，算命先生说，先做兄妹后做夫，说是八字排起来匹配的。十四岁那年，永林到上海学生意去了。"

朱老接上去说："我在小学念了两年书，家里穷，只得到上海寻饭吃。在中华书局印刷厂当学徒工，我冒报十六岁进了厂。住的是夜铺日收的铺位，吃的包饭作，除了几件替换衣服，一无所有。印刷厂干活要有点文化，我进夜校读了两年书，才可以看看写写。1936 年 9 月我调到香港分厂去，参加了工会的前期组织'兄弟会'，参加了筹组印刷业工会，被选为执行委员。1938 年 3 月入党，参加了震撼香港的反解雇斗争。1940 年 2 月的一个晚上，廖承志找我谈话，要我率解雇工人组成的'回国服务团'回上海，实际上是一批党的骨干，撤到上海工作……"

我打断朱老的话，说："讲讲你们两口子的事吧。"

"两口子的事，就是这么回事了。"

"说说结婚吧。"

"十九岁上结的婚，永林请假回乡的。"潘老说。朱老笑眯眯地接下去："喜事办得蛮闹猛的，吹吹打打。虽则兰珍一直在我家里，还是请她坐轿子抬进门来。不过么，四人抬的花轿太贵，坐的是两人抬的，轿顶上也有红绿彩球，蛮光彩的。"

兰珍嘻开了嘴听着，情绪也调动了起来，插嘴说："童养媳坐轿，也算不容易了。轿子抬到门口，要'着焰路'，穿过芦苇烧着的地；出轿，新婚不作兴着地，踏到一块红毡上，走两步，红毡接到前面去，叫'传代'；箱子里放红枣、花生，马桶里、被子里都塞着红蛋，这都是乡下的规矩……结了婚，我跟到上海，住在法租界电车公司对面弄堂里的亭子间里。永林不着家，我成天忙柴米油盐。"

"每天早起生煤球炉……"朱老摇头说，"煤球炉是以后的事，先是烧炭风炉、洋风炉；那时刷牙先是用盐，后来用牙粉，用牙膏是后来的事；那时货车、老虎车、马车都是硬轮胎，小轿车才是充气胎，出租车有云龙、祥生。上海有钱人当然惬意，穷人还不是吃霉糙米，穿破布衫。"

"住在上海，比起乡下饿一顿饱一顿是好多了。永林到香港，我就到乡下。永林后来叫我到香港去，他说有个家，好掩护他搞工会。"

"你倒还见过点世面的。"

"那时的香港，还不如上海，垃圾得很，破破烂烂的。再说，广东话也听不懂，我成天关在家里，见什么世面？在香港生下英杰，可怜他生了肺炎，永林不着家，叫天天不应，又没钱找医生上医院。等永林回来，请医生打救命针，英杰已经不行了。"

朱老低头喃喃说："如果我也关心一下家，英杰本不至于此。"想不到英雄晚年，还在对长子的夭折伤心。

"英杰死后不久，工人运动使香港局势紧张，我又回到常州乡下，从此不通音讯。回到乡下后又生了一个孩子。听说他回到上海当了兵，什么兵搞不清。中间永林回来了一次，穿得破支落索，村上人说永林蹩脚了。那次，他住了两夜走了……一直到1945年3月26日，我永远记住这日子，我到了青浦观音堂，参加了革命，做地方工作。永林改名朱亚民，人家叫他司令。"

"你们总算又有了一个家了！"

"家？"朱老哈哈大笑，"她做她的地方工作，我打我的仗，各归各的。不久我在战斗中负伤，化名到上海医伤，上海党组织为我住进医院想尽了办法。一次被医院里勤杂工认出，这人被我们俘虏过，他去报告。党把我转移到法租界的上海医院，乔装成国民党的军官，看我的同志也要手持鲜花，汽车进出。住了几个月，花销太大，我坚决要出院，上海党组织把我送到了苏北……我和老潘嘛，接出来后只见过几次，负伤后，各自东西。一直到四年之后，我在松江军分区，才打听到她在福建，调在了一起。唉，有句老话，夫妻本是同林鸟，大难临头各东西。我们结了婚之后，大难不断，现在总算又是同林而栖……"

"潘老，听说你一直在部队工作？"

"我到苏北后，在雪枫大学培训过，而后就分配到部队搞护理工作，一直在前线。"

朱老很自豪地指指老伴说："她在前线多次立功，临沂九山区、昌南战役、诸城战役、太县驻马庄……都立功受奖过。淮海战役里，她还是一等功臣哩。"

我要了功劳簿看，上面记载着"贰等功，毛巾一条，香皂一块，证明一份"。看到一等功项下记着"登榜照相，带（戴）花表扬，奖章"。我一边看，一边说："当时照相挂在榜上，确实是最光荣的了。"

潘老有些难为情，站起身来说："呒啥多讲头格，做护理工作，吃点苦，哪怕牺牲自己，对伤员总要像对自家兄弟一样的……"说着，走到厨房里去了。

这个一等功臣的言谈举止就像一个乡下老太，我望着这对老人想，革命就是靠这些纯朴而忠实的人舍生忘死才取得胜利的。

"潘老真是个老实人。"我由衷地赞扬说。

"她文化低，常常被人瞧不起。一些夫人，讲些马列的话，传些内部的事，优越感十足。她笨嘴拙舌，自卑得很。"

我知道类似的许多事，虽是些小事，也很可悲。

我换了个话题，开玩笑说："在香港、上海、浦东，朱司令若要另外寻个人，也是办得到的……"

潘老笑笑说："永林他不会的。"

"不会的。"朱老说。

当然不会的。怎么样的人就是怎么样的人。

四

在"十年浩劫"中，朱亚民无辫子可抓，被结合进革委会抓生产。粉碎"四人帮"后，有些人却要他交代"篡党夺权阴谋"。这个善于在对敌斗争中周旋的人，却不谙自斗自、窝里反之道。僵持了好几年后，才算了事。找他谈话的人说："不是我们要搞你，是苏州市五十四万人民不答应。"好家伙，有些人有时代表人民，有时他就是人民，有时他和人民分开，却又和真理在一起。朱亚民为了人民勤勤恳恳干了一辈子，不知怎么搞的，这时候"人民"又不答应他了。

解除审查后，浦东几个县赶来请昔日的司令回去看看了。朱亚民到了南汇、川沙、奉贤等几个县。去年，南浦大桥通车，他也应邀去参加盛大的庆典。浦东翻身了，浦东人变样了。

"南汇、川沙、奉贤，都建起了烈士墓，我能够在英灵前敬献一束鲜花，得感谢这些地方的领导同志。南汇还有一个图片展览室，这样对青少年有好处。南汇还有个名单，抗战中牺牲的有一百几十人，一部分是在浙东战死的，里面大都是干部。那时有个口号，干部要'冲锋在前，退却在后'，所以干部牺牲得多。"

"那时干部比如今可难当了。"

"唉，不是难不难的问题。一心扑在抗日上，死也光荣；责任担得大，贡献大；怕死怕苦，战士都当不得。"

"十二人回浦东，现在还有活的吗？"

"除了我，还有一个李阿金。前些年，老李在湖州当交通局长，也来苏州看过我几次，这几年没有见到了。我当支队司令只有二十八岁，他比我年岁还高。"

"其他一些支队的同志见到了吧？"

"见到的。比如奉贤的陈金达，要比我大九岁，还活着，打鱼出身，在张闻天时还参加过农协；民福乡的吴长林，为了不影响家，换名改姓陈友新；川沙的张振言……好多熟人碰到过的，县里开座谈会，都来了，一起吃了饭谈谈说说，大家高兴得很，一乐也，一乐也。"

"浦东的高楼大厦，看得你眼花缭乱了吧？"

"真是看不尽的新气象，旧时的浦东，全然不见了……浦东过去的民居，叫大窑圈、小窑圈，有点像北京四合院。现在只有张闻天的故居保留着，其他全是漂亮的楼房。在奉贤，过去海滩边制盐，用木板晒，盐质雪白。盐民的生活真苦，住的是搭起的窝棚。现在养对虾，人均收入一万元，这倒是实实在在的。八佰伴开到浦东是好事，但总归是日本老板的……"

客厅里挂着当年区党委书记和浙东纵队政委谭启龙、司令员何克希写的条幅，也有迟浩田的题词。谭题写道："奋战浦江两岸，痛击淞沪日伪；坚持最后胜利，功勋永载史册。"我正在观看，朱老指着一幅字道："这是我游浦东之作。"朱亚民的文化主要是自学的，他常常写诗。这首《浦东行》末四句写道："芦湖远景雄伟壮，果园精神见曙光。总体规划振精神，人间天堂已在望。"旁边还有一些当地人士送给他的诗作。吴锡钦写道："童孙爱问英雄事，谁是当年朱亚民？"张耀写道："当年游击上海滩，智勇屡胜日伪顽。人民热爱朱司令，敌人闻风丧胆寒。"浦东地区的一些老人，至今还津津乐道当年诸亚民部队传奇性的故事。他们一遍又一遍地讲给儿孙听，所以浦东地区小儿们也知道诸司令。

"这几次回浦东，去过七宝吗？"我知道，半个世纪前抗战的最后一仗，是在七宝打的。从凌晨三时打到天亮，大母堡拿不下，诸司令着急起来，顾不得司令不司令，自己冲了上去。碉堡里射出的枪弹打穿了他的小腿，打断了两根骨头，这次创伤折磨他整整五十年。

"没有，听说那碉堡倒是保存着，用做爱国主义教育。"

"它，它现在怎样了？"我指的是腿。

"你想看看？好。"朱老说，一边把右腿的裤脚卷起来，从小腿肚一直到脚背，像一段烧焦的枯木。我惊奇地问道："这不都坏死了吗？"

他艰难地把脚底扳过来，那里倒是肉色的。朱老放下脚，说："总算还好，里面血脉还通，那时我坚决不肯截肢，我还想打仗……如今一直有炎症，骨髓炎，天热也怕冷。"

"还吃什么药吗？"

"就吃这个药。"朱老嗜酒，他用手圈了个酒盅的样子，假装往嘴里倒。

"买点好酒喝。"

"好酒是喝不起的，只能喝中低档的。中低档也有好处，假的少。"

"如今当干部也不容易，有些人，一天两顿，都是高档酒，喝怕了，还有专门请人代替喝酒的。不是我不敬，我看你去做这个差使倒不错。"我调侃说。

"要他去代替喝酒，是巴望弗得。"潘老说，给了老伴儿一个白眼。

"当公关代替喝酒，对我来说是废物利用，重新有一个用武之地，也算发挥余热。不过么，我腿脚不大方便。"朱老说，说毕掀髯大笑。

（原载《解放军文艺》1998 年第 3 期）

叛逃者

当我在 1983 年和徐洪慈分手时，心里想，以后再要见面，恐怕不容易了。他若想归国定居，更是难于上青天；至于他的一番惊心动魄的经历，不宜公开，怕也只能湮灭了。

我当年作如是想，是很理智的。其时，徐洪慈身居异国，是一个"叛逃者"。他想回国，不仅难过某国的关口，估计我国也是不能接收的。至于他经历的种种事，桩桩都触犯我国的忌讳，不能讲也讲不清。我们带着两只耳朵听他讲述那些事，也说不定哪天会担上什么罪名，更想不到竟有这么一天，可以作文公之于世了。

当徐洪慈向我们讲述他经历的那些事时，我一直望着对面熟悉而又陌生的脸。他瘦削的脸上，满布深陷的皱纹，如刻木，如刀雕，只有他的眼神，还使人忆起他唇红齿白的美少年模样。那时他面如满月，目若朗星，我第一次见到他时，便不由得想，这人漂亮极了。

他讲到痛苦和紧张的事，不时打着手势。他双臂上长着粗黑的汗毛，凸现着颤动的肌肉，他宽阔强壮的胸脯，在薄薄的汗衫下有力地起伏着，使我想起他原本柔弱而纤长的读书人身影。

他的变化委实太大了。

当他讲述完他的事后，听的人都明白了他为什么会在外形上起这样的变化，他已经不再是原先的他了，这是当然的！

越狱

1957 年的一天，《人民日报》用一版的篇幅，揭露了一个反动的"极右分子"猖狂向党进攻的罪恶种种，徐洪慈成了全国闻名的死硬的"右派"。

当时他在上海第一医学院读书。他的学习成绩优异，是班上的党支部书记，一直是学校又红又专的样板。就是这样一个好学生，忽然一下子堕入了反革命的深渊，全校师生无不摇头叹息。徐洪慈在猛烈的打击下反而镇定了，他居然拒不服罪，竟敢向校党委书记公开挑战，说自己只是讲了一些真话，揭露了一些问题，提出一些合理建议而已，他只是响应了党的号召，意识到自己是党支部书记，带头鸣放而已，何罪之有？何罪之有！

徐洪慈公开发表演说，为自己辩护，他提出要同校党委书记作公开辩论，这真是胆大包天。上海各个高校的"右派"都已低头认罪，唯独这个徐洪慈，竟然敢摆出进一步和党较量的顽劣姿态，是可忍孰不可忍。于是，在上海医学院，在各个高校，同仇敌忾，掀起了声讨徐洪慈的高潮，顽固不化的"极右分子"徐洪慈，被押送至云南某地劳改。

他到了一个劳改工厂，分配在一个钳工车间，这对手无缚鸡之力的徐洪慈可是一道难题。他咬紧牙关经受住了磨炼，成为一个熟练工。他憋足了气没处出，尽挑使力气的活干，但监管人员眼里，这人还算有悔改的表现。就是有一桩，这人的思想汇报不大对劲，只是对反"右"作些原则肯定，不大愿意接触思想实际。监管人员本要抠挖他的思想，只因这人劳动表现尚好，也就由着他去。

他在劳改工厂里一蹲就是十五年。在迎接解放的日子里，他在心里暗暗起誓：要像奥斯特洛夫斯基那样，克服一切困难和险阻，把自己炼成钢铁一般坚强，把青春献给党和人民。万万想不到，他最宝贵的青春年华，竟会穿着印有号码的囚衣，消耗在牲畜一般的生活中。

终于有一天，1972 年的一天，由于国际形势紧张，国内阶级敌人为了配合国际上"帝修反"的破坏活动，蠢蠢欲动。监管部门要所有人员提高革命警惕，对那些罪恶很大，屡经教育而拒不服罪的人犯，不能心慈手软，必要时应处决一批。这样一来，徐洪慈和这个劳改场所的绝大部分一再表示认罪服罪的人犯相比，问题就突现出来了。复查徐洪慈历次的思想汇报，他不是故意回避罪行实质，就是公然鸣冤叫屈，好像是党冤枉了他似的，场部决心从严考虑对他的惩处。

在徐洪慈内心深处，心弦一直是绷紧的。他像小麋鹿一般竖起耳朵谛听周围动静，仰起鼻子闻嗅空气中的异常气味。他有几次看到人犯被处决，他不清楚什么时候厄运会降临到他头上。但他明白，危险始终是存在着的。

厂内有一处铁工间，平时敲打一些劳动工具，开个简单的模具什么的。徐洪慈为了领取定制的工具，去过那里多次，同几个打铁师傅混得很熟。有两次，他看到铁工师傅在锻打笨重的脚镣。他问干什么用，师傅告诉他是为死囚准备的，改判死刑的人犯要戴上这种脚镣，直到处决。一天，他到铁工间，又见铁工们正在打造脚镣。他问："这次又要为谁做准备了吗？"那人眼皮不抬地干笑了声说："那可是为你准备的。"他心头不由一惊，当晚他夙夜不寐，这是真的吗，还是开玩笑？有开这种玩笑的吗？铁工怎么会知道脚镣是套到谁脚上的呢？但铁工又怎么不可能知道这内部决定呢？他翻来覆去地想，又仔细捉摸最近监管人员对他微妙的态度变化，他终于得出了结论：这几十斤重的脚镣，正是为他这个拒不认罪的"极右分子"准备的。

怎么办？怎么办？一连几天，他在做工时，休息时，紧张地思考着。他知道，场部决定要上报待批，他还有一段时间，但时间已不多了。

逃！他心里闪过这个胆大妄为的念头。

逃得了吗？唉，反正不逃也是死。逃，固然难于上青天，但毕竟有着两种可能。他又镇定下来，在他心里酝酿了一个大胆的计划。

他在钳床上做了几节可以联结的铁条，有一节做了个扎钩。他开了自己唯一的木箱，取出所有的积蓄，装在压箱底的一件皮夹克里。那件皮夹克是他母亲寄来的，他在厂里只能穿编号的囚衣，所以一直压在箱底里。如今这件皮夹克，也成了他越狱计划里一个不可或缺的小链。他把皮夹克卷起，偷偷放在床上枕头下。他把几节铁条分几次藏在身上，带回宿舍，又带到放风小院子的墙角草丛里。他省下一些馒头，放在手巾包里。

他选定一个月黑风高之夜开始行动。那是 1972 年 10 月 7 日，他永难忘记那个生死在呼吸之间的日子！

人犯们在晚饭后有一刻钟的放风时间，宿舍左侧铁门外的小院就是放风处。这里一年中的大半时间都有蚊子，所以每个床上都张着蚊帐。徐洪慈把被子凸起，装成一个人形。他把皮夹克穿起，外罩囚服，到小院子挨近墙角坐下。过了十来分钟，人犯们陆续回宿舍，他趁大家没有注意的当口，滚到墙角的草丛中躺下。一会收风时间到，监管人员把最后几个人赶进宿舍，咣啷一声锁上铁门。不一会，整个厂区寂静无声，他只听到自己咚咚的心跳。他立刻按照心中构想的计划行事，把一节节铁条连接，把扎钩搭到两丈高的围墙铁栅上。他脱下囚服，紧握铁条攀登，虽两手出血，却终于翻到了围墙外的草地上。他要穿越一片开阔地，到达汽车库。只要转过汽车库，就可以狂奔，寻求自由了。他在草地上站起，警告自己要大摇大摆地走完开阔地。他终于逐渐接近汽车库了，这时情况突变，一道手电射向他，哨兵喝问道："谁？"

他的心跳到了喉咙口。他僵硬地侧过身，用事先想好的办法，举起手摇晃了几下，轻声地答："是我。"哨兵没有听到他说什么，但在手电的光束下，哨兵看到的是穿皮夹克的人影，这里穿皮夹克的只有司机们。哨兵看到这个司机走进了车库，也就拧息手电。这时徐洪慈闪身到车库东侧，摸到车库后面，整整跑了一夜，蹚过几条河，狼犬是不会就此罢休的。天亮后，他喝了水，吃了馒头，又跑了一阵，看见有过路人了，就放慢了脚步。当地人看到这人穿着崭新的皮夹克，很潇洒的样子，就很友善和他攀谈。他打听了几条路线，心里选定了方案，就一秒钟也不耽搁地匆匆赶路。

所幸那时有电话的地方极少，劳改工厂在上工时才发现少了个徐洪慈，派出警卫和狼犬追，结果一无所获。

他回到了上海，那里有他日日以泪洗面的老母。

其时，上海正高举阶级斗争大旗，开展"扫垃圾"运动。要把所有有历史问题和有污点的人，统统扫到青海去，使上海成为干净的城市，气氛十分紧张。

徐洪慈知道不能待在上海，他已经成为全国追捕的对象。老母亲十之八九已被监控，他不能自投罗网。好在当时监控手段有限，他有空子可钻。他一到上海，填饱了肚子，买了干粮，就打了公用传呼电话叫他老母。话不多，要他老母立刻到第一百货公司门口见面。换了别人，一听是他儿子，会立刻又哭又喊。但他老母过去支持和掩护儿子搞地下工作，也沾了一点地下工作的边，在这当口知道竭力稳住自己。老人家只是噢噢应了几声，说了句不相干的话就搁了电话，丝毫未引起公用电话店家的怀疑。老人家按照儿子要求，把家里所有的粮票和钱带上，乘上公共汽车。下车后，在人堆里混了一阵，又乘无轨电车转了几个弯，才到了第一百货公司门口。母子俩深情地对望，儿子说："妈，我很好。"妈说："看得出，你很好的。"儿子问："有尾巴吗？"妈妈笑笑说："哪能呢！"儿子说："妈，你受苦了。"妈说："不要这样说，好儿子。"儿子说："妈，给我吧。"老人家就把钱粮给了他。妈说："你得活着回来见我，我等着。"儿子说："放心吧，我一定活着来见妈。"

母子俩又深情地对望了一回，各自转身，消失在茫茫人海里。

叛逃

他心中早已有个目标，在上海买了本地图。看过以后，他更加认定了，往正北方向走。他听说过，叛逃者很少选择××。那地方，生活和这里差不多，即便到了那里，也没有好果子吃，只能得到残暴的对待。所以，那一线的边防，相对要松弛些。

对，到××去！人家不去的地方，他就去。他并不是向往西方文化或物质生活而叛逃，他是出于无奈。国内已无存身之地，他要活下去，等到党谅解他的那一天，他相信党最终会明白过来的。现在唯一可选择的就是，哪里能苟且偷生，就到哪里去。

他到了内蒙古边境地区一个叫集宁的城市，用伪造的证件住进旅馆。深夜，他沿着铁路线走去，不幸绊在石头上跌坏了脚，只得退回集宁。撞到一家小诊所就医，遇上两个好心人，不问他的蹊跷来历，帮他作了处理，又破例留宿在诊所的手术台上。过了两个月，已是初冬天气，他备了干粮，辞别医生，继续实施他的越境计划。

他走了半夜，一座高楼凸现在草原上。他悄悄靠近那幢楼，老天爷，他撞到边防哨所门口来了。那哨所楼上装备有雷达，所幸时近凌晨，值班人员和警犬可能在打瞌睡。而且，贴近雷达的地面，反倒是雷达扫描的盲区。寂静中，他又听到咚咚的心跳声，他的脑门和手心都沁出了一片冷汗，他贴地朝着边界碑爬行而去。一阵阵恐惧感袭击着他，他等着聚光灯突然照亮，等着狼犬扑来，等待机枪轰鸣。但什么事也没有发生，他越过了边界碑。这里也是一片寂静。

侥天之幸，他活着。他在刺骨的寒风中站立着，冷汗湿透了内衣。前面会有什么事情等待着他呢？

黎明时，××的巡逻队把他抓获。不一会，一个军官在哨所盘查他，不听他的辩白，只是反复要他交代潜入××的任务，并吓唬要枪毙他。

他冷静地分析了处境，他正在解初级课本的一道容易的题。于是，他任军官不停咆哮，自己则闭口不言。那军官狠打了他一记耳光，结束审问。接着，他被押送上一辆关闭严密的囚车，颠了大半天，到了一间暗出出的屋子，见到了一个肩上星星很多的高级警官。那人执着地要他先交代派遣他潜入××的机构的名称，而后再交代此行任务，顺便要讲清楚，为何身上没有带足活动经费，难道他要损害××，而××还要提供他经费吗？他只知道第三个问题的答案，他带的钱全被那个初审者抄走了。××方面很有耐心，除了每天给他三次冷馒头外，就是不厌其烦地开导他回答这三个简单不过的问题。他知道不能使××方面失去耐心，那时他后悔也来不及了。他苦思冥想之后，突然想到一个权威的证据，那便是权威的《人民日报》整整一版对他的揭露。他真是高兴极了，正如捞到了一根救命稻草，此时的内心充塞着对《人民日报》的真诚感谢。他说了那份报纸的准确日期，也真灵，那警官便中止了审讯。此后的一个多月，除了丢给他几个冷馒头外，他享受到了他一生中最安静的日子。

××好像还有一点法制。他被移送到一个法庭上，法庭在他承认非法入境后，判处他两年徒刑。整个过程只有几分钟，仪式简单而庄严。

只有在法庭上，他才知道自己站着的正是××首都的土地。判决立即被执行。他被押送到靠近边境的一处叫宗哈拉的林业场，编入伐木队。几十个人犯被一队警卫监管着，从事常人无法忍受的高强度劳动。徐洪慈若没有过在云南当钳工的锤炼，第一天就会瘫掉。

他举起几十斤重的电锯，从清晨干到天黑。除去三顿饭，每顿歇上一刻钟，足足要干十个小时。

每晚躺到木板上后，他感到只有灵魂留存着。他的躯体已不属于他，他试图抬起臂膀，但无法做到，想转动一下身体，也无法做到。

在夏夜，人犯们都赤身露体躺在木板上，没有垫的和盖的。森林里飞舞着足足有两厘米大的嗜血蚊，它们任意停歇在这些汗渍渍的肉体上尽情吮吸。这些人已无力驱赶它们，它们像绒毯似的密集，整晚地吮吸。每天清晨，当徐洪慈醒来时，除了贴近木板的部分，浑身布满了红色斑点。

最难过的关口是，警卫常以毒打人犯取乐，没有任何理由。也难怪他们，生活太乏味了。徐洪慈挨过好多次。那些警卫都孔武有力，几拳便把他打倒，然后抬起半统皮靴乱踢。一次毒打，身上总会有几十块青紫伤疤。有一次，徐洪慈被踢断两根肋骨，只休息了几天，便被赶着去上工。他就这样，在活地狱里熬炼了整整两年。好些人熬不过，告别了人间，徐洪慈却奇迹般地活了下来。斯大林说过，共产党员是特殊材料做成的，没有人弄得懂什么意思。徐洪慈经得住这样的摔打，大概可以称之为特殊材料了。

他回到了××首都，法庭开恩，刑满开释。幸亏他懂得一些电业知识，这点技术在××是很被看重的，他居然在市内一所医院里找到了个电工活，他总算又回到了人间。

他兢兢业业工作，老实本分地生活。此间也有几百个华人家庭，有华人的社交圈子，他从不去沾边。他租了一间房，只置备必需的物品。电工的收入还可以，他积存起来，以备不时之需。在他的心底深处，他不能忘情生育他的土地，不能忘情一双慈爱和忧伤的眼睛。有一天他一定要回归，他定会重新投入祖国的怀抱的。

医院还算善待这个尽职的电工，这个和气敬业的中国人，和医院上下的关系也很融洽。徐洪慈知道他的归国之情只能深埋于心，要实现这个愿望不知要等上多少年。即使可能回国探亲，也不是近期内能指望办到的。于是，徐洪慈只能暂时安下心来，做一个异国顺民。

这时，有一个异国佳丽闯入了他的生活。医院里有个漂亮的女工，被好多男青年追逐，但她却钟情于徐洪慈。而且，她又具有一副泼辣豪爽的性格，敢于表露自己的感情，敢于向社会压力、亲友疑虑作抗争。徐洪慈却顾忌重重，唯恐招惹麻烦，但终于被她火样的热情和无畏的性格折服。几个月后，他拥有了一个温暖的家庭。

奥容贝勒格，不仅给了徐洪慈生活上的关心和心情上的慰藉，而且这样的一种婚姻关系，也使他日后回祖国探亲有了借口。

回归

1983 年的那个晚上，徐洪慈讲述完了他的经历后，大家不知讲什么好，好像讲什么话都不合适。在这深秋的夜里，一时只听得墙角里一只蟋蟀在不停地鸣叫。

我觉得总要说些什么，吁了一口气，说："一切都已经过去了……"

徐洪慈却摇头道："还没有呢。"

他刀雕似的脸上的皱纹，一时又紧聚在一起，他缓缓说："现在是秋天，离春天还远着呢。"

我劝他说："那么苦的日子都过来了，再耐心一些吧。"

他说："我在那里，他们一直没有消除对我的警惕。这次我回国，自己的祖国却也怀疑我负有那里交给我的某种使命。"

有人插话道："不稀奇，可以想得到的。"

"当然，没有人对我说过，但凭我的敏感，大半会是这样的。"他紧锁双眉说，"老龚，龚老师，对我一如既往，十分热情。实际上，我到上海之前，有关部门已经通知了他。他对我完全信任，同我多次谈话，请我吃饭，还要我到苏州玩玩，会会阔别的一些战友。"

老龚是我们地下工作时的领导人，他对同志一直像亲人一样关心，倾其所能帮助别人。他当然懂得，领导部门对徐洪慈存有戒心。他这样对待徐洪慈，只是为解除徐洪慈的疑虑，做好工作，尽自己的责任。

至于会对自己有何不利，他根本不考虑。

"老龚要我千万相信党，最终党会同意我回归的。"

请我们一起吃晚饭的老张诚恳地说："我们都相信会的，我们会再相聚的！"

分别的时候，他紧紧握住我的手。他的手，粗糙如坚韧的树皮。他用力紧握，使我觉得很疼，但我不忍放开，我很高兴能感受到他的坚定和力量。

徐洪慈回来探亲后。更加坚定了他回归祖国的决心。他走一路看一路，虽然当时国内的生活未必好到哪里。但他感受到，处处洋溢着生机，好像刚出土的毛茸茸的小草，好像枝头刚绽出的细嫩的叶芽。这些细微的变化，对刚从严酷的冬天走来的人，是能够感受得到的。人们开始热爱生活。在过去的年代里，女人们前额有刘海被称为"大胆"。爱美是一种罪过，爱美是资产阶级思想的外露。一个专心致志于学习或工作的女同志，为什么要在前额留那么多余的几缕发丝呢？你居然留了刘海，甘冒天下之大不韪，你真"大胆"！社会上还真有那么多幽默的人，对几缕发丝起了这么个名词。这次徐洪慈回国探亲，见到上海亲友的几个女眷画眉、抹口红，吃惊不小，有的竟涂了眼影，与国际接上了轨。他在上海第一百货转了转，见到女青年大多有高跟鞋，把水磨地面敲得一片响。

真是变了！

想当年，他冒着生命危险回到上海，还不是为了几十斤粮票和百把元钞票。老话说，"一文钱逼死英雄汉"，那时身无粮票，也是会被逼死的。不仅买粮要票，煤球、油、肉、家禽、豆腐、糖、粉丝等等，全要凭票供应。困难时期，为了两斤粮票，有卖身的，有杀人的。这次回来探亲，他见到差不多所有票证都取消了。他心里真高兴，这何尝只是票证年月的结束，应该说，这标志着一个严酷时代的结束。

真是变了！

他能感受到，那根紧绷了几十年的弦终于断了，好几百万破碎的家庭终于交足了学费，阶级斗争和阶级分析方法终于搁置一旁，社会上相互防范的紧张心理松动了，一再批判的人性论和人情味在人们心里复活了，有些大城市里开始称呼先生、小姐了。他在上海受到了亲友们友善的接待，那种发自内心的同情和挚爱使他感动。苏州之行，战友们的情谊，像春水般温暖了他伤痕累累龟裂的心田。

他暗暗想，即使此生不能回国，他的魂灵也定要飞越关山，返回故国。

他能回归，全靠老龚帮忙，老龚是他做人和做学问的老师。他探亲结束回××后，老龚从未忘记助他回国的许诺。有一次，老龚见到一位高层领导同志，反映了徐洪慈的情况，领导同志签批了意见。不久，我国驻××的大使馆接到了通知，这事说难也真难，说容易竟那么容易，徐洪慈的问题终于解决。

1984年4月，徐洪慈携同他的异国夫人和孩子回到上海。老龚帮他找医学院落实政策，医学院党委恢复了他的党籍，学校补发了他毕业证书。可惜，他拿惯了电锯和老虎钳的双手，竟拿不起细小的手术刀。老龚又设法帮助他到一个合适的单位，那单位破例分配他一家住进宽敞的宿舍。

他脚踏祖国大地，享受党的阳光，他失去部分功能的脸面终于恢复了笑意。

我在1985年去上海看过徐洪慈。他的外貌变了，他饱经风霜的脸变得柔和了，深陷的皱纹平复了不少。他的苍老，本是严酷之手雕成的，生活好了，又变得年轻了。我见到了奥容贝勒格，她不同于某国妇女特有的身高马大和阔面庞，是个娇小玲珑有着蛋形脸的漂亮女人，无怪乎徐洪慈当时顾虑和她结婚会招来忌恨。奥容贝勒格初来上海时，人地生疏，语言不通，发了几次脾气，慢慢也就习惯了。

我见到徐洪慈过着正常安定的生活，也就放心了。

徐洪慈的事，到这里算是说完了。他有好多次会早早结束他的生命以及他的故事的，只因他命大，才有今天。

（原载《雨花》2001年第3期）

中医的劫难

苏州的中医闻名于世，在全国占有重要的位置，在中国医学发展史上，写下了光辉篇章。历代名医，赫赫千家，医著医籍皇皇不可胜数。众多温病学专家和专著在吴地产生，他们阐发的温病学理论和丰富的临床经验医案，至今在中华医学宝库中仍闪耀着熠熠的光芒。

苏州人，特别是一些上了年纪的人，他们传承着相信中医的习惯。每年立冬前，苏州中医院的调养科门庭若市，人满为患。一个调养科医生，每天要开出膏滋药方子数十剂，忙得不可开交。看着这样的盛况，很难相信，百年间中医中药一直面临被消灭的危险。

谁想消灭中医呢？提出这样主张的，却都是些大人物、大文豪、大名家，这些人其实并不了解中医。他们比一般人早接触西学，有的以欧美为师，有的以苏俄为师。他们崇尚科学和民主，以开发民智为己任。他们的确很有见解和勇气，向一切守旧的落后的事物宣战。他们做了许多可敬的工作，但同样受到时代的局限，没有机会和条件去深入了解崇尚或反对的对象。他们在砸烂"孔家店"的同时，提出了废止传统医学即中医的口号。1919年"五四"运动，那时盛传着中医一些荒诞的做法，比如为王公贵胄的女眷们诊脉时，遵循男女授受不亲的原则，隔着一根红丝线诊脉；治泌尿病开的药引子，居然是原配的一雌一雄的蟋蟀；鼓胀病患者的处方，是城隍庙里蒙满灰垢的一块破鼓皮，等等。这些传闻，可能出自传闻者自身的想象力，也可能是个别存在过的事例，已无法考证。但三人成虎，众口铄金。我在少年时代就听闻过，因而，对中医颇有些不屑。

大凡一个人，甚或是名人、伟人，甚或是思想先驱者，在其认识的初级阶段，往往只能是肤浅和表层的，需经几十年或上百年的历程，某个观点要经几代人的探索，才能达到深层和成熟。有些人甚至钻到牛角尖中去，一辈子也拔不出来。所以，在很多领域，诸如中医中药，主张消灭，一般不是出于恶意，而是受到一种认识的误导。时至今日回顾，这一场思想启蒙运动的主张虽然振聋发聩，但不免庞杂纷乱，来不及做芟芜汰伪的工作，中医中药差点被当做一盆脏水泼掉。

"五四"以后，取消中医的风浪择其大者还有两次。一次是引发全国性轩然大波的"取消旧医"提案。时任国民政府行政院长的汪精卫，自诩是革新派，他也确实有过光辉的刺杀清朝摄政王的历史。汪充分肯定日本明治维新。明治维新的第一件事是废止汉医，他不仅欣赏，并且也想在中国取消中医。他以为自己握有全国的行政权力，想做的事一定能做到。1928年，汪通过心腹褚民谊，以中央卫生部的名义召开了全国卫生会议，上演了一出闹剧。各地推派了120名西医，通过了一项淘汰中医的议案。议题是"废止旧医，以扫除医事之障碍案"，内称"旧医一日不除，民众思想一日不变，卫生行政一日不能进展"，提出了驱除中医的六项办法和步骤。他们称中医为"旧医"，称自己为"新医"。他们以为，通过了这个议案，交给卫生部一步步实行，问题就可以解决了。不料，这个如意算盘却引发了全国的抗议请愿大行动。

上海中医界首先发难。青年医生陈存仁和他的老师谢利恒商量，要召开全国中医代表大会。那时，各地中医间并无联系。陈存仁想了个简捷的办法，他创办的《健康报》，各省市都有中医征订，即按此名单通知。

1929年3月17日，全国中医抗争大会在上海举行，到会中医界和中药业代表共281人。会议选出了赴京请愿团谢利恒等五位代表，选出了陈存仁为请愿团总干事。

国民政府首都在南京，从上海到南京，先经过苏州，苏州中医界热烈响应。陈存仁对车经苏州时受到的欢迎，作了详细的记叙。车站上聚集了一千多苏州中医界人士，旗挥如海，口号声响彻云霄。人们簇拥包围了代表，热情邀请到松鹤楼用餐，在松鹤楼二楼摆了八席。陈存仁有生以来第一次吃到"炒虾脑"，觉得满桌都是好菜。问侍者一桌要多少钱，侍者吐吐舌头说："要六七块。"这是一个职员一个月的工资。餐后，有千余名中医中药人员拥着代表在观前街大游行。后来游行到留园开会，苏州医界和代表们发表了即席演说。出留园后，五个代表和苏州五个名医分乘五辆马车，和千余苏州医药界人士一直游行到虎丘。在千人石上宣读了请愿书，群情愤慨。

请愿代表到达南京后，受到各方极大关注和热情接待。两天来，当时国民政府的行政、立法、考试等五院首长谭延闿、于右任、戴季陶，秘书长叶楚伧，国民党元老李石曾、张静江、林森（后任国民政府主席），先后接见了代表团。

于右任说了一些发噱的话，他说："中医应该另设一个管理机构，要是由西医组织的卫生部来管，好比由牧师神父管和尚。"

林森见面时说："这件事荒谬得很，都是卫生部几个西医和褚民谊搞出来的。"

谭延闿接见代表时，伸出手来要谢利恒诊脉。翌日，南京各大报都登出了谢利恒开的方子。林森也请陆仲安为他的气喘病开处方。这在当时都造成了很大影响。

24日，国民政府主席蒋中正接见了代表团，说了"我小时候看病都是请中医看的"等一些支持的话。晚间，卫生部长薛笃弼宴请代表团，薛本人从来无意取消中医。这次代表团来，有意不去见他，搞得他很为难。席间，薛表态说："我当一天部长，决不允许这个提案获得实行。"这次请愿行动之后，成立了中央国医院，卫生部专设中医委员会，并通过了"国医条例"，由政府明令公布。中医从此有了合法的地位。

中医代表晋宁请愿时，汪精卫不在南京，减少了一些阻力。汪精卫声嘶力竭要取消中医，事有出乎他意料者，一年之后，他就搧了自己一个耳光。

当时汪精卫的岳母患痢疾，每日腹泻十数次，当地西医束手无策，病人奄奄一息。有人向他推荐著名中医施今墨，初不允，后只好说请来一试。施把脉之后，开了十天汤药。汪岳母问："先生何时来复诊？"

施答曰："不必复诊，三天停泄，十天康复。"果如施言，十天就病愈了。汪欲题字送匾，施说："匾不必送，以后不说取消中医即可。"汪无言以对。

从第三次中医面临被取消的危险来看，废灭中医的暗流一直潜伏着。

第三次是在建国以后。1950年至1951年间，中央卫生部召开了第一次卫生行政工作会。最奇怪的事发生了，三十二年前那次提案的提案人余云岫被请到了会上。余老调重弹，说"中医，是封建社会产生的封建医"。解放以后，一直宣传帝国主义、封建主义、官僚资本主义是中国人民的三大敌人。这样的提法，简直是把中医划到另册里去了。更为奇怪的是，中央卫生部居然作出了取消中医的行医资格，把中医集中起来向西医学习，改造中医的决定，并要全国中药店都关门停业。这样乱了一阵。中央发觉后，立刻纠偏，罢了部党组书记、第一副部长贺诚和副部长王斌的官，才平息了这场风波。

三次大反，还有数不清的小反，为什么反不掉？道理很简单，老百姓相信中医，看病要看中医。太炎先生说："名不苟得，以疗者之口为依据。"名医得名，是老百姓投的票。

然而，中医劫难的暗流仍然潜伏着。目前，苏州市及所辖六县市只有七个中医院，有处方权的中医师只有2145人，而西医却有16377人。全国中西医比例，大体也是这个数。如今，全国城乡仍然存在着缺医少药的问题。从以上比例来看，情况是不正常的；从全国卫生行政角度看，这是一个值得正视的问题。

中医向何处去？有识之士呼吁，中西医结合同中医现代化要加以区别，中西医结合更不是中医西化。中医现代化，指的是用最新的科学技术和科学知识来研究中医理论。要用现代科学的系统论、信息论、控制论等，去研究中医理论，研究中医的生理、病理、四诊等等。中医理论，是数千年的文明结晶。许多道理，诸如五行、八卦、经络、气血，看不见摸不着，在解剖上也找不到。找不到，难道就不存在吗？为什么中医按其理论能看好许多疑难杂症？几千年间，中医在实践中总结出的理论，凭什么可以简单否认？

杨振宁曾有预言说："中国人要拿诺贝尔奖的，肯定在中医领域。"

伟哉斯言！杨振宁不是随便说说的，但需要时间。中医和中药理论，还有待提高和完善。再者，要弥合东西方文化的差异，也绝非一朝一夕的事。

试问，诺贝尔奖的医学评委如由余云岫之流担任，这奖还能落到中医头上么？再试问，即便无成见，如其垂青中医，须对"易学""黄帝内经"，自古至今的医书，如《本草纲目》《素问》《难经》等等，乃至中医诊治时用到的经络五行、望、闻、问、切等方法都有所了解，有所研究。而这一切，即便中国土生土长的知识分子尚且难以搞懂，何况洋人哉！

儒医

　　吴中一带的大名医都是读书人，被人称为"儒医"。他们不仅读医书，各种书都读，经学、易学、文学、诸子百家等等。毕生手不释卷，穷尽通变，文化思想水平极高。他们视野开阔，善于积累临床经验，对前人医案了然于胸，并不生搬硬套，对各种症状、病源掌握准确，对草药药性知之甚详。其所以成为名医者，常为一般医生所不能为，人以为绝症者，独彼能使沉疴立起。

　　苏州有个叶天士，生于康熙六年，已经故世了三百多年，但却一直活在人们心里。提起叶天士，当年妇孺皆知。老百姓不知道康熙和后来一些皇帝的名号，但提起叶天士，至今还很有些人知道。

　　叶天士死前，叮嘱子孙说："医可为而不可为，必天资敏悟，读万卷书，而后可以借术济世，不然鲜有不杀人者。吾死，子孙慎轻言医。"这番话，说为医者，一是要天分高，二是要读万卷书。读不读万卷书，在叶天士看来，是能不能当一个合格良医的必要条件。他认为，只凭熟读《本草》《汤头》，只学望、闻、问、切的四诊要领，是很难成为良医的。

　　叶天士在幼年时，即熟读《素闻》《难经》，及唐宋名家之书。成名之后，诊病之余，孜孜不倦研读明清医家如陶节庵、李时珍、张景岳等的大量医著，苟有所得，随笔评注，师古不泥，用之于实践。

　　叶天士治病，有不少轶事流传至今，兹录数则：

　　叶的堂房长孙幼时出痘（出天花），发烧。叶诊后惊道："此闷痘也。"急疏方与服,转危为安。叶看他的脉象,对他说:"你是可以长命的,但终身不可服凉药。"长堂孙活到七十岁时,因病服了羚羊角、连翘等凉药,神昏出汗不止。忽忆祖言,改服温剂而愈。

司马章松龄患呃逆,不能言语。叶以人参四两、附子四两,大碗煎药,令家人用汤匙喂了一夜,药尽呃止。章之子侍奉在侧,叶望了他一眼说:"你有疟病在身,就要发作了。"开了方子令服。不久,章子果然疟疾大作,百日后始愈。

嘉兴有人卧病两月,遍服柴胡、葛根等解散之剂无效。到苏州找叶求治。叶看了原方说:"改一下就可以了。"于是加厚朴一钱、老姜三钱。一帖药下来,泻了一马桶的不洁之物。再一帖药下去,大汗不止,回家霍然而愈。

叶的外孙才一岁,生痘发不出。叶说没法可治,女哭闹。叶将外孙裸体置空房中,重锁,自己跑出去打牌,不闻不问。夜半开门,小儿出痘粒粒如珠。后来,叶天士对人说,自己的外孙,本来是舍不得用此法子的,实在禁不住女儿的哭闹,才不得已而为之。屋中多蚊,叮咬可助出痘。

某年,吴大疫。有某更夫身面浮肿,遍体呈黄色,群医束手无策。叶乘舆过,遥视之,说:"这人的病,吃两帖药就好了。"开了两剂药,服后即愈。

叶天士轶闻不可胜数,有些传闻已经把他神化,不足凭信。叶天士自己总结说:"病有见证、有变证、有转证,必灼见始、终、转、变,胸有成竹,而后施以方。"指的是,一个医生要弄清病者病的起因、变化、发展,这些情况吃准以后,才能开方子。他看好一些疑难杂症,就是这个诀窍。

和叶天士同时代的另一位苏州大名医,叫薛生白,号一瓢。比叶小十四岁,长寿,活到期颐之年。薛比之叶,读的书还要多。他在各方面的造诣,与叶天士比,有过之而无不及。

在医学方面,薛生白著有《医经原旨》,对世传的《黄帝内经》作了许多质疑。不顾历代注家之说,将兹书彻底掀翻,重新删述,当然注意保留了原书的精华,去芜存菁,切于实用。再有《湿热论》,这是他在治疗湿热病的实践中，总结的真知灼见。薛还遗有《医案》多种。

在文学方面，著有《一瓢诗话》二卷、《一瓢诗存》六卷，存诗265首。

在易学方面，著有《周易释义》五卷，成书于乾隆十一年。《四库全书总目》曰："其书采摭诸说，融成己意，仿《朱子论孟》之例，皆不载所引姓名，诠释颇为简明，而大抵墨守宋学也。"

薛生白工画兰竹，善书法。而且武也来得，善拳勇，能骑射。真是一个多才多艺之人。他能高寿，可见其深谙养生之道。

现代的名医，上世纪三四十年代，苏州名气最响的要数李畴人了。早年师从名医侯子然，十四岁时就为人处方治病，人称"小郎中"。李畴人诊务甚忙，从早到晚，每日门诊出诊以百号计。晨七时至九时，在蒲林巷门诊；九时后，排定路线出诊。六城门兜转来，已万家灯火矣。

李畴人传承前辈之读书癖，终日手不释卷。坐包车出诊，随身必带古籍，走一路看一路。至病家下车看病，返车后即展卷续读。车行颠簸，不以为意。这样日积月累，数十寒暑，真乃"行万里路，破万卷书"也。

还有一个人，必须记一笔的。其人姓周名适，是昆山名医。周适是西医，如何归类到中医范畴中去呢？有两件事可以印证。

其一，在我童年时，周适曾为我诊治伤寒。其时，西药尚无治伤寒的特效药。西式医院看伤寒，只能打针退烧。周适为我看病，除使用听诊器外，还用手搭脉，确诊后开的处方是中药方，这是我亲身经历的。数十年后与人谈起周适，我还以为他是中医。按照我的回忆，他诊治的方式，中西并用，他开的处方是道地的中药方。他应该是上世纪三四十年代中西医结合的开创者和实践者。

其二，上世纪50年代中期，他于昆山玉山医院院长任内，自感大限将至，将其所藏之书悉数捐献给政府。接受其献书的，是现任苏州市中医学会秘书长的俞志高。我询及其献书的内容及数量，俞医生告我："大半是中医古籍，不下万册。"

从这些事例看，中医好的传统除了师承授徒的方法外，最重要的是研读前人的医书和加强文化修养，并注重实践。这样才能造就一代代的良医、名医，保持并发展中医事业。

写罢此篇，我不禁搁笔沉思，不知现今的中医界尚有人保持这种传统否?

　　时至今日,时代巨变。问题的提出和解决,要复杂得多。过去的名医,生活优裕,有条件藏书、读书。但现今的医者,开门七件事,占去了他们大部分的业余时间。另一方面,现今已步入信息时代,打开电脑,在分秒之间,可以浏览所有的书籍和最新的医学结论。社会进步了,中医的传统是不是也会成为明日黄花呢?

小郎中李畴人

上世纪三四十年代，黄包车就像现在的出租车，而超豪华的黄包车，当时称包车的，就可以比拟现在的超豪华加长林肯了。如今街上跑的都是小轿车和出租车，算不上是稀罕之物，只有加长林肯驰过，才能吸引人们行注目礼。在那个时候，也只有包车能制造回头率。

为何说它豪华？黄包车除了钢丝和几个弹簧外，大部分用铁手工打造，而包车的部件大都用钢板模压而成。比如两侧的靠手，是用薄钢板模压成弯弯圆圆的，漆得墨黑锃亮；车子两旁的两盏六角铁架风灯，把车身装饰得富丽堂皇；车座的踏脚处，有一个微凸的钢质的铃；车杠右端有一只橡皮喇叭。当时，包车的不少部件，苏州尚不能制造，需要从上海，或钢铁业发展得早些的无锡购买。

包车经过闹市区，人多嘈杂。车主人一踏铃，车夫一揿喇叭，叮当叭波，路人纷纷避让，真是威风八面。

其时，只有达官贵人出行时有这般威风。而小郎中家里却停着四辆包车，苏州城里有这样气派的，只此一家。

时人都叫李畴人为小郎中，甚或不知李畴人，而只知小郎中。只因李畴人拜当时名噪三吴的伤寒专家侯荣侯子然为师，尽得其真传。李畴人生于1900年，十四岁小小年纪便已出道。侯子然要他试着诊治处方，他开的方子得到老师的首肯，被时人目为"神童"，"小郎中"之名就此传开。

他身材虽生得矮小，但也称得上仪表堂堂。真可谓天庭饱满，地角四方，两耳厚实，双目炯炯，上唇蓄一撇浓黑的髭须，派头一络。

李畴人的诊所，设在护龙街蒲林巷内。北面三进是住宅，直通双林巷，南面是诊所。蒲林巷的老宅旁有一所药师庵，老师太和少年李畴人很投缘。李家境贫寒，拜师时的贽金是由老师太资助的。小郎中出道后，逢年过节常去药师庵探望老师太。

小郎中诊所的金字招牌上写着"李畴人医室"。他的父亲昔日以打金箔为生，生活紧箍箍的。儿子发迹后，老太爷主持挂号处，每号大洋一元。李畴人出诊后，由师弟祝怀冰和资深的几个学生应诊。祝怀冰的号金为五角，学生的号金只有二角。老太爷便中也落了些私房钱。老太爷虽在挂号处，心系全诊所，到处查看，防止宅中人多手杂。老人袋里虽很宽裕，但牢记勤俭持家。不上理发店，一定要去玄妙观剃头摊；舍不得上观振兴，只到骆驼担上吃几分钱的小馄饨。

李畴人诊所晨七时到九时门诊，九时以后出诊。那时，蒲林巷医室中有个小花园。李畴人每日晨起，在园中打一套太极拳，然后吃早餐。家人和两个寄宿的学生的早餐，有粥、馒头、油条、四碟小菜。李畴人自己喜食白糖糯米粥，外加一碗百合莲心汤。餐后，在他的书房"幽闲自得庐"小息片刻，便开始门诊。

门诊室医桌前，东西向有两只学生的抄写桌。古人云"心无二用"，李畴人却习惯同时为医桌两旁的病人把脉问望，而后口授处方。两小时的门诊，他每日要看十多号。出诊前，他要到书房拿本书带到车上，上车后便翻书阅读。车夫按天气情况，将被单或毛毯盖裹住他的下身。小郎中一踏响铃，叮当一声犹如号令。车夫一弯腰，抬起车杠便走。一路叮当叭波，好比上海外滩的自鸣钟，蒲林巷里都知道九点钟了。

小郎中的车后面，紧跟着另一辆包车，坐的是一个门生。门生好比实习生，到病家后，摊开纸笔，先生口授方子，他便照方抄写。上午出诊，以观前为中心，按挂号排定的路线行进。一个圈子兜下来，看了十几个病人后，到松鹤楼吃中饭。

那时候的名医，生活都很讲究，但小郎中却奉行家教，中餐只要一荤一素一汤，好比现在的盒饭水平。先生、门生、车夫，都一起吃，不搞特殊化。

吃过午饭，休息片刻，换了两辆车，以阊门为中心，兜圈子看病。傍晚，也是老规矩，到近水台吃碗双浇面。

李畴人治温病，以叶（天士）、薛（生白）、吴（鞠通）、王（孟英）为宗，对王孟英尤为推崇，故以《温热经纬》《王氏医案》为授徒主要课本。他对学生们说："要讲究平衡，顺乎自然，非不得已，不下猛药，不求力起沉疴，只管用药适当。"当时西医看伤寒，也无特效之药，只是头痛医头，有烧退烧。一般中医，也急于按病家要求，压下高烧。按小郎中的经验，病起至烧退，非三四周不可。他用药平和，力求不伤本元。按病情不同阶段，在病初起、中期、恢复期，采用不同的诊治方法，根据病情用药，有条不紊，循序渐进。按照他的治法，求治者十之八九能被他从鬼门关拉回来。当时社会上盛赞他的医德，凡贫家向他求助，他有求必应，施诊给药。

旧时，伤寒中有俗称"刺肋伤寒"者，大多为现代医学称为"大叶性肺炎"的病症。得病后发热、咳喘、肋痛如刺。苏州为温病学说发源地，历代多有著述，但对此症鲜有论及，医界对此咸感棘手。李畴人认为此症当隶风温范畴，治法当循序施以辛凉解表、清热解毒，以泄肺经之邪，清化痰热，养阴生津，切忌妄投辛温香燥升散之品。按他的方法调治，疗效甚好。当时医界纷纷搜集传抄他的医方，公认这是李畴人在温病学说中之重大贡献。

当时中医说的"伤寒"，是一个广义词，凡连续发烧一周以上者，就作为伤寒治。

其时，苏州开设了两家私人化验所。一家叫曹博文化验所，一家叫吴培恩化验所，用血常规和血肥达氏法正确测定是否伤寒。李畴人和化验所有个约定，病家凭化验单去化验，不用付费，由小郎中和他们结算。当时中西医如同水火，互相瞧不起。小郎中这种做法，引起了同行的惊讶和非议，但小郎中丝毫不为所动，坚持自己的做法。这说明他不拘古法，头脑灵活，并无门户之见，只求是非之分，能够跟上时代的步伐。

小郎中行医三十余载，是那个时代苏州最红的医生。求诊者每日排得满满的，门诊十九号，出诊二十九号，数字相当稳定，治愈率也很高。

推算起来，得到他救助的病者当是一个巨大的数字。

一般医生收学生，少为一两个，多则三四个。李畴人一生中收过百余名学生，这在医界是绝无仅有的。综观其在繁忙的医务外，做了很多的事，没有一个明确的思路和周密的筹划，是不可能做得到的。

苏州有个女科中医师王慎轩，办过一件大事，成立了苏州首所也是最后一所中医专门学校。1934年，在专诸巷开办"苏州国医学社"。后因校舍不敷，又复争得"中国国医馆"备案的合法地位，迁入长春巷"全浙会馆"，正名为"苏州国医学校"，至1937年抗战爆发停办。其间，李畴人应聘为该校的实习导师。他指导过的该校学生不计在内，百余学生是指在他自己医室中登堂入室的弟子。

李畴人的一个师弟叫祝怀冰，熟读方书，但求治者少，贫不能自给。李畴人就把他请在家里当帮手。他每隔三四年收十来个弟子，既传授他们医术，又帮他施医，安排得当。他认为弟子入室，老办法是可行的，必须先熟读《汤头歌诀》。但他又认为，当时流行的汪认庵和方仁渊著的两种《汤头歌诀》不够完备。于是，他和学生一起讨论，对两书作了补充和注释，旁搜占籍，汇集良方六百余道，编成《医方概要》二卷，内附方仁渊的《舌苔歌诀》、汪认庵的《经络歌诀》，既提高学生的素养，也受到医界的欢迎。

对于难读难解的古典医书，他请祝怀冰开课讲解。既发挥了师弟的作用，又为学生研究医书打下扎实基础。他鼓励学生利用一切空闲时间，去他楼上的书库看书。他注重在医务实践中培养学生，轮流排定学生，在门诊值班和随他去出诊，鼓励学生质疑问难，他作针对性的辅导。

他就这样，成功地培养了一批批合格的年轻的中医师。

他平时对家人和门徒很古板，逢年过节却想方设法让大家放松。1947年农历八月十八，他包下一只船，携带全家老小和学生到石湖赏月。备下船菜，和大家一起开怀畅饮，划拳嬉闹，在湖中荡来荡去。待到回府，东方已鱼肚泛白，天将破晓矣。

在旧时代，行医除了讲究医术医德外，还要应付社会上的黑白两道、九流三教。医生收入颇高，常常是被敲诈勒索的对象。李畴人自已就碰到过两次。一次，病床上伸出一只手，把黑洞洞的枪口对着他。白道上的掌权者更是万万得罪不起，得罪了，要设法摆平。同行之间，相妒相忌，发生了龃龉，要有分量的人出面劝导、斡旋。

早在1930年，李畴人和诸同学组织"义致社"，刊行过他推崇的两本书，一本是陈耕道的《瘟痧草》，一本是薛古愚的《万金方》。1934年，他把"义致社"改名为"医醒社"，编印出版《医醒杂志》，主编出版了《医方概要》，和叶桔泉一起发行了《古本康平伤寒论》。这说明他虽医务繁忙，仍不忘为振兴中医事业作不懈的努力。

到了上世纪40年代，苏州中医界由李畴人、葛云彬发起组织了一个"同舟社"。参加者大多为当时的名医，诸如马友常、金绍文、王寿康、唐祥麟、朱葆良、钱伯煊、谢明德、黄一峰、奚凤龄、钟月樵等。黄、奚是崭露头角的青年，钟月樵医术平平，但笔头来得。"同舟社"，只是一个内部非正式的社团。有些事要向外透风，营造舆论，就由钟月樵写了报道文章，投寄各报，他俨然成了"同舟社"的宣传部长。这些人奉李畴人为圭臬，但李医务实在繁忙，常派门生袁吉人代表出席。当这个代表是个好差事，一是可以与这些名家时相过从，二是这些人聚在一起，有事商议，无事吃喝谈笑。席面可不比小郎中的盒饭式的寒酸，鱼翅、海参，甚至燕窝、熊掌也常有。特别是葛云彬，为人慷慨豪爽，在他乔司空巷摆下的家宴筵席，外面的馆子都不能比拟。袁吉人初时很拘谨，但时间一长，眼见这些前辈都很平易近人，也就融入其中。席间，这些人上至国事政讯，下至坊间绯闻，有啥说啥，信口开河。

李畴人在他的行医生涯中，看好了两个重要人物的病，把他在社会上的名声推到了顶峰。一个是上海女闻人罗老七，这是一个和黄金荣、杜月笙平起平坐的流氓头子。她在上海和查处上海金融大案的蒋经国发生冲突，蒋经国要抓她。苏州是她的势力范围，她逃到苏州避难。1947年夏，罗老七突然派人来请李畴人出诊。李深知，能否治愈她，关乎今后他和苏州黑道对话的分量，但不知她的病况，心里有些七上八下。当天，蒲林巷开进一辆轿车，车的两侧站了保镖。接李畴人到大石头巷，厅堂上摆了茶点、水果，管事的请李用了茶。少顷，两个侍女搀扶着罗老七出来。那人浑身珠光宝气，黄胖脸上却难掩病态。李畴人闭目把脉后，心里有了底，装作沉吟半晌，拈须微笑道："没有什么大碍，只因旅途劳顿，肝火太旺，引起肝阳上亢，以致头疼发烧。"当即开了三剂药方。罗老七付了二十元酬金，送走了先生。先生告别时，罗老七问先生何时复诊。先生讲不必了，三帖药下去，病就好了。罗老七是避难到苏州的，心中又气又恨。休息几天，服药后霍然而愈，盛赞李畴人医术高明，很是佩服。过了十来天，又来车接李去渭塘一处秘密住所看了一次病。后来，八月十八夜，罗老七到上方山还阴债，摔跤中风致死。死后哀荣，在观前大出丧。从上海、南京等地，开来百余辆汽车，浩浩荡荡，在苏州可称空前绝后。

另一个人物是苏州当时有名的西医，叫洪亨利，是博习医院院长。洪1946年冬患伤寒，却请中医李畴人出诊，到大井巷的宅邸看病。李畴人悉心诊治，终于使洪亨利转危为安。这件事不仅在医界震动很大，在社会上也广为传诵。

1948年，李畴人做了一件大事，创办了首家"吴县中医院"。

李畴人看到了中医个人开业的缺陷。他在1935年的一篇文章中写道："医学一道，科目繁多，各守师承，旁探古籍。然每多门户之见，互相标榜，或拘守成法，秘不示人……"他在追随老师侯子然的青少年时代，就注意老师看不好而转请他医治愈的案例，必前去求教。甚至在他成名之后，也虚心向同道学习。他对温病的检测手段，借助于西医。以上这些，就是他在苏城西麒麟巷中医师公会原址上，创办首家吴县中医院的思想脉络。据李畴人现仍健在的门生袁吉人回忆，当时的各科名医，都被罗致在医院里。内科、外科、伤科、小儿科，主要是"同舟社"的成员挑大梁。此外，加盟的名医，女科有郑连山、王慎轩，针灸科有尤暐民。医院还增设了护理科、妇产科、眼科等，设置了化验室、X光室，设备在当时可称先进。医院有住院部，病床四十张。

吴县中医院，由李畴人任董事长兼院长。李畴人、朱葆良、王寿康、侯锡藩的学生，担任各科主任。初建时情况很好，病人尚多，但因建院时投入的资金无法回收，入不敷出，无以为继。到1949年春，苏城陷入混乱，医院无法维持，只得解散。

吴县中医院仅仅存在了一年，但足以载入中医史册。它是李畴人构筑自己理想的一次实践尝试，它不算成功，但也绝非失败。

李畴人生于 1900 年，卒于 1951 年。

他是个卓越的温病专家。那年夏天，他带病出诊，竟患上恶性疟疾，高热猝死。与他做的很多有价值的事相比，他的一生实在太短促了。

人到世上走一遭，像李畴人那样做人做事，那样活法，可算不枉此生。

"半仙"黄一峰

祥麟学医，宗师千百

黄一峰，1902年生，小名祥麟。

黄父在阊门内，开了一家做神帽兼做戏帽的小店，叫黄恒昌。为众神做了无数顶帽子，各路神仙却不领情，帽店生意清淡。到了年关，众神换新帽，戏班添行头，才够还债。"五四运动"之后，破除迷信，神帽业更走了下坡路。及至祥麟成年，又遭丧父之痛。祥麟这个帽店小开，一直过着清贫的日子。

黄家当时住官宰弄三号，附近有一家雷允上中药店。祥麟常去闲逛，耳濡目染，遂兴悬壶济世之志。正巧，有一位来自南京的中医，租了黄家的一间房子开设门诊。在这位医生的指点下，祥麟开始自学中医的基础著述。

当时行医，必先拜师习医三年，始可挂牌开业。拜师贽金是个不小的数目。谚云："家有三年粮，方可背药箱。"阊门外有位名医程文卿，收徒贽金要大洋五百，黄家哪里出得起这笔巨款？无奈之下，退而求程文卿的师弟陈秋孚。陈秋孚的诊所前，门可罗雀，他只得到红十字会义诊，领取津贴度日。黄母送去几担米钱，祥麟就拜在陈秋孚门下。

少年祥麟，天生具有儒医的习性，十分好学，喜读医书。拜师前，每晚就着美孚油灯，攻读医书，从不懈怠，以此为乐。

从1928年4月满师挂牌行医，到任市中医院院长，他的生活道路上镌刻着深深的轨迹，那就是边行医边学医，边学医边行医，做到老学到老。学医一辈子，宗师何止千百。

黄一峰医路比较杂，医界的人也看不出他的师承。他的处方灵活多变，有时竟简单地用民间偏方。但他治病的疗效是公认的，为他的病人所一致推崇。

第一，师承。他正式和非正式的先生有两位：陈秋孚、程文卿。当初，祥麟出不起钱，进不了程门，但心有不甘。知道程文卿有绝活，便千方百计接近程，几乎重现了"程门立雪"的故事。他毛遂自荐，义务为程抄方子。程文卿虽有几个学生，但他们家境富裕，出得起五百大洋，却吃不起苦，抄个方子也不清楚。祥麟写得一手好字，又熟稔药名，经不起他软磨求告，程也就不再赶他离开。后来，口授方子时，抄方者竟然非祥麟莫属了。至今，名垂苏州中医青史的，无一人是程文卿的正式授业弟子，载入史册的，倒是一个未能登堂入室的祥麟。这两位先生擅长的绝活，只要对得上口径，他也常常采用，但不是机械照搬。

第二，以病人为师。黄一峰喜欢与病人闲聊、瞎攀谈，其实是寻根究底。他常说："人身气贵流行，百病皆由延滞，设如此义，则平易之药、清淡之方，每可以愈重症。"黄其实不是"黄一帖"，更多的是"黄多帖"。他精心增减药材，试投对症之味，通调一身之气，以助肌体气化升降。病者对自己肌体的感觉和变化，常常是记不清的，需在闲聊时诱导，始能道明。黄对自己看不好而被他人看好的病人，最为关切。为求良方，不惜低声下气，上门求索。他常在雷允上等大药铺一孵半天，倾听病者对医者的评说。如他在病人的口中和他医的医方中，得知"紫菀"一味对脾胃病甚有效，即常在自己的方子中采用，被称为"紫菀先生"。

第三，采用民间验方、单方。谚云："单方一味，气死名医。"名医往往只重自己的验方，而忽视他医的验方，至于民间单方，更无心顾及。而黄一峰则存心搜罗，在诊治中探其效验。这些民间单方，与黄所说的"平易之药、清淡之方"，都是一些较廉价的药物，平头百姓用得起。一次，学生马振华去西山开诊，先生给他寄去一些单方。适逢一个病人拔牙后出血不止，马用了单方上的"地锦草"，病人煎汤后喝了几口，血便止住了。马振华至今还珍藏着先生当年给他的单方手抄本，那是一本7×10厘米见方的小纸本，内有黄一峰用钢笔记录的单方、草方，字迹端正，还用红铅笔作了标记，共二十四页。

仙人来哉

黄一峰的"仙人"是谁封的？是老百姓封的。有人封他叫"黄一帖"，一帖就灵。有人封他"半仙"，留有余地，多半是有些知识的人封的。"一帖"，是过誉之说。黄一峰是肠胃病专家，肠胃病是慢性病，谚云"病去如抽丝"，何能一帖而愈？往往须复诊三四次，服药数十帖，方能见效。"仙人"，则是农民弟兄和城市贫民对他真心实意的赞誉。

在旧社会缺医少药的条件下，老百姓生了病，求签问卜，外伤抓一把香灰，无怪乎把上门送药、能治好病的黄一峰称为"仙人"。当时的名医，日进斗金。黄一峰夜以继日，行医二十余载，身无长物，地无一垄，何也？此公急公好义，诊金低廉，贫者免费给药，求告求助者慷慨解囊。求医者虽排着长队，诊金却寥寥无几，更有游民乞丐，站立门外。黄一峰取得诊金三角，随手便交丐者二角，还笑眯眯地说："老弟，对弗起，区区小数，只够你吃碗焖肉面。"到了年关过节，还要向同道马友常借贷应急。

黄一峰常用最便宜的药，去治好最难治愈的病，他心里装着贫苦的老百姓。抗战前夕，血吸虫病祸害了中国人。得了血吸虫病的人，面黄肌瘦，不能劳动，只能坐以待毙。那时横塘一带，闹血吸虫病很是厉害，中西医都束手无策。西医有一种针剂，叫锑剂，价钱贵，而且入针剧痛，还不能断根。再就是切除脾脏，也是不得已的办法，对人体损伤很大。黄一峰焦急异常，他去横塘一带宣传一些预防知识，要大家避免和血吸虫的寄生体接触。为了判明病因、病情，他动员病人送大便化验。但缺乏文化知识的农民群众，很忌讳用容器采集大便进城化验。黄一峰便去横塘病人家中，收集大便样本，代为化验。他这种不辞劳苦、不嫌腌臜的做法，感动了众人，也增加了他们战胜病魔的信心。他的包车铃声一响，老百姓一边叫喊"仙人来哉"，一边簇拥着包车行进。

"荜澄茄丸"，是用来治胃痛、肚痛的中草药。黄一峰经过试验，证明该药对治疗下泻脓血症状的血吸虫病有一定疗效，且价钱便宜，解除了很多患者的痛苦。

其时，尚无心理咨询之医道。回顾起来，黄一峰却早就实行了生理、心理治疗相结合之法。他虽然谦虚谨慎，但对人称"仙人""半仙"，也欣然笑纳。他对学生讲："世间哪有什么仙人，他们这样叫，随他们叫去。既然称我做仙人，对我就会绝对相信，就能配合我把病医好。"他对病人都嘘寒问暖，闲聊和病情无关的为难之事，安慰譬解。他的学生郭寿恒至今还记得有个病人说："只要坐到黄仙人的门槛上，我的病就好了一半。"中医看病，一般都会"瞎敷衍"，但黄一峰却是真心诚意和病家交知心朋友，是到位的心理治疗。还有一层意思，就是使病人摒弃顾虑，道出真实的病情和病因。

黄一峰是脾胃病专家，但为了解除病者的痛苦，他会打破畛域，不拘一格，寻求治好病痛的方法。上述他治疗血吸虫病就是这样，此外，还有几件值得记叙之事。

他的病人中有些人有鼻渊病，他得知有一种便宜的药物有效，就掏钱制药，还有他研制的对胃病有特效的胃炎丸等，都装入他的药箱。遇到对症的病人，就免费施药，以观疗效。事实证明，疗效奇佳。

黄一峰边行医边学医，他的医路愈来愈宽。除脾胃外，诸如胆石、眩晕、心悸、消渴、尿毒症、疟疾、红斑狼疮等，都找到了简捷速效的疗法。有一个年近花甲的陈姓病人，患癃闭，不能排尿。经某医院治疗，并作保留导尿，仍未见效。后黄施药两天，病人小便畅通，导尿管自行滑落，恢复正常。

旧时代的名医，收入丰厚，生活优裕，一般都拥有相当的动产和不动产。黄一峰名满苏城，门庭若市，医务应接不暇，却常年入不敷出，捉襟见肘。尤为可贵的是，他把社会名流酬答他的捐赠，悉数存入药铺，办了一张折子（类似如今消费记账的牡丹卡）。遇有贫困者无力抓药，黄一峰就让病者持此折子，到药铺免费取药。他还找到一个窍门，就是在给富人看病时，请他们多买几张记好账的空白方子，用来为穷人开药做善事。凡此种种功德之举，令受惠者称颂不已。

公共汽车为他而停

黄一峰是个天生的医家，"日图三顿，夜图一忽"。从早上睁开眼睛，到晚上闭起眼睛，一天到晚，一年到头，就是看病。除了看病，他一无爱好。最开心的事是看好了病，最烦恼的事是看不好病。到了晚年，黄老每天上半天班，多由他的孙子继峰陪同去医院，看完门诊已是午后一时左右。后来，他已不能坐诊。在家等学生马振华上门，把他搀扶到轮椅上，推到中医院，他闷闷不乐的神情才舒展开来。马振华看病开方，征求他的意见，开好了方子，请他签字。半天下来，他会开心一天。直到1990年11月12日，黄一峰因心脏病发，在苏州市中医院神态安详地仙逝了。他留给后人的是，由何焕荣、蔡景高整理的《黄一峰医案医话集》，由他的学生马振华、葛惠男整理的《黄一峰主任医师脾胃病电脑诊疗系统》，该书获苏州市科技进步奖三等奖。

生前几十年间，每天清早，他必到观前吃点心。一碗馄饨，或一客汤包，外加三两糯米糕团。从跨出家门到观前，一路之上，都是他的熟人。他点头如鸡啄米，笑得合不拢嘴。年老的叫"叔叔、婶婶"，年轻的称"弟弟、妹妹"。有人求医，立马掏出处方笺。孙子继峰说他阿爹身上有"扎钩头"，到处被人钩住。点心吃罢，翘角胡髭上挂着汤水，汁珠还顾不上揩拭，求医者就围了上来。试想，到医院挂黄一峰的号要出钱、排队，有这样的便宜不捡，更待何时？黄一峰从不拒绝，一一悉心诊治。即便在路上被病人拉住，他就把处方笺抵在墙壁上开方。试想，一个海内闻名的老中医，把藤杖搁在一边，踮起脚，一手揿住墙上的处方笺，一手抖抖索索地开方子。写一阵，凝想一阵，还不时习惯地抽手捻捻翘角上髭。此情此景，何等绝倒，又是何等感人！名医众多，似这等与老百姓贴近的，殊不多见。

五十年前，有一个高姓驾驶员，时年四十五岁，远望只能见到五丈以内，近则不能看清报上文字。经黄诊治，投药施以育阴补精；健脾淡渗以利补通开合之机；养肝明目；清肾经虚热，祛风平肝养目；顺气和胃。黄一峰对他说："眼科非我所长，只好试试看。你不能性急，慢慢来，要吃五十帖，方能使肝肾之阴得养，精气上承于目。"服药五十帖以后，高某视力恢复，远望可达几十丈，重返驾驶岗位，到六十多岁尚未退休。

人心换人心，黄一峰所到之处也常得到人们的呵护和扶持，天雨有人打伞，过马路有人搀扶。那时苏州公共汽车甚少，红绿灯半天才搭嘟嘟响一次。黄一峰当院长后，常步行出诊，公共汽车上的司机看见黄老，车子便会停下，请老阿爹上车。似这等老百姓关心他们心中的好医生的，亦殊不多见矣。

苏州市中医院初创时，人才倒还不缺，内、外、伤、针、小儿、五官、推、妇各科齐全。名医们放弃了优渥的收入，参加到中医院的行列中来，如曹鸣高、陈明善、奚凤霖、马友常、葛云彬、金昭文、金绍文、周玲英、尤怀玉、郑连山等。

黄一峰当院长，他很惶恐，他会看病，却不会当领导。在苏州市中医诊所时，虽然担了一个所长名义，但从不管行政事务。这次当了院长，院里又有党组织，他心想，再当一个名义院长吗？那时医院正在建造门诊大楼，他通过看病，关系众多，就主动给政府有关部门领导写信，急需的砖瓦、木材、钢筋、水泥等紧俏物资，一一得到解决。

中医院药材部缺少切片机，他了解到上海"唐拾遗药厂"和其他药厂合并了，就到上海找到市政府秘书长曾山，为医院解决了两台切片机。

困难时期，他写信给丹阳县委书记杜棘鹭，搞来了一长车的山芋、茨菰，分给医院员工。

黄一峰的几位弟子跟随先生多年，从未见过先生为自己的私利求过人，和现今有些非私利而不为者相比，真是够难能可贵的了。

这帖药只要七毛钱

1955 年，陈云患慢性结肠炎。在别处看了不见好，到苏州后住南园宾馆，指名找黄一峰看病。

陈的秘书看了黄一峰开的方子，心中狐疑，很客气地转着弯子问道："是不是漏开了什么药？"

"没有漏开什么呀！"

秘书只好说："不瞒黄院长，首长在别处看病，药方开了一堆，价钱也贵，这方子只有几味药……"

黄一峰知道他的意思，接着他的话茬说："价钱也便宜，只要七毛钱。"

"七毛钱？"秘书怀疑自己听错了。

黄一峰呵呵笑着说："对，七毛钱。价钱贵不一定是好药，治得好病才是好药。"

陈云在旁听了，不由得哈哈大笑。

这七毛钱的药，果然治好了陈云的病。

后来，陈的秘书从北京寄来一幅郑板桥诗句"删繁就简三秋树，领异标新二月花"的书法作品，是陈云亲笔书赠黄老的。

上海市委书记陈丕显生病，看了几个医生无效，找黄一峰去。黄一峰看了舌苔，一搭脉，说："这是脾泄，属结肠炎范围，是脾虚疲劳所致，不要紧的。不用吃汤药，用扁豆、山药熬点粥吃吃，就会好的。"结果，正如黄　峰所言。

1960 年夏末秋初，浙江省委书记江华在北戴河游泳着了凉，又因饮食不当，回杭州后病倒在床。在杭州找了好几个名医，服药后不见好。省长霍士廉熟悉黄一峰，建议到苏州请黄老。当晚，黄老和学生陈实住进了湖滨饭店。翌日，看过了 X 光片和化验单，几个医生都开了方子。主方的杭州医生用了十一味中药，只采纳了黄一峰开的两味药，黄不便说什么。两位当地医生认为江系虚症，要扶正进补，用人参、当归、黄芪等。黄一峰则认为并非虚症，是湿热留连、伤风挟食，应予祛邪。

第三天，领导安排黄老乘画舫游西湖。黄一峰除一日三餐外，其他时间全都花在医务上，一天不看病，浑身不自在。黄一峰坐在画舫里，常挂在脸上的笑容不见了，更无心思观赏湖光山色，只是闷闷不乐。

黄老对陈实说："我是来看病的，不是来游玩的。看不好江书记的病，劳而无功。喔唷，白走一趟，气闷煞哉！"

夜间，霍士廉来探望。霍问玩得可高兴？黄一峰不吭声，陈实只好说："黄老很开心，感谢领导安排。但黄老有心事，想早点看好病回去。"

霍看出其中奥妙，说要请黄老单独为江治疗、开方，黄老才高兴起来。

江华吃了前几天的药方，盗汗，体温上升。后来，吃了黄一峰的药，体温下降，胃口也开了。三天后没有反复，这才送黄老返苏。

杏林苗壮

黄一峰很重视培养中医事业的后继人才。他在同春堂坐堂时，就收了五六个学生。他不想后辈重蹈自己学医的坎坷道路，不计较收徒费的多寡，看重学生的品德和是否勤奋。

他收徒后的第一步，就是指导习读医书。每晚忙完医务后，他就要学生谈论读书的心得，提出问题，他逐一解答。学生郭寿恒提出要随先生出诊。一般说来，出诊求治者比坐堂求治者病情重，随先生出诊可以更好地学习医术。黄一峰苦于无车可随，郭寿恒提出可以骑自行车跟在先生包车后面，先生同意，随诊问题也就解决了。黄一峰还要学生们勤奋练习书法，以便能开出字迹端正的方子。

郭寿恒学医满师后，先生送了一块开业牌子。底色为银杏木本色，嵌着石绿色的字，牌子上部为五个小字"黄一峰门人"，下为九个大字"郭寿恒男女大小方脉"。方脉是内科的意思，男科、妇科、小儿科都看。

黄一峰开业坐堂后，共收学生十三人。

1956年，苏州市人民政府决定，在中医诊所的基础上组建苏州市中医院，黄一峰任第一任院长。当院长首要之事，就是培养中医人才。苏州中医院共办了四期中医学习班，黄老主办了前三期。那时尚无办学经验可以借鉴，就以老式授徒和新式教学相结合的方式办学。上午学生跟老师看病，下午到课堂上课，三年为期，共培养了近百名中医师。这批学员毕业后，成了苏州中医界的骨干。

在苏州中医界中，黄老带出来的学生计有：

苏州市中医院原针灸科主任郭寿恒。

苏州市中医院原办公室副主任、《苏州卫生志》主笔陈实，跟随黄老二十多年。

苏州市中医院原副院长马振华，跟随黄老三十年。

苏州市中医院原副主任医师黄继峰，是黄老的长孙，孙承祖业，曾任消化内科副主任。

苏州市中医院现任院长葛惠男，毕业于南京中医学院本科继承班，1980年来到黄老门下，是黄老的关门弟子。

和他交往过的人，被他治疗过的病家，都还怀念着他。提起他，人们就会忆起那手拄藤杖，精神矍铄地穿行在苏城大街小巷，送医上门的身影；忆起那笑口常开、点头如鸡啄米似的谦恭模样，耳边仿佛还在回响着那呵呵呵爽朗的笑声。人们永远不会忘记他，不会忘记这个为医而生、为医而活、为医而死的可爱老头曾经带给他们的亲切和恩泽。

呵护过我的几位中医

人的一生总有一些永生难忘的事，大都是在困危无助之际、病危生死之间，或生存中之逆转关头。

我几次得病，求治于中医而愈。追忆这些事，并不想说中医比西医高明，正如同样不想说西医高明于中医一样。我只是想追忆一笔，在当时的条件下，西医无法治好的病，让中医给治好了。

本文标题是《呵护过我的几位中医》，但按我的生命顺序排列，最早的却是一位西医。确切地说，他是早就把中西医成功地结合在一起的一位良医。他治我的病，用的是中医治疗温热病的方法。

我十二岁那年秋天，得了伤寒。那时家乡昆山有个浸会堂医院，我一周高烧不退，西医除打退烧针外，别无他法。我母亲请名医周适上门诊治。周适对治伤寒很有办法，治愈率高，声誉鹊起。

我躺在暗出出的东厢房里，在半昏迷中感觉有个人坐到床沿上。我闻到一种陌生而干净的毛料衣服的味道，淡淡的、甜兮兮的味道。我睁开眼，只见一个穿着薄毛料袍子，卷起格子纺绸袖口的人，在望着我。在模糊的光线下，我看到一双发亮而深邃的眼睛和微蹙的双眉。他用低沉的声音和蔼地说："弟弟，不要紧的，我会帮你看好病的。"那时家乡通行把男孩叫弟弟，把女孩叫妹妹。我觉得这位医生很和气，就点点头，闭起眼睛。他转过头去，吩咐我的家人打开门窗。中医对伤寒病患者，是严格禁风的。门窗紧闭，空气极为浑浊。他却要打开门窗，我家人自然有些迟疑。周适便告我母亲说："禁风是对的，但不通风是不好的。病人住的是东厢房，秋天没有西北风，打开西面的门窗是不会有问题的。最好常常开着，至少每天要通风两三次，即便有些微风，掖好被子就可以了。"

他解开我的衣扣，用听诊器按在我胸上。不像浸会堂医院的医生，听诊时把我的胸腹全裸露在外面。周适听诊时替我掖好被子，使我感觉舒服多了。听了片刻，他又抽出我的手腕把脉，把脉的时间比听诊还要长。他又看了舌苔，问了病情。其时我尚年幼，讲不出名堂，他又问了我的母亲。回忆起来，中医的望、闻、问、切，那一套他都做了。

周适坐到书桌前开方子，一边对我母亲说："弟弟的病无大碍，先吃几帖药调理。"临走，他又坐到我床沿上，很严肃地说："弟弟，你若要活命，最最要紧，就是要经得住饿。烧退后个把月内，只能喝点米汤、菜汤，千万不能吃别的东西。你的肠壁很薄，肠穿了孔，就没有救了。千万千万，切记切记！"

我记住了周适的话。我的床底下，有只触手可及的饼干箱，装着些袜底酥、五仁糕。在饥饿难忍的日日夜夜里，我脑子里全是那只饼干箱，但我从来没有动过它。

那一年流行着温热病瘟疫，不少人也请过医生，也得到过禁食的警告。但他们终于敌不过食物的诱惑，败于自己的定力，街巷间到处可以听到释道法场的诵经声。

上世纪 80 年代中期，周适向政府捐赠他的藏书，前去接收的是现任苏州市中医学会秘书长俞志高。俞医生告诉我，周适所赠的万余卷藏书中，绝大部分都是中医历代经典医书。我问俞志高，周适究竟算是中医还是西医？他回答我说："周适是有深厚中医功底的西医，又是有深厚西医基础的中医。"此言诚是，且于不经意间道出了一个至理：中西医最关键的结合点，是人。

我十四岁那年，邬铁头助我过了一关。

邬铁头，是名医邬俊才的绰号。其人面目黧黑，又戴着一副瓶底似的墨镜，疑是非洲来客。

邬原籍昆山张浦，成名后居县城宣化坊，于白粉墙上书"邬俊才诊所"五个大字。

我右背上生了个痈疽,俗称"搭手",凡手反搭得到的地方都会发生。民间传说,秦桧就是生了和"搭手"一样的"发背",不治身亡的。这是一个不祥的恶物。初始,感到背部疼痛难忍,几天后就像酒杯大小在患处隆起。邻居告诉我母亲,此物大恶,如不根治,或可致命。其时,县城只有数十辆黄包车,集中在县城繁华处。我母亲背起我步行前去,好在宣化坊不远,歇歇走走也就到了。

我一见邬的长相,不禁害怕。但邬外粗内秀,远近皆知其生性敦厚。邬一见我畏缩的样子,就笑眯眯地说:"不怕不怕,你背上的疖子才怕你邬伯伯呢。只要我一摸它,它就会逃跑,弟弟,你信不信?"我只得点点头。他一边用手轻轻地探摸"搭手"的范围,一边对我母亲说:"婶娘,你来得很及时,'搭手'已经熟了。你放心,我一拿就拿掉了。"邬到布帘子后,拿了一方粗草纸出来,对我说:"弟弟,我只要用草纸一揩,就能把'搭手'揩掉,包你一点也不痛,你相信不相信?"说完,就到我身后。我哪里知道,里面藏着一把锋利的剃头刀。说时迟,那时快,只听"噗"的一声,刀口间脓血直淌,都流到他手上的草纸里。我只觉得背上有浆水流下,如释重负。只是在他挤控时,感到一丝痛感。不消片刻,邬笑嘻嘻地站到我面前,双手一摊说:"好了,'搭手'摸掉了。痛弗痛?"这样,手术就告结束。

邬俊才开了几帖药,并交代我母亲说,服了药,如一切正常,不用再来了,如若再有地方隆起,则要复诊。

返家途中,我已经可以自己行走了。从此,一张草纸,一把剃头刀,便永久留在我的脑海里。

我三十四岁那年夏天,在南京工作时喜欢上了网球运动。一天下午,正聚精会神打着球,场地上是新铺的沙子。我挥拍过猛,双脚一滑离地,下落时以肘撑地,右臂脱臼,上下骨错位,疼痛难忍。在省工人医院复位后,用石膏固定,一个半月后,伤处还不停作疼。拆石膏后,发觉右臂弯处不能伸直,工人医院骨科医生表示遗憾,无能为力。

在日常生活中,右臂派的用场最多。右臂从此不能提物,阴雨天隐隐作痛,我沮丧地想,我加入残疾人队伍了。

一天夜间,辗转反侧,不能成寐,忽然想起家乡白塔港伤科闵家的种种传说。有一只故事说，有一乡人求诊，闵采臣的媳妇正在厅堂上吸水烟。乡人被担架抬了进来，诉说自己腰腿不能动弹的苦楚。老太太只顾吸她的水烟，不理不睬。抽完烟放下水烟筒后，老太太瞋目呼曰："你好烦，烦死了！滚，给我滚！"边说边走近乡人，飞起一脚，把乡人直踢到天井里。乡人大恚，跃起大骂其无良。老太太改容笑道："不要骂了，你腰腿没有事了。"盖一脚踢中彼腰腿间的穴位，伤痛霍然而愈。我在黑夜中仿佛看到一丝光亮，对，应该去找中医伤科。

翌日，我打听到省中医院有一位从苏州来的伤科医生施和生，就去求诊。施已六十开外，体形健壮。其时，城市居民的粮食定量供应，每人二十六斤，施吃粮三十六斤，属强劳力工种。我诉说了病情，施说："你若早来找我，就不会吃那么多苦。"我问道："现在找你，还来得及吗？"施说："还不算太晚，但要吃点苦头。"施查看了我的右臂，用滚烫的毛巾焐紧我的臂肘周围，凡三换巾，然后命我向左面墙而卧。施笑道："你能忍点痛吗？"我说："能。"于是，施用膝盖抵住我的腰腿，我只觉其力大无比。施用左手握住我的上臂，用右手握住我的下臂，硬是把我的上下臂重新拉开。痛得我冷汗直冒，大声喊叫，但是被施抵住不能动弹。待施松开握紧我右臂的手，一刹那间，我上下臂已重行正确复位矣。

此后，我打球、提物，一切如常。

在苏州数十年间，我请教过黄一峰、奚凤霖、王寿康、顾大钧等名医，他们或帮我作肠胃调理，或帮我作解痉镇痛。黄一峰生性开朗诙谐，成了我时相过从的老朋友。稍后，我还请教过徐文华、何焕荣。

近年来，我常感神倦乏力，行路腿如灌铅。我想，这种症状只能找中医。经市中医院调养科华润龄投以汤药，俞志高荐以两味中成药，效果甚显。

去冬，我阴囊发炎，求治于俞志高，三帖汤药而愈。我常年发作、久治不愈的湿疹和老年性瘙痒，经俞志高处方，服药三月余，亦大见好转。

我想，和他医千人一药不同，因病制宜，因人而异，是中医的长处。

我和中医接触数十年，以一个曾被中医呵护过的病者的浅见，认为中医的优点和高明之处，择其要者有二：

其一是医德。旧社会血吸虫病猖獗时，黄一峰下乡收集乡民粪便做化验；奚凤霖在隆冬风雨交加之夜，横渡三里湖面，去小山村义诊。这种救死扶伤的事例，比比皆是。看中医时，你能体会到他们对病者和蔼关切的态度，望、闻、问、切时的专注神情，回答病者提问不厌其烦。诊治多次后，就像交了朋友一样，这种优良传统一直传承至今。反观他医，年轻一代中的一些人，其傲慢、冷漠、草率，为病者所常见常遇。更有甚者，有些人乱开药物，赚取回扣，有些人胡列检查项目，与敲诈无异。医德沦丧，良可叹也。

其二，是中医的医术理论。以往，常听说中医无理论，只是一种经验医学。这种说法谬误之处，在于不了解中医积数千年之经验实践，已上升为系统的中医理论。比如阴阳五行、经络气血，为中医独创之学说。以气血而论，中医看做是维持生命之至要。人身若有气虚、气滞、气逆之病，应以补气、理气、降气和调气治之；若有血虚、血滞、血热之病，则以补血、清血、凉血和活血治之。

如解放前就读于上海震旦大学医学院，解放后毕业于上海第二医科大学，共学习西医七年，后又在卫生部上海中医研究班学习三年的蔡景高，退休前任苏州市中医院院长，1995年底被授予"江苏省名中西医结合专家"称号，2009年2月27日被列入"全国五百名老中医药师承"名单，进入"世界优秀人才名典"。他在治疗慢性冠状动脉供血不足和缺血性中风时，采用益气活血、化瘀通络之古方。他总结该方的理论为："气为血帅，气行则血行，气弱则血滞，故治血勿忘治气，化瘀必须益气。"他在实践中为九十多岁的病者投以此方，效果甚显。

反对中医者，每以"虚妄""非科学""大谬"攻击。其实，中医理论，是数千年来千万中医实践、探索、积累之经验，是中华医学之瑰宝。井蛙燕雀之辈不识，不足奇也。至于一些人随声附和，人云亦云，妄评中医无理论，大都是对大量的中医经典著作从未做过深入研究，麟角凤嘴，惜乎君不识耳。

创新之路的开拓者
——记绣坛上的张美芳

一、绣坛三代传人

刺绣，是中国一种极为珍贵的传统工艺。一个多世纪前，绣品就成了中国民间生活中最常见的日用品，即使是城乡一个普通婚礼，也随处可见绣品的踪迹。洞房新床的帐幔、枕头、被面，都绣有龙凤、凤凰、牡丹等吉祥之物；厅堂上的桌幔、椅垫、喜幛等绸质的物件，也都有绣制的图案。

但是，刺绣作为一门富有美感的技艺，多少朝代以来，始终徘徊在应用工艺的阶段。只是到了六七十年前，乱针绣的出现，才使刺绣这门工艺跨入了艺术的殿堂。

开山人杨守玉

出生于1896年的常州妇女杨守玉，自幼酷爱刺绣。后来因为婚姻的失败，她便把一生的精力，全部投入到钻研刺绣的技艺上。传统的绣法是"排比其线，密接其针"，她觉得这种绣法在表现人物，或精致的质感，以及色彩的层次上，都有很大的局限。

杨守玉经过多年潜心研习，创造了一种新的绣法，"线条长短交叉，色彩分层加色"。当时，杨守玉是丹阳正则女子职业学校绣科的科主任。她多次与学校校长，著名美术家、教育家吕凤子先生，一起对这种新绣法进行讨论、研究和改进，终于最后定型。

吕凤子建议，把这种新针法定名为"杨绣"。杨守玉谢绝了这本应属于她的荣誉，定名为"乱针绣"。在她三十七岁时，完成了第一幅乱针绣作品《老头》，这幅作品后来还被选为出国展品。

在乱针绣刚刚问世时，遭到了许多人的责难，被指为异端，因为它是对传统刺绣工艺的一个巨大创新和挑战。但是，杨守玉始终坚持对这种新技法的不断完善，并向学生传授技艺。

第二代传人任嘒閒

当年，在丹阳"正则女子职业学校"绣科学习的，有一名女孩子叫任嘒閒，人们习惯叫她阿仙。阿仙读完小学后，报考了正则女校的绣科，成了杨守玉的学生。在学校的五年里，阿仙常听杨老师和吕校长讨论新针法。作为杨守玉最得意的弟子，她成了第二代传人。

乱针绣比传统针法随意得多，而"乱"法运用得如何，则要看绣者的技术和文化艺术修养。阿仙学国画、学油画，也向传统绣法的专家求教，很快就在同辈绣人中脱颖而出。她的施针灵活流畅，色彩配置适宜，绣面整体性强。

抗战时期，正则女校迁至四川，任嘒閒留校任教。她的作品，在重庆和成都参加过美术展览会。乱针绣从任嘒閒这一代开始受到重视。

中华人民共和国成立后不久，任嘒閒用乱针绣绣制了一幅《列宁在讲台上》绣画。这幅绣品送到了北京，得到了美术界专家的高度赞赏。当时的苏州市市长很感慨，他提出，具有刺绣工艺传统的苏州，应办个刺绣学校，培养更多的刺绣人才。任嘒閒和她的几个老同学一起被聘为教师，他们又把乱针绣大师杨守玉请了出来。后来，这所学校为苏州培养了无数刺绣人才，许多人成为乱针绣高手。

2000年，任嘒閒已届耄耋之年，但她谈起刺绣艺术还是那样头头是道。她说，刺绣色线共有几百种，但是制作绣品绝对不是以用色多为好。一种色调的色线如若浓淡不同，画面上的明度、色度就不同，它的表现力和美感，绝不逊于用色多的画面。任嘒閒并不排斥传统针法，她认为，真正的革新者是不会抛弃传统的。在她的许多作品里，乱针绣和传统针法有机地融合在一起。

第三代传人张美芳

早在千禧年初，张美芳就拥有一大串头衔：全国人大代表、工艺美术大师、苏州刺绣研究所副所长等等。四十五年前，才十九岁的她被分配到刺绣所时，对刺绣一无所知。经过努力，她从一名普通绣工，成长为乱针绣的正宗传人。

从上世纪 50 年代起，苏州刺绣就常作为礼品，赠予外国客人。改革开放后，苏州刺绣研究所成了外宾观光的必到之处。美国艺术博士、艺术摄影家罗伯特，曾在研究所讲过艺术课，临走时出了道难题，他希望把自己从阿拉斯加山洞外拍摄的雪松照片作为绣稿留下。张美芳和任嘒閒研究原作后，决定用超薄型缂丝作底料，将纬线劈细，采用缂丝换梭法，使绣面产生朦胧的意境；用乱针法绣雪松，表现大雪用传统的打籽、松子针法。当罗伯特再次来华，看到已经完成的绣品后，惊喜得连话也说不出来。回美国后，他给张美芳来信说："西方人对东方艺术这么多年不理解，是很不应该的，东方刺绣艺术完全能表达西方艺术的境界。"这也证明，经过创新思维的加工进行再创作的刺绣作品，其艺术效果甚至可以超越原摄影作品本身，给人新的感受。

张美芳对刺绣变革有自己独到的想法，但她比自己的前辈们幸运得多。现在，她用新老结合的技法指导研制作品，使古老的苏绣艺术与油画、摄影艺术，有了契合的榫头。

1998 年，中国画坛第一人吴冠中来到刺绣所参观。他驻足在绣品《冒气的池塘》前，激动地说："了不起，了不起！"他认为这是一幅具有现代绘画格调的作品，以针法技法而论，过去的刺绣无法与之相比。"我十分赞同张美芳要走创新之路的想法，这样苏绣才有新的生命。"

虽然经历了三代人，乱针绣与中国的传统刺绣相比，还是显得太年轻。乱针绣法的随意性，要求从事刺绣的人员，不再仅仅是一名绣工，而必须是具有一定艺术修养的知识分子。正如张美芳所说："苏绣艺术的未来，是思维大于技巧的时代。"

二、开拓创新之路

苏绣，植根于吴地文化的土壤。吴地的千年文化，培育了一代代的杰出文人、画家、书法家。各种艺术品类，受到吴地文化的滋养和熏陶，摄入地域文化的营养，和人文环境融合，形成自己独特的风格，苏绣也不会例外。这里的女红针技代代相传，历经千年传承发展的锤炼，以丰富多彩的图案、清新雅致的色彩、精巧高明的技艺，步入艺术殿堂，跻身于中国"四大名绣"之列，并俨然举起领军的旗帜，享誉中外。

在刺绣的艺术殿堂上，高擎"创新"大旗的张美芳，在 2009 年苏、湘、蜀、粤"四大名绣"和全国各个地方刺绣百余代表会议上，当选为全国工艺美术学会刺绣专业委员会会长。

张美芳认为，创新必然建立在传统坚实的基础上。她在文化部举办的"传统工艺发展论坛"上发言说："前辈给我们的优秀传统技艺，是无数刺绣艺人日积月累的经验总结，特别是流传下来的一些经典名作，更是我们必读的范本。如何跟上时代的节奏，在刺绣文化的领域里，将继承与发展，传承与创新，化作思维实践的元素，融合到每一针、每一线中去，将刺绣事业推向新的高峰，这是一个迫切的任务。"

张美芳对传统刺绣做过认真研究。她参与编著《中国古代织染刺绣全集——刺绣卷》《苏绣针法与技巧》《中国现代美术全集——刺绣卷》等书，撰文《顾绣艺术特色》《清代艺术家沈寿刺绣风格及特点》等，弘扬刺绣的历史与传统。1983 年，出版了与任嘒閒、周巽先合著的《乱针绣技法》一书，由张美芳执笔。

罗伯特的另一幅摄影作品《雾中的湖石》，如何用刺绣表现其中的光影神韵，展现出雾气弥漫，湖石隐约，这很具难度。湖石的坚硬质地，以及长期受到湖水侵蚀呈现的斑驳青苔，需用何种针法，也是个难题。张美芳运用古老针法，或随意洒落，或灵活堆叠，使雾气、水影、石质的肌理质感凸现。这幅作品的艺术效果，因思维创新而跃上了新的台阶。

中央工艺美术学院院长常沙娜（敦煌研究专家常书鸿之女），设计了一幅"花卉屏风"，交由张美芳完成刺绣。她向张美芳详细介绍了作品的艺术构思，提出了创意的重点要素。要求绣品给人一种全新的欣赏效果，远看是一幅夺目的艺术品，近看才知道是一幅刺绣作品。张美芳和刺绣艺人动了脑筋，在色彩运用、线条转折、丝光突现等方面，在花卉枝叶的组合上，尽力把握局部服从整体的格局，色线、丝理立足创新，不落俗套。当中国工艺美术馆赵馆长，专程来苏选取馆藏珍品时，一眼便相中了这幅刺绣屏风。

当今中国画坛泰斗吴冠中，一生接触各类艺术作品无数。他还是一个散文大家，思维敏锐，眼光犀利。2002年，吴莅临苏州刺绣研究所参观绣品。他十分赞赏张美芳为罗伯特摄影作品研制的几幅刺绣，赞同张的创新思维，欣然应邀为研究所艺工讲课，谈到："艺术必须有创意才有生命，重复旧法，价值将退回到零。"从此以后，他乐意把自己的一些得意的代表作品，交付张美芳加工成艺术绣品；还邀请中央工艺美院袁运甫等教授来苏讲课。如今吴老先生已年过期颐，仍然十分关心苏绣，每次张美芳去京，都会邀她去寓所促膝交谈。

《双燕》是吴冠中先生的代表作之一。画面上，一栋苏州老宅前面，一棵春芽初苞的树，还有两只燕子飞过。在做刺绣时，张美芳主张不绣墙面，露出白缎本色，而房屋的轮廓和树枝，都绣得十分精致。春芽的细致处，把一根丝线劈成二十四分之一来绣。绣面的线条粗细虚实，都绣得十分精到，绣品较好地表达了吴先生原作的神韵。在展览会上，张美芳征求吴先生意见，他说："不绣白墙相当好。画这幅作品时，墙面也没有画白色，是借用纸的底色，我们真是不谋而合啊！"苏绣艺术创新中心将绣成双面绣的《双燕》，置放在一个特制的造型架上，使内容与形式完全吻合，达到了完美的统一。吴冠中先生看了以后，表示十分满意。

摄影艺术、油画和刺绣结缘，是可以理解的，他们都属于同一艺术范畴。至于科学，特别是天体物理学，和刺绣应该是风马牛不相及，但居然也有了关联，这实在出乎两者搭桥人张美芳的意外。

千禧年6月，著名科学家、诺贝尔奖获得者李政道博士，在常沙娜和中科院柳怀祖主任等人的陪同下，到故乡苏州参观。一天，他莅临刺绣研究所观看展品，对张美芳说："这些展品大大出乎我的意料。

你们今天的绣品，已从二维空间发展到了三维空间，这是一个很大的突破！"

事隔四个月，张美芳接到了中科院柳怀祖先生打来的电话，要她立即赶赴上海好望角宾馆，李博士要张美芳前去，"有事商谈"。一进会客室的门，只见墙上挂了大幅"金核子在真空管对撞图"的照片。李博士一见面，就向她讲解他的实验发现和对撞图像的内涵。李博士提出，要她把"金核子对撞图"做成刺绣。张美芳正在犹豫不定时，李先生的助手季承（国学大师季羡林之子）提醒她，任务光荣！张美芳答应了。

她反复揣摩图片，温习李博士的讲解，终于悟到，要表达折射光线的爆发力，要在用材上下工夫。常规刺绣用的线是蚕丝，它的截面是椭圆形的，演绎的曲线比较柔和，这和图片要表达的光泽的爆发力有着很大的差异。她了解有一种"异形丝"的截面是三角形，在兄弟丝织厂的帮助下，研制出了"单纤异形丝"。异形丝和常规真丝相结合，绣丝分层面、分疏密、分交叉精度绣制，做出小样寄李博士审定。不久李博士回信，称小样"考虑和思维符合科学化"，张美芳心里的石头才落地。于是按小样放大成一米见方的规格，并绣制成了双面绣。作品送至 2001 年 5 月 31 日在北京举办的"科学与艺术"展览会，李政道先生和吴冠中先生到场见到绣品，赞扬这件绣品为"神品"。

2004 年 10 月，苏州市科技局主办了"苏绣艺术创新论坛"，请到了李政道先生担任论坛的名誉主席。来自海内外的五十多位专家学者纷纷发言，关注苏绣艺术的创新，在全国引起了积极的反响。从此，创新大旗开始名正言顺地飘扬在传统刺绣的阵地上。

李政道先生热情地用诗一般的语言，精辟而概括地赞颂了苏绣树起的创新大旗：

"文物化新，方成文化，苏绣创新，能生万象。"

2006 年 11 月 12 日，张美芳在母校苏州市第三中学，挂牌成立了苏绣艺术创新中心。此前，她把自己的想法禀告了李先生，得到李先生的支持和鼓励，欣然题字，并应邀莅临揭牌。

去年金秋，笔者到苏绣艺术创新中心观赏了一批苏绣创新作品，印象十分深刻。"唐卡"是藏族宗教文化艺术的代表作品，有很高的艺术价值。苏绣《唐卡》，再现了"唐卡"工艺特有的艳丽色泽和浓郁的雪域风格。张美芳说，她对绣品《唐卡》的设计，只是一种尝试。整幅作品高 138 厘米、横 86 厘米，采用了八百多种不同色彩、不同色阶的真丝绣线，色彩丰富，绣艺精致。作品中的二十九尊佛像，运用了多种针法，演绎人物的肤色、服饰，华贵绚丽，栩栩如生。在张美芳的监制下，经过长达三年的绣制过程，才完成了这幅举世无双的艺术珍品，并得到了极高的评价。

《大鹏》，原作是中央工艺美院刘巨德教授的油画作品。这是一只羽毛全白的雄鹰，正冲破云天，展翅而下，仿佛可以听到挟着狂风，巨翅破空的啸声。鹰的雄健身影和两翅占据了整幅画面，具有一种勇不可当的力量。绣品主要用乱针绣线条交叉变化的针法，堪称乱针绣的经典之作。

敦煌图案《藻井》，过去一些用传统针法的绣品收藏于高级的寺庙里。绣此图案时，张美芳正撰写有关沈寿的文章。沈寿当年提出"新意运旧法"的主张。她领会，旧的针法要用自己的思维加工，可望达到新的效果。比如"打籽绣"，这种有千年历史的古老针法，往往给人以呆板的感觉，但可以在色线的糅合和纹样的组合上加以变化，就有了全新效果。该幅作品，共由三十多万粒"籽"组成，产生了"典雅厚盛"的感觉，引起研究敦煌图案的专家们的浓厚兴趣。

辞别时，张美芳赠我印刷品彩卡一张，上端 SEAIC 五个英文字母，是苏绣艺术创新中心的英文缩写。仔细一看，用丝线绣成的字母镶嵌着花卉和树干，两端上下有一对可爱鸟雀在欢唱，小处都体现出苏绣创新的风格。

这几年，商品经济的大潮涌起，刺绣领域自不例外。但张美芳心无旁骛，咬定青山，一心走自己的路，只是走自己路。

回忆往事

1945年夏,在上海黄陂路昆山地下党负责人龚兆源同志家,老吴(几十年后才知道老吴就是吴学谦)和我谈了一个多小时的话。他先讲了国际形势,又讲了我党的任务。然后,他要我讲昆山的敌、我、友态势。我当时只是个热血青年,只能泛泛而谈。老吴代表华东城工部宣布,决定由我负责昆山党的工作。我毫无思想准备,沉思片刻,慎重地表示不能接受这个决定,因为我怕挑不起这副重担,耽误了党的工作。老吴说可以考虑我的意见,就离开了老龚家。后来,老龚要我担任昆山城区工作组组长,并交给我二十几个党员。日寇投降前几个月间,我调查了火车站附近的日伪军警情况、航道上的敌特情况、日寇办的"农村干部训练班"情况,等等。

1949年春,乡人卫树嘉以一百担大米作资,筹建昆山文化经济广播电台,购进上海振兴电器公司100瓦的发射机和配套设备,聘沈夫强为台长、程惟典为技术员,并聘女播音员两人。当时,我和沈夫强同为《旦报》记者,沈兼采访部主任。我与沈同住百花街。我和上海定期来昆山的地下党领导人王正,谈起此事。王要我设法把电台保存下来,为我所用。

一天,沈对我说,他看到了《中国人民解放军布告》。我知道他在试探我,便正面向他宣传党的方针政策,彼此心照不宣。他也表明了自己的心迹,我即加以鼓励。

当时,我利用清晨家家户户倒马桶的时机,径自"登堂入室",向各头面人物投递王正用"太湖纵队刘维宁"名义印刷的"约法六章"信件。虽然有些冒险，但起了很大的震慑作用。

1949年4月，大军渡江，止于仪征附近。昆山县长沈霞飞被委任为苏南保安司令。一天，他召沈夫强去，说他守城不易，在水网地区打游击还是可以的，问沈夫强电台可否随军行动？沈夫强答称完全可以，并提出条件，说主机太重，要给一个班归他调度。但因机器老化，无备用机件，如出现故障，他难负责。接着他又提出了一个看似合理的建议，说打游击最合适的是配备一部军用发报机。沈霞飞答应了。

4月初，沈霞飞弃城逃窜。这时，解放大军正抓紧作进攻上海的准备，昆山出现了真空状态。翌日，昆山地方人士周梅初、俞楚白，召集各界开会，商讨维持地方治安。周梅初是昆山最早的国民党书记长，俞楚白是联合国救济总署青岛分署长，两人德高望重。我在一年前就发展他俩，加入我党的外围组织"应变迎新大同盟"。这名称，是我和王正杜撰的，还刻印了盟纲、盟章。周梅初经验老到，提出要见我的上级。王正登门拜访，晤谈两个小时。周梅初对我说："不错，我判断王是共产党。"周、俞在会上提出要成立巡逻队，防止歹徒危害人民；提出各界要遵守"约法六章"。沈夫强、卫树嘉都参加了会议，表示拥护。其时，原警察局局长汤鹤龄，被委任为代理县长。他率领部分警察和苏北还乡团武装，实施白色恐怖。我奉命撤离至菉葭浜隐蔽。汤鹤龄勒索商会出资十万斤大米。4月12日夜，商会正虚与委蛇同汤周旋之际，解放军攻城的炮声响起。汤仓皇逃至青阳港，泅水溺毙。

解放后，我陪同县委宣传部长时继恕、干事杨静波，前去接收电台，由杨静波和沈夫强签字盖章，完成交接手续。1989年5月13日，《苏州广播电视报》发表《接管"天堂"广播记事》一文，是解放初期任苏州人民广播电台总干事的施芹，为纪念建台四十周年所写，文中详细记载了有关情况。当时苏州电台正愁无机器设备时，接到昆山报告，那里有一座保存完好的电台。当即派人去昆山，将全部设备拆运到苏州，进行安装。10月初，一次调试成功。

（原载《红色记忆》）

桥头巷尾篇

苏州街头巷尾

引言：香港《大公报》为我辟过两个栏目，一名"一个苏州人眼里的某地"，一名"苏州街头巷尾"，拉杂写来，也有六十余篇。从1992年8月30日起，到1995年2月20日止。

劫后记趣

去夏太湖水位猛增，于决口处狂泻而出，淹没田地，肆虐城镇，防洪救灾中可歌可泣之事甚多，载诸报刊亦详，不必再说。兹拾遗补阙，记趣数则，以供茶余谈笑。

余居苏城内，苏城赖数年前建成之包围堤保护，拒水于堤外，城内多数地区生活如常。笔者频频接获从京沪等地来电慰问，询诸房屋倒塌否，家中安全否？余感激之余，照旧去大公园品茗，至友人处作方城之戏。

一日，闻家居城郊之女儿住处受淹，急奔探视。其地水深及膝，余进退失据。正彷徨间，一妇扶一木盆，上置一汽车轮胎。胎中圆洞间坐一女孩，胸束小肚兜，一如小哪吒。母女正沉湎于水戏中，笑声不绝。木盆至余站立处，停止不前，余正拭眼审视，女孩大呼道："阿爹，阿爹！"居然外孙女小愈也。三代人于此境界中相遇，俱各哈哈大笑。原来彼等居寓楼底层，与邻居合力砌砖挡水，水徘徊于外。爱女小薇素性调皮，于大水间携小愈作水戏，遂出现上述一幕。

另有一幕好笑之事。洪灾高峰时，安徽灾民沿陇海线南下。有时一天多达万余，被劝阻回返一部分，其余流散到苏地农村。苏地对他们来说，好比发达国家与贫困地区之别。到太仓的一些灾民，被富有同情心的居户招待吃住。此间农户小楼，不乏铝合金门窗，配以茶色玻璃，内部装饰地砖、喷塑墙壁、地毯、浴缸等，为彼等所未见。日常四菜一汤，较之彼处粗粮咸菜，不可同日而语。于是此间乐，不思蜀。及至主人有怠慢之意，乃辞行。又遇好心人，小住数日，受款待如上。临行接受衣物等馈赠，挥泪而别。复重施故技，再结善缘，如是者渐忘故土之情，遂萌久居之心。当局一看苗头弗对，着警方出面遣返，送金若干，令彼等登程。不数日，彼等免费旅行，返而复至，重访昔日陈蕃之榻。

一日，民警李在车站才送走一批灾民。彼等于离去时泪水滂沱，一再表示感谢，期诸来日在家乡接待老李。老李目送手挥，直至车子消失，松了口气。忽一车到站，乘客们争相下车，内有一人趋前紧握老李之手，热情问好，老李愕然。其人嚷道："好个老李呀，我就是上礼拜遣返的某某呀！"复指着络绎下车的人群说："他们就是在浏河口的一帮，如今又回到第二故乡来了啊！"令老李哭笑不得。

今日，苏地已无昔日受灾痕迹，安徽重灾区亦恢复了正常生活。洪水期间，香港同胞拳拳情谊，为赈灾救援奔走呼号，此等同胞手足之情，苏人将永志不忘。

水城断水

谚云：大水必有大寒。去年冬天甫过，降大雪盈尺，檐前挂满利剑似的"凌堂"（苏地方言，意谓冰条），为1954年以来所仅见。苏地为海洋性气候，四九寒天零下二三度已属罕见，且寒期短，三五天即回暖。但去冬第一次寒冻来袭，气温即降到零下七度。二十余天中，时常出现零下低温。

苏地素无取暖习惯。旧时富有人家生盆炭火，贫穷人家用稻草灰置手炉脚炉中。这些年来，市民生活大有改善，商店中家用空调、电热器、电暖器，抢购一空。但拥有高级取暖设备，究属少数人家，多数家庭用炭手炉、汤婆子以御寒。苏州人是冻惯了的。天寒地冻，熬熬也就过来了。此处寒潮，对市民生活影响最大者，是水管冻裂，造成缺水问题。

笔者家中缺水一周，狼狈之至。每日从远处打水饮用，其他生活用水，一如身居沙漠，涓滴必计。一日，水管恢复供水。是夜，合家欢庆，围桌食火锅，频频往锅中添水加汤。饭后畅饮热茶，茶后各人享用电热淋浴一次，充分领略有苦才有乐的辩证法。

在此期间，市内有线广播不时播出"天寒人情暖"之类的表扬稿，表扬顶风冒雪抢修水管的自来水公司职工的英雄行为，听者动容。接着，又播出公司领导讲话，亲切有加，谓问题已基本解决。不意，翌晨之广播中，又有钟楼新村一封人民来信，恳切呼吁社会关心该新村数百户居民。谓彼等断水，至当日已达二十天，用"苦不堪言"四字形容彼等之遭遇。几次向政府求救，迄今无明确答复云云。电台在评语中指出，类似此等状况者，尚有里河等几个新村。接着，电台不偏不倚，一方面，认为有关部门要设法解决此类问题；一方面，又劝说断水之市民要"多替政府分忧"，云云。断水二十天，至苦至忧，写封来信，原只想分去一点忧的。哪晓得，到头来却还反分进一点忧，是何言哉。

行人道灯

对苏州来说，2500 年的建城史，既是历史的赐予，骄人的资本，也是沉重的包袱，捆住手脚的桎梏。

在保护古城的方针下，一切都得照旧办事。窄小的街道，破旧的房子，淤塞的河道，拥挤的人流、车流，往往使当政者感到改造乏术。由是比起许多新兴的城市，苏州城显得疲惫而衰老。

以交通而论，近几年来，拓宽了几段过于狭窄的街道。在交通热点地区之十字路口，试行慢车道和人行道红绿灯管理。

过去，马路上特别是十字路口，一直是汽车让自行车，自行车让行人。绿灯甫亮，汽车鸣笛前行，左躲右闪，分花拂柳；自行车与汽车争道，横冲直撞；行人则大摇大摆，旁若无车。十字路每个路口，增聘两名退休职工，臂戴红袖，手执红旗，嘴含响哨，计共八人，可谓劳动密集型的交通管理。他们克尽厥责，呼么喝六，使熙熙攘攘的十字路口更显热闹。

上世纪 50 年代，好半天街上才轰隆隆开过一辆公共客车，使得岗亭上的红绿灯和当啷啷的铃声显得滑稽可笑。而去年一年，苏城新增的汽车就有七千辆。上世纪 50 年代自行车才几千辆，现在的自行车已达十万辆。城市的现代化趋势，使得旧有的交通管理模式又复显得滑稽可笑。改造道路和改革管理的课题，已"急煎煎"地站在当政者面前。

一日，笔者闲立饮马桥路口，见四个路口行人道红绿灯形同虚设，行人我行我素，在车辆间蝶穿莺飞。有一批老人在红灯前止步，且干涉一个置红灯不顾横越马路之大嫂，大嫂翻白眼娇叱道："啥？唔笃倒会管闲事勒海，管头管脚，伲走路也要管哉，真正惹气！"

苏州花店

说起花店，不由得想起上世纪 50 年代南京一则哀婉而动人的故事。一对五十来岁的男女，萌发了迟开的爱情之花，男的每天着花店送一束鲜花给女的，如是者送了三个月。身为学术权威的男的被划了"右派"，学历为哈佛大学博士的女的和他划清界限，双方关系就此拉倒。这则故事在当时并不动人，就冲这每天一束花，够平头百姓活上个把星期，资产阶级透顶了。

去岁笔者过生日，宝贝女儿送了一束花，三十五元。想想令人心疼，老伴整治一顿生日餐，也只花了两束花的钱。

三年前，苏城开始恢复花店经营，至今已有六十余家。粉红、嫩黄菖兰，黄、白、红和边上镶花的康乃馨，紫色的泰国洋兰，疏疏淡淡的满天星，鲜艳的非洲扶朗，各色各样的菊花，摆满了花店的每个角落。苏州花店一般只是一开间门面，店堂狭窄，小本经营。只有临顿路上的"蝶恋"和宫巷内的"芳州"两家，根基深些。

何谓根基深？本钱大些，人头熟些，关系多些。这三者中，本钱还在次。花这东西，只有在含苞欲放将开未开之际，才有模有样，而"明媚鲜艳能几时"？到上海批发进货回来，上架后维持十天左右，便"红消香断有谁怜"，只有弃诸垃圾桶了。所以，本钱再大，进货再多，如是销售无门，一切都白搭。

由是，人头熟、关系多，才是至为重要的。花店偏门生意，扔进垃圾桶，本利全蚀。但鲜花无统一市价，价格可高可低，买家阔气或交情搭得够，一笔生意赚头可达万元。

鲜花生意分三种。一是切花，现卖的都是这一种。按买者要求选择，捆扎成形，目下十数枝一束的鲜花，约价三四十元。不论石竹菖兰，姹紫嫣红，流行搭配几枝素色的满天星小朵花，一束切花的格调便增几分高雅。石竹只消八角一枝，满天星却值二元五角，在花的行业中，它可获最佳配角奖。切花主要做婚丧喜事，做生日，清明上坟，新潮青年探病也时兴手持鲜花。这类零星生意，要看店堂风水好不好。二曰插花，学的东瀛一套，此项生意主要承接大宾馆的订货。三为花篮，一只两米高的花篮，市价为三百元上下。花店能否赚钱，全靠花篮生意。苏州市一爿商店开张，用了七八只花篮，承办的花店就可发一笔小财。因是，谁能包办到高档的宾馆、酒楼、商店开张揭幕的鲜花需要，谁在花店业的浪头就大。在此类竞争中，捎客便应运而生，被花店老板不大文明地称之为"老屁眼"的，一只花篮非拿上五六十元回扣不可。

小本经纪做生意不容易，小本经纪而又勾不上关系的花店，生意尤其难做。近年来，苏城每月开业而用得上花篮档次的店家，大约三十家左右，但只有几家根基深的花店，能招徕到这样的生意。

捎客和回扣的现象，一如水银泻地，无孔不入，各行各业都有，尤以对外旅游为甚。时代不同了，欺行霸市的方式也变了，不再是毛大虫、牛二式横眉竖眼的人物了。花店小老板们对捎客们恨得牙痒痒地，真想咬他们几口，可惜连他们姓甚名谁，都搞不清楚。

姑苏记俗

马桶

　　江浙一带的城市里，过去家家户户都是用马桶来装人们的排泄物的。儿女婚嫁，不论是豪富之家，或是平头百姓，嫁妆里必有三大件：脚盆、浴盆，还有一对红漆马桶。马桶盖上雕着花，铁箍和拎把上还涂着金漆，是嫁妆里很有气派的物件。马桶里还放着五个红蛋，五子登科，还有花生、红枣之类，也是讨吉利的。

　　苏州城里有条主干道，过去大名叫"护龙街"。苏州口音刁嘴笃舌，久而久之，把护龙街叫成了马桶街。这马桶街已出名，很具形象性。护龙街从北到南，横贯市区。这笔直的街道两旁，每天清晨，排列着映着日光，泛着金光、红光的马桶，一眼望去，是很壮观的。一直到上世纪70年代，它们的外观虽然有些古朴陈旧，但仍然在改称为人民路的马路两旁，顽强地表现自己，显示其不同寻常的人民性和生命力。

　　马桶也有大、中、小各种型号。有拎手的叫提襻桶，桶身高；而没有拎把的，叫子孙桶。一般人只知道马桶是供方便用的，哪里知道，马桶的功能要大得多。大到关系到生和死，小至增加生活情趣。旧时代妇女分娩，是要靠马桶借力的。到关键时刻，接生婆要产妇坐到称为子孙桶的马桶上，搀腰婆从肋下把产妇抱住往上提，产妇用力往下挣。待到门开婴儿出来，接生婆就在马桶口迎接来到这个世界的小过客。如今有些人用上了彩色陶瓷便桶，看见马桶便恶心，这就不免有些忘本。殊不知，他到这世界的最初一刻，便是堕入过他看不起的东西里去的。另一种，关系到死是何意。旧时代，未出阁的小姐，久旷的寡妇，有了不可告人之事，怀了身孕，要悄悄处理掉，也得发挥马桶的功能。一个人，每天花在马桶上的时间是很多的。为了上马桶更加安稳舒服，有的人家做了木框架，有的人家做了马桶箱，不用时可以盖上箱盖。这些箱子和架子，由榉木做成，坐上去稳重得很。更加讲究享受的有闲阶级人家，有的在放置马桶的木床旁侧，做了一排抽屉，分装着卫生纸、香烟、火柴、干点心、书本和眼镜盒，一边孵马桶，一边享用。到了现代，家庭卫生间要求宽敞，人们在生活经验中，认识到卫生间的空间内涵扩大了。在旧时代，搞一排抽屉，也是居领先地位的举措。这样的设备已超越了方便本能的需要，而成为一种生活享受了。还有几个很有文名的名人，一坐到马桶上，便文思汹汹，灵感滚滚，他们的不朽著作和马桶也有很大关系。

马桶还有一种很特别的功用，说出来不大雅致。旧时代，这一带的农村中常有强盗出没，打家劫舍，老百姓送土匪的诨号叫"烧屁股的"。他们"上门服务"，就地取材，把马桶倒干净了，桶底点上支蜡烛，勒令主人坐上去。不消片刻，当者披靡，乖乖地献出金银财物。这法子简易可行，日伪时期的汉奸也常用此法。再后来"文化大革命"，打派仗，寒山寺里常常传出夜半呼声，近乎凄厉，其中这土办法功不可没。

家家户户都用马桶，一个城市，天天要处理这些面广量大的东西，是很不容易的。好在过去的农村，施肥全靠这些桶装物。清晨，城里大大小小的河浜里，歇满了粪船。每天上城来运粪的农民们，都有自己的包干户和包干区。他们熟门熟路，径自登堂入室。城里人还在睡懒觉，他们拎了放在床边的马桶，到外面倒入粪担里，顺便还得把马桶洗刷干净。为了争取主顾，他们进屋便"少爷""少奶奶"地乱叫；逢年过节，还得送一些乡下物事来。城里人呢，刻薄一些的，认为施惠于人，受些奉承是理所应当的；厚道一些的，也准备些节礼节钱还敬。在旧时代，这也算得是一种重要的人际交往。童时的我们，清晨醒来，便听见粪担咯吱咯吱的响声，而后便是竹枝洗帚刷马桶的霍霍声。这些热闹的声音，至今回想起，还是很亲切的。其时，邻近的上海金嗓子周璇有首歌词，开头唱道："粪车是我们的报晓鸡，多少的声音都跟着它起，前门叫卖菜，后门叫卖米……"这情景，是很贴近当时上海市民生活的。

到了新社会，马桶有统一的环卫处来负责处理，他们的服务比之农民来就差远了。大清早，各家各户便把马桶拎去放在大门口。粪车来了，倒掉马桶里的东西便走，刷马桶的任务便落到各家各户头上，井栏边、河滩头，是一片霍霍声。农民们要挑粪，就得从环卫处那里出钱买。

到了上世纪七八十年代，十全街上有几家高级宾馆，老外们来苏州便住在那些地方。市里也特别看重这条有关外人观瞻的街道，街道两旁栽了一些花树，砌了一些花坛。暮春天气，着实增添了一分春色，有时行人还会在不经意间，闻到一阵花香。几个公共厕所也进行了改建，废弃了人工冲洗，有了自动冲洗装置。沿街黑出落托的墙壁，也重新粉刷，加上黑色的小瓦房顶，颇有些粉墙黛瓦的样子。但若是老外好奇地向里张望，那墙门间或客堂间里，乱放着煤球炉和杂物，便会冲淡些粉墙黛瓦的印象了。特别是那些曝晒在河边的古朴的物件，昭示了人间天堂离真正的天堂，还有好一段路要走。不少老外，显然对这些朝阳而敞开的木桶迷惑不解，充满了好奇，围着它们欣赏。马桶的存在，不能改变长江三角洲龙的腾飞的说法，也正像现代化步伐如何如何的说法，改变不了马桶的存在一样。

到了上世纪 90 年代，彩色陶瓷盥洗用具，进入了某些阶层的生活，新公房里也都有了抽水便桶。但在不少街巷中，马桶群仍然以刺耳的霍霍声和在阳光下的铺陈，宣告它们在现代城市中，仍然占有一席之地。

自从十来年前，种田全部用了化肥以来，环卫处还政于民，造就了一批专业倒马桶人员。她们都是附近农村的年老农妇，手脚粗笨，已不宜帮佣，只能操此贱业。按理说，新社会是不作兴分什么贵贱的，只能说社会分工不同，但分工分到倒马桶，在城里人的眼里，是没有人看得起的。大款大腕们当然不消说，他们看待倒马桶的有点像老外的眼神，小家小户也从不许她们踏进堂屋。每月丢一块钱给她们，这一元的月规维持了近十年。可怜这些老妇，在寒冬腊月，推着挂装有小铁轮子的板车，上置马桶，推到公厕里去倒洗。她们大概一天倒四五十只马桶，一月赚几十元钱，每天收入，只够买一碗面条吃。她们露在包头巾外的白发，在寒风中乱舞；她们开裂的手指，冻得像胡萝卜。有时候，也可以发现这胡萝卜似的手指上，套着一枚金戒指，天知道要多少年的劳动和省吃俭用，才可以攒聚到一枚戒指。到了1993年岁尾，城里人发牢骚了。说倒马桶的黑良心，乱涨价，要五元钱一月了。不能怪这些城里人的。家里抽水马桶也备不起的城里人，都是些老实巴交，靠死钱过活的工薪阶层。日常开支样样都涨，哪里经受得起？然则，怪那些专业倒马桶者，更是不应该。五元钱能买什么东西，替一户人家倒一个月的马桶，只够买一包方便面。

有个翻译说，他最怕老外指着臭烘烘的地皮、墙上画着的乌龟、地上放着的马桶，问那是些什么？每次发问，翻译都被搞得满脸通红。其实，是大可不必脸红的，要脸红，也轮不到他。再者，这是历史产物，难道外国就没有用过这些东西？随地小便又有什么坍台的，家里桶满为患，到外面画乌龟的地方方便一下有何不可？难道外国就没有随地小便的？在莫里哀这位喜剧大师的作品里，多次描绘了住在楼上的巴黎人，随手把便壶朝着窗外倒，浇了人一头一脸。1606年某日，法国皇上下了一道圣谕，晓谕臣民人等，一律不准随地小便。当晚，皇太子就朝着卧室的墙壁撒了一泡尿，叫他老子几乎下不了台。到了十七十八世纪，欧洲的君主常常坐在马桶上接见大臣，听取奏折和议论国事，就像我们有些人惯于孵马桶一样。所以马桶和便壶以及派生出来的随地小便之类，是个历史社会现象，原是没有什么可大惊小怪的。

老外是好对付的，领着他们绕道走就是了。况且，如果其他地方这东西绝迹了，唯有此处独存，焉知不是一种难得的人文景观？

当炉艳

上世纪50年代，以苏白和普通话两种拷贝发行的滑稽戏电影《满意不满意》，风靡全国。其主题是批判一种不安心当服务员，"有福之人人服侍，无福之人服侍人"的思想的，但那种观念真正被冲破和解体，则是第三产业发展后的今天。改革开放意识和外部世界的影响，深入人们头脑，固有的陈腐观念不攻自破。

位于苏城东部竹辉路的"水晶宫美食城"酒家，去年雇了四名金发碧眼的俄罗斯姑娘当服务员。芳龄最小十八春，最大二十二岁，芳名柳德米拉、丽达、叶留娜、翁丽姬，四女身材颀长，长得都很艳。

四名洋姑娘不远万里来到苏州，她们纯真无邪，远离亲人，身处异国内地，自有其惶惑不安的心情。她们从未干过端盘子的营生，不会中国话，更不懂吴侬软语，只能在迎宾位上讲一句洋泾浜汉语："欢迎光临"，在端菜上桌时笑盈盈地说一句："你好！"而在送饮料时，只能指着盘子中的多式罐装，打手势示意。对顾客的询问或打趣，则瞪大一双碧澄澄的大眼睛，摇晃着一绺马尾金发，耸肩摊手。好在顾客们大都怀着善意，语言不通只招惹来一阵哄堂大笑。

自从四名异邦艳女当炉以来，水晶宫生意红火异常。本地主人宴请，常把外地客人请到水晶宫，一睹俄女风采；商界洽谈，也邀对方去一尝生猛海鲜，主人神秘兮兮笑着说："开开洋荤去。"这家酒家宴席价格，一般高于苏城宴席平均价。如今夜夜爆满，不得不归功于经营者善于抓住时机，抢得头筹，利用人们猎奇心理，出此招徕术之高招。

过了一段时间，一朝生，二朝熟，洋跑堂们逐渐摆脱初到时的怯生，慢慢习惯和显得老练起来。她们每天工作六小时，常常结伴同行，带着城市地图，骑着自行车穿街走巷。苏城不少人知道这些"洋打工妹"，友善地为她们指路。她们喜爱穿着打扮，闲来常逛商场，挑拣便宜的时髦服装。

若问柳德米拉她们月薪多少，除了在衣食住上有些优待外，与本地人同工同酬，奖金一百几十元不算，月薪人民币三百五十元。这份微薄的薪水，却相当于本地大学教授、高年资医生或政府首长的工资。一个退休大学教授支取三百元月薪，两口之家，才勉强够得布衣淡饭低房租的开销。近日调整工资，退休教授为六百元，几种人的收支比例也大改，如上述比例。按教授们的收入，水晶宫自然是进不去的。只有一名教授例外，经常进宫，其人精通俄语，是受聘去沟通语言的。

水晶宫开先例后，兰桥等亦效法跟进。去年，禁止雇用外籍劳工政策出台以后，有些外来妹卷铺盖归国，有些酒家则仍以培训为名，维持局面。

财大气粗，财与气成正比。跑堂的、教书的、挂听筒的，收入相等，真正做到社会分工不同，经济平等，人格平等，一律平等矣。

三笑

美籍华人某女士来苏，宿苏州饭店，苏州某医院沈医生往访，并一起吃饭。沈医生见某女士衣着恰似本地中学教师般朴素，身上亦无饰物，不免诧异。饭后，沈邀其外出散步。出店后，但见十全街一带夜市闹猛，工艺品店铺和书画铺灯火辉煌。某女士逛了几家，买了几件小玩意。途中，某女士十分注意过往行人，见单身艳女尤为注目，询及彼等何以无男友相伴。沈医生答称，此时单身路人大都为上下班之女工、医院护理人员和上夜校之学生等，成双作对尚需稍晚方能出现。步至十全街口，沈医生邀其同游苏城商业中心观前街。某女士在其苏州亲友中素闻观前街之大名，甚愿看看今日之观前，但提出条件要沈医生送彼回饭店。沈慨然应允，并保证她玩得满意。某女士颜色转霁，第一次喜形于色，发出咯咯咯银铃似的笑声。步入太监弄，此地素有"吃煞太监弄"之称，但见食肆林立，人流汹涌。某女士对功德林素餐馆甚感兴趣，约定沈医生明晚来此品尝。转入小公园，但见服装店铺鳞次栉比，舞厅和卡拉 OK 咖啡室霓虹闪烁，游人摩肩接踵。女客衣着入时，俱佩戴各款耳坠、胸针、项链、戒指等饰物，招摇过市。某女士见状若有所思，嗫嚅询问彼等兴尽归家穿弄过巷时，有无危险？沈医生察其神色，复观其衣着，不觉恍然，乃告其兹地治安正常，无虞盗匪，深夜单行，亦无断路强人。至此，哑谜已破，沈医生讥讽彼穿着打扮有如打工妹，某女士乃吐出连串银铃般之笑声。述说其西安中原之行，耳闻目睹种种劫案，令人生畏，夜间接受忠告，概不外出。并购得当地普通衣着，易装而行，携带之时髦服装及钻金饰物尽锁箱中。今晚大胆出游，因有魁梧之沈先生保驾，乃勉强一试云云。

两人复逛了一些时装店。某女士才途经台湾，相比之下，面料款式并不比彼处逊色，此间价格却低廉多多。早知如此，大可不必从美国和台湾买一箱子衣裳来，而是应该带一箱子衣裳去，或可赚回些路费。沈医生说大陆到处有"倒爷"，这一来，岂不成"倒娘"了么?！某女士一听，复又响起震荡夜空之银铃般笑声。

小康

近几年来，苏城刮起经商热。无商不富，哪怕摆个小摊，都要超过公职人员十倍以至百倍，这对低工资的人们显然具有不可抗拒的诱惑力。工余业后，经商是热门话题，但一般仅止于口头上，实践者却寥寥无几。何也？一是缺少本钱，虽则小本经营，开张进货总是要些本钱的；二是没有本领，弄门面，跑关系，搞供销，是要有些钻营术的；三是拉不开面皮，过去一直"士、农、工、商"地排着名次，衣冠中人不屑为。大本钱生意没法做，小本经营又怕亲友见笑，于是乎还是拿块猪油揩揩嘴皮，枕头下把西装裤压出两道杠，死要面子活受罪。

不料，某大学附近，望星桥堍，爆竹响过一阵，一家小粮店开了张。招牌为"小康粮店"，店堂只有一开间门面，大半间堆满了新上市的上乘五谷，诸如鸭血糯、香粳稻、精制米等。较之国营粮店，堪称价廉物美。比如香粳米，烧起粥来清香扑鼻。过去国营粮店不进货，去年有货出售，牌价每公斤三元两角，小康售价则为二元二角。苏人向来小算，几分钱上下尚且要货比三家，小康香粳自是十分走俏。或问国营牌价为何居高不下，一是进货渠道有不少中间环节，雁过拔毛，而小康直接从农村收购，成本自是低得多；二是"国家"两字是抽象的，定价的则是具体的人，牌价一经确定遂成庄严和不可更改的事，那人在完成拟价任务后，便躲进机关喝茶看报去也。

小康开张后，最使大家感兴趣的，要算老板一张熟面孔。老板何人耶，某大学甫经退休的某系负责人徐某是也。徐某凭借其灵活之数学头脑，毅然投笔从商，注册资金仅一万元人民币。家居农村的儿子就近收购粮谷，乘龙快婿为卡车司机，从此兼顾粮店运输，媳妇站柜台。徐某俨然面团团老板，反剪双手在店前踱踱方步，招徕顾客，与大学熟人打招呼，掌握经营信息，运筹决策。

堂堂大学系科之负责人，下海开爿小粮店，此事遂为校部和各系教职工十分关心之热点。综合各类评论，绝少非议之说，颇多首肯之意。特别是徐某很会做人，在粮店开张前，向原所在系科每个同事奉送香粳二十斤。并于开张之日宣布，凡某大学教职员前往购米，一律折扣优待，此举尤为大家称道。近日大陆不少报纸对教师下海之事开展辩论，各持己见，教界人士多持观望态度。徐先生不为舆论左右，我行我素，亦属难得。有人笑谈曰："工、农、兵、学、商"的"学"字应作动词，工、农、兵尚且要学商，遑论知识分子老九哉。

徐先生住学校提供之低租住房（房租仅为香粳米五斤之数），退休金又按月照拿，既叨社会主义之光，复得资本主义之利。有人戏称为"一店两制"或"一身两制"。

店名小康，颇具幽默感。

注：此稿于两年前撰写，记叙了一段史实，而两年后情况已有变化，政府为平抑物价，每户每人每月由政府供应平价大米 24 斤，每斤 1.04 元，而小康等私营粮店每斤为 1.6 元，不能由私营粮商操纵米价是历史的教训。徐君小康粮店已交儿子经营，下海之徐君终于上了岸。

料红

苏州吴县境内有两座花果山，一名西山，是嵌在太湖中的一颗明珠，面积略大于香港；一为半岛，名叫东山。两岛四时鲜果不断，特别在深秋时分，漫山遍野的橘树，枝丫间挂满了红彤彤的果实，一株上千斤不算稀奇。其时枫叶红了，银杏黄了，山林的颜色，真是好看极了。

东西山橘树上的果实大路货统称"料红橘"，细分则有早红、朱橘、料红等，属同类科目。它们的颜色红得鲜艳。童时过年节，供桌上最有诱惑力的就要算料红橘和红色的蜜糕，它们与火光熊熊的红烛和墙上祖先挂像的大红袍褂交相辉映，构成了一幅和谐、喜庆、吉祥的年节景象。

有此一说，《唐书·地理志》记载，料红被列为贡品。如此说成立，则料红已有千年历史。即以笔者见闻，半个世纪以来，因其早熟早上市，投合市场需求，又因其皮色殷红，富有节日味，成为家家户户年货中必备的一种。在过去水果品种匮乏时，不失为一味珍品。它易于贮藏，11月上市，2月春节尚可食用。其味甜中带酸，在春节油腻过多时，能起爽口作用。凡此种种，使料红独占市场，历久不衰。

年复一年，橘子成熟时，东西山闹猛得像过节。跑供销的关系户纷纷上门谈生意，诗人和文学家来此寻求灵感，画家们夹着画板来画橘林丰收，东西山的橘树林成了年画、版画、年历画永恒的题材。东西山的果农向来趾高气扬。在苏州吴县一带农村中，一问对方是果农，总要刮目相看。果农的收入，一般要高出本地农村十来倍。果农们的精神一直处于饱满自豪状态，他们按照祖先传下来的技术管理橘树，真是吃不尽的老本。果树成熟时，东西山一带的集镇上满街都是大筐小篓的料红，果商果贩蜂拥而至。苏州、无锡、常州一带的市镇上也被料红垄断。果农们足不出户，但销售渠道畅通，卡车歇满了东西山，不少是安徽浙江上海的车子。火红的料红橘似乎永远与火红的市场需求联在一起。

然而，衰败的日子终于悄悄来到了。近几年来，入秋后上东西山跑橘子买卖的供销员逐渐减少以至绝迹。长龙似的货卡车不见了，果农们惶惑地眼看着堆积如山的料红在树下溃烂。这一切似乎来得很突然，其实不然，外界的各种信息早就传来了。开始是苏州、无锡这些城市的果市上忽然有了各式蜜橘，它们颗大、多汁、无核、鲜甜，而且便于久贮。果农们不信邪，除非眼见是实。不久，料红的故乡东西山的集镇上，也终于见到了外地蜜橘的影踪，果农们惊讶地看着本地居民远离了自己的果摊。他们还听说进口的花旗蜜橘已经在苏州等地出现，但他们相信大多数人是吃不起的。他们也听说东邻日本客人们在吃料红橘时，一边吐着数不清的核，一边问："这种小橘子是野生的吗？"他们不信日本有半斤来重的香蕉橘子，他们不愿意听"改良品种"这种荒唐话。

东西山的多数果农断然拒绝果品研究所重新栽培的建议，有如不少工厂，照常生产积压并堆满仓库的产品一样。他们对传闻的信息充耳不闻，他们的料红终于被食者唾弃，受到了落后保守的无情惩罚。

在市场经济的冲击下，果农们一定会很快觉醒和行动的。倒是在介绍苏州和吴县的一些书籍中，在"物产"一节，舞文弄墨者们在三年前还说料红"远销港澳地区和东南亚国家，深受人们喜爱"，不免有些牛皮。这些书报中还夸说料红有"千年历史"，殊不知，不是所有事物套上历史悠久都会发光。一种千年品种不加改良的水果，同其他千年不变的事物一样，注定落败无疑。

注：1996年初，料红绝迹，已被新品种所代替，果农自豪地说："人是活的嘛！"

年糕

苏城年节送礼，除了馈送青鱼外，年糕也是必不可少的。糕分两类，一种是素的，糯米粉和糖揉成，状若台历大小，上盖一方红印，至今无任何包装；另一种是荤的，又分玫瑰红和薄荷绿两色，有书本大小，里面塞满白花花的猪油，近年来总算有了塑料包装。

大年初一第一餐，家家户户餐桌上，年糕是必不可少的。素年糕切片、串汤或蒸食，猪油年糕切片，蘸面粉或鸡蛋，入油镬煎食，余在孩童时酷爱此物。糕中有大量玫瑰屑和猪油块揉入，入口油脂满嘴甜香四溢，在岁初汤圆、春卷、八宝饭诸品中，是最受儿童们欢迎的一种。及至花甲，食此物有温馨的怀旧感，但必先抠去那些白花花的东西。

今日之青年一代则厌恶并拒绝这种传统食品了。多种袋装速冻物，诸如南翔小笼包、宁波四喜汤团、韭黄春卷、三鲜蒸饺等，比之油腻浓甜的年糕，自易为年轻人所接受。他们皱着眉头看着那些红红绿绿塞着白花花东西的年糕，但仍然囿于习俗，提拎它们走亲戚送礼去，或装着笑脸从亲友手里接受这些从心里厌恶的年礼。

迄今为止，苏州粮油糖业的头头们仍然高枕无忧地躺在传统老人为他们建成的安乐窝中。元旦甫过，便着手准备年糕的原材料，比之半个世纪以前，最大的进步要算将化学色素改为天然色素，其他制作方法则一切照旧。

苏城市民层崇拜名牌"黄天源糕团店"的年糕产品。其实，各个厂店的年糕都大体雷同，同样的原料配方，同样雇用农民工揉粉，同样的制作过程。而且，不论是黄天源还是其他厂家，都是一个老板。在腊月二十四夜后，黄天源店门前便排起长龙，其他糕团店出产的年糕却乏人问津。此类现象年年循环一次，买卖双方各得其所，买者照旧挤到那长龙中去，卖家照旧生产卖不掉的年糕，大老板本钱大着呢。

顺带要提一笔粮油糖业生产的苏式糖果。在旧时代以"浓、香、甜"为特色的饴糖制品，粽子糖、牛皮糖、脆松糖、软松糖、麻酥糖，为大烟客们所喜爱，也深得低消费水平市民层的欢迎。一粒在口，浓香甜腻久久不散，价钱便宜划得来。苏式糖果传至上世纪90年代，已为青年一代唾弃，但大量国内外旅游者在采购土特产时免不了要带一些回去，销路尚称不恶。于是粮油糖头头们误会多多，以为"浓、香、甜"型的苏式糖果会被吃腻了现代糖果的外部世界接受，居然把这些重糖重油、黏牙黏嘴的东西拿到香港去展销，铩羽而归当然是不消说的了。

远古时代，如有类似节日的活动，是吃不到猪油年糕的，茹毛饮血年代不见有何传统食品流传下来，其理是很容易明白的。

冬至

每年农历十一月底，有节日名冬至节。去年，冬至夜是十一月十九，阳历为12月21日。

谚云："冬至大如年。"徐士铉《关中竹枝词》云："相传冬至大如年，贺节纷纷衣帽鲜。毕竟勾吴风俗美，家家幼小拜尊前。"

苏州这一带，冬至是个大节。据说周朝的历法，每年的岁初不是春节而是冬至日，所以吴中一带把冬至节作为重大节日来过，原来是周代老祖宗的习俗遗风。

在旧时代，冬至前一天，家家户户要磨粉团子，以豆沙、萝卜丝、菜肉等做馅，是很美味的。冬至夜燃起红烛，挂起戴着长翎朝服朝珠的祖先神像，祖先不一定穿过朝服，画得阔气罢了。八仙桌上供着各色菜肴、果品，还有冬至团，供桌前烧燃纸箔。合家依长幼辈分循序下拜。儿童们最感兴趣的自然是桌上的供物。祖先们客气得一筷未动，待等看不见的祖先用过以后，合家便团团吃冬至夜饭。一年里孩子们合法地和大人一样饮酒的，便是这冬至夜了。冬至夜是一年中夜最长的，酒足饭饱，倒头便睡，夜长梦多，可以做长长的梦。翌日便是冬至日，这一天是很闹猛的。小孩子们要随着父辈去"拜冬"，长洲、元和、吴县《志》皆载："冬至，尊长处贺节。"大家穿着出客的新衣，交相出谒。我们童时挟着红毯毡到尊长处叩头是很隆重而兴奋的事，因为亲友处有很多可口的食物馈赠，间或也有红纸包拿。

从节令来说，冬令进补，诸如膏方之类，就是从冬至夜开始的。据说，冬至节吃得好一些，是补人元气的，很多实践经验说明，此说有一定道理。

时至今日，苏州人对"拜冬"和祭祖习俗已经逐渐淡忘了。这似乎同社会上整个尊老风气的淡化有关系，交相拜谒也推迟到春节一并进行了。冬至节的唯一重大活动就是一顿冬至夜饭。往年每到冬至节，机关公司等单位职工都提前下班去做准备。去年的冬至下着细雨，菜场和食品店人流涌涌，烟酒店出售着冬酿酒。下午四时以后，路上行人稀少，家家传出砧板的响声，飘出烹调菜肴的香味。

冬至夜饭，不作兴到人家家里去，只是自家人团聚。每家都备有冬酿酒，一种掺有糖桂花的米酒。过去此酒一般是家酿的，相似农村中的老白酒，醇厚而略带甜味，三杯下肚也会微有醉意。而后便由国营商业酿制和经销，统一规格和名称。除少量开后门者质量尚可外，一般应市者清汤寡水，上面飘着灰黑的桂花，入口如呷糖水，嗜酒者是不尝此物的。

圣诞

前两年，过圣诞节还仅仅是几家高档宾馆招待外宾特设的节目，搞一株缀着彩灯的圣诞树，备一份圣诞餐，办一场舞会。民间则声息全无，只有贺年卡上偶有"圣诞快乐"字样。大多数苏州人，特别是青年男女，对这个洋节不甚了了，了了者却不事声张。笔者前年圣诞日途经养育巷耶稣教堂，进去看看，但见简陋的堂厅中挤满了人，人群一直排列到门外石阶上。堂内正在唱赞美诗，不少人只是侧耳倾听，嘴巴并不开合，想必还不会和着唱。据说在教徒家，也会做些圣诞节的小装饰以示庆祝，此外便不见有何节日气氛。苏人称之为"吃教的人过洋节"。

这两年则不同了。商品经济呈活跃状态的苏城，生意人懂得耶稣基督的生日里有生意眼，他们像牧羊人循着伯利恒上空的星星那样去南方或上海取经，回来大搞圣诞活动。不仅贺卡上大都印有圣诞老人、圣诞树，所有舞厅、卡拉OK和酒家都以主的名义赚钱。当地报纸登着大幅广告，电视广告中也频频出现此类信息，例如伊尔斯梦"圣诞狂欢夜"。伊尔斯梦是舞厅名字，狂欢夜的内容广告中说"圣诞气氛接驾，圣诞老人送礼，圣诞夜宵酬宾，圣诞钟声贺客，圣诞乐曲伴舞，圣诞幸运抽奖"，此则广告可称代表作。又例如牡丹舞厅一则广告曰"绅士风度，青年乐园，西方情调，伊甸幽情"，文字说明中有一段称"设有小包厢两套，电话点曲，自选食品，绝无干扰，桃源天地"。这些大概就是"伊甸幽情"的注释了。电视台的广告中，也有衣香鬓影之类的形象，冠之以"圣诞不夜城"，或"你翘首以待的圣诞夜已悄悄走来……"之类肉麻兮兮的文字。

去年噱头更大。才开张的亚细亚商厦，在门口广场上举办圣诞狂欢晚会；花店和一些大商店门口布置着圣诞树；市百一店有圣诞挂件、圣诞蜡烛等出售；观前街肯德基快餐店在圣诞夜人满为患，所谓的"圣诞餐"与平日快餐并无两样，"奉送一杯雀巢咖啡"也不见踪影，肯德基爷爷换上了圣诞老人的服装，生意红火，笑容满面。

圣诞节，作为一种现代和新潮刺激性的外来物，被引入和接纳。西方电影和电视中，一些高层社交场合中闪闪发光的新奇的感性形象，在这些圣诞娱乐活动中可望重现在眼前。这对醉心于外来事物的青年男女们，绝对是值得一试的。不论价格如何昂贵，他们抚摸着衣袋中的月薪和奖金，准备倾其所有。古老的小城，开始用热切的眼光瞅着滑稽兮兮白胡红袍的老头。

恰逢友人来访，谈及街头听到两个青年的对话如下：

"圣诞狂欢，阿想去试试？"

"啥叫圣诞，啥人做生日？"

"美国出了个新总统，大概是俚格生日。"

"188元一张门票，太贵了。"

"八八就是发发，讨个口彩么！"

"那白胡子红袍子老头，阿是新总统格阿爹？"

"憨坯，是仙人！"

"去一趟，要一个月弗天亮格。"（指门票与月薪相等）

"派头，有气派阿懂？好比到外国去一趟。"

"格末去呢！"

鱼患

素称鱼米之乡的苏州，这些年春节鱼满为患。

《吴郡图经续记》"物产"一节中道："其鳞介，则鲦鲹鳏鲤、鮔鳝鳜鲨、乘鲨鼋鼍、蟹螯螺蛤之类，怪诡舛错，随时而有。秋风起则鲈鱼肥，练木华而石首至，岂胜言哉！"青鱼，又名黑鲩、青鲲，属鲤形目鲤科。苏城周围之阳澄湖、金鸡湖、独墅湖、太湖等湖泊，蚌、螺、虾等软体水族特多，为大鱼之美食，因是渔产丰富。春秋时吴王在吴县筑有鱼城，现代人则筑千百亩大的鱼池豢养，喂以螺蛳荤食，肉质肥嫩鲜美。春节前夕青鱼长成，小者三四斤，大者十来斤，节前捕捞出水，过节时家家户户都有此物，亲友间用以馈送节礼。清代的苏州就有馈送青鱼的习俗，"岁晚，亲朋互以豚蹄、青鱼、果品之属相馈问，谓之送年盘"。清林琛《送年盘》诗云："蹄豚路常携，启榼青鱼卧。"可见，那时的节礼除肉、腿外，青鱼一条是少不了的。

苏城年景之一，年关将近之际，在街上来来往往的自行车，往往在车前把手或座后夹板上放着二三条大青鱼。有些是从单位带回家的，单位大量购进青鱼，低价或免费分给职工。有些车上的青鱼贴着红纸，则是馈送他人的。熙熙攘攘的街道上，满街弥漫着鱼的腥味。

为何青鱼会成为年关人际关系中的联系纽带？道理有三，其一为上所述，青鱼上市正值年关。其二青鱼肉质细嫩，鱼头煲汤，鱼尾做"划水"，是两道名菜，中段肉层厚实，下油锅可制作熏鱼，剔骨后剁碎可做鱼圆，切片可炒鱼片，鱼块则煎、炒、煲均宜。四口之家有一条七八斤重之青鱼，可令节日饭桌上增色不少矣。其三是图吉利，取年年有余的意思。所以，即以笔者半个世纪之见闻，亲友间馈送此物，是颇受欢迎的。但过去因此物价格昂贵，小户人家买不起，中等以上人家，也只在至亲好友间有所馈送，不意这几年因公家插手，遂成灾成患。这些年，各单位逢年过节注意职工福利，并竞相攀比，一个在职人员，大约要分到两条青鱼。苏城家庭结构，平均有三人工作，除自己食用外，青鱼的剩余数少说在三四条之间，且不断地有送上门来的。鲜鱼不能存放，所以，三十六计，送为上计，而且要送得早，避免雷同，因而像击鼓传花似的，一经到手赶紧出手。

很多人家，成了鱼的世界。挂的、躺的、案板上剁的、油镬氽的、碗里锅里放的、缸里甏里腌的，都是鱼和鱼的半制成品。门厅、走廊、阳台上挂的、放的，是来不及制作的整条青鱼。

从事杀剥工作的先生、掌勺的主妇，以及围观的小家伙身上，都沾满了鱼腥味、鳞片和血渍。

正在不可开交间，门铃大作。一拉门，门外站着满头大汗的亲友，手中拎的，不消说，又是那东西。主人尽管心里发颤，面上却不得不装出十分受用的样子。

聪明一些的鱼贩子，不跑乡下鱼塘，而是到公职人员聚居的宿舍区，低价收购，解决了主妇们的燃眉之急，市场上的鱼价也相应下沉。

丧失了商品属性，复又担负着礼仪与福利使命的青鱼们，年复一年扮演着滑稽的如上一幕。

年夜饭

十八年前，已经是在粉碎"四人帮"之后，大陆一家工厂发给工人一只搪瓷杯，遭到报纸点名批判。物质奖励被视为异端，粗茶淡饭就是生活的全部。逢到"十一"之类大节，每户凭票供应一条鱼、两斤肉，肉食者鄙，平日大家觉得是够高尚的了。最重大的自然是过年，供应的物品最丰盛，除了家禽、鱼肉外，尚有韭黄、油豆腐、豆芽等，如果饭桌上有蹄筋海蜇之类，那就是特殊供应或有办法的人家了。

时至今日，青年一代已全然不知有凭票供应这段历史。昔日过年饭桌上才有的东西，如今平日也经常出现。若是过年，有些人家嫌禽鱼肉类粗俗，是不上桌的了。

这两年过年，年夜饭这一餐，高收入的盛行阖家上馆子，不要自己采办，有人伺候着酒菜可以随意要。众多的家庭遵守旧法，吃年夜饭是不出门的，阖家团聚，围着火锅，成年人每人贡献一二拿手菜，笑语喧闹，充满欢乐祥和之气氛。

提起火锅，苏州人称之为"暖锅"。《清嘉录》中载有："年夜祀先分岁，筵中皆用冰盘，或八、或十二、或十六，中央则置铜锡之锅，杂投食物于中，炉而烹之，谓之'暖锅'。"又《墅谈》中说到暖锅的别名叫"仆憎"，因为有了暖锅，"围坐共食，不复置几案，不便于仆者之窃食，宜仆者之憎也"，一副活脱脱的恶东家嘴脸。近几十年间，火锅已在饭桌上消失，盖冰盘空空，无从杂投。近几年酒楼饭馆中已常见，这两年则已进入千家万户。年夜饭桌上，多置小釜，收入高的有办法的置皇冠、前田、樱花等日产卡式炉，其次是模样仿旧式暖锅的电锅，一般都用浅口电锅。去年的"冰盘"名副其实，都是冰冻的海鲜食品，或六、或八，再加上自家置办的，大大超过"或十六"。这些盒装海鲜食品，数十至百元一盒。冻得严严实实，电视广告中说它们"白嫩朵朵"，及至投入沸汤，大半溶化成水，才明白是些中看不中吃的，基围虾烂如泥，海参硬得碜牙，鱿鱼除非赤脚下锅才能掏到。但大家开心吃喝，谁都不去计较，一则年节时图吉利不生气，二则不少人家这类东西是属于吃白食的。

这些年，机关单位在年节时送给职工的年货名目越来越繁多，品类越来越高档，有些负债累累的厂家债多不愁，在年礼上仍然表现得慷慨大方。另有一种人在年关时最感烦恼，凡掌握多种审批权力的各色人等受到了权力的惩罚，满屋堆着年礼，不可开交。不久，一种低温而高容量的大冰柜应运而生，解决了他们的难题。

去年大除夕夜，苏城万家灯火起处，暖锅熊熊，各家都围坐着吃年夜饭。

"公款过年，这，这，这……"发着感慨的一般是老年人，一边品尝着公款年货，一边摇着头，也弄不清是赞赏食物的美味，抑或是不以为然。

"人是公家的人，一年到头吃的是公家的饭，过年又有什么吃不得的？"更多的人这样认为。

爆竹

何谓爆竹？范石湖《村田乐府》云"截筒五尺煨以薪，当阶击地雷霆吼"，这"雷霆吼"就是竹筒爆裂发出的巨响。后来以纸裹硫黄称"爆仗"，又沿袭而称"爆竹"。

吴人呼爆竹为"炮仗"，近五六年来，春节的炮仗为年节特大之节景。爆竹之历史久远，叫追溯至汉代。东方朔《神异经》中云："人以竹着火中，哔哔有声，而山魈惊惮。"到六朝时已用于岁朝，宗懔《荆楚岁时记》云："正月一日，鸡鸣而起，先于庭前爆竹……"稍后在清代，吴地一带，过年送神就有放炮仗的习俗了。长洲、元和《志》云："爆竹声多者，名霸王鞭。"吴谷人《新年杂咏》小序云："爆仗有单响、双响、遍地锦、霸王鞭、一本万利；春雷、百子，名目不同，音响斯别。"可见到了清代，爆竹的种类就很多了。霸王鞭就是小炮仗，又称报旺鞭，报来岁兴旺之意。蔡云《吴歈》云："三牲三果赛神虔，不说赛神说过年。一样过年分早晚，声声听取霸王鞭。"

半个世纪以前，童时过年听炮仗声大抵在大年初一黎明前，雄鸡报晓前响起，一般在商业区燃放的多，居民区听起来就显得稀稀落落。这情景一直延续到十余年前，兹后年节的炮仗逐渐繁密，五六年前声势越发显赫，这几年大约因为商品经济兴旺，个体经济有了一定程度的发展，苏城近二十万户人家一起参与写爆仗篇，遂有惊人之笔。

苏地旧时向有"守岁"风俗。长洲、元和《志》云："除夕饮守岁酒。"

《昆新合志》云："除夕，家人围炉欢坐至子夜曰守岁。"也有"终夕博戏不寐，谓之守岁"的，其时囿于时代条件，只能围着火钵子坐着，或掷骰子、推牌九。现在娱乐手段多了，少男少女们去参加通宵舞会或通宵电影，也有偷偷地聚众赌博的。一般守旧一些的家庭，在除夕夜全家聚在一起，有玩家庭牌局的，也有围坐着看电视播放"春节大联欢"的。前年除夕夜，笔者阖家聚坐看电视。岁末钟声12时甫敲响，骤然爆竹声起，其势震天动地雷霆万钧，一如山壑崩裂万马狂奔，窗外暗空倏地火光闪闪，照耀如同白昼。推窗外望，但见满城沸腾，各色烟花爆竹连绵不断，夜空顿时映成红光一片。于是阖家老小赶紧奔赴楼下，参加这欢乐多姿的行列。隔墙一户，向来勤俭持家，入夜黑灯瞎火，此时居然灯火通明，乒乓之声大作，其爆竹碎片纷纷飘落入四邻庭院中。试想，阖城一齐燃放爆竹，此情此景何等壮丽。

近年烟花品种式样繁多，分地上和空中爆放两大类，色彩绚丽，光环变幻丰富，且制成各类玩具模样，令小儿辈目不暇接，为之雀跃不已。

前年爆竹与烟花连绵不断，一直响到大年初五。初五接财神爷，子夜甫过，全城又响成一片，其势更胜于除夕夜。

没有爆竹与烟火的年景，等于没有花的春天。

听说香港早已禁放爆竹，但港胞可以听爆竹录音过瘾。苏城邻近的某个大城市为避免祝融施虐，前年明令禁燃，复划分"禁放区"，三令五申。

爆竹除容易引起火灾外，近几年苏城一带于初春连降酸雨，据说也与爆竹有关。当局也有人主张下达禁放令，卒因看法不一而延搁至今，今后如何，截至脱稿时，尚不得而知。

压岁钱

《清嘉录》载："长幼度岁，互以糕果朱提相赍献，谓之压岁盘。长者贻小儿，以朱绳缀百钱，谓之压岁钱。置橘荔诸果于枕畔，谓之压岁果子，元旦睡觉时食之，取忏于吉利，为新年体徵。"可见，压岁钱有着悠久历史，是长幼交往关系中串着感情的一根朱绳。

余于童稚时，受到过用朱绳穿着制钱的长者赐。稍长，两只银毫，有钱的亲戚出手，则是大红纸包着重甸甸的两只袁大头。但童时的经验却是压岁钱越少越好，得到银毫尚可自装腰包，大头则一律被大人搜刮去。大人们也有苦衷，无非是哪里来哪里去，把搜刮去的压岁钱再用红纸封好，返还给上门拜年的亲友小辈们。去年年节时，上海电视台播放台湾电视记者于北京某胡同里采访三个小家伙的镜头，得压岁钱最多的一个为一百多元，其余两个都是数十元。压岁钱的多寡，也大体反映该地区居民的经济收入状况。

今年的压岁钱，据闻又有了新创造。其一，此种形式已非昔日长幼交往中感情之朱绳，而变换成"长长交往"，或"形似长幼交往，实为长长交往"中感情联络之朱绳。"长长交往"中之压岁钱为各式礼券。又据某小学校长发现，小学生中压岁钱有多达三位数的，其家长全系掌握各种审核、批准、签证、检查等实权之这员那员。三位数之外，且有些礼券或金饰之类，则已被大人搜刮去了。

说到礼券，以某商场为例，其全年营业额为三千万元，但仅在去岁春节期间，持礼券来购物的却多达五千万元。另据传闻，某金饰店持礼券购物者甚众，且有持一沓礼券购价值万元之金饰者。此类传闻，虽言者凿凿，然系茶余酒后之说，不足为凭。志此一笔，可视作压岁钱佳话中之一段小插曲也。

八八八

过去几十年间，大陆人人都学会了本分，意外之财没人敢要，连想都不敢想。大家奉行"夹紧尾巴做人"的信条，各领一份菲薄的工资，此外未敢有半点妄想。"奖金"这个概念，已从人们的日常语汇中和社会生活中消失。"发财"成了贬义词，听到这个词就像被烫着一般。有一年，南方某歌舞团来苏演出，歌星在谢幕时说了一句："恭贺新禧，祝大家新年发财！"全场愕然，而后响起零乱的笑声、掌声。这十几年间，大家见面，仍然照例说一声"新年好"，过了几年拱手说"恭喜恭喜"，今年则是一片"恭喜发财"声了。

哪有大家发财的？大家不发，才有发的。谁该发，谁又不该发？俗话说"命里注得穷，拾到黄金也变铜"，要看命大不大，运气好不好。这些年，人们的发财心态就是这样的，不少人变得不那么本分了。有的经商，有的炒股，有的下海，有的搞贩运，有的搞承包，有的搞诈骗，也有的求神拜佛，求赐福禄财。真好似堵了好久的水，一旦开了闸，一发不可收拾。

此间无跑马场，又不准搞六合彩，生意人看准了人们的发财心理，搞有奖购物。在港澳，商界搞这一套，历史悠久，老吃老做，此间则因该类活动绝迹已久，已相当生疏。开头小试试，有些小商店实行卖啥奖啥，只是几百元的奖品，扩音机放着乐曲，不时吆喝路人上钩，就像地摊上套圈圈，些许奖品，"羊毛出在羊身上"。果然，生意红火得很。大商界一看这法子不错，而且沪穗做出了榜样，也就跟进，从小来来到大干，竟有星火燎原之势。

去年，本地报纸的三分之一版面都刊登抽奖广告，电视也放抽奖活动，名目繁多，计有"迎春大抽奖""快乐奖""幸运奖""购物节""让利酬宾"等等。石路商场号称"千人注目之下当众摇号，公证处等单位监督公证"。各类抽奖之奖品，有彩电、录影机、组合音响等；后来则发展到全套进口家电、轿车、住房等，好不闹猛。更有独出心裁者，如某药物牙膏奖品为一百克金牙膏一支，购者趋之若鹜。时至冬令，苏城一带一直讲究冬令进补，滋补品巨奖大赛硝烟四起，各式药膏、药丸和口服液，销售势头看好。此类物品装潢美丽，标榜能治百病，其实，内含物很难检测，实效更无从说起。大部分鳖膏厂家，除了假王八，一只真王八也找不到。以巨奖为诱饵，真真假假，一本万利。

市保险公司某女子南门商场购物，得二等奖，不能拿现金，只能拿阿米尼自行车。缴二百数十元所得税取回，肩扛至四楼房内搁置至今，盖家中已有数辆自行车。苏州家家户户都有数辆自行车，有过剩之虞，且高档自行车易被盗。传闻有人得轿车一辆，价值十余万，按规定应缴税金，费用数万元，车未见却已成为累累负债户。再说，领不到牌照，学不会驾驶，家无停车库，有车又有何用？

眼下，"八"字十分吃香。港粤念"八"为"发"，苏地学时髦，出租车电话为778888，某酒家宴席888元，结算时翻为1888元。其实，吴语念"八"与"不"字同音，究竟"发发发"，还是"不不不"，只有天晓得。

苏帮菜

吃馆子怎么吃？一家名菜馆怎样做菜？现在的年轻人要说，这算什么问题，吃馆子就上馆子去得了，至于怎样做菜，那是菜馆里厨师的事。唉，他们哪里知道，这本是大有学问的事。苏帮菜不仅菜式好，馆子里还有许多方便顾客吃喝的优良传统，其中主客沟通的程度，是如今公关小姐们所不能及的。

我小时候常跟一个堂叔上馆子。堂叔是一个鳏夫，一个美食者和酒徒，长着一颗通红的酒糟鼻子。他独酌寂寞，牵着我去，好有个活人听他说醉话。他常去的馆子只是个普通馆子，但确是一个幽雅清静的去处。

在堂叔的吃喝经中，至关重要的一章是要讲究环境。这座小酒楼，正中堂叔的意。它临着小河，船只经过的时候，把搅碎的光影投射到吃客们酡红的脸上。河滩边植着几株垂杨，春风把它们嫩绿的枝条直送到窗口，乳燕箭也似地穿梭其间，有时竟掠进小楼，盘旋数回再穿窗而出。凭窗远眺，望得见双塔朦胧的塔影，再远些，隐约可见青山。

这小小的酒肆还有一桩好处，就是有一个高明的厨子，和一个热情的跑堂。跑堂名叫阿六，并非兄弟六个，只是手上多长了一个指头。阿六一见我堂叔，赶紧上前招呼，引到傍河的楼窗边。

堂叔宽了衣，小立窗前，自言自语道："好景致呵，关城烟树，塔影迷离。唉，眼前风景堪留醉，且喜偷闲半日身哪！宜乎哉，宜乎哉！"他摇头晃脑诌了一通，回身拍拍我的头说："小弟哪，吃老酒末，第一要讲究吃喝的地方，坐花醉月，你懂不懂？"

阿六使劲抹擦桌子，凑趣道："四叔好兴致，我阿六算定四叔今日要光临，特意留着这临窗桌子哩。"他一边摆上酒盅碟筷，一边笑眯眯地说："四叔哪，一日不见如隔三秋，李师傅正牵记着呢，今天备得有两只时令菜，款待你老人家。"说着，又故作神秘地凑到堂叔耳边说："腊月里用好酒浸泡的青鱼块，肉头活像火腿，酒香扑鼻。"

"还有一只呢？"

"四叔猜猜看。"阿六调皮地眨眨眼。

"我又不是神仙。"

"煨黄雀！"阿六大声宣布说，"李师傅说过，去年你四叔点的，只因货源缺，今年欠债要还。等四叔你一到，马上动手，带点燠味。呱呱叫的下酒菜。"

"好！"四叔显然惬意了，敞开长襟，享受着河上吹拂来的清风。

"再来只炸虾球怎样？"

"天气转热，油炸的不适宜了。"堂叔摇摇头。

"有鲜蹦活跳的清水大虾，来盆酒呛虾，怎样？"

堂叔赞许地点点头，承认阿六的参谋作用。

"绍兴霉干菜到货了么？"堂叔问。

"来哉，霉干菜焖肉，肥而不腻，包四叔满意。"

"再来一只雪里蕻笋丝鱼片，鱼要用黑鱼。"

"嗬，赞透！只怕鲜得眉毛都要脱光哉！"阿六边说边跷起大拇指，我却盯住那第六只小指头看。

我有点不高兴，觉得被冷落了，并且老是想着炸虾球，那实在是最美味的东西，便嚷着说："我要吃炸虾球，我要！"

"小先生，有，有！"阿六眼看堂叔点头微笑，赶紧应承。

"阿六，告诉李师傅，不要做虾球，做虾饼。你懂得这里厢道理么？"

"有数。虾饼薄，油锅里一捞就起，外面金黄，里面透嫩。阿对？"

"不错，我的陈年花雕还剩多少？"原来堂叔的酒坛是存放在店里的。

"还有小半坛，先来一斤阿好？"阿六回答，一边麻利地用白铁皮制的长酒筒舀满花雕，插进温酒桶里。桶盖上满布小圆洞，上粗下细的酒筒正好落入。

上来的菜果然好。年幼的我虽不会细加品味，但也感到特别好吃。精心腌制的青鱼块白里透红，肉质硬而鲜，十分爽口。鲜虾还在盆里蠕动，用手一挤，雪白香嫩的虾肉便跳进嘴里。煨黄雀香酥异常，入口即化。而在吃雪菜笋丝鱼片时，我不时按摸我的眉毛，生怕应了阿六的话。堂叔一边呷酒，一边唠叨着。他的酒糟鼻子红得透亮，像一颗山楂。我看着那颗山楂，含糊地应着，嘴里塞满了虾饼。

临行，堂叔交代说："今年秋，弄只鲃肺汤吃。"

阿六拍胸说："包在我身上！过几天跑趟黄桥，订它百来斤鲃鱼，秋分吃起，吃到霜降，四叔满意了吧？"

堂叔显然满意之至，他搂住阿六，使劲拍他肩膀，两人勾肩搭背地下楼。阿六把醉醺醺的堂叔一直送到弄口。

此后，堂叔又牵着我的手上了好多次馆子，李师傅的拿手好菜，使幼小的我在记忆里深深烙上了那些美食的印记。遗憾的是，以后几十年间，这一方大脑皮层上再也没有过新的记录。

饮食男女，人之大欲。像我堂叔那样的美食者，苏州话叫做"吃精"，成了吃的精怪了。堂叔是开业行医的，只能到馆子里去讲究吃喝，而旧时的大户人家，则用高价雇用名厨。食不厌精。主人是设计师，发挥形象思维；厨师则是营造师，千方百计去满足主人的口腹之欲。几百年间，苏城为商贾集散地，官僚回归林下的休憩所，资产者金屋藏娇的藏春坞，豪绅吃喝嫖赌的游乐场。海内独树一帜的苏帮菜肴，为适合此等需要，便应运而生，与京、粤、川、扬等帮分庭抗礼。很多众口交誉的名菜都出自家厨，比如明代宰相张居正爱好吴馔，官府竞相仿效，吴地的厨师都被雇去做家庭厨子。吴人唐静涵家的青盐甲鱼和唐鸭，被《随园食单》列为佳肴。清徐珂著《清稗类钞》载："凡中流社会以上人家，正餐小吃无不力求精美。"这些中等人家雇不起家庭厨子，便亲自下庖厨采办。烹饪艺术本是一种创造，在不断的翻新和扬弃中发展。主人中不乏有文化修养并且心灵手巧之辈，于是便有不少使饕餮者垂涎三尺之创造。陈揖明等著《苏州烹饪古今谈》中有精辟的论述："在千百年的苏州烹饪技术长河中，民间家庖是本源，酒楼菜馆是巨流……使苏州菜系卓然特立，名闻全国。"而且，民间庖厨和酒肆菜馆的"汇流"也是常有的事。在沪宁一带，包括苏州，社会变革和战乱使一些巨绅豪门家道中落。他们之中有些人开菜馆以维持生计，用自创的拿手菜招徕食客。一些用"煨""焖""炖""熬"等方法，文火制作的功夫菜，是这些酒家的特色。此外，如上文所述，一些知识阶层，虽雇不起家庭厨师，却上得起酒楼。他们是君子远庖厨，动嘴不动手，成年累月，成了"吃精"。他们是酒肆的常客，和跑堂厨子结成至交，从事"共建活动"，创制了一些用料时鲜，做法讲究，色香味俱佳的名肴。高度发达的思维和长期劳动的积累，使饮食这个行当的名帮菜成为一种艺术生产。

在吃喝的诸多讲究中，还有环境。在过去的章回小说里，讲到酒楼，常常要描述周边的景色。苏州酒楼的建造，很注意给予顾客们赏心悦目的环境。清嘉庆年间顾禄著《桐桥倚棹录》中，载有虎丘一带酒楼的情况。如三山馆，始创时"壶觞有限，只一饭歇铺而已"；后来发展了，"遂置凉亭，暖阁"。又如引善桥旁的山景园酒楼，则"疏泉叠石，略具林亭之胜"。这两个酒楼，俱又"筑近丘南，址连塔影，点缀溪山景致"，可以一边饮酒，一边远眺虎丘。那种意境，便是"新晴春色满渔汀，小憩黄泸画桨停。七里水环花市绿，一楼山向酒人青"的光景了。在那样的环境中，邀三二知己共饮于斯，菜不过三五精品，佳酿一壶，不亦乐乎。近半个世纪前，苏州这个消费城市酒肆林立，有几家大酒楼建在繁华地区，但真正的吃客，却宁愿去一些僻静的去处，如同我堂叔那样。但那时可供选择的店堂甚多，而时至今日，外宾侨胞和国内旅游者把一个小小的苏城几乎挤破。除了少数高档宾馆，在进门大厅或室内天井处布置一些山石，尚有作西洋装饰的单间，可以从容就餐的。其他餐馆多处热闹市区，唯"挤""脏"两字，可以概括。《苏州烹饪古今谈》中所称"酒楼茶馆是巨流"，本是一句抽象概念，不料，如今在酒楼菜馆进出的人群，却真已形成了巨流。苏州的太监弄，为酒楼菜馆的集聚地，有句谚语叫做"吃煞太监弄"。站在弄内高处下望，但见万头攒动，人流汹涌。入夜，松鹤楼、王四酒家等十余家酒楼的霓虹灯招牌，映红了熙熙攘攘的人群的脸。菜馆的厅堂中，桌椅和通道似乎专为瘦子而设，最灵活的跑堂也被挤得满头是汗。厨灶间炉火通红，掌勺的大师傅都有足够的力气和娴熟的技艺。力气是锻炼出来的，一锅菜要匀上十来盆，技术娴熟也并不稀奇。一年三百六十五天，菜单绝少变化，八小碟小吃，一只拼盘，六热炒，全鸡鸭，两甜食，一鱼一汤收尾。里面确也不乏苏帮特色的菜式，如热炒必有虾仁、蟮糊、蹄筋之类，鸡鸭有香酥鸭、西瓜鸡、叫化鸡等，上等酒席要上清炖甲鱼和松鼠鳜鱼，汤无非是太湖莼菜，或是名为"天下第一菜"的茄汁蘑菇锅巴汤。近年来，总算在菜单上添了一只暖锅，无非有一些气氛，其内容却不如过去家庭用的冬日暖锅的丰富。况且在残筵满桌之后再上，只是显露主人的好客而已。零星客人上馆子，是不大受生意兴隆的菜馆欢迎的。菜单上的款式，一般也雷同于筵席范围内的东西，食客们只能从发黄的菜单纸上，去寻找比较适合胃口的菜式。试想，如今若非外地来客或与亲友相叙，有谁经常上馆子吃喝的？偶一为之，一盆价值数十元的清虾仁，已令主客在菜单上踌躇再三矣。至于一些不时上酒楼吃喝的暴发户，他们有的是好胃口，舍得出钱点菜单上的高价菜，却不知如何寻求真正的美食。他们缺乏对饮食这门艺术的美感的感受力，只是据案大嚼，举觞狂饮，此市井之徒之乐，一如苏人谚语"木樨花当牛料"。苏地的菜馆酒楼因此不需要为生存和发展作出更多努力，它们不愁无生意可做，只愁无法承纳纷至沓来的公司、机关，以及结婚筵席订单，跑堂的只愁接待不了蜂拥而至的中外旅游者。如同外发加工绢扇上的仕女画，或者春联摊上的蹩脚作品，已经不成其为书画作品。大酒楼的厨师，在成年累月制作大量的应市菜肴中，也逐渐丧失了创造力。

堂叔早已仙逝，昔日的临河酒楼并那小河一起，也已被扩建的马路所吞没。阿六发福了，在一家大酒楼当餐厅主任，整日仅背着双手指挥跑堂摆筵席。李师傅年老体弱，适应不了掌大锅勺而退休，而被浇灌在大筵席的模子里的苏帮菜，似乎也凝固而难以流动了。

（原载《瞭望》1989 年第 45 期）

小桥流水

唐人有诗曰："君到姑苏见，人家尽枕河。"苏州，这个古城，它的特色就是水。小桥流水，构成了一幅幅图画似的景色。特别是在夜幕下，两岸枕河而眠人家的灯光，投射到缓缓流动的河流上，河流像一片飘动的蓝黑色的绸缎。偶尔谁家的窗户呀的一声推开，带出一束昏黄的光亮。这时，咿咿呀呀摇过一只晚归的农船，船尾行灶里的柴火毕毕剥剥地响，火光映在摇橹者的青竹裙上，橹桨过处，搅动起一道黑黑点点闪烁的银波。橹声远去，小河便又寂静无声。

苏城如宋代平江图所示的完整的水道系统，历经沧桑，也终于发生了渐变。原来，四通八达的水道中，忙碌的船只穿梭往返。过桥洞时，站在船头的点着篙子吆喝："扳梢！"船尾的青布头巾，就用力将大橹往怀里扳去，插在漆黑发髻里碧玉簪上的红色流苏，便簌簌地在风中抖动。船过熟人的窗口时，青布头巾往窗里喊道："姆娘，好公关照送香粳米来哉！"窗内的正忙乱着，待等跑到窗口，只见到晃动的黑发髻上的红流苏，就大声喊道："小妹，等歇来吃饭！"

雨水季节，河流顽皮地把浮载的小船一直推到岸边人家的窗前。船上和岸上隔窗户讲好价钱，把一只只碧玉似的西瓜递过去；或是垂下放着钱的篮子，吊上鱼虾去。水旱时分，被河流揉搓得参差凹凸的石驳岸袒露着，吃重一些的船只的船腹，几乎擦着河床而过，但河流仍是活泼地走着，弥漫着的水汽，依然清新好闻。唉，那都是些四通八达的活水呀！

　　后来，有些河流失于疏浚，逐渐淤塞；有些为改善交通需要而被填没，成为铺着沥青的通衢大道；还有一些过分聪明的人，在规划人防工程时忽发奇想，若是把河道戽干填实，上面覆土加盖，不就自然地成为电影《地道战》里的坑道了吗？于是敢想敢做，立竿见影，一大段河槽被坑神进驻。偏偏那使刁蛮缠的河神，又把河床弄得黏黏糊糊，使坑神不安于位，人车不得入内。于是不识大体的人们，把它作为天然垃圾库，蚊子、苍蝇、老鼠便在中间安居乐业。有一个叫百花洲的地方，好一个动听的芳名，但干涸的河床里发出的那种味道，远非是百花的香气，致使枕河人家夏天不敢打开窗户，如此等等。在粉碎"四人帮"后，居然成了市政建设的一大难题，市政府动员机关干部和工农兵学商，踩坏了千百双长筒靴，疏浚了部分河道，才把生了气的河神请了回去。

　　另一个与河神过不去的邪神，名唤"污染先生"。那些慕"东方威尼斯"之名的外宾们住的南林饭店，门口就是一条小河，淌着的水流的颜色，使人误会苏州人比外国人喝咖啡的劲头还要大，其若不然，河里流着的，怎么尽是咖啡渣渣？寒山寺前的河流，则被弄成与一家造纸厂的稻草地里的浆水一般的土黄，也一般的流着密密层层的灰白的泡沫，云集着金头苍蝇，因为那里的气味它们欢喜。如果张继当年泊船处便是这番光景，那《枫桥夜泊》便永远也出弗来。

　　污染先生像个蹩脚画家，滥用色彩，把苏州的河流涂抹成赭红色、蓝墨色、黄褐色。污染先生又像个阴损专家，调制毒剂，往苏州河流里慢慢掺倒镉、苯、酸。我这样一说，一些有关厂的厂长们会发火了，事关国计民生，产品列入国家计划，几千张嘴要吃饭，为国为民怎么成了阴损专家？若告我一个诬陷罪，倒有点犯弗着。好在我有言在先，阴损专家就是污染先生，不详其姓氏。污染先生像个隐形人，是在不知不觉中悄悄地进入了我们的生活中，而且解决问题的症结并不在厂本身，君不闻"屁股指挥脑袋"这句俏皮话乎？无怪乎屁股坐在环保的副市长，和屁股坐在工交的副市长有时会闹矛盾，何况有些厂还是部属省管的呢。

　　所幸近几年来，从市到厂都逐渐重视，并采取了一些措施。有的创造和使用了过滤装置，有些在市的工业产值比例上占相当数字的厂，为了保护环境而忍痛停产转业。污染先生日见吃不开，河神的面孔终于清秀起来。

然而河神仍然心有余悸，首尾不相通，水流慢吞吞的，没有东风助力，就赖在原地不动。有的工程技术人员，为恢复古城风貌，煞费苦心，重新开掘了临顿路一段路面，一切照"小桥、流水"来设计布置，不可谓不努力矣。但以爱挑剔的眼光看，那驳岸砌得似乎忒整齐了，两岸垂杨的株数忒对称了，河上小桥的尺码忒一律了。虽则应有尽有，只是人工雕琢之痕太显，少却自然的质朴，独缺一种意境。我于夏日徘徊其间，且闻到飘来的一种馊味，显然是从被腰斩的河神身上蒸发上来的。

而畅通的河道就不同了。如今站在寒山寺外的江枫两桥上，下面的水流已日见清澈，微风送来水香，疏疏落落的垂杨及其他树木点缀两岸。还有值得一提的，是南林饭店滚绣坊一段河面，多亏上游染织一厂的净化设备，水流终于慢慢恢复了它原来澄清的本色。居民们又蹲在河滩"踏渡径"（苏州话，即码头上的石条台阶）上，使劲地捶打衣被。那乒乒乓乓捶打声，像欢乐的打击乐，震荡着清晨霞光照射着的粼粼水波，流水染上一抹欢乐的胭脂色。

（原载《散文》1985 年第 1 期）

船与水

无船的河，等于没有星月的夜空，没有白雪的冬野，没有花石亭阁的园林，脱尽叶子的树，不发光的灯，无弦的琴，没有秀发的女子，没有灵魂的躯壳。

船是人与水的媒介。有了船，江川的封锁便被冲破，地区之间和城乡之间的往来得以沟通；有了船，人能够站在自然之上，驾驭水，改造水流，甚至营造河道，驯服水，成为水的主人。

苏州称为水城。伍子胥曾在建城时亲自营筹水系，水城门就有八个。宋代的《平江图》标明的河道三横四直，形成了完整的水系。上溯吴越春秋，下及半个世纪前，史志上一直很荣耀地夸说，三横四直的水系没有改变过。宋范成大所撰《吴郡志》抨击了"塞胥、蛇二门，而生旺之水，遂不得朝乡城中"。他虽然只是从阴阳风水角度谈论，说什么"生旺二水，利害最切"，但他的结论却比喻得很生动确切。他说："犹人身气血荣卫，今塞绝之，能安强乎？"他不仅说得很有道理，还述说了塞绝破坏水系的可怕后果，是"城市萧条，人物衰竭，富室无几"。可见，古人对这块生存繁衍宝地的关注和对水系的保护是认真的。从苏城的历史看，苏城的繁荣与水运的活跃，关系至为密切。清乾隆年间宫廷画家徐扬的一幅写生长卷《盛世滋生图》，画了从灵岩山由木渎东行，入姑苏郡城，经山塘街，至虎丘止，展示了自葑、盘、胥三门。出阊门外的风俗人情。整个画卷的中心便是船与水，由此辐射出官场、商贾、街衢、婚丧、居家，以及其他种种活动，发生着生老病死，悲欢离合的形形色色的故事。苏城的天堂风采更是靠着这些活泼泼的水流妆点。宋徐有贞有诗赞道："高下亭台花雾里，往来舟楫水云中。"范成大在《阊门初泛》中有"水远推篷眩，天宽倚柁惊。转湾添缫挽，罢岸并篙撑"之句，复有"急橹潮痕出，疏钟暝色生"令人神往的意境描述。历代在苏驻留过的诗人词家，常有"归棹""泊船""轻舟""桂楫"等词语。他们的传世佳作常常得之水上船头，是水和船激发了他们的才思和遐想。

有了水，有了船，便有了桥。白居易诗曰："红栏三百五十桥。"宋代图籍所载，统计到有名有实的桥共三百五十九座。桥是水美人蝽首上高高的发髻，有了各式各样风姿绰约的桥，水流的面目才更加俏丽。桥又是船只忠实的友人，它作为水流的里程碑和指路标，船只靠了它，才易于辨认方向。

半个世纪前，苏城内外的船只大多用橹。我们不打算探讨船的历史，不论是石器时代非洲的独木船，古埃及的筏，不论是竹筏、芦苇筏，还是皮筏，欧洲早期的木船，缅甸用脚划动的脚划船，甚至中世纪欧美航海用的多桅帆船，一般都用一支或多支木桨推动前进。但苏州地区的橹，比起桨来，在构造上要复杂和先进得多。橹身上的橹垫嵌入船尾的橹人头中，橹端的绷绳和橹的推拉，产生的力是符合力学原理的。一只小船用橹推动，可以载上千把斤的货物，而且有一定速度。橹的推拉，还可以替代舵，把握航向。姑苏一带农村，号称水网地区。大小河流就像蛛网一般，四通八达，又如人体内星罗棋布的筋络。城镇居民枕河而居，农村村落也都依水傍河。农村中，每家每户差不多都有一条船，富有人家有好几条船。一个村落，旱地有多少屋，水边就有多少个船棚。船棚中停泊着发散着桐油香气、保养得很好的农家的这种重要的生产和生活工具。范成大《吴下口占》中的诗句"吴王城外水连村"，就是生动的写照，说明村与村之间是靠着水来联结的。旧时代的土地是零星和分散的，每天下田，都得以船代步。船上都支着行灶，吃饭和歇息都在船上。农家田里的瓜果菜蔬，要上城出卖唯一的运载工具也是它。土地所需的肥料，都靠它到城镇运回的垃圾和粪便。寒冬腊月，种田人拥一副竹夹罱兜。鸡鸣下船，罱得一船河泥归来，已是月落乌啼时分。待到每年秋后，一船船黄澄澄谷子往城镇摇去，交租、还债、剪点花布、置办些油盐酱醋以及灯罩洋火水烟丝等，还有在镇上赊欠的剃头钱、茶钱、南北货钱，在秋谷登场后都得清账。稍后，便是载着稻草和砻糠进城。那时城里人烧灶，除了逢年过节蒸年糕之类要用木柴外，一年四季全烧稻草。抽一把草，打个结，称之为草把，千家万户都有专门的草间。所有的老虎灶都用砻糠作燃料。老虎灶前排着长长的队，带着铜吊或汤婆子，浓重的水蒸气把老虎灶烘得暖暖的。所有这些，全是四乡八镇种田人用的船只的赐予。靠近城市的船只，还有一种功用，清明前后，洗刷好船身，舱里摆些桌椅，备些酒菜，摇到城里接待到苏州乡下上祖坟的上海或苏州客人。碰到出手阔一些的，摇上半天可以挣得个把月的口粮钱。由是之故，这千条万条散落在广阔农村中的船只在城里进出往返。不难想象，会使方圆只有二十平方公里的苏城出现怎样的场面。所以，旧时代的苏州城，最闹猛不过的要算挤满舟楫的河流了。有了船，河就增添了生气。船在河道中搅起阵阵漪涟，发出哗哗的声响。水波摇晃，把斑驳的光影投射到两旁驳岸磋砑的石条上，使阳光在它上面活泼泼地乱舞。你站在桥上，先是听见橹上橹垫嵌在船尾橹人头的支架中摩擦时发出的"啊得儿——咿呀"的声音，然后看到前面桥洞倏地暗了，当光亮再现时，光影中便有船影。若船上是两个女将，便可以见到她们婀娜的身影在摇橹时舞蹈似的动作。如若把她们的动作移植到舞台上，成为虚拟动作，配以节奏强烈的打击乐，就是活脱脱的迪斯科。如若用慢动作分解，掌橹的把橹朝外推，扭绷的用适度的力将绷绳内拉，这种力的巧妙配合，使橹桨富有节奏地摆动、破水，船只便唰唰行进。摇船的水上女杰显然被进入城市这件事本身深深激动。她们胸前各挂一串白兰花，青竹布裙上特地加一条绣花束腰，蓝布头巾后面露出用刨花水梳得油光水滑的发髻，上面缀着几朵随手摘来的金黄色的野花，随着摇橹、扭绷的前俯后仰，她们兴奋的脸涨得如胭脂般的红。

阊门、娄门等沿岸的商业区，堤岸上都搭有遮檐。河滩头的宽阔码头上，"踏渡径"铺得整整齐齐。米行、鱼行、木行、竹行、丝茧行、柴行、粪行、饭铺酒肆、温汤浴室、茶馆老虎灶、绸缎百货店、鸡鸭孵坊，应有尽有，还有同北方名称截然不同的称作牙行的干湿蔬菜的店家，买卖四时鲜果的山地货行。两岸最壮观的要数缸甏行和酒坊。大型的七石头缸，叠成整齐的品字状连绵不断，酒坊的酒甏横堆成城墙状。所有这些商号的货物进出都靠水运。河滩头歇满了船只，凸出的驳岸条石上和石雕绳鼻上结满了缆绳，跳板上扛着货物的人们上上下下，店老板们捧着水烟筒咕噜噜吞吐烟雾，用眼睛监督着商务活动。各种吆喝响彻河流上空。鱼行伙计收购鱼蟹时，报价仿佛像蹩脚歌星在歌唱；木排竹筏靠岸时，排筏上老大发出粗重而权威的呵斥声，跳板、甲板上的搬运工齐声喊着号子。临河茶馆酒楼的窗子里飘出浓重的水雾和哄笑声、唱曲声、猜拳声、锅勺敲打声、买卖双方讨价还价声。过路的船只小心翼翼地避开迎面的船只，船头的篙手不停地向掌橹者发出警告或口令，一片"扳梢""推梢"的叫喊声。临河窗户中不时飞出瓜果皮核、剩汤残肴，下面船上人便恶声喊道："要死快哉！阿是眼乌珠落勒粪缸里去哉？"一些披红挂彩的迎亲船只经过，又给喧闹的河流平添一番情趣。迎亲乐队的堂名鼓手们吹打着丝弦家生，身上彩服在阳光照耀下发出使人眼花缭乱的光华。顿时,河流上下各式行当黯然失色，一切喧哗停止。正在忙碌的搬运工乘机歇息片刻，茶馆酒楼上探出满窗的脑袋，直到一片红霞似的迎亲船缓缓消失在另一个桥洞后面。

苏州城里人枕河而居并不是为后来的骚人墨客妆点笔墨，而是受到生活巨手的推动。不用说河道两旁各行各业靠水吃水，就是纯粹的居民,有船的河流也带给他们许多生的条件和生的欢悦。推开临河的窗户，水涨时分，来往舟楫上的船主人可以够得到窗槛边。五六月间，白沙沙的枇杷，紫酱红的杨梅；六七月间，碧绿的西瓜、香瓜，粉粉红的水蜜桃；八九月间，嫩朵朵的莲蓬，洁白的鲜藕，翘角的红菱；十月霜降，新米登场，老来青、飞来凤、肚子鲜、香粳稻、鸭血糯，更有各色细粮，诸如芡实、薏仁，有哪一样不在河道经过？持家主妇探首窗外，立时可以成交，伸手出去，一手付钱，一手接货。货物新鲜自不必说，既有挑拣余地，又免去了中间盘剥。囝们最欢迎换破烂的换糖船经过，那白色的糖甜得心都发痒。河流里还有专售海棠糕和梅花糕的船只，卖各式点心的船只，都是去赶庙会的。两岸人家的瘪嘴老太常常喊住他们，垂一只篮子下去买几样配胃口的糕点上来。又以城里人烧的稻草而论，量多体积大，临河人家就免了去柴行挑担之苦。闲来无事，透过窗户"望野眼"，河里的景致也着实有趣。船影橹声中，那摇橹点篙的人们，不时引起窗内人的话题。你看，那敞着胸膛的壮汉赛过水泊梁山的好汉；那搭配着摇橹扭绷的小娘鱼，赛过小青青、白娘娘；朝后又来了个白胡子老公公，戴着毡帽，齐腰的青布束裙，弯腰弓背，但船在他手里赛过长着眼睛，穿梭拂柳，得心应手。窗内和船上的老人几十年间见过无数次，敷衍攀谈过，俱各面熟陌生，也很乐意结交对方。上了年纪互称为"老阿爹、老好婆"，年轻的"阿姊、妹子"叫得应天响。萍水相逢，虽常常是擦身而过，但客气话要说一喀箩。直到船身过去，窗内人还叮嘱道："晏歇过来坐坐！"船上人模模糊糊应道："弗来叨扰哉……"真是文明礼貌得极。如若来船携带菜蔬瓜果的自产物，卖者便格外克己，以表达多年的情谊。水和船便是这种旧时不寻常的人际关系的导体，充满着普通人之间醇厚的人情味。受欢迎的还有捉鱼船，它们小巧玲珑，发散着桐油的香气，船上狭小的甲板上爬着一群小把戏，露着通红的光溜溜的小屁股，在破棉絮里钻进钻出。他们的父兄为了养活他们，呷几口烧酒，赤露双臂伸到冰冷的河水中，在驳岸石条的隙缝里捉虾、摸螺蛳。最好看的莫过水老鸦捉鱼。当捉鱼人用手抠出它们颈项间活蹦乱跳的鲜鱼时，两岸的喝彩声，常常使长颈墨羽的水老鸦惊得双翅乱扑。

有几种不受城里人欢迎的船只，它们总是在两岸人家进入梦境时活动。粪船夜晚停泊在粪行前，装足了粪，翌日清晨便开船走了；垃圾船白天捉了满船垃圾，在夜幕下赶回乡里去了。还有一种叫偷丧船。大户人家死了人，和尚道士、堂名鼓手，掮旗打伞，纸人纸马，开路神开道，极尽死后哀荣；小户人家死了人，没钱置办"出棺材"场面，寻只船，天蒙蒙亮把棺材抬下船，一众披麻戴孝的下了船，开到乡下去"落葬"。因为避免人见了"触霉头"，起早摸黑做这件事，叫做"偷丧"。

原有一种受到两岸人家欢迎却故意绕开人家眼睛的船只，叫做"撑水船"。只有水载船，哪有船载水？但这种船船舱里满载的就是水。旧时代苏州城用得上自来水的极少，城里的水又嫌太混浊。老虎灶用的水就是撑水船撑来的。撑水船到胥江，船老大用脚左右摆动，直至船舱灌满水。进阊门，穿过北寺塔直抵娄门。这一路的老虎灶的七石缸里就装满了还算洁净的胥江水。老虎灶的伙计更用矾水打搅，用竹管虹吸出缸底的沉淀物，也就成了土制自来水了。这撑水船一路行来，两岸人家常常拦截着讨水烹茶。撑水船于是改变进城的时辰，也在天色微明时进城，避免乡邻们的干扰。

河流最富生命力的时刻要算逢年过节。不论是人间的欢乐，还是哀愁，都沉甸甸地满载在船上。操办年货的、采买嫁妆的、探亲访友的、寻欢作乐的，当然，也有载着血汗灌浇出来的谷子进城交租的、卖儿鬻女的、借贷还债的。桥堍下歇满了船群，它们把船主人送进熙熙攘攘的店铺。年节前生意最忙的要算南北货和杂货铺、华洋百货店和铜锣锡器店、山地货行和酒坊、腌腊行和咸鱼行，再就是生意兴隆的杀猪作，盖过诸般喧闹响遏行云的要数杀猪作里的绝望的叫声。祀灶的灶神、烟花爆竹、红纸香烛、神像纸马，桃花坞年画，南枣北栗、红白蔗糖、笋干海鲜，各色洋布、香云纱、华丝葛、直贡呢，祭祖用的鲜果，花雕善酿状元红，自然走俏。菜馆酒楼使劲敲打锅勺，这些辛勤一年的船主人平日上城都自备行灶，在这种日子里，自是豪兴勃发，去接受一次太白遗风的熏陶。但在芸芸食客中不乏"打落牙齿朝肚里咽"的人们。他们到酒楼来，只是为了酬谢"中人"，卖儿鬻女或典卖田地的文契就是在这类场合捺下指印的。待等日影偏西，人们从酒楼中出来，一个个好似年画上的关老爷。红的太阳，酡红的脸，红的炭炉，炒货店腾起的红的火焰，年货上的大红纸，东西山产的早红橘，红的纸烛，河流仿佛也被映红了。从老虎灶的炉灶里，从雾气腾腾的茶馆里，从酒肆菜馆里，从被太阳烘得暖暖的水流里，弥漫出迷迷蒙蒙的水汽，摩肩接踵的人们挤来搡去。是河流和舟楫，使古城的大动脉百脉偾张，生机勃发。

当你站在高耸的穹形的石桥顶上，看着这水流、船流，你能想象它们会有消失的一天吗？

这一天终于来到了。不可阻挡的历史进程，缓缓移动的现代化的巨足，以及愚蠢和无知，不断将河流分割、堵截，然后在它上面乱盖房屋，铺设公路。河流的生命即将终止，寄存并活跃在它上面的船只也离它而去，像一个人患了坏疽病和静脉炎，被堵剁成一段段的河水奄奄一息。例如城内一条东西向的主要河道，从饮马桥到望星桥，加上中间南北向的甫桥西街一段，在1956年被填没。那一次苏城一个大学的全体师生被停课参加劳动，昼夜施工，苦战月余，累倒了不少师生。竣工之日，照例锣鼓喧天，城建史上又添一笔新功。苏城四周和外围乡镇，仍然有宽阔的水面，但昔日那些图画似的场面也已消逝。只有机器船在它上面穿梭往返，长列的运输船队冒着黑烟，马达发出震天动地的吼声，水流被工业污染搞得面目可憎。但不论怎样，它们终究还是活水，它们绕着苏城徘徊，城市已拒绝它们进入。它们在城里的被切割的伙伴已接受命运摆布，不复呻吟和叹息。凝止的水像定洋洋的死鱼的眼睛，了无生气，一任各种颜色的有毒液体缓缓流入它们垂危的躯体，一任临河的居民倾入脏物作践它们。它们的腐败的气味迫使枕河而居的人们在夏日紧闭临河的窗。

直至近些年，一些有识之士呼吁疏浚河道，恢复固有的水系，但为时已晚，回天无力。前几年，有魄力的当政者也曾动用相当的财力、人力重新开掘了几段河道，沿河种植了各式花木，修桥铺路，似乎使水城又有了那么一点味道，居然使一些外宾内客看后赞道："哦，多美的河！"但嗅觉灵敏一些的不免要掏出手帕来，而且，旋即产生疑问："船呢？怎么不见船呢？"

船还是有的，有几只分别徘徊在若干段河道上的公家船，不时用简陋的工具将飘浮在水上的垃圾捞走，维持一点河水的面子。

还有难得的一次，也许就是最后一次。有一年，有一只装饰得金碧辉煌的龙船下了水。据说是一个聪明的主人出的点子，用以招待友邦的客人，显示水城风貌。但因为事隔多年，大部分的居民又没有一睹龙船风采的荣幸，所以，可惜得很，这样不平凡的盛事，也已经湮灭了。

（原载《苏州杂志》1990年第4期）

金膏浓腻一筐足

蟹肥菊黄，一年一度的蟹汛又到了。去年今时，读公今度《蟹肥乡情浓》，即勾起了乡情，又惹起了口腹之欲。我与公兄谊属乡亲，他讲到吃蟹，我也有一些"蟹经"可讲，兹补遗如下。

我有一个堂叔，自号"老饕"，人称"吃精"。家中银质蟹具一套，俗称"蟹八件"，置织锦盒中，计有锤、钩、镊、钎、钻、剪、钯、匙八件，打造得十分精致，状若小人玩具。他收入尚丰，平日常去酒肆，唯吃蟹则需亲自操作。他的理论之一是，吃喝须讲究环境，如饮茶临街，喝酒傍河，食火锅要围炉。吃螃蟹呢，《红楼梦》第三十八回，描述螃蟹宴上贾母回房歇后，宝玉与湘云、宝钗等及众丫环"拣了热螃蟹来"，在"山坡桂树下铺两条花毡"，继续吃喝。宝玉的咏菊诗上有句云："持螯更喜桂阴凉"，黛玉诗中则写道："对斯佳品酬佳节，桂拂清风菊带霜。"我堂叔家小庭院内有金桂一株，小篱旁植菊数丛，老饕坚持开家宴就是要实践他的第一理论。其二，老饕认为，蟹是百味之首，至善至美，既有了蟹，就不必再有它膳为佐。明代的吃蟹大王浙江兰溪李笠翁在《闲情偶寄》中早有此见解："世间好物，利在孤行，蟹之鲜而肥、甘而腻，白似玉而黄似金，已造色、香、味三者之至极，更无一物可以上之。"所以，"食蟹者，只合全其故体，蒸而熟之，贮以冰盘，列之几上，听客自取自食。"老饕每餐菜肴满桌，唯独吃蟹只此一味而已。其三，我堂叔口馋而性懒，平日常出入酒肆茶铺，吃惯现成饭，但到吃蟹，他勤快得极，一切自己动手。李笠翁的经验之谈是："凡治他具，皆可人任其劳，我享其逸，独蟹与瓜子、菱角三种，必须自任其劳……此与好香必须自焚，好茶必须自斟同出一理。"

于是，堂叔净手端坐，席设桂下菊前。我其时年幼，权充小厮，斟上陈年花雕，从锅里拎出满面红光的"无肠公子"，放一只在堂叔的碟中，自然，也没有忘记我自己的一份。

堂叔呵呵大笑，说："小弟，阿叔吃蟹用十八般兵器，你说哪十八般？"

"喏，蟹八件。"

"还有十件呢？"堂叔眯着近视眼问，看我答不出，便伸出两只手晃晃，开心地说，"十只手指，算得十件。"

说毕，动起手来。说也奇怪，我曾见到过弹风琴的，惊诧那手指的灵活，但堂叔运用蟹八件的娴熟，竟赛得过弹风琴的。他用小钎撬出蟹兜，小剪去掉蟹酥衣，小铗夹掉蟹鳃。忽而小锤锤，忽而小钩钩，忽而小锄扒，把白似玉而黄似金的东西一齐将到蟹兜里。不消片刻，兜满筐足，便倾入调制好的佐料。堂叔先把一杯花雕一饮而尽，而后，只听得一片呼噜噜舔咂之声，满兜美物便尽入腹中。待到桌上平添了五只空蟹兜，堂叔的酒糟鼻子红得像颗樱桃，他才记起入迷的旁观者，啧啧嘴说："小弟趁热吃，喏喏，用小锤子！"

待等宴罢，堂叔用一杯姜糖茶作饮料，掬一把菊花搓手，心满意足地躺到藤榻上，哼哼唧唧唱起不成调的曲子。这时，秋虫鸣叫得分外起劲，小庭院中充满欢乐。

堂叔入土以后，那副"蟹八件"不翼而飞。我在此后数十年间吃蟹的讲究，可以说大抵承袭了堂叔的衣钵，因而深得吃蟹之三昧。

清孙晋灏《食蟹》诗云："朵颐翠釜灶觚立，老饕口腹真贪馋。金膏浓腻一筐足，玉脂滑润双螯缄。"据闻，今年阳澄东湖六万四千亩水面，增加投放几百公斤大眼幼体，闸蟹增产可达百分之四十，蟹价虽不能指望下跌，但应市的蟹会多于往年。寄语公今度兄，莫作阿 Q 之叹，可在"扑满"里预先贮存些，到时"脚炉盖当镜子"，看看穿，弄几只解解馋，一快朵颐！

(原载《人民日报（海外版）》1988年11月2日第3版)

桂拂清风闸蟹香

　　每逢蟹汛，苏州一市六县便掀起一阵"闸蟹热"。这一带的人，只知有阳澄大闸蟹，阳澄闸蟹自也深孚众望，在横向联系中显示了自己特异的力量，并飞越重洋，充当了友好使者。其实，蟹的世界，并非只有一种色彩，有海蟹、江蟹、湖蟹、河蟹之分。以海蟹而论，又有青蟹、花蟹两大类；青蟹复分膏蟹、肉蟹、水蟹等；花蟹中，以黄油蟹为佳品。江湖产的蟹，统称螃蟹。《红楼梦》里的螃蟹宴，是"田上产的"，书里形容"一斤只好称两三个"，那么大的个儿，也只能是从江湖河汊处爬行到田里来的。细分起来，螃蟹往往以原产地命名。《清嘉录》载，傍近阳澄湖的诸县区，名称各异，昆山叫"尉迟蟹"，常熟叫"潭塘蟹"，陆放翁诗句云"团脐磊落吴江蟹"，太湖出产的，沈偕诗曰"肥入江南十月雄"，称作"十月雄"。阳澄出产的，为诸蟹中之佼佼者，如今人称"闸蟹"。为什么叫"闸蟹"？有人以为是以闸捕捉而得名，实为谬误。闸蟹，原本叫"煠蟹"。煠即闸，下油锅，下汤煠，都叫做"煠"。吴语的"闸"音为入声"士洽切"。北方称油条为"馃子"，南方叫"油炸桧"，下汤锅煮一回，吴语叫"闸一闸"。闸蟹名称由来大致如此。下汤锅，不论放置水中，或隔水蒸，都只能是全蟹，青背、白肚、金爪、黄毛的阳澄大闸蟹煠过后，除肚子仍然是白色外，浑身通红，热腾腾端上来，满桌生辉。主人脸上增光，宾客喜形于色，佐以美酒，此等饮宴，可谓尽善尽美矣。

　　阳澄闸蟹之所以能在湖蟹中独占蟹首，饮誉海内外，是因为它们得天独厚的缘故。宽广浅底的阳澄湖，为它们提供了优越的生长环境。湖中到处长有茂密的水草和螺、蚬、虾等富有营养的食物，使它们脂膏满腹；浅水使它们棕褐的背部承受充足的阳光而转为青色；坚硬光滑的湖底黄土磨炼了它们的金色利爪；茂密的水草揉搓它们的腹部成为白肚。它们形象雄壮而漂亮，所有这些，委实为它们身居异地的同类所不及。但不论何地所产，只要时令合宜，生长成熟，加之烹调得法，都能成为食物中至美至佳之品。

由明入清的小说家、戏剧家李渔嗜食此物，几乎到了"痴"的地步。他在《闲情偶寄》中写道："此一事一物也者，在我则为饮食中之痴情"，"予嗜此一生，……家人笑余以蟹为命"。笠翁先生吃起蟹来，自称"自初出之日始至告竣之日止，未尝虚负一夕，缺陷一时"。李渔之对蟹，称得上十二分的崇拜，蟹若有知，听着他的赞美词，自当听凭他敲壳吸髓，肝脑涂地以报知遇之恩。笠翁先生并力主保蟹全尸，斥责对蟹碎尸万段的各种做法。食必"全蟹"，以汤煠之，冰盘贮之，旋剥旋食，气与味"纤毫不漏"，这无疑是极正确的食蟹法。但"全蟹"吃法也尚有不少讲究。抗战胜利后不久，适逢蟹汛，美国大兵拥进上海，遇到闸蟹，不知如何对付这些利甲坚兵之物，只是乱嚼一气，沪上讽为"牛吃蟹"。行家吃全蟹，须绳捆紧扎，投以紫苏，隔水煠之，随煠随食。精制糖姜醋等混合佐料以增味，辅以美酒佳酿。席傍桂荫菊篱，桂拂清风菊带霜，足以开胃，食时且可撷菊搓手添香去腥。此等食法，便是现代化人们常挂嘴边"美的享受"了。全蟹尚有鲜为人知的绝妙之物，那就是"蜕壳蟹"。原来，蟹从蚤状幼体到长成，须经十八次蜕变。待到第十八次蜕壳后，旧甲甫卸而新壳未成，全体绵软而肉嫩膏肥，煠而食之，则脂香满口，大快朵颐，成为难得之天赐佳品。渔家于无意间得之，一般均自家食用或与至爱亲朋共享。吃蟹大王李渔未曾提及，可见其与此珍品无缘。李渔的食蟹谱中，对全蟹以外的食蟹法一概予以排斥，尤对"面拖蟹"深恶痛绝，难免失之偏颇。他评"面拖蟹"道："更可厌者，断为两截，和以油、盐、面粉而煎之，使蟹之色、蟹之香与蟹之真味全失。"接着武断地斥责道："此皆似嫉蟹之多味，忌蟹之美观，而多方蹂躏，使之泄气而变形者也。"殊不知面拖之小蟹，肚中绝少那些"白似玉而黄似金"

的东西，若煤而食之，费工而不划算。面拖蟹往往是小户人家在蟹汛期的上好佐餐菜。我家是破落的书香门第，常食面拖蟹，因其制作和食法简单，选材只是比螃蜞略大的小蟹，价钱便宜。油煎后，少量的膏脂经过热的吸附流入面糊，也曾使幼小的我得以领略这“天下至美之物”的味道。另一个食蟹方法就是将蟹煮熟后剔出蟹黄蟹肉，统称“蟹粉”，为做菜做羹的中间体。烩以他物，或和以他物作羹，味甚鲜美。经过长期厨作实践，逐步形成了若干种有特色的菜肴，实为烹饪艺术中的再创造。据《桐桥倚棹录》载，民初苏州虎丘三山馆酒楼的满汉大菜菜单上与蟹有关的，计有蟹粉汤、炒蟹斑、汤蟹斑、鱼翅蟹粉等。时至今日，蟹粉小笼和蟹粉烧卖上市，都深受群众喜爱。而主张只食全蟹的李笠翁却质问道：“以之为羹者，鲜则鲜矣，而蟹之美质何在？以之为脍者，腻则腻矣，而蟹之真味不存。”这不免有些强词夺理，正因为蟹是至美之物，菜肴或面点中如掺入蟹粉，蟹之美质恰恰能显露出来，蟹粉如与他物掺和得法，名菜谱中便平添若干新佳作。

读了李渔的《闲情偶寄》，不禁哑然失笑。老先生滑稽而固执，他口口声声说蟹是他的命，其实是他要蟹的命。他主张食全蟹，确也深得食蟹之三昧，但却骂倒其他食蟹法，可谓霸气得很。同样，苏州拥有老天爷恩赐的阳澄湖及其闸蟹，阳澄闸蟹已被公认为蟹中珍物，若自以为天下第一，蟹之极品，未免失之荒谬。即以湖、海两类而论，因出产时令不同，生长环境不一，其特色亦各异。通商大埠香港有蟹谱，曰：“春烹青蟹，夏饫黄油，秋赏阳澄，冬擘大蠘。”足以证明这个道理。蠘，就是梭子蟹，应市之时，阳澄闸蟹已绝迹，其鲜美虽稍逊闸蟹，然内蕴蟹黄却是闸蟹远不及的。马克思曾抨击过只许“一种存在形式”的做法，他说：“每一滴露水在太阳下都闪耀着无穷无尽的色彩。”世界之大，美食万千，品类各异，食法各别。蟹一物，仅为水生物中一小科目。与蟹打了一生交道，论及蟹经，尚不免管窥蠡测，何况他哉。

（原载《瞭望》1988年第47期）

秋水花月夜

月亮什么时候最好看？自然是中秋佳节。人间什么地方最宜赏月？我想是在桃源村养花专业户陆东升家的场地上。

今年中秋节，吃罢晚饭，桃源乡经联主任王小宝招呼我说："老俞，你不是要访问陆东升吗？凑巧，东升的船今晚从上海路经此地回家，我也有乡里交的任务，我伲一起搭他的船走吧！"

晚八时许，船出了镇，扳梢拐过弯，船头向东，沿着东西向狭长的河浜行进。

橙子一样的亮月早升起来了，把一望无际的夜空照得碧沉沉、光闪闪。朝河里望去，天上的皎月掉进了水里，狭长的河面就像一方长长的明镜，反射出一片镶金嵌玉般的耀眼光彩。船头微微激起的浪波，不断把这片光影搅碎，化成千万点跳动的银花。

四周一片寂静，船缓缓地前进，只有咿呀的橹声和船头拍击流水的汩汩声。两岸齐刷刷的棉田和桑林显得肃穆和庄严，缓缓地朝船后退去。

"东升叔，这次到绍兴采购到哪些名贵品种？"小宝发问，摇橹的东升朝舱里努努嘴。

船舱里放着百把只苗盆，在亮月的映照下，盆中挺秀的枝条纤毫毕现。我早听说陆东升其人其事。他比别的养花户高明一筹，和女儿专程到外地拜师学艺，学会了比较复杂的嫁接技术。他与上海的一些花卉基地的技术人员关系搞得稔熟，行情清楚，信息灵通。他善于及时培养市面上紧俏的名贵新品种，因此销路广，赚钱多。不像有些养花专业户埋头种花，品种单一，只是几百盆春鹃、几百盆普通茶花。一场辛苦，到头来却是销路呆滞，价钱煞低，生息不大。

"东升叔，听说你的茶花有一百多种？"

"没有的，在精不在多。"

"这几十盆叫啥名字？"

"花鹤顶、紫重楼、皇冠、吉祥红……"

"有十八学士吗？"小宝混充内行。

"文十八我淘汰了，种一点武十八。"

"哪一种最卖得起铜钿？"

"这一种还可以。"东升一边摇橹，一边用脚尖指指右侧一排瓦盆。盆里只有拇指高矮的一些小株，上面缀着两三片叶子，看不出什么名堂。东升猜出我们有点疑惑，笑笑说："这就是花鹤顶，开起花来像炭火，红瓣上还镶几朵白雪花，好看得很，待等长到十二公分，值五十只老洋（五十元）。"

我暗暗吃惊，自己的月薪也不过只值这两小盆东西，于是不禁对这些小株杆，有些肃然起敬。

"还有再名贵些的吗？"

"有是有的……"东升有点吞吞吐吐。

"去年东升叔到厦门转一转，一只金茶花到手哉！哈哈，有无其事？"

"鬼！你有内线，我瞒不过你。"东升嘟哝说，两个人都笑将起来。这内线就是东升的宝贝独生女芳草，也是一个育花能手。东升是鳏夫，幸亏有这么个女儿，称得上是里里外外一把手。

小宝坐到船舱沿口，指着一排长着黑幽幽针叶的苗盆问道："这不是普通黑松吗？"

"哼，普通！"东升脸上露出诡谲的笑容，说道，"'强盗婆做了皇后娘娘，生出来的照样是龙种。'靠嫁接本事么！"接着，东升娓娓而谈，算一笔账给我们听：用黑松嫁接五针松，第一年三只头，值四十元，第二年长八只头，价钱就要翻上一番。所以，花钱进些黑松备嫁接用是合算的。小宝告我，他见东升家新嫁接的五针松有五十来盆，价值好几千元，却不知是用黑松作母本的。

我听说过有关东升勤劳致富的事。有一个人对他们的收入眼红，东升对他说："老弟，青枝绿叶，红红白白，都是我和芳草心血染成的。你要致富也不难，一夜少睡四小时觉。"父女俩真可谓是热心人，桃源村新发展的七家养花户，都是他们手把手教出来的。

船快拢岸的时候，一个高挑挑的俏丽身影接住小宝抛出的缆绳。不用说，这就是芳草了。

陆家一幢新楼前有一大片场地，用竹篱圈着，竹篱上爬满了疯长得好看的叶子，凑着月光一看，黑的、白的、紫的，绚丽多姿。芳草告诉我，这叫做花叶长春藤，是观赏叶科中的新品种。她补充说："一片叶子，值一元钱。"

进得竹篱门，场中间放着一张红木八仙桌，桌上放着一台彩电，以及祭月的嫩藕、红菱、月饼、云片糕等。沙发上端坐一个老太，那是东升的娘，今年八十岁，本村岁数最大的老人。

"太婆，老寿星！"有点滑头的小宝跨前一鞠躬。

"呵呵，不敢当！"老寿星显然搞不清这个乡经联主任乃是未来的孙女婿，客气地让座。

小宝说，前年乡里工业产值达到五千万时，乡党委做出两项尊老决定，年满六十的老人，每人奉送沙发一对，每月津贴零用钱十元。沙发又高又大，如今看来款式不新，老人坐坐却是蛮适意的。

亮月已经升到当空，显得又高又小，周围有些彩云缭绕。这片场地东侧满布石条花架，高阶上成排摆着的都是毛鹃嫁接的西洋鹃，枝条缠纠，丰叶似云。它们在微风中摇曳，投射下斑斑驳驳的黑影，构成一幅幅光怪陆离的黑白图案画。听说西洋鹃一个花蕾值三元钱，东升培植的每一株西洋鹃，花蕾多到数不过来，花开季节真是花团锦簇，像今晚托月的彩云一般。

"俞同志，明年开春，我伲开一个杜鹃花会，到时请过来观赏，你看阿好？"芳草说。她的一双会说话的眼睛，忽闪忽闪的不输亮月。

"王主任，吃月饼吧，火腿月饼。"太婆客气地礼让着。

"哎哟，看我昏头昏脑的！"王小宝接过月饼，才猛然记起自己的任务，立刻从身旁拿出一盒，恭恭敬敬递将过去，"太婆，乡党委和乡政府特地要我到上海办了一批细沙、豆蓉、椰蓉月饼，又酥又软，专门孝敬老寿星们过节的。"

"不敢当，不敢当！"太婆一张瘪嘴笑得合不拢，"镇上买来的火腿叉烧月饼，我是咬嚼不动了，多谢乡里想得周到，呵呵！"

"太婆，这还是上海老大房的高档货呢，喏，尝尝看。"小宝大献殷勤，掰开一只"细沙"，用手直托到太婆下巴尖。芳草撇撇嘴唇悄悄说了声："马屁精！"声音轻得恰到好处，轻到只有太婆听不见。抽着过滤嘴香烟的东升听见了，笑得把烟掉到了地上。

王主任不免有点难为情，拎起一扎月饼，说要送到其他寿星家去。

太婆嘴一瘪一瘪吃着月饼，含糊不清地挽留说："主任，主任，看一歇彩电再走吧。"

小宝走，送客的自然是芳草。一出篱笆门，只听见芳草吃吃的笑声。小宝悄声申辩着什么，但芳草只是不停地笑，清脆的笑声在夜空中振荡。竹篱上的花叶长春藤簌簌直抖，仿佛也在窃窃地笑。

天上的皎月自然是看到这一切的。人间的一切，它都看得见。

（原载《瞭望》1985 年第 6 期）

昆曲堂名鼓手

我有个"一表三千里"的远方亲戚，我称他"娘舅"。他是子承父业的堂名鼓手，也可算得是昆曲的世家子弟，但并非粉墨登场的梨园世家。堂名鼓手，只是一种低贱的行业，在有些场面上，清唱昆曲而已。

唱曲，是有层次的。高层次的，是地方士绅和文人雅士。各家收藏着很多的昆曲本子，于是盛行互相传抄，可见"手抄本"是早已盛行过的。有身份的人家，还供养着专职乐师，并非在家里养着，只是在唱曲时招之即来而已。乐队一般由两个人组成，一个吹笛，一个是打鼓板的鼓师。那时的昆曲，不用说清唱，就是专业的粉墨登场，也只是用这样的伴奏乐队。这种专业乐师造诣甚高，不要小看了笛子，悠扬顿挫，引商刻羽，婉转如出谷黄莺，流畅似潺潺流水，对演唱起到烘云托月的作用。不要小看了鼓板，左手执板，右手打鼓，不仅要打在点子上掌握着节奏，好手且能打出花腔，打出气氛和情绪，适合剧情之需要。于是定期以曲会友，招乐队伴奏，酒酣耳热之际，各起生、旦、净、丑的角色，和着悠悠扬扬的笛声，按着节拍，唱几出戏文。一年里还要组织一两次化装演出，观众大抵是近亲好友。至于专业剧团，受业于昆曲传习所，其训练的严格程度，是其他地方剧种少有的。培养出很多红演员，有些演昆的转到皮黄上，成了一代名伶。

我儿时有缘接触堂名鼓手，对他们从事的行当大感兴趣，且十分佩服他们的技艺和服饰。当然，这和娘舅外出做生意有几次带上我有关，我时常接受他们的熏陶。

娘舅的堂名班题名"茂春堂"。班下八名伙计，搭上娘舅自己，计共九人，生、旦、外、末、净、付、丑、贴等行当式式俱全，鼓板、曲笛、洞箫、唢呐、长招军、二胡、笙、锣、钹等家生样样拿手，算得上个个聪明，件件皆能。娘舅备得有一条三舱船，做生意时扛两只箱笼，一只装衣帽，一只装道具乐器。我最喜欢乘船到四乡八镇去，特别有趣的是船头插着两面绣着堂名的长方齿边杏黄旗，顶风前进时猎猎作响，威风得很。经过镇上的河道时，两岸的人群围着看，小孩子沿着河岸跟船跑，一面拍手欢叫："堂名船来哉!"娘舅为了做广告，逢镇过集还指挥伙计们弹奏几只曲子，招惹两岸的人群轰然叫好。我还喜欢帮着"扭绷"，摇橹的是娘舅的大徒弟茂生。茂生读过两年私塾，一副好嗓子，专起小生、正旦、闺门旦之类，几十出戏背得滚瓜烂熟。我开始听不惯他起小生时的假嗓，但听多了，也觉得好听，并且懂得那是极其难唱的。我一面"扭绷"，一面缠着茂生唱曲。茂生为了在旅途间解厌气，也为了勤练勤唱，便放声唱了起来。过去吴县、吴江境内的水路，两岸村落疏散，人烟稀少，这时候，茂生暂别了扭扭捏捏的生旦腔，也不受昆曲约束，唱他最喜爱的追韩信。当然，也少不了唱我欢喜的小放牛，还有武家坡，生旦都是他一个人挑。茂生提起丹田之气唱了一出又一出，声音直送出数里之遥，两岸的行人和过路的船只都不自禁驻足停橹侧耳细听。这种时刻，凉风习习，水声、槽声、旗声，伴着一路曲声。回想起来，我觉得少年时代最快活的莫过于此了。

每逢喜庆，他们换上吉服，穿一袭丝质的绣花长袍，头戴一顶缎制绣花的文生巾，两侧如意头翅角上的丝穗随着弹奏节拍而晃动，我以为那是非常之美的。而轮到去办丧事的人家，他们便换上道装，头戴瓦楞帽，穿一袭布质斜襟宽袖青衫，走起路来，道袖飘飘，我以为那是非常之神奇的。不论办红白喜事的人家，门口都置有一副大茶担、一把锡制的大茶壶，足足有水桶那么大，炖在火炉上。水似乎永远是沸开的，壶嘴嘶嘶作响，喷射出一股白汽。儿时的我对那把大锡壶十分着迷，那弥漫的白汽，使我幻想出连环画上仙境里白云的气氛。如是丧事，离大茶壶不远的便是我娘舅一伙中的三个道装伙友，一个吹笛的，一个吹唢呐的和一个打鼓板的。此时此际的他们三人，便成了治丧乐队。

乐队旁边的一只桌子是收礼敬的账房。奔丧吊唁的一进门，在账房处呈上赞礼，打鼓板的就"笃、笃、笃"打出凤凰三点头，笛子和唢呐跟着响起千遍一调的哀乐，这等于向灵柩旁的守灵者发出了讯号，躲在灵帐后的亲属便号哭起来。次数多了，泪腺干涸，哭到后来只能算是干号。丧家大抵要有几个善哭者轮流值班应付场面。善哭者不仅能拿腔拿调，且要边哭边诉，回忆颂扬死者生前的种种德行，有的还借死者的口，讽嘲和辱骂垂涎遗产的敌对的吊唁者。时至今日，回忆起来，我以为那实在是即兴的说唱艺术中最高明不过的。

到了吃饭时，俗称吃豆腐饭。一般也有四热炒、六大菜，与婚事不同者不饮酒而已。那时娘舅一伙大显身手的时候到了。先吹弹几只曲牌，如《雨夹雪》《哭皇天》之类。接着便唱曲，选的戏文是一些比较符合丧事气氛的，诸如《六月雪》《卧龙吊孝》《吊奠》之类。如若办喜庆婚事，茂春堂的任务是担任迎亲、成亲和饮宴的乐队。迎亲时列队在花轿前，一路吹吹打打。到了女家，落轿三请新娘，乐队大显身手，招惹得街前巷尾里三层外三层挤满了观众，小孩子在人丛中乱窜。这时乐队要不歇气地吹打，吹了《蝶穿花》《鸳鸯拍》，再来《春日景和》《细三六》。新娘如若再不上轿，还要来上几只时髦曲子，诸如《他屹立在太湖畔》《苏三不要哭》。待等新娘哭哭啼啼上轿起轿，出得巷口，笛箫吹奏者已筋疲力尽，改以弦乐为主，佐以打击乐，弹奏粗细十番。迎亲抬回男家之后，成亲拜堂。这时娘舅肩披大红，礼掌司仪，用音乐般的声音吆喝道："新郎、新娘朝南立，一拜天，拜、拜、拜！"接着拜地，再是相互交拜。那唱拜的声音须低沉浑厚，音量须盖过喧闹的人声。礼成，鼓吹送入洞房。于是，厅堂上摆开筵席。趁这功夫，娘舅他们草草用了些点心便充当起饮宴乐队来。他们围坐在专门的演唱台上，那其实是用木栏圈起的活动房子，四周挡板上雕刻着一些戏文，涂饰得金碧辉煌。正面的门面上除了木刻花纹，还镶嵌一些光彩耀眼的假宝石，正中一块红底洒金的堂名匾。娘舅一伙围坐其中，穿着吉服，手执乐器，为酒宴弹唱助兴。这时的戏文要讲究与环境和谐，先唱几出《赐福》《上寿》之类，还有《请郎》《花烛》《珠圆》和《醉归》几折，是每会必唱的。

我其时年幼，无法理解这些昆曲的内容。有一次问娘舅，他扮个鬼脸说："天晓得。"我始终问不出个所以然。待到长大以后，才懂得他们都是缺少文化修养的文盲或半文盲，那里搞得清昆曲唱词高雅的辞藻。可怜他们为了糊口，在师傅讲了大概的剧情以后，硬是囫囵吞枣强记死背。每人大概在一出戏中起一个角色，背上十出正戏、五出悲剧，就勉强可以对付了。其中的佼佼者，像茂生那样，肚里有几十出戏文，挑重头起演主角是很难得的。这就是低层次的职业昆曲演唱者的底细。

到了上世纪30年代后期，堂会出现了"苏滩"和"评弹"两个竞争对手。我娘舅一伙背诵的昆曲固然像私塾学生背《论语》一般，就是听众也何尝能听懂"子曰"什么的，即使有文化的人，如非是昆曲爱好者，看过并记住唱本，否则也绝不能听得明白。而苏滩的说表全是苏白，唱词也通俗易懂，因此堂会生意逐渐被苏滩抢了去。至于评弹，素为苏人喜爱，评弹堂会又是安排在宴后，听众注意力集中，自然吸引人。特别是请到"响档"，届时左邻右舍闻风而至，坐不下，立着听，听者如堵，给婚事平添了几分热闹而喜庆的气氛。再说，评弹一般只是双档演出，比起十几个人的昆曲堂会和苏滩堂会，自然要简易得多，所费代价自是低廉。所以，评弹堂会兴起以后，富有竞争力，颇受办喜事的中小户人家欢迎。听众们真是些无情之人，他们原是吃开口饭者的衣食父母，他们的好恶取舍变了，谁也奈何不得。眼看说书先生身背琵琶、三弦，乘着黄包车忙忙碌碌去赶堂会，昆曲堂名们只能黯然兴叹。这种景况一如刘禹锡诗中所言："请君莫奏前朝曲，听唱新翻杨柳枝。"

我娘舅一伙终于卖掉了吉服，把营业范围缩小到专为丧事吹打和做道场去了。这时候，所幸我已长大并懂事，知道那种职业在社会上并不体面，绣花长袍也并不漂亮，跟着他们去喜庆人家吃白食是很不光彩的。一些下里巴人就是我娘舅那一伙，居然演唱阳春白雪，而且一混几十年，终于在历史潮汐的冲刷下败退下来。阳春白雪终于消失在下里巴人的饮宴上，没有人感到惋惜，婚丧喜事照常进行。我无从知悉这行当的全部盛衰史，它的起源和鼎盛时期我也并不清楚，但我有幸见到那还算兴旺的一段，它的衰落我也见到了。如今，这部盛衰史早已湮没。不用说年轻人，就是询诸同时代的人，对那类场面上的小插曲的印象也已荡然无存。我却至今忘不了娘舅抚着文生巾怅然若失的神情。

自从茂春堂大旗落下以后若干年，娘舅归真返璞，返我初服，干脆把堂名的生财盘卖了，伙计们也遣散了，他傍靠一个养子过活。每天清晨他必去三万昌吃茶。其时茂生在茶馆当跑堂，肩搭毛巾，手提铜吊，昔日的基本功尚未荒废，一声断喝："喂哎——开水来哉！"这声音穿堂过厅，盖过鼎沸人声，直钻进所有茶客的耳中。茂生还兼做穿堂小贩的管理工作，利用职权，雁过拔毛，每天从卖点心的提篮里无偿索取蟹壳黄两只，以孝敬昔日的恩师。我娘舅灌足了酽茶，两只蟹壳黄下肚，腆着肚子，踱到玄妙观前听书，或挤在人丛中看"小热昏"卖梨膏糖。他将着三绺长须，开心地笑着。他早已摆脱那行当的败落带给他的苦恼，这使我想起塞万提斯在《唐吉诃德》一书中，写到主仆二人返回家居的小村时，桑丘跪下来祈祷的一段话："我所怀慕的故乡……请你张开双臂，接受你的儿子吉诃德先生，他来了，虽然被别人所败，却是胜了自己了……"

我以为，娘舅他们行当的消灭是很自然的事，那种高雅的东西本不属于我娘舅一伙下里巴人的。他们的行当自生自灭，生时无人抚育，死后无人惋惜。一个昆曲史上的旁支的湮没只是时代洪流中一个泡沫而已，这正是："今日谢庭飞白雪，巴歌不复旧阳春。"

（原载《大潮集》）

昆剧何处去

一男一女从左右登台，打扮新潮。观众初不在意，以为必是对唱情歌的流行歌手无疑。一张口，居然是昆腔"思凡"一段，且用迪斯科音乐伴奏。唱下来，观众反应虽冷淡，但平心而论，这一举措，不失为一次大胆的尝试。盖近年来电视上出现了用迪斯科音乐伴奏的各种地方戏唱腔，昆曲则独"慎"其身，纹丝不动。上面所述的场景不过是新春佳节业余演出的一幕而已。

殊不知，每一地方剧种之诞生，是种系列工程创造。它的土壤是当地人民创造的文化，它的内蕴和外在形式是和谐的。不论外地人如何不能接受，当地人总感到十分亲切和习惯。流行性的舞台事物的引进、移植和创造权一般属于青年演员，以活泼和新颖取悦于观众中的同龄人。青年男女一旦接触外来文化和流行舞台表演艺术如同遇上流行性疫病一般，立刻被感染乃至上瘾，这是长期的文化禁锢遭到的惩罚。中国传统的舞台文化被挤压到动弹不得的境地，处境艰难的地方剧种因此产生一种错觉，误以为改革的出路就是引入流行性的某种形式，本文开始时描述的改革者们的勇敢尝试便是一个例证。他们的失败处，是离开了自己赖以存活的土壤，远非创造，只能称作简单搬用。搬用也是一种改革，只不过是不成功的改革而已。何况，人家从爵士到摇滚到迪斯科，也不断地在革新和变革。昆曲是极少数不屑尝试用迪斯科伴奏的剧种之一，它不会堕入到这种肤浅的诱惑场中去。像一个入定的老僧，摒弃一切非分之想，只图保持他固有的悟性。他的确保持了他纯洁的品质，但却因此不能在寻找改革之路的长途中迈出第一步。

其实，昆剧和其他剧种一样，并非是一成不变的。它本从流动和变化中形成，它的舞台表演形式、程式动作和唱腔，是在数百年间逐步完善的。昆曲自16世纪明代中叶始创以来，风靡一时，成为花中之魁、群芳之冠，在百戏园中领袖诸曲。之所以取得成功，并不是几个戏曲天才的随意创造，而恰恰是他们发现了世上诸多事物的奥秘，做了许多承前启后的工作才得以脱颖而出。昆曲的创造人大量吸收北曲的营养，用于改进、提高自己的演唱艺术。从清唱入手，创作"水磨调"，并采用了弦管乐器伴奏，最终超越了自己的学习对象，与"弋阳腔"并驾齐驱，开辟了戏曲的新时代。

一部中国戏曲史，各个剧种的此起彼落是寻常事，正如世上万事万物彼此取代消长一样。只有到了现代，在当今中国，某些人曾把某些剧种当做玩弄政治游戏和政治赌博的工具，对一出戏的态度居然成为革命与反革命的分界线。至此，戏剧已经不是娱乐，而成了政治斗争的手段。后遗症之一，便是某些剧种总是希望取得行政的支持和扶植求取生存，这在旧时代是不可想象的。所有的戏曲只能靠自身的青春魅力来获取观众的青睐，适者生存，陈腐者淘汰，无可奈何花落去，不可抗拒。

昆剧自明万历年间勃兴以来，几经起落。远的且不说它，直至半个世纪以前，又复有一个起落。在上世纪30年代前后，由于文人雅士们的支持，又得到几个实业界人士的解囊相助，昆剧曾在百戏纷呈的上海占有一席红毡。但那也只是昙花一现的事，前后不过六七年。南昆从1921年在苏州举办新型科班"昆剧传习所"以来，培育了不少毡坛精英。三年学成后，于沪上公演，并有名曲家客串助阵，盛极一时，饮誉归苏。而后不时去上海演出，据有"新世界游艺场"等阵地。乃至传习所改组为"新乐府昆班"，包租"笑舞台"为专演场所。三年多时间里，演出业务蒸蒸日上，演员声誉名噪一时。这就是昆剧光荣而短促的黄金时代了。这使昆班产生了错觉，以为站住了脚跟，意图摆脱资助者的羁绊而自由攀登，改组成"仙霓社"。在传习所成立十周年之际，假座上海大世界作纪念演出，雄心勃勃。殊不知，败莫大于不自知。十里洋场中的娱乐样式，有如层层叠叠的山峦群峰，竞争激烈，此时摆脱资助无异于自毁生路，攀登则已临绝顶。从此，昆班开始走向下坡，一蹶不振，一退而在小型游乐场混饭吃，再退而辗转于苏浙一带农村，最后不得不接受散班和衰败的命运。辛巳年岁完，1942年春，南昆黯然退出历史舞台。

　　一个艺员生命火花的闪光点就在舞台上，一个剧种的存在价值就在舞台上。退出舞台，如同春天的花朵离开了春天。有些昆班名伶的枯萎凋谢的景况，述之令人酸鼻。如原"仙霓社"的正旦王传蕖挑菜卖葱，沦为贩夫；名丑周传沧在永安公司附近摆拆字摊，算命看相，代写书信；周传瑛等改唱苏滩，浪迹江湖；刘传衡、方传蕴等栖身滑稽戏行列以糊口；更悲惨的是鼓师赵金虎走投无路，卧轨自杀；而红极一时的冠生赵传珺，竟在一个风雪交加的冬夜，饿毙在上海南市街头。人生本是一台戏，《绣襦记》中《当巾》有"跌雪"一场，赵传珺起穷生郑元和。舞台上的聚光灯照在他身上，汗水湿透了丝质的丐服富贵衣，他并非在皑皑白雪的田野里，而是在毛氄氄的红毡上，用虚拟的舞蹈性程式扑跌、翻滚，作种种冻馁状。一个漂亮的吊毛，全场轰然叫好，多年苦功练就的绝招在刹那间得到了补偿。但曾几何时，他却真的躺在冰凉透骨的雪地里。戏里的郑元和有人救起，赵传珺却就此告别了人间。悲剧的根源不在个人，个人是努力不过的，根源在于他们赖以托生的昆剧衰落了。

　　在这一次起落中，生死之间，南昆曾作过大胆的革新以求获取新的生命力。其时，上海报纸广告栏和街头海报上一时充塞"牛郎织女鹊桥相会，真牛上台"，"荒江女侠，空中飞人"。机关布景，连台本戏，满台刀光剑影。孤岛上的沪人为摆脱精神上的苦闷，追求新鲜刺激，素爱武打闹剧。"仙霓社"为适应社会需要，挣脱捆在身上的不准表演农民起义、绿林好汉和除暴安良等格杀打斗剧情的枷锁，向著名京剧艺人请教，练习武戏基本功，打破了原"夕全福"戏班基本不演武戏的传统，造就了汪传铃、方传芸等"传"字辈优秀武生、武旦。昆曲艺人身处百戏杂陈的十里洋场，注意向文明戏、绍兴大班、南北曲艺、滩簧戏和电影学习并吸取营养，广采博取，以提高和改进自己的演技。

而后，"传"字辈艺人们自己串排了大型连台本戏，如《奈何天》，情节曲折，黑白天王开打，紧张离奇，赢得了不少新观众。又有二十七名"传"字辈艺人，根据昆剧传统演出本《桂花亭》《天缘会》等折目内容，吸收文明戏的部分情节，改编串排成三台本戏《三笑姻缘》，挂牌为"采艳灯彩好戏"。在《王老虎抢亲》一台戏中，台上高挂五光十色形式各异的花灯，电灯熄灭，点燃蜡烛，满台灯影摇曳，别具风味，很受欢迎，一时卖座率颇昌。还有一年到南京演出，最后两场，为了招徕观众，挽回颓势，不得不请社会名人红豆馆主等客串演出。当天报纸上登了大幅广告称：南京大戏院敦请上海风社、南京宿彦、海内文豪、闺阁名媛、昆曲宗匠准于十一月二日、三日空前大会串，"仙霓社"全体演员陪串。

昆剧这一段戏改，最终未能挽回颓势，未能收拾住法曲沦夷的局面。它敌不过通俗文艺和新兴的电影等娱乐手段的竞争，以失败告终。它只是在舞台形式上作了零碎的革新，未能赋予昆曲以新的时代内容和新的表演程式。但这种种努力仍不失为是勇于革新的尝试，它记载了昆剧前辈艺人们创新的舞台实践，其中不乏生活辛辣之鞭的鞭痕。后人如若去仔细寻觅昆剧史上这一段崎岖小路上的踉跄足迹，去认真辨认革新车辙的顺逆，并循迹进发，那么，这次戏改便具有开拓后继通道的价值。可惜的是，后人的评说往往只是轻率地概括为迎合小市民观众需要的通俗化尝试而已，这不仅对改革先驱者们显得不公道，而且令人不安的是，它反映了对戏改的固有的抵触情绪。认为戏改会使昆剧失却它原有的高雅的格调和特色，为拒绝戏改过程中不可免的失败而拒绝戏改。这种情绪一直延续至今，在昆剧界占有相当的优势，致使在诸地方剧种中处境更形艰难的昆剧偏偏缺乏改革的紧迫感。高雅的确是昆剧的特色，同样也成了它的累赘，使得它在前进时举足趑趄。

在1982年假座苏州举行的一次全国性昆剧会演中，以《游园惊梦》中的一个配角为例，传统的花神是一个男性，且是一个穿着旗牌官服、鼻涂白粉的二丑。上海昆剧院改为一队手执花枝的仙女，边歌边舞，唱着"那化依牙海"，这充其量只算得是改革的一个小碎步。过去的剧本创作者，囿于条件，将花神派给二丑演，挂白胡子，涂白鼻子，赋予善良和诙谐的味道，应该说是合理的。他们无法预见到百年以后会有阵容庞大的剧团来演出杜丽娘。那么，按理说，条件起了变化，如若用十二名仙女来演花神原也是可以的，但却遭到护法者们的非议。他们认为，任何更动都是对传统的亵渎。那一次，同台演出的江苏昆剧院就坚持了正统原则，仍然让那白鼻子老汉去对怀春的杜丽娘作性的启蒙。争议似乎是一出戏中的不起眼的配角，一个小人物，是一件小事。其实不然，这涉及革新起步时的分歧，即要不要从革新起跑线上起步？戏曲艺术中的人物塑造是重要的艺术表演手法。历来戏曲革新往往从塑造新的人物开始，从现实生活中提炼出具有典型意义的人物，不仅能使某出戏显得充实丰满，且可以赋予剧种以新的生命力。例如况锺和娄阿鼠忠奸形象之于《十五贯》，在时隔一个甲子以后，其社会影响仍然存在。但一个非人间的神仙形象，除了囿于舞台条件外，总是应该考虑到人间一般的人物程式的。比如，把阎罗天子妆成花容月貌的仙子，便不近情理。那么，在白鼻子旗牌官当了近百年花神之后，换上一个女身又有何不可？受人间顶礼膜拜的观世音尚且可以是一个变性者，一出戏的一尊神何以神圣到这般地步？

那两次会演可算盛会，其盛况使一个第一次观看昆剧的人大为诧异。他好像一个音盲置身于外国交响乐团的演奏场，不知道观众为什么要鼓掌和在什么当口鼓掌。其时会场上不时爆发经久不息的掌声，特别对几位行动不便的"传"字辈老先生奋力登台，凡一拂袖，一捋须，咸报以暴风雨似的掌声。他后来忍不住提出问题道："谁说昆曲缺乏知音，会场里大多数观众全很懂行呀！"他说得很对，岂止懂行而已，开明大戏院楼下一千多只座位，有八百多是全国各地昆剧工作者。试想，这八百多人拍起掌来场子中是何等的气氛！这种现象可算作"相濡以沫"，场景热烈而背景悲壮。

地方剧种注定要走革新之路，而道路将是十分崎岖的。如今不允许持异议的政治也开明到容忍七嘴八舌了，但演给人看的昆剧却神圣到容不得看戏的人说三道四。护法者们说，昆曲好比一篇古韵文，不好改也不能改。有的则比作一把千锤百炼的好剑，如若再去敲打，只能坏了刃口。此等类比，如同辟邪符，不准异端乱说乱动而已。盖昆曲并不是古韵文，不是剑，只是戏之一种，一种戏曲而已。现在昆曲圈内或近圈处到处可以听见一片叫好声和廉价的同情声。其中，有些是官场套话，凡富有领导艺术者是知道说什么话的；有些仿佛是知音者，很难得看一场昆剧，却能洋洋洒洒著文评论昆剧的表演艺术，他们深知赞扬高雅的东西本身就是高雅；还有些是昆剧狂热的拥护者，真诚地关注昆曲的命运，对法曲沦夷痛心疾首，却缺乏勇气面对现实和去寻求改革的出路。凡此种种使振兴的口号只能成为咒语，或只具有心理上的慰安作用，而对艺术生理的治疗却回春乏术。

从苏昆剧团出去的一位"继"字辈演员戴上了著名表演艺术家的桂冠，不时出国演出，在国外的华侨社会引起轰动。但他的同门师兄妹们，却闲得渐渐发福。对掉落在快节奏生活搅拌机中的人们，忽然得到精神缓冲，沉浸在久已忘却的悠悠扬扬的笛声中，眼前拂动着华丽的绣花丝质袍冠，朱唇启处，一丝如游丝似的声气和着笛声飘浮在耳际。他们尽情享受着慢镜头似的古老戏曲的精髓，品味着熟悉而久违的艺术意境带给他们的回归感和平衡感。而国内昆曲演出场所却经常铁将军把门。人们涌向各类流行性的娱乐剧场和影视院，寻找慢节奏生活中不常见的强刺激音响以获得新奇感。好像西洋青年人掀起太极拳热，而中国老太太们跳迪斯科一样，又一如物理学家普律高津所称，人类和社会都是远离平衡态的耗散结构，需要在运动中求得平衡，求得有序化。难道昆曲只能静待着类似的平衡状态出现，以后才能东山再起吗？

戏曲的革新与进化就是各个剧种的兴衰史，植根于中国土壤上的中国戏剧是永不会消亡的，然而具体的剧种是会衰落和被取代的。所以，深知这个道理的昆剧各团对革新就有更多的紧迫感。全国昆剧指导委员会确定的方针是在三五年内以抢救为主，把"传"字辈手里的四百出戏全学下来。但剧团中人却认为继承与革新是不矛盾的，苏昆剧团昆剧队在向"传"字辈学习《琵琶记》中《盘夫》一折时，试行边学边改。过去，场面上只是蔡伯喈与牛氏坐着对唱，一唱到底。"传"字辈在演这出戏时，也曾删去了蔡伯喈交代前妻赵五娘的大段唱词。这一次，尹建民起蔡伯喈，宋苏霞起牛氏，深感这种宣卷式的坐唱形式过于刻板，与朱继勇一起探索，增添了情节、动作和说白，几位"传"字辈和"继"字辈一起观评了彩排，都说改得好。由此可见，继承与革新可以同时出发而分道扬镳，前者可以原封不动，后者不妨自由行动，庶可革新有望而元气不伤。

古老而高雅的昆曲，仰之弥高，钻之弥坚，改也难，但改也是势在必行的。

中国戏曲的传统艺术历经了千百年生活之火的锤炼，形成了自己脱胎于古老文化的完整体系。它打破了时空的局限，使简陋的有限舞台，可容纳千军万马驰骋。马鞭挥动，转瞬已千里；支颐片刻，八小时睡眠；以袖遮头，宛似风雪交加；双手一合，便算关门落闩。这种种表演程式和虚拟动作，加上富有节奏的音乐，用以刻画人物性格的脸谱，以及历史剧中人物髯口或水袖的运用，所有这些，都是世世代代艺人们从生活里捕捉住的本质的东西。夸张而真实，理性化而又富有美感，实属世界上绝无仅有的艺术风格，确为各国舞台上独特的表演手段。曾经名列中国戏曲榜首的昆曲，其艺术宝藏自是特别丰富，在用革新的斧凿去雕琢山石中的美玉时，自应十分小心。

清赵翼在《论诗五绝》中写道："满眼生机转化钧，天工人巧日争新。预支五百年新意，到了千年又觉陈。"

这岂止是论诗而已。

（原载《江南文丛》1990 年）

书场杂碎

徐珂《清稗类钞》说道："苏城操弹词业者之出游也，南不越嘉禾（嘉兴），西不出兰陵（武进），北不逾虞山（常熟），东不过松泖（松江）。盖过此以往，则吴音不甚通行矣。"

又，金孟远《吴门新竹枝词》中述及："苏州男女书场，均五六十处，书茶每座一百八十，日夜两场。听者云集，女客尤多。"

从有关资料看，评弹从明以来已历经三四百年，流派纷呈，名家辈出，可称得上千锤百炼。如若与北方鼓词、扬州评话、徐州琴书等作一比较，苏州评弹说表之细腻生动、曲调之柔婉清丽，自是其他曲种所不能及。但评弹最大的局限性，就是方言问题，出了江、浙、沪，就没有什么市场了。金孟远描绘的苏城书坛盛事是上世纪 30 年代的事，评弹鼎盛时期，苏州这样的府城，五六十处书场座无虚席。旧时太湖流域的苏、松、太、杭、嘉、湖六府所辖的四乡八镇，镇镇有茶座书场，县城当然更不用说了。听书的人，大半是鱼米两业的人员。一个小镇上的沿河两街，五步一摊，十步一行，这些人忙碌了一个早市，下午和晚上就得闲了。俗话说："下午皮包水，夜里水包皮。"就是他们的生活写照。"皮包水"就是到茶座书场去听书，捧着茶壶不停地往肚里灌水，晚上到浴室泡个浴，如是兴犹未尽，晚饭后仍可去书场消遣寻乐。其他如贩夫行商，得闲也钻书场。镇上住着的地主缙绅们，以及他们闲得发慌的太太、奶奶、浪荡公子都好此道。甚或待字家中的闺阁千金和已嫁的少妇，也逐渐开了风气，不再顾虑抛头露面和男女混杂，居然挤到状元台前，跷着兰花指嗑瓜子。一边交流社会绯闻，一边尖起晃动着镶金嵌玉的耳环的耳朵，品评和挑剔评弹艺人书中的漏洞。

状元台，好比如今内部演出的沙发座，坐着一些高级人物，便于在演出结束后按官序大小鱼贯上台握手表示慰问。那时沙发尚未进入生活领域。状元台，讲究的设两张红木或榉木八仙桌，三面摆着太师椅或靠背长条椅；马虎点的也有用长条桌的，桌后放几条百脚凳。这些特座是专为地方有身份的人设立的。有时座位占满了，身份高或辈分高的人后到，自然有人让座。及至后来有些泼泼辣辣的大户人家女客不谙规矩，乘自己高兴哄占状元台，往往败坏了书场规矩。更有一些地方恶势力，流里流气的便衣"包打听"，胸前挂着柿圆形徽章吃公家饭的，还有故意要破除封建礼教挂着三角形徽章的洋先生，或觊觎状元台的殊荣，或重视状元台的权威，不时引起口角纷争。以至到上世纪40年代后期，各个书场里干脆把这一荣誉座撤掉拉倒。

那时县城和各乡镇的书场，还起着类似外国"沙龙"的作用，亦有些像西洋的酒会，不过是以茶代酒罢了。下午一时半开书，人们在午饭后便络绎赶来了。辈分小的见长辈垂手称呼"伯伯""婶娘"；平辈亲友则执手拍肩"四官""阿六"地叫唤；文人雅士互尊"某翁""某公"；贩夫走卒则相戏为"傺只猢狲""赤佬麻子"。气氛异常亲切，场景多姿多彩。公子哥儿们大谈吃喝嫖赌，太太小姐们悄悄传递桃色趣闻，行商们乘机做几笔生意，文人雅士则平平仄仄诗词唱和。逢到某公、某翁访沪归来，或是去过省城之类，便成了众人艳羡的对象，围坐在其人四周，津津有味地听他讲轰动沪上的阎瑞生和王兰英的案情，或是在省城影戏院里看过一本徐琴芳主演的《荒江女侠》，好看到无法形容。

书场中应景而生的服务行业日益兴隆。中下档书场里雇的挑水担夫兼做小买卖，用酒盅做容器卖香瓜子或南瓜子。专司供烟的用长颈水烟筒插进出神倾听流着口涎的听客嘴里，用纸捻点燃，弓着身伺候他咕噜噜吸完一筒烟。然后用手抖抖烟筒嘴，算是卫生消毒，再插进另外一个顾客的嘴里，其服务可谓周到之至。及至上世纪30年代后期，洋卷烟打入各乡各镇，卖烟的改为在颈子上挂一只木箱，上格是白锡包、绿锡包，中格是美丽牌、白金龙，下格是金鼠牌、老刀牌，看人递烟，年终结账。城里的高档书场，用妙龄女郎卖烟，以广招徕。有些小吃和干湿点心，卖者多半是半老徐娘，食盒上写着广告："家庭精制，美味清洁。"到小落回休息，附近点心店铺中的伙计提篮挑担纷至沓来。"某先生一笼汤包，来哉！""某少爷一客汤面蒸饺，各位当心衣裳！"食品价钱越贵，喊得越响，吃客除满足口腹之欲，且同时有一种炫耀身份的满足感。

其时，省城和府城里只有少量影院和戏院，票价昂贵。县城里则多半尚未开设影剧院，唯一的娱乐场所便是书场。当时，说书先生的收入可谓丰盛。才出道的小先生收入就高于社会上一般人，红一些的先生说三个月书便置得起一所楼房，有的名家收入竟百倍于一般的职员。因而，大量的文艺人才纷纷加入说书这一行列，其中不乏有文才能编修书目的人。加上文人雅士的帮助，书的内容不断充实更新，说书先生说、噱、弹、唱的技艺日臻完美。单以唱腔而论，近半个世纪新形成了十余流派，一人登台的叫单档，两人分上下手的叫双档，还有三档的。放单档的一般具有独特的天赋，生、旦、净、丑，行行都拿得起，说、噱、弹、唱，件件皆能。一些名家称为"响档"，响当当的意思。一个"响档"的出现，一种流派的形成，往往经过几十年的修炼。有一个红遍江、浙、沪的海上名家，创造了一种情韵双绝的唱腔，脍炙人口，国人皆知之。但他也经历过一段坎坷的道路，开始他在一个离苏城几十里的小镇上试唱，听众不能接受，一哄而散，行话叫做"漂脱"。他只得在大雪纷飞中身背三弦，黯然步行返城。往往，出一个"响档"，同时就完成了一部书的整理，从此靠一部书走遍天下。常有一部书说上一年半载的，越说越细腻，书中人物一个个活脱脱地站得起来。小姐下楼梯，一级楼梯说一回书，十八级楼梯下完要说个把月，人物心理刻画得入木三分，铺陈手法宛如现代的意识流，又如男女主角演对手戏时的慢动作镜头。说书人不时放噱头，不断引起哄堂大笑，每回结束，终要卖一个"关子"，就是如今所说的设置一个"悬念"。就口头说唱艺术而论，苏州评弹在上世纪 30 年代中后期已处于巅峰阶段。

再说听众，说书人称之为"衣食父母"的。上文所述各色人等，有的是闲情暇时，这是评弹得以生存发展的先决条件。听众大半可谓资深，从老一辈携幼将雏带着他们去接受评弹艺术的熏陶，一直到他们自己进入耄耋之年，风雨无阻年复一年，书场的长凳都被他们磨出深深的印子。一些老听客，一辈子不知听了多少遍各种版本的《描金凤》或《玉蜻蜓》。几十年下来，对这些书已滚瓜烂熟，虽不会登台依样画瓢，但"捉扳头"的资格绰绰有余。这些资深听众，捧着茶壶，上身俯趴在桌上，眼皮合拢，像是瞌睡虫已经钻进鼻孔，从不正眼觑台上一眼，但令台上先生心里敲鼓的却正是这些仁兄。他们的耳膜像功能齐全的收录机，说书人的每一句唱词或说表都被印嵌入他们的大脑。说书的说表讲究脉络清楚，比如说到"端起茶杯呷一口"，下面如若尚未交代"放下茶杯"，就打躬作揖，这显然就有"漏洞"或破绽可抓了。说不定下面打瞌睡的仁兄顿然间睡意全消，拎起茶壶盖像打铃似地敲打几下，冷冷地朝台上喊道："喂，先生，茶杯要打脱哉！"台上的先生只得尴尬地接受批评，拱手相谢道："多承指点。"此种精神如今已不可见，不论谁，如若对正在从事某项职业操作的人提点意见的话，少者享受几个白眼，甚者被回敬一声："十三点！"可见，那时评弹技艺日有长进与这种群众监督大有关系。有些县城中的票友，还办有《书坛评论》之类的小报，说书先生对这些评论家十分敬服，剪书时还须破钞请他们上酒楼小酌，这就是如今"茶话会"之类的东西了。

还有一种免票进场的，倒并非是什么恶势力，多半是买不起书筹的角色。其中大半是放学后夹着书包飞奔而至的莘莘学子。其时大小书场都立有规矩，只要不占座，靠壁倚柱，便不需买筹，这名堂叫"听蹭书"。蹭者，倚物而站立也。这一手之高明为书场立法者自己所始料不及，叫做"无心插柳柳成荫"，其结果是培养了一代又一代忠实听众。待到这些小听众长大，听上了瘾，已欲罢不能。如今戏剧界普遍不甚景气，令人忧虑的还不在于台上的后继乏人，最要紧的倒是台下的听众少了。听众中的年轻一代，对地方戏剧接触甚少，无法领悟其中的好处。就像几十年前的那位海上名家在小镇上"漂脱"一样，饶你头等技艺，也只是"俏媚眼做给瞎子看"。听众结构的变化给评弹，也给书场带来了灾祸。

昔日的听众在时代的浪花中流失。捧着茶壶专"捉扳头"的仁兄们如今已届风烛残年，真正被瞌睡虫所困，已无福再消受这曾经带给他们无穷乐趣的"书乐"了。那些"某公某翁"俱已作古，鱼摊米行，早已不复存在，浪荡公子或娇小姐们也大半进入机关学校，操其书稿或粉笔生涯。所有公职人员无一例外须遵行八小时工作制。上述种种，终于悄悄地摧垮了评弹大厦的基石。

致命一击是"十年浩劫"。所有的评弹书目都被判为"封建糟粕"，即便是新编的现代书目也都挖出了"反革命用心"，几乎所有艺人都成了"黑帮"，所有的书场都被红旗掩没，被震天价的口号撼动得簌簌发抖，婉转清曼的名篇《宫怨》被那个褒姒式的人物判为靡靡之音，这就导致了对所有开篇的否定。但造反派们也网开一面，允许评弹唱八只样板戏，艺人们战战兢兢用高八度的吼叫来表示自己对革命的拥护，起英雄杨子荣的坐高椅，起匪首栾平的坐蒲团，以表示革命与反革命不能平起平坐，然而栾平也须手操三弦弹唱，坐在蒲团上中气提不上来，好在反面角色只能低声细气，也就罢了。这不伦不类堪称书坛史上一绝，可惜听众倒足胃口。被批为"为消闲阶级服务"的评弹终于被禁绝，书场改为"大批判会场"。

及至丑帮粉碎、河山重光后，评弹重振旗鼓，艺人们翻箱倒笼温习弹词唱本，登台重作冯妇再施故技。当人们十余年前稔熟的各个流派曲调回响在书场上空时,听众的眼泪水都流了出来。徐派唱腔的创立者，昔日红遍苏、沪的徐云志老先生，在垂危之年终于遂其所愿，登台唱了一只开篇，引起苏城轰动。那时苏城几万只有线广播喇叭，中晚播放两回评弹。每天吃过晚饭，家家户户、老老小小围着小木匣犹如今围着电视机一样。不论走到哪个街巷，从各个窗口里都传出弦索丁冬、吴侬说表和浅吟低唱，真可谓达到倾城唱和的境界。评弹史上又掀开了新的一页，是云开处出现的一泓青天。

然而，谁料得到这种局面只是虚假繁荣，不久便盛极而衰，犹如茂盛而喧闹的夏日终于逝去，"秋风生渭水，落叶满长安"。虽然,比之昆、苏等剧种，评弹的衰败进程要缓慢得多，在现代化娱乐手段尚达不到的偏僻乡镇的茶馆书场里也仍然人头攒动，但细察动向，恐终究敌不过多数地方戏曲全面颓落的趋势。

说到底，观众结构的变化以及现代娱乐手段威胁着评弹艺术的生存。当然，评弹自身也要改革。电视台里已经播放过用迪斯科音乐伴奏开篇，我赶紧切断电源开关，并且想，不知有一天迪斯科会不会改革用琵琶弦子伴奏？总之，评弹艺术腾飞的光焰已逐渐黯淡，不景气时期来到了。苏州城里晚饭后围坐在小木匣旁聆听"空中书场"的忠实听众只剩下一些白发人，电影、电视、迪斯科舞场和流行歌星演唱会拉走了家庭中的其他成员，采用"道尔贝"CP55、四声道立体声光还音降噪系统设备的影院前人山人海，苏州书场前却是门可罗雀，街头巷尾纳凉人群中收录机里播放出强劲的现代音乐，它们的音响盖过了琵琶、弦子微弱的铮铮声。

苏城的书场如今萎缩成两家，且都取消了夜场，改为放映电影、录像片，或租给杂技团表演"美女斗蛇"。叱咤的武打音响代替了呖呖莺声，在耀眼灯光下出场的美女不再怀抱琵琶，却任白玉似的脖子上盘一条花花斑斑的大蟒蛇。于是，公众代表纷纷投书质询，对此种不伦不类、公然扼杀文化事业的行径表示极大愤慨。但文化行政长官的案头却放着书场经理经营亏本和要求转业的报告。市场机制就像那条在书场里昂首吐舌的大蟒，傲然接受观众的高声喝彩。评弹，这枝有些萎谢了的江南奇葩，还能不能指望它有一天会"雪消门外千山绿，花发江边二月晴"呢？苏州书场里改装为现代化饰壁的铝板，沉默且泛出寒冷的光，场正中为夜场迪斯科舞悬挂的激光球闪闪烁烁不置一词。但最近从太平洋彼岸传来了一则值得注意的信息，说是那里掀起了一股说故事的浪潮。这不知是一时的新奇感所引起的辐射热，抑或是一种快节奏生活下逆反心理的外化？如若其中载着一些有规律可循的东西，那么，不妨做耐心等待，静候那时机的到来。至于从事评弹业的人们，但愿他们坚定为艺术而牺牲的信念，"无迷其途，无绝其源"！

写于 1984 年 12 月

残芥

芥者，纤细之粒，更何况这些须小芥已残破颓败。园名"残芥"，定是主人过谦之词，但主人摇首道："不然，园林之道，须弥藏芥，咫尺山林，如若胸有丘壑，则大小随意，自会有物外之趣。"

主人引我入楼之东侧，穿过一个小天井，迎面一垛粉垣，中嵌一月洞门。双扉轻掩，推门则戛然作响。年久失修，园景已荒芜颓圮。乍一看，有如入《聊斋》中所描述的意境：竹树蒙翳，景物阴森，杂花丛丛，半没草莱。亭阁间悬蛛错缀，榛芜中虫声唧唧。

"如是凄风苦雨或残月重云之夜，那墙根下冉冉冒出一个髻云高簇、莲钩蹴凤的白衣丽人来，我也不会惊讶的。"

"就是旁边还跟着双鬟婢或长鬣奴，和这环境也是很匹配的。"主人笑着应和，并告退说有事要出去一下，请我自在领略。

园呈四方形，围以高墙，剥落的粉墙上布满爬山虎等藤蔓枝条。就在这四围高墙内，说也不信，全园总共占地两分半，合一百五十平方米，若和苏城十余家开放的园林相比只相当于一厅、一轩，或一庭的面积。在广漠的天地间说它小如芥粒，确也恰如其分。就在这芥粒中，有如精细的微雕似的，匠心独运，利用有限的空间，将湖石、亭阁、花木、水池等用心配置，因此小而唯见其巧，密而但觉其幽。和谐得体，古朴雅致，组成曲折高下、富有层次的景观，具有古典园林特有的潇洒气质。移足其间，涉步成趣，举目四顾，宛如徐徐展现的一幅水墨长卷。

园首置一湖石峰作屏障，右侧紧靠界墙设山石一座，中有石洞。

入洞循蹬而上至一半亭，亭名"括苍"。依壁而建，四柱重檐，内柱间虚设窗棂，扩大了空间感。平栏上一排鹅颈椅，可凭栏而观全景。出亭，扶石栏过小石桥，桥架于嵯峨怪石之间，如习沈三白《闲情记趣》中的神游一法，俯视时拟以万丈深壑观之，亦不免神夺股栗。寻级而下，水池居园之中，池壁叠砌湖石，一处堆成踏步伸展入水。池边散坐着石矶，水池四围的小径后疏植山茶、紫薇、金桂、腊梅四季花木。一株百年黄杨挺立独秀，墙角多处缀以花台，植红牡丹、白蔷薇、立石峰、石笋，构成一幅幅独立小景，无不清雅可观。为了弥补高墙阻狭之感，墙间多处开有漏窗，砌着花卉图案，木香、凌霄等攀缘其间，茎垂金缕，花串璎珞，顿使刻板的墙面富有生气，活泛了有限空间的层次变化。

主人自携一托盘入，上置酒具二，菜数碟。宾主席石而坐。时近薄暮，日已西沉而月未升空，几点疏星当头。残芥园地处小巷内三进厅堂的东后侧，远离市尘，十分幽静。这些年来，苏城人烟稠密。市政当局为保护古城，不准修建高楼，因而三四层楼鳞次栉比，竟无一清静地可觅。我临街居家，喧闹的市声终日刺激着神经，今日小坐残芥园中，如入世外桃源，真料想不到苏城还有这样一等去处，竟还残存着一所私家园林。

"这就是又小又破的'残芥'的好处了。"主人扶扶他的圆镜说，"小，不引人注目；残，不惹人眼红。"

"这是一种规律的发现么？"我哂笑说。

"规律两字说不上，只是一种哲学观点而已。有好多关口，它都平安过来了，甚至红卫兵也忽略了它，只是因为它小而残。"

"但它明明是一件艺术珍品。它比一颗宝石要大得多，而残破恰是它的美的另一种外在力量。"

"并非所有的人能够认识它的价值。对我来说，我希望懂得它价值的人越少越好。你过去不也是缺乏欣赏它的眼光的吗？"

"是的，但在烦嚣的生活海洋中颠簸了几十年后，我终于懂得了这是一个宝岛。"

"你这种认识恐怕与时代不太合拍吧？"这回轮到他来哂笑了。

"不然。"我沉思说，"否定所有不同的合理的爱好而纳入到单一的格调中，如同要求多彩的大自然中只能有单一的颜色，是徒劳无益的。我想，承认残芥园是一件珍品，是文明的产物和文化的结晶，正符合当今时代的精神。"

"的确。"主人高兴地说，"我父亲在购置这所园子时曾盛赞过'残芥'是艺术大师的心血结晶。我幼时在严父督责下习画，《芥子园画谱》令我生厌，但'残芥园'的种种却使我着迷。父亲为人变通，就令我以这园子为活画谱，拜自然为师，临摹水石花鸟。后来父亲承认我的画比他活泛，有自然之趣。可见，文化各个领域都是相通的。"

主人是苏城著名的画家吴救木先生。他善于汲取古代名画家的神髓而又刻意创新，终于形成自己特有的风格。他的师承我只知源出于他的父亲，却不知他的老师中还有"残芥"这样一位自然高手呢。

（原载《瞭望》1990 年第 10 期）

寻芳客

苏东坡《虎丘寺》诗云："东轩有佳致，云水丽千顷。熙熙览生物，春意破凄凉。"明末清初吴梅村《虎丘中秋新霁》篇末有"凄凉阖闾墓，断礮起松声"句。

为何这等凄凉？就是除了写景的作者外，再没有其他人了，唯有春意盈盈的众芳破除一些凄凉的意境。阖闾墓前，寂无一人，风过处，但闻一派飒飒作响的松涛声。无怪乎咏苏城园林之胜的古诗文中充塞着岑寂、静僻、幽深、杳冥、清冷、萧条等字句。嵌着"幽"字的景物比比皆是，如小径叫幽径，看景的人叫幽人等，一只扑扑飞去的禽鸟叫野鹤，在高枝上不停聒噪的叫病蝉。那些个建筑物也被形容成很凄凉败落的样子，叫做寒庙、萧寺、清斋、愁刹、败舍。脚踏的是危台，抬头看到的是颓檐，左面大概是冷竹，右面便是疏篱，前方是荒村，远方是独峰，峰下是野水，水上漂的自然是孤舟了。

但如今的虎丘却已景物全非，成了一等的热闹去处，人挨人，人挤人，全是寻芳探幽之客。寻芳总是寻得到的，四季异花不断，幽则对弗起，早已无影无踪矣。寻芳之客摩肩接踵，西洋人、东洋人，横渡太平洋的、跨越大西洋的，加上操着各种方言的国人，但闻异腔怪调，一片啰唝。人们要花大力气讲话，才能使对方听到。古诗文中那些常见词从此与虎丘告别。无怪乎有些慕名而来的洋人，在如潮的人浪中大发脾气，说什么要提出抗议。他能抗议谁呢？不正因为有了他这样一个大个头，小小的虎丘又增多了一份拥挤么？他固然是万里迢迢特来瞻仰中国的古典园林的，那么，同样万里迢迢赶来的成千上万的异邦人士，不也都是想来领略一下这异国情调的旖旎风光的么？再说我们的国人，从南海之滨，从冰封北国，从天府之都，从渭水两岸，从四面八方不远千里而来。他们虽尚无出国旅游的条件，但如今已是国内旅游的有资格人士了。我们的同胞们在人浪中推来搡去，就像鱼儿在波涛中嬉戏。他们本来是在初一十五的庙会赶集中成长大的，或是在上海老城隍庙、北京王府井厮混惯了的，遭此境遇，自然毫不在乎。

平心而论，一个古典园林，到处站满了人，而且都是现代人、现代装备，奇装异服，花里胡哨。太阳镜、照相机，淹灭了山石亭台，遮没了林木花草，人声鼎沸压倒松声，国际香型代替兰芷芳泽，也委实有点煞风景。古典韵味全无，雅致景象顿失，非唯格调破坏，抑且滑稽可笑。按销售的门票来计算，苏州园林的每一平方米就有一个人在位。幸亏人是流动的，有进有出，或吞或吐，否则古典园林岂不成了现代人林？国内名流已多次发出呼吁要重视园林保护问题。国内研究会多如牛毛，但至今尚未有一个研究会将此棘手问题列入研究项目。更使人惶惑的是，至今也无有关这方面的国外先进技术可以引进。中国的古典园林在世界上是独一无二的，它发生的问题也就恰恰是无可借鉴的。经过反复的调查研究，有关当局终于作出了提高票价以限制游人的决策。但门票价格的增长，并未难倒千里或万里专程来苏的中外宾客，门票的出售数目有增无减，古典园林仍然淹没在呼啸而至的人浪中。

远隔重洋的异邦人士自幼受到彼邦彼国特有的文化和风土人情的熏陶，他们自幼嬉戏在诸如大斯斯摩吉山等公园中。这些场所一般以大片草地和林木、大丛奇花异草取胜。当他们跨入苏州园林窄小的黑漆石库门时，往往掩饰不住怀疑的心情。但当他们徘徊在曲径间，眼前呈现出小丛的石笋竹群时，当他们徜徉在迂回的长廊上，透过形形色色的漏窗，凝视错落有致的亭台楼阁、水塘、水榭、疏密不一的花木时，他们的心胸便会感受到东方文化精品的冲击和震撼，情不自禁地发出"太美了""真好"的赞叹。但东西方文化格调的差异和隔阂，个人接受异邦文化的局限性，除了一些中国通之外，绝大多数人不可能也不会去做深入领略。他们对网师园和沧浪亭之间不同风格和景观的辨别，如同我们游逛他们公园时的观感一样，不会也不可能去细加品味。虽说18世纪西欧园艺也和中国园艺风格曾有所交通，前数年美国、西德等地也修建了一些中国式的园景，但那影响毕竟是微乎其微的。如同鱼翅、海参吃腻了也会味同嚼蜡，来苏州游览的外宾，逗留两三天，便对园林失去了新鲜感。但以独一无二的园林引为自豪的主人们，却不停地为恢复或重建另一批园林而奋斗，按他们的术语叫做"开辟新的旅游资源"。他们还想出一手高招，令导游告诉客人，他们所看到的五六所园林只是苏州园林精粹中很小的一部分，希望他们下次再度光顾云云。客人们照例礼貌地表示惋惜，申述自己具有同样的愿望。有的甚至夸张到双手合十眼睛翻天，高叫一定要故地重游。凡此种种，使主人十分开心，大大增强了主人扩展对外旅游业务的信心。他们并不去统计这些反馈信息的兑现程度，只是深深陶醉在自己的招徕术中。

再说国内的旅游者，人多势众的是青年游客，其中不乏近邻的上海青年。他们用所能搞到的现代装饰来打扮自己，并倾其所有把他们的女友配备得珠光宝气，成双作对蜂拥而至。拙政园对面的足球场般大小的停车场歇满了旅游车和摩托；更有一辆辆的公共汽车，满载从铁路和水路来苏的旅客，加入这汹涌的人群中。拙政园的大地在这支旅游大军的践踏下，呻吟和颤抖。人们高举各式照相机拥进园中，首要的任务便是占据有利地形，玲珑的假山上，池水的台阁边，小溪的石栏旁，朝阳一面都被捷足先登者占领。男的支起三脚架，呼朋引类；女的打开手提包，取出化妆盒，再梳云鬓，重点朱唇。围着他们的都是作势待发的候补摄影者，待等喀嚓一响，便抢上前去。这些候补者们的大队伍阻塞了通道，遮掩了景观。哦，这是多么喧闹的春日啊！这些焕发着青春朝气的男女是多么快乐！在他们看来，苏州所有的园林俱为一母所生，面孔一样。他们之中多数对园林的无知程度，不亚于从太平洋彼岸来的人。但他们无疑是些聪明伶俐的人，朝着人群翻滚的地方冲去，十不离九，那准是名园中典型的景观所在。他们为了抢拍一个镜头，不惜相互斗嘴拌舌，使出了软的硬的浑身解数，终于，在他们一生中永不能忘怀的日子里，在各处名园中留下了双双俪影。这就是他们苏州之行的全部。当他们筋疲力尽回到旅游车上，谈起对园林的印象时，男的会说"吪白相头"，女的则揉着高跟鞋在假山上下时扭痛的脚踝，娇滴滴地说道："阿拉在假山上照的相老嗲格！"可叹长江后浪逐前浪，仅上海一地，按计划生育标准计算，每年新增约十来万青年，这些新增的旅游者可令苏州园林永无宁日。

其实，苏州园林之精致，完全可与《红楼梦》中描述的大观园相媲美。如今，光顾园林的寻芳客中最引人注目的一群要算得是"刘姥姥"们了。苏州市郊和市属各县的中年以上农妇们，仍然穿戴着她们祖母辈的衣着，这使她们同城里的新潮妇女大相径庭。在城里的年轻姑娘眼里，她们如同画里的少数民族或电视剧《红楼梦》里的刘姥姥，她们梳着一个盘龙髻，用红绒线把总，插一根碧玉簪，拖着红流苏，有的还插上几朵鲜花，青布包头，上身穿紧身小袄，下身长裤上罩一条打褶的超短裙。这些年来，她们所从事的副业，收入可观，改变了她们在家庭中的地位。过去，男人们到镇上坐茶馆听书，她们一年到头只能喂猪做饭，远去河滩头，近靠灶前头。如今她们神气了，肩上斜挂一只黄色的朝山进香布袋，那是出门的借口，手提一只时髦的人造革皮包，内装日用品和干点心，开风气之先，到市里旅游来了。她们整齐地排着队，一色的装扮和配备，迈开在田陌上走惯的大步，先去西园大雄宝殿烧炷香，接着，便目标明确地奔赴一个个园林。她们用编织精巧竹器和篾席的粗糙的手抚摸明式红木家具，用略略昏花了的眼睛欣赏华丽厅堂中的珍贵字画，她们弯下腰穿行在狮子林的假山石洞中，春风把她们的嬉笑声传送到吹皱的池水里和嫩黄的迎春花丛中。

"阿姊，阿要歇歇呢？"

"走呢，走呢，还有不少地方要白相呢！"

"倷说好白相勒啥地方？"

"园里景致像画图里一样，像戏台上布景一样，阿要有趣。"

游园的最后一个节目，照例是老姐妹们团在一起，请园林的摄影师照一张彩相。她们把黄布袋拉到背后，脸上密布的每一道皱纹里都透着掩饰不住的欢悦，瘪嘴嘻开过大，有点不大雅相。摄影师平日总要求照相者要面带笑容，但眼见摄影对象们笑得太过分，便再三招呼道："阿婆、阿嫂，真正对弗起，请大家合拢嘴巴！"

这当然是办不到的。你说，已经笑开了的嘴巴，还能合得拢吗？

（原载《瞭望》1990 年第 43 期）

不要忘了母亲河

一个江南小镇，曾经是我的一个梦。

在半个多世纪前，为逃避国民党的追捕，我藏身在一个叫菉葭浜的小镇上。掩护我的是一个过房亲罗思复，他是镇上的首富，开着糟坊、酒楼。在他住宅后门的河滩头，歇着一只小船，如有情况，我随时可以登船离去。

那时，菉葭如同江南水乡的所有小镇一样，如同《早春二月》或《林家铺子》中展现的那样，蜿蜒而过的河流是小镇的生命线，滋养着小镇。依赖着这活泼的流水，小镇就像一簇水上睡莲，吮吸着河流带来的无穷无尽的养料。沿着河流的两岸，商家鳞次栉比。从四乡拥来的船只，停歇之后，把缆绳拴在驳岸的石鼻上，各奔前程。渔行的河滩上歇着舱里跃动着新鲜活跳鱼虾的渔船；米行或碾米厂的河滩前，排列着装满金灿灿的稻谷或糙米的船只。弥漫着水汽或酒香的茶楼、酒馆的堂倌们热情地招呼着靠岸船只上的客人。船上的女客，发髻的玉簪上晃动着鲜红的流苏，绣花的青布短裙款款的摆动，嘻嘻哈哈进入百货店或吃食摊。老农们戴着毡帽，束着从腰间长垂到脚背的竹(战)裙，手擎一根旱烟管，到茶馆落座，或者到熟悉的店家做客。几乎所有店家的店堂门口，都备着长凳，老板热情地奉上一杯酽茶，敬上一支金鼠牌、老刀牌香烟，主客絮絮说着乡镇间的新闻和家常闲话。

太阳懒懒地照耀在河流上，船在河道上横起阵阵漪涟，水波晃动，把乱舞的光影反射到被河流揉搓得凸凹不平的驳石上，真是水乡小镇的一派风光呀。

你站在小镇的桥上，看着熙熙的人群，耳边听着鼎沸人声，商家讨价还价声、摊贩的吆喝声、碾米机轰鸣声、铁匠铺叮叮的敲打声，真是一派生机呀。

太阳西沉，到了落市的时候了。农船已先后离去，店铺噼噼啪啪上着栅板，小镇炊烟四起，河流趋于平静。

小镇简易的发电厂开始供电，店家临河小窗里的光亮投在疲倦的小河上，河流颜色变深，像一条飘动的蓝绸带。有时，一条晚归的农船划过，船尾行灶的火光把摇橹的村姑的颜面映成胭脂般的红润。

河流是江南小镇的乳母，小镇吮吸着母亲的乳汁。它生机勃勃，它的独一无二的风采，全靠河流这高明的画师描绘出来，它的欢愉和繁荣，全靠河流母亲的赐予。

"十年浩劫"之后，我到菱葭探望远房亲戚老罗。菱葭浜已经改名为陆家浜，一个与水生植物有关的美丽地名从此消失，我有种不祥的预感。果不其然，待进入街口时，我不禁惊呆了。穿越小镇的河道已经无影无踪，昔日水乡小镇的风采也随之逝去，这当然是改天换地"英雄"们的伟大业绩了。罗家过去枕河而居，如今河道填成马路，路上汽车往来，屋内门窗震得咯咯作响。我离开这一带的几十年间，常常梦见像菱葭小镇那样使人心醉的景象。我在离开陆家浜时，我的梦破了，我甚至不愿对这尘土飞扬的丑陋的小镇再看上一眼。

你知道我为什么要写这个乏味的小故事吗？这是因为我看了《名镇世界》中一篇题为"乡镇建筑形态的六大原则"的文章，其中一节"乡土之特"，所言极是。文中提出要注意"河湖桥之景"，那么，什么是江南小镇之"特"呢？我以为，就是这种依河而居、依河而商的生活情趣。

不要忘记这"乡土之特"，不要忘记母亲河，不要忘记老天赐予苏南四通八达的活水。哪怕你成了大款，发达了，发迹了，有了高楼大厦，但是如果你忘记了母亲，你仍然是丑陋的。

（原载《名镇世界》2000 年第 4 期）

两访周庄说观念

一个地处偏僻出入不便的小岛，十余年间，竟一跃而成名闻中外数一数二的名镇。车水马龙，商贾云集，宾客盈门，极一时之盛，每年接待中外旅游者达一百五十万人次。

周庄之所以能有今日之局面，粗略道来，原因大致有：

1. 正因为它四面环水，往昔与世隔绝，它原有的风情容貌得以保存，未遭现代化的侵蚀，遂成稀世珍宝。

2. 机遇。像周庄这样的古镇，尚有若干，周庄何以能独占鳌头？陈逸飞一幅画把这颗江南明珠推到了世人面前。更重要的是，正当其时，国内兴起了旅游热潮。即以上海一地而论，每天来周庄的旅游客车歇满了停车场，在拥挤的人群中，随处可闻"阿拉"之声。

3. 昆山市委的支持，涌现了一批市场经济大潮中的弄潮儿。他们善于捕捉商机，擘划经营。如撤走所有居民，另辟新区，镇上全部成为商户。又如及时建成连接大陆的大桥，昆山市委书记亲自指挥"三线"入地等等。

4. 新闻媒体之炒作。报刊上连篇累牍的报道，电视连续剧和风光片之推出，使国内旅游者有"不到周庄非好汉"之叹。

5. 周庄名人是明代大款沈万三，投合而今人们的拜金心绪。用直虽拥有陆龟蒙和现代名士文豪，却远远不敌人们参拜沈厅的热情。同里虽拥有大量明清古建筑，却比不上张厅热闹。

6. 充分利用四面环水的特色。小镇内河和镇外湖荡扩大了旅游资源。

我是昆山人，十余年前第一次去周庄，去年金秋重访，周庄的巨变使我禁不住执笔来谈谈感受。

十余年前去周庄，见到镇上的书记老陈，原来他是和我共过事的熟人。他陪我到镇上转了个圈子，老实说，这样的水乡小镇，我见过不少，感觉上没有什么特别。

站在富贵平安桥头，放眼望去，河南岸有两处房子的屋顶盖的是红瓦，我对老陈说："这红瓦，不和谐，破坏了古镇风貌。"

老陈说："我有什么办法？他盖红瓦，我能干涉吗？"

我建议立个法规公约什么的，加以限制。这两家盖红瓦的，应该改换黛瓦。

"谁给钱？我镇里可是没有钱。"老陈摇摇头说。

沿着河岸走，两旁都是住家，间或有百货店、烟酒铺、布店成衣铺。店伙计被称作"扒柜台猢狲"的，大半闲着没事干，不是打瞌睡，就是在聊天。街道窄得容不得两人并行，面对面的店铺伙计可以相互握手或叙谈家常。有几家点心铺子，卖馄饨、馒头，或赤豆酒酿的，生意也冷清得很。

"不是常有上海人来玩吗？"我问。

"有倒是有，十来个几十号人，乡下什物他们看不入眼，走一转就回去了。"

"不好想点办法？呃，就是在头脑里多装点商业经济观点，想点办法赚城里人的钱，市场经济么。"

老陈点点头，又摇摇头，一脸没奈何的神色。我知道他想说什么，他会说："讲讲倒容易，做起来难。"但没有说出口。从前，我在他们眼里，是个知识分子，只会夸夸其谈。

"你说说，行吗？"我又问。

他吞吞吐吐说："讲讲倒是容易的……"果不其然。

中午，是老陈在镇政府后院楼上请我吃饭。清炒虾仁，看色泽，看大小，看入口的鲜嫩，确是刚出水的清水河虾，满满一大盆。我不由得说："够三四个人吃的，量太多了。"我倒并非嫌多，我脑子里确是多了些市场经济观念，心想，如果做城里人生意，犯不着那么满满一盆的。

"多吃点，很新鲜的。"老陈很好客地说。

又上了一只红烧蹄髈，浓油赤酱，香酥无比。昆山请费孝通先生吃饭，我见老先生不停下箸，可见此物很对他的胃口。其实，蹄髈这东西，只要选料好，作料好，特别是火功到，没有不成功的。

看着满桌佳肴，我问道："这一桌要多少钱?"

显然，这种问题从礼貌角度是不该提出的，老陈只是摇手道："不值多少钱的。"后来他知道我并无惠钞的意思，而是作市场经济调查，便答道："一百几十元吧。"

我又问："如果我要订一千元一桌的酒席，你周庄能做出来吗?"

老陈不假思索地说："做不出!"

"五百元一桌呢?"

老陈又断然说："做不出!"

我告诉他北京王府井好几家饭店一桌菜要好几千，甚至有上万的。

老陈说："北京是北京。"

握手告别时，老陈说："欢迎再来指导。"我说："如果身体许可，十年后再见。"

去年金秋，二访周庄。车至离周庄靠十里的锦溪，大幅路标箭头所向有四个大字：古镇周庄。

离跨周庄的大桥一百几十米处，店铺鳞次栉比，两旁排列着密密的三轮车，我问周庄人："究竟有多少辆?"答称："七百多。"我又问："有生意么?"答："就是因为生意好才有那么多。"回答的精确性，就是市场经济学者怕也不过如此。

入镇，我四处瞭望，总感到天空特别清亮。导游说："上个月，昆山市委书记亲自督促把周庄的"三线"埋入地下，还上过电视哩！你看，那些蜘蛛网似的电杆木、电线、电缆都不见了，当然清清亮亮的了。"往前走，我认出了原来的镇政府，对面有一家大宾馆，我们的车子就停在里面，我问导游："这样的大宾馆，有那么多客人住么?"

导游回答说："像这样规模的宾馆，镇上有四十多家。"她顿了顿介绍说，"饭店有一百五十多家。"

宾馆隔壁，就是一家蹄髈店，陈列着一排排烧得浓油赤酱的蹄髈。我买了一只二十五元的，店家当即用真空包装机封口，我不由得感慨地说："明码标价，真空包装，真不错。"导游说："像这样的蹄髈店，镇上有七十多家。"导游像是心理学家，已经知道我对数字特别感兴趣。

刚跨过一步两条桥，就是陈逸飞画的那一方景色，桥堍有一家标着"周庄特色系列糕片"的店家，现做现卖。店主正在搅拌芝麻糖粉，一见我上门，立刻停住招呼说："便宜了，一包六元。"我问他原来是做什么生意的，他说是种田的农民，七八年前到镇上开了这爿糕店。我问他从前周庄有没有这种糕片，他笑笑说："从前哪里有呢？现在为了找口饭吃，都得动脑筋呀。"他边说边递过装着各式糕点的小盘说："老板请品尝，不买也不要紧的。"我拿了一块咀嚼，又香又糯，就买了一包花生的。导游说："这样的糕片店镇上有十七八家，要数沈厅隔壁最正宗。"果然，一路走来，见到不少糕店，好像到奉化处处可见"正宗千层饼"一样，标着"正宗"字样，也有打着"百年老店"招牌的。我在十几年前来时，这些百年老店影踪全无。沈厅隔壁的糕店里，琳琅满目，计有系列糕片十种，如花生、芝麻、胡桃、薄荷等。另有烘糕四种、万三糕片十种，如红豆、绿豆、桂花、香蕉等，标明沈厅特产。《儒林外史》里的严贡生出门上船也只带得一种云片糕，不知沈万三在世时，有否尝过那么多品种的糯米糕片？我一路行来，问糕片价格，有说是两包装十元的，有说是一包装只要五元的。有一家见我上门，店主笑容可掬，说若先生买两包，特别便宜，四元一包。我不忍拂她的热情，掏出八元钱。我不由得想，价格视情况上下浮动，周庄人商业头脑可谓活络矣。

周庄"井"字形的街巷依河而居，密密麻麻开着各种店铺。

导游看我转过头去想问她什么，不待发问就说："这样的店铺么，有三四百家。"她指着这条富贵平安桥堍有沈厅、张厅一侧的河岸说："有的店面是自家做的，有的是租给外地人做的。闹猛得来，好比上海南京路、苏州观前街。"

"那么原来的住家呢？"

"全搬到镇外去了，建了个新村，每家一幢，都很考究哩。"

除了那些店铺，随处可见一些老头老太，手挽竹篮，兜售自制的各种豆类、腌菜和日用小物件。

间或，也可以见到自制并出售梅花糕、定胜糕、撑腰糕、袜底酥的小店铺。这些早已绝迹的旧时风行的儿童食品重新出现，给我莫大的欢乐。

我两次参观沈厅，总觉得并不出众。在苏州，这样规模的厅堂并不少见。但周庄沈厅正因为它是沈万三的家宅，而且能保持完好，所以直到今天魅力依旧。还有后来修葺并开放的张厅，只因有四根"粗大的厅柱挺立在楠木鼓墩上"，便说成是"楠木厅"，不免有些勉强。固然，木质鼓墩是明代建筑的特色，但真正的楠木厅，还应包括厅堂其他的木质建筑的。但周庄人作这样的称呼，也并未引起异议，旅游者围住木鼓墩观看，啧啧称奇。

沈厅街对面有一座水码头，是很有价值的。苏州有好几户大户人家也有水码头，却已荡然无存。为了报答周庄人对历史建筑保护有功，它们如今帮助周庄人发财也在情理之中。

水码头外，围着古镇蜿蜒的河流中，歇着一排排游船。木质船身油光锃亮，生意很红火。我们一行数人在水码头棚内坐着，时近傍晚，还见着许多游人上下。

我望望导游，善解人意的导游立即介绍说："每船载客八人，每客七元五角，游船共一百五十条。"

暮色四合，打道回府。在返回的车上，大家七嘴八舌，赞美周庄。一名老人看过上海电视台播放的《周庄好》，大声给同车人介绍这部纪录片。说该片把有九百多年历史的江南水乡周庄拍得尽善尽美，抒情极了，说是片头语形容周庄"景好人也好"，概括得太确切了。

正当其时，我身后一个昆山同乡在我耳边悄悄说："周庄并非世外桃源，外部世界污秽龌龊之事，周庄都有。"接着他说了个数字，这是我在周庄听到不少统计数字里最不愿意听到的一个。

同乡是个学究，他见我似有不信之意，又说道："此之谓'川泽纳污，山薮藏疾'是也。你不信，只当我没有说。"

我笑着说："事情容或有之，但有个如何看的问题，如按通常所说'九指与一指’之比，就算是瑾瑜匿瑕吧。"

同乡不以为然，他悻悻然说了句什么，被滚滚的车轮声淹没了。

（原载《名镇世界》2001 年第 5 期）

同里印象

我到过好几次同里，两次都是看的明清建筑，镂空屋脊厅堂柱子下面是木鼓墩，居家嫌太破烂，保护似太麻烦。我要看河道，那时水道堵截成一段段，活泛泛的水成了一段段死水，河道的疏浚缺乏经费，也就束手无策。

十余年之后，陪蓝公武公子英年教授去同里。同里面貌焕然一新，镇内水道已全部疏通。我提出要从河上畅游同里，乃雇船出发，得偿夙愿。

水上行　观河景

有人说，水是同里的命脉，就经济而言，这话有道理。同里东临同里湖，南邻叶泽湖和南星湖，西接庞山湖，北枕九里湖，这是鱼米之乡，繁华发达。按旅游角度而言，昔日煌煌大镇，为今日遗留下许多游览之景点，西北襟带吴淞江，作为粮食集散地，从吴江经淀山湖可直抵上海。

同里成为出类拔萃的水之乡，是历经千余年自然形成的。同里周围湖荡密布，镇内的河道是这些湖荡的子女，五湖环卫，呵护着同里。湖荡的水清澈和活泛，镇内的水还差得了吗？

经过寿安桥时，吴江老县长孟达说，"从寿安桥开始到吉利桥，曾经填平过，近两年才疏通的。"十余年前老县长陪我来同里，听到过我对填河的埋怨。

同里镇内河长 5.14 公里，面积 19.37 公顷。镇内有纵横交叉的小河十五条，上面跨架着造型各异的石桥，桥洞左右有桥联。一个同里镇出了一个状元，三十八个进士及第，八十个举人，近代人物则有陈去病、金松岑等著名学者。即以桥联而论，别处就没有同里那样的文化功底。

以吉利桥为例，北侧楹联为："浅渚波光云影，小桥流水江村。"南侧楹联为："吉利桥横形半月，入平梁峙映双虹。"

再看河道两旁的建筑。同里过去经济发达，巨宅豪第特多，朱楼琼宇，粉墙黛瓦，飞檐高翘，脊背耸峙，走马楼、过街楼……船行缓缓，观之不尽。同里的河流、石桥、古建，堪称古镇第一。

船在河道口缓缓而行，穿桥而过时，你赶紧欣赏桥联，有些桥上还有精致的石雕，就是那些石桥本身，何尝不是硕大的石雕艺术？船经那些高墙重楼边，主人便介绍昔日的楼主和楼的故事。同里的民宅宜近看，登堂入室地看，门楼、照墙、脊饰、砖雕、木雕，件件都精美可观。然而，你在船远眺，遐想那些楼主的往昔岁月，你看着那些河滩码头上系船绳的"石鼻"，幻想米行鱼摊逝去的繁华，凝重的沧桑感便会奔袭而来。

"哦，看，那是陈御史家，"吴江人大李文彧副主任指着前方说，又注解道，"说书《珍珠塔》里的。"

我听过《珍珠塔》的书，看过锡剧，也听说过吴江有此一说。不论如何，我对此是有兴趣的。

主人很郑重地说："镇北的白云庵至今还在，镇西小土山上亭子就叫九松亭，有古松九株。方卿娘在白云庵寄住过，陈御史追方卿在九松亭歇过脚。"

"陈宅的楼梯真是十八级吗？"我打趣地问。评弹中陈翠娥小姐下楼梯见方卿，有本事的说书人描述她的复杂心情，每下一级说一回书，足足说了十八天。"真的真的，有十八级的。"撑船的船家插话证明。

"那么，方老太太路远迢迢从河南襄阳到同里很不容易的了。"

这次是导游小姐来圆其说了，她扬扬小旗子说："哪里是河南省的河南，是同里的河南呀。你们想，一个老太太，哪里会孤身一人千里迢迢地来寻亲，是从河南到河北白云庵呀。"

"那怎么说书说到襄阳呢？"

"说书就是瞎编的呀。邱六乔以为《珍珠塔》的当铺还在呢！"导游小姐说，她又补充道，"历史上，说书先生来过同里的成千成百，就是说《珍珠塔》的不敢来。"

"为啥？"

"哼，丑化同里，那势利姑妈把同里台都坍尽了！"

我本想说，势利等人生百态各地皆存，何必忌讳。《珍珠塔》很有趣，同里人不妨听。但不忍拂他们的兴致，也就打个哈哈了事。

唉，人生如戏，也许真有方卿、陈翠娥，也许没有，也许编书的把同里发生过的事搬上说唱书坛，也许借白云庵等场景演绎成说部？谁知道呢？又有何弄清的必要呢？

毕竟，关于珍珠塔传说的谈话，为这次水上行平添了不少趣味。

孵茶馆　穿水巷

旧时代，茶馆是小镇的亮点，是小镇和四乡农民、渔民联系的重要纽带。每天半夜时分，农民们就披星戴月络绎光临，酷暑隆冬也照常不误。老农们毡帽束裙（也称战裙），腰插烟筒，这是他们几十年间生命中最惬意的晨课。茶馆里点着洋油灯，弥漫着水汽、烟气、茶气、汗酸气，还有渔民们身上的鱼腥味。茶客们习惯和喜欢这种暖乎乎，怪分分的味道。他们被夜半的浓霜刺激，不停地呛咳，稍稍缓过气，又吧嗒吧嗒吸着旱烟，呼噜呼噜喝着酽茶。他们交流新闻闲话家常，听着穿乡走镇有见识有头脸的人物高谈阔论。一壶茶钱，可以孵上一天。遇上说书先生，下午捧着茶壶闭着眼睛听一回书，然后心满意足打道回府。我在少年时跟亲戚孵过好几次茶馆，每次叨扰两只蟹壳黄，此情此景常驻心间。不意在一个甲子之后，在同里重温"孵"梦。

主人请我们上茶楼，楼名南园，好个去处。北面沿街，东南临河，木结构，宽楼板，八仙桌，靠背椅，比我见到的旧时茶馆阔气。也难怪，同里是个富庶的大镇，有众多的衣冠人物。

我和站柜的瞎攀谈："你是老板吗？"

"老板？不不不……"他摇头如拨浪鼓，"这茶馆，公家开的。"

"生意好吗？"

"好的。"

"客人都是些来镇上参观的吗？"

"参观的不少，"站柜的师傅说，"老茶客也不少，四乡的农民、渔民……"

我大感兴趣，但环顾四周，不见农民、渔民模样的人。

站柜师傅懂我的意思，笑着说："大清老早这里闹猛着呢，早市结束，都走了。"

我们一行人，占了三张临窗桌子。跑堂的过来招呼，问吃什么茶，随即递上一张单子。单子上写着：碧螺春、薰豆茶、三色茶、龙井茶……

"来杯碧螺春怎样？"

"换换口味，尝尝薰豆茶。"

薰豆茶来了，掀开碗盖，好香，上浮一层芝麻，下沉一层薰青豆，微带咸味。和云南大理的三道茶、湖南桃源的茶相类似，难得喝是可以的，喝一辈子也喝不厌的唯有绿茶、红茶。

柜上备着小吃，用小碟子盛着，甜枝酸、咸枝酸、青豆、话梅、发芽豆、咸花生，各色西瓜子、香瓜子。最灵光的有家酿的老白酒和黄酒出售，就着这些小吃下酒，是一大乐事。

柜上还备有点心：汤团、馄饨、烧卖、蒸饺等。同行中有人叫了客馄饨，引起了不少人馋嘴，于是上来了好几样点心。

正在品茗吃点心时，忽然音乐声起，是江南丝竹。楼西侧有个小平台，上面端坐三位先生，三人小乐队，一个操胡琴，一个吹笛，一个弹三弦。三人身穿长衫，头戴瓜皮小帽，为客人助兴。乐曲我熟悉，无非是散六、无锡景、十二月花名之类，弹奏并不高明，却很投入。茶客并不认真去听，但都很欣赏那种气氛。过去十来张桌子的楼面，是可开设茶馆书场了，现在搞点丝弦家生，也很有趣。

英年教授虽然祖籍同里，但长期在北京工作，此番是第二次来吴江，茶馆则是平生首次经历。

"感觉如何？"

英年先生笑笑说："味道好极了。"他坐咖啡屋是很习惯的，评论茶道也像说雀巢。

他的目光盯着窗前，我问他看什么，他回答在领略水乡风貌。他在一个典型的水乡茶楼里外眺过往船只推梢、扳梢，穿越桥洞，机动船拖带着长列的船队长蛇似的驶过，一边品着清香的碧螺春，他说他不想返回北方了。

古镇茶馆，如果只是为外来参观者开设，好比是有残疾的生命。同里的茶馆，在旧时代有三十多家，如今也有四五家。当我听说早市的茶馆仍然有农民、渔民时，我知道这才是具有真正水乡韵味的地方。

走出南园，步入鱼行街。行数十步，右侧见一小弄，恍如隔世所见。忆及童年时，居家乡方家弄，该弄仅容一人通过，两旁高墙连绵，红日当午，也只是一缕天光。天雨时，贴住一侧墙根可避雨淋；天黑后，手执灯笼，如入幽冥。这份静谧，这份神秘，不意今日在同里重见。

我悄悄蹩入穿心弄，弄中仅我一人。我找回了昔日的感觉，时间隧道助我回到了童时。

同里主人从背后追了上来，他怕我迷路，怕我在高高低低的石块路上出问题。

"这穿心弄，有三百米。"他介绍道，"你已经走了百把米，都一样的，往回走吧？"

我跟着他往回走。

"这石块，高高低低，不如石板平整，但有一桩好处，下雨天踩着，会发出像音乐一般的声音。"

我望望晴好的天，不免有些懊丧。

这一次到同里孵了茶馆，穿了小巷，感到心满意足。

星罗岛　风光好

十来年前的同里和现下的有什么不同吗？明显的就是人气足了。

河上的人多了，河沿岸上的人多了，崇本堂、嘉荫堂里人多了，明清街上的人多了，退思园没有去，但想必也是人流汹涌的。

同里和苏州观前街一样，也有了电瓶观光车。我和蓝教授在人流和观光车间穿行，走得累了，看见一间屋子里有桌有椅，便进去歇坐。想不到遇见了在船上的导游小姐，原来这就是同里旅行社。墙上的水牌上有三十多个小姐的芳名，除了导游，旅行社还有交通工具送客人到同里度假村和新辟的景点罗星洲。

水乡同里拥有一个明珠似的小岛，这使同里和其他古镇相比，更具有优势。同里镇东有个同里湖，面积不算小，有四平方公里。湖中有一小岛，宛如白玉盘上嵌一宝珠。这个湖中岛，是人工造不来的，是老天赐给同里的天然奇珍。岛上的寺庙殿宇、奇花异木早就在岛上生根立足。不说别的，岛的入口处两棵有数百年树龄的大榉树便是明证。

据记载，罗星洲在元代就有了建筑，清光绪年间修缮的庙宇花园至今尚存。我见到民国时期罗星洲的一幅照片，绿树浓荫间隐现着古刹僧舍。抗战时期岛上建筑被日寇焚毁，如今同里按昔日记载重建关帝庙、观音殿，飞阁雕甍，很是壮丽。

罗星洲只有五亩地盘，但布局合理，疏密有致。观音殿南面建有一个花园，由弧形堤岸围成一泓池水，周围布置有水阁、旱船、曲桥。笔者一行漫步其间，心旷神怡，此处尚未受到工业污染，水质良好。时值东南风起，堤外宽阔的湖面上翻卷起阵阵绿浪，柳枝飞舞，颇有杭城西湖"柳浪闻莺"之风致。

岛上设钟楼、鼓楼。英年先生豪兴大发，频频撞钟，余则童心兴起，击鼓至力竭。两楼均可凭栏远眺岛南水村鸡犬桑麻，田陌纵横，同里湖上水天一色孤帆远影。众人披襟当风，快何如之。

同里开发水资源，是一大手笔。同里镇的女镇长张玲妹告笔者，罗星洲原为同里胜境，"罗星听雨"为同里二十景之一。笔者虽未身临雨景，但可领略其意境。哪里都有雨，无非是雨借了罗星的幽静，雨点敲打着树木、芭蕉、楼阁，发出如音乐般的响声，急风摇动阁檐上的铃铛，催动拍击堤坝的浪涛，湖上白茫一片，芦苇乱舞，人处其中，焉能不怦然心动？张镇长还说如果夏秋时分来，圈起的水池中满池绿叶红荷，对养眼养心有好处。

　　我盛赞罗星洲重建开发，张镇长说："还有一个比罗星洲名气更大的湖泊叫九里湖，也在开发计划之中。九里湖讨巧，借了吴县连绵群山的景，所以，兼有山水之美，湖西将辟为水生植物园。明代文徵明和清代周龙藻都留有吟咏九里湖之诗，你下次来，就可以观赏'九里晴澜'的名胜了。"

　　在山门口等渡船，为避风坐在门内四大天王塑像下。忽闻扩音机里高喧佛号，反复吟诵"南无阿弥陀佛"，嗓音浑厚，典型的男中音，初听似感厌烦，吟诵数百之后，耳顺而觉心如止水。罗星之游，流连忘返，不知渡轮之已至。

城乡之间

旧社会乡下有句话，叫做"情愿钻狗洞，弗愿进城门"。那时农民进城叫做上城，受的欺侮好比黑人在白人社会里一样。不用说白举人，便是城里的小 D 们也尽可对上城的阿 Q 们骂上几句"阿屈死""阿木林"而不担心挨回敬。祥林嫂们总是低着头敛着眼皮进出城门，而巡警们的棍棒总是天经地义地落到赤脚老倌们的头上。一个小小的未庄，尚有赵老太爷和假洋鬼子等人物，一个地主豪绅们纸醉金迷的聚居地苏州城，红眉毛绿眼睛的牛鬼蛇神遍地皆是。旧社会城乡对立的严重程度，使我们这些涉世未深的孩子们也产生了深深的感触。

其时农民上城，送来的是雪白的大米、鲜嫩的菜蔬、金黄的稻草、上等的蚕茧，为老爷们提供粗做的"相帮"，为少爷小姐们提供有发胀乳房的奶妈，为工厂主提供活的机器，为店东们提供"扒柜台猢狲"，为浴堂提供捏脚的，为车行提供跑腿的。而农民从城里带回去的，却是发臭的粪便、垃圾，以及从眼眶里缩回到肚里去的辛酸的泪水。

苏州密如蛛网的河流是城乡经济连接的纽带，是适应经济发展的要求而历史地形成的。清晨，天色微明，小河上雾气弥漫，首尾衔接的船只便川流不息地进入苏州城。当疲惫的河流终于摆脱篙竿橹桨的搅动，夜已深了。被磨得锃光瓦亮的橹把可以证明，系着长作裙的种田人，或是扎着青布头巾的姑娘们，在进出苏城时，那摇橹的手、扭绷的手抹过多少辛酸的泪水。米粮码头上堆积如山的粳、籼、糯，都是种田人向田主们缴纳的租米。旧社会，"香山匠人横泾娘姨"是出名的。香山的能工巧匠们受雇于木作、竹行、糟坊、酒楼、书场，他们的名字被简化地喊做"阿二""阿土""阿贵"。横泾妇女离乡背井，经过"荐头店"的引荐，到大户人家当奶妈或粗做老妈，城里人唤她们叫"相帮人""底下人""佣人"。他们勤劳的双手使得爱挑剔的东家也无可指责。那些当奶妈的背人伤心垂泪，她们丢在家里的孩子们也哭喊着要吮吸那发胀的乳房啊！

解放后，种田人成了田地主人，油黑的土地把木匠人和横泾娘姨们召唤回去。再逢上进城时，伊们乘坐着公共汽车，或者搭乘生产队里的船只。那些船上装着马达，发出过去只有东洋兵乘坐的机器船一样的"嗒嗒"声，城河里的水流害怕得赶紧让道，翻卷着浪花躲到两岸去。伊们比较以前，着实的威风了，可是城里人却还是优越性十足，朝着伊们的背影，鄙夷地说："乡下人！"

好多年来，农村发生着一些变化，但这变化并不大。伊们上城时，青布头巾换上了花毛巾，一则是农村的织布机停开，二则姑娘们总还是想打扮得花哨点。身上呢，却仍是旧衣旧衫，腰里系的布围裙上用红绿丝线绣上几朵花，圆口布鞋尖头上缝着一绺红流苏。江苏一个画家在青花布头巾、青布竹裙上配以多种色彩的图案，漆黑的发髻，婀娜的身姿，纤纤的玉手，一个个画得像美女似的。但现实生活中这种打扮，在城里人眼睛里却并不标致，城里的女孩子好奇地打量着，说："姆妈，俚笃（她们）是少数民族？"烫着头发的姆妈就撇嘴说："乡下人末，有啥看头介！"

真正作孽，直到粉碎"四人帮"，当年的"土改"青年积极分子成了老头和老太婆，城乡的泾渭依旧分明。田地的主人开始像主人一样对待田地，黑油油的大地慷慨地报答他们，使他们摆脱了贫穷的枷锁，那是近两年来实行了责任制的事。农村里年轻的阿弟和小娘鱼是首先透露了这种变化的。从伊们穿呢着绸的身上，从伊们蜂拥进"得月楼"后满台子汤汤水水的餐桌上，从戏馆里日场电影客满的沙发椅中，都看出了变化之惊人和快速。伊们的发型也趋向时髦，阿弟梳理整齐的分头分明经过了电吹风的工序，小娘鱼们一剪子铰断了万缕青丝，电烫的鬈发上搽着过量的生发油，只是从伊们天然红黑的面孔和双手上辨认得出是从乡下来的青年。伊们举起胳膊，露出亮闪闪的"宝石花"，让城里的老大哥们看了眼馋，心里发出不屑的话说："啥了不起，哼，乡下人！"且为自己手腕上的"钟山"或"东风"而感到愤愤不平了。

还有一种奇景，过去春风垂杨时分城里人下乡踏青，如今则常见一排穿着干净的乡下老太，由生产队里退休的老干部（不少生产队支付给土改时的老队长以少量退休金，并尊称为老干部）带领，背着朝山进香香袋，肩膀挎着时新的黑皮包，到城里白相园林来哉！其中不乏在苏城做过大半辈子的"相帮人"，但从未踏进过狮子林或拙政园的。

十只指头不一样，众人行事不一般。然而，这些勤俭老实角色仍然不减当年本色。他们从不轻易上城，有时为操办一些农具物件，或者为垩田到城里装运垃圾粪便，或为规划他们的事业来探听行情，方才离开村庄。这些户头有的仍然还不够宽裕，有的却已万贯家私藏而不露。他们轻车简从，甚至不肯花钱乘公共汽车或机轮船，宁肯摇着小型的水泥船，点着篙，摇着橹，通过城里逐渐淤塞的窄小的河道，进荇门歇在离望星桥不远处东倒西歪的"踏渡径"边，在船尾架起行灶做饭。他们在红褐色的河流中淘米洗菜，有的舀起发臭的水刷牙洗脸。有一次我见了觉得很不卫生，上前劝阻，告诉他们上岸去找自来水龙头。他们憨厚地笑道："弗碍弗碍，伲乡下人末，弗碍格。"事实是沿河两岸的城里人拒绝让他们用自来水。有一挑粪装垃圾的农民上我家讨水喝，凑着水龙头咕嘟咕嘟喝生水，怎么说也不肯喝我泡的热茶，且千恩万谢地说："谢谢老伯伯。隔壁几家人家连冷水也弗肯拨伲吃，有自来水吃蛮好哉。"这些就是夏日里为下乡的城里人捧上金黄的大麦茶或翠绿的甜瓜的朴实的农民啊！我望着他们伏在水龙头上宽厚的背脊，感受到跳动在他们身躯里的同样宽厚的心。我怔怔望着他们消逝的身影，心头涌起一阵负疚怅惘的感觉，好半天也不能释然。

建国初期，城里各行业学习社会发展史，晓得一点消灭三大差别，消除城乡对立的道理。以工人为主体的城里人一度亲切地对待上城的农民们，如若遇上农民问路、投医、卖菜、购物，城里人总是笑脸相迎。但后来在相当长的一段时间里，由于种种原因，经济上没有真正翻过身来的种田人，政治上也谈不上真正的当家做主。在城里人眼里，乡下人注定是做煞苦煞，瓦爿难有翻身日哉。特别经过了"十年动乱"，破坏了人与人之间的正常关系，其中颇为严重而不为人注意的就是城乡和工农关系。粉碎"四人帮"后，城乡关系和工农关系仍然没有被重视。即使是在省城，一个从农村来的养鸭专业户照样会被弄得走投无路，吃足苦头。农村要发展商品经济，这城乡关系、工农关系还得加以调整，大造舆论才行。

这类问题，不仅在苏州有，据我看，大中城市都有类似现象。这不能不说是社会主义精神文明建设中的一个被忽略的环节。

（原载《散文》1985 年第 3 期）

我回顾

　　我回顾，黎明时回顾午夜的梦，在现实中回顾朦胧的逝去，哀伤时回顾欢乐，白发时回顾童稚和青春年华，步入老年时审视过去的足迹。

　　梦比现实丰富、多姿，更强烈和富有变幻。

　　现实像一幅黑白素描，寥寥数笔，线条简单。寻常的现实，平凡的人生，如同二万多帧缓缓移动的卡通图像，每一帧稍有不同，但每一帧又大体略同，待到放映结束，便剩下一片空白。而梦境，则像一幅油画，色彩浓重，野兽派、印象派，仿佛乱成一团，却又脉络分明，灵魂为之震撼。平凡人间不可能出现的事，它都能魔术般地显现，上天入地，云里雾里。现实生活所不具备的，它都慷慨大度，按你的憧憬和渴求，一律赐予。童稚时它将一份份满分的成绩报告单和老师赞许的笑容带给你，取走食品店糕点糖果柜上的玻璃挡板。少男少女时，它给你缀满露水的绿茵，弥漫着清新水汽的清溪。野花和彩虹，令光亮似银的白马蹄声得得，意中人骑在马背上，飘逸的黑发被林间雨点似洒落的阳光染成为乌金。谁都有青春，但并不是谁的青春都会如梦中那么甘美。也有噩梦，同样是超现实的，但当你堕入深渊或葬身海底后，它总是给你以重获新生的曙光。不论是什么梦，它们使人的生命中一如无生命的一段恢复生机，不论是什么梦，它们都是多彩或多难人生的一部分，常常给人以虽属虚幻却是难得的慰藉或哲理性的警告。

　　在一些最黑暗的日子里，我不是盼望黎明而是向往黄昏。唯有入梦，才是解放，唯有入梦，爱和温馨才悄悄出现。童稚时无忧无虑的生活的小手轻轻地触碰你。我梦见送灶神时黑夜熊熊的火光，腊八粥里浮动着的红枣和绿玉般的白果，冬至夜青澄澄的甜香的冬酿酒，红烛上的烛泪和烛绳上结出的暗红的烛花。父亲一手举着兔子灯，一手抱着我哼着"灯灯——荡斗'。在兔子灯晃动的光影里，我看见纸兔的红眼睛在奇妙地闪烁。我又仿佛依偎在母亲的肩头，闻到母亲发髻间刨花水发出的清香。梦中的我把长衫袍角掖在腰里打弹子，那些玻璃弹子映出的色彩鲜艳的儿童世界是我永远忘不了的。我仿佛正夹着书包在散学后狂奔到戏场去看"放趟戏"，赶上最后的大团圆场面和热闹的吹打。我依稀正在雾气腾腾的书场里听"戤壁书"，把惊堂木拍得乒乓响的说书人忽然幻化为鬓边插着英雄绒球的锦毛鼠白玉堂。哦，还有荒芜的后园中乱砖下的大头蟋蟀，初春颤动的池水间成团的小蝌蚪。我常常梦见那些逝去的事。人生最富有生命力的儿时的信息大量涌向我，像汩汩的流水滋润和融化着已经龟裂的心田。我不同意那种好梦破残后只是给人以怅惘的说法，在艰难的日子里，我恰恰就是凭着那些反复出现的梦境才获得了挣扎和生存的力量。

人生如过客。这句话在年轻时是不能确切地了解其涵义的，往往在读到一些对短暂的人生发感慨的词句时，才隐约地感到它感慨得美。但当你在短促的人生道上有漫长的感觉时你会陡地回顾，蓦然惊悟，才算领略到了这些话的真谛。唯其因为如匆匆过客就得抓紧，于是有的秉烛夜游，有的映雪夜读。

我常常喜欢走访几十年间久违了的街道，它们给我以时间凝固的感觉，一如回到了逝去的年代。两旁的店铺依然悬挂老牌号，街道转角处的一只绿色邮筒还是歪歪地竖立着。对面一家烟纸店还是被一格格的玻璃窗封闭着，只留有一格与顾客交往的洞门，从前我要站在排门阃的槛上才够得到那窗洞。苍蝇依旧在玻璃窗格上乱撞，马路上匆匆走着的依旧是那些男女老少，有分头的、童花头的、垂着前刘海的、白头的、长髯的、梳圆髻的、烫着鬈发的，仿佛分明就是几十年前在这条街道上匆匆行走的人群。在桥堍下的背阴处，也分明依旧是几个老人坐在长凳上，好像塑像一般，定洋洋的眼神傻看着行人。他们的唇上依旧叼着纸烟，过些时便吹落长长的烟灰并掸掸胸前。我知道这几个已非原班人马，他们唇上的纸烟已由老刀牌变换为前门牌了。然而，我却宁愿幻想着站在桥头的我正夹着书包，衣襟上别着一枚三角校徽，仿佛时光倒流，一切并未逝失。人往往不能把握住现实时机，而一旦感觉对逝去的惋惜时，往往只看到行将消失时哀怨的一瞥。几十年间我站在人流中，初时只见到那些不同的脸形，方的、圆的、扁的、鹅卵形的、倒三角的、漂亮的、丑陋的，后来逐渐会辨认那些精明的、诚实的、懦弱的、善良的、奸诈的、蛮横的，终于，又逐渐能够透过诚实见到奸诈，透过善良发现内蕴的邪恶，而那精明的其实不过是庸庸碌碌求生和计算人的手段，然而有一些横蛮又丑陋的却包藏着正直和质朴的心。我在人流中观察人，人们也在观察我，我随着人流急速地行进，我只是人类三千五百亿过客中的一员。人最难认识的是他自己，人最难做到的是剖析自己，人也不容易公正地认识和剖析他人。哪怕是众目注视的人物，更不用说是有如尘埃之一粒的普通人了，但正是这汹涌的人流各自扮演着真正的历史角色，各有其价值。

我站在人流中，人流宛如不停拍击海岸的浪潮，他们绿色的身躯和白色的头盔永远是一个模样，前浪已经消失、沉入，新潮其头是长途跋涉才从大洋彼岸涌到的，旋即又消失并沉入。他们一生中有的奉献，自我牺牲，慷慨悲歌，受尽磨劫；有的安逸恬淡，自我约束，度其悠闲；有的不断自我膨胀、呐喊、争辩，永不疲惫；有的则自暴自弃，作种种恶行而心安理得。人的一生形形色色，不可尽述，不同的人走不同的路。路短易尽，人生的价值也就愈发显得重要。在人生道路的最后驿站上，超然回顾，才能依稀认识过去的自我。于是，有人会低回嗟叹深感蹉跎误了一生，有人扼腕痛失人生道路上不可多得的际遇，有的感慨年轻时择偶不当弃知音而委身非人，有的悔恨一时冲动做出遗恨终身的事，有的则踌躇满志地享用只属于他的权势和富贵。

当我回顾时，我发现人们最大的浪费是无视他人用只有一次的生命得来的人生哲理性的经验。悠悠岁月，生活给人的经验不是太少，而实在是太多了，以至于使人们常常会忽视它们的价值。人们一般只重视自身的直接的经验，但正是这种直接经验，有时人的一生中只能获得一次，有些甚至隐匿到人们在历经最后旅程时才露出它的面目。

历史用无情的眼光看着人类舞台上编排着和出现的一幕幕相似的节目，不论是英雄豪杰的闹剧，抑或是小人物们平凡的生活剧。一个人站在人生舞台上，通常会像一个初次登台的演员不知所措。善于接受生活哲理的人，也不能越出舞台的规范。只是在退入后台时，才能冷静地思考帷幕已经落下的那一幕。

人类生活中最滑稽不过的莫过于自我嘲弄。年轻的嘲笑年老的迟钝和顽固，黑发的鄙视枯萎的白发，光润的娇嫩的厌恶干瘪和皱纹，一如黎明嘲笑黑夜，春蚕嘲笑缫丝后的蚕蛹；年迈的嘲笑年轻的幼稚和轻率，冲动和冒失，一如隆冬嘲笑早春，烛泪嘲笑烛绳初燃时光亮的微弱，文人相轻，智者互毁。人生的始终犹如朝阳与落日，本来都是一个物体的两端，一个冉冉上升，生机盎然，一个缓缓沉落，但也常常搅起满天晚霞。

生活的奏鸣曲快休止了，回顾便是那最后颤动的弦。我的回顾，只述说了一些模糊的感觉，只是一种对逝去的怀旧，其中有一些自身的，更多的是一般的感慨。有价值的回顾可以像乐章的最后一部分，徐徐舒展，不仅反复出现主旋律，且引申出生活中的未尽之意。它的尾声，不仅增强生活即将逝失的结束感，且会形成曲终时的高潮。它的强音会回荡在人类生活的大厅里，在众多的听众特别是青年听众的心间久久萦绕。

世间遗下不少的回忆录、忏悔录之类的生活教科书，他们曾经给我以启示和帮助。我祝愿年轻的朋友们去细细捧读，谛听他们的喃喃自语，重视他们的指点，借着他们举起的光亮行进。

写于 1985 年 12 月

书场里的挑水阿二

　　评弹，用琵琶、弦子伴奏，用软糯的吴语说表和演唱，是江浙一带特有的舞台艺术。一种叫小书，通常有两个人分上下手表演，叫做"双档"。情节离奇跌宕，说表细腻轻净，唱腔婉转多姿，更伴以一似珠落玉盘的弦索，直令听者为之回肠荡气。另一种叫大书，用不着乐器伴奏，弗消搭档帮衬，孑然一身，借着一把折叠扇，一方惊堂木，就可以说得惊天地泣鬼神，千军万马独出在两片薄嘴唇皮里。

　　上世纪 30 年代苏州有书场几十家，我们隔壁巷子里的一家要算是蹩脚的，那就是我儿时的乐园，我常牵着老祖母的衣角去书场。老祖母一手拄拐杖，一手托水烟筒，腾不出手牵我。

　　书场里也有水烟筒，且也是铜的。擦得锃光瓦亮。和老祖母的水烟筒形状略有不同的，是它的弯把子烟嘴长得出奇，足有二尺半。书场的挑水阿二兼营这行当，他把烟筒嘴朝正听得入神流着口涎的听客嘴角上插进去，扑的吹亮了手里的纸摺。那人照旧听他的书，一边咕噜噜地吸完一筒烟。阿二拔出那烟嘴，用他那黝黑的掌心捋了下，算是卫生消毒，又认定另一个顾客嘴角塞将进去。我喜欢看阿二做这买卖，甚或超过听书。阿二见我关注他的操作，非常兴奋，向我眨眨眼，表示感谢我对他的欣赏。老祖母觉察我不安分地将头转来转去盯着阿二的水烟筒，便示意拎着篮子卖小吃的老太婆过来。那个老太婆经营着花生、南瓜子、西瓜子、葵花子，唯一的计量器是一只极小的浅口酒盅，她用酒盅舀了两盅花生米放在前排长椅子的木条上。我嫌酒盅太小，花生太少。老祖母光火了，斥责道："弟弟！小囡家惹讨厌，下次不带你上书场。"我的嘴一瘪一瘪的，挑水阿二过来打圆场，笑嘻嘻地搔搔他扁平的后脑勺，用两只大手把我抱走。原来他还兼营书场小吃部，他给我一只"袜底酥"，椒盐的。书场斜白眼老板斜着眼看着那只"袜底酥"，阿二赶紧打招呼说："放心，弗会忘记，记账的！"

我上了小学后，每天放晚学，便赶紧跑到书场里去。那时书场有个规矩，不占座位是不收钱的。每逢我进场，阿二便拉我坐在他的小长凳上去，那里好比公共汽车上的售票员席。其时我们已经成了挚友，他常常塞"袜底酥"给我吃，若是老板不在，我知道他是不会记到账上去的。我其时还不大懂男女间的事，只热衷于武侠公案书，对白玉堂和翻江鼠佩服得五体投地。而阿二对《送花楼会》和霍定金小姐最感兴趣，诸如《三笑》里的祝枝山、《描金凤》里的钱笃笤和汪二朝奉等诙谐人物的种种发噱的事，则常常使我和阿二一起捧腹大笑。特别是有一个人称小老太婆的徐雪月，说《三笑》起上手独成一家，她开相扮老祝的斗鸡眼和作弄人以及被人作弄的故事，常常使我伏在阿二的背上笑得喘不过气来。

挑水阿二从鸡叫做到鬼叫，一上午要挑满四只七石头缸的水，烧饭做菜侍候好老板一家和说书先生。下午、晚上两场书，老板只管卖筹，阿二则满场跑，包揽一切：泡茶、冲水，给有头面的人物绞热毛巾、塞水烟筒，卖香烟、糖果、瓜子等等。场子一散，要扫掉七八畚箕的果壳果皮。也真有他的，还有闲工夫跷起他的大脚板听上几小段零碎书。据说阿二还是老板的远房亲戚，工钱是分文不给，给了反显得生分。老板娘做点短衣短裤给他，扎一双圆口布鞋叫他出客穿，但这双圆口布鞋一直当做枕头垫在阿二的扁头下。一年到头阿二赤着脚在石板路上噼噼啪啪地走，入冬套上一双粗布缝的袜子穿双草鞋，那便是老板体恤他的证明了。阿二住在书场隔壁的一间小偏屋里，晚上我做完功课，书场也散了场，便溜到那间小屋去，两人常常温习听到的书回。阿二颇有才气，能唱《送花楼会》中的曲调，且能用嘴巴替代三弦伴奏。有一年过年，吃过年夜饭，我宁愿放弃家里小弟妹间掷骰子和推牌九等娱乐活动，悄悄溜到小屋去。阿二蒙老板优待，难得的在饮酒独酌，拉我并坐他终年不洗的床铺上，学着公案书里侠客们的豪爽和善饮。我两个对喝了三盅酒，他的脸红得像关公，惬意地搔着他扁平的头，逼尖嗓子唱了一段祁调："你是洛阳才子文必正，卖身投靠弗该应……"唱着唱着，忽然从枕头下摸出一朵玫瑰色的绒花，讷讷地说："求求侬老弟倌，代为我相送拨勒'花小姐'。"

"花小姐"是住在巷口的一个红帮裁缝的独养囡。人倒长得蛮标致的，一头青丝乌油油，却不三不四斜插着一朵绒花。绒花颜色早褪尽了，依稀辨得出新时的玫瑰色。"花小姐"面孔雪白的，只是雪白得有些过分，一双凤眼黑白分明，只是定洋洋的常处在幻想状态中，成天坐在裁缝铺前看过往行人，是一个花痴，被人戏称为"花小姐"。

那时巷子里成天静悄悄的，难得有人走过。"花小姐"见着就笑，露出一口糯米牙，一直要笑到过路的背影在巷尾消失。我不由得想象挑水阿二每天担着水从巷口走入，他的大脚板噼噼啪啪震得石板路嗡嗡响，他当之无愧地必定接受着"花小姐"的青睐。至于阿二的眼睛会不会像说书先生所说嗖的回射过去，两道目光擦朗朗地绞在一起，便不得而知了。但可以计算的是，要挑满四只七石头缸水，必然要打五十多个来回，秋香三笑便疯魔了唐伯虎，阿二一天要受百来次笑。在我还没有降生到这个尘世前阿二就开始了他的书场生涯。天老爷，他生受了"花小姐"几万次的秋波呢，即便这秋波不甚会转动。唉，无怪这憨大也动了春心，"花小姐"必定成了他心目中秋香与霍定金小姐的混合体了。然而我从心里开始瞧不起阿二，要晓得，"花小姐"再标致，只是个痴子，何况，还是个花痴呢，我不知道什么是花痴，但大人说到这两个字便露出极其鄙弃的神色的。

"要送你自己送去！"我不悦道。心里有些明白，阿二一定听迷了《送花楼会》一出，想入非非，也想学学文必正了。

"求你弟弟倌，求你……"阿二含含糊糊说。一边把绒花塞在我手里，有点像塞"袜底酥"。

"不，要送你自己送，送朵绒花算啥名堂，要送送只花篮……"我一定也喝酒喝多了，有些挖苦他。

"花篮我送不起的……"阿二又讷讷说，垂下了他长毛似的头，"这花是老板今天给的剃头钱买的。"

千不该，万不该，我忽然冒出了一句："换仔我，就不送拔勒花痴！"

阿二倏地变得不像阿二了。他像不认识似地盯着我，关公脸忽然变白，白得怕人，他伸出蒲扇似的大手，扇了我一记耳光，而后定洋洋地看着他自己的手。

当时我很气愤，大年三十，吃耳光全年要触足霉头的。我没有瘪嘴，我已经是小学四年级学生了，好汉伤心不落泪。我把绒花往地上一摔，用脚乱踩了几下，冲出门就跑回家，翻来覆去听了一夜的爆竹。翌日天一亮，父亲带我去乡下走亲戚拜年，其实是躲债。住到了正月半方回，我抱着负疚的心情赶到阿二住处，只见到小屋上一把锁，老板告诉我阿二生病请假回乡下去了。无独有偶，巷口的"花小姐"也不见了倩影，一打听，才知道也是疯病发作，绳捆索绑到神经病院去了。只有我心里明白，大致是忽然不见了每天在她眼前来回晃动百余次的宽阔的身影和一双赤脚板的缘故。我从没向谁说过这些事，本来老祖母是听我嚼舌头的，但其时老祖母已经去世了。

那一年等不及阿二销假回书场，父亲因家计困难，把我送到外地一个小镇上学生意去了。过了若干年，那小镇上来了新四军，我被卷入了抗日的洪流。在艰苦的环境里，我也常忆及挑水阿二和"花小姐"，并用稍稍成熟了的眼光去估量一年忙到头的阿二和那朵玫瑰式的绒花，感叹旧社会所见闻到的人生种种。

一晃几十年飞也似的过去了，少小离家老大回，我又调回了阔别的古城。景物依旧而人事全非，巷口的裁缝铺子偕同"花小姐"已消失得无影无踪。我找寻我昔日的乐园，那家书场早已拆掉，改成一片简易平房，住着几十家房客。他们俱不知其地原为书场，更不知阿二为何人。我只得到仅剩的三家书场里去撞撞看。

现今的书场改观甚大。不见那剜有圆洞眼以置放茶杯的长排凳了，代之以人造革沙发椅；不供应茶水，更不用说长嘴水烟筒了。告示上写着："不准抽烟，不准谈笑，不准吃带有瓜皮果壳的食物，不准……"我想，阿二若在，那双赤脚板和大手定必无用场可派矣。领场的往往是书场的老职工，有资格人士，担了这份悠闲的差事，十分神气，反剪着双手,碰上不识字的将入场券请教他,便用手往前虚指一下,说:"三排四座!"

我到得第三家书场时,心里已不存什么希望了。蓦地,发现一个反剪双手的领场是个扁平头,不禁狂喜。凑到他面前看时,五官也依稀有点相像,于是不揣冒昧地问道:

"你是挑水……阿二么?"

"什么?"他踩着脚,脚上是一双锃亮的皮鞋,我不小心踩上它了。

"阿二……"

"什么阿二阿二的!……喂,五讲四美懂不懂?"他大不悦,其时正在开展第一个文明礼貌月活动。

我觉得自己的荒唐,便讪讪地走开了。

怀旧若是太认真,便有悲怆的心情。阿二的时代连同过去的种种已消逝在历史的长河中,但若是在白发覆盖下的头脑里还残留有丝丝缕缕的东西,也属人情之常。不能忘怀它们,但也不必去找寻某个过去的实体。挑水阿二若是还在,若是还在书场服务,他的头当然是扁平的,但他的大脚板不也套上一双锃亮的皮鞋了么?

（原载《散文》1985 年第 11 期）

神恋

那人在台上就座，在光灿灿的灯光照射下，怯生生的，显得楚楚动人。她年岁尚轻，穿一袭不大合身的黑丝绒旗袍，像很瘦弱的样子。她长得并不艳丽但堪称端庄，一头墨玉似的黑发只是随便地梳起一根辫子，这在当时有点新鲜。那时评弹界的女艺人大都烫着鬈发，过量的头油似乎随时要滴下来。她出场时偷偷朝台下一瞄，一双眼梢微翘的晶莹眼睛忽闪了一下。待就座后却始终垂着眼睑，不像一般的女艺人上台后顾盼自如，只把一双俏眼满场扫描。看得出这是个新手，稚燕初飞，有些怯场。好在开篇是上手男档唱的"宝玉夜探"，她只是瞅着琵琶上的五根弦线，十指春葱，叮叮咚咚配合着上手的三弦伴奏，娴熟地弹奏出各种变调，有如大小珠玉错落玉盘。

"小友，这可谓弦索之盛胜过唱词了。"李医师拍拍我的肩膀喃喃地说。他双眼微合，专注地在倾听。李医师大名叫李吟秋，是我的听书忘年交，一个没有受过正规医学教育挂牌行医的江湖郎中，是我的隔壁乡邻。他常常半天行医，半天混迹在书场里。我其时是小学三年级生，学校课堂教学实行双班制，下午无课。见他走过我家门口眨眨眼，我就对老祖母说："好婆，我到同学家复习功课。"祖母一边咕噜噜吸着水烟，一边叮嘱道："早点回来！"我应一声便飞也似的跟上李医师，直奔畅春园。其时一回书二十个铜板，李医师的挂号费也是二十个铜板一号。他没有亲人，他的身世大概只有我老祖母知道。他牵着我的手去听书似乎是一种满足和快乐。当然，我也是快乐的，他称我"小友"，是听书朋友，我觉得这称呼很受用。我叫他"老友"，他却不接受，一定要我叫他"爷叔"，我也很乐意。听白书叫声爷叔是合算的。

开篇一曲终了，正书开场，是《珍珠塔》中"赠塔"一段。

上手起方卿，轮到下手接过去起陈翠娥。那人双眸启处，蓦地台上灯光刹那间黯淡无光，一双乌黑深沉的眼珠一转，全场数百对眼睛全被吸住。只见她双眉微蹙，轻启朱唇，一声拖腔："表弟……！"凄惨哀绝，听者无不回气荡神。这时，忽听得桌子上砰的一声，原来李医师心醉神迷，一时失态，把拍向大腿的手拍到了方桌上，引起邻座对他怒目而视。李医师尴尬地端起茶杯呷茶，我则幸灾乐祸地咯咯笑得喘不过气来。出场时他盯着门口的大红书牌看了半天，我也顺着他眼光看去，只见三个大字：朱曼仙。

此后，有一阵子见不到他对我眨眼，我想是那一阵讪笑惹下的麻烦。有一天，我把祖母早晨给我买蟹壳黄的钱积攒下二十个铜板，赶早去了畅春园。卖书筹的吆喝一声："一位！"我踏进场子，恰巧瞅见李吟秋一掀帘子，钻进后台去了。一直到开书前一歇，才见他掀帘而出，后面隐约有一个窈窕的身影跟着，帘子一掀一放，只见着黑丝绒旗袍的下半截。我心里觉着李医师有点弗正经，不愿去招呼他，自找一个僻静处坐了。眼看李吟秋大模大样，在台前正中并放着两张八仙桌的状元台坐下。那状元台是有身份的缙绅之类人物的特座，但如若空位，像李吟秋这类与书场跑堂混熟了的老听客是可以挨上去的。其时的中等书场，散放着一些方桌，上午做茶馆，下午、晚上做书场。两旁各放十来张长条靠背凳，前排靠背上端伸出一块木条，上面挖有一个个圆洞，是给后排放茶杯的。唯有书坛前的两张八仙桌，是红木家伙，擦拭得锃光瓦亮。坐到状元台前，有弗少特权，比如绞上去的毛巾特别烫，且洒有一点花露水，邻近点心店的伙计在小落回休息时会端来馄饨、汤包之类的小吃。尤其难得的享受是，状元台的听众特别受到说书先生的青睐。因为靠得近，台上的目光便显得格外亲切。女先生抿嘴一笑，斜睃一眼，本来是书中人物应有的动作，但状元台前的列位却往往受宠若惊，以为是专冲着他来的。我其时年纪虽小，但听书多了，也知道些男女之间有些不尴不尬的情事，虽尚不甚了了，但只要看李吟秋的得意样子，也就猜个十不离九。这时的李吟秋，正全身笼罩在雷电交加下，四目相交，电光闪闪，震得他全身簌簌发抖。

待等李吟秋再次想起他的小友，并用眨眼表示相邀时，已经是过年时节了。畅春园门口的书牌上书"特聘弹词名家魏含英日夜弹唱珍珠塔"，朱曼仙一档已剪书它去，我暗暗高兴。本来，李吟秋在我心目中算得上是一尊人物，但自从他与朱曼仙有些不三不四后，大大损害了我对他的印象。尤其可恶的是，从前，临顿路上有十几爿书场，同样花二十个铜板，弗听曹汉昌的《精忠岳传》，弗听金康安说的《水浒》，却偏去老场子听老书，真是无趣得极。况且，过去李吟秋听书，十分活络，说说笑笑，评批圈点，好像先生改作文本子。自从发生了这件事后，拣个旁座坐下后，闷声不响，只是直着眼像痴呆似的。顺着他的眼光望去，怪了，明明放单档的先生坐在正中，他的眼光却望着上下档的下手，那里自然是空的。但我却有些懂他的病，我害伤寒发高烧时就见过白面的武松和黑面的牛皋，那是心里想着生出的幻觉。李吟秋如今是高烧不断，他心里生出了什么幻觉，自然是不消说的了。

自此之后，李吟秋忽然时常出门行医了。他本来是走江湖的郎中，一只药箱里全是一些吃不死医不活的药。倒是有一件宝物，那是一只雕着一个龙头的象牙针筒，装着十根 14K 的金针。说是师承之物，在四乡八镇中着实有点名气，人称"金针李郎中"。他备有一根竹竿撑起的白布，两旁写着'祛风疏邪''散瘟避暑'，正中五个朱砂大字"金针神灸李"。他穿乡走镇去，我隔壁的诊所，便挂出"三六九候诊"的牌子。那时，我虽然还只是他的"小友"，但已朦胧感到他对那个女说书先生有一种特别的感情。他这人生性懒惰，一下变得这样勤快，自然有点蹊跷。我肚里像吃了萤火虫，清楚他是为了去找寻朱曼仙的。但那时不像如今信息社会，交通只有几班航船，寻亲访友尚且诸多不便，何况去访察一个跑码头的女说书先生，真好比老太婆射箭，总归碰弗着的。

如是过了三四年。有一天，忽然又见李吟秋眨眼，并且外加打了许多手势，看上去兴奋已极。我才跨出门，被他一把拖住就走，问他也不回答。一直走到太监弄吴苑门口，才放开手掏钱买筹。这吴苑是苏城的一家大书场，不是一流角色休想登台，听众也大都是上流人物，衣冠楚楚，形容倨傲。场子里热闹非凡，但见甩接热毛巾的大显身手，头顶木盘的老倌兜售零食小吃，俊俏少女粉颈中套个香烟箱往来穿梭。还有手提食盒上标"精制美点"的老者，我知道那里面是香喷喷的火腿肉粽、白糖薄荷糕和松子黄千糕。及至小落回时，那食盒里又变出刚出笼的生煎馒头和油氽豆沙糯米饺，还有小笼蒸饺和肉糜蟹壳黄。眼见李吟秋今天情绪极好，我富有想象力和判断力的头脑觉得今朝有希望尝尝我最喜欢的蟹壳黄了，那上面且密密层层铺满喷香的黑芝麻呢。

这一回，那状元台当然甭想挨得上去了。李吟秋搂着我尽量挤到前排去。书坛两旁小书牌上赫然写着"特聘沪上弹词名家朱曼仙弹唱珍珠塔"，嗬，朱曼仙成了大上海的响档了。

开书时限到，朱曼仙登场。我不禁揉揉眼，眼前的朱曼仙，与四年前相比，模样大变，几乎认不出来，唯一没有变化的是那双眼角微微翘起的眼睛。只见她穿一件蜜合色绣花旗袍，胸上方缀着几朵葱绿色花蕾，袅袅婷婷登场，落落大方。就座后用纤纤玉手按抚一下耳边的波浪鬈发，手指上的钻石在灯光卜发射出耀眼的光芒。她有点发福，显得绰约风姿。她端坐高椅，用乌黑深沉的眼光徐徐扫视场子一周，目光所到之处那种嘈杂啰唣的声音便压了下去。而后她拿起茶壶筛了杯茶，兰花指慢慢搭住茶盅抿了一口，面对场子嫣然一笑，操起三弦，台下顿时鸦雀无声。

开篇是"宫怨"，嗓音清越甜润，吐字清晰，高昂处响遏行云，回转间溪转九变，低吟时似晴空轻烟缕缕不绝。及至曲终，犹觉余音绕梁，听得人回气荡神，如痴似醉。待到正书开场，朱曼仙独挑生、旦、付、贴，一会儿是受尽奚落的方卿，一会儿是势利刻薄的姑母，一会起泼辣机智的丫鬟，一会又起闺阁千金，说、噱、弹、唱各有所擅，真个是技艺超群，不愧为名家风范。一回书足足说了个半钟头。这天大概是李吟秋最快乐的日子，他神采飞扬，全身心沐浴在朱曼仙神圣的光环里。我坐在他身边，因为前排拥挤，我半个身子紧靠着他。这一来，朱曼仙俏眼里放出的电火，连我也笼罩在里面。我感受到李吟秋不停地受到雷劈电闪，浑身战栗震抖，好似有一次我躺在老祖母身旁，她老人家发疟疾打摆子一样。我听到老祖母在疟疾高潮时上下牙齿都捉对儿厮打，有几阵李吟秋的牙齿竟然也不停地"咯咯"作响。我实在感到滑稽和难以忍受，只因想到肉糜蟹壳黄硬是熬下去了。

李吟秋过河拆桥，嫌我在场碍手碍脚，一阵子又独去独往了。好在我也不在乎，老听《珍珠塔》没有意思，再说也吃不消李吟秋发疟疾。近来老祖母督促我的功课也严了，我很少去听书。有时偶尔溜出去听一回《七侠五义》中的"五鼠闹东京"实在够劲，当然，使我佩服得五体投地的自然要数翻江鼠蒋平的水里功夫了。

秋去冬来，朱曼仙终于剪书。一天，李吟秋摘下他的"三六九候诊"的牌告，手提药箱把住处上了锁，给房东预付了一年租金，说要出远门去。临行时，他特地向我老祖母拜辞，托我祖母便中照看隔壁的家。我祖母年纪虽大，耳不聋，眼不花，街坊邻居的事，她比谁都有数。她给辞行的李吟秋奉了茶，劝他道："秋生，好好的行医积德，临顿路上的水口又好，生意也还兴隆，为何又要去跑江湖？"

他低着头沉思片刻，毅然抬起头说："命里注定的，阿婆！"

"人家是吃开口饭的，你要明白，吃这行饭的多半是水性杨花。"

"阿婆，弗怕你老人家见笑，我对她是一片真心。"李吟秋坚定地回答。

"吃这行饭的，赚钱来得快，花钱也像水淌。你一个穷郎中，要量量力的。"

"好婆，我不是想和她在一起过活的……"吟秋讷讷地说。

"再说，她名义上还有男人，那恶男人霸着她当摇钱树。秋生啊，听好婆一句话，你可要当心啊！"

"好婆金玉良言，秋生记住了。"李吟秋真诚地说。

"秋生，你我十多年乡邻，我看着你长大，看着你出道行医，你倒给好婆我说句实话，你究竟想做什么？"

李吟秋沉吟半晌，缓缓答道："从小死了爷娘，好婆照看，你好婆就是我的亲人……我对她并无非分之想，我只是想，她跑哪个码头，我便跟到哪个码头，她说一天书，我听她一天书，她说几十年书，我就听她几十年书。"

"那个恶男人放心让她独自走南闯北吗？"

"男人派了一个表姐什么的跟着她跑码头，一来防她越轨，二来收取她的包银。"

"她，那女先生晓得你跟着她么？"

"晓得的。她说只要见着我在台下，就心满意足了。"

"阿弥陀佛！"祖母念了声佛，便不再言语了。待等李吟秋一走，老祖母的昏花老眼中忽然淌下了泪水，瘪嘴一瘪一瘪，喃喃说："痴囡啊痴囡……作孽啊作孽！"

李吟秋走了。他在人生道路上端起了一杯苦酒自斟自饮，他在漫漫黑夜里耐心地等待那渺茫的曙光，他为自己编织着一个永无尽头的噩梦。他究竟去追求什么，可能他自己也说不清，但他执着地要去做，他终于去做他想做的事了。其时是上世纪 30 年代后期。

光阴荏苒，转眼过了几十个春秋，我在外闯荡了半辈子，又回苏州定居。这古城发生的变化使我惊讶，正像一个"入山方数日，世上已千年"的人归返故里，里巷改观，闾阁全非，昔日童伴俱已垂垂老矣。在过去年代里发生的种种，好像秋雨中屋檐卜稍纵即逝的泡沫，有的溅起一个不小的水泡，又立即被滴下的雨珠撞破了。渺小的个人，悲欢离合的各类故事，俱像水泡一般归于寂灭。临顿路拓宽了，沿河的房屋都拆尽了，包括那昔日曾经热闹过的书场，当然还有我的旧居，连同挂着"三六九候诊"牌子的邻屋。

回乡的第二年大伏天，我与一个好友游逛到太监弄，想看看吴苑的今貌。只见两层楼房，挂着"上海老正兴"的牌子。我在毒太阳底下行走多时，终于中暑晕倒。当我被送进一家医院急诊室时，一名老中医在我鼻下端人中穴扎了两针。我苏醒过来第一眼，见到俯向我的一头银发和满是皱纹的脸，他手里拿着我的病历卡，喜欢得老泪纵横，哽咽着喊了一声："小友，认得我李吟秋吗？"

我微微额首，也激动得说不出话来。这一声"小友"，唤起了我对往昔多少的回忆啊！真是"一别讵几何，忽如隔晨兴"。

后来我到他家里走动了一次，他的住房还宽敞，只有他和一个名叫朱小仙的养女同住。

"你知道小仙是谁吗？"他激动地问。我从名字上已猜到九分了，他又自问自答说："她就是曼仙同那个恶男人生的，她生了小仙后不久病死了，那男人在她垂危之际，丢下她一走了之，曼仙在临终时把小仙托付给了我。"

"你一生就是孤身一人么？"我环顾四周问道。

"呵，过来了，总算过来了！'他回答得有些不切题，但意思是明白的。他的大半生被不着边际的爱情所俘获，那永远也追求不到的爱折磨着他，同时又使他长期怀着朦胧的幸福感，他执着地去做他答应过那女人的事。多少年来，他在风雪交加中背着药箱徒步去赶码头，在贫病煎熬下困顿在下等客栈里，无数次忍受着那"表姐"的诟骂和讥讽，世俗和偏见使他时常徘徊在生活的悬崖边。如今，这一切都过去了，包括他视同神圣的那生命也已消失。他，李吟秋，一个悲剧式的人物，总算熬过来了。

李吟秋得到了他所追求的东西了吗？他白发覆盖下的脑袋此刻是快乐抑或悲哀？他对自己的作为有没有后悔？我不知道。但我知道他从未向支配和压制他的力量屈服。他可能没有得到人世间的那种爱情，但他把他的爱升华为一种追求，他自会体验到世人无法获取的那种充实感。在白昼中的人们不会对光亮抱有异常的感情，但如若在漫漫黑夜里见到一束时隐时现的光环，他便会毫不犹豫地寻踪而去。虽然也许会被黑暗吞噬，但那束光环始终会指引着他，使他从不迷失，从不退缩。我想，那也是极其自然的事。李吟秋的求索便是这样的，我相信他永不会感到孤独和幻灭，他只会更执着地在心里牢守那神圣的光环，直到生命的终止。

写于 1986 年夏

稻草人

　　我到八都乡去调查专业户，在乡里吃过晚饭，当晚到西望村去，那里有我熟悉的几家农户。那天晚上是农历九月初头上，只有微弱的星光，好在田垅两旁的稻子长得稠密，像两垛笔直的夹墙，加上手里一根探路用的树枝，放心大胆赶路就是了。

　　农村喧闹的夏夜，有青蛙的鼓噪，还有蟋蟀和纺织娘的应和。但如今交过秋分，时近寒露，夏虫已销声匿迹，远处乡镇工业的机器马达声响越来越轻，只隐隐传过来一些营营之声，使得乡村之夜显得那么静谧。偶尔，横卧在田垄上的水蛇听到人的脚步声，悄悄地窜到水田中，发出一丁点儿溅落的声响。夜空间弥漫着渐趋成熟的稻谷的香气，沉甸甸的稻穗窸窸窣窣在我的腿侧挨擦着，仿佛丰收之神用胖嘟嘟的小手在揉搓夜行者喜悦的心。

　　当我快接近村头时，似乎有条黑影向我走来。他大张着双臂，冲着我直点头，头上的草帽低低地盖着脸，有些怪模样。我心里不由得一颤，赶忙站住，定眼看时，他也站住了。我大声喝问："谁？"他却只是沉默地站着，并不搭理我。我壮着胆子走近一看，不由得失声笑起来，原来是一个稻草人，一个久违了的稻草人，已经将近三十年见不到的稻草人。

　　使我更加惊奇的是，当我踏进吴婶家时，在雪亮的灯光下，吴婶一家老小居然也正在为制作稻草人而忙碌。

　　吴婶一家见到我这个稀客，高兴得乱成一团。吴婶连忙泡了一杯茶，笑眯眯地说："贵客临门，好茶招待。"我一看绿莹莹的茶色，闻了闻透得进脑门的茶香，说："喔唷，好阔气，碧螺春呢。"心里不由得想，过去吴婶家是到了逢年过节才舍得用茶末子待客的。

在大队制塑厂工作的儿子根生敬我一支牡丹过滤嘴，儿媳荷英端来一盆当地的无核蜜橘。我喝着茶，与他们随便攀谈。吴婶一边在竹竿上绑稻草，一边感叹道："记得还是1954年入互助组时扎过一回，那时我还拖着一根葱把辫子呢。"

九岁的孙女小秀听了，把两只弯月似的眼睛睁得像圆月，看着婆婆头上稀疏的花白小髻说："妈妈，妈妈，婆婆说她也梳过一根辫子的！"

荷英正在用草绳勒紧竹竿的上端，算是稻草人的脖子，信口答道："烦死了，那有什么稀奇的。"

小秀望着妈妈在电灯下反射出黑亮光泽的波浪卷发，转向吴婶问道："好婆，你剪掉辫子，也烫头发吗？"

吴婶不响。我知道当年的童养媳吴妹和害痨病的男人圆房后，她的大辫子便梳成一只漆黑的圆髻盘在后脑，发髻正中扎着寸把长的红头绳。不久，红头绳换上了白头绳——男人死了。其时，我是搞总路线宣传的农村工作队成员，觉得住在寡妇家不便，从吴婶家搬走了。

"那是最后一次扎稻草人了。"吴婶继续着她的话题，"我一口气扎了五个，三亩地一个，我是互助组的组长。老俞同志，是你封的组长。"

我点点头，没有话说。我知道，组织初级社后，吴婶的日子一直没有好过。一个寡妇人家，拖大一个孩子，还背着一个瞎眼的婆婆，几十年来够苦的了。

"以后就从未扎过稻草人，麻雀吃谷子，反正吃大家的。"吴婶还在继续她的话题。

"大锅饭里规定有一份麻雀的口粮，麻雀也吃惯了大锅饭。"根生说，可能觉着自己说得很俏皮，哈哈地笑起来。

稻草人基本成型了，荷英在内房里拿出两把蒲扇，想绑在打横的竹竿上。吴婶一见，一拍手说："哟，新蒲扇，不是拆烂污吗？"

"娘，你床头有落地电扇，吃饭地方有吊扇，这扇子么，完成历史任务哉。"荷英解释说。

"那乘风凉时呢，用落地电扇拍蚊子么？"

媳妇无言可答。根生想到一个办法，把一件八成新卡其中山装给稻草人穿起来，衣袖中间扎一下，空盈盈的衣袖飘飘舞舞，不输蒲扇的作用。

媳妇取笑婆婆道："娘，稻草人穿中山装，岂不更加浪费了？"

吴婶却不以为迕。她对我讲，根生夫妻在乡办制塑厂工作，两个人光是奖金每月就有二百元。根生的全毛西装就有两套，此外，毛涤中山装、华达呢春秋衫、厂服、工作服，穿都穿不过来。黄梅天一过，屋前晒场上，光晒一家的衣服就不够晒的。

穿着中山装的稻草人很是神气，性急的小秀缠着她爸根生，要立即把它插到田头去。婆婆在旁提醒小孙女说："秀，稻草人还没有眼睛耳朵呢，怎么赶得麻雀？"

小秀一听，连忙拿出笔墨，在一张白纸上为稻草人画了五官。五官倒蛮端正，只嫌太刻板了点。

"秀，画个笑脸人好。"吴婶又对小美术家提出要求。

小秀也很想画个笑脸，但不知从何下手。我自告奋勇，在稻草人的大蒜鼻子两旁各画了一个"S"形的笑纹。

小秀一看，拍着小手道："好，好，稻草人眯眯笑啦！"

荷英故意逗她的女儿说："不好，眯眯笑的稻草人是吓不了麻雀的。"

"学堂里的王老师老是眯眯笑，可我们大家都怕她的。"小秀反驳说。

"如今这日子，大家都像吃了开心药，我看，画笑脸的对！"吴婶做了结论。于是，根生背起小秀，小秀捎着草人，荷英打着手电，开门到田头插稻草人去了。

吴婶执意挽留我，在她的新楼房里住一宿。我住的一间原本是根生夫妻俩的书房，放着彩电、冰箱、收录机。吴婶铺好被褥，放下尼龙纱蚊帐后，对我说："老俞，种田人万万想不到有今天。我一个寡妇人家，熬到今天，过这种好日子，真像是在云雾里呢！"说着，吴婶用衣角擦抹涌到眼眶里的泪水，扳着指头告诉我说："我家承包三亩半地，每亩地稻麦三季收了两千一百多斤，还种了些油菜，土地公公给的粮食总算不少了吧？钱呢，少说也有六七百，但比比小两口在工厂的工资、奖金、补贴，七七八八，粮食上的出息只能算上个零头。我家虽比不上专业户发财，进账只够得上中等水平，但要啥有啥，银行里存折将近五千哩。今天扎稻草人，是心里高兴。稻子长势实在好，粮食总是应该爱惜的，不能让鸟雀糟蹋，你说是不是？"

我躺在暖和和的新被褥里，想着吴婶家的变迁，想着稻草人的消失和再生。又忽然想起了叶圣陶笔下的稻草人，在星光灿烂的夜间，独自沉默地看守着田畦，见到的却只是人间的几幕凄苦悲剧……

朦胧间，我听见咿呀的开门声，是小秀他们归来了。于是我酣然入梦，梦见星空，梦见星空下的稻草人，自然，那是一个眯眯笑的稻草人。

（原载《瞭望》1985 年第 10 期）

蝉的启示

"蝉是最讨厌的东西，它的模样是丑陋的，它们不停歇的聒噪声使闷热的夏天更加闷热！"朋友 K 说。

"不对，蝉很可爱！"我的大孩子小明表示异议，他在一个机关里当秘书，常常讲些带有哲理性的话，"在它短促的生命里，它不停地向世人呐喊！"

我表示同意孩子的话，并讲了下一段故事。

我过去像我朋友 K 一样讨厌蝉，特别在"十年浩劫"中，它的聒噪声同高音喇叭里的口号声互相呼应，此起彼落，使人心烦意乱。那时，我每天"上班"，就是接受批斗。下班时，弯了几小时的腰像快要折断了似的，两条腿已经站得麻木了，脸上斑斑点点是被看热闹的孩子们用弹弓打的红痕。当我勉强往肚子里塞进一点东西，像瘫痪似的倒在床上时，窗外山坡上的蝉仍然起劲地叫个不停。这种时候，妻多半在拆打着旧毛衣，像狄更斯《双城记》里的老板娘那样不停地编织，但并非编织仇恨。因为神经已经麻木，人活着总要做些什么，她除了被指定做我批斗会上的忠实观众外，回家就拆打那些似乎永远打不完的旧毛线。五岁的小女孩呢，照旧趴在床上玩她的破布娃娃，这是她童年唯一的玩具和娱乐，她用小手指去抠填布娃娃身上的破洞，或是抚摸娃娃破损的脸，她全神贯注，知道回过头来只是父母愁苦的脸。每晚她就和破布娃娃一起待到睡去。七岁的小男孩趁大家不注意时便悄悄地溜到门外，而后像兔子般窜到屋前山坡上。这片山坡上长着一些松树和钻天杨，里面有厉害的蚊子，并听说有一种四脚蛇和其他别的可怕的小动物。这一带的小家伙不大敢上坡玩，小山坡便成了我小男孩独占的乐园。那里没有人骂他"小走资派"，也远离了家庭里冷酷的气氛。我们做父母的已活到了既无乐趣又无生趣的地步，自然也没有心思去管他，何况看到小男孩难得寻觅到的山林之乐，不忍心去阻遏他，也就由着他去。每当他兴尽返家时，在他稚嫩的脸上和裸露的臂腿间总增添了蚊叮虫咬的新疤，我和妻这时便会责怪他几句。他却显出一副满足的神情，毫不在乎，只是急速地眨巴着大眼睛，对我们的责怪一只耳朵进，一只耳朵出。

有一次附近放电影，我忽然想到小男孩也许在山坡上，便借着星光摸索上坡。在黑黝黝的树林中，我看到一星微弱的手电光和蹲着的一团黑影。我知道是他，便走近去，父子俩面对面地打量对方。在星光的照映下，小男孩的眼神里充满着惊恐和疑惧。我心里涌起一阵怜悯，感到酸楚和歉疚，于是笨拙地说："没有事，你玩你的……"小男孩便又下蹲，用手指伸进一个小洞穴。我用蒲扇为他打扇，一边问："干什么？"

"抓知了。"他轻松地回答。显然，这是他懂事以来第一次得到父亲的爱抚。

"抓到了！"他大声说，把食指缓缓拨起。在穴中受到骚扰的幼蝉用带刺的脚夹住入侵的异物，便这样被拖出蛰伏的洞穴，那是一只在褐色的硬壳上沾满泥污的小东西。

小男孩要我保管他的俘虏，又在就近找到另一处蝉的洞穴。原来那是一个坚硬的泥地上毫不起眼的洞，仔细看才可以发现小洞周围的土薄而松动。小男孩又伸出食指轻轻插下去，按上法逮住另一只幼蝉。回家后小男孩把它们腹侧的三对毛脚按在纱窗上，幼蝉脚上的毛刺紧紧地缠住纱眼。约摸一盏茶时，奇迹出现了，幼蝉颈部的硬壳忽然裂开，一个乳白色的躯体从裂处钻出，仰身倒挂，姿态十分优美，有如一个倒挂在空中飞人架上的杂技演员。

我大声招呼编织毛线的妻和正用手指抠掏布娃娃的小女孩过来一起观看，他们不情愿地走过来，但随即睁大眼睛，屏声息气地注视着幼蝉的"脱衣表演"。妻失神地任毛线团滚到地上，小女孩情不自禁地把抠布娃娃的手指放到吃惊地大张着的小嘴里。唉，在严酷的年代中看到一个乳白色的初生的生命，心里多么温暖。

"啊哈！"小女孩拍着小手，欢笑起来。

"真好看！"妻也难得地露出笑容，这种真诚的笑，这些年已被忘怀了。

这时小男孩的眼神里矜持地出现了得意的神色。这个家庭对他太苛刻，他做的一件事能得到所有成员的赞赏，还是第一次。

幼小的蝉仿佛也通人性，似乎要给围观者以意外的惊异，它仰躺倒挂的躯体居然缓缓屈身向上。

"看，知了的腹部有七八节，很像人身的腹肌，难怪它像一个体育健将。"妻说这么多话，并且是这样悠闲的话，这在当年是极其难得的。

"看，看！"小女孩眼尖，用小手指指着引体向上的蝉背，大家一起看到了那里有一对肉翅膀，模样与执着弓箭的胖胖的小爱神背上的肉翅膀极为相似。

"爱神丘比特！"这次轮到妻惊呼起来。"不，不是神！"小男孩抗议说。在他那年纪，在那时代，他只知有一种"牛鬼蛇神"，"神"是不祥的名字。

"妈妈，像白斩鸡的鸡翅膀！"小女孩嘴很馋，有生以来只吃到过一次白斩鸡，印象极深，联想到鸡翅膀是很自然的。

在评论间，幼蝉的身躯和小肉翅膀幻变成淡绿色。在屏声息气的注视下，小肉翅膀忽然慢慢舒展并下垂，翼体晶莹，如霓裳羽衣，如天女披纱。幼蝉终于完成引体向上的动作，庄严地驮伏在脱去的土褐色的硬壳上，悠闲而安详。这一成长过程大约总共花了一个半小时，妻长叹一声，就像她过去观看精彩的戏剧在幕布拉合后习惯发出的满足的叹息一样。的确，在这个家庭里，好久没有这样愉快的气氛了，特别是在一起欣赏这样生动的"艺术表演"。

"行啦，行啦！明天再看好啦。"小男孩显然也十分满足。

他宣布晚会结束的声调听来不免骄傲了些。

"小明,你捉知了,很好!"我忽然激动不能自已,一面声调哽咽地说,一面抚摸着他柔软而蓬松的乱发,把他紧紧搂抱在我的膝上。

小男孩从未听到过我这种语调,但他明白那是对他的赞赏。他偎在我怀里,兴奋地滔滔不绝地说:"知了脱壳最好看。还有小刀(螳)螂,小时候也是绿色的,两把小刀上的刺扎在手上有一点疼。好看的蝴蝶都是最难看的大青虫变的;打雷前的红蜻蜓可多啦,密密层层,山上的蚊子一下子都被它们吃光了;还有蚂蚁打仗最好玩。山坡东边有个黄(鼠)狼洞,天蒙蒙亮它进洞去,早上我带你去掏它们的洞……"小男孩一口气说了那么多话,停了一下,又郑重告诉我:"那时'造反派'都在蒙头睡大觉,不会看见你的。抓知了你不能去,天黑了专政组巡逻队到处走……"说着说着,他蜷伏在我怀里睡着了。

在"十年浩劫"中,这是一支不值一谈的小小插曲,但当时那些蝉脱壳的晚会,的确使我得到了久违的人生乐趣,驱散了那苦难岁月的凄凉气氛,沟通了冷漠的父子关系,在坟墓似的家庭生活中注入了欢乐的新风。更重要的是,蝉给了我启示。

人是顽强的生物,蝉也是。

蝉的幼虫埋在坚实的泥土中,默默挣扎,松动周围的土,打通一个使生命免于窒息的小洞眼,艰难地在硬壳中孕育和生长。我在"十年浩劫"中,一如幼蝉被挤压在黑暗的泥土中,感谢幼蝉的启示,在我感到窒息的日子里,助我在思想上打开了一个通气的洞眼,助我熬过了漫长的苦难岁月。

从那时起,我改变了对蝉的态度。我用新的目光去注视它们,结果又得到了新的启示。它们一经出土,高踞于树梢之巅,似乎深知自己生命之短促,不甘缄默,便不停歇地从它们细小的躯体中发出惊天动地的呐喊,时至今日,这又有了新的含义。

"哦,老友,这新的含义怎讲?"朋友 K 听到这里,搔搔他的白发问道。

"步入老年阶段的我们,生命虽已所剩无几,但不能就此消沉和缄默,在四化建设中我们的见解有时会有用,在制止一些不良现象时我们更要有蝉的精神。"我回答。

"小友,你呢,你又有何哲理性的见解?"K 转向昔日的小男孩问。

"不能设想世界上会有沉默的夏日。"小明微皱着眉头答道，"热烈的夏日应该有各种声音，当然其中应该有蝉的呐喊。"

（原载《太湖》1987 年第 1 期）

隐蔽在陆家浜

1949 年 2 月，我因逃避国民党追捕，隐蔽在昆山县的一个小镇。这个小镇叫陆家浜，水陆两路都离上海不远。我的一个干亲在这个小镇上当镇长。他不是国民党员，只因是镇上首富，成了镇上商界领袖人物，被强制当上了镇长。他对我的身份心里有数，其时解放大军已渡江解放苏州，他也有意和我结交，就让我隐蔽在他家里。他在后门河滩歇一只小船，必要时我可以登船而去。

我在他家里住了三天，地下党组织没有派人前来联系，内心甚为焦急。第四天，有一个穿中山装的青年登门，说有事要找镇长。我躲避不及，便介绍自己是镇长表弟，若有事要我转告，可以告我。他介绍自己姓徐名震，是上海大学学生，回乡度假。他为人热情，还不知我的底细，便滔滔不绝大谈"其美路（今四平路）惨案"等上海学生运动的情况。我正寂寞难当，就饶有兴趣地听着。他说着说着，忽然惊觉，离开原来话题，转而讲了几则小报上的无聊新闻，讪讪告辞而去。晚上，镇长回家，我告知徐震来过。他见我有些顾虑，安慰我说："你放心好了。阿震有些赤色，不仅无害人之心，连防人之心都没有，真可谓赤子之心。"我干亲读书很多，这样用词，把我逗乐了。

翌日，徐震又来了。他向我提了几个问题，直截了当地向我摸底。我见他那么率真和热情，很喜欢他，也愿意提醒他。我想，我如全部隐去自己就无法和他交谈。于是，我笑笑道："我到这里，和你从上海到这里是一样的。"

他吃惊不小。我继续说："我们彼此的底细就不用多讲了，既然大家认识了，居处寂寞，就不妨常来常往，海阔天空，天南地北，聊个痛快。"一聊彼此心里更加有数。地下同志之间讲话，也是有套路的，留心听来，心便会交通。

凑巧，组织派人与我取得了联系。我顺便告知了徐震之事，若再这样下去，便会违犯地下党严禁发生横关系的纪律，请组织迅即指示。

不几日，组织来人，说徐震是可以信任的。你们两人间不能相互表明党员身份，但可彼此照顾，执行隐蔽精干方针，提高警惕，听候指示。

我向徐震讲了彼此相处的原则。徐震哈哈笑个不停，说："回乡后我度日如年，遇见了你后，就好比返回到在学校和同志们一起战斗的日子里了。"

"阿震，你又来了。"我埋怨道。徐震搔搔头皮说："该死，算我违纪一次。"

其实，不仅是徐震，我又何尝不感到快乐。

不久，传来用直解放的消息。我们浑身涨满幸福感，每天下午四时便到船码头附近等候，巴望最后一轮船上会走下我们熟悉的同志的身影。

一天，我们坐在船码头附近的草地上，看着从船上下来的旅客。

突然，我从几十个武装便衣中认出了昆山县长沈霞飞。当时，他已被国民党任命为京沪线戡乱救国纵队大队长。他就是通缉我的人。我吃惊不小，立刻背过身脱鞋，佯装在系鞋带。

徐震毫无察觉，拍拍我肩背说："方才好端端的，怎么鞋带散了？"

我强作镇定，小声说："不许讲话！"

他听我语气，知道事出非常，就起身径自朝这帮人迎头走去。这是徐震的机灵之处。他一直在上海读书，陆家浜很少有人认得他，更不用说是县里来人了。那些人只顾打量他，忽略了背坐着的我。

虽然危险暂时过去了，但我心里不踏实，万一这帮人中有人认出了我，没有当场发作，放线钓鱼，就更危险了。

我向徐震说明情况后，两人一直坐到断黑，确认无人跟踪后，才各自回到住处。

万幸翌日清晨，便有镇郊的青年农民阿贵找到徐震，说他是组织上指派的交通，要立刻带徐震和我去甪直。

阿贵赤脚穿双草鞋，嘴叼香烟，手拎陆家浜的一些土产。他经常往来甪直、昆山、苏州间，与附近军队的下级军官很熟，大家知道他是跑单帮的。

阿贵说："我在前面走，你们后面跟，间距二三十米。如有情况，你们镇定一些，由我来对付。"

走到张浦镇郊，只见国民党军正在挖掩体，构筑工事，架机关枪。

我们穿越他们阵地时，被几个士兵拦阻。他们把枪哗哗上膛，喝问我们是干什么的，要到哪里去。

阿震说："我是甪直人，回甪直去。"一个士兵喝道："妈的，现在甪直是共区，你们去干什么？扣起来！"

我一看，果然是他们已经扣押了不少路人。一些妇孺散坐在地上，一些青壮男人被迫在帮他们挖防御工事，有的被殴打吃枪托，有的被审讯。我看看前面的阿贵，希望他来解围。

果然，阿贵正回过身走来，向这些士兵递上香烟说："各位长官请不要误会，这位小哥，是甪直大商家的少爷，上海读书回来。不瞒各位长官，我带个路，攒些酒钱吃老酒，两个都是读大学的大学生，以后各位长官有机会同我到甪直，找这位少爷，保证鸡鸭鱼肉好好款待。"

徐震上装笔挺，生得红红白白，一头卷发，点点头说："各位长官，交个朋友吧。"

阿贵向徐震说："少爷，出点血吧，身上有大头么？请弟兄们吃包烟。"徐震掏出两块银洋。这时，一个班长从碉堡中出来，见是阿贵，就招呼道："你这个龟儿子，又搞啥名堂？"阿贵如此这般说了，递上银洋。

班长接过，笑眯眯地说："少爷太客气，以后路过有事就找兄弟。"阿贵手一摆，说："少爷，请。"

我们便上路前行，走了近三十米，眼前是一顶石穹桥，阿贵早已下桥。我们上得桥来，忽见一队人快步走来，着装和张浦守军相似。

忽然，徐震啊哟一声道："不好，我身上有枚图章，刚刻好'为人民服务'，要真的抄靶子，发现了不好说。"我立刻说："拿出来，丢到河里。"徐震便照办，赶紧把印章丢到桥下。转瞬间，我们下桥，这队人上桥。在擦肩而过时，我们看清了他们军帽上的五角星，左胸前的一块布上赫然印着"中国人民解放军"。霎时，徐震泪水直流，叫道："同志！"这队人不理睬我们，快步走上桥顶，又疾跑而下。

忽然，张浦守军机枪一阵扫射，下桥的解放军边冲刺边射击，高叫："缴枪不杀！"当时，枪弹横飞，嗖嗖地从我们头上飞过。阿贵喊道："卧倒，快卧倒！"我们赶紧照办。按理卧倒应该是俯卧的，但我看到徐震却仰卧在麦田里直乐，哈哈笑个不停，还大声喊道："解放了，我们解放了！"

后来听说，在解放张浦的战斗中，解放军牺牲了十二名战士，从张浦往东，就再也未遭遇多少抵抗了。

到甪直，阿贵把我们领到一家严姓大院里，那里已集合了一批地下同志。

解放后，徐震转入复旦大学学习。因擅长写杂文，以笔名"公今度"名噪海上，晚年任复旦大学新闻学院院长。

我和徐震交往数十年，因为工作不同，故来往不密。但每次见面，话题中总少不了陆家浜那十余天的相聚，少不了甪直之行，两家的家人也听了不下数十遍。

徐震病危期间，我曾到新华医院和徐震见了最后一面。他紧紧握着我的手，不肯松开，我也不肯松开。我们都知道，这是最后一面了。我和徐震久久对视着。我的脑海中涌现出陆家浜第一次见面的情景。徐震在想什么，不得而知，他那时已不能说话了，但我想，他很可能也在想着那一幕。

徐震去世后，每当我想起他，就会想起那一幕，想起他的热情、率直，想起他的泪水，耳边仿佛还能听到他仰躺在麦田里的大笑声。

（原载《上海滩》2003年第10期）

评弹人家篇

俞明的"南词"

1981 年我负笈江南时，苏州还不像今天这样处于文化的多元状态，这座城市的主要旋律之一大概就是评弹了。当年的苏州在我的印象中如同几个拼在一起的小城镇，砖瓦、小桥甚至流水都是旧的，那是褪色的历史和文化，月光太阳风雨打磨以后的时空，而穿越时空的恐怕就是那些非物质文化遗产了，诸如昆曲和评弹，还有桃花坞木刻、苏州刺绣和吴门画派的国画。我和许多外乡人一样，喜欢从苏州的小巷子穿过，踏着青苔，绕过断垣残壁，收音机、有线广播里出来的三弦、琵琶声与行人若即若离。苏州烟水缥缈，朦胧而宁静，但也失之沉闷和冷清，评弹的旋律增加了这座城市的动感。一座城市有自己的曲种，即有了文化的声音，评弹的说与唱连同三弦、琵琶的声音，可视为苏州的呼吸了——二十几年前的那种感觉，在重读俞明先生的《评弹人家》时复活了。

我奇怪的是，当年苏州的小巷似乎从来没有死路，你走到哪里通到哪里，这让我明白，所谓"又一村"其实并不只是园林里的景观，它本身就是苏州的生活场景。我们现在探讨一些艺术问题时常常会忽视这一点。这一种艺术一旦和寻常百姓、日常生活融化在一起时，艺术已经成为生活，生活因此变为艺术，这是不少艺术品种虽然并不热闹但也从来不会消失的一个原因。评弹就是这样来自生活的艺术。以前在苏州的小巷中常常会看到一些老人，闭目闲坐在小椅子上，捧只小收音机听评书和弹词，中午或者黄昏上街时我差不多总是遇到这样的情景。我当时就想，一些人甚至是众多的人如同我们在书房里读书一样，一生中的许多光阴大概就花在倾听评弹之中了。这一印象我特别深刻，而且让我有点遗憾的是，尽管现在的苏州有不少成功的雕塑品，但老人在巷子里听评弹的意象始终没有以艺术的形式现身。一个城市的文化从来不是空洞的。

我所描述的这一意象的背后，是更为广阔的社会与艺术背景。在这个意义上，《评弹人家》是一部当代评弹艺术史。创造和传承评弹艺术的人，他们的人生与艺术经历，呈现了一个艺术曲种的兴衰，也反映了一个特定的艺术群体和精神世界。艺人的生活其实也是一部书，大书或小书。俞明的散文长于写人，长于叙事，《评弹人家》便是明证。俞明对他笔下的人物如徐云志、王鹰，倾心、理解、赞赏，他自己对人生、艺术、历史的理解蕴藉其中。为艺人造型，这样一个文本，在苏州文化转型的今天有着特别的意义。

和俞老先生相识这么多年，我没有和他谈过自己的这些想法，不知老人家以为然否？我们在一起的时候，说到的多是小说和散文，偶尔也会谈书法。当有人告诉我俞老会唱评弹时，我并不惊讶，也不想问个究竟，因为我在他的小说散文中一直感受到评弹艺术的魅力。一个在吴文化的氛围中成长起来的知识分子，他会有一种与生俱来的艺术素养。俞老的文学创作，特别是他的小说，在结构、叙述与语言上，你都能够感觉到评弹艺术对他的启发，能够感受到他对艺术的融通。如果有读者朋友读到他的长篇小说《过隙》，想必会赞同我的看法。只是俞明个性鲜明，并不愿意受到什么东西的束缚，因此，他观世态、判人事、谈艺术，又常常是"反弹琵琶"的手法。俞明先生的小说和散文便是这样的"南词"。

2001 年春天，我去台湾讲学之前，俞老把《评弹人家》的打印稿和顾曾平先生的插图交给了我。我通过台湾的学生了解到《大雅》杂志适合刊载，便和出版人贾馨园先生联系。贾先生和台湾读者对《评弹人家》评价很高，我把这一信息告诉俞老，他很高兴。

我后来没有问过《评弹人家》这本书的出版事宜，这几年已经习惯文化传播的"墙内开花墙外香"。听说由苏州市文广局策划，古吴轩出版社将要出版《评弹人家》了，我当即表示要写一篇短文。我不是替俞老捧场，俞老的文字已无须我辈来捧，我只是庆幸并纪念苏州文化免受了一次损失。

2004 年 11 月 12 日凌晨

（本文为《评弹人家》一书的序，作者王尧）

评弹人家

说书先生王筱春

瑞芬的父亲王筱春，是个说书先生，和侄子王韵春、王展君先后拼档说苏州评弹。

苏州评弹，自明以来，历经三四百年，在吴方言地区历久不衰，且经千锤百炼，流派纷呈，名家迭出。其故事情节曲折离奇，引人入胜；曲调柔婉清丽，伴之以琵琶三弦之合奏，其声可遏白云，其调可发清风。吐气如晴空游丝，袅袅摇曳，高拔如空谷鹰啸，戛然长吟，九转三回，令听众回气荡神，不知此身何处。说表细腻生动，手面干净利落。但作为一门说唱艺术，因艺人的文化修养不同，技艺水准高低不等，艺人的名声、地位、待遇也各个不同。响档红角收入丰厚，在大上海大码头演唱。大多数先生只能在小码头流动，收入菲薄，甚或仅供个人糊口，王筱春就是其中一员。

王筱春五短身材，四方脸，慈眉慈眼，为人忠厚。惜乎技艺平平，在台上忒老实，不活泛，只能在小码头混混。常年跑码头，一部书多则三个月，少则个把月。逢年过节，正是生意旺季，筱春从不归家。只有在某个码头剪书后，尚未接到新的生意时，才在家中过一段日子。

筱春在家赋闲，与家人共甘苦。穿得破支落索，津津有味咀嚼咸菜萝卜干，实在熬不过，溜出去吃碗焖肉面。有时出门上茶馆会友，才把跑码头的行头穿上。头上搽足司但康，头发梳得油光。夏天纺绸衫裤，左胸放一只挂表，一根镀金表链横贯胸前；春秋一件毛料长衫，袖口翻出格子纺衬衣。脚蹬二十年前出道跑码头时置的皮鞋，擦得铮光锃亮。冬天穿绸面丝棉长袍，返家赶紧脱下，换上硬邦邦的老棉袍，冻得发抖也在所不惜。

王筱春一年到头穿乡越镇所为何来？连他自己都说不清。谁叫他学了这吃不饱也饿不死的生意呢？生意好时，场东脸色也好转，中餐加只荤腥，住宿条件也改善了些，有简陋但还干净的单间住。回得家去，每个孩子一包一角钱的橘红糕，晚上悄悄塞给盘颈四块钱。瑞芬一口一个爹爹，筱春的娘子盘颈用肉末蒸百叶丝、塘鲤鱼炖蛋来回报他对家庭难得的贡献。可惜的是，这样的好景不多。绝大部分时间，脸色难看的书场老板只端上不堪入口的饭菜，散场后台上拉条窗帘布，两条长凳搁块板作床。剪书时筱春把毛料长衫暂存镇上当铺，回得家去，拎着一扎三分钱一包的带壳花生。到了晚上，苦着脸对盘颈说："瑞芬他妈，这次本来带着一块二毛钱的，在轮船码头遇上了讨债的，抄了靶子，真是对不起你了。"盘颈柔声说："不要紧的，近来有大弟接济十块大头，够用了。"大弟是盘颈的胞弟，上海五金店的老板，不时对胞姊接济些财物。盘颈不轻易动用胞弟给她的钱，以备来日之需，非不得已不移作家用。翌日，餐桌上照旧有肉末蒸百叶丝，令筱春感动嘘唏不已。

说书先生跑码头，单身独往，少不了有些风流轶事。小乡小镇，比起县城或市区，要闭塞落后得多。镇上百来十户，地主老财，商家摊贩，都免不了有股土气。要说最时髦最体面的人物是谁，那就是台上行头笔挺、头发梳得油光、皮鞋擦得锃亮的说书先生了。风流寡妇，县城里阔佬包下的少奶奶，商家嫁不出去的大小姐，都把目光死死盯住台上的先生。先生他就是唐伯虎、许仙、皇甫少华，就是将来中状元的落难公子、有情有义的漂亮主角，其结果自然是可想而知了。

也有例外的，王筱春算是一个，但王筱春也有弄不清爽的时候。一天筱春归家，盘颈正理他的行李包袱，发现一双新布鞋。不知哪一个有情有义的阿嫂把鞋底纳得密密缝缝，偷偷塞给先生的。一气之下，盘颈不问理由，操起菜刀，把一双新鞋斩作四段，甩在筱春面前。筱春满面尴尬，拾起四截布鞋丢到墙外去。当晚低声下气不知说了多少好话，一场风波才告平息。

盘颈节俭持家

瑞芬妈大名潘盘颈。其时小户人家，子女不读书不交际，起不起名都可以。瑞芬妈呱呱坠地时颈间盘着脐带，就起了这怪兮兮的名字。家人和左邻右舍都叫她盘颈，出嫁后，上户口写王潘氏，亲友仍然叫她盘颈，生子育女就按子女名字叫。

艰难时世是生活的教科书。苏州小户人家的女孩，受到生活鞭子的不断抽打，知道怎样对付生活的压力，她们的遗传因子代代相传。当她们成了家庭主妇后，养成了精明能干精打细算的持家方略。以潘盘颈为例，先后抚养六个子女。王筱春不固定的微薄收入，扣去在码头上的开销、添置演出服装、来往盘缠，已所剩无几，生意好时赚的钱也只可补贴些家用。

盘颈持家，节俭到近乎苛刻。初冬腌两缸咸菜，一层菜，一层雪里蕻，满满两大缸，是冬春两季王家餐桌上的主菜。还有一只百吃不厌的好菜——猫耳朵萝卜干。圆萝卜一切两爿，放在咸鱼卤里腌，捞出晾干，萝卜干上现出一层白白的盐霜。瑞芬哀求道："妈，洗一洗吧？"盘颈声色俱厉地说："不准洗！"瑞芬咬了一小点，咸得直吐气，立刻大口大口喝粥，盘颈这才笑道："绍兴人叫'杀饭'，苏州人叫'过饭'。"

王家一日三餐，两粥一饭。盘颈不像其他小户人家限制孩子添饭，有些人家还用筷子把堆尖的饭刮平。盘颈很开通，她常说孩子发育头上，饭应该吃饱。

没有油水，没有营养，瑞芬整日觉得肚子空得发慌，下午放学回家，赶紧扒冷饭吃。瑞芬知道，和自己家境相仿的同学，扒冷饭也是要挨打的。其时苏州城里有首儿歌唱道："白吃白壮，养个伲子开典当。"就是说有口白饭吃不错了。

寒冬腊月，咸菜剩下半缸。要捞菜，先得敲开薄冰，手臂伸到冰水里去捞，真正叫冰霜激骨头。

"妹妹，你去捞吧。"姐姐瑞珍对妹妹努努嘴。

"阿姊，这礼拜我捞过两次了，今天该你去捞了！"

姊妹俩你谦我让，盘颈判定两人隔天值班一次。

勤俭持家的盘颈，连咸菜卤也不放过。面粉搅卤汁，做成面饽，和山芋一起放在粥里，甜蜜蜜，咸嗒嗒，省了粥菜。面粉、山芋比米便宜，又节省了米钱。

四个孩子，大兄、二姊穿不下的衣服，给三弟、四妹穿。二姊的衣服倒也罢了，如若穿了小哥的西裤，万一给同学发现岂不羞人，瑞芬穿时只得把上衣用力往下拉。二姐穿过的裤子也嫌短，盘颈加了一截叫瑞芬穿，瑞芬宁愿卷起裤腿，让冷风往里灌，可是袜子又是土布缝的，顾了上顾不了下。瑞芬性格刚强，有一天终于想通，不偷不抢为啥见不得人？同学原本笑她羞她，见她大大方方，反倒不好意思说她了。

到了夏天，咸菜吃完，苏州小户人家的家常菜是香萝卜干毛豆子。锅里撒个油屁，沾上一星点油，瑞芬觉得好吃极了。

王家住宅是当时小家小户常见的沿街浅屋，推开门，小天井只容得下一口水井一棵树，楼下一厅两厢，盘颈租给两户人家，收取房租；楼上自用。盘颈生养六胎，存活两男两女四个孩子，她知道一年到头给孩子吃咸菜萝卜干，会影响发育。春天抓十来只小鸡，白天在门外放养，天黑用鸡罩圈在堂屋里的方桌下。待到生蛋，每天每人分得一个白焐蛋，瑞芬拿着家中这难得的荤腥细嚼慢咽，品尝享受。

瑞芬有一个很高兴去完成的任务，就是去南浩街东生阳买"破头长生果"。一毛钱买一竹篮，都是些拣剩下来破壳和一粒头的带壳花生，走一路偷吃一路。每天放学后，盘颈准许孩子每人抓一把解解馋。

其时苏州城里贫困人家的主妇都是这样当家的。盘颈扣下每一分钱是为了儿女长大后备不时之需，但她是个明白人，提得起放得下。逢年过节，她不亏待家人，不能让孩子们看着人家眼红嘴馋。过年，她用柏枝扎一棵摇钱树，树盆下铺红纸，上置料红橘、长生果、核桃、黑枣、年糕，尽吃无妨。还有一堆小铜钱，每人十文，可以去买梅花糕或烘山芋吃。五月端午，她裹白水粽、赤豆粽、眼屎干肉粽，把孩子的肚皮填满。立夏，餐桌上有自家腌的咸鸭蛋。中秋节，每人两只肉月饼、一碗糖芋艿、一碟藕、一碟红菱。廿四夜送灶公公，少不了有糖元宝和菜落团子。每逢她看着孩子们笑嘻嘻地享受节日食物，她就躲到房里去，待到出屋时，眼肿得像核桃。

王家出了个调丝妹妹

瑞芬出生在苏州桃花坞宝城桥弄四号，一座坐东朝西的沿街浅屋内，只有贫穷人家才在这种地段造屋。夏天太阳火辣辣晒一天，走在厅堂上的方砖地上脚底都会发烫。待到太阳落山，两个哥哥把门前一块地用井水浇透，两条长凳搁块门板，一家人围着吃泡饭。饭后，再搁一副门板，几个孩子坐着乘凉，晚间就躺下睡觉。

这条窄窄的弄堂里，差不多每家每户都在露天宿夜。隔壁弦线作坊里的胖老板认瑞芬哥哥瑞寅作干儿子，两家算是干亲。晚饭后胖老板躺在竹榻上，朝瑞芬招手道："妹妹过来，帮伯伯捶捶腿。"瑞芬就拿着矮凳过去，她很乐意做这有偿服务，可以得三分钱外快。放学后买一只烘山芋，小肚皮里有了烘山芋垫底，晚上两碗泡饭也就够了。

冬天，西北风朝着屋里刮了一天，房间里像个冰窟，寒气直钻进僵硬的老棉花胎里。盘颈把瑞芬两只小脚焐在自己怀里，小瑞芬一面孔的冻疮要到开春才化掉。

瑞芬的少年时代，正是日伪统治的苦难时期。南京是汪伪政府的"首都"，苏州是"省政府"所在地。小小的苏州城，除日本驻军外，汪伪"警政部长兼江苏省主席"李士群的黑衫特工号称有万人之众。城市在日军马队的铁蹄下呻吟。夜晚，日军的巡逻摩托车队和马队在大街小巷中乱窜，汪伪的武装便衣到处抓人。城市中心地区一片虚假繁荣景象，酒肆、舞厅林立，灯红酒绿，纸醉金迷。

城市的底层市民，有如生活在地狱之中，过着食不果腹、衣不御寒的生活。日伪对城外四乡八镇实行"清乡"，捕杀抗日志士，劫夺财物，征集军米。城里的升斗小民吃粮，要去日伪指定的地点购买，一月买一次，叫"轧户口米"。

盘颈腰椎突出，不能负重。天蒙蒙亮，带着瑞芬去轧户口米。母女俩赶到阊门外，队伍已排成长龙，小汉奸拿粉笔在每人的后背涂上号码。维持秩序的日本鬼子为了寻开心，用枪托作势往人头上砸，人们逃来逃去，队伍扭成几段，小瑞芬吓得直哭。折腾了一个上午，轧来的户口米掺着不少沙子泥屑。一次，日本鬼子为了消遣，把一盆盆凉水往人堆里浇。寒冬腊月，小瑞芬的棉衣被浇得透湿，回到家里，在被窝里抖个不停，发了两天高烧。小瑞芬十分吃硬，从此盘颈不再要她去，她却犟头犟脑拿过米袋就走。

王家隔壁的弦线作，制作琵琶、弦子、古筝及钓具上的弦线。弦线作里雇女工调丝，苏州人称作"调丝娘娘"。

盘颈和作坊老板沾上干亲后，受到特别照顾，允许把丝和弦线拿到家里做，就是如今的外发加工了。

调丝，是在一根叫篾头的竹筒里插根竹头，放在角落摇，摇成一匝，打个结，以备作坊里制成弦线。调弦线，同调丝差不多，只要篾头换成细一些的，调起来比调丝要费力些。盘颈从鸡叫做到鬼叫，工钱可以买一升多米。盘颈把调好的丝放在水缸脚边吸水，可以增加分量落下点丝充作菜金。

瑞珍比瑞芬长六岁，在十四岁的时候，盘颈揽下一个磨锡箔的活，在瑞珍放学后叫她做。磨锡箔，就是把锡纸和单纸黏合在一起。先在木板上铺一薄纸，再盖一层锡纸，用"瓦头"打磨，将锡与纸融合，这个工序，也可落下一些锡屑出卖。其时，瑞芬十一岁，小小年纪，知道家里的难处，早就存心要分担她娘的担子。天天看娘调丝，熟记在心，放学后帮娘调丝，倒也麻利。从此后每天放学，楼上瑞珍磨锡箔，楼下瑞芬调丝，苦度光阴。

一天，邻居快嘴阿婆来王家，一进门就风风火火嚷道："盘颈在家吗？啊呀呀，妹妹你在做啥？啊唷唷，你也在调丝呀！喔唷，盘颈阿好福气，生着个实梗有清头的好妹妹！好妹妹你忙，我走哉，你忙你忙……"

快嘴阿婆喔唷唷、啊呦呦到左邻右舍一嚷，立时三刻，宝城桥弄家家户户知道王家调丝娘娘家出了个调丝妹妹。

不能拒绝那种诱惑

看了王筱春家的窘迫相，评弹这口饭，真没有啥吃头了。

不然。说书这碗饭，有苦也有甜。苦，苦到苦不堪言；甜，甜到呒不话头。说书先生是分档次的，收入有天地之别。像王筱春那样，跑跑小码头，不论生意好坏，收入总是见量的。小有名气，在县城里专业书场落下脚的，养家糊口不成问题，生活够得上中等水准。如若成了响档红角，在上海、杭州、苏州书坛上弹唱，收入之丰厚就令人吃惊了。抗战前，一个小学教员或店员月薪六元，上海一个响档收入可达二百倍之多，拥有豪宅包车，排场阔绰。一个还算不上一流的先生，在无锡、常州说三个月书，回到苏州就造了一幢二层楼房。

所以，在旧时代，在江浙沪一带，评弹的从业人员特多，家长送子女学艺的更多，希望有一天书包翻身，落难公子中状元。这一点也不奇怪，在那个年代，要拣到一只饭碗很不容易。说书这行当，虽然不像银行、邮政、铁路那样的是铁饭碗，可能是只破饭碗，但也有可能捧到一只金饭碗。小户人家、贫穷子弟是不能拒绝那种诱惑的。

还有一条，说书这门行当和京剧或江浙一带地方戏比，灵活自由得多。一个戏班，行头道具要装两大卡车，人员几十。大把赚钱，来得快去得也快，遇到不景气时，班主或红角的积蓄都得赔上。说书先生有的只是寡人一个，有的两人合拼双档，弦子、琵琶身上一背，旅行包一拎，就到处通行。一件行头，比如狐坎袍子，里面猫皮、狗皮拼拼接接，只有领口、袖口处露出的是真皮，坐在台上固然体面，平时出客时也可派上用场。再就是纺绸长衫、毛料袍子，同样可以台下台上通用。旧时代是只重衣衫不重人，说书人称做先生，在常人眼里，也可充得衣衫中人。跑码头穿乡越镇，生意兴隆做它三个月，生意不好捐了铺盖转移阵地，十分方便。逢上酷暑大寒，手头有些积蓄，歇夏休冬没有人来管你。比起累死累活的贩夫走卒，说书先生只消在台上坐着，纸扇摇摇，清茶呷呷，如若日夜两场，每场一时三刻。这和旧时代拼死拼活才得以生存的劳动人民比，毕竟要好多了。

只有一桩，旧时代的女说书先生，生得漂亮的，其命运和京剧红角或地方戏名伶一样，十之八九逃不过有钱有势人的魔掌。结果做小当姨太太或者做人家外室，待到人老珠黄，落得个被抛弃的悲惨下场。

盘颈不知个中底细，见那些女先生衣着华丽、戴金饰银，就在筱春耳边絮叨，说瑞珍不能只是磨锡箔，瑞芬不能从调丝妹妹一直做到调丝娘娘，要他把女儿带出道，做个说书女先生。每逢其时，筱春只是摇头叹息，盘颈也问不出所以然。

1949 年 4 月苏州解放，瑞芬十四岁，小学六年级。一天，筱春跑码头回家，当晚对盘颈说："瑞芬他妈，我下次接生意，带妹妹出去见识见识。"苏人习惯把年幼的男孩叫弟弟，把年幼的女孩叫妹妹。

盘颈不解地问："这两年我说过好几遍，也不见你搭腔，今天怎么开窍了？"

筱春点着烟，吸一口吞到肚里，徐徐把烟喷出，缓缓说道："说书这行当，女小囡做不得，好比跳火坑。如今世道变了，恶势力不敢再横行霸道。我说了几十年书，只有惭愧两字，我咽不下这口气，只能把希望寄托在女儿身上。"夫妻当晚拍板，翌日和女儿商量，瑞珍不愿意，瑞芬好动，听说跑码头见世面，点头好像鸡啄米。

过不了几天，盘颈给瑞芬梳了两把翘角辫子，在瑞芬老棉袄上罩上一件新布衫，擦着眼泪哽咽着叮嘱道："妹妹啊，在外要听爹爹话，万事要小心，用心练功，要给苦命的妈争口气呀！"瑞芬一一答应，父女俩闯荡江湖去了。

打屁股示众

从未出过门的十四岁的小姑娘，自然件件桩桩觉得新奇。她听着航船上"啪啪"的马达声，看着船旁飞溅的浪花，快活极了。她扒在父亲膝盖上，听着父亲和邻座伯伯、婶婶攀谈。船定点靠岸，船老大和上下的客人互相大声致意。船靠小镇，瑞芬走在狭窄的街道上，两旁店铺中的店员伸手可以相互握住。筱春在南货店里买了一包柿饼，算是对瑞芬响应他号召的奖励。

江南河网地区的小镇，是一朵水上睡莲，吮吸着河流带给的无穷无尽的养料。沿着河流两岸，商家鳞次栉比。从四乡拥来的船只，船主人把缆绳拴在驳岸的石鼻上，上岸办事。鱼行鱼摊的河滩上歇着舱里跃动着鲜龙活跳鱼虾的渔船；米行或碾米厂的河滩前，排列着装满金灿灿稻米的船只。弥漫着水汽或酒香的茶馆、酒楼的堂倌，热情招呼靠岸船只上的客人。妇女们油黑的发髻上晃动着红色流苏，绣花短裙款款摆动；老农们戴着毡帽，束着从腰间垂到脚背的青布竹裙，手执旱烟筒，兴冲冲地直奔茶馆书场。

镇上人家，米、鱼两业最为闲空。一个小镇，有不少粮行、米店、鱼摊，小镇是夏、秋收获季节粮食的聚散地。地主们把从佃户那里搜刮来的稻谷存入粮行，米店直接和农民或从事小本经营的粮贩们交易。四乡的渔民，每天把捕获的鱼虾卖给鱼摊摊主，鱼摊则把收购来的鱼虾卖给农民或镇上的居民，或批发给鱼贩行商，由他们贩运到通商大镇和城市里去。米、鱼两业人员忙碌了一个早市，余下时间都是他们自己的。"白天水包皮，晚上皮包水"就是他们的生活写照。"水包皮"是泡浴，到浴室洗个澡，洗去一身鱼腥气；然后到茶馆书场听书，捧把茶壶不停往皮囊中灌茶，这便是"皮包水"。他们是书场中最忠实的听众，天天听，成年累月地听，听一辈子的书。镇上的财主乡绅、商家老板，闲得发慌的太太、奶奶、闺房千金和浪荡公子，中小学教员、机关职员，等等，都好此道。其时并无其他娱乐手段，书场带给他们无限的乐趣。解放两年后，那些地主乡绅消失不见，吃公家饭的机关职员、教员们忙于学习改造，书场里也逐渐不见他们的踪影。

小镇难得有专业书场，一般都是茶馆书场。它们本来是茶馆，有说书先生来，就成为书场。还有一种，早上是茶馆，下午开书场，有响档到，或好先生来，就开日夜两场书。茶馆很早就开门，夜半时分，四乡农民就披星戴月络绎光临。茶馆里弥漫着雾一样的水汽、烟气，茶客们习惯和欢喜茶馆中这种暖呼呼、怪分分的气味。他们通常都上了年纪，繁重的农活已经交卸给了下一代，他们唯一乐趣就是"孵茶馆"。他们呛咳着，噗噗地往地上吐痰，吧嗒吧嗒地吮着烟筒嘴，絮絮说着话，或者竖起耳朵听邻里的新闻。若有好书、好先生，中午吃点干点心，捧着茶壶闭着眼睛听回书，散场后心满意足地回家。

从小瑞芬跟着父亲跑码头起，码头的茶馆书场的百脚凳上就多了一个陌生的小姑娘。她和其他听众不同处，就是在晚上她要"还书"，把听到的还说给父亲听。她对书中情节还算有兴趣，听得很专心，但因年龄过小，对书中细腻的描绘不甚了了。有时被书场中的水汽、烟气熏得昏昏欲睡，漏听不少。每逢其时，便会领受一顿训斥，所幸堂兄展君时常在旁提示，得以过关。

还有的功课是学弹琵琶。筱春是琵琶高手，惜乎缺少科学的教学法，只简单教了指法，叫瑞芬死背一段过门，"六六工尺六工长，长长六工长，花落工长六工长"，要瑞芬反复弹，限定一天弹一百遍。

再一个是学唱，天天练十遍《杜十娘》，展君当老师。展君唱得真不错，但同样缺少科学方法。筱春对女儿要求过高过急，学了一个月，觉得瑞芬唱得还可以，居然命瑞芬登台表演。可怜瑞芬从未上过台，更不用说演唱了。上得台来，往台下张张，吓昏了头，煞白着脸像蚊子叫似地哼了几声。把筱春气得手痒，一把将瑞芬按翻在百脚凳上，打屁股示众。瑞芬这才感到响应她爹号召是大错特错，哭得伤心至极。筱春特地借老板灶头烧了一碗鸡蛋哄着她吃了。瑞芬只吃过两次水潽鸡蛋，第一次使她回味不已，第二次使她希望有第三次。她破涕为笑，原谅了老爸。

吓出一场失魂伤寒

在瑞芬的心灵里，跑码头的新鲜感很快就消失，她看到父亲在说书生涯中困苦的一面。

茶馆书场里往往只有一个工人，管理茶担，把七石大缸里的水挑满，把垄糠挑满，冲茶和打扫。老板兼署会计，管理账房，卖签子，兼售香烟。听客中半数吸着水烟或旱烟，半数新潮些的吸香烟。账房的柜台上放着香烟箱，大半只是低档的老刀牌、金鼠牌。老刀牌俗称强盗牌，一个翘胡子的海盗拿着把长长的弯刀，解放后抹去这帝国主义的标志，改称劳动牌。加了一种飞马牌，过去是解放区的老牌烟。烟箱中排，有哈德门和大前门，标着"有美皆备无丽不臻"的美丽牌也消失了。

上格放几包三炮台、绿锡包，问津者越来越少。

有一次，瑞芬看见她父亲赔着笑，在香烟箱前向老板赊香烟。老板用不屑的眼光看着他，慢慢从飞马烟盒中抽了两根出来。那时，拾香烟屁股抽叫"捉蟋蟀"，赊买两根烟叫"拔木头"，是被人看不起的事。王筱春跑江湖久了，宠辱不惊，这事却刺伤了女儿的心。晚间，她想起父亲跑码头回来穿得笔挺，拎出橘红糕和带壳花生哄子女，不由得泪沾枕巾。

一般做不好生意的先生，老板安排到破支落索的地方住。中、晚两餐少有油水，特别见筱春身边带了个女儿吃白食，老板脸色难看得很。遇到书场"漂脱"、中途被迫剪书，那种凄惨无奈的情景，更使瑞芬暗暗伤心。瑞芬年纪虽小，心眼却不小，童年的种种艰辛，使她常常在脑中思索，虽找不到答案，久而久之内心世界却养成了心高气傲的境界。

瑞芬渐渐对说书这行当产生了厌恶感。虽然不敢在父亲面前说出来，心里却暗自下了决心，宁愿吃咸菜萝卜干，也不吃这碗被人欺负的开口饭。

有了这个想法，瑞芬也就懈怠了学艺之心。

一日，瑞芬跟着王筱春和王展君到无锡一个小镇上做生意。

老板领着他们到住处。拐了几个弯，进了一条暗出出的小弄堂，弄底有一所空关多时的破宅子。推开两扇黑漆大门，穿过一个荒芜的院子，虚掩的闼门里有一厅两厢。厅上方砖地凹凸不平，正中供着大仙堂，遮着破烂的丝丝缕缕的红绸。老板说西厢屋漏，不能住人，厅堂西侧搁的木板铺让展君住。东厢有张雕花大床，红漆都已剥落，床头有个衣架，不知为什么还挂着顶破草帽。筱春叫瑞芬打开行李铺垫好，说晚上瑞芬睡在里床。

安顿后老板就领着他们去吃晚饭。第一餐好比如今的"宴请"，天气冷，备了只火锅，里面有蛋饺和走油肉。筱春呷了两盅白干，上台说《落金扇》"误登桃花山"一折，分外精神。台下有五成听众，还响起几阵掌声，筱春很高兴，散场后拉了几个老听客下棋。花赤赤的展君，也不知溜到哪里去了。

瑞芬独自一人手拿灯笼摸到住处去。灯笼火光只能照亮脚下二尺方圆，那条暗出出的弄堂好像永世也走不到尽头。瑞芬想到好多鬼的故事，耳朵就不由得听到背后有踢踢跶跶的声音，头颈后凉飕飕，好像鼻里喷出的咻咻气息。瑞芬拼命往门里跑，被门槛一绊，人倒在地上，灯笼也灭了，初三夜的月亮使院子里的草木仿佛人影幢幢。瑞芬噙着泪水推开闼门，大仙堂里的神龛里好似有一对碧绿的眼睛在窥视她。她失魂落魄推开厢房门，衣架和单帽像一个黑无常笔直站着。她把头蒙在被子里，浑身鸡皮疙瘩，听见大门、闼门和窗户的开合声，只觉得被子外面布满了鬼魅的身影。待等堂兄回来，瑞芬已发着高烧，不省人事。翌日，筱春背着瑞芬乘航船回家。

想不到一场惊吓唬出了失魂伤寒。待到病愈，瑞芬浓密的头发脱得精光，周身瘦得剩了副骨骼。

王筱春重大决策

通常的学艺期，至少要二到三年。王筱春对女儿期望过高，半年以后，瑞芬伤寒病刚复原，筱春就认为她已经具备了登台的条件。他心里做了重大决策，拼个父女双档，红遍江浙沪，闯荡大上海。

筱春先和盘颈商量。盘颈想到那些衣着华丽顾盼生姿的女先生，再想想瑞芬蜡黄面皮、土头土脑的样子，感到信心不足。筱春道："这不成问题，做几身体面的行头，搽点胭脂花粉，阿囡生得蛮登样，电灯光一照，还不是个像模像样的女先生？"

盘颈心里疑惑疑致，问道："妹妹本事究竟可搭得够？"

筱春赌神罚咒说："够，够，够！"

盘颈还是不踏实，自言自语道："十五岁的小娘，还没有长成哩。"

筱春反问道："难道你不想早一天出头？早一天过荣华富贵的日子？"

盘颈终于被打动，绽开笑容，说："巴望不得呢。"

第二步也是关键的一步，是动员说服瑞芬。筱春拷两筒酒，用花生米、熏青豆下酒，三杯下肚，拉着瑞芬手，说："阿囡，你仔细听着，下次出码头，多多决定和你并档说《落金扇》。"

瑞芬大吃一惊，心里扑扑乱跳，推辞道："不行不行，万万使不得！"

筱春一杯在手，把瑞芬揽在怀中，唾沫星子和着酒气喷了瑞芬一头一脸，大做说服工作："阿囡啊，你胆要壮，心要高，知子莫如父，爹爹对你太了解了。你想想，爹爹总不会害你吧？你人聪明，学很快，这部《落金扇》，你已经熟透，笃定而笃定，包你一炮打响！再说，你爹爹就在你身边，你熄火，我帮你发动，你卡壳，我帮你打通，你还有啥顾虑的？"

瑞芬怯生生问道："展君哥呢？"筱春笑道："我已经通知他拆档了。"瑞芬心想，原来如此。怪不得每次跑码头回来，展君三天两头要和老爹碰头，不是谈生意就是排书。这一次回来，十来天没有见过他人影。瑞芬自忖，不论说表弹唱，根本无法和展君相比。再说，她已决心不吃这碗饭，这样一想，头摇得像拨浪鼓。

筱春说："阿囡啊，将来你唱红了，穿绸吃油，再不用咬咸菜根萝卜头了。"

瑞芬嘟哝道："将来是将来，现在是现在。"

筱春动之以情，带着哭腔说道："爹爹我说了几十年的书，终年在外跑码头，逢年过节常常不能和你们团聚，所为何来？还不是盼望有朝一日，阿囡能为爹娘争气。你娘盘颈，累死累活拉扯你们长大，所为何来？还不是巴望老来有靠，积谷防荒。阿囡你早一天出息，你爹娘早一天得享清福，我晓得阿囡是个孝女，是个有清头的小囡，是个有志气的青年，是个……"

瑞芬嘟哝道："不是有志气无志气问题，要看有没有本事。"

盘颈听到了，插嘴说："你爹说，本事是够了，现在是看你有没有志气。人穷只怕志气短，妹妹啊，如若你志气高，龙潭虎穴也敢闯，不就是上台说书吗，有啥大不了的？生意砸了，大不了打道回府，难道台上有老虎吞了你？"

筱春见盘颈在旁帮腔，越发来劲，趁热打铁，进一步打消瑞芬顾虑。他比划着弹琵琶的模样，说："阿囡你一百个放心，你爹爹的琵琶没有说的吧？万一生意不好，你爹爹琵琶是帮得上忙的啊！"

筱春弹得一手好琵琶，拉住过不少听客。他能弹大套琵琶《十面埋伏》，能把琵琶顶在头上弹，又能放在背后弹。他放这些噱头，倒也能取悦一些农民听众，有的不远五里十里而来，专门看反弹。

夫妻俩一吹一唱，弄得瑞芬六神无主，百般无奈，只得听天由命。

孤山、孤灯、孤月

第一个码头是无锡孤山。父女俩身背吃饭家生，接客的茶馆伙计三男提着行李，穿过小街熙熙攘攘的人群。三男嘴里喊道："借光借光，说书先生来哉。"大喊大嚷，也是做广告一法。人群一边避开让路，一边惊奇地盯住扎着翘角小辫的女先生看。有人议论道："喔唷唷，这老小只有半段甘蔗长，倒有趣格。"筱春趁机做工作，对瑞芬说："妹妹你听听，人家在赞你哩！"

不料当晚登台亮相，有趣变成无趣，打了一个哑炮。

瑞芬算得努力，一点三刻钟，并无卡壳，但好似在小学课堂上背书，听众只觉得索然无味。唱词也并无差错，筱春的琵琶也弹得分外花腔，可惜瑞芬的说表弹唱好似学生唱歌，韵味全失。

因为小姑娘初次登台，听众觉得可怜，熬到了结束。待等散场，议论纷纷，话可难听极了。有个老二倌大声嚷道："一个黄毛丫头，书弗曾学好，倒来骗铜钿哉，弗如让我老头子来讲只故事给她听听。"

直到深夜，筱春早已打起呼噜，瑞芬双手托腮，呆呆地望着对面的孤山，孤山上的小庙里亮着盏孤灯，天上一轮孤月发出惨白的月光。此情此景，瑞芬永生永世也不会忘怀。

孤山茶馆老板对人和蔼，富有同情心，和筱春也有数次主客之谊。翌日晚间，备了几个菜，举杯敬父女，宽慰俩人道："王先生，大小姐，昔日秦琼落魄、韩信受辱，来日方长。瓦片自有翻身日，相信下次光临敝地，定会使小店增光生辉！"筱春苦笑道："但愿依你的吉言。"

第二个码头是用直。这是个江南大镇，响档来过不少，这样的码头岂能等闲闯荡？筱春拣了个小书场落脚。

第一场情况就不妙，不断有抽签的。其时，听书买签进场，一人一签，散场时把竹签丢进门口的匣子里，中途退场叫"抽签"。这一场下来，原本只有四成的听客抽签一大半。坐在前面，戴着罗宋帽的一个老农先是把沾满污泥的钉鞋砰的一声搁到台板上，又把旱烟筒的烟灰啪啪地在台板上敲打，还未到小落回，便气呼呼地抽了签。这一次，筱春的反弹琵琶也不灵了，他弹他的，听客照样走。第二场，场子漂脱，行话称没有听客上门叫"漂脱"。

老板姓王，为人苛刻，当晚在房间里拎走了马桶，换上一只破钵头。筱春气得差点晕倒，知道不可再留，但回城的盘缠都无着落。只得厚着脸皮向另一家书场的同行借了盘缠钱，父女俩才垂头丧气回归苏州。

筱春拔苗伤根，欲速不达，这真是：心急偏烧夹生饭，快跑反遭腿抽筋。

调丝妹变成刻字师傅

父女俩铩羽而归。

盘颈原来希望两人敲着得胜鼓班师回朝的，一看两人神态有异，好似失败的公鸡，吃瘪的蟋蟀，心知大事不妙。安慰端分道："妹妹，弗要紧的，怪只怪那班听客，戳瞎眼乌珠不识好坏。娘早就说过，大不了打道回府，歇息几日，再到码头上去翻本！"

筱春一声不响。瑞芬心里有数，虽然那些听客说话过于苛刻，倒也符合实际情况，怪只怪自己没有真本事，命该如此。

想再出码头是万万不能的了，展君也不会答应再和筱春并档。父女俩只好在家孵豆芽。俗话说"坐吃三年山也空"，侬王家家境，就是坐吃三天也成问题。

就在这当口，瑞芬在上海交易所穿红马甲的大兄瑞寅因交易所关门歇了生意，回到苏州。他在外好几年，有些门道，筹了点本钱，开了爿棋子作，就是生产象棋、康乐球棋子的作坊。解放初期，盛行打康乐球，机关、学校、街道凡有人群聚集的地方，都可以听见噼噼啪啪打康乐球的声音，还有些专门的象棋室和康乐球室。所以，瑞寅的棋子作是很有市场的。

做棋子有好几道工序：圆作、刻字、涂（铅）粉、上色、晾晒。

棋子作收入不菲，但开销亦大。盘颈是明理之人，提出亲兄弟明算账，各凭劳力本事吃饭，如看在手足情分上，派工优先照顾就是了。筱春和瑞芬派到涂粉计件工，一天下来，能得三四角钱，那时一副烧饼油条四分钱。

瑞芬觉得有愧于父母的希望，涂粉的工资顶不了多少家用，很是内疚。她抽空时常去看老师傅刻字，怎么使刀，怎么剔木，怎么在圆角处用力，一一牢记在心，晚上在圆作处拾些边角料练刀。几个月后，她用心刻了一副象棋，拿去给瑞寅看，说是父亲想介绍一个老师傅来当刻工。瑞寅认真地做了查看，点头说："很好，刻工很老到的。"

"那你同意他来刻字了？"瑞芬问道。

"可以的，叫他明天来吧。"

瑞芬乐得跳了起来，指着自己鼻子笑道："王老板，你说话可要算话啦，在下就是老师傅。"

从此往后，调丝妹妹成了刻字师傅。没有多久，瑞芬技术熟练，刻得又快又好，快的时候一天可以完成千余只棋子，超过了所有的刻工师傅。日工资可得三元多，月工资抵得上一个中学校长。

但有一桩，瑞芬付出了不小的代价。她成天俯伏在桌上，到了晚上，喘不过气来，胸部长时间隐隐作痛，两眼昏花，双臂酸胀。盘颈坐在床边，探进女儿怀里，摸到她胸前贴满的伤痛膏，呜咽着说："妹妹，好阿囡，我的心肝宝贝，你犯不着这样，犯不着的啊！"

抱住女儿喜极而泣

瑞芬知道娘是心疼自己，她回答不了娘提出的问题。

一天晚上，她筋疲力尽浑身酸疼躺倒在床上，不由又想起犯得着犯不着的问题。

她想，长此以往，如若真的落得一身病痛，非但赡养父母办不到，自己倒要别人伺候了。

但不做这刻字行当又能做什么呢？眼前这日子又怎么熬过去呢？

一次，她打开矿石收音机的按钮，耳里传来评弹名家徐丽仙唱的

《杜十娘》，心头突然一亮，徐丽仙能有今日，不就是练出来的本事吗？如若她瑞芬用练刻字的苦功来练弹唱，何愁不能功成名就？只要功夫深，铁杆磨成针嘛！再者，可以先不放弃刻字，也不用那么拼命，反正是计件工，只要达成原来指标一半，能糊口就行了。往后，白天刻字，晚间学书，待等练得老到，就像练成刻字给瑞寅一个惊奇那样，给原说书先生筱春一个惊奇。

自从确定了这个伟大目标后，瑞芬觉得自己浑身充满了青春活力。刻字劳动量减少后，身体各部位的疼痛减轻，晚间学弹、学唱有了精神。

其时苏州有好几个私营小电台，大半时间播放评弹。正在几十家书场演出的响档，都安排在电台弹唱，这使瑞芬有足够的借鉴。她每逢听到一段好听的过门，便用在学校里学到的简谱记录下来，而后反复练习几百遍，直到掌握为止。她每逢听到一种不同流派的唱段，便不停照模照样地轻吟低唱，直到熟练为止。听得多了，逐渐领悟到蒋调明快流畅的特色，杨调咬字吐气的功夫，徐调甜糯抒情的风格。不论何种流派都有自己的韵味，如若学不到这种神韵，学得再像，也只是皮毛而已。每天清晨天麻花亮，她独自找一个空旷地方吊嗓子。评弹吊嗓子有自己独特方法，用呼叫鸭群"鸭溜溜溜溜……"练高八度的高音，用呼叫鸡群的"花落落落落……"练低音。瑞芬的喉咙原本有良好的天赋，经过一段时间练习，嗓音变得甜润嘹亮。她还把头天晚上学到的唱腔、唱段放声高唱，自己感到，仿佛天籁间也充塞着共鸣。

为了学名角的台风手面，她常常去书场听"戤壁书"。终于悟到说表也罢，起角色也罢，要注重人物思想感情和性格特点。琢磨透了，把自己置放在所起角色当时的境遇中，原有的我才能消失，台上才会出现活灵活现的角色。

瑞芬还时常回忆起一年前失败的自我，和一年后有所悟的自我两相比较，明白了要努力的方向。

十个月后的一天，瑞芬在后院角落的柴房里放好两把椅子，一把椅子上放着琵琶，一把椅子上放着搪瓷杯，然后从棋子作里请出老爹爹。筱春洗去手上铅粉，被女儿一路推搡着进了柴房。

瑞芬揭开杯盖，里面是热气腾腾的汤包，瑞芬请老爹上坐享用。

筱春用毕,抹抹嘴说道:"小鬼丫头,何事有求于我?"

瑞芬道:"父亲容禀,女儿请得一位先生给爹爹说一回《落金扇》。"说毕,把柴房门紧闭,操起琵琶,悠悠扬扬唱了一则开篇《杜十娘》,然后说了"庆云自叹"一节。把个筱春听得目瞪口呆,几疑自己身在梦中。好半天才回过神来,一把抱住女儿,说不出话,眼泪簌簌地掉在瑞芬肩头,喜极而泣。

战胜了自己的胆怯

每年农历十二月,光裕社都要举办一次会书,届时会员都到苏州集中。会书期间,艺人都竞相争艳,拿出得意的折子飨客,所以会书的生意特别好。书场签子的价格比平时要高好几倍,演员和场方都能得到不少好处。

从旧时代各个文艺团体的作用来看,光裕社这一举措无疑是很有价值的,它使评弹充满了青春活力。会书期间的艺人们切磋技艺,在上台献艺的新人中选拔尖子,好比世界钢琴或小提琴比赛,又好比现在的流行歌曲比赛。评弹会书是一种最最高明和过得硬的艺术评比,它只服从全场的意志,只相信全场的耳朵和眼睛,不买权威的账,不为几个评委左右。公平竞争,群众认可,唯有这样彻底的群众路线,才出得了真才实学之人,才不至于像如今评议那样走过场,假冒伪劣货色往往能蒙混过关。不要小看了这些听众,他们都是听了几年或几十年的有资格人士。掺杂在听客中的,有少量同道书业中人,他们深知其中甘苦,懂得创新之不易和成功之艰难。他们不仅用耳朵而且用心在听,虽说同行相妒,但他们对新手还是很扶持的。即使有时与台上之人有恩怨瓜葛,在全场数百内行的听客中,也做不得手脚。可以说,会书是中外古今艺术评比中,少数最公正最具进步意义的一种做法。

对老听客来说,会书是他们的节日。他们早就打听好光裕社排定的节目单,虽说会书时书签的价格比平日要高好几倍,但一场书常常可以听到好几个响档的书,而且都是些精彩的折子书,书瘾可以得到充分满足,精神观感可以得到高度享受。不仅如此,听会书可以享受平日没有的权利，听得不满意可以做出种种表示。听"送客书"不满意可以跺脚，想想吧，全场几百人一齐跺脚，是何等的有趣。那些熟书，他们听了几十遍，他们当然有资格评说，有资格抓住漏洞现开销。哪怕是响档，也叫他下不了台，这又是何等之痛快。

每场演出，因场子大小不等，听客数量也不同，少则百来号人，多则数百人，每场都客满。有一些出不起钱买签的，不要紧，仍按老规矩，只要不占座，站在最后面，背靠墙壁，是不要出钱的，叫做听"戤壁书"。

会书每场四档，有单档，有双档，第一档是轻档，无足轻重，一般是新人。二、三、四档，一档比一档高，听众会很顶真，如若听得不满意，就会发出咳嗽的声音。有时咳嗽声此起彼落，说书先生就得当心了，如若弄到一片咳嗽声，就大为不妙了。如若不满到了顶点，听客便喊："倒面汤哉！""绞手巾哉！"原本落回时，书场伙计才倒上面汤，绞上热气腾腾的毛巾给先生擦洗。你想，还未到落回就叫伙计倒面汤、绞手巾，不就是请君提早下台吗？第四档送客，一般都是有声望的先生，有时候也有栽跟斗的，送不了客，台上先生不尴不尬下不了台。这时就得换人上去送客。

过会书关不容易，但对新人来说，这一关是"龙门"，如若跳过这龙门，说书这碗书就吃成了，哭丧着脸的命运便会换上一副微笑的面孔。生意会自动送上门，有些场东会上门邀请在"年档"演出。年档是一年中生意的旺季，一期年档说下来，可保一年衣食无虞。

所以，对艺人来说，会书好比读书人进京赶考，是功成名就的好机会。如若赶考不成榜上无名，那就得耐心地再等下一次机会。而如若有过一次失败，下一次的考试就增加了难度，因为当你出现在台上时，听客认出了你，就会尖起耳朵听，看你究竟有了怎样的长进，为何胆敢再度亮相。所以，二进宫很难获得成功。

自从柴房说书以后，筱春严守女儿的秘密，时刻到瑞芬房中一起听电台里的评弹节目，一起讨论过去书目里需要改进的部分。父女俩教学相长，都有了长足的进步。

一日清晨，筱春到光裕社喝茶，和同道说起两月后苏州举行会书之事，突然触发了动员女儿参加会书的想法。回家向女儿说了，瑞芬却临战怯敌。

"要倒面汤的。"瑞芬头沉倒，轻轻说。

"可这是你唯一跳龙门的机会呵！"筱春着急地说，"阿囡，只要你像在柴房里一样灵光，保险不成问题。"

经过再三考虑，瑞芬刚强的性格终于战胜了自己的胆怯。

破钵头噩梦从此不再

1953 年底，父女俩参加石路龙园书场会书。龙园中等规模，百来几十号个座位。父女俩排在第一档，筱春撩开门帘看，场内客人已到了八成，嘈杂一片。瑞芬心里扑扑乱跳，筱春呢，心里也好像饿急了似地直发慌，但表面保持镇静，用平稳的声调对女儿说："阿囡，定心点，你看爹爹我，老吃老做哉。"边说边用手绢擦额上的汗珠。其实，他说了几十年书，参加会书也是第一次。

这一天，瑞芬穿了一件用自己积蓄新做的红丝绒面丝锦旗袍，内心紧张而脸涨得通红，也不用化妆，只涂了点唇膏，仍旧扎了两条朝天小辫，心里反复默念着"镇静沉着"四个字。在台上坐定时心跳到了喉咙口，扫了台下一眼，只觉得眼前雾气腾腾。只听得台下一阵啰唣，有的说："喔唷，一个乳臭未干的毛丫头。"有的说："倒也有趣，但不知书说得怎样？"有的说："不是孙猢狲，也不敢上天庭，等着瞧吧。"

瑞芬记起她娘送她出门时说："你只当台下坐的都是木耳朵，你还慌什么？"哈哈，木耳朵，想到这里，险些要笑出声来，也真奇怪，这句话真的成了定心丸。她壮着胆张大眼睛东张西望，朝天小辫摇来摇去，台下不少人笑了起来。

她先唱开篇《杜十娘》，皇天不负苦心人，她在空旷处吊嗓的成果显现出来，真个似黄莺出谷、鹰啸长空，细腻处又似晴空轻烟、九转三回。场内听众听得频频点头，曲终，有些人评论说："这个小娘鱼有前途格。"

折子书是《落金扇》一折"卖身入府"，文武全才的吏部天官公子周学文为求见陆庆云小姐，男扮女装卖身入总兵府。瑞芬起看门人塌鼻头陆福。一个小姑娘面孔一牵一牵，嗡着鼻头说话，活灵活现，真是又滑稽又可爱。加之上手有意烘托她，瑞芬大展身手。她又看出听众很喜欢她，信心大增，放的噱头好几次引发哄堂大笑。这次演出顺利过关，散场后父女俩走一路笑一路。

在听会书的戤壁听客中，就有瑞芬的小哥瑞元在，他的任务是充当报讯快马。他一看妹妹取得了成功，便飞奔回去报讯，盘颈特地去买了夜宵，为父女庆贺。

父女俩在回家路上经过东中市，筱春指指棺材店向瑞芬道："你还记得我们常在这里躲雨吧？"瑞芬说："不会忘记的。"

两年前，每天早晨，父女俩到光裕公所等生意，从宝城桥赶到观前。有道是"蹩脚先生孵茶会"，筱春捧了把茶壶喝茶，瑞芬只是呆坐着。眼看不时有场东进门，找先生谈生意，却始终没有人和筱春接头。到了中午，父女俩只得饿着肚子回家。也真奇怪，在夏天的中午时分，父女俩常常遇到阵头雨，而且常常是在走到东中市棺材店附近遇雨。棺材店老板很好客，邀筱春进店堂避雨，瑞芬永远也忘不了那些漆得黑亮的棺材。阵头雨像烂桃子似的打下来，不久就雨过天晴。老板热情话别，邀他们下回再来。每逢其时，筱春一路走一路叹气连连，对瑞芬说："阿囡，莫非触霉头？阵头雨早不下晚不下，就是赶我们进棺材店，看上去，我们这辈子不会转运了。"瑞芬想得和老爹一样，但不得不安慰父亲说："不会的，爹爹，不会的。"

筱春指着黑灯瞎火的棺材店说："阿囡，天无绝人之路，要转运了！"

父女俩忆苦思甜，心里乐滋滋的。回到家，桌上摆着绿杨的馄饨、黄天源的方糕、皋桥头的紧酵馒头，热气腾腾，一家人又说又笑吃了夜宵。

从今往后，破钵头成了一场不再的噩梦，生意一个接一个。除了那些小镇以外，县城的大码头也向父女俩敞开了大门。常熟城里有家专业书场叫"长兴"，说书先生不通过长兴就不能算取得合格证书。父女俩在长兴，白天说《落金扇》，夜场《白蛇传》。常熟听客称赞道："俚个小姑娘好来吰淘成！"两部书足足说了一个月。常熟尚未剪书，无锡迎园书场场东又亲自找上门来邀请，原来各个书场老板之间互通信息，遇到好先生便互相介绍生意。

在常熟，筱春给瑞芬另起艺名叫"王鹰"，女儿不欢喜，说像男人名字。筱春说鹰是百鸟之王，在天空自由翱翔，傲视地上万物。瑞芬说这名字透着骄傲色彩，她不欢喜。但争论结果终于无法违拗老父意志，从此书场水牌上就用了"王鹰"这个名字。

王鹰的生活兜了个圈子，又回到了说书这行当中。会书之后，她在书台上找到了自我和生命的价值以及生活的意义。

报名加入评弹实验小组

王鹰出道，正处在新旧交替的时代。

她对解放后的新社会，充满了感激和期待，在她看来，新社会的种种，都是合理和进步的。对新社会诞生时自己没有作出应有的贡献感到惭愧，为了弥补这个缺憾，她愿意为新社会做一切事。她在光裕社听过好几次报告，心潮澎湃，晚上激动得睡不着觉，觉悟提高得很快。她和几个小姐妹王月香、徐碧英等积极参加社里组织的政治学习，那时全社会都在学习高岗的《荣誉属于谁》一文，报纸上连篇累牍发表学习心得。领导要她们讨论十二次，最后每人要写出一篇心得和自己的思想找差距。领导说，组织政治学习最难的就是这些个体艺人，他们散落各地，凑不到一起，要王鹰她们做出个榜样，摸索出一套经验来。

王鹰的小哥瑞元进步很大，在桃坞中学读书，当上了团总支组织委员，买了不少革命书籍和苏联小说。瑞元把《钢铁是怎样炼成的》《金星英雄》《青年近卫军》等借给王鹰看。《钢铁是怎样炼成的》的功劳很大，在旧时代，它是青年进入革命圣殿的启蒙读物。就是这本书，不少人读过之后，就坚定了献身革命的信念。他们恨不得也有机会去救一个政委同志，恨不得也像保尔那样修铁路累出一身病，并在战斗中负伤瘫痪。王鹰读了之后，还介绍给要好的小姐妹阅读。她们恨不得雄赳赳跨过鸭绿江，恨不得有机会像契卡那样去锄奸捕杀反革命。可惜她们身处文艺界，得不到那样的机会，所以，当她们听到下乡参加劳动向贫下中农学习后，立即踊跃报名。她们学着像解放军那样打背包，肩上斜挂一只绣着"为人民服务"的小包，置一根小扁担，一头挂日用品，一头挂琵琶、弦子。她们不仅有支农任务，而且是文艺轻骑兵。重任在肩，她们兴奋极了。

她们到郊区新郭里、吴县七子大队向贫下中农学习，白天劳动，晚上演出。

王鹰生得瘦小，锄头都举不动，但她不能示弱，不能让贫下中农瞧不起，她就拼命干活，到了演出时，琵琶像有千斤重，调弦转紧枕子都没有气力，她咬牙完成演出任务。夜间越想越惭愧，自己所做的不及保尔百分之一，小资产阶级怕苦怕累的劣根性就暴露无遗了。

一天，在田里遇到阵雨，雷响闪电，一起劳动的老朱晕倒在田间，王鹰在大雨中狂奔半小时去找卫生员来救治。当晚发着烧，仍坚持演出，昏倒在台上。翌日被送回苏州治病，发着高烧的王鹰在病床上还口口声声嚷着要回生产队。

使王鹰苦恼的是，父女俩在乡镇间流动，很少有时间参加政治学习。她仍然生活在文武全才周学文和陆庆云小姐、殷赛莲小姐的世界里，跑马飞杯，卖身入府，寻求顾鼎丞，误登桃花山。对当时社会上的变革，虽有所闻，但不很清楚。

一次返苏，立即去找要好的小姐妹王月香。王月香比她年长，有深厚的艺术功底，后来很有成就，是悲情王调的创始人。两人见了面，王鹰急着向她打听传闻苏州成立评弹实验小组之事。

王月香是文艺界的积极分子，在市文化局、市评弹团面前是说得上话的。两人有一阵不见面了，她像姐姐对妹妹一样为走得满头大汗的王鹰擦了擦汗，慢条斯理地说："不急，不急，我正要找你呢，成立实验小组，有这件事。如今新时代，是新民主主义，正在朝着社会主义大道奔。奔社会主义，就得走集体主义道路。看农业吧，互助组都改合作社了，我们做个体生意，实在太落后了，大家不得不考虑，怎么办好？王鹰，难道你就没有考虑过？"

王鹰说："依我看，我们就走合作社道路，办合作社。实验小组不就是合作社吗？"

王月香问道："你能代表你爹爹吗？"

王鹰挺起胸脯说："我能说服他！"

月香摇摇头说："你不能看得那么简单的，单干和组织起来的收入差距太大了。"王鹰想，这话也有道理。个体说书，每天按售出的签子分成，如生意保持在七八成上下，一月的收入是很可观的。如改为工资制，收入起码减少一大半。她父亲苦了几十年，好不容易生意有了起色，生活有了改善，走集体，不会没有顾虑的。

王鹰不觉有些犯难。

王月香鼓动王鹰说："我们不害怕困难，从个体到集体是一次革命。走集体路，任何人挡不住，是早晚的事。你爹爹王伯伯，是个老实人，多做些工作，是会做通的。"王鹰点点头，月香诡秘地朝她眨眨眼，轻声说："你们父女档，虽然你是下手，实际上你是主角，王伯伯是犟不过你的，万不得已，你掼纱帽，王伯伯一准投降。"说得王鹰扑哧笑了。

王鹰回去一说，筱春一声不响。当晚，筱春喝了半斤黄酒，不吃饭就睡了。

王鹰耐心等待三天，终于取得胜利。父女俩报名加入实验小组。

不久，市评弹团的领导见实验小组奋发向上书艺日进，排了几个中篇，在几个码头演出很受欢迎，便想扩大实验小组影响。在和上海联系后，实验小组意气风发地挺进大上海。

闯荡上海滩

大上海，这就是大上海。高楼林立，车水马龙，喧闹的市街，琳琅满目的商店，衣着鲜亮的人群，夜晚闪烁的霓虹灯。昔日的十里洋场，冒险家的乐园，今日工商经济的中心。

跑惯小码头的实验小组成员们，初进大上海，很不适应。以前有些小镇，尚未拉电线，茶馆书场里，有些赶早的听客还得在微弱的烛光下摸索着找位子坐下，开场前刻把钟，书场伙计才刮嗒刮嗒打气点燃汽油灯。县城的大码头，书场老板为了节约电费，除了照在先生头顶上的电灯外，几盏度数不高的灯光都照不见茶杯里是什么茶叶。

实验小组捐背着吃饭家生走出上海车站，嗬，马路上的路灯比县城书场里的灯光还亮，还有从未见过的闪闪烁烁的红绿灯光。路上行人，男女都洋装打扮，显出一种苏州也少见的派头。就是穿蓝布列宁装的，也穿得很挺括，露出毛茸茸的领子。

王鹰她们做的第一家是"大沪"。原本是家舞厅，打蜡地板照得见人影，场子两面壁上装嵌着长着翅膀的洋天使雕刻，书坛对面有几面大镜子，先生坐在台上，可以望得见自己身影。一切都是那么新鲜，那么气派。

第一场开书前，王鹰背着琵琶进场，穿过场子往休息室走，不小心在打蜡地板上刺溜一滑，合扑一跤。几个服务员见了笑成一团，不停地说："喔唷，一个小乡下人，滑稽死了。"

演了几场，老板找实验小组茶话。每人一杯咖啡，王鹰第一次喝，苦得直哈气。老板是个好人，看几位女先生出道不久，人又老实本分，有心袒护她们，对书场里的事，对她们提醒一二。老板缓缓说："你们几位先生，书艺是可以的，台风又好，生意做得不错，上海的老听客反映也不坏，前途肯定光明。"老板停顿了一下，吸了口烟，笑眯眯地望着大家。王鹰说："老板。有话直说吧，肯定的话说过了，下面是'但不过'了。"

老板笑笑说："但不过呢，上海人很讲究细节的，有点微疵，喏，就是小毛病，给你们说说，是为你们好。"

大家点头同意。

"进场走路要讲究派头，要走台步，头要微微昂起，面露微笑，向左右点头招呼。唱时琵琶、弦子一起拿起，一起轻轻放下。台上一举一动，都要注意雅观。最好不要挖耳朵，"他看看王鹰，王鹰知道是说她，"擤鼻涕呢，不能有声音，只能用小手绢折折。总之一个字：雅。"

赶来参加座谈的曹汉昌说："总结得太对了，按理，这些话应该由我来说的，真的感谢老板才是！"

"哦，还有，"老板又记起了什么，"小王先生的行头要换换，不能大红大蓝，像条金鱼。上海人喜欢淡雅一点，哦，那双网球袜……"老板大摇其头。那双红黄相间的网球袜对王鹰来说已经是很时髦的事了。老板建议，一定要置备一双丝袜，肉色的真丝袜。

实验小组在"新城""米南美"、淮海路"大华"，还有南京西路成都路上的"沧州"等书场演出。白天，王鹰和父亲拼档说《白蛇传》，夜场和王月香等拼档说中篇《天仙配》《春香传》和《王宝钏》等。后面几部书，她们在几家书场轮流开书，受到热烈欢迎。

说了一段书后，王鹰逐步适应，行头也渐渐海派了。在演出《合钵》《梦蛟哭塔》时，她穿着白西装裤，上装是白色的泡泡纱，翻出铜盆领，当然，网球袜也已经换上了肉色长筒丝袜。

上海听客捧角，自有海派味道。王鹰她们赶场子，青年听众就骑着摩托车跟在三轮后面。进入场子，演员要在后面穿场而过，两旁听客夹道鼓掌欢迎。演员进入休息室，一批人就站在休息室前鼓掌，演员必须和他们一一握手才肯离去。他们送上一束束鲜花，台上摆着花篮。散场时一张张条子塞到王鹰她们手上，约吃咖啡、大菜，请看电影，还有送上肉麻兮兮的赞美信的，还有打电话说一大堆奉承话的。

这一切把王鹰她们搞得心烦意乱，不知如何应付。筱春则又惊又喜，喜的是王鹰总算有了点名气，有人捧场，惊的是上海滩上捧角竟然有那么多花头。在筱春看来，这些花样背后隐藏着不怀好意的念头，都有一个个陷阱设伏，都有一个个圈套张着口。他自己也接过不少打给他女儿的电话，他不问青红皂白，一律予以回绝。当然，他注意尽量说得婉转，他也不能得罪听客呀，他真是烦透了。

夫妻俩拍了板

一次，上海评弹界组织上海滩上评弹名家徐云志、蒋月泉、姚荫梅等人到场观摩。老先生们奖掖后进，对这些青年演员大加赞赏。其中一直放单档演出的徐云志，更兴起了和王鹰同台拼档的念头。

徐云志回家和吴爱珠商量。吴爱珠在嫁给徐云志前，是文明戏的名角，她漂亮聪明，机敏伶俐。旧时代演文明戏，上台前老板简单说说剧情，艺人到了台上，随着剧情发展现编现说，虽说有些套路是早就练熟的，例如谈情说爱，又例如情海醋波，又例如三角风云，又例如误会消除，等等，都有现成套路，但要接得上榫头，如若出现漏洞，要设法弥补。所以，吃文明戏这口饭也是很不容易的。吴爱珠退出舞台后，用她的能干精明去扶佐夫君，操办家务，难怪老徐一直称她为贤内助。两人夫唱妇随，甚为相得。

老徐对爱珠说："你不是时常说，我年岁大了，放单档太辛苦吗？"

爱珠说："那当然啦。一人在台上，一点零三刻钟，分分秒秒不能懈怠。两个人呢，上手算一个小时吧，也轻松多了。"

"那我为啥不找个人拼档呢？"

"当然是你疙瘩啦。你要求太高，所以，东挑西拣也物色不到人。"

"哈哈，我终于找到了！"

爱珠赶紧问是什么人，老徐说今日去观摩，见到一个苏州小姑娘，既活泼又大方，既朴实又灵活，说表演唱虽还嫩着点，但稍加点拨会大有前途的。

一席话把吴爱珠说得恨不得立刻去会会这个小姑娘，如若老徐所言不假，就叫老徐收个关门徒弟，一起拼档演出。老徐年岁大了，年轻时闯荡江湖，吃了很多苦，身上病痛不少，放单档快要力不从心了。

吴爱珠到"仙乐"听了几回书，觉得王鹰的书艺底子还不错，如若再经老徐调教，会有前途的。

回得家来，爱珠对徐云志说："你眼光不错，那孩子台风正，人聪明，书艺末也可以，我看拼档准行。但不过末，这事不能一厢情愿，得问问王鹰，得问问曹汉昌。"

"对，你的意见很对。但事情还得倒过来做，先得通过曹汉昌，这一关通了，让曹汉昌去说王鹰，这路子才顺。"

夫妻俩商计定，徐云志就去找曹汉昌，如此这般说了。

曹汉昌只顾对着茶壶口喝茶，好半天不吱声，最后吞吞吐吐说："徐先生，要说按你的名望，你能要王家妹妹同你拼档，那是王家妹妹的造化。我是苏州评弹团的负责人，不能不替我的团员着想哪！"

徐云志听到这里，心里并不踏实，感觉这话后面大有文章。果不其然，曹汉昌停下又喝了半壶茶，慢吞吞地接下去说："可是，正因为苏州实验小组已并入苏州评弹团，我是苏州评弹团的负责人，这次实验小组进上海，把个台柱子折了，我怎么个交代呀？我这个团长不当没关系，我不是官迷。再说，这只是个卖艺混饭吃的所谓团长，当不当一样，可我怎么向苏州人交代呀？你徐先生替我想想，我怎么办才好呀？"

徐云志响不落，他聪慧过人，说书可以现编现说现补漏洞，但此时此际却一时语塞，不知如何对答。

最后还是曹汉昌亮出底弹，他搔搔头皮说："只有一个办法，委屈你徐先生参加苏州评弹团，这么一来，和王鹰同台演出就不成问题了。"

徐云志只说了两个字"容想"，告辞回府。夫妻俩合计三天，莫衷一是。

按徐云志做单干生意看，在大场子演出，一场收入可达百元，日夜两场二百元，对半分，一日所得即很可观，如加入集体拿工资，最高数只是三百元，低数比市长工资高，高数比一级教授低，但此数与个体时收入比，犹舍熊掌而就芥菜。但审时度势，当时称为唯利是图的资本家尚且舍弃了百万家财奔社会主义。你说自愿吧，他们心疼难受可想而知；你说不自愿吧，明明是敲锣打鼓笑逐颜开的。老徐怎会不明白其中妙处？思前想后，自己加入集体已势在必行，拖也拖不了多久，"晚娘拳头早晚一顿"，倒不如趁此时机加入，也不失为聪明之策。老徐和爱珠说了自己想法，爱珠是精明人，夫妻俩就拍了板。

加盟苏州后，徐云志和王鹰也就边排书边在上海演出，有时也到苏州等地开码头。苏州团开给他每月三百元工资，老徐名气大，生意和个体时一样应接不暇。王鹰称他为师父，老徐先是不应，说自己收过不少徒弟，早就说过关门了。拼档演出相互学习就可以了，即使要拜师，是要举行仪式的，以后再说。王鹰问是不是自己没有资格当他徒弟？老徐赶紧说没有的事，既然同台演出了，怎么会没有资格当徒弟呢？王鹰不管他答应不答应，师父长师父短叫个不停，老徐拗不过她，也含糊应了。

红得发紫的徐云志

徐云志要和王鹰拼档同台演出一事，上海评弹团表示没有意见，因为徐云志是单干，他们管不着。

曹汉昌做通了徐云志的工作，把一个评弹名家拉进了苏州评弹团，心中很是高兴。他又做了王鹰的工作，解除了王鹰的顾虑，在此补叙一笔。

"小王，今天来的评弹前辈中有个徐云志，你听说的吧。"

"徐云志，鼎鼎大名，怎么会不知道？"

"你听过他的书吗？"

"电台里听过的，我爹爹还从光裕公所借回唱机，听过他的唱片呢。"

"他的书艺怎样？"

王鹰哧哧笑了一阵，说："够我学一辈子的。"

"告诉你吧，徐云志想和你拼档……"

王鹰一听，几乎不相信自己的耳朵，呆了半晌。

"怎么样，小王？"

王鹰缓过神来，说："不，不，不。我再吃十年饭，方可试试。"

"你拜他为师，边学边说怎样？"

王鹰嗫嗫说："好倒是好，就是心里怕得很。"

曹汉昌呵呵大笑说："老徐虽说名声很大，但从我和他接触看，他为人甚是谦和，待人诚恳热忱，无论说书做人，都是无可挑剔的。小王，别再犹豫了，拜他为师，和他同台演出，对多少同道后辈来说，是求之不得的事。这对你是一个很好的机缘，千万不能错过啊！"

曹汉昌是忠厚长者，王鹰很相信他的指引，就点头同意了。

当时上海滩上评弹界，徐云志是数一数二的人物。

徐云志二十二岁参加苏州会书，开始蹿红，二十六岁进上海奠定响档地位。

其时会书在吴苑、聚菜厅、金谷、隆昌四大书场举行。徐云志在隆昌做第二档，说的是《堂楼露真情》一回。徐云志的书艺受到初步考验，掌声不太热烈，也还过得去。第四档送客书《隋唐》，说书先生名声很大，但却没有过关，没有把客送掉。听客不肯离场，哄着要谢品泉来。场东急忙到光裕社找会长朱耀庭，那天凑巧谢品泉不在，没奈何，朱耀庭要徐云志去顶。云志胆怯不肯去，朱耀庭做他工作，说你小徐先生并非响档，送不了客不算坍台，送掉了呢，那就蹿出来了，你算算这笔账吧。云志觉得此话在理，跟场东到书场，大家一看就是刚才说过的小先生，嚷着不要，也有一部分人说不妨试试。云志上台来，安定心神，说了他拿手的一回《点秋香》。结尾时放了一个噱头，引得哄堂大笑，听客十分满意地离场。一个年轻先生居然送客成功，成为当时书坛一段佳话。

紧接着几场送客书，场东都要徐云志担任。徐云志多年来潜心改进的几回书话，如《明伦堂》《小厨房》，在台上亮相，果然十分灵光，获得听客认可。

从此往后，徐云志摆脱了接不到生意、找不到场子的窘境。无锡、常熟、昆山、嘉兴等大码头书场纷纷上门邀请。苏州"五凤楼"开张，请徐云志"开青龙"，更是十分有面子之事。

1926年，二十六岁那年，徐云志被邀参加上海会书。上海人很喜欢徐调，徐云志名声大振。会书结束，汇泉楼和里园两大书场争相请他，他回绝了里园，结果被里园雇的流氓投掷粪便。徐云志虽受到羞辱，但从中可以看到他受欢迎的程度。

两年之后，徐云志二进上海。1928年的上海正处于评弹的黄金年代，不少舞厅改做书场。其时开设了不少私营电台，陆续举办"空中书坛"。这时的徐云志，说书要赶好几个场子，电台播唱更是安排得一档接着一档。有一段时间，因为电台影响大，收入高，徐云志不做书场专去电台，一天要做八家电台，同道称他为"八面威风"。同时，他还去百代公司灌唱片。一张接着一张，畅销的有《狸猫换太子》《周美人上堂楼》《兄妹相会》。走在马路上，除了响彻申曲名伶的演唱外，到处可以听到徐云志唱的"伶俐聪明寇宫人……"群众中也哼唱徐调，好似如今的流行歌曲一样。这时的徐云志，真正是红得发紫了。

他的收入也很可观。在书场说一回书进账数十元，电台收入数十元，唱堂会一只上寿开篇或送子开篇，红包有二十元。其时，一个职工的月薪十元都不到，他真是财源滚滚。有了钱，他顶下房子，把家眷接来，孩子也在上海读书，在上海落地生根。

淞沪抗战年头，徐云志踊跃劳军，在电台义演。点他一只开篇要一百元，说一回书好几百元，所得都捐献给抗日义勇军和十九路军。

他还热心公益，时常捐款给普善山庄、老人院和义庄。

徐云志终于成为上海滩上的大响档、大名家，实现了自己的青云之志。

吃不好中气不足

王鹰和徐云志拼档以后，每天上午，都要和徐云志排书，即把当天演出预练一遍。徐云志在陕西北路有一套房子，专门有一间排书房。在单档演出时，他也常常关在排书房独自琢磨书情，练唱练说，他的功夫是苦练出来的。

师娘吴爱珠，烧得一手好菜，中、晚两顿，烧几样配老先生的菜伺候他。师娘自己则常常用咸菜炒百叶下饭，老徐戏称她是"吃糠的赵五娘"。

排好书，王鹰告辞，师父师娘也不留她。一年之中，难得有几次因时间关系吃过几顿。徐云志对王鹰说："妹妹，不留你吃饭，你不要见气，这是评弹界的习惯。如碰到时间来不及，就在我这里用一点，你也不要客气。"王鹰说："我晓得格。"

每次看到徐家饭桌上的菜，都是上乘佳肴，王鹰不由心里想，吃得那么好，师父真是会享福。

一天下午演出结束，徐老心有所感，要王鹰同他排练一段新唱腔，邀她到寓所吃晚饭。吴爱珠笑道："妹妹啊，走得着，谢谢脚。今天有大闸蟹吃。"

老徐搓着手，高兴地说："有蟹吃，太好了！"

老徐喜欢喝黄酒，家里存着整瓮的陈年花雕。吴爱珠放好碗碟、调料，热好老酒斟上，放上吃蟹工具"蟹八件"，计有锤、钩、镊、钎、钻、剪、钯、匙八样打造精细的小银器。老徐卷起衣袖，用小钎撬出蟹兜，用小剪去掉蟹和尚酥衣，用小锤锤蟹脚、蟹螯，用小锄扒，用小钩刮，把白似玉、黄似金的蟹肉、蟹黄一齐捋到蟹兜里，放入调料，完成准备工作。然后，举起酒杯一饮而尽，他搅和好蟹兜里的东西，放到嘴里，只听得一片唧落唧落的吮呷声，满兜美物尽入腹中。老徐摘朵菊花擦手，心满意足地说："美味哉蟹也，此物可称百味之首，美肴之王。"他看王鹰只吃了几只蟹脚，指指蟹兜说："妹妹，好东西全在蟹兜里，不要客气，请用请用。"

老徐一边动手剥吃，一边喝酒，一连吃了三只，才停下洗手洗脸，用手签剔牙，舒服地靠在椅背上，对王鹰说："我这个人，没有别的嗜好，就是喜欢吃得好。好吃，不能算不良嗜好，特别是吃我们这碗开口饭的，吃不好，中气不足。中气不足，何来丹田之气？我徐云志何尝是贪吃，是为了艺术，为了评弹。徐调的长腔，没有中气，不用丹田之气，能唱得好吗？当然啰，嘴巴吃刁仔末，越吃越刁，越刁也越想吃好……"师娘吴爱珠听了，插嘴说："王鹰你听听，你师父不单贪吃，还有一套贪吃的理论呢。他怕你有看法，编出来骗你的。"徐云志打个哈哈说："不偷不抢，吃自己劳动所得，何怕之有？我老徐福气，讨了你厨艺一流的师娘，才有此福气，才有了讲究吃喝的条件。"他转过头对吴爱珠笑眯眯地说："你说说，这话在不在理？"吴爱珠白了他一眼。

每日早点，老徐在上海有时到新雅吃，有时特地赶到乔家栅。在苏州，赶早到松鹤楼吃头汤焖肉面，外加一客汤包。

吴爱珠烧菜，很对老先生胃口。王鹰跟徐云志排书，整个上午见到吴爱珠在厨房里忙忙碌碌，砧板不停地响着，煎、炒、煲、熬，一阵阵香味直扑进排书间。

有一只菜叫"绿豆芽塞肉"，王鹰很是奇怪，尝了一筷，鲜嫩清爽。到厨房向师娘讨教，原来要将豆芽一根根剖开，刮上肉糜，真是慢工细活，亏得师娘有此耐心。

徐云志很诙谐，如若豆腐里缺虾仁，他就叫嚷"咬弗动"；如若鸡汤里不放火腿，他叫嚷"鸡腥气"。吴爱珠能烧各色豆腐，里面放虾仁、蟹粉、酱肉、蘑菇、香菇、木耳等。他有两种最喜爱的下粥菜，其一是生春阳披得绝薄的熟火腿片，其二是吴爱珠腌制的青鱼块。这些鱼块要腌两次，风干两次，放入瓮内用好酒浸泡，月后捞出风干，蒸熟，色比火腿红，味比火腿还鲜。还有一种风肉，下垫扁尖，上放火腿片，夏天用来过泡饭。

有些蔬菜，如茄子、灯笼辣椒、西红柿，都塞肉蒸煮，益增其味。

调味品也是很讲究的，虾子酱油必自制，用卖鱼娘娘当面出的虾子加麻油煮。徐家不信店家的虾子酱油，说里面掺鱼子。这虾子酱油一年吃到头。又比如吃蟹，用陈醋、虾子酱油、姜末、蔗糖熬成调料，然后用吃蟹工具"蟹八件"敲骨吸髓，尽情享用。

徐云志饱餐以后，心满意足，精神抖擞，果然发声嘹亮，唱来中气十足，余音绕梁，虽无三日之长，却能久久萦绕于听客心头。

这种日子和讨饭差不多

王鹰知道师父嗜好美食，不时带些他喜爱的食物孝敬他。那次在徐家吃蟹之后，她趁回苏州之便，特地买了十斤真正的阳澄湖闸蟹，送给师父。老徐很是惊喜，连连说："徒弟知道孝敬师父，开心开心。"他抓起一只，仔细端评，一边说："嗯，不错，青背、白肚、金爪、黄毛，正宗货！"他叫师娘把蟹放到窨里。爱珠说："你也真是，一下子买了十斤蟹，这倒好，老徐天天要酒水糊涂哉。"老徐赶紧说："十斤不多，正好正好。"师娘白了他一眼，三个人都笑了。

又一次，王鹰带了二斤杜三珍的虾子鲞鱼给师父，老徐说："谢谢徒弟。这几天油腻吃多了，晚上吃点泡饭，正想叫师娘去邵万生买些吃粥菜，这虾子鲞鱼呢，用得着。"王鹰和师父师娘相处十分融洽，老徐教徒弟真心实意，王鹰的书艺提高很多。

一天，王鹰有一个书艺上的问题去向师父讨教。那天正巧剪书，晚上老徐在饮酒笃盅。师徒讨论书艺问题后，王鹰想走，老徐留住她说说话。

老徐说："王鹰啊，你看你师父吃油着绸，一定会想，响档真是好福气，生活过得很写意，是不是？今天我来说点经历给你听听。"

趁着酒兴，老徐说了他的奋斗史。

老徐咪了一口酒说："我徐云志，瓦爿翻身苦出身，风吹雨淋、日晒霜打都受过。无事不可对徒弟言，今日我叹点苦经给你听听。"

"我从小欢喜听书入了迷，立志学书，光裕公所不收非评弹人家子弟，只得'外打进'。绕开公所托人向说《三笑》的响档谢少泉说，谢要拜师贽敬一百二十元，家贫无法筹措。后请人向谢的大弟子夏筱莲说，夏念我意诚，贽敬只收六十元，而且分期付款。全家真是感恩不尽，高兴极了。

"拜师那天，父亲写了帖子，自称'世弟'，我算'受业门生'，帖子放在锦盒里呈上。点起香烛，铺上红毯，朝师父磕了四个头，又朝太先生、师娘磕了头。师父赐名'韵芝'，后来我自己改为'云志'，青云之志的意思。

"师父说：'徒弟徒弟，三年奴隶'。我为了学本事，倒夜壶、洗尿布什么都做。做什么事不忘学本事，边做边哼唱或默默背书，总之，一分钟也舍不得丢。跟师父出码头，盘缠饭钱都要自己出，书场只供两顿饭，早餐自理，我常常饿着熬到吃中饭。

"一次师父去杭州说堂会，不带徒弟去，趁此空档，我到唯亭'私做'，收盘洋定金一元，因为紧张，一个月的书半个月就说完了，不单白说，临走还要退还一元钱，捃铺盖滚蛋。

"好不容易熬到出'茶道'。每逢正月二十四和十月初八三皇祖师的生日和忌日，是出'茶道'或'大道'的日子。出茶道比较容易，师父带去光裕公所和同道认识。这天合堂的茶资由出道人代付，仪式就算完成。从此，有资格可以到光裕公所喝茶和到小书场说书。

"出了'茶道'，日子并不好过，好几年我背了铺盖、三弦走遍江浙沪农村。场东见我年轻不起眼，常常拒不接书。可怜我时常腹中空空，忍饥耐寒，晚间把罗宋帽拉下来遮了脸，宿在镇上人家的屋檐下。有一年隆冬，过年时节，场子漂脱，场东辞退。那天大雪纷飞，我一脚深一脚浅地回城。这种日子，比讨饭差不了多少，真是苦不堪言。

"一次在黄埭找到个场子，我去拜了乡董，恭恭敬敬接他到场子里坐在状元台上。我演出时特别卖力，结果他板着脸说：'不灵不灵'，站起来走了，听众纷纷随他而去。我真是打落牙齿肚里咽，只得卷铺盖走路。一次在浙江德清县菱湖镇清风轩做生意，一个有身份的人听不惯我正在试唱的'徐调'，说是'赛过唱春'，把听众都带走了。我连一元钱的定金都还不出，只得当掉身上稍稍像样一点的鼠皮袍子。

"出了'大道'，有点名气了。有一次在浙江双林镇，恶霸陈四老爷因我唱堂会迟到，大骂一顿，罚我一直说到午夜一点。陪我去的场东跪下求情，我被迫磕了四个响头，才罢。就在走红上海的当口，我也被流氓掷过粪便，弄得满头满脸……"

老徐说到往日伤心事，不由眼泪汪汪，王鹰劝慰好一阵才恢复平静。

"那么，王鹰啊，你有没有遇上过被羞辱的事呢？"

王鹰把破钵头当马桶的事说了。

老徐义愤起来，不由拍桌大骂。

王鹰听了老徐身世，才知世上并无平坦之路，响档也是磨炼出来的。

四道目光赤朗朗绞在一起

王鹰在徐家老是听到徐培元这个名字，耳边几乎起了老茧。培元是徐云志的第三子，在青岛海军部队当雷达兵。吴爱珠每天烧菜时，不停唠叨这道菜培元也是爱吃的，那道菜是培元创造的，做虾子酱油时说要多做几瓶，等培元回家时带回部队去。在晾干青鱼块时说，腌两遍风干两遍是培元交代的。老徐在构思新腔时，总是说培元虽然不爱听书，但有音乐耳朵，他会提出合理化建议。

曹汉昌说过徐云志有时能适应潮流，他送两个儿子参军，上海报纸上曾经哄传一时。

这个徐培元，被父母夸得花好桃好，真可笑。"癞痢头伲子自家的好"，是父母偏爱之心罢了。

这年夏日的一天，王鹰到陕西北路去排书，厨房里照例响着砧板声，师父却不在。站到排书房一看，里面有个人光着膀子在拖地板。这活平时是女佣秀英干的，王鹰以为是换了个男佣，就问道："喂，秀英呢？"那人朝客室努努嘴，王鹰走到客室一瞧，秀英正俯在桌上啃西瓜哩。

这徐培元也真怪，回家休假一个月，晚上到家，第二天起了个早，什么家务事都包揽了。秀英很尴尬，去给吴爱珠讲。平时派起工来没完没了的太太却说，由着小徐同志性子去。这小赤佬，在部队勤快惯了，谁的话也不会听。休假期间，他就是伺候你端菜盛饭，你也受着，这是我们老夫妻俩对你的要求。所以，秀英大大咧咧啃着徐培元开的西瓜，心里很踏实。

这徐培元还有一怪，不爱讲话。他父母给他说家常话，他只是听，听完就说："我知道了。"就是有一桩，谈起部队，他能滔滔不绝讲上好一段。老徐爱在喝酒时，叫他坐在身边，逼他说部队的事。

王鹰也爱听小徐同志讲雷达的事，有些关于技术的话她听不懂，但军舰在海上的生活是很有趣的，她爱听。

徐培元对很多事爱钻研。他娘是烹调高手，但常常一经培元品尝，按照他的建议改进，就会尽善尽美。培元并不爱实践厨艺，只是帮他娘在砧板上切切斩斩。但这个假期，他却常常独立操作完成几个菜，特别是他娘热情拖住王鹰留下用餐时他最喜欢下厨。他娘这种热情的频率越来越高，培元下厨次数也就越来越多，母子配合默契。

培元全部工资，除留下买些笔墨纸张外，都按月寄回家。海军伙食供应标准很高，每逢休假，小徐把省下的罐头、苹果都带回家，足足装了两个网线袋，沙丁鱼和水果都是老徐喜欢吃的。平时，培元吃苹果，衣袖一擦就啃，但每次王鹰留下吃饭，饭后，培元总是在她面前端来一盆削好的苹果。

吴爱珠是何等样人，什么事能逃得过她的法眼？培元回家才三天，爱珠正在厨房里，她无意间从窗里望出去，只见培元拎了把扫帚出排书房，朝着大门愣了一会。短短只有几秒钟，爱珠就明白了三分。第四、第五两天，爱珠又观察了两次，出现了丝毫不错的重复镜头。她心里就明白了七八分，不由笑出声来，差一点把刀划到手指上。

王鹰又怎样？她说了好几本书，书中有不少男女之事，她是照本宣科，从来没有这方面的体会。培元回家以后，徐家对她增加了热情，她也以为不过是老徐夫妇为儿子返家高兴所致。每次培元为她盛饭、端水果，也以为是这人勤快忠厚罢了。有一次，她在排书房等候老徐，小徐拿拖把进来拖地板。拖到王鹰脚下，小徐示意她挪开，一个抬头，一个低头，四道目光一绞，王鹰突然心头一震。书里男女眉目传情，比如周学文和陆庆云小姐对光，书里会说："两个人四道目光赤朗朗绞在一起，心里啪啪啪啪乱跳，一阵心慌。"王鹰不知说了多少遍，不过说归说，却从未弄懂过个中滋味。这次突如其来，心头雷打电闪似的，红云上脸，久久不能平静。

娘给儿子做媒

徐培元触电一震，气都透不过来，差一点将拖把摔到地上。他紧张得溜到自己房间里，锁上门。秀英有事找他，他说头痛，不开门。吴爱珠到排书房，看见王鹰面孔涨得通红，呆瞪瞪坐着，又听秀英说小徐同志在房里闹头痛。不由得想，不知这一刻工夫发生了什么事。按她对儿子的了解，她猜到了刚才在排书房发生过什么事，八成是少男少女产生爱之火花了。

她对培元说道："小弟啊，你心里想什么娘知道，这没有什么难为情的呀。你一个憨厚的人，又在部队，要靠你自己找对象，是难上加难。小弟啊，你眼光还是有的，娘老早给你相中了王鹰，这小姑娘人品相貌都没有话说，娘给你做媒人可好？"她见培元不响，便逗他说："哦，你不中意？不中意这事就拉倒了。哦，你摇头，那么是中意了？你得有个明确态度才行。娘不是你肚里蛔虫，你不点头，娘不能办；你点个头，这事就包在我身上。"儿子的头越来越低，终于轻轻点了点头。吴爱珠开心地笑起来了，拍手道："小弟啊，你给你娘交心还那么犯难呀！"

吴爱珠对王鹰说道："妹妹啊，你给我说说，我儿子这人怎么样？"

王鹰人很爽气，说："小徐同志老实厚道，人品高尚。"顿了顿又说："在花花绿绿的上海滩，这样的人怕是不易找到的了。"

吴爱珠一听，就单刀直入，说："妹妹，我介绍我家小弟和你轧个朋友，不知你意下如何？"

王鹰一听，娘给儿子做媒，一时不知说什么好。

爱珠说："不是定什么亲，就是轧个朋友，彼此先了解了解，脾气合得来的就发展，不合中断朋友关系也不要紧，这总可以吧？"

王鹰笑笑说："可以的。"

那时青年，并无开放意识。虽说轧朋友不合则散，但要确定朋友关系是慎而又慎的，不像如今青年乱轧一气，择优录取。再说，那时条件有限，并无歌舞咖啡厅，也无卡拉 OK 跳舞厅，家里人口多居住拥挤，只有两处可谈恋爱，一是看场电影，二是逛公园，但公园晚间关闭。直到上世纪 80 年代，上海男女青年还好像一排躲在电线上的麻雀，只能成双作对坐在西藏南路、延安西路路灯下绵绵细语。王鹰、培元轧朋友，看过三场电影，兜过两次公园。两个离开尺把远，常常只顾低着头慢慢散步，虽有千言万语，却不知如何说才好。但不论怎样，两人心头都感到甜滋滋的，这就足够足够了。

不知谁说过，热恋中的时间最短。不知不觉，培元假期已满。归队之日，爱珠对王鹰说："你师父身体不大好，我们不能去送他，你代我们送送吧。"

王鹰送培元到火车站，王鹰送他一支钢笔，亲自给他别在军服口袋上，又摸出封信说是要待火车开动后才能打开。那是王鹰在照相馆照的相，照相馆放大后陈列在橱窗里。

培元拿在手里问："这是什么？"

"猜猜看。"王鹰歪着头说。

他摸摸硬硬的，知道是张照片，高兴极了。想想自己真笨，竟然没有准备送给她的礼物。忽然想到昨天买的新出版的《斯大林选集》，就从包里取出送给了王鹰，还把自己原来的钢笔给了她，一再说是旧的，请她不要嫌弃。王鹰笑眯眯地说："怎么会呢，正因为是你用过的，才值得纪念哩。"

火车开动前，两个只是对光，用眼睛绵绵说着话。火车开动后，培元向月台上的王鹰挥挥手，王鹰忍住眼泪不让落下。唉，真不知道分手的滋味竟是那么的难受。

培元回部队后，一有闲空便拿出照片看。有次出海，他的秘密终于被发现，水兵们哄着传观照片。有的说像电影明星，有的说培元真有福气，培元得意极了。

两人在通信中同意先事业、后结婚，两人在四年中见了四次面。有一年度假，培元跟着老徐、王鹰跑码头，侍候父亲，照顾王鹰。两人的爱情忠诚纯洁，至老不渝。

两个徒弟磕了头

苏州是徐云志的故乡，他回返苏州，再也不想走了。他和爱珠住在颜家巷二十六号的宅子里，感觉自己落叶归根，心里很安逸踏实。

他对王鹰说："你叫了我年把师父，但未行拜师礼。过一天举行个仪式，正式收你这个徒弟。"

他向团长曹汉昌汇报说："我要正式收王鹰为徒，还有徐雪玉，收两个女弟子。"

曹汉昌说："那就恭喜你了。"

徐云志说："如今拜师，从前的一套陋规该改一改了。我一不收礼金，二不办酒席，简单而隆重，你看如何？"

曹汉昌高兴地说："太好了。老实说，我就怕你一切要按老规矩办呢，想不到你徐先生很新法，那我这个团长就好办了。"

老徐又补充说："不点香烛，不行跪拜礼。"

曹汉昌呵呵笑道："那干脆不搞拜师仪式得了。依我看，磕个头还是要的，那也是徒弟的心意呀。"

两人取得一致意见后，选定日子，邀了一些同道观礼。铺条红毡毯，两个徒弟磕了头，叫了声"师父！"老徐笑嘻嘻扶她们起来，说："叫先生吧。"曹汉昌说："我看，师父、先生随便叫，都可以。"礼成，一共才三分钟。曹汉昌讲话，说："各位同道，今天徐先生收徒，是我团的大喜事。徐先生行新法拜师礼，这又是第二喜。徐先生一代名家，收了十个'亭'字辈的徒弟，人称'十只亭子'。其中，最有出息的要数严雪亭严先生了，还有邢瑞亭等几位也不错……"

老徐谦逊地插话说："青出于蓝。"

曹汉昌继续说："严雪亭刻苦习艺，博采众长，才有今日。所以，希望两位女弟子刻苦钻研书艺，不辜负徐师父的教诲。"忽然想到什么，转脸问老徐道："两个人的艺名要不要换'亭'字辈？"老徐笑道："不必。这两个是我关门弟子，女弟子，不必改了。"

这世界上的事就是那么费解。徐云志第一次拜师，因为拿不出礼金，没有拜成，第二次送了礼金还得筹钱办酒席。过了几十年，老徐大胆作了改革，不收钱了。又过了几十年，时至今日，拜师礼金行情为三千元，办酒席也得花三千元，这算哪码事？好在有个哲学，叫否定之否定，才算圆了说法。否了一次定，再否一次定，本来就是这码事的，不足为怪的。你弄不懂，那是你不懂哲学。

徐云志教育徒儿说："王鹰啊，说书要学艺，做人也是门学问。你看我出场朝场子里哈腰点头，只以为我有江湖气，可这是做人的道理。听客是我们的衣食父母，我们能不尊敬吗？不单单在场子里，在场子外，我和老听客交朋友，一起喝茶论道，虚心向他们请教。老实讲，我的'徐调'，是我的机工朋友提醒和鼓励的结果，也是知道老听客想听新调的要求才有这个念头的。"

话开了头，老徐又说了段故事。他说："对同行同道，也有个做人的道理。两个书场靠近的，两档说书先生就是'敌档'。并不是你想把对方看成敌人，形势所逼，一百个听众，八十到了他那里，你就得漂脱。怎么办？你得坚信，输赢全在书艺高低。输了，不必怨天怨地，全怪你书艺不精。王鹰，你听说过我和夏荷生比武之事吗？"

"略有耳闻，不知详情。"

"我来说说。三十三年前，我在苏州做生意，说《三笑》，日场全羽喜，夜场德仙楼。离这两家书场不远，夏荷生日场在九如，夜场在茂园。夏荷生是一代宗师，书界魁首，说《描金凤》，人称'描王'。他瞄住了我，改说《三笑》，把我逼到了角落里。我内心紧张，只得振奋精神使出浑身解数应战。耗了两个月，上座率不相上下，我才松了口气。不料，换了场子，两个又都说《三笑》。夏荷生日场福安居，夜场辛园；我日场亦园，夜场大观园。结果出乎意料，我占了上风。"说到此，老徐并无得意之色，一副莫名其妙的神态。

"后来在上海，又交了火。夏荷生日场得意楼，夜场长乐；我呢，日场怡情处，夜场汇泉楼。书坛都饶有兴趣地作壁上观，上海小报大炒新闻，结果打成平局。在我内心，实不愿和夏先生有过节，我对他很敬仰，书艺方面，许多地方值得我请教。后来亏得几家场东请我和夏先生吃大菜，大家在席面上叫开，马上在湖围书场合作演出。他说《描书》，我说《三笑》，场场客满，场子走道都轧满听客，有时门外都有听戤壁书的。夏先生人品高，愿意和我换帖结拜。我当然愿意高攀，他为兄，我为弟，一场风雨，顿时晴空万里。"

王鹰听罢，说："谢谢师父给说了回折子。"

老徐最后说道："书界并非没有弄僵先例的，彼此结怨，有的甚至在场子外搞小动作阴损对方，弄得不可收拾。所以，说书这行当虽然社会地位不高，但我们并不能自轻自贱。特别是文艺界女同志，社会险恶，处处是陷阱，所以更要处处小心。平时做人，要行得正、坐得正，才对得起爱护我们的听众；对同道，要尊重爱惜。你说对不对？"

王鹰频频点头，说："徒儿遵命。"老徐不由得呵呵大笑。

双眼紧闭如入定一般

王鹰做徐云志的下手，觉得很自在，很省力气。徐云志在台上，举手投足都是书，真所谓谈笑风生，听客是如沐春风。《三笑》一部书，一笑到底，人称"长脚笑话"。评弹界把大书《三国》称为书中之"大王"，而把小书《三笑》称之为书中之"小王"。叫见，《三笑》历经多少代艺人的琢磨加工，才百炼成钢，成为书迷百听不厌的拳头书。

书是人说的，书再好，说书人照本宣科，也是枉然。生活中的徐云志，永远是笑眯眯、乐呵呵，细声细气。一到台上，起什么角色像什么角色，惟妙惟肖，活灵活现。有时王鹰忘了台词，他会不露痕迹遮掩过去。所以，王鹰很放松，对书艺练习，不免有些懈怠。

一天，王鹰和几个小姐妹淘逛观前，把排书的事耽搁了。她赶紧奔颜家巷，进门就叫"师父"，被师娘止住，示意轻声。朝东屋努努嘴，说老徐正练在紧要处，不许人打扰。王鹰朝窗缝里张，只见老徐手执三弦，紧闭双眼如入定一般。忽而，他弹奏一小段过门，轻轻哼一句唱词；忽而，他变换一下工尺节奏，改用长腔或短调低吟浅唱；忽而，他点点头；忽而，又摇摇头。好多次，他放王鹰假，独自一人琢磨一些在他胸中蕴藏着的曲调。

真不敢相信，一个已经获得成功的弹词名家，还孜孜不倦地修炼着，他还想追求什么？

他把王鹰叫来做严肃谈话，说："学无止境，艺无止境。你看师父，我除了一日三餐吃好喝好外，其余时间就是说好书。我无休无止地改进书艺，就是为了说好书，我越学越感到有改头。《三笑》这部书，自明代以来，说了二三百年，不知改了多少遍。从一笑到三笑，从把唐伯虎糟蹋成淫邪之徒到一个读书情种。唐伯虎'配徐继沈'，在男女问题上不是乱来的。《三笑》改到现在，说他家里并无三妻四妾，是只爱秋香的一个情种，总算还了他一个有点狂放的读书人的本来面目。不论是龙亭书，还是杭州书，都还有不少要改进的地方。比如说到华府里的石榴丫头，就有挖苦取笑和黄色的东西，我就注意作改进。自从你当了我下手以后，我不能让你委屈，就彻底改了。但还有不少地方要改进。"

"唱调呢，多谢老天爷，赐给我一副好嗓音。"老徐笑眯眯说道。

说到嗓音，王鹰知道，北京的郑律成是有名的音乐家，他在苏州听了一场评弹，感慨道："徐云志先生是中国最好的男高音。"他听不大懂苏州方言的说表和唱词，但非常想研究老徐的发声方法，就特地跟码头听徐云志的书。

"嗓音好是第一条件，但不等于是最要紧的条件。在观前卖白糖梅子的嗓子就特别好，还有叫卖雪花膏白玉霜的也很好，但不过再好也只是多卖几只梅子。想我幼小时，住在曹胡徐巷棉花弄。这一带是丝织手工作坊，人称'机房'的集中地。机工来自吴县农村，他们像在田里耕作一样，边劳动边唱山歌，我向他们学了许多山歌。这些山歌曲调就是我'徐调'基调的一部分。凡是好听的，申曲的东乡调，锡剧里的迷魂调，哪怕是小贩的吆喝声，有些调门、有些音节我都注意吸收融合，发展成九种声腔……"

他要王鹰唱一段高音给他听，王鹰唱得很吃力。老徐笑道："为啥我高得上去，你反而翻不上？我的定调比一般男声要高一个纯四度，我是真假嗓并用，真嗓上不去，就用假嗓过渡，交替运用。来，你来试一下。"

王鹰一试，果然很灵。老徐又叮嘱道："真假嗓结合要适当，也不能滥用的。"

"徐调"中有许多新腔出现，是徐云志不断进取的结果。他根据书中各色人物的性格和感情的需要，创造出长腔、短腔、高音短腔、低音短腔、短长腔、高音长腔、变腔、新腔等。还有叠句中的"凤点头"，他也琢磨再三，使中间这句有新变化，这都要唱上几百遍才能取得满意的效果。他还不满足，感到总还有可改的地方，他常常叫王鹰按他的意图唱，他闭起眼睛听，改了再唱，唱了再改。

在徐云志严格调教下，王鹰书艺提高得很快。她懂得了师父艺无止境的话，也勤学苦练，往往一句唱腔要练几百遍。

最有趣的是，老徐遇到心烦之事，就像现在有些人听音乐解闷，他就自顾自闭起眼睛拨弄三弦，雷响也打不动他。有时吴爱珠在他耳边唠叨，他皱皱眉头说："喔唷，老太婆烦煞哉。"说完，背过身去对着墙壁自顾自练"鸭溜溜溜溜溜溜溜"，直到老太婆没奈何离去。

开开禁禁是常有的事

苏州的天地小，徐云志身居本乡本土，如鱼得水。徐云志为人随和，毫无名家派头，那时苏州城里，谁个不认识他？饭馆跑堂的、混堂扦脚的、拉黄包车的、蹬三轮的、茶馆烧茶担的、教书的、机关里办事的、唱苏滩昆曲的、跑新闻的，三教九流，工农兵学商，都和他很热络。他出门上街，笑容满面，头点得像鸡啄米，好多人以认识他为荣。他是谁吗？徐——云——志，难道你不认识他？

他一早去吃头汤面，胃口很好，再要一客汤包，每天早点他都要这么多。无论他进松鹤楼还是观振兴、朱鸿兴，不用张口，跑堂不用他吩咐，就端来点心。吃过中饭，他到混堂洗头汤浴。混堂伙计是他好朋友，混堂还未开门营业，他走到门口，玻璃门便为他打开。洗涤毕，大毛巾一裹，便来了捶背的、扦脚的。有时来不及回家，上饭馆，跑堂一见是徐先生来了，好酒好菜伺候，样样配他胃口。

有个三轮车主，叫钱一峰，也是当时苏州城里的知名人士，他把车子漆得鲜艳夺目，彩色鸡毛帚上装着小彩灯泡，花里八喇，在街上踏着，就像如今驶过的奔驰、宝马一般引人注目。他的车上坐着响档徐云志和王鹰，使他分外兴奋。他每天载着两人赶场子，从苏州书场到石路龙园，或者到皇宫、雅乐书场，或者到东中寺春和楼书场，一路灯光闪烁，叮当叮当。两旁商家行人不用看便知是两位先生，风头健得不得了。

上世纪50年代中期，书坛禁演一批老书，《三笑》亦在其中，徐、王档只得改说《合同记》《碧玉簪》《宝莲灯》。一直到"双百方针"出台，老书才开禁，徐、王档重说《三笑》。

这50年代中期的两年，不说《三笑》，徐云志心里不是滋味，稍有闲空，他还是琢磨着《三笑》段子中要改进的地方。他对王鹰说："这部书，好比我的亲生子。我吃这行饭，起初学的是《三笑》。我蹿红，靠的是《三笑》，我大半辈子的心血，灌溉了这部书。好比培植一朵花，它开得鲜艳，给了我回报，给了我生活中的全部需要。这部书，有些黄色不健康的糟粕，剔除了，改造了，我看不至于一禁到底。政府严格要求，我认真改进，相信终有一天会开禁的。"

《三笑》终于开禁。开开禁禁、禁禁开开是常有的事，这一次是在光辉的"双百方针"照耀之下开禁的。其间，也只禁了两年，但对听客来说，不啻久旱逢雨，阔别重逢。

《三笑》水牌挂出，签子一抢而空，比以前更加红火。徐云志自然意气风发，十分起劲，甚至坐在三轮车上赶场时，他也叽里咕噜在排练琢磨，临出场前也会交代王鹰作某些修改。

为了满足农村听众的邀请，徐、王档又开始跑码头。到东山演出，二百人的场子，场场爆满。附近乡镇很多听众摇了船来听，场内容不下，场东决定扩大场子。把书台搭到场外去，上盖草帘，大伏天气，人气又足。书台上面亮着炽热的汽油灯，王鹰只觉得头像蒸笼一般。看看老徐，不时用毛巾擦汗，在汽油灯下，脸红得像关公，但仍然功架十足、嗓音清亮。落回以后，身上通湿，像河里捞出一般。东山镇上混堂和几家点心店特地在夜间开业，这真是"花开一枝红一片"，闹猛极了。其时东山还有徐碧英、王月香一档，生意也很好，人称小徐王档。

在常熟，也轰得很，场场加排座位。老徐感慨地说："二十年来，我到常熟说过好几遍《三笑》，想不到常熟听客这样的热情！"

老徐上了点年纪，师娘吴爱珠跟着跑码头。日里面汤水，夜里汰脚水，伺候周到。徐云志到县镇，总是被安排住在高档些的招待所。在常熟，老夫妻住虞山饭店，王鹰和徐雪玉住书场。

每次出码头，王鹰总要遇上一些使她尴尬的事。所幸已经没有了旧时代的恶霸，她遇到的只是一些痴头怪脑的人。

在常熟仪凤书场，有个回乡的大学生，每场必坐第一排，一眼不眨盯着王鹰。王鹰住的房间靠马路，晚上那个人就坐在街沿上，夜夜如此。一次到夜半，那人喊道："王鹰，我要壁虎游游上来哉。"师妹徐雪玉恨得拿起热水瓶要往下浇，王鹰阻止了她，忍到了剪书离去。

在上海，每天都有几封肉麻兮兮的来信。有个老头，包了一个月的座位，每场必到，写信说他一辈子找不到意中人，这下找到了。老徐打趣说："王鹰，怪弗得我想这个人怎么不看上手看下手呢。"

徐王档在沪上日夜要赶四场书，中午还要到电台播音，还要灌电唱片，虽然又忙又累，但王鹰心里是乐滋滋的。

每次返苏，都有一批书场场东等着签合同。一次，用直来了一个人，王鹰对老徐说："喏，那就是拿破钵头羞辱我父女的王老板。"老徐对那人说："你还记得王鹰吗？你的破钵头不单是侮辱两个人，是侮辱整个书艺界，也侮辱了你自己。你不想想，你不也是靠书艺人吃饭的人吗？唉，你走吧，你那爿书场我们永生永世也不会去的。"

造这种谣言要断子绝孙的

晴空霹雳。

王鹰的事业和生活好比晴空万里，阳光普照。真要感谢老天对王鹰特别照顾。女艺人，在她们风华正茂的年代，往往会受到各种诱惑、压力和魔劫，很少有人会获得正常的心满意足的幸福的恋爱婚姻，而王鹰却一次成功。培元人品高尚，勤俭、刻苦、专一，人又生得英俊，这样的如意郎君到哪里去寻？王鹰心里一直乐滋滋的。两人确定恋爱关系后，交往了四年，彼此了解甚深，于1959年结为伉俪。

其时王鹰的说书事业也达到新的高度，靠了师父的指点，自己的刻苦钻研，徐、王一档配合默契。王鹰已经从一个处于从属地位的下手，进入到绿叶红花相得益彰的搭档。王鹰在徐云志的帮助下创出了自成一格的下手唱腔，得到听众的认可和欢迎。每一场她的说表和演唱都能赢得阵阵掌声，常常有书迷当面向王鹰表达他们听她演唱的感觉。徐云志对这种反映也表示首肯，他在台上听搭档唱，常常会启发他对长长腔和长花腔作修改的想法。他自己作试唱后，就会对王鹰说："明天你试试看，这几句加点花腔可能听起来会更加适意。"听众们的鼓励不断催使师徒俩探讨唱腔、唱调的改进。更多的老听客说，现在徐云志起大蠹，王鹰起二蠹，又闹猛，又有趣，比起从前老徐放单档一人起多种角色，效果好多了。

《三笑》禁了不到两年，开禁后听众像久违似的，挤满了书场。世界上的事就是这么奇怪，领袖一再说要相信群众，有些人嘴上也照说，就是不照做。他们怕老百姓看了不好的东西，听了不好的东西，会学坏。老百姓却像小顽童似的，不知好歹，不领情，好心当做驴肝肺。不禁倒也罢了，你一禁，他就千方百计去弄来看，弄来听，而且特别用心，结果却得出相反的见解。王鹰跟徐云志说了几年《三笑》，生意要数开禁后最红火，到处受到热烈欢迎。

那时徐云志的月工资三百元，是市评弹团中最高的；王鹰月工资一百五十元，也算是很高的了，其时大学毕业生参加工作月工资仅为四十八元。每月关饷，王鹰扣去一些零用钱，便给她妈存着。盘颈抖抖索索数着票子，不停地念叨："阿弥陀佛，菩萨有眼啊……"王筱春在市评弹团当总务，也拿工资。盘颈停了调丝生活，不愁穿、不愁吃，心满意足地当她的老封君。小哥瑞元读书，也由王鹰供给。宝城桥王家调丝妹妹从此被大家称作"还债妹妹"，还谁人的债？还王家的债，还王家男女老少的债。

王鹰住在评弹团，不时回宝城桥看看。一天，路过一家点心店，被正在吃馄饨的快嘴阿婆叫住。快嘴说："王家阿妹啊，我从小夸奖你有清头，真正应验了。啊哟哟，你如今是一等大红角哉，弗像我苦命阿婆末，个把月吃碗馄饨，作孽啊。"王鹰代付了一角二分馄饨钱，又塞给她四元钱。快嘴说："喔唷唷，弗好意思格，还债妹妹还债到我头上哉。"

王鹰春风得意，世上的好事都让她占了。她不信菩萨，但菩萨显然在向她微笑。她是评弹团的积极分子，性格直爽，见到种种不良现象不假思索就加以指斥。徐培元年年评上先进，如今已是海军上尉。她要配得上他，无论学习、劳动，她都带头去做。有时还常批评不积极和偷懒的人，无意中得罪了一些人。她书艺日进，也遭人忌妒，有些不讲人品的同道便使出坏招阴损她。

1961年春，徐、王档从上海、杭州等地演出返苏，王鹰照常住在团里。翌日一早，王筱春赶到团里请女儿去吃汤包。出了颜家巷，一路上，有些行人看见王鹰指指点点，有的交头接耳，父女俩不免奇怪。到了朱鸿兴，筱春叫了四客汤包。其时朱鸿兴汤包馅足汤鲜，一客五角，要比其他店贵上一倍。筱春怜爱地看着王鹰，说她瘦了，辛苦了，一直说："阿囡，吃，吃。"王鹰却吃不下。她被店堂里吃客看着她的目光惊呆了，这是种不同于往日友善亲热的目光，包含着好奇、猜疑、惋惜和不屑。立刻，筱春也感觉到了。两人也顾不得吃汤包，回到团里。王筱春给女儿泡了杯茶，转身就打听去了。

不一会，筱春煞白着脸回来了，一进门直喘气，把茶一口气喝了，双手揉着太阳穴，只是不吭声。

在王鹰一再催问下，筱春说："现在除开我们几个人外，差不多全苏州都知道了，我也不得不告诉你了。有人造你和你阿公的谣言，说你们有不正当关系……"

这真是晴天起了个霹雳。

要不是王鹰素性刚强，这霹雳会打晕了她。她强作镇静，但眼泪却簌簌地往下直流。造这种谣言的人既下作又歹毒，以后的日子怎么过？她和师父怎么面对听众？怎么面对培元？

筱春毕竟见多识广，他听任王鹰哭个够，让心里的委屈随着眼泪流失，他自己也慢慢定下神来，然后和女儿商量对策。

徐云志家里也乱了套，老徐不停敲着额角说："要死快哉，俫末要死快哉。"吴爱珠气得拍手拍脚骂："造这种谣言要断子绝孙！"她一直跟老徐出码头，老徐是什么人，王鹰是什么人，她最清楚。

评弹团长曹汉昌连连叹气，安慰师徒俩道："不要理谣言，这种人没有好下场。"

但谣言越来越活灵活现，说是徐培元告到海军部队，部队派军事法庭在观前街当场把徐云志逮捕归案。

市评弹团和文化局领导商量，决定在苏州书场举行一次徐、王档演出，说《三笑》中"梅亭相会"一折，用事实辟谣。这一天，书场内外都挤满了人。徐、王档登台亮相，台下一片掌声，表现了广大听众不信这无耻谣言和对师徒两人的支持。

筱春喜不自胜千恩万谢

在"不怕做不到，只怕想不到"的解放思想的鼓舞下，一亩田打了十万斤粮，玉米长到了白云缭绕的半天空，半天空里还有同等高度的花生、小米、黄瓜、西红柿等等。孙悟空诧异地说："咦，这是些什么东西啊？"当然，这些生产果实还只是出现在从中央到地方的报刊的漫画上，还有一幅照片，几个孩子坐在密集的稻子上，他们在上面欢笑和打滚，全国人民都看得目瞪口呆。而后，上下一心都为实现照片和漫画上的理想而奋斗。

生活更是没有说的了，既然一亩地能打那么多粮食，最值得担忧的当然是如何处理这些过剩的粮食或果实了。于是，各地大办食堂，吃饭不要钱，放开肚子吃饭，宰猪宰羊，老老小小的肚皮都吃得圆滚滚的。为使地里长出更多的庄稼，有些地方把猪狗鸡鸭宰了往田里倒。田地从未吃过这么多的荤腥油水，像人似的过于肥胖动弹不得，再也使不出力气长粮食。结果，粮食长不出，吃到肚里又抠不出，困难时期来到了。

农村发生了些什么事，城里人不知道，但传来的各种消息使人心惊胆战。若和农村比，城里就是天堂了。城市居民有定量供应的粮食，虽然粮食不够填饱肚子，但均匀些吃，会挨饿，当不致死。如若是农村，口粮拿到食堂里吃光，种子粮也吃光，救济粮不到，就只有吃树皮草根。"大跃进"把树都砍光了，树之不存，皮将焉附？至于草根，人非牛马，焉能以草为生？结果自然可想而知了。

如若有平时的荤腥吃，二十来斤粮食也足够了；如若肚皮缺少油水，那就得端起西北的大海碗才能果腹。过不了几天，城里人个个都像饿煞鬼，饼馒店面前排起长队。每天的面粉和油都是定量的，百把副烧饼油条卖完后，饼馒店就打烊关门，面条馄饨都是这样。王鹰有时吃到一根油条，胃里觉得舒服极了。徐云志还照常吃他的头汤面，松鹤楼伙计照旧为他先开玻璃门。吴爱珠不惜工本，跑码头时，二十元一只鸡，十元一斤虾，照买不误。吃饭时把鸡锅、炒虾仁放在徐云志面前，她自己都不动一筷，王鹰当然更识相了。

王鹰长期营养不良。在昆山码头演出时，每天散场后到银行存书签钱，汇总后上交。一次，在银行存钱时竟昏倒在地上。

每逢跑码头回苏州，她照常住在评弹团里。父亲见爱女身体不好，像蚂蚁衔食一样，把平日能买到的食品一样样弄回放在床底下。王鹰回团，他神秘兮兮关上房门，一样样搬出来。

"阿囡，看，采芝斋的老爷饼。"老爷饼是把面团放在木雕老爷像坯里烘制的烘饼，硬邦邦，粗糙无味，但在当时也被当做宝贝，"哦，还有圈圈饼。"圈圈饼也是一样的货色。

"吃，阿囡吃。"王筱春像哄小孩一样要王鹰吃给他看，王鹰眼泪在眼眶里转。

筱春又拿出一小包乌龟糖，是一种扁形硬糖，上面有些糖屑。那天筱春在买糖时，乌龟糖只剩得三块，伙计说："我认识你的，你是说书先生。"筱春赶紧拉关系："对，对，王鹰你可认识？喏，我就是她爹。"伙计说："王鹰我当然认识，我是书迷。"筱春赶紧利用这层关系，指指木格里的糖屑问："那可以让给我？"伙计考虑片刻，终于慷慨地说："好，给你吧。三块乌龟糖，糖票也免收了。"说着，用小铲子刮了些糖屑粒和三块乌龟糖一起包了递给筱春。筱春喜不自胜，千恩万谢走了。

筱春解开包乌龟糖的小包，用大拇指和食指夹了一点糖屑，叫王鹰张开嘴，喂到她嘴里，看着王鹰咽了，笑着说："这糖屑粒甜得很哩。"

接着，筱春又从床下拿出一只糖水桃子罐头，说："这罐头末，好不容易弄到手，到晚上开给你吃！"

他拉着女儿手，仔细端详，心疼地说："阿囡啊，你面孔灰白，嘴唇血色全无，一是跑码头做伤，二是饿伤。这一次，多歇几天，杨师傅做'圆钟'给你补补。"杨师傅叫杨元样，是评弹团的老厨师，赤心忠良为大家服务。他把有限的肉票买了些咸肉，在圆形瓷杯中放一片咸肉，放一些飞机包菜上笼蒸，这饭被众人起名"圆钟"。小片咸肉渗到饭里，大家细嚼慢咽，真是味道好极了。杨师傅又撒个油屁把豆渣炒了，叫"雪花菜"，当时也算是美味佳肴了。

当晚，筱春开了桃子罐头，父女俩你谦我让，各人吃了两片，又小心封好，放在床下。然后筱春拿出一个信封，内装黄豆，慎重地交给女儿，说："这是领导关心，专门给名演员的。你一个月一斤，老徐一个月三斤。哦，他还有一斤猪肉供应呢。"王鹰一定要留给父亲吃，谦让再三，一斤黄豆对半分了。

这一年冬天，王鹰和徐培元完婚。培元送她一条九元钱的彩色围巾，王鹰送他一条麦尔登西裤、一件人字呢大衣。培元开玩笑说："真是愧煞人也。"王鹰白了他一眼，说："呀唪。"吴爱珠买到一些猫鱼一样的小黄鱼，用油炸炸，邀来几个亲友，这小黄鱼便是婚宴上的主菜了。

过了几天，徐、王档有任务赶回苏州。当晚在苏州饭店为陈云演出，同场献艺的还有蒋月泉、朱慧珍一档。演出结束，工作人员对王鹰说："首长关照，你和小徐先生新婚，饭店准备了新房，已把小徐先生请来，今夜你们就住在饭店好了。"房里摆着鲜花和水果，两人感动极了。

圈内道友称陈云为"老首长"，陈云一生热衷评弹，公余爱好就是听书。有一段时间，每月要听徐、王档一次。徐、王档跑码头，团里另派一档一起做，一个书场只有一档叫"独做"，两档叫"越做"。徐、王随时奉召离去后，另一档可以补上。

困难时期，陈云在上海，曾特地派车接徐云志到锦江饭店吃了一顿丰盛晚餐。徐云志告诉王鹰，老首长说他在青年时期听戤壁书，还听过徐云志的书哩。

1959年秋的一段时间，徐、王档在南仓桥"凤友"书场演出，常有一位戴大口罩的听客光临，他就是陈云。徐、王档在杭州"三园"书场演出，书场里也常出现一位帽檐压得低低的听客。徐云志关照王鹰，尽量少对他看，以免引起场内注意。

老首长也到过其他书场，听其他人的书，这成了书坛佳话。

两个"三名三高"人物

史无前例的"无产阶级文化大革命"爆发了。

说史无前例，其实是有前例的。在某个运动中，在某个地区内，在某个运动中的某个地区内，在某个地区内的某个运动中，不断地发生着某些事件。为纯洁革命队伍内部，为清除隐藏着的敌人，不断地发生着某些事件。而"文化大革命"，这是在全国范围内全民性的"反修防修"运动。开始时叫"横扫一切牛鬼蛇神"，谁是"牛鬼蛇神"？谁也不知道。但渐渐地，你某个认识的人被揪了出来，你周围不少人被揪了出来，东也揪，西也揪，你正想抱不平时，你也被揪了出来。你很不理解，当然很不得力啰。但如若你想理解，你也太看重自己了，国家主席都不理解，何况是你？

群众是真正的英雄，其实，真正的英雄只是几个头头，他们获得了现代人类最大的自由。他们可以为所欲为，只要他们高兴，他们可以任意打骂人、折磨人，只要他们有丰富的想象力和创造性，他们可以使受他们摆布的人生不如死。他们有十年时间被唤醒和显示他们非人性的一面，恶毒、下贱、凶恶、阴险、卑劣的一面。他们戏弄被他们揪出来的当权派和牛鬼蛇神，你是清廉的，便被说成是巨贪；你是正派的，便被说成是流氓成性；你是秉性高洁的，便说你一贯无赖。他们把自己的种种卑劣栽到你头上，而且用种种强制手段迫使你承认。你只能在保持自尊或保持生命之间选择，选择自尊要容易得多，比如头撞壁或从上往下跳，更多的人选择了生命，这就是为什么有那么多人跪着挨批、挂牌挨斗，或脸涂颜色敲着镗锣按指定路线行走和做各种下贱动作以苟活的原因。毕竟，除了自己卑微的生命外，他们还对家人负有责任。

1966 年夏天，苏州评弹团在上海演出时，王鹰因血小板降低到危险度留在苏城。

"文化大革命"爆发了。

谁是评弹团里的牛鬼蛇神？谁是"三名三高"人物？在团里，最红最吃香的是王月香和王鹰，最受领导信赖的是两王，书艺最高因而骄傲自大的是两王，广大革命群众最看不惯的当然也是两王。因此，批斗两王就是很自然的了。

团里的造反组织去找吴爱珠，吴爱珠在威逼诱供之下，编了一些罪状。

既然王鹰是"三名三高"人物，她的生活方式当然极其资产阶级化，是毋庸置疑的了。她讲究吃穿，讲究生活享受，还用说吗？可怜王鹰从小苦惯，收入增多后忙于当"还债妹妹"，除了台上演出的行头外，平时就是蓝布列宁装。有时为了赶场子，吃碗阳春面充饥，平日里连馄饨店也舍不得进。吴爱珠揭发她蟹汛里经常要吃蟹，其实，她在公婆家吃饭还交饭钱，阿婆供给的只是平常伙食。但王鹰只能承认她浸透了资产阶级思想，贪图享受。如果连这些都不承认，岂不是说群众眼睛不亮，岂不是对抗运动？

"三名三高"人物的生活作风当然是腐朽透顶的了。王鹰和阿公的事，已经没有戏了，再挖些使王鹰有口难辩的材料，准叫王鹰难做人。大字报贴出了王鹰和北京音乐家郑某搞腐化的问题，说王鹰阿婆也能证明两人开过房间。还有，王鹰和上海一个摄影女记者也有暧昧关系，搞同性恋。那时王鹰还搞不清什么叫同性恋，及至弄清以后，不禁又气又羞。其时社会上已有不少人"自绝于人民"，有些人则"顺竿爬"，包揽所有强加在头上的种种莫须有罪名。王鹰羞愤之余，也有想离开这不讲理人世的念头，但正当其时，她的刚强性格又起了作用。她顶住种种压力，拒不承认这些不实之词。如有开房间这种事，则应该查有实据，在什么时候，什么旅馆？有何记载，有何凭证？如是同性恋，一个人恋不起来，那个女记者为王鹰拍过几张照，除此以外，并无接触，何来不正常关系？这些事搞不下去，也就不了了之。

王月香在上海，一边挨斗，一边演出，现在回过头去看，不免滑稽。但那时无数滑稽的事却并不可笑，当事人甚至想结束生命来结束这种滑稽事。女同志受到委曲只想哭，但王月香是不准哭的。白天挨斗时，她只能把眼泪往肚里咽；晚上演出，她创造的悲愤"王调"发挥了作用，她唱得泪水涟涟，使听众大受感动，掌声如雷。大伏天气，她挨斗时汗出如雨，但她被勒令不准洗澡。到演出时换上鲜艳的行头，浑身散发汗臭，熏得坐在前排的听客往后撤退。她几次想从楼上往下跳，但想到有一个家庭和三个孩子，她忍住了。

回苏州后，王月香告诉王鹰她在上海的遭遇，说她在上海几次想自杀，如若换了王鹰，一件婚外恋，一件同性恋，两种莫须有的事，按她对王鹰的了解，王鹰非跳楼不可，所以，王鹰是捡了一条命。两姐妹谈谈说说，心放宽了许多。两人相互勉励，以后要更坚强，面对将要到来的更大风暴。果然，王月香厄运又来。她的丈夫被宣布为隐藏得很深的"历史反革命"而揪了出来，当场，王月香如遭雷击，驮了带在身边的孩子小三狂奔回家，王鹰赶紧跟在后面。这一次，王月香真的绝望了。王鹰劝慰再三，要她看在三个孩子的份上，一定要坚强地活下去。月香性子很"梗"，决心把孩子抚养长大。当然，她为了活下去，必须和"反革命"丈夫离婚，划清界限。她这样做了。"文化大革命"结束，证明这又是一件冤假错案。在这个"大革命"时代中，几乎所有的案件都是冤假错案，但人已亡、家已破，不可弥补。

徐云志成了"现行反革命"

天地良心，和运动时刮起的狂飙相比，苏州评弹界吹起的只能算是微风。在北京的第一场风暴中，许多中学校长便丧生在他们学生的皮鞭铁尺下，江苏省教育厅厅长游街后绑到长梯上时已不省人事，跪成一地的教授们已无人的尊严。而苏州的说书先生们还只停留在握紧拳头对着挨斗的人喊口号。

苏州人秉性软弱，吴侬软语，甜糯文明。北方人说："妈的，我扇你个大嘴巴。"翻译成苏州话，就是："阿要请倷吃记耳光？"斗争"三名三高"人物，至多说："喔唷，你这个臭女人，海外勒海（'海外'是骄傲自以为了不起的意思）。"造反派头头说："这女人妄想翻案，我们能答应吗？"群众齐喊："弗答应！""我们要把她打倒在地踏上一只脚，叫她永世不得翻身！"群众齐喊："打倒×××！"却不像其他地方真的把"牛鬼蛇神"打倒在地，说说罢了。

徐云志开始时居然漏网，逍遥法外。不久揪反动学术权威，他就在劫难逃了，被关进庆元坊评弹团牛棚。徐云志对吴爱珠说："不揪我，弄得我提心吊胆，关到牛棚里，我倒定心哉。"他头戴解放帽，上身对襟棉袄，缩头缩颈，吓得半死的样子，其实横下一条心，安之若素。

每次斗他，他出场后便掏出万金油搽额角，造反派吼："不准搽！"他苦着脸说："好好好，弗搽弗搽，血压高末，吓不办法。"仍然搽个不停，万金油被打落在地，他赶紧拾了放到口袋里，下面已经有人在哧哧发笑了。

"徐云志，你是什么人？"主持人吼道。

"我是……"

"他妈的，大声讲！"

"我是反动学术权威……呃，权威。"

"啥叫世界观？"这个会的宗旨是批他的资产阶级反动世界观。

"世界观末，呃……"徐云志政治学习不积极，不大会讲新法语言，是大家知道的，"这世界观末，就是世界观。"下面偷偷发笑的人更多了。

"他妈的，啥叫世——界——观？说！"

"……立在世界上头看看叫世界观。"徐云志吞吞吐吐说，会场一片笑声。

"他妈的，不许笑，严肃点！"主持人赶紧维持会场秩序。又追问他资产阶级生活方式，这次徐云志对答如流："我生活方式就是资产阶级，早上一碗头汤焖肉面，还不算数，还要弄一客汤包，或要一客紧醇馒头，或者末，蟹汛时来一客蟹黄小笼……"

"他妈的！"

"哦哦，早点末弗啰唆了。中午末，最讲究了，吃老母鸡弗放火腿，我嫌鸡腥气。（台下喊：打倒资产阶级！）茄子呀，番茄呀，黄瓜呀，不塞肉我是不吃的，还要塞虾肉。这虾末，卖虾娘娘上门，老伴挑三拣四，挑不大不小的，大了不嫩，太小又嫌小……"

"他妈的！"

"好哉好哉，是我啰唆，是我不对，这资产阶级腐朽生活，讲不完的……"

主持人勃然大怒，扬起手。

徐云志赶紧把双手护住头，连连求饶。下面又笑又嚷："喔唷，这死老头子滑稽死了。"

主持人无奈，吼道："滚！"

徐云志赶紧滚下台，一边又掏出万金油。

徐云志战战兢兢，小心度日，可百密也有一疏，在劫难逃呀。

一天写检查，这种检查天天要写，这天突然福至心灵，为了讨好造反派，后面添了"我向毛主席请罪"七个字。千不该万不该，出于尊敬，写到毛主席时另起一行抬头，结果这一行成了"毛主席请罪"。

"他妈的，天啊，'现行反革命'！"造反派头头看至此，大惊失色。

这案件的严重性可想而知，"现行反革命"徐云志被揪到小公园新艺剧场前的广场上批斗。徐云志吓得魂不附体，连连说："我有罪，罪该万死！"当主持人把罪证向群众展示，广场上发出震天动地的怒吼："打倒'现行反革命'徐云志！"

亏得徐云志平时懂得敬重他人，他的人缘好，换了一个人，怕是性命难保，他却吃苦不多。对他而言，最苦的是火腿炖鸡已成明日黄花，只能在写检讨时边写边回味。

王鹰知道公婆在揭批她时提供过不少编造的材料，她很气恼，但当时这种局面也不能全怪他们，她知道牛棚里的阿公最难过的是什么。她考虑再三，备了些菜去"探监"，在一只搪瓷缸里装了火腿炖鸡汤，上面盖了一层青菜，底藏拆散的鸡腿和火腿片。王鹰指指这汤，老徐心里有数，把好东西藏在饭里吃，舒服得眼泪水直淌。按规定不准讲话，他感激地看着儿媳，王鹰却不看他一眼，出门时对门口的造反派说："要不是阿婆求我，我才不愿意来哩。"转过头大声说："徐云志听着，你交代得好我再来，交代不好我不来了。"徐云志眼泪汪汪，连连说："交代好，一定交代好，你可要再来啊！"说完，闭目回味，这肠胃里装了火腿炖鸡，站在世界上面看，这世界观美极了。

其时，像评弹团的情况是很少见到的，好比战乱环境下的一个和平岛屿，其他牛棚里的人遍体鳞伤是常有的事。

评弹团斗争阶级敌人的火力不强，这些说书先生过于文弱，只会动嘴不会动手动脚，引起造反派头头的忧患。庆元坊除了评弹团，还有一个歌舞团，歌舞团的青年男女团员，不歌不舞，正愁英雄无用武之地，于是便来火力支持，舒展拳脚。

和造反娘娘瞎攀谈

打手，凶神恶煞的面孔，残忍恶毒的手段，是最令人生畏生厌的。平心而论，却不能太怪罪他们，他们受雇于人，用现代语言说，是在第一线的。这个行当相当不错，又有钱进账，又可以对受欺压的对方为所欲为。但不知他们也常常有受委屈的时候，比如正打得起劲，主人一挥手，就得哈着腰退下，有时主人为了对对方又打又拉，在打手涎着脸想讨赏时，却赏给两记耳光，他就得捂着脸乖乖地开溜。他奉主命打人，主人却把罪名栽到他头上，当场开销，你说冤不冤？

而且，"文化大革命"中的打手，有时受雇于谁都弄不清，也无钱进账，所以，更不能怪罪他们了。他们只是在闲得发慌时，被唤起非人性的一面，为了解闷，为了舒展舒展拳脚，为了迫使资产阶级老爷太太们投降，他们愉快地接受各种艰巨任务。你想，对方叩头求饶，苦苦哀求，糯米汤团似地任他搓，乐何如之！况且，平时打人骂人是绝对禁止的，这时打得越凶，革命性越强，比之那种为钱受雇于人要高尚神气多了。

话说歌舞团的后生们臂套红袖章，胸别领袖像，闯进评弹团，好像黄鼠狼进了鸡窝，吓得那些说书先生魂飞魄散，白娘娘作不成法，钱笃笤求不成雨，只得束手就擒，引颈就戮。

不久，徐云志的秘书王卓人不堪折磨，逃到杭州，跳到西湖里自尽了。在他的遗书里，跳河算是证明他的清白，但大标语分明说"他是自绝于人民"。还有一个女先生花某某，也含冤吊死在厕所门上。

革命小将们向反动学术权威、评弹名家周玉泉开刀。周玉泉夫妇为了摆脱被动局面，作了一些努力，但反遭造反派猜疑，绑到歌舞团。夜里点一盏几支光的红灯泡，暗出出、阴森森，算是"红色恐怖"的意思。说书先生们隔着窗看见人影幢幢，不时听见皮鞭抽打声，周玉泉的惨叫声，个个吓得胆战心惊；待到天亮，王鹰看见周师母面孔被打得生青，神情痴呆。为了防止她寻短见，王鹰坐守在井边，井口上放只面盆，还和小姐妹说好，万一有事，就发出信号。

这时的徐云志，身穿老棉袄，头戴八角帽，腰系稻草绳，打扮得很是时髦，符合当时"牛鬼"的身份。他缩头缩颈，嗤嗤吸着清水鼻涕，一副可怜兮兮的样子。造反头头闲聊，一地西瓜子壳，他就拿着扫帚去表现自己的勤劳；头头打扑克，他拿了开水壶添茶加水，表现他的服务热情。头头对他的表现表示首肯，称他为"死老虎"。他很高兴得到这个头衔，这就意味着他已不能再为害于人了。

徐云志擦窗玻璃，擦十分钟休息半小时，一边坐在窗下的小凳上晒太阳，一边和看管他们的造反娘娘攀谈。他说："妹妹啊，昨天你家小三来，你不在，我替他泡了杯茶，凑巧身边有几颗水果糖，请他吃了……"

"小三嘴馋，不能弄成习惯的。"造反娘娘说。

"当初小三在蜡烛包里，我还抱过他哩，眼睛一眨，已经读小学了吧？"

"小学三年级。"

"喔唷，聪明、聪明，毛主席语录，他能背好几段呢。"

"这倒也是，他能背十二段哩。"造反娘娘有些高兴了。

听到有脚步声，老徐赶紧站到小凳上，一边拿起抹布作势擦洗，一边还向玻璃上哈气。

头头进来,造反娘娘吆喝道："徐云志,擦了大半天,你下来休息吧。"

不久，评弹团先后到新苏师范、潭山疗养院、寒山寺等地办学习班。所幸歌舞团小将们没有跟去作火力支援，学习班也就少了许多火药味。

在寒山寺，发生了几件事。一是吃"忆苦思甜饭"。忆苦吃糠饼。顾某某吃了半爿，实在无法下咽，把剩下半爿丢到厕所里。这不仅表明顾某资产阶级思想原封不动，而且是对劳动人民极大的侮辱。批斗会开得热火朝天，逼着顾某当场把糠饼吞咽下去。当晚李燕燕告诉王鹰一则常熟传来的消息，顾某有个妹妹在常熟评弹团，有一天夜间，住在她下铺的人忽然发觉有液体滴滴答答落在自己脸上。在黑暗中她闻到了一股血腥气，吓得大声呼喊。原来上铺的顾姓女先生用镰刀割断了自己喉咙。王鹰和那女先生很熟，听了一直想着她血淋淋的形象，吓得蒙着头嗦嗦抖个不停。

还有一桩侮辱领袖像的大案。有人在厕所发现一张擦屁股的报纸上有领袖像，正巧汪小芬从厕所出来，就认定她有作案嫌疑，又是批斗，又是排查。把汪小芬吓得半死，大喊冤枉，亏得有人分析这绝非女同志所为，汪小芬才捡得小命。

徐云志等罪人则三日一小宴、五日一大宴，被斗个不停。次数太多，都是老一套，想不出新花样，斗人的、被斗的都疲惫不堪，只得罢斗。

这寒山寺，后来在两派斗争中发挥了重要作用，因地处城郊，人迹罕至，成为一派整治另一派的基地。革命的人们发挥创造性，无师自通，发明了很多匪夷所思的折磨人的办法，达数十种之多。例如"闻香"，把人的头脸压在粪桶上即是。又例如"烧屁股"，马桶里点支蜡烛，叫人脱裤坐于其上即是，十分简便可行。入夜，附近住家夜半钟声是听不到的了，只能听到惨叫之声不绝。

这时，评弹界的矛盾斗争也达到激化程度。有个书艺出众的青年演员金丽生被折磨得但求速死，把碎玻璃、小铁钉、回形针都吃到肚里，又用洋铁皮割静脉。头头见他如此不通人性，索性把块脏抹布塞到他嘴里，一直通到他的喉咙里，拉出时脏抹布已成了血抹布。所幸此君竟大难不死，如今已成大器，出国到法国、加拿大等地为国争光，此是后话。

百余僧众批斗当家方丈

到了1968年，苏州市机关、学校、文化艺术界，各行各业都有不少人下放苏北农村当农民。那时在苏州，生活水平已经下降得很低了，至于到苏北农村，天寒地冻，举目无亲，无异自投死路。各单位都充分相信群众，发动群众自报公议，革命的路谁敢不走？大家都自报，你敢不自报？再说，你不报又怎样，还有公议，还有领导批准，难道你敬酒不吃要吃罚酒？所以，下乡运动一时搞得轰轰烈烈、热火朝天。被领导批准的人胸戴大红花,在寒风中挺起胸,很有"壮士一去兮不复还"的悲壮味道。其实,吃公家饭还不至于那么紧张,薪水虽则不高,但在苏北农民看来,你一月的薪水抵得上他几年的收入,简直是大富豪了。所以,到苏北的人,日脚倒也过得去。几年以后,这些壮士的支援任务结束,又胸挂大红花被送了回来,此是后话,不表。只有一种手艺人、个体户,原本在城里,也是起早摸黑养家糊口的,却被称之为"吃闲饭"的人,提出"不在城里吃闲饭",动员到苏北乡下去,那么真正是死路一条哉。你想,苏北农村人饭都吃不饱,哪有钱来理发、修面?哪有钱来吃汤团、馄饨?他们一年到头穿双自编的草鞋,要你老鞋匠何用?所以,一些年老体弱的手艺人到了苏北,倒真正成了"不复返的壮士"矣。

王鹰整装待发,她没有忘记自己是"三名三高"人物,她更有理由被下放。但命运似乎总是对她微笑,她被通知在下放苏北和到收租院展览馆当讲解员中,任选其一。要是在平时,她受到的教育告诉她应该去苏北,但此时她正受到血小板降低到危险度的困扰,只得选择后者。

展览馆设在灵岩山上的寺庙里,评弹团除王鹰外,还有土映玉、李燕燕、严蝶芳,还有博物馆、苏昆剧团和沪剧团等单位的人,一共十来个人。

灵岩山寺庙中的大和尚、小沙弥也受到了"文化大革命"的革命洗礼,令人刮目相看,耳目一新。造反僧众不守佛门规矩,皈依革命大道,抛弃佛经法卷,下山取革命真经,在山上依法施为。

王鹰等上山,只见大雄宝殿等佛堂各尊菩萨金身已打得精光,神龛佛楹俱拆个干净,长幡彩旒只扯得踪影全无。菩萨属神,牛鬼蛇神,当在横扫之列,佛云劫数难逃,彼若能开口,当亦只能摇头叹曰:无法可想。其时全市僧众齐集灵岩办学习班,百余僧众在食堂开会,正中挂起领袖像,照样向毛主席他老人家早请示晚汇报,十分虔诚。批斗当家方丈,手举红宝书,齐诵语录,高唱《心中的红太阳》等歌曲。王鹰等在展览馆时常听见僧众高呼口号:"打倒明学!""打倒了然!"明学、了然已被斗得有些经验,任你喊破喉咙,他只是低头敛目,只当没有听见,默念禅机,心如明镜。批斗后在食堂用餐,明学、了然胃口仍旧很好。

王鹰和明学同为市统战对象，头面人物。以前每次相遇，明学左手持佛珠，右掌当胸为礼。这次于无人处邂逅，王鹰说："你好！"明学胸前无佛珠，又不能合十为礼，愣了一回才说："王同志好！"

山上缺水。本来有口井的，只因有几个人跳井往生彼界，不能再用，只得吃潭里的脏水。还有两口七石缸，盛着天落水，淘了米，再洗菜，再用这水烧饭、烧开水。王鹰她们常常在饭菜里吃到鼻涕虫，王鹰腻脂得直想吐，旁边的李燕燕赶紧说："不能吐，不能吐的。吐了，就说明你资产阶级思想没有改造好，俗话不是说'三天不吃还魂食，四脚毕立直'么？"

王鹰血小板降低，浑身起青块，营养不足。这些女菩萨在食堂搭伙，和比丘们伙食标准相同，每天青菜豆腐，难见油腥。这里食堂每周吃一次肉，每人可分得寸半见方烧得浓油赤酱一块。年轻僧众无不趋之若鹜，明学、了然则避之唯恐不及。对王鹰病情而言，亟须加强营养，每月领生活费六十元，王鹰都留作家用，这时工资已扣发，山上有对外开放的素面馆，她和李燕燕每天中午购素面一碗，分而食之，剩下汤水、素饺到晚上下饭。亏得培元到山上探望时发现她身体虚弱，每周带七只苹果、七只鸡蛋上山，缓解了她的营养不良症。女菩萨们还在山上谷树、松树上采集木耳，雨后的白色无毒蘑菇也能帮她们补充蛋白质。其时，下放和下乡劳动的人们，有的兴起"自制洋风炉"风，有的买鸡蛋，有的剥煮老鼠，自从困难时期普遍肝脾肿大后，人人成了因地制宜的营养专家。

有一天，博物馆的老周上灵岩，适逢山上正在焚烧"四旧"物品。其时，卡车拉着市里"破四旧"时没收的书画册页运到山上焚毁。老周正走到火堆边，一脚踢到一本刚起火燃烧的册页，随手拾起一看，不由心中大惊，这分明是唐伯虎的真迹，他见四周无人，打灭了火星，藏到胸前，为国家保存了无价之宝。

王鹰她们，轮班担任收租院泥塑展的讲解。展览馆办在大雄宝殿后面坐东朝西的石库门内，一排廊房，暗出出照不到阳光，白天开着红灯，显出阴森森暗无天日的气氛，塑像栩栩如生，展出十分成功。

每天上山参观的四乡农民人山人海，领导要求讲解员们要以火一般的阶级感情和革命战斗热情来讲解，加上讲解员对领导分配她们上山免除战斗充满感激之情，再加上讲解员们受到争先恐后参观群众的热情的感染，这讲解质量是没得说的了。

　　领导闻讯，高兴得不得了。赶到山上一看，讲解员被拥挤的人群围得密不通风，常常被挤得几乎摔倒，群众阶级觉悟之高使领导十分感动，总结写了厚厚一本。

　　一天，李燕燕的一个乡下亲戚上山，才知道四乡农民好多年没有戏看，渴望过文化生活。这次传闻有名气的戏子和说书先生都在山上，他们争先恐后围住讲解员，听到她们讲得声泪俱下，许多农民听了一遍被请出后，又重新轧进来再听，过足了"戏瘾"。

像大世界里美女跳舞

　　灵岩山任务完成后，奉管辖寺庙的长途汽车站工宣队之命，王鹰他们转移阵地，回到城里玄妙观办收租院展览。在苏州有名的泥塑家梁君楣指导下，准备原材料。最主要的是黏土，就是把泥土掺水弄得黏黏的备用，好比把面粉揉成面团。

　　那时释、道同命运共呼吸，玄妙观大殿上的三清菩萨金身被打个精光。所幸三位至尊的颅头被有心人锯下后藏起，直到上世纪80年代把竖起二丈高的毛主席宝像请下，重塑金身，再安仙头。此是后话，暂且不表。

　　当时空荡荡的大殿正好派用场，梁师父把砖砌了个方阵，倒入泥土，不断掺水，人站在上面踩，一直到泥土的黏度合适为止。王鹰和李燕燕、袁伟敏，及苏昆的王庆华一起踩泥。开始时没有经验，以为是轻活，穿着长裤卷起裤脚干，泥土灌了浆，滑溜溜的，踩了一会，脚底发烫，痒兮兮的，大家叽叽咯咯笑个不停。半个小时以后，不对了，腰和膝盖发酸，浑身出汗，卷起的裤脚上溅满了泥巴，再一看，白上衣也成了花衣，只得早早收工。第二天，只穿条短裤，泥土越来越黏，一踩下去，得用力才能拔出来，踩半小时就浑身透湿，泥土越来越黏，又越来越滑，四个人要手拉手握紧，方能防止滑倒。四个人一边踩，一边说说唱唱，她们露着大腿，好像旧时代上海大世界里美女跳舞一样，常常有到城里来割草的农妇村姑围在门口探头探脑地观看，嘴里嚷着："喔唷唷，实在好看格！"

王鹰她们早上八时上班，下午四时下班。虽说有休息时间，和其他人轮班倒，但一天下来，腰像断了似的，下床膝盖像棉花似的用不了力。一个月踩的泥，只够塑一两个泥人。

踩了几个月，发生了很奇怪现象：腰酸、背疼症状消失，睡眠质量提高，消化能力增强。王鹰和李燕燕在回家路上攀谈，王鹰说："苦是苦了点，但精神上很舒服。"李燕燕说："真正好笑，我小时候玩泥巴，想不到现在又踩泥巴，家里人问我在干什么，我说是玩——泥——巴，没有一个人相信。"说完哈哈笑个不停。王鹰说："我巴不得一直踩下去，永远不说书。"李燕燕说："我原来一身是病，想不到都好转了，以后我开个诊所，叫一踩灵诊所。"王鹰说："你当所长，我当副所长。"两个讲一路，笑一路，这种精神，真正到了王夫子所说"处涸辙以犹欢"的境界了。

好比唐三藏取经，过了一山又一山，一山更比一山险恶。踩泥任务完成，王鹰他们又被放到建新巷人民灯泡厂劳动，这时已是1970年的冬季，王鹰一去就是七年。

灯泡厂在当时轻工系统是大企业，有数百名工人，文艺界的演员，部分和尚、道士，文山寺的尼姑，都被安置在这个厂劳动。

王鹰被分配在灯泡车间"搭钨丝"。那时车间极其简陋，烂泥地、草棚顶，搭丝不能透风，暗出出，要等亮灯才看得清东西。王鹰对面是薛君亚，她的工种是"搭钼丝"，用煤气喷枪把钼丝烧粘在玻璃小棒上，下一个工序就是王鹰"搭钨丝"，即在钼丝上用小钳子把钨丝绕附上去。薛君亚的煤气喷枪正对着王鹰，喷出的火焰把空气都烧热了。

薛君亚说："王鹰，你得谢谢我，我天天给你烧火炉哩。"王鹰说："喔唷，热得我要脱衣服了。"

这钨丝细得可怕，小钳子用力不当，钨丝就会断裂。亏得王鹰拿惯刻字刀，手里好像长着眼睛，懂得怎样均匀用力，过不了多久，她就掌握了搭钨丝的技术。

王鹰这时拿六十元生活费，她把四十元给婆婆，剩下二十元全给了培元。培元很懂道理，贴上数十元自己的工资，每月补贴到岳父家。

这时盘颈已过世，筱春在。培元夫妻间互相体谅，省吃俭用过日子。王鹰告诉培元，她现在干的是"搭钨丝"，是轻活，车间里很暖和。以后她不再说书了，这辈子也不想再说书了，日子苦一点没有关系，如若这场"大革命"革不掉她的命，余生有个太平日子过就知足了。

培元很是同意，并说要不是说书这碗饭，也不会被人暗算造谣受委屈。王鹰说，要不是培元是个明白人，几次三番安慰她、支持她，她早已丧失生活的勇气了。

培元又气愤地说，什么"三名三高"，是她努力所得到的荣誉和回报，又不是去争来夺来的，比如周总理、邓颖超同志接见，总不见得是王鹰自己去求见的。

王鹰说，以前的事不说了，今后不说书他可不能不支持。

培元笑着说："我会不支持？我们结婚后分居八年，一年只有一次探亲假，我回来后，你又常常跑码头，很少在家过一段安静日子。如今你天天回家，这才像一起生活的样子，你不说书，我才求之不得呢！"夫妻俩取得一致意见后，王鹰一心一意搭她的钨丝。

一天，王鹰下班时遇到滑稽剧团的方笑笑和小幻尔，两个都是电影《满意不满意》中演饭店老师傅、小师傅的有名人物，王鹰问了声："老方师傅，你在哪个车间？"

老方答："我在封口车间。"王鹰说："我的灯泡车间是轻生活，而且暖和得极。"

"要说暖和，无论如何也比不过封口车间，寒冬腊月，我穿着汗衫干活，你信不信？"

王鹰说："小幻尔同志，你骨瘦如柴，厂里劳动吃得消？"

"吃不消也要吃，"小幻尔说话一向风趣，他耸耸肩膀说，"我骨头搭肉，一共八十三斤半，不要说打倒我，风一吹我也会倒，如若再踏上一只脚，我廿四根肋条骨保证根根断！"

大伏天王鹰受考验

王鹰到处赞美她劳动条件好，车间暖和，手指不冻，容易完成指标。谁说厂里歧视文化人、派艰苦活，如今可是铁的事实来驳斥了。如若是说书跑码头，不知会遇到多少不高兴的事。可当个工人呢？天天干同样的活，除了报废几段钨丝外，什么事也没有发生，不知不觉就过了六个来月。

一个工于心计而又懂得辩证法的人，知道事物会在一定条件下向相反方向转化。他选择公共汽车上的座位，上午靠西面窗，下午改坐东面窗，因为地球、太阳都在旋转。王鹰头脑里缺乏这方面细胞，她正在赞美车间暖和时，夏天已经悄悄来了。

这个车间并非冬暖夏凉，大伏天它成了一个烤箱，顶上的草棚受阳光直射可以烤熟鸡蛋，密不通风的车间温度升到40℃，还没有加上对面的喷火枪对空气的热化作用。王鹰感到几十条汗水像虫一样在她衣服里乱窜，她的头脑发涨，太阳穴突突地跳。她觉得要呕吐，就挣扎着走到车间外面去，外面也有37℃，但王鹰觉得凉爽多了。

车间主任翁月琴人很好，跟到外面，递上一根厂里自制的盐棒冰。王鹰吃后觉得好多了，翁月琴批准她休息，王鹰却坚持要回车间，这正是她用汗水冲刷她资产阶级思想的绝好时机。这简直就是那种轻伤不下火线的拼搏精神，翁月琴大为感动，从此逐步改变了对下放劳动的文化人的看法。

王鹰强忍头疼脑涨，笑对喷火枪，但拗不过她的老毛病，她有好几次晕倒，面如金纸。

厂里的医生十分通情达理，很同情这些下放在厂里劳动的文化工作者。她听说王鹰身体状况不好，便主动为她作血检，查验结果：王鹰血小板五万、血色素六克、白血球三千，身体极度虚弱，随时会发生不测。厂医向翁主任作了汇报，建议调离搭丝车间，另作安排，并开了病假半休的证明。翁主任把王鹰安排到做司达脱的车间，特地将王鹰的工作台安排在通风的走廊里，王鹰的工作是轧司达脱上的铜皮。王鹰手脚快，半天的指标常常超额完成。

一天，王鹰在上班时遇见方笑笑，见他形容枯槁，胖墩墩的身体瘦了一围。王鹰关心地问他有什么病，方笑笑说不出个名堂，旁边的小幻尔说："方师傅生的是胖病，心血管出毛病，又是血脂高，又是胆固醇高，如今苗条些，非但不是坏事，是大好之事。"方笑笑呵斥道："不要瞎编。"又对王鹰说："谢谢你关心，我身体还好。"

小幻尔道："我和方师傅，一胖一瘦的对立面，我和他同出同进，最了解他。喏，他的病只有在下晓得。"

王鹰说："你得督促方师傅去厂医那里看看。"

"这种病，厂医是治不好的。"

"为啥？"

"这叫，叫失水病。"

王鹰听不懂，笑着说："你倒像在说书，越是想了解，你越是卖关子。"

过了一天，王鹰到厂医务室拿药，路过封口车间，从窗外往里望，想看看封口车间的劳动。才靠近窗户，就觉得一股热浪袭来，吹灯泡的地方炉火熊熊，里面的工人赤着膊个个像河里捞出来的一样。靠窗的一个工人问王鹰有啥事，王鹰说看方师傅的，下了班再找他。王鹰顺便问那工人，车间内有多少温度？那工人回答："今天的温度是53℃。"王鹰听后不由咋舌。

这时，忽见方笑笑端着一个方格，里面是刚烧出来的一个个灯泡，他一边走，一边吆喝道："嗳末来格哉，俩俩碗末来——格——哉！"这是《满意不满意》里面店跑堂的吆喝声，又听见另一个滑稽演员吆喝道："嗳末来哉，一碗末宽汤免青，一碗末鱼肉双浇来格哉。"

方笑笑穿过车间，嘴里不停喊道："嗳末来格哉，重青大肉面一碗，轻浇重面一碗，重浇一碗来哉，来格哉！喔唷对弗起，请各位让让，红汤、白汤来哉！"

刹那间，车间里响起一阵阵哄笑声。

王鹰见此情状，待要笑，却笑不出来，只觉得眼睛里潮黏黏，心里不由想起，什么叫群众是真正的英雄，这灯泡厂里发生的事、眼前发生的事能说明这个问题。这车间里的工人和方笑笑等普通群众，才是真正的英雄。他们在高温条件下劳动，那么苦，那么累，他们喝一碗卷心菜汤算是营养汤，吃一块盐棒冰算是降温，一干八个小时。方笑笑只是在舞台上送给大家生活中缺乏的笑，却像犯了弥天大罪，不停地挨了四年斗，他都忍受了；不能解释，不能向谁诉说，他都忍了；一个没有劳动习惯的人，一下子在五十多度的环境下受煎熬，他都忍了。小幻尔说的"失水病"，原来就是这样，不仅如此，他仍然在日常生活中用笑来娱乐大家和激励自己。什么叫高尚的精神世界？不用说得那样玄乎，在方笑笑他们的身上都有。

开始，厂里的工人，对这些戏子、说书先生进厂，的确毫无好感可言。他们被告知这都是些资产阶级分子，思想生活都腐朽透顶，有些是反动分子，到工厂里在工人监督下接受再教育。但几个月接触下来，工人们都改变了看法，他们不信"文化大革命"那一套陈词滥调，这些人原来都是些本分人，爱劳动，能吃苦，够朋友，没有说的。

厂里命曹汉昌把演员们组织成"人民灯泡厂业余文艺队"，常常带队去完成演出任务，但王鹰脾气甚"梗"，硬是顶着不参加。曹汉昌要她不要忘记她还是吃公家饭领工资的人，王鹰回答："领导要我下厂劳动，劳动是我的本分，我是'三名三高'人物，不敢再犯错误了。"曹汉昌听了，无计可施。

你就像这只旧靠背

结局是不是大团圆？也可以算得。这个年代，走过来可不容易，那沿街浅屋中的童年，那没完没了的雪里蕻，那满脸满手的冻疮，角落里转着簸头，轧户口米被日寇冷水浇身，一天刻三十副棋子；那孤山孤月，失魂伤寒，那破钵头，乌龟糖上的糖屑，那晴天霹雳，踩泥巴，灯泡厂七年……不容易，但不是都走过来了吗？有些人，有好多人，却没有走过来，他们倒下了。那不是战争年代的倒下，砰的一声结束，那是慢性折磨，妻离子散，众叛亲离，那份苦涩真是作孽啊！

王鹰比之他们，当然要幸运得多。

虽然她在生命列车上还要走上一段，结局云云尚言之过早，但从年过花甲的她来说，如果和从那个年代走过来的人一样容忍和宽厚的话，她就没有什么可抱怨的，提早把结局说成大团圆也是可以的。

"文化大革命"的后期，王鹰结束了她灯泡厂工人的生活。虽说她赌神罚咒不再说书，但毕竟拗不过评弹团的美意。那个年代，因为太多冷酷的事和委屈，只要一句略通人性的宽慰的话，就可以催人泪下，就可以使龟裂的心田感到滋润，就可以使坚硬的心肠重新变得温软。何况，还有中央首长的关怀，足以将她隐藏了十年之久的决定毁于一旦。

除了陈云之外，中央首长中还有一位对评弹很有兴趣，他就是叶剑英。

叶帅第一次在无锡小箕山听评弹，就是听徐、王档的《三笑》。王鹰唱了支开篇《宫怨》，叶帅不通吴方言，他边听边看唱词，觉得非常之好，从此他迷上了评弹。1977年10月底，叶帅南下，又住在小箕山，记起了当年的事，指名要听徐、王档说书。徐云志在上海生病未去，叶帅见到王鹰，亲切地问："这些年你好吗？"王鹰一时不知如何回答，就像所有人听到中央首长问"你好吗"一样，回答说："好，好。"难道她在"文化大革命"中的遭遇能用"好"字来概括吗？但不回答好难道说不好吗？中央首长那么关心她，她唯有感激。

王鹰唱了《狸猫换太子》开篇，演出结束后宴请。席间，地方上的一位领导得知王鹰在灯泡厂，就说："王鹰你就回评弹团工作吧。"

王鹰这才回了团，她台上经验老到，书艺日进。徐云志身体却逐渐衰弱。上世纪70年代末期，由王鹰伴奏，徐云志曾在开明戏院唱过一支开篇，但已无当年中气。加之十年之中只有八支样板戏，"文化大革命"已完成革掉文化的使命。青年一代不知评弹为何物，只看到一个老头用嘶哑的声音在唱他们陌生而不能接受的曲调，于是场内被嘈杂之声压倒。这是徐云志在"十年浩劫"后第一次也是最后一次公演。不久，这一代弹词名家带着些遗憾离开了人世。

评弹被封杀、被冷冻，一旦解冻，犹如春日之溪流奔腾。当评弹各种流派唱腔响彻苏城上空时，苏醒的书迷们欣喜若狂。在上世纪70年代末期，苏城近十万只有线广播喇叭中晚播放两场评弹，弦索叮咚响遍大街小巷。苏城各家各户围坐其下，犹如后来围坐电视机前一样，每当其时，倾城唱和，其况之盛，令人感动。

王鹰如槁木逢春、枯叶返青，她满怀激情，再度投入自己的全部精力重返书坛。她的努力被重视，她的人品、书艺被承认。1980年，苏州评弹学校复校，王鹰调入学校。1984年，王鹰被任命为副校长。在一次汇报演出中，她被介绍给陈云名誉校长。陈云笑着说："喔，就是小辫子呀！"十余年前陈云一直称王鹰为小辫子。演出返回后，陈云托人送来赠王鹰的亲笔题词："横眉冷对千夫指，俯首甘为孺子牛。"

1983年，王鹰当选苏州市人大代表，并当上第九、十、十一届市人大常委会委员，市政协第十届常委。1991年，当选为市民进副主委。1995年，任市曲艺协会主席。1996年8月，市《消费报》登了王鹰一幅画像，赞曰："《三笑》世家、徐调传人、曲协主席、评弹园丁。"可谓妥帖。

1995年2月，上海人民广播电台原戏曲组何占春在整理评弹资料中，发现徐云志、王鹰于上海大华书场合说的《三笑》六十回录音，经邢晏春整理正式出版。

2000年8月，王鹰从评弹学校退休。

王鹰母亲盘颈于困难时期过世，父亲筱春于1970年仙逝。王鹰有两个儿子，老二的小男孩淖淖放在祖父母处抚养，王鹰和培元遂有含饴弄孙之乐。徐培元已退休多年，转业后他当过机械局所属好几个厂的党委书记，工作尽心尽力，口碑很好。王鹰在外工作，他担起家务，夫妻俩相敬如宾。王鹰退休后，老两口抢干家务活。王鹰还担着市政协和市民进的工作，她不在家时，老徐忙得不亦乐乎。

今岁金秋，有人敲门，王鹰开门一看，来人是建校教师小马。

多年不见，小马其实已是退休了的老马，她原在房管部门工作，听说王鹰是有名气的演员，见王鹰夫妇在颜家巷只住一间屏风后八平方米的小房，很是同情。王鹰在落难时期，小马常去探视。

这天王鹰开门，老马吃惊不小，原来她听谣传王鹰已离开人世，是想来吊唁的。王鹰知道有人在损她，一笑了之。

厅堂中只有一只旧方桌、两只靠背椅、两只方凳、一口纱橱，停留在上世纪60年代水平。

老马见了，顿生感慨，对王鹰说："这么多年，你一点也没有变，你是一个名演员，可这间厅堂的陈设却是那么简朴……王鹰啊，我认识你几十年，你就像这只旧靠背，老而弥坚，稳重可靠。"

尚书第旧梦篇

尚书第旧梦

做的梦都是尚书第里的事

十来年前的一天，我和友人路过城东尚书里。友人指着斜对面的一顶桥说："看，那是砖桥。我五十年前住在百步街，它还是顶高高的拱桥，可一块砖也找不到。明明是顶石桥，老百姓都叫它砖桥。想当初，路过尚书第，文官下轿武官下马，声势赫赫。无论官绅，还是百姓，转过桥绕着走，可以省却不少麻烦，所以砖桥也叫转桥。桥堍有商家、扁担小摊、唱小曲的、卖梨膏糖的，比集市闹猛。"我举眼四望，砖桥一带人影都不见，冷落得使我怀疑友人的描述。稍后回返途经葑门招待所，友人指指斜对面一间破败的门堂子说："这就是北洋时当过国务总理的李根源的故居，李家和尚书第的彭家还是亲家哩。"

1987年春，我在云南的连襟赵荫祖介绍李怀之夫妇俩来访。赵荫祖是白族人，他的父亲赵藩是清代唯一的少数民族探花。赵荫祖和李怀之同为云南省政协委员，怀之夫妇回苏州定居，就住在李根源故居的几间老屋里。讲起来，李怀之夫人彭望洁原来就是尚书第彭家的后人。

我不由问道："您就是彭家五姐妹之一了？"她笑笑说："是呀，我是老五。小时候，家人亲友叫我吉官，也有叫我五妹的。"

我和怀之夫妇相识后，时相过从。两位老人为人诚挚忠厚，大家很谈得拢。

我第一次去李家回访，跨进门堂子，脚下是凹凸不平湿漉漉的泥地，四壁的墙好像被烟熏黑了似的。我闭了会眼，让眼睛习惯一下暗出出的环境，才看到东墙上嵌了块木板，上面歪歪斜斜写着：李根源故居。我走到据说是当年李根源夫妇住的平常得很的两层楼前，门边挂着某个房管单位的牌子，只听得楼上吆五喝六在打扑克。所谓故居，就剩下怀之夫妇住的"岁寒松柏庐"几间平房了。远在北京的李根源后人定要把这几间屋赠与怀之夫妇，他们却执意不从。昔日彭家巨宅挤满了七十二家房客，主人返苏，无处安身，只得在李根源故居里先住下再说。

十来年间，昔日的小五妹喜欢回忆旧事，我常常一边喝着茶，一边听她娓娓道着如烟往事。

桌上摆着款待我的金橘饼、咸支酸（盐和甘草腌制的敲扁梅子）、青梅。

我尝尝咸支酸，点头说："味道倒还像六十年前的东西。"

望洁笑了，说："就是这只咸支酸，还没有变。"

我说："咸支酸又帮你回忆起往事了吧？"

望洁点头微笑说："是的，七十年前的往事。"顿了顿又补充说："我只要一合眼，做的梦都是尚书第里的事。"

"我来把您的梦记叙下来如何？"

"好的。"

"就叫做《五妹旧梦》，如何？"

"蛮好。"

家里人叫她"吉官"或"五妹"

逝去的美好记忆像一首歌，它久久在耳边回响；又像一个梦，一个甜蜜的、无法抹去的梦。

它们虽不能在现实中再现，但那浓浓绿荫下萋萋芳草上的姐妹们穿着艳色旗袍奔跳的身影常在你眼前晃动，在你的鼻际仿佛仍然可以闻到阵阵荷香以及出水嫩藕和红菱的泥土气息，那似泣似诉悠悠的洞箫声和略带凄凉的歌声时时萦回于你的脑际。

这些久远的生活图画一再展现在七十五岁的彭望洁眼前。在梦中，在清晨啼鸟的鸣声中，彭望洁拥被静卧，任凭自己的想象驰骋。既然那些似梦似幻、多彩的生活场景至今仍然能给予她蜜一样的感觉和无穷的快乐，有什么理由要去阻止和拒绝呢？

上世纪 30 年代初期，彭望洁七八岁光景，上了小学。人生得矮小，胖墩墩的，有些亲友叫她的绰号，唤做"石鼓墩"。家里人叫她"吉官"或"五妹"。

大姐比她长八岁，四姐比她长二岁。第五个女孩出世，家族中都没有当她一件事，只有眼梢上带带。没有被看重，她倒也自在，只要按时上饭桌就行了。

她盯住几个姐姐，做她们的"跟屁虫"，放学后就跟着她们。

在她眼里，大姐、二姐最使她艳羡。大姐、二姐已经是豆蔻年华，穿着玫瑰红、苹果绿的旗袍，衣襟上绣着白花。她们乌黑的短发钳烫得一轮轮的，头发上的那一轮轮的波浪形，就是那些钳子钳出来的。其时只有上海有家电烫的理发厅，上海以外，就都是用钳子烫出来的。

姐姐们还用彩色的缎带束发，太阳照着，缎子一般的黑发泛着乌金似的光亮，小吉官心里羡慕得不得了。这使她常常做梦，梦见钳子夹着她的发，发出嗞嗞的声音；梦见自己的身材像姐姐一样修长，穿着缀小花的旗袍，当然，手上戴着白纱手套。

春日在田埂旁的小溪里，有着密密麻麻游动的小蝌蚪，手伸到水里便可捞到。吉官和四姐把抓来的小蝌蚪养在碗里，看它们活泼泼地游动，一看几个钟头。过些日子，它们的尾巴逐渐缩短，身躯变大。后来长出四条腿，跳出碗外跑了。到了夏天，后园池塘里一片蛙声，四妹、五妹知道它们都是她们的俘虏，开心得不得了。

乘船摇船是件大快乐的事

其时，从相王弄直到南园中间一大片草地，点缀着四棵老树。夏日环坐在它们华盖一般的绿荫下，真是舒坦极了。

草地上植着些杨柳、紫薇，栖着些黄莺、芙蓉，有几处大小池塘，浮着菱叶和开着荷花。

五姐妹就在这片草地上疯嬉：老鹰捉小鸡，踢毽子，跳绳。

大姐、二姐戴着白手套，伸张着白藕似的双臂，上下翻飞作翅扇，唱着："飞呀，飞呀，飞得高飞得低，一飞飞到我们的花园里，园里开红花多美丽……"

小吉官和四姐也学样学唱，身心都快乐得一齐飞起来了。

乘船摇船是件大快乐的事。同学里有会摇橹的，有会扭绷的，很多人家里有船。放了学，从烧香桥上船，一直摇到沧浪亭。乘船的把双脚放在河水里拍打，一边唱着刚从学校里学到的歌曲，真是惬意极了。

路过藕塘，摘片荷叶遮住毒太阳，既凉快，又好玩。有几次大姐、二姐也乘船玩，小同学们感到很荣耀，让她们站在船头上。微风吹拂着她们围在颈项里的薄纱巾，惹得岸上的行人一齐行注目礼。八月采菱，菱塘里浮着木桶，同学的家长一边拨开菱叶找菱角，一边把桶里采撷到的红菱抛给塘边观看的小吉官们。小吉官们把肚皮都撑满了，打着嗝，嘴里冒着菱的清香，在晚饭桌上勉强扒了几口就溜走了。

相王弄隔壁尚书里坐落着彭氏旧宅。

苏州在清代出了廿二个状元，祖孙状元及第，则仅彭氏一家。

明末至晚清，彭氏先后出了十三名进士。述其显者，如彭定求（会元、状元，国子监司业，以理学称）、彭宁求（探花，左春坊左中元）、彭启丰（会元、状元，兵部尚书）、彭绍升（翰林，散文家）、彭蕴章（会试亚元，武英殿大学士）等。

常熟翁同龢于咸丰六年考取状元时之会试总裁即为彭蕴章，蕴章殁后，翁同龢亲撰之墓志中，自称"门下士"。尤为可贵者，彭氏家族诗礼传家，清廉自守，除尚书里宅第外，未置别业。

尚书里的彭氏第宅，有相当规模，为苏州城里数得上的巨宅之一。第宅位于葑门之内砖桥西南、十全街南侧，西始尚书里，南抵南园水田。

轿厅就是小孩子的游乐场

尚书第内部，分两个部分。东为旧宅，称"旗杆里"。初建于明进士彭蓁蔚,至其子彭敬舆建成。门前照墙设有夹石旗杆,内有"味初堂"、方厅、祠堂、"环荫厅"及一些住房,最后面有花园、柴房。西系新宅,为彭启丰所建,称"尚书第"。第一进为门房,中梁高悬青底金字"尚书第"门额,门前另设照墙,墙中间有一大型木栅门,下面临河就是水码头,有十余级踏步级。第二进为轿厅,西北墙木架上插着一排标有官衔红底金字的"行牌",其中数面标有"祖孙会状""五子登科""兵部尚书"等。在小吉官童年,这些行牌上已满布灰尘。东面墙上,小吉官还见到几顶轿子,其时已东倒西歪,这个轿厅已成为彭家等儿辈的游乐场。过天井,第三进为大厅和三层楼房,第四进为二层楼房,第五进为一排平房名为"东井轩"。再过走廊、天井,第六进为一排平房,名为"兰陔草堂"。最后一进有一个小厅堂,上有佛楼。

到吉官童年时,尚书第中除彭氏家族外,已经住了十来户外姓人家。彭家已式微,租赁出一些住房也可补贴家用。

当时是祖父汉三公和父亲彭元士统治着这个宅第。这个时期,有些大家庭家长治家极严,家庭间压着封建、宗法两块大石,演出一幕幕的悲剧。但在彭家,汉三公和彭元士很是开明,治家宽松,只要儿孙辈不嫖不赌、不偷不盗,就一概采取不干涉主义。所以,彭家五只花蝴蝶得以在宅内室外自由飞舞,彭家小男孩也得以享受童年的种种乐趣,彭家宅园内常常充塞着孩子们的欢笑声。

在冬日或雨天里,轿厅就是小孩子们的游乐场。拍橡皮球,玩捉迷藏,大一些的男孩还在这里扯响铃。夏秋斗蟋蟀,输家要赔上蟋蟀盆。冬春玩洋老鼠,白毛红眼的洋老鼠关在铅丝网里,喂以干枣和药材铺中买来的红花。它们会耍踏水车和上楼梯,围观的孩子们看得津津有味。每逢其时,厅堂屏风后就探头探脑露出几张脸,这是寂寞的姨太太们在观赏。她们出神地看着,若是有男人进宅,她们就像老鼠进洞一样快速地把头缩进屏风去。小吉官至今记得一张美丽的脸庞,梳着漆黑的发髻,发髻上缀着白兰花。听姐姐们说,那个姨太的绰号叫"鹊鼎",就是乌鹊桥头的一只鼎,是那一带出名的美人。她就像西方贵妇看歌剧一样着迷似地看着孩子们嬉戏。那也许是她生活中唯一的乐趣,也许是孩子们的嬉笑声使她忆起了童年往事。她招手让小吉官过去,纤纤玉手扶着小吉官的肩，小吉官感觉出了手的震颤。

姐姐常常唱的歌叫《可怜的秋香》

大姐、二姐已经是大小姐了，不参加孩子们的嬉闹，她们常常吟诗写字。小吉官记得大姐在扇面上写下"人面不知何处去，桃花依旧笑春风"的唐诗，字漂亮极了。

月夜，两姐妹在后花园吹洞箫。后花园有假山、亭子和池塘，范围很大。孩子们常到园里玩，小吉官有一次孤身一人进去，不免感到害怕。

墙外是菜畦、草地和灌木丛，有时可以看见野鸡扑扑地飞。男孩们吓唬小吉官，说晚上不能去后园，里面会有奇异的响动，还有黄鼠狼乱窜，黄鼠狼的眼睛是绿色的。小吉官知道大姐、二姐常常进后花园，对着月亮吹洞箫和唱歌，便壮着胆跟着两个姐姐进园去，既兴奋又害怕。二姐的洞箫吹得比大姐好听。有一次二姐告诉她，那支曲子叫《春江花月夜》。

姐姐常常唱的歌叫《可怜的秋香》，小吉官也跟着唱会了，那歌词是：

暖和的太阳，太阳，太阳，

太阳它记得，照过金姐的脸，银姐的衣裳，也照过幼年的秋香，

秋香你的爸爸呢？秋香你的妈妈呢？

她呀，每天都在牧场上，

牧羊，牧羊，牧羊，牧羊，可怜的秋香，

可怜的秋香，可怜的——秋香！

《可怜的秋香》这首歌当时很流行的。曲调简单又宛转，很抒情，有点凄凉的意味，对着月亮唱，真是情调极好。小吉官加入姐姐们的合唱，唱了一遍又一遍，直到露水打湿了衣裳。

还有当时最流行的歌，叫《特别快车》，歌意是指男女从相识到结婚十分快捷。歌词有"盛会筵席开，宾客齐来，红男绿女，好不开怀……"

音乐像火车轮子滚动，节奏很明快，唱的时候心情会很快乐。

还有一首歌叫《卖花》，小吉官在小学的舞台上表演过。她左手挽着花篮，右手执着纸花，唱道：

> 小小姑娘，清早起床，提着花篮上市场；
> 穿过大街，走进小巷，卖花卖花声声唱；
> 花儿虽美，花儿虽香，没有人买，怎么办？
> 满满花篮，空空钱囊，如何回去，见爹娘！

唱到末一句，用小手绢抹抹双眼，台下的家长们感动得一齐拍手。

小学名为"彭氏小学"，是彭氏家庭义庄办的义学。彭望洁的父亲彭元士当校长，莳门一带的学生特多，如今莳门很多老人都是当年这所学校的学生。

四个姐姐常常委任小吉官当采购大员

小吉官上学十分方便，穿过家里备弄的侧门便到了学校。

学校的门厅里供着一尊大成至圣先师孔夫子塑像，门厅里黑出出的，孔子挂一根乌黑发亮的拐杖，有两个小吉官高。

小吉官每天路过这里，想起父亲曾吓她说拐杖专打不乖的孩子，心里七上八下，不知道夫子会怎样看待她。她仰望着夫子漆黑的眸子，生怕那根拐杖会打将下来。

出得门厅看见升起不久的太阳，她的心就像离巢的小鸟直冲碧空，开始度过快乐的一天。

那时的功课很有趣，语文老师尽管把戒尺打得噼啪响，但只拿教桌出气，从不责打学生。他朗诵《木兰辞》，一口蓝青官话，拿腔拿调。念到"当窗理云鬓，对镜贴花黄"，还跷起兰花指做了个梳妆的姿势，惹起一片笑声。

小吉官最喜欢上音乐课。音乐教师是无锡人，有点娘娘腔，他教了小学生很多和他们年龄不相称的外国歌曲。小吉官只感到这些曲调很优美，数十年间，她在悲伤、烦恼或欢乐时，常常哼这些曲调，一直到老。

当彭望洁的女儿长大时，有一次听到她妈妈在哼《夏日的玫瑰》，奇怪地问妈妈何时学会的。彭望洁把学到的歌曲一支支唱给女儿听，才知道她童年时学的竟然都是世界名曲。

由于当时没有决定人的命运的高考和无穷的压力，因而也就没有摧残儿童的鞭子一般的课外作业，下午两节课后，便是鱼入大海的自由天地。

小吉官照旧做两个姐姐的跟屁虫，玩够了，疯够了，回得家来咕噜咕噜牛饮般喝茶。四个姐姐凑了钱，招呼道："喂，吉官，去，到砖桥头，买三包五香豆、两包长生果、十只咸支酸，剩余两个铜板算的是脚步钱，奖励你！"

小吉官答应一声，飞奔而去，一边嘴里不停念叨："三包五香豆，两包长生果，十只咸支酸！"

砖桥堍是个集市，有好几家糖食店、吃食店。那时黄包车从桥顶下来，车夫要用很大的力气方能刹住脚板。砖桥北堍有家"春华茶馆"，汉三公有时牵着小吉官去听评弹。

四个姐姐常常委任小吉官当采购大员，她从不辱命，认真完成采购任务。这次她采购完，手里紧握两个铜板，在烘山芋摊、梅花糕店前转来转去，拿不定主意。待到小肚皮里装了梅花糕，飞奔回家复命。五姐妹分摊，你一粒我一粒，分剩几颗花生豆子，大姐使劲摔到院子里去，以示公平。这一果断举措，赢得了姐妹们的心。每一摔，四个妹妹必然报以尖声欢呼和热烈掌声；每一摔，大姐的权威性就提高一分。小吉宫永生永世也忘不了大姐扬手时脸上漾起的红云和头上飞荡的乌发。只是小吉官嘴馋，她每次都紧盯住五香豆和长生果飞去的方向，待到无人时到草丛里一颗颗拾起，以免暴殄天物。

知道两人常常在外面约会

那时大姐订了一份上海的电影画报，经常露脸的影星有阮玲玉、胡蝶、王人美等。阮玲玉之死，引起了五姐妹的悲伤，画报上说阮的死因是"人言可畏"，小吉官和四姐不大清楚是什么意思，但大姐、二姐显然很激动，泪水湿透了两块绣花手帕。小吉官很喜欢看中国的劳莱和哈台，韩兰根和殷秀岑的戏照，画报到手，先看有没有瘦皮猴和殷胖子的滑稽戏。她也知道当时著名的男角如金焰、高占菲、赵丹、梅熹等很会演戏，大姐说他们"演技高超"。还有严华，是明月歌舞团的，不单会演戏，还会作曲和唱歌。

西宅里的华士叔眉眼间有些像严华，英俊潇洒。华士叔很喜欢"石鼓墩"，小吉官也时常和华士叔说说话。外面太阳暖烘烘的，华士叔却喜欢在阴沉的厅堂上踱来踱去。华士叔穿得很时髦，有时穿哔叽的学生装，有时穿浅灰的华丝葛长衫，格子纺的内衫翻出在袖口上。最气派的要数他穿着一身米黄色西装了，小吉官认为穿西装的他可以压倒严华，只是弄不透他在厅堂上踱方步所为何来？有一次，小吉官似乎猜对了几分。那一天厅堂上没有其他人，小吉官主动倒茶给他喝，华士叔却顾不得喝茶，眼睛直勾勾地望着西厢楼上的窗棂。小吉官顺着他的眼光看去，楼窗间有一条缝，露出蓬松的电烫发和一双俏眼，那俏眼中射出火一样的眼光和华士叔的眼光赤朗朗地绞在了一起。小吉官认识她是借住在彭家的房客安徽大小姐。大小姐长得很美，和华士叔很匹配，华士叔避开别人，却不避小吉官。窗里飘飘荡荡落下一张纸条，他叫小吉官拾来给他。他写了信，包着石子，抛到窗子里去。他做了这一切，就心满意足地走了，临走朝小吉官眨眨眼。小吉官开心极了，心里发誓要为华士叔保密。小吉官知道两人常常在外面约会，也没有跟姐姐们说过。这样过了年把，阮玲玉自杀后，不知怎么搞的，有一天，整个宅子像失了火似的大乱起来。小吉官听到姐姐们大声议论，说是安徽大小姐投环身亡了。小吉官不懂什么叫"投环"，二姐拍她一记头皮说："笨吉囡，投环末，就是上吊！"小吉官问为什么要上吊，大姐双手交叉抱在胸前说："人言可畏呗！"大姐情绪激动时习惯双手交叉抱于胸前，这天她显然太激动了，眼里闪着泪花。

安徽大小姐亡故后，宅子里请了道士来打醮消灾。宅子里笼罩着一片愁云，亏得不久便是廿四夜送灶，厅堂上燃起了大红烛，灶上神龛里请了新的灶神。供过菜落团子和糖元宝后，就举行旧灶神的送别仪式，讲究一些的，为灶神爷置备了竹制的车马。俗话说"吃人家的嘴软"，何况嘴已被黏黏的瘪嘴团和饴糖元宝封住，即便天天见着私弊夹赃和种种腐败现象，玉皇大帝问起，也只能说好好好。

压岁钱是小把戏们最实惠的东西

焚化灶神，有的在天井里，有的在家门口，由家里的男孩执行。相王弄里到处是手擎燃着的灶神飞奔呼喊的孩童，伴随着震耳的鞭炮声，揭开了过新年的帷幕。喜庆的气氛终于驱走了安徽大小姐的阴影，华士叔从此不再在厅堂里踱步。华士叔不仅人长得漂亮，而且多才多艺。在上世纪 50 年代初期，彭望洁在《人民画报》上见过彭华士摄的艺术照片，足足有两个版面。

廿四夜后，宅子里到处披红挂彩，门厅里挂起四盏大红灯笼，环形厅上挂着几盏走马灯。供桌上请出喜神，喜神就是祖宗神像，正中一幅大红喜字，是咸丰帝赐给彭启丰的御笔。

小把戏们感兴趣的，是吃食丰富了：咸支酸、五香豆、长生果、橘红糕、料红橘，不用到砖桥去买了，厅堂上的果盘里有的是。厨子阿福忙着蒸糕，做南瓜团子、煎春卷，做芡实莲心汤，用蒸笼蒸糕，厨房里成天弥漫着热烘烘的水汽。小吉宫最喜欢印糕，有菱形的、心形的、梅花形的。阿福蒸的糕在早餐桌上要吃好几个月，二月二吃撑腰糕，三月三吃顺风糕。但到了三月，大家已经吃腻，糕盆里原封不动，老是闹伤风鼻塞的小吉官也分明闻到糕盆里一股霉气。俗话说"饱新年"，小吉官不停地溜到果盘桌旁和厨房里去，无怪乎小肚皮再也装不下三顿饭菜了。

再是大年夜守岁，不苟言笑的祖父汉三公被半斤黄酒烧红了脸，笑得像弥勒佛。他带头聚赌，招手叫父亲元士过去，说："凯丞，来，与民同乐，来掷状元！"大小人等每人分得写着"状元""榜眼""秀才"等小牌子的筹码，大家头靠头全神贯注掷骰子，赢的筹码可以兑钱。小吉官爬到大人的背上去，有时也轮到她掷几把，掷着掷着她手一松滑了下去，听到大人们说："要死快哉，小吉官困着哉！"

再是压岁钱，是小把戏们最实惠的东西了。彭家的亲友不少，压岁钱数目也颇为可观。其时一般人家，压岁钱只是大人间的一场年景闹剧，唯求收支平衡而已。小孩子们拿到钱，放入袋里尚未捂热，就被大人抄走了，好比雀见砻糠，空欢喜一场。彭家平日不给孩子们零用钱，每年的压岁钱却是任凭孩子们装入"扑满"的。其时彭家已非官宦人家，亲友大都是医生、教师、公务人员，一般红包里装的是两只银毫。

小吉官最喜欢收取二公公递给的红包。二公公是个大胖子，美髯公，胸前飘着一大把胡子，圆脸慈眉慈眼，在什么电报局当差，有时晚饭前来找祖父喝两盅。祖父汉三公一个人喝闷酒时会发脾气，灌下两盅黄酒，脸红得像鸡冠，平时的祥和不见了，无缘无故骂人。每逢其时，大家就躲开，厅堂上剩他一个发酒疯。小吉官却不怕，走去趴在他膝盖上。他一边骂骂咧咧，一边塞发芽豆、油氽花生、支塘羊羹到小吉官嘴里。二公公来对酌，汉三公的脸色又恢复了祥和。二公公喊："石鼓墩，来！"小吉官就爬到他膝上，拔他的胡子，二公公赶紧讨饶，塞几粒咸黄豆算是修好。

她们用红纸搽了脸蛋

由是之故，一老一小的交情特别好。大年初一，二公公来拜年，掏出一封封红包分发，最后掏出一封，喊道："石鼓墩，来！"小吉官就爬到他膝上，二公公眨眨眼说："喏，也是两只角子，老少无欺。"小吉官摸着鼓鼓的红包，手里分明触到四只圆圆的银毫，分明是二公公对她特别优惠，她赶紧塞到口袋里。二公公一走，她就偷偷放到摇动时发出哗哗响声的"扑满"里去。

她还喜欢在过年时到丫头庆和的房间里玩。祖母告诉她，庆和是汉三公在安徽做事时收养的一个孤女。庆和的房中贴满了桃花坞年画，小吉官每天都来看一遍，庆和说吉官很像抱着红鲤鱼的大阿福，小吉官看着觉得特别亲切。"三英战吕布"那幅，小吉官以为吕布长得漂亮，是个英雄，三打一，小吉官对着刘、关、张刮脸皮。"老鼠做亲"最有趣，穿着执事衣的老鼠，掮旗、打伞、吹喇叭、打铜鼓，抬着老鼠新娘，这一切使她着迷。晚上做梦，梦见自己也长了根尾巴，咚咚地打鼓。

彭家男女多为知识分子，除了年节里打麻将、推牌九外，自娱活动也颇丰富。男的拍曲子，一支笛，一支箫，咿咿哦哦地唱，自己击节打拍；女眷则流行唱评弹，一只琵琶，一只弦子，"宝玉夜探""伶俐聪明寇宫人"，唱得九转三回，听得人回肠荡气，袅袅余音都钻到肚肠里去了。女孩子们也设法找寻自己的快乐，她们生炭炉，用火钳自己动手钳烫头发，小吉官也幸运地在前刘海给钳了一个鬈；她们用红纸搽了脸蛋，点了嘴唇，在厅堂的平台上自导自演，自当观众，兴奋得不得了。男孩们在阁楼上取出落满灰尘的锣鼓家什天天敲锣打鼓，一直要敲到元宵节。锣鼓声和鞭炮声的合奏，渲染出年节的节日气氛，表达出人们心中的欢乐以及对新春的希望。小吉官和姐姐们不甘心当听众，在男孩们离去时，也拿起锣槌和铙钹上的绸带。大姐发令说"敲！"大家一起动手，但总是打不到点子上，气得大姐连声骂："笨吉囡，你笨死了！"

过年还有一乐，常熟的姑母带着几个表姐回娘家过节，后园里的柴房被成群的女孩们辟作游戏房。女孩们在里面演戏、唱歌，还玩拔河，输赢双方一齐跌倒在稻柴堆里，一齐在柴堆上摔跤打滚，个个疯得像痴子。

俗话说："小人乐，要惹祸。"小吉官六岁那年过年节，闯了一个大祸。那天，小吉官穿着棉旗袍，套着棉长裤，领着常熟表姐们在后花园玩。钻完假山，走九曲桥，小吉官指着池塘说里面有红鲤鱼。表姐们看了半天，什么也瞧不见，说她撒谎。她赌神罚咒说是真的，年年祭祖后，供桌上的红鲤鱼就放生在塘里的，那天塘里结着鸡丝冰，故而见不到鱼。为了证实自己的话和取悦表姐们，她走到九曲桥的墩子旁，拿根树杆，想把鸡丝冰敲开，可是穿得太臃肿，脚一滑，掉到了池里，全身都浸到了彻骨的水里。

都到后园里赏月

因为池边浅，露出了头，表姐们一齐惊呼。家里的人闻声陆续赶来，纷纷加入惊呼行列，但没一个想到要采取一点行动。幸亏二哥赶来后，果断地跳入水中，抱住她拖到岸滩上，这惊险一幕才告一段落。这时小吉官已吓得不省人事，待到醒来，已经在上下三层的棉被中。被里焐着好几个汤婆子，耳边只听到老祖母唉声叹气唠叨说："笨囡，笨吉囡，真是笨煞哉呀这小囡……"听见母亲说："阿弥陀佛，看，眼皮眨动了，快，快拿姜汤来！"听见大姐、二姐在啼哭，小吉官感到活在这大宅里好多年，只有今天才算第一次成为全家的中心人物，心里快乐得无法形容。她已经完全恢复知觉，却故意不睁开眼睛，全身心地享受着这难得的亲情。后来终于忍不住睁眼一看，只见满屋的人睁圆了眼睛屏息盯着她，几个表姐的眼神中分明还有负罪的神色。她轻轻吁了口气，引起了满屋子的欢呼。

元宵佳节，沉寂了几天的锣鼓又敲打起来，吃过四喜汤圆，家人都到后园里赏月。黄澄澄的铜盆似的圆月升起了。过了一会儿，家人陆续进屋，大姐命令姐妹们不准散，说是要等月亮当头才准归房。四姐和吉官唱道："月亮澄澄，囡出来望娘，娘话亲生子，爷话桂花香……"

"瞎唱！"三姐呵责说，"是元宵节，不是中秋。"

大姐说，"就唱《我的家庭》吧。"

于是五姐妹一齐唱道："我的家庭真可爱，美丽和睦又安详；兄弟姐妹很和气，父亲母亲都健康。虽然没有大厅堂，冬季温暖夏日凉；虽然没有好花园，月季凤仙常飘香……"

众姐妹翻来覆去唱，唱着唱着，二姐忽然掏出手帕抹泪。小吉官牵牵她衣角问："怎么啦？"大姐说："她多愁善感，是近来读了《红楼梦》的缘故。"

二姐悠悠吟道："桃李风华能再发，明年闺中知有谁？明媚鲜艳能几时，一朝漂泊难寻觅。"顿了一下，记起了另一首《桃花行》，又吟道："憔悴花遮憔悴人，花飞人倦易黄昏。"

二姐吟罢，已悲不能抑。小吉官和四姐弄不懂二姐拿腔拿调说些什么，但能知道那是不快心情的表达。

月亮终于爬到当头心。小吉官说："我要年年和四个姐姐在一起过年！"二姐摇头说："天下没有不散的筵席。"四姐说："我要月亮不要走。"大姐摆摆手说："可惜办不到。"

不大说话的三姐说："我要我们五姐妹永远在一起，永远生活在可爱的家庭里。"二姐黯然说："这和不要月亮走一样，做不到的。"

大姐冷悠悠地说："好了，回屋去吧。"不久，二姐大姐先后出嫁，圆圆的月亮破了。

和尚、道士们又来念经

那年元宵节后，到了冬天，祖父汉三公病逝。灵堂设在兰陔堂，家里请了一堂和尚、一堂道士念经超度。小吉官和姐姐们哭过一场后，就到处瞧热闹，不论是佛堂还是道场，都从梁上垂下长长的幡，那些绣着图案五颜六色的长幡把原来灰扑扑的厅堂装点得十分漂亮。入晚，厅堂上点起汽油灯，小吉官眼看那白线编成的小布袋被点燃后由红变蓝终于变白，发出耀眼的光。吉官和被称为安官的四姐都觉得十分神奇，白炽的灯光照着和尚们金红的袈裟和刮得光光的脑袋，吉官、安官着迷似地看着这一切。佛堂和道场都要男孩去跪在蒲团上，膝盖跪得发麻。几个姐妹觉得在这种场合男女不平等倒是件好事。后来和尚、道士到外面街巷间"行香"，也由男孩执龙形的香盘走在行香队伍的前面，那是很出风头的事。做七时，每天在灵位前须供饭菜，吉官和安官都很愿意做这差事，算是尽些对祖父的孝心。吉官对汉三公是很有感情的，她忘不了在汉三公的膝盖上祖父塞给她支塘羊肉的香味。

在断七那天，和尚、道士们又来念经。厅堂里挂着十殿阎王，每张阎王像下方画着男女鬼魂们受刑的情形。小吉官好奇地一张张看着，心里害怕得不得了。后来在天井里架起两张方桌，中间用白布搭起，算是"奈何桥"。道众们一起念经，手执摇铃有节奏地响着，为首的道士在桃木剑尖上挑着一张符，在炭炉上燃着。一连烧了三张，引着亡魂过了奈何桥，超度仪式到此结束。吉官和安官倒很希望这样闹猛的场面能一直延续下去。

在吉官头脑里，汉三公之死并不标志家庭圆月的破碎，最使她感到无可奈何花落去的，是三个姐姐先后出嫁，父母远行昆明。她和安官只能傍靠老祖母住在空荡荡的环荫厅里，在黑暗中静静躺在老祖母的身旁，听着老人轻轻吐气和柔弱的鼾声，觉得孤单极了。她每晚都想着姐妹们在一起的快乐时光，想着二姐在月夜低吟时冷悠悠的神情和沮丧的声调，一直想到入梦，眼角上沁出了泪珠。

先是二姐出嫁。按通常规矩，出嫁次序应该先长后幼，可是大姐、二姐的婚事次序，却是"木球先沉石球余"，颠倒了。

其时，五姐妹前三位，进了振华女中读书。振华就是现在的十中，当时的校门开在带城桥下塘。三姐妹在规定的日子里穿校服，有时也穿便装，穿旗袍的日子多，有时也穿青色士林布斜襟衫和黑绸短裙。三姐妹上学时并排走，走一路洒下一路笑声和歌声。有时家里包车有空，在她们的要求下，坐包车上学。三姐妹挤在一辆车上，二姐不停踏着搁脚处的铃铛，车夫也不停揿着喇叭，叮当巴波地一路奔去，惹得路上行人都行注目礼。

竟亲自登门议婚

在行注目礼的人当中，有一位雍容华贵的妇人，站在十全街的一所华屋前，用冷峻的眼光打量着这些姐妹花，有时被她们的欢声笑语所感染，嘴角边也会泛起微微的笑意。她已经不止一次看着这几个青春而富有活力、神采飞扬的女孩，她被她们吸引，以至一段时间，她吃过早饭就不自禁地赶紧到门口，以便一睹她们的风采。

终于有一天，她下了决心，走到对面漆盘店里，向漆盘娘娘商量托办一件事。漆盘娘娘一直勤于到处走动，是有名的"走百家"，自然，近在对门的李家这样的大户她是不会放过的。听说李家的老先生人称"总长"，漆盘娘娘虽然搞不清什么是总长，但知道这人是在北京当过大官的。李家作成漆盘娘娘很多买卖，漆盘娘娘因而得以常常进去，主动为李家办些杂事，得些好处。李家的主人，其实就是李根源。

第二天，漆盘娘娘穿了身新衣，头发梳得精光，插了朵栀子花，动身到彭家，奉命说媒。不料花好桃好说得磨破嘴皮，碰了一个软钉子，彭家太太说："我家姑娘年纪太小，正在读书，不谈婚事。"

万万想不到，过了几天，李根源夫人马树兰竟亲自登门议婚。

那天小吉官正缠在母亲身边，一眼不眨地看着面前这个浑身珠光宝气的女人，后来，她知道这位婶娘名叫马树兰。

那天马树兰身穿绣花旗袍，脚踏绣花鞋子，黑亮的发髻上插着碧玉簪，手腕上戴着绿莹莹的玉手镯，项间翡翠宝石穿的链条垂挂到胸前。她跷起兰花指，端起庆和送上的盖碗茶，呷了一口润润喉，缓缓说道："彭太太，今日我冒昧前来拜访。一来么，我的住所离尚书里不远，也算得是街坊，久疏通候，今日算是补上。其二么，树兰知悉尊府三位千金品貌双全，十分仰慕。树兰一无所长，但向来生性豪爽，今日前来向彭太太有个非分之求，要和贵府结为姻亲，小儿希纲……"

吉官母亲听到这里，赶紧打断说："小女年幼，不敢高攀。"

马树兰自顾自说下去："小儿希纲，就学于南京黄埔军校，学业成绩优等，要说高攀，只怕是我儿希纲配不上。"

彭太太说："哪里哪里，只是小女年幼。"

马树兰插口说："这件事，不是要彭太太今日就有答复。贵府三位千金，我个个欢喜，若说年幼，老三年纪是小着些，但三千金里不论是哪一位，我马树兰都十二万分同意，就不晓得希纲有没有福分，哈，哈，哈。"马树兰的脾气，后来证实果然十分豪爽，这天她顾不上合适不合适，竟打破常例自己上门提亲，即为一例。

李家送来了聘礼

马树兰走后，彭家乱成一团。元士集合一家大小商议，说："要说门楣，也不算是怎么太高攀，但事出突然，我也拿不定主意。我向来不主张单凭父母之命,你们三姐妹,望淦小了一些,就看望澄、望漪,自己有什么想法?"说完眼睛朝望澄看。

大姐望澄双臂抱胸斩钉截铁地说:"我不想结婚!"

"你呢?"父亲又看着望漪。

"我,我随便……"二姐低头说。

我悄悄问三姐:"什么叫随便?"

三姐说:"随便么,就是随便。"

想不到,事情就这样定了。

彭、李联姻,按照当时彭家式微的情况论,可说是高攀。

李府的主人根源先生,云南腾冲人,字雪生,号印泉,别署高黎贡山人,晚清秀才。日本士官学校毕业,主持过云南讲武堂,朱德元帅也出在他门下。李根源担任过广东军政府副都参谋、琼崖镇守使、陕西省省长、农商总长、北洋政府的国务总理。1923年曹锟购选总统,李退出政府。李于1922年在苏州十全街建"阙石精庐",他事母至孝,退隐后迎老母阙太夫人至苏州,以事晨昏。1927年国民政府成立,李闭门谢客,与蒋介石不相往来。其实,其故旧门生遍天下,他们以友人、门生身份探视,李府终日宾客盈门,特别是与国民党元老于右任、冯玉祥、张继等时相过从,时人以政学系幕后首脑目之。

马树兰拜访彭家亲事初定后,李根源曾亲自到彭府谒见彭老夫人,他穿着长袍马褂,在彭府"兰陔草堂"向老夫人行跪拜大礼。

李家送来了聘礼,大概知道彭家无力筹措嫁妆,聘金为银洋三千元,这在当时的确是一笔不小的数目。

于是筹备结婚大典的机器开始启动。当时中等人家婚嫁的新娘衣服都是请裁缝到家里做的,彭家请了两个裁缝在天井里搭了作台板,借着日光做,阴雨天和晚上在厅堂上点着煤油灯,日夜施工。吉官和安官从此不到砖桥头看杂耍,而是着迷似地看着裁缝师傅穿针引线飞舞的手。看着他们魔术似地完成一条条镶边,做起漂亮而复杂的盘香纽扣,先是把黑绸卷起缝成条状,而后盘成各种几何图形用线固定,用熨斗烫平。

其时裁缝学生意,生熨斗和滚边这两件事要学三年。熨斗肚里放木炭，熨斗前面有张嘴，后面有个洞，生熨斗时往后洞吹火。有技术的一只嘴巴好比风箱，发出豁突豁突的声音，熨斗嘴巴里就飞出白灰和火星。滚烫的熨斗在衣服定型和做盘香扣时都起很大作用，一件旗袍，以领口处的盘香扣最完美最花哨。冬天的旗袍须用丝绵铺垫，师傅们用灵巧的手把丝绵剥开均匀地铺上，用极细的针线固定，高明的师傅缝制的丝绵袍不会结块或掉落。

鼻尖上永远挂着一滴清水鼻涕

当时裁缝的生活是很清贫的，社会上评说"裁缝弗落布，蚀煞家主婆"是很苛刻的。小吉官和安官很同情他们，看着他们戴着半套笼的手冻得萝卜似的，不时伸向嘴边呵冻。他们的鼻尖上永远挂着一滴清水鼻涕，当他们全神贯注缝制时，鼻尖上的水滴愈聚愈大，正在两姐妹担心会掉到新旗袍上时，他们就嗤地一缩吸进鼻孔中去。中、晚饭是主人家供给的，两荤、两素、一汤。那时裁缝铺定的规矩很严，早已饿着的他们必斯文地先用筷在汤里一浸，吃菜专拣素的吃，四只百叶包，他们只客气地每人吃掉一只，鱼是不动筷的，偶尔撩一点鱼旁的咸菜，饭呢，只添一次。两姐妹大发恻隐之心，抢着为两个师傅盛饭添饭，用足力气把饭揿得结结实实，堆得像馒头。师傅们很领情，笑眯眯地连声道谢，使得两姐妹十分开心，连做梦也梦见自己在拼命揿饭。这样的欢乐持续了一个多月。

春夏秋冬的旗袍、衣裳，光彩夺目地放在味初堂上。味初堂平日是空关的，堆放些杂物，这时专门陈设二姐的嫁妆，橱柜箱笼，碗盏盆桶，还有永生永世盖不完的被子，好似现在的展览会，供亲友参观。

李希纲长得很神气，回苏州度假常常西装笔挺，大方地上门找未婚妻。娘说过："大妹很秀气，二妹长得好看。"李希纲对婚事也很满意，不时送来吃食，汽水一送两箱，香蕉一送两篓，常常泡在彭家。有时带着一帮朋友，其中有蒋公子纬国，裹着大姐、二姐外出，夏日扑通扑通跳在城河里游泳，秋日在草地上踢球。李希纲一生玩世不恭，放荡不羁，二姐和他在一起很觉有趣。吉官、安官两姐妹拼命做跟屁虫，缠着他们的脚跟跑。哥哥们在河里湤浴，他们跟着姐姐们一起拍手；哥哥们踢球，她们跑来跑去拾球。希纲并不忌讳她们，即使和望漪两人相处时，吉官和安官不敢踏进去，他也会把她们拉进去，要四妹、五妹掏他口袋里的吃食。他为了这两个小女孩，衣袋里常常装着糖果。最使小姐妹俩高兴的是希纲才从南京回来那几天，她们可以从他口袋里摸出鲜得眉毛都脱落的鸭肫肝。每只鸭肫都用油纸包着，颗头很大，咬一口，慢慢咀嚼，说不出的好味道。她们吃着糖果、鸭肫，希纲和望漪照旧说笑。希纲为人洒脱，并无那时男女谈恋爱时头靠头唧唧哝哝的样子。他常说些她们很少见闻的故事，说得高兴，拿支钢笔当手枪，端起椅子当舞伴，比说书先生还有趣。娘告诫两个小姐妹不要去惹讨厌，希纲知道了安慰她们说："本来只有一个人听我说书，四妹、五妹来，我就有了三个听众，我欢迎还来不及，怎么会讨厌呢？"

吉官叫了一声"李亲伯"

吉日终于来临，排场很大。二姐烫着头发，穿着绸旗袍，戴着白纱手套。男家来迎亲，女家由用钱请来的阿水姑娘作为陪嫁丫头搀扶着，款款登上包车，穿过看热闹的人群去了李家。吉官、安官穿起了新衣，在人堆里钻进钻出。李府里闹猛极了，挂起大红灯笼，到处张挂着金红的喜幛；一班西乐，一班丝弦家生，不停地吹打弹奏。晚宴前举行婚礼，小吉官玩得倦了，在沙发上睡着了，由大姐背着回家去，没有见到她一心想看的婚礼。

婚后，希纲仍回南京军校，二姐入东吴大学社会系读书。功课不重，二姐参加了东吴唱诗班，穿着白袍虔诚地唱着赞美诗，这段日子过得很快乐。不久，二姐怀孕生下一子，取名衍森，二姐辍学在家。李根源夫妇抱了孙子，十分高兴，李府上终日可以听见李根源爽朗的笑声。

吉官依恋着二姐，天天溜到李家去。李府前门临河，设石栏，内有大树一棵，树冠亭亭如盖。进了李家大门，有一个天井，两侧各有一个花墙洞，进左手花洞可去花园，进右手花洞就是住房，再朝前，通到南园去。穿过天井，就是大厅，大厅后正屋四进，第三进为两层楼房，李根源住在楼上，第四进为平房，原为阙太夫人卧室，希纲、望漪结婚改作新房。屋后正南，有玉兰花树，高逾数丈，江南罕见，花开时节满庭染白，氤氲缤纷。正屋之西，复有客堂、书房数处。各个处所都有回廊通着，天下雨，从不打湿衣裳。

李根源常常在楼下书房前的回廊里踱方步，其时正届知天命之年，圆脸大眼，头发有些鬈曲，一把络腮胡子，胖墩墩，身坯高大壮实，穿着朴素，布衣布鞋，只在希纲的婚礼中穿过绸袍。左手终日执着一根长长的旱烟筒。每次见吉官进来，招手要她过去，用大手摸着她的童花头，一边用浓重的云南话招呼道："是小五妹呀，好，好，在这里要么，不用回去吃饭了。"吉官叫了一声"李亲伯"，就飞奔到天井对面二姐的住所去了。这套平房的外墙上有"岁寒松柏庐"刻石。东厢住着希纲和二姐，希纲是马树兰的长子，西厢住着次子李希泌。李希泌是个忠厚人，布衫布鞋，整日躲在西厢房里读书。希纲却一刻也不要安静，他把留声机放在平台上，放着他心爱的歌曲《开路先锋》。他手舞足蹈，跟着唱道："轰，轰，轰，哈哈哈哈轰，我们是开路的先锋！"希纲很喜欢憨厚的吉官，招呼道："来，小五妹，和着节拍跳！"疯了一通，希纲回房，在他银灰色的大衣袋里放几颗鸭肫要吉官摸，望漪嗔道："全毛大衣里放鸭肫！要蛀光的。"希纲笑道："蛀光拉倒。"他为了逗两姐妹开心，表演"吊毛"，砰的一声直挺挺倒在地上。正当两姐妹吓得尖叫时，他一个鲤鱼打挺站了起来，做了一个鬼脸。

那影院直到今天仍然名叫大光明

李希泌大概嫌闹，李根源就为他在后面盖了一排房子，请个国学名家诸祖耿当老师。

李亲伯住在第三进楼上，楼下都是会客室，东南角上有张大书桌。李亲伯喜欢写字，写得一手苍劲的隶书，字体浑厚，如他的高大体形一般。家里来客不断，有云南的，有北京的，有南京的，有上海的，这些人都称李根源为"印老"。小吉官每次去，都能听到会客室里南北文人各路武将慷慨激昂地高谈阔论。李家天天要开几桌饭，二姐处的饭是另开的，四妹、五妹常在二姐处用餐。厨师老张是云南人，烧得一手好菜。两姐妹最喜欢吃云南火腿。这一带只知道金华火腿，其实，云南火腿远比金华的好。李家上下都嗜食云腿，整箱从海防海运来。云菜习惯放些辣，老张把辣子面塞在鲫鱼肚里红烧，说不出的好滋味。

小吉官称呼马树兰叫"亲伯母"，马树兰是云南通海人，生就一根直肠子，待人宽厚。家里的粗做老妈和丫头们整天嘻嘻哈哈，马树兰看着反觉欢喜。她抚育着几个朋友的孩子和孤儿，所以，四妹、五妹去李家，除了和马树兰的女儿李抱芳一起玩外，还有好些小伙伴做伴。马树兰会作画，她在年轻时跟随着李根源去日本，在日本学的绘画，擅长牡丹，她天天要画。吉官常常在旁边看着，她很喜欢看亲伯母作画，看着那软缎宽袖中伸出戴着玉镯的白白的手左右上下拂动，她以为非常之美。她伸长脖子，刚好能看到宣纸上的牡丹，她以为那些牡丹和亲伯母一样雍容华贵。马树兰画完后，问道："小五妹，我画得好吗？"

吉官认真地说："很好看，很像的！"

马树兰也很喜欢吉官，常常问："五妹子，今天的菜好吃吗？"

"红烧鲫鱼和炒火腿好吃。"

马树兰就吩咐道："老张呀，照式照样做一份，给彭老太太送去么。"

李家花园里有一大片竹林，还有一片平整的草地一直伸展到现今苏州饭店，希纲有时约友人打网球。园里有不少果树，有枇杷、杏子、橘子等，铜盆柿子长得有饭碗大，每逢果子成熟了，马树兰总要吩咐送一篮给彭家好婆吃。

望漪每月可以支取十元零用钱，这在当时相当于一个半小学教师的工资。望漪遵循彭家的家风，尊老爱幼，常常大包小扎买些吃食给祖母和母亲，四妹和五妹要求看电影，二姐也常常满足她们。那时到小公园大光明影戏院看电影，那影院直到今天仍然名叫大光明。吉官四岁时跟着父母去看过无声电影，只记得影影绰绰的人在眼前晃动，吓得赶紧闭起眼。如今她已八岁了，初懂人事，看过不少电影画报，姐姐们又热心地做她在电影观赏上的启蒙老师。她能记得袁牧之、陈波儿主演的《桃李劫》，从此学会了慷慨激昂令人热血沸腾的《毕业歌》，白杨、赵丹主演的《十字街头》风靡一时，她看了两遍。

接着是大姐出嫁

影后胡蝶主演的《孔雀东南飞》使她哭湿了几块手绢。她也爱看王人美、韩兰根演的《渔光曲》，每当姐妹们一起唱起那首主题歌，眼眶里常常溢满了同情的泪水。

后来大光明放映《夜半歌声》，广告牌上宋丹萍可怕颜面上的眼睛会开合眨动，把吉官、安官吓得赶紧躲到姐姐的怀里。但《夜半歌声》实在好看，金山演的宋丹萍十分感人，女主角胡萍演得凄婉十分，洪警铃演的怪医生一副刁钻的样子很是可憎，回神荡气的主题歌使人百听不厌，引起深深的共鸣。抗战前后数十年间，在苏州、上海、昆明，每逢放映《夜半歌声》，吉官必去重看。汉三公去世后，父亲也不时外出看戏散心，带着吉官去开明戏院看京戏。吉官对京戏缺乏观赏水平，偎在父亲怀里像小猫一样打呼噜。待等戏散，乘包车打道回府，吉官先是坐在父亲膝上，不久便滑落到包车搁脚的地方，继续打她的呼噜。

接着是大姐出嫁。大姐高中毕业后，没有上大学，那时家境不妙，也许她是想做事补贴家用，在观前农民银行谋个差事。二姐先嫁打破了先长后幼惯例，李根源一直有些歉意。其时云南教育厅长龚自知，是云南有名的才子，是龙云的秘书和智囊，思想倾向进步。早年在北京大学读书，毕业后回云南办进步报纸，曾被云南军阀唐继尧派的特务毒打过，打断过一条胳膊。1934年龙云赠龚二万元，助龚建造了宅邸。不久，龚有丧妻之痛，龙云要他代表自己到南京开会，会后特地到苏州看望李印老。李根源见龚后，兴起为大姐执柯作伐的念头。龚自知才华横溢，为人忠诚，虽生得稍稍矮小些，但相貌堂堂，眉眼间有股英气。大姐很看重他的才学和活跃的思想，慧眼择婿，应允了这件婚事，甘愿做龚的填房。

龚自知来到苏州后，拜会了李印老，又拜见了未来的丈人、丈母，和大姐约会了几次。一天，家里请龚自知吃蟹，龚在云南很少和无肠公子结缘，大姐教给他剥食，他连连赞道："美食美食，天下之美味也！"但吉官和安官只分到一把蟹脚，小姐妹感到委屈，嘴一瘪一瘪的，大姐赶快朝两个小嘴巴里各塞一块蟹黄。

这次婚事有点像姐妹们唱过的《特别快车》，东井轩粉刷一新，给大姐布置洞房，花烛之日，鼓乐齐鸣。这次吉官被看重，做了傧相，为大姐婚纱礼服拉纱。她拉着一边衣角，庄严而专注地和着结婚进行曲的节拍缓缓踏步，两旁来客撒出的五彩纸屑，也纷纷落在小傧相的头上，小吉官兴奋得满面通红，感到有生以来从未有过的荣耀。

章太炎给三姐取名"雪亚"

婚后，大姐就随着龚自知回昆明。翌年，大姐生下一子。

她在昆明举目无亲，情绪不安，龚自知写信来请父母和哥哥去云南，父母对大姐情有独钟，思女心切，犹豫再三，还是带着哥哥去了。

下面就轮到三姐的婚事了。

父母兄长远去，家中就只有老祖母带着三个女孩。1935 年夏，三姐望淦从振华女中毕业。这年的暑假，三姐和柴竞雄等几个要好的同学，相约到章太炎的国学讲习班去补习。教室在锦帆路章家后面的一幢楼房里，太炎先生亲自教古文，章夫人汤国梨教诗词。

章太炎给三姐取名"雪亚"，是"雪洗东亚病夫之耻"的意思。三姐学习认真，成绩很好，深得太炎先生喜爱。太炎先生公子章导在上海读书，回苏后见这么多女孩子在家里读书，很是好奇，时常借跑步锻炼之机，偷偷地窥看。太炎先生明白儿子的心意，便要他自己物色一个中意的当儿媳，章导一眼就相中雪亚。太炎先生赞扬儿子的眼光。

其时太炎先生和李根源、张一麐是好朋友，三个人在一起时，太炎谈起了这件事。李根源一听，笑了起来，说雪亚的姐姐就是他的儿媳，此事包在他身上，由他向亲家和彭家好婆去提亲。果然，不久昆明复信，表示听凭李老做主，彭家好婆征求了三姐意见后也表态赞同，这婚事就敲定了。

三姐结婚，只因父母不在，婚事由李家协助章家操办。吉官不巧在家生病，没有跟老祖母去。

这时的吉官已十岁左右，姐妹情深，三姐婚后，她不时去探望。

三姐去章家也支取一月十元的零用钱，四妹、五妹去，她总是热情地招待两个小妹妹。汤国梨却很节俭，从不肯拿吃食款待小亲戚。

第二年三姐生子，请有名的妇产科大夫顾志华接生。彭老太太带着吉官到同仁和绸庄买了好多衣料，做成婴儿的四季衣衫。三姐临产那天祖孙俩兴冲冲坐着黄包车赶去，婴儿却死了。

同年，太炎先生仙逝，吊唁的人络绎不绝。小吉官看着汤国梨穿着淡灰色镶白边的丧服忙着接待来客，吉官很担心爱护三姐的公公死了，不知三姐肯不肯和婆婆一起过。

不久，章导在上海找了份工作，三姐也住到上海去了。

宁静和谐的生活也一去不返

三个姐姐先后出嫁，只剩下四姐望澜和五妹。过了几年四姐出嫁，上海已经沦为孤岛，其间还有过一些故事，但为了叙述方便起见，先说四姐的出嫁。

黄毛丫头十八变，一向不惹人注意的四姐长成了大姑娘。她在浒关蚕桑学校读书时，成了耀眼的校花。亲友间评论，先前三姐妹已经可以算得是美人了，不料安官脱颖而出，长得像玉人似的，把三个姐姐都比下去了。

这年暑假，望澜住到上海三姐家。章导和过去的老同学陈定外是莫逆之交。一天，陈定外来看章导，望澜背着他坐着。待等转过脸来，陈定外像遭到雷击一般僵住，惊为天人，好半天才回过神来，望澜被他的痴呆模样吓得逃走了。陈定外对章导表白自己的决心说："此生非望澜不娶！"过不了多久，四姐便被他的热情融化，投入他的双臂。

几个姐妹中，以四姐的婚姻最美满。陈定外对四姐的爱可说是经典的爱，两人白首偕老，到了耄耋之年，陈定外对四姐的爱始终不渝。

从稍稍懂事开始，吉官便一直希望自己和姐妹在一起的快乐生活永存不变。哪里知道，月亮逐渐由盈变亏，无可奈何花落去，灿烂的画面慢慢黯淡，渐渐失去它昔日的光彩，只剩下一片灰白。吉官心中的美梦终于碎为破镜。这真是：人醒梦已残，老去不可返。

吉官十四岁那年，日寇侵华。家人星散，宁静和谐的生活也一去不返，老宅基里只剩得两个姐妹陪伴着年迈的祖母。

安官已是二八佳人，两姐妹都在振华女中就读，大家都上升一位，三姐代替了大姐的位置，四姐扮演了二姐的角色。其时不断传来上海日寇挑衅战事一触即发的消息，社会上动荡不安。三姐妹偶尔到观前理发店钳烫头发，放学后有时也到南园草地上散散心，到砖桥头买些吃食，但昔日无忧无虑的心情已经消失。在后花园唱的歌，也已经不再是《我的家庭真可爱》之类，而是常常唱《梅娘曲》《义勇军进行曲》，还有悲壮的《松花江畔》和慷慨激昂的《热血歌》。

一天，传闻日本人打来了，顿时城里大乱，人们携老带雏纷纷向四乡逃难。老祖母急得不知如何是好，找来二姐商量，二姐说传闻战事已推向昆山，运兵的火车不停向东驶去。高级将领云集昆山，日寇虽尚未越过昆山，看来还是避避的好。祖母不大愿意离开老宅基，二姐劝说避两天没有事可以再返回的，祖母看着身边的吉官、安官，也就点头同意了。

领着她们参观村舍

李家在1936年买了辆福特轿车，李印老派轿车把一老两小接到小王山阙茔村舍去。过了几天，常熟的大姑母带着两个表兄，乘木船经灵岩山南麓，抵善人桥折向南行与彭家会合。

李母阙太夫人之墓，在穹窿山东麓下。墓右有石筑碑亭一座，亭右百步为阙茔村舍。昔日营葬时，有黎元洪赠植松树万株。墓右上方之松林中，有青褐色石坡，上镌章太炎书《孝经》一章，大字径尺。全山各处崖石，刻着众多当代名人题字。

当时吉官已是初中生，自祖母以下诸亲友，已改口称"五妹"。表兄李乃成比两姐妹年稍长，领着她们参观村舍。三人家学熏陶，俱已粗通文墨，对村舍中布置的书画联对，都很有兴趣。

阙茔村舍横列两进，第二进居右为内堂，中坐南三间梁悬"阙茔村舍"匾额，设阙太夫人立像，左右暗间及侧厢，为卧室和客房。

内堂左右房中，陈设着书架，有当时难得一见的《拿破仑传》《俾斯麦传》等。三个中学生常来此捧读，增进了不少知识。四壁还挂着李根源故旧张耀曾、靳云鹏、僧圆瑛等人的照片。还有赵藩以及孙光庭、陈衍的字轴和郑伟业的对联等，书法精绝。

五妹问表兄道："你知道这些是什么人吗？"乃成表兄说："前面照片上的几位，都是在中国政坛上叱咤一时的风云人物，后面写字的几位么，有些人我不晓得，有些人稍微了解一二，比如陈衍，很有文才，袁世凯封过他什么侯的。又如赵藩，是云南大理人，白族唯一的一个探花，名诗人，书法家。昆明一带的匾额、楹联、招牌，大多是赵藩写的，大观楼悬挂的中国第一长联就是赵藩所书。"

村舍之左，有李根源兴办之村民小学一所。再左有面向村舍之厅屋三楹，名"凤木屋"，悬李印老自书刻木对联一副，曰："空望白云依子舍，种将红树点秋山。"

沿凤木屋登山，可观李根源经营之十景。至山巅，前有"湖山堂"，后有"小隆中"。后者有平屋三楹，上悬吴县赵廷玉撰书"岩壑具经纶，谢安江左功名远；松风洒襟袍，宏景山中日月长"之对联。表兄指着对联说："这是称颂位居相位的李亲伯退隐林下，以山水自娱远离政治的。"

沿山路东下，山脊有顶部满布绿苔之巨石，用"松风吹绿"句取名"吹绿峰"。峰南紫褐色石壁如卧狮，取名"卧狮窝"。

这样的山居生活过了个把月

十景首推"松海"，黎元洪所赠松树已蔚然成林，郁郁苍苍，风过处，起伏若波，声鸣如涛。有一石亭李烈钧题名"射虎"，后经陈衍改为"听松"。

来小王山松海畅游后题诗的有不少名人。1936年夏，李印老辑印《松海》一卷，三个少年于书架上觅得，表兄掏出本子抄录，四妹、五妹也学样录了几首喜爱的诗作。

张一麐《题松海》：风尘浼洞人间世，为听龙吟植万松。添得我吴新掌故，小王山顶小隆中。

徐徵诗云：穹窿三叠翠浮天，我欲移家作散仙。更爱隆中幽绝处，松风吹绿一溪烟。

易家钺诗云：小王山近善人桥，相国高门借一宵。辟地开天原小事，乾坤大事听松涛。

汤国梨诗云：览胜不辞远，栖山莫怨深。苍茫松海里，应有蛰龙吟。

李亲伯兴来，"用嫂氏汤夫人韵"作诗云：苟全于乱世，不觉入山深。高卧小隆中，聊为梁父吟。

这样的山居生活过了个把月，老祖母忧心忡忡，几个少年已浑然忘却进山之因，成日价看看书、游游山。1937年11月15日晚，忽闻门口有汽车喇叭声，表兄奔出探视，奔回叫唤道："李亲伯来了！"

原来，彭家来小王山后，李氏家人也陆续向后方迁移，暂居南昌，后去昆明。苏城宅邸，仅李根源一人和随从居住。到深秋十一月，日寇于金山卫登陆后，向西直扑，日机开始向苏城轰炸。一日振华女中被炸，李印老自知自己坚决主张抗战，为日特所忌，振华之弹，目标实为自己而来，遂有去意，行前特来小王山叩辞母墓。彭家来小王山时，有一段路还乘过竹轿，这时已通了简易公路，故李根源小车可以直达。

当晚，李亲伯和彭李两家人叙话家常，把四妹、五妹揽于膝前，和蔼可亲。

翌日，李亲伯带了几个随从到山里转，乃成和乃莘表兄带了两姐妹尾随着。所到之处，山间的村妪野老都呼李亲伯为"总长"，李亲伯也谦和地应答着。后来到了"听松亭"，大家坐在石栏上憩息，李亲伯手摇一株高高的孤松，对乃莘说："我爱此松之直，特地买来种植在这里，如今长高不少了。"

几天后，是李母的忌辰。这几天亲朋陆续来山的有几十人，忌辰清早，一起肃立于阙太夫人墓前，行三鞠躬礼。

又过了几天，在苏州沦陷前夕，李根源部属马崇六驾车来山，请李印老登程。李最后一次环视了阙氏村舍，怅然而去。经善人桥，往无锡到南京，转登江轮西行。

避匿于穹窿山"茅蓬"

彭、李两家本拟迁往安庆的，但老祖母年事已高，不宜长途跋涉。经上山之苏州人惠心可力劝，决定避匿于穹窿山"茅蓬"。该地十分隐蔽，可避日寇之锋。

穹窿"茅蓬"是一座僧寺，昔名"显忠寺""穹窿寺"，寺门砖额上刻有"福臻禅寺"。该寺屡建屡毁，一段时间只剩了几间茅棚，当时人称为"茅蓬"，四山环抱，背倚大茅峰，人迹罕至。

李根源亲撰《募修穹窿寺启》中形容穹窿说"……发自天目，……起缥缈，过洞庭，……葱郁磅礴，遂孕灵奇，玉遮阳山成其左，……尧峰、七子拱其间，具区诸峰环其后，实为吴郡之主山。"

彭、李两家逃难上山，除祖母坐了顶竹轿外，其他人等都负物步行。四妹、五妹蹦蹦跳跳，表兄乃成照看着她们。进穹窿寺外红墙正中寺门拾级而上，才知此身正处于穹窿绝顶大茅峰之中。仰视此峰，宽阔森张，峰左延折而东为三茅峰，峰右山脉亦东趋奔腾。

到了高处，三个少年已经气喘吁吁，散坐休息。五妹笑嘻嘻地说："离开阙莘村舍时，心里惶惑，正像逃难一样。爬了这些山路，一边看着风景，国难家难全忘记光了。"

时值深秋，天高气爽，草木疏落，山间只剩下一些耐寒的林木用浓重的色彩装点着群山层岭。四妹叹口气说："活到现在，只是在南园的草地上和后花园里略略领会到些自然之趣，想不到逃难逃进了大自然。哦，我要赞美大自然，赞美这气势雄伟的大自然！"

表兄乃成冷冷地插话说："不要忘了，看中这大自然的日本鬼子正在向这里进发呢！"

老四愣了一下，傲然反击说："你能欣赏热爱祖国河山之美，才能挺身而出保卫它，懂吧，先生？"

乃成表兄一向好脾气，知道自己失言，赶紧说："懂，懂，四妹此言极是。"他看了一回山色，说："这些山，可惜少种了一些枫、槭、松、柏，就弄得其意萧条，山川寂寞，正如欧阳修所说，秋声起也，弄得草拂之而色变，木遭之而时脱。"

到了寺中，两家住在"壮哉楼"上。楼为寺之最高处，计五楹，左右及后楹全为客房，老祖母和两姐妹住在楼的左后角房中。

不时能听到战事消息

翌日，两姐妹就缠着表兄看寺里各处。表兄好读书，比她们懂得多，有他在旁讲解就有趣得多了。进寺门，为"弥勒殿"，后为"观音殿"，上有废圯殿基，旁置砖灶和硕大的铁锅。表兄指着这生锈之大锅说："看这锅，就可以知晓这寺院昔日的规模，烧一锅粥，起码够数百个和尚吃。"五妹听了，咋舌道："阿弥陀佛！"

从右侧上，为"月驾轩"，轩右就是"壮哉楼"，再右即为"大雄宝殿"。各处匾额均为李氏手书，四妹问道："为何都是李亲伯的题字呢？"

表兄说："这寺庙修复是李亲伯募捐的，再者，李亲伯的字遒劲飞扬，不同于一般的名人字。有些名人字是看不得的，他自己很得意，别人都替他难过。"

大雄宝殿殿额朱底金字，落款一大堆，表兄念道："勋三位、云威将军、陕西省长、农商总长、国务总理李根源书。"念罢说："从字体看来官衔似是外加，但李亲伯的主要官衔都写全了。"四妹吃惊道："乖乖隆的冬，我只听得百姓叫他总长总长的，原来亲伯还做过更大的官哩！"月驾轩左下数级为"方丈室"，方丈名道坚，号法雨。殿后山坡上相传为汉会稽太守朱买臣读书处，表兄站到一块刻有明都穆题字的大青石上，左手摆着手捋长须的架势，右手剑指一指，道："呀，覆水难收！"逗得姐妹俩哈哈大笑。

壮哉楼中间，两旁悬章太炎撰书对联："燕飞来，竞啄皇孙，后嗣休随和尚谈；龙角葬，当致天子，此中唯许法王居。"柱背长联为"九·一八"抗日名将苏炳文书。

入冬，大雪纷飞，出林尽白。某晚，苏城绅者张一麐先生携子来寺居于壮哉楼。苏城沦陷前夕，美国人梅乃魁、闵汉生来寺访晤张仲老，商谈协助难民事，谈到日昏始出。张仲老与彭氏素稔，他闲时常和四妹、五妹谈笑。一次问她们怕不怕鬼，四妹说："说实话，怕的。到了晚上，这庙里黑灯瞎火的,不由人不怕。"张仲老笑着说:"不怕不怕,为什么呢?若是真有鬼,就和鬼打,最多么,自己也成为鬼碰顶了,你们说是不是?"到了晚上,四妹说:"张老伯说得很有道理,若真有鬼,应该是鬼怕人,人有阳气的。"五妹闭着眼睛说:"快不要讲了,一讲鬼,我,我还是寒势势的。"

那些日子,虽然远避于山上,但不时能听到战事消息。张仲老住在壮哉楼,城里不时有人来看他,商量救助难民的事。来人走后,张仲老常常到祖母那里通些消息。还有当时一批批逃难的人涌上山来,都住到左岭之"上真观",听说那里建筑有千余间,可以容纳不少人。上山的难民也有些消息传来。苏州沦陷后,张一麐即迁往上真观。穹窿大茅峰南脊有"草庵",北脊有"宁邦寺"。张一麐在山上一个半月,到处都有他的足迹。有一次,表兄和两姐妹去唐村买菜,归山时遇一老僧。表兄眼尖,趋前行礼,招呼道:"张老伯好!"四妹、五妹仔细对老和尚一看,原来就是张一麐老先生。张仲老亲切地请三个少年到草庵内喝茶。辞别后,五妹悄悄问表兄道:"张老伯真的出家当和尚了?"表兄笑笑说:"不是,张老伯正在从事救助难民的工作,他乔装改扮,想必是为了避开日寇汉奸的注意呢。"

四妹肃然起敬道:"想不到老先生这样的侠义心肠,可敬可佩!"

劫后的苏州一片萧条

在穹窿寺过了春节,老祖母听说城里日本人不杀人了,成立了"维新政府",就想回去。再说,住在庙里也是担惊受怕,每天夜里怕强盗抢。这一带把强盗唤作"烧屁股的",在马桶里点支蜡烛,叫人坐上去,谁也吃不消,乖乖地献出金银财宝。四妹、五妹听到狗叫,听到远处大哭小叫,就缩在被窝里发抖,所以也赞同老祖母的主张。寺里和尚说这里是福地,劝她们安心住下。彭、李两家商量后,在年初头上离山各回苏州、常熟。回城后几天,就听说穹窿寺来了强盗。难民上山,家里细软都带上山了,不由强盗不眼红。

劫后的苏州一片萧条,尚书第里杂物撒满一地,稍微值钱的东西荡然无存。留在城里看门的阿福还在，说了鬼子的好多暴行。

砖桥头尸横遍地，砖桥北塊下吴衙场的防空洞里堆满了死尸，都是鬼子杀的；最令人发指的是，用刺刀挑开孕妇的肚皮，把胎儿和肠子一起拉出来；洋袜店里夫妻俩怕被鬼子杀害，两个都吊死在店前的树上；四妹、五妹时常去乘船采菱挖藕的杨家村，农妇们躲在柴房里，不少人被鬼子奸污了。

过了年把，四姐出嫁住到上海，老宅基里就只剩下五妹陪伴着老祖母。祖母年迈不良于行，全仗五妹搀扶侍候。祖母常常说五妹是她的"拐杖"，晨起就喊道："吉囡，拐杖，来，来。"五妹就帮祖母穿衣，扶到镜台前坐着，拿起梳子替老人梳头。老人很坚强，眼看热热闹闹的家只剩下祖孙相依为命，老人心里的苦涩可想而知，但老人仍然强颜欢笑，和五妹逗乐。一次梳头，老祖母说："吉囡，我翘了辫子，你要替我梳次头，你敢不敢？"五妹说："敢的。"老祖母笑着说："只怕嘴硬骨头酥，说了不算数。"

1943 年，那年冬至，老祖母忽然要五妹看她的眼睛，说："吉囡，你看看，我的瞳孔是不是放大了？"五妹害怕，翻开祖母的眼皮，弄不懂什么是瞳孔放大，只看到眼珠正中泛白，就说："当中有点白。"老祖母叹口气说："是，要走了。"说完把眼睛闭起，就此再也没有睁开过。医生赶来时，老祖母已经撒手西归了。

仿佛又回到了欢乐的往昔

老祖母下葬在柴场村祖坟处。五妹守到断七，凄凄惶惶，孤灯独对。想起人生无常，十余年间竟有偌大变迁，昔日承欢父母膝下，姐妹间手足情深，一切的一切，宛如隔世，不由怆然泪下。

一个姑娘家，孤零零住在老宅里，不是个办法。住在上海的三姐、四姐派人接她到上海去，住在拉都路章宅，过了一年半载。其时五妹已是大姑娘，懂得自己是寄人篱下，处处小心。她为人忠厚，做事勤快，很得汤国梨欢心。汤点了大红蜡烛，收五妹当干女儿。有些银钱出入之事，甚或买菜购物，常差遣五妹去办。过了些日子，亲自陪五妹去选择读书的学校，送到同德产科学校去。不久，因章导另筑金屋，三姐和姐夫间产生了裂痕，婆婆站在儿子一边。三姐于 1945 年和丈夫分居，于 1948 年和章导离异。三姐是要强的人，在银行找了份工作，把四个孩子拉扯大。

三姐的事，就此叙过。五妹长成后的生活，全和几个姐姐的际遇有关。三姐家庭的变化当即影响到五妹，1945 年 12 月，远在昆明的父母把五妹召唤到身边。到了昆明的第一餐，五妹吃了满满两碗饭，把桌上的汤汤水水全喝了。母亲爱怜地看着，说："啊哟，看上去你在上海没有吃饱过饭吧？"五妹抹抹嘴说："不是没有吃饱过，是没有吃好过。寄人篱下，用筷夹菜，也要掂掂筷头的分量，好比，好比裁缝师傅……"五妹想到尚书第里裁缝鼻子尖上的清水鼻涕，不由笑出声来。父母心疼地看着清瘦的五妹，安慰说："好了，好了，如今回到自己家里了。"这次回到父母身边，五妹还高兴地见到了父母在昆明生的小弟望昆。

其时，父亲在云南大学图书馆当主任，和大姐家一起住在圆通街连云巷。龚自知把龙云赠金盖了所住宅，自己设计，三幢楼，有草地、竹林和花园。父母和姐姐都对五妹爱护备至，她觉得仿佛又回到了欢乐的往昔。

龚自知那时是云南省参议会议长，思想进步，正在积极做龙云的工作。龚为人狷介狂放，除为了工作结交政界人士外，至交都是一些教育和文化界的知名人士。他说话诙谐，处世随和，但心里蕴藏着不能出口的话。他的书房里放着各种酒，有白兰地等洋酒，有昆明出名的老卤玫瑰酒，不时喝上一盅浇浇胸中的块垒，又常常独自一人穿街走巷到小酒馆里独酌。他衣着朴素，一件布质长衫，脚着布鞋。小酒馆里喝酒的人，都不知道眼前这个普通的人，竟然是大名鼎鼎的龚自知。五妹来后，他为了向她介绍云南的风土人情，常常带着她到处走动。五妹善解人意，静静听他的酒后真言，又勉强陪他喝两盅。久而久之，五妹竟成了他的酒友。

知道他出身贫寒

大姐夫带她到光华街吃"油染面""生炸鸡",到城外小东门农民摆的摊位上吃"蒸骨蒸肉",到羊市口吃"过桥米线""炒饵块"。五妹在李亲伯家品尝过辣味,至此成了无辣不欢的云南人。

有时,喝得晕乎乎的大姐夫,在春风里散开长衫的衣襟,在小巷里唱开了川剧。他的嗓音很脆,五妹觉得他唱得很好听。大姐很开心,说小五妹过去是老祖母的拐杖,现在成了姐夫的"司的克"了,关照五妹警惕姐夫不要喝醉。

在大姐夫嘴里,五妹知道他出身贫寒,家乡在大关。当年进省城,随身只带一个小包袱和一把油纸伞,路过闻名的"金殿",才知道到了昆明了。青年时代刻苦勤读,考取了北京大学,在校接受了进步思想。回云南后因才智出众,受到龙云宠信,成了龙云不可须臾离开的智囊。但龚自知的内心是厌恶旧统治阶级的,自从和革命力量接上关系后,龚的目标更明确了。

解放前夕,龙云抵香港后,龚也去了香港,云南起义的宣言就是龚自知的手笔。当年昆明大街小巷间贴满了《宣言》,对稳定人心、迎接解放,起了重要作用。

现年七十五岁的五妹幽幽地说:"最近我看了电视剧《云南起义》,不知为什么,竟然没有写龚自知一笔,有点不近情理。"

云南解放后,龚自知担任云南省人民政府副省长,这是民主人士在省里的最高职务了。他又是民革云南省的主委,深感责任重大,废寝忘食地工作,圆通街公馆里常常见不到他的人影。土改时他很兴奋,说孙先生"耕者有其田"的主张实现了。他把圆通街三幢楼房里的两幢献给了国家。

他竭诚拥戴党的各项政策,组织民主党派学习。为了早日实现社会主义,他成日奔走呼号,忠实执行党交给他的任务。老丈人爱怜地对女婿说:"自知呀,自己身体也要当心啊!"

女婿笑着说:"爹,人民牺牲了千百万,才换来今日当家做主的时代,我恨不得做牛做马鞠躬尽瘁啊!"

龚自知作为副省长和民主党派的头头，应酬不少。三杯下肚，那些民主人士少不得说些平日积累的意见，龚自知觉得有责任向党转达，党委也经常赞扬他和党一条心。到了1957年整风鸣放，龚坦诚地讲了一些想法，其中后来作为主要罪状的是："一方面说大丰收，一方面饿死人，这不够实事求是。"大姐劝他不要去说三道四，免得惹祸。龚自知不以为然，说这样就不是襟怀坦荡，和党不是一条心。五妹很赞成大姐夫的态度。万万想不到，接下去的"反右"，龚自知成为云南第一号大右派。

留在了昆明

副省长当然撤了，工资降到了一百元，圆通街的一幢楼房也收去了。这些变动，龚自知不在乎，像他那样的高智，真正在乎的是他的理想破灭了，他思想上的巨厦倾倒了，心里高尚而纯洁的东西随风而逝。他不知所措。他不服罪，但不争辩，从此缄默，无话可说。大凡一个人到了无话可说的地步，就是大彻大悟了。

自从龚由副省长一下子成了省一号"右派"以来，全家好似掉进了冰窟。龚自知回得家来，就像老僧入定，眼睛都懒得睁一下。五妹拉他去小酒馆，他不肯去；把金马坊的卤菜买来，他勉强尝了一块就放下了筷；怂恿他唱川剧，他笑笑摇摇头。唉，五妹多么希望他不去搅在政治里，多么希望他没有参与过什么起义，多么希望他没有当过什么副省长，只希望她的大姐夫是个普通人，只希望他在北大埋头读书，只希望他闲时去小酒馆喝两盅，吃一碗油染面，归家时唱几句川剧……可惜，既成不可返，时光不可再。

五妹的父母不愿意再生活在冰窟里，回苏州去了。其时五妹早已结婚，有了自己的家，留在了昆明。

五妹的对象李怀之是云南省机械纺织业的有功之臣，名字被列入中国近代纺织界名人录。李怀之是江苏海门人，毕业于纺织专业。早年应聘到昆明唯一的云茂纱厂当工程师，那是缪云台办的厂。后来缪把他推荐给云南王姓巨商筹办的一个新型的大纱厂。营造商贿赂李五百两黄金，李拒绝了；厂里向英国订购全套新机器，英商送李佣金二万英镑，李也拒绝了。解放后他热爱新社会，对党佩服得五体投地。他赤心忠良改造旧机器，为出好纱献出了全部才智。"三反五反"时却说他走私十吨黄金，被诬为盗窃国家财富的"大老虎"。他在反右时说了一句"猫多不捉鼠"，批判了好几年。"文革"时被打成"反动学术权威""资本家""特务"，受尽折磨。在修理机器时折断了三根肋骨，医生摸了摸却说没有病。那一次亏得五妹赶到，送去医院才救活过来。醒来后，李怀之有生以来第一次放声大哭，像一个受尽委屈的孩子，一直哭到泪水干枯。

过了十年，龚自知告别这不可理喻的人间。1979 年，大姐在病中为她的丈夫写了平反报告，子女要代写，她坚持自己写，其中道理她只告知五妹，万一再有反复，由她一人承担。不久，龚自知的冤屈得到昭雪，大姐苦撑着活到那一年，似乎就是为了替丈夫讨个公道。这年春节，她追随龚自知而去。

二姐只活了四十六岁，公公李根源在解放后被朱德接到北京，二姐留在昆明，不久，忧郁而逝。李希纲在晚年对五妹忏悔说："五妹，我对不起你姐姐，我只顾自己寻欢作乐，不大顾家，这是你姐姐早逝的原因。"

三姐是个要强的人，婚姻不幸使她很痛苦，但她从不外露。

四姐和陈定外白首偕老。四姐夫也被划过"右派"，平反后得到重用，现年八十，建设部某研究所很看重他，回聘上班。自从一个甲子前在章导家和彭望澜的眼光绞在一起后，直到如今，他看着四姐的眼光中一直充满着温柔和挚爱。

无情岁月也在雨水中渐渐流淌过去

"五个姐妹里，你们两位的婚姻也可以说是百年好合了。"我在1998 年春节对来访的李怀之老和彭望洁大姐说。

八十三岁的李怀之老笑着说："不错，我和望洁算是情投意合的。"他搔搔花白头皮又说道："不过么，她跟着我，也吃了几十年的苦。"

昔日的小五妹说:"谁叫你是个大亨包呢!"又白了老相公一眼,说:"成日价亨里亨气的。""亨"就是云南话"憨"的意思。

"做人应该有做人的道理,我这一辈子,就是不做半点亏心事,可有一件事弄不懂,为什么在几次运动中整得我那么狠?"

望洁说:"也许就是因为你不亏心,老天才要你处处吃亏,这,这叫做平衡么。"

李怀之老摇头说:"哎呀,快不要讲什么哲学,太深奥了。"

冬日的一个下午,下着雨,我约好彭望洁去看尚书第旧宅。我约过她好几次,她一直犹豫着。她返苏那年去过一次,老宅基已经面目全非。有些厅、轩已被拆掉,只有前面存留的长条石基依稀可辨;有些厅隔成小间,住着七十二家房客。最后面有一小块空地,角落里倒放着几块太湖石,那就是后花园的残迹了。遇见几个老人,揉着老花眼盯住她看,其中一个忽然抓住她手臂,大声说:"啊哟,是彭家五小姐呀,大家快来看啊!"一时围过来好多人,把望洁搞得很狼狈。半个多世纪,她好不容易摘去小姐帽子,正像如今的新女性们好不容易戴上小姐帽子一样高兴,她已经完全不习惯这样的称谓了。她和老宅基的老人们一一握手叙谈。老宅基曾经埋葬过她的童年和少年时代,当她真实地踏上这块土地时,她不能像梦中那样快乐和甜蜜,只是感到一阵惶惑和伤感。

这一天她的坐骨神经痛发作了,向我表示抱歉。我辞别后,打着雨伞信步朝尚书里走去,我想自己去看看。

雨天夹着些雪花,风又大,路人稀少。我走遍了尚书里,也没有见到深宅大院的建筑,只有几幢灰色的水泥楼房。向一些居民问讯,都摇头称不知。我只得退回十全街,往砖桥头走去,挨门逐户地看,果然在一处门楣上方钉着一小方木牌,上书"古建筑范本"。推开门,门堂子里墨腾彻黑,仔细看时,堆着些煤球炉、竹篓、破纸箱。叫了几声,没有人应,只得退了出来。如今,砖桥早已削去那高高拱起的桥顶,成了一座普通的平桥。两边桥堍下冷冷清清,只有几家小店铺,柜台上趴着个店员,呆呆地看着行人。过桥左拐就是昔日尸横遍地的吴衙场,如今成了"洁齐美小区"。吴衙场对面隔河一家音响店正在播放着《北国之春》《拉网小调》，声音响彻半条街。

　　我在吴衙场兜了转，又回到十全街。街上鳞次栉比开设着以日本游客为生意对象的酒家和古董店，店名叫什么"神户之海""日本料理酒处居酒屋"等。

　　回去的时候，雪花停了，雨下得很大，马路上有些地段积着水，雨水冲刷着路上的泥垢。我仿佛看见无情岁月也在雨水中渐渐流淌过去，带走了这个街坊间发生过的小小的故事。

序跋篇

《天下郡国利病书》（标点本）序

　　17 世纪我国伟大爱国主义思想家、文学家、史学家和考据学家顾炎武（1613-1682）是一位志节高尚，治学严谨，著述极丰，影响深远的一代硕儒。炎武之学博大精深，然于论著为文却十分严肃。他常告诫："文之不可绝于天地间者，曰明道也，纪政事也，察民隐也，乐道人之善也，若此者有益于天下，有益于将来，多一篇，多一篇之益矣。若夫怪力乱神之事，无稽之言，剿袭之说，谀佞之文，若此者，有损于己，无益于人，多一篇，多一篇之损矣"（《日知录》卷 19《文须有益于天下》）。试看今日之书市，薰莸同器。虽不乏经世治国开发智商陶冶性情之著述，然怪力乱神无稽之言，剿袭谀佞之文亦多充塞于市。我研究会同仁愿将束之深阁亭林先生之皇皇巨著《天下郡国利病书》孤本刊印面世，为历史文献宝库增一璀璨明珠。

　　出于严谨求实的精神，顾炎武生前手订刊刻的书稿，为数极少（仅有《音学五书》及《日知录》八卷），绝大多数是在他逝世后由弟子潘耒和其他学人编辑刊行。由于《天下郡国利病书》卷帙浩繁，经费不足，潘耒未及开雕而卒，留下了一个天大遗憾。

　　顾炎武从青年时起，数十年如一日地"历览二十一史以及天下郡县志书，一代名公文集及章卷文册之类，有得即录"（《自序》），选辑精审并实事求是进行了大量实地调查，保存了丰富的文献资料。《四库全书总目提要》称"是书盖杂取天下府州县志书，及历代奏疏、文集，并明代实录，辑录成编"，资料极为翔实。

著名史学家吴泽教授主编，上海辞书出版社1983年出版的《中国历史大辞典》《史学史》分卷《天下郡国利病书》条目释文称："顾氏二十七岁开始，即搜集史籍、实录、方志、文集、说部、邸钞中有关国计民生的资料，并参以游历时实地考察所得，进行考证，五十岁时，粗略成书，后仍不断修改增订。历时五十年，尚未完稿……所记赋役、屯垦、水利、漕运、兵防、马政、盐政、少数民族、农民起义，及风俗、山川沿革考订资料不少"，"实为研究明代社会、政治、经济之重要著作"。这一详尽的评述是十分恰当的。

自然，同样值得我们重视的还在于全书以国家、社会和民生之"利病"的分析考察为宗旨，应该说这也是我们中华文化"经世致用"传统的一大典范，理应得到今人的继承与发扬。当然，时至今日，值兹新世纪新千年来临之际，亭林先生著述之思想及其"天下兴亡，匹夫有责"之名言，虽仍不减其熠熠光华，然其内涵和底蕴如何与时代精神相契合，自应成为吾侪探索研讨之新课题。

《天下郡国利病书》流传有两种版本。一为四川龙氏聚珍版，作一百二十卷。一为商务印书馆影印的《四部丛刊》三编本，作五十册。其底本为顾炎武的手稿。顾炎武在手稿的《自序》中谈到了写作的经历和良苦用心。手迹真实可信，是难得之珍品。

这部手稿几经转手，先为吴县藏书家黄丕烈从"传是楼"购得，又经清代著名史家钱大昕鉴定，并为之作《跋》。钱氏《跋》云："亭林先生博学通儒，所撰述行世者皆有关于世道风俗，非仅以该洽见长。唯《天下郡国利病书》未有栞本，外间传写，以意分析，失其元第，然犹珍为枕中之秘。顷（黄）荛圃孝廉购得'传是楼'旧藏本，卅四册，识是先生手迹，蝇头小楷，密比行间，想见昔贤用心专勤，不肯假手钞胥，卓然成一家言也。"

黄丕烈字绍武，一字荛圃，乾隆举人，刊有《士礼居丛书》。黄氏得此书稿始为其编定次第，首起北直，终至"九边四夷"，并为之书跋，即"听松轩主人"《跋》。今日得睹手稿全貌，黄氏之力亦不可磨灭。

其后这部手稿为昆人觅得，收藏于昆山图书馆。抗日战争时期，为保存昆山先贤这部珍贵遗稿免遭战火劫难，昆山人民特别是爱国人士王颂文等冒生命之危险多方抢救转移，并一度移至上海金城银行保险库存藏，手稿才得以保全。今珍藏于南京图书馆，被视为"镇馆之宝"。

为继承这份优秀的文化遗产，弘扬爱国主义精神，昆山顾炎武研究会在有关领导和各界人士的大力支持下筹集经费，组织力量，反复核定手稿的基础上，为方便读者，采用点校本的形式将《天下郡国利病书》重新付梓，借以纪念吾乡先贤顾炎武诞辰三百八十五周年。值此空前盛举，遵研究会同志之嘱，欣然为序。

2001 年 12 月

不依古法但横行
——《余克危油画集》4 卷集序

克危要我为他的皇皇画册作序,我着实犯难了一阵。

同行画家作序,说的是内行话,可以说到点子上;书画评论家作序,可以从理论高度剖析;若是大名人,则可以相得益彰更有价值。

结果推托不了,只能勉为其难。

一个人,大凡少壮时吃点苦,只有好处,并无坏处,常常反而有益。孟子悟出这个道理,总结说"天将降大任于斯人也,必先苦其心志,劳其筋骨,饿其体肤,空乏其身,行拂乱其所为,所以动心忍性,增益其所不能。"

太史公讲得更具体了,举了许多例子:西伯被商纣关在监狱里,演绎出了《周易》;孔子困于陈蔡,著述了《春秋》;屈原被放逐,写了《离骚》;左丘瞎了眼,却作了《国语》,等等。就是司马迁自己被残暴的汉武帝割了下体,还是写出了《史记》,他总结道:"此人皆意有所郁结,不得通其道也。"

谚云:"吃得苦中苦,方为人上人。"若把人上人理解为有成就之人,也就是这个道理了。五十岁前的克危,吃的苦不可谓不大,他苦练出了一身本事,增益其所不能,五十以后,大病之后,他努力变法,又是一番意有郁结不得通,自讨苦吃,一直到有所通。

幼年的余克危,就被老天苦其心志了,他出生在一个危难之家,余克危的父母是生意人,旧社会称为"实业界人士",解放后叫做资本家,也是个知识分子，起了个"克危"的怪名字。大概，余老先生对自己的事业和家庭缺乏安全感，也许是一种预见的灵感，没有人能知道。

克危在半生中遭遇不少危难，但没有辜负父辈的良好愿望，他有危克危，终成大器。

先说老天苦其心志。心志是什么，不好说，大概是一种存在心里的憧憬、希望、志向的意思。在以阶级斗争为纲的几十年间，资产阶级家庭出身的子女，除了极少数的代表人物得到特殊照顾外，他们一直生活在父辈的阴影里，求学谋事，都不顺遂。初中毕业后，他想进艺术学校，却分配到南昌培养技工的航空技校。

克危来到举目无亲的地方，心中发慌，他是全校最年幼矮小的学生，无力学车工，鼓起勇气给中央写信。也多亏了学校老校长李钰很关心这个外地来的最年幼的学生，给他开了介绍信，发了路费，任由他去找别的对路的学校。克危去了杭州美专、无锡华东艺专，却因错过报考时间，无奈只得退学回家。

1958年，克危考取了苏州美专。在整个学习期间和青年时代，家庭出身的阴影始终笼罩在他头上。共青团员的光环与他无缘，他心里有数，他只能走当时批判的"白专道路"。他在品行上努力做到规矩听话，用全部精力苦练技巧。每逢周末晚自修，克危躲在画布后待全校寂静无人时出来，拉上窗帘开亮灯继续作画。他的周围全是石膏人像，大卫和维纳斯等都亲切地注视着他，他心满意足地待在这个艺术天地里，画到天亮，稍稍睡一会，吃些干粮再画一整天。整整四年，每周都是这样。皇天不负有心人，他的学业成绩一直名列前茅，评上全校唯一的市级三好学生。这多少驱散了些他沉积在心头的忧郁。

但那片阴云又重新聚集，美专毕业后，克危投考中央美院和上海、杭州等院校，考试成绩虽好，但决定他命运的还是档案材料，结果又名落孙山。克危返回苏州，被分配到工艺玩具厂搞设计，一蹲九年。

厂里给他一间小房，既是宿舍，又算是设计室。完成任务后，他就在这间斗室中夜以继日地搞素描和油画创作。他很少过节假日，穿着简单，常常以干粮度日，饿一顿饱一顿，过了三年清教徒似的生活。三年后他结了婚，分到一间十来平方米的屋子，有了妻子的照顾，他作画更勤奋了。

从玩具厂出来，他被安排到市歌舞团画布景，境遇改善了。完成任务后，团里不大管他，他就背了画箱在太湖边上转悠，画水乡的山水、景物、建筑、街巷，这一带不是名山大川，但明珠似的太湖、东西山大片的果树，当地特有的风土人情使他心醉神迷。他的足迹踏遍这一带的所有地方，全身心地亲近这大自然的杰作。他在以后的创作中，总有太湖的影子和灵气，只因他曾有过九年的孕育。

1981 年有了转机，他认识了离休在家的苏州老市长、抗日英雄朱亚明。朱老很看重他，向市委宣传部长力荐，其时市里只有一个国画院，画油画的余克危被塞进了国画院。

到国画院当画师以后的一年春天，他去桂林写生，漓江正发着大水。克危乘船去阳朔，从兴坪返程，为了节约时间，与船老大商量，约定翌晨四时前上船，过时不候。当晚下起瓢泼大雨，克危半夜起身，冒雨而行。其时天色昏暝，道路咫尺难辨，他不知自己正行进在河旁，一个趔趄，滑到了河里，心里不由想到我命休矣。他不会游泳，所幸掉下去时身往后仰，靠到了河沿上，他奋力往上爬，爬到岸上，已如泥人一般。

克危在回忆这一段经历时，不由感慨道："那一次死里逃生，可说是第一次克危啊。我永远忘不了那一幕，忘不了那茫茫的一片……我这大半生，也好比一直走的是茫茫之路。"

止外，贵州奇岩、雁荡、匡庐、敦煌、龙门、长江三峡、九寨沟、张家界都留有他的足迹。他几上黄山，为了画雪景，他用羸弱的身躯挡住风雪，遮住画稿，坚持作画几个小时，自己成了雪人；他在西双版纳的热带雨林中任凭蚊叮虫咬；他在青海海拔很高的日月山上忍受缺氧的煎熬；他在东海人迹罕至的东极岛上任凭烈日曝晒，从日出画到日落。那些地方，包括他落水的桂林，在克危看来，都是他攀登顶峰的蹬石。他在东极岛这个荒凉的小岛上作画，岛上只买得到萝卜干，他就吃了半个月的萝卜干饭，但也诞生了评价很高的《海景组画》。

他长期忍饥耐寒，含辛茹苦，吃着大苦，却画着最美的画。在外出写生的日子里，找最廉价的地方住宿，找最粗粝的食物填肚，他的月薪只够买二尺画布，他向印刷厂买来一角钱一斤的废版纸，正面是印刷品,反面涂一层胶水,便可以作画布的代用品了。粉碎"四人帮"后,他的画第一次到加拿大展出,加拿大友人很想收购他的画,但在重新装饰镜框时,发现这些明媚的太湖风景画竟画在一些破旧的废纸板上,不由大惊失色。

回顾以上克危的艺术道路,心志之苦是不用说的了,体肤之饿是受够的了,筋骨是受尽劳累的了,生活的贫困匮乏是很难想象的了,顺风顺水很少见,不如意事常八九,老天考验一个人,真是费尽心机用尽办法,孟老夫子观察人生的确很到位。

"困于心,衡于虑,发于作。"这几句话也好像是对克危的写照,他成天在心里盘算着,时刻忧虑地琢磨着,终于发奋成功。

如今,克危已是花甲老人了,鬓有二毛,髭鬓夹白,但他的精神世界却仍然年轻奋发。

克危鄙弃追名逐利,如今他有了名,也有了利。最使他高兴的是他有了一个安静的作画环境和条件,如今还可以自在地选择题材,画他想画的东西,他觉得很快乐。

他为人随和,与世无争,与人无争。只要能作画,一切都可将就。几十年来,同行中有的人压他,他就"躲躲开"。七个平方的斗室,简直是殿堂了;"萝卜干过饭",胜过山珍海味;小客栈中被子油腻腻臭烘烘,躺下便睡,随遇而安。

市电视台的记者看了他的画,知道他的病,称他是"衰弱的强者",强就强在他病恹恹的样子,却能画出那么多的好画;强就强在他被风吹得倒的身体里,包藏着一颗撼不动压不垮的坚定的心。他感到不能做的事,他会说"不",轻轻地摇着头说:"不",八匹马九头牛也拉不回来。

1994年,他向一个台湾画商说了"不"。

有一个代表台湾艺术中心的负责人专程来访,以在台为克危举办画展、出画册为由,收进克危百余幅油画。巡回画展是开了,在台湾几个大城市展出了六十幅作品,受到了空前的欢迎,订售一空。但因不肯出版本来应允的《海景组画》,克危责他''不守信用,不重人格",表示双方合作到此结束。1994年12月,台湾的国际博览会展出余克危十四幅油画，二天即告售罄，这在台湾是从来没有出现过的盛况。该负责人再次来苏，要求合作，余克危断然拒绝。克危的一幅画，在台湾要卖好几万元，月收入只有数百元的苏州工薪阶层，是不能理解克危的态度的。但病恹恹的克危却有一副犟脾气，谁要是冒犯了他，他决不将就。

1992年，日本东京的美术馆馆长来到中国，到了很多中国的大城市，访过很多名画家，无往不胜，他提供的优惠条件，被访画家无不为之动心。因此，此公自信心愈来愈强，言谈举止不免张狂。来到苏州这个中等城市，屈尊专访余克危，眼见克危居室简陋凌乱，露出鄙夷的眼色。他看了一些画，提出要高价定购，条件是不要中国风景，按他提供的资料用余先生的刮刀绘画方法画日本和欧美风光。克危听了微微一笑，说自己只画心中要画的，从不画别人指令要画的东西。馆长先生傲慢地问："余先生你要听听我所提供的资金的数目吗？"克危仍然微笑着说："不，不必了，再大的数目我也不画。"馆长先生只得嗒然而去。全程陪同的翻译、一位四川姑娘紧握克危的手，激动地说："我陪他走了大半个中国，心里一直感到压抑，今天终于遇到了你，你不知道我心里有多痛快，我佩服你，我感谢你，余老师，我会永远记住你的！"

什么叫强者？这些事例足以说明了。谁是真正的强者？余克危当得起。

克危的绘画之路、创新之路可以从病前、病后来分。

1992年冬，我患肠癌，肠切去三分之一，克危患胃癌，胃全切除。我们共处贴近之病室，接受化疗。朝夕相见，晨昏互勉，化疗告一段落后，各自回家休息。化疗期间，每天需连续躺卧十小时，仅脑子可以活动，我就打腹稿酝酿我的长篇小说，克危则思考他的变法。数月后，接克危电话，语音颤抖激动，只说了一句话："今天开始，我又画画了。"

克危终于找到了用作画来解除病痛的好办法。在他拿起画笔时，他会感到生命的活力重新回到了体内，他的心洋溢着生之欢悦，他的心弦弹奏出生命的颂歌对付骨髓内的残敌，他用他的画刀画笔作战。

他找回了生命，只因他找回了艺术。

他像一个重伤后重新杀入沙场的勇士，斩获无数。

他画了百幅玫瑰，这些玫瑰，是他过去写生存留在心里的，有的是心里新近怒放的，怎么放，他就怎么画。

而后，他的一幅国画《无题》，得了法国巴黎大皇宫国家美术馆国际双年展中"最杰出中国画家作品特别奖"。

而后，他画了烟雨太湖和浩瀚的大海。

而后，他在国内外举办了个人画展二十九次。

而后，他出版了好几本画册。

而后，他花了几年的时间画了国画，画了明明白白是中国画却又与中国画画梅决然不同的梅的系列，条幅的、方形的、长卷的梅，与众不同，与传统国画不同，有蓬勃生命的梅，有大气大势的梅。还有《余克危中国画集》中的松林、春晨、秋归、瑞雪、冬日、黄山、九寨和太湖即景组画，那种气势，都会使人一新耳目。

而后，他画了大片大片的似花非花，个性鲜明的油画花卉系列，题为《无题》。

我细看他病后的作品，一脱旧时的窠臼，一步一个脚印地走上一条崭新的路。一个艺术家，要不断突破自己，打破自己，超越自己。艺术不能"生产"，艺术不能重复。

他追求新的艺术境界，发狠说："我宁愿在艺术的长河中被淹没掉，我也要不断创新，不断变化。"

以中国画而论，数百年来，大多数作者抱残守缺，锐意创新者为少数，这少数的大画家为中国画开拓了新路，取得了光辉的成果。

一代宗师齐白石到了晚年决意否定自己，重创新路。他不顾传统画家讥讽他为"野狐禅"，走自己的路。正因为他中国画传统的根基极深，他才有创新成功的可能，他才有创新的意愿、志趣、技法、时代性、平民性、生活化和更高的艺术形式。当时即将跨入甲子老人行列的白石大师说："余作画十年，未称己意。从此决定大变，不欲人知……余画过于形似，无超凡之趣……前期之画家，不下数百人之多，瘿瓢青藤、大涤子之外，皆形似也。"

齐白石冲破了中国画单一狭窄的题材范围，开创了文人写意画的一代新风。他不画梅兰竹菊四君子，而改画大白菜、大萝卜；他题画的诗文更是妙趣横生，富有哲理。

熟稔西方画的林风眠和徐悲鸿等大画家，都已看到了中国画那种墨守成规、囿于传统越来越狭窄的前途，徐悲鸿叹称为"难救其衰败之势"，提出改革方略："古法之佳者守之，垂绝者继之，不佳者改之，未足者增之，西方之可采入者融之。"徐悲鸿自己正是实践了这个方略的典范，他采入了西方的一些技法和写实风格，他的画仍然以中国画的墨线为骨，显示出中国画浓重的墨韵和神采。

学者梁漱溟比较东西方文化说："中国文化殊无西方宗教那样伟大的尚爱精神，文学、诗歌、辞赋、戏曲虽多精明精巧之处，总是缺少伟大气概、思想和真情。"这话虽有些绝对，但确实很高很简括。

屈指算来，克危胸中蓄养的变法的云雷亦有数十个春秋了。1980年，他上黄山去写生，得遇刘海粟，向刘请教。刘海粟仔细看了他的画说："余克危呀，你的画是国内油画写生水平第一流的了。你做一个好老师绰绰有余，但如若你一直这样画下去，你不一定能成为一个好画家。"

克危再拜请教，刘海粟徐徐地说："你要画出你余克危能画而别人不能画出来的东西。"

克危似有所悟，刘海粟又说："你不要老是练功，不要再去练功，可以去唱戏了，去发挥你自己了。不合适的东西，能丢都丢掉吧！"

克危太看重这些话了，克危说："这些话，影响了我一生。"

1991年的一场大病，使克危形销骨立，但在他羸弱的躯体内一种坚毅无比的力量积聚完成了。正是日日夜夜静卧在病榻上，才使他能静下心来思考画的变法；思考怎样发挥自己；思考怎样舍弃不合适的东西；思考什么是自己能画而别人画不出的东西；思考自己胸中几十年酝酿下来的云雷；思考自己究竟画些什么，究竟怎样画出来。

那场大病，克危终于克危，他没有倒下，反而站得更高。

余克危在国画院待了十五年，他从不承认自己是异体细胞，他也同样喜欢中国画，但他觉得中国画应该创新。中西文化迥异，非独技法和艺术形式各别，还缘因生活习性、文化风貌之不同，因是，融合之难，可想而知。郑板桥画了四十年的竹枝，技法的纯熟自不待言，而他还要苦苦探索，可见，神韵是很重要的。克危于数十年间，熟谙中西技法，他能把中国画的意境融入油画之中，全凭他的心灵向导。他身罹绝症，长期挣扎在生死之间，病中悟道，没入他的笔触之中，成为他作品特有的风骨。

他的油画，病后整幅画面全部用刮刀完成，表现力加强而笔触细腻周到，给人一种浑厚丰富而又典雅洒脱的双重感觉。

他的中国画，源自传统，而注入了西画的气势。他在点、线、墨的运用上，大胆而新颖，又加重彩绘，乍看之下，竟不像传统国画，观之再三，基本技法和画风仍是地道的中国画。可以说，他为中国画开创了一个新的境界。

在余克危病后的创作中，我和克危的画迷一样，惊奇地发现呈现在我们面前的是一种崭新的画风。1996 年春，他办了一个别致的画展，不铺张，不宣传，不发请柬，不邀领导，不通知媒体，不送花篮，只有一个画标。他通知了一些圈内和熟人，只为慕名前去者敞开大门直到深夜。我和其他人一样，踏进展厅后，立刻被艺术的冲击波震撼了。

这是些从未见过的画。他画出了别人不能画的东西，观众则见到了从未见过的画。

我无法形容我的感觉，这些别样的画，这些不是传统的中国画的中国画，这些不是传统的西洋画的油画，这是别致的、有自己独特风格的，只属于余克危的画。

他没有抛弃四君子，他也画四君子中的梅，画成片的梅林，他画的中国画《梅》的系列，都是些成片的梅林，犬牙交错的躯干树丫中，绽放出千朵万朵似锦的繁花，在远远的背景中，还透露出星星点点的色彩，那不是实写的梅，是大胆的虚幻，在你的头脑中会出现重重叠叠的梅、铺天盖地的梅、似梅非梅的梅。克危画的梅，若局部放大，也是耐看的，是分明的梅，实在的梅，这就是他扎实的艺术技法方能做到的了。

克危一系列无题的作品，绘出充满神秘色彩的各色各型的图像。从具象来说，很难解释那交叉重叠的形象是什么花，但你却无法否认，那就是花，就是柳，就是新生的春天，就是盛开怒放的夏日，就是收获果实的秋景，就是存留在你脑海中非写实的美感的东西了，就是在你枯燥的生活中缺乏而心灵可向往的美色了。那种姹紫嫣红或黄绿条块，给你浓重的诗歌般的享受，这些画传递出一种热烈的、宁静的人生道路上的崇高神圣的境界。

奇怪的是，克危的画，不少画面色彩强烈，但给人的感觉如淡妆素裹似的清雅。不论是山水、海港、渔村、小镇景色，不论是植物花卉，在他的画前站久了，会有一种静谧、清虚的感觉缓缓流入你的心中，如泛汪洋，似游空山，似梦似幻，窅然意远。清文学家袁枚《谒岳王墓》十五首绝句中第十一首写道："不依古法但横行，自有云雷绕膝生。我论文章公论战，千秋一样斗心兵。"克危关照我在序中说话不要说绝，我只得就此打住，他横行下去究竟会怎样，只能是看下回分解了。

2005 年 7 月

少平的画
——"于少平艺术作品展览"序言

少平先生书画双绝，不惑之年艺逼古人，博采各家、集而贮之，反刍营养，遂有自己之面目。

少平只知埋头，不求闻达，今由诸友促成，乃有今日之展，使我辈一饱眼福。

康南海变必胜的观点当然是有道理的，不仅书画，世间万事万物都是这样，变则进，不变没有出路。但若要变，须有厚实之根基，不然，犹于无根之木上作嫁接，其可得乎？看少平的画，就不必有此担心，他落笔得心应手，可谓运斤成风，游刃有余。苏轼评说过"出新意于法度之中，寄妙理于豪放之外"，少平的画，就是有这样的意思了。

丹青难得是精神，少平的画，充塞着一种诗的神韵。板桥说过胸中之竹不是眼中之竹，待等落笔纸上，手中之竹又不是胸中之竹了。少平的山水画，就有诗和音乐的精神，中国山水诗的鼻祖谢灵运赋予了山水以诗的气质，少平的画也是。咫尺之图写百千里之景，尽现崇山峻岭的磅礴气势，演绎出千变万化的自然风貌。在这些画面前，大自然的风姿沁人心脾，使人心旷神怡，凝神伫立，画家寥寥数笔，我们见到的却是江水淼淼岚锁重岭，令人睿然意远。看了少平的书画，始知丹青之妙者，可夺造化之功。

祝少平先生画展成功。

1989 年

《苏州历史人物小说系列》序

王开征先生学历不显而著述甚丰，盖其寒窗勤学笔耕不辍，而今十数载矣。

其所著，大抵为吴郡历史人物；其取舍，视彼所为是否利在吴郡民众，功在吴郡经济文化发展者，故王先生传记人物之价值取向处处彰显于著述之中。

其所著，为识者所崇，一举夺全国乡土文学一等奖，再举摘世界民间文学亚太地区金奖，亦吴地之荣举焉。

今湘城太平镇欲修王皋志，请王开征作传。而王开征适为王皋之二十九代孙，书成后太平镇持其所著李玉等三篇一并交付广陵书社面世，遂有今《苏州历史人物小说系列》面世之盛举。

王开征嘱余为序，余难之。王皋为卿相，二张一李为布衣，同序云何哉？

观其四人，俱君子也。有特点四为彼等所共具。曰节操，曰文才，曰侠义，曰狂放，试一一列陈。

节操之大者，首推民族大义，次为面对权贵。

南宋王皋，最高官衔为柱国太傅。正处位极人臣之时，却萌退隐之念。曩者，他曾为金人所执，金人劝降，令跪。王瞋目大呼："吾王文正公子孙，岂跪贼耶，死便死耳！"金人为之气沮。岳飞称之为"忠愤激烈实有大过人者"。

王皋抗金复国、剪除反叛、力保康王登基，做了很多工作，但到头来高宗却是个扶不起的阿斗。民间有泥马渡康王的传说，泥马自属乌有，但高宗惧金怯战、放弃中原、苟安东南却是他改不掉的习性。他定都临安后，不理会王皋的苦谏，不图进取，一心向金乞和。王皋知事不可为，忿曰："西湖一洼水，何足济天下事？吾也从此逝矣。"一个太尉用俚语形容，讲过之后，拍拍屁股，拔腿便走。

他走到哪里呢？他不回原籍太原，却径自带着几车书籍走到长洲荻扁，即现今湘城区太平镇。当时的荻扁是个偏僻不毛之所，他擘画开发，以太平为名，历八百八十年，而今太平镇已成了黄金之地。

拒交权贵，于此列举以清高自诩的张献翼之事。其时申时行罢相回吴。慕名登门拜访，幼于以别样的方式怠慢申相，先令其坐厅堂，后从堂前昂然而过，苍头告申，适才就是主人，你要认识他，他给你看了，但相见就不必了吧。当时市井间传闻此事，咸以为怪异而窃笑。

以文才而论，古人称之为文才者，以诗文、书画、剧作为胜。苏州有个平民剧作家李玉，出自申时行家蓄戏班班头之子。李玉一生著述戏曲剧本多达六十余种，所著表达平民百姓之心声，彼翩翩年少登台表演，艺名甚显。

声名显赫之汤显祖的剧作也是一首首上好的诗作，李玉的剧作也是才华横溢。他们乐于创作戏曲是因为戏曲的传播功能优于诗文。李玉和同时代涌现的一批平民剧作者做了很好的工作，惜乎传世者寥寥，只剩半数。

文以载道。世间因多吟风弄月花花草草之诗作，但为后人传诵至今，有价值之诗文，多半为能激发大众共鸣之物。

以诗词而论，如凄凄惨惨只闻怨女嫠妇之声而无国亡家破之慭读之气沮何益？草屋为风雨所破而兴发安得广厦之叹，掩卷顿觉意境窅然。

司空图在《诗品》中说，"超以象外，得其圜中"，这道理用在剖析千古传诵的《登幽州台歌》，短短二十字，登台怅望，二十字能囊括目光所及浩渺之景物么？但当你了解到陈子昂随军征讨契丹，他的正确主张不被采纳，兵败已成定局，他在诗中流露的悲愤如焚的心情，你就不得不产生强烈的共鸣。你在"象外"看到了北国原野苍茫空阔的图景。更推到无穷无尽的时空中，它的哲理性使你的感悟得到升华。

写文章，太史公说《诗》三百篇大抵为圣贤发愤所作，列举了左丘失明，写了《国语》；屈原被逐，乃赋《离骚》；孙子膑脚，修列兵法等等。人意郁结不通，论书策舒其愤也。

张凤翼（字伯起），张献翼（字幼于），两兄弟当时俱以文名传播。献翼五七言近体皆佳，七言犹自诤诤。十四岁时以诗文奉吴中大名士文徵明求教，文徵明当面对弟子陆子传说："吾与子俱弗如也。"巡抚海瑞登门拜访，听他论词，十分佩服。其时有一悬案使海瑞为难，幼于为之谋划，得以断案。徐文长目中无人，但写了《自为墓志铭》却派专人送吴中，请幼于修正。幼于晚年文名尤盛，文徵明之曾孙、名士文震孟与幼于交往，一直尊称其为"宗师"，执礼甚恭。后起之辈如小说家冯梦龙等晋见时俱以"宗师"相称，由此可见对张献翼其人并著述之推崇。

侠义大者，急公好义，除暴安良，次为抑强扶弱，济贫拯困。条件有所不同，功效多少不论，不计私利，乐于助人，此侠义之要理也。豪富有孟尝、春申、信陵诸君，也有褐衣疏食空屋蓬户乡曲布衣之侠朱家、郭解之徒，佳事流传至今。

本书中之张氏兄弟张凤翼伯起、张献翼幼于侠义之举亦有可歌可泣可述者。

伯起不交权贵，却对贫士出身的歌者彭光祖视作手足，岁凶大疫，彭染上时疫，奄奄一息，里人趋避唯恐不及，伯起却把彭留在斋中，延医罗药，为人所不敢为。

明万历二十九年，苏州发生了抗税暴动，毁税署，杀税官并监税太监。苏州巡抚毛一鹭吓得躲到了厕所中去。动乱之际，市民和士绅中之怕事者纷纷远避，唯恐受到牵连。张幼于却豪气冲天，加入到暴动的人群，高歌挺进，"随我来，杀税官"的呼声响彻云霄，队伍像潮水般汹涌。暴动的人众人手一把芭蕉扇，张幼于和随从也学样，手擎一扇，兴奋地手舞足蹈着跳跃奔走。

暴动队伍所到之处，税署被毁，杀了几个罪大恶极的税棍税官和监税太监。事后，苏州巡抚阉党毛一鹭奉命实行报复，决意屠杀苏城民众，抗税首领葛成愿以身代，牺牲在即。

张幼于心知葛成自首必然凶多吉少，决定在玄妙观露台前举行生祭仪式。

大义凛然的张幼于昂首挺立于台上，朗声发表演说，宣称杀税监太监杀得好，葛成是条好汉，此去自首必被杀害，吾人于此举行祭奠仪式以表寸心。

幼于兄伯起亦在现场，眼见乃弟蹚此浑水行此乖张之事将大祸临头，欲去露台阻止，为人群所阻，只能暗暗叫苦。幼于却不肯罢手，用心血写了《蕉扇记》揭露官府劣绅害人，伸张抗税斗争的正义性。

支持这场斗争的文震孟看了《蕉扇记》，忧心忡忡地对幼于说："宗师从此将祸事缠身矣。"

幼于引韩愈话说，"男儿死耳，不可为不义屈"，"曲生何乐，直生何悲"。他知道官府劣绅是容不得他的，作了最坏的打算。

劣绅丁元复当面警告他，被他严词驳斥，丁用流氓口吻说："那你就多多保重吧。"

果然，月黑风高之夜，幼于被杀害于园中。

以张幼于一个乡绅文士的身份，他做了能做的一切，他舍身取义，至死方休。这样的侠义胆识，足可名垂千古了。

如今，有个性的人被人称为张扬，被世俗所轻。而在过去浑浑噩噩的年代里，一些思想文化的先驱者，一些才华横溢的人，更为世人侧目，社会不容。

他们怀才无遇，请缨无路，报国无门，治政无权，救民无力。

他们文能安邦，武能定国，却被弃市井，无所事事。他们的思想无处宣泄，他们的主张无法与人沟通，因而，殷殷之意郁结于胸，拳拳之心无人理解，他们不寻常的言行举止被目为轻狂癫狂。

他们或独坐幽篁仰天长啸，或披发跣足醉于竹林。诗圣陆游自号放翁，太守欧阳横卧山中，扬州贤者时称八怪，南宋良相挂冠拔脚。

王皋归于林下后，不与旧僚交接，葛巾便服和捉鱼的、打柴的混在一起。

张献翼幼于，狂得不可名状，着彩绘荷菊之衣，头戴俳巾，挂五色须，招摇过市，身后跟一群好奇的小孩。他的好友山阴徐文长，才艺盖世，狂亦冠时。文有卓识，书成一绝，画为宗师。但他不如意常八九，贫不能自给，鬻书卖画而无知者，因愤懑之极，自残其身，举斧击头，头骨皆折，持锥刺耳，深入寸许。呜呼，此天地间至惨至烈之事也。

张、徐二人，惺惺相惜，山阴、吴中相隔千里，遣人贻书，时相问候。正因为两人都是才高八斗的狂士，才意气相投呢。

王皋等四人，在当时所处之年代里，都是响当当的人物。他们的文才和人品，也都足以传世，然时至今日，鲜有人知，由是，为四人做传记，庶几彪炳千秋，为后人纪念。

2009 年 2 月

《吴中名医录》序

中华民族有数千年文明史，中国医学是这部文明史中之重要部分，是中华民族文明之瑰宝。但因为它在相当程度上是经验科学，故其科学性之提高尚待理论上作积极的探讨和完善，中医事业之发展尚待挖掘过去浩瀚之文献资料以继往开来。

吴中历代名医赫赫千家，医学著述自宋至清浩浩数百种，医家与医著两者相辅相成，方能推进中医事业。常听人评论，中医治病，只知其然，不知其所以然。所以然者，从天上掉得下乎？百千年间，吴中医家孜孜著述，对病理病因之认识才臻接近，对所以然之认识庶几有望。

余对中医学素无研究，而数十年间受益于中医多多。又常闻名中医之处方一二剂立起沉疴者。余于童稚时，背患搭手，红肿如杯盏大，西医束手，乃求治于"乌铁头"（即本书建国后篇所列之邹俊才医师），邹于草纸中藏一剃刀，嚓然有声，唯觉脓水从背间潜潜下，无丝毫痛楚感，复服药数剂而愈。近百年间，西医昌明进步甚速，其医学科学包括治疗手段之先进令人信服。然余于半个世纪间见闻中医医术比西医高明之医例亦多。太炎先生曾赞誉中医说："道不远人，以病者之身为宗师，名不苟得，以疗者之口为依据。"这两句话，既说了中医的长处，却也在不经意间讲了中医的短处。祖国之中华医学宝贵财富亟待去芜存精、发扬光大和改革创新。因是，汇集研究历史遗产，总结前人经验以承前启后之基础工作至关重要。

乡人俞志高医师青年有为，志高力行，十年寒窗，默默耕耘，搜集，整理，探索，完成了极有价值的《吴中名医录》的编纂，复经充实修订，附以《吴医古籍存见录》，正式出版面世，为研究我吴中医学乃至中华医学砌一基石。

　　　　　　　　　　　　　　　　　　　　　　癸酉阳春

《临证经验荟萃》跋

我友范钦侃于今年 11 月 24 日持《苏州杂志》所载拙文《呵护过我的几位中医》探视蔡景高先生。甫入院，门口景高先生之讣告赫然在目，诚可叹也。

景高先生早年就读于上海震旦医学院，毕业于前身为震旦的上海第二医科大学，计共七年。复在卫生部上海中医研究班学习三年。出道后，在苏州行医，将平生所学服务于苏州人民。前年罹绝症，自知来日无多，抱病整理行医实践经验。抱有远大理想的古人，在心劳力拙之时，常常会兴发天不假年、时不待我之叹。屈原在《离骚》中就叹道："汩余若将不及兮，恐年岁之不吾与。"景高先生采取了积极的态度与天争时，不顾病体折磨，每日晨起赴盘门三景小亭中，携清茶干粮果腹，日撰数千字。数月后，书稿基本撰就，定名为《临证经验荟萃》，文成而先生身心交瘁，卧床一病不起，于 11 月 23 日驾鹤西去。

景高先生用最后的精力做了他一生中的最后一件事，一件只能由他自己完成的最有意义的事。心愿既了，再无憾矣。

拙文中列举景高先生在治疗慢性冠状动脉供血不足和缺血性中风时的方药，他总结古方"益气活血化瘀通络"的理论道："气为血帅，气行则血行，气弱则血滞，故治血勿忘治气，化瘀必须益气。"他在实践中为九十多岁的患者治疗，获得了良好的效果。他还主持了"健忆口服液"改善老年人学习记忆功能的临床与实验研究的科研课题，获得了江苏省科技二等奖。景高先生行医五十年，为人谦和，淡泊名利，可谓德艺双馨。匈牙利著名诗人裴多菲说过："生命的长短用时间计算，生命的意义用贡献计算。"懂得这个哲理的人不多，景高先生当之无愧，可算一个。

己丑年冬至日

《小草心声》序

一个长老（不是现下热播的武侠连续剧中丐帮的长老，是基督教的长老）出了一本散文集，要我作序，不免使我有些犯难。为什么犯难？

其一，倒不是怕和基督教沾上边。其实，我在六十年前就和基督教沾上边了。

一个甲子前，我受中共地下党的派遣，联系过基督教中一个青年团体的团长，通过她做过基督教工作中的青年工作，认识过一些神职人员和众多教友，感觉到他们大都是一些诚实和向善的人。

其二，也不是怕作为受益者为上帝作证。

徐晋华医生在职的时候，四乡八镇来县医院求他医病的人天天排起了长龙，忙碌时一天要看近百号病人，常有奇迹出现。徐晋华通过特长的针穿行在患者的经络间，注射进自己研制的药水，有的瘫痪多年的病人用担架抬进来，一针甫毕，不能动弹的手脚，竟然能自由活动了。这些事例哄传开去，求医者愈来愈众。

我就是在向徐医生求医时结识他的。有一年秋季，我患上了坐骨神经痛，难忍难熬，彻夜不能寐。请苏州几位有高级职称的医生诊治，推拿、针灸、拔火罐等方法用尽，全无半点效果，拔火罐处起泡溃烂，反添新创。经友人介绍，向徐医生求治，打了两次针，很快痊愈。后来，我的家人，亲友中有患颈椎病、肩周炎的，都经徐医生治好。有一位远在北京的老干部，遍访名医求治肩周炎无效，闻名徐医生的医德医术，专车跋涉千里赶来就医，一针下去症状全失。

数十年间，徐晋华把他的成就全部归功于主耶稣，我对此有些异议，徐晋华虔诚地说道："有段时间，我一天要看近百号，筋疲力尽，若不是主的鼓励，我怎能支撑下去？我常常去四乡八镇送医，天未亮到断黑，要不是主的眷顾，我怎能一直无灾无病？我虽然摸索出一些经验，但技术还不很成熟，在疼痛理论上也很少有创意，有些病例效果特别好，我自己都出乎意外，如果要说奇迹，当然是主在显示奇迹。"

我执拗地说："不管怎样，我只感谢你的诊治。"

他宽厚笑道："行，你感谢我，我感谢主。"

他并不要求我作证耶稣的恩惠。对所有经过他的手治愈的病人，他只传播福音，并不强求人们信仰。

其三，也不是怕为一个业余作者作序被讥之为不得体。的确，徐医生的散文集里有一些不是散文的评论文或是演讲文稿，但也不乏散文上乘之作，可以说，其中多数篇目可以当得起"佳作"称号。

我和晋华的文字缘始于我第一次拜读他的《黄跑鞋的故事》的散文草稿，我惊诧他的文字功底潜力很大，透出质朴和灵通之气，最难得的是，不同于眼下散文界的某些无病呻吟自我陶醉的作品，这篇《黄跑鞋的故事》，有血有肉，诙谐有趣，一个小小的物件及其故事，寓意着时代的脉络和历史给予各个阶层各色人等的社会定位和价值观。

晋华很看重我的赞扬，他在业余尽力挤出时间写作，好在他写的都是些他经历过的事，是他用过心的事，不需要他花更多的时间苦思冥想。挥之即就的文章，简括清新：夏日读之，如饮甜冰；冬日读之，如近炉火。后来，家乡《昆山日报》发现了他，陆续刊登他的散文。他的文章言之有物，身边琐事娓娓道来，使人备感亲切，和副刊上的一些文章比较，好似一阵清风飘然徐来。且不说他文章很快拥有了一批忠实读者，那些几十年间被徐医生治愈的患者何止成千上万，他们从未忘记过徐医生施与的恩惠，一旦发现徐医生在讲他的各种故事，传闻开去，读者数量激增。

可以毫不夸张地说，就读者数量而言，一些散文的名人大家会远逊于他。当然，读者或观众量并不能证明作品的优劣，但也是评判的标准之一。

　　我学写过几篇散文，不懂也不去管什么理论；现在徐医生学写散文，也是如此。按散文理论写出来的多带些刻意的苍白，按生活轨迹写出来的却饱蘸着血肉的多彩。他从事的是高级的精细的医术，缜密的头脑指挥着他的手透过长针穿行在经络和血管间，不能有丝毫的闪失和疏忽，每天上千次在不同部位的注射使得体力的消耗超过了重体力劳动的强度，他用写作带给他的闲悠和愉悦来填补体力的透支。也许他的散文还称不上精妙，文中抒发的质朴的感情也不及名家们细腻笔触传达出来荡气回肠的心灵之美，但徐晋华的独特的写作源泉和用运作针筒的手写出来的文字，肯定会是对传统散文的一种另类的异动和挑战。

　　徐晋华做人做文，都透出一股善良无私的气息。他把自己比作小草，小草是最普通的，但它用绿色装点这世界，滋润着大地。

　　我为这本小草集子作序，是大得体之事，是我的荣耀。

2006 年 7 月

《年鉴、方志与档案》序

本书书名为《年鉴、方志与档案》，作者在苏州市档案局（馆）、年鉴编研室等部门工作了大半辈子，穷毕生之力，贡献于地方史、年鉴和档案工作。如今年届耄耋，微驼其背，耳戴助听器，策杖奔波，为文稿的撰改、出版、提高而努力，这是怎样的一种敬业精神？有谁能不为这样的人、这样的事钦佩？

回顾三十多年前，我在读书中获得对方志重要性的认识，1981 年乃将编纂市志的计划，呈报苏州市委，经批准后，着手筹备。草创之初，在宣传部内辟室作为修志办公室，调有见地、有学识、有能力的苏州市博物馆馆长张英霖具体主持修志工作，工作人员只有朱家康一人，后又调进四五人，连续培训了市各部门的修志人员。时至今日，当初参加筹备组的朱家康同志等俱已退休。数十载中，有喜有忧，甘苦备尝。

立档、编鉴、修志相互关联，异曲同工。叶万忠先生又是我老友，我能深切地感受到叶先生的喜忧甘苦，能感受到他一生孜孜以求的事业的价值和成功的不易。《苏州年鉴》所以能脱颖而出，受到了各级领导的重视，成为全国年鉴编纂工作中地市一级的佼佼者，实得力于叶万忠先生边实践、边总结，著书立说，奔走呼号，更得益于编研室同仁重事业、讲认真，团结奋斗，共同努力的结果。

作者在他的文章中，一再强调立档、编鉴、修志的重要性和价值，指出："一册在手，能知全市"，是"袖珍图书馆"、"办公桌上的资料库"、"万宝全书"，它们提供的全面、可靠、翔实的信息量是任何其他编研工作所不及、所不能比拟的。各级领导可凭借这些信息做出正确的决策。毋庸置疑，这是年鉴和方志最重要的功能。

　　如今的领导大不易，每天都要对各个领域、各个方面作经典性的指示和重要讲话，这无疑得益于年鉴和方志提供的信息。建议今后类似的文集要增添一项领导如何在百忙中运用他办公桌上的信息库的。

2010 年 7 月 22 日

《书人交游》序

　　每次看本地广播电视报,必先看示兄的豆腐干文章。形容短小文章,人们讲到这三个字,总有些不敬的味道。特别是示兄的小专栏,总是方方正正一块,凑巧如豆腐干大小。可是,一篇文章的载量内涵,却不是以长短大小而论。

　　切莫轻看一块豆腐干,货色好的,耐得住咀嚼,下得一壶酒,解得很多事。

　　集子里的其他文章,便是读书笔记和采访札记了。

　　采访是兆平的本行,其中难免有应景之作。名家明星,很难写好,如时下"走近XXX"之类,大家只能在银幕荧屏幕上见到的,他却能走近。走近了看,当然清楚了,其实也未必。如眉毛如远山如柳叶,你写她眉毛如何之好,却不知那是描画的,原先的倒挂眉已经剃光了。

　　兆平的采访札记,并非一般捧场之作,写得相当的深,比如《作文与做人——读〈沙叶新的鼻子〉》中说:"名人也是人,因此名人也有做人的问题",他把沙叶新如何作文与做人介绍给读者,说沙叶新主张说真话,把真话放在第一位,"唯其真,才能善,才有可能美",说沙叶新"既不神化别人,也不伪饰自己,竭力正直,猛烈批判虚伪",最不简单的,是沙叶新能"揭自之短",如今的名人,做到揭己之短的,能有几人? 文中介绍沙叶新的幽默风格,沙的名片的感受,决不会只是一笑的。沙叶新的鼻子如何如何,出典原来是1963年他和姚文元论战时对手批他的。对沙叶新,这样简单的勾勒,就把一个人格高尚、才华横溢而又富有幽默感的沙叶新介绍给了读者。

读书笔记中的《读蓝英年》也写得非常之好，蓝英年是一位造诣很高的历史学家，他研究苏联文史很有成就，他写了不少有价值的文章，但至今没有出过一集子，很多人知道这个那个流行歌手明星，却不知道蓝英年，兆平读了蓝英年所有发表过的文章，以为"他所取得的研究成果必将对中国现代思想文化史的深入反思提供有益的借鉴，并起到一定的推动作用"。兆平为我们作了介绍，使我们看到了比星星还要耀眼的蓝英年。

我和兆平是忘年交。在多年的交往中，他对我的帮助不少。他是藏书家，源源供应我读书的书源，他耗却宝贵时间，为我打字并催促我完成书稿。他好几次谈起他的苦闷，不满自己只能写与记者生涯有关的短文。我劝解说，岂不闻张华短章，奕奕清畅乎？文章不在乎长短，短章只要溶裁得体，情理清晰，皎然可品。这本集子，我看当得起清畅两字。

2001 年 3 月

《阿坚忆旧》序

阿坚是我的老友，也是同时期投奔革命的小兄弟。

我们算不上是老革命，但如今真的都老了；我们算不上九死一生，但舍生忘死却是有的；我们老得不能再有什么作为了，但我们永不会改变初衷。

年轻时我们一无所有，有的只是一颗赤诚的心和一腔热血，愁着一腔热血无处可洒。

阿坚有个绰号，是战友们起的，叫作"苦行僧"。什么是"苦行僧"的定义，谁也说不上，但一经有人提出，大家都觉得很像。生活清贫，成年清汤寡水，但成日像老牛一样不知疲倦地为革命操劳。年纪轻轻，脸上却刻下了重重的皱纹。讨论工作或讲起革命道理，双眼放光，好像僧人谈禅，是他最开心的事了。在走上革命道路一段时间后，他的眉头依然习惯性地紧锁着，他的面容依然习惯于严肃，但有时他的眉头会难得地舒展开来，时不时居然还会开怀大笑。

解放初，阿坚调到北京工作，担任亚洲疗养院的负责人。时光迅速地进入 1958 年，我到北京学习，去拜访他。当时，他正身陷困境，被贬到一个印刷厂当纸库主任。母亲不断地反复地怀疑她最孝顺最忠诚的儿子，他不再有宣传马列的幸福生活了，他只配和默默无言满坑满谷的纸张打交道。当他看到老友后，高兴极了，在一些扶梯上爬上爬下，向我介绍他管辖的各种各样的、各种成色的道林纸。我又去拜访他的家，在一个小胡同的尽头，他占有一间十多平方米的屋子，坑上堆着棉絮棉被,里面有两个革命的后代。晚间,他邀我到小胡同的小酒店里叙旧,酒过三巡,他的眉头开始舒展,回忆往昔峥嵘岁月,那天晚上他多次开怀大笑,我的到来,一定是他多年来最兴奋的事了。我很放心,我看到了他眼神中依然闪烁着理想主义的光彩。不论是在过去黑暗的年代抑或是被母亲怀疑的岁月中,只要这种光彩仍然闪烁,逆境困境是压不垮阿坚的。

在这次难得的叙旧后,大家被无休无止的革命运动缠得连老朋友都忘了。待到再次重逢时,我们都已白发苍苍,我发现阿坚发生了巨变。

一是他从一个五音不全的音盲变成了一个熟稔音律的舞蹈家。

解放初期,在苏南行署所在地无锡召开了渡江干部和地下党的会师大会,大家正值意气风发的青年时期,一有空闲,便扭着秧歌,唱起"解放区的天",但我实在受不了阿坚公鸭乱叫似的音调,他根本分不清"多、来、米、发、索",任我怎么教他,他也学不成腔。有时难得去参加一个"舞会",大概不对他的胃口,屁股没有坐热,便拖着我逃离了。

几十年后重逢时,他送我一本自己编的舞蹈教材,配以欢乐的乐曲。当他到上海人民广场时,那里聚了几百对的舞伴在跳舞,他乘兴也去参加。当人们一听是北京的阿坚来了,大家拍手欢迎,他真是颇有名气的舞蹈家了。我翻看他的书,我的感觉就是我到了另一个世界,或者我遇到了一个我从不认识的阿坚。

二是他写了七八万字的《阿坚忆旧》。阿坚为人古板,讲话像背社论一般,我从未见到他写过文章,这次他的七八万字一挥而就,生动地记叙着他的见闻、他在人生道路上的亲历。这也委实使我吃惊。

时下,不少老人写着自己的回忆文章,阿坚的忆旧是其中出色的一册。对一个老人来说,这是他最后能做的一件有意义的事了,众多老人的记叙,应该就是这个时代最翔实最可靠的叙事史。

2010 年 5 月

《姑苏烟水集》后记

　　庚午年夏，苏州出现百年罕见的炎热，立秋以后，仍然汗流浃背，本书出版要赶写一篇后记，只觉得苦事一桩。

　　平日学写散文，在我却算得上是一大乐事。有人问："老来白相相也就罢了，为什么去写东西？"我随答："写东西就是白相相的。"

　　春生秋荣，公余假日，独坐庭中。置酽茶一壶于身后，游神骋怀，把脑际的风云波涛汩汩地流注在纸笔上，壶尽篇就，犹如任督二脉豁然打通，醍醐灌顶，甘露洒心，此中乐，非外人所能知。

　　我祖籍昆山，少年时代常随祖母乘航班到苏州走亲戚。稍长，常在寒暑假沿公路步行到苏州小住。不惑之年后期，在苏定居，所以，只能算是半个苏州人，昆山的风土人情与苏州大体相同，一些怪僻的方言也雷同，比如引起观感厌恶的叫"腻脂"，评论行为不端的叫"闸底"，赞扬能干叫"虾嘛"等。风俗习惯，年节前大扫除要"掸檐尘"，廿四夜要"送灶神"等。这种相通，使我比较容易地加深对苏州的了解。又因为我在两地生活过，视界也开阔得多。以评弹为例，从苏城颇具规模的专业书场到县城和乡镇的简陋的茶馆书场，从30年代到80年代不同时期和不同听客人等，从活跃在书坛上的名家响档到落魄的江湖民间艺人，我都身历过或见闻过。再如昆剧，我少年时代在家乡的红白喜事场合时常聆听堂名鼓手清唱，随父辈拍曲子并在苏沪看过舞台演出，后来在工作上也接触过传继两辈的一些演员，眼见过昆剧的兴衰起落。我踏遍了园林群的各个角落，常常一蹲半天，充分领略它们的艺术情趣，我是苏城四通八达河流繁华景象和它的衰亡的见证人。所有这些，使我在晚年提笔写散文时，刻印在大脑皮层的记忆便在笔尖上缓缓流出。固然，我说过写东西是一种自娱活动，是写写白相相的，但同时我不否认，我有一种崇高的神圣感。我认为把我熟悉的事和感觉写出来是有价值的。我听到有的散文理论家把叙说过去的散文称为"怀旧派"，在我看来，这种分派法似乎带有些冷漠和挖苦的味道。我知道，在我的文中怀旧的印记到处可见，但它们绝不仅仅是一种心态的流露，这里面有我在半个世纪的生活道路上实践和思维的积累，也反映了我对这个历史名城文化背景的深层探索。

我在苏州工作期间，结交了各界的新老朋友，像老中医黄一峰，十年前，他年近八十，每天清晨步行至观前吃糯米点心，食毕，时常策杖到我家来，他知道我喜欢汤包，抖抖索索从人造革包里取出一只茶缸，里面装着热腾腾两客汤包，推到我面前说："吃，吃，傍热吃！"有几次他大清老早就来了，还没有吃点心，我买来馄饨和黄松糕，吃罢，他的翘角胡髭上尚挂着汤水的水珠，便又说又笑大谈其医案和医经。这几年，黄老已届九十高龄，不利于行，我也失去了和他共进早餐边吃边谈的快乐了。虽则，我和三教九流中人，都有一些接触，但交往还是偏重于知识界，本集所收的文章，也多描写知识界人士，我认识一些普通人，平凡质朴，但都算得上是人物，他们都是我的老师，我从他们身上学到了不少东西，以后有可能，我也很想描写他们。

我写散文，没有什么章法，写的东西，实在太缺乏浪漫的诗的气质，也少有散文中常见的错彩镂金的绚丽辞藻和丰富流溢的感情，有时在文中忽然发些议论，与全文难免有不太协调之感，不少篇章的煞尾大都有些感慨，不免公式化，所有这些，大都是"胎里病"，改也难，发些议论，说不定不经意间会开罪了什么人，实在是没有法子的事。苏州是个小地方，走路尚且难免碰磕人，所以，如有得罪之处，诸希谅鉴。

烟水云何哉？清初有一部颇具文学鉴赏价值的苏州地方方志性质的书，书名《百城烟水》，百城者，其实止及姑苏和所属八个州县。何谓烟水？书中只说是一种比兴和感触，但我很喜欢"烟水"这个词，用作本书书名。往事如烟似云，飘忽逝去，却又萦绕于怀，常驻心间。

水流淼淼，蜿蜒于水乡百城，滋润吾土吾民。我爱养育我的这片土地，愿掬心香著文称颂，文虽拙而意诚，笔嫌散而不法常可，兹编纂成册，犹涓滴入浩瀚书海，用以覆瓿耳。

1990 年金秋于姑苏

《尚书第旧梦》后记

如今的人，青年男女吧，爱来爱去，要死要活，也不乏用功勤读的，巴望有一天书包翻身；公务人员吧，很是认真地在讲政治，讲学习，讲正气；我们这些老人吧，谈过去，讲旧事。我吧，多了一条，就是把它们写下来。五妹彭望洁，谈过去的尚书第，讲梦中的旗杆里。我听了以后，记叙下来，就是《五妹旧梦》（现改名《尚书第旧梦》），拿去登在《新民晚报》上。

几个人看了，说："哈，那裁缝师傅的清水鼻涕！"我这个作者，没有料到他们对那东西那么情有独钟，只有唯唯而已。这东西之所以引起注意，是因为它使人想起旧社会普通人生活的艰辛。他们争分夺秒穿针引线，憋半天上一次厕所，熬不过才搐一次鼻涕。我做这样描述，并不想做什么说教，也不寓什么深意。时代在进步，人在变，逝去不可追，也不会重演。人生之路是残酷的，之所以残酷，是因为不能退去走。老人们谈谈过去，年轻人可以审视他们踉跄的足迹，不无益处。

有几个熟人见了我说："你写的小说我看过了，可惜情节不够曲折。"哎，他们搞不清楚这并非小说，而是纪实文学。如今有些描写30年代的小说，写的人看的人都没有经历过。写的人可以任意发挥异常的想象力，看得人也就觉得很有吸引力。我这篇东西，确实缺乏情节，没有哀艳动人的爱情，没有回肠荡气的婚变，没有惊天动地的事业，故而曲折不起来。彭望洁女士又很顶真，我写了一节，她要改正好几处。幸亏她记性好，我可以完成这篇记叙文字，但她的好记性又使我很麻烦。一句话怎么说，一件事究竟怎样，她很讲究符合事实。报上登载后，又重新改了一遍，后来经她认可，终于完稿。我松了口气，心里想，写纪实的东西，累得很，吃力不讨好。

有人看了，批评说："又短又简单，何不拉长一些，也可拍拍电视。"作者笔拙，拉不长。一个原因还是它的纪实性，比如那位"鹊鼎"，一个美人胚子，如是像贵妇人似到包厢里听听戏，在一个豪华公寓里会会昔日情人，那情人又是革命党人，不用说这情节会有多刺激。可惜，五妹连这位"鹊鼎"是谁的姨太都说不清，只记得"鹊鼎"在屏风后露出的美丽脸庞和纤纤玉手的震颤。还有一个原因是电影电视的误导，凡有些社会地位的，家居都是叠楼重阁的豪宅，衣、食、住、行极尽奢华；理发店里还没有电烫机，满街的女人都是花卷；卡宾枪还未发明，交起火来却是连发；这样的镜头才有看头，足以满足有些观众的感官。在五妹的记忆里，像她那样的家庭在冬日从未生火取暖过，所以，裁缝师傅的清水鼻涕到处可见，也就不足为奇。这东西嗤的一声缩了回去之后便打住也很合理，如拉长，无非是鼻管蓄满后如何擤在地上，如何用稻草灰扫掉，岂不"腻脂"？如若拍电视，同当今国际服装大师皮尔卡丹相比，拍那鼻尖上的东西，岂不是用落后的东西坍国家的台？

有些人看了，其中还有一位编辑先生看了，问我："李根源可以宣传吗？"

对李根源，过去知之甚少，知道他署理过北洋政府的总理，但弄不清楚李和北洋军阀有何渊源。知道李在云南当讲武堂督办时，朱德是讲武堂的学员，朱德很敬重她，解放后接他到北京去，这样说来，李根源大概是可以肯定的。这次写《五妹旧梦》，写到李根源，看了些资料，看了《新编曲石文录》、《曲石诗集》，才刮目相看，肃然起敬。

李根源早在1905年留学日本时就加入了同盟会，为同盟会第一次会议与会的三十七人之一。李根源和孙文、黄兴等的密切交往一直持续到孙、黄生命终止，中山先生在北京逝世，李根源被推荐入治丧筹备员。

李在云南讲武堂培养了四百名爱国热血青年，聘任李烈钧等有识之士为教师。在辛亥革命昆明重九起义中，讲武堂的师生成为起义的骨干和先锋。李根源和蔡锷、罗佩金组织了云南大汉军政府，李任军政部总长兼参议院院长，继任云南陆军第二师师长兼国民军总统；同时，李还被举为国民党（前身为同盟会）云南省支部长。

1913年，李根源辞去本兼各职去北京，年底至京，元月5日袁世凯召见，8日聘李为高等顾问，支月薪八百元，李辞。3月，李根源应孙文、黄兴电邀赴沪，返京后被袁世凯褫革官勋，下令通缉。李在参加"二次革命"失败后逃亡日本，入早稻田大学学习，旋返国奋起参与反对袁世凯的斗争，任军务院北伐联合军都参谋。1914年李与黄兴、陈独秀等成立欧事研究会。1917年任陕西省省长，组织政学会反对张勋复辟。1918年去广东参加护法运动，被李烈钧、方声涛等推为驻粤滇军总司令，创办韶关讲武堂。1922年任北洋军政府农商总长并署总理。

1923年3月，与孙耀曾等发起成立政学会（亦称宪政社），反对北洋军阀。1923年6月13日李根源兼署国务总理，依法副署大总统黎元洪下令七道，裁撤巡阅使、督军以及讨伐曹锟等。在曹锟贿选成功后，黎元洪、李根源无法行驶职权，黎去日本，李去开封。在开封一段时间里，同国民党知名元老和当时在开封的苏联人士颇多交往，旋返苏州。1925年章太炎在上海成立辛亥革命同志会，李根源致电加入。

李根源在苏州，与章太炎、张一麐营救七君子。在抗日战火迫近时，李根源公开主张抵抗日寇，反对妥协投降，与张一麐一起倡议组织"老子军"抗日。1939年任云贵监察使，日寇侵滇西，李根源请缨杀敌，赴保山前线襄助军务。

从以上的简历看来，李根源先生在辛亥、护国、护法、抗日战争中都有杰出的贡献，若按"站队"来看，他在旧时代复杂的政治斗争中都站在正确的一边，这是非常之不容易的，而且，李根源的古文基础深厚，称得上是一位学者和诗人。

在印泉先生诞辰百年纪念日，郭影秋和楚图南有诗赞颂，兹敬录如下。

郭影秋诗曰：
潞江战罢隐腾龙，甲胄免除世务农，

一下东洋求革命，定国自任亦英雄。
护国反袁百战多，大刀环唱复山河，
狂澜既倒力难挽，闭户吴门缶九歌。
开国大典会耆英，总理犹将"总理"称，
烈士暮年学不倦，时时口授补禅乘。

楚图南诗曰：
万方多难古神州，边陲英豪抗逆流，
辛亥光复数义帜，民初护法运宏谋。
有为有守切时望，亦武亦文胜匹俦，
曲石遗篇传海内，乡贤典范足千秋。

　　在我的头脑中，过去受"左"的影响很深，对非我族类的现代历史人物轻率否定，评价苛刻。待到步入古稀，在经历了那么多事情以后，才懂得在历史资料中寻找自己的判断；才懂得，一个在举世污浊的旧时代有很高地位的人，能够一生保持堂堂正正做人是多么值得尊敬。反之，虽然生在伟大的时代里，却不清不白做人是何等的卑鄙。我在《五妹旧梦》中对李根源叙述不多，那是因为我写的是彭家五千金，李根源只是五妹眼里的"亲伯"，无法做很多的文字进去，很觉抱歉，特此补叙一笔。
　　苏州大学的周孝谦老教授年已八秩，他住百步街，眼见过拱形的砖桥塸昔日的繁荣，他认识或知道《五妹旧梦》中的几个人物。抗战时期，他在云南大学当助教，常到云大图书馆去借书，认识了图书馆馆长彭元士，说彭为人正直，对管理工作十分负责。他钦佩李根源能在旧时代云谲波诡的政治风云中傲然挺立，虽晚避尘纷，退隐吴门，却仍保持一颗报国救民的拳拳之心。周孝谦报考官费留学时，当时的主考官就是龚自知，发榜时龚自知亲自宣布录取名单，向这些莘莘学子讲了很多勉励的话。周老说龚自知的人品学问为时人称道、敬重。说起龚自知被划为"右派"时，周老先生长叹道："龚自知一心向着新社会，划他右派真是使人无法理解。要知道，政治再复杂，也不打拥护自己的人，这绝非龚自知个人的悲剧。"我很同意周老先生的话，故在《五妹旧梦》一文的结束段中写道："我仿佛看见无情岁月在雨水中渐渐流淌过去"，但愿时代的污垢随着流淌的雨水消逝，久雨之后，有一个晴朗的明天。

在《姑苏烟水集》里为我画插画的顾曾平，很喜欢拙文，愿意和我再度合作。我也很喜欢顾曾平的画，认为他的画极擅表达姑苏的风情和习俗。全靠曾平先生的建议，乃有本书的问世。

一九九九年

《山水尘世间》后记

香港《大公报》为我辟过两个栏目，一名"一个苏州人眼里的某地"，一名"苏州街头巷尾"，拉杂写来，也有六十余篇。从 1992 年 8 月 30 日到 1995 年 2 月 20 日止。

现在结集，看来不免散了些。有游记，云南是即时写的，浙东是几年后追记的，徐霞客出游所的第一站就是浙东，是有道理的。浙东不仅有山水胜境，人文景观也很丰富。集子里也有本地的街头小景和年景风俗数则。编辑先生又点了上海和无锡的菜，上海之大，不知从何写起，只选择了股市一角。如今，股市广场又修成整齐的草坪和花圃，听说温州山坡上的坟碑也已铲平。沧海桑田，雪泥鸿爪。

另外，前年奋力去九寨沟，写的游记，也收在本集里。

我在《亲近山水》中，说了些粗浅的看法。我以为，风景还是自己去看的好。我虽忍不住写了些，但着墨不多，很少作过多的形容，老实说，绝佳之处，一枝秃笔，也形容不出来。我到一个地方，写了些社会小景、尘世拾零，虽无足观，也还有趣。青山不改，社会却天天在变，可以留下一鳞半爪，是很有意思的。

二○○年八月

《故雨新知》后记

这本集子，取名叫"故雨新知"，其中半数以上篇章是记述交往了几十年甚至半个世纪的旧相识。你想，前面没有什么望头了，只得回过头去，这不是很自然的吗？

岁数大了，行将就木，怀旧就是老人特有的心情。有人看不起回头看，说只有朝前看才有出路。唉，回头看并不等于回头走，你朝前看看不清怎么办？朝前看也罢，回头看也罢，走路看着点很重要的。我之回头看，也只是看看我熟悉的某个人某件事，我认识他时，他很年轻，我们都很年轻，转眼间都老了，还有些人，已经告别了人世。"访旧半为鬼，惊呼热衷肠。"我们这一代人，经历了太多的事，几十年间，每天都发生着使人瞠目结舌的事，人变得麻木，早已处惊不惊。就在我写他们的几年间，已经有几位先后凋零，我记起他们遭受的苦难，不禁怆然。

我认识的人，是一些普通人，但还不是普通的老百姓，他们有的是基层干部，有的是大学教授，有的是高级工程师。在老百姓眼里，他们显然要比自己高，但他们在各自的岗位上，也只是一个普通群众，他们同样掌握不了自己的命运。我记述人物，只是社会某个阶层中的几个，只是这个社会组合中的某个侧面，管中窥豹而已。

有些朋友，交往了大半辈子，彼此并不深知。有些人，只见过几次，倒像已经认识了大半辈子似的。有些人，少年英豪，心雄志壮，及至再见面，人事代谢，已不复当年，趔趄其步，嗫嚅其言，真不能相信这伟大时代会把人改变成这副模样的。

　　新交的朋友，多则也有十来载，少则只有顿饭的时间。吃几顿饭和店主人聊一会，才知道搞个体之不易，创业之维艰。原来只看到她们穿金戴银，家产盈百万，这只是看到一个侧面而已。说书的女先生在台上，穿着鲜艳，打扮入时，手操琵琶，轻启珠喉，台下的她们是如何的，她们的身世生活怎样，旧时代的小户人家是怎样苦度光阴的，她们在新时代的遭遇，若非听她们一一道来，你是不会知道的。在这个意义上，我写的对象也正是我的老师。我不由想，一个说书的，哪个社会都需要她，都应该容得她。一个正常的社会本身都应具有娱乐人民的功能，一个洁身自好的说书先生，你叫她朝东，她不敢朝西，你要她说她就说，你不许她说她不说，你要她怎样说，她就怎样说，唉，难道还嫌不够吗？大多数老百姓，都是那么的善良，那么的顺从，难道还不够吗？难道非要弄得她惶惶恐恐，无所适从吗？这些事，回头看看，岂不可笑？有个青年亲戚，看了我的稿子，发出一连串的问题："什么叫收租院？踩泥巴干什么？打人犯法难道法院不受理吗？我见了糖屑粒就讨厌，不吃糖屑粒难道就会饿死？唉，你写的都是文学夸张吧？"我无言以对。转而想，闲来还是写写，让有些人提提问题也好，提问题总比满脑子没有问题的好。

　　本书出版时，我向书中一些人物征集过照片，他们却拿不出50年代到"文化大革命"前的照片。在这段短促而漫长的几十年间，很少有人拥有一只海鸥牌相机，上照相馆是为了拍毕业照、证件照，偶尔也有结婚照，那就是穿着干净而平常衣服的男女合影，偶尔也有在风景点的留影，那就是奢侈生活的纪念了。到了"文化大革命"，也许造反派们认为照片大都是资产阶级甚至是反革命的罪证，在很多家庭里照片全被抄走，我要严修桢的家人提供一张他出狱后在家乡敲小石子期间的照片，他儿子严宽苦笑说："当时我们过了今天不知明天，不可能想到去照相的。"李美筠于2000年春告别人间，身后竟然找不到一张可以放大的遗像。只有一个人，他没有当年照片，是因为他根本不拍照，并不是他预知几十年后会被红卫兵抄家，而是他这个三五支队司令不能有照片落在日伪手中，日伪虽然听到他的名字会发抖，但无法认识他的庐山真面目。

我本想在书中刊一些照片，但我办不到。此中原因便如上述。没有照片又怎样，他们的确曾经有过苦难而有价值的人生。他们从苦难中走过，但谁也抹杀不了他们的价值，没有他们，这社会什么也不是。

小平同志在 1985 年说过："1958 年'大跃进'，一哄而起搞人民公社化，片面强调'一大二公'，吃大锅饭，带来大灾难。'文化大革命'就更不用说了。"这些话，符合当时情况，十二万分重要。没有人会持异议。但是否人们从此以后就聪明了呢？怕也未必。杜牧在《阿房宫赋》中说："后人哀而不鉴之，亦使后人复哀后人也。"就是说，若不认真汲取教训，以前发生过的事可能还会发生的。

2000 年除夕夜

《评弹人家》后记

　　我有幸听过徐云志几回书，后来在"空中书场"听全了《三笑》。徐云志说书有灵气，语言简洁而有韵味，节奏舒疾得当，手面干净，唱就用不着形容了，他创造了风靡江浙沪的"徐调"。无论何种地方戏或曲艺，高明的艺人都讲究"自然"两字，我每次听梅兰芳的戏，悟出梅先生高于他人处就是"恰到好处"。甚或电影艺术，成功的演技就是自然，我非行家，观众一个。观众评一个演员演得好，就是说他扮演的角色应该是这个样子的，生活中的某个人本来就是这个样子的。

　　徐云志登台，哈着腰对听众频频点头致意，这不是江湖气，他衷心感谢听众，听众是衣食父母，是知音，他们天天来听他说书，他该向他们致谢。一般说书先生坐定，整整衣襟，捋捋头发，拿起书场堂倌绞上的热毛巾，擦手，揩额头，慢慢斟上杯茶，一边呷着，一边朝台下徐徐扫描，如此这般一番，才一拍惊木，开始表演。据说这样可以慢慢稳定听众情绪，是一种沟通。徐志云却从不做这些动作，坐定便说书，他以为，应该实足说满一个半钟头，要和听众沟通，就是要说好书。你说的内容抓得住人，听众情绪就会跟着你转。他不断对情节、人物、说表、唱词、曲调作改进，他以为就是说好书的诀窍。

　　我没有听过徐、王档的书，但我听了他们的全部录音，我觉得两人拼档比单档独说要好，说表时互相呼应更为生动有趣，男女轮番演唱也更为悦耳动听。

　　我们这一代人经历了 20 世纪 80 年代以后成长的一代人从未见闻

的事。老实讲，若非自己经历，讲给他们听也是很难明白的。不太明白也好，但完全不明白就非好事。在我们所处的年代，都有自己的梦想，现在的青年，当然会奇怪有那样称作梦想的事。所谓梦想，无非是各得其所，是何行当能做什么行当的事罢了。但在几十年间特别是十年浩劫中，要想实现这样的梦想却并不容易，现实中常常是：一会叫和尚尼姑去烧灯泡，一会叫说书的去踩泥巴，鼓动学生对老师拳打脚踢钻裤裆，等等。在工农业生产中，叫大家"放卫星"，争世界第一。大炼钢铁，各行各业各家各户都要炼，居民烧饭的煤球炉，也得炼，把钢锁铁剪塞进去，烧它三天五夜，流出几滴鼻涕似的铁水就算成功，烧饼炉炉火熊熊，不做烧饼做钢铁，好好的家用物件砸了堆进去，流出几匙铁水般的东西就敲锣打鼓去报喜。"大跃进"，一亩地本可产粮五百斤，却要你生产十万斤；田地只吃猪粪人便，却要农民宰鸡杀狗沃田；春耕犁田，只消一二尺深，却要你掘地六尺，深挖三米。农民勤俭持家，却被告知粮食吃不完了，公共食堂天天宰猪杀羊，叫大家"放开肚皮吃饭"，吃光后只能吃树皮草根，树皮草根吃光，结果可想而知。这种事，不可胜举，总而言之，正常的事成荒唐，荒唐的事说成正常。

上面一段文字，上半段还算简洁，写到农村，我又犯了老毛病，加上了使人感到累赘的一些话。我在解放后干过一段农村工作，后来和农村老老少少有些联系，知道农村发生的一些事。困难时期，城市里的王筱春还可以买到几块乌龟糖和讨到一撮糖屑，城里人普遍挨饿，肝脏肿大，但除了一些不经饿的老人，多数人尚不致饿死。而农村，在啃光树皮草根之后，只能坐以待毙。没有于成龙，如果谁想当于成龙，其结局只能上吊或被投入监狱。在鱼米之乡的昆山巴城镇，七百多户镇民死了六百多户。三十年后我在巴城问一个当年的副镇长（他作为替罪羊曾坐牢七年）："巴城湖里有鱼有虾，怎么会饿死那么多？"他苦笑说："大家饿得爬都爬不动了，怎么下湖？"我这种问题同"何不食肉糜"差不多。

我写《评弹人家》时，正巧电视播放《一代廉吏于成龙》，我看了十五集于成龙杀坐骑救生，又自摘顶戴开仓赈济，救了一方百姓，看到这里，想起困难时期，不禁潸然泪下。那天我正在写《评弹人家》

第二十四节,加了一段农村的故事,作为我对死难者的祭奠!"大跃进"是怎样的,我们都是过来人和见证人,苍天苍天,呜呼伤哉!

这些年打开电视,满目皇上圣明,还有爱民如子的清官,无怪乎有些平头百姓们说:"活在那个时代遇上个于成龙也不错。"哀哉斯言。站在老百姓的角度,他有了事,有理无处申,他希望遇到一个好皇帝,碰上一个清官,如若落到一个贪官手里,那就惨了。老百姓这样想,他不明白历史唯物主义的道路,固然不对,但设身处地,也很自然。

几十年间,三番四复批清官,批清官是历史唯物主义,伟大的时代,正确的领导,到处是全心全意为人民服务的公仆,还要去颂扬封建时代的所谓清官,是何居心?一部《海瑞罢官》的清官戏,惹起了那么大的风波,竟然成了"文化大革命"的前奏,无非是借戏影射当今,海瑞骂皇帝,海瑞就是彭德怀。但后来,又批起《水浒》来,罪名却是反贪官不反皇帝,提倡"舍得一身剐,敢把皇帝拉下马"。一会儿说骂皇帝不行,一会儿不反皇帝不行,用不着觉得无所适从的,其实,要你怎么做你便怎么做就是了。你不能胡思乱想,你只能朝指引的方向去想。施耐庵当年如果反了皇帝,脑袋早丢了,《水浒》还出得来吗?张志新信以为真,用马列当武器,引经据典提意见,结果在挨枪子前面还被割去了舌头。

"文革"后群众喜看包公戏,其社会心理就是因为"文革"中造成了大批冤假错案。如今盛行清官戏,又说明什么呢?这样下去会不会又冒犯了什么人,遭到明令或者暗令禁止呢?正作如是想,忽见《一代廉吏于成龙》片尾打出字幕,此片拍摄单位竟是中纪委和中央监察部。不由大为振奋,对中纪委和中央监察部无限钦佩,但愿从今往后,各级廉吏得到鼓励和奋发,各级贪官受到教育和知诫。

王鹰是一个说书艺人,老实本分,洁身自好,我和她在苏州市第九、十届人大常委会共过事,我因爱好评弹,时常和她聊天,也常听人家评论她,对她的人品、书艺、经历有所了解。她把一生献给了评弹事业,年复一年,只知如何提高书艺服务社会,以适应大众的娱乐需求。任何一个正常的社会,都需要有这种娱乐功能,能容得下像王鹰这样的艺人是正常的事,更不用说是社会主义的社会了。在王鹰的大半辈子中,只知听领导的话，你叫她朝东，她不敢朝西，她说的书，都是一些男女缠绵之情、悲欢离合之事、褒善贬恶之理。你不许她说，她就不说，你说可以说了，她就再说。不仅是王鹰说书这行当，绝大多数老百姓，都是这样的善良和顺从，你却非要弄得他们终年累月惶惶恐恐无所适从。回想起来，岂不可笑？三百六十行，行行都做不了自己的主，件件桩桩都要由一个或一些高明得不得了的人来指派，无怪乎弄得百业萧条、经济崩溃。王鹰和无数的王鹰们的一生，行路趔趄，从苦难中走了过来，他们都是一些普通人，但谁也抹杀不了他们的价值，离开他们，这社会什么也不是。

小平同志以非凡的胆识倡导改革开放，把我们的国家和民族引入了康庄大道。

小平同志总结历史教训，在 1985 年说过："1958 年'大跃进'，一哄而起搞人民公社化，片面强调'一大二公'，吃大锅饭，带来大灾难。'文化大革命'就更不用说了。"这些话，符合当时情况，没有人会持异议。小平同志说这些话，是为了要大家总结经验，以后再也不能这样行事。但是否能说，大家都真的会牢记在心，从今往后就聪明起来了呢？怕也未必。杜牧在《阿房宫赋》中说："后人哀而不鉴之，亦使后人复哀后人也。"就是说，若不认真吸取教训，以前发生过的事是还会一再发生的。

二〇〇四年十一月

《苏州故事》后记

一截香烟屁股，竟演绎出一个个故事，真有那么些事吗？

我写这段故事，只花了一个半月，意如倒泻出来一般。只因为这些事都是我的见闻，我自己在解放初期就拾过香烟屁股。解放以后一直在人民出版社工作的一位老友见过我在另一处文字中说过香烟屁股的事，质疑说："不会真有那种事吧？即使有，也是个别的吧？"也难怪，他工资高，住在大地方又在上层工作，是不会去拾烟屁股的。在供给制期间，一月二斤猪肉钱，买不起烟，拾几个烟屁股，正像书中人物李副县长所说，不抢不盗，废物利用，有何不可？那时，专区以下，大家拾烟屁股是普通而常有的事。

几年前，遇到一个人，是过去拾烟屁股的积极分子，如今托他过去部下的福，把部下的部下进贡的好烟分一些给他，嘴不离大中华。我问他还记得当年捉蟋蟀否，他茫然而对，事隔半个多世纪，忘记了。

时过境迁，物换星移。我想，把这些烟屁股的事写出来，也是蛮好玩的。

在旧社会，捉蟋蟀并不仅限于底层，有些贫穷的知识界人士，俗称长衫码子的，也干这种事，不过，他们更雅相一些罢了。他们仍然穿着长衫，袖管中藏着一根头上有铁钎的竹竿，见到"蟋蟀"，竹竿从袖管中索落抖下，铁钎一下把烟屁股钎起来，另一只手取下捕获物装进衣袋中，身手敏捷得很。

旧社会的马路上，有不少卷烟机摊。卷烟机是半机械的，木质，有简单地用齿轮带动的两根小铁棍，上面放入些烟末。下面放置胶水涂抹的十来张卷烟纸，摇动手柄，可连续卷烟十来枚，原料就是香烟屁股或劣质烟草。顾客是些家道中落的人，这些卷烟装进绿锡包得烟盒里，在别人眼里，是很体面了。

烟屁股这样的小事，却也道尽人间的凄凉和沧桑。

有人会说，你把这些陈谷子烂芝麻抖搂出来，有什么深意吗？深意是没有的，但总是感觉到有些意义才写的。

"文革"前几十年，我们这一代人的大好年华都在这期间消耗掉了。就我自己而言，那年代的事都是我的亲历和目睹，有一次谈起当年，小辈们不断发问，竟和"何不食肉糜"差不多。这使我兴发出写这些事的想法。前事不忘，后事之师，也是有这么一点意思的。

其二，这书都是一些小人物，最大的是一个中等城市的副局长，到了大地方，只是一个普通干部。这篇不成样的东西的特点是个"小"字，芝麻绿豆，鸡毛蒜皮，一些普通人的普通事，寻常百姓的事。你想，烟屁股和有关烟屁股的事，会大到哪里去嘛。写小人物和小事，我放心。

其三，退下来后，已有十来载。饱食终日，无所事事，只得找些事做，弄弄笔头，以解寂寞。第一部小说，束之高阁十二年，这烟屁股算是第二部，看来也难逃同样的命运。在投寄几处碰壁之后，正彷徨无计，万幸有贵人帮助，才得面世。

那个年代，其实没什么大事，把小事当作大事抓，说白了，是便于治理罢了。所谓阶级斗争一抓就灵，你不要说，还真是灵得很。你想，动不动就上到阶级斗争这个纲上。有谁顶得住？只要沾上这四个字，就好比虫入蛛网，羊赶屠场，是万无生还之理的。杀个猢狲给猴子看，挡之者便纷纷趋避，不敢违拗，任由驱使。怪不得各级领导都喜欢这般简单有效之法，当然，这把高悬在每个人头上的达摩克利斯之剑是万万不能落到自己头上的。

这小事上纲是谈不尽的，本书只是举些有关小事罢了。比如拾个烟屁股是丧失立场，买包黑市烟自然是猖狂向党进攻了，怀疑亩产十三万斤明摆着是怀疑党，讲些吞吞吐吐的话显然是反动思想大暴露了。妇女留个刘海是资产阶级作风，几个人聊天弄不好是搞裴多菲俱乐部，过这种日子，老百姓还有活路吗？有。老百姓们不是被封为真正的英雄吗？英雄毕竟是英雄，缩头缩颈，夹紧尾巴，大多数还是过来了。不允许我谈心里话吗？成，关起门和老婆说就是了。不准买黑烟吗？成，在黑市上遇到熟人谁都不说就是了。不准刘海吗？成，过了这阵风干脆烫个大波浪。反正阶级斗争一浪又一浪，两浪之间照样过日子。人是灵长类动物，还怕过不了这坎？俱往矣，数英雄人物，还看众老百姓。到头来，老百姓还是耍了耍他们的人。

近日我们几个老头闲聊，如今领导都要做群众贴心人，说是百姓的事再小也是大事，各级都这样说，说之再三，而且有了行动。老头们都很高兴，很受感动。过去小事当大事抓是整人，如今是帮助百姓解决困难，天壤之别。可惜我们年岁大了，见一天少一天了。有些性急朋友想尽快看到兑现，这是很不现实的。有的说身上病痛日增，就医买药不好报销，这是普遍性的问题，应该尽快办。这种事，牵涉面很广，哪能一蹴而就呢？大事尚且忙不过来，又加上千千万万小事也当大事抓，怎么来得及呢？饭要一口一口吃，事要一件件办嘛。

莎士比亚说："希望是受苦受难者的唯一药方。"有了这药方，让我们慢慢等着罢。

二〇〇七年五月

《姑苏烟云》后记

我从未写过小说，这是第一次，或许也是最后一次。

十多年前，我身患绝症，且有所扩散，手术后接受过多次化疗，无力走动，躺卧或枯坐终日。有友人告我，不妨闲编故事，使思想集中而有条理，且可忘却病痛。我依言施为，自觉有利于病体恢复，后将所思记叙成文，两年后遂有《过隙》（后改名为"姑苏烟云"）之产生，这使我自己都感到吃惊。这或许是对这段生活很熟悉的缘故，如今我已届耄耋之年，凡六十岁以上的人，都有同样的见闻和经历，我想，再不写出来，用不了多久就会湮灭的。

我写成这部不成样的长篇，有一点反思的意思，在我的大半生中，参与了不少回顾起来很愚蠢的事，我把它们写出来，是想使这些不明智的事，不再重新出现。值得庆幸的是，自改革开放以来二十多个年头，特别是近几年来，社会生活中已很少发生像《过隙》中描述的那些事，凡经历过那一段日子的人，无不额手称庆。

我要郑重声明，本书的人物全属虚构。

二〇一〇年七月

图书在版编目（CIP）数据

苏州，一个甲子的林林总总/俞明，朱熙钧主编. —上海 ：文汇出版社，2017.3

ISBN 978-7-5496-2015-9

Ⅰ. ①苏… Ⅱ. ①俞… ②朱… Ⅲ. ①苏州－地方史－史料 Ⅳ. ① K295.33

中国版本图书馆 CIP 数据核字（2017）第 039031 号

苏州，一个甲子的林林总总（一）

主　　编 / 俞　明　朱熙钧

责任编辑 / 许　峰

装帧设计 / 周　丹

出版发行 / **文匯**出版社

上海市威海路755号

（邮政编码200041）

印刷装订 / 苏州华美教育印刷有限公司

版　　次 / 2017年3月第1版

印　　次 / 2017年3月第1次印刷

开　　本 / 787×1092　1/16

印　　张 / 93.5

字　　数 / 800千

ISBN 978-7-5496-2015-9

定　　价 / 138.00元（全四册）

苏州，一个甲子的林林总总

（二）

俞明、朱熙钧　主编

文匯出版社

总序

　　本书的缘起是喝茶喝出来的。十余年前，开了不少茶馆，有零食、小吃，离退休的老人们蜂拥而至。过去的同乡、同窗、同事们，三五成群，隔三差五，聚在一起孵茶馆。天南地北，东扯西扯，述往事，思来者，边吃边喝边聊，谈谈说说笑笑，乐陶陶也。

　　在过去的年代里，聚众闲聊是大忌讳之事。祸从口出，弄得不好，妻离子散、家破人亡之事随时可能发生。特别是宣传文化部门、新闻媒体，非讲不可，非写不行，当时是对的，过后是错的，耍了一辈子笔杆，做了一辈子检讨。退下来之后，孵孵茶馆，过着清闲的日子。因为经历多，可聊之事也就多。比如童子军，凡读过中学的都参加过。换言之，中学生都必须参加童子军。这个话题，聊起来就相当热闹，但各个年级的童子军活动各不相同。经过大家补充，朱熙钧兄就写成了一篇文章。又比如一种普通的点心"斗糕"，如今已消失不见，当年是价廉物美的大众早点。熙钧兄认识巷口的"斗糕"摊主，写了一篇《斗糕大王》，介绍了当年街头一道靓丽的风景，很有意义。总之，老人们把闲聊的"口头文字"逐渐发展成了"纪实文学"，于是有了这套书的林林总总。

　　如今不是动员大众大讲幸福感吗？年轻人身在福中不知福，以为生来就是吃鱼吃肉的，祖祖辈辈都是这样过来的。殊不知，在那个困难年代，农村是吃糠咽菜，城市是买几两豆芽、扯几尺布都要票证。国家是"计划经济"，一个家庭月收入几十元，也非得过"计划经济"的日子不可。抽香烟只能抽"飞马牌"，不敢买"大前门"。冬季的农村，

每年都要进行社会主义教育，基本方法就是回忆对比。一个村增加两只竹壳子热水瓶、两双元宝套鞋，大家围在油盏灯下，在漫长的冬夜，要翻来覆去讲上两三个月。现在，老粗布、"的确良"已退出历史主流，"耐克""杰克·琼斯"等品牌的衣物穿在时髦青年身上。奇怪的是，现在动员大讲幸福感，却以为回忆过去那些事，是对过去抹黑，其实愚不可及也。

话又说回来，老头老太们善用此法倒并非为了去找幸福感。名牌衣物仍然不买不穿，也并无不幸福感。我辈善用此法，是因为只善此法。年届耄耋，不久即将终止生命的旅程，因而我辈累积了回顾过去的六七十年的优势。

我和过去的一些同事好友，多数人在机关干过，有几个在如今叫作"媒体"的地方做过。数十春秋随俗浮沉，与时俯仰，总算全身而退。而今，齿摇发落，"苍苍者或化而为白矣，动摇者或脱而落矣，毛血日益衰，志气日益微"。但我们这帮人都有一定的经历和阅历，有聊不完的故事。又因为都是亲眼所见、亲耳所闻，资料翔实。虽经几十载磨砺，记忆仍然鲜活。

比如朱熙钧兄。他土生土长在苏州，熟悉苏州土地上发生的事，熟知苏州街头巷尾一个甲子的种种变迁。以饮食而言，从苏地著名的朱鸿兴面店，到玄妙观的糖粥摊，还有观前街的绸缎局，他是店主、店员和摊主的老主顾、老朋友，他写的这一店一摊才自有独到之处。近年来，老伴病魔缠身，熙钧兄不仅要负担家务，还主动承揽了本应由我完成的编辑工作。

像钱正兄、熙钧兄，都具有那样的牺牲精神。难道还不足以证明我们这帮老头子，在行将就木前所做的最后一件事的意义和价值吗？

倚老卖老要不得，但编书这件事，正因为想到了这个"老"字，胸中才升腾起一些责任感、使命感，才有了些"非我莫属"的气概，才放弃一些清闲，自寻了这些"烦恼"。

俞明

2011 年 11 月 11 日

目录

文人侧影篇

学步履印篇

闾巷市井篇

老花匠

小鸟和秋虫的鸣声交替的时候，正是"秋之晨"的画卷慢慢展开的时候。

河对岸高低参差的林木，原先是明朗、妩媚的；现在宽阔的河面上升起了雾幕，一层淡白色、一层奶白色，就似几匹巨大的乔其纱横卧在天空中，随着微风飘荡，一切景色都被笼罩在早晨特有的纱幕之中。对岸河埠上传来了挑水声：水桶下河汲水，桶底碰击着石埠，听得出现在水桶上肩了。老远传来了扁担"吱咯、吱咯"的节拍，跨着大步，水桶在肩上稳稳当当，而步履和挥手之间的配合，是那样轻盈合拍，像是苏州农村妇女挑担上街那么欢快。很快，我凭着这扁担声的节奏和挑担的动作，断定他是花匠老卜。

老卜，是我交往了二十来年的花匠朋友。我跟老卜成为至交也是极为偶然的，他是我工作单位的花匠。平时，我只是在上下班时路过他的工作场所——一块不太大的庭园，点个头、问个好。他种的花好，大家喜欢，兴致来时，也常问问他关于种花的事情。我对他了解很少，也没有过多的来往，总的印象是勤勤恳恳，他的工作时间远比我们要长。只是有一年夏天的某日，下班时正是乌云密布，雷声隆隆，大家都匆匆忙忙地赶着回家，我又路过他的工作庭园。他还是挑着水去浇花。不知什么道理，我千百遍地见过他担水浇花，只是在这时，才发现他挑担是那样优美，从容自如，"吱咯、吱咯"的扁担声指挥着他轻盈的步履，肩上压着重担却是那样稳重，而神态又是那样慈祥，好像正要逗引天真的孩子的模样。我被这形象惊呆了。这不是舞台上的艺术吗？而老花匠已是近五十岁的人了。可能是出于兴奋，或者是带有欣赏的动机，我说："老卜，天马上要下雨了，不要挑水浇花了，快回家去吧！"他没有立即答我，只是看了看天空，然后笑着说："花草树木要是能说话就好了，那就赛过天气预报哉！你能巴望天老爷帮忙吗？就是今夜落雨落个浸湿，我伲花匠的规矩，也是要浇水的。"我心头一热，想了想，这不就是花匠的责任感吗？我喃喃地对自己说："对！对！花匠有花匠的规矩！"

从此，我总抱着一种难以表达的歉意去接近老卜。日久天长，我们的交往逐渐多了。我只要有点空，总喜欢上他那里去转转、聊聊。

如今，二十年过去了，其间还经历了不寻常的十年。我们不在一个单位工作了，来往也少了。我只知道他退休后自愿参加公园的管理工作。此刻，老卜又在我面前出现了，我想去招呼他，可他越过小桥，进入松林，逐渐隐没在绿色的生命之中。

于是，我绕过丛林去找老卜。前面是一片开阔地带，竖着两棵还没有种下的雪松。哦，这是友谊树，老卜在准备今天苏州和加拿大维多利亚两市结成姐妹城市的植树纪念活动。抬头望去，松针尖上戴着一颗颗水珠，在阳光下熠熠闪光。吸得多快呀！刚浇下水，就已升华成了珍珠。老卜挑着空桶汲水去了，依然按着规矩在办事哩！

蓦地，我记起了前天的晚宴上，加拿大维多利亚市市长威廉·廷道尔阁下热情洋溢的致词。他的声调是悠扬的，情绪是明朗欢快的，并深情地望着主人说："在北太平洋，维多利亚是珍珠；在中国，苏州是珍珠……"多美好的诗句呀！此时此景，使我相信，把珍珠交给老卜种植栽培，它准能发芽抽枝、开花结果的。因为，守规矩的花匠会把全部的心血倾注在绿色的生命中。

1981 年 11 月

小巷铃声

　　人的习性很怪，住在老房子里盼望有新房子住；真的搬进了新房子却老是惦记着老房子。先是我的老妈妈，现在是我，也不知道是为了什么。这几天我的脑海里忽然浮起一个人，要说他，就要说起老房子、小弄堂。

　　老房子在城里，不知从什么时候开始，街巷里撤掉了垃圾箱，每天一早一晚有垃圾车来收集垃圾。它不像贩夫担妇拉长嗓门唱山歌似的招呼人们，而是摇着铜铃，滴铃、滴铃，摇得很急，为的是通知居民：倒垃圾了！所以那个时代的孩童都知道，只要铃声一响，他们就会高声地叫各自的大人："倒垃圾哉！倒垃圾哉！"接着，一条弄堂里的左右邻舍、楼上楼下、深宅老屋里的人们就会急促地端着、抬着、拎着畚箕、箩筐、破铅桶，赶到巷口去倒垃圾，最后还要把盛具在车子上敲两记、拍两下，倒得干净了，才松口气，算是"今日垃圾已清"。

　　垃圾车很有点火车派头，不论风雨晴雪它天天都到，但是也像火车一样来也匆匆去也匆匆，过时不候。所以，一个早晨大家都得竖起耳朵，警惕铃响，否则你就无处倾倒垃圾，弄得一弄堂家家紧张。后来，我们那条小巷的拖车者换成了小范，情况就不同了。本来居民对拖车者是不知其姓名的，因为这小伙子做人做事有点与众不同，真有点"把困难留给自己，把方便留给群众"的味道，比很多说这两句话的人都用心。久而久之，居民们都知道了他姓范，他也就成了大家嘴里的"小范"，连孩子都这么叫。不过，名字却无人知道。

小范拖车有别于他人，譬如说，他到时摇铃，走时也还摇铃，不但摇得很急，还摇得很长。莫小看这第二次铃，它比第一次铃还重要，因为这之间相隔着十几分钟，第二次铃提醒了没有听见第一次铃的人家，让他们好清除已经积了一天的垃圾。两次铃后，小范会等一会儿才启动他的车子，并且拉得不快，可以随叫随停，照顾那些动作迟缓的人。这些，都和过去的垃圾车有着很大的不同。

小范的垃圾车是木结构的，连车轮也用硬木制成，只不过外面包上一层铁皮，拖着空车就轰隆隆地响。那时的垃圾车都是黑不溜秋的，小范的车身涂的是一层厚厚的柏油，乌黑锃亮。那时，墙上有一种叫做大字报的东西，因为你贴我盖，我贴你盖，大家骂来骂去，所以几天就是厚厚的一层，一撕就是一大卷，可以送到废品站去卖钱。小范也收大字报，不过他并不去撕而只是捡，他一路拖车一路捡，把别人丢在地上的大字报扎好捆在车子侧面。小范的车外还挂有几只布袋，这是他收集碎玻璃、塑料片、破布、废铜烂铁用的，分门别类，弄得井井有条。人们都知道，这些东西是拖车人"近水楼台先得月"的额外收入，有人问小范这种收入如何？他笑笑，说："垃圾里夹着碎玻璃、烂铁钉，沃田会扎伤种田人的脚；大字报丢在街上太难看，下了雨就更难弄。这些东西换不着几个钱，我是一举两得，反正又不要特别花时间力气……"这都是些实在得不能再实在的话。

垃圾车到我们的小巷，差不多是人们上班的时候。那时候的垃圾多是煤炉灰，要又轻又慢地倒，否则一倒就是一个蘑菇云。因为怕灰，倒垃圾者有的掩鼻扭头，一倒了事；有的远远地往车里一丢就跑开，等蘑菇云消散后才上前取回自己的家伙。所以垃圾车旁往往尘土飞扬，上班人无不掩鼻捂嘴，疾走快跑而过。小范深知此道，他会接过垃圾，轻轻倒入。尤其对老人和孩子，更是如此。说一声"我来，我来"，让大家远远站着，自己走上去接垃圾，倒了，拍过，有时候还要用棍子在器具里面刮刮，然后才还给人。所以自他来了以后，这条巷子里就不再有蘑菇云，上班过路也不必再练气功、屏呼吸了。

夏天垃圾多瓜皮之类，很引苍蝇，他将下午班改为两班。装车沉重，启动时人们很想帮他推一把，但是他却一定不要，说是不重，车脏，一个人就行了。人们只好眼看他深弯腰,嗨出声,猛用力,车子由停而动,获得动力而慢慢远去。冷天,居民都紧关大门,车到站后,他一面摇铃,一面还一家家去敲门,高呼"倒垃圾"!他期望得到居民、孩子们的响应。于是居民大嫂开门倒垃圾,嘴里还在唠叨说:"从来没有看见过,倒垃圾还要敲门!"这唠叨,有时候是嗔,像是埋怨小范扰乱了她的家务;有时候是赞,那一定是高兴小范提醒她倒了垃圾。

一年四季除了夏天,下午的小范似乎轻松些,又加上我家住在巷东口,属于他工作的收尾地段,小范就倚在门边,或者和居民闲聊,或者点支香烟抽抽。他对居民们的孩童虽知其名,但都统称囡囡,看得出,他很喜欢逗小孩,但从不近身,更不伸手摸摸抱抱,他知道他身上是带灰尘的。对老年妇女,小范就"张好婆、李好婆"地叫。老好婆们喜欢问他家庭情况,问他有没有对象?阿要结婚哉?他总是说结了婚养不起家主婆,尴尬地苦笑笑,摇摇头,好像还没有排上日程。

除了倒垃圾,我对小范还有点与众不同的印象,来源于葡萄和鸟。我家种有一架葡萄,长得很逗人欢喜,夏天偶尔大门开着,小范就会和我聊聊葡萄的品种、管理等等。有一年葡萄结得多了,压断了竹架,弄得满天井都是跌烂了的葡萄和残枝败叶,弄得我简直束手无策,记得也是全靠小范帮我收拾的。我的窗口养一只芙蓉鸟,小范也懂得叫声好坏,说要看品种和体态、年龄等等。小范的这些话,听上去不但不像一些不懂装懂的外行,而且说得很有分寸,所以他给我的感觉用苏州人的说法是"大概是吃过点墨水的",不光是会倒垃圾。

有一天,忽然垃圾车换了人,小范不来了。开始居民以为是内部调动,后来渐渐传出风声说,小范出毛病搭进去了。至于原因,人们说得津津有味,有的说是腐化(这是上世纪六七十年代的语言,指不正当的男女关系),是和一个什么女人轧姘头;有的则说不是的,听说是强奸,所以一搭就搭进去了……这种话说完之后,人们又都会长叹一声:"唉!作孽!"真不知道是谴责呢还是同情。不过,有一点是肯定的,谁也不知道小范人在何处,结果如何。渐渐地,时过境迁,人们的注意力就转移了,连小范是什么人也没有人知道了。

上世纪80年代中期,我有次出差,想不到在火车站候车室里碰见了小范——若不是他主动招呼我，我说不定已认不出他。身穿笔挺的西服，脚上一双白色的球鞋，像是时髦的耐克鞋。人当然老了很多，脸上起了皱纹，但脸架子还在。匆匆的交谈中，得知他被判七年徒刑，后来因表现好而提前释放，现在在阊门外石路上摆个服装摊，每星期要跑上海进货，等等。我总算没有忘记，说街坊邻居牵记你，大家关心你成家没有？他对居民牵记的事好像不好回答，只是说还是那个女人，现在一家三口，生活很好。见我听得丈二和尚摸不着头脑，有点茫然，他马上补充说："当初这个女人的丈夫在'文革'冲击下，非正常死亡（咳！他学到了政治术语，可能落实政策了），拖着一个两岁的孩子，生活极困难，原来想我们两家拼一家，双方都有个照顾，就这样同居了，不想竟犯了法，我原来是法盲……"说完他哈哈一笑。说说讲讲，开始检票了，我们各奔东西，匆匆分手，他还招呼我去石路玩玩。上得车后，才想起我又忘记问他的大名，而头脑里却一直在想他说的"法盲"……他这样使用这个二十年以后才出现的新名词，给人一种说不出的感觉：他是含着眼泪在说笑，笑自己当年的无知。

　　不知道又过了多长时间，有一天我去阊门外办事，事完之后逛逛石路，猛然想到了小范，于是就去问一些服装摊主。问了一阵，问着一个四十来岁的中年男子，他说"老范"不摆摊了，改行了，好像是有人请他去种花养鸟什么的。

　　回家路上，我既有点高兴，又有点伤感。不知道高兴点什么，也不知道伤感点什么。而耳边，竟似乎又响起那串急促的铃声……

1997 年 2 月

送煤球人老潘

认识老潘极偶然。见对面邻居门口，有一中年男子佝偻着腰、双手托着扁担，扁担两头挂了两只塘篮，里面装着不多的煤球，要跨进六扇头的竹丝墙门，进不了，艰难地连拖带抬过了门槛，给我留下个滑稽的印象。实际上我没有认识他，只以为是新搬来的邻居，而且我断定他是个不大会处理生活的人。

后来，又看见他那样吃力地挑担煤球进隔壁大户人家的备弄里去，这才猜想大概是送煤球的人。

那是上世纪 60 年代初期，还没进入"文革"。我向邻居打听那个送煤球人是谁？他们说"反革命"嘛！我习惯地问："是现行的还是历史的？"那时"反革命"是分类的。邻居说不知道。我想大概是历史上有点什么事情吧！就像我家对门马文斌家，他的弟弟解放前去了台湾，不知什么运动，马文斌被戴上了"反革命"帽子，虽仍旧做工，但见人低一等，从不肯与邻居往来。而他的小弟弟还没成家，跟马文斌一起生活，倒没有帽子，在工厂做工，回家后无事，门口坐坐，与五六个侄儿、侄女，以及邻居闲聊，还算自由。

上世纪五六十年代，不分职业，城市居民的生活琐事都得自己操劳的。自己挑自来水吃，自己挑煤球、捐米、买菜、劈柴生煤炉、用煤屑做煤饼等等。没有条扁担是很不方便的，即使"三门干部"如我者，挑担从没像老潘那样用双手托扁担的。他以为双手托着可以减轻肩膀上的压力似的。其实肩膀就是靠压力的磨炼，方能担起重量，从而健步如飞的。这要比手提重物赶路轻松得多，老祖宗发明了扁担，不知省力了多少倍。有了印象，还是没有认识老潘。直到邻居家有人叫他送煤球了，我才想减少些劳务，请他给我送煤球。说实在的，当初我们每个人都依附在单位里，工作生活是依着单位转的。单说单位里的学习吧，早晨、晚上都要学习，否则就排满说不清的会议，晚上不到十一点钟是回不了家的。加上又是"大跃进"开夜车，夜以继日是不稀奇的。当时的口号是"鼓足干劲，力争上游，多快好省"。一切要打破常规，根本没有假日，没有正常的生活。一切工作都是高指标，打擂台比高低，指标越打越高，脱离实际，工人农民拼死拼活干，带病干，轻伤不下火线，小车不倒只管推。干部拍胸脯，提保证，说大话脸不红、心不跳，以致假话盛行。全国经济混乱，人民困苦劳累。说句难为情的话，上厕所也要算着时间的。每日睡觉醒来的一段时间都称为"战斗的早晨"：买菜、生煤炉、吃早饭、烧中饭、倒垃圾、洗马桶、送孩子……至于洗衣服、洗被单更挨不上，没时间。全市人民差不多全是这样工作生活的，称这是"大跃进"，实际上是犯了一场发热病。结果浪费大量物力、财力和人力，换来的却是饥饿时代。

筋疲力尽的居民，这时有人送煤球，省力些有什么不好呢？我却有顾虑：以钱雇用人送煤球这不是剥削别人的劳动价值吗？不久前取消黄包车，就是这么宣传的。我不好意思开口。邻居知我心思，说叫"反革命"送煤球是居委会布置给他的改造任务嘛！这下我才开了窍，决定请老潘送煤球，这样总算认识了老潘。

我请他送煤球时，他挑担已熟练些了，就是蓬头垢面，胡子拉碴，手脸黝黑，只有两只眼睛是白的，但也是呆呆的。穿件破衣服，外加粗布深色饭单，挡在胸前。这是因为他进门后不能挑担，就双手提了塘篮，靠在胸前挪步行进，把煤球送到每家每户。

那时送一趟煤球（每户凭票供应，我家四人每月约一百二十斤）送费是五分，凡送上楼的每趟一角。五分钱是什么概念呢？八分钱一张邮票，信可通达全国；一碗阳春面也是八分钱；三分钱搭公共汽车可乘两站路程；一分钱去巷口水龙头上挑自来水的话，要来回两趟共四桶水。叫人送煤球所费不多，大家省力，邻居们都乐意叫"老潘、老潘"的。

然而老潘最多嗯嗯而已，从不多话，全按你的关照、要求办。老潘送煤球很道地。那时住房条件不好，拥挤得很，原有的灶间早已安排了住户。原来的厅堂、厢房都要隔隔弄弄，住满人家。各户的煤球炉都在公共走道里，甚至在屋檐下挑出一方避风挡雨的地方，放只煤炉也算灶间。至于堆煤球的地方，邻居各自设法占据领地，以堆满杂物为界。杂物不舍得丢掉也有道理：要紧时生炉子，当柴爿引火是急救办法。在这种场合下，每月限购的煤球也只能分两次购买，否则无法堆放，而老潘送煤球时，我们都在上班，家里无人，但他绝不会弄错，在你的地盘上堆砌得整整齐齐的。掉下来的碎块煤屑，他自带一把小脚扫帚，给你扫在你的钵头或破面盆里。这是每家每户封煤炉必用的，甚至趁有个大太阳，还要淘煤浆、一勺勺地做煤饼，还可充分利用呢！"省"，是补充物质缺乏的需要，也是当时挺时髦的观念呐，不像现在被称为"抠"的。

有回我家盛煤屑的钵头，在过道里被邻居的脚踏车推进推出时打翻了，裂了缝但不碎；后来老潘搬煤球时又翻了一下，竟然分成两爿。我说不碍事，原来就是破的。而老潘只嗯嗯而已，算是反应。明日却买了个新钵头放在我煤炉旁。我很不好意思，特拿了两角钱追上去塞给他，他却无论如何不肯收。在小巷里推推搡搡不像样，我想今后买煤球时终归有零头的，就不要他找还吧！结果还是不成。你给他多少煤球票、多少整钞，他算得清清楚楚，找的零头夹在煤本里原物奉还。真对他没有办法。

几年后，小巷从弹石路改为柏油路了。他倒聪明，用四个轴承，装在一块木板下面，像部小车了；装煤球的塘篮改成木框，就可叠上两三层，拖了这部老爷车去送煤球倒也比挑担省力得多。但把它搬送进高墙老院、深长的备弄，甚至上那陡而窄、摇摇晃晃的木扶梯，还是很吃力的。他还是老样子蓬头垢面，默默地劳作。

有一回，老潘却给我多了一层印象。那天我急需用煤球，将煤本和钞票夹好，直找到他住处去。他住在官宰弄一爿馄饨店隔壁的一个露天扶梯的楼阁上。看得出这是因房屋拥挤自己设法架搭起来的棚顶。一上扶梯就见他戴了老花镜，手里拿了本书，坐在小竹椅上认真看书呢。

我招呼他，他急忙脱下眼镜，偏偏一只眼镜脚是线套的，脱不下只好挂在耳朵上，而手上的书又急忙地不知放在什么地方为好。大概怕我问他看什么书吧，弄得他手足无措。我付了煤本钞票后，请他送，就离开了，免得他尴尬。这样又添了个印象：他是读书人，而且有点爱面子。

平时接触他，很想和他聊聊日常生活的话题，他都不予对答，大概他懂得话多要惹出事来，只做不讲最安全。因而我只知他是单身，也不知他如何生活的，更不知他的业余生活，是不是要定时写交代、检查或思想汇报，甚至还要挨批斗？"文革"中是什么事情都闹得出的。

平平常常地过日子，算起来也有十来年了。忽一日，他的形象略有改变，大概刚理发，胡子也刮了，脸也洗了，搬煤球也用劳动手套了。始终如一的表情——没有喜怒哀乐的脸面，开始有点笑意。原来，邻居里传出好消息，老潘在国外有亲人，已有信件来往了。大家为他暗暗高兴，也不去刨根问底是什么亲人、在什么国家。

又隔了一段时间，大概是1985年的春天吧，春寒料峭、阴雨连绵，那天又是夹着狂风暴雨，马医科菜场东面的鹤园一座七八米高、十来米长的大围墙，被狂风吹倒，整个墙面倾倒，把这条小路全部塞满，而压在下面的恰巧是送煤球的老潘。老潘不幸地走了！邻居们非常惋惜地叹道："怎么老天有这样的恶时辰？出事时天还刚亮，不知老潘起早出来干什么？"

无人收尸，忙了派出所和居委会。派出所将他送往火葬场，居委会替他备了个骨灰盒。一个送煤球的老人就这样离去了。天灾嘛，无从追究，何况没有亲属。

又隔了一段辰光，那时我已搬家，离开了这条小巷，路遇居委会李主任，我跨下脚踏车问李主任关于老潘的后事。李主任说："幸亏居委会凑些钱替他买了只骨灰盒。"怎么叫幸亏呢？李主任说老潘的儿子本来在他压死前约好，一个月后回国来探望他的。可惜就差这一个月，父子几十年没见到一面。李主任还说，他儿子捧着父亲的骨灰盒除了流泪以外，一再地感谢居委会。处理好坟墓事宜后，还将国外带来的礼物送给居委会呐。

我好奇地问："老潘到底是什么'反革命'？"李也答不上。只是同老潘儿子交谈时才知道老潘原来是在国民党的航空公司里做事的，一直在香港，后来不知怎么回国来的。他是苏州人，所以回苏州。

喔，我瞎猜：上世纪 50 年代初，在香港的"中央航空公司"和"中国航空公司"曾经有桩著名的"两航起义事件"。大概老潘是其中一员吧！

多少年过去了，我早就从煤球炉转用了液化气灶具，直到新公寓用煤气灶，然而有时还会想起老潘。到底老潘也是我们生活的一部分。其实对老潘又是那么地模糊，模糊到他是不是姓这个"潘"？何况不知他的名！

沿着模糊逻辑思索下去，想来承载这故事的并非个人的感情，而是一个特殊的历史现象。假如不是我误读的话，他也是一个尽责的人，他尽了时代给予他的职责，积极地自我改造，默默无闻地完成了。没有动人的场面，没有感人的事迹，他尽责的努力都记载在客户（受益者）的记忆中。那个时代，我们何尝不是为了谋取在社会上生存，虔诚地"洗澡"，改造思想，结果只能有少数人过关，而过关者继续佯装"洗澡"、专替人擦背，弄得多数人遍体鳞伤；这是巩固专政、"防修反修"的尝试吗？自然，老潘不仅仅是伤鳞而已，他属于另类人的生存。可惜他被偶然的事故断送了走向历史的转折的机会。

2002 年 6 月

斗糕大王王巧生外传

现在街上流行说大话，店家不称店而叫广场，明明天井都没有一方，明明是个货色不多的店铺，却叫什么总汇、中心、某某城等等。有意说大话，无非是求得个广告效应。可忧的是，这类广告病菌正在其他领域蔓延。似乎我也感染了此病，这小文章的题目也有些称王称霸，其实不然。

斗糕大王，此人姓王，因他年龄比小王大些，比老王又小些，只好封他个大王，并不是真正的绿林好汉山大王。

几十年前，苏州富仁坊西口，有一家做斗糕的小摊，门面就是住家，仅有炉子两只、水壶两只、斗糕模子多只。小摊主王巧生，青年时就摆摊做小食品出名，老一辈的顾客就送他一个称号，叫"大王"。

斗糕的原料是粗磨米粉，馅心是自己制作的白糖豆沙、玫瑰糖浆、薄荷浆，很是讲究，深得周围居民喜爱。

排队购物是短缺经济的产物，过来人都尝过这种不太好受的滋味。然而在斗糕摊上，却像参观制作工艺品那样，排着队、围着圈，看斗糕大王制作斗糕，一个个耐心等待，有说有笑，兴趣盎然。斗糕大王工作有序，台面干干净净，动作利落，竹匾里盛粉，蚌壳爿就是量具和工具。只见他在斗糕模子里垫一片打了几个小洞的铜皮，再用蚌壳爿匀上些米粉作垫底，然后用刮刀把馅刮进模子，再用米粉垫满、刮平，就可蒸煮了。蒸糕的壶只有壶口，没有壶嘴，把模子往口上一放，蒸气从下而上，就起到蒸煮的作用。模子上可以再叠模子，能放三四层，只要不停地翻换，斗糕自能蒸熟。待到香气四溢，把模子里的糕反拍在白毛巾上，用粽箬衬着，送到顾客手里。客人一个个欢天喜地地捧着斗糕走了。

斗糕是每天下午开炉，看起来生意兴隆，远近闻名，然而每天也只有七八斤米的交易，所得也仅够他一家三口维持生活而已。

斗糕大王多才多艺，得益于他自小就生活在各色小食品的氛围中，他的父母就是他的启蒙老师。最早时，他父母在富仁巷口慕王府旧址（现在的电信营业处）围墙边摆山芋摊，一锅煮熟，就用慕王府里桑树上的桑叶衬垫递给顾客。当时的王巧生约十六七岁，穿件白衬衫，算得个英俊青年，就是不愿意和父母一起劳动。原来父母为他养了个童养媳，巧生不中意，坚决不要这个媳妇，和父母僵持着，闹得沸沸扬扬。反封建的结果是父母为童养媳另找婆家，把她嫁到乡下，了结了这桩尴尬事。巧生胜利，来了劲，独立主持山芋摊，想不到青出于蓝而胜于蓝，生意比他父母还要兴旺。

巧生烧的是糖油山芋，山芋削皮后排放在锅内焖煮，即将焖熟时，渗入糖水，山芋被糖水包裹，吃起来甜糯可口，还有桂花香味。即使价钿略贵，但大家乐意购买，生意极好，这还是抗日战争以前的事。

苏州沦陷后一两年吧，王巧生在嘉馀坊东口摆了个粽子摊。他裹的粽子除了白水、赤豆、枣子粽以外，还有两种特别的粽子：一是灰汤粽，是用少量碱水拌糯米后裹煮的，糯而烂，可以蘸玫瑰糖酱吃，适合老人小孩食用；二是水晶猪油豆沙粽，包成长方形，当初属高档食品，小孩子是不太能吃到的。

王巧生生意做得灵活，经常因时制宜，变换花色品种。有一时风行吃馄饨菱，他马上跟上，用大大的紫铜锅煮菱，出锅时生青碧绿，特别诱人。煮菱卖菱不是单独设摊，总是几家的摊设在一起，选择地点很重要，当年在乐桥南堍有爿茶馆，茶客很多，巧生和他人的菱摊就设在茶馆前面，天时、地利加人和，这几家菱摊生意十分红火。

小孩子喜欢围观煮菱。有次，王巧生和邻近摊主比赛拉风箱，这是力气活也是技术活。巧生的炉子烧得旺，风箱拉得有节奏，快节奏时似欢声笑语，慢节奏时如舒心散步；而另几位摊主只会一开一闪，要他们拉快些就会乱节奏，连火也蹿不上来了。我们这些小孩子最爱看王巧生拉风箱，他越起劲，越得意，我们就越高兴，使劲拍手叫好。

在我眼里，王巧生是个万能博士，样样会弄。我家常享用他的"包拍西瓜"。西瓜在他手里转一转、拍几拍，他说好就是好，神得很。这个万能博士，夏天卖糟油馄饨，秋天卖桂花汤水圆，之后是粢饭团，包着玫瑰、薄荷、白糖，同样吸引人。烘山芋、甜酒酿等等，样样食品都能引起人们排队争购，不服气也不行。只是他一生没有卖过馄饨和面，审时度势，他知道卖面敌不过朱鸿兴，卖馄饨只会输给挑担阿二的馄饨担。王巧生没本钱没人力，只能夫妇两人在小食品上出花样。

说起夫妇两人，就得提提当年事，自他回绝了童养媳后，好久没听到他的风流韵事。我也在外面读书，只知道解放前一两年，听说王巧生讨了媳妇哉，传说是个打扮得花枝招展的妇人，很引街坊四邻的注目，后来变了模样，跟着王巧生劳动，不再抹粉点胭脂了。不幸的是，没过几年，这妇人发病瞎了眼，从此，只能不停地磨粉，为巧生的经营作个后盾。不久，妇人死了，巧生孤身一人，他领养了一个孩子，只能做点斗糕生意，维持生活。

巧生生性热情，邻居家有什么事都请他帮忙。众人也关心他，劝他早早结束鳏孤生活，他只是笑笑说："现在不是时候。"又过了一段日子，邻居发现他有了相好。只要看见他换上洁净衬衣，关照孩子在家早早睡觉，出门向南而去，大家都心照不宣，为巧生高兴，只是一直没见他要结婚。到上世纪60年代，他又抱回来一个孩子。由于他生性随和，人缘又好，做生意童叟无欺，即使抱一个孩子回来，也没人问长问短去探求究竟，也没人议论他的生活作风，连经常串门访户的民警，也不管王巧生的事。大家对那孩子倒是默默地关心着，在那个多事的年代，王巧生得到众人爱护，只能说是"得道多助"了。

王巧生生性随和，但也有豪气。记得还是在敌伪时期，我亲眼目睹过一件激发爱国热情的事情：一个当日本翻译的汉奸，坐了黄包车不付钱，还打车夫的耳光。这事发生在乐桥北堍的护龙街上，引起了公愤，众人和汉奸争了起来。这时，吉由巷西口对面汪安之红木家具店里做油漆工的叫子岳的（姓忘记了），他五短身材，肌肉发达，拉住汉奸就要动手,汉奸突围而逃。巧生和子岳一同追去。汉奸被子岳抓住,掀倒在地,子岳骑在汉奸身上,一顿痛揍;巧生揍拳不着,只好用脚去踢,直到汉奸叫饶,才放手让他逃走。此事发生后,巧生兴奋异常,给附近居民大讲痛打汉奸之事,绘声绘色,比现场更增豪气,比说书更加动听。但是,隔了个把小时,这个被揍得鼻青脸肿的汉奸,带了一排荷枪实弹的伪军杀气腾腾地冲到吉由巷口找人报复。因为事情出在大街上,无一居民、店家可抓;问人,大家都说不知道,更无人揭发检举,汉奸只得悻悻而去。子岳从此离开了苏州,说到"那边"去了(指投奔新四军了)。巧生也到别处避避风头,有惊无险,过了一阵又回来摆摊。

还有一件奇怪的事,那就是解放后的合作化。旁的食品摊早纳入联合舰队了,据说可以抵得住大风大浪;而王巧生却仍是自个儿摇他的小舢板,独来独往。也听说上面有人来催他上舰队,他心里烦恼时,就在上世纪 60 年代抱来的那个孩子身上出气,把他痛打一顿,这也是说不明道不清的家庭内部矛盾了。

约在"文革"前一两年,资本主义这根尾巴被斩到人们闻"资"色变的程度,他也只能跨上大船去了。集体生产大众化食品,斗糕旁人不会做,又不能大量生产,于是小舢板被大舰队彻底撞翻落海,手艺无从发挥,斗糕大王也走进了干多干少一个样的行列。最后,叫他搞运输,他无力反抗,只能说句时髦话:合作化是"一大二公"!

"文革"时连小食品也衰落,他又被调到某单位食堂去烧饭了。有时路遇,问问近况,他只说马马虎虎过日脚。他退休后更是不见影踪。但是街坊邻居还牵挂着斗糕,牵记着巧生,再后来,他和孩子也分居了。人们对他的牵挂更是与日俱增,却始终音讯渺茫。

几年前,听说他在七十多岁时去世了,弥留时还在含含糊糊地说:"玫瑰糖浆!玫瑰糖浆!"看来,王巧生的"斗糕情结"至死未曾解脱,苦恼之余,仍沉浸在甜甜的"玫瑰糖浆"里,哀哉!

1999 年 3 月

玄妙观里糖粥摊

　　橘子比青菜便宜，西瓜比冬瓜便宜，菠萝比山芋便宜，这是许多年以前不可想象的。过去水果属于高档生活消费，好像大众是难得消费的，现在竟然降到与日常大众消费一样。价钿便宜了，人们把苹果、橘子成箱成箱往家里拖，可是晚上坐在电视机前却懒得去削、去剥……人的味蕾怎么啦？口味变了吗？生产科学的迅速发展对人们的口味、食欲、生活方式也大有改造。过去苏州人喜欢吃甜食，现在也吸收了各路口味，也要带刺激的辣、辛、酸、麻等等，火锅、生猛海鲜的风行可作例证。以致苏州过去饮誉海内外的苏式糖果，也在销售排行榜上跌落低谷。这当然是整个社会进步中的变异现象。人的口味总是要变化的，如果说人类用火改变了食物结构，那么人们生活方式的变化，也必将改变口味。这是好事。这里要说的是老话，是孩提时代的记忆，苏州玄妙观里的小食品——糖粥。

　　在上世纪三四十年代，苏州玄妙观像个游乐场。苏州平民的休闲生活叫"荡玄妙观"，照现在的说法，玄妙观是旅游景点，旧说有十八景、二十四景等等，这里是吃、喝、玩、乐、购物、观光、烧香、祈求的热闹场所。糖粥摊就设在玄妙观十八景中的"一步三条桥""铁钉石栏杆"的露台的东北角。摊很简易，三块大门板搭起桌台，三条大长凳供顾客"雅座"，排成凹字形，凹形的一端放上糖粥的大桶锅和碗、盅，下设加热的行灶；另一端便是装焐酥豆的锅灶，摊主就在凹形中忙碌。摊的天顶是用粗竹竿和白布搭成人字形的篷帐，借以避小雨、遮太阳，让顾客坐下有个领域感和安全感。三个铜板可要一碗糖粥,或者是焐酥豆。还可以二者兼有,叫来碗"鸳鸯",就是半碗糖粥上加一瓢焐酥豆。糖粥是甜而不粘,稀而不薄,极是爽口,而焐酥豆并不是粒粒的赤豆,而是乌黑油亮而起沙的豆沙厚浆,不但甜,且有豆沙的口味,非常特别。

现在孩子上观前街闹着去吃充满奶油味的"肯德基",而上世纪三四十年代的孩子"荡玄妙观"如同进入乐园一样,最高最好的享受就是吃糖粥。游罢归来,条件好点的家长还买点小玩意儿给孩子,风车、金铃子、蟋蟀、黄雀之类的,由此可玩上个把月,留下美好的印象,甚至可保持到老年而不释。糖粥摊围坐的不但是孩子,而且也多老人,老人喜食糯而稀软的甜食,这自然是首选。而带着孩子逛的爸妈们,到时也陪着孩子吃碗"鸳鸯"的。这种"爱子效应"并不是糖粥摊主想出来的,而是这些食物受孩子喜爱而带动家长下水的。当初人们的头脑还没那么活络的,仅仅顺其自然,而现代的"肯德基"的大老板大概是研究这类效应的,运用各种销售方式和广告吸引孩子拉着爸妈跨进店门的。你看穿戴入时的年轻爸妈们从不会站在那里观望的,总是陪着孩子啃、喝一份,花它百十块钱而去。

糖粥摊主叫秦福元。据说糖粥摊是前清时就有了。秦家的祖宗是绍兴人,第一代摊主从绍兴来苏,就在社坛巷高墩旁落脚,选择了玄妙观的露台摆起摊子,由此而传到第四代秦福元。秦福元年轻时不甘守摊,曾学过说书、游过码头,糖粥摊由他老妈支撑。秦福元和当代评弹名家曹汉昌是师弟兄关系,同拜一老师,但秦福元大概天赋不足,弄了几年始终不叫响,生意平平,甚至还要拿糖粥摊赚来的钱去游码头说书。待到年岁稍长、盛气渐消,才安于归来守糖粥摊。那时已是抗日战争前,摊由三人支撑,秦、妻子、老娘(后期老娘眼瞎、由外甥帮助)。凭了秦喜欢说书而练就的口才,当然是会说会话,出语幽默,处世老练,笑迎顾客,经营不错。虽然说不上"日进斗金",但也"日进千百个铜板",到晚上总是一衣兜铜板哗啦啦倒在八仙桌上,大家忙着数齐铜板,包装好以便明日换成银元或大额纸币。这里附带说一句,现代人计量总是十进位的,对上世纪30年代用铜板、镍分、银角、银元也去套用十进位,那就错了。推行法币前后,随行(情)论市(场),

一块银元可兑十二至十四角小洋（银角），兑铜板大体保持在三百几十枚左右，一分镍币则固定在三个铜板。

一碗糖粥卖三个铜板，一副大饼油条也是三个铜板，以现在市场价格算的话，相当五角上下，这当然是价廉物美的了。而秦福元经营有方，精打细算，尽量降低成本，讲究质量，倒也打出了牌子，收入颇丰，成了小康之家。在社坛巷有了自己的房子，这当然还有祖宗传下来的份额。据说是第三代分家的。糖粥摊传到第三代曾经遇上尴尬，这位男主人是个读书人，而且犯有气喘病，做不得挑担肩扛的事，上代头看看祖业传不下去了，于是招来一个大脚媳妇。幸亏是大脚，又是光福农村妇女，做生活一等好手，传代有望。这就是秦福元的娘。老娘一世劳累，糖粥是要烧行灶木柴的，火旺、火熄都要用吹火筒来吹，时间一久，烟熏火燎得了眼病，到老竟成了瞎子。秦福元的妻子也为烧糖粥到老成了瞎子。好像瞎眼也会传染似的，曾有不少迷信说法。其实一言蔽之，曰"职业病"。生活的代价也给秦福元换来小康。秦福元的房间里就有一房的红木家具。

旧社会里求生存，真是尔虞我诈，都得靠点背景之类的，即使下层也要拜老头子，认寄爷通路子的。虽然小小一个摊子，但地处苏州最热闹的玄妙观，各路人物都会在这里淘金，不说别的，单是三清殿檐下，就麋集着一大帮叫花子，他们有的是出卖苦力或得病、残伤而无法生活的，也有高贵门第的公子哥儿吃喝嫖赌、染上鸦片而倾家荡产的，或被赶出家门而沦落檐头下作乞的，更有原本是地痞流氓或是强凶霸道的侠义好汉甘愿在此作叫花甲头的。听说秦福元在此立牢脚头，有上代头的庇护，老摊主嘛，各路人物都是拱手摆平的。此外，他与道教的上层人物也多有交往，这至少使他一摊子的生财家伙每日收摊后不必担回家去而可以寄存殿内。至于是否拜过老头子，没有听说过，不能瞎说。"黑老鸦"、地痞流氓一类的敲诈勒索事，好像也没有重大的"花费"，当然这类人物上门，吃几碗糖粥，那仅是像现在抽一支"红塔山"香烟而已，只算应酬招呼了。

对于背后的一帮叫花子，秦福元略施小善，叫花子宿在东北角檐下，避免正面活动，以碍摊的容颜。单这一点顾客才愿坐下来，才能吃得舒心。

记得上世纪 50 年代学习总路线时，对小商小贩有种比喻的说法：风雨飘摇中的小船，经不起风浪。也曾经在这个历史环境下，懂得一句小摊贩的谚语"风吹一半，雨落全无"。秦福元的糖粥摊真的应了玄妙观的一块碑，叫"靠天吃饭碑"。从他的上代头起，全家都关心气象，正像现代人的脸随着心境遭遇而"多云转阴，转雨"。第三代祖宗自己并不操作，但只要几天连绵下雨刮风，他就要无端发脾气。老人们都会叮嘱孩子"天在下雨，不要到老祖宗面前玩耍，他恨不得连柱子也要劈掉"。否则孩子们送上去便被骂得狗血喷头，甚至吃顿生活。跟老天爷打交道真难，1958 年虽然盛行过"人定胜天"，但那谈何容易！从众多的历史负担中，人们逐渐懂得：天是战不胜的，顶多只能顺应着、适应着，按天的脾气生活。因而秦福元对天崇敬，香火倒是不断的。

天气好，就多淘米、多烧豆。天气中途变卦，只能听天由命。春天一阵风暴，帐篷掀翻；夏日里雷雨交加，又得抢收摊子；秋雨潇潇，再加冬日里总会夹着风雪冰霜的，又只得歇搁。这种与天斗争中，叫花子会帮忙的，帮着抢收摊子，收拾家伙。剩下的糖粥不能隔夜，就分赠给这批帮忙者充饥。生意有兴有衰，糖粥不够卖时，就差人赶紧到牛角浜老虎灶打开水，冲入粥桶内，一碗糖粥起码会增值半碗。生意冷清，糖粥过剩，带回去给邻居孩子享受。

糖粥摊能在三清殿立脚四代，讲究的是质量和尽量降低成本。虽然偶尔要以开水冲入，令其增值，这毕竟是估计不足供不应求时的临时措施。真正的功夫是讲究用米、用糖和烧制的工序。米是不能用米店里直接购来的糯米的，而是需要到娄门、葑门那边许多米行里去打交道。用的米叫"摊糯"，就是糯米囤最下层的糯米，因搁置时间长、黏性不足，但是烧成后不粘不薄。糖也不是称来的白糖，这是要蚀本的。用的是糖蒲包，就是南货行里拆包后丢下的白糖蒲包或是白糖麻袋。每每要大批购进，甚至堆成仓库。在糖包仓库里蜜蜂成群结伙，好像这里是最好的蜜源。糖蒲包怎么烧糖粥？先要洗蒲包，将包上黏着的、残留的糖化在水中，然后烧开，撇去泡沫残物，再用豆浆冲入，可使澄清，糖水在上、沉淀物在下，最后过滤取出糖水。糖麻袋更难弄些，还要加几道工序分离、脱气味才成。每天要用大量的糖蒲包，只得向各大南货行收购，最远的还要向上海叫十六铺的这类商行求救购货。

劳动量虽然很大，质量倒是保证的。他们很少用糖精，当然糖精也是备有的。在客堂里总有一听美国进口的糖精，只是在糖水配糯米烧成粥后，口尝甜味不够时，才说弄一点"老鬼（举）山来"！"老鬼（举）山"，糖精是也。旧商业道德也有点讲究的，私弊夹帐的事是不能搬上台面的，只能愧疚地打个切口。

洗糖蒲包取糖，大幅度降低成本。然而脑筋活络的人还有生财之道。蒲包、麻袋用了一次还可派用场，所谓物尽其用，甚至到最后还可糊硬衬做鞋子，后来习惯说法叫废物利用。当时秦福元进十二只糖蒲包，只需出八只蒲包就收回成本了。真是取了你的糖，还了你的壳，还有四只赚头。这就是将包装的附加值剩下来，再将附加值增值。这笔赚头不是外快，倒是纳入主要收入的。

烧糖粥要将米和糖水比例一次加准，不能中间再加水的；然后用硬柴旺火烧，再熄火以炭化硬柴焖。其中还要几次旺、几次熄，人常守在行灶边，用吹火筒煽起旺火，作场间里经常是烟雾腾腾的。总的要求是米粒要开花，但不黏，要爽口，锅里不能上清下沉，粥下沉了就要干，干了就要结底，有煳味。焐酥豆却另有一套工序。人们以为是用赤豆烧成的，误称赤豆糖粥。其实是用上好的蚕豆浸胖后加碱、加水，以火功焐烂，甚至连壳也要烂，这里有个秘诀，过去秦家是不传人的，现在也没有人做这行当，而且也不愿做这行当，不妨加以公开。焐酥豆即使烧到上述程度，它还不会起"沙"，仅是一锅豆汤而已。秘密是另冲一大缸热的红糖水，冲入沸腾的焐酥豆汤中，加以搅拌，立即起"沙"而成焐酥豆。用碱烧蚕豆，照营养学来讲是破坏各类维他命的，好在人们吃焐酥豆仅一瓢而已，维他命还可以从各类蔬菜中吸取。

依稀记得糖粥摊上的糖粥确比串街走巷的行担"笃笃笃"卖糖粥的口味要好些，尤其是焐酥豆。无怪苏州的大户人家太太小姐羞于坐到露台上来吃糖粥，而是差了佣人提着饭格买回去享用的。这正是秦福元糖粥摊积几代的老经验而发展成的"名牌"。当初如果摊的帐篷上挂牌子的话（玄妙观著名的梨膏糖确是挂牌的），倒也是"百年老摊"，加上用叫花子困过的稻柴烧成特有口味的糖粥一类的渲染，肯定也会得个专利的。

秦福元的糖粥摊于上世纪 50 年代后期并入玄妙观西脚门的小食品店，不久秦患胃病病逝，四代传承的糖粥摊也就结束了。但秦福元和他的下一代，也赶上时代的潮流，儿子在上世纪 50 年代向科学进军，学了重工业机械专业，大学毕业后一直在某学院教书，现在早已退休了。这是结束糖粥摊后的多余话了。

写到这里，还会联想到苏州的小食品，甚至茶食糖果一类的事。对过去遥远的事那么留恋怀旧，倒并不是想"重振雄风"，何况现在正是"接轨"时期，人们的饮食结构、口味应随时代发展而有所改变。著名漫画家华君武有幅漫画，画一位母亲抱了襁褓中的孩子在喂奶，孩子作不愿吮奶状，旁画一电视机，下面写了一句"我爱吃美国口味"——有感于某些电视广告。看了真叫人忍俊不禁。据说现在刚生下的孩子，如果在医院人工喂养几天，回到家里，真的不愿吮母乳的。又听说现在儿童胖墩较多，某些人士说同饮食有关。据闻快速生长的鸡等等，饲养中添加的激素，在煮熟后还有残留，通过饮食进入人体，造成儿童体质变异。看来，我们对"精神食粮"习惯有导向，而对目前的"物质食粮"的口味改造，也正需要有个导向呢！

1998 年 2 月

乐桥北堍 "何东阳"

在上个世纪三四十年代——讲起来好像遥远得很，实际不过是六七十年以前的事。苏州护龙街乐桥北堍，有家叫"何东阳"的店，坐西朝东，两开间门面。什么店呢？没有标明。说来也奇，是家修理风琴、钢琴的店，而两厢橱窗摆的是台灯，天花板上吊的是吊灯，店堂里还有落地的自鸣钟和插屏钟等，很难说清楚这是爿什么店，只能说是何东阳一人兼做三项生意。

"何东阳"三个字的招牌倒是做得大大的，字体既不是正楷，也不是隶书，而是新法的美术体。"何"字的第一撇，上细下粗，一看就知这是刚时髦起来的美术字。招牌不是老法的木板或金字的，而是用马口铁剪成字体用铁架子支撑，将三个银光闪闪的横排大字竖在敞檐口上。这又是新法的。

何东阳的名字也特别，据说他是浙江东阳人，他把县名作为自己的名字，而且作为招牌店名，你说这人怪不怪。再说当初他不过四十多岁，但在我们小孩子看来，他却是个老阿爹。他留着长长的胡须，好像唱京戏的老生那样，不时地抚将着胡须，有时还衔着一个烟斗，显得极为老成。好像记得北局某家照相馆还将他这位美髯公的照片在橱窗里出过样。他的形象与他新兴的行当、新法的招牌，似乎反差很大。待我稍长些，我却将他的形象与丰子恺联系起来了。

住在他家附近的孩子们，常喜欢在他家门口玩耍。一是他店里摆着各式各样的台灯，中堂上挂着各类吊灯，新奇，好看。二是他就在店堂里修风琴。一名学徒常常东拆西装，洗刷，试音，弄得很忙很脏。孩子们对风琴里拆下来的那些簧片更觉新奇，也喜欢听修好的音键发出的新音；等到何东阳自己在修八音钟、调校八音时，更让孩子们无限神往。记得他家有位千金，约莫比我大七八岁。我进小学时她已是初中生。这位千金常在店堂背后弹钢琴。看得出何东阳很宠爱女儿，可能是何东阳早年丧妻，对女儿来说，他既是严父又是慈母。何东阳后来娶了女人，这是后话，这里可以不提。

何东阳好像从不空闲，手里总是拿着什么工具，东弄弄西摆摆，但也不见忙得不亦乐乎，做生活的时候也像是闲着的样子。他修的琴、八音钟，修好修坏，我们小孩子是不懂的，只是在门口听听声音而已；真正看得见的倒是他的吊灯和台灯。这才是他真正的创作。譬如说吊灯吧，都是古典式的，而台灯则全由他自己装配。一只旧的花瓶，或者是座瓷的雕像，他都能装上灯头和灯罩，做得像模像样，真像妙龄少女撑伞的动人形象，而实际却是一座台灯。有时一只釉彩极好的花瓶，瓶口破损了，他能将破损处截去，装上灯头和灯罩，又成为一座异常典雅的实用工艺品。看他的作品处处散发着艺术的气氛，再加上这里经常有悦耳的琴声，正表明这里的主人是个丰子恺式的人物。

我没有见过有什么顾客来买他的台灯，好像只是何东阳的创作所爱，属非卖品似的。然而给我的印象极深，总觉得这些台灯不是电料店里时髦新品所能及的。要是我有钱，我宁愿向何东阳老爹请教。我以后的生活里确实没有买到过称心的台灯，仅是实用的灯，缺少何东阳式的那种情调。

孩提时代的念头，竟保留到"文革"期间。大约在1972年，我在承德里口的花鸟商店里买到广东佛山产的瓷雕——白瓷鲤鱼漏空瓶。鱼嘴是向上张的，鱼身是扭曲作跳跃状，鱼鳞是雕空的，底座是有中孔的。一见之下，我脑里跳出几十年的存货，这不是现存的何东阳式的灯台吗？一口气买了两只。一只送朋友，一只放在写字台上，左思右想，总想做成一只台灯。以后请人雕了一只红木座子，座上刻着水波鱼跃，又用塑料管做成一只喇叭形的管子，插在鱼口中，像是鱼喷出的水圈，然后再在喇叭管上引出灯头；至于灯罩，圈了铁丝架，糊上绸缎，就成了何东阳式的台灯。对这件自己动手制作的日用工艺品，自我感觉着实良好。可惜用不了几年，一位木匠来我家干活，不谙电线来去，拖动家具时将此灯打得粉碎。木匠深表歉意，我只能说不碍事不碍事，其实心里蛮惋惜的。于是又赶到朋友家找另一条鲤鱼去，恰巧他的鲤鱼放在书橱里，也是抽书时不慎带下，跌得粉碎。原来的那家花鸟店则再也没有卖过这种工艺品，何东阳式的灯台只有存在于记忆中了。最近翻检破书，发现当初自我欣赏时曾为此拍过的一张照片，总算还能睹物思情。

何东阳真正的手艺是修理风琴和钢琴。当初在苏州城内是独家经营，并无分店。自己动手还带了个学徒。我们小孩子看这学徒的生活，可怜兮兮的，冬天手上尽是冻疮，夏天汗流浃背，还要挨何老先生的训斥。直到我在师范学校读书，那天这位学徒——其实早就是老师傅了——来校修琴，我们见了还打招呼，到底是街坊呀。虽然没讲上几句话，却也是很亲近的。

解放前后，我们这批年轻人忙于斗争，好像对身边琐事不屑一顾，自然对何东阳一家的走向一无所知。只是上世纪50年代初遇到文艺界有位朋友讲起，说那位何东阳家的学徒，现在忙于修琴，已经是专家了。以后又听说他被某音乐学院请去专门调校钢琴等等。倒是何东阳的形象一直在眼前，但不知他哪去了。人去楼空，那店面已成为无锡阿二开的汤团馄饨店了。至于他那亭亭玉立的千金，早在上世纪40年代初，由于她的琴声，无意间招来了位"知音"——汪伪的一名军官，上门寻求"伯牙"，听说碰了一鼻子灰。但汪伪军官有势力，臂膀扭不过大腿，最终军官达到目的。以后又经历抗日战争、解放战争，日子发生了天翻地覆的变化，他们的命运如何一概不知。想来磕磕碰碰的事情是免不了的，日脚也不会过得顺顺当当。即使有大众翻身之日，他们也无快乐之日，无奈的伯牙，可悯的钢琴千金。

历史的筛子总是拣大不拣小的。何东阳自然上不了历史，但有时听到一些五音不全的歌声时，又往往想到有架风琴定定音多好，于是又想到何东阳。上世纪三四十年代里何东阳虽只是修修风琴和钢琴，但毕竟在中小学的音乐课堂上起着点作用，更何况何东阳本人把高超手艺和艺术修养传授给了弟子、千金，而弟子以后又在最高学府授业。苏州现代文化的传播和积累，如果把它看作是一个完整的生命体的话，那么何东阳就是其中的一个细胞吧。

2000 年 11 月

名牌老店"朱鸿兴"

过去的店家很重招牌，有所谓金字招牌，并非如今鎏金的字体，而是分量重、含金量高的意思。一旦打出招牌，不但名利双收，还可荫庇后代，这是有远见的商家所追求的目标。有的店家生怕招牌被别的店家巧取豪夺的仿冒，还要冠以"真正""老""正宗"等字，表明独家经营，别无分出，即使是弟兄开店，旁边也要注明大房、二房，以示区别。一般的店家，也要加上"货真价实、童叟无欺"等语，标榜自己有商业道德。可见商界对创牌的重视和爱牌的心切。

现在苏州大街上有块硬邦邦的牌子，曰"中华老字号——朱鸿兴面馆"。在各商业区、居民点都有分店，大有越来越兴旺的趋势。

朱鸿兴开设于上世纪40年代前后，业主朱春鹤，乳名阿三，近段居民都称呼他"阿三"。他才二十出头，他的父亲在乐桥聚苑茶馆门前开设饼馒铺，做生煎馒头、蟹壳黄，朱春鹤从小跟着父亲做生意，学会了一手高明的饼馒制作手艺。

那时，苏州已被日军占领。沦陷后的苏州，各行各业极为萧条。朱春鹤凭了自己的手艺，自立门户，在吉由巷口租了一个店面，开起店来。当时在乐桥北埌有家李姓开的面店，门面虽有两开间，但人手不够，仅能做做吃吃，勉强维持；干将坊西口还有家湖广帮的馄饨店；在大井巷口还有叶姓的"无锡阿二"定点的骆驼担，卖小阔面和馄饨。一条道上百米之内有三四家点心店，朱春鹤的店能有生意吗？开始，他没有店招，只凭特色起家：卖大馄饨、大肉馒头。大馄饨在当时是个冷门，市场上少有人经营。他做的大馄饨馅多汤鲜；肉馒头在相同的价格上比人家的要大，馅中有汁，咸中带甜，很适合苏州人的口味。他将肉砧板放在门口，肉馅里斩入皮冻，大包大包的白糖搅拌进去，顾客看在眼里，觉得朱春鹤真不计成本似的，真价实货。馒头还在炉火上蒸，蒸笼周边就围满了等待的顾客。人们为了买到热气腾腾刚出笼的馒头，绝不吝惜一点等候的时间。

两种点心吸引了远近顾客，生意出奇的好。于是朱春鹤又将店后一块空地租下，盖了个大芦席棚，扩大堂口，把生意做大，面条、汤包、烧卖、大馄饨、豆沙大包、大肉馒头、紧酵馒头、蒸饺一起上。他营业上的兴旺，与当时怡园成了游乐场有一定的关系，游客转而成为食客。当时滑稽艺人袁一灵等在怡园说滑稽，插科打诨，是真正的"脱口秀"——即兴创作，总忘不了说说对过朱阿三的事情，这是免费的好广告。也就是在这时，朱春鹤抬出了自己的牌子——"朱鸿兴"，"阿三大馄饨""阿三大馒头"从此有了响亮的名号。记得有两位名家，分别在不同时期为朱鸿兴写过招牌。一位是碑刻家、书法家周梅谷，他是朱春鹤的邻居；一位是后来成为著名花鸟画家、书法家的张星阶（大约上世纪50年代后，才改名辛稼的），店招上的字写得出手不凡，一如朱春鹤做出的点心。

芦席棚容易失火，总非长久之计，于是朱春鹤又在对面怡园隔壁租下三开间门面，楼下设作台、灶间、账台，楼上是堂口，又将后面的怡园挖租一大间做堂口，那时真是顾客盈门。

面馆经营有方，旁人看来有几方面原因。一是老板娘坐账台收账，理财精明。其人生得娇小，说不上标致，但尚称"登样"，小巧灵活，因而附近居民送她一个带有褒义的雅号——"小洋鸡"。二是朱春鹤店虽开大，但采办总是亲手包揽，从不假手他人，他身围作裙，每日上菜场时，肩背一只特大竹篮，选购鱼肉等料。苏州人都懂得青鱼、草鱼要四斤以上的才能做菜，每条鱼的鱼头大小要基本一样，才能做出上规格的"头爿"。至于肉类有各种要求，若非自己选料，不足以保质保量。当然，后来生意做得更大，鱼肉改为定人供应，连出虾仁都是卖鱼娘娘来义务劳动的，质量也有保证。三是高价聘用能手，包括打面师傅、馒头师傅、上灶师傅、堂倌等等，各道工序都有好手把关。他善待这些高手，凡落市后，常看见他陪了这些师傅在店堂里喝茶抽烟，很是投缘的样子。此外就是他的经营策略，薄利多销，对顾客如上帝，尤其对附近居民以及下层劳动者。

苏州人在外地吃面后常常抱怨，说是扛棒面、酱油汤。此乃地区口味不同，属饮食文化差异。苏州面条讲究汤水，朱鸿兴亦然。"方便面"发明者，也是循此思路而成功的。朱鸿兴每日吊汤像菜馆里烧高汤一样，决不含糊。吊汤要用鸡肉、猪肉、骨头、鳝骨做原料，加水煮透，然后吊出清汤。各有手法，此乃秘方，不是几句话就能吊出清汤的。余爆鱼的油，称为"红油"，老顾客要点加，既是重油又提鲜味。

有了好汤水，还要讲究面条粗细。朱鸿兴的生面也与众不同，用的细面，称"二十八牙"。入锅后涌一下，加冷水，再涌就要捞出，用抓篱捞拨成形，朝空中掼两掼，将面卷紧，一如木梳梳成似的，放入汤内，洒些葱蒜，就是一碗既能吸收汤水，又有硬张吃口的阳春面。人说："一碗面会有什么花头？"你可别小看抓篱朝空中掼两掼，不洒脱面汤水，汤水就走味。面条不卷紧，汤水就会很快涨干。朱鸿兴所有的操作全是从吃口上考虑的，倘若不信，不妨自己试试看。

老顾客还有花头哩，如何吃法也有讲究。阳春面或浇头面上桌，顾客先挑和面条，然后啜汤、吃面。细面吸汤，味道就在其中了，而且非在三五分钟里吃完才好，这是原汁原味。如果吃吃停停拖长时间，面条吸汤过多就要烂了，口感也就两样。爱吃硬面者如果最后吃上一口烂面，就好比吃一包花生吃得很香，最后几粒却是带"哈喇"味的，叫人懊恼半天。

细面才能吸汤，若用阔面，只食其爽口滑溜而已，汤水味就大减。阔面在夏天做拌面极好，然朱鸿兴考究的是汤水，所以很少有顾客到朱鸿兴来点吃拌面的。真到夏天，朱鸿兴会有时令点心上市，那就是"枫镇大肉面"，完全是白汤、白肉，汤清而爽，且带酒酿香味，原来此汤用鳝骨、肉、骨头和酒酿吊成。夏日佳品还有菜馒头，菜馅油而脆，微甜，是苏州老人吃素斋时的好点心。至于春日里的三虾面、虾仁面、秋天的虾蟹面、蟹粉馒头等等，都是花色品种轮番轰炸，形成热闹门面，从不冷清。

常在外地的苏州籍人士回苏州时，首先牵挂的是苏州点心：松鹤楼的卤鸭面，朱鸿兴或观振兴的焖肉面，黄天源的汤圆、糕点，绿杨的大馄饨。海外归来的甚至还要尝一尝糖粥。吃来吃去，人们都盛赞苏州的焖肉面，就这样小小的焖肉，好像只有苏州烧得出来。其实苏州陆稿荐、杜三珍制作的酱肉、酱汁肉，菜馆里烧的四喜肉以及类似的东坡肉、樱桃肉、走油肉、万三蹄和最考究的蜜汁火方，都属苏州的特色佳肴。那年，美国的基辛格博士来苏，宴会上有只蜜汁火方，吃得他大快朵颐，还招来大师傅询问制作方法哩。一连串的名牌何不运用于名牌游戏中，这是从朱鸿兴的焖肉面联想到的戏言。

朱鸿兴真正发达的时期是在1945年抗日胜利后，那时客人特多。估计这是国民党大小接收官员发财后看中了苏州，常来苏州居住。加上知识界人士，包括评弹艺人走红，成为朱鸿兴的常客。朱春鹤善于审度时势，改变经营策略：阳春面赚不到多少钱，作保本产品；浇头面可赚些钱，真正赚大钱的是花色面，是专对高消费人士的。于是除保留传统的焖肉、爆鱼、脆鳝面以外，大大增加了花色，如虾仁、三虾、虾腰、虾蟹面，炒鳝糊、炒什锦、炒三鲜、炒猪肝，以及肉丝、排骨、蹄髈、冻鸡、香菇等品种。这种浇头味道也确实好，如同菜馆里的佳肴，非但受高消费者欢迎，就是附近居民有客留饭，也会去朱鸿兴炒两只浇头，就可延宾待客了。这要比上馆子经济实惠。

朱鸿兴最显著的风景线是店门口排满的黄包车。外地旅客一上黄包车，车夫就推荐去朱鸿兴吃点心。车夫把旅客拉到店后，取出洋瓷大口杯，买根面筹，就可得一碗半左右的阳春面，还外加红油一勺，油水十足，满满腾腾。车夫就地坐在黄包车踏脚上，享用起来，大可补偿体力的消耗。这是朱春鹤的绝招，要赚高消费者的钱，同时对阳春面放宽，真有点"赚富济贫"的侠义味道。对车夫如此笼络，对附近居民更是如此，凡带来"家生"去买面的，他都关照煮面的师傅一律加重面条的，可算是精明了。后来外面传说，只要黄包车拉客上楼，朱春鹤就送一碗肉面给车夫，这是传误了。老板再慷慨，也不会做蚀本生意，到底一碗花色面赚不出一碗肉面钱的，这笔账谁不会算？

此外他广交朋友，结识社会人士、名流、新闻界人物，不时发些面筹请他们来尝新，这些人享了口福，自会有口头的、文字的传播，广而告之，这也是他吸引顾客的一法。由于他经营有方，又善待他人，因而随着营业发达，社会地位也日益高涨，很快就列入主持吃讲茶的位置。当时从乐桥到察院场这一地段，有"三名人"，亦叫"三个山"。一是夏品三，开古欢室裱画店，裱画一等好手，张大千几次到上海开展览，都由他裱画的。张大千来苏，总是住在富仁坊夏品三的小洋房里。后来夏生活不检点，又靠拢政界，曾买官至中山镇镇长，且备手枪一支，最后以"反革命"为下场。二是薛老三，此人是中统分子，未见恶迹，但当时享有社会地位，结局不详。第三名就是朱阿三，经营朱鸿兴得名，未涉政界，最后留着一块名牌。

朱鸿兴堂口服务有特色，堂倌很有本领。当初有位金鱼眼的堂倌，以后还有个长子（可惜姓名都忘了），真的是眼观六路，耳听八方，玲珑待客，服务周到。那时候，顾客入座后点吃什么，都由堂倌一声吆喝，传到灶上的，而且喊来有声有调，抑扬顿挫，不是唱歌，胜似唱歌，有时还喊出些幽默词句。比如两顾客点碗鱼肉双浇面，堂倌先拉长一声："要么来哉……红两鲜末两两碗，轻面重浇，免青宽汤。"顾客点吃各有各的要求，如硬膘大精头、拣瘦去皮、分小碗、加汤等等都会喊得一清二楚。那时是先吃慢会钞，顾客吃后离座去账台会账，堂倌心算后一声呼叫，任你吃了多少点心，报账绝不会有错。尤其是顾客之间还有代为会钞的，若是两顾客，堂倌知道姓名的，就呼："今朝陈先生请朱先生，总共会钞多少多少。"有时某戴眼镜的顾客与堂倌耳语数句，指认某先生吃账由我付账，待被指认的顾客离座时，就呼叫："今朝眼镜先生为某先生请客，欢迎明朝再来！"于是此客忙回头与眼镜先生招呼、道谢。这里好像是社交场所，顾客与顾客之间，顾客与堂倌、老板之间还真有点人情味哩。

堂倌要牢记各种点心的价格，顾客在离座前，他脑子里已经拨弄加减乘除了，待你付账时，他能呼出正确数目。当时没有电子计算器，但他完全可以跟卖鱼娘娘的快速心算媲美。其实诀窍是：朱鸿兴的各种花色面用的碗都是不同的，繁多的品种归成几大类，不是从复杂到简单吗？就是这样，堂倌也是费神费脑费劳力的。曾见过一堂倌一臂装六碗面，右手扣三碗上桌的情景，像表演杂技一样。当然常规的是用盘装碗上桌的，一盘也有十来斤重的模样。

服务到家的项目还有一项叫"外叫"，只要传话到店，就能送面点到家。有次邻居家有麻将小桌消遣，赢家高兴，愿做东，呼六七岁小孩去传话，孩子在店门口仅仅向桌台板上的馒头师傅说要几碗什么面，师傅问清地址就传到灶上。孩子回家，大人唯恐孩子没说清楚，问他叫下去没有？向谁叫的？大人越问孩子越急，也就越说不清楚。正在尴尬时，朱鸿兴的学徒拎了提盘篮，一路呼喊进来，几碗面几种浇头丝毫不错。这不是像"首问负责制"吗？最近电视里在提倡办事机构要做到"首问负责制"，问到第一个办事人员，不能说不知道，不是我的份，而是要帮助上门人找到办事的人。现在说这是为人民服务，当时的朱鸿兴还只晓得为了生意兴隆，却应验了"童叟无欺"一类的词句呐。想来这倒也是个好的传统。

朱鸿兴最艰难的时期大概是1948年金圆券风潮后，钞票贬值，物价飞涨，出去一碗面，收回的价钱只有半碗，甚至半碗也没有。不知阿三在这时期是怎么经营的。听乡邻讲，阿三一直在调头寸（借债），而借贷方大概是以实物（面粉）或银圆计的，否则也是借不到的。这时期他的夫人理财再有本领，也一筹莫展。真不知这段难关是怎么渡过的。

朱春鹤开店发达后曾积了点小财，但大都用于扩大再生产，做出名声，打好牌子。至于他家生活却很平常，没置房产不置田，住家还在幽兰巷。他夫人管账，对朱春鹤只发零用钱。他不抽烟，不喝酒，消费有限，但袋里香烟总是有的，仅作交际用。

到上世纪50年代，再见朱春鹤时，他显得老相了，肚子已凸出，有点微胖，像吃饮食饭的模样，但眼袋下垂，行动没以前那么利索了。好像公私合营以后，他夫妇俩的工作也调动了，因此不大见到。他家没有孩子，有一个侄子辈曾在朱鸿兴当过学徒，据说后来当过店主任。

用了粮票以后，经营状况都跟着变了。"大跃进"的后果，更难保朱鸿兴的名牌了。就像陆文夫的著名小说《美食家》里所描写的，那个时期所谓面向大众，在卖大众菜。到了打倒一切的时代，老店朱鸿兴更在打倒之例，即使在新时期来临后，一时也难顾着。到了上世纪80年代初期，文物商店拆迁，朱鸿兴也迁到北塔附近去，我也没上过门。只是有次听说朱鸿兴的某堂倌退休后还在朱鸿兴卖姜丝。为此，我特地去了几次。只见老人像中过风的样子，动作迟钝，神情木然。本来，他是一桌桌兜售的，我特意走到他处，取了盆姜丝，付了钱。我已叫不出他姓名，他也不认识我。我按照现在的店规，自我服务，从窗口里端出碗面，找了座位，吃完就走，真有点为世事的沧桑感到惆怅与伤感。

前几年，朋友约吃早茶。他和我是朱鸿兴的老吃客，因而选在碧凤坊口的新址朱鸿兴。那天细雨绵绵，赶到朱鸿兴，登楼临窗小坐，总想找回旧日朱鸿兴的感觉，环视厅堂，圆桌不少，可顾客仅我辈四人。我们泡了四杯茶，点了点心。我吃了碗焖肉大面，友问："有朱鸿兴味道否？"我说："就是这碗肉面有点朱鸿兴。"出了店堂，回头再看看，洋装多于传统，既有早茶，又有面点。而且早茶非旧时茶壶，茶价高于面价，一般顾客为保护权益而另作选择，于是冷落如此。那时大概还没有挂"中华老字号"的统一招牌呐。或许这就叫文化断层吧！历史上传统的好东西，近几十年突然消失了，要续接这类文化，还需要时日。

试看现在大街上挂"中华老字号"的朱鸿兴各家分店，一如肯德基占领商业热点那样，有点兴旺样。朱春鹤在历史的长河里拼死拼活撑了条朱鸿兴的小船，无非想追赶前面一座座的桥洞。历史老人站在桥头上观看河里几十年来来回回的船只，发现有些船只仅是原地转圈而已，于是将废去的再捡回来。总算捞回一块名牌——一笔隐形的资产。

逝去的就让它逝去吧！

2000 年 12 月

续记名牌老店"朱鸿兴"

我写了篇《名牌老店"朱鸿兴"》，在去年的《苏州杂志》第三期刊出后，我弟就来电话说，你文章写错了，朱春鹤是有女儿的。同时又接到表哥的电话，也说朱春鹤有女儿的。我只能说大概那时我正在外地读书，没有注意到这一细节，很是抱歉。不久就接到两封信，一封是朱春鹤的大女儿朱云珍从西安寄来的，一封是朱的小女儿朱炜从本市寄来的。两信以客气的言语，不约而同纠正了我的错误，一无责怪，相反还告诉我当时吃油腻饭的陋规是不让女孩去店堂的，她们小时候路过朱鸿兴时，也是从马路对面远远离开的。她们也告诉我，后来资产阶级子女受歧视的情况，背着沉重的精神包袱，甚至隐名埋姓，不敢提朱鸿兴三字等等，还讲了些朱鸿兴三字里含有的血泪斑斑的事情，因而有了这样的续记。

朱鸿兴开设的年份，应该是 1938 年，抗日战争的第二年。我记得很清楚，我姨夫赵培德开设的自在庐古玩店就在护龙街吉由巷北，贴南隔壁是爿糖果摊的模样，即后来朱鸿兴店面位置。1937 年 11 月日本兵侵入苏州，我们都逃难去乡间，直到翌年春节后才返苏，自在庐古玩店被日本人抢光，相邻的糖果摊也没有了，是空房，属对面轿子店某姓的产业。现在有些记载说是 1940 年前后朱鸿兴开业的，而据朱春鹤大女儿朱云珍说，1937 年父亲开店，翌年 1938 年她出生，店业兴旺，因而家庭视她为掌上明珠的。我想，1937 年日本兵打进苏州，根本没有市面，不可能开店的，而且我见到的这店面是糖果摊。估计应是 1938 年夏，才开业卖大馒头的。

朱春鹤所以要开店，这与其婚姻大有关系。朱春鹤妻叫谭崇英，他们是同学关系而相爱结成夫妻的，其中还有段反封建的故事哩。谭崇英要嫁给朱春鹤，却受到谭家长辈们的极力反对，而谭崇英却极力反抗，终于成婚。因而心里憋着一股气，一定要独立成家造就事业，光耀祖宗。于是在时局稍停当些时，谭崇英便将母亲给她的嫁妆细软出卖，全力投资朱春鹤开设朱鸿兴。原来谭崇英出身名门，父亲谭维德曾是黄埔军校毕业生，谭母叫张惠民，曾念过新法学堂，与其父结合时，也曾遭到张家兄长的反对。张家在前清时是做官的，兄弟几人当时都有官衔，有的习文，有的在邮局工作，妹张惠民与谭维德接受新思想，上街剪辫子，并参加武昌起义等，都为兄弟几人所不容，他们曾将其妹张惠民关在后花园毒打，不让其成婚。最后由张惠民的老祖母偷偷将其释放，并赠一船嫁妆护送出张家，与谭维德结合而流落他乡。武昌起义失败后，谭维德坐牢，张惠民悉心照料。后由冯玉祥相助将谭维德救出监狱，谭维德消沉在家，致力于竹石雕刻，以后又成为雕刻名手。我的宿好尤玉淇老先生于上世纪 90 年代初曾为谭维德一手雕刻技艺写过文章。谭维德于抗战时曾带兵抗日、浴血战场。因而谭崇英的反封建的故事还有点家族影响，真有点遗传因子在内，以至形成了她自己的性格，这对于朱鸿兴的事业是有其作用的。

前文提到 1948 年金圆券贬值，朱春鹤到处轧头寸，举债度日，不知他如何渡过这一难关的。现在有了下文。主要债主的姓名叫高聘之，是朱鸿兴的吃客，住在护龙街大石头巷东口的石库门里，与朱春鹤住处相近，过从甚密，遂成知交。高家是望族，培养七个子女都是高级知识分子。高聘之此时靠家产过日，热心慷慨，人称"高痴子"，常以自己的钱财，散发给穷苦人。后得知朱春鹤在金圆券贬值而有困难时，竟为朱鸿兴举债，先向在上海从事纺织业的大儿子借了一笔钱，自己也拿出一笔钱，还向邻居如教师家属陆师母等（涉及人数也多）借债。1948 年秋冬借的债，还还借借，竟拖到 1950 年春，解放初期经济尚未恢复，朱春鹤一时无力归还。而高聘之承担借主，难以向亲人友朋等人交代，竟寻觅到鸦片烟斗里的烟屑，浸水服毒自杀，并留下遗嘱，嘱子女不准向朱春鹤逼债。高聘之张扬侠义精神，竟有此悲惨壮举，在那时候的社会里也确实难得。高聘之在苏的儿子高晋杰，后任市六中校长，也确实没有向朱春鹤提过这笔债务。高聘之平时很喜欢朱春鹤的大女儿朱云珍，自裁前的一天，还特地去看望朱云珍。那是个阴雨蒙蒙的天气，高先生带了一把黑布伞，一早就去朱家，跟朱云珍说："高伯伯要出趟远门，不能经常来看你了，但我还会来看你的，你不要怕啊！"当初十多岁的朱云珍不解其意，只是嗯嗯应答而已。翌日高聘之自裁噩耗传来，朱春鹤马上赶去吊唁，极悲伤。朱云珍才知这是高伯伯最后的告别和爱抚。直到今天朱云珍已是耆老之人，还记得起高伯伯的原话。今朱云珍来信说一定要我写写好人高爷爷，但又不知其姓名。经过辗转询问打听，线索断了再续，总算最后找到了高晋杰（早在上世纪 90 年代患高血压亡故）的夫人，环保学院退休教师陈慧龄，才证实了这段故事。

高聘之做了好人，虽然精神可嘉，朱鸿兴的门面也照样撑着，但内部已经亏空异常。直到解放后，高聘之常与朱春鹤在柜台旁商量债务，这时期劳资已有纠纷，某些人怀疑高聘之为朱春鹤抽逃资金。高聘之也听到些风言风语，最后决定自裁，这也是原因之一。摆脱干系，一了百了，还个清白。高老先生谢世时，年仅五十五岁。到了 1952 年又有"五反"运动，运动中闹出个无中生有的故事，说朱春鹤藏有金铸菩萨一尊，朱春鹤为此吃了些苦头。但职工曾见朱春鹤实在发不出工资时，将自己皮袍变卖而发工资的，而且幸亏有高聘之宅内邻居、朱鸿兴职工毛宁，深知高老先生为朱鸿兴举债而自杀的情节，曾说过一句实话：高老先生是个好人。因而众职工相信这一说法，朱春鹤才在运动中逐渐解围的。

公私合营后，朱春鹤夫妇与职工一样工作，没几年又放弃定息。以后朱的三个儿子都有肾病而早殇，朱春鹤年老有病，却无劳保，拖不了多久也去世了。一连串的遭遇，在这块金字招牌的背后，有说不尽的苦楚。

现在朱家的两个女儿，也已子孙满堂，有所作为，生活情况尚好。朱云珍来信说：朱鸿兴这块招牌，不但是她父母，也是许多人的心血浇铸成名牌的。这里应该包括高聘之以及他们的儿辈，和朱鸿兴许多职工的相帮。最近我友遇到当年的长子响堂——沈祥生，说起有人写朱鸿兴文章还提到他时，沈祥生说朱春鹤的确善待职工，为创牌子而宁出高薪的。沈说他是1954年进朱鸿兴的，朱春鹤给他开工资每月九十万元（旧币），而当时一般的店员仅三四十万元，也在养家活口。他讲起此事，还在怀念这样一位小老板哩！至于前文提到的金鱼眼响堂，名叫顾勇泉，他的妻子本在朱春鹤家帮佣，他们成婚时，谭崇英像出嫁女儿那样对待的。

朱春鹤是枫桥人，枫镇大面出在枫桥，不知他是否是传人。希冀有熟悉此情况者续写枫镇大肉面的故事。去年夏，曾在体育场路的一面馆吃过枫镇大肉面，确实不差，有点传统的味道。

朱鸿兴除浇头面出名外，其实还有一种名件：小笼汤包，皮薄馅足，有汤汁而不破，咸甜适中，外加一碗蛋皮清汤。这是苏州人喜爱的点心。当初是十件称一客的，而现在是六件一客的，像是小馒头哉，哪里是小笼汤包。朱鸿兴的汤包是皮薄如纸，几乎透明，用手指一推，可见汤在皮内晃动。老吃客还有吃汤包秘诀，"轻轻提，快快移，先开孔，再吸汤，后吃皮"。如不照这口诀，一口咬去，往往汤汁溅得你一脸，甚至溅及旁人，那就抱歉得很了。过去苏州评弹艺人说《钱笃笤求雨》，描写钱的生活，早晨到面馆里叫客小笼汤包，吃掉四只，再将六只汤包只吃皮，然后取出六个肉圆，又添了碗蛋皮汤，带回家去，中饭时就将六只小肉圆，再加些线粉在蛋皮汤里一落，就能酒足饭饱，称得上"小民天天醉"了。评弹艺人的取材，我相信就是艺人自己的生活体验。

现在朱鸿兴招牌全城很多。我这人也怪，为了考察其质量，特去几处朱鸿兴尝尝味道，而且只尝焖肉大面，我以为这是名牌代表产品，远地方跑不动，就打听亲友吃客的反映，得出结论是有差别的，质量并不统一。想来这究竟不像肯德基，统一配方，统一制作，统一经营，这种连锁店打出名牌真是硬邦邦的。期望苏州朱鸿兴也能做到这种程度。

质量自然还包括服务。现在感到服务落后倒是很主要的。试想现在还处在使用粮票时期的服务——自我服务。带了拎包、雨伞或者抱着孩子，老人倚着手杖，一律凭票去窗口自取一碗面。这似乎太不近情理了。当然有人会说肯德基不是每人一客，各自取的吗？那是孩子们喜欢的饮食啊，苏州人的饮食还应有苏州特色，从容些，宽松而舒服些，不是更能吸引顾客吗？也许这里还包含着苏州文化的内涵哩！不知有关主管部门听得进这个意见否？

要保持名牌特色，应该懂得些经济学。我们这一代受时代局限，只懂些政治经济学的皮毛，现代经济有多种经济学，多得不可胜数。但经济学中有一理论称"短板原理"，说的是几块长短不齐的木板圈成木桶，它的容量是由最短的那块木板决定的，其他木板再长也没有用。想来朱鸿兴虽是名牌，但有一块木板短了一截，它的名牌效应，也只能短去一截。

2001 年 10 月

观东有爿 "大有恒"

　　从前做生意讲商业道德，往来信用极高，很少听见有什么商业诈欺事件的。要么那时透明度不高，大家浑浑噩噩，不懂资本主义的污染；要么，资本原始积累的野蛮掠夺隐蔽在游戏规则中，大家看不见。旧时，老板拿资本出来做生意，无论开多少爿商店、范围多大，都只需请个经理，交他全权经营，连账房、营业职员都由他聘用。做老板的可百事不问，到了年底，经理结算一年赢利，写上一分说明（现称报告、总结之类），老板过目、点头，开销些年关奖励，也就恭喜发财了。所以大老板只要有资金，几头经营，开设各种行当的店铺、作坊、工厂都是不足为奇的。

　　苏州从前（也不过六十多年前）有姚氏三兄弟，曾开设大成煤油号和绸缎局、呢绒店、布店等等。到了解放初的 1950 年，经济尚未恢复，还听从政府引导，姚氏三兄弟出资五万元购买新式的板本式电力织机，用自己的住宅大厅、花园作厂址，开了爿协成布厂。在当时这厂的规模仅次于有名的苏纶纱厂的织部。而这三个老板，老大叫姚轩宇，老二叫姚竞存，老三叫姚叔威。除了关心店务、厂务以外，闲有所乐。乐的是拍曲唱昆腔。解放后，有时组织些京昆会演等，姚氏三兄弟以票友身份参加演出，倒反像优哉游哉的文人，或者说有点资产阶级的文明形象。

　　现在要说的是姚家开设的三家布店。那时他家开设大名鼎鼎的乾泰祥绸缎局（姚氏拥有股份），姚自己在观东开一爿专卖呢绒的大有恒呢绒局，再在悬桥巷西口开一爿门面简单得像小镇上的店铺那样的协记布店，专门做乡邦生意，卖棉夏土布。所有四乡农妇上城，可以说没有人不去这协记布店逛逛的。当初，蓝底白花布和阴丹士林布在这爿店里是有名的。三爿店各有特色，各自吸引着某一阶层的顾客群，而且都经营得很兴旺。那么，他们有什么经营法宝呢？法宝大概说不上，道理是有的。

现在要说的只是其中一爿叫大有恒呢绒店的大致经营情况。店设在观前东段，朝南坐北，五开间门面，玻璃大橱窗，装饰洋派，专门经营呢绒，从华达呢、哗叽、直贡呢、舍米呢、麦尔登、法兰绒到一般的布匹。呢绒布料都是竖排在一皮三层的橱窗里，四壁布满橱窗，敞开供顾客选择；店堂内洋盘多台，也是出样和摊开呢绒布匹供顾客细看和剪料的；账桌在曲尺柜台里，是钱银来往结账处；还有一只高脚坐凳，这是专门归阿大先生居高临下、坐镇指挥职员接待顾客用的。

行政方面，有经理。这是资本家的代理人，是完全信得过的，又是善于管理、经营这行当的高手。那时大布店有"半爿钱庄"之称，吸纳富家主妇的私蓄，利息高于钱庄，按月付息，代为保密。而且还大做放账（赊销）生意，采用"一年三节"（端午、中秋、年终）的结账方式，因而头绪多。经理每日早晨先到店，后赶茶会吃茶、拎市面、听信息，市场变化、需求波动、银根松紧、资金拆借、时局趋势都在收集之列。茶后九时左右回店，与协理等骨干在账房间里碰头，像现在大饭店所行的晨会，安排日常营业。

协理，即协助经理的助手。主管店的存货、缺货状况，像现在的供销科长之类的。他对进货业务特精，凭眼力、手摸呢绒布匹，立即能知道来路、厂家、质量、价格等等。进货知识也是靠上茶会积累的。每天非去吃茶拎市面不可。进货都有掮客上门的，看中看不中，价格如何，全由协理与掮客商谈。这一着牵涉到店铺供应、流行品种、销路畅滞、资金周转、营业兴衰和利润高低的。这也是位关键人物，由老板或经理聘用的。八九位先生，现在称呼是营业员，各自都守有洋盘的位置。只要顾客闲荡到你的地区，你就要看准对象，是一般逛商店的，还是真想来剪料的。不论何种对象，你首先要笑脸相迎，搭话要得体，业务要熟悉，没有一问三不知爱理不理的，相反，没话还要找话哩！尽管只是看看的，也要推荐适度，要给人留有好感，以便日后向你剪料。你不仅要看准此顾客是专门冲着某品种来剪料的，除了要满足其要求外，还要凭你三寸不烂之舌，推销其他品种，扩大营业额。将料子往顾客身上一披，站在镜子前一照，称赞如何登样、美貌，说得顾客面上增光以引起购买欲。当然，最好碰上阔太太或名门千金，那是要巴结好的一笔好生意。对这类顾客选好料子后，要送货上门，以便结成长客关系。有些客户是记账结算的，也要送货上门。总之，对一切顾客要留有好感和信任感。这样，如若某先生今日休息，"上帝"来剪料也非他莫属，否则宁愿明日再来。营业能做到这种程度，这位先生就属佼佼者了，而收益也相应提高了，同时也是日后成为阿大先生的候补者。所以每个营业员都要练就手里有一群顾客的本事，不管是富有的或平民的。这是吃饭本事，包括还要会做"放码"、优待等招揽手脚。

店里的管理就是靠营业额。阿大先生实际上是最有经验、见识广、善交际的营业员中的尖子。此外还有次于阿大的阿二先生。升到做阿大先生的，他是坐高凳的，见顾客进门，他就使眼色嘱某先生接待，而且基本上是百发百中。如若遇老顾客且是重要角色的，则阿大先生亲自接待，其他先生们是不能插手的。

最好做的生意，就是接待妓女。这也要有眼力，不能看错。一般从衣着、打扮、首饰、用车、有否跟班上去观察。凡有男客陪伴，此女选料又多，尽由男客付账的，这是一类高消费者。

生意难做的是母女平民样，拣了又拣，既要物好，又要价钱便宜。这要诚心和耐心对待，且要推荐实惠货，讲解质量、价钱情况，尽量为顾客打算，还要足码放尺，加点饶头。

先生之间的关系是客客气气的，但心情是始终紧张的，竞争是内在的。压力在于营业额，而营业额是在账桌上各人记清的。平时阿大、阿二先生是专管此类业务的，不时要提醒你。有时某顾客已由你接待了，结果拣来拣去，生意没做成，若接连出现两次，这就不是偶然事了。于是阿大先生就要发问：这档生意怎么回事？它不像现代的"个别谈话"，而是严重警告。三次落掉生意，某先生的心亦会荡的。那么上层管理者有没有压力呢？一样有的，这是层层环扣的。老板并不是吃粮不管事，虽则不大来店，但对店里的大体情况都有渠道相通的。有时来店，发一两个问题，问问经理，能使经理心惊肉跳。层层管理就这样有序地进行。

先生中有一地位特殊的，那是专管包扎的一位。营业先生们只管为顾客剪料、结账，而付货前，就由另一个在曲尺柜台的包扎先生来包扎，清点后才交货的。此包扎固然是一工序，然更主要的是复尺。将布料拉开铺出，摊在柜台上折叠，柜台上标有长尺，此君操作熟练，几次翻折，动作利落洒脱，一副大方样，实际上是在量尺寸。此秘密在于防止营业先生们"飞过海"和"乱放码"。放码加尺是经营策略，所谓"满尺加寸""缩水加尺"之类都是有限度的，都是要做些手脚的。这个包扎先生好像是只管本分事的好好先生，其实这是一道检验关口。既不能飞出货物或多给尺寸，也不能漏出缺尺短量的料子。虽然缩水加尺之类的手脚要使，但缺尺短量是最犯忌的行为，这是要自绝后路的，所谓盈利和名誉的统一，倒是当时做生意的风气和共识。

此人虽重要但不神秘，最神秘的人物是老板亲自物色的通天人物。此人反映的情况使老板知晓店里的事情比经理知晓的还多，这是老板轻轻发问，经理却要心惊肉跳的原因。而谁是"通道"，无人知晓，大概只有特别红包知道。环环相扣，极少七翘八裂，跪冒滴漏，自然财神上门了。这是资本奇异的魔力。店里的营业先生的底薪是有差别的（保密的），平时就靠营业额按比例再提成奖励。营业额是考察的主要根据，这是最实际的管理。因而先生之间只能竞争营业额。这里倾轧、拍马、打小报告、送红包之类都无用武之地；相反的，只有上层向下面发红包，到年底各人都有，但谁都不知算多还是算少。而老板对有本事的营业先生，包括全市同行中出了名的，确有大批顾客群跟着他的，无论如何也不让他跳槽的，靠的就是红包。

这类管理办法，再辅以道德教育和尊重人的所谓预先打招呼，就算是思想教育了。先生中有没有出纰漏的呢？也有。如发现谁嫖娼和赌博成习的，立即除名。这规矩即使从现代人看来也会称赞它"左"得可爱。对某些所谓缺点之类的，先向介绍人（用人的保人制度）打招呼，由介绍人向某先生渗透过去，这就算批评了。平时上层管理者总归每日先到店，以身作则，因而大家从不敢困懒觉迟到，而且各就各位，好像很敬业的模样。只要经理、协理上茶会吃茶了，猫走了鼠就活动了。有时天雨，确实很少顾客，大家聚在后面账房间里听收音机里的说书；偶尔也有在楼上小间里，趁着经理间里现成的麻将桌（他们常邀同行来打牌）也弄弄麻将和扑克。此时若经理、协理回店，一般都不直接闯见这类事的，特意咳嗽招呼，进店后还跟其他人先敷衍一番，留出时间，让其自觉下楼，保留面子不伤和气。大概这就是道德教育。平时有些人松散的，阿大先生发话也仅仅是："脚头要紧点喔！"那时钞票贬值极快，需要兑成银元。大家就差使学徒去玄妙观打听大头小头市价，信息反馈后，大家只能一个个轮流出去买卖银元。这时上层管理也就松着点，多少还带有些人情味。

管理说不上先进，更不可能有思想教育，仅是劝人为善、打招呼、留面子而已。但到了年底，就决定命运了，要不要续聘就在腊月二十四吃年饭时。那只鸡上桌，鸡头对着谁，谁就被回头生意了；或者菜中有只百叶包肉，经理特地夹一只给你，也就是暗示要你卷铺盖了。从不当面说明，虽不属暗箱操作，但悲剧是极其透明的。当然年夜饭桌上教育就是勉励了：某人你今年事情多着点（影射你脚头散），明年努力一把吧；某人你的营业额少了点，对方只能唯唯称是，而他的薪金收入大概是最低的。于是又发各人不同的年奖红包。经此一关，总算全家老少可以喜喜欢欢过个年。庆幸来年全家还有口饭吃，没有下岗。

在这样的空间里工作，虽然少了无谓的倾轧、细小琐事的上纲上线，然心理状态是扭曲的，竞争是激烈的，神经是始终绷得紧紧的。笑脸对着顾客与自己的苦难生活是相悖的，鉴貌辨色成了通行的处世哲学，深藏内心的苦乐矛盾不亚于现代的白领阶层。

而店里最天真和自在些的，倒是学徒和烧饭师傅。学徒乳臭未脱，尚未步涉世俗纠纷，除本分工作外，常受上层使唤，街上跑跑，肩上没有硬指标，报酬仅月规钱，再加上弄些零头布。而零头布是交际手段。比如经理今日高兴，想加菜，差学徒去买酱汁肉、酱鸭、炒菜之类的，对方会给学徒加码，搭点便宜货回来，学徒在经理面前也有点光彩，而学徒就将自己的零头布送去作为回报。经理们要打麻将，听装的两罐香烟放在桌旁，散场收拾是学徒的事，多余的香烟又归学徒收益。这时学徒被众人捧抬得荣光异常，于是分发香烟，众人称好。至于烧饭师傅，除多一样打烊上栅板的任务外，人们饭总是要吃的，少不了他。他也为了吃好自己的饭而烧好众人吃的饭，无甚压力，午后闲着，照样荡观前。

旧时这类管理，自然是属于资本主义的产物，待到 1949 年后，脸面和态度完全成两副样子。现在人们看到弊病，要向全球经济一体化接轨，大势所趋总归是进步的流向：人既要有尊严，又要有社会效益，这是美好的追求。

2001 年 1 月

古壶得失记

著名作家陆文夫写过一篇《得壶记趣》。现在我却要写篇《古壶得失记》，倒不是为了攀附名人，而是与文夫在一起时，凡有人谈到他这把壶，他必定指着我说："那老朱就失掉把好壶。"他是带着惋惜的情感说的。而我失壶后确实有股懊恼，在家庭里闹了一场大别扭。我夫妻间从未吵过架，倒为了失壶事吵了一场，气得夫人往上海跑，过了几天由儿女去消气而归家。失壶当天，我女儿听说她妈妈将这把壶卖了五十元钱以为得意时，女儿就说爸肯定要发脾气，真是一语中的。我要说的"得失记"，实际上是我夫妻俩文化历史观和情趣的差异和碰撞，是偶然，也必然。

我失掉的这把壶，是把竹节提梁壶，属雍正古物，且是名家高手之作。造型端正、优美，通体比例适当，陶泥细洁，色泽赤赭，并已有包浆。腹部堆雕竹枝纹一圈，嘴部雕竹节两节，把手有双竹相绞，盖微凸，上塑角状竹枝为钮，钮下装饰数片竹叶。壶底钤阴文篆书"陈荫千制"方印。

我这把壶和其他小摆设都放在书橱里，即使"文革"期间，有友劝我收拾一下为好，我还是我行我素，室内没有伟人挂像，没有《语录》之类的，仍然是平时收集来的一些书籍和小摆件，包括挂在墙上的书画。我的朋友各路都有，来来往往，无非闲谈、饮酒而已。有些朋友有兴趣看看我的小摆件，甚至有个想和我调房子的陌生人来，见我有尊鲁迅坐在藤椅里的瓷雕，愿出大价钱买。他说从来未见过，觅宝之情心切。

我的一批市博物馆的朋友来我家，我还跟他们吹牛说，你们馆藏的那把提梁壶（曾展出过），陶泥红橙，还不及我这把细腻、古雅。那时陈雪庵、姚世英、钱正等都点头称是。

失壶是在 1985 年 10 月某日，我出差去北京的当天。我正在飞机上，而我家门口却来了位收购陶器茶壶的人，街巷里从来没有过专门收购陶器茶壶的吆喝声和人员的，而这人特意上我家门口吆喝（我家门平时洞开，过天井即客厅和卧室），不请自来。我夫人回说"没有"，他脚已跨入客堂，就看书橱，并一再说是宜兴某陶器厂的，出来高价收购样品的。家人绕不过他，就指认另一把龙头茶壶问他要不要（一把新货，不是陆文夫的那把鱼龙乌茶壶）？他不要，却认定要那把提梁壶。他连手都没接触过，就说愿出五十元收购。我夫人认为一把破茶壶值五十元，就卖给他了。

我夫人对我爱好这类小玩意以及摄影等，一向采取讥笑态度的，说专弄些不吃不用的东西，经常唠叨"不吃不用，附庸风雅"。我只当耳边风，从不解说，因而种下了失壶的祸根。

其实她的历史知识很丰富，某朝某代的变迁、故事、佚闻，她可脱口而出，一些爱好历史的朋友来我家，谈话全给她包场，而且她对京戏，包括折子戏也很熟，听一两句戏，就能说出个一二三来。有什么好戏或昆曲会演等，我们必看无疑。我大受她的改造。可我的爱好一点不向她输出，我的"资产阶级情调"对她毫无"污染"。

我同文夫的兴趣有些相同，逛街不去百货公司之类的，而是逛旧书店、古董店、旧货摊。我每到一城市，不先观光城市面貌，却首先要看看旧货摊或博物馆之类的，虽然我不买什么，但也想见识见识。

我对古董、旧货之类有股情结，是受苏州文化街——护龙街的影响。我父是古董行商、也曾做过古董店的伙计，都是在护龙街上活动。据老一辈人讲，他很在行。他走南闯北经手的东西多，可能是耳濡目染吧，我小学时代画图不错，邻居裱画店老板还教了我几笔。父亲收购到得意的古物，就要我将器形、图案画下来。待我稍长些，我还冒充大人样在护龙街上的裱画店、碑刻店、古董店里看画、看刻碑拓碑、看古董。而这些店家，尽管店铺气派很大，古玩琳琅满目，但总是敞开的，好像专门给人参观的。当初这类古董店被称为"三年不开张,开张吃三年"的,所以我可分文不掏地在艺术世界里游荡。逛旧书店也是一乐。线装书是不去翻的,只对印谱之类翻翻。记得只买过一部石印版的《孟子》,这是初中的读经课,非买不可的。其余的都是翻看些或买些商务、广益书局出版的便宜书籍。那时的护龙街,从乐桥到禅兴寺桥一段,这类店铺有二十多家,当时没有几个城市里有博物馆,苏州还挨不上有,这里就像是免费开放的博物馆、图书馆。

早在上世纪40年代,我见到过一米多高的唐三彩马,那真是兴奋不已。至于瓷器类的古玩,我虽不去动手翻看款识,但看看造型、釉彩等也使我懂得些好坏。最让我开眼界的是那种牺牲尊、爵杯,错金的犀牛,有着饕餮饰纹的釜、鼎之类青铜器,无论是花样纹饰和造型,还是制作工艺,都会使人钦佩不已。

自己工作后,钱不多,也不奢望购买古董,只是看看而已。但一旦看到自己有兴趣的日用品,带些艺术的,倒是愿花钱购买的。1954年又是在护龙街(已改称人民路)一修钟表铺里见到只旧钟,是德国皮套钟,有时间、星期和日期三种指针的,要价十五元,我以十三元买下,而当时我还是包干制生活,每月收入十一块钱左右。买回家来,父亲见了说,苏州某画家有一只人体雕塑举锤作打钟状的铸铜钟表,那才是件玩件。我听后不作非分之想,我想有件市场上少见的古钟,好像蛮满足了。又如家具,我不要新的,宁愿淘旧货,居然买到过柚木书橱、不配对的雕花红木靠椅、红木麻将桌等等。以后只要袋里稍有点钱,就买些买得起、看得中的"不吃不用"的小玩意,这也算是我的精神生活。1958年年底,我去扬州学习,假日里,除约几位同学尝尝富春茶社的菜肴和三丁包子外,就喜欢逛旧市场。某天跨进一爿旧货店,摊满了杂件,但我还是耐心地细看,终于发现一把提梁壶,有点规格,无论从造型、泥质到工艺,看上去都很舒服,连壶底的印章款识也没看,就依老板的开价,付了五毛钱拿下此壶。带回家来,照例放入书橱,也没当它老爷看待,只算多了一件摆设。直到上世纪70年代后期,社会上掀起收藏紫砂壶热时,我才找些资料查看,发现这是清代高手陈荫千制作的名壶。但我心态平平,也没为此而大喜过望,更没有跟家人讲这壶怎么怎么，还是看看而已。

收藏是种癖，然而收藏中许多人以升值为炫耀。我花五毛钱，在家放了三十多年，能卖到五十元，已经是百倍增长了，有什么懊恼可言。至于去追究失壶中的蹊跷，那更是恼事，何必，何必！

要说恼人的事倒是从我手中失掉一幅清代的古缂丝作品——王母祝寿图的中堂。1965 年，我父亲瘫痪在床，我将这幅缂丝交与朋友文物商店经理高某，欲从他店里卖掉，好改善我父病中的生活质量。一年后还无动静却逢"文革"风起，且高某被卷入漩涡，以后又下放苏北农村，受苦受难。十年后还苏，待各方安定后我问他此事，他一口说有此事，让文物商店查查账。结果账上没记载，仓库里也无此物。来来回回又是几年，其中烦劳过几位同事过的文化局"长"字号。拖到 1991 年我发一信给我的朋友，算是告状。此友任监委负责人，他支派下属调查此事，不久有位张姓干部来电，说这是你们个人之间的买卖关系。我当即指责他说，因为对方是党员经理有碍党的纪律我才告状的。此人无话以对，最后说与文化局商量过，最多赔你二三百元钱。我答："你们不懂古董价值，古物是以本身的价值再加年代价值，即使以利息计，也不至此数目。"他没话，我把电话也摔了，就此也算了了这段恼事。

我的恼事总是以发脾气作为阶段的。发过后，事情也多，去忙其他事，平静后情趣不断转于其他领域。有句话说：我们已经失去得太多，或者说我们仍然在失去，而我失去的东西又算得了什么。只能学唱一句歌词"不在乎天长地久，只在乎曾经拥有"。

白驹过隙，几十年过去了，淡然处置一切事物，好像是人生积累的经验，所谓"得失寸心知"。人说"富不过三代"，收藏大概也过不了三代，尤其是经历了上世纪的浩劫风暴。记得我小时候，在万年桥运河里见到大船上贴有春联，称"生意兴隆通四海，财源茂盛达三江"，横批是"金银元宝滚进来"。当时我对这横批从内心里暗暗发笑说：痴心妄想。这类横批同现代的"心想事成""梦想成真"真有点兄弟关系，或许这仅是"鼓干劲、争上游"一类的说法吧！应该过时的却风靡现代，而我暗笑此横批的思想竟还能保持到现在，也算有幸。

人到暮年还是有爱好，也算提高生活质量，有所事事而已。精神生活为生命之路填补了坑坑洼洼，思想还在伸展延长，还思索价值信仰，总算没有等待生活，真可说：暮色苍茫还未暗，"一蓑烟雨任平生"。此乃懊恼人别有怀抱也。

2001 年 12 月 6 日

小公园忆旧

七十多年前，苏州有个大公园，有个小公园。大公园不大，现代苏州人和从前上海人讥之称小公园的。而小公园只是个广场，有几棵树、几条凳而已，现代苏州人看来，只是一角场地，称不上公园。

孩提时代，常去小公园玩耍，也不懂大小，觉得很有兴味。印象至深的有颗高两米多的铁铸模型炸弹竖在旁边，这是为抵御日本侵略，号召人们捐献飞机而建的警示性标志；二是一座带有三层台阶方形的花岗石纪念碑，高也不过两米多，正面刻有"纪念林公则徐碑"几个大字，两侧和背面有凿毛了的大方框，好像要嵌大理石碑文而没有完工的半拉子工程。林则徐禁烟、焚烧鸦片，拯救中华之举，拉开了抵御英帝国主义侵略，即中国近代百年斗争史的帷幕，受到人们的尊敬。

尽管是两座极为简单的公共建筑，无声地矗立在这里，人们闲坐在旁边，还是自然会像解读百年历史那样，生发沉重的历史责任感，以至受到震颤的影响。

历史现象有时是矛盾的。上世纪 30 年代，这里有禁烟、抵御外侵的警示建筑，但也有大量的"燕子窝"（烟窟）。小公园附近的三贤祠巷、邵磨针巷、中新里、谷仁里等开设着众多的鸦片烟馆。我有个表姨夫叫沈隆生，吴县甪直人，抗战前在小公园开明大戏院对门、三贤祠巷口开爿烟纸店，虽一开间门面，然地处闹市，戏院人流量大，日夜生意兴隆。店堂里的钱柜外，撒满了铜圆，小孩子的我以为这不是满地都是钱吗？事实上，我姨夫一家开销属中上等水平，吃着无愁无虑，店面连住宅，顶下来的资产颇多，乡间还置有房屋一座。但好景不长，他染上了鸦片。亲戚走动，他常以鸦片飨客，称"香两筒"。犯有胃气痛或头疼脑涨者，他百般劝说"香一筒就能百病全消"。亲友中尝试者确见神效。而他逐步沉浸在烟榻中，腾云驾雾地如入仙境。

鸦片风行时，常有三种人吸食。一是富有者，作为高档享受而成癖好的，称"福寿膏"，吸之可享福且又长寿，甚至成为社交场合上的礼仪，一如现代宴会是商谈政治经济之场所然。沈隆生称不上富翁，但比起城市贫民要高上两三个档次，属中上水平、有产者。

二是文人雅士，据说可治小毛小病，更能刺激文思、驰骋想象，有点罗曼蒂克。当初包括一些教师也有陷入烟窟而不能自拔的。

三是家有财产的纨绔子弟们，老辈们唯恐子弟寻花问柳、狂嫖滥赌，烧几个泡所费不多，又可保持财产。这是豪门富家的老人们对浪荡子弟的怂恿战略，结果这类英俊小子，一个个地沦为瘾君子。

烟窟有上下等之分。讲究的似大旅馆，进门有厅堂，四周有密室雅座，有账房、服务人员。室内布置幽雅有书卷气，红木炕床、铺垫考究，烟具精致，"阿芙蓉"又是上等"云土"。烟具盘里装有干果和茶壶，有人服务装泡，甚至捶肩捶膀的。起码的烟窟仅挂有门帘，撩起门帘即见烟榻，付钱取土，自己装泡，横卧举枪，凑着烟灯，口含枪嘴作吸状，一头嗞嗞作响，一头叭叭吸着。烟土虽整脚，但亦能过瘾，且立竿见影，通体舒畅，精神极爽。此是老烟民沦为穷困后的出入场所。沈隆生烟龄进入中期后即此等模样。这时他已无心经营店务，资金抽空，货架上商品只出少进或不进，店面冷落，走投无路。只要有些钱，他就在这等烟窟里鬼混。吸鸦片所以会兴旺，据说是政务腐败的结果。近阅上世纪二三十年代上海著名中医陈存仁写的《抗日时期生活史》一书，其中就说道：百年前对外的鸦片战争虽结束，而百年来对内的鸦片争夺战始终存在。从前印度鸦片到中国，林则徐禁烟，结果英国人打进来，订立《南京条约》，称鸦片战争。民国成立，军阀各据一方，打来打去争夺地盘，表面上是政权之争，实际上也是争夺推销鸦片的地盘，如云、桂、粤等地战乱。日本侵略中国，其中也有鸦片争夺战。日军打到哪里，它的"热河土"就跟到哪里。抗日时期中国毒枭大王叫盛文颐，是前清邮传大臣盛宣怀的侄子。盛文颐后台是日本人,曾包销七省鸦片,将"热河土"运到上海,贴的封条都是日本印制的"宏济善堂封",而且一路由伪军、日军护送。满洲国的行政费用,大都来自"宏济善堂",华北临时政府、维新政府的一切经费亦然。政务收入,最大的收入来源竟是鸦片。

吸毒者是步步深涉,无力自拔的。饭可以不吃,事可以不干,毒不可不吸。于是许多惨事从兹产生。沈隆生吸毒没有几年,烟纸店卖掉,自己无法生活,将我表姨妈送到姨妹家生活,最后沈自己也只能靠姨妹生活。姨妹是寡身,虽有家产,但人情练达,能说会道,当面训斥其姐夫,甚至羞辱其人格,隆生忍气吞声,老了脸皮,不发一言,转而却吸着白粉。我亲见过吸白粉者的极相:用张锡纸,拆一小包白粉置上,将纸卷成吸管衔嘴上,擦火烘烧锡纸,白粉迅速成气,吸毒者快速吸入气体,白粉溶液似滚珠在锡纸上滚动,吸毒者将吸管追赶滚珠,唯恐白白化为气体而少吃一口。吸毒者属两面人,毒瘾上身时,百般无聊,精神萎靡,鼻涕眼泪挂脸,简直无法生活。只要一吸毒,立马见效,精神振奋,前后判若两人。但也仅仅是刺激而已,久而久之,无法复原。沈隆生到了白粉都吃不起时,就铤而走险,参与了贩卖白粉的行列。这是吸毒者必然走上的风险勾当。此时就断了六亲,众亲友都认为无法救助了。最后,沈隆生四十多岁时路毙家乡。

还有一例,即七十多年前乐桥南堍一爿大古董店的小开,姓项,染上鸦片,败了家产,被父登报断绝关系,赶出家门。项小开凭借老子声望,到处借债吸毒,都是有借无还的。项小开常到其师兄赵培德家借钱,赵是富商,本人已过世,其亲属不胜其烦,常作资助打发,但根本解决不了他的毒瘾,项小开不断在赵家"顺手牵羊",有次竟将赵家墙门间里闲置的火炉偷去变卖。项小开瘦弱无力,一套火炉约重六七十斤。众人发现他偷去后都惊叹:一个手无缚鸡之力的鸦片鬼,竟能提走如此重物!项小开潦倒后期就成了瘪三,进入乞丐队伍,寄宿和麇集在三清殿檐屋下。记得抗日胜利后,我还见过他行乞的窘相。

这类情况正应了盛文颐醉后说的话:"鸦片生意,真是不好做的,对外有杀身之祸,对内妻儿吃上瘾,个个成为废物,真是自食其果!"

自然盛文颐的结局还更惨，最后因鸦片利益冲突，被日本人暗杀死的。

吸毒和禁毒是双向发展的。当时政局，也有正反面做法的。面子上难受了，就抓抓禁毒。抗日时期的沦陷区，贩毒、吸毒很烈。我正值少年时代，曾听得大人们谈论一则令人毛骨悚然的走私毒品的案件。走私毒品者为一女性，在火车上抱一小孩，小孩有病有布兜头遮盖。当这一女性走出上海车站时，被警方查获大量毒品。原来小孩是一尸体，将内脏掏空，小孩尸体内塞满毒品。这是当时报纸上登载的新闻。

几十年来禁而仍毒。直到解放后的 1951 年，开展了禁毒运动，才动了真格。一切烟雾毒气，扫得干干净净，断了烟土来源，开办戒毒所强制戒毒，竟然有挽救过来者，真是"旧社会将人变成鬼，新社会将鬼变成人"。再次见到项小开，已经不是白皙无力的废物，而是一个身体强健，人格正常，毫无一点瘪三气的工厂劳动者。推算起来，现在项小开应是八十多岁的耄耋老翁了。谈论鸦片，识字人必然会想到苏州学者顾颉刚在抗战前，去西北各省作的《辛未考古记》，那报告才是警世之作，中国贫弱的原因，西北农民被鸦片毒害的程度，写得淋漓尽致，正能激起人民高呼："禁毒！禁毒！振兴中华必须禁毒！"

现在社会上出现吸毒和贩毒现象，且趋势蔓延猖獗，除原有毒品外，还有什么摇头丸、冰毒等新品种，被毒品撂倒的青年居多，看来非禁不可。

解放初，禁毒能做到禁绝，吸毒者可以改造成新人。何以禁了几十年后会有反复而且蔓延成势，是国门的纱窗没有挡好，还是自己土地上滋生了苍蝇？老办法能用吗？"过街老鼠，人人喊打"的人民战争管用吗？或许现在情况要比过去复杂得多，不是一蹴就能越过现阶段条件而解决的，就像"大跃进"想超越时空要消灭"四害"那样。"历史的经验值得注意"，这是摆在主政者面前要写的一篇实实在在的文章，也正是苏州小公园纪念林则徐碑侧背面已缺了几十年的一块碑文。

2004 年 6 月 26 日（国际禁毒日）

"红包"兜圈子

六十年风水轮流转。"红包"兜圈子，好像也有六十年循环周期似的，兜了一大圈，现在又回来了。这里说的"红包"有限制词，不是年底老板、主人在薪金以外的"红包"，也不是红白婚丧礼仪的"红包"。说的是病家请教医生付的诊金，几十年以前是用红纸包的，像送礼那样送给医生的。

七十多年前，我母亲有病，父亲特地去请了位姓顾的名家医生，坐了包车上门看病的。在房里静悄悄地搭脉问询病状后，到客堂里坐下来开方子。这时父亲将红纸包好的诊金，悄悄地放在桌上，父亲接过方子，医生再三叮嘱，然后收了"红包"，由父亲送出家门，医生上车归去。其间的活动、神情都是极为默契而礼貌的。

这是我第一次见到"红包"。至于"红包"包了多少金额？那是医生当场不知道的，旁眼观看的小孩当然更不知道，但心中一直存有悬念。

待我稍为懂事后，才知道"红包"里送多少是没有定规的。约定俗成的金额只是表明双方的身份。一是医生的身份，包括名望、医术、医德等等；另一方是病家的身份，名门望族或五行杂色的平民百姓，讲究的是要拿得出手，即合乎自己的身份。而医生对"红包"很是超脱，多少好像是无所谓的。

本来医家就有"董仙杏林"之美称。施诊给药是医家的传统。这位老祖宗的做派是：治重病者，病者种杏五株，轻者种杏一株。施诊给药是"悬壶济世"的理念，也算得上有"革命"的人道主义。原来，"救死扶伤"的道理是宽广的，即使是异途，也会殊途同归的。

那个时候，这个城市里虽然有一两家洋医院，一般病家也不大去医院看病的，大概一是费用大，二是西药价钿贵，再则是老听说西医看病是要动刀流血的。病家开始是小病不治，实在熬不过了，多数是请教中医的。中药称草药，价钿便宜，而且散布在街坊间的中医也多。像我家住在护龙街嘉馀坊，吉由巷一带门口挂牌的就有侯锡藩、林湛苏（西医）、江念生、丁竹君、顾昭穆（西医）、孙禧年、郑燕山、郑连山、郑乐山。方圆百把公尺之间，就有那么多的医生，用现代统计说来，尽可夸为"百人医生占有率的高比例"。但从我这小孩看来，这些医家的大门常关着，难得有病家上门就诊的，说得上是"门庭冷落车马稀"。

抱着世俗观念的我，老想着医家的收入，红包没有定规，门庭又是冷落，还要施诊给药，医生怎么生活的，收入能平衡吗？

母亲在世时，老喜欢唠叨我幼时多病，给父母带来担心、焦虑的情景，从中我了解到中医的大体收入。我四岁时犯了要命的白喉症，父母为此担心不用说，幸好富仁坊东头有位著名的白喉医生，姓马（名忘了，即后来著名的喉科医生马友常的父亲，可惜的是马友常医生在"文革"中被批斗而自杀身亡），母亲抱了我上门就诊，三次诊疗就起死回生地痊愈了。记得用的是粉末药料，用铜制的"哗绷"喷入喉头。"哗绷"像现代的皮球吹气，铜皮制的双面圆腔有弹性，按下能从壶嘴里喷出药粉，直达喉头，这工具以后孩子们是作为玩具喷水、喷沙玩耍的。从母亲的片言只语中才知道，那次大病三次就诊抓药大约花了三担米钱，折合现在人民币大体上七八百块钱——看来相当于现在看次伤风感冒要花的代价吧！当年"红包"的金额基本上有了个数目。

1949年后，医院及医药业有了发展，而且都是公家的，没有个体医生，没有了"私"，"红包"也就无形中消失了。

几十年浑浑噩噩地过去了，不曾料到1991年初犯了老年病，前列腺增长到非开刀不可，无奈只得住进医院，准备"动刀流血"。同房病友极关心，纷纷关照开刀前要给医生送"红包"，以便求得安全。几十年后第一次听到又要送"红包"了。那时我思想还没有开放，还抱着老概念，想着我是机关人员，对方是公立医院的医生，都是吃公家饭。

从我来说似乎送"红包"带有私弊夹账的嫌疑，与几十年来一贯教导的原则不符；而从医生来说，每月收入的是工资，病家再付"红包"，添了额外收入，是否混淆了"社""资"之别。想到的是各自的身份，决定不送为好，且作了退一步想，作为病人躺在手术台上，即使偶然出现危险状态，想来医生也不会见死而不救的，革命人道主义嘛！

思想决定命运。一切顺利，治愈后一无后遗症。临出院时，因为我喜欢拍照，所以给护士、医生拍照留念，对二位病房医生各送一只简易的照相机，对主刀的医生，他喜欢阅读杂志，我就以《苏州杂志》相送，送了十来年，成了好友，常有来往，节日互相致意祝福。"红包"在我面前悠晃而过，相反，同医生交了朋友。

隔了二年，我又犯了胆囊结石症，又进医院开刀。虽然社会上"红包"风行，而医务界极力提倡拒收"红包"。在拉锯战尚未决出胜负的形势下，继续冒些小风险，没送"红包"吃了一刀，结果又是顺利出院。按老办法离院时为主刀医生拍了一张大照片作留念。

"红包"成了社会闲话主题。有次与大学的朋友闲聊，他不以为奇地说，学校附属医院的党总支书记，在任时也抓拒收红包的，退休后却在本院开刀，这位书记还是相信"红包"。看来身份不同，"红包"转了一圈又回来了。

风行"红包"，原因很复杂。卫生部门已抓了十多年，好像还是"树欲静而风不止"的样子。但复杂中也有简单的，而且行之有效。

2006 年秋，朋友邱某的女儿犯的是肾癌，要割除一只，病家辗转委托同学关系给主刀医生先送去"红包"一只。开刀后病家没感到有什么照料，甚至医生对病家问话也没有，双方关系很是冷淡。病家郁闷、焦虑、担心。割除后癌细胞是否转移，要否化疗，病家没有底细，医生更没有叮嘱。几天过去了，还没有下文。病家的弟弟是位小老板，在社会上打滚多年，见过世面，他自设对策，默默地在病房开展调查研究。趁某晚主刀医生值班，小老板推门进入办公室，作自我介绍，直说病家对医生的不满，认为医生有意冷淡病家。直问医生是不是"红包"送少了。接着话题转入医生的丰富收入，说你每月开刀的收入，至少有三四十万，而我们送的"红包"是省吃俭用积下来的，不容易呀！

你现在有汽车、洋房，小孩在著名的小学念书，要积德呀！老话说"善有善报，恶有恶报"。穷人在忍无可忍逼得走投无路时也要"狗急跳墙"的。听说你孩子在某学校上学，也得当心，不要被人打断腿、弄瞎眼而吃亏……一口气讲完，不容医生插话，也不等医生反应，起身就离去。

故事的逆转在翌日。查病床时，此医生来到病床前，先是亲切招呼，然后伸手于枕下，同时深切关怀病家，极为道地，在这病床前花的时间要比别人多得多。

查房结束，病家往枕头下一摸，原来是只"红包"，解开一数，五千元原物奉还。"红包"兜了一个圈又回来了，就是说病家不必送"红包"了。不几天，经医生努力，病家身体恢复，然后满意而归。

故事只是个例子，并非有意培养的榜样、典型，而且这类冲击潜规则的途径，吓势势的，应纳入"众人不宜"的范围。妖魔化的东西总是无法召开记者招待会公诸世人的。

"红包"这怪圈的轨迹是兜圈子。按说事物发展规律是螺旋形地向上发展的，那么有没有向下发展的呢？"红包"说不定会被富裕了的全社会接受，如同外国的小费那样，也或许"红包"逐渐退出市场，进入不分"社""资"的境界，医生、病家都具有君子之风。

2008 年 3 月 14 日

电话拜年

近几年来电话普及的事实，再次从一个侧面证实"形势大好，不是小好"的说法。于是，每逢春节，风行电话拜年，省得专程登门造访祝贺，免了匆匆而来匆匆而去的接待，各自都称方便，而且也感新鲜。

经历了几年春节电话拜年后，又不免感到不足。一则无非是祝愿而说些吉利话（有时还夹带些迷信话或者是痴想的话，如"心想事成"之类的），由新鲜而演变成礼仪式的套话；二则是真有些感情交流的话在电话里也说不透，总感到没有当面交谈和书信往来那种渴望的满足感。因而，今年我的电话拜年一改过去那样蜻蜓点水式的方法——对亲戚长辈，旧友新知，一概来往电话，采取两条措施。

一是对上级领导，凡属我所尊重的，又是多少年来共事确有感情的，也称得上知己的，我在春节里主动去电话问好，表示我的一份感情和祝愿。当然，这三条是一气呵成的，绝不能分解后一句句追究的，否则会被人反诘："难道还有可以不尊重的上级领导吗？"这是需要批判的。所以我得注解一下，"是上级，又是知己朋友"而已，说起来好像有点小集团的嫌疑，但几十年来，依我的经历体会，要得到这样的知己朋友是很不容易的。

二是对虽是亲朋好友，但由于各人生活条件不同，在平时不常来往，少通信息者，我也得主动去电问候。这一条因牵涉不到其他，仅是个人选择，也无须解释的。

本想这两条会改变一下春节气氛，然而电话来往照样还是很热闹，就像电视里经常出现转动"东、西、南、北、中"那样。除夕钟声刚敲过，海南的朋友就来了电话拜年，接着是北京的亲戚来电。大年初一，上海的、兰州的、武汉的朋友们都来电祝贺，尤其是海峡对岸的亲戚来电，更是情意绵绵，全家轮番通话，真是说不尽，道不完。

春节一过，静将下来，想想我的二条措施也不过尔尔。原以为这样既可避免对领导拍马的嫌疑，又不冷落旧友知己，带有些得意的味道，然而却被整个拜年电话的往来，冲淡精神上的满足感。而且，印象最深刻的是被一个既陌生又亲切的电话所感动，久久地在心中回旋。

事情是这样的，去年春天老朋友吴鹤年谢世，留有亲子、媳、孙子、续弦夫人以及她的两位女孩。当我为这老朋友送行时，曾带有一分忧虑，靠这位老朋友维系着的一家可能要分解，家庭生活会有裂变，其儿子早已独立成家，二位姑娘也已出嫁，剩下的将是他那位孤独无伴的夫人……当时我也不愿意继续想下去，真是"各家都有一本难念的经"。

今年年初三，忽然接到一个陌生的电话，几次询问对方，他说"我是荣林"，这才弄清楚是我那过世老朋友吴鹤年的儿子。不为别的，只是祝我新春愉快，身体健康。此外还告诉我，他带了夫人，孩子在继母家里过年。因为电话来得突兀，所以我抢着向他表示对他继母的新春祝愿。而他再补充一句，说两个妹妹也在这里拜年。

仅仅一句话，却一直萦绕于耳。春节里亲友来往，我不住地讲这个不成故事的电话，我也知道人们不一定理解我的心情，但我始终认为，传统的家庭伦理观念并不是落后的和需要批判的，这真像传统的春节风俗一样，其乐融融，不也是幸福生活的重要内容么？

1998 年春节

沉默是金的张镇滨

　　我的连襟张镇滨，他在上海，我在苏州，相处四十多年。我俩退休前，几乎每年要碰头两三次，与他谈话算起来不过百把句。他沉默寡言，惜话似金，非得提问才有答话，甚至只是嗯嗯而已。但人情敦厚、热诚待人，不在嘴上而在行动。

　　据说过去他不是守口如瓶的。

　　他是上世纪 30 年代的大学生。1933 年从上海交通大学铁道系毕业以后，就在徐州站当站长。抗日战争爆发，进入内地，辗转川、云、贵各地，在资源委员会（注一）工作。抗战胜利回归上海，一身清廉，在接收中并没跌入染缸而"五子登科"——发财，仍旧任资源委员会中层管理人员。1949 年，由于资源委员会由钱昌照等爱国民主人士领导，极为顺利地为国家保存了重要的工业部门和工程技术人才，所有资源委员会的工作人员，很快都安排在工业管理部门。张镇滨在上海一工厂当工程师。

　　张镇滨在工厂仍旧是高工资，当初是老币四百万元，即人民币四百九十元，"折实单位"每月约二百四十万元，即合人民币二百四十元（注二）。经过各项政治运动，他的工资成倍下降，上世纪 50 年代中期改为一百零九元，60 年代初改为九十八元，到了"文革"又改为六十元。工作很明确，在木匠间里跟老师傅当学徒。学徒拿六十元工资，那是最大的宽容政策了。

　　为什么会这样的呢？原来张镇滨是"杀、关、管家属"。"杀、关管家属"这名词是上世纪 50 年代时政法机关提出的专用名词,即被新政权镇压处死、判刑关押,以及被管制的犯罪分子的家属,当初认为这是"反革命"的社会基础,属于"专政"对象的边缘人物,是要用专政眼光对待并始终予以警惕的。

这是一桩说来已经古老的老案件,那是 1927 年国共分裂后,地下共产党在农民运动中处置土豪劣绅的一个错杀案件。

事件还得从张家在上世纪 20 年代带来个小老婆说起。张镇滨的父亲叫张沛霖,是奉贤县五墩村的大地主,有点文化,是个乡绅。那时乡绅往往被推选为乡长(旧称乡行政局长)。张为人宽容,虽属剥削阶级,并没作威作福,多少为乡民办些事情,如开办学校等。张沛霖家住五墩,乡政府设在四团,张不大问政,也不大去四团,乡政府仅有一两个办事人员。

祸是从"来了个小老婆"惹起的(注三)。人家是讨了个小老婆,张家怎么是"来了个小老婆"呢?小老婆汪文达原来是张沛霖的邻居,张见小孩汪文达聪明伶俐,可家贫辍学在家,张沛霖出于关怀,即资助汪文达入学读书,直至初中毕业。汪父极为感恩,汪文达更要报答,竟然说非张沛霖不嫁。张、汪年龄相差十二岁,由于汪家和汪文达的坚持,张沛霖夫人答允作为二房夫人引进。

不料汪文达早有心机,进入张家后,就迫使张沛霖与结发妻子分居,夺取张家财务大权,汪挟张沛霖从五墩迁居到乡政府所在地四团,并在四团置房,亲自掌握乡政府实权。张无心理政,汪却利欲熏心仗势欺人,鱼肉百姓,劣迹斑斑。日久以后,汪被乡民所恶。

1927 年国共分裂,形势大变,革命转入低潮。处于地下的共产党为振兴农民运动,地下共产党武装人员决心处置土豪劣绅汪文达。事先摸清情况,得知张睡外床、汪睡里床的生活习惯。于 1928 年 6 月 16 日深夜,由赵天鹏、周大根、唐兰生三人携手枪翻墙进入张家,摸进房间,拉开帐子,朝里床连发三枪后,立即撤退。案发后全县震惊。

共产党人事后发觉镇压目标汪文达还活着,击毙的却是张沛霖。事有凑巧,当晚张沛霖调入里床睡觉,属于错杀。

事发后,有二路反应。一路是撤退情况。据当地历史记载:三人完成任务后撤回，各自回家，赵天鹏、唐兰生二人返鲁家汇观涛小学，路过泰日桥时，却与巡逻队警察相遇，被搜出手枪二支，子弹十一发，正在讯问时，四团水陆警追至，二人被捕，即押解南桥奉贤公安局，次日解上海警备司令部。由于张沛霖之弟张玉声与地方土豪盯得很紧，营救未成。

另一路是共产党发现错杀张沛霖以后，即放出风声通过各种关系向其家属打招呼。同时，周大根曾以周务农的化名寄出一信，称"网儿虽大，捕不尽东海之鱼虾；武装虽利，杀不尽本党同志"。警告张家（汪文达）不要把事情搞得过头。而小老婆汪文达听得风传后更加嚣张，与地方势力勾结，凶猛地要求追杀凶手。结果赵天鹏于1928年7月2日被押至四团护塘边一银杏树下被处决。

1953年4月12日，当地政府建烈士赵天鹏纪念碑一座于就义处。1964年6月，又选择在四团中学校园里，重建赵天鹏烈士纪念碑，碑文正面是"赵天鹏烈士永垂不朽"，碑后刻有"网儿虽大，捉不尽东海之鱼；钢刀虽快，杀不尽天下贫民"。

照常理此案已了，但汪文达仗势压人，报复心理更加疯狂，要继续追究。因而事隔一年以后，周大根于1929年被捕。

共产党在奉贤是有基础的，此时发挥其优势，极力营救周大根，与汪文达开展了公开的和隐蔽的斗争。汪文达失去张沛霖，也就失去了权力，虽然她发余威状告周大根，而当时的国民政府的诉讼法中有一条叫"亲告罪"，即必须由被害者或被害者之最近亲属告诉，始能提起公诉之犯罪。汪文达是小老婆，并非明媒正娶，根本算不上亲属，汪文达终于不能成为主诉方。

由此，张沛霖的大儿子张镇滨是最近亲属，成为案件的控告主角，此时张镇滨在大学念书，且已成婚，夫人杨耀华，她的父亲、即张的丈人是奉贤的大地主，叫杨向葵，1928年时曾营救过奉贤共产党县委组织部长李主一。李主一和县委书记刘晓在奉贤潘家祠堂建立曙光中学，开展革命活动。杨向葵除了与李主一父亲是好友，资助李主一建立曙光中学外，有两个女儿还在这所中学里参加了共产主义青年团。

共产党及时利用杨向葵的关系，对控告方张镇滨做工作，营救周大根。杨向葵自己不好出面，又认为四女杨耀华缺少政治头脑，不敢委托其"任务"，于是找到五女儿杨佐华。佐华曾是 CY，父亲略有所知，特派遣她从奉贤赶到上海交通大学，找到张镇滨进行思想影响，向其传达对此案的态度等等。张镇滨是大学生，也是知书达理之士。张原本对汪文达并无好感，又不亲近。现在案件已经明确，既是错杀，何必追究。因而案件在江苏省高等法院（在苏州）传唤时，张镇滨作为主控方在法庭上明确表态"不予追究"，这样周大根脱罪出狱。

解放后，奉贤地方上对周大根的历史有段记载：周大根（1906—1938），又名根发、秋萍，务农。南汇师范毕业，1925 年投笔从戎，考入中央军校武汉分校，参加南昌起义，失败后转回奉贤，入曙光中学任数学老师，参加镇压张沛霖案。1928 年后调松江，1929 年被捕，三年后交保释放。1937 年找到党，1938 年 12 月与日寇打仗，中弹身亡。

解放后政治运动一个接着一个，张镇滨被审查时，底气十足，除了一次性详细交代细节，提出"不予追究"文字根据以后，始终话语很少，每次追紧了，他总是说"你们去查好了"。运动过后，往往要调动工作，去西南边陲或支援农村等等，张镇滨总是名列其中，他都不去。领导说不服从分配要扣工资，他也言简意赅地说："扣就扣吧！"

面对这段历史的恩恩怨怨，好像有理说不清，他只能采取无可奈何的态度，作简单的回答，或沉默不语，慢慢地成为习惯，惜言如金。

历史的记载各有各的表述，不免有所误读。主流记载是镇压土豪劣绅张沛霖，再也不会细说错杀情节，以及汪文达的疯狂反扑，甚至对"不予追究"的文字记载，也不屑一顾，而习惯地沿用"杀、关、管家属"的专政概念，作为"反革命"的社会基础，以"非我族类"的边缘人物对待。

历史就是这样留下了痕迹。张沛霖的小老婆汪文达是地主，又作恶多端，解放后在土改中贫下农的斗争中死去。汪文达的儿子张镇环（张镇滨的同父异母弟弟），解放初期在唐山铁道学院读书，毕业后虽在哈尔滨工作，但受出身和"杀、关、管家属"身份的牵连，一直在底层做苦力，三个孩子在铁路上拾煤渣。世纪之交，七十多岁的张镇环夫妇回老家奉贤定居，只带回一副铺盖和一只煤炉。

张镇滨除了无可奈何地沉默寡言外，还坚持道德底线。看似不问政治，实际上他坚信实事求是的务实精神——你去查好了。他不再让历史恩怨中的得失情绪影响家属和孩子，他毕竟早期接受过欧美教育思想，他懂得沉默是公民天然拥有的权利。他懂得国家的司法公正，首先从公民有沉默权开始。由此，他的六个子女除了大女儿在解放初就参加了革命外，其他几个子女都接受了大学的专业教育，各有专长，对社会作出贡献。

张镇滨在晚年曾对大女儿唠叨过半句话："张家幸亏与杨家结亲……"这是他对人生历练的感慨，大概历史恩怨中，幸亏杨佐华去做他的思想工作，留下了"不予追究"的文字档案。张的结发妻子杨耀华在日本入侵上海轰炸时，因产子逃难感染疾病而亡，在沦陷区留下三个孩子，都由杨家三女儿杨舜华照料带领。直到上世纪40年代，张镇滨在内地，同时杨佐华（即杨耀华之妹）亦在内地大学念书，杨佐华听从母亲所嘱，与张镇滨结婚成亲，因而抚育了全家六个孩子的成长。

张镇滨没有留下什么遗产，有的仅是沉默是金的哲学理念，以及诚实、勤奋、节俭、奉献与敬业的人文精神。在物质方面，留下一块当年在内地结婚时买的金壳挂表，以及在木匠间当学徒时试做的一只桌子，足以作后代的追念了。

2012 年 10 月 9 日初稿
2012 年 11 月 23 日改成

注一：

1932 年成立的国防工业设计委员会，1935 年改为资源委员会，钱昌照任副主委。抗日时期，他和翁文灏主任合作，吸收和培养了大批建设人才，在大后方办了一大批工矿企业，并组织力量对各种资源进行勘探，为发展战时生产、支援抗战作出积极贡献。

到 1949 年，资源委员会下辖电力、煤炭、石油、金属矿、钢铁、机械工业、电器工业、化学工业、制糖业和造纸业十个部门一百一十一个单位。资源委员会历任委员长有钱昌照、翁文灏、孙越崎。

钱昌照因不满蒋介石打内战，1947年辞去资源委员会职务，1948年秋，去西欧各国考察工业生产，回国时即暂居香港，1949年春与一大批爱国人士辗转去东北解放区，1949年9月以特邀代表出席中国人民政治协商会议第一届全体会议，并当选为政协全国委员会委员、常委，以及政协副主席等，是著名的爱国人士，任中国国民党革命委员会副主席。

注二：

我国解放初期实行的一种工资制度。"折实单位"以实物为基础，以货币作计算单位。一个"折实单位"包含中白粳米一升，生油一两，煤球一市斤和龙头细布一市尺。如果当天中国人民银行挂出折实单位牌价为0.5元的话，那么乘以113折实单位，就等于货币工资。

注三：

错杀案件可称第一版本。第一版本的来源是张沛霖的亲家，即张镇滨的丈母娘生前口述传下来的零星讯息，有些生活上的细节还是张镇滨的母亲跟丈母娘讲述的，加上参考解放后奉贤地方上的历史记载构成。此外还有第二版本，即张镇滨在"文化大革命"中所作交代的零星材料，其中情节略有差别，记录如下：

关于张沛霖纳妾事：张沛霖上世纪20年代在家乡设立一小学校，同时汪文达亦在家乡办一初级小学，这样张与汪常有来往，最后汪作为小妾纳入张家。

关于错杀案件：共产党人要镇压的是张玉声（即张沛霖之弟，当地盐税局头头），张玉声与张沛霖住在一大宅院，张玉声住西厢房，张沛霖与汪文达住东厢房，结果错杀了张沛霖。

关于张沛霖担任乡行政局长事：只担任三个月。

关于错杀后，地下党警告张家的事：案发后，张玉声潜逃。当地《浦东日报》曾登载过一条启事，是警告张玉声的，其中有"要继续追讯、申告，张玉声准备好棺材"之语。启事没有具名，详情记不得了。关于法庭传唤对话情况：先前被控方有一徐姓律师写信给张镇滨，大意是张沛霖被杀一案，已由赵天鹏抵命，周大根又被捕入狱，羁押多时。冤家宜解不宜结，期望控方不多追究等等。张镇滨曾回信称，追诉张沛霖被杀案，都由汪文达办理，我从来没有参与过，今后也不会参与。在法庭上，庭方问张镇滨："给徐律师的信是你写的吗？"张答："是的。"庭方问："杀父之仇是不共戴天的，你为什么不予追究？"张答："追诉事一直由张沛霖小妾汪文达办理，我对案件本身也不太清楚，所以我不予追究，今后也绝不会追究。"

情系姑苏篇

拙政园偶得

阿尔卑斯山有条公路，风景极佳，路边有一块牌子提示，"慢些走，欣赏！"

在苏州，沿太湖有一条环湖公路，从西山、光福直达东山镇。宽阔的柏油马路，一边是田野、农舍、林木，一边是芦苇、波光、白帆。我经过时，正是夕阳时分，所有的景物都盖上一层金色，包括在农田里劳作的农民，都是一个个移动的圣人。此时，不消什么牌子提示，所有的车辆、行人都会放慢行速，欣赏。

落日时分的云彩多变。一朵云彩飞过，天空的光亮收敛，太阳成为金黄色的圆球。蓝天渐渐变红，水面也绯红。芦苇附近水面有点点漂浮物，随着水波推动而沉浮。车继续向前，再次望去原来是一群野鸭。我兴奋异常，急叫停车，取出相机，正待拉出三脚架，芦苇丛里首先飞出一只野鸭，接着是噗噗噗的一群列了队似的，一任斜向天际。

原先构想的美妙画面被划破了，更美妙的瞬间来临时，我却呆拿着相机，怎么也反应不过来，带来了更长久的失落。回程途中念念不忘芦苇、落日、斜向天际的野鸭。

在拙政园里我找到了失落，远香堂朝北，有两个小岛和山冈，湖汊中有小片芦苇。在苏州，所有的古典园林里大概只有这里有野味。我喜欢从"雪香云蔚亭"沿着 S 形的山坡，向西缓缓步行下山。坡度适当，下到平地就是湖堤，湖堤很短，却与水面衔接得舒展、自然。傍岸就有一片芦苇。人说大自然的美景都可收入园林，确实如此，我在这儿找到了过去的失落。

芦苇并不很多，然而人们极易亲近。湖堤才有水波漫过，泥土还是松软的，踩上去脚下有挤出水分的嗞嗞声，恰似孩子在雨中踏水塘，自有一种满足感。傍岸有一块矾石，犹如步町，跨上去便能掬起一捧清水。芦苇轻盈修长，令人感到温柔、灵动、飘逸而又诚朴。苇间水面上有许多黑点涌动。春天的蝌蚪急急地摇动尾巴，似乎想急于摆脱那条多余的尾巴。小生命还不懂得有了这条尾巴，才有营养才能蜕变，这是生存的原始需要。

拙政园里的芦苇虽少，却跟野地中的芦苇一样容纳许多活泼的小生命。夏天，人们在这儿听到了蛙声和蝉鸣。傍晚时分游人归去，芦苇更是小鸟栖息的世界。鸟鸣婉转，要算云雀最能歌唱。现时流行听钟声，据说能去烦恼，殊不知聆听此天籁更为美妙。

水陡涨，芦苇只露出青青的头，随波荡漾。水退了，芦苇更显得修长。矾石的石孔中，偶尔还留有蝌蚪和小鱼，凭着一勺水，相濡以沫，也在生活。一阵雷雨，它们自然会冲入池塘。要不然，孩子们发觉后，也会泼水进去，让小生命跃入池塘。生命就是这样活跃，既脆弱而又顽强。

水是那么可亲，芦苇是那么撩人，尤其是秋日里。白色的荻花随风摇曳，招得你情不自禁地想采摘几枝，将秋留住。但这是在拙政园里，无奈中你只得凑近些、再凑近些，甚至为它抹去叶上的水珠，闻闻叶梢的清香，再不然你就和它合影。凡此种种可感可亲的情意，都是园林设计师为你提供的。若是这里的池岸是另一样参差不齐的黄石，或湖石驳岸，或像干将河那样整齐的长石驳岸，显然人们的心情就两样了。亲切的自然要的是自然地亲切，一点也勉强不得。

唯有这类亲近，人们才会抒发对自然的感受与情感。想来如果清华园里的池塘不是顺形作岸，而是硬邦邦的石条驳岸，那么朱自清走在那条煤屑小路上，大概也没有兴味写出那《荷塘月色》了。

当别的水生作物在严寒中消失时，枯黄的芦苇依然挺立。这时水面显宽了，刮来的寒风虽掀不起浪潮，但也有阵阵漪澜，向岸边层层拍来，恰似翻动一页页历史。终于在一个霞光满池的早晨，有人发现了水中刚刚露头的苇芽。寒风，原来是为了迎接第一片青青的芦苇。

面对着这幅"平远山水图"，想来画家们描绘远山近水时，都会在近岸傍水处，画上几笔蒲草或芦苇的。生活本来就是这样气韵生动的。

一苇远航，随着春水往低处流去，它照样也是向东进入大海的！

1999 年 12 月

小沧浪水阁下的亮点

我欣赏园林的水平是很幼稚的。在苏州生活了几十年，园林里不知兜过多少圈子。情有独钟的竟是拙政园中部西南角里的"沧浪水院"。这里没有绚丽的色彩，没有季节变换的奇景，也没有异花秀木，甚至匆匆的游客也无意顾及这清冷一角。

想不到，人到古稀，我的审美水平还停留在幼稚的儿童时代。还是留恋着那个不知名的亮点，谁说往事如烟？

那是 1942 年的春天，小学生有远足之举。本来小学生的远足只能到南园田野里练练脚劲，呼吸几口春天的空气。那次不知哪位有点魔力的教师带领我们进入拙政园，而那时拙政园是汪伪政府江苏省政府的办公处。我们这批小亡国奴有幸踏进这个敌伪统治者肆虐施暴作决策的地方，而且竟然是去欣赏拙政园的风光，实在叫老百姓吃惊，让父母吓了一跳。我茫茫然真的觉得这位教师着实有点魔力。

出发前，老师一再关照，只能列队跟进，不准离开队伍，更不能大声喧哗。那时学生们穷得吃不起零食，不然还得关照不准乱丢瓜皮果壳。这是一次静悄悄的、忍气吞声、小心翼翼又是终生难忘的"远足"。

记得拙政园有东西两部（即现在的中、西园，东园是 1956 年扩建的），西部因为有幢日本式的洋房，小小心灵上有股厌恶情绪，因而对三十六鸳鸯馆、留听阁、波形长廊等都没有什么印象，而且那时这些古典建筑也没有名称，只记得有个圆洞门把东西两部分开了。经过一番"巡视"，我最有兴趣的是沧浪水院那片水面和水阁。水池东岸还停泊着一条小船，是一条小小的、用木桨划水的船儿。船头朝水阁方向，好像要向水阁深处划去。这水阁、水面、小小的船儿组成的画面，真称得上比例适当，构图精到。四周宁静祥和、幽雅清丽，与进园时小心翼翼的心态不一样。

骤然，一眼望去，心头一震，惊喜之余，又一阵兴奋，若在现代，我会大叫一声"啊"，甚至喊声"好酷"！但是在那个年代，我只能拉着旁边小朋友的手，悄悄挪步（实在不敢离队），站在水池旁，弯了腰，低斜着头，向水阁下那黑黝黝桥洞似的水面望去，发现水阁后面有池水相通，映出一点亮光。再想看个仔细，却被横着的小船挡了视线。那不可知的亮光，更加令人心跳，正想呼叫"我发现……"的那刻，就被老师拉了过去，跟着队伍又默默地行进。

队伍向着水阁走去，我心默祷：但愿前面会有更新奇的发现。水阁的长窗开着，里面有人在所谓的"办公"，南面的短窗也敞开一两扇，望得见南窗外湛蓝的天空下有一片星星点点的嫩绿树叶。很想看看那窗外的景致，可惜人长得矮，视线里只有和我一样高的景物。只能踽踽离去，心里一直保留着那一片亮点，和随之而生的神秘的悬念。

神秘的悬念可能是情结的由来，也可能是水土的养育吧？在这以前，我也见过类似"小沧浪水阁"的建筑的。我家有个亲戚住在通和坊东头，傍河的楼房，向西不远处就有座跨河的暖桥（也有叫廊桥的），我喜欢在这窗口上张望和等待。这黑黝黝的桥洞里忽然钻出一条小船来，或者是一条小船在我面前摇过来，往黑黝黝的桥洞穿去，于是，船儿渐渐地消失在黑暗中。小孩子么，谈不上什么情结，只是一种新奇、一种神秘感，越是看不清的事物越是想看清，就像小沧浪水阁下的那一个亮点一样，猜不出谜底的谜面，我一直在猜。到了初中二年级，读了陶渊明的《桃花源记》以后，果真豁然开朗，多幽雅的山水，多美好的幻想，仅仅通过黑黝黝的山洞，得到的竟然是豁然开朗。于是"豁然开朗"里包含的内容，成了我梦寐以求的至美至善的境界。

到了高中时代，已是抗日战争胜利多时了，我已是青年了。年轻人的敏感、正义加上血气方刚，已触摸到社会上的腐败、黑暗，愤懑之情充塞胸怀，却又无可奈何，只能把压抑与愤怒化作歌声，最能敞开心扉的就是高唱一曲《山那边呀好地方》，而山那边的好地方，竟然在我脑海里演化成拙政园小沧浪水阁下那个谜样的亮点！

1954年拙政园经过大整修后向老百姓开放，我终于走进拙政园去寻访那个亮点，那个水那边的好地方。依窗眺望，原来南面有棵朴树，树荫像一把巨伞遮盖着一大片水池。这里清新自然，令人心旷神怡，确有另一番景色。水阁室内陈设雅洁，明式的红木琴桌、靠椅、茶几，造型优美，线条简洁；壁上配有对联和字画，在这里随意就座，清谈欣赏，那是一次真正的游园。可惜缺一杯清茶，使我无法领略"茗杯瞑起味，书卷静中缘"的佳趣。

其实，我真正的遗憾是还没能穿越水阁，没有到达"山那边那块好地方"，没有解开亮点之谜，当然，也就没有"豁然开朗"。

到了古稀之年，心里好像有点"豁然开朗"了，悟出了陶渊明豁然开朗出来的不过是乌托邦而已。而受陶渊明影响的人，却往往把期望寄托在陶渊明式的，也就是我那小沧浪水阁下的亮点上，都以为那亮点的后面就是自己的信仰、自己甘愿为之终生痛苦追求的山那边的好地方！

说这些话的时候，我好像是豁然开朗了，内心深处的回答是：未必。憧憬和信仰，能激动人心，能激发活力，至少可与冷漠、麻木不仁相抗，不至于人到中年就世故老成，好像能洞察一切，就能看透陶渊明的《桃花源记》，说：那是骗人的玩意儿。

我总觉得古典园林建筑中的水阁前后（如留园的"活泼泼地"、网师园的"濯缨水阁"）都应该有一涓溪水相通，让人们在这里有所遐想、憧憬以至有所追求，要知道那水阁下的亮点，始终具有"万有引力"定律般的魅力，人们常蜂拥而努力地去探索亮点后面的世界，即使到后来也只能叹惜一声"唉"！可是这"唉"的本身就闪着亮点，何况更耀眼的亮点还在前面！

2000年1月

抗战前夕的爱物展览会

读曹大铁《梓人韵语》一书，又引发一段历史故事，再记之。

曹大铁《念奴娇·网师园寻虎儿墓》：
　　名园重过，便凝思，是处何多奇述。千载吴中人物志，尽入网师泛宅。新主书家、山君兽长，流寓画林逸。吴门一角、偏留如许谈什。
　　寂寞于菟离魂、生风啸雨、应逐髯翁魄。异代并成罗汉果、俯首依依就食。鹤子孤山、虎儿阊间，佳话苏杭匹。时逢苛政，世人还道君德。

注：
　　园在苏城东南隅，始建于南宋枢密院编修史正志，八百年间屡易其主，清归吏部尚书李鸿裔，旋由名书家何亚农收购。民国二十一年壬申，业师昆仲移砚于此，畜一虎不系锁链，如同家犬，呼曰"虎儿"，因颜其居曰"大风堂"。丁丑沪战乍起，虎儿忽折一足，旋即不食死，遗骸葬于园外隙地冷泉亭、殿春簃之间，先师善孖爱笔书墓碑，文曰："虎儿之墓，蜀郡张善孖大千立。"董其役者为装池夏品三云。

　　我幼时见过这只老虎，确实没系锁链，坐卧随意。那是 1937 年的春季，在由苏州社会各界名流创办的爱物展览会上，张善孖、张大千非但展出自己的画品，而且将虎儿置于会场台上，旁置鸡蛋、牛肉等虎食，还有虎儿与家人合影的放大照片一帧（不是那张郎静山为陈丹娜与虎儿拍摄的著名照片），任人在台下栏杆外围观。

这次展览会在宫巷乐群社举行。教堂内四周布置全是苏州有名画家的国画作品，教堂四周各室布置的是宝物、古董。观众要购票入内，价格不菲，画品义卖，所有收入捐给国家购买飞机。当时正值日寇入侵前夕，舆论界掀起"航空救国论"，以为没有飞机就无法抗御敌人入侵。这是苏州市民的爱国义举。

我因幼时随父经常出入这展览（我父在展览中任事务），对虎儿特别有兴趣，但始终不了解这展览的名称。几十年后曾向老画家尤玉淇老询问过，他也记忆不清。展览会称"爱物展览"，还是近几年我向瓦翁老讨教才得知的。所谓"爱物"，即宝物、宝贝是也。社会各界包括苏州收藏家、大古董商，都将收藏品、古董等在此公展，为义卖画品助兴。

近几年我与表哥赵其诚（他大我十岁，其父赵培德是苏州大古董商）谈起此展览，他说一点不差，有这展览。那时苏纶纱厂的严庆祥经常观看这展览。因入场者凭券可摸彩，头奖是张善孖画的老虎。严庆祥就是冲着这头奖而不惜高成本每次都要买近百张入场券而摸彩的。

购票入场摸彩最起码的奖品是一打铅笔。我因父在此工作，曾取得铅笔五六支。铅笔是定制的，上刻有"慰问十九路军英雄抗日"等字样，估计这是1932年"一·二八"淞沪抗战后，全国人民给十九路军的慰问品。就这么几个字，包括这次义卖"航空救国"等等，深深地印在我小小的心灵上，就像这只不系锁链的虎儿一样深刻。爱国观念有时仅仅一个印象，就始终镂刻在人们的心头。我也曾节省点心钱，不时捐三个铜板买飞机。

1938年初，我家逃难于乡间后返苏，家里已洗劫一空，但在一小橱角里，我藏着的这几支慰问十九路军的铅笔和两本文怡书局的拍纸簿还在。我又向父亲问起虎儿的下落。他说这次展览结束，雇了一辆黄包车，将虎儿移在车上，但到家时，虎儿下车，脚蹩了一下，就此受伤，不久就死去了。我听了心里感到惋惜。几十年以后，对虎儿之死有多种说法，大概虎儿折骨后不食而死是正确的。到底是人工饲养的，早就没有野气和虎气了，娇生惯养终归要走上末路的。

隔了几十年，父亲已病瘫在床，我常在床边与他闲聊，再次讲起虎儿。他又跟我说："那次展览会结束，张大千还特送我一张画，作为忙于展览事务的奖励。"后来我家在逃难和失业的窘况下，忍痛将此画卖掉，得二百大洋，解决些生活问题。

严庆祥花了高成本而没有得到名家的画作，而我父亲因与虎儿有这点关系，却得到了，且庇护我家度过一段艰难时日，此事和虎儿一样令人难以忘怀。

2002 年 5 月

苏城绿化琐记

友人从苏丹喀土穆归，我先问热得怎样？友答："还好，中午摄氏五十度。"五十度还说还好？不解。友即细说："中午是很少有人外出的，此外，只要人站在林荫下立即会降温。"如此这般，我才释然。

大热天我市街头景象，骑自行车者在十字路口等红灯，都不是停在白线处的，而是离得老远，找一点树荫避热。有些新拓宽的马路只有小树，甚至原有树木被迁、被砍，没有树荫可言。这样的马路被苏州人骂作"晒煞××路"的。这也无奈，可能在规划中，也可能需待时日，让行道树慢慢长大。

树荫教育人们增强绿化观念。若能像我友去趟非洲，或者去趟沙漠地区，那可能对绿化还有更深的认识。无论对环境保护或绿化种树、莳弄花草都会有新的感受。

我年轻时曾为苏州的绿化出过一点点力，所以到老了，对树木有点感情。前几年十全街西口翻修马路时，我恐行道树被伤或搬迁，还特带了皮带尺，量量那棵最粗的行道树胸围有多大，一量是一百八十五厘米了。我不由得想起当时青年团提倡义务劳动种树的事情。

横山建共青林

1956年青年团市委还在大太平巷（现统称十全街）西口。团中央号召青年人参加绿化活动，那时团市委的领导和建设局的领导由市长牵头，商讨组织全市的绿化活动。我和同事李一匡由团市委指定专门组织团员青年参加绿化，历时约半年，跑遍全城大街和郊区荒山荒地，和建设局的同志一起搞绿化。

开始，我们先种行道树，包括机关门口的行道树。那年还遇到台风过境，团委领导还向解放军借了大卡车，团委干部冒了大风大雨去几条主要马路察看行道树的倒伏状况，以便补种。那种爱护树木的观念不亚于建设局搞绿化的同志。

为了规划全市绿化，我俩和建设局的同志一起跑，找可绿化的地块和地方。那时靠的是自行车，而李一匡文绉绉地连自行车也不会骑，只能拐着他那两条外八字腿跑路。记得到过郊区的几个山头，虎丘路、齐门外、南园、相门外、朱家庄、寒山寺一带等，踏勘几次才商量什么地方种什么树，怎么组织力量种树等等。最后选定横山烈士墓的山坡上种马尾松，虎丘路一号桥附近几块高地种黑松，城内的人行道上种法国梧桐（悬铃木）。

两家的分工是青年团负责组织义务劳动，每天一批到两批，人数有多有少，多至一批二三百人，少时七八十人。我和李一匡在工厂、学校、商店等单位逢假日时，动员青年参加横山植树活动。预先约定日期，隔天再加落实，风雨无阻，大多青年、团员是打着团旗列队步行去横山的，然后挖潭（有规格、有地点）、种树、盖土、提水浇灌，然后标明某单位青年种植，有的还写上年月日，仅一块小木牌而已。建设局也每天有四五人到现场。一是预先划白圈（树穴），二是送洋镐、簸箕、水桶等工具到现场，三是隔天要将树苗运上山，四是指导种植，检验种树质量。有的质量差的，还要动手重种。每次大约八点半左右人员到齐，稍作动员，即动手种树了。最有秩序的是青年工人、团员，有力气，挖潭标准，种植质量高，结束时还将场地、工具等收拾干净。最啰唆的也最天真的是青年女学生，叽叽喳喳、嘻嘻哈哈，遇上挖出棺材或白骨之类的，尖声怪叫，自己吓唬自己。这时就不得不调男青年去帮忙了。有的单位是以团日活动来种树的，下午就去灵岩、天平山活动了，所以这义务劳动既热烈又愉快。其实横山也是值得游览的，有高大的悬崖绝壁，山腰中有深广的水池，但为了安全起见，规定义务劳动的青年不准上横山顶去游玩，也不准在水池中游泳，为此连种树也只种到山腰而已。山顶上的树木是后来建设局组织人力种植的。1956年春季青年们在横山绿化种树，隔了一年，1957年5月全国第三次团代会决定，将"新民主主义青年团"改为"共产主义青年团"，因而团市委将横山的绿化称为共青林。当初只在横山南角即公路拐弯的角嘴山坡上，用木板书写了"共青林"三个大字，就算大功告成了。共青林也确实为庄严肃穆的烈士墓增添了绿色的背景，形成了风景。当年坐在苏福班车上路经横山转弯处，老远能见到共青林牌子。随着树木长大，绿色兴旺了，牌子被遮了，慢慢地木牌自然腐朽而消失了。大概当地报纸作过报道。现在若有人问共青林在哪里，知道的人大概不多了。

小事一桩 状告建设局长

两家合作还顺利，但有一回，不知怎地建设局方面工具、树苗没有到场，青年们准时到了横山，却只能窝工，建设局在场的同志也无可奈何，当初没有电话可联络，更不知城里情况如何，我大嚷建设局是官僚主义。那时被骂到"官僚主义"是极重的政治语言。下午，我和一匡两人赶到建设局找其党组书记、副局长沈文渔理论。我见了沈局长就大声指责，沈是建设局当家人、过江老干部，修养到家，倒是唯唯认错。但我少年气盛，情绪激昂，不肯罢休，声称要向市长告状。当即到建设局后面的市长办公室去，惠廉代市长在，我发了一顿牢骚，惠廉同志听了点头说，我来告建设局，今后不再窝工就是了。想当初民主空气较好，见局长、市长也容易，批评、指责、发牢骚都可，都是听你发完的。其实惠市长答允的就是沈局长早答允的，而且翌日就见效。我年轻冲动，意气用事。但从这以后，我与沈局长正应了一句老话"不打不相识"，竟成了朋友，他实际上是个内行，后来是在园林局的领导岗位上退下来的，不但对苏州绿化、园林保护有贡献，而且还向国外推行中国式园林。

绿色隧道　外国人拍手赞好

我在绿化上也受到过一次特殊的回报。那是上世纪 70 年代，我有机会接待外宾，坐在一辆大客车内，从火车站开往苏州饭店。正是大热天，车内没有电扇，我们还不懂什么叫空调，坐在铁罐里只靠窗外来风，闷热得很。但车过三元坊转弯向东，驶入狭窄的大太平巷、十全街（那时改叫友谊路），望去好像戴了副绿色的太阳镜，顿时凉爽舒适，气温骤降，这是条绿色隧道。还是外国客人反应快，突然间爆发一阵掌声，原来外国客人对绿色欢呼，也是对行道树的赞美。于是激起我的乡土情结，趁此吹了起来说这条绿色长廊是我年轻时参加义务劳动种植的。又赢得一阵掌声，我好像更加得意。而人民路上光秃秃的，阳光直射怎么说呢？同车的老外事、我的老朋友"青面孔"朱中浩，到底经验老到，马上为我拾遗补缺，忙说："苏州许多马路最近拓宽，原有的行道树都换了品种或重种了，还没长大呢，隔不了几年你们再来苏州的话，绿色长廊更多呐！"又是一片欢呼。

行道树不同　景色亦有变化

苏州的绿色长廊确实有好几条，而且还各具特色，树种不同，景色也有变化。上世纪 60 年代的古市巷、白塔西路，全部种上垂柳。垂柳照理应生长在水边，柳丝拂水，多有诗意。而长在行道边上同样成为一道风景线，尤其是雨天，烟雨垂柳。若是晴天，密密的垂柳犹如少妇的长发披肩，随风飘扬。自行车在柳荫下驶过，既遮阴又触不到柳条，好像护着你那样。回头望去，这行垂柳一如女孩的童花头，剪得一样齐，好像人工修剪似的。因为一样的生长条件，自然长得一样地整齐，这是自然赐予人们的美，无须人为地去统一划齐的。可垂柳生长期不长，老了树干不实而成空，极易折倒，而且春日里柳絮飞扬也不是好事。大概有十来年模样，也就要更种了。还有值得享受的行道树：养育巷种的海星树（又名重阳树），它似香樟，但冬日落叶。它的遮阴幅度也大，两旁行道树就能使中间马路成绿色隧道，而且在烈日下，还能感到有细细水珠飘来，正是此树蒸发出来的给人们的特殊礼品。夏日，我常推荐友人去养育巷走走，去感受这绿色的清凉世界的诗意。更妙的是前几年养育巷拓宽，有识之士对两旁的重阳木始终未动，只拓宽外层，外层又种了香樟。这大概是苏州最好的一段行道树了。还有一条甫桥西街的女贞行道树（平桥直街、锦帆路亦是），冬日保持常绿，冰雪街道上有苍翠常绿点缀，也属别样景色了。可现在长得稀稀拉拉，不如过去。

秦新东与张飞不谋而合

"前人种树后人凉"这话是随着年龄增长而有深层理解的。我种过共青林后，就调去市委工作，全市绿化任务也由建设局转向园林管理处。当时园林处长秦新东持了绿化计划向市委汇报。我遇到他时，他滔滔不绝讲绿化，而且他向东山购买了三四十年树龄的银杏树先试种一段在虎丘路两旁。我问他这类树要长到什么时候才能成荫，嫌它生长太慢。秦说这是子孙树呀！爷爷种的树，要到孙子的孙子才能收益。现在看看不像样，将来可不得了，整条马路都是森森的银杏树，人家要到虎丘去，你只消说见到银杏树，沿着这森林走就到了。这段话深深地触动着我，秦新东称得上胸怀大志，站得高看得远呀！

最近几年我曾读到过一条资料，四川的阆中，经剑阁到梓潼一带遍植三百里夹道古柏。据说是张飞当年为使香客免山势险峻不识路途之苦，能直达七曲大庙而种植的，直到现在还尚存一万余株。这不是一条宏伟的指途认路的绿色长廊吗？秦新东的设想和张飞的壮举正是不谋而合。可惜秦新东在虎丘路上试种的银杏树，现在只存了十来株哉。大概其中还有不少遭遇，有人为的，也有政治的。否则去虎丘途中会有另一番诗情画意，令人享用不尽。

秦新东讲的话很普通，但这是他对"前人种树后人凉"这句老话有深入理解。秦新东是园林专家，对园林修复与保护、园内陈设、种植盆景等都有研究且有成就。不但苏州人承认他，就是国内著名的古建筑专家罗哲文，名教授园林学者陈从周，苏州的文人雅士周瘦鹃、谢孝思等人都对他评价很高。而秦新东仅是个放牛娃出身，没念多少书，十六岁就参加革命，身上别了把驳壳枪，做领导人的警卫员。进城后他在园林处工作，全身心投入园林，还号召全处干部要学会种盆景，说盆景就是缩小的园林，种好盆景就是学好业务！这样一位对园林、绿化有贡献的人，却屡遭厄运，各类政治运动来了，他是"头等运动员"，被整挨斗。他的罪名是"封建主义的遗老遗少，资产阶级的孝子贤孙"！现在人们懂得保护和修复园林、种花植树、玩赏盆景都是文明行为，可见当初的这类政治运动是多么愚昧和落后。现在回头看来，苏州有些园林能列入世界文化遗产，还应感谢几十年前为园林修复、保护作出贡献的人们，包括这位吃尽批判始终不渝的已经亡故的秦新东！

玫瑰地和桃花坞

园林处当初有位绿化科长叫孙继元，是参加过淮海、渡江战役的转业军人，在"文革"中被迫害致死。孙生前曾设想过苏州街道绿化，要种各类不同的品种，落叶和常绿搭配、花香和遮阴搭配、灌木和乔木搭配、高低搭配等等，总之各马路都有特色，并非一律是悬铃木。想来这倒是好事情。如果真能实现，我甚至想将来的路名还可以带有小名、别称，甚至将以政治词汇称谓的路名加以改革。试想中正路叫了没有几年，中山路在"文革"中也被取消，何况那些中性的路名，如友谊路，也保不了几年。苏州原有柳巷、花街，何不栽点柳条、花卉，或者称为香樟路、水杉街、合欢岸、翠竹林、雪松坡、玉兰巷、紫藤架、茉莉村、白兰苑、银杏道（现在道前街南侧，金秋时日，实是一景）等等。当年我和李一匡在组织义务劳动植树时，曾跑遍城乡内外。一匡兄是有文学修养的人，路过留园后有条弄叫玫瑰地的，他大加称赞，说只有苏州人想得出，称地多雅，称弄就俗；真能与唐伯虎居住的桃花坞媲美。又议论到苏州有条小巷叫水仙弄的，他又觉得"弄"比"巷"好。我问荷花弄如何？他说应称荷花塘为好。我又说幽兰巷怎样？他说妙，家家都养兰花，入巷即香。和一匡兄一起工作增长了不少知识，而且幽默风雅。可惜他以后因化学技术归队，远去南昌，晚年迁入上海退休。当我们恢复联络后，他又得了肺癌，开刀后尚可。我按期给他寄去《苏州杂志》，又写信请他来苏疗养，结果病变很快，于1996年11月逝去。他夫人给我电话说："他经常想念苏州的朋友，8日那天上午，他在病床上特将信笺铺出，提笔写信给我，刚提了提笔，实在无力，只好放下，终于没有写成，只轻轻地说'以后再说吧！'当晚就去世了。"我在电话里听到这些，眼泪夺眶而出，一时无法讲话，很受感动。以后再说些什么呢？怀念共青林，谈苏州的绿化，还是研究树种、改善城市环境，甚至设法多种树木降低肺癌发病率呢？但愿苏州常绿，晴空蓝天，宁静幽雅，真的成为人们最适宜居住的城市！

2002年8月

苏城绿化散记

写了一篇《苏城绿化琐记》，意犹未尽，说了老话，也得说些新话。于是对现在苏州绿化作些遐想，作为散记。

苏州绿化的数字肯定比过去大大增加了。前几年，我想依绿化数字写文章，曾在园林局左彬森老友处要数字，他当即介绍给绿化办的同志，但此君支吾其词，反应冷淡。大概我既无介绍信又无身份，再加上数字属保密一类的，说多说少都有利害关系。我想不必较真，免得此君尴尬，也就作罢。想想数字也并非全能说明问题。中央电视台前几年报道评论绿化时，曾说过一段有趣事：有心人把北京每年种树的新闻中出现的数字累加起来后说，如果棵棵成活的话，那么现在北京绿化已无地可种了。数字到底属纸面上的事，还是看现实为好。

对苏州绿化满意吗？回答是肯定的，过去苏城只有阊门鸭蛋桥、留园马路有点行道树，枫杨长得很粗，遮阴很好。此外觅渡桥运河边上有十来株法国梧桐，长得很高大伟岸，令人欣喜，现在苏州街道全部绿化、山坡绿化（还有上方山森林公园）、城墙绿化、沿河绿化、园林绿化、单位绿化，还增添了不少公园广场等等，绿化大大地发展了。

树木向上　天空地下还缺些什么

城市绿化覆盖率高（恕我未用数字），树木向上伸高了，可天空中似乎还缺少些什么，地下除花草铺地外好像也少了点什么。早在二十多年前，我在南斯拉夫贝尔格莱德大街上，拍到过有鸟巢的行道树的照片，外国城市高楼多树少，马路热闹，而行道树高大且有鸟巢，这很珍贵。这是我对天空似乎少了点什么最早的遐想。

过去苏城古宅深院多，园宅庭院，甚至平民住房的天井、后园，树木多多，鸟类也多。别说天平有云松林，苍鹰盘旋，灵岩松林中有松鼠出没，即使在城里也有老鹰、喜鹊、啄木鸟、翠鸟、白头翁、八哥、布谷鸟、青桩（灰鹭）、斑鸠、绶带鸟、绣眼、鹡鸰等，甚至还有猫头鹰。我小时候曾经见过成群的乌鸦归巢，满天为之一黑的壮丽景象，也曾见过白颈乌鸦抢占乌鸦地盘开仗的情景。麻雀之类好像是养在屋檐下的，随处可见。燕子还在大街的商店里作巢孵鸟呐，不作剪破池塘水状，却在大街上低飞捉虫。

说到地下也似乎缺了什么，那时老宅多，狐狸、黄狼、家蛇、乌龟、青蛙、刺猬，甚至还有獐、麂之类的小动物。那年我们造共青林时，在虎丘路一号桥到铁路两旁有些荒废的高地，都种植了黑松，几十年后长成小树林了，并被工艺美院围墙围入校园，成为极好的美景。可惜上世纪 90 年代后期，听说这些黑松受到线材虫的侵袭，全体死亡，不得不连根拔掉烧毁，铲除中还发现一批小动物——花狐狸。我听说后，就想这批小动物要遭殃了，好不容易形成的生态自然环境就此毁了。

旧时苏城的树木有多样性，鸟类有栖有吃，可以生存，现在一律香樟的话，连虫子都不长，鸟类靠什么生活？何况药物喷洒，鸟类都会中毒的。那时庭院、天井里有葡萄、金钩子、石榴、枇杷等，果子成熟时还会引来"百鸟朝凤"呢。我的亲家喜养鸟，养得到家了，将养熟了的画眉放出笼外，它并不远走，在庭院的树木上鸣叫，晚上栖在密密层层的金银花藤里，主人照常喂食，放水让其洗浴，画眉在树头上鸣叫不止，好像更加欢愉歌唱。我常去欣赏这自然景象及人和动物的亲和。现在还不怎么小康，人们住房鸽笼化，我住近郊，想在鸽笼化的阳台上钉钉绕绳给燕子作巢。友人说，它没有虫吃，哪会飞入你寻常百姓家。也是，这真是天空少鸟的原因。按理，进入老龄化社会后，老人可养笼鸟，生活得自在些，而如今多数老人依傍儿孙，如何养得鸟？

我们的广场绿化、城墙绿化、运河绿化等等多种些密林，招揽吸引鸟类生存，这样枝头鸟鸣要比养广场白鸽更好。

风吹出来的线条画作

再说垂直绿化。过去谢衙前有所晏成中学，教学楼、体育馆（称风雨操场，实际上是风雨无阻操场）建筑成城堡式，爬山虎长满整个建筑，只留有窗格，远远望去就是座绿色城堡，古朴而典雅。宫巷里乐群社教堂，两边塔楼也是长满爬山虎，成为苏州建筑特色一景。夏日微风吹来，绿色波浪层层滚动，站在乐群社旁风凉异常。过去东吴大学的维格堂也有爬山虎，点缀极佳。现在残存的金门城门，长满了藤萝，城门显得更其古老，也足以证明苏州人的文化底蕴。其实爬山虎让它在白墙上随意伸展，那倒是一幅极妙的画作。我在旅美画家杨明义处，见到他在美国某公路上拍到的白墙爬山虎的照片，真好像是一阵风吹出来的线条画作，极有欣赏价值。爬山虎等藤萝丛中，常有壁虎、四脚蛇等生长，人们讨嫌它，实际上这类小动物有的有益、有的无害，是自然的生长链，不必恐惧。这些小动物，包括狐狸、黄狼等都是极懂"人不犯我，我不犯人"道理的。你对它亲切，他对你还有感情呐！

保护古树名木要立法

有人称苏州是白发苏州，说它老了。有人却写文章跟他辩，硬说是黑发苏州，似乎新才是主流，才是政绩。人各有志，文责自负，闲人不必参与。我这拙文既说新，又说老，采取调皮的办法，双方兼顾。说到老，自然称老有老的文化。单说过去老宅里的名木古树就很多，据说有关部门作过统计的。我记得"文革"前有位副市长叫茅于一，此人是知识分子投奔延安去的老资格人士，对工作要求很严。他分管市政建设、统战工作一类事。他要求有关部门对苏州的每株名木古树都做档案，除记载历史、环境以外，还有毛病和诊治办法，要保护单位和人员负责的。可惜"文革"恶浪一开始就冲击他。他在五卅路上新盖的体育馆内被专场斗争，"造反派"问他："你为什么要建资产阶级的体育馆？"他被"喷气式"地弓着腰无从答复。我坐在体育馆的水泥台阶座位上，和朋友咬耳朵说："幸亏有了这座体育馆，否则我们怎么能舒舒服服坐在这里斗茅于一呢？"茅于一"文革"结束后没有重新工作，后来默默地去世了。现在想到他对苏州绿化的贡献，如若不受"文革"干涉，苏城古树还可能多得多呢！现在单单房屋开发，名木古树损失就很大。我常路过现在的锦沧花苑（过去叫乌鹊桥弄），一株起码两三百年的古榉树就是活活地被钢丝绳东攀西绕地弄死的。看看我们的前辈和苏州老祖宗，在蟹眼天井里也能种好粗大的榉树或者白皮松的。现在不妨到尚书里歌舞团所在地看看，古榉树还在为人民造福呢！著名画家吴敉木家后门的小弄里有一棵二百多年的广玉兰，这种树原产于美洲，一美国客人曾跑过大半个美国，但从没见到过有如此粗大的广玉兰，在此惊喜异常，围着它使劲地拍照。十全街船坊桥对面的一株王螯后裔种的罗汉松在霓虹灯中勉强生活。保护古树名木真到了要立法的时候了。

苏州绿化多了，尤其是将来城墙外开辟运河绿化，那真能和欧洲著名的河道媲美。要说有什么缺憾的话，那就是行道树好像步入了耄耋之年，豁齿秃头似的，走不了几步，就缺了树木，而多的是广告牌，怎能连成绿色隧道？有的为了装修店门或者改造房屋，便于运输汽车进出，随便倒树变路，这是老百姓常常见到的赖不掉的事实。应立法，损一木罚种十株树木，还要包种包活。

我老友张英霖，从事文化工作，他对苏州行道树关怀备至，凡见有锯头割枝的，他都拍成照片，他要开个专门的摄影展览，将这类破坏自然环境的丑态集中展出，启示人们像爱护孩子那样爱护树木。树木也是生命，好不容易长了几十年、几百年却被人锯头断腿，能受得了吗？何况树木生长也要有个天然姿态，这才是美呐！

广场绿化　城市的肺

现在各主要马路口都有广场绿化，这是城市的透气口，是城市的肺。它吐出氧气，吸收二氧化碳，称得上是"吐新纳故"，恰巧和"文革"中的"整党要吐故纳新"相反，受到群众的欢迎、称赞。然全是一式的绿地、喷水池，几何式的通道，盆花的摆设，似乎又缺了点什么。缺什么呢？我想到见过的场景：苏州饭店是个花园饭店，大片的绿地，两边还有池塘，东南角有一片粗大的黑松林和樟树林，林下就只放些石桌、石墩而已，可坐、可卧、可憩、可歌，好像有点味道。另一处是苏苑新村建造前，即十多年以前，这村的南面有一片水杉林，绿荫覆盖面较广，我极有兴趣，曾对吴县房管部门的朋友说，这片树林无论如何要保存，要留出空地，决不能造房。当初这友也点头称是。隔不了几年房屋越造越近，树林空间越来越小，最后还趁此造了个苏苑公园。当然这是好事。但这样的空间太小、太窄，水泥高楼包围了公园，只能在楼上向下俯瞰公园，像欣赏盆景了。自然，有比无好，若我们的广场、公园能密植些树木，像东园一进门那片雪松，以及香樟林那样多好。在吴中区东南角，公交车终点站有座大花园，有大水面，还有一座十七个环洞的长桥，那天我特地起早赶去拍这新景照片，正值大热天，也是晒得辣豁豁的。要是有几片森森的树林，那该多美多好。即使苏州人盛赞的金鸡湖边的湖滨大道，虽然移种了大树，夕阳西下时去走走，还是热辣辣的，只能把希望寄托在树木快快长大。

建设广场上能不能先种好树，移好树（不破坏农村的生态环境），生长些密林，灌木乔木都有，然后再花几年时间开凿些小河或池塘，建些亭台，叠些黄石（太湖石资源太少，而且也太抽象），逐步弄成一个没有围墙的园林模样，不必全是西洋式的，倒要带些苏州园林味道，这样天空中有鸟儿，树上有蝉鸣（不要小看蝉，它从产卵、幼虫、几次蜕化、成蝉，据说要有八年时间，现在人们发现蝉鸣都少了，就是环境都变了），水面上有汀岸、芦苇，池塘、小河里有穿条鱼、蝌蚪，夏晚一片蛙声，甚至将这成功的设计移植到公寓式的新村里，想来晚有蝉鸣和蛙声，总比没日没夜的嘭嘭嘭的摩托车声，更能令人进入梦境吧！

小河绿化 游鱼和飞鸟

　　说到绿化，免不了要带上苏州的小河。这绿化似乎好办，即使是"一枝杨柳一枝桃"的老格局，只要管理得好，自然也是成景的。至于小河里要有鳊鲅鱼、穿条鱼就难了，甚至要引来翠鸟、白鸥那才像个水乡名城。我在威尼斯的小河里乘船游荡，白鸥随船飞翔，我特意拍下照片，在狭窄的河道里也有白鸥翻飞觅食鱼儿，这景致我市什么时候能出现，应该是桩天大的喜事。今年春天，我的同事小林告诉我说，机场路口，大批白鸥飞翔集于河面，我听了兴奋异常，翌日清晨背了照相机搭车前去拍摄美景，结果白鸥连影子都没，全飞走了，估计它们正在寻找适合的生存环境。虎丘山上的白鹭已迁到横山东坡了，石湖上方山能不能招引鸟类呢？应该为水禽类的鸟类如白鸥等营造个栖息地，让它们在苏州的河道里翻飞生活，留下的倩影，使人们和自然亲近。石湖游览区开发出来是苏州人的幸福，单看上方山的坡度弧度、山势走向都是极正宗的江南水山，看看文徵明的《石湖清胜图》，那就会理解吴门画派出于苏州，是"一方水土养一方人"的道理了。

2002 年 10 月

大石山鸟语寄情

　　早就听说阳山背后有座小山称大石山。阳山向阳的一面原来树木森森，多次火灾几遭灭顶，已属童山秃岭。而在阳山北面的大石山则树木兴旺、绿荫成盖，保持着自然风貌。心仪之余，于春末夏初，结伴探访大石山。

　　踏进大石山麓，即被茂密的树木、凉爽的山风、啁啾的鸟鸣所吸引，即刻给人一种异乎寻常的新鲜感觉。过去我经历过所谓视觉冲击力的感受是：我在佛罗伦萨市乌维齐博物馆门口，见到有座米开朗基罗的大卫雕像复制品，感觉平平；直到进入馆内一眼见到那座大卫雕像，真的被视觉冲击力震荡了。我不懂雕塑语言，很难说出当时那种感受，既不是目瞪口呆，也不是兴奋异常，好像心里有股激情在涌动，血管里的热血在奔腾，灵魂在震颤，雕塑铸成永恒。现在我又一次受到一种冲击，一种听觉的冲击。

　　我没听过世界音乐大师梅纽因的小提琴乐曲，但在大石山却听到了满山满谷的禽啼鸟鸣，从耳畔进入脑海。我在鸟语声中仿佛进入了梅纽因演奏大厅。仙籁从天而降，强烈的乐感冲击着我，我再一次被震撼，不是热血奔腾，不是激情涌动，而是飘飘欲仙！

　　鸟语不是时常伴随着生活吗？为什么如此异样？平时，我习惯窝在沙发里看书，坐久了需要调整，到阳台上遛遛。阳台上有株盆栽的常春藤，给我以绿的满足。又有两笼小鸟，一笼是金丝雀，取其鸣声婉转、依依可人；一笼是红嘴相思鸟，取其音色悦耳，既有画眉的清脆，又无画眉高亢的噪声，令人舒心爽气。多少年来的阳台情结，自以为听力良好，忍受力也强，人间鸟语岂能奈我何？

没想到，在大石山我的听觉被冲击，冲击得听力乱套。大石山的树林可称"鸟的王国"，音色不同、音节不一，只有进入"入定"境界，才能略识"鸟国臣民"的语言。画眉嘹亮高亢；白头翁、八哥鸣声跌宕起伏；绣眼轻声旋回；云雀更是鸣声多变，且飞且鸣，忽从云天冲下在地上急促低鸣，音符跳跃欢快，音节抒情动听；子规好像专打拍子；斑鸠重复的"勃古古、勃古古"的单音节，以及被认为是不祥鸟的乌鸦"哑、哑"声，和着一片啁啁、啾啾、叽叽、喳喳声，汇成一串串流动的音符，形成无边的穿透力，在山谷密林里回荡、撞击，像天上飘来的神曲，直透人的心田，把久积于心底的大雅大俗的乐感唤醒了，使我进入美妙而忘情的境界。

阳台上的鸟鸣哪能和"鸟王国"里的音乐世界相比。山中画眉不论从哪个方位，或是哪只画眉发出的鸣声，都像乐队指挥那样，只要鸣声起处就会有各个声部同声鸣唱。声部里有时会有四声杜鹃飞过，"快快布谷、快快布谷"，给交响乐增添华丽乐章。我深深感受那美妙的乐曲，让它在我心中尽情弥漫、慢慢释放。山路上，记不得见过什么古迹和摩崖石刻等等。我在反复阅读震撼心灵的大石山鸟语。虽然没有乐谱，也记不得强烈的或柔美的节奏，然而，我随着画眉高亢明亮的音符，好像也在听从它的指挥，长音短音甚至还有滑音，双手在幻觉的琴键上移动。画眉在幽谷里不是噪声而是主旋律。

看来祖先作曲歌唱以及制作乐器盖来源于鸟鸣吧？大自然禽啼鸟鸣都是愉快的歌唱，而人类的乐曲却能表达欢乐或悲伤、苦涩与希望。如果哪一天科学发达到能译出鸟语，那么人类更能深层认识鸟类的生活。四声杜鹃受人类青睐，然而它的传宗接代方式却是极其投机取巧而恶劣的，它把卵产在别的鸟窝里，靠别的母鸟孵化，鱼目混珠，非但自己不花工夫，而且它的雏鸟孵化后，即刻称王称霸，将其他幼雏不管死活地挤出鸟窝，任其掉在树下草丛中，让它独占异母之爱。等小杜鹃长大飞走时，这异母可能会大呼上当受骗，而长大了的杜鹃却去认它的亲妈了。杜鹃天性如此，或许它们会说："优胜劣汰，称王称霸原是天经地义的事情。"据说鸟类中只有难看的乌鸦是会反哺的。懂得了鸟语，可能众鸟会指着乌鸦说："这才是我鸟禽的道德榜样！"也许有不同意见的鸟会说："上帝呀！天造的命，我们从来不会反哺！"

要离开大石山了，顺着依稀可辨的林间小道，聆听那低吟浅唱的山泉，随着丝丝飘来的两声三声的鸟鸣，我还在品味那自然界的乐曲。到了山脚下，我频频回首，恋着那空谷鸟语的大石山。暮色降临，倘若在这里过夜，我真想在月色满林的松涛中听听《二泉映月》，和"鸟国臣民"一起分享瞎子阿炳的苦涩和希望！

1999 年 4 月

三跨人民桥

引子

这里所说的三跨人民桥，倒不是说三大步就能跨过一座桥，而是说人民桥从建立到一而再地重建，经历了三个时期，像是跨越了三个时代。

甲午战争订立马关条约（1895年），苏州盘门青旸地被辟为日本租界。据说日本人本来看中此地可成为商业热闹处，才定为租界。不料苏州商界却宁愿另辟市场，不愿在日本租界内经商。即使外国势力在青旸地建立了一些工厂和公司，也始终热闹不起来，比起万年桥大街、南浩街、石路的繁荣程度，还是有天壤之别。

1949年，盘门青旸地一带工业逐步发展起来，有面粉厂、丝厂、砖瓦厂，包括苏纶纱厂、苏州纱厂在内。有不少工人的家都住在城内，上下班要从盘门外那座高高的吴门桥上跨过去。那时候从孔庙向南一路都是农田，农田被上下班的女工踩出一条小路，抄近路从孔庙经瑞光塔出盘门。男工们就另辟蹊径了，下班时，弄条小船，就在现在近人民桥的位置，从南岸摆渡到北岸，然后在城墙的豁口处，挖掉些城砖，形成踏步，只要插进一足，或手攀一把，就像现在的攀岩运动那样，翻越城墙，走上南园的田埂，向北走去孔庙泮池，抄了一大段近路就入城了。骑自行车的人还能肩着自行车爬城墙，好像是在进行什么越野赛。久而久之，在南门未开辟之前那里便有了一个大豁口。

抄近路、翻城墙的行为也反映一种民情，说明那里确实需要一顶桥和新开一个门。

一跨

1951年9月，市政府在这里开辟南门并新建了人民桥。

开辟的南门严格地讲并非城门，只是把原有的城墙豁口拉得更大点，人民桥就是从这里第一次跨过运河通向彼岸（先前这里造过一座木桥，只是便桥而已）。当时的人民桥长42.25米、宽6.71米，两辆公交车在桥上相遇就有点危险，好在当年的公交汽车不过桥，人民桥是终点站，一天也没有几班。人民桥南端是两个陡坡，骑自行车的人从桥面上冲下去，右拐弯不用蹬，可以一直"淌"到苏纶纱厂大门口。左拐可到第一丝厂、砖瓦厂等。

建造人民桥当然不仅是为了工人上下班，主要是为了发展经济，想使南门外发展成为工业区，要让人站在人民桥上向南看是浓烟滚滚，烟囱林立。那时候没有什么污染的概念，烟囱林立、浓烟滚滚是经济繁荣的象征。南门内的经济也要繁荣起来，要有市场，要有铺面。所以在人民桥建成之后，曾多次举行过苏南城乡物资交流大会，发动许多商家在路的两边搭起草棚来做生意，一时间倒也十分热闹，交流大会结束后，路两边出现了一些小铺面，可惜的是这些小铺面都是草棚，一年后被一场大火烧得光光的，人民桥北又冷落下来了。于是政府在桥的西北部辟出一大片农田，兴建工人住宅区1.5万平方米。商业市场也建起店铺，建起了规模不差的建筑工程技术学校。1957年建起了工人文化宫。许多工人住进了新房，改善了生活，南门城内像是一片工人的乐园。

当年新建人民桥在苏州来讲是一件大事，市民人人皆知，可在建桥之中却发生了一起大错案，因为桥成之后适逢"三反（反贪污、反浪费、反官僚主义）"，俗称"打老虎"。凡是经手过钱财的人都可以被怀疑。人民桥的总投资虽然只有7.42万元，可在当时来讲已经很了不起。经手此项工程的是建设局局长何光启。当时还没有国营建筑公司，工程是由营造商承包的。运动来势很猛，何光启在劫难逃，说他接受了奸商的大量贿赂。报纸大篇登载何的"贪污腐败劣迹"。何光启被宣布逮捕法办，并判徒刑三年。这位1938年参加革命，身经百战，被敌人称为"何阎王""双枪何光启"的老革命，虽然蒙冤，倒也坦然，出狱以后照样努力工作，且重新入党，但申诉不断，坚持要求平反。直到上世纪80年代才终于重见天日，撤销原判，恢复党籍、工龄、行政级别。此时他已是七十老翁了，他经手建造的人民桥也老得不堪重负、伤痕累累，必须重建。

二跨

自从上世纪50年代兴建人民桥后，南门一带就慢慢地繁荣起来了，有了轮船码头、汽车总站、旅馆、商场、中小学校，桥南也是工厂林立。南门的市面仅次于观前、石路，呈三足鼎立之势。而二十多年桥龄的人民桥已老朽了，桥面道路不畅，尤其桥南堍，车行交叉，行驶不便。

1977年二次建桥。新的人民桥总长62米，桥面宽22.62米，人行道3米，二墩三孔，混凝土悬臂桥梁，载重拖车可达60吨。桥南堍于南门路相交处作立体处理，即南门路汽车从人民桥旱桥洞通过，大大改善了十字路口的交通。当初盛传苏州建成首座立交桥，其实苏州老早就有立交桥的，广济桥南岸的上塘街就是从旱桥洞下穿越的。泰让桥下的枣市街也是越过旱桥洞的。桥上桥下行人行车互不干扰，这不就是立体相交的桥梁吗？只不过规模不大，不及人民桥现代化罢了。

重建人民桥时设一指挥所，市革会生产组干部王德麟负责指挥。梁君楣、阮雍崇两位雕塑家建议他在设桥栏时，在栏板上（即使水泥的）刻些浮雕图案，装饰美化桥梁面貌，以示名城苏州有点文化味。像古代赵州桥雕花栏板，南京长江大桥有桥头堡，还有三面红旗、工农兵的雕像装饰等等。他很是赞成，可惜资金不足，无法实现。此后，他还真的像建桥行家，建过虎丘路与铁路相交处的立交桥。他也曾拆过枣市桥，拆的时候就将石料编号，将来要移建到山塘河上的。几年后，他工作调动了，山塘河上也不见有新建三孔古桥，枣市桥拆下的石料也不知丢在何方，殊为遗憾。而最可惜的是，此君于今年五月初犯了高血压病突然去世，没有能见到今日的人民桥。

人民桥二次建桥之后，造成今日吴中区的繁荣，特别是改革开放之后，苏州经济高速发展，人民桥不堪重负，它驮过不可胜数的车辆、物资，载过几亿人次的脚步，趁水穿膛而过无数的船队，在桥身两侧加挂了许多管道、线缆，像蛛网似的包裹着身段。一眼望去，简直杂乱无章。人们踩在它的背上，还嫌它狭窄、拥挤。殊不知这是年迈者带病上阵，勉为其难呀。此外还有不为外人所知的暗病隐患：桥墩多次被轮队撞伤，桥面经不起成年累月的重载，于是决定拆了重建。

三跨

三建人民桥工程投资 3500 万元。工程从 2002 年 8 月 18 日到今年 4 月 15 日，历时 8 个月。桥墩为钻孔灌注装基础，九跨，简支板梁。桥阔 45 米（当年南京长江大桥公路桥面宽 15 米、人行道 2.25 米），双向六车道，再加慢车道和人行道，实际是十条道。

南堍下有旱桥可通集装箱车或双层公交车，北堍旱桥仍旧有公交车环回道。旱桥路下挖下水道，为避免积水，设水泵房。桥的人行道上架有廊棚，成"廊桥"，或称"风雨桥"。

这次建桥与往日不可同日而语了，现在人们考究文化、历史，在本乡本土造桥还要有苏州味。过去我们少钱缺银的时候，嘴巴不硬，只能称"有条件下注重美观"，有些事情就办不到。这一次征求过全国、本市的古建筑家、造桥专家、文化界人士的意见，才决定要造一顶什么样的桥。

石料拱形古桥肯定不敷交通需要，钢筋混凝土桥太单调。桥上竖雕像，赤裸裸的女神不习惯；竖个伍子胥老头吧，又不伦不类；雕刻石狮子类似旧俗。若建桥头堡，又和桥身比例不相衬。难处不少，然新桥要有文化气息却是共识，苏州的传统文化也可提供参考。

历史上苏州多暖桥（廊桥）。五六十年前在大儒巷、菉葭巷一带在在皆是，据说古时候阊门外吊桥也曾是廊桥。

于是，今日人民桥两侧人行道上建有一字长蛇阵的廊棚。从正面看一座重檐楼阁居桥中最高位置，左右伸展，高低错落，到南北两端相交处，建有四披式飞檐台阁，通向南北岸的人行踏步由此而下。长廊为梁架式，柱下有石础，内柱间装挂落，似园林亭台楼阁。今后还将延请名人雅士命名和题写匾额、楹联，添加书卷气。

桥栏全是细錾花岗石。远看似城垛，相隔米把竖有方柱头，桥栏中雕有束腰莲花而镂空。既可凭栏远眺，又轻盈透漏。

桥的坡度是人们所关心的。此河道已非运输航道，属旅游观光河道。桥墩不必过高。坡度不大，骑自行车人先有感受；驾驶员们也不必急急乎换排挡、猛踩油门，轻松过桥。想来这类规划设计者属自行车族，将心比心，关心了自己就关心了别人，按现在的流行说法是"人性化"。

人性化的事例不少。拆除、重建过程中，交通不能中断。为方便行人，先拦河筑坝，河底铺路通自行车行人（本来河底要清淤）；又在原桥东西两侧设墩架建慢车道，成临时汽车通道，然后在这狭小的天地里拆除老桥，再打桩设桥墩、架桥梁，最后和慢车道连接。这样已经是"螺蛳壳里做道场"了。

尽管工地上竖有公告牌称："桥梁施工，给你带来麻烦，请多原谅！"然而人们不了解内情，被拥塞在公交车里的乘客，闲话不少。而工地上施工单位达数十个，从大系统说有中铁二十局管桥梁，市政工程管道路，古建筑施工管廊桥，还有邮电、广电、煤气、自来水、绿化等等。除桥面建设外，桥身密布管道、电缆、光缆等，内容各不相同，水火又不相容，高达十万伏的电缆必须绝对绝缘。工地指挥就像打仗那样，组织梯队，见好就上。施工内部矛盾、摩擦不少。只能日夜兼程，交叉施工。为了抢时间，没有少费口舌和劳力。拥塞在公交车里的乘客也确实见到每天变个样。

这是新桥诞生的阵痛——内外都有矛盾、难题。阵痛过后，现在桥上车水马龙，人流涌动，桥下游船摇荡，另有一番景致。

桥下的景致是：中间两桥墩的四面，装饰十六幅花岗石浮雕。乘船穿越长达45米的桥洞，可欣赏这些浮雕。过去石拱古桥拱顶上多刻有莲花样祈求吉祥之类的图案，现在这些浮雕讲的是苏州历史故事。巧的是这些浮雕就是二十多年前建议美化桥梁的梁君楣所为。时光荏苒，年岁增长，今日老雕塑家带领一帮年轻人，为新建人民桥增添了美色，圆了苏州雕塑家、美术家的一个梦，也总算给关心苏州文化的人们还了个愿！

还有件巧事呐。前面说到二十多年前拆去的枣市桥，石料还在，有关部门没有忘记。今在东大街南端，跨越运河建了座三孔拱桥，用的就是枣市桥拆下的料，事实上是成功地移建了古桥，与人民桥、吴门桥遥遥相对，给盘门景区、南门运河增添了苏式景观。

新人民桥还得与南门路的建设、运河南北两岸绿地等一并观赏。南门路北侧全是绿化地带，沿运河设有景点，有广场草坪，有亭台，有弯曲小河，有岛屿小桥。驳岸或砌成曲线，避免僵直；或砌成坡面，手可掬水；或筑台阶可与河水亲近；或筑有挑出水面的水榭。

北岸原有城墙高土，种有树木，现在林木森森，小径通幽，与开阔的南岸大不相同，幽静、清新、典雅。

南门路路宽 26 米，人行道 2 米，中央绿化隔离带 4 至 6 米，种有大树，绿带隔离封闭左右来往。跨越马路由地下人行道穿越，从盘门到觅渡桥全长 3.66 公里，500 米设一地下人行通道，总共有六个。有的地下通道还设有电梯、商场等，是个漫步休闲胜地。

至于南门路南侧的建筑，那还得有些时日。将来这里有公共建筑，也有住宅区，当然不是火柴盒式、鸽笼式的了。

世界上所有名城，几乎都是与大河名川相傍的。城市少不了桥。新建的人民桥有没有苏州味？时间将会给予回答。许多事情不是能立竿见影的，需要的是历史的磨合和过滤。

学者说"建筑是用石头写成的史书"，那么，三建人民桥，走了五十二年，也是用钢筋混凝土留下的史料。

2003 年 5 月

潘家义庄、祠堂的兴衰

老苏州名门望族有四大姓，所谓潘、彭、叶、宋。因历代版本较多，变化多端，此说属何年代，不详。好在现在只说潘姓，不涉及历史考证，仅是收集些见闻，作为谈资而已。

苏州有"贵潘"和"富潘"之分。"贵潘"者，自乾隆年后二百多年间，读书人不断，科举成名做大官者不断，成为显赫一族。"富潘"者即卫道观前潘姓，原与"贵潘"一族。由安徽歙县、浙江杭州，再到苏州。原也是科举成名，后逐渐转向从商，从事金融业。

"贵潘"一系，最有名的是乾隆间的状元潘世恩和他的孙子潘祖荫。潘祖荫是咸丰年间探花，官至工部尚书、军机大臣，而且家藏大克鼎、大盂鼎（其后裔于上世纪中叶已将国宝献于国家），成为研究和收藏夏商周时代青铜器学者，是中国文化史上有影响的人物。

现在不讲"贵潘"的青铜器，而是讲"贵潘"的祠堂、义庄以及族规、义学等等。

祠堂、义庄、义学以及族规、家训等，都是宗族发展的产物。过去被批为封建主义的基础，属"封、资、修黑货，需横扫一切"之类。其实，这也是种历史过程。固然，加强家族凝聚力，对维持封建秩序、巩固封建王朝有点作用，但也有维护道德水准、人伦文化、世俗礼教，激励人们精神力量的一面。就说祠堂祭祖，不忘祖宗，实际上是不忘祖训、族规、家训等等。所谓"国有国法，家有家法"，宗族祠堂都制有自己的行为规范，如"礼让宜明，雍和宜讲，贫穷宜恤，品行宜端，交友宜择，本业宜勤，持家宜俭"等等。如有违者，先劝告，继而不改者，依家法处置，严重者开除族籍，同族人与之断绝来往。至于家训，历史上都有著名的家训或格言，如《颜氏家训》《朱柏庐治家格言》等等，成为宗姓氏族人员的精神力量，族风祖训，世代相传。这里也有传统道德的影响，一如现代居民的《五好家庭公约》，提倡五讲四美的精神文明之类那样。

祠堂，庙也，以祀祖宗，或祀名宦乡贤者。汉代就有祠堂。在苏城悬桥巷东端，有狭弄叫蚕丝弄，其转角所占建筑物，即"贵潘"氏祠堂。祠堂坐落在悬桥顾家花园对门，五开间门面模样，坐北朝南，从蚕丝弄南端，北至菉葭巷有高墙围着，此即祠堂旧址。其内原有三进建筑，第二进即享殿，设供桌、神主牌位等，最后一进有楼二层，一层即库房。祠堂西路有建筑若干，有后花园，上世纪 20 年代前后曾设立小学，称松鳞学校，广收贫困学生，亦为潘氏家族之义举。

义庄，即祖宗置田，每年取其租入，以赡养宗族之贫者也。凡族中嫁娶丧葬，有力不举者，皆赡给之。其产业由宗族经理，为一族之公产。从宋代范仲淹首创后，历史上仿行者较多。

潘家义庄置田多少，始于何时，已无从查考。只知义庄组织，设有主奉（领导人）、棣管（掌家法，教管族人）、主计（掌财物），这些职务都由本族人掌管。下设管账四人、司门一人。其中主管姓徐，对潘氏家族负责，称"知数"，而佃农和附近邻居却称呼他为师爷。他主管田地收租，每年举行春秋两季祭祖活动和办理潘氏家族救助和婚丧喜事等事务。他熟知潘家田地情况，包括如何经营和收租。惜徐姓家没有留下任何文字单据，因而不知潘氏田地多少、收租成头等等。但其小辈对收租、管理等略有所知，有个大概。

每年秋收，即义庄的收入季节。知数嘱在乡的催子各自负责所辖佃户，分头催租。"催子"是由知数物色乡村人员设立的。有的催子分管的佃户多，还须雇用人员催，称"租差"。这样至少要有两三层人员催租。据佃农称，义庄田比地主田收租少得多。义庄田每年象征性收些租，每亩斗把米即可。地主田收租约每亩亩产的两三成，因而佃农称种着义庄田是开心煞哉。

义庄每年的主要收入是收租。有点像现代的基金会模样，收入多，有积余，义庄祠堂活动就兴旺。义庄的必要开支是支付族中的鳏、寡、孤、独，无主要来源的族中家庭，包括抚养小辈，培养读书成人等起码的生活费用。享受此待遇的族中人员，都由族长决定让账房按户支付的。族内家庭众多，虽生活在同一大院或同一族中，但生活贫困悬殊，人际关系复杂，各家有各家的生活方式和道德观念。抗日战争时期，潘姓几十户同时迁去光福涧里（潘家有祠堂在此）避难。生活艰难者较多，而富裕户却屡遭匪盗光顾，逼他们交出钱财和金银软件等等，好像匪盗们知其底细似的。

另一开支即祭祖活动、社会义举和账房先生、司门人每月的报酬。

潘家义庄兴旺时，曾办过小学，就在祠堂西隔壁，有几个班，用新法教学。如珠算课有大算盘挂在教室里，供老师作示范用。教自然、卫生课，还有动植物标本、挂图和人体骨骼、头颅等标本。学校虽无操场，却有现成的后花园，权充学生们开展体育活动和游戏的场所。苏州有些义庄收入富裕的，还每年开展赈济社会善举，如施粥、施凉（在街巷口设立无偿暑夏凉茶，对苦力者有好处），甚至还对某地遭灾，发放救助物资和款项等等。当然，这还要有乡绅、工商业巨子组织发起而行。

义庄还有桩义举，就是设立义冢，除对本族人无力丧葬者，可入义冢埋葬外，每到寒冬腊月，专门在社会上收拾"路有冻死骨"的，对陈尸街头的路毙者收入义冢。所有以上这些，都属慈悲为怀的公众意识发端，以至后来有些社会救济、慈善事业的发展。

义庄的田地管理层既有两层到三层，族长又放手给知数管理，其中弊病也随时局而变化。抗战前一切还算正常。战乱后佃户遭难，常付不出租米。有时佃户给知数送些鸡蛋和活禽来，免求减租。也有催子送来农副产品的，无非为佃农说些好话，减少租米。有些佃农采些瘪谷上城，诉说遭灾情况，求免租米。抗日胜利后，四乡佃农又受"耕者有其田"和"不劳动者不得食"的思想鼓动，开展抗租活动，义庄收入逐渐减少，陷入困境。

困境逼近，义庄祠堂紧缩开支，除保证抚养族中贫苦者外，其他一切从简。先是关闭小学，接着是每年二季祭祖活动简化，平常以三牲祭祖的，只能简单而象征性地摆些供品；原来祭祖各户男主人都要到齐（族中女眷是不能参加的），现在也不强求全到；男孩子们本来企求祭祖仪式后抢吃干果的热闹场面，也由于供品干果极少而兴趣大减；原来祭祖结束后事务人员还有聚餐大嚼一顿之类的也免了。最寒酸的是，祭祖点的大斤两蜡烛也买不起，只能用小电灯泡替代。到后来，对管账、司门人的开销都支付不了，只能将供桌上的大型锡器，如蜡扦、香炉等变卖。说实话，义庄、祠堂里一无值钱的家什可卖。祠堂里多的是跪拜用的拜垫，都是蒲草扎成的，毫不值钱。

这期间，义庄、祠堂收租遭拒，于是各义庄联合起来，实际是城里地主们联合起来，依靠警察武装，实行联合收租。但这已是强弩之末，收效甚微，盖政治大厦基础不实，倾倒在即，无力征服佃农。这时已是1948年模样，义庄祠堂形同虚设，像自行解散样。

知数、账房先生等人怎么生活？他们凭借在义庄祠堂过去的任务，曾为族中人士办理婚丧事务的社会关系，现在扩大到社会上，承接社会上的婚丧事务，即所谓办六局事务而略有收入。所谓"六局"，即"红白虫"。凡婚丧事，礼仪多多，要设账房，张罗掌礼、鼓手、堂名、喜娘（或哭丧）、茶担、扎彩等行当，还需订租礼堂，订喜酒或豆腐饭。主人只需关照规模范围，一切无须主人操劳，全由账房先生办理。礼仪结束，账房先生将礼金收入详情（包括送礼人姓名、金额）、礼仪各项开销明细表列单开出（包括开销送礼者脚步钿支出数目），清清爽爽，一目了然，真可归入档案。

知数、账房先生平时与各礼堂、菜馆熟悉，而菜馆、礼堂老板又需拉拢这些中介人，逢年过节还不时有所"孝敬"，如年底送桌菜肴，或送一蹄、几尾鱼之类的。送整桌菜肴是连同盆碗装成半成品，挑担上门的，节后才将盆碗回收。有些菜馆气派阔的，甚至将碗盆之类都作为馈赠物的，以至有些账房先生家里的日用碗盆，还能见到刻有某某楼、某某菜馆的字样哩！直到蒋介石坚持内战，金圆券大贬值，百业萧条，账房先生已无服务对象，沦为贫民，只能变卖家什苦苦度日。

这时，潘家祠堂里，杂草丛生，走狐窜兔，门窗不全，漏屋残墙，一片荒芜景象，好像在等待着新时代的改造。从此义庄不再起基金会的作用了。

　　走笔至此，忽然想到上世纪 70 年代，美国总统尼克松访问中国，参观历史博物馆时的小故事：讲解员讲社会发展史，尼克松问："从原始共产主义社会发展到奴隶社会是进步还是倒退？"讲解员说是进步。尼克松不解地说："原始共产主义社会原本好好的，到了奴隶社会就有阶级、压迫，怎么是进步呢？"讲解员告诉他，社会生产力发展了，这就是进步。联想到义庄从宋代范仲淹创举以来，走的是"置田取租"的老路子，而社会向前发展了，后代们还在走范氏官本位的老路，尽管有"少有所育、老有所养"的种种理想，而"置田取息"却是农耕时代落后的生产方式，取租显然是血淋淋的剥削，与现代基金会"以金取息""盘活资金"相比，当然是大大落伍了。从这点看，"贵潘"的官本位老观念远远不及"富潘"从事商业、金融的新观念来得进步。从义庄发展到基金会，或许需要的是新观念和"以金取息""将本求利"的资本！

2004 年 6 月 26 日

骑车看时代风光

人们说中国是自行车王国。其实，上世纪 50 年代时，亚洲有些国家倒是自行车王国。那时看苏联纪录片电影，越南、印尼这些国家的马路上，多的是自行车。到了上世纪六七十年代，好像中国后来居上了，进入 21 世纪，中国城市的交通工具越过摩托车时代，进入了汽车时代。

六七十年以前，民众把自行车叫脚踏车，是一种稀有物。人们代步用的是黄包车，在巷口桥头都停有黄包车，待唤雇用的。上等人家、场面人物，才有比黄包车高档的私人包车或包租的包车，像官员、绅士、医生、演艺人员等。那时三轮车也很少。三轮车是日军侵华时期从上海风行后传到苏州的。

1949 年是转轨时期，首先是观念转换，为自行车的发展开拓了空间。黄包车原名东洋车，19 世纪末从日本传入上海。到 20 世纪 20 年代才在苏州城内营业，替代了轿子。30 年代里，有些人家的婚事和老中医出诊还用轿子呐。黄包车在 1949 年后改称人力车。劳动受到社会尊重，你坐我拉的人拉人形式，就属不合理，甚至还有剥削别人劳动的嫌疑。而三轮车又不多，主要马路上只有观前街到阊门、石路到火车站有两条固定线路的马车。这好比是现代的公交路线。

到了 1952 年左右，才有公共汽车替代马车和人力车。照理说先进交通替代人力车、马车应该是好事，至少是进步吧，结果还闹出点事情来，这就是人力车工人聚众阻止公共汽车开行的"人力车事件"。闹得满城风雨，妨碍了居民的生活。自然，事件平息以后，将人力车工人安排到觅渡桥洋关南面废弃的飞机场安家落户，开垦办农场。直至1958年，最后一辆人力车进了博物馆。

这样，城市里脚踏车兴旺起来了。自行车确实方便简捷，大街小巷都可穿行。谁家有自行车，那派头不亚于有自备包车。要中上等人家才备有，或给中学生上学用，或新兴职业收入高的职员用。

上世纪50年代，苏州有个德国人，长得又胖又高，坐在三轮车里，双座位也坐得满满登登，蹬三轮的工人很吃力。他每天上班都坐三轮车。苏州城里的老人小孩都知道这是德国工程师，是随工厂从青岛迁来苏州的。还有个工商业头面人物，后来当副市长的陶叔南，他长得胖而高大，圆脸架副圆眼镜、戴礼帽，坐自己的包车去市府上班的。在车上遇见熟人还执帽行礼，也是引人注目的。出风头的是女性评弹演员，打扮入时，包车两边还插有彩色的鸡毛掸帚，两厢有锃亮的车灯，暮晚招摇过市。至于医生出诊坐的包车，实而不华，仅表明他忙于出诊，受到病家信任，是种广告而已。

骑自行车者要比以上几类隐蔽些，风头略逊一筹。但名牌车、款式像样的也受人瞩目的，特别是年轻人。那时，苏州纱厂有位姓朱的老板，骑的是英国货三枪牌自行车，橡胶胎是名牌邓洛普公司产品。车子挺括、爽快，车过后才发现车形，静悄悄的，很少有噪音。还有一种粗杆粗轮的美国大炮牌自行车，绿色的，粗而矮，把手宽阔，脚可着地。双手把了龙头，迎面驶来，确实有点霸气。这是美国海军陆战队的配备，抗战胜利后，在上海买得到的。这部车看似笨重，却健步如飞，当时这部车的车主是地下共产党员顾某，他常借给同伴神秘地穿梭于大街小巷，好像不怕国民党侦得真相似的，自行车显眼，也担了点风险。再有种26寸菊花牌的矮车子，东洋货，也有点粗、黑、重的模样，但很扎实，一翻东洋车"一用就坏"的恶名，也算是好车子，经久耐用。这是一位面粉厂高级职员备有的。朋友某是大学生，家庭富裕，有辆蓝翎牌自行车，他是学艺术的，衣着考究，骑了这车自有一种气派和风度，用句现代电视语言：绝对经典。

解放后，城市里的自行车随着机关、国营公司人员增多而增多。人们为公干可用车。但一个单位、部门没有几辆，都是根据需要才能一用，而且旧车多，新车少。

自行车逐渐增多，修补自行车的店铺也应运而生。骑公车小修小补可报销，遇大件更换修理要造计划，待批准后才能报销。譬如换外胎、内胎、轮子、坐垫等都属大件。有人公干骑车，两车相撞，蟹钳撞断，无法推回去，只得电焊，花费较多，因事先没有报告批准，不得报销，骑车人只能自认晦气，赔了冤枉钱。

到了 1952 年，同事曹某，是丝织工人脱产当干部的，他拿薪给制待遇，每月三十多万元（老币，即现在的三十元，一般店员收入也是这水平，可养家活口）。这收入在供给制、包干制人员看来，他是发财人。当曹某花了一百二十八元购买了一辆崭新的永久牌自行车推到机关后，大家围着，又试又摸，羡慕异常，并调笑他说："只有你买得起新脚踏车！"

那时骑新车有风光，备有永久牌自行车也有荣光。18 世纪末，法国出现了最早的自行车雏形，1839 年英国人在前轮上装有脚蹬，出现了可蹬踏驱动的自行车。我国始终没有成批生产过自行车。解放没几年，上海的永久牌自行车亮相，这类自力更生的轻工产品，国人更当重工业产品那样看重的。人们盛赞工农翻身，国家兴旺，爱国主义情怀大大伸张，社会主义的"楼上楼下，电灯电话"已在前可望了。那时是从一个产品就接受强烈的爱国主义教育的，不像现在要为青少年设立爱国主义教育基地。

上世纪 50 年代末 60 年代初，政策失误，"兄弟"反目，据说还有天灾，无论是建设，还是人民群众生活受到很大的影响。自行车生产似乎受"大跃进"折腾而减少了，工业品也萎缩了。自行车属工业品，而工业品都要凭证购买的。苏州有工业券，要几十张才能购一大件的。而一户每年只有几张，要积几年或与人调剂，才能购自行车的。上世纪 70 年代前后，记得还有专门购自行车的券。那是发给单位，由单位抽签或轮流发给个人，或作为表彰先进而发张购买券给个人的。要弄到自行车券也不容易的。虽然购买券是无价的，但因稀少而成为黑市交易的有价证券了。

就是有了券，也不一定买得起呢。那时自行车是作为家庭富裕程度标杆的，所谓三大件。在民间论婚嫁有谚语曰：非"三转"不嫁，即自行车、手表、缝纫机是也。其实是种向往，有"一转"就很好了。

也不过二十多年，现在新村住户的自行车哪一家没有失窃过？有的新买的阿米尼车失了一辆又一辆，损失底线太低，报了案也立不了案。失主只是叹息一声，索性买摩托、电瓶车了。手表也是换了再换，没一家不换手表的。只有缝纫机过时了，不再自己当裁缝了，搬家时，给收旧货的收走了。

到了上世纪80年代后，我国的自行车工业基础很好，不但有各种凤凰花色车，还有名牌车——永久17型锰钢车，远销国内外。这时，苏州自行车零件厂还生产24寸的飞鹿牌花色车，登场时着实出过风头，远在东北的朋友还托苏州熟人争购飞鹿车哩。那时卖价是一百三十元左右，称得上价廉物美。隔了几年，到底是和上海某厂合造的，两家大概利益不均而产品逐渐低萎，最后也关门了事了。这时，台湾出产的自行车，也趁刮南风时进入苏州市场。有同事购买过，比永久要贵，约二百多元。用不了几年，同事叹息道：不及永久、凤凰。

上海有名牌车，各地也有名牌，驰名全国，如天津"飞鸽"，矮车子"红旗"，青岛单飞轮脚刹车的"崂山牌"，农村里用的载重车，还有年轻人喜欢的加速三飞轮跑车，体育比赛用车，妇女、孩子用的小轮车、折叠式脚踏车等等，更有济南产的轻骑车，那是脚踏车上装动力，称机器脚踏车。

上世纪90年代前后，人民收入增加，自行车虽发展，人们却追求更高的代步工具了。本来，国产的"井冈山"摩托车属名牌，车子实用，部队、公安部门都用这名车，以后改称"洪都"牌，各地效仿装配，制造者也很多。记得重庆某厂想发展摩托车生产时，《人民日报》发表评论，加以导向，说了些对摩托车生产的负面话：不宜盲目生产，似乎不合国情之类等等。但一转眼，城里多的是进口的"雅马哈"摩托车。城市里的年轻人认为快捷、轻便、马力大，而且极其风光。这样，绿色的国产摩托车就吃不开了，只能沦为农村跑短途载客车了。但好景不长，大概是马路狭窄、摩托车冲力大，遇交通复杂时，易出事故。据苏州有关部门透露，苏州第一批买摩托车的车主，大部分都出过事故，有的还丧了命。其次大概是价钱大、耗油、停靠不便。这类信息反馈后，市场就出现轻便省油的小轮助动车，如"玉河"等。城市里的风景线是：马路上车水马龙，摩托车助动车乱窜，同时"蓬、蓬、蓬"和"丢、丢、丢"声日夜闹个不停。有识之士又指出这类车排出的废气污染了大气层，要改装达标，加以限制。于是，不出几年电瓶车上市了。样子虽像轻骑，实际是自行车加电池动力，一时大家称好。苏州动力厂还生产了本地产品，现在市场上电瓶车的牌号多达几十种，虽鱼龙混杂，但价钿不贵，极其好销。坐上电瓶车就像汽车广告所说的"体面在外，舒适在内"。事物总是向前发展的，而且总是有好坏两面的。废气污染，电池何尝不呢？废弃的电池、电瓶无法处理，作为垃圾埋入地下千年不烂，有毒重金属和化学元素污染地下水，已经是摆在眼前的大难题。

进入新世纪，满街都是车。顾及自己年纪大了，免得"你不撞人人撞你"，也就不骑车了，出行以汽车替代。最近，借了朋友的光，开了轿车到一小镇去拍照，车入镇政府，原来已改为某某街道办事处了。一进门，宽广的院子广场停满了各式小轿车，真的旧貌换新颜，迎面给客人一个惊喜！闲谈中得知，这是乡镇先富起来人员的私人轿车，还有一部分原是机关里的汽车，经过改革，折价给个人，车主自己开车，自己支付一切车子费用，据说大大节省了国家开支。改革还顾及到公私关系，无论有车无车，每人每月贴补交通费若干。公务人员如我友，每月有六百元交通费，带长字称呼的要上千数，具体数目不宜多讲。

公务人员起码的交通补贴，每月六百元不算高，当然比下岗工人、最低生活水平的人员还是高的。但每月买辆自行车骑骑还是绰绰有余的。现在的市价也不过二百元上下。试想上世纪50年代大米价格每斤是一角三分左右，现在价一元九角上下，而自行车价格几乎是原地踏步。见过一份资料，上世纪30年代，在上海同昌车行购买一辆英国的飞轮牌自行车，价格三十多元，相当于一千五百斤稻谷。杂牌车只要十六元一辆。算起来现在自行车真便宜得多。每月六百元的车贴真可买它三辆自行车，使劲踏每月也踏不坏三辆自行车，当然没有汽车、电瓶车来得省力、舒服和时髦。以平民的水平估量，用汽车有气派，但投资大，成本高。电瓶车方便、价廉，但说不定有识之士来个舆论，进而禁用被淘汰。拟用句电视流行的购物广告语：用车贴买自行车确是最好选择，还等什么呢？赶紧打电话订购！

2004 年 11 月 20 日

自行车的观念转换

两个轮子由车架连接，不踏就倒，踏了却能行走不倒，称自行车。

孩提时代一直弄不懂，看见自行车滚来还有点怕呐，更不敢想象自己学会踏自行车。自从玩了滚铜板，铜圆加力向前滚动能滚一段路程不倒，再加上初中时学了物理，懂得些力学知识，学踏自行车就壮了胆，花了一个半天就扭扭捏捏地学会了骑车和上下车。那已经是六十年以前的事情。那时学踏自行车是孩子们高级的玩耍，并无奢望要备有自行车。

想不到几十年来，人们的生活离不开自行车。直到六十岁工作"毕业"，连同骑自行车也一起退休，自知老人反应迟钝，在车轮滚滚的洪流里，免得"你不撞人人撞你"。

与自行车生活了一世，我却没有买过一辆新的自行车，用的是公车，但曾经买过二手车。那是1955年左右，我的朋友孙家汉让给我的捷克自行车。

那时政治上是"一边倒"，市场反应亦然。上世纪50年代初，物质缺乏，首先是推广苏联花布，报纸电台都宣传穿苏联花布是爱国行动，包括有些老积极、上了年纪的老头老太，穿了花布，显示自傲神情的照片常见于报刊。在1953年吧，市场上出现了一批从社会主义国家进口的自行车，都很漂亮，就像在苏联电影《幸福的生活》里娜达莎在农庄里骑的自行车那样，是年轻一代所向往的。那就是捷克的、波兰的、匈牙利的和东德的，价钿在一百五十元上下（国产永久牌车一百二十八元），其中捷克车价钿要贵十元，东德车也比波、匈车稍贵几块钱。外国车登场，商场里围满了观众。式样新，有装饰，车铃是转铃（双响的），刹车有的是线刹车，有的是脚刹车（单飞轮倒转即刹车），车轮是铝合金的，美观轻巧。东德车还装有摩擦生电的车灯，而且可以分期付款，即赊欠购买。当初都是由单位购买的，没有单位的人员无法赊欠。一两年后，这些车就有了比较，波匈车外表不凡，但挡泥板装得不牢，用料较差，经不起苏州弹石路的颠簸，挡泥板叮当作响，修了再修，因而被人戏称为"拖拉牌自行车"。东德单飞轮车声誉不错，苏州桥多，上下倒蛮灵活，受到欢迎。捷克车用料讲究，轻巧便捷，而且牢固。这批进口车，起到了启蒙作用。当初虽然我国已生产永久车，但花色不多，自此以后才有单飞车、花色车、载重车等生产，包括天津、青岛等地都有自己的名牌车。

朋友用了一两年的捷克车让给我时仅以六折价计，付了九十块钱，而且还是分期付款的。直到 1956 年，我才还清此款。骑了这车上下班确实轻快、舒适。那时常召开运动会，其中必有自行车赛，车子轻松大占便宜。我的同事特借了这车参赛，结果得了第二名而大出风头。

骑了两年，修补内胎花费不多，但外胎坏了，要花十二元，深感吃力。好在后来我工作调到市委办公室，外出工作，跟在书记后面常坐汽车（市委仅有一辆汽车），再加上我小家庭住在市委附近，自行车搁在车棚里，半年多弄得蓬头垢面的，想想用处不大，也就转让掉了。但捷克车的印象却深入脑海。

原来捷克车的钢材好，那时还不懂叫什么钢，后来永久 17 型锰钢车，就是用的这种好钢。那个时期，所有关心国家大事的人，都是很看重重工业发展的，尤其是钢铁生产，是作为国家强大的重要指标看待的，就像后来追求工农业产值增长指标，以及现在考究 GDP 增长数一样的。记得当初捷克虽是小国，年钢产量却达四百万吨。对比日本在 1937 年发动侵华战争时，它的钢产量是五百万吨左右。因此人们对捷克产品很崇拜，如捷克机关枪、名牌摩托车"佳娃"，上海还以捷克有名的大型客车"斯可达"牌作为公交车，还有名牌的"拔佳"皮鞋等等，好像捷克是走工业道路成功的国家。还记得上世纪 50 年代，风行参观社会主义兄弟国家的工农业展览会。苏联展览会 1954 年秋在上海展出盛况空前，而且还专门在北京、上海两地造了两座规模宏大华丽的展览馆，据说展品的大部分还赠送给了我国。捷克也来我国开过展览会。年轻人向往工业化和重工业。上海万吨水压机制造成功，青年人热切地想方设法去参观。报纸电台登载这类工农业生产的消息，人们是极其关心的，那时没有娱乐版、休闲版的，人们急切要的是社会主义。即使到了上世纪 80 年代初，我去武汉看望二十多年未见的朋友，朋友还专门安排参观武钢的大型滚轧机。工业化的情结种植在几代人的心里。

1958 年"大跃进"，固然上面指挥失误，但长期的宣传，下层群众的心理状态也受到感染。尽管遍地高炉烧得通红而出的是豆腐铁渣，人们还是异常激动地报喜，不顾劳累，大量消耗原材料，不计成本，为了实现 1070 万吨钢而付出大量学费，为的是要在十五年赶超英国！等到全国物资缺乏，灾难临头略有觉醒时，却又来了个政治大运动，拿开国元勋开刀，称"右倾机会主义""反党集团"等等，吓得党内人员和高干不敢做声，莫说是吃过 1957 年苦头的知识分子，就是一般群众也以为是老大哥不讲信义给小兄弟吃了苦果，以及无法抵御的天灾降临呢！

反"修正主义"、反赫鲁晓夫、反刘少奇的"文革"闹得天翻地覆，史无前例，十年后国家经济到了崩溃的边缘，于是摸着了开放改革的石头，当我们的猫儿会捉老鼠时，上世纪 90 年代社会主义阵营又轰然倒塌，东欧各国另选发展道路。这时才发现原本以为东德、捷克工业化程度高，却远不及西德、欧洲各国的发展速度，差了一大截。

硬要走土洋结合的群众性的"大炼钢铁"运动，或者是全民参加的"人民公社化"运动等等，非但走不通，而且还大大破坏和阻碍了生产力的发展。幸亏后来有邓小平同志以其非凡的胆识，打开标签禁令，不讲姓资姓社，讲究抓到老鼠才是好猫，因而全国经济大踏步地前进。现在单单苏州的沙洲钢铁厂，年产量就达 1300 万吨，大大超过了当年全国"大跃进"定下的钢产量目标。现在全国钢产量达亿万吨以上，已列世界前位，即便如此，也不见得超越了英美而压倒了西风。

现在的要求更加现实了，要以科学发展观来建设我们的国家，任重道远，有得努力呐。

2004 年 11 月 30 日

漫说童子军

童子军起源于英国，陆军中将巴登·鲍威尔鉴于英国青少年缺少吃苦耐劳的独立生活能力，于1908年召集青少年二十人，训练野外露营，学习烧饭、洗涤、缝纫、观察等能力，甚为见效，由此创建了童子军。

在中国，童子军兴盛于上世纪二三十年代，也就是蒋介石政权时期。先是上海几所教会学校出现童子军，逐渐影响到北京、济南、广州，以及江苏的几个城市。苏州也属得风气之先的城市，苏州中山体育学校曾设立过童子军训练班。苏州县立第一女子高等小学之女童子军，为在上海举行的远东运动会做服务和会操，深得参观者赞许。1926年3月，国民党中央开常委会，作出了创办中国童子军的决议。

国民党声称：凡童子军个人或团体，均不能以童子军名义参加政治活动。但蒋介石、戴传贤、何应钦却担任着中国童子军总会的会长和副会长。记得江苏省童子军头头叫冷遹，好像此人当过江苏省的头头，见过此人头像，与童子军形象完全不符，是老头。至于他怎么领导、组织童子军，有什么政治目的等，一无所知。只记得苏州童子军在几个教会学校办得像模像样的，如振声中学、桃坞中学、晏城中学等，要比县立、私立学校的童子军上一个档次。

童子军的训练原则是：根据青少年身心状态，实施训练之准绳，以养成服务民族、国家及社会所需要之基本能力。童子军的口号是："时刻准备着""日行一善""人生以服务为目的""扶助他人，服务公众"。概括的说法是三个字：智、仁、勇。连束腰用的皮带铜头上除了童子军徽百合花以外，还铸有"智、仁、勇"三个字。

那时的初中生全部参加童子军，不像现在参加的少先队、青年团还带有先进性条件。童子军的服饰就像是校服，每个学生都是统一的布质草绿色服式。上装翻领，两个胸袋，有肩襻，袖口收紧，佩有胸章或臂章。臂章基本统一，各校大队可自己设计兽类图案，如狮虎豹熊等等。铜质纽扣，铸有童子军徽。下身西式短裤或长裤，长裤似马裤，腿部收小，女式则是裙子，脚穿黑色鞋或皮鞋，头戴巴登帽（六角披有帽檐，似美国西部牛仔帽），平时一般戴船形帽。颈佩领巾，蓝色方巾斜角对折，用一圈套入收缩。腰间挂有粗棉绳一扎、六用洋刀一把，讲究的佩有皮鞘套的猎刀。站岗时手持木棍一支，上口袋佩有警笛一只（不能随便吹，凡遇紧急事才能用，故称警笛）。全副戎装打扮，俨然一英俊少年。比起1966年在天安门上被接见的"不爱红装爱武装"的红卫兵要奢侈得多。

自然，童子军这套配备对家长来说也是不轻的经济负担，比不得红卫兵只需要套绿军装、红袖章就可以了。

童子军实际上是介乎政治教育、体育活动、军事教育之间的一项社会活动。平时要训练练操、架帐篷、夜行露宿、救死扶伤等，其中不乏独立生活的技能。有十几种结绳法，都是日常生活需要的，如平结、接绳结、双套结、称人结、缩短结、瓶口结、缚兽结、系木结等等。其中瓶口结极为有趣，试想玻璃瓶、陶瓷瓶怎么系得上绳子？而瓶口结只要几番绕穿扣上沿口，一吊即起，而且瓶子越重结绳越牢，提了就走。系木结用于沿河码头船只靠岸，抛套绳系住桩头，即可靠岸；在山林中，系住树干即可攀登，且越拉越紧，事后只要稍加抖动，即能自动解脱，收回绳索。

夜宿露营，要学会用两支火柴引火烧饭，勘察和选择地势地形支架帐篷，开沟排水避湿，采集可食野菜，识别有毒菌类等技能。夜晚行军又要学习天文知识，黑夜看星象，辨别方向以及迷途后如何自救。要懂得些气象预测，从日落日出、风向、云层，以及雨点、禽鸟叫声等去推测阴晴风雨变化情况。譬如看日落，"今夜日没乌云洞，明朝晒得背皮痛"，"雾露不收则是雨"，"鸦浴风、鹊浴雨，八哥儿洗浴断风雨"，

"云行东，雨无踪，车马通；云行西，马溅泥，水没犁。云行南，雨潺潺，水涨潭；云行北，雨便足，好晒谷"等等。

行军过程中遇到险途、过河等情况，要学习攀登、测量河水深浅，以及架设简易桥梁，游泳等技能。若受伤或流血，要学习包扎自救等医学知识，学习担架急救、救死扶伤等医护知识。

通讯联络方面。虽无手机、无线电发报机、对讲机等，但有旗语。双手挥舞旗帜，即能取得联络，并与对方互通情况。旗语有程序，上下左右，翻动次数，颜色变动就是密码。你要是识旗语，你就能破译密码，以至无往不胜地到达目的地。

训练侦察能力，设假案，侦查要达到 60% 的正确率。步行经过街道几十家门面，要记忆一半左右的门面等等。至于娱乐，自然有集体游戏和体操活动。此外还有短笛、军号和口琴……

所有这些训练不是靠课堂教授的，而是在各种野外活动中培养公民道德、勇敢精神和独立生活能力的。这样，青少年也是乐意参加。此外，还有辅导读物，如《童子军手册》等。

童子军最出风头的事有几桩，其中之一是最早在上海举行远东运动会，有三百多名童子军参加服务和会操，童子军良好的精神，颇叫中外观者敬佩，自此童子军风流遍及全国各省。

有资料证明，苏州某中学体育老师章君畴，积极组织训练童子军，成绩显著。被推选出席在丹麦举行的世界童子军代表大会，载誉而归。回国后，他又创办苏州童子军军乐队，凡童子军外出活动，都有洋鼓、洋喇叭乐队作前导，吹奏雄壮的进行曲，大振雄风，一时成为时尚。1927 年春，北伐军在国民革命军 21 师师长严重率领下，由 63 团团长陈诚为前锋，直扑苏州城南夹浦桥、尹山湖一线，与军阀孙传芳部下开战，彻夜苦战，于黎明击溃敌人。苏州城内国共两党党员及进步人士，为策应北伐军胜利，翌日即组织群众队伍出城欢迎。1927 年 3 月 21 日，由章君畴率领的童子军军乐队为前导，在葑门外觅渡桥畔吹奏进行曲，与北伐军会师，然后沿城外大马路，经盘门、胥门，直达阊门。21 师师部进驻留园马路的江苏省立医学专门学校，陈诚的 63 团团部驻丁家巷铁路饭店。自此，章君畴的童子军及军乐队大为出名。

1930 年，在南京举行全国童子军第一次检阅活动，有三千三百多人参加，国民党大亨检阅了童子军，盛况空前。而后各省各校更着力童子军之建立。

1932 年 1 月 28 日日本人挑起淞沪战事，童子军出于爱国热情，赴战场，在飞机大炮轰鸣声，进行救护工作，大大鼓舞了国人的爱国情绪。

1937 年 8 月 13 日，日本军队在上海发动大规模军事进攻，驻上海的中国守军奋起抵抗，八百壮士坚守苏州河北的四行仓库，给侵略者沉重打击。上海人民问坚守阵地的将士需要什么？回答说只要国旗。于是，上海女童子军杨某，带了国旗只身游泳到对岸，由此国旗在四行仓库楼顶高高飘扬，大大振奋了将士和国人的抗日决心。童子军杨某的爱国行为被报刊画报广为宣传，称为爱国女青年，影响遍及全国。

"八一三"事变后，不时有日本飞机飞临苏州，轰炸火车站等，苏州童子军冒着危险，勇敢地在战场上进行救护工作，不亚于上海童子军杨某送国旗的行动，大大鼓舞苏州人民的抗日意志，深得各界人士的赞扬。当年老报纸都有描述和报道的。现今七老八十的老人还是有印象的。前两年本地报纸将此事重新做过长篇报道，且在西安找到了当初参加救护的老童子军呐！

童子军对当年的青少年是有影响的，我虽没有参加过童子军，但见过长兄辈的童子军经历，很有点羡慕，种下情结。许多年以后，我当了共青团的干部，仍旧起劲地搞野营和小口径步枪等军事训练。记得 1955 年夏，团市委在天平山举行野营活动，夜晚睡在篷帐里，大有新鲜感，极为兴奋。不久，大批大蚊子轰然袭击，来势汹汹，简直无法招架。闹到半夜，只得起身另觅住处。好在同事祝匡明，他带有一顶美国战后剩余物资——尼龙蚊帐，架在天平山的乐天楼，我钻了进去，与他抵足而眠，凉风习习，安然一眠到天明。本来想上山观日出，已错过时机，只得与同伴在山下枫树林里游荡，而且时间紧迫，已经要准备回城赶开会了。原因是周末就有通知说，周一下午一时半在开明大戏院听重要报告，不准迟到，不能缺席。事后才明白，这是市级机关的"肃反"动员报告，又因为我曾经被国民党逮捕过的经历，要审查，从这次回机关后，接着就过了几个月不能回家、不能自由进出的所谓隔离生活，与天平山的露营情趣完全是两回事情。扯得远了不说也罢。

以后年岁稍长，上世纪70年代，上级又提出"深挖洞、广积粮、备战备荒为人民"的口号，掀起了各行各业都要参加的军事拉练活动。我在筹备纪念"延讲"而举办的摄影展览，拿了照相机赶来赶去拍照，碰上军事拉练活动，更喜欢拍野营、炊事场景。看到那些已过了年轻时期的中年人担水、点火、烧饭烧菜等，都是现成的材料，现代的手段，都是从城里带来的，没有风没有雨，更没有要求两根火柴烧饭、寻觅识别挖掘能吃的野菜等难题，实在与童子军训练差得很远。但他们担了这类家伙，长时间的双脚跑路，脚底已起泡，日晒雨淋也是够劳累和艰辛的，为的是备战。尽管时代不同、要求不同，也好像是童子军的情结延续到壮年。

当然，国民党没有忘记政治宣传，童子军是初、高中学生，在学校里，每周设立周会，学生必到，都要行礼，唱"三民主义国歌"，背诵文言文的总理遗嘱："余致力于国民党革命，凡四十年，深知欲达此目的，必须唤起民众……革命尚未成功，同志仍须努力。"然后校长或训育主任讲话。而青少年像小和尚念经——有口无心，念完也就丢了。抗日战争后，设公民课，讲解蒋介石的《中国之命运》，那更是教条，枯燥无味，从未引起过学生的兴趣。尽管灌输，吸收者却微乎其微。从我有限的眼光所及，同时代的学生，由国民党童子军的影响而信仰国民党的是少而又少，相反，那个时代的青少年看激进"野书"的倒不少。

我的老朋友徐坤荣，年轻时也是看"野书"的学生，但在上世纪50年代的"审干肃反"运动中，多说了一句话而遭到些麻烦。他交代了做学生时参加童子军的情节，结果被大做文章，指责他："小小年纪就参加国民党的军队，还了得！"曾被纠缠过一段时间。事后，他跟我讲起这件事的烦恼，我当即跟他说："我还参加过汪伪时期的青少年团哩！我比你还要反动。而且高中时期还受过军训，还实地握枪打靶呢！"对这类"劣迹"我都没有像老徐那样"忠诚"，全都隐瞒过去了。

幸亏没有交代，否则扛过步枪、几发几中的劣迹，说不定在我的历史关节事情上，再罪加一等，变"反革命"也有可能的。这倒不是我有意隐瞒，而是想这类学生时期的读书生活，根本说不上有政治目的，并不是罪恶，也不是丑事，更不是个人的错误，何必脱裤子斩尾巴地作交代呢。所以，只在与老徐对话时，才这样张扬。

2005 年 5 月 15 日

附一：

童子军进行曲（英文）

天津顾孟琴

熙钧同志：

《苏州杂志》第四期收到，谢谢。读你朱大黑《漫说童子军》一文，引起了我在南京中华女中初一时当了半年童子军的回忆，穿上了童子军军服好不神气，学会了各种打结的方法。至今我还记得平结与油瓶结。还学会了童子军歌："诚实、忠孝、助人、仁爱、礼节、公平、服从、快乐、勤俭、勇敢、清洁、团结，都是我们的好规律。童子军、童子军，我们大家遵守规律，做一个好好的童子军，做一个好好的童子军。"可惜当童子军不久抗日战争爆发了，没有机会参加露营，到了上海，租界里当然没有童子军的活动。不过我也忘了在哪里学到了英文的童子军进行曲。这首歌把对童子军的要求与责任表达得很清楚，我一直没有忘记。对我终身有影响。现在谨抄写如下，供你同欣赏。

《The Marching Song of Boy Scouts》

Shoulder to shoulder firm and steady,

Eyes right ahead and heads held high.

Banners afloat and napsacks ready,

That's how the good boys couts go by.

They are the lads who know the way,

To make the most of everyday.

Never a care or a fear have they,

Hark to their marching song.

Here's to the scouts wherever you find them,

Steady fast of heats and strong of heads.

Here's to the law and oath that bind them,

"True to God and the Native Land"

Scouts never fail a weaker brother,

Wounder or sick they help him through.

And stand ever by one another.

As the good boy scouts should know.

Daily they do somer knightly deed,

Ever they answer calls of need.

Service is a part of their knightly creed,

Helping the world along.

Here's to the scouts wherever you find them,

Steady fast and heats and strong of heads.

Here's to the law and oath that bind them.

"True to God and the Native Land"

年代久了，肯定有很多错别字，请指正。"无私地帮助弱者、无私地帮助他人，忠于祖国，团结一致"是这个歌的中心思想（当然我们无神论者是学不会"True to God"的），唱这个歌等于上一节政治道德课。

刚才接厥明信，知道你们曾一块儿去看望过陆咸，他虽行动不便，但还能笔耕不休。这算是很不错了，厥明夫妇身体精神都好。

老徐身体尚可，生活基本可自理，只是帕金森病，肌肉有点僵直，字越写越小，不便动笔。嘱我问候你。

再谈。祝全家好！

孟琴上
2010 年 9 月 18 日

又：今天是"九一八"，天津市刚才警报大作，提醒我们不可忘此国耻呀！

附二：

关于"女童子军杨某"
蔡贵三

朱大黑先生宏文《漫说童子军》(《苏州杂志》2010年第四期)，洋洋洒洒备极周详。其中提及"女童子军杨某"一节，寡陋似我，愿作"注脚"如下：

"杨某"当是杨慧敏(亦见有写作杨惠敏)。童子军组织在那时很普遍，不仅高小以上学校都成立，其他如大商场、基督教会等也有，以"团"为单位，并以在国家总部登记次序作本团番号。杨慧敏当时是某大型百货公司练习生之类小员工，并非在校学生。世界童子军创始人旧时习惯译写为"贝登堡"。这位英国军官与我们孔老夫子不谋而合、殊途同归，认为人生应在"智、仁、勇"三方面力求进展。童子军敬礼形式伸举右手三指(按下大拇指和小指)至眉梢或帽檐。所戴帽子有两种：其一是船形便帽，另一则盆式广沿帽。此帽顶部由三个凹瘪组成尖峰状。处处突出"三"，阐扬"智仁勇"。领巾颜色由各团自定，通常为白色，以备应急救护包扎用。领巾、绳索，连同所持木棍，两人合作可组成一副简易担架。

"八一三"淞沪抗战，粉碎了日寇三月灭亡中国的野心，国军完成战略任务，后撤。膏药旗浸淫战地，担任滞敌任务的谢晋元团坚守四行仓库上空突见青天白日满地红国旗升起，睹此情景，军民大为振奋！这国旗就是女童子军杨慧敏冒险偷越苏州河桥(非泅渡)送去的。她的壮举激励人心、轰动全国，一时誉为"战地女英雄"，她的名字就此与八百孤军联在一起。她也就此踏上宣传抗日救亡的征途，转辗大后方。上海沦陷，唯剩租界日军未能进入，称为"孤岛"，而敌伪特务势力日益渗入，豺狼横行至极凶险。四行孤军撤至租界驻营胶州路，团长谢晋元被敌特买通叛徒于晨操时刺死(我曾去参与群众自发的盛大的追悼会)。杨慧敏亦敌伪眼中钉，若留在上海也必遭毒手。这些往事八十岁以上老人一般还知道；但杨慧敏后来还成了苏州伯乐中学的校长夫人，这一情节就罕为人知了。

杨慧敏在大后方，每到一地，自有当地童子军团部等竞相接待、发表演说、鼓励抗日、接受荣誉，无一日之闲。艰难的八年，也是轰轰烈烈的八年。抗战胜利，一阵兴高采烈过后，时过境迁，鲜花掌声不再，顿感孑然一身、陷入落寞。漂泊到光复的台湾，更是处处冷遇。彷徨无依之际，幸台湾大学教授、体育系主任、中国童子军创始人之一的朱了洲接待了曾给童子军添一笔浓墨重彩荣誉史的她，使她感受到他乡遇亲人般的温暖。

朱了洲，名重明，宜兴籍，抱着"增强中华民族体质、洗刷东亚病夫耻辱"的志愿，在清末东渡日本学习体育教育，并在那里加入了同盟会，后毕业于日本高等师范。回国后历任大学与师范院校教授、体育专科学校校长，致力于创建童子军，是同盟会、体育界、童子军多方面的元老辈人物。朱了洲在苏州特有建树，创立中山体育专科学校，办校十七年，计二年制专科十五届、三年制师范科十届、一年制童子军训练班及暑期童子军教练员训练班十余期，校风纯正。他写专业书、编教材，亲自上课、带领操练。毕业生千余人。在抗战前后相当长时期里，国内大中学校体育教师出其门墙者随处可遇，且多宜兴籍。

日本投降，台湾光复。朱了洲通晓日语又是教育界前辈，且虽年届花甲却精神抖擞，因而被遴选参与接管台湾大学并主持体育系（当时应台湾教育事业迫切需要，魏建功、许寿裳、苏步皋等一大批著名学者都应聘东渡）。接管工作忙过，正常教学开展，倏忽经年，朱了洲不免兴思乡之绪（其子朱复强奉母留苏州）。朱了洲孤身独处正寂寥，杨慧敏周游归来欲泊舟；童子军的老帅和童子军的女杰多的是共同语言，无妨于祖孙似的年龄差距，感情日深。于是杨慧敏很自然地成了朱了洲的末任妻子。朱了洲在抗战前任中山体专校长时还是初创的伯乐中学校长，因之称杨慧敏为伯乐中学校长夫人是不妨的。很不幸，未久杨慧敏车祸致残障，时时得由衰暮之年的朱了洲照料推轮椅进出。

2011 年立秋

浮沉水面的睡莲——苏州

苏州是什么模样？好像一两句话难以说清楚，不妨借用当代文学艺术大师的形象化语言，或许会有个轮廓。文学家王蒙对苏州的说法是"左边是园，右边是园，是塔是桥，是寺是河，是诗是画，是古径是帆船是假山"。而著名画家、苏州籍的吴作人说得更其深沉，他说："苏州伟大就伟大在表面上你看不出什么，要你自己进去发现。"回答似乎有点抽象，但确有诗意，引人入胜。

进入苏州买张城市地图是完全可以作为向导的。苏州城的道路设置极其规范，就像是古都西安、首都北京那样，都是横是横、竖是竖的棋盘结构，所不同的是多了一条水道，即街河并行，到处有桥，人家都枕河而居。

拿现代苏州地图与八百多年前的平江图（古代苏州称平江）对比，会惊人地发现现代苏州城市的大街小巷、小桥流水竟然在宋代就是这等模样。再翻翻古书记载，苏州城的城墙位置以及城门的设置、称呼一直沿用至今。苏州城竟然一直在两千五百年前建立城市的范围里，无怪《马可·波罗游记》里要惊叹这一城市了，而梁启超将"东方威尼斯"的桂冠戴给苏州后，更给苏州蒙上了一层迷人的面纱。

现在苏州城已不再是圈围于两千五百年前建城时的城墙范围了，而是所谓老虎添了两翼。城市西面有新区，这是为了保护历史名城，而在前几年采取的新举措。满目都是高楼大厦、新型厂房，其面积远远超过旧城区。城市东面有外商投资兴建的工业园区，这将是龙飞凤舞的宝地。市府当局已从城市心脏地带开辟了一巨道，包括上下立交桥，将虎之两翼与虎身连成一体。而城区的东北隅，还保留着民居前街后河，人家枕河的模样。在小街小巷里要穿梭，还不时需跨桥过河，踏步上桥，居然也算登高瞭望，还似遮似盖地看到城里的几座古塔。凡小巷多拱桥的地方，也就是自行车走不遍之处，这就给人们一些信步闲庭的机会。在小巷里踱步，或许能寻找些从容、恬淡的苏州味道。

古老的平民人家，一般是三开间二进二天井。客堂是窗明几净，书画对联；天井里总有几株花木、盆栽之类的绿化点缀，日影花移，自有情趣。邻里串门闲谈，感情融洽，有什么新鲜事情，互相传递。大概小街小巷因其间隔距离不大，儿啼私语相闻，显得特别亲切、温馨，因而这里的人们仍然保持着纯朴的民风和幽雅的生活传统。也许只有在这样的氛围里，人们才会有兴味地饮茶叙情，种花莳草，养鸟观鱼，丝竹管弦，舞文弄墨。小巷深处几乎是吴文化的基地。这里的人们处世待人热而不炙，温存敦厚，好像什么都是那样从容、恬淡、斯文而典雅，具有朦胧诗意似的。也许这就是区别于大都会文化的强节奏和市场文化的分水岭，也可能这是新与旧交叉的奇特现象。

古老城市需要不断有新的活力注射进去。历史是流水，新与旧的拉锯战还将继续，就像餐桌上打翻了调料瓶那样，多种味道都有，而困顿和希望也尽在其中。但愿人们在历史进程中少一点喧嚣，澄清一下河流水道，让苏州——这座悠久而现代的城市，如一朵浮沉于水面的睡莲，始终能随着人类的生活常规晨开夜闭，给人们增添更多的文化氛围。

1994 年 1 月

苏州古城区

苏州建城已有2515年的历史，而且它的城垣范围和位置基本未动，这是世所罕见的。

这样的城市本身就是件收藏品。古董总是深藏的甚至其貌不扬的，未识此宝者以为破旧一堆。其实，苏州沉淀的历史又厚又重，古巷里遍地碎石就能榨出油来，这就是苏州的文化和艺术。

一段段城墙，残缺的城门，或是修复了的城楼，真能唤起人们的历史文明感。而整个城市建设，早在南宋绍定二年（1229）就刻有一块石碑，称《平江图》，实际上是一幅古代的苏州地图（苏州古称平江）。整个城市的河道和街巷十分整齐地被划成棋盘格局：水陆相随，河街平行；家家户户前门是街，后门是河。生活离不开小河、船、桥。随着社会的进步，道路拓宽，城市风貌略有改变以外，那种水城古老的局面在古城区内还有所保存，还能见到一千多年前的城市格局。古代城市建设得如此科学、整齐，有远见，实用，大概在世界城市中也算少有的。在中国只有古都西安、首都北京是按棋盘格局规划建设的。

苏州人自己说：苏州没有小巷就不成苏州。难道风光全在小巷里？

幽雅、古朴的小巷，粉墙黛瓦，与绿水小河并行。深巷里虽然少了卖花声，却仍然传来阵阵清香，那是垂挂在深宅高墙上的藤蔓，或是跨着巷道的木香、紫藤棚。矮闼门厢房里，绣品还在绷架上，少女却打着伞出门去，一头乌发，明眸皓齿，没有艳丽花哨的服饰，却似小巷那样素净、纯清、优雅。在老屋里还不时见到古树，而树龄不亚于巷口古井栏圈上深深的绳沟。在小巷里转悠，推开普通的石库门，穿过幽暗的长弄，豁然开朗啊，竟是座园林！

石拱桥、石梁桥、河埠，还是随处可见。它和这里的小巷一样，都有一个好听的名称，或者深藏一段神秘的故事。站在桥上或街巷口抬头仰望就是古塔。这座城市在古代就有了高楼大厦，令人不可思议的是：没有水泥、钢筋、起重设备等，古代人怎么就建起了宏伟高大的古塔？

现代大街建筑也是黑白灰的色调，和小巷保持一致。这好像是公认的古城特有的色调。建筑立面有起有伏，即使被遮挡在行道树间，也是那么夺目。如在雨中，那还是一幅水气淋淋的水墨写意画呢。

城里有些大街树木长得像绿荫隧道似的，快慢车道、人行道都有绿荫庇护。

触摸一下古城墙、石碑以及名胜古迹，感受一回古典园林的意境；踏勘一下小巷人家、老树古井；游荡于小船里的春风，掬捧一下小河流水；静听昆曲评弹的音调；观赏一下吴门画派的古画和精雅的苏绣；品尝苏式菜肴和糕点，醉眠天堂的梦幻，所有这些都能给人以清雅而温馨的喜悦，以至令人喜爱，甚至包括它的瑕疵也如此。无怪乎，古代意大利人马可·波罗写的世界奇书——《东方见闻录》里盛赞苏州一大城也。

在古城区里找寻的是文化历史韵味，而在城的东西两侧的工业园区和新区，则现代派十足，那是开阔胸怀、昂扬奋进的现代生活雏形。

1994 年 1 月

苏州小巷

古城墙的存在，表明苏州有悠久的历史。两千五百年以来，城垣的范围几乎没有变动，而现今苏州最繁华之地恰在这个城池的圈子里。深厚的文化沉积塑造的今日苏州的形象是：现代化和古老生活传统的融洽。

从城南的吴门桥入盘门而进城，是最能领略古朴风情的。登上高高的石拱古桥，雄伟的城楼，水陆两座城门，鳞次栉比的城垛，以及拔地而起的瑞光塔，一下就把古代文明的火把举起，顿时令人们感情波澜，或发幽古之思情，或浸沉于历史忧患的情怀，甚至肃然起敬！

苏州城墙外有大运河，内有内城河；而城里是河道纵横交叉，称"三横四竖"。桥梁特多，全国少有。相信只要有人倡议把苏州称为"古桥博物馆"，也会获得众人鼓掌通过的。直到现代，苏州民居还保留着前街后河、"人家尽枕河"的面貌。沿河人家有自家的水踏步，或是沿河廊房。有些民居还跨河而建，形成家居有小桥，而桥上筑有过道或客堂，称为暖桥。

穿街走巷，不时需跨河上桥，居高瞭望，往往能见到古代的高层建筑——古塔。苏州多塔，戏称谓"古塔陈列"，也算不得弄虚作假。

苏州古老而豪华的住宅是"大墙门人家"。门前有照墙空地，住宅周围有高耸的风火墙，面阔三五间，纵深五七进。宅后带有小花园。封闭式的墙门，分别有金墙门、银墙门、铁墙门、竹丝墙门之称。旁有深长暗黑的备弄，作应急的安全通道。每进有天井间隔，各进设有门房传达、起居会客、卧室书斋、厨房库存之处。苏州的古典园林，就是这类建筑的后花园。

古老的平民人家，或是石库门，或是矮闼门。矮闼门是一扇半截子的门，呈上栅下板模样。轻叩矮门，主客就能隔门而见；沿街叫卖声，也声声入耳。内宅两进两天井，正南有客堂卧室，东西有厢房。虽不如北京四合院宽大，但这里是窗明几净，日影花移，信步闲庭，自有情趣。至于现代公寓，则在内装修、家具、陈设方面保留着苏州文化的痕迹。

大街通道旁植树栽花，绿荫如盖。名人学士谓之"左也园林、右也园林"，似有这类韵味。即便是闹市商号照牌、店面建筑装潢，也像园林匾额楹联和亭台楼阁那样，都是审美对象。漫步于此，自会有一股舒坦悠闲的游兴。

尽管现代化的生活带来豪华的酒家，五光十色的舞厅，强节奏、强刺激的音响影视等等，但生活在这里的人们仍然保持着淳朴的民风和幽雅的生活传统。他们处世待人热而不炙，温存敦厚，好像什么都是那样从容、恬淡、斯文而典雅，具有朦胧诗意似的。饮茶叙情，种花莳草，养鸟观鱼，丝竹管弦，舞文弄墨等等都是它的华丽诗章。

小巷深处，千家万户几乎都有些画幅字条、盆景艺栽之类的点缀。徜徉于那样古老的城市里，呼吸的是文化气息，随手可掬的也是艺术文化，想来这都是吴文化的恩赐和发展。

1993 年 5 月

古典园林

中国古典园林不同于欧洲的花园。

古典园林，有皇家苑囿（包括打猎、饲养珍禽异兽）和私家园林之分。皇家苑囿，追求规模、气魄，甚至包括真山真水，建筑金碧辉煌，气势逼人。苏州园林，都是私家园林，追求小中见大，回归自然，以诗情画意取胜，是融合我国传统庭园建筑、名木花卉、湖石叠山、汇水成池，以及文学、绘画意蕴的一门综合艺术。造园艺术的理论起源于苏州。明代苏州吴江人计成著有《园冶》，这是造园的经典著作。

古典园林的建造和规划，往往有画家参与。如明代著名画家文徵明为拙政园的建造，作了设计规划。

古典园林造园的手法，通常有"景区分隔""借景""对比""虚实并举"等等，使园景千变万化，移步换景，似隔非隔，曲径通幽，并借助历史文化留下的艺术作品如匾额、抱柱、楹联、题咏、图画、碑刻，以及古代家具、室内陈设、建筑装饰等手段，深化人们对景色的理解。

古典园林的理论和构造，早在古代就传到日本、欧洲。18世纪，英国人钱易斯在中国生活过，回国后作专著介绍中国园林，因而在英国、欧洲出现"英华花园"，曾风靡一时。

古典园林是把大自然的山山水水浓缩在咫尺的天地中。文学家形容说，苏州园林是一把绘有美妙图画的折扇。苏州人自己却习惯在家居的天井里制作一盆水石盆景，栽以青苔、小草，点缀小小的亭台、小桥和小船，俨然是更加缩小了的家庭园林。苏州人真会白相，他们的情趣在营造花园。人最美好的东西的确是花园——天堂。

拙政园，是中国名园，水面较多，主要建筑临水而筑，配以平桥低栏和芦汀小岛，似江南风光。

沧浪亭，是苏州最古老的园林，建于宋代。

苏州著名的园林，还有网师园、留园、狮子林、怡园、耦园、环秀山庄、艺圃等十来座。还有小到只有半型的"半园"，所有亭、台、楼、阁都只有半爿，水只有一汪、桥只有几步，显得尤为精致。

拙政园、留园、网师园、环秀山庄、沧浪亭、狮子林、艺圃、耦园、退思园，都被联合国教科文组织列入《世界文化遗产名录》。

别了园林，何时再逢，留有图片，相寻梦里。

1994 年 1 月

古镇

正当苏州城里人面对"苏州——东方威尼斯"称号而有愧色时，郊外的几座古镇却宣扬自己是"东方小威尼斯"。

没有瑰丽的教堂，没有天顶画，没有哥特式、巴洛克式的建筑，怎么是威尼斯呢？

喔！原来古镇与威尼斯有近似的水、桥、船。

这些古镇就是由水和桥串联岛屿而成的市镇。

周庄面积不大，却有十七座石桥。人们说：三分是水，二分是桥，剩下一半是街，这便是周庄水镇。

甪直的"甪"字，貌似古镇的地图。这里有三横三竖六条河流的走向，旧有桥梁七十二座半。

同里面积两平方公里，有十五条河流纵横，将十五个岛屿由四十九座石桥串缀成市镇。

古镇比威尼斯年长资深。年长，并不等于居高临下，或昏庸、颠顶；资深，仅仅是在历史泥路上多留下几步屐痕而已。当威尼斯人在 413 年 3 月 25 日，被北方异族驱赶到利亚尔图的地方，放下一块石块，作为一个神圣不可侵犯的避难所时，苏州附近的几座古镇已经有些来头了。

周庄在春秋吴王时就被封为摇城；甪直、同里早在新石器时代就有人类居住，到了唐、宋时期已成为繁荣的市镇。

甪直的保圣寺建于梁代（503 年），罗汉塑壁是全国文物重点保护单位。

同里古镇区基本上是明清建筑，全镇属省文物保护单位。蠡窗、砖雕门楼、宅第园林有几十处，退思园、务本堂、耕乐堂更为有名。

古镇人靠水吃饭，以至有陶器、稻谷、美术、建筑、老树，直到经济的发展。周庄在明代出了个做外贸生意的大腕，叫沈万三。他夸富要捐钱给皇帝，犒劳军士，因而得罪了皇帝，被充军戍边而死。他留下的仅是一座沈宅和一块"万三蹄"名牌。据说他生前将大量银子藏在一条小河中，直到现在还称为"银子浜"。而靠近沈宅的张厅，却有文人气息，另有一番景色，"轿从前门进，船自家中过"。张厅后园的暖桥下竟然有条小河直通银子浜。

桥梁景观多多。周庄富安桥，桥身四角有桥楼，古色古香；甪直东美桥非但桥洞由石拱砌成，连水底的桥墩也是石拱圈成。同里的吉利桥、太平桥、长庆桥更有风俗民情，凡家有喜事必走此三桥，祈求幸福。

河埠头是生活的倒影。姑娘们洗刷、取水，或撑船系缆，轻音笑语；河旁的老茶馆，老人们饮茶、听书、玩鸟，恬适自在；古镇妇女特殊的水乡服饰，色彩和谐、典雅清净，在水上船中悠然摇荡，形成图画。这里有的是流动美、色彩美、形态美，从头到脚都是美。并非夸言，名模在此定能取得灵感。

古镇的水墙门、各式的河埠头、驳岸石刻的船扣，都显现了古代的艺术。甚至脱了榫的明式红木靠椅被冷落在天井角落里，民宅喂鸡用的钵，竟是明清时代豁了口的青花大碗……

古风神韵，无疑是古镇独有的、不需攀附旁人的、最可张扬的文化价值。

最近，中国邮政部发行了一套包括这些水乡古镇的纪念邮票。贴一枚小小的邮票，让人激情飞扬，飞临水乡神游一番！

1994 年 1 月

太湖

太湖怎么形成的？有多种学说，其中以"海湾成湖说"为主。

太湖跨江、浙两省，是我国第三大淡水湖泊，总面积达 2.4 万多平方公里。

苏州处在太湖之东，所辖湖面约占总面积的七成多。

这里盛产白鱼、银鱼、梅鲚鱼、白虾、蟹，以及莼菜等水生作物。

太湖盛产湖石，湖岸边的石灰石，经日积月累的水浪冲刷，成为皱、透、漏、瘦的精美湖石，点缀在园林里供人欣赏。

这里多岛屿和半岛，有山有水有平原，种植果树和茶树，有名的碧螺春茶叶就出产在这特有的湿润的小气候环境里。

这里的渔船都是五帆到七帆的大船，据说还是宋代岳飞抗金的水兵用船，像古代兵舰似的。

这里风景如何？写文章的人说，阿尔卑斯山有条公路，风景极佳，路边有一块牌子提示："慢些走，欣赏！"在苏州，沿太湖有条环太湖公路，从西山、太湖大桥，到光福、东山，宽阔的公路，一边是田野、农舍、林木；一边是芦苇、波光、白帆。不需要什么牌子，人们都会慢行、欣赏！

落日云霞满天，芦苇间还有野鸭随波荡漾。正当你停车取出照相机和三脚架时，芦苇丛里飞出一群野鸭，列了队似的，一任斜向天际。这是幅"落霞雁苇图"。

夜晚，皓月当空，皎洁的月光撒落在芦苇间成了碎银，那是幅"千里共婵娟"的著名摄影大师的艺术作品。

　　捕鱼船出发时，数不清的桅杆篷帆升帐，风贯满帆，又是幅气势壮丽的千帆竞发的图画。待到归来后，千百杆桅杆上挂满晒网，随风飘荡，延绵数里，给人悠闲、坦荡的感受，准能激发你的艺术构思。

　　也有人说太湖的形成是由天上落下的陨星，将地球撞瘪而成的，而好奇者问：那么陨石的碎片呢？回答大概是：太湖周围都有点点山峰，光福、胥口、藏书、木渎、东山、西山，不是都成了现在的风景区吗？

1994 年 1 月

《苏州古塔》电视片解说词

古代苏州是个富庶的城市。宋代称"平江府",单在《平江图》上查到的塔就有十来个。试想古代苏州有那么多高层建筑,其风光、气派和它的文化气息怎么不叫人眼花缭乱、叹为观止!

宋代大诗人苏东坡说:"游苏州而不游虎丘,乃一大憾事也!"而虎丘古迹,如果没有这云岩寺塔,那么也会逊色一筹的。现在,不管你同意还是不同意,日积月累的历史,已把虎丘塔塑造成苏州城市的标志!

去历史名城苏州,无论是乘坐飞机、火车、汽车和轮船,在临近这个城市时,总能在舱口上见到远远的塔影。喔,苏州到了!

虎丘塔的大名叫云岩寺塔,大名反而不及俗称来得闻名遐迩。在近代,人们又将虎丘塔和斜塔联系在一起。

原来,虎丘塔建造在被削平的一山巅上,塔基的一半在南面的岩石上,一半却在北坡的填土上。基础不牢,因而塔身越来越向北倾斜,远远望去简直可与意大利的比萨斜塔媲美。

现在虎丘塔残高 48 米,倾斜角已达 3 度 59 分,塔尖偏离垂直中心线 2.34 米。

别以为我们的摄影师这样斜向拍摄是为了追求画面的艺术效果,恰巧相反,我们是特地平持摄影机,请注意画面的水平线,这是虎丘塔倾斜的真实程度:塔身北面已沉降 45 厘米,塔的壶门也斜向了。要是你登上塔的第二层,那么你的双脚好像是一长一短的,倾斜感更为强烈。

斜塔效应有二,一是奇观,非亲眼目睹不可;二是险感,特别是靠近塔身时,斜塔会不会突然倒塌?

古塔经 1956 年至 1957 年修葺,特别是 1978 至 1986 年,作了大规模的抢修后,三年多来,仪器监测表明,塔基不均匀沉降已得到控制,塔身的倾斜度没有增加。而据报道说比萨斜塔每年沉降 1 毫米。

"千年古塔再千年"可能说得浪漫点,几百年后没有大变化,这是有根据的。

1956 年抢修古塔时发现一批秘藏的文物。

鎏金镂花楠木经箱,装饰讲究。经箱放在一只饰有佛像浮雕的石函里。经箱底部有墨笔书写秘藏的年份。有了绝对年份,更证实了过去我国的一些专家学者考察估算塔龄的正确性。古塔的年龄,至 1989 年是 1028 岁。

这是块刺绣经袱,绣有莲花图案,设色文雅,用七种针法绣成,因而有立体感。苏绣早在千年前就如此高雅,因而现在享有盛名,似乎是受之无愧的。铁铸金涂塔,外套铁函,内藏木质小塔一座。这是苏州最小的塔,只有 10 厘米左右,放在手里也不嫌大。塔内再藏金瓶一只,瓶内有舍利一粒。现舍利仍归还塔内珍藏。

这叫檀龛宝相,是一根圆柱形的檀香木,在纵面以丁字形一剖为三,雕刻成三个佛龛,而三个佛像又以绳索绞连成一体,可开可合。面部虽小如绿豆,而眉目清晰,颇具神采。日本高野山金刚寺亦藏有一座,是十分珍贵的宗教艺术文物。

越窑青花莲花碗。五代吴越国烧造的青瓷精美绝伦,被史家评为"薄如纸、润如玉、声如磬",故称"秘色器",历来是瓷中珍品,属稀世珍宝,现藏苏州博物馆。

塔内的回廊顶部是以叠涩砖砌构成楼面,将内外壁连成整体的。运用这种套筒式结构建造高层建筑,是世界古代建筑史上的一个创举,曾引起现代国际科技界的惊叹,直到现在仍是世界高层建筑的最佳结构。

现代人的室内装饰,表明主人的文化情趣,古代人何尝不是如此。

虎丘塔内外的装饰是很讲究的。堆塑牡丹，技艺高超，造型精美。

《湖石勾栏图》，古代人欣赏湖石本身就是从写实的审美情趣进入抽象美的阶段，而这里的湖石堆塑似乎更其抽象！

北寺塔之高，列苏州首位，达 76 米。在全国古塔高度中，名列第三。

古塔 800 多年来岿然不动，而飞翼似的塔檐角上的风铃，随风叮当，是乐曲，也是历史与人们悄悄的对话。

仰望塔身，高耸雄奇，巍然屹立，人们尽可从惊叹中引以为自豪："高层建筑中国早已有之。"

登上高塔，居高临下，人们也可以从"一览众山小"的情愫中得到满足："苏州现代建筑的高度还没有超过古塔！"

北寺塔是座雄伟而秀丽的古塔，它是仿木结构的楼阁式的砖木塔。

昆山千墩镇上的秦峰塔，是空筒式的建筑结构，不同于虎丘塔、北寺塔的套筒式结构，但它的造型纤秀，故又称美人塔。它是方塔，但塔座是八角形的，这是加强塔身牢度的科学之举。

天平砖塔建于悬崖峭壁上，光福塔立于光福龟山之巅，太仓西塔、常熟梅李的聚沙塔，古时都在长江边上。别看它衰老、破残，它的存在就极富哲理，它给无数舟楫导航指引，它曾经在水天一色中给人们以希望。

中国风光中的塔，就像欧洲风情中的巴洛克、歌特和拜占庭建筑一样，都是历史的赋予，以至成为各自风光中的点缀手段。

上方山的楞伽塔，是自然界的神笔。古代造塔者选择在这位置上，是多么奇构异想。其装点湖光山色，简直是现代盆景作者的临摹蓝本！

苏州的塔，大都是宋代和宋代以后建造的。灵岩塔雄踞山顶，气势壮伟，此塔是 1147 年，即南宋绍兴十七年再建的，塔的各层没有壸门，只有佛龛。灵岩塔又称多宝佛塔，俗称空心塔，供香客焚香礼拜。

墓塔即骨灰塔，和尚火化后藏骨灰的纪念性建筑，花山、灵岩山都有。

太仓的云山塔是抗击倭寇胜利，在埋葬倭寇的土堆上建立的胜利纪念塔。

吴县镇湖镇有座万佛塔，是座金刚座式的石塔。塔室内密布浮雕像每排有 108 尊，共 60 排，总共 10080 座。这些古代文明的精美造像，却被某些愚昧人不断凿象取石，当药治病，结果把石佛雕像弄得面目全非。

石塔类型的塔还有天平山的云中塔、宝带桥的石塔。宝带桥第二十七号桥墩上竖起的这座石塔，名镇妖塔。它的名称俗不可耐，但有它的科学作用。我们将留在《苏州的古桥》电视片里面作解说。

吴江震泽镇慈云塔的建筑是有故事的。据说宋徽宗、钦宗两帝被金兵所掳，徽宗女慈云公主南逃到震泽，为父祈祷，立愿重建这里已废的石塔，因此命名。双塔的塔刹，在苏州各塔中是最长的，约占塔身的四分之一。塔刹在塔的造型上起着显赫的作用。在建筑上，它是起收结顶盖之用。这种由稳重而轻盈、由浑厚到锋利的装饰物，位于全塔之顶，高高指向蓝天，飞鸟翱翔。人们面对它油然升起崇高的、虔诚的，或者是俯视一切的复杂心态。

如果古塔老得像聚沙塔那样秃光了头，那么人们总觉得缺少了美，或者是少了点迷人的遐想。

1978 年 4 月，三个顽童在瑞光塔里掏鸟窝时发现了一大批文物。在塔的第三层塔心里有一洞室，内藏真珠舍利宝幢一座。通体由木雕、珍珠、金银丝编织而成，是座极珍贵的工艺品。须弥座上的雕像，和银线鎏金串珠的九条龙，都是栩栩如生的。

宝幢藏在双重木函里，木函上的彩绘，具有"吴带当风"的神趣，以熟练有力的笔法，反映了衣纹转折和内部肢体运动的关系。

同时发现的金书、墨书经卷和木刻本经卷都是不多见的珍贵写本和印本，是极为珍贵的宗教文物。其中还有梵文经咒，惜我辈凡夫俗子不能识。想来古代和尚要诵经拜佛，也非得识点外文不可。

塔内还发现"链式罗"织物，经卷有碧纸、黄经纸等，写本经卷上发现简化字，曾为各领域专家所瞩目和研究。

塔内还发现一张中药铺包药用的皮纸，除印有店号外，还有"谨防假冒"的广告用词。看来，宋代的苏州经济繁荣，由此而派生的弄虚作假也是历史悠久哉，难怪铲除这类恶习也需要长期再长期了。

瑞光塔的塔刹自 1879 年 6 月被大风吹折，隔了 110 年，直到今年才在维修中将塔刹竖起，现正在整修全塔。

常熟崇教兴福寺塔，又名方塔，是因风水不佳而建的。据说当初有一和尚向县太爷说："兹邑之后，右高左下，失宾主之辨，宜于苍龙左角，作浮屠以胜之。"县太爷信其说，遂令建塔。据记载，此塔在明清两代就经历地震十八次以上，还有雷击、兵火等不下数十次，但除塔顶略有倾斜外，塔身安然无恙，耸立虞山脚下，更添常熟湖光山色之美。此美景大概都得益于风水相宜。而今日常熟经济发达，工农业生产迅猛发展之果，总非方塔魔力之因吧！

人类追求理想的模式各异，然而虔诚的信仰却是种力量。如果信仰中的宗教成分少一点的话，那么信仰更科学，更能为追求理想而留下历史的痕迹。

1989 年 5 月

文人側影篇

部长以外的凡一

凡一同志在苏州当宣传部长的时间较长，大家习惯称他凡部长。后来当了市委副书记，又当了其他什么职务时，人们改不了口，仍旧称他凡部长，有的索性不加职务直呼凡一同志。他不计较职务，人家就尊称他为同志，双方蛮亲切自然。

他是市级领导之一，在运动中或在贯彻方针政策中，自有他的甘苦和乐趣，有他的喜怒，也可能有他的困惑和迷茫，一言以蔽之，时代使然。而我没有受过他的直接领导，交往不深，只能从部长以外的凡一，记些小事来探索他的心路历程。

1955 年五一节，我二弟、三弟从上海回家来过节，三兄弟就在市委机关里打乒乓球。凡一同志也来参加，计分而不讲输赢，打累了轮流休息。我二弟是上海复旦大学工农速成中学乒乓球队的，又是左撇子，左右开弓，抽杀凶狠，还算得上好手；三弟是上海缝纫机行业乒乓球业余选手，攻守皆能。我平常与凡一在乒乓桌上交锋，不是他的对手。凡一擅长远台转削，接球稳稳当当，那球落到对方网处往下旋转，任凭你大力扣杀，终难打倒他。我们弟兄三人采取攻击打法，但几个回合下来，凡一就已熟悉"球路"，不慌不忙叫你来回奔跑，待你疲于应付时，他忽至近台处来个推挡，或拨球，让你来不及反应，球已擦边而过……这种"鏖战"各自有得意之处，近台快攻，远台切削，抛高球，扣大板，多少个回合还计不了一分。虽然没有一个观众，却也自我阵阵喝彩，凡一兴奋得欢呼不已。从那以后，他与我朱家三弟兄结了缘，每逢节日假期就相约打球，大约有一两年的节假日是这样度过的，其实算算也不过七八场交锋而已，不像现在每年休假日占了全年工作时间的四分之一。

几十年以后，我曾经带给凡一两瓶洋酒，他一本正经问我："你为什么要送我酒？"我说，一则是你所喜爱；二则是你的球友、我的二弟现在常驻国外工作，常常带些小礼品回来，我只是"借花献佛"。于是他笑纳了，与我大讲"乒乓经"。

时光到了1999年10月中旬，我二弟退休回故乡小住，问起凡部长的近况，我说前几天还见过面呢，相互说到年龄，我说凡一长我八岁，曾小中风一次，现在身体还可以……这话才讲过个把月，想不到凡一竟突发心肌梗塞而逝去。

大约是1957年初夏时，凡一来市委常委会开会，也时常到我们办公室随意坐坐讲讲，问问我们看书情况。那时已不大有人用折扇了，似乎"纸扇轻摇"总有非无产阶级情调之嫌，只有我旧气未脱习惯用折扇。有天凡一拿起我的扇子先看扇骨，然后打开扇面细看，那时我也算迎合潮流，扇面上的行书是农民诗人王老九为"三户贫农创建合作社"而作的"新诗"：

> 这个社好比灵芝草，出头露面苗苗小；
> 毛主席担水及时浇，一夜长得比山高。

书法没有署名，凡一看了一会问，谁写的？我指指左角一枚朱地白文的图章。他细看乃"怡然自得"四个字，会心地微笑着说："毛笔字写得可以，可以。"他这一赞，我趁机说："扇子反面还空着，就请你给我画两笔吧。"他却连连推说："全丢了，画不来了，画不来了。"

1958年，全国处于狂热的年代，经常出现"激动人心"的事件，体育场常举行盛大的群众集会，敲锣打鼓鼓动得人心疯狂。有次，我在体育场拍照，看到凡一也在司令台上用照相机拍摄群众场面——原来他也喜欢拍照，我很高兴又多了一个摄影朋友。于是，我上台去观看他的相机，那是一只仿莱卡的"卓尔基"相机，这正是当时我所追求的"奢侈宠物",可惜我买不起。我充内行地说,这相机不错,仅次于"基辅"。他告诉我"是人家送的,难得玩玩"。以后,每每我们相遇,我都习惯地问问他拍照情况,而他总是说:"没有时间拍,一卷胶卷半年还用不完。"

凡一的爱好不少,对于木刻、画图、摄影、写作等,都有兴趣。1958年,他组织作家、记者到苏州医疗器械厂"下生活",在火热的生活中创作文艺作品,他自己也创作一个剧本,不过仅是配合中心的"应酬之作",属于宣传品并未发表。"大跃进"年代"全民赶超英美",什么事情想办就一定能办到。有一阵苏州要办新闻电影制片厂,让我去学习电影摄影,凡一和钱璎同志还专门介绍我到上海几家电影制片厂去参观取经。我快速学成电影摄影后,不久与苏州影剧院几个职工,加上聪明能干的喜煌同志一起,利用放映机相反的原理,土制一架电影摄影机。大约在1959年春季,市里召开党代会,经凡一、钱璎同志推荐,由我用这部"土摄影机"拍摄了一段党代会的纪录片,可能至今还存于市档案馆资料库内。

"赶超英美"几年以后,"文革"灾难临头了。这期间,凡一夫妇已于1964年调去北京工作,我没有去送行;到了1967年,他俩被"造反派"揪回苏州,我也没有去"迎接"。直到1968年城里更乱了,伟大部署只好将小将、知识分子、干部等,统统赶往乡下"接受再教育"。于是,我又在"五七干校"见到了凡一,他那时在十一连属"批斗对象",而我在二连,有"叛徒问题",属"另类靠边站"户头。有一次,我放牛到十一连去,中午就在好友乃斌处小酌便饭,饭间谈及凡一的"潇洒"故事:夜间他在蚊帐里独酌,被"造反派"发现,狠狠一顿训斥。我听后极欣赏凡一的达观,不到尽头,照样"潇洒醉一回",何必怕这怕那呢?我趁着酒兴,拉上乃斌一起去看凡一。

走进他宿舍,只见凡一坐在二层床上头,看见我们只当没看见,我理解这是特定环境中的一种无可奈何。于是,我大大咧咧地讲述着"我们的故事":汤化庠和我同住一室(凡一与汤也熟识,此人乃财贸部干部,为人直爽,"靠边"时与我在一起,结成知己。之后下放苏北,上世纪70年代中期调南京省五金公司,后不幸患肝硬化逝世),我们平常吃饭时，只要有荤菜对胃口，就各人手捏一个"小炮仗"对饮起来。有一次，校长刘国民到我宿舍串门，我照样举瓶招呼（刘是老干部、老军人，为人正派，大家都很敬重他），而汤化庠见刘来，马上收拾酒瓶，佯装吃饭。刘校长离开后，我大大奚落老汤说："你又不是小孩，堂堂七尺男子汉，喝酒吃饭不是很正常的事么？怎么见了刘国民就怕呢？难道他会管头管脚管你吃老酒吗？"老汤响弗落，只是笑笑说："老上级，不敢放肆……"我之所以当着不相关的人讲这些事，实在也是"醉翁之意不在酒"，在于"打碎水缸涸过去"——讲给十一连的"造反派"头头听的。待我离开时，又朝凡一点头致意，他又只当弗看见，真是"配合默契"。

其实，"造反派"对他还算不错，有时不过是"做作"罢了。"你们要关心国家大事"的号召，弄得所有人都要"身份"明确，不是"走资派""黑七类"，就是"造反派"，想当"逍遥派"也不行，非此即彼。当"造反派"当然时髦，且还有"保护色"，但那时运动不认人，说变就变，常常今天还是"革命者"，明天就跌入"反革命"泥坑。因此在这种形势下，凡一也学会了与人相处。一些"造反派"闲着没事，就到田里捉黄鳝养在桶里，捉得多了，就请凡一来烧煮（凡一会烧菜）。有时"造反派"头头到田里察看情况，发现少了凡一，就问："凡一呢？"大家竟能一致谎称凡一病了。凡一同志劳动好，受到过连队指导员、老农民谭老伯的称赞，说他"真像个农民老把式"。队里用的锄头、铁搭装柄之类的农活，就数凡一装得最牢靠，纹丝不松动，使用起来得心应手。

1971年"九一三"事件，林彪出逃飞机坠毁之后，革命到了"尴尬时期"，上面要解放一些干部。这年我正在"文教卫革委会"当差（是从"五七干校"上调某中学，后被张泽明"截留"在文教卫的），机关里大多数是工宣队、军宣队。当时奉上级指令"要让凡一检查过关"，因他们不认识凡一，也不熟悉他的住址，于是让我去通知他。记得凡一那时住饮马桥口他妹妹凡璧的宿舍里，凡璧已全家下放苏北。一间空荡荡的房间，只有地铺没有床，有一把椅子却不见有桌子，少许生活用具放在地上，真正家徒四壁，也不知他怎么生活的（钱璎那时被关在博物馆的学习班里）。凡一"过关"的问题阻力重重，又拖了好长一段时间。

这以后我们又有了联系。我从顾笃璜同志那里获知，凡一手巧，能用几个旧铁皮罐做成多芯的洋风炉，不仅发火且省油。我去请教凡一，他叫我先到胥门废品站去买三只大小不同的油墨旧铁罐，然后他教我如何打眼、卷芯、插管……制作过程中缺少几根粗铁丝，问他什么地方有卖？他说无需去买，你到宫巷的废品收购站地上去捡捡好了。我真想不到他竟如此细心，不顾什么干部、"长"字号、知识分子等"外衣"，像拾荒者一样从地面上去发现有用的东西。细想想也对，人为什么一定要"搭架子"呢？出于人的自然状态多好，能够心灵手巧就更好。而我就笨手笨脚，最后还是凡一做了一只洋风炉送我。那时期计划经济也真会"翻大饼"，一会提倡用煤，一会又要大家用油，翻来覆去没有定规，苦了一些工厂单位，而居民则图煤油便宜，我家洋风炉就用过好一阵。后来市场上风行过一种搪瓷制的多芯煤油炉，不知道是否即是凡一先前土制的"化身"呢。

凡一的手艺是多方面的，我在他家里见过一只可以折合的小书橱，竖起来是只两页书橱，搬动时一折，像一只大手提箱，非常灵巧，且油漆得晶光锃亮。据说这是"文革"年间，他在北京木材厂劳动时，买了些废旧木料做成的。至于烹饪方面的讲究，和他擅长的几只拿手好菜，我是尝过好几回的，印象中那只"响油鳝糊"是相当不错的。

大约上世纪70年代后期，凡一住在养育巷时，就开始在阳台上侍弄起花木盆景来。他栽培的树桩大多是自己到山上挖掘来的，后来有了花木市场才偶尔去选购。不成型的枝条、桩头，经过他的剪修培养，不出几年就长得像模像样，惹人喜爱，一盆盆自然质朴，入景如画。他的朋友、我的姻亲张强有棵古老的榆树桩，而我家传（我父乃古董行家）有只紫砂大盆，我送盆给张强栽榆桩，凡一见盆连声称赞："古盆老桩，珠联璧合！"并一眼说出此乃明代古盆也。我不明白，他刚开始弄盆景，怎么就有这等眼力呢？大概真叫触类旁通吧。以后二十多年中，他的盆栽技术越来越成熟精到，还专门研究盆景美学，出版专著《树桩盆景美学浅说》，受到园林专家陈从周、王西野的称赞，也深得不少盆景爱好者的喜爱。

1999年11月20日，毛之衡同志给我来电话，说"凡一昨天走了"，并告诉我："昨天上午凡一还用自行车驮了电视机去修理，我们还相互比较身体状况，凡一自信地说他身体比我强，谁料到午睡起来竟犯病无救了……"毛之衡与我商量参加吊唁事宜。我告诉他说，凡一生前就关照过"不吊唁，不举行仪式，不留骨灰"，昨天、今天许多朋友前往凭吊都被谢绝了，花圈和花束都留在大门外。凡一同志如此透脱地走完了一生，熟悉的朋友们只能向苍天仰望，透彻的灵魂受人仰视，他真的翩翩仙逝而去！

凡一是个有理想、有信仰、有才华的人，理应有所作为。然而在他年富力强的岁月，却被连续的"运动"和磨人的劳动占去了大半，使他只能在耙地、弄锯、敲锤的劳作中，寻找一种本能的乐趣，也不失为对待无奈的一种积极精神，好在这种精神留给了我们活着的朋友。

凡一生前搞了二十多年的盆景，凭着他为人处世的亲和力，结交了一大批盆景朋友。皮市街花鸟市场好几个摊主都是"老盆景"了，最年长的九十三岁，听说凡一突然病逝的噩耗，惊讶得难以置信。十多位老人写了十首诗歌献给凡一，以示悼念。凡一爱兰、爱梅，他最后一次去花鸟市场（生前每周必去）曾托一老摊主替他觅兰梅。而今摊主为他觅到了，可他却永远不会再来取了。这些重情的盆景朋友说："让我们永远保存、怀念凡一的兰梅精神！"想来这也代表了凡一生前各界朋友的心愿——人总是要走完自己的历程的，一支兰、一棵梅的风貌，确实比一座杂草丛生的"名人墓"更美些。

1999年12月

钱谷融在苏州写《〈雷雨〉人物谈》

钱谷融自称生性鲁钝、懒散成习，一世教书，不会写文章也很少写文章，必须外力推动，才动手写篇文章。

一个著名的现代文学教授，翻翻他的历史，的确文章写得很少，以致后来他所带领的博士生，都奇怪钱先生怎么文章那么少？

其实，钱先生自称不会写文章只是个表象。他是性情中人，是饱学之士，肚里有的是学问，会写文章而自称不会写文章，这是我们时代的无奈和悲哀。

钱先生在"百家争鸣、百花齐放"的号召下，也曾经是个勇士。写出了名篇《论文学即人学》。还来不及一鸣惊人，只是昙花一现，由于姚文元的闷头一棍，就此名声变为恶声和臭名。

本是读书人，贸然充当勇士，真是书生气十足。钱先生不从经典理论中去阐发，相反自以为有心得、有感受，大胆地发挥高尔基有一点因头的意思，概括为"文学即人学"。那个时代是阶级斗争的时代，人性、人道主义只是资产阶级的专利。中国的知识分子的"毛"还没有粘上无产阶级的"皮"，本来属于另类，负有"原罪"，遑谈什么文艺理论？当初的文艺领域是个多灾多难的领域，简直是高压线，碰不得的。因而这棍子总是要吃的，没有姚棍子也会有张棍子、李棍子，躲也躲不掉的。现在看来吃亏中还有便宜哩！此话怎讲？试想如果此文早两年发表，也会被人上纲上线纳入"胡风反革命集团"的。如果迟几个月发表，姚棍子被发现其"政治敏感"程度，已看出《文汇报》的政治方向的话，那钱先生不是"极右"，也得成为"右派"分子。幸好，那时的战略部署还没布下，于是这一棍不属"反右"一类，仅属非我族类，算得是不幸中之大幸，以致在以后的暴风骤雨中都统称为"死老虎一只"。否则，苦头还要吃足，株连的不仅遍及家庭、孩子，而且还会包括一切的社会关系。

我同钱先生是亲戚，是我结婚以后带来的亲戚，称连襟。而我在填表格、自传类的交代中，我只写其名钱国荣，华东师大讲师，从不提他的笔名钱谷融。在他臭名远扬时，料阅我档案者或审查我者，也不会知道或懂得"文学即人学"的"谬论"而审查我同他的关系的。

亲戚本来是种血缘、伦理关系，无所谓划清界限的。我认为他们是大知识分子，自有他所属单位教育改造之。他受打击批判后，照样往来，谈论之间也无甚顾忌，但从不触及他的痛处。谈论最多的自然是生活。譬如，钱先生夫妇俩都是讲师、教授，当初月收入四百多元，我夫妇俩是机关干部，月收入一百二十元不到。而论生活质量，我们却比他们强。这是因为我们都是自己操劳，亲自下厨；而他们雇用保姆，过着茶来伸手，饭来张口的生活。菜肴单调、乏味，称老几样。顺便讲讲，有年春节，保姆回乡，我夫妇俩去他家，他家靠冷菜度日，简直是冷清的春节，还是我们上厨动手弄菜，才使节日气氛热闹起来。我们家自己动手烧菜，且常和美食家共饮，钱先生对此极为羡慕。有时通信时，知我的工作常游荡于山水间，他来信必重提此种境况，羡慕之情跃然纸上，这也是他性情的反映。

"文革"中，他遭到抄家、迁家。原来一家五口住在连同花园的平房五间，后被"造反派"赶出。换入楼房，而且再次压缩，硬派两对新婚家庭挤入。这样，钱先生家仅卧室一间，夫人和女儿住，一小间吃饭间成为父子俩每晚的卧铺，晚摊早收。老丈母娘和保姆挤在弄堂里一张床上。至于他在农村劳动、校内劳动改造、斗批等等的情况，不说也罢。

熬过"文革"，到了1979年他的写作热情又被煽起来了。他对现代文学极为熟稔，大概讲课时谈论人物描写极为传神，因而他断断续续写了些《雷雨》中的几个人物。而住宿条件拥挤到如此程度，拨乱反正时期又是人来人往，他无法在家里安然写作，因而他想到了苏州。我竭诚欢迎他来我家写作。我家有屋三间，夫妇俩上班，两个孩子已工作，早出晚归。屋前有一天井，葡萄一架，养鸟一笼，盆花若干，静谧安详，写作环境刚够及格。

那天，他搭夜车到苏的。当初夜班公共汽车间隔时间较长，我是踏了自行车去火车站接他的。见面后我就请他跳上书包架，蹬车而归，并不觉得寒酸，相反还一路回忆对比呢！我提到上世纪 50 年代初华东师大在上海西郊，没通公共汽车，要去华师大，都得在中山公园门口雇二等车。二等车就是人坐在书包架上的脚踏车也，不但我们去上海坐惯了的，也是钱先生经历过的。

钱先生是饕餮之徒。1957 年他没有倒霉之前，我去上海他必上馆子聚餐，常去的是南京西路成都路口的绿杨村饭店，从侍应生对他的热情熟悉程度看，他是老饕。再加上平常他常流露对苏州美食之情，我当然得显显自己的身手。早饭，我总陪他去巷口的朱鸿兴面馆吃点心，他喜汤包一类，我只需焖肉大面一碗。回得家来，他从手提包里取出一本小册子（大概是《雷雨》剧本）、一卷稿笺纸和一支钢笔放在写字台上。我为他沏好茶水（他好饮茶），放好水瓶，就让他安坐写作。我说："你在这里写吧，我去上班了。"想不到他却谦逊地说："不一定写得出呢！"我说："你在这里安静，又无打扰，怎么会写不出呢！"他还是不肯定地说："让我试试吧！"

中午，我夫妇俩回家吃饭炒菜。我内人会做"椒盐肉"，我有一手炒鱼片、烧鱼块、响油鳝糊的手艺。当时就是鲜虾难买，否则还能做清炒虾仁呢。晚餐，他略饮些酒。他也老实，他说喝杯酒是为了多吃些菜，这同我的饮食观不谋而合。我认为面对好菜而不饮酒，简直对不起厨师。此种宴饮有其一乐。

晚饭后，他就找我儿子小军下象棋作消遣。我属臭棋，没一两个回合即败下阵来，经不起战斗的战局是乏味的。小军对垒他略可应付，两人下棋比看电视兴味还大。

在我家住了两夜，我又设法请他住入南林饭店六号楼。一是安静，尤其是六号楼；二则是我家虽显厨艺身手，也不过老几样而已。而我跟南林名厨吴涌根师傅熟，为改变花样，尝尝苏州菜，故而特向钱先生说明，他喜欢吃什么，只需向餐厅服务员点菜即可。这样，他又在南林写了两天。那天我再次去南林看他时，他说已经写好了。于是翌日我就带钱先生上东山去游山玩水一番，然后他返回上海。

至于他写了几篇，写些什么，我们都不谈论。待文章成书出版后，他就寄了本签名书赠与我夫妇俩。原来《〈雷雨〉人物谈》，周姓的四人，早在1959年和上世纪60年代就写成。1979年着手写鲁姓四人，侍萍、四凤两篇在这年五六月写成。谈鲁大海、鲁贵的两篇，他特地注明"1979年7月于苏州"。看了后记才知道，这本《人物谈》，前后花了二十年时间才完成。可见四天的苏州写作，心情是愉悦的，笔调是流畅的。这四天完成了他拖了二十年的"人物谈"，正显现了时代的曲折和作者的心路历程。

这以后，他仍旧希望到苏州来写作（他家住房改善政策还没落实），我就带他上太湖里的西山岛去。我有个朋友在劳改农场当干部，就住宿在他们的招待所里，面对太湖，饮食由招待所供应。白天他写作，我到处去觅镜头。晚上还有电视，只收得到中央台和湖州台。为了找寻更清静的地方，我的朋友还带我们去他们某个分队住宿，更是出门就是太湖，风景极佳。一排平房，钱先生独居一屋，吃饭由他们单位小灶供应。我仍住招待所，拍照来往方便。大概只待了三天，呼吸了新鲜空气，饱览了太湖晨暮景色，也坐过拖矿石的所谓拍拍车。那时钢板硬座，路面又不好，颠簸得别说屁股痛，甚至连人都被颠得竖起来。幸好我们俩都是接受过农村再教育的人，吃这类苦无所谓的。钱先生写了些文章，顺便浏览了风光。还归苏州时，遗憾的是班车上没坐上座位，一路站到苏州，那时他已是六旬老翁了，也够他受的。好在他生性豁达开朗，有游有玩也算是潇洒一番了。

上世纪80年代，学校给他落实了政策，得教授头衔。从讲师到教授整整走了二十八年。以后他就忙于带研究生，的确生性疏懒而不大写文章了。尽管带出的二三十名博士生现在都在学界成为中坚力量，但钱先生的文章却比学生少。

会写文章而不能写，这是时代使然。正像他自己所说的："在那些年代里，我每写一篇，几乎都要给我带来一些麻烦甚至灾难。"口气平和，毫无激愤之言。想想也是，他除读书、劳动以外，只能致力于教学。听说他讲课极为精彩，有深厚底子。可惜我没有直接听过他讲课。有一年，钱先生约请著名作家陆文夫去华师大开讲座。是我陪同陆文夫一起去的，到了大课堂时，他们俩进去了，我说我不必去了，就到校园里去找我过去的老同学了，失去了听钱先生讲课的机会。现在我只见到过他神采飞扬、满怀激情地讲课的照片，这使我遗憾万分。

曾见有文章说学界有"北王南钱"一说。"北王"者，指北大教授王瑶也；"南钱"即华东师大教授钱谷融。王瑶长于现代文学史之宏大叙事，《中国新文学史稿》堪称其代表作；钱先生则精于现代文学经典之细深体认，《〈雷雨〉人物谈》有书为证。至于《论文学即人学》，更是轰动当年的文坛檄文。

再读读他的《〈雷雨〉人物谈》，确实体味深刻，分析细致动人，有利于读者理解曹禺作品的深远意蕴，尤其是繁漪的形象，有雷雨的风暴，撞击旧社会，令人感叹不已。曹禺自称繁漪是一个最"雷雨式"的性格，而钱先生当初就敢称繁漪简直是"雷雨"的化身，她操纵全剧，她是整个剧本的动力。分析精彩，见解老到，令人叫绝。

钱先生一生教书、议文论艺，几十年在雨幕中踽踽而行，遭受过雷鸣电闪，然而在泥泞路的尽头，却出现一位竹杖、笠帽、芒履的皤然老者，神情依旧，不改当年，被人称之为散淡人生。他有他的学术观点，他守住了价值底线。他不人云亦云，因而翻翻几十年前的文章，不须改动观点，就能再版，至为可贵。想来民间授予他的这座不耀眼、不华贵的桂冠，当受之无愧！

2003 年 7 月 12 日

一位老报人的心路历程
——忆孙谐同志

今年春节后，写过一篇随笔《电话拜年》，其中提到为了改变一下历年来蜻蜓点水式的春节电话拜年方式，自己作出规定只给两类朋友去电，其他一概免了。其中一类就是"对上级领导，凡属我所尊重的、又是多年来共事确有感情的、也称得上知己的，我主动去电话问好，表示我的一份感情和祝愿"，孙谐就是其中之一。

春节电话问好后，心里一直想去看看他，直到 4 月 5 日，乃斌来电话，告知孙谐病了，刚住进 100 医院。又说，只是心动过缓而已，住几天就要出院的。我想索性等他出院后到他家去看看，可以自由畅谈。之后乃斌每天向我转告老孙病情，我也请他传话问候。

4 月 10 日，乃斌又告老孙本要出院了，但又发起气喘来了，并说，老孙点了陆文夫和我的名，叫我们不必去医院。我当即跟乃斌说："他越是不要我们去，实际上他越是想我们了。"为照顾他周日和家人团聚，我就在周一（13 日）到文夫家去，跟文夫说老孙越是点名不要我们去医院，我们就越要去医院。可真不巧，文夫说："我下午动身去南京开会，要 19 日才能回来，回来后再去吧！"我想推迟几天也无妨，这病也不急。

谁知，当天晚上 7 点 40 分，乃斌来电话说："孙谐走了！"我含泪惊呼："怎么走得这样快？"文夫在南京接到噩耗，会也不开了，立即赶回苏州参加追悼会，孙谐已经是合眼无语了。我们痛心疾首，自责不已：为什么我们那天上午不去看他呢？是怕医院规矩不得入内？是什么迷了心窍？孙谐可是在弥留之时想我们呀！在点着名想我们呀！
千万个问号也解脱不了我们内心的歉疚，老孙走了！尘世间刻骨铭心
的遗憾在我心头永志，至今仍使我揪心悔恨！

几十年的往事和情谊涌塞心头，我只能缀连起几个片段来追思这
位老报人的品德和风骨，来印证我的尊重和几十年的相知！

人们常说文如其人，画如其人。我说孙谐是名如其人，忠厚待人，
和谐相处。这性格原是同剑拔弩张的时代相悖逆的。记得 1957 年"反
右"时，我在市委机关做文字工作。每个单位定"右派"都是要过堂的，
我做会议记录。孙谐当时是报社总编兼宣传部副部长。在报社定"右
派"过堂中，我永远记得他那副尴尬的面孔。领导层旁边有个人熟知
报社人员情况，指名道姓——问孙谐，形势咄咄逼人，而孙谐有时解
释，有时摇头，最后只能说回去再研究一下。我当时也不懂定了"右派"
后的那份惨烈，只是同情老孙的处境。我打心眼里认定，孙谐是个忠
厚老实和谐待人的好人。

"反右"以后，我有幸调入报社工作成了他的下属，虽然前后只
相处了三年有余，但以后一直都是邻居和知己。而且始终是我心目中
的前辈、长者，即使在"文革"中，他被斗被批，只要有机会遇上他，
即使他主动回避，我也要含笑点头招呼，表达我对他的感情和尊重。

和谐往往被曲解为一团和气、自由主义。那个时期还有一点真正
的批评和自我批评，报社的民主空气也是较好的。孙谐在全体大会上
批评编辑不重视来稿中的要求和呼声，举例时直截了当地点名批评自
己的爱人徐侃（她负责读者来信组工作）。当然，这种批评也可使其他
编辑、记者举一反三地思考（孙的编辑思想常常提"举一反三"），这
在当时的政治生活中也是少见的。根据这些，我一直认为孙谐的人格是
光明磊落、大公无私的，批评也是令人信服的。孙谐在批评报纸、批
评旁人时也不乏自我批评，因此，我们报社的政治空气是民主而和谐的。
设在楼梯口的评报栏上，每天都有记者、编辑的批条、批注，有时还
会引起争论，但从没有用帽子在你头上扬扬，以政治名义压人的。在
当时报社能有这么和谐的环境，想来和孙谐的"谐"大有关系。

1959 年，说要加强报纸的理论水平，我有幸被报社选送去省党校

学马列主义，为期半年。然而开学不久，彭德怀在庐山会议上开炮，惹火了最高领导，于是彭大将军倒霉，从中央到地方好像真有一帮由他带领的队伍，也跟着被一串串地揪成"右倾机会主义"分子和同路人。我马列主义没学着，倒是听到了"反右倾"的动员时说的"'右倾机会主义'是党内的一股富农思想向党进攻，是涉及亡党亡国的大事"。年轻的我，一煽就着，听到亡党亡国那还了得（以后几十年，对任何事情都可上纲为亡党亡国，竟然无动于衷），于是按照上面规定的"反右倾"步骤、要求和方法，自己坦白了对"大跃进"、人民公社、总路线的看法，包括潜意识的、显意识的，都写成大字报贴了出来，让大家看看自己的灵魂，争取脱胎换骨地改造，不做机会主义的同路人。然而，大出我的意料之外，我的天真、我的虔诚、我对自己的解剖、我的纯洁和忠诚，恰恰使一些人如获至宝，总算被他们找到了一个既能保护自己、又可以交账的"敌人"，我成了重点批斗的对象。结果半年的理论学习，延长为一年的"反右倾斗争"，我反反复复地被批斗、写检查，结果我被定为"右倾机会主义"，被那些"左派"逼上庐山，成了彭大将军的同路人。

诚心诚意检讨还不够，还要填表格，小组、支部、校部领导作鉴定，最后，还要我对他们的所谓鉴定，亲自签字画押，好证明他们说的都是"真理"，只有他们是对的。到了这时，我的脾气也就发作起来，自己暴露的潜意识，是根据上级部署要求办的，又没有"恶毒扩散"，被批斗还不够，还要自己承认与彭大将军是同路人，是"右倾机会主义"，这不等于"腹非者斩"吗？越想越不通，我不能自绝于人民，不能让他们把我逼死，于是采取了"拒不签名"的也算是个态度的态度！这种态度当然没有好果子吃，但一年延期也到了快结束的时候，没有时间也没有那股声势了，只好逼着问我："签不签？"我还是不签。当我回到苏州时，那一大叠的检查，以及他们说我态度恶劣、"右倾机会主义"之类的鉴定，当做罪证跟着我被移交到了苏州。虽然没有挂上牌子为"分子"，但事实上，越含糊不清，在别人眼里越清楚是"分子"，今后命运如何，前途如何险恶，我无法预测，事到临头，好像也就等闲视之了。这些不黑不白的材料，直到上世纪80年代初期，清理档案时，才把我的所谓检查退给了我，至于上级给我作的所谓"鉴定"，到现在不知尚存何处。被斗一年后，人苗条了不少，回到报社，我先见孙谐，想把前前后后的情况作一汇报，等待发落。他不待我汇报就说："你在省党校的情况我都知道了（党校派专人来的），没有什么，不要放在心上，先去工作。"结果，我继续做我的记者。孙谐淡淡的几句话，把我闹僵了的局面好像一笔带过了。那时是 1960 年 7 月，政治气候并非是雨过天晴，孙谐却敢于给我如此的宽松和谐，没有批评、没有处分、没有下放。现在想来孙谐确是"右"得可以。那条党校赐给我的"辫子"，直到 1962 年我调回市委办公室，"一风吹"时才吹掉的。

在很长一段时间里，孙谐的名字常被人错读为孙楷，也不知是我圈子里的人缺少艺术细胞还是少了点文化，不识"琴瑟和谐"，于是，我只好经常为这些读错别字的人在口头上、电话里将孙楷更正为孙谐，一再申明是和谐的谐。现在想来，楷字也不赖，的确，孙谐的人品足可为人楷模！我是从亲身经历，认准和领悟了孙谐的政治品格和为人的。有人说孙谐有家长式的作风，在"文革"中，这也是被攻击的重点，当然，更大的帽子是"走资派"和"修正主义"。说实话，我在报社也感到他业务能力很强，开编委会时，常常是别人发表意见很少，有的也抓不住要害，很自然只能听他的。孙谐是把办报纸当成终身事业，即使上级曾派过两次干部来报社当副主编，但干上一两年就又调走了，孙谐可是"老虎不动身"，不肯去就高位，上级领导经常催孙谐到宣传部上班，一拖再拖，拖了几十年，孙谐竟然不肯离开报社。

办报是苦差使，什么工作都忙不过报纸。孙谐每天都过半夜或到清晨，一定要看过清样才肯回家休息。如果白天还有会议，他的睡眠就泡汤。所以老孙一直像没有睡醒的模样，脸色灰黄酷似大烟鬼，他是靠一支支香烟来刺激大脑，刺激生命活力。

不知从什么时候开始，人们把自己单位登上报纸认为是表扬，就有功劳。因而，系统的、部门的会议，领导的官方语言、官样文章，都当做新闻要挤上报纸。而报纸本身既要贯彻市领导意图，又要办得贴近群众，要为群众喜闻乐见，要有可读性，为此，就要处理好这类大小局部之间的矛盾。老孙对这类会议新闻一方面拒登，拒登很不易，要有勇气，常有人为此责备孙谐；另一方面，老孙苦心研究这类会议与群众的真实关系，从群众关心的角度作切入点，派人去采访，写出有骨有肉的新闻。

到了困难年份（实际是"大跃进"的灾难后果），报纸缩得像张电影说明书那样（16开），改称《苏州工农报》，版面限制得只能登些豆腐干文章，也只能办杂志型的，给人在困难时期有点精神生活的信息而已。按着市领导办小报的方针，争登会议新闻的矛盾也大为减少。老孙仍以一丝不苟的精神，努力办好这张"说明书"，设专栏，变文风，尽力引导群众在物质生活困难时，讲究精神生活，去适应群众的需求，报社同仁也为这个宗旨卖力过。据我和老孙同事三年多的感觉，这个时期大概也是老孙办报最轻松最具创造性的时期。

然而，历史却对这张报纸否定得最彻底。毛泽东对《海瑞罢官》的敏感，很快引发对北京"三家村"的批判，成为大革命的主要锋芒。风刮到苏州，孙谐首当其冲，"苏中红旗"对《苏州工农报》引文摘句，无限上纲，这报纸就成了"修正主义"的代言人。那个时期运动来势之凶，非经历者不易理解。事实上被批判的豆腐干文章有许多是我编发的，而我已调离报社，我也没有勇气去承认，尤其是"文革"开头是极为恐怖的。以后上面有了策略，有了"保""革"之分，给大批群众有了"突围逃命"的机会，只要取得"革"字就有了护身符，因而我也卷入这场根本无人理解（包括第二把手）的噩梦。但那时也奇怪，只"革"自己单位的当权派，而对其他单位的所谓"走资派"，包括我对老孙，内心是同情的。

至于老孙被批斗到何种程度，报社被闹成什么样子，我都不甚了解。只知道后来报社关门，无新闻可报道，只有北京来的特大喜讯，发几条电讯而已。直到1969年底，老孙双喜临门。本来他一直没有被解放，现在因为他全家下放苏北射阳务农而得到解放。我于1971年冬去苏北看他，不少我的下放朋友相聚在老孙的草屋里，喝老酒，打地铺。我与老孙抵足而眠，谈到深夜，也不知什么时候入睡的。这次相聚我发觉孙谐摆脱了报纸，似乎"换了人间"了。他倒更适应生活了，一反过去偶然独酌，不善交际应酬的习惯，现在很喜欢与友人把杯畅谈了。他慷慨助人、诚恳待人，与人们更亲近了，眼界也更宽广了，处世更坦然了。孙谐敦厚、宽容、律己的品格固然同他的学识和性格有关，更深层的是他有独立思考的能力，他理性地理解周围的事情，他对人生有了更深的理解。

大概是 1975 年，孙谐被省里调到连云港建港指挥部工作。他有个下属也是我的朋友，他俩初次相处竟然演出了一场"不打不相识"的喜剧——吵了一架才成知己朋友。孙是领导之一，我这盐工出身的朋友叫来俊华，曾是地方报的摄影记者，1975 年调在孙谐部下做宣传工作，经常要出差。有次出差归来报销车船住宿费用，孙谐审批，指出还有些项目可报（补贴之类的项目极为繁琐），要来俊华再补填。不料这个性格豪爽、桀骜不驯的北方大汉勃然大怒，不领上级关心之情，反而拍桌大吼："你看不起我！"孙谐被指责后笑脸相迎，也不解说，相反倒喜欢来俊华的性格。不久，相互理解，他俩成了好朋友。以后我听到这场喜剧后，更爱慕这两个朋友的性格，一个纯朴敦厚，一个豪爽侠义，更增添了我们三人间的友情。我去连云港，来俊华必问老孙为什么不来，来俊华来苏，我们三人必聚！

老孙一生在字里行间寻觅人生价值。这里的间距有时宽阔，有时逼仄，有时迂回曲折，他确实在这些间距里种下了什么，但常常是今年种下的明年又要换种了。旧报纸就这样记载过这种多变的轨迹，很难说对现实有点什么功勋，何况历史还是要反复评价。然而，我发现老孙在字里行间终于踏出了一块绿地，虽不为人们瞩目，但能让人散步和呼吸。而老孙在经营绿地时也不经意，他没穿过笔挺的西装，也没打过领带，他有很多次出国的机会都谢绝了。他喜欢自己有辆较好的自行车，他不需坐汽车到处去赶场子。绿地生活很平常，根本没有什么失落。他有他自己的拥有，他有各类朋友，大家都喜欢到这块绿地去晒太阳或乘风凉，聊天闲度。大家喜欢与他调侃，说他不合潮流啦，只懂得范仲淹的忧乐观啦，遵守"修养"的什么主义啦，他只是笑笑，而这笑容里却包含着绿地的品格。

1998 年 4 月

芭蕾的印象

　　莫名的烦躁，很难排遣，沉思了好几天，总算找到了原因：为了一个朋友辞世前的一句话而动感情。谢世者生前跟家属说，身后不必有何仪式，但一定要请老朋友饮酒，犹如生前一叙。家属在处理后事后，真的照此办理，请我饮酒去。这时我才接到噩耗，心情沉痛，加之没有作最后送别，深有歉意，哪有心情饮酒？友人小辈却说，此乃父亲临终所嘱，老友必须去的。逢此奇事，我不得不像赴宴那样，为老朋友的辞世而饮酒！

　　友人从医，是有名的伤科医生，名叫李宗元。由于职业关系，1958年我经常去市中医院工作。在伤科治疗室，每每见到患者伛偻着腰呻吟而入，有一位医生略施医术，病家往往破涕为笑，挺腰丢杖而归。一次，我旁观这位医生开处方，他虽以钢笔书写，却笔力雄厚而潇洒，我不禁脱口称道："好字。"从此，我们成了好朋友。然而过往并不甚密。我只是发现他有饮酒之好、听戏之乐，因而我与他，也就以酒会友，以戏会友。算起来几十年也不过家庭小饮，或在葑门外的饭馆里、虎丘附近的饭馆，以及出差在南京偶然马路相逢随意小酌而已。有什么好的京剧、昆剧团来苏演出，票子难买，我总是想方设法送两张票去，他看他的，我看我的。偶然能在一个场子里看戏，无非也是谈论角色、议论戏而已。遇上亲友伤肋痛骨，自然借助他的回春妙手。总之，交往淡然，似清水一杯。

　　动了心才来饮酒的。席间听到一段故事更使我心潮起伏。家属在火化场告别时，刚挂其遗像，一农民见后惊呼："这不是李医生吗?"竟号啕大哭，接着就回去扶其老母亲来灵前三鞠躬。而家属在办理丧事、申报死亡证、购买黑纱白布等等过程中，遇上民警、营业员、老会计等曾受益过李医生之医术者，都深表惋惜之情。即使用"悬壶济世，一方名医"也难概括病家对医生之感情，这才是真诚的人际关系。医生能治万家顽疾，却治不了自己的癌症，过早逝世，令人沉痛!

过去，我曾听到过李医生的故事。昆山有一农妇，因患关节炎病痛，慕名来苏请他治疗，确有疗效，但每次就医都要摇船上城，交通甚为不便。有次，这农妇又请人摇船来就医，进入湖中，狂风骤作，竟覆舟丧命，其儿子悲痛之余深感医学之重要，为纪念其母而决心拜李医生为师，学伤科医学。为此，李医生深受感动。旋即改变挂号程序，他向病家打招呼，凡农村来的可提前看病，方便当日来回。遇病家有意见者，他即举此例。而对农妇之子学医，他悉心传授，以后此弟子又去南京中医学院深造，不出几年，现在已在昆山县医院当医生，也是"悬壶济世"了!

曾经在屏幕上看见过踢足球的慢动作和芭蕾舞反复交叉放映的镜头，顿时使我悟彻，原来踢足球的动作也是芭蕾! 伟人、名人逝世，治丧庄严肃穆，牵动广大人民的情意；一位医生逝去，仅抹去细节而已。然医生一生给病家的感情会像一股清流那样，深深印在病家心中，他们也会作出种种感情上的反应，想来这是一份哀荣，也是交叉放映的镜头吧!

上了年纪就常常要去参加追悼仪式（据说只能称告别仪式，而且悼词是一个模式），次数多了，也不大会潸然泪下了。但我在为朋友辞世而饮酒时，不得不想，和宗元饮酒之乐只能是记忆中的印象了。好在这是个美好的印象，芭蕾的印象!

1990 年 3 月

万物欣然烟雨中
——简介画家徐源绍

徐源绍，字露畦，著名花鸟画家，现为苏州国画院高级画师。

徐君世居吴门，年十六即拜花鸟画大家张辛稼门下，几十年来潜心研究历代花鸟画之奥秘，探求中国花鸟画之真谛，积深厚之笔墨功夫和对造化之参悟，形成了豪放纵逸、笔酣墨畅的雄健风格。

从近年来徐君出版的多种画册中更能窥见他独特的艺术个性。他以心写情，不求形似而抒胸中之逸气，毫间运行无不是感情之流露。他用笔洗练而遒劲，泼墨淋漓而变幻，形象简括而夸张。徐君把笔、墨、水、色、纸之间的关系与心灵融成一体，以至挥洒自如，将心灵瞬间捕捉到的生命永驻纸上。近作《墨牡丹》《泼墨荷花》等佳品为同行欣羡，为前辈名家所首肯。

徐君作画尤擅长水墨花卉，以水泼墨，以水化墨，似烟如雨，似虚如实，千变万化，以元气淋漓、无穷变化表现大自然之生机，犹如三月江南万物欣然烟雨之中。

著名美术评论家黄苗子先生论其画曰："他的画笔墨飞动，生意盎然，老辣中见活泼，既有深刻的观察力，又有灵活的表现力，《瓜棚秋雨》《葡萄》两幅画，不但能透过笔墨看出自然间的生机，并且从纵肆的笔墨中看出中国画'写神'的功夫，具有高度的感染力。"其论可谓的评。徐君不少佳作见诸各种展览、报刊和出版的几个专集，更为国内外有识之士尊重和美术馆收藏。

古人论画称道"为形全在功力，为意则靠天才"。徐君源绍已届壮年而风华正茂，以其天赋和智慧更为奋进，必可继青藤、白阳之余韵而弘扬吴派之雄风，愿他作出更多更好的写意花鸟画品！

1995 年 3 月

心涵水乡
——画家沈默写照

沈墨，沈者，沉也，他的名字很好记。

1989 年我到吴县文化馆去玩，经朋友介绍在他的画室坐了一会儿。他不善言谈，交谈不多。看他作画，笔势弯弯扭扭似乎有点别致。墙上除了他的画稿，还有幅某书法家送他的条幅，上书"大喑"两字。喑、默同义，因而一下子就记牢了这个名字。

当时萍水相逢，未能深谈，加之我不懂画，没有很好欣赏。隔了两三年，他陆续送我两本《沈默画册》，又听得他的作品入选各类展览，引人注目，并且受到海外青睐，还要到外国去举办个人画展，而以他为首的江南画院，又搞得非常红火。这时我才悟到，当时可能怠慢了这位画家朋友。于是赶紧翻阅他的画册，并向行家请教，补上"读"国画的一课。

一读就读出味道来了。沈默的山水画题材偏于江南水乡，这首先有个亲切感。它不是名山大川，平常得无非是农舍、老树、古桥、小船、远山，加上晨昏、雨雪、阴晴，然而恬淡自然，诗意情趣跃然纸上，越读就越为他作品的魅力所吸引。于是很想了解这位青年画家，尤其是他的成长过程。不约而同的是，加拿大籍华人李耐女士，在加拿大看到沈默的画展十分醉心，为寻访沈默，她宁愿临时充当翻译，随同洽谈商务的商人到吴县来。李耐见到沈默第一句话就惊叹道："你怎么会把乡村画得这样清丽幽静，充满诗意，引得海外游子思乡之情绵绵不绝？"她很想了解沈默的经历。

台湾老记者胡桐，在虎丘游览时，顺便参观了一个有几十人参展的画展。他一眼看中沈默的画，不但买下两幅而且要寻访沈默。面谈时首先问的是家世。

好在江南画院不远，我便赶去采访。

他的原名不叫沈默，这名字是上大学时，老师丁吉甫起的。

1957 年 11 月，他出生于昆山张浦农家。父母斗大的字一个不识。沈默从小赤了双脚在广阔天地里嬉闹，爬树捉鸟，涉水捕鱼，放牛割草，还要身背两三岁的妹妹和小同伴一起玩耍。天真无邪的沈默根本不知什么叫贫苦，背上的妹妹饿哭了，他拿起树枝在地上画画逗引妹妹高兴，直到妹妹在背上倦得睡了，小沈默还在地上画饼充饥。树枝是笔，大地是纸，泥块也是笔，白墙也是纸。童年涂鸦就是沈默作画的开蒙启昧的发轫！

十一岁进张浦小学，沈默才有了真正的纸和铅笔，真是如鱼得水。田野、河岸、牛羊、草房、老人孩子，都成为他描绘的对象。完全是无师自通，凭着天赋，凭着爱好，画得如痴如醉。正在这时，村里来了个画毛主席像的人，沈默一眼就认定他是"大画家"，否则怎么会在墙上画得这样好！沈默痴迷得忘了吃饭，整天跟在大画家后面，看他画画，看他的一举一动，甚至一个村一个村地跟随后面走，从没有交谈，也不懂请教。他把崇拜偶像放在心里。偶然的机会，他翻阅了大画家随身带来的一本样板戏的连环画，这是沈默第一次见到的"艺术品"，竟然看得入迷了。

最初他画在零碎的纸片上，后来他学了连环画的形式，也订了本小本子画画。村里人见了，都说他画得像，这孩子聪明有出息。沈默学文化也不差，曾连续跳了几级。

初中有美术课，而美术老师正好是那个画毛主席像的人，你说巧不巧？他崇拜的大画家成了他的老师，沈默高兴得做梦也在笑。有这样的老师扶着他的手帮他跨入了图画世界，他完全满足了，因此他当初的愿望是将来也要做教师。

1974 年高中毕业后，他果真当上了张浦中学的语文教师。他并不奢望做画家，画画仍是他的业余爱好。时值批林批孔，运动也需要美术宣传，大队推荐他去画画，他又多了个练习的机会。

初中美术老师是中央工艺美院出身的徐晓，他极注重速写写生，对学生要求严格，尤其是他眼中有天赋的学生。沈默现在的小本子变成大本子了，在农村里简直是见什么画什么。谁拖住他画头像，他都乐意，立马顿就。人们都说他画啥像啥。速写久了，他的观察能力提高了，人们没有留心过的，或者见到后并不在意的自然、人物形象，他却烂熟于心。直到现在沈默始终不忘徐晓老师的严格要求和基本训练。他现在能得心应手地画出人们各自的表情和动作、心态来，这和扎实的基本功是分不开的。

1978年南京艺术学院老师到昆山招生，沈默跃跃欲试。这是他第一次进城应考。考试项目中有当场速写、素描和命题画。速写对沈默来说是驾轻就熟。命题画也好办，尤其是农村题材，脑海里翻腾得滚瓜烂熟。素描，什么叫素描？不懂，也没见过。他胡乱地看了看石膏像，照猫画虎地就交卷了。跨出考场，回头问同考者，才了解素描是绘画的基础，是讲究形体、结构、明暗效果的学问。他担心了……

口试，老师找他问话。他有的听不懂，有的答不上。他急中生智，抱出几十本速写本给老师看。老师翻阅后很惊异，问："是你画的？"答："是的。"老师似乎发现了什么，自言自语地说："有灵气，有生活。素描是可以通过时间磨出来的，还是灵气重要。"接着老师问他的志向是什么？沈默好像乱了阵脚，答："省吃俭用，也要买纸笔画画！"不知是他对艺术的执着追求，还是他的习作所表现的灵气打动了老师，总之，他被录取了。

本以为自己是农村的"神童"，一进入大学，变得什么也不懂，在艺术殿堂里成了"乡巴佬"。他见到了素描，老师的示范，同学们的习作，都描画得惟妙惟肖，自己却怎么也画不好。入校第二年才算闯过了素描关。到第三年学习创作，沈默在老师陈大羽、张文俊等悉心培育下，他的基本功也厚实了，加上他在农村拥有大量的生活积累，为他学习创作的萌发，好像早就施好了基肥。于是在同学中脱颖而出。下乡到苏北去半年，大家觉得创作难以动手，他却静悄悄地收集素材,酝酿主题。一年以后，一幅毕业试卷《土地与自由》的国画，很快受到老师的好评。画面上是田野里老农蹲在地里喜滋滋地观察土地，远处在耕地，近处站着的小青年，似乎向往着外面的世界……

1980 年大学毕业了，他被分配到吴县文化馆工作。文化馆是个辅导群众美术的阵地，打杂的事情特别多。好在他的志向还是那个"省吃俭用也要画画"的朦胧概念，倒也不被头衔、职称等干扰他的生活。只要与画搭界的事,他都乐意去做。他的领导也有意识让他到生活中去。那一年，县里的三十多个乡都要成立文化中心，他一个乡一个乡地去布置文化中心的环境，帮他们画了大量的壁画。一年过去了，无心插柳柳成荫，他又画满了很多速写本。他对水乡越来越亲近了，艺术收获越来越丰富了。

著名的英国首相丘吉尔也是画家。他初学画时迟迟不敢下笔，这时恰巧来了一位著名肖像画家的才气横溢的太太。"画画！你还在犹豫什么哟，给我一支笔，要大的"，画笔就在画布上肆恣汪洋地涂开了。丘吉尔的结论是：大胆妄为的开端是绘画艺术极重要的一部分。大胆是唯一的门券。

沈默细嚼丘吉尔的结论，他也大胆妄为地闯开了。他要变格，他要寻找自己的风格，他要创新中国山水画。于是他研究传统笔墨情趣的变化，尝试抽象和夸张，终于练就笔墨纵横、线条奇拙、彩墨渲染、恣意挥洒的新风格。他足足画了两年，选了十几幅新作，于 1982 年在苏州群众艺术馆橱窗里与观众见面，反响强烈。年轻人喜欢，画坛前辈也觉有新意，打听这位青年画家的情况。社会的认可，坚定了他大胆闯入画坛的步子。在大胆跨出步子变成一发不可收的行程中，他遇到了艺术知音——欣赏者和买主。沈默不但与大自然、江南水乡对话，现在更与欣赏者沟通心灵，他认为这是画艺进步的要素。

澳大利亚驻华大使雷涛乐是中国通，熟悉东西方文化，尤其对中国文化很有研究。他看过沈默的画，认为似与不似之间自有独特的味道，认为江南的黑瓦白墙本身就是中国艺术的一部分，沈默的农家水乡画更是中国精彩艺术的一部分。大使路过上海时，特地到苏州造访沈默。大使会讲中国话，又是艺术行家，兴致勃勃地与沈默交谈起来。在这种气氛下，沈默倒也不再默而少言了，滔滔不绝地发表他对艺术的见解。从此这位大使经常与他有往来，还请他上北京。北京大使馆的会客厅里一面挂的是澳大利亚画家的画，另一面挂的就是沈默的画。大使风趣地告诉沈默："这里是东西方艺术的交流。"大使离任回国后，还邀请沈默去澳大利亚开个人画展。

日本艺术收藏家庄司清和也是在上海见到沈默的画而成为艺术知己的。庄司清和艺术修养高，谈论中国画更是深入浅出，他讲究画的情趣、意境，与沈默论画总是讲书法、讲心态、讲静、讲禅，甚至要沈默学点佛学。庄司先生邀请沈默去日本展出。准备过程中，他亲自选画，只有他认为是艺术精品他推荐展出。

在高层次、高要求的艺术眼光下，沈默的画不能固守不变，必须随着现代艺术的发展而有所吸收、进步。沈默在欣赏者和买主的推动下，不再是大胆跨开第一步了，而是艺术修炼上要加深功力。谈话间沈默漏出了一句带哲理性的话：商品画是会画坏手的。看来他真的为自己提出了高要求。

成功的喜讯，不仅仅是"出口转内销"。《水乡吟》获得了江苏美展银质奖，《霜月图》《春雨江南》先后在国内几个大型美展中得奖，《月是故乡明》《渔家晨曲》在台北展出首举销售。台北时敏艺术中心出版了《沈默画册》，沈默的作品又被台北出版社收入《大陆水墨画廊》画册，第二本《沈默画册》又出版了。

采访即将结束，沈默请我指教。我不懂画，哪谈得上"教"？我慌忙把话题扯开，随意讲起一事。有一年，我看到一位画家写毛笔字，他握管的方式就像捏钢笔那样，看了很不习惯，总觉得别扭，看多了耐不住要发话。有次，我真的脱口而出："你怎么像捏钢笔写毛笔字？"他说他习惯了，积重难返啊！隔了几年我再次看这位画家写字，真的完全毛笔腔了，改过来了。

亏得蒙恬发明了毛笔，中华文化得以延续发展得如此光辉灿烂。读书人握了这管小小的毛笔，从描红开始，直到临碑临帖，以至写出自己的大名、作文画图，其间不知包含了多少甜酸苦辣。至于要用毛笔衍化成作品，变为艺术品，传它几代下去，那不知要用尽多少心血和光阴啊！

1994 年 8 月

历尽劫磨残画归

拍照发烧，从青年烧到老年，还嫌拍得不够似的，连写这篇小文还得看了照片才会写其中的故事。癖好如是，顽石一块。

照片上两位老人，左边一位是叶青，又名叶寄深，九十二高龄，是画家、盆景高手、苏州养鸟第一人；右边的是尤玉淇，画家、记者、教员，没有参加作家协会的作家，今年七十八大寿。两位老人正在讲一则古老的故事，讲半个世纪来历尽劫磨的一幅画的来龙去脉的故事。

尤玉淇从小拜名画家曹筱园为师，曹师是上海《点石斋画报》主编，又是著名通俗画画家吴友如的外甥。不出几年，尤玉淇十一岁时，就在有影响的《文华》画刊上发表画作。1937年春节，曹筱园在新苏饭店举办个人画展，还特意将其学生尤玉淇作品一起展出，有意扶掖学生，让其在画坛闯荡。

展览间有个富家子弟在反复品味，最后挑中在展览中附附骥尾的尤玉淇的一幅画，拿出十七个银元，将这幅《万壑松涛》买去。不买老师作品而购学生画作，这是展览的"花边新闻"。

这位买主是谁？吴县东山籍人士叶寄深是也。其父叶镜湖是盐商，开有钱庄，有了钱在东山为雨花台造"走佛楼"，建"还云亭"，疏"瑞香泉"，种花植树，延请名人题词、撰书匾额楹联，等等。叶寄深排行第二，翩翩公子尚未从业，此时正在为父整修雨花台操劳筹划，在书坛画苑间交游，处士一名。

当时叶寄深购买此画时，是有意抬举青年画家，抑或是慧眼独具认为此画青出于蓝，直到如今叶老自己也说不清。然而，叶家收藏有张大千、吴湖帆作品和华嵒的山水册页等等，看来是位具有高水准鉴赏眼力的品画家。以后，叶寄深在金融界任职，生活优越，闲来尝试涂鸦丹青，下海后居然卓然成家，而徜徉于花鸟间，竟也取得"苏州养鸟第一人""盆景高手"等称号。

九玉淇当初十七岁，得此青睐如坐春风，令其进入梦中。抗日战争前，九入美专深造，抗战爆发，随苏州美专迁上海。学成后生不逢时，卖画不得为生，只能画画广告、电影海报。画家称号近乎画丐，不得已只能当美术教员（处于梦的边缘），以后又当报纸编辑记者，但都属"凉亭"。直到解放后在教育岗位上安定下来。少年时称得神童，此时才发挥其美术才能，配合中心作画，鼓舞群众、宣传群众，起到了"两为"的作用。自然，要成为画坛名家，还缺少机遇。

机遇未遇却有厄运。人家形势越来越好，莺歌燕舞，他却被"极左风暴"击倒。谁教你舞文弄墨，不黑也是黑，吃足苦头，然只属沧海一粟。待到山花烂漫时，他还是魂牵梦萦，丹青不辍，笔耕不止，以至结集出版的几本集子的书名要带上"梦"字，《烟梦集》《三生花草梦苏州》等等。

购画几十年后，"一抓就灵"风暴狂起，叶寄深（叶青）在劫难逃，被斗被打小事一桩，当头一扁担鲜血直流，站在苏州工艺美校大门口示众，实在有碍观瞻，其时罪名是"鸳鸯蝴蝶派""地主"。查抄家产搅得落花流水，古画、名家名作、古董藏书、盆景玩物一概掳去。待到雨过天晴，还历史本来面目，却只留有精神，物质全无。所幸的那幅十七大洋购得的《万壑松涛图》，因名头不响，总算劫后余生，发还叶青时已霉烂破损，已非昔日风貌矣。

叶青面对此画，欲哭无泪，只是收将起来就是。一场风暴式的请客吃饭，闹得杯盘狼藉，残羹剩饭里竟然还拨出一碟原汁原味的小菜。现在叶青将原画还给原作者，称道留个纪念。原作者九玉淇感慨万千，一时无言以答，只说："幸亏不负盛名，'文革'刀下留命！"

残画已失艺术魅力。耄耋白头，喜怒哀乐刺激也难。尽管一个是劫而复得，一个是残画归"九"，也只能是"财似流水东去西来，谷是黄土应有尽有"。这也算是苏州画史上的一点可以咀嚼的欢喜或悲凉。

半个世纪前的一幅画算不了古董，然而，这则轶闻多少也是时代光芒余绪的见证。

1995 年 3 月

旧作粉画回归记

就生命经验来说,许多东西是属年龄段的。耄耋老人并非总是老朽,生活经历给他的空间,足够他神侃往事。就像我们的城市有两千五百多年的高龄,神话传说自然比年轻的城市多得多。

苏州文化教育界前辈九玉淇,今年八十六岁,自称"三笔老人"。其一生与笔厮伴,教书用粉笔、绘画用画笔、撰文用钢笔。此老与人相处人缘不错,且语多风趣,尤其谈些吴门文化旧事,如数家珍,许多人跟他乐于订交,我也是他的一个熟稔朋友。

八年前,我曾写过一篇小文,记载他十七岁时,他的老师曹筱园举行画展时,有位"伯乐"特意购买附附骥尾而展出的九玉淇的画。不买老师的画而买其学生的画,这在当时画坛上传为美谈。六十年以后,经历无数的劫难,在归还抄家物资时,这幅残画居然还在。当年购买者——"伯乐"叶青,特意将残画赠还原作者九玉淇留作纪念。这则故事包含了两位画家的成长和苦难,说不尽的世事沧桑,可以说这是一幅跨越几个时代的画坛故事。

近期,我在九老新居爱晚楼饮茶叙谈,见室内挂有一幅色彩炫目的图画,画的是一个十分俏丽的吉卜赛女郎,笑靥含睇,十分动人。我仔细辨认,才知这是幅粉画,俗称"粉笔画"。它是西洋画中的一种,是用各种色彩制成的粉笔,画在特制纸上的画种。在上世纪 30 年代前后很是流行。当时苏州美专颜文樑大师就画过《厨房》《肉店》等著名作品,特别是《厨房》还于 1929 年在法国春季沙龙大展获得荣誉奖。

这是中国画家中第一张获得国际荣誉的作品。然而在上世纪50年代后，由于历史的原因，国外的粉笔断绝进口，所以年青一代画家对此画种很少接触。直到近期国外有进口，国内也能仿制，此画种又活跃于画坛。今年全国粉画展，经苏州著名粉画家杭鸣时等人的努力而在苏举行，备受世人关怀、称赞。面对此画，我问尤老这是什么时候的作品？怎么会画个吉卜赛女郎？尤老看了看粉画，回过头来长叹一声说，这里面有一段我年轻时的故事，说来话长……于是故事开始了。

这幅画画于1937年，已经整整六十五年了，那时尤玉淇还不满二十岁，喜爱绘画、写作，结交进步青年。由于与邻居范烟桥相识，范作为文坛前辈，在《苏州明报》主持笔政，指点过尤的文章，并介绍尤去编一文艺副刊，称《鲜葩》。

这时尤组织了两个文艺团体，一是霞光艺术社，二是苏州木刻社。每月在尤家聚会，都是中学生、店员，谈艺论文，不拘形式，颇有"文艺沙龙"的味道。各人有较好的文章、绘画、木刻等就编上《鲜葩》和其他刊物，直到抗日战争开始，才风流云散，各奔前程，后来还有好几位同志成为为国捐躯的烈士。

当年参加这些活动中有个女中学生。她能写流畅清丽的散文，尤其爱诗，既熟悉新诗，又热爱古诗词，许多诗词她能倒背如流。她喜欢普希金、雪莱的诗，也喜欢英国式的十四行诗。对诗坛上的徐志摩、戴望舒、闻一多等人的作品推崇仰止。对旧诗词，她喜欢李后主、李清照那类充满感情的诗词。她长得秀气，仪态娴雅大方，看得出是有教养的大家闺秀。但她从不谈身边琐事和家庭情况，可以想见她是有抱负的进步女青年。

1937年暑假，尤玉淇当时是苏州美专的学生，由于老校长颜文樑喜欢画粉画，所以尤也试着画粉画。青年尤玉淇见到美国《生活》杂志上有幅吉卜赛女郎的黑白照片，就以此为蓝本，用粉笔临摹一幅粉画。既有照片写实的味道，又略加光影色彩效果，成为一幅粉画习作，用图钉揿在自己书房里，闲来做自我欣赏，并琢磨修改，期望成为作品。

不想就在这天下午，她竟飘然而至，说暑假无聊，想借阅些书本消此长夏，于是就在尤的书架上挑书，一抬头却看到这幅粉画，就说喜欢这幅画，硬要索此画。尤玉淇考虑到这是习作，况尚未修饰，答应她过几天画张正式的油画送她。可这个女青年却舍此无他，定要这张粉画，而且性格爽朗得不容分说，就从墙上取下，卷了卷就算她的了，连同捡好的书本，狡黠地一笑，转身就走。尤无可奈何，只好送达门口，看她袅袅婷婷的背影消失在巷口的绿荫丛中。

不料，不出一个月，"八一三"抗战烽烟骤起，神州大地，战火迷漫，从此这批青年各奔天涯。几十个春秋过去了，她呢？在人海茫茫里，竟然形迹无踪，只留下一个绿树影里的背影。

几年前，一位王姓朋友从西安过来，竟带来这幅粉画，因有印记依稀可辨，问是否是尤老的作品。尤老展卷一望，确是那幅久违了的《吉卜赛女郎》，确认后尤问是怎么得来的？友说在西安工艺文物商店见到作品，画上已有尘垢和水渍，估计是几十年前的老作品，当即购下，权充礼品赠送足下。

尤老看见此画，自然想起影影绰绰、绿荫树丛里的背影。这真如闻一多诗中的两句"这是春风里的一场梦，梦里的一声钟"了。

现在挂在墙上的这幅画，尤老已经将浮尘拭尽，用粉笔再加描绘，变得焕然一新了。

故事讲完，叙谈间有位朋友调笑说："这画是尤老心中的《蒙娜丽莎》了。"也有人说："何不顺藤摸瓜，追索一下呢？"尤老笑着说："不必了，即使活着，彼此也都是快入土的人了，如果真的见了面，大家鸡皮鹤发，现实会冲淡得索然无味了。保持个记忆，才是最美好的结尾。"

还有朋友问她的真实姓名，作为故事的听众，也认为大可不必。留下这段记忆才有些诗意，真有点"春天的故事"。听客想起了黄庭坚《清平乐》的下阕："春天踪迹谁知，除非问取黄鹂，百啭无人能解，因风吹过蔷薇。"

"事如春梦了无痕"，留下这段"不了情"确实是最美的结局。

2003 年 4 月

民间文学家金煦

　　2005 年 2 月 1 日晨，电话铃急，先是李天俐、杨煊华，后是张英霖、王逢申沉痛传来金煦同志逝世的噩耗。深感突然，惊愕，待反应过来后，即问追悼会日期，那是必定要去送的。

　　自接讣告后，心情沉重，整半天我夫妻俩无话。饭后，大概妻子发现我太沉闷，引我开口说："金煦走得早了点！"我尽力克制感情，相反说："不容易了，金煦年轻时就是老肺病，能活到七十八岁，已经不错了……"由此想起好几位朋友年轻时生肺病的情境。

　　2 日晨，天很冷，早去火化场，特意避开与金煦爱人汪筠宗及孩子们照面。只是仪式后，慰问家属握手匆匆一见。原本想尽量不触动感情，不料，轮到我与汪筠宗握手时，她一开口就唤我姓名："朱熙钧啊，朱熙钧……"立即大恸。那唤我姓名的口吻，简直是金煦的口吻。当即泛起内疚：金煦住院期间，我没去看他，金煦有许多话要与我说。面对悲痛欲绝的汪筠宗，我的泪珠夺眶而出。汪筠宗边哭边说："你是看我们成长，看我们结婚的……"将头依靠在我肩上，她更是哭泣不止。我本想讲几句内疚的心里话，但还是控制住了，免得汪筠宗更加悲痛。金煦的同志、朋友们排列在我的后面，要慰问家属，由于我与汪筠宗相互哭泣而耽搁了大约几分钟，眼看一批批同志绕过我俩而前去了，我不得不抚了汪筠宗的肩膀说："节哀！节哀！保重身体！"然后松了手离去。

　　出了会场，我让泪珠在镜片后自然蒸发。天气还是很冷，回家路上与黄厥明为伴，一路上也不讲金煦，我只是裹紧衣服，熬着。老黄知道我最近去医院检查过心脏，嘱我要注意保养。

实际上一路很难受，十点钟回到家，踏进大门反应更大，立即上吐下泻，妻子忙着处理，扶我上床，问我需要吃药否？此时，头晕心泛气闷，烦躁、难过，只想安静，无力讲话而想睡觉。迷迷糊糊一直睡到暮晚，喝了些水，似乎正常些。虽说睡觉，但脑海里翻腾起来的全是过去的事情，全是金煦。

原本我很自信有能力控制感情的。然而这一击，尽管有所准备，却敌不过感情的冲击，竟然被其击倒。到底属老年行列了，不是理智能战胜一切的。

2004年12月22日，黄厥明来电告我，金煦住医院，又说就要出院的。因而我想待他回家后去看他。隔了一段时间，我想去他家，先电问金煦出院了没有？汪筠宗回说昨天刚出院，今天又发烧了，又进医院了。我说，等他回家后，我再来。汪说，我先告诉金煦。就这样算是约好了。到了2005年1月13日了，我给诸汉文电话，顺便问他，金煦回家没有(他俩家相邻)？他说还没出院，即使回家过年，也要到女儿家去住了。我说，他女儿小燕子，我熟，我会去的。至于熟到什么程度，我没细讲。小燕子出生不久，金煦就约我为她照相的，可我一再拖拉，竟到了她成人，我还没有为她完成一张拍照任务。直到二十二年后，我才为小燕子照相。不知这张照片还在否？

金煦病在医院里，我全然不觉得危险，一再想去而没去。失去与他最后一次见面的机会，我懊丧不已。我始终存心想听听他对我说些什么？这次，汪筠宗对着我呼唤"朱熙钧啊，朱熙钧……"，就是金煦生前对我的呼唤呀！

1950年我入团工委工作，与金煦同事。我得知他的身世后，很快成为知己。金煦年轻时曾经在火车头上做加煤工，重体力劳动，因而得了肺病。然而他渴望读书和追求艺术，经过个人努力，竟考入国立社会教育学院艺术系，做了大学生，圆了他的艺术梦。解放后，又舍了艺术为革命。我被他的经历所感动，深深敬慕他的自我奋斗精神，由此吸引了我俩感情的融合。

金煦是北京人，满族，在苏州没有亲人。我经常跟他开玩笑：你是爱新觉罗一族的！他总是笑笑。凡逢年过节，我总是拉了他在我老家团聚吃饭，生活上很是接近。日子长了，他竟然像对待兄长那样待我，虽然我较他年岁小三岁！他的恋爱、结婚都是征询我意见，甚至由我操办的。结婚时要办简单的家具，要吃喜酒，我都参与了。因而我对汪家也是很熟悉的。记得金煦结婚时，于松鹤楼吃喜酒，女方有汪家两位老人，和新娘的哥哥，男方只有我陪着新郎。双方都尊我为金煦的长兄。而他的老丈人是虎丘小学校长，土生土长于这片农村，很有威望。汪校长与我很是谈得来，因而金煦结婚后，凡节假日我去虎丘游览的话，必定去汪校长家，与金煦聚首。这样的日子，大概有四五年。以后政治运动多了，大家忙于"斗争"来往自然减少了。

金煦是学艺术的，我受他的熏陶而接近艺术。我们年轻时都爱好和崇敬俄罗斯和苏联文学艺术。金煦常推荐我看这方面的文艺小说，几次送给我模仿艺术品的无锡石膏像，还推荐观看欣赏戏曲。甚至我有时写点小东西，他又积极拿去，向《青年报》《解放日报》推荐刊用。记得金煦在群众艺术馆负责时，还在《百花园》文艺橱窗里，刊登我的一篇《橘红东山》的小文。1984年4月，苏州解放三十五周年前夕，他约我写点什么，我写了篇新诗《金色的蜡梅》，他又推荐到纪念苏州解放三十五周年诗歌朗诵会上去，且由他以一口京片子嗓音，充满激情地朗诵我的诗作，令全场感动。他甚至还将我介绍给观众。我在大庭广众中站起来，真有点受宠若惊。我非常感谢他的一片热忱。他热爱文艺，不但自己创作，还积极扶助、带携新手，这都是我亲见亲闻的。单从他对我这类稍稍接近和喜欢文艺的人，就那么热忱，真可窥斑见全豹。

相处和谐的时期很好，但也有争论之时，然并不影响友谊。大约是1959年，他就送我一本由他和朋友编写的《苏州民间故事》。当初翻阅后，我跟他说，这些故事全是他编出来的。他说是经过采访，老人口述，记录下来的。我说："全是编的，几十年后这些故事就是民间故事了。"他不服，与我争论。我对待民间故事有点虚无主义，还硬扳叉头，翻开书本，找出一两句文学用语说："老人不会用文学用语吧！根本不是口语。"这样他认错，说可改进，我却以为是胜利。那个时期，社会主义前途在即，无须年轻人思考什么"大事"，需要敲木鱼的，倒是那条难走的又红又专的独木桥，稍稍歪一点就有掉入"白专"阴沟里的危险。我隐隐约约地感到金煦过分热情于此项，唯恐他偏了过去，硬扳又头也算是没有敲响的一记木鱼。

"文革"中，好像我俩争论更多一些，譬如上世纪70年代，曾经出现过一两本小说，他又是热心地向我推荐阅读，大概是《欧阳海之歌》，或是《金光大道》吧！他非但诚心推荐，而且赞语不少。我眼见"文革"种种，内心烦躁，没有好话给他，说："有什么好？我不要看！学《语录》还来不及呢！"又说："你看看国家弄得这样乱哄哄，出一两本好小说有什么用！"由于我俩是知己，他只得叹气说："朱熙钧呀朱熙钧，你就是这样的脾气！"

金煦长期致力于民间文学和吴歌。他极力推荐吴歌，谈论时说得吴歌好得不得了，真恨不得说是世界第一。我老是"打击"他，总是找些话来抑制他的热情。我说："白茆山歌都是你们惹的祸，结果弄成一场'大跃进'。"当初，文化部长周扬还特地去白茆走一趟，回苏后召开苏州干部做了一场大赞白茆山歌的报告，从而刮起了村村唱歌、人人画画、个个作诗的"大跃进"的虚假之风，甚至延续至今不散。

上世纪80年代，金煦与一帮同志发掘《五姑娘》民歌，发掘陆阿妹歌手，他拉我到芦墟去听陆阿妹的民歌，他极力称赞，我却悄悄地跟他说："只是号叫而已，一点没有什么音乐旋律，有什么好听！"我的过激之词又触发他的叹气声："你呀你！"

1995年春，他住所附近有座相王庙，庙早没有了，现在是校办工厂的围墙，每逢初一月半，常有乡人在此点烛烧香，有关部门管也没用。金煦又跟我大讲庙的来历、乡人的风俗等等，表示要向市里领导反映，要求疏导群众，保持风情。说要写群众来信。我又是泼冷水地说："现在什么时候了，还有群众来信啊？要么群众去信，有去无回的！人家忙得应酬都来不及，还有空管你的点烛烧香呀？"他又是笑着叹息地叫我："老朱啊老朱……"不久，他甚至还写了篇《相王庙忧思录》文章，投到《苏州杂志》上刊载。大谈民间传说和民间信仰，大讲历史文化渊源，发议论建议，还要人忧思！

2004年3月15日，老团工委的一批老朋友，有兴租车去杭州游，我与他座位相邻，话又多了一阵。我写了本《大黑七三集》，有些老同志早收到，有些住得远的未收到，就由李培础在车上发了。金煦谈兴正浓，又跟我说："你写的《大黑七三集》，我们夫妇俩都争着看，经常放在床头，看到感动处，我是流着泪看的，汪筠宗也是这样。"我马上阻止他的话说："你的多愁善感作怪，没什么好看！只是记载些点滴资料而已。"他又笑着叹息道："老朱啊老朱！"

去年10月25日，团市委老同志又是聚首去穹窿山游，一早就集中在竹辉饭店广场上候车，金煦来了，人显得疲乏瘦老，他踱着慢步来会见老同志，并招呼说自己身体不好，无法去游览，只是来看看多日不见的老同事。大家见他心力交瘁的神情，很是同情，劝他好好休息调养。而他还是滔滔不绝地讲在世遗会前夕，经过多少个夜以继日的努力，终于将吴江的山歌集子出版了。许多人赞他的努力，我没有表示，不加评论。他却又谈起我的《大黑七三集》来。就在候车的同事们面前，大讲《大黑七三集》的好话，我不觉得有什么可炫耀的，也不忍让他专讲好话，我又发话说："论文学修养你金煦比我强，我的文章没什么好。老实说，只有一点好，就是我的思想好！"大家都知道我思想言行怪异，自称思想好是种反话，大家哄然而笑。而金煦又是叹道："老朱啊老朱……"

不争论的时候也是有的，那是因我感动而刹车得来的。记得不久前，他到杂志社来送我一本《吴歌集粹》，一看大16开本，厚厚的，印刷精美，很是耀眼。他跟我讲此书出版的艰难，总算完成了一桩心愿。我随意翻开书本，发现又是首长们作主编，我不由得有感而发，说："怎么你辛辛苦苦编了吴歌，又是首长作主编呢？"我不让他回话，一脉络的发挥说："我们的后代将来有得忙呐，这是那个时代的特征，都是由首长先有学问，才有学者代为编书，自己不具名而心甘情愿地让首长署名的。这叫中国特色。就像'大跃进'时期，为避名利思想之嫌，不能以个人署名而用笔名，'文化大革命'中用'梁效'、'罗思鼎'之类笔名，显示霸权语言而横空一切。"我滔滔不绝地还要讲下去，他打断我

的话说 :"出书要有钱,我哪有钱呀？能出版就是桩好事了！"此话一出,我一阵心酸,好像马上有所觉悟,唯恐又伤害了他,立即刹住那种肆无忌惮的欺人话语。虽然这回没有叹息喊老朱啊老朱,但我心中却泛起他经常想责我、嗔我,或者爱我、呵我的这类叹息声。我真的要辨辨他对我的宽容呵护的深厚感情,辨辨他始终对我像对待兄长那样的情谊。

金煦热爱文艺,尤爱民间文学,就凭了一炉旺火在努力奋斗,很不容易。他偏偏钻入作为文艺另一支——民间文学,到了后期,真的他要把这门类推向世界口头文学遗产等等的。我常用那种不三不四、真真假假、是是非非的语调与他调侃,只是表明我的固执、任情和自以为是的超脱。原以为或可改变他偏于一面的固执,殊不知这正是我的幼稚。暴风骤雨都没有浇灭这一炉旺火,毛毛细雨又能怎样？

年轻时,我倾慕金煦的个人奋斗精神。几十年来他致力于民间文学,造诣深深,硕果累累,卓越成家。经常给他泼水的我,除了在舞台上跑了一世龙套,懂得些程式以外,只学得些信仰政治的念白,乏善可陈。下得舞台后,速速老朽,前台词忘得可以,只学舌三句,甚至复述时,尚说不周全。败兴！败兴！

我知道,金煦对我任性脾气总想说些什么。痛心的是失去了最后一次受益的畅谈。我也知道,他对我的怪异,劝也不是,批评又不好,总是笑着,并用手指着我,为我叹息 :老朱呀老朱！

内疚、遗憾,或向他认错,他总是宽容我的。我完全理解。他一生热爱文艺,让我选一条关汉卿的戏曲名句作为悼文的结束语,金煦在天有灵,想来他会深相认可而含笑接受的 :"南田耕,东山卧,世态人情经历多,闲将往事思量过,贤的是他（你）,愚的是我,争什么！"

2005 年 2 月 13 日

风雨人生路
——记摄影家陈健行

瞧，照片上的陈健行多开心！

可我记得有次他在应该开心的场合却哭了。

1992 年 9 月 13 日，他多年的心血结晶——摄影集《园林诗情》在苏州新华书店楼上举行首发式。来宾约五六十人，其中有苏州市三中校长吴冠群。当陈健行站起来致词时，正好面对这位校长，顿时往事翻涌，触景生情，眼泪簌簌流下而语声停顿，隆重的仪式因之寂静了三四分钟。

泪光中，时间倏然退回到三十多年前，一个衣衫褴褛的少年冒着凄风苦雨匆匆向学校走去……

一个穷孩子的画家梦

他没有雨具，没有球鞋套鞋，到了学校全身湿漉漉的，破旧的浸湿的布鞋踏出了两行水印。他坐在空荡荡的教室里，神情木然。

这是中午吃饭时间，他怎么来得这样早？当时担任班主任的吴冠群老师感到奇怪。他知道这个名叫陈健行的学生班长读书很用功，成绩总是名列前茅，还乐于帮助同学，任课老师都喜欢他。于是吴老师去做家访。到陈健行家一看，家徒四壁，一贫如洗。这才了解到陈健行自幼跟孤苦无靠的母亲相依为命，生活全仗母亲扎鞋底、糊硬衬、替人家洗衣服、当走做帮佣来维持。因此经常半饥半饱，衣食不周，甚至有时中午连稀饭也喝不上就上学了。吴老师回校就和学校领导商量，决定给陈健行全免学杂费，并给予甲等助学金。

三年初中的学习生涯是在老师烛光的温暖下，和母亲做夜作的油盏灯下，读书声混合了扎鞋底的牵线声中度过的。赶出一双鞋底，明天可换三角钱买米买柴。

陈健行从小就喜欢画画。初中毕业，他梦想进入离家不远的工艺美校学画。早在初中读书时他就向往这座学府，甚至对这座学府的情况打听得一清二楚，并与校内好多学生交了朋友。他太醉心于斯了，因此有两件事情失于考虑：一是经济条件，他还能读得起书吗？二是他始终没有弄清，考试成绩不错而不被录取的原因。直到以后随着年龄的增长，他才懂得什么叫"政审"。

陈健行有"海外关系"。现在有海外关系吃香得很，那时可是个大包袱，压得人透不过气来。陈健行七岁时，他那在国民党武汉军校任职员的父亲，随着败退的国民党政府流亡到了台湾。直系亲属在台湾，陈健行只能望"画"兴叹，梦幻变成泡影。

其实那时他家最现实的问题是要解决生计。当时他家搬到了潘儒巷，邻居林伯希是位老画家，他觉得这个爱画画的小青年是可造之材，愿收为弟子。知他家境贫寒，不但不要学费，而且愿资助十元供他购买学画工具。同时，市三中和铁路司机学校都寄来了录取通知书，但陈健行不忍再让病弱的母亲操劳，他要早早挑起生活的担子，于是进平江布厂当了职工教师。十八元的月工资居然让这个两口之家喘了一口气。

一张照片点燃了新的愿望

升学和学画的理想破灭了，但艺术细胞仍然活跃，处处寻求着表现的机会。他刻写的蜡纸可媲美仿宋体的排印，刻印的稿笺比铅印的还要漂亮。至今还有人把他印制的稿笺当做纪念品保存。一个偶然的机会，他看见人家一张在风景地区留影的照片，人景交融，组成了一幅优美的画图。他心中一动：照片与画竟然相通！于是他开始了新的追求。不懂照相，他就与照相馆的老师傅和学徒交往，从中学习照相知识和暗房技术，后来全市十多家照相馆里都有他的朋友。没有照相机怎么办？他趁同事去游园林之机，自告奋勇为他们拍照留念。照相机是借的，胶卷是同事买的。他很珍视这种"别人买了炮仗让他放"的机会，每拍一次，总是认认真真，琢磨取景角度，讲究用光和影调，拍后还要记录光线条件、光圈和快门的数据等等。几次下来，居然受到同事的称赞，他越发着迷于照相了。

要钻研摄影艺术，最好要有自己的照相机，但他无论如何买不起，只能东借西借。放大机是用硬纸板自制的，虽然简陋可也管用。他得闲就借相机四处选景拍摄，晚来用自制设备放大照片，弄得废寝忘食，却也乐在其中。

第一次拍新闻照片，是在1969年年底的"上山下乡"运动期间。报纸要发这方面的新闻图片，便借给他相机，发给胶卷，叫他到某地拍些照片来。他哪知这个运动是一场大苦难，只觉报社信任，是一次学习和实践的机会。殊不知就在他起劲地拍摄"上山下乡"时，"上山下乡"也找到他头上，险险乎被发配到苏北去安家落户。这场虚惊事涉内幕，要"向前看"，不提也罢。

动乱年代是非多，幸而他醉心摄影，倒也免于卷入许多麻烦。拍摄机会多了，经验有了积累，技艺日益进步。以后报纸凡需要特别的图片，报社还是按老办法，借给相机发胶卷，请他拍发。这阶段的实践对技艺的日趋成熟起了很大作用，他至今难忘这段经历，一提起总是说要感谢"恩师的提携和培育"。

"文革"中期，发表《仙人洞》和《林彪天天读》照片的江青，宣布由她来抓照相机制造和摄影创作。于是全国上下层层举办摄影展。苏州成立了摄影创作组，人员分散到工厂农村去搞创作。当时在"三突出"的指挥棒下，作品很难跳出政治概念化的圈子，总不免以领袖像、语录为背景，或径直图解运动和政策。陈健行在化工厂采集素材时，就想有所突破。他拍摄了大型储存罐的踏步和扶手的光影效果，用以衬托工人的劳动，这在当时是很不容易的，确实也反映了他的艺术灵性。

上世纪70年代初期，他第一次参加江苏省摄影展览，有八幅作品入选。其中《小书摊》拍的是石路上一个出租连环画的书摊。照片中出钱看书的孩子专注的神情和在旁"看白书"孩子贪婪但又有所收敛的表情相映成趣，惟妙惟肖，极为传神。这幅作品使他一举成名，多次参加各种展览。他选取这个题材并非偶然，童年的他常跟随小伙伴去"看白书"，尽管饿着肚子也舍不得放弃这份精神享受。因此这张照片与其说是捕捉及时，不如说他融入了真诚的爱心。

尽管屡有佳作问世，他的境遇仍无多大改变，依然生活在贫困线下，靠他赡养的老母亲常年有病，他的工资微薄，三十来岁还没有条件成家。他的摄影活动还是要靠朋友借相机送胶卷相纸支持，靠一些单位请他帮忙才能施展身手。照相在当时还是奢侈的艺术，可叹摄影艺术的热恋者竟拍不起照片！

摄影生涯的甜酸苦辣

因此，凡有拍摄机会他都抓紧不放。无论寒风烈日，东奔西跑，攀高落低，他都在所不计。

有次，健行和一位同行去蠡市农村拍照，为了等待晚霞，直到天黑才打道回府。半路上大雨倾盆，泥泞的田间小路将自行车轮嵌满了泥，只得刮了推，推了刮，最后只得扛着车子走，到夜深还在途中。实在无奈，便到附近村庄去敲农家的门。半夜谁敢开门迎生人？两个狼狈的摄影家只得在门外大声作自我介绍，赔不是，人家还是不肯开门，只允许他们将自行车寄在檐下，明日来取。他俩锁了车后，又饿又累走回家时，东方已发白了。

为了拍运河，他和另一位同行看中了沧浪造漆厂的水塔。同厂方商量后，厂里特地派一名电工陪同他们登高。到了塔顶不足半米宽的沿口处，电工师傅用保险带把他们扣在避雷针上，自己就下去了。走前交代，五点下班时他来接两人下塔。

谁知天公不作美，云彩游动飞快，风越来越大。拍不成倒也罢了，可人在高空，既不能蹲，又不能动。随着塔顶迎风晃动，两人又怕又冷，腿也站麻了。幸好到五点三刻，救命王菩萨来了，差点忘了此事的电工师傅接了他们下来。

1991 年秋，为了拍摄《天堂鸟瞰》，陈健行有幸登上飞机航拍。第一次上天，晕机呕吐且不说它。四个手持照相机、电视摄像机的人员挤在狭窄的机舱口，向下取景着实困难。陈健行右手握相机，左手挽着另一人的小腿，那人身倚舱侧，一手抓紧舱口的防护背包带，一手握相机拍摄。飞机盘旋几圈后即将反航，"嘣"的一声，背包带断了，幸亏那人不在拍摄，抓背包带的手已松开，否则后果不堪设想。

健行拍《灵岩晴雪》，为免行人踩坏雪景，半夜三更就骑车出发了。上得山来，但见风卷飞雪，情景奇妙。他一口气拍了六七个钟头，自己几乎成了雪人。第二天又是半夜三点骑车出发，雪雾路冻，车滑难行。他赶到灵岩一身大汗，但看到一片洁白纯净的冰雪世界，就忘了一切。他终于拍摄到了满意的照片。

有年农历除夕适逢大雪，他和摄影同道七八人前往广济桥一带拍水巷。夜色渐浓，同道陆续回程去吃年夜饭了，独有他和另一影友还想拍水巷的除夕：让枕河人家窗户里透出的红光映在河面上，与雪檐形成对比。这时路上已少行人，唯有这两位仁兄在"独钓寒江雪"。有位好心的居民拿来雨披给他们挡雪，摇头说："年夜饭弗吃，倒来吃西北风，真痴啊！"

世上多影迷，但像陈健行这样的"影痴"实不多见。

终于有了自己的照相机

"文革"如暴风雪过去，大地春回。命运之神终于向陈健行展露了笑魇。

时代的春风化雨，繁荣了摄影艺术。他的许多优秀作品得以发表、展出和获奖，并选入各种画册。江苏、河北、陕西、安徽、天津等出版社相继出版了他的摄影作品。1980 年，他被吸收为中国摄影家协会会员。1982 年，华东风情摄影艺术展览开幕，他的《珠帘凝翠露华浓》入选，并被评为优秀奖而出国展览。

苏州市摄影家协会成立，他当选为副理事长。由于热心协会工作受到会员推戴，升任副主席兼秘书长。后又调入市文联成为驻会专职干部。

最让健行高兴的是断绝音讯三十多年的老父亲来信了！

通信后的第七年，陈健行带着女儿到上海机场去接归来的父亲。他已记不得父亲的模样，更何况又经历了几十年的变化，只得打着写有父名的卡纸在出口处迎候。班机到了。女儿发现爸爸过于激动，以致举着的卡纸都颠倒了。等他把卡纸掉过头来，从照片上见过爷爷的孙女首先瞧见走出来的爷爷。于是父子祖孙相遇，陈健行颤声喊了一声"爸爸"。

四十年来无法喊这一声，四十年来不敢喊这一声，四十年来没有机会喊这一声，现在喊出了郁积四十年的心声，陈健行忍不住泪珠直滚。祖孙三代抱头痛哭。陪同陈健行去接机的也是位摄影家，眼见这场面竟感动得忘记打开照相机。虽然错失了这珍贵的镜头，但是撼人心魄的一幕，已永远铭刻在祖孙三代心上了。老人刚坐上回程的汽车，第一句话就是："给你带来了一台照相机。"他在通信中早知道儿子成为摄影家了，所以特地备了这份礼物。老人似乎还想说什么，由于激动而一时语塞。他简直不敢相信，自己只身去台湾，母子无依无靠，四十年后一个孤苦贫困的孩子竟已成为著名的摄影家！

一个没有自己相机的人成了摄影家，岂非世所罕闻？老父亲的一台照相机终于结束了这则奇异的故事。

艺术的追求永无止境

《园林诗情》出版后，获得了普遍好评。这是陈健行不断突破自己的结果。

艺术的追求永无止境，所以艺术家永不满足于自己已经达到的水平。陈健行也一样，当时他虽拍过许多园林照片，却总不满足，试图再次超越自己。

他不断从中外文化宝库汲取营养，终于在印象派绘画作品中得到了启发。自从莫奈创作了《雾中的西敏寺》后，伦敦人才开始说，他们第一次看见了伦敦的雾。陈健行想：苏州园林驰名世界，为什么不拍出园林的神韵，让人们也开始说，我们第一次看见了真正的园林？

于是在晴雨晨昏，在季节变化间，他踽行于花蹊草径、亭台回廊、柳岸苇汀，不断观察，以期取得与众不同的印象。有时竟日徘徊一无所获，有时灵感忽降妙手偶得。他说："我把园林当成朋友，即使拍不成照片，静坐或信步都有收获。天长日久，园林便应了辛弃疾那句词'料青山见我应如是'，就把一切诗情画意都展示给我了。"

其实这是"物我合一"的境界。要达到这样的创作境界，不仅要把心灵融入园林，而且还用得上一句老话"天道酬勤"。陈健行所下的苦功夫可说非同一般，他对各园林花木的生长情况和花期的长短，窗棂花墙各时的光影变化，建筑物阴阳面块的大小，都熟悉得了如指掌。最叫同行佩服的是，他能算出何时何刻才是最佳拍摄时间，到景地一看，分秒不差，神了！台湾某摄影家来苏州，很想拍到典型的吴地风光，陈健行告诉他，某处只有某日某时才能拍到，某景在何时何刻才最合理想。这位台湾同行大为惊奇，在苏州兜了几天，发现确实如此，真正服了他。

由此不难捉摸，他的作品之所以别具魅力的原因所在。

且看《虬藤倚石护小红》：墙角堆垒着几块不起眼的黄石，顶部盘曲着数枝落叶的老干藤蔓，石脚下冒出了几株野花小草，墙面已剥落斑斑。而陈健行仅用一抹斜阳，深化了这一题材，使人从岁月递嬗的倥偬，峰石兀立的奇倔，花草茁生的活力，聆听到了一曲历史常青的赞歌。

《幽涧引飞渡》实际上是怡园面壁亭连接对面假山的一座栈桥。平日里看看仅是几块湖石架起的飞桥而已，无多大观赏价值。但经陈健行趁着雾天拍摄，蓦地显现双峰壁立、一桥飞架的景色，令人恍若置身于"两岸猿声啼不住，轻舟已过万重山"的诗境。他把"以小见大"的造园法则借鉴到摄影上来了。

《相对无言》则是绝对的静境：清雅的轩屋，窗棂日影和室内一对靠背椅子。在这宁静温馨的氛围里，留下了浮想联翩的大片空间。可以想到李贽的《独坐》"有客开青眼，无人问落花"，也可想到归有光的《项脊轩志》"冥然独坐，万籁有声。而庭阶寂寂，小鸟时来啄食，人至不去"……再仔细观赏，便觉有人有情有诗，余味无穷。

在常见事物中发现美，在美景中发掘独诗的意境，这不能不说是灵性的反映。都说陈健行的作品耐看，其奥妙怕也在此吧？有人认为他的作品缺少阳刚之气，甚至说甜美为俗，这是见仁见智的问题了。不错，"杏花、春雨、江南"似乎成了他作品的主要旋律，而我认为，一方山水养一方人，要小桥流水的吴中风土孕育出慷慨悲歌的燕赵雄风是不现实的。正是地域文化的差异孕育了多元化，中华文化才如此丰富多彩。

当本文行将结束之时，又听到好消息：陈健行收到了英国皇家摄影学会通知，接纳他为会员，成为我市进入这历史悠久的世界性协会的第一人。不知为什么，我又想起了三十多年前的贫困少年，他穿越人生的风雨，执着地前行，走过苦涩的青春，终于走向金色的秋天……

1993 年 4 月

"独幽居"不独
——摄影家汪朝俊侧影

上世纪50年代初，我与老汪曾在苏州东区同事过，他在区政府，我在区委。以后老汪工作有变动，然一直在市县文化部门工作。1969年老汪专门从事摄影工作以后，又有交往，唯得知老汪始终未婚，摄影界的朋友为此常与他调侃。但老汪却把自己的居室称为"独幽居"，退休前，索性做了一块匾额，挂牌亮相。

独幽居的主人有点脾气。跟他外出拍照，约好汽车和拍照朋友，假如迟到了一会儿，老汪就要嘀咕，以至发话、批评。起先我有点不理解，遇了几回就明白了：原来他的准时习惯是从百分之一秒的正确曝光得来的，属照相脾气。

70年代里，吴县拍照人手少，他出于文化馆的职责和对摄影事业的热爱，举办过多次摄影培训班，培养各乡文化站摄影人员。在社会上，只要他发现某人对摄影有兴趣，他会与之交友，甚至热心地一对一地教他们学摄影。现在县里拿照相机的人中称呼老汪为"老师"的，不下数十人，其中有些确实是一对一地口授心传，在实际操作中手把手地带起来的，因而这些中青年朋友自称是老汪的徒弟，还自称是开山徒弟和关门徒弟之类的，自己分起了辈分。现在其中有些人已青出于蓝，成为有一定知名度的新秀、农民摄影家、省会员、全国会员，有些人到国外去闯事业。由于"准确、准时"，老汪在暗房黑白冲洗放大上也特有专长，这在苏州一带也是名列前茅的，甚至在全省也是排得上位的。他放出来的黑白照片乌黑透亮，影调丰富，苏州话说"弹眼落睛"的，一下子就能把你吸引住。跟他学的学徒们也都尝过他的甜酸苦辣的，老汪要求每个操作步骤正确，不能有细微马虎。他说："一个好的木匠，只要看他的出手，出手好才会手艺高。"有些助手很想跟他实地操作学本领，但又怕他疙瘩、挑剔；然而学到本领后，人们才恍然大悟：照相固然是艺术，但照相也是物理、化学……确实要一丝不苟。

最道地的是为培养人才，他想方设法让各乡镇文化站备有照相器材。上世纪70年代中期，他推荐购备价廉实用的海鸥B型相机和简易的放大机；进入80年代，经济发展了，又推荐快捷方便的135相机，购备价格适中的玛米亚和理光照相机。他热爱摄影事业，他把县里的摄影人员以及业余爱好者，甚至各乡文化站的摄影器材，都一一记载在自己的本子上，好像是自己的财产似的。翻开这些老账，全县三十个乡镇有些什么相机和变化，以及买进时的价格都写得一清二楚。至于每位摄影朋友，有什么拍摄特点，钻研程度如何？文化素养如何？应向何种方向发展等等都有简短的评价。这简直是一个县的摄影史的断面。因而到了80年代初期，吴县成立摄影协会是水到渠成，顺理成章的事情，以至每隔一年就举办全县摄影展览。

独幽居不独。他挂的"独幽"实际是热闹的。搞了几十年的摄影固然周围有众多的摄影人员，但更能凝聚在此的，有他重友情、达观、开朗、随意、不计较的性格，因而他的拍照脾气——疙瘩、挑剔终于被人理解，进而确实建立了感情，这里有师生情、友谊情。独幽居成为摄影界、文化界人士互相切磋艺术的场所，常常是高朋满座、谈笑风生。甚至他的日常生活，随时有一批徒弟照料。此外，老汪拍了几十年的吴县照片，为各镇、乡、单位拍过成套的照片，加上他勤快的笔头，非但保存成套的照片而且还有文字记载，这倒成了一笔"历史遗产"。现在除了保存在吴县档案馆和某些档案室以外，基层各乡镇有时需要历史资料，时常光临独幽居，请他帮忙找些出来。独幽居还起到了回顾历史的作用。多少年来，人们从老汪处取去成套照片底片，它终于在历史中发挥了应有的作用。但一旦有人丢失了这些照片，老汪又要嘀咕、发话，甚至"开销"。

独幽居拥有的是摄影事业，是深情的友谊，是独有的艺术情趣。他的主人以此为乐，以此为荣。在我看来独幽居主人，无论在摄影艺术成就（本文并未涉及），还是在记录时代脚印、培养摄影新秀等方面，几十年来，被称为摄影家的老汪应该是当之无愧的。

1995 年 5 月

善讲故事的摄影家
——悼念老朋友汪朝俊

一个人会讲故事，就是个风趣的人。一个人善于针对某种情况讲故事，而且使听者有所启发或感受，那更是个聪明人。我的老朋友汪朝俊就是这样的人物。

前几年，老汪遇到好久不见的老朋友曹永安。曹原是吴县报的副总编，退下来后，还当个什么顾问之类的。老报人总有些老习惯，经常要翻翻报纸，翻了报纸还要说些闲话。那天，两位老朋友碰头，互问情况，老曹却先叹气，原来心里有点郁闷。为什么呢？老曹对某些媒体的年轻人发了些话，譬如对历史事实张冠李戴啦，或者是某些用词不当，甚至指出错别字之类的事。而这些年轻人却不当回事，甚至还以为老年人思想保守，不懂时尚，根本不愿理睬。这样几次以后，老曹心里有了郁结，见到老朋友不免就要长叹气闷了。

老汪是个豁达、开心人，说何必、何必！让我给你讲只故事，解解你的郁闷。故事是这样的：

有两个年轻人在争论。争论是从"三个臭皮匠合个诸葛亮"的谚语开始的，其中甲引申出两个姓名，说诸葛亮又叫孔明。而乙认为甲弄错了，说明明是两个人两个姓名，怎么会是一个人呐？争论逐步升级到脸红脖子粗，吸引了些围观人员，有的也参与争论，逐渐形成两派。甲乙双方各有"粉丝"，各有所据，自信心极强，个人感觉良好。于是乙方说你敢不敢"旺东道（吴语，打赌的意思）"，并开价两个银元。

甲方怎能甘拜下风，积极响应，双方拍手心、钩小指定下合同。谁做公证人呢？双方想到老校长最有学问，找老校长来断案。

见到老校长，双方将争论点讲了一遍，双方都很气盛，乙方甚至拍着老校长的肩膀说："今朝我赢定了，我请你吃老酒！"

老校长捋捋胡须，沉默片刻，不置一词。双方耐心等待。最后老校长环视两人，昂首挺胸说："事情很简单，诸葛亮是诸葛亮，孔明是孔明。"

审判好似定局，乙方马上从甲方口袋里掏钱，甲方乖乖地掏出两个大洋，认了输局。于是乙方扬长而去，而甲方垂头丧气。

现在老校长拍拍甲的肩膀，劝慰学生甲说，不必泄气，不必不开心。学生甲说，当初是你教导我们说，三国时代的政治家、军事家诸葛亮，字孔明。现在怎么你变了呢？

老校长摸出两个银元给学生甲，说你没有输，是乙输了。你要知道乙根本听不进这最起码的知识，你硬要跟他争什么！乙拿了两个银元一下就要花光的，实际上他输了一辈子。你要知道从此以后，他一辈子也不会知道诸葛亮、孔明是一个人。

故事还没有讲完，曹永安拉着汪朝俊的手说："好！好！就让他一辈不懂诸葛亮就是孔明！"

于是两个老人哈哈大笑。

附带说一句，曹永安吴县西山人，也是会写文、会唱山歌、会讲故事的既风趣、又聪明的人。大约是上世纪80年代末，著名的农民摄影家、无锡人马玉焕，约苏州的几个摄影朋友到他那里去看照片，他正在筹备个人摄影展览，要朋友们去聊聊。

马玉焕在摄影界享有盛名，被称为农民摄影家，且有"南邓北马"之说。南邓，即香港的邓君榆，上世纪50年代就是拍小品的著名摄影家；北马，即无锡洛社的马玉焕。马玉焕农民出身，专拍农村题材，尤其是农村小品作品出众。要知道当年还没有多元化之说，有的是一元化。在这个大环境下，马玉焕能坚持他的想法和创作方向，很不容易。他的小品非但有情有景，有情致，有韵味，而且内涵深沉，具有哲理。此次，同去看照片的苏州朋友有张尧俊、陈健行、朱熙钧、汪朝俊四人。

此外老马还约了一位乡党委的宣传委员一起参加选片。

放大的照片摆了一房间。桌上、椅子上，甚至竖在窗栏上、凳子下，总之高高低低、满满当当，简直目不暇接，美不胜收。说选片当然老马是主角，他介绍每幅照片的拍摄情况和自己的评说。摄影朋友很自然地一起参与论道谈艺！欣赏点说，相互交流，真的是一场沙龙雅集。大家极其愉悦。但不久气氛有点两样，随着那位宣传委员那种习惯指挥一切的腔调越来越浓时，老马的脸色也随着变化。指挥者一会儿说这张不行，一会儿又说那张主题不明，构图别扭，亲自动手搬动照片，好像要由他来挑选和决定似的。

马玉焕本意是个人影展，要有点个人特色，请大家看看是听听意见，聊聊艺术。现在指挥人在指挥一切，有的作品甚至被指责得一无是处。马玉焕很是不快。临到吃饭时间了，有人说要吃饭哉！老马立即说吃老白酒去（老白酒是无锡乡间地产，也是老马的嗜好）！

饭堂里开了一桌。酒过三巡，老马气色略好，提议老汪讲故事。汪朝俊善于讲故事，老马早有所闻。老汪不推而就，极为随意地讲起了故事：

明朝弘治末年，孝宗皇帝驾崩，武家接位，天下改元，地方官吏大调动。苏州来了一个姓胡的知府。上任前，江苏巡抚再三关照说："苏州是道德礼仪之邦，人文荟萃之地，到苏州执掌政事，要多多与当地文人、名士商议，遇事万万不能草莽。"胡知府连连应是。

胡知府到府衙后，见房屋陈旧，墙上的壁画、梁上的彩绘已经暗淡无光……这与苏州是人文荟萃之地简直太不相称了！当下便问差人："当今苏州最有名气的画师是何人？"

差人禀道："要说最有名的画师么，要数吴门画苑的沈石田、文徵明、唐伯虎一辈人了！"

"明天你们传他们来，把壁画、梁彩重新描一描，见见新。府衙弄得这样落拓，像什么样子？"

差人道："大人，沈石田老先生非等闲之辈，还是请大人亲自……"

胡知府说："这等小事还要我去不成？明天你们去就是了。"随着胡知府写了手书一封交给当差的。差人不敢怠慢，当下便送信去了。

再说沈石田、文徵明、唐伯虎、仇英、张梦晋等几位画师，独创一派画风，山水、翎毛、仕女、花卉各妍其态，无不精妙。他们虽不受官职，却个个名闻朝野，显赫一时，也都有文人特有的清高气质。今天接到知府手书，要叫他们去描府衙里的壁画、梁彩，一个个都气得吹胡子、摇脑袋。文徵明立志不近官府，当下立誓不去，张梦晋年少气盛，唐伯虎中过解元，根本不把府台放在眼里。壁画、彩绘本是匠人的事，叫我们去描，分明是侮辱我们，我们不去。差人苦苦哀求，画师们回绝得斩钉截铁。

沈石田老先生当时已七十九岁，见此局面，就对小唐、小张说："我看府台大人倒并不一定是屈辱我们，主要是不懂作画的道理，明天我们还是去吧，你们两位跟我一道去，也要帮我作传作传。"沈石田老先生是吴门画派魁首，德高望重，大家都听他的，心里虽不乐，明天照样跟着去。

七十九岁的沈石田登梯描绘，累得长吁短叹，头晕目眩。唐伯虎、张梦晋气得脸红一阵，白一阵。几天劳作，总算弄好。胡知府连谢语也没有一声，事情也就这样过去了。

不久，胡知府去省里述职，省巡抚大人听过报告，发了指示、处理公务后问道："最近沈石田老先生身体如何？"胡知府答："老先生身体很好。"省巡抚问："你去拜访过沈老先生否？"答："公务较忙，尚未拜访。"问："还没拜访，那么你怎么知道他身体很好？"胡知府一时语塞，含糊其辞。省巡抚说："我早就关照你要拜访吴门名士、乡绅，你不听我的话，现在正好这里有四件礼品，是我朝京归来，朝内三位尚书大人送给沈老先生的，另一份是我送的，你带回苏州，亲临沈门送去，你应去赔个不是。"知府应答而退。

朝中几位大人都是大人物。明朝没有宰相，设吏、户、礼、兵、刑、工六部，直接对皇帝负责。六部是中央最重要的行政机构，现在六部中有三个部尚书送礼给沈老先生，还加省巡抚一份，这种分量重得不得了，一下子把沈老先生的名位像秤杆那样高高翘起。

胡知府被这份礼物吓得不得了，晓得闯了祸哉，左思右想，如何是好，处在矛盾之中……

这时，讲故事的老汪略作停顿，听众议论纷纷。乡党委宣传委员热烈发言说："尴尬！尴尬！"

故事还没完，大家已哈哈大笑，催着老汪讲下去。老汪讲：胡知府只能放下架子，拎了礼品，装孙子似地，硬着头皮去沈府赔礼。至于赔礼详情，且听下回分解。

饭局也差不多了。乡宣传委员说："下午还有会议，先走一步，抱歉、抱歉！"招呼而去。当他远离食堂后，桌上人相互看看，不知谁噗嗤一声笑出声来，于是又引发一阵笑声。

顺便再说两句，这故事有多种版本，故事的下半部略有不同。有一版本说，知府侮辱了画师，惊动了苏州社会，各界人士联名上告省里，最后遭到撤职，调动了工作。另一版本则说胡知府受省里调动后，着他去赔礼道歉，他登门去，先受到家人们的奚落才得以引进，见到沈老先生说："下官实在无知，不该叫众画家去做这等下事……"沈老先生说："没什么，我们缺少交往，你不知我的年龄大小，如果我年小十岁的话，还能攀高落低的话，壁画彩绘会画得更好。不知者不怪，不怪！"胡知府羞得哑口无言，尴尬地退场。

哪个版本为正宗？原本想问问老汪的，可惜老汪于 2012 年 3 月 1 日猝然离我们而去了。已经问不到了！那年请我们喝老白酒的马玉焕，也于 2000 年 8 月 24 日清晨即起校对自己的画册稿，突发脑充血，伏在校本稿上而英年早逝。那位曹永安老朋友，也在前两年因病故世。悲哉！

现在记下几则故事来悼念这三位老朋友。

2012 年 3 月 11 日

执着追求艺术的人
——小记摄影家程晓中

吴县是块风水宝地。改革开放，海内外投资者、旅游者蜂拥而至，而文化艺术界人士对这里的历史、风情、文化氛围更是青睐，尤其是画家、摄影家兜了一圈，把这块风水宝地摄（画）将而去，成为艺术品展览得奖，以至名传四方。

画家、摄影家在吴县画的、拍的艺术品发表出去，宣传了吴县，正应了时髦的口号"让吴县走向世界，让世界了解吴县"，提高了吴县知名度。然而生在吴县、长在吴县的摄影家，以自己的摄影作品打出去，以至在国内外展览上去夺奖，好像有点像这里的少女那样：腼腆而不愿亮相。不是亮不出，而是不习惯大讲自我价值。现在摄影界冒出了个程晓中，近几年来在国内外各项展览和比赛中屡屡入选得奖，表明了吴县摄影家的水平和价值。

数起来他入选得奖的摄影作品大体上有：《水乡之晨》《倩影不离》《五月的风》《春江晨雾》《太湖夕照》《古桥春色》《小花》《珠联璧合》等，而且都是在全国和国际性的影展或比赛上展出或获奖的，至于在省市县级影赛展览入选获奖的更达一百多次幅。

我认识程晓中是十来年以前的事。俗话说："吃啥饭当啥心"。我虽然不是个专业摄影者，但"发烧友"历史较长，也算得上吃过半碗摄影饭的人，因而只要碰上照片、照相机一类的事，就会"耳聪目明"，马上会争先一睹。十来年前去东山拍照住夜，于街头橱窗里，发现有些照片称得上水平,因而记下了这位作者的姓名,他叫程晓中,回苏后还打听他的情况。1984年国庆前后,我陪日本摄影家在东山拍照。欣逢佳节,东山人民使出传统的拿手好戏——扎台阁游行,盛况空前。我同日本摄影家斋藤康一自然通过各方面的协助,抢占有利阵地,将一辆卡车横停在丁字路口,架起长短镜头,准备拍个够。正在忙碌间,有位背相机的人招呼我,称我朱老师,我很兀然,并不认识,但料到是摄影圈里的人,只得请教尊姓大名,待到对方说他叫程晓中后,我立即拉着他上卡车,并推荐说这里是最好的角度。从此我们有了交往。

第一次看见他在橱窗里的照片,有的是新闻图片,选择题材、构图和按快门的时机比较像样;也有是水乡题材,利用天象物候,拍得有点艺术化,起步不错。十多年来,他从未间断过拍照,而且越拍越迷,自然水平越来越高。原来,他是个老三届高中毕业生,下过乡种过田,做过钳工。学过一个礼拜的拖拉机驾驶技术,没有执照,没有师傅陪伴下,竟然一个儿大胆地从陆慕开到郭巷尹山农场,开到胥门时被警察拦了下来。最后,他的职业也就是驾驶汽车。凭着这样的文化基础,他学什么像什么。虽然摄影也算门艺术,要有几分天赋。程晓中大概得力于生长在水乡,加上他执着的性格,使他在艺术道路上取得了成就。

程晓中拍摄题材广泛,而拍摄水乡风光似乎是他一大擅长。他的水乡照片一般都在晨昏拍摄,色彩渲染撩人。有时为了等待时机,独自摸黑回家;有时为了抢拍日出,不论酷暑严寒,天不亮就踏着露水晨霜去等待镜头。虽说他是名驾驶员,尽可到处逛,然而真正捏了方向盘,他只能专心一致地驾车,相机是随身带在车上,眼看镜头掠过,遗憾而去。但也有好处:他见得多了,自然景色与人文景观自然慢慢地烂熟于心,一旦出车任务完成,他又可以去补拍镜头了。

程晓中拍的照片有典雅、清秀的味道,这自然是江南人的自我欣赏。拍照是项奇妙的技术,尽管放眼看去一派风光,而真正记录在胶卷上的形象,也平平而已。譬如捕鱼季节去太湖乡拍照,可以拍出捕鱼场面,千帆竞发;可以拍丰收归来,喜气洋洋等等。有时你设想的题材、画面往往与现实有差异:有的是你遇不上,有的是你不能摆布,有的是天公不作美,迫使你只能从平凡的事物中去发现不平凡。当然也可以说这趟跑得不是时机，连相机都没有打开就打道回府。程晓中的《五月的风》就是在没有什么镜头可拍的情况下，动足脑筋，被他"捕风捉影"而成为艺术品。风是什么？空气流动就成为风，看不见摸不着。而艺术形象只能借助其他，晒渔网极平凡，而渔网鼓起形成美的曲线，确是艺术。从使用相机镜头技巧来看，他也较为熟练。《五月的风》如果用广角镜拍，那就要靠得很近，虽然可以夸张形象，但形象不会这样集中；用标准镜拍，也是这样，要简洁而突出只有使用长焦镜头。现在看来临场当机立断，抓住机遇，才会将瞬间的艺术火花变成照片。《五月的风》色调极佳，淡绿色占了大部，自然恬淡典雅了。又如《小花》，女孩的特写镜头很细腻，神态也好，而如果摄影者以标准镜去凑近孩子拍摄，那么只要你一举相机，对方再好的情绪也会云消烟散，尽管孩子是天真的，但终归没有久经"镜头沙场"的演员或大人物那样潇洒随意。只有用长镜头才能淡化其他而突出孩子的双眼。小品摄影方面，我喜欢他那张《情影不离》，白鹅在深色背景中更显得洁白无比，水波不兴，白鹅成双成对，加上倒影，更点明主题。但如果仅仅是两只白鹅而没有考虑周围的气氛，缺少明暗对比，没有小黄花的点缀烘托，想来也不会被评委看中的。程晓中懂得装饰美。

程晓中为人直爽，大喉咙，喜欢与人争论，也有点苏州人说的"蠢头"的腔调。蠢头如何解说？我用新名词解，即执着是也。他相信玛米亚相机。只要谈起相机，他首推玛米亚最好。同伴间有的要争论，有的知道他蠢头而不争，只说他又毒了。以后他又独钟于佳能 EOS 相机，又是说这相机最好，并且把自己所有积蓄投资上去，也算一生乐事。这种执着程度还在于他研究相机和镜头，在使用中能熟练运用相机镜头的最新科学。圈内人都戏称他为"佳能专家"的。有了这种执着，对相机就有感情，就能同相机对话，他用起来就能成为创作的手段。

蠢头还体现在冲片、放大照片中，每冲洗一次都做记录。显影时间、放大曝光，各类不同的片子、题材，他都有厚厚的一叠档案，这才叫科学。真像他开车那样，约时从不误点。执着摄影，也执着开车。我以为执着是热爱、执着是科学。就是有一点略有欠缺——由于他太遵守时间而得罪了他的夫人。有次夫人搭他便车出去，约好时间，夫人还没下楼，他在楼下一再按喇叭，等过五分钟，过时不候他独自驾车去了。这是他的规矩，内外一律如此。你看他蠹头不蠹头?

1994 年 11 月

学步履印篇

少年三哭为哪桩

五十年前事，历历在目。

我还是个初中二年级的学生，却在抗日战争的日子里，连续哭了三次，为的是哪桩？

一哭

正在暑假，某天午后，相好同学马肇础来看我。那时我家住在嘉馀坊一个大宅子的墙门间里，根本无法接待来客。马同学相识，拉了我就往外面走。我赤着膊，套上一件汗衫，脚上拖了双木屐板，就跟他走到护龙街宜多宾巷口的一垛乱砖的围墙边，站着谈话。他一脸神秘而又兴奋的神态，凑着我的耳朵说："小东洋投降了！是昨晚在收音机里听到的。现在外面还不知道。"那年月，凡是家有收音机的都要被管制，要登记、改装，直到听不到短波为止。但马同学家是例外。他父亲是医生，经济情况中等，因此能和其他抗日人士那样，逃脱监视，经常收听重庆、还有外国电台的广播。这事，我是知道的，所以，马同学一讲完，我就抓住他的手，恨不得跳起来——只怪脚上有了那双木屐板。我叫了声："真的！"眼泪哗啦啦流了出来。隔了几天，到8月15日，日本天皇宣布投降。推算起来，马肇础告诉我这个消息，应是1945年8月11日下午。

二哭

　　已经胜利了。我是县立中学的初三学生。学校在通和坊底即古代的吴县学宫旧址。那里占地很大，有好几个空旷的操场。有一天，我们就在那片操场上看到了一大批引擎轰炸机排空而来。至少有五十多架，排着整齐的队列，低空飞行。我们清楚地看到了机上的螺旋桨，看到了机上的标志，看到窗口，甚至窗里的人影。这些飞机片刻之间就把蔚蓝的天空遮去了一半，那气势、那场面，竟引得我仰天激动不已，暗暗流泪。

　　翌日，报载陈纳德飞虎队从上海飞抵南京。都是外国飞机，我又为什么如此激动？大概从小听了"航空救国"的宣传，还在上小学时，就曾把三个铜板的点心钱捐了出来买飞机。也可能是与当时对原子弹威力、B29飞机的利害、陈纳德飞虎队的神奇的种种宣传有关。当然更多的是八年的亡国奴生活，逼得我这个不过十四岁的少年，流出了大人的眼泪。别的不说，光是为了躲避日本飞机的轰炸，警报一响，连忙钻到上面铺了好几条棉被的桌子底下去，那种战战兢兢的心情，伴随而来的是渴望着有朝一日也有自己强大的空军！如今虽然明明是美国飞机，并不是我国自己的，但总算可以出一口气。

三哭

　　几乎是在同一时期，有一天，我逛到察院场，见关帝庙的对面、华严寺东边，即现在邮电局转弯角的人行道上，围满了人群，小孩子当然要看热闹，我就挤了进去，只见一个小贩摆了地摊，在卖蒋介石的画像。摊了一地，都是对开大小、彩色套印的印刷品。有戎装佩刀的，有穿中山装的，有挂满勋章、披着绶带的，都是半身标准相。这倒是八年不见了。一见之下，我这个少年竟会凝视着又一次热泪盈眶。实在是亡国奴的滋味不堪回首。先是挂孔夫子的画像，代替国父孙中山，接着把汪精卫的照片摆到正当中，两旁还各挂一面拖着"和平反共救中国"三角条的青天白日满地红旗子。现在总算已烟过云散，能不激动！

还记得孤军坚守四行仓库那件事，上海女童子军杨某，冒着枪林弹雨，游过苏州河，送去一面国旗，于是四行仓库的屋顶上再次国旗招展，大概是《良友画报》为此登了一张并不清晰的照片，就是这张照片深深地印在了我这个六七岁的孩子心底。

现在回想起这三次哭泣，自己也感觉奇怪。与现代青年见到"歌星"会如痴如醉、神魂颠倒差不多。至于几十年来，不断地写自传，交代历史，却从来没有将这三哭的细节坦白过，幸免了被人怀疑是在崇扬蒋介石。这倒不是我有意要隐瞒，只因为经历既多，要交代的事也太多了。譬如1947年春，我读胡绳的《社会科学教程》一书，初步接触社会发展的学说。后又看了邵荃麟写的《到农村去》，他把旧社会农民被压迫、被剥削的苦难史，以形象的语言告诉读者，使我这个十六岁的学生读后又在被窝里哭了一夜。从此，我反对蒋家王朝，不出一年，就被这个蒋家王朝捉将官里去，吃了官司。我为邵荃麟这本书的一哭，把以前的那三次幼稚的泪水，冲刷得干干净净，所以要交代的倒是吃官司的那档子事，隐瞒了这三哭，确实并非故意。

1984元旦，日本旅游者为听寒山寺钟声，在南林饭店吃年夜饭，气氛相当热烈。突然一个日本老人走上主席台，当众跪下，向中国主人谢罪，声言他过去做了对不起中国人的事，当愿今后中日友谊一定要世世代代继续下去。我亲聆此言，很受感动。最近几年日本朋友来得更多了，也听到有人要去某乡镇，指名道姓寻找某某人，一查根底，原来是没有忘怀了当年的姘妇，这一类的事点点滴滴积累在心里，但毕竟年事增长，泪腺也退化了，欲哭无泪。

1995 年 5 月

1946 年的反苏大游行

抗日战争胜利那年，我是个少不更事的初二学生。朦胧的爱国热情洋溢在到处是"V"字的海洋中，欣欣之情自不待言，然也有几件烦恼事。

一是说我们这辈学生是"伪学生"，要实行甄别。意即政府有卖国政府称伪政府，在沦陷区里的学生，也有卖国嫌疑，属"伪学生"。要甄别、过滤、审查后才能确定谁是"真"学生。蒋介石的国民政府对日本侵略者一开始就采取不抵抗主义，以致节节败退，丢弃大片领土和人民不顾，直守到峨眉山去。而做了八年（"七七事变"后）亡国奴的人民还没有追究政府的责任，反而被倒打一耙，要甄别出"真学生"和"伪学生"来。政令一出，就受到社会舆论的强烈反对，自然在学生中引起了剧烈反抗。经过一阵热闹以后，国民政府不得不撤销此令，甄别学生也就不了了之。但给我辈少年的头脑里留下了国民政府的恶劣印象。

二是1946年春天，全国许多城市掀起了反苏大游行。这桩政治事件复杂些，后果倒不是苏联在我东北肆无忌惮地掠取资产有所收敛，而是参加反苏大游行的学生们在三年以后受到追究。甚至隔了半个世纪后，一些参加过反苏大游行的学生还心有余悸谈起这一事件，烦恼的时间持续得更长些。

1945年8月9日，苏联出兵东北，对日宣战，加上前几天美国轰炸机在日本广岛（6日）、长崎（9日）丢了两颗原子弹，第二次世界大战的形势急速变化，日本天皇不得不于8月10日宣布接受《波茨坦公告》，发出乞降照会，与协约国几次讨价还价未成，只得于 14 日正式宣布投降。苏联出兵六天，占领我东北全境。本来中国是抗日战争反法西斯战争的胜利国，但没有享受到胜利国的待遇。苏军不但占领东北，不给国民政府或中共地方部队接收，而且把东北三省境内的工厂矿山作为战利品拆运去苏联。这种蛮横无理的举动给胜利了的中国人民当头一棒，帝国主义殖民主义者又一次欺压中国人民。特别是苏联军人枪杀了拒绝拆运的中国工程师张莘夫以后，全国迅速掀起了反苏大游行。

记得那天我上学后，说今天不上课，要游行去。也不知是谁布置的，接着就列队出游。队伍前面仅打了一面校旗，没有任何集会动员和宣传，也没有手持的标语小旗子，甚至没有口号员。队伍走向从沧浪亭学校（吴县县中）开始，走三元坊，现在的人民路、十梓街、五卅路。记得在五卅路停留一段辰光，说是各校队伍要接排。然后走松鹤板场、临顿路、醋坊桥、观前街，再回护龙街，返校。当初观前街热闹些，沿途观众多些，其他街上行人稀少，也没当回事而驻足观看的。我校学生也没什么政治激情的反应，只是懒懒散散地列队行进而已，极为平常。

在观前街上学生队伍就交叉了。我校是由东向西走，有的学校是由西向东走。两队相交时，对方队伍有人呼口号，还特地跑到我校队伍里来领喊口号，这时我校学生才跟着呼喊几句口号。原样口号已记不清了，只知道是反对苏联在我东北暴行一类的，包括反对《雅尔塔协定》等等。本来，像我这样的初三学生也不大关心时事政治，不了解东北的情况。只是游行队伍经观前街时，才在旗杆里、银房弄、邵磨针巷、承德里等巷口的墙壁上看到漫画和文字宣传，才知道我国工程师张莘夫因反对苏联拆运机器而被枪杀，才知道苏军在东北将工厂的机器作为战利品而成列车地运去苏联。这些标语口号漫画和揭露性的文字都集中在这些巷口，大概都是东吴大学的大学生贴的。

少不更事的这批学生兜了一大圈回到学校，也就不再上课了。记得我班三个同学在校门口沧浪亭池边的石条上议论此事而引发了争论。三个学生是我、华大鸿和吴瑞沐。苏联是共产党掌权的国家，反苏势必反共，争论是从中国共产党是好还是坏开始的。吴瑞沐是唯亭人，家有土地，一口乡音，他反对共产党，说杀人放火、分田共产等等。华大鸿和我说共产党是好的，至于好在什么地方，当初也说不清，现在也记不起举过什么事例。单单这样的争论竟使三少年面红耳赤，尤其是吴瑞沐是爬牙齿，说话多了、激动了就白沫四溅。华大鸿的背景是：父亲华有文是新闻记者，因抗日而吃了几年日本人的官司。因为这份"耻辱"，华大鸿常被某些学生讥笑、辱骂，而华大鸿却理直气壮地回答说："这是光荣的！"我对华大鸿的亲近，就是敬佩他自持光荣的爱国精神。华大鸿受父辈影响对共产党没有坏概念，力主共产党是好的，说坏的事情都是造谣造出来的。我在抗战前夕，有一湖州表哥是大学生，来苏时曾与我舅父等人议论时局，说了共产党不少好话，就这样我朦胧地留下了共产党不坏的概念。而抗日初，我这表哥就投入空军，航空救国，抗日胜利后才知道他在某次空战中牺牲了。我有点爱国精神是由钦慕我表哥而来的，他的言论自然认为是"圣言"。三个少年凭了各自的模糊认识，分成两派开展辩论，当然争论并没有结果，以后照样是相好同学。直到初中毕业，我还和华大鸿一起投考苏州农校念书，至于吴瑞沐的去向，几十年来没有一点讯息。2001年，我和华大鸿断了几十年的音信后再次见面时，我俩还谈起这场争论呢。到这时，我才了解到他的父亲原是共产党人。早在"五四"运动后，华有文就和陈独秀有联系，并成为苏州宣传马克思主义第一人。1926年入共产党，任苏州独立支部纯一（小学）小组长。领导丝织工人罢工，几次被国民党逮捕。1928年3月，奉命组织工人暴动，由于敌我力量悬殊，客观上无法完成，执行"左倾路线"的领导将华有文开除出党。抗日期间，华又积极投入抗日救亡活动，又被日寇逮捕，出狱后以笔名"天武"撰写文章，继续抗日。解放前后任吴县聋哑学校校长。政治运动后又失业沦为城市贫民，1963年犯浮肿病病逝。上世纪80年代落实政策，华有文革命事迹记入本市党史文献，华大鸿解决入党问题。

游行当时没有结果，到1949年后我辈知识青年基本上都投入了主流浪潮，而结果在历次忠诚老实的政治运动中不断地体现了。事关反苏、反共大事，虽然少年时代的事，也要不断地彻底交代审查，从而深挖思想根源，自动上纲上线，这样才能重新做人。这代知青凡参加过这一游行的，基本上都做过交代和批判，好像这是加强"一边倒"思想和确立拥护爱戴党的政治态度的改造程式。到了 1957 年，更成了戴"右派"帽子的根据。

我沾光于抗日的空军表哥给我的朦胧概念，虽然被动、无知地参加了反苏大游行，但回校后三同学的争论记得清清楚楚，而且我是拥共派。我始终认为初中生还没步涉政治，这类学生生活小事不必交代的。没交代就无从追查。越想摆脱困境的交代，结果往往是越交代越要追查。所有一切扩大的东西，都是自己惹出来的"线索"，而人们拉起你抛出的线索，不断地抽丝剥茧、扩而大之。当然最终总算弄清不过是学生生活中的平凡小事，但烦恼、痛苦以至人格受辱等等已经是风波过后无法改变的事情了。

我的老友诸汉文，从抗日开始就进入大后方读书，具有爱国思想。1946 年反苏大游行，他不但是参加者而且是组织者，结果受到清算。他说最难的是挖思想、查根源，以及记不起的些微细节。哪有这么个头脑，能记得这事的全过程？在审查中吃了些亏，加上他于上世纪 50 年代初，从事的是"中苏友协"的工作，那就更加需要重重地批判，才能帮助他树立起牢不可破的"一边倒"思想！最后花了不少辰光，查下来只因为他原本在同学间是自然领袖，游行时大家推荐他当组织者的，毫无政治背景，属认识问题。幸亏查清背景还算清白，但已经耽搁了他的入党要求。清查他的政治背景的外调人员也是我的老朋友，市委直属机关党委的同事严中亮（最可恨的是"文化大革命"害死了他，"文革"中严在专区医院工作，被暴徒用长矛大刀砍死），他特地赶到四川江津调查。当时诸汉文是江津白沙大学选修班的学生，不但由爱国而带领同学参加反苏大游行，而且还夹入反对国民党政府。此事被江津国民党政府注意，因而游行后，由江津法院发出传票，要传讯诸汉文的"罪行"。法警持传票进入学校，将诸汉文抓住，正要离校时，被同学们发现而起哄，其中有三四名河南籍同学撕了传票，还扬拳要打，在推推搡搡中，解救出诸汉文，法警被学生的愤怒吓得开溜了，到手的"犯人"就这样丢了。此后，当地法院对此案只能不了了之。1955 年严中亮去调查此事时，好不容易在江津法院堆满旧档案的尘埃房间里,花了半天工夫,找到了这张传票。事后严中亮为此发过牢骚:"弄得我满面灰尘,汗流浃背。"总算由于严中亮的细致和艰苦行为,诸汉文"反苏"帽子没有戴上。

当初这类分界线是明白无误的。我是少不更事的傻瓜,诸汉文是对立面。另一个我的老友县中高三班的同学黄厥明(解放后又是同事、领导),他是中共地下党员,那年游行,他早就接到上级指示,要同学不参加或少参加,他做到了,高三全班的同学采取不积极态度,全部赖在课堂里不去游行。不参加者就少了这层"算账"的麻烦。但也有人指责,缺乏爱国观念,一度处境有点尴尬。

不要小看反苏大游行。反苏必反共,这命题是个重要的政治立场。大知识分子中受难的首推王造时。王是抗日前夕震惊全国的救国会"七君子"事件的当事人之一。这事件大大推动了全国性的抗日运动。到了1941年4月13日,苏联与日本缔结中立条约,全国舆论哗然。当时正是日本大举进攻中国,苏联竟"保持中立",尤其令人触目惊心的是,苏联居然宣称:"苏联誓当尊重满洲国之领土完整与神圣不可侵犯性。"所谓满洲国就是中国领土东三省。"日本誓当尊重蒙古人民共和国之领土完整与神圣不可侵犯性",蒙古就是中国版图形似一片桑叶上"独立"出去的外蒙古,从此中国的地图变成一只公鸡形状。

救国会运动是由于日本侵略东北而发起的,因而在重庆救国会的重要负责人开会讨论苏日中立条约事,一致认为苏联虽是我们最好的友邦,但缔造这个条约实在是对中国的一个打击,因而认为有必要公开表示,当场要"七君子"之一的王造时起草,由张申府审稿,再经开会修正、通过、签名,发了一份《致斯大林大元帅的公开信》表示这项条约是妨害中国领土与行政的完整,认为是很大的遗憾。

转换政权后,这封公开信如同反苏大游行一样,被说成是"反苏",说成是王造时一个人干的!

"反苏""反斯大林",那还了得。不光在1941年了不得,到了1957年更加了不得!王造时一向从事政治民主运动,直指蒋介石政府腐败和对日政策,办报纸、搞出版事业,1949年后竟至失业,到了1951年才由陈望道邀入复旦大学从教。1957年划分"香花"和"毒草"

的六条政治标准中有一条是"拥护苏联",还是"反对苏联"。结果，王造时被戴上了"右派"帽子，"七君子"成了"五君子"（另，章乃器也成了"右派"），"君子"变成"小人"，不但受到批判、关押，甚至病故于狱中。爱子死于精神病，爱女死于癌症。一生命运，一出悲剧，都是一封公开信惹的祸！

原本列宁时代还反帝国主义、殖民主义，在著作中还主张废除沙俄时期对外缔结的不平等条约等等。到了斯大林时代，非但实行大国沙文主义，何止是沙文，简直是帝国主义殖民主义。一百年前被列宁称为"两个强盗分赃"的俄日战争在我国东北境内开仗，中国人民惨遭杀戮，双方肆意蹂躏中国大好河山，给中国人民造成惨重的生命财产损失，而斯大林却念念不忘沙俄时期在中国东北三省的殖民主义利益。

1945 年 8 月是世界反法西斯战争胜利的日子，闹得沸沸扬扬的是原子弹制服了日本，还是苏联出兵我东北对日开战才迫使日本投降？所谓"左派""右派"各执一词，争论了几十年。历史事实是：

1945 年 7 月 26 日，《中美英三国促进日本投降之波茨坦公告》发表。

7 月 28 日，东京电台宣布日本政府决心作战到底，没有正式答复美英中三国《波茨坦公告》。

1945 年 8 月 6 日，美国向日本广岛投下第一颗原子弹。

1945 年 8 月 8 日，苏联加入《波茨坦公告》，并向日本宣战。8 月 9 日凌晨，苏联出兵我国东北。同一天，美国在长崎投下第二颗原子弹。8 月 10 日，日本政府发出正式照会，决定接受《波茨坦公告》。8 月 14 日，日本宣布无条件投降。第二次世界大战结束。

苏联出兵东北的日子是在美国投放两颗原子弹之间，日子选得精确极了，简直是最佳时机。当初，美国总统在得知苏联对日开战的消息后就说："苏联的行动并不使我们惊奇，我们在日本投掷的原子弹，迫使俄国重新考虑它在远东所处的地位。"

苏联攻入我东北三省后，将我东北三省的工业设备和资产作为对日开战的胜利品而拆运回苏联占为己有。斯大林继续要求借租旅顺作为海军基地，对中东铁路实行所谓"共有共管"。六天的对日作战，捞回了沙俄时代在中国的殖民利益，而且苏军军纪极坏，肆意掠夺，甚至强奸妇女、欺压中国人民的事件时有发生。

再听听斯大林的言论。1945年2月苏、美、英三国首脑出席的雅尔塔会议上，讨论击败德国后的安排等事宜，美英要求苏联对日作战。斯大林就对罗斯福提出条件，要恢复俄国在俄日战争中失去的在东北的全部特权，否则它无法对人民交代苏联为什么要出兵中国东北。1945年8月14日，蒋介石政府代表在莫斯科与苏联签订《中苏友好同盟条约》时，斯大林就对宋子文说：旅顺口为苏联海军基地，大连辟为自由港，长春铁路中苏共营共管，外蒙古独立，这些问题不解决，他就无法向苏联人民交代苏联为什么出兵东北。

人们信仰的"主义"可以改变，但历史事实无法抹杀。当年的反苏大游行也是先知先觉者的爱国行动。而拒绝苏军拆运机器而被苏军枪杀的张莘夫的名字和坟墓，却还有人民群众记得他，甚至去拜谒他的墓地。据说张莘夫墓地在沈阳北陵地区，"文革"风暴刮到全国各地，东北人民照样将它保护得好好的，墓碑俱在，还有人拜谒，真是难能可贵。这是我老友张英霖在"文革"后去沈阳亲见亲闻的，可见东北人民对"老猫子"早有认识！

直到现在，俄国人民群众中还有不少人以为旅顺是俄国的！研究俄罗斯、苏联文学的学者，精通俄语的蓝英年教授前几年去俄罗斯还遇上两个所谓有知识、有教养的新闻记者，谈及旅顺问题，俄罗斯两名记者竟说这原本是属俄国的领土和港口。闹得蓝教授气呼呼地与他俩发生了剧烈的争论！可见斯大林时代留下的殖民主义教育根深蒂固到何种程度。这点并不亚于日本侵略中国还死不认错的军国主义态度。

就是到了1955年苏联要归还旅顺口的时候，苏方还提出要在旅顺建立三座俄日战争的所谓"英雄"纪念碑。我国政府断然拒绝，并指出列宁对日俄战争作出过极正确的评价："我们不好去纪念日俄战争中的人物和战绩，对于中国来说，他们是占领者和侵略者。"

现在苏联档案解密，在我国议论也多了，包括重要的中国共产党人对此早有亲身体会而对当年苏军的蛮横无理采取抵制的态度，这就是斯大林于1950年亲自向刘少奇告一状的大连市委书记刘顺元同志。

斯大林对刘少奇说："你们中国有个叫刘顺元的，在旅大对我们苏联很不友好，据说现在还得到你们的信任。我希望今后中苏合作中，不再出现刘顺元这样的人。"以后刘被调到江苏省委当第二书记，直到"文革"，大大遭难（见丁群著《刘顺元传》，江苏人民出版社）。

我有幸在1954年江苏省某次团代会上，亲聆刘顺元的报告。报告的精彩程度简直无法形容，以后竟被我们这辈青年人引为偶像：平顶头，穿一圆口布鞋，衣着朴素，每天阅读马克思著作几十页等等。

2005 年 12 月 21 日

柳巷知道

苏州多小巷，而且多有典雅的命名。不过却往往名不副实，不能顾名思义，否则将大失所望。譬如"花街"和"柳巷"，可以说柳巷无柳，花街无花，而且这两个命名会使人想到所谓秦楼楚馆。花街、柳巷是两条并行的东西向的小巷，东头接西美巷，西头通养育巷，花街在北，柳巷在南，没有灯红酒绿，没有车水马龙，冷清狭窄，实在是两条只住人家少有店面的陋巷。

柳巷里住着我的一个姑母，小时候，母亲常常带着我乘坐黄包车去那里。和那时的苏州小巷一样，柳巷也是弹石路面，花岗石的，百十年的风雨人履已将它们一块块都打磨得十分圆熟，有点雨甚至油光可鉴，总使车轮打滑。那时去姑母家，要经过一座白善庙，每一经过，母亲总要双手合十，微闭双眼，嘴里念念有词，不断重复着"南无阿弥陀佛"，等念得差不多的时候，姑母的家也就到了。记不得我去过了多少趟，也记不得姑母家有什么特别，除了一只今天的孩子们一定不会白相的矿石机之外，我什么印象都没有了。抗日战争爆发后，姑母家先去了横泾，后去了上海，上世纪 50 年代姑母又迁居北京，离我更远，柳巷就成了我思念姑母的去处了。

好在大约从我出生之日起到我五六十岁，柳巷几乎一无变化。上班下班，我常常会随心所欲车龙头一转，让自行车把我带进柳巷。在弹石路上颠上几颠，看一眼姑母的老屋，填补一点遥远的思念，重温一个昔日的梦。

　　我的这个梦，说起来有点可笑。它一点也不可爱，无所谓温馨，是一个干巴巴、硬邦邦的梦。我十五岁那年初中毕业，失业了的父亲早就无力供给所有的子女读书，姐姐弟弟小学一毕业就辍学了，只有我，不但上了初中，还因为多读了几天的书而得了一个"以农救国"的迷梦，初中毕业后还吵着要投考当时的苏州高级农业职业学校。那还是 1946 年，记得入学考试的作文题目就是"你为什么报考农校"，我从以农立国、民以食为天写起，一直写到机械化种田，写到新一代的农业、新一代的农民，一套一套，不外乎纸上谈兵，却侥幸地被录取了。但是，农校是住宿制的，费用很大，眼看此梦难圆。无奈中，父亲跑了一趟上海亲口向姑母求援。第一学期，姑母掏尽积蓄，倒是一下子就为我解决了三四石米的费用，第二学期姑母就一下子拿不出来了，她合了一个"会"，才为我凑齐了钱……为此，我不止一次地在梦中看见姑母出外教书、回家又为洋人打字的情形，我知道，她之所以这样做，有一半是为了我，为了我的梦，一个幼稚的梦。

　　抗战胜利后，美国货大量涌入中国，美国工农业图片的宣传品到处都有，我就是看见了图片上的拖拉机耕田而做起"农业救国"的美梦来的，所以，说到底我的"农业救国"其实等于是拖拉机救国。美梦既然幼稚，当然就一碰就破。一天，一位与学生极其亲近的老师与我们闲谈，我们又说起了拖拉机。他说："中国农民的土地都是一家一户，小块小块的，拖拉机在田里都转不过身，农业的机械化就是一个大难题……"说的无意，听的有心。这几句话如同一盆冷到冰点的水，从头到脚泼得我情绪低落了几天，甚至连吃饭都没有心思。我因此受到同学的奚落，他们说我如丧考妣，笑我自作多情，气得我当天半夜里就蒙在被子里痛哭一场，后来有一段时间甚至连柳巷都不想经过，更不想进去，似乎与这个梦和柳巷一起都一刀两断了。这种事现在说来虽然迂阔得可笑，但也大约还赤诚得可嘉，也许是正因为我当年有着这么点赤诚吧，后来为了"吃公费"，我考入国立社会教育学院师范部。在那里，我遇上了一位"职业学生"（指学生中的中共地下工作者，为了工作他们有时故意留级、转科、转系、转校，一直当学生，所以被国民党叫做"职业学生"），先从他那里读到一本邵荃麟写的《到农村去》，对中国农村的封建与残酷有了一些皮毛认识，后来我又读到了一本中共中央公布的《土地法大纲》，于是，我兴奋了，不但把先前的梦捡了回来，而且还自以为做得更加真切、更加美妙——我卷入了推翻旧制度、旧社会的人间洪流，似乎认为把土地从地主的手里夺过来分给农民，农村就会得救，救了农村就是救了农业，最后就自然有我的"农业救国"了。中国人有一句话叫做"矢志不渝"，我认为搞的虽然不是农业，但却更是农业，我以为我并没有放弃原先的理想，我仍然对得起自己，对得起姑母，也似乎对得起这条不言不语的柳巷了。

一个人把自己的一生和一个自己炮制的美梦联系在一起不算奇怪，因为这个美梦而不忘自己的姑母也可以理解，但是，我自己也不知道自己为什么会把自己的一生和一条简陋的小巷搅在一起。我知道，这是一种十分荒唐的情绪，而这些年来这情绪又是这样地越来越强烈。苏州的小巷有那么多，比柳巷更有名、更优美的小巷更不在少数，但只有柳巷，哪怕是几十年后的今天，无论是骑车还是步行，只要我一进去，许多往事就会莫名其妙地涌上心头、显现眼前。而其实，这个梦是那样的空洞，那样的乏味，有时候对小辈、朋友谈起，我都能感到与其说他们是在听，还不如说他们是在表示一种礼貌。还记得上世纪80年代初，姑母的大女儿（我的表妹）从北京出差到苏州，临走前我无论如何要带她去走一趟柳巷，特地驻足对她指看了姑母当年住过的老屋。看得出，她也是出于礼貌地跟随我完成了这一切，但是，出了巷子上了大街的沥青路之后，她却问了："苏州的小巷都是这样坑坑洼洼，走起来都是这样磕磕碰碰的吗？"我初以为，她之所以这样说，是因为她穿着高跟鞋的缘故。再一想，这不是高跟鞋的错，这或许还应该说是高跟鞋的发现。从我的祖辈到父辈到我，百十年的柳巷大约就不曾变过，一直坑坑洼洼、磕磕碰碰，但我们却不会这样想、这样说，因为我们习惯了！

在人生路上坑坑洼洼、磕磕碰碰了几十年的我，老境日臻，今天当然已无所谓什么梦与不梦，只不过还有心无心地时而会从柳巷走过。我发现，柳巷自己其实也未必只能坑坑洼洼，让人磕磕碰碰——她不是变了吗？和许多苏州的小巷一样，柳巷已经不再是我们津津乐道的弹石路面而铺上了沥青，双脚走着、车轮滚着，无论怎么说都比以往舒服得多也轻快得多了。这一点，只要不像过去的达官贵人那样轿上来、马上去，谁都不难知道！我肯定，至少柳巷知道。

　　为此，我才记下了梦，记下了姑母，记下了这条终于开始了渐变的柳巷。

1998 年 4 月

穷学生办"皮箱图书馆"

我几十年来保存一个相好同学的日记，一本薄薄的、只记了半年多的日记。

日记的主人叫水世闾。水原是新四军第五师的小鬼。1946 年底 1947 年初在中原地区被国民党"围剿"，突围后回到自己家乡武汉，接着又害了疟疾，一时无法归队，因而于 1947 年夏，考入校址在常熟的国立社教学院附属师范部，做了一名带红色的学生。日记记录了这个革命分子的思想感情和追求。从 1947 年 9 月至 1948 年 3 月，大到时局动荡，物价飞涨，民不聊生，社会潮流和学生思想倾向，小到个人或同学的交往恋情，生活琐事，家庭背景等等，根本说不上指点江山，激扬文字……但这是个历史大变动时期，反映了时代的点滴，有点意思。

水于 1948 年 7 月重新进入大洪山解放区，临走时考虑到携带日记路途中有一定的风险，因而将日记寄存于我。当初也没什么交代。他对我信任，我对他负责而保存的。其间虽有诸多不便，我都没有随便放弃或销毁。直到 1977 年水世闾的儿子长大了，来到苏州，我才卷了卷封起来，让他带回武汉。现在社教附师同学们想写点学生时代的小文章，水世闾又将日记复印寄我，并鼓励我从中找些材料写点什么。这样，我首先想到的题目是穷学生怎么办起"皮箱图书馆"的。

1947 年年底，天很冷，手指伸出来都疼，音乐课已好几次不上乐唱了（弹琴唱歌），音乐老师刘瑞明在课堂上只教学生写音调，而且向学生发牢骚。刘瑞明是社教学院艺术系毕业生，学生时代就在四川收集民歌和采风，名曲《牧羊姑娘》就是由他整理发表成名的。解放后刘参军从事文艺工作，著名的《江姐》歌剧的作曲（《红梅赞》），也是他和他人合作创作的。年老后在苏州生活，曾任苏州音乐家协会会长。1993年因病在苏去世。

刘老师的牢骚原话是：“薪水拖了两个月发下来，经过这一扣、那一扣，剩下的连买本书都不够。”（《水世阁日记》）

我们做学生的看得出老师的生活艰辛，也谅解老师们没有什么心思上课。那个时候币制贬值，物价飞涨。有权拖欠薪水者就是利用贬值机会作投机，他就能赚笔大钱。所苦者靠薪水过日子的人们，两个月的薪水值往往变成一个月的薪水值。

劳作课老师余永忠，也是社教学院电化教育系的毕业生。他课程不多，每周只有六节课，收入很少，不得已在民众教育馆兼课（晚上成人教育），总共月收入一百多万元，扣掉伙食费，剩下的连买牙膏肥皂、洗澡剃头都不够。

学生食堂厨工老王的薪水，本来是月初发的，后来拖到每月20日发。是扣掉伙食费，连买双袜子、洗澡理发都不够。

当年（1947年11月）《时与文》杂志上有篇文章说：“算术书上演算题是十元一石米，现实是三百多万元一石米。”

穷学生的日子是怎么过的？师范生伙食是公费，每月必须及时拨款到账的，否则饿饭了要闹事。经费到账，学生的膳食委员会马上派同学去米行油坊采购好一个月的粮油（买的是限价糙米）。至于副食，那些咸菜、萝卜干、黄豆之类的也是预先买好备用。每日的蔬菜只能当日采购而受到涨价影响。伙食每周只有一次“打牙祭”（四川人吃荤菜称“打牙祭”，社师是1946年从四川壁山东迁常熟的，高年级学生大都是四川人）。那是周六中午，“打牙祭”的名件是带四川辣味的红烧肉，每桌一大面盆，大约每人可吃四五块，那算是最好的伙食了。几十年后，同学聚会讲起“打牙祭”，钱正还说四川红烧肉最好吃，以后从来没有吃到过这样好吃的红烧肉。平时是一面盆蔬菜或黄豆芽，一点没有荤腥的。早饭吃粥是酱乳腐、萝卜干或炒黄豆，黄豆还是一粒一口下粥的。包括学生喝开水也只有中饭后，有桶开水喝喝，学生顺手用碗盛水，喝了也算漱了口，解了渴，又洗了饭碗。

食堂里的情况如何？只有方桌，没有长凳，学生都是站着吃的。进食堂，大家先盛好饭，第一碗都是盛得浅的，待值班同学哨子一响，开动令发出，就进入"战斗"状态，三扒两拨马上就添饭，第二碗、第三碗是关键，装得满满的。要扒得快，抢得快，才能填饱肚子。

饭桶里的瓢也不容易抢到的。同学也分年级高低而有所区别，世俗观念就是低年级的同学要让大同学。不懂这潜规则，对方就要不客气，大同学用瓢将你的饭碗打掉。水的日记记录这种辛酸而气愤的事情："午饭时饭不够，添第三碗时已经没有了，桶里只有两个饭团，我添起两个饭团，一个掉在地上，只盛得一个，只好放下饭瓢，正预备转身走，后面三年级的那个同学指着地上的饭团讥讽地说：'这里还有一个，要不要？添去！'听得我心里好半天不痛快，这真是一种莫大的侮辱，可他是三年级的，只有忍受。"

学生的住宿情况如何？社师从四川迁来常熟，觅得石梅原有一小学作基地，从而向四周扩展，借用公房或场地，租用民房等，没有一点基本建设，勉强地安排成一所含有三百多师生的寄宿制中等师范学校。因而住宿也是简陋的。女同学宿舍全部在大礼堂楼上，一大统间排满双人木床。男宿舍借在操场外附近一座园林里，称"映雪园"。名称很好听，刚跨进墙门，照样挂着"映雪园"匾额。但转身入内，才知这是一座被日本飞机丢炸弹而剩下半爿荒芜了的园林。进门有曲桥，假山当面。山左有一旱船，三年级男同学宿舍；山右，即一厅堂，用木板隔去四分之一作老师宿舍，称舍监，剩下四分之三是我一年级甲班男生宿舍。再向南，就是被炸毁的亭台楼阁遗址，现在成了一大片瓦砾堆，废墟而已。那里有口古井，这是学生们生活用水之处。二年级、简师的男生宿舍在最南边，看得出是园林隔壁的民居，借用得来的。打通了围墙，就同园林相通了。那边宿舍虽朝南，却是气煞朝南，天井狭窄，少阳光，缺通风，湿漉漉的。宿舍里排得满满当当，透不了气似的。

我是一年级甲班生，约三十五人，住厅堂，排了十七八座双人床，只留得一圈通道而已。舍监管理很严格。起身后即要在十分钟内整理好内务。床单是由公家发给学生的，床单中间用蓝色印有火炬图案，旁有社师二字，很是夺目。内务要求，将床单作为床罩，床单平铺匀服，床沿口要方楞直角，被褥、枕头都在床单下，外表极为整洁。全天保持此样，每日有舍监来检查，不合要求，要重新整理。床下只有面盆或鞋子，毛巾挂在床头绳索上。所有学生的箱子、藤篮、藤包（那时还没有旅行包，更没有带小轮的旅行箱包）都堆在墙角一边。同学们要找自己的箱包，还要像"愚公移山"那样，翻箱倒柜搬动很多，才能找到自己的箱包。好在穷学生箱包里边也没什么物品，穿着随身，也就随身携带行李了。难得季节转换，才去翻箱倒柜的。

生活有半点军事化。每天生活程序是：起身、洗脸、内务、早操、自修、早餐、上课、午餐、上课下课、课余活动、晚餐、自修、回宿舍、熄灯、入睡等等。加上师范生还有军训课，政府当局专门派有教官上课，操练，以及实弹打靶，真有点军人模样。

程式化地生活在园林里，似乎很典雅、舒适吧！也不然，园林已破落，何况园林只宜游而欣赏，并不适合集体住宿。平时入宿舍，真有点坐立不安，受内务检查限制，不能随便坐卧床上，除非傍晚课后，才能回宿舍活动。晚上熄灯后入睡，厅堂前设一便桶，翌日晨起，由同学值班洗涮归入厕所。厅堂长窗是木质摇梗，一开即嘎嘎作响，且窗棂疏松有隙，风雨入侵，尤其冬日极为寒冷，室内外温度基本相等。夏日，人多拥挤，床位密列，既不透风，又多蚊虫。只得随困而眠，管不得喂蚊抽血了。

园里还有一间小阁，住着一名文姓高年级同学。他在抗日战争时期流离失所，家破人亡，神经受到极大刺激而得病，无法上课，只能单独居住养病，由同学照顾他。深夜，他会不断地嚎叫同学的姓名，说："我难过得不得了呀……"一个人做了亏心事，忏悔起来也不晓得从何忏悔起，就像上世纪30年代电影《夜半歌声》里的宋丹萍唱的那样："空庭飞着流萤，高台走着狸鼯。人儿伴着孤灯，梆儿敲着三更。风凄凄，雨淋淋，花乱落，叶飘零。在这漫漫的黑夜里，谁同我等待着天明？"一片悲惨、凄凉和恐怖的景象。

住宿条件再差，到底是年轻人，照样度年过日，好像年轻人已懂得人生道路必有风风雨雨似的，而这批青年人似乎还活得有点味道呐。

每日清晨，池边、山上，同学们看书朗读。傍晚，旱船、厅堂边放声歌唱。几乎每个同学都愿一展歌喉，抒发内心的忧郁和希望，或是口琴、二胡演奏，有点笙歌曼舞、一派升平气象。然而在这后面，同学们却在关心社会、国家大事，思考社会出现的奇异现象，无非是寻求国家、社会、个人的出路。你听，那是优美动听的《牧羊姑娘》，或是宣发内心忧郁的《茶馆小调》《古怪歌》；这里还是抗日救亡歌曲，或是《王大娘送鸡蛋》《兄妹开荒》《山哪边哟好地方》，甚至还有《团结就是力量》，向法西斯蒂开火呐！

学生的个人开支是很有限的，主要是肥皂牙膏，理发洗澡，或买书。只是尽量压缩次数，求得节省。衣服除学生制服作为外套外，冬衣很少有人有绒线衣的，一般上身内穿棉袄或绒衫，下身只是两条单裤，什么叫棉毛裤是从来没听说过。学生中最奢望的是有双篮球鞋，那时叫回力球鞋，是体育活动时最时髦的装备。洗脸、洗脚都用井水，没有雨具，没有热水瓶，风风雨雨中照样走过来了。

冬天洗澡去澡堂，物价飞涨得连浴室里的标价也来不及换。1948年1月29日那天，标价是六千五百元，实际是八千元。穷学生应对的办法是假装不知调价。洗罢澡将准备好的六千五百元塞到账台上，头也不回就走了。到1948年3月4日，浴资涨到二万五千元，同学也有办法。二万浴资，五千小账，学生老老脸皮只付浴资不付小账，碰上浴室职工冷言冷语说："淴弗起不要淴"，穷学生只能吃进，苦笑而已。但碰到外地学生操着北方口音还他几句，浴室职工也只能吃瘪，穿制服（学生制服着装似军队，也有大盖帽，区别是学生蓝色，军人黄色）的四川学生也属于"老子抗战八年"的，是不能随便碰撞的。

穷学生最"富裕"的日子是学期结束，要发一次制服费和分伙食尾子。1947年寒假，制服费是五十万元，伙食尾子由于物价飞涨而很少。邻近县市的同学就作回家过年的路费用。远地的同学回不了家，大家各出一千元或五千元，买点花生，买点白酒，举行花生会，也算热闹一番过节了。

币制贬值也教会了穷学生要有经济头脑。拿了五十万元钱藏在口袋里，不消一个礼拜就会贬值一半。寒假临近，同学间互通有无的小买卖就应市了。虽不像跳蚤市场那样摆开阵势，但买卖也是热闹的。总的是投机不倒把，囤积不居奇，互通有无，贱买贱卖，各得所需。事实上五十万元钱投不了什么机，也囤不了什么货。有的同学为了凑路费，卖掉自己多余的物品；有的想备件心爱的乐器，卖掉自己的用品，买只超级国光口琴，价二十四万。一把二胡也要二十多万。穷学生寒酸到什么程度？举一事例：一同学唯恐贬值，在取得钱后立即买几十张白报纸，到开学后按市价略低地卖给需要的同学装订本子用。这样，总算保值了这笔可怜的钱！

我领到五十万元用在三大件上：一是我冬天只有一件短棉袄，很想有件司惠脱棉织绒运动衫，新的要四五十万吧！一同学出卖一件有领子的九成新卫生衫，虽不是司惠脱（运动绒衣）但价格只有十二万，买下解决御寒。第二件事回家（常熟到苏州）过年路费两次，还是盘算再三，如不乘长途班车而乘方楞直角的车，背后有只木炭发生器的所谓野鸡车，六七个同学挤进去要比长途车便宜些，就像现在民工回乡那样。但那时学生回乡是"搭便宜"，现在民工回乡却被"敲竹杠"。至于回校时就要乘轮船了，轮船要比汽车便宜一大半左右。第三件大事，就是买了一本心仪已久的《钢铁是怎样炼成的》苏联小说，价格记不得了。

为什么对苏联小说那样梦牵魂绕呢？动荡的时代，学生间自然会产生一种思潮，寻求社会出路。那时学校里已有激进的同学在传布共产主义学说，组织各类读书活动，务使你关心国家社会的事情。这类书一经阅读，就觉得有道理，感染力极强，从此吸引得你难以摆脱，不知不觉中为你今后人生走向作出了决定性的安排。

我们学校没有图书馆，只有附设的民众教育馆有报纸阅览。而一般的图书也满足不了这类学生的需求，于是大家到处寻觅新知识、新思潮的书籍。同学们各有各的渠道。同学顾传宇的大哥在上海中华职业教育社工作，属黄炎培门下的，这单位出版《国讯》杂志，我们就多了这一份享受。张智骏的父亲在上海某出版社工作，是顾颉刚门下的，也经常有历史地理方面的新知识传来。王润源的同乡朋友（上海圣约翰大学的）常带些苏商在上海办的时代出版社出版的书籍来，包括《列宁文选》等等。汪杰、刘绍棠都有办法从外地的老同学处弄来上海学运方面的刊物或油印小报。钱正带来的是生活书店出版的社科类读物和大众文艺小说。苏州"求知学社"刻印毛泽东的文章，封面称叶绍钧著《文章讲话》，实际上是《延安文艺座谈会讲话》。还有些中共的印刷品，如《土地法大纲》《新民主义论》，也不知哪位同学从哪个渠道弄来的。

同学们经常逛书店去寻觅这类新思潮的书籍。淘书也要有门槛：一是到书店去买书还要先揩油看它几页逆主流的杂志（不像解放后书店都是敞开阅读的），二是看老板的态度。有的书店老板懂得"野书"不能出样，因而还要托熟人去打听购买。常熟城里有爿维也纳书店，老板是个年轻人，不但卖书生意好，而且他同青年人轧道。每日中午后，许多青年人在他书店里看书闲谈，很是热闹。某天，有一人到他书店买本《辩证法》，说钱带得不够，要老板跟他去取钱，老板跟去了，结果被关了起来。后来虽然取保出来了，但老板从此不敢卖违禁的书，并且将书店搬到另一条街坊去，也不再热情接待青年了。有的书隐名埋姓，还要避人耳目而购买，如《西行漫记》，当初只叫《北行漫记》，真像瞿秋白的《饿乡记行》，实际上是《苏俄记行》。有的书想买又买不起，又要与老板讨价还价。有次正好是春节期间，穷学生与书店老板讨价还价，碰了一鼻子不吉利的灰。同学水世闾积极买野书，日记中有记载。1947年12月，一本胡绳著《社会科学简明教程》（即《社会发展史》），价二万五千元，合算起来值两天的伙食费。年底时，水想买本《大众资本论》，价五万五千元，手头紧，不舍得买，拖到2月12日，硬硬头皮再去买，价已六万四千元。到了2月26日，去买本《反杜林论》，价已涨到十八万八千元。

书，不但半秘密地传阅，而且还组织读书讨论会。有次就在邹月琴同学家里聚会，在虞山脚下僻静的庭院里，热烈地讨论《新民主主义论》，甚至引发争论、反驳，这样又再次要寻觅新知识，如是往返，更加深了影响。

活动是秘密的，书也是东躲西藏的，有时还要寄存于同情这批同学的李绍朴老师宿舍里。以后书积累多了，就由同学张念祖腾空自己的旧皮箱，装入这类书籍，半秘密地流传，这就是所谓的"皮箱图书馆"。

到了 1948 年暑假，有两批同学进入解放区，一批由水世闿带路去中原地区大洪山解放区，一批由钱正带去苏北解放区。这两批同学留下了不少书籍，更丰富了"皮箱图书馆"的藏书。1948 年 10 月，钱正让我去常熟支塘找简师同学谢志恒（在某小学教书）和余永忠（劳作教师，此时也在支塘居住），通知他们马上来苏，准备去苏北解放区。记得余永忠老师有批书籍不舍得丢弃，又不敢随身带走。犹豫不决时，我急中生智，用一网线袋选五六本厚厚的马列书装入，完全敞开，一眼见底，记得有本沈志远的《政治经济学大纲》，由我拎着，大大咧咧地跨进苏州金门城门，此时余老师先入城，城门口的军警对我这小不点，连瞟也不瞟一眼，这类禁书充实了皮箱图书馆的内涵。

所谓"皮箱图书馆"就是在不经意中慢慢地积累而办起来的。至于皮箱图书馆的结局如何，那是另一篇文章的题目了。

2006 年 5 月 13 日

三个知心同学

有人读了三本书，决定了他的人生命运。我是读社会教育学院师范部时，遇上三位知己同学，影响着我几十年的信仰、处世和经历。这是时代的赐予，也是个人的印记。现在记记这三位同学的性格、魅力和风貌。三个可爱的同学，各自显示年轻人的特点，各有各的兴奋点。钱正热忱交游，闯荡寻觅革命之路。王润源聪敏好学，像饱学之士，理性地沉思。水世阊带着红色"任务"，广泛布种思想，虔诚地耕耘，憧憬着收获的希望，且具个性精神。

同学钱正

同学钱正，苏州光福人，相处只有一个学期他又转学去了，但友谊却长存。他被苏州圣光中学（原在此校初中毕业）的王校长看中，知道他因家贫而去转读师范后，王校长答应他重回圣光，学费全免，且给予补助（与师范生待遇相同），因而半年后他又回苏州圣光中学就读了。很显然，钱正是位品学兼优的好学生。

社师国文老师周景濂常在课堂上表扬钱正的作文。我也是阅读了钱正的文章而被深深吸引的。题目已记不得了，只记得描绘抗日战争一段伏击战的故事，简直像身临其境，炮火连天，惊心动魄，最后杀得鬼子尸体遍地，败退而去。文章引发我的爱国热情，同时对他高超的写作水平，佩服得五体投地。甚至认为这不是一个学生能写得出的好文章,这应该是老师、报馆记者、写小说者的作品。从此,就很接近他。

他热爱文艺,极富感情,常为文艺描绘的人物、情节所激动,因而他的性格很开朗,待人真诚热忱。我在他的影响下,看了些他所介绍的文艺书籍,从中接触到社会不公、寻找社会出路、认识社会等方面的感性知识。他如大哥待小弟那样,处处关心呵护着我。他的性格热忱而易激动,甚至遇事还会冲动不已。有一回,同班有个丹阳籍的同学从农村来,与其他同学大讲共产党的不是,散布杀人放火一类的言论,钱正在教室另一端听到这类论调,竟气得发抖。同学水世阊日记上有段劝他息怒的对话记载:"钱正昨天听他们(丹阳一同学)说那边杀人放火,钱简直气得发抖,甚至想同他们硬拼。我说,这样要吃亏的,劝他不要硬拼,硬拼他们不但不接受反而引起反感,你说有没有作用?"

钱正思想感情不但易激动,而且完全接受那时灌输给他的阶级观念。原来,钱正是苏州太湖边上光福人,从小就接触新四军太湖游击队,已经染着共产党的思想了。他完全相信自己的所见所闻,因而对某些同学"受毒"情况,恨之入骨。钱正带着红色,还有他的"血缘"关系。他的姐夫陈某,是1927年前的苏州共青团书记,无怪他爱恨分明。他是懂得些共产党的主张、政策的。

凭钱正的思想感情和热忱精神,他有许多朋友。我之所以在校外有很多朋友,全是他介绍给我而熟悉的。他引领我涉入社会交友,关心时局,寻找社会出路和国家前途。那时所谓介绍,有的只留个姓名、地址,说此人可谈谈。有的朋友们是自己来找我的,只说钱正是他们的好朋友而开始交往的。甚至,我在1948年暑假里从苏州到常熟乡下去通知同学去解放区,需在常熟过夜,我单身跑到常熟西门大街一座西式洋房里的孙某某家里,只简单地通报自己姓名,说了声钱正让我来的,他就热情地招待我吃晚饭、住宿,还有女佣照料,甚至默契得翌日告别时,我没道谢,他也不问我的来去行踪。

钱正与我仅仅同学半年,他广泛结识朋友,传布新潮流思想。我跟着他活动,以至他的朋友就是我的朋友。在常熟结识了电讯局工作的钱舜彦,在苏州《学谊》刊物的朋友有高义、高明、顾中和、李志强，上海的曹永辉、张醒钟，吴县木渎《海灯》刊物的周辛癸、赵小农，苏州《求知学社》的沈志直，浙江海盐《行报》的沈允仁，吴县光福太湖游击队的舒俊强，江阴武工队的盛国瑞（化名徐赞生），无锡师范的吕扬、袁楚沧，苏州伯乐中学的王汉章，海宁师范的应学汾，浙江吴兴福音医院的戴桂芬，苏州东吴大学的女生×××等等。有的见过面交往过，有的仅是书信往来。我不嫌其烦地列出这些朋友来，就因为这类朋友都在时代潮流中探索前进。而我也因为有了这些社会关系，被国民党逮捕入狱的。这些朋友给我的影响决定了我的人生旅程方向。这也是钱正与我的友谊印记。

钱正去解放区时，他的同学高义从手上将下一枚金戒指给他作路费，他为了让我再组织一批朋友、同学去解放区，特地留了九十元金圆券（相当于三分之一的金戒指）给我，并且带我去长江边上的江阴后塍与武工队盛国瑞接头，便于下次由武工队送我们进入解放区。钱正进入解放区后，还在江南办事处留下我的姓名，作为后备名单联络。因而，我于1948年11月20日在苏州被捕的报载讯息，很快由江南办事处传给正在华中大学学习的钱正，一批苏州去的老同学和朋友为我担忧了一段时间。

钱正渡江归来，一路顺风，一直在苏州公安局工作。1959年后，将他调到当初称为"冷宫"的博物馆工作。他甘于坐硬板凳，随遇而安，从此做他的文史工作，几十年后成了一名有点知名度的文史专家。激情不改，写文章感情丰富生动；作讲演充满鼓动性强，出言吐语极有感染力，很受听众欢迎。他尤其对苏州史志、苏州党史很是熟悉。他还不是党员的时候，苏州市委机关还请他去上党课呐，非党员老师教育党员，在上世纪80年代初期也使钱正有些尴尬的。

钱正坐冷板凳固然说不上有难，但到了"文革"，灾难就来了，不但是"反动学术权威"，而且"反革命"分子、地主阶级的孝子贤孙、叛徒等帽子一大串，甚至离奇到说钱正还与"蒋介石通过电话，要蒋派飞机来炸上海"，说钱正还想"爬过喜马拉雅山，叛逃印度去"，一连串的胡闹总算随着时代的进步而消逝。大概又是"事出有因，查无实据"模式的演习吧！依旁人看来，说不定档案袋里，早就有这类悬念了！而钱正毫不计较，到了 1987 年，人已暮年，总算入了党，圆了他几十年追求的梦。钱正与我一直在苏州生活，我俩的交往从未断过，声心相通，夕阳友情越来越红。

同学王润源

同学王润源，浙江桐乡人。我入校时，他已是二年级学生，在时事讲座活动中熟悉的。他曾经是苏州中学高二生，也因为交不起学费而自愿降一级而考入社师吃公费的。苏州中学当时许多课程都是用英语讲课的，因而王润源的英语特好。他在社师的壁报上常常翻译外文报纸的讯息，特别讲到国共战况，拉锯形势，各自进退，只有上海的外文报纸会刊登，而国内的报纸都被管制得只有国民党军队"剿共"胜利的消息，根本没有实情，以致出现中共名将刘伯承多次被"击毙"而被世人所讥笑的假新闻。王润源有份上海英文版的《密勒氏评论报》，我经常向他打听国共战场情况，他都诚实地将消息告我。他很是老练，读书也多，读过马克思、列宁的著作，甚至他在校园里将厚厚的《列宁文选》夹进夹出，从不遮盖的。几次读书讨论会上，他善于发表见解，而且都有点理论根据。他给我看过的刊物有《十月》《妇女》，以及托洛斯基著作《论不断革命》《十月革命》等。

我对大部头书籍没耐心读，尤其是枯燥的理论读物，更觉难读。如艾思奇的《大众哲学》，就是王润源不断劝我读，才逐步啃这部书的。他跟我说："越是读不懂、读不进的，你越要啃，一字一句地读，不怕重复地读。"我听了他的话，真的花了好大的功夫，总算读懂了些哲学常识。他常勉励我记读书笔记、写日记。以后我在暑假里读薛暮桥的《新经济学》时，认认真真地作了一本笔记，也逐步养成了记日记的习惯（当然由于各种因素而断断续续）。我认为他是帮助我学习的知心朋友。当初，王的思想认识被红色同学指责为"托派"观点的，而我认为追求的目标是一致的，仅仅为达到目标采取的方法、手段不同而已，且欣赏王的思维方法，从多方面考虑，议论不轻易从众。他在苏州解放后，即参加十兵团南下福建去了。

就是这样一位知心同学，1949 年以后，我听从流行一时的教导，尤其是受《联共（布）党史》的影响，相信"堡垒是从内部攻破"的阶级斗争理论，竟将王润源当作阶级敌人、托洛斯基分子而检举，以此与他划清界限，交代摆脱自己所谓复杂的社会关系。

直到 1956 年 4 月，审查我和"托派"的关系有了结论："据王润源（经查明非"托匪"党团员，而是积极散布"托匪"影响的外围分子，1953 年在浙江管训）交代：1947 年在社师确是有意识地向朱熙钧散布"托匪"谬论，并借过"托匪"的《笔谈》及《不断革命 ABC》给他。朱熙钧同志当时由于认识差没有辨别能力，思想上是受过一些影响，但以后在进步同学的影响下已逐步提高了认识。解放后就没有了联系。"

原来，王不是"托匪"，而是外围分子。我是受外围分子"影响"的分子。

几十年以后，直到"文革"结束，阶级斗争过去了，我这"影响分子"认识又一次提高，旧情死灰复燃，再次寻找王润源。此时他已经做了几十年"反革命"分子了，历尽艰难，总算还在故乡——浙江桐乡活着。于 1989 年得到平反，恢复干部待遇而离休。可几十年来，他服苦役、做农民，对革命根本靠不上边——没有资格，只是生活场景里的弯背、白发一衰翁。他的人生体验，内心的沉痛，是旁人无法表述或表达不了的。

我同王润源恢复友谊之时，大家都是老头了，斯大林时代过去了。所谓"托派反革命集团"，苏联法院为之平反。不久，苏联也解体了。而托洛斯基的革命理论在世界工人运动中却还有深远的影响，不但理论有发展，而且很活跃（《"托派"组织的由来和发展》，《百年潮》2003 年第 2 期；《中共对托洛斯基的评价转变》，《炎黄春秋》2006 年第 7 期）。

我有负于他，愧对于他，而他竟一如过去那样宽容大度，根本不讲苦难，包括 1997 年 5 月我同武汉来的水世阎同学一起去桐乡向他赔礼道歉，令人感慨良多。总角之交的友谊，真要划清界限也划不清的。回顾我的政治经历，有一点自以为值得保留的性情，盖源于王润源的影响。

同学水世闻

同水世闻同学接近是从二胡开始的。他喜拉二胡，我略能凑合。开学不久，他邀我陪他去买二胡，价格不菲。他拉琴的琴谱有指法，我只懂工尺谱，因而他的乐调入耳动听，我深深被他的乐调所吸引。从此，我俩同进同出，同学们戏称"一高一矮"。他长得很高，约1.8米左右，我只1.56米左右。人高马大，年龄却比我小一岁。他投考社师的动机，也因为读高二时没钱付学费，才愿意降一级而入社师吃公费的。与我和王润源吃公费的原因都是一样的。穷，把我们相聚在一起，自然有一点惺惺相惜的味道。

水世闻待人诚恳热情，乐于助人，自然有股亲和力。他知识开阔，处世沉着老练，不像一般小伙子。他第一次借给我看的是本笔记。记的是洛甫、凯丰的《论待人接物》。我一见洛甫姓名，就知道这是共产党里的名人。我这点知识仅仅是在抗战胜利后，在玄妙观三清殿的画画张上有介绍的。那时将国共两党几十位将军、名人的头像并列印刷，且有简单介绍。《论待人接物》讲的是青年修养的道理，用现代语言讲就是青年人生观。记得还讲到斗争要有理、有利、有节一类的政治术语。我模模糊糊地有点知道这是从共产党那里弄来的笔记呀！看后觉得很有益。

此后，他要我看"闲书"，我不太喜欢，根本不放在心上。此时，他的日记里却记载着他对我的期望："与朱熙钧谈，他一天到晚就是孩子似的糊里糊涂，对于看书根本没有兴趣，根本就没有求知欲，然而他很诚实、直爽，不过有时候脾气有点犟，要错就错到底，这样要不得，要改过来。我继续问他对现实有什么不满意的地方？他说：'有。'然而又说不出什么。我又问他有什么问题，他说：'没有。'我就说：'你之所以不喜欢看书，就是因为没有问题。有问题希望得到解决，自然就去看书了。所以，你现在第一要去找问题。譬如我们学校为什么要解散？我们为什么每天只能吃白菜、萝卜和糙米饭，而别人住洋房、吃鱼吃肉？如此再一连串的为什么问下去，不得解决就看书，这样自然就发现真理。'"

其实，他问我有什么问题，对现实有什么不满等等，都是他习惯用的政治术语，对我这个不懂世事的小不点，基本上对不上口。我当时从农校转入社师，失去的是个朦胧的"农业救国"的美梦，我正在彷徨、迷惘之中。倒是他的亲和力着实感动了我。

过去我在农校的同学中，有纨绔子弟或富家孩子，他们有股傲气，不易接近，甚至瞧不起穷孩子。我由于穷而失去美梦，还受过这类同学的讽刺和讥笑，所谓有过隐痛。现在，水世阎同情穷孩子、理解穷孩子的心情，不但亲近亲切，而且还有爱抚慰藉。因而很容易相互讲讲自己的身世。同学间能达到这种程度，要算是最亲密无间了。

抗日以前，我家属小康，父亲在一古玩商店当职员。1937年春，古玩店老板过世，11月日军侵入苏州，又将这古玩店抢光，我父亲就此无业。许多年来靠变卖家具、房屋度日，有时做过行商，但做做停停，没有收入。家庭里我是男孩中的老大，只有我进初中，还读农校，姐弟几个都读小学后就辍学了……

这时，水世阎对我有启发，在他的日记中说："你父亲做古董生意，从前很好，现在为什么不好，这完全是因为社会财富集中在少数官僚资本家和外商的腰包去了的缘故，所以要解决一家经济问题必先解决社会经济问题，因此我们现在一个大目标，要改良社会，然而怎么改良，改良到怎样的社会，这就要你慢慢地看书。我提出中国贫苦的农民怎样生活的，地主怎么生活的？怎样剥削的，他有些什么后台？农民怎样起来反抗？翻身后怎么防止再产生剥削？这些问题叫你（指朱）看《李家庄的变迁》后答复。"

这书我是看了，也参加了他和钱正组织的秘密性的读书会，我虽有点感受却答复不了这么多问题。启发还开不了窍。

我过冬只有件短棉袄，深秋只能将所有单衣穿上，他见我冷，就将他的绒线马甲（同学中也少有的）借给我穿，直到寒假将开始，领到一笔制服费后，我向徐克定同学买了件九成新的卫生衫后，才将绒线背心归还他。至于他穿什么过寒秋严冬的，当初我糊里糊涂得竟没有注意，现在更无什么印象，而友谊却永远留下了。

水世阎知识面丰富，胸襟开阔，和他相处得益很多，我很是倾心。

有次开时政讲座，他主讲苏美两国占领德国的形势。他对德国的情况讲得很具体，包括鲁尔区盛产煤和钢铁，克虏伯军火集团，什么萨尔区又是怎么，黑森又是如何等等。这类知识似乎超越一般高中生的知识水平，而我又由于在十四五岁时曾协助表哥收集外国邮票，对外国地理有兴趣，看过些资料和地图，因而会场上有些同学听后反应平平，我却很是兴奋，以为我全听懂了，认为水世闿分析得有头有绪，很有知识，完全可以当个好老师。钦佩之情又加深了一步。

真正有启蒙作用是他借给我看邵荃麟的《到农村去》。看后我竟在被窝里哭了一场。原来农民生活苦到如此程度，我一无所知，平常接触农村的亲戚生活很好，原来是地主。从此，好像对农民有股同情、怜悯情绪在心头。以后，又读了《土地法大纲》，感到耕者有其田，才是解决农民贫困之路。至于懂得了社会发展的五种模式后，似乎对振兴农业、用拖拉机耕种等等，已经满怀希望于苏联的模式了。似乎恢复了我的"农业救国"美梦，精神为之一振。

参加时政讲座、读书会后，看野书确实多了。我俩形影不离，同进同出。曾有个常州籍的赵同学在背后说我俩是共产党。我听后不在乎，认为赵没有恶意，他不会伤害我，我也没有告诉水。认为我们又不是共产党，不过看些这类书而已，属于探讨性的，何况共产党的理论还有不同说法。其间就是王润源同学经常和我谈论的是所谓"托派"观点。有回，我横卧在草地上看王润源借给我看的《十月》刊物，王也在旁边，水世闿走过，问我看什么书，他翻了翻封面，想不到他抓起这本杂志狠狠地向草地摔去，不让我看。我因为与水实在相好，不忍翻脸，只是嘀咕了一声："从没有看见过这样的朋友，对我看书也要发脾气！"他悻悻然走了，我尴尬地看了看王润源，他倒很宽容，也很理智，无所谓的样子。事后，水要我不与王来往并提醒说："几次新民主主义的讨论会上（秘密读书会），他不是都唱反调吗？"我还辩驳说："有争论有什么不好，不就是理论上的分歧吗？"水说："你还不懂，叫你不要接近他就不要接近他。"好像是命令似的。我采取阳奉阴违态度，还是与王相好，认为王倒不在乎水世闿对他的歧视态度。

现在想来，水对我的这种恨铁不成钢的情绪，正是真诚友谊的表现。水这类脾气还表现在有次为我复习大代数，也是严格要求我。水的日记有记载：考前讲排列组合给朱熙钧听，我自己也不知道为什么那么心急，我问他懂了没有？他说懂了。可是我看他那样子，并没有全懂，所以反而骂他："你懂得个鬼，你懂得？！你们就是这样不懂得硬要说懂得，你懂得就讲给我听。"他只得红着脸笑着说："好，我讲！"可是讲起来又把张三扯到李四，我只有再讲一遍，一直到他会讲的时候，我说好，这样差不多了，他也笑嘻嘻地说："嗯，那个水世闿讲代数不得了，要回讲的！"

水世闿帮助同学不限于我，对同学们的功课很关心。他真的好像现在基层里的共产党员一样，要起带头模范作用。他自己首先做好榜样，做到门门功课都很好，然后组织同学集体温课、合作做题等。当年同学们最多的难题是教育心理、大代数、英语。他想办法组织五六人一个复习组，起到了复习快、效果好的作用，受到同学欢迎。甚至他还扩大到女生班去讲课复习。自然，他是有心人，在讲课最后，还不忘介绍推荐学生会竞选对象高敦享！

水的活动能力在于自己做榜样，然后推己及人。他善于与人沟通思想（即现在说的政治思想工作，我将另有一篇文章），也组织很多活动。后来在1948年春天，水当上了学生会副主席（还有两位是张厥元主席、高敦享副主席），那更是活跃了。抵制学校改制（从国立改为省立），派学生代表向教育部请愿，赶走教育部来校观察动态的督学，为文爱兰校友自杀开追悼会、写文章，搞宣传，扩大影响，为对付学校改制发动罢考，搞五月文艺活动等等，都是很热闹的。有一次，有个丹阳籍同学在背后说郜克钧是共产党，而郜此时正受水世闿极力推荐为学生代表。我告诉了水，让他提高警惕。事实上，校方也看到水世闿等人有点红色，因而在1948年暑假，张厥元、高敦享、水世闿受到训育主任陶焜不轻不重的警告：下学期你们三个不要来校了。这是不开除的开除。由此逼使水世闿带领一批同学、朋友进入他的老关系——中原地区大洪山解放区。原来水世闿是新四军第五师的红小鬼，1947年隐蔽回家乡武汉，后转常熟社师念书。解放后，他一直在湖北省委办公厅工作。我俩经常互通心曲，我们拥有永不磨灭的友谊。

感谢知心同学引领我步入志同道合的同志行列，关心着社会、国家的发展。几十年风雨中，有的同志变成了"敌人"，再经反复的颠倒，总算回归成朋友（已经不能工作的同志了）。他们布种思想，收获还是有的。年轻时看了些小册子就以为可以革命了，哪里知道道路是曲折的，斗争是复杂的。懂得些剩余价值，所谓五种社会发展模式，以及资本主义、社会主义的概念，是远远不够的。回顾世事，感叹年纪大了，无所事事，只是对学习新鲜（并非时髦）东西有点兴趣，借此充实"健康第一"（延长或等待生命自然发展）口号的内涵，想来这也是人生的一种收获吧！

2006 年 9 月 13 日

水世阊布种思想

社师同学水世阊，解放后才知道他的政治身份，原来是新四军第五师的红小鬼。1946年蒋介石发动内战，新四军疏散老少病弱人员，动员水世阊一家（包括老母、妹妹等）回家乡武汉隐蔽，并在武汉组织交通站。水于1947年9月转到常熟社教学院师范部读书。

水到社师读书是带着红色"任务"来的，是个有心人。他热忱地布种思想，虔诚地耕耘，满怀收获的希望。现在看看六十年前的这类活动，既可看到年轻人虔诚的一面，也可看到幼稚、简单的一面，甚至有程式化的套路。真所谓可爱的天真！

先说水布种思想的大概。他的基本点首先将自己摆正，树榜样、起带头模范作用。自己的功课要好，才能帮助同学复习功课，从而扩大与同学的交流。只要有机会，他都乐于帮助同学，所以同学们认为水是好学生，人又热情，都乐于交往，人缘不错。翻译成现代政治术语就是群众基础不差。他是一年级甲组学生，却交往三年级、二年级的同学以及女生班的同学（学校里男女分班）。除复习功课外，关心学生利益，反对学校改制（国立改为省立），争取学生制服费，组织社团壁报，开办时政讲座，暗地里还组织读书讨论会等等。不到一学期，他已经被同学推选为学生自治会的副主席（称乡镇府自治会的副乡长），活跃得很。

水世阊很同情贫苦同学，他就是从阶级教育入手做思想工作的。他的程式是先分析个人家庭经济贫困原因，从而归纳到社会的不公，要改良社会，要改良成什么样的社会等等。要你读书（不是教科书而是社会学科一类的进步书），从书中找到答案、真理。他认为同学们都有一页"沉痛的家庭史"，都有吃过苦、感到黑暗的一面。"感到黑暗的一面，才有追求光明真理的动机。"（《水世阎日记》）

有次，他同社师附属的民众教育馆老师汪杰（志同道合的校友）谈论，汪说现在的目标是要培植"恨"。水却马上要加一个"爱"，说"'恨'无'爱'呼应会有变态心理，且易消极，应培植'爱'才对"。这类概念他很强烈，包括他跟简师毕业同学李福元留言题纪念册时，他就写："不是一视同仁爱全民，应爱一边，恨一边。爱被压迫的人，教他们反抗，恨那压迫人的人！"

水善于接近同学、老师，一经接近就会有话题，而且他会敏感地发现牢骚、不满、苦恼等"基础"，好像他身负神圣任务，必须争取群众、传布新潮流思想。劳作教师余永忠刚从社教学院毕业来当老师，劳作课没有经费，都由这个穷老师垫付劳作材料费的，同学们发现后，自愿掏钱来归还他。水世阎和章公威同学去归还余老师。水有段日记说："我们到他（余老师）房里去，门虚锁着，推进去，只有一床薄薄的被子，墙上挂了件很旧很旧的制服，一只小小的箱子放在屋角，桌上乱堆着书、文具，我们拉开抽屉里看，里面也有很前进的《新经济学大纲》《政治经济学》之类的书，其余再找不到什么东西，没有脸盆、毛巾，更谈不上热水瓶。等了好久，熄灯铃响了，回去时经过狄先生房门口，听见余先生在讲话，我们请他回房后，将钱还给他。章公威说：'我们一人一万元不多，叫余先生一人出太吃亏了……'他说：'你们不要管，我有我的计划，这钱学校要还我的呀！'我接着说：'这是同学的事怎么好让余先生出钱，况且上学期也是余先生出的，这次怎么好要余先生出。学校发的话，也不知什么时候才发得下来，就是发下来，以后再说好了。'他还说：'我有钱咧！我到处是钱，你看……'从口袋里摸出大概不到三十万，看看又不多，又拍拍中山装口袋说：'我这里还有，到处都有呐！'我们说：'好，我们走吧。'他还不肯要，说：'你们朗格（四川话，那个）……'。"

就是这本《新经济学大纲》被水盯住了。水以后经常与余先生套近乎，逐步成了志同道合的朋友。1948年暑假后，余老师由钱正带领进入苏北解放区。以后余永忠一直在国防科研方面工作。60年代后听说在科学试验中牺牲的。

曹仲道老师是常熟知名人士，是社师的国文老师，教高年级班。水是一年级新生，不熟悉曹老师。有次跟了二年级学生高敦享一起去拜访曹老师。水的日记："他（曹老师）还不差，不过他只是说：'新四军原来是很好的，那时喊的口号是抗日联合阵线，现在怎么变成这样呢？'所以他现在很想知道那边的消息，因此高敦享就将《北行漫记》给他看。他对于现实了解得还不十分正确，他以为内战有国际因素。"

三年级同学陈世治，曾是前届学生会的头头。平时不声不响的，有次文艺晚会上，却热烈地表演蛮歌蛮舞，并且说："我愿以多年的哀情，供大家片刻的欢乐！"水听到这句话认为他有"基础"，接近一学期左右，陈毕业后在常熟县中教书，后跟了钱正去苏北解放区。

我校简易师范（初中）毕业生更易面临失业，因而简师毕业班同学普遍很苦恼。而这些同学都是救亡学生，无家可归或者是有家归不得。水发动积极分子们去做思想工作。水的一套程式载在日记里："你（指某积极分子）不从基本入手，是错误的、暂时的，他当你面当然说应该怎样怎样，决不丢你人，可是到那时，感情一冲动，那就抑制不住。现在第一步，当然要他安定下来，工作会有办法的；第二步听他讲历史，从他的历史中你要善于利用他的遭遇，比如吃苦，为什么吃苦呢？一直推到认识根源是整个社会的坏，那是少数有产阶级弄成的，这样促醒他的阶级意识，知道大家应该团结一致对付敌人，使他认清应该恨谁，爱谁，至于怎样认识清楚，了解透彻，就必须看书，引起看书的动机，最后他自然知道应该怎样待人接物做事了。"

水世阊到底是从根据地出来的，尽管是隐蔽的，但他出言吐语中都会有"根据"痕迹。水的日记中记载有"抓住群众""阶级意识""小布尔乔亚的动摇性""托派观点"等等。这类东西要是被国民党抄获，不逮捕他这个共产党才鬼哩！在社团活动中，如在"晨钟"文艺社里，他有理事一类头衔，理事会上提议某件事情，讨论后很难取得一致。在这种情况下，水熟悉的办法就是在"晨钟"社里成立核心组织，称"绳中"

社，不公开，是少数几个所谓志同道合者组成，掌握领导权。凡有什么意图先在"绳中"社统一，然后扩大到"晨钟"社去讨论通过。真的，水世闿早就懂得民主集中制走群众路线的，而且作为手段、办法使用。

水世闿在同"晨钟"发起人高敦享的谈话中，也有他的"根据"，水日记中说："高问我，对于他今日的发言有何意见？我指出，为人民并不是空洞的，像你所说的那是人道主义的爱人民。生产力发展到阶级斗争尖锐化，应该使全民起来做主。现在我们的目标是学习，所以我希望'晨钟'能组织社会科学读书会。一般同学对现实不满，可是找不出条路来。这样，我们必须要读社会科学了。"

"晨钟"社是学生文艺组织，水规定先读文艺读物，启发同学，而"绳中"社成员要读理论读物。水还提出"绳中"成员要读五本书：《中国革命手册》《社会科学简明教程》《新经济学大纲》《辩证法唯物论》《历史唯物论》。后来，水嫌《中国革命手册》带有"托派"观点而在书单上删去。

从"晨钟"过渡到"绳中"的成员，一定要从文艺读物转入读初级的理论册子，好像是发展成员有几个先进条件似的。这不是水的组织能力"根据"吗？水的群众工作有套经验的，就是个别谈话，发掘对方的沉痛经历加以引导。先看他日记，指出某积极分子谈话方法不对，说："第一，你谈话太像演说，你说他们听，他们是被动，太枯燥，沉寂；第二，谈话方式不是问答，要让他们说话；第三，不应规定时间、内容，他们一谨慎，许多真情没透露，应该随便闲谈，内容方面你讲日本侵略，仅是唤起民族意识，现在应进一步唤起他们的阶级意识。"

水世闿的政治思想工作越做越宽。李绍朴老师是我们的历史老师，也是女生班的级任和国文老师。有次，李老师见到水，劈面就说："水世闿，你很好呀！将那几个不看书的学生，也弄到一起看书了。"水的方法就是先接近，然后了解各人的沉痛经历，从中培植"恨"与"爱"，追究社会现象的根源，找寻个人和社会、国家的出路。要你看书学习，接受那个五个阶段的社会发展模式，懂得当前国共战争的真相，追求今后的理想。

有时候，碰上的同学讲家庭苦境，弄得很悲伤。如某同学父亲已亡，母女俩依靠亲戚度日困难；有的家庭子女多达七八个，在战乱中又要逃难，日子难过；有的同学父母被国军抢钱打死。大家讲讲就难过得哭了，这场合，水只能表示同情，一时也难开导，水知道这是启发的基础，以后再说。

思想工作不可能是万能的，有时水世闿也会碰上尴尬局面的。简师孙得胜同学，毕业后找不到工作很是苦恼，要想去参加青年军混饭吃，认为有饭吃、有衣穿，服务一两年可退伍，退伍后又可升学。水同情地退了一步说："我希望你到万不得已了再去参军，你去，第一，这种内战，自己死了不值得，打死了别人，别人是无辜；第二，内战吃紧关头，是不是允许你退伍也是个问题。"孙得胜同学回答让他想想，但最后竟说出一句令人痛苦到极点的话，孙说："即使现在有人介绍我去当教师，我也去不成呀！我没有一件像样的衣服，身上穿的破衣服还是借的，你叫我怎么有钱去买衣服？！"水世闿除了同情，只能陪他流泪。实际问题，真的难以解决。

思想原本是个哲学名词，指的是人头脑反映客观事物而形成的印象、观念。思想可以布种，这是时代潮流的产物。布种思想者靠的是交流、感染，或传布、灌输。程式化的套路自然过时了，而且当初传授的内容也未免是几根条条，很是单一。进入电子时代，打开外部世界，的确很精彩，越显得当年的幼稚甚至是愚蠢。不可否认，人总是受时代局限的。凭了虔诚的信仰，自带"任务"地布种，靠的是真诚。唯其真诚就足以抵消那些幼稚、单一的缺憾。真诚，其实是很可贵的。真诚是无私的。布种者不需要汇报、邀功，更不讲政绩，也没有什么功劳簿，更不需要给旁人上纲上线、开展斗争。凭了个人魅力的感染和摆正自己的位置，真的只管布种、耕耘，不论收获。要说收获也仅是希望而已。希望不是立竿见影的现实，是虚的将来或理想，是远期的，而且是远离个人利益的。因而受众心里留存的是一份有重量的称呼"同志加朋友"，这竟然与现代人调侃说"同志多了，朋友少了！"形成对比。这就不能不让人怀旧！

2006 年 9 月 26 日

孔庙里的片断记忆

2006 年 4 月 11 日，戈德正从南京来，王润源夫妇从浙江桐乡来，相约在苏同学于曲园聚首，饮茶聚餐，畅谈甚欢，拍照留念。近六十年了，同学难得相聚，感慨良多。骤然间，想起了张念祖已逝世五十七年，永无叙谈之机了，多少带来些伤感。

1947 年 9 月，我考入社会教育学院附属师范部，与张念祖同班。张是安徽太和县人。初见他一身土布黑色中山装，上身衣长袖窄，一派农村学生装束，加上一口很难懂的乡音，很少与人交往，显得有点孤独。但功课不差，尤其数学，要比城里学生更好些。凭这点，我与他拉近了距离。

风雨时代的学生除了功课以外，似乎更关心社会状况。校园里风靡《五月的风》《古怪歌》《茶馆小调》，以及抗日救亡等歌曲。壁报满墙，繁花盛开，各有各的观点、爱好。还有文艺表演、舞蹈、话剧活跃于舞台。暗地里还有时事讨论会，讲解国共纷争局势、战场变化、国际风云等等。背地里流传着新文艺小说、苏联小说以及宣传共产主义道理的小册子等等。

在带有秘密性质的赵树理的《李家庄的变迁》的讨论会上，王润源最是老练，发言成套，说："小说具有真善美，形式方面最能深入民间，通俗朴实，采取口语，有血有肉，不仅描写了人民的语言、动作，就是思想也描写出来了；内容方面，站在进步的立场、无产阶级立场，不全是歌功颂德，不否认农民的落后性，但也不抹杀农民的民族意识。

作者是位艺术家,也是位革命家,他爱至深、恨至深,一点不苟且。"(《水世阊日记》)我是个不懂世事的小不点,主持人水世阊要我发言,我只说了一句:"为了一棵桑树弄得倾家荡产,小说似乎太夸张了。"当场,农村出身的钱正解释了一下,说:"我家常遇到这种事情。"接着大家把话题也拉开了,有的说不应该弄死李如珍(小说人物),让他活但不许他为害人。也有人跟着就反驳说,第一次就是容忍了他而致年轻农民流落到外面去,必须如此,才能保证大多数农民的生命安全。会议结束后,张念祖诚恳地跟我相谈,他说:"我家算有土地的人家,还常受到老地主的欺侮。"他告诉我,他家有些土地是全靠父亲从十八岁起,每天挑一百多斤盐进山,走六十多里山路,经十多年,才有点积蓄买地的。即使有了些地,不但受老地主欺侮,周围的邻居也看不起我家的。张念祖有句话说:"地主在农村里就是这样威风的。"我听了后似乎信服,但更感受到念祖对我有赤诚的友谊。

张念祖是山里人,性格偏犟,且有点固执。某些城市里同学话里带刺,他就受不了。包括城里学生不自觉的某些生活习惯上的优越性,常流露出对山里人看不惯的语言,大大伤害了张念祖的尊严,引发冲突,甚至要打斗。虽经劝阻,制止了双方的冲动,但张念祖从此不再理睬这同学,有点势不两立的模样。我从自己个性出发,极其欣赏念祖性格,仗义地支持张的固执,同样与这同学疏远,这样好像我与念祖更知己了。几十年后,这个被疏远的同学来访我,我竟不动感情,客气应酬式地接待了他。自己也怀疑坚持这类固执有什么意思,简直是带孩子气的老顽童!

动荡的时代自有交流思想感情的渠道。穷学生也节衣缩食地积钱买野书读,甚至不买教科书,《教育概论》《教育行政》《历史》《地理》等书都凭手写笔记。三个同学合用一本《教育概论》,老师对之也没办法。但买野书、看野书的劲头不减,现在能记得的野书有:赵树理的小说《李家庄的变迁》《李有才板话》,高尔基、鲁迅的小说,郭沫若、茅盾、夏衍的作品,马凡陀山歌,邵荃麟《到农村去》,法捷耶夫的《青年近卫军》,奥斯托洛夫斯基的《钢铁是怎样炼成的》,斯诺的《西行漫记》,外国某记者的《震撼世界的十日》,胡绳的《社会科学简明教程》

(《社会发展史》），薛暮桥的《新经济学》，艾思奇的《大众哲学》，毛泽东的《论新民主义》《论联合政府》《延安文艺座谈会上讲话》，以及《反杜林论》《唯物辩证主义论》《大众资本论》《列宁文选》《价格、利润、剩余价值》等。还有油印的小册子《土地法大纲》《窃国大盗袁世凯》。期刊都是有异于主流的或能唱反调的，如《时与文》《时代》《展望》《国讯》，甚至还有《群众》，以及具有托派观点的《十月》《新妇女》等等。

书积多了要有人保管。张念祖自告奋勇担当下来。照他的想法很简单：有钱出钱，有力出力。张经济条件差，没钱买书却迫切要看书。他很讲义气，好像这才对得起爱护他的朋友了。于是他将自己的一只破旧皮箱，将不多的几件冬夏衣服包裹起来当枕头，空出箱子装这类书籍。什么书借给谁，哪些书不能随便借给谁，虽然没设规矩条文，他倒分得内外有别，心里有数，弄得很有分寸。我们称他是"皮箱图书馆馆长"！时局动荡，学校也不安。原来是国立的，学生享受抗日时期流亡学生的待遇，再加师范生的待遇：不收学费，公费伙食，每学期还有制服费，每月有零用钱。1947年下学期就传出要改省立，降低到只有师范生的待遇，少了制服费和零用钱。事关学生的切身利益，于是掀起了一阵阵的抗议和反对的浪潮。其间读"皮箱图书馆"这类书的学生更起了推波助澜的作用。派学生代表到部里、省里去交涉；包围来校视察的督学，甚至驱赶、哄闹、喊打；学生签名向报馆发表申明，反对改制；控制社团、壁报，竞选学生会，大大制造舆论。

1948年暑假，毕业生走了，部分学生回家了，政府立即将国立改为省立，社师改为苏州师范学校，校址从常熟迁到苏州孔庙，且迟迟不开学。此时，一批同学已去了解放区，水世闰受命又从大洪山解放区出来与上海地下党建立秘密电台（解放后知道）。他特地将我介绍给上海地下党的赵立诚，每周来一两次与我联络，分析学校师生政治状况，布置任务。赵要我发动学生回校，争取早日上课。主题是不开学学生没饭吃，经费落到校方腰包，事关学生利益。于是我到处发信，奔波动员同学回校吃饭闹事。在赵的指导下，专门利用在校同学吃不饱饭的一次机会，组织二十多名同学上校长家去闹事。事先，物色的就是张念祖，还有一个我比较熟悉的三年级同学臧永铭。乘一次饭厅里饭不够的机会，趁热打铁地立即哄到书院巷口的陈姓校长家里闹事。几十人哄进陈宅，校长见来者不善，即将第二重门紧关不开，闹怒的学生就将第一进里的厨房盏具桌椅等，乒乒乓乓地击个粉碎，狼藉一地，声势也算不差，取得些效果。当时，我受地下党关照，自己不必到现场，不能出头露面，只要做鼓动工作，有积极分子就行。赵要我善于隐蔽。

赵听了我的成果汇报，他倒不隐蔽了，犒赏我一份解放区形势地图，那是 1948 年 10 月下旬左右最新印刷的。到上世纪 80 年后期，上海地下党写史料，孙福生从上海来苏找我，我谈起这段情况，他说这是犯地下党禁忌的，不能这样"红"的，所以我说他倒不隐蔽了。我先拿给张念祖看，张看得喜形于色，惊叹红色势力发展迅速，竟染红了半壁江山。然而，看着看着，他流泪了。隔了一回，我说激动得流泪了？他说激动是一面，然后轻声地说他想家了。原来他已有家室和孩子，现在家乡也已染成红色了，他多么希望能回去看看解放区的实际情况！

又是受赵指示，要我住入学校，发动学生与校方斗争。其实我天天去学校的，1948 年 11 月 20 日我将铺盖搬进学校，当日张念祖将一箱图书推入我铺下，要我管了，我来不及细问，估计他又有什么脾气要发了，想以后细谈就是了。不料当天晚上，苏州城防指挥部的飞行堡垒于深夜闯入苏州师范要逮捕我。在军警拍门叫喊我姓名时，我警觉起身，很想潜逃，但推窗一看，只是死夹弄一条，墙身又高，无法腾飞。于是我迅速将床下的这只皮箱推向对面同学铺下，借此免去军警查抄（至少是"左倾"证据），我向张念祖说我被逮捕了，就走出宿舍门，被军警解走。

给我的罪名是触犯"戡乱建国时期国民紧急治罪条例"某几条，关押在首都特种刑事法庭监牢里。这罪名倒也遇上了机遇：国民党被共产党打得求和，共产党开出谈判条件有八条，其中一条是要国民党释放政治犯。我不是真正的共产党，国民党要装装样子，就将这批政治犯释出。我于 2 月初回到了苏州。

2 月中旬，我的老友，求知学社（社会上的秘密读书会组织）的头头沈志直介绍我参加地下的新民主主义青年团。不久，国共谈判趋势不妙，社会上传出被释放的政治犯将重新逮捕的消息。我即与沈志直商量避难，他同意避难，但要在苏州师范撒下种子。于是我首先介绍两人参加地下团。我找张念祖，他精神亢奋地说，求之不得。隔天我领了张念祖等两人直接去见隐居于平江路长春国药店楼上的沈志直，一是介绍入团，二是将苏州师范可发展的对象做了研究。从此由张念祖与沈志直直接联络。我于3月5日离苏去沪。在沪期间，常与沈、张通信，可惜这类信件一无保存。

上海于1949年5月27日解放，6月8日火车通达苏州，我回家了才得知念祖病逝。第二天我去学校，校园里空旷荒凉，只有钱积学和少数同学在宿舍里，钱也是从伤寒死神手里挣扎回来的，身体很差，在一只风炉上烧粥。他谈起张念祖在医院里临死的状况，我面对着钱积学号啕大哭了一场。以后我才知道，念祖在1949年春天，异常活跃，在学生间开座谈会、讲演，条理细致地分析时局，慷慨激昂地抨击旧社会，满怀希望地迎接新社会，发展了二十多名地下团员。可是，刚踏进梦寐以求的新社会，他却被病魔夺去了生命。

张念祖只留下一只破旧的皮箱。此外还有一封他父亲接到噩耗后写来感谢同学们为他办理后事的信。信，看得出是邮局门口代写信者所书，文夹白，毛笔字，写得很凄惨，谁看了都要流泪的。同学们要散了，将皮箱和信送到我家保存。

我也经历过不少折腾，包括搬家变迁，几次清理藏书，粉碎"四人帮"后，以为天下太平，将几十年的工作笔记、日记烧毁。为了这份友谊，唯独将这只破皮箱留下，一直搁在衣橱顶上。真所谓睹物思情，物是人非。那封他父亲的感谢信，一直保留到上世纪80年代中期，归还给另一同学，因为信封上是他的姓名，物归原主。只记得张念祖老家是安徽太和县弥陀寺。

到了1951年，在苏同学都以为张父无力将灵柩运回故乡，不如就在苏州落葬为好。可大家都是供给制，也无力办理。有次在我家商量，李绍朴老师来了，她愿意助一臂之力。最后，我征得父亲同意，将念祖灵柩落葬于我祖坟上，这样只需运费和做坟墓的费用。记得李绍朴老师大约出了十五万元，由我父亲雇船将灵柩运到阳山脚下，做了一块简易的墓碑，刻上姓名，落葬在我祖父母坟墓旁。落葬时，我正发关节炎，无法行走，只能父亲一人去办理。此事一搁又是几十年，待我父亲逝去，也就不再远去祖坟了，就在近郊公墓落葬。祖坟那边几十年来，大概荒芜不堪了。

2000年，我托通安乡的农村朋友代我找祖坟，尤其要找张念祖的坟墓，并委托他最好能拍到照片。朋友花了不少力气，不但找到而且还拍了照片给我，可惜墓碑已丢失了，但坟包倒还是好好的。几十年农村的折腾变化也不少，留下坟头已是万幸了！我从没去过祖坟祭扫，路远是个原因，观念不同也有关系。有了一张照片也够思念的了，何况念祖还留下旧皮箱。皮箱里的存书，现在只有一本封面翻烂了的法捷耶夫的《青年近卫军》，现在还插在我书架上，张念祖的形象一直在我的头脑里，大概至死也忘不了他！

2006年"五一"长假，三弟来玩，闲谈中讲起张念祖，他说张念祖身体很棒，怎么会犯伤寒死去？我惊异他怎么熟知张念祖。那时，三弟只不过是个十二岁的孩子，而且以后一直不在苏州，退休后才回苏州生活的。他告诉我说，张念祖病危时就通过同学告知我家（我在上海避难），我母亲由三弟陪同即去学校探望念祖，当时我母亲看看认为无大碍。想不到没几天送入医院却逝去了。三弟谈起此事，叹惜不已。我急切追问母亲同他对话的情况，三弟已一点印象也没有了。

我从不知这些情况。现在想想，念祖身处异地他乡遇上病魔缠身，他是把我家作为他家的，而我父母也是把他作为我家庭成员的。张念祖的坟墓落在我祖坟上完全应该，这是种缘分，也是难以忘却的友谊！

2006年5月13日

老是代课的顾老师

传宇：

我们这批四十五年前的老同学今天到这里来为你送行，但今天不同于往日嘻嘻哈哈、聚聚散散那样，而是以沉痛的、惋惜的，甚至是抱歉的悲伤心情来与你告别的。

四十五年前，一批穷得饭也没得吃的少男少女，却偏偏要读书，因而我们相聚于常熟社教学院师范部，吃的是公费，穿的是学生服，取的是零用钱。同窗不过是两三年，而且相处年级不同，有男有女，然而潮流、时代的要求把我们团聚得如此知己，今天你溘然而走了，我们怎么受得了，简直像个梦！

在学校里，大家都知道你传宇特别喜欢数学，而我们这批同学除了读书以外，还要追求新思想，看进步书籍，谈论政治、社会问题。一个十七八岁的青年竟能啃一部厚厚的《政治经济学》，而且在秘密阅读的条件下，啃得那么认真，提问又是那么的深刻，甚至有点钻牛角尖。当初我们给你的爱称叫"蠹头"。你喜欢争论，侃侃而谈；有时你又那么沉默，一言不发，静听旁人的谈论。当初你就是个有头脑的青年。随着政治风云变幻，学校变迁，一大批同学悄悄离开学校进入解放区以后，你心照不宣，更勤于思考、学习。我被国民党逮捕了，你又受到校长的威胁，但你毫不退缩，终于在1949年2月，你秘密地参加了新民主主义青年团，而且积极为此奋斗工作，当初你是善于做思想工作的活跃分子。解放后有些女同学就说过直接受到你的启蒙和帮助。解放后不久，新民主主义青年团受到苏州市军管会的审查，甚至作出了否定这个地下党——太湖工委领导的地下团的决定。你因此被蒙上了一层说不清的关系或者说是耻辱，但你处之泰然，并不放在心上。三十八年以后，历史也有翻身的日子，苏州地下新民主主义青年团得到平反，恢复名誉，团员们恢复了团籍。这段历史可以说是你政治上的一种荣誉，也是你年轻时代的骄傲。正是这样的时代才使得这批老同学的友谊是如此纯洁而可爱！

解放四十三年来，我们相聚得太少了。你从无锡师范毕业后就去苏南公学，又进入苏南行署搞教育行政工作。偶尔从《苏南日报》上看到你的署名文章，才知道你在搞工农成人教育工作。以后你向科学进军，进入南京大学。1959 年我在南京省党校学习的一年中，每逢节日假期，在宁的同学都相聚在一起，大概这是我们相聚较多的时期，我记得你念念不忘的还是数学！

大学毕业，你分配去昆明气象台。暑假里你来看我，谈你不想去昆明的"理由"。你说上有双亲，哥哥又在外地，需要照顾。我还是劝你先去，以后再看机会设法调回苏州。我只是说事业为重，说你的事业时间还长，至于双亲，说实话也照顾不了多少年。想不到如今你先于你母亲而去，多少也属于早逝！今天我想想，当初我怎么说话那么随便，但想想当时的气氛是那么融洽，好像我们间根本没有"开展思想斗争"之类的苦闷和情绪。好像这些情景还在眼前，怎么不叫人伤痛！

自此以后，我以为你去昆明工作了。然而一次偶然的机会. 在马路上你骑着自行车一闪而过，也不知道你看见了我而加快步伐，有点羞见老朋友的味道，还是真的没有看见我。我当时也没有特意招呼，我想可能会使你难堪。事情也就这样过去了。大概一年半载后，你来找我，讲了没有去昆明的情况，你要暂且找个工作做做。我转辗相托，你做了代课教师，以后又经历了那个疯狂时代，一代就代了这么多年，始终是个临时工！

平时你也不怎么串门，偶尔来几趟，都是来询问些政策方面的事情，像代课教师的转正、工龄计算、增加工资、"上山下乡"政策，以及后期的地下团平反案件，能不能取得离休待遇等等。有时我不在家，你转身就走，说改日再来；有时你在我家坐等，宁愿随意翻阅报刊书籍，也不与我家属直接询问或寒暄交谈；我的两个儿女就读于市一中，甚至还不认识你顾老师。我家属有次好奇地问我："老顾是你的老朋友，怎么有事情才来，没有事情就不来串门？"我说："这正是他的性格。他是万不得已下才来找我的！"这就是你的"识相"。你以为经常来会"干扰"我，而我总希望谈完正事后，谈谈各自的生活工作以及老同学的近况，叙叙友情，而你是珍惜时间的人，往往谈完事情，就起身告辞了。你以为不必浪费别人的时间（也不浪费自己的时间），你根本不会应酬和社交。我完全理解你的心态：老同学们解放后都有各自的工作，你仅仅是个代课教师。我甚至怪你曲解了我们的友情，因而有次我送你出门时曾对你说："老同学都牵记你，你不必顾虑多端，你并没有矮人一段呀！"你只是笑笑，不置可否。

1978年以后，整个时代在变，人们从"极左思潮"中解放出来，包括外地一些相好的同学来苏州也多了（否则要被指为什么情调、主义一类的）。那个时期，你与同学相聚也多了，而且大家觉得你心胸开朗得多。在你生命的后期，你的知识学问得到更多人的承认和尊重，你运用数学的"流动决策论"，写出了预测"蔺草"收割最佳日期的论文，以及《关于砖坯生产如何节省劳动》等论文，得到学术界的好评。前者还得到中央气象系统的奖励，在江苏省科技论文评奖中获奖。北京有关部门邀请你去京参加学术讨论，并约你继续合作研究课题等等。这类好消息大家都为你高兴。

传宇，在你生命的最后时期，你的智慧得到了释放，使周围的人为之一惊，至少人们懂得了你是个人才！你像一颗彗星那样，在静穆的天空里，留下了一闪而过的光辉。今天这么多老同学、你的同事、你的老师、你的学生（共五十七名）来悼念你，你并不孤独，你并不寂寞。我们都是平民百姓，你有那么多真诚的朋友，人们是"目中有人"呀！你是我们眼中的大好人！何况你在科学上、教学上留给人们这么多财富，人们是不会忘记你的。

今天，我们抱着歉意来向你告别。我们这帮老同学对你的照顾、关心太少了。只是到了再也不能见面时，我们才深深感到内疚。说实话，我嫌你跟同学来往少，而我呢，却从没有主动地找到你宿舍去谈谈。几十年来同在苏州一个市里生活，除非有老同学从远方来，我们才来通知你，甚至没有遇到你时，仅仅留个条子约你出来聚会。说来惭愧，我只是遇到教育界的朋友才问问你的情况，只是暗暗地打听一下而已。有时朋友们告诉我，说你古怪，说你收集了一大堆石头，不知在搞什么等等。我是理解你的，我暗暗想你又在研究什么了，我总期望你搞出些名堂。现在你不但搞出些名堂，而且还有很大的抱负。那天在病室里看望你，你刚被抢救过来，虽然还在接氧气，但你还是极度兴奋，告诉我说身体好后还要写两部书。我也说现在只要身体好，事情有得做哩，劝你不要多讲话，多费神，让我讲些给你听听。内心里确实为你的精神而感动，也深知你一定会著书立说的。可是没几天情况有了突变。钱正去看望你时，你已经说话也困难了，自己已不能进食了。钱正陪你一段时间后要离去时，你示意不要走，有两件事要说，可是你讲不动，也讲不清，最后还是邻旁的病友代你说不要用球蛋白，恐有反应。至于第二件事，终于衰竭得讲不清！事后钱正就同我商量怎么办，我们甚至想组织我们这辈老同学为你值班照料，可是正在酝酿这事时，你的生命支持不了了。时机差过了，你等不及老同学们，或者是校方会采取什么措施，你撒手走了。在你弥留之际我们没有为你做点事情，这是一笔始终无法偿还的债。老同学是痛心而后悔莫及的。远在北京的老同学——我们的老大姐张厥元，两个多月前她打电话给我，还特地在电话里关照我，要多多关心传宇，说你们在苏的老同学应该帮他组织个家庭，说他老了怎么办？我在电话里答应了她，可是我没有专门来找你，只是在你病危时来看你，那个时候，我只能告诉你：厥元来电话时向你问好！我根本不敢提组织家庭的事情。我想等你恢复健康后再讲，可是现在我又怎么向你再讲？你是6日离去的，而我们是到9日才得你谢世的噩耗的，同学们相互传告。臧永铭立即打电话给北京的张厥元，她接到突然来的不幸消息，久久不能安静。深夜十一点她还打电话给我，说实在睡不着，问我详细情况。我只得先告诉她，你关心传宇的事我来不及讲，他就病危了。在电话里我们唏嘘不已。10日我同上海的钱积学通电话，发讣告。他听到噩耗竟答不上话，愣了一会才说，去年我们在怡园聚会不是好好的吗？昨天（11 日）晚上十点钟，南京的戈德正、扬州的吴梅英打电话给我，说明天追悼会（据说有文称告别会，不开追悼会）上无论如何要我代表老同学痛悼你。是呀！你走得太早了，人们刚刚发现你是个人才，期待着你有更多的成果，也是老同学们都为你高兴的时期，你却走了。人们多么惋惜！老同学对你曲折的经历，看到你像颗彗星放出光芒后，却再也看不到点点星光，内心非常沉痛，万分的惋惜！

传宇，我们有许多话要跟你讲，可是你病危时又不能触动你情感而不敢讲。张智骏从福州回苏，到病房里来看你，你已经动情了，他克制地约束了要讲的话。他本来还想跟你一起回忆 1947 年的寒假，你们两个穷学生为了节省费用，从常熟一直沿公路走回苏州。天黑了，肚饿了，还到农家去讨食求宿。马国辅、臧永铭、宋墨云等同学陆续来看你，看到的都是希望，觉得你被抢救过来就是最大的幸事。万万没想到你会骤变！现在我们放开感情跟你讲，你已经瞑目长逝了！

人活在世上被人称赞当然是好；人去了，还有一大批人哀思你、痛悼你，这也是种殊荣！相信老同学来到病房相会以及今天的告别，都是你的为人、品格、学识应得到的回报。你的病危通知是你的同事张富棣老师了解你我的关系，特赶到我女儿家转通知到的。远在外地的十几个相知的老同学还来不及通知，你就远离了，我只能将这份悼文寄给武汉的水世间，广州的高敦享，北京的王苓君，上海的曾如娟、乔圭宝、黄慧言、李国桢，太仓的谢根奋、张益泰，常熟的张频，南京的冯厚钿，等等，相信他们对你的哀思一定会洒下一掬之泪的。你拥有这样真诚挚爱的友情，想来你也会含笑瞑目而去的！

最后，我实在忍耐不住，要将藏在心里几十年没说的话说出来。我对你改名为顾今一直是有异议的。我猜想你是想借此而解包袱的。你对于没有去昆明工作一事，常挂在心头成了包袱。今天我要跟你说，这件事仅仅是人生道路上磕磕碰碰的小事而已，即便算是缺点，也仅仅是个成长过程而已。说得大一点，历史还会有曲折，时代尚且有阴影，政策也会有失误，甚至经济建设中还要付出高昂的"学费"。而从现代开放的眼光来看，那个时期的分配制度也不免刻板些，甚至可说苛刻些。

而你个人为此也付够了"学费"的,你几十年的教学工作和数学研究的成果,都足以抵消这类微细的曲折的。你真是个老实人,老实得有点迂,还在检点自己,从"今"开始呐!你不见世风日下吗?就是在眼前,有些明明做错了的事,你哪曾看到过有人出来担当检讨的!何况我们理解你,你醉心的是基础理论学科,而并不喜欢应用学科。就在你病危中,你还在说哪个国家的发达都是靠数学、物理的基础理论的发展来推动科学的。我知道你当初学气象就是被扭曲志愿的,你要从事的是基础理论的学习和研究。然而每个人都受时代的影响和约束,你的抱负总算在荆棘丛生的原野里走出了一条留有痕迹的小径。这就是你一生的价值!时代都有局限性,何况是个人。你不必带有任何遗憾而去。年轻时我们憧憬着保尔·柯察金的那句名言,现在你完全可以说,你的一生献给了美丽而理想的事业!

可惜,这些心里话,你已经听不到了。但你的形象始终在我们心中,你是位正直的、刻苦钻研学问的、有事业心的、走在时代前列的、对社会作出贡献的大好人!短暂的人生,能达到这样的程度,你尽可以安息了。

今天的送别,不能道声再见,这是最令人悲痛的。然而老同学的年岁也差不多都在六十上下了,在世也不过一二十年了。大概在我们的有生之年里,只能将你的逝去当做远出外地又上新征途的离别而常在思念中,不是我们有些老同学三四十年才再次一见吗?当然生者能通信,而对你,我们将永远珍藏着时代赐予我们的宝贵友情!

愿以此文,寄托哀思,告慰你在天之灵。

此文是由我代表南京大学气象系在苏老同学郑耀文,1947年社教附师老同学马国辅、臧永铭张慧娟夫妇、钱正、张智骏(福州)、宋墨云、崔秀珍、沈同湛、席玖娟、周鼎坤、戈德正(南京)、吴梅英(扬州)、张厥元(北京)、钱积学(上海)等人,在顾传宇追悼会上所作的悼词。

1992年6月12日

虞城一支特殊的送葬队伍

最近读到一些朋友的文章，尘封已久的记忆，又显现眼前。

常熟名士曹大铁先生，出身名门望族，少习诗词，年长学外文，攻营造法式，后成高级土木工程师。又师从张善孖、张大千昆仲学画，广涉文史，识版本目录，尤精鉴法书名画。几十年间吟诗赋词不断，一语一事，一韵一番，积二十三万言，自注本事，犹如史诗，甚为可贵。曹先生 1957 年遭难，"文革"更是万劫难逃，旧稿尽失，平反后经友人多方搜集，并得全国诗词界重视和关心，由南京出版社出版《梓人韵语》。去年造访曹先生，承先生赠予此书。读来如读历史，或感时忧国、慷慨悲歌，或述事叙怀，或悼师怀友，情深词切，表达了曹先生的感情和思索。而一曲《念奴娇·哀文爱兰》，更令人唏嘘伤怀：

> 收灯时节蓦喧传，梅萼青青摇落。未信九州经纬阔，弃掷形骸沟壑。失路丁年，腾波露井，秀质娥眉弱。云胡不念，家山倚同思托。
>
> 望中月黑烟昏，人间何世，鶗雀鹈攫。饮恨如君天下是，宁忍链枷牵缚，掺彼罗魔，投诸豺虎。此意重山岳。再生华发，会看寰宇康乐。

另一篇是我校校友，后来成为著名演员的方掬芬的回忆录中的一段：

一天下午，我刚从苏州乘车到常熟。刚进城，就遇到报童向行人兜售："号外、号外，看小学教师文爱兰无故解聘，自杀身亡的消息！"我心里一惊，赶快买了一张号外，上面果然印着"文爱兰"三字。我来不及细看，现在只记得当时见到的字样"毕业即失业，青年教师生活无保障，前景凄凉……"我像发疯似的往学校跑去……到了学校，我才知道她是在昨晚夜深人静时跳井自杀的。当尸体捞上来时，她的样子很可怕，手指头都破了显然跳下去以后她并不想死……我和同学们都埋怨自己，近几天都只顾忙着各人的事，对她异样的谈吐、行为，竟都疏忽大意了。有天晚上，大家都在宿舍里说笑，她却一人坐在旁边沉默着，想自己心事，突然她向一同学说："咱俩换棉袄穿穿吧！你这件好看，我想换着穿两天。"谁会想到她是在交换纪念品呢。也就在前几天，她对我说："方掬芬，你不是喜欢我这条围巾吗，拿去吧！"我说："你给了我，自己围什么？""我还有。"她说得那么轻松，随便，其实她是在向我们告别，是在赠送遗物啊……她走了，我们都流着眼泪想她呀！

这段回忆，真切地记下了当年的情景。文爱兰再次活在我的眼前。

文爱兰是我校友。1947年夏，我刚入社教学院附属师范，她刚毕业执教。当时教师待遇低，加上物价飞涨，教职员工与百姓一样处在水深火热中。蒋家王朝不顾人民困苦，紧缩财政开支，积极发动内战。常熟县教育部门采取并班复式开班，大量裁员，削减教师。一学期后，文爱兰被辞，举目无亲，只得回母校寄宿食之，幸好师范生都是吃公费，寒假期间虽有同学回乡，但饮食照常开办，她与老同学同吃同住，渡生活难关。一个寒假，她到处找工作无着碰壁，面对失业，伤时忧国，最后悲愤欲绝，于1948年初开学不久，她投井而亡。

那天早晨，先有一女同学吊水洗脸（女宿舍都用此井），发现井中有人，当即大叫，惊动全校师生，立即打捞，发现文爱兰特穿着整齐，身穿一件新的红色棉袄投井而去。全校立即掀起波澜，悲剧迅速传播到常熟各校和社会各界。文爱兰是河南汝南人，自日寇入侵后，举家逃亡。历尽险夷，经陕入川，因战乱导致贫困与疾病，父母弟妹相继亡故。文爱兰幸得重庆东林寺难童保育院收养，经多年勤奋学习，考入社会教育学院附属师范部就读。抗日胜利后随校东迁，毕业后在虞任教，半年后却遭辞退。社会之不平、黑暗迫使她走上绝路。文爱兰之死的冲击波，粉碎了师范生对现实的梦幻，令师范生深感社会黑暗，前途渺茫，因而同学们悲愤异常，向各界宣传文爱兰之惨死，谴责当局、社会，并发动募捐钱财，帮助解决其后事。

社教附师校址就在石梅。石梅公井东面，即校部办公室有一大片山墙，约有七八十平方米的墙面，顿时贴满了来自苏州社教学院，以及常熟各校学生自治会、本校同学的唁电唁函、悼文哀诗以及漫画。常熟名士曹大铁先生志哀之作系贴在这专栏里的，其中还有常熟名儒、执教于社师的曹仲道老师（后被称为"百岁诗翁"）的《哀文爱兰》五言诗二首，以及曹翁的相知钱仲联的《哀文爱兰》五言诗一首（后收入2002年出版的《午生诗稿》）。社师语文老师李绍朴当时将曹翁诗二首作教材，在课堂上讲解诵读，师生们声泪俱下，感人甚深。记得有幅漫画直指国民党，作者是我校校友、师范部附属实验民众教育馆的教师汪杰（1948年参加革命后改名丁犁）。他善于作画，且当初已有自己的风格，全校同学不看署名只需看画，就知道是汪杰所作。画面左下角一口大井，右上角一只老虎腾起直扑井口，老虎尾巴竖起一面国民党党旗。此画最引人思考社会腐败黑暗之根源，且最为刺激、瞩目。在爱兰同学死后两三天里，常熟各界观看此墙悼文诗画的人，不计其数。常熟两家报纸也作了报道，使常熟市民了解师范生命运之惨痛。

文爱兰死后，学校成立治丧委员会。虽由校方出面，学生中的激进分子参与其中，因而募捐、开追悼会、送葬等活动，搞得影响很大。师范生吃公费、穿制服，都是穷苦学生，但也捐出少量的零用钱，教师们捐了一部分钱，而民众教育馆也有一二百名成年学生，都是常熟的店员、工人、失业学生，还包括兴福寺的两名僧人，他们在这里接受文化知识，同时也接受社会教育。经教师汪杰等人的积极宣传、控诉，学员们愤激哀悯，自动捐资。这样，总算筹得购置棺木和坟地等的费用。

追悼会就在石梅场举行。会场上挽联是：风雨如磐，惜玉殒兰凋，颜子泣虞山哀；乾坤迅转，待日出花红，神州重教百家春（石梅公井在虞山颜子墓右侧）。主持人是方掬芬（与文爱兰同班同学，正在寒假回母校生活，普通话讲得极好，能演话剧，解放后成为著名演员，曾任北京儿童艺术剧院院长），她作悼词，上述文爱兰的经历即其中一段。讲到悲哀时，会场一片哭声；讲到激愤时，高呼口号：文爱兰死得惨！师范生命运苦！教师有活的权利！最后齐唱追悼歌，然后列队送葬。

追悼歌由音乐教师刘瑞明（社教学院音乐系毕业生，学生时代就收集整理民歌，著名的《牧羊姑娘》就是由他推出的。解放后在部队从事文艺，改名金砂，曾与人合作为著名歌剧《江姐》谱《红梅赞》等曲，著名作曲家，前几年于苏州因病亡故，否则拙文还能记取他谱的曲子）谱曲，曲子旋律哀婉而激越。歌词汪杰作。现在汪本人只记得上半段："你死得惨，我们活得苦，同样是人，为什么不能享受人的权利，为什么不能享受人的权利？饮泣怒向天！"

送葬队伍约有一千多人，除本校师生约五百多人，尚有其他中学的学生、市民、店员等自动随队送葬。队伍打的是校旗，校旗图案是一把点燃的火炬，上书社教附师，表示"社会因教育而光明"，结果送葬队伍里手执标语的学生，却有人写"社会因黑暗而无教育""反对紧缩教育经费""保障教师生活""师范生前途何在"等等，一路还散发油印的传单、追悼歌等等，师生们唱着挽歌"你死得惨，我们活得苦……"绵绵长队，从市区向北门外进发，送葬成为一支反饥饿、反内战、反压迫的游行队伍，直至灵柩于兴福寺后虞山麓落葬。

文爱兰虽然离我们而去，但她的死却深深震撼了一代人，有些老人在写他们的回忆录时，总是无法把文爱兰忘记。字里行间，除了痛惜和哀悼，常把当年的情景记录下来，昭示和激励后人。

有次我同苏州刺绣研究所老画家、老书法家常熟人施仁先生闲谈。提起我曾在常熟社师读过书，他就讲文爱兰惨死后的送葬队伍的场面，说对常熟市民深有启示。上世纪 90 年代原社师所属民众教育馆馆长崔锅堂先生出了一本文集。其中一文说："国民党常熟有关部门，于送葬游行时搜集到各校学生印刷的传单、口号甚多，其中还有《共产党宣言》

《国际歌》《斥蒋记国民参政会》等等，而且将这些文章、悼念诗、传单等贴到县政府对面墙上。县政府主任秘书曹某，拿着这些材料找到我办公室，说：'这些材料中有的是你馆教师汪杰写的，我们看得出他的字体（可见特务早盯上了），因为我和你是同乡（都是河北人），给你点面子，否则我们要逮捕他的，特警告你。'我回答说：'让我问明情况，下午就到你处拜访。'这样我一面劝汪杰、汪集珂两人不要做太危险的事，一面我又向曹秘书保证今后不再宣传共产主义思想。不久，汪杰也去苏北参加革命了，汪集珂考入苏州社教后去参军南下，我也调社教任教。苏州解放后不久，汪杰还来社教看我。"（此文曾载于常熟政协编的《文史资料》）

还有一位雷磊同志前几年在报纸上写篇文章《找哥哥》。记述她去石梅看悼念文爱兰的诗文，影响至深，她当时只不过十三岁，刚上常熟某初中，在那血和泪的控诉里使她纯净的小小心灵萌发了要跟哥哥们去革命的决心。

蒋家王朝紧缩教育经费打内战的既定政策，接着就落到我们这批师范生头上了。1948年上半年，政府要将国立改为省立，降低学生待遇，并将学校迁苏州，称苏州师范学校。时值上海同济学运，又有文爱兰惨死的事。这样社师又掀起了几阵学潮。记得教育部专员专门来校与校方商谈方案，被愤怒的同学团团包围在办公室里，他们无法开会。中午原来校长要在书院弄山景园饭店设宴招待此专员的，但大批学生尾随哄闹大呼："滚回去！"他们只得回旅馆关门拒见学生。这时有位高个子姓水的同学大叫："下次胆敢再来，我们为你预备好一口棺材！"激怒到如此程度。

学生运动再热闹，还是拗不过国民党欺压人民的政权。1948年暑假，撤销国立社师，原有学生迁苏州，改为省立苏州师范学校。许多学生还受到学校当局警告，不得再继续在本校就读。这是不开除的开除。这样大约有近二十名教师、同学分别奔向大洪山解放区和苏北解放区。直到1949年1月底我被国民党"释放政治犯"释出监狱回苏后，刘瑞明老师立即到我家要求我协助他到解放区去。我被捕后各方面关系都断了，只能告诉他长江边已炮声隆隆，无法过江，劝他暂留苏州，做好迎接苏州解放的工作。

弱者的生命代价或许为人们刷上了各类"精神底色"，或许唤醒过沉睡的思想。五十五年过去了，坟地上盛开过野花，也可能被丛莽掩没。知道她名氏的人们还有一缕思念，将会化作茔上的一片彩云，伴她长眠。

2002 年 9 月

三十七年的悬案

不翼而飞　重金悬赏

1947 年寒假的第一天早晨，东吴大学校园里，分外平静。事务员走进校长室的那幢小洋楼，准备收拾一下办公室，也好松口气回家休假了。谁知，刚踏进办公室，就发现面前的长窗玻璃已被击碎，窗扇半开。立刻检查发现桌上原有的两台高速油印机，现在只剩下一台，另外一台，不翼而飞了！事务员知道，这两台高速油印机，还是不久前从美国进口的。因为是高速，当时的尖端产品，所以专门在校长办公室楼下另辟一间工作室，把他当做重要仪器看待。事务员当下吓傻了，于是立即上报。

警察局接报后也吓了一跳，美国人办的学校里怎么可以被盗？马上派员飞奔而来。侦查发现，南面落地长窗下部被重物击碎，上半部玻璃被震碎，地上留下粘贴在玻璃上的厚布一块，地板上有些皮鞋脚印，其他没有任何痕迹。警察局探员估计，作案者先用布贴在玻璃上以便销声，然后敲碎玻璃，伸手进来拔去插销，推窗而入。这时，新闻记者也闻讯赶来了，小小现场顿时挤满了人。大家都摸不着头脑，都在奇怪，何以只少了一台高速油印机？于是交头接耳，纷纷议论。警方当场叮嘱，在场人员不得向外透露任何案情细节；并严肃表示，定要克期破案，不达目的，决不罢休。翌日，苏州各报刊刊登东吴大学失窃的新闻。文章都写得隐晦曲折，显然透明度不高。但是，总难避免这样一个要害之处，高速油印机除了学校需要外，还有什么样的人想用他？各报又连续数天刊登重金悬赏捉拿此案案犯的公告。这已到了1948年的年初了，中国大地出现了巨大的政治风暴，破不了的案件也就悬挂了起来，一挂就挂了几十年，而且随着时间的推移，也被人们淡忘了。

悬案卅七年　破案笑谈间

历史的时钟拨到了1985年的暑假开学。从武汉来了一位鬓发斑白的老人，他是来送女儿去丝绸工学院报到，顺便旧地重游，探望几十年未见的老朋友。不消说，筵席招待，围坐着的全是六十岁左右的老人。沧桑阅尽，劫后重逢，大家激动得热泪盈眶，连祝酒词的声音都在颤动。闲话表过，往事的回忆渐渐成为主题，你一句我一句，说的都是青年时代的价值取向，天真的抱负、执着的追求，似乎没有一句可以画上句号。

骤然之间，有人提醒说，当年东吴大学的那桩高速油印机失窃案，直到现在还没有破获呢！顿时引起在座诸老哄堂大笑。笑声中但见武汉来的那位老人，方方正正的脸上，眯笑的眼神，带有几分狡黠，透过眼镜，指着自己的鼻子说："三十七年了，不破自破，敝人就是此案的'雅贼'！"其实这些老头，1947年时，对于此案就已了如指掌，现在旧事重提，不过是格外有趣罢了。

原来这位"雅贼"，姓张名醒钟，作案时实系东吴大学附中高二班学生，他出身资本家家庭，仪表堂堂，一幅大少爷派头。要说他有什么政治背景吧，说白了，他还不懂什么叫政治。他只是喜欢新文艺，和同学们创办过"学谊社"，出过《学谊》杂志，并进而参加了追求新思想的读书会——"求知学社"。其实，他无非在教科书外，喜欢读些启蒙的马列著作，算是对新思潮有所关心而已。

酒酣耳热的情况下，既然"雅贼"已经自认，而他确实也雅兴大发，索性让他供出了作案的全过程吧。

那晚，虽不是月黑风高，但也鸦雀无声，张醒钟躺在宿舍里辗转难眠。听大学古老的钟楼上，钟声敲了两下，他一跃而起，随手拿起准备好的锤子和一块厚布，摸黑来到校长办公室楼下。一切进行顺利，连敲碎玻璃的瞬间，发出玻璃落地的声响，也没有打破寂静。他迅速抱起油印机返回宿舍，悄悄地将它打进行李，捆扎停当，然后斜靠在行李上。同宿舍同学有早醒的，还以为他急切想家，正在等天亮呢！

天蒙蒙亮，张醒钟就出校门去找人力车，经过门房间时，特地打了个"你早"的招呼，说要赶火车回上海去。不一会，叫来了一辆簇新的野鸡包车，停在学生宿舍门口。张醒钟整整身上笔挺全新的学生装，拢了拢梳得发亮的西式头，坐上车子就跷起二郎腿，搭足架子，由车夫小跑着拉出了东吴大学大门。

一出校门，张醒钟才叫车夫拉到学士街。住在学士街的沈志直家，沈刚起身，听得大门上敲得嘭嘭响，他带着警惕的神情去开门，一见是醒钟，松了口气，连忙请进。

酒席上，张醒钟说到这里，沈志直指着设席的这间客堂说："醒钟就在这间客堂里打开行李，我一见是梦寐以求的油印机，真是又惊又喜。"老沈继续笃悠悠地道："醒钟是'雅贼'，我当是主谋了。"说毕，大家又是笑，又要忙着碰杯。干杯时，是谁插嘴说，还有一位同谋者没有归案哩！他乃远在四川的张维屏是也。

案情缘起　根深藤长

话得从主谋者沈志直说起，这位青年学过速记，结识同道，趋向进步。1947 年春，他们从报上看到香港持恒函授学校的招生广告，校长是著名学者、社会名流孙起孟，主持经济学的是沈志远，讲授中国近代史的是胡绳，开新文艺课的是邵荃麟。他们都被如此盛大的阵容吸引住了。可是再一看，学费昂贵，没有几个人出得起，怎么办？这批青年脑子活络，他们想，既然是函授，发的是讲义，只要有一份，相互传阅，不就等于大家都上了学吗？对！于是他们为此成立了一个秘密读书会性质的社团，取名"求知学社"。同时，即由为首的沈志直给孙起孟写了一封极其诚恳的信，既表达了对进步思潮的追求，又提出了拟以"求知学社"作为团体学员入学以减轻负担的要求。

孙起孟接信后不久即亲笔回信，倍加勉励，允准所请，并寄来了函授讲义，外加一本共产党的机关刊物《群众》杂志，当然是伪装了寄的。这批青年如获至宝，立即相互传阅。参加"求知学社"的人亦因此越来越多了。沈志直用老式油印机翻印香港来的这些材料，一张蜡纸只好印两百多份，分明赶不上需要，心中烦恼。于是，张醒钟提供了东吴大学新从美国进口了高速油印机的线索。沈志直就找了长春堂国药店经理张维屏，两人同去察看现场，发现东边不远是条内城小河。所以最初制定的方案是由张维屏物色一条小船，得手后用船运走。谁知此举难度极大，半个多月过去了，还是没动静。大少爷张醒钟急中生智，演出了上述精彩的一幕。

命运多舛 两度转手

东吴案件发生后，社会影响很大，加上习惯手工操作的几个青年还不会使用这台洋机器，所以只能暂时搁置，看看外界风声再说。三个月后，几个青年摸索到了操作的门道，翻印了第一本小册子——由香港寄来的《窃国大盗袁世凯》，效果极好，字迹清晰，像铅字排版那样。接着刻印的是中共中央颁布的《土地法大纲》《新民主主义论》，毛泽东的《在延安文艺座谈会上的讲话》（封面称《文章讲话》，叶绍钧著）等等，都是 32 开或 64 开的小本子，装订得像本书籍的样子，此外还印了多期"求知学社"内部的《求知旬报》，介绍新书籍、新思想，交流学员们的学习心得等等。这时"求知学社"的成员已横跨江、浙、皖、沪三省一市，成员接近四百人，基本上是要求进步的学生、教师、店员和工人。油印机帮助他们取得新的营养。然而社会上不断传出风声，油印机案件要追究到底。东吴大学没有忘记，警察局没有忘记。看来这台油印机效率虽好，但对于一个秘密的读书会，性质多少带着为共产党张目的"求知"来说，终究有危险，弃之可惜，留之惹祸。最后，决定转移至上海，继续为曹永辉、张醒钟等人办的《学谊》刊物效劳。《学谊》是份不定期刊物，是一批新文艺爱好者的写作刊物。直到1948年年底，在苏州的朋友还收到过《学谊》。这是一期称为"怀念"

的专刊，第一篇刊登了由银沐（曹永辉）执笔，题为《怀念》的新诗。这首诗，怀念被逮捕入狱的一位青年，暗指的就是偷油印机的主谋者沈志直，但这期《学谊》却已是铅印的了，原来速印机负病卧床却又不敢外出求医。

偷来的油印机成为向往革命、传播革命思想、学说的工具，为两家隐蔽刊物服务，在社会上形成一股默默流淌的暖流，温暖了多少青年的赤诚之心。到解放初期统计，"求知学社"成员的去向约有 90% 的人员参加了地下党、地下团或者是进入了解放区，99% 的成员先后参加了革命队伍。许多青年人从这台油印机上印出的材料中，接受了孙起孟先生领导的持恒函授学校传播的革命思想，接受了共产党的主张和马列主义理论。

沧桑阅尽　复归宁静

1949 年，苏州地下新民主主义青年团办了一张报纸，称《新民主报》，是 8 开油印小报，主办人（主要是编辑、刻钢板、油印连同散发）又是这位沈志直，帮手是张维屏，还有一位是《苏报》记者史若平。此时正值夜深人静，这几个青年又要收听延安电台当场记录，编写新闻，又要自己撰文，接着又是刻字、油印。往往一个深夜办一期报纸，忙得不亦乐乎。于是又想念起这台油印机，要是有一台高速油印机多好呀！希望中不免有些遗憾，否则还可为革命印出更多的宣传品！

三十七年后，苏州博物馆陈列革命历史的展厅里，赫然布置了一份油印《新民主报》原件。刻写、油印的生活像浪中行舟，时而在浪尖，时而跌入低谷漩涡。可能生活会欺骗他们，可这帮老头坦荡、真诚，即时头戴"盗""匪"帽子仍始终保持良好的自我感觉。永恒的单纯，古典式的天真，也许是种价值判断。这大概相等于现代青年常叹"活得累了"，需要生活得潇洒点那样，都是时代所打下的烙印吧！

1992 年 10 月

附：

悬案的妙处
钱正

读了《三十七年的悬案》一文，真是往事历历，感慨万千，心如潮涌，欲说还休。熙钧老弟以简朴、亲切而又传神之笔写出了这"神秘"的一幕，闪动着当年这些青年的熠熠光辉。他们冒着生命危险，花自己的钱，拼自己的力，通宵达旦彻夜不眠干这些事。到后来，沈志直包括此文作者等人，真的被城防司令部逮捕，戴洋铐、上电刑，在铁窗之中，学着共产党员坚贞不屈的品质和气概，经受了今天人们无法想象的考验。

谁能在字里行间看到这些呢？作者同样是这里的主角之一，但谁又看到了他们呢？忘记？疏忽？——当你从惊诧、奇怪转入到平静的时候，感受到一种无声的力量，在把你的灵魂抬高、升华。这也许就是这篇文章的"妙"处。

几十年风雨坎坷，染白了这代人的头发，但并没有染白他们的心。时代没有给他们什么荣誉，更谈不到其他，至今都是默默无闻、两袖清风。但他们仍旧是满腔热血、一片丹心，对人民倾注着毫不含糊的深情。

中国的知识分子似乎一直是被历史误会和冷落的对象，但他们又偏偏毫不在乎地为真理而奋斗，好像把青草吃下去，把乳汁流出来，就是他们天赋的"使命"。

感谢作者把当年这一代人闪发的小小灯光，在将要被时代的洪流席卷而被人遗忘的时候，摄下一张朴实的小照，总比没有好。

志直拂袖而去

1949年4月27日拂晓，一夜枪声渐渐稀去，沈志直起身后立即打开大门，振臂高呼：天亮了！天亮了！迎来了中国人民解放军进入苏城。梦寐以求的理想似乎马上要实现了。

隔了几天，5月初某日，沈志直受军管会召，志直进得一办公室，朝南坐的一干部问："你是沈志直？"老沈说："是。"穿制服的干部指着桌上一叠《新民主报》问："这是你搞的吗？"志直说："是的，我们几个人办的，刻印是我的手迹。"干部又问："你们办报的背景是什么？"志直回答说："你看是什么背景呢？"干部面有怒色而不答。志直站立在他桌前，连坐都没坐，沉默分把钟，志直转过身来，拂袖而去！

拂袖而去，也去不了哪儿，他又被召进由军管会、市委举办的团训班学习。这是因为他参加了受太湖工委领导的地下的新民主主义青年团，而这个团在解放初的头两天，到社会上去维护秩序，进行宣传。几名团的领导人经过接洽还在中山堂亮出太湖办事处的牌子，貌似接收的模样结果闹出误会，两天后军管会出场，收了牌子，将两个头头由公安部门拘留审查，整个太湖系统的地下青年团团员们集中学习、审查、甄别。

团训班从5月至8月初结束，结果是这个地下青年团被否认。有决定说：该团领导成员复杂，擅自修改团章（注）等等，不予承认，对一般团员，视今后表现，够条件的可重新入团等。

当初团训班结束有部分青年学生重新入团。老沈当年二十四岁，属于踏上社会而历史复杂的人。没有入团就分配到北街小学当校长，教书去了。

志直的历史并不复杂，而且有进步、革命的一面。1946年沈志直学习速记，思想就要求进步，到1947年由他牵头，与时在香港的孙起孟主持的持恒函授学校联络，办起"求知学社"。秘密读书会性质，社员广及江浙皖沪三省一市，有四百多人。我于1948年暑假，参加了"求知学社"，经常到学士街他家去刻钢板，印制马克思主义小册子。志直刻得一手仿宋体好字，印出来如同铅字那样细小、整齐、漂亮。他刻印的《土地法大纲》《窃国大盗袁世凯》《在延安文艺座谈会上的讲话》《新民主主义》等，那真像是本正式出版的书籍。我刻了一上午，下午再来。有时他就留我吃饭，天热，跑来跑去不便，我也不客气。吃饭是炒青菜、炖豆腐。我作为客人，沈大嫂总是添煎两只荷包蛋，一只给我，一只由老沈陪我吃。那时老沈没有职业和收入，确切的说法是提着脑袋、贴了钱在搞秘密的革命活动。他甚至像真的武装革命那样，特地花钱买了把手枪，准备武装行动时对付国民党反动统治。直至1948年11月21日他被国民党逮捕入狱，沈大嫂不得不趁夜色，将手枪从后窗丢入河里。解放后没少问这支手枪事，可就是打捞不着，似乎悬着一大问题。

革命革到这个程度，可就是寻找共产党无着。不料他身边却有共产党在考察他。此人从南通来，姓陈，常来苏住他家，直到老沈被捕才断了来往。解放后，陈同志在南通合作社工作，曾自告奋勇证明老沈属"左倾"分子，但志直没有想到要求陈证明什么。对唯一联系共产党的孙起孟，老沈也没想到有什么要求。

孙起孟曾任中国民主促进会主席、全国人大常委会副主任，上世纪80年代初，他来苏视察，还打听苏州一同志——沈志直。有人传话给老沈，志直也不去一见，说这些事过去了，不必去拜访他了。我于上世纪90年代初写了一篇《"求知"与持恒函授学校的一些秘密活动》的文章。发表后，曾寄给孙起孟，承蒙他来信表示感谢，并称在京持恒人员还传阅此文，再次向沈志直同志问好。我将孙老来信和拙文编入《纪念持恒专集》一书送给志直，老沈也只是笑笑，翻翻而已。

志直饱含革命激情，甚至可说已成为他的为人性格。我们这帮难友最理解和敬重他的性格。在无锡军法看守所里，他先期解入，我们一批隔四天而入（本来同押在苏州城防指挥部，大家就熟悉了）。看守所内部黑暗异常，"龙头"要敲诈犯人"睡铺钱"。志直亢奋激昂为我们解难。开始志直依仗同牢的锡北武工队的王耀南（共产党员）、江南日报记者鞠盛（地下工作者）的势力，加上我们十一名难友，主张跟"龙头"开仗打架，从此制服他们。但后经王耀南的劝说，改为谈判，有理有节地减少到开价的三分之一，才解决问题。志直的出狱也是王耀南指点他一条贿赂的门道，通过无锡一神秘人物季师母，花了一两金子（还是"求知"人资助的）才得以出狱。志直只是通信被邮检而涉嫌被捕的，吃了一顿棍子，没有证据，不属政治犯。1949 年 1 月 28 日（除夕），我们从南京以政治犯身份被释，他也于同日，从无锡看守所释出。释出后，他多次去探望王耀南，并从地下党处得知如何劫狱营救王耀南的方案。最后因对方案缺少把握而未果，结果王耀南于 1949 年 4 月 13 日被处决而牺牲。志直对王的牺牲，殊为沉痛、悲哀，每每谈起而热泪盈盈。

志直解放后于政治生活无缘涉足，要涉及的话是作为反面人物而成为"老运动员"的，而且险险乎成为敌我矛盾。1949 年 8 月底团训班结束就分配去小学任教，而真正花在教学上的时间很少，劳动成为改造的必要。只是到 1989 年秋群社、地下团老战友在团结桥招待所聚会时，他才有一段饱含革命激情的"赤子之心"的简短发言，赢得了同志们的掌声。这个时候，政治运动已成历史，已不是去苏北当农民的时代了。他恢复了青春。我们见到的是革命意气蓬勃的沈志直。

志直几十年属于非我族类的边缘人物。既然让他教书，又不是科班出身，只能努力学习，搞好教学。在苏北射阳十一年间，他教学有方，声誉鹊起。射阳方面答允封以"特级教师"桂冠，要他留在射阳中学，但他还是争取全家回苏。以后他在市教育局教研室、教科所工作，示范讲课极受欢迎，我知道这是他政治青春的反映，感情极度投入，哪有不动人心的？他编写教材、撰写教学论文都是出了名的。按教科所同志的说法，在省内外都是有影响的。可是早就传闻的"特级教师"桂冠，却始终没有戴着。

志直生命的后期，即地下团平反后，他没有取得团籍。据说有两种版本的说法，一是他档案里没有记载，不能承认，至于事实，可以不问。老运动员的档案，逢上运动，总是被有关部门调来调去查阅的，怎么会没有档案呢？无非是被某些人遗忘在哪个角落，甚至丢失了。整肃沈志直不就是根据他自己的交代等档案，加以拔高、戴帽的吗？1949年5月市委将地下团集训甄别，他还作为批判对象哩！解放前，他和史若平、姚文言等人专办地下团团报——《新民主报》，完全是他亲手刻印的，甚至解放后在市博物馆举办新民主主义革命时期史料展览时还展出过《新民主报》。物证俱在，赫然在目，却被条条框框遮得不须看和不必看。第二种版本是：承认他是地下团，但不能享受离休待遇。这有可能，我也曾见过某一个案。说到底，老沈还是被曲解为非我族类，属险险乎的敌我矛盾。其实这是"极左"思想的产物，不让人家革命的狭隘思想。历史事实是：老沈在汪伪时期，即他十六岁时考入日商办的嘉定棉花改进会当练习生（实际上是农场，提倡改种长棉绒品种，棉花属日寇统制物资），在此学会了几句日语。抗日胜利后即失业回家。而后思想转变，倾向进步，并从事"求知"活动的，参加了地下团，而解放后给他的结论是"历史复杂"……

　　几十年的政治运动都是急风暴雨式的，好像始终弄不清的悬案，一悬就悬它一生！至于后来表现再积极、再革命也无补于历史定下的基调，真的是"龙养龙，凤养凤"的调子。没有人告诉他，他也不想知道人们是怎么对待他的。

　　在他弥留之际，我很想跟他说些安慰话，甚至我想将最近去杭州探望几位难友曹璟、章长风、金声的热诚程度讲给他听，更想激起他的热情，振作精神与病魔斗争，然而他还是那样嗯嗯应答，再没有振作起来，真的无声无息地拂袖而去。拂袖而去是种性格，似乎是种觉醒。现在无须冠以革命的或非革命的定语。性格决定命运。一切崇高的、世俗的思想、追求，都随之拂袖而去。而永久留在我心中的是润物无声，拂袖而去。

2003年6月4日，志直过世后头七，初稿

12月16日修改

注：

　　中共中央于 1949 年 1 月决定建立新民主主义青年团，随后各解放区陆续建立团的组织。1949 年 2 月中共太湖工委在苏州建立地下青年团。团章是在解放区公开建立的，而在白区地下隐蔽的情况下只能适当修改，以保护团组织的生存和活动。

难忘"苏州青"

"苏州青"不就是苏州的青菜吗？有什么牵肠挂肚的？

是的，青菜豆腐家常菜肴，稀松平常。"苏州青"不过是苏州地区种植的青菜而已。然而它却能一年四季布种，一年四季都有收获。春季直布是叫鸡毛菜，稍长又称小青菜，夏天缺菜时，直布生长的是火菜，接着就是小藏菜，到了下霜后的"苏州青"统称大（肚）菜，吃口尤为佳美。"苏州青"还可以做成盐齑菜、泡菜、腌菜等等。

"苏州青"正有点像苏州人，生来较矮，不像其他地区彪形大汉似的白梗菜；绿叶较浓，叶柄淡绿色，叶簇紧密，叶柄基部向内弯曲，像一把匙，肥厚直立，收腰身，性耐寒，经霜后品质更好，酥、糯，并略带甜味。

凡蔬菜学、烹饪学的书本都要将它写上一笔，而且用尽美词，称赞异常。

这样的好东西，苏州人的饭桌上是少不了的。我土生土长于苏州，少年儿童时期不愿吃"苏州青"，尤其是大人们称赞的菜瓢（菜梗）。是不是条件好，喜荤不喜素？并不，家道中落，经济拮据，仅青菜、豆腐、黄豆芽而已。小时候最多吃些菜叶，从不肯吃菜梗的。大概是孩提时期口味特别，连我的弟弟也是如此。有次，我俩到一亲戚家去做客，亲戚极热忱，给我们孩子的饭碗上夹上菜肴，装得满满的，其中就有菜叶和菜梗。我限于礼貌，硬着头皮将菜梗咽下，而我的弟弟极为天真，饭吃完，将菜梗剩下，并偷偷地放在桌上，迅速用碗底盖住。他以为这样桌上看不见，就可遮人眼。殊不知人家要收拾碗筷，就拆穿西洋景的。好在亲戚也不计较小孩子（我弟才四岁）的天真。说实在的，菜梗有什么美味，小孩时一点也不懂。

天底下的事情，往往会逆转。一次有惊无险的旅途中，吃到一顿晚饭，从此对"苏州青"难以忘怀。

那是个黑暗的年代，年轻人向往光明，向往山那边的好地方。

1948 年 9 月，我和同学钱正、校友汪杰三人从无锡搭上轮船，开往华墅。三个年轻人神秘兮兮的，我只认汪杰，他大我五岁，他算老师，我是他学生，假设到乡村学校去；钱正单个活动，对我俩只当不认识，算是回乡学生。在船上，我只与汪杰说话，钱正很寂寞。开船不久，船上开中饭，每桌八人，船客轮流上桌吃饭，饭菜虽丰盛，却没有留下印象。

下午四点半左右到达华墅上岸，钱正走在前头，我俩与他相距百米左右，尾随其后，走出市梢，进入田野，相距更远，只要能见到他的背影就行。走了不少路，绕过一山头，太阳已落山，走得暗淡无光时，就两厢拉近，直到一村庄（后来知道，是后塍的一个村庄），进入一厅堂，此时已是上灯时分。估计这是家地主，主人是一老者，谈吐有文化，不问我们姓名，从何而来，只为我们铺床垫褥；一老妇长相清秀，烧饭煮菜，与我们很是默契。（解放后我惦念这一家人，不知对他们的贡献是否有曲解）菜饭很简单，但吃得很香，以至难忘。一是炖蛋；二是饭镬上蒸的豆腐，上撒大蒜叶；三是炒青菜。菜是从后园菜地里采摘的，新鲜得很。炒得火候恰当，熟而不烂，生青碧绿。菜叶油露露，口味滑嫩；菜梗看似生硬，嚼来清脆爽口，多汁微甜，胃口大开。我第一次感到菜梗特别好吃，简直没办法形容。这样美好的味觉，正是我内心所期望的，尝到此，一拍即合，从此好像我懂得我内心藏有憧憬，以及美味、美景。吃罢饭不久，来了一壮汉，腰间别有驳壳枪一支，此乃江阴武工队的盛国瑞同志。一见如故，谈论很多。他嘱我回苏后如何与他联系，并告我他的化名、地址和联系方法。当夜住在两厢房里。翌晨吃了早饭，盛国瑞和钱正、汪杰去长江边找船，准备过江。一路上，我还不住地问两个同伴，说昨晚的青菜怎么会这样好吃？钱正是苏州人，他懂得很多，早知这是好货，说这是"苏州青"嘛！汪杰跟我说，这叫精神兴奋！

走了很多路，我送他们到长江边上就分手了。我单独回苏，以便再次组织同学去那个好地方。不知走到什么小镇，有汽车可去无锡，搭上车到无锡已过中午了，找了家小饭铺吃饭，要盆炒青菜。伙计说，没有这菜，吃雪里蕻炒肉丝吧。也好，只需充饥嘛。于是这顿饭延续了昨晚吃青菜美味的余绪，正如高尔基说的，像是饿汉看到面包那样。饭后我在内心里还将这两种菜作比较，雪里蕻虽好，终不及青菜好！

从此难忘那"苏州青"。直到老年了，差不多每天少不了绿叶菜，尤其是"苏州青"！

"苏州青"据说只能在长江三角洲的东南部生长，西北角，过了常州、镇江，那就是长长的白梗菜了。再向南去，又是杭州菜了。在文坛上被称为"陆苏州"的著名作家陆文夫，籍贯泰兴，青少年时代在苏州中学读书，1948年进入解放区，1949年渡江后，就一直在苏工作。上世纪50年代初写小说出了名，却屡遭厄运。自1957年后，一生中有二十来年在农村、工厂劳动。那年他全家下放在苏北射阳农村茅棚里，他还念念不忘"苏州青"，要我邮寄些"苏州青"种子给他。结果生长虽良好，但却越长越大，成了扬州、南京那种白梗菜了。无独有偶，那位不是苏州人的当过市领导的凡一同志，几十年在苏州生活，竟也有"苏州青"情结。那年大家不知怎么会谈到"苏州青"的，正巧原来凡一的部下尹榴柏同志也在，他正在种子公司当支书吧，他是上世纪60年代苏州农专的毕业生，归队去的。凡一、陆文夫都深情地叮嘱说，要好好保持"苏州青"这良种。我觉得奇怪，良种不就是良种吗，还会退化吗？

事后，我向老尹请教过。他说十字花科的植物，授粉最会混乱，弄不好就会异化。所以现在"苏州青"的良种基地是设在常阴沙附近长江中的一个小岛上的，和其他十字花科植物完全隔离。原来，一株小小的"苏州青"牵动了农学家、文人、领导多少心思。

长期以来，听到"隔离"两字就有阴暗的感觉。正本清源，隔离是为了保持纯种，防止传染。于是我又问老尹，那么在解放前，我们没管蔬菜、种子一类事时，"苏州青"又是怎么保持的呢？老尹说，这就靠有经验的种蔬菜的老农，他们也是采取隔离的办法，专门培养良种的，所以世世代代传了下来。隔离原来是这样的科学。历史的长河里，"苏州青"竟有这样的光辉。

历史承传下来的"苏州青"，照现在的说法，大概遗传因子在起作用吧。我难忘"苏州青"，个人还有桩趣事。我的孙子长大了，去年考入大学，在南京就读。去了一个月后通话，问他生活习惯否？他说什么都好，就是没有青菜吃。嘿，这大概是我给他的遗传因子，他也念念不忘"苏州青"呐。我劝他吃些南京的白梗菜。我说我在南京、扬州生活过，没有"苏州青"就吃长梗菜，也蛮好的。

嗜好吃什么决然没有遗传的。我静静想想，嗜好有多种因素，主要的是地方特色，"苏州青"是好品种，加之苏州人的精细烹调，成为家常菜中的名牌。我所以会改变小时候的偏见，也确实没有吃到过地里当场采摘的新鲜货，再加上到了安全地带后的那顿香饭，才品味出菜梗的美味，其中的心理状态，还是那年长江边上汪杰说的一句话：精神兴奋！汪杰大概也是精神兴奋种下的情结吧。半年后苏州解放，他渡江到无锡，5月1日就写信给我，他在苏北华中大学就听说我在苏被捕，因而急切要知我情况。"至念、至念！"然后他兴奋地说，"此次能参与此历史光荣的渡江一页，衷心欢愉不已。"想不到以后他随部队去了福州，进入了受尽耻辱的一页。一个早年由抗日爱国的中学生，转变为信仰共产主义，并不遗余力地宣传共产主义学说的人，竟一下变成了蛇，简直不能想象。就在那去长江边的前日，我到上海军工路小学（他刚去当教师）通知他去解放区，他立即跟我到苏州，翌日去后塍。而就是这个翌日，上海警备司令部就扑向这小学逮捕汪杰未着，却将与他同宿舍的陆某关入监牢。陆某本不懂共产主义，半年后，却被监牢里的共产党支部吸收入党。这是题外的故事，但可见汪杰对信仰是多么的虔诚！

人变成了蛇，根本没资格遵循"言者无罪，闻者足戒"之类的教导，只待蛇一开口，就被阳谋说出洞哉，于是戴上"右派"帽子。一个多才多艺的文弱书生，几十年在开山凿石、搬运大石，超负荷的劳动压坏了腰椎骨，精神上受尽折磨，竟还活着，真不简单。

几十年音信全无。1972 年我去福州办事，找不到他。直到 1990 年再去福州，总算找到劫后余生的丁犁（汪杰）。以后常有信件来往。他原本善画，现在是福建省画院画师，甚至有院长之类的头衔吧。每年不寄贺卡而寄画，画的都是青菜、豆腐之类，他还记得我的"苏州青"情结，或者是我俩对岁月青春的一种怀念。

1996 年，他寄来《三白图》，画三棵青菜。题款曰：世间浓味忌多尝，贵食珍稀伤胃肠。我说与君君可信，文章半带菜根香。时下身居闹市见惯车水马龙，灯红酒绿，人道大白菜已非昔日之时新货，值此新春作《三白图》，意在白净之可贵，白净之极，自多福多寿。

世纪之交那年，他寄来幅菜叶衬的《豆腐图》，外加红辣椒三只（他是贵州彝族人），题曰：山外青山别有境，松竹梅花自生情。青菜叶盛豆腐块，方正洁白任尔评。为人之道如豆腐，可荤可素，言之有味，难得入画，晨于菜市见之，归作斯图，并志。即请大黑仁弟教之。黔叟丁犁。

去年春节，他又寄《三白图》，题曰：三株大白菜，好拌葱与姜。寿者甘淡泊，乐得菜根香。

生活丰富而繁杂，一棵小小的"苏州青"，在我的人生中始终给我添加美好的感受。我每每接到丁犁的画，凝视良久，默读题词，竟感动得热泪盈眶。

2002 年 3 月

深巷里的思念

三年里动了两次手术，也挺过来了。手术前在病房里做了个噩梦：有人对我说："马上要执行枪决了，还有十分钟，你还有什么要交代的？"我好像很坦然，整了整衣服，镇静地想了一想，我还有什么事没办完呢？"没有！"回答完毕我也醒了。之后一想，这大概就是日有所思夜有所梦，是我上手术台前的思想准备吧？对于死亡的回答，自认有点沉着和洒脱的味道，自慰心理素质尚可。但内心深处，却又藏着牵挂，不，这是一种深重的内疚，甚至可说是绵绵的遗恨。

遗恨绵绵。幼稚的我，竟没有珍惜这段奇特场合下结成的友谊，没有记住在敌人监狱里我亲兄弟般信赖和尊重的难友。倒是他，牢牢记住了我这个当年的小难友。他来了，穿过三十三年的时光隧道，突显在我面前，重逢之喜跃上心头，久别之后的重逢掂出了友谊的分量。

重逢是如此短暂，一个以为后会有期，一个期望细水长流，把汹涌的激情，寄存于未来。谁知，原本可以天长地久的友情，却在两个月后失去了。噩耗传来已是他逝去半个月之后，没有送别，无从吊唁，更难表达我的哀思。许多年来，成了我挥之不去的歉疚和悔恨，绵绵延长……

重逢是如此突然：1981 年 12 月 12 日下午，临近下班我才从基层回到单位，同志们异常热情地告诉我说："有位从南京来的老同志找你，说是你的'难友'。他一到苏州就打听你，说你当年是个爱唱歌的大孩子。"说得我云里雾里。"他叫什么名字？""南京市委的朱成学，是来祝贺苏州成立社科学会的。"是谁？我激动地赶往南林饭店，一边搜索深处的记忆，大概是同一囚室那位上海籍的铁路工人，相互信赖后，他曾跟我讲起他在日本鬼子的大检问所下偷运枪支的事。肯定是他，我还想好了向他致歉的词：当时年轻天真，幼稚至极，把往事忘了，把他这个难友也忘了。骤然见面，像有信息传递，我还未报姓名，他就伸出手来，虽然没有年轻的激情和热泪，但从长者的沉着里，亲切、关怀却直达我的心灵。他不是我刚才想起的那位铁路工人，但他右脸上的黑痣，却使我一下记起了朱成学当年的形象，是我的狱中长者、老师、难友，面对如今已是慈祥老人的他，万千往事涌上心头。

当年，朱成学是中央大学的学生领袖，早被国民党盯住，尽管抓不到"犯罪事实"，还是以莫须有的罪名，将他和两个同学李飞和华彬清，一起关进首都特种刑事法庭监牢。朱成学关在"勇"字三号囚室，我在四号。其实"勇"字号仅是五个大木笼，用木板隔开成为囚室的。也幸好这样，我才能从他那里得来鼓舞和力量。每当笃笃笃敲响板壁，我们就知道有重大消息来了。想当年，国民党在社会上严密封锁新闻，在特刑庭监牢里更是严厉控制，除了《三民主义》《圣经》可以传进来以外，根本不准有一片报纸和书籍的。而朱成学却是牢笼里的"消息灵通人士"和"走私分子"，所有消息都是从三号传到四号或二号再传到其他号子。我们身处牢笼，对国内外形势却了如指掌：淮海战役全胜，平津战役迅猛发展，国民党处于崩溃前夕的混乱状态，以及蒋介石假息影，抛出《元旦文告》，李宗仁假和谈，共产党提出捉拿战犯、释放政治犯等和谈条件，都是我们在板壁上传话的内容。有时还能弄到一页半片的报纸杂志看看。这不仅是政治上的需要，更是使我们在沙漠中看到了绿洲。

往事像汹涌的山泉夺路而来，一个话题未了，又插上另一个问号，感情如漩涡般翻滚，节奏快速而激烈，两个人都跌入当年的历史中，再一次感到自己青春依旧，壮怀如昔。但是，明天他就要回去了，无限话语只能寄望今后的细水长流。我挽留他再逗留一天，让我明天陪他去看看苏州园林，显然，他也不想就此离去，一口允诺逛园林，而且提议不用汽车而步行。

当天晚上我没有睡好，缕缕情思把我导入友情的回味中。当年，国民党特刑庭对我们一批要求进步的青年，强加上触犯"戡乱时期危害国家治安条例"的罪名。在苏州逮捕了进步青年二十人，提起公诉，要判徒刑。我接到起诉书后，正在盘算如何辩诉时，正是那位铁路工人（经我再三打听，才知他叫孙罗礼，解放后在南京铁路局工作）告诉我，隔壁的朱成学是读法律的，可同他商量。放风时，由孙介绍认识了朱成学，其实他对苏州一案完全了解。为了要和同案难友对对口径，我冒险利用两次放风间回牢的机会，特意从四号走入三号，和同案的对口径，也让朱成学在旁听听。我把辩诉书写好后，避开出卖我的另一个同案人，秘密地传给了朱成学，请他修改，依稀记得他强调两点：一是向一个未满十八岁的青年提起公诉是没有根据的；二是青年学生之间通信是法律许可的，一个中学生的通信自由哪有什么共党嫌疑？特刑庭还来不及判决，蒋介石先垮台了。

监狱是折磨人的地方，黑暗、恐怖、痛苦。而且人员复杂，有"卧底"的特务，有出卖同志的叛徒，也有无辜的平民百姓，互相取得信任很不容易。除此，我们也有苦中作乐的时候，有欢乐，有笑声，也有歌声，甚至我们还对看守作痛快的报复。看守经常要抄囚室，发现有什么违禁物品，就要对囚犯毒打。有次，看守大概接到叛徒的密报，哨子一吹，突击搜抄，把我们全部赶到天井，看得出搜抄重点在"勇"字三号。而一刻钟以前，我们借阅的报纸刚刚归回到三号。大家伫立在凛冽寒风中，翘首望着里面的动静，气氛紧张，担心出事，难友们又要受苦了。然而事情大出意外，搜抄一无所获，大家暗暗松了口气，心里钦佩哪位难友如此机智地战胜了这些凶神恶煞。对付这批看守，我们是有办法的，虽然闹一阵好一阵，也还是受这些混蛋的不断折磨，好在策略常变，那些恶神日子也不好过。在狱中，每日两餐，每餐仅是一小碗掺入石子的糙米饭和飘着几根菜皮的盐汤。又是三号囚室起风暴：开饭时，先是大叫"吃不饱"，"反对克扣囚粮"，引来了看守。看守来吆喝一阵转身要走时，好几个难友手快脚快，马上从木栅里伸出手去，几个人同时把看守两臂反向抓住、拉紧，逼得看守背靠木栅，头颅却嵌进木栅动弹不得。全囚室难友蜂拥而上，隔着木栅，用鞋底抽打看守的头部和身上，抽在头上还可解恨，抽在身上，在棉衣外拍打，实在不解渴。一位小难友端起一盆污水，朝看守头上浇去，数九寒天，这盆凉水是着实解渴的。其他囚室都兴奋了，沸腾了，抓到什么就掷将过去。大家抓住木栅摇晃，高声喊打助威，痛快地把看守揍了一顿。只有几分钟，看守所长来了，难友们迅速把看守放了，立即寂静无声，好像从没有发生什么事。看守哭诉不得，看守所长也无从发泄，因为他确实克扣过囚粮，还受到过绝食抗议的余惊，实在无可奈何。难友们却着实欢乐了几天，不时成为谈话嘲笑的内容。

我对狱中几次抗议，动作如此利索、统一，始终感到是个谜。我问朱成学，你还记得这些抗议活动吗？特别是那次揍看守的事？我想问，但还没明问是谁指挥的，朱成学却淡淡地说："这恐怕是一个集体的缘故吧！"是的，我深感自己太孩子气了。在这种特殊场合里，那种相互关怀，无私帮助，无畏而乐观的气概，都能使人肝胆相照，同仇敌忾，才能众志成城。现在回想起来，简直每件事情都能成为感人的篇章。

第二天去园林，我俩特意走小街小巷，信步而行，尽情侃谈。我们这批青年案犯是在李宗仁假和谈，于1949年1月28日释放政治犯时出狱的。而中央大学朱成学等三位货真价实的共产党，国民党硬是不放。由此，产生了这个神奇的故事：南京地下党一位年轻姑娘，即当时地下党学委委员沙轶因，去做国民党中有识之士的工作。这个有识之士恰恰就是沙轶因的姐夫——南京政府的代理检察长杨兆龙。而杨也根本不信这个妻妹是共产党，称呼她时常加一个"小"字。经过联系，派出代表和杨几次谈判，并签订了条文，其中特别提到要保证这个有识之士的前途，才把最后一批共产党人释放了。朱成学就是如此出狱的，而这时，离南京解放仅仅三天！

听到这时，我尤其关心这位当年敢于"通敌"的年轻姑娘，现在也该是老同志了。同时也关心那位有识之士的境况。朱成学只说我们没有食言，也就讲不下去了，接下来是难堪的沉默。沉默中充满忧思，人生竟是如此无奈，泪水强忍心头。

拐进一条小巷，小巷深处，沁出阵阵蜡梅幽香，感到极其亲切。此时此刻我心中的一枝蜡梅也已开放。我问："你还记得特刑庭监牢的围墙外也有枝蜡梅吗？"问得突兀，他反问我："在哪里？"我也说不上，没有看见过，只是闻到，感觉到。这雪地里的幽香，紧紧地锁住了我的留恋和怀念。

我家贫困，被捕后解到南京，家里无力到南京探监。同案难友计振华不声不响地放弃了自己亲人探监的机会，让他的父亲专门为我探监，并送来食品和《圣经》，《圣经》衬底隔层里有钞票和纸条。老人接见我时，情真意切，如探亲生儿子，我亦如见亲人，只是不能忘情放形，强压这份特殊的亲情，相对无言。此时，一阵蜡梅的幽香从高墙外飘来，计家两代人的风骨，在雪地梅花中凝固。从此，我把老人和蜡梅始终联系在一起。为了再次闻闻沁人心脾的梅香，我自告奋勇，愿意代人值班干监牢里倒马桶的苦役，仅仅因为可以走出木栅笼子，来到院外，看到耀眼的阳光穿透刺眼的电网，还能尽情深深呼吸，把蜡梅的清香吸入心肺深处，常留我身。现在谈起这位老人，特别是和朱成学在小巷漫步，我真想念那枝蜡梅，真想到南京去看看那座牢房，我的青春、我的纯情、我的信念经受火炼的地方！朱成学告诉我，不久前骆宾基（作家、难友）到南京，他们俩曾旧地重游，还照了不少相片。朱成学约我什么时候去南京，将陪我去寻踪抒怀。

他问起我同案难友计振华的情况。我告诉他：计振华出狱后继续念完大学，一直在沈阳一所大学里教书，是位教授。现在在美国讲学和合作科研项目。我和计相逢在监狱里，互相理解互相信任，我对他心灵纯洁尤其爱慕，因而成为挚友。我说待他从美国回来，我们俩首先专程去南京看望你。痛心的是，计振华回国后即刻得了中风，以后因脑病而早逝。当我告诉他关于朱成学的情况时，计振华已迷糊不清了。两个难友的离我而去，使我刻骨铭心地痛楚。

1982年2月8日，我去南京开会，11日会议结束，本来满可以去看望朱成学，只因那次我们同游园林的照片还没有放大，不带这份纪念品去心里是通不过的。犹豫了一阵，心想：清澈的溪水是源源不尽的，来日方长嘛！终于没有去。想不到我离开南京五天后，即2月16日，朱成学因心脏病急性发作而溘然去世了。鞠躬尽瘁，他倒在为之奋斗终身的工作岗位上。

他的家属也不知道苏州还有一个接受过他教诲、帮助的小难友，噩耗耗传来已迟了半个月。我只能把他在苏州时拍的照片寄去，让他留在同时代青年和好友的心中。

他去世后，人们纪念着他，传颂着他，我也越来越了解他的生平：朱成学是1947年震惊全国的有名的"五二〇"学生运动第一线的主要组织者和指挥者。当时，斗争烈火迅速燃烧到全国六十多个大城市。十天后，延安新华社发表最高著文《蒋介石政府已处在全民的包围中》（收入《毛选》五卷集），对南京发动的学生运动，称为"紧密配合人民解放战争的第二条战线"。

朱成学一直在南京党政机关工作，是位学者型的干部。又是有深厚古文学基础的诗人，精通法律、哲学、逻辑学的学者。出版过《朱成学十年诗选》《第二条战线》等著作。

"文革"中，他不但被诬为"叛徒""三反分子""现行反革命"等等，而且又在极端恶劣的条件下被囚禁达三年又四个月之久，比坐国民党监牢的时间还长，心肌受到严重损伤。真是颠倒黑白，何止是黑白，是颠倒敌我！

人到了满目霜叶的年岁，接受"重新教育"的时间也够长的，真的到了这个时候需要重新认识、重建信仰了。对于社会上的人际关系，淘净了那些讲功利、讲交易、讲报答等等因素以后，剩下的是纯洁而有意义的友情，那才是最珍贵的了。直到现在，好像对友情才有些切肤铭心的理解。所以我在医院里做了噩梦以后，尽快记下这段经历。

尽管这已是一面翻过了的、发黄了的故旧废纸，然而火车驶过以后，铁轨上总会留有不管哪班车的痕迹的。所有的东西都可以改造，唯独历史却改造不得，虽然痕迹还放不上历史。但我记下了这段故事后，就像欠债人卸下了有负于人的愧疚感那样，又好像我虔诚地站在朱成学的墓前祭祀那样，献上了我一束心花，在深深地向他鞠躬之后，我端起相机，将墓碑拍下，我感觉到朱成学和我在今生今世心心相印，直到永远。墓碑下有几瓣干枯了的花瓣，由红色变成了紫红色，似乎与现代流行色不相干，这只是为我为朱成学飘零在此，呵护着大地。

我的取景框太小，拍不下朱成学的形象，只能拍个半身像，满心是歉疚和恋念。我很想完整地拍下他的形象，还有那位敢于"通敌"救人的年轻姑娘，那位有识之士杨兆龙，那位胜如亲人来探监的计老伯，还有计振华这样肝胆相照的众多难友，我忘不了你们，我要把你们完整地镂刻在我的心版上，直到永远。

1993 年 2 月

我心中的艺声歌咏团

不知怎的，去欣赏一个极普通的音乐会——艺声歌咏团恢复活动的首次音乐会，心情有点儿激动。那天晚上，我特地提早来到剧场，碰到一位友人，他兴致勃勃地说："今晚主要是听刘明义的。"我脱口而出："今晚是听艺声的。"不料，对话就此沉默……我顿时感到自己今天怎么那样执着，无意间又口冲了友人。

其实，我从没有听过艺声音乐会。要说著名歌唱家刘明义，那倒是有一段师生间的亲切感情哩！

当时，我读师范时，刘明义是我的音乐老师。刘老师规定我们每学期要学会风琴练习曲六首才算及格。我平时忙于学生的社会工作，临考时，我仅会弹三个练习曲。刘老师知道我的情况，不无同情地说："再看看唱歌考试吧！"考唱歌，是刘老师亲自弹琴，学生一个个对着他唱的。轮到我上场，我点了一首歌，试了试定音，就唱了起来。一曲终了，大概我的嗓音尚可，刘老师当众就宣布得九十分。我万没料到音乐考试就这样顺利通过了，内心很是侥幸；而刘老师的脸上好像比我更高兴。师生离别三十多年了，虽然信件不通，但刘老师的歌声总是吸引着我，上世纪50年代我还特意买了他灌的《远航归来》的唱片哩！今天来听音乐会，再睹刘老师的风采笑貌，自然是兴奋的。

我是来看刘老师的，然而，凝神细想，我确实还是来看艺声的。音乐会的预告特别声称刘老师是艺声的老团员，这是过去我所不知道的。也许仅这一点，更促使我要看艺声。事情回溯到1948年深秋，苏州有一批要求进步的青年，被国民党反动派逮捕。押到南京，关在特种刑事法庭的监牢里。我也是被捕的青年之一。我们都是穷学生或穷店员，而且远在南京，大家都料到家人是无力来探监的，我们也不存这类奢望。约摸到了隆冬时分，突然说苏州有人来探监了。来人是个青年，姓沈。他带来了一大包花生米，一大包干切牛肉，一大包羌饼，说是给我们这帮苏州青年的。我们身在囹圄之中，平素又不相识，骤然接来这份深情友谊，感情很激动。事后，利用"放风"的机会，才知道这是苏州艺声歌咏团特地为我们二十名被捕青年举行义演（自然只能隐晦地打着别的旗号义演），把全部收入买了大批食物，特地派了姓沈的青年来南京，声援我们的！

姓沈的青年约见时不能讲多少知心话，感情上实在干渴，于是，我们只轻声地唱着进步歌曲，期望歌声飞出牢房，互通心曲。

今天，我在音乐会上听到了那首深沉、悲愤、激昂的《伏尔加河船夫曲》，更拨动了我的心弦，我确实淌下了泪水。哦！我终于想到了，我为什么如此激动？只因为我第一次唱《国际歌》是在牢房里的，是一个十岁的小难友教我的。三十多年来，深沉、庄严、激昂的歌声始终萦回于耳，我深切地怀念同志，而对这位教我唱《国际歌》的小难友，更是终生难忘！

解放后，我再也没有找到这位小难友。同样艺声的同志，包括我的刘老师，姓沈的青年，和以后曾在一起工作过的艺声的老团员，他们从来也没有再提过 1948 年去南京送食物探监的事情，好像从没有这事似的。人，就是那么奇怪，把喷薄的感情压缩在心底里，好像感受更能珍贵些，在时间上更能持久些，在力量上更能强烈些，也许这就是心脏跳动的原动力。

1981 年 11 月

黎明前的黑暗

五十年前，苏州人照理应该在苏州迎接解放的，何况我当初是个激进青年，那种盼望解放的热情真是要"喷薄而出"，谁知竟被憋到上海解放，那股热情才被释放出来。

苏州解放时，我还在上海的白色恐怖下度日如年。市内警车经常呼啸而过，到处搜捕"共党分子"。装满荷枪实弹士兵的十轮大卡车，成群结队在马路上来回巡行，士兵们火气十足地喊着："誓死保卫大上海！"更有讽刺意味的是，他们还喊"像保卫斯大林格勒那样保卫大上海"的口号，好像面临第三次世界大战，比抗日战争还耀武扬威得多。在西藏路南京路交叉的十字路口，公开枪杀了策反的共产党人，报纸上却说是枪毙"银色贩子"！

我是在国民党假和谈时从南京监狱里释放回苏州的政治犯，为躲避被国民党再次逮捕，我从苏州流亡到上海，吃住都无定所。看着这个局面，心底里多么希望快快解放，好让我重见天日。1949 年 4 月 16 日，我买了张报纸回到住处——弄堂房子楼梯下隔出的一间漆黑小室，只容得搁一张小床。钻进小房间，开灯坐床头，想从报纸中得点夹缝消息，谁知一条消息，就把我击得头晕目眩，读了再读，顿时泪流满面，想哭又不敢出声，只能捂着被子，哽咽低泣。我的难友王耀南前几天被国民党枪杀了！

王耀南是无锡地下党锡北武工队的领导人。1948 年春某晚于某村，王耀南约了四五位领导人开会，被叛徒出卖，国民党军队迅速包围现场，逼他们投降。王耀南跳上屋顶，手持驳壳枪反击，成功地掩护其他同志撤退。最后王耀南举枪对自己太阳穴开枪时，发现已无子弹，结果被国民党军队捕获，关押在无锡军法处看守所。

当我们苏州十三名青年在1948年11月26日深夜被押解到无锡这个看守所时，第二天清晨我们就认识了王耀南，并受到他的保护。

清代大文人方苞写过一篇《狱中杂记》，读后令人毛骨悚然，深感清朝政体之腐败。而这个看守所的残暴、黑暗竟同几百年前的监狱如此相似，真可说是中国监狱黑暗史的延续和发展。所幸的是我们遇上了一位顶天立地的共产党人王耀南同志。

这个看守所里约有七间囚室，各个囚室都有"龙头"统治。第一夜进去，就给你个下马威，不准睡在统铺上，我们苏州的十三位青年这一夜都是躲在马桶上过夜的。翌日清晨才知道这里的囚室白天黑夜都是敞开的。在囚室门上，我名下挂的是"匪"；"龙头"姓胡，他的头衔倒是"盗"；其他则有"窃""毒"等等。也巧，我们早就熟悉的苏州"求知学社"（秘密的读书会性质的进步团体）负责人沈志直和苏州老报人鞠盛先期关在这里，就是由沈志直介绍，才认识王耀南的。

我们十三个人首先要对付的是看守所的"大龙头"，他敲我们的竹杠，要我们每人出三担米钱的铺位费。沈志直带着我们去找王耀南。当时他有四十来岁，高高的个子，额上有深深的皱纹，脚上了镣。一见面就劝慰我们："既然来了就要定心，要准备坐穿牢底，要学会斗争。"说话慢条斯理，语重心长，和蔼可亲。又因为我最小，他讲话时还抚抚我的头。他的一举一动，使我联想到我的父亲。这不仅因为此时此地他给予我们的关怀，更因为他对我的安抚和给予我的精神力量，特别是他的面容、身材、说话的腔调，和初次见面就给我的那份爱，确实像我的父亲，只是我父亲要比他大十岁左右。

各室的"龙头"大约有七名，王耀南也是其中之一。他们有大小之分，但被统治、被欺压的都是农民、学生和进步人士。我们的人多，而且，沈志直等人都是身材高大浑身有力气的人，王耀南更是狱中著名人物，是带脚镣的重犯，重犯本身在众犯人中就是出人头地的，外加他还是一个共产党，更易形成气候。所以一开始，年少气盛的我们，一致赞同沈志直的主张：一文不给，准备动武，占领优势，由我们来左右局势。王耀南只听不作声，说慢慢再议，暂时散开。接着他召集沈志直、史若平等少数人，包括我也在旁。王慎重地分析情况，说这帮强盗之所以能在牢里胡作非为，主要是同狱吏有勾结。这帮社会上的恶势力同国民党合为一体，所作所为就是国民党的一套，因此只能斗争、交涉，甚至要折中处理。一席话说得我们心服口服。

之后两三天中，我们也看到了狱中的黑暗生活。这里照样有吸毒、打吗啡针；"龙头"们在晚上都开赌场，从囚室内拉出电灯，把几只浴盆翻过来作赌台，牌九、沙蟹都有，引诱囚犯们特别是农民聚赌，以此敛财；还有些犯人靠着"龙头"势力，在院子里生起风炉，烧煮馄饨、面条，还摆起香烟、糖果、茶食摊，一面讨好"龙头"，一面又赚赌徒的钱财。

一些被奴役的囚犯，一律不准睡统铺，而是睡在统铺下面的泥地上。有病的囚犯无人照顾，拖着病体还在服苦役，"龙头"们为所欲为，经常打人，哭声震天也没人管，死了之后就从牢洞中拖出去处理了。"龙头"们用钱贿赂看守人员，白天还可以到外面去洗澡、看电影。乌烟瘴气，暗无天日，直到现在，我一闭眼就能像"过电影"一样，依然历历在目。

至于我们的铺位问题，当然听王耀南的。由王和沈志直、史若平为代表，跟狱中的盗中之盗谈判，以每人半担米的代价换取监狱中的一个统铺铺位。这是最低价的，完全是由于王耀南保护我们，加上我们都是共产党，他们也不得不有些顾忌。

王耀南的囚室与我囚室相邻，我常到他那里去，他还取出食物给我吃，要我们学习，给我们分析形势，他的乐观精神影响着我们。我们虽然只在一起生活了十二天，但在我的心目中，他是我的父辈。在第十三天上，我们又要被押解到别的地方去了，他为我们送行，我们含着热泪，没有愁容，互道珍重，他面带微笑与我们告别，轻声地说："牢底马上要坐穿了。"是的，这时是 1948 年 12 月，正是黎明前最黑暗的日子。

1949 年 4 月 16 日，我读到了王耀南同志被害的消息后，只能无声饮泣，憋得胸闷头涨，难友、朋友此时天各一方，想来得此消息后，一定和我同样伤痛。独自一人无处诉说我的情愫,只能伏在床上记下我的痛苦和伤心。只是这几页珍贵的日记,在以后的时日里被销毁了。记得当时就是以我父亲的形象来记述王耀南同志的。上海解放后,我回到苏州一见到父亲,不禁泪流不止。家人以为是解放后久别重逢,喜极而泣,殊不知我是为胜利前夕王耀南同志遽然牺牲而悲痛,他不该死啊!真的不该死啊!

上世纪五六十年代,我曾打听过王耀南的生前情况。凡是无锡人,几乎都知道他,都能谈他的为人和事迹。他是地下党时的无锡县县长,为人性格豪爽,决策果断。待人处事热心坦荡,合情合理,是个受人爱戴的领导人。地下党曾为营救王耀南制定了一套周密的越狱计划,可惜在执行中错过时机,被国民党疯狂处死了。

我的生父是"文革"中死亡的,我也没有赶上为他送终,当我怀念生父时,也会同时怀念王耀南同志。现在每年清明前后,我为父母上坟祭扫时,也会同时祭扫我心中的这位父辈——王耀南同志!

记得有人说过:"人死了以后,还有众多的人经常思念他,那他还活着,活在人们的心中。"想来父辈们血染的风采、信仰和人生观,对儿孙辈来说,还不至于陌生,尽管人生观现在被称为价值观,或称是自我价值等等,但信仰的科学性总会随着时代文明的发展而进步的。

1999 年 2 月

没有了结的往事

今年年初，南京友人来电告我，我写的一篇小文《黎明前的黑暗》，被人推荐上了互联网。这是十年前，为苏州解放五十周年写的记叙旧事，刊登在 1999 年第 2 期《苏州杂志》上的老文章。匆匆又过了十年，苏州解放六十周年了，既然如今还有读者想读旧事，那就将这篇尚未讲完的故事，继续讲下去。

共产党人王耀南 1949 年春，还关在无锡军法看守所里。虽然国共和谈已谈了几个月，国民党还按照共产党开出的和平谈判的条件之一而释放了一批政治犯。但有身份的共产党人还在牢里。

王耀南是共产党的地下党员，锡北武工队的队长，而且是被国民党包围进行枪战时，掩护同伴冲出包围圈后，准备开枪自杀，发现驳壳枪子弹已尽，没法成仁而被捕的。王耀南在牢里是上脚镣的，属特殊的重犯。1949 初春，政治局势激烈变化，国民党要求和平谈判，作出了某些姿态。共产党的地下党也要做两手准备，一面是利用各种有利条件，营救牢里的共产党人和进步人士；另一面就是百万人民解放军即将渡江，国民党逃窜，直接打开牢门。

共产党的地下活动也真厉害，王耀南自己在牢里，却能了解外界的一切行情，而且还有深入国民党内部的线人。王耀南首先救出同牢的"左倾"分子沈志直。沈志直是苏州"求知学社"的负责人，"求知学社"是与著名的民主人士孙起孟主办的香港持恒函授学校有关系的进步组织，宣传、学习马克思主义，社员多达四百多人，散布在江、浙、沪三地。沈是在通信时，被国民党邮检而作为共产党嫌疑于1948年11月被捕的，没有什么证据。沈的出狱就是王耀南指点门路，进行贿赂才出狱的。

沈志直乘家属探监时，将王耀南指点的门路告诉妻子叶淑贞，让她去活动。叶淑贞即刻赶到无锡一条小巷，敲开了季师母的大门。叶淑贞要拜托季师母帮忙，季师母装聋作哑，说听不懂你的话，你找错了人家了，赶紧要关上大门，叶淑贞再次绕牢，几经来回，季师母还是不认。无奈，只得以实情告丈夫。丈夫与王耀南相处已几月，坚信地下党有强大的活动能力，再次要叶淑贞拜访季师母。第二次，叶淑贞拿了个小包袱，内装替换衣服，再访季师母。季师母还是开了门即关，拒之门外，叶淑贞坐在大门口不走，准备打持久战。待到暮晚，季师母外出开门，发现叶淑贞还在，才叫她进门，问了问情况，而叶淑贞亦不再直接提诉求，只说丈夫入狱，自己无法生活，今日投季师母只求当名女佣而混口饭吃。演出了一场不伤皮肉的"苦肉计"，季师母表示同情，收留做女佣。

季师母近四十岁，太太打扮，善交际，生活优越。其夫季先生不知名什，回家后少言，只听说在报馆里工作，对夫人的活动、生活似不大问讯。工作归来后即入书房，是位知识分子。有女孩一名，小学生，十三岁，伶俐活泼，与叶淑贞逐步熟悉而亲近。经过半个月的季家生活，叶淑贞与季师母混熟了，才开口诉求，而季师母亦开出价钱，一两黄金。如此，叶淑贞即刻回苏，向亲戚朋友求助，最后还是求知学社的朋友为叶淑贞凑出九钱黄金，尚缺一钱已没法解决，只好硬着头皮去无锡送到季师母手里，季师母对缺一钱黄金也不计较，要叶淑贞在此住几日。隔了两天，季师母嘱叶去看守所接丈夫出狱。

沈志直于1949年1月28日出狱后，即刻与叶淑贞一起去季师母家面谢，季师母客气地说免谢，嘱他们早早回归苏州，而她的女儿却不让叶淑贞回苏。既然小孩对叶有感情，沈说让我们带她到苏州玩几天吧！季倒也放心，收拾些行李，让女儿跟沈志直夫妇去苏州旅游。女孩在苏玩了一周，临别时沈志直还特地进了典当，押物换钱，才勉强地给她做了一件花布罩衫，把她欢欢喜喜送回无锡。

沈志直出狱不久，就参加了地下新民主主义青年团，与同志们办一张油印的团报《新民主报》，收听延安电台新闻，撰写文章，刻写蜡纸，油印报纸，然后分发、邮寄或投送。一面忙于地下工作，一面牵挂着王耀南，他常去无锡探监，与王耀南互通心曲。

几经来回，沈志直得知无锡地下党已经有了一套营救王耀南的计划。首先打开缺口的是看守所的烧饭厨工。犯人吃的米，每天由厨工挑担进入狱牢厨房，要进二大重门。营救方案是设法将手枪藏在挑担的大米里，只要王耀南能在二重门外得到手枪，就可持手枪逼使狱吏与武器脱离，并将全部狱吏关入二重门内，王就有了机会。对于大门口的警卫等，地下党亦布置秘密武装人员专门收拾。如此，王即可逃出牢狱。

这一方案是解放后沈志直与我说的。我曾经被关入过无锡军法看守所，熟知这里的环境和管理情况。这里主要有二重门有军警、狱吏和武器，但狱吏看管极其混乱，他们真的是警匪一家，他们对共产党人凶恶而残忍，作为重犯是上脚镣的；对盗、窃、毒等其他刑事罪犯只关不管，而黑势力猖狂，全部有"龙头老大"，即牢头狱霸统治着。看守所有七间牢房，又有七个"龙头"，"龙头"任意敲诈、打骂犯人，设赌敛财，骗诈犯人钱财，无钱可榨的农民、城市贫民往往成为监狱里最底层的奴隶，被"龙头"和狱吏统治着。"龙头"们神通广大，能卖通狱吏到外面去看戏、洗澡，逍遥法外。这里白天号室的门敞开不锁，犯人散在天井里，全天放风，因此"龙头"们可为所欲为，吸毒（白粉）、打吗啡针，样样有。打骂欺压犯人公开而残忍、入夜，即将浴盆翻身设起赌台，牌九、沙蟹花样繁多，甚至还有犯人依仗"龙头"势力，专门生小风炉摆起面摊、馄饨摊，以宵夜供应"龙头"们和赌徒享受，黑暗异常。这里的关键是王耀南要有机会在二重门外，而家属探监就是在二重门外的天井接待的，时间要极其契合。挑米的厨工进入大门到天井，同时家属办好手续在二重门外的天井，王耀南由狱吏领出二重门，这是最紧张的衔接。王耀南从米担子里取得手枪，就可持枪将狱吏赶出办公室，远离他们的武器，将狱吏关入和反锁在二重门里而取得成功。

营救方案极为细密，惊心动魄。其难度也很大，尤其是时间的配合上，不能有丝毫差错。很可惜由于考虑难度而拖长了时间，方案最终没有实行。

据说当初地下党领导认为没有完全把握，不能贸然行事。到1949年4月13日，国民党狗急跳墙，残忍地枪杀了共产党人王耀南，京沪各地报纸作了报道。此时，离无锡解放仅仅只有十天。

本文写成初稿时，想核对些细节。今年春节想拜访叶淑贞（沈志直早在2003年5月病故），先去电话，说已停机，无奈只得向他们的孩子沈青打听，沈青在电话里告我说："妈妈已在2008年5月病故了。"要想补充细节已不可能了，很是遗憾和伤感。因而只能粗粗记叙至此，再次表达对王耀南、沈志直等难友的追念和敬意。

革命本来是种风险，而且代价极其沉重。王耀南同志成为烈士已六十年了，六十年已是三代人生了，现在除了清明节，有仪式地祭扫烈士墓外，还有新生一代的年轻人牵挂着王耀南（推荐旧文上网，估计是年轻人所为），想来这种价值取向的选择，是向人们表明：人生的真谛是和社会、国家相关联的，人活着并不是为了自己！

2009年2月13日

蜡梅情结
——思念计振华和他的父亲

　　"首都特种刑事法庭"的监狱生活是很复杂的。有八路军、地下党、解放区的干部、民主党派、进步人士，以及国民党的坐探、叛变分子，或是被国民党称为不安分子的社会各式人等。但监狱生活也有规律，凡叛徒、坐探等总是孤立的，而其他人在这里却自然会成为朋友、知己。我同计振华就是在监狱里互相了解而成为知己的。

　　计振华是"群社"社员，是苏高中的高才生。我们原先不认识。被捕后，他的姐姐计丽华，当时十九岁，很勇敢，单身大闹"城防指挥部"，责问他们逮捕其弟弟的法律根据。我因先一天被逮捕，在号子的小窗口端瞥见她的形象，印象深刻，并引起我内心的钦佩。十多年后，她从北京寄信给从未见过面的我，我才知道她被人诬称为参加过三青团而迟迟不得入党。她通过组织要我证明她在苏州振华女中读书的情况。我无从写起，只得写了一段她为弟弟被无辜逮捕，单身大闹"城防指挥部"的情况作证，想不到竟起了点作用，不久她就入党了。

　　计振华的家庭成员虽然我都没有见过面，但在监狱里老早就知道一切了。可惜我没有机会见到他的父亲、母亲，以及他家的两个哥哥、姐姐。只是到了上世纪70年代，我去北京找计丽华，那时还是通报了姓名，才互相认识的。到了1975年前后，振华写信给我，他的大哥计苏华被"四人帮"迫害成病（对江青的起诉书上被列为罪状之一），在病中常思念苏州，因此我写信给他，欢迎他大哥来苏州住，由我来张罗住宿和疗养。但到底行动不便而未能如愿，结果在北京地震后不久，带着回归故乡宿愿未遂的遗憾而与世长辞。他的二哥在空军部队工作，于1979年春路过苏州，特地来看望过我，也是互报姓名而谋面欢谈的。

振华的母亲是北京人。在监狱里，他老是跟我说他母亲做的包子真好吃，还叫我以后到他家去吃包子。这真是画饼充饥之谈。他秘密地告诉我，他是怎么会思想进步的，一是他的两位哥哥是认识共产党的（解放后证明他的两位哥哥是老共产党）；二是自己阅读马列书籍，联系实际想问题，才接受真理的。

他的父亲在南京国民政府财政部当科员。计振华看到我家庭贫困，父母亲无法来南京探监，因而他背着我通知他父亲特地用每半个月可探监一次的机会，专门探望我，为此，我深受感动，而且终生难忘。每每谈到这段友谊，我情不自禁地激动。几十年后，我与朋友们饮酒时谈论什么是"友谊"时，我竟流泪满面地讲起振华和这位老人。

振华在解放初就去大连读大学，开初还有信息，以后大家忙于各自工作、学习，他毕业后即失去联系，而他的家庭也早就迁去北京。在思念中我骤然在报纸上见到他大哥的姓名（他是知名人物），冒昧地写信给他，终于又联系上了。这时才知道计振华从事于航空事业，执教于沈阳航空专科学校（后改为沈阳航空学院）。上世纪60年代初，他偕同夫人来苏，此时我们再见面，都已"儿女成行"了，但也相见甚欢。60年代后期查"叛徒"，沈阳方面派人到苏州"五七干校"找我，一见面对方就说计振华是叛徒，我当即拒绝接待，我说计既是叛徒，何必再找我这"叛徒"作证？搁了他几天，在奈何我不得的情况下，他只能听我如实作证。

在动荡的年代里，他被下放到河南洛阳、四川灌县，行无定踪，那时倒有机会来苏州弯弯，包括他家的两个女儿来苏小住。上世纪80年代初他已是副教授，被派去美国进修。一年多后，因"胡磊事件"立即撤回进修生。当时他正紧张地写两篇论文，突然返回，连行李都来不及整理，结果竟在北京下飞机时口吐白沫、不省人事，得了小中风脑病。此后虽有治疗，但终未复原。其间来苏治疗，他已丧失记忆，终日少话而呆坐。但那天晚上他来我家敲门时，我去开门，刚见面他就抱着我，激动得说不出话。我偷偷地擦掉泪水，对他夫人说："还好！还好！他比我想象中的好，他还认识我。"而我的邻居不知我们的关系，隔天来问我为何如此激动。我从头讲起，引起邻居对他的好感和尊敬。半年后病不见好，仍回沈阳。一直拖到了1987年劳动节前，他夫人写信来说看来振华已过不了劳动节了。于是我们在苏的十三位难友立即发了一份慰问电，而且准备自筹经费去探望振华。此后竟无动静，我也以为过了难关。直到是年十一月，他的夫人在事过境迁后，才告我振华于5月4日离世的噩耗。当时我内心很复杂，真有点埋怨其家属如此悄然处理，也懊丧自己，原来有许多话要等他病愈才跟他讲，何不早点讲讲！

1987年底，我收到从美国寄来的贺年卡，署名是计杰。哦，振华的二女儿，她留学于美国。小时候她写信给我，曾写过"朱伯伯是我家最亲的人"。我记得她们姐妹俩天真、聪明的模样，忽忽几年，她们都学有成就了。计杰学的是药学物理，正在努力拿博士学位，大女儿计锋也在美国学计算机专业，正在拿硕士学位。

我总想为振华写点什么，宣泄心头的怀念，但常常不能如愿。只是在1984年4月，苏州解放三十五周年时，文学界有位朋友约我写点什么，而且催得很紧，于是我出差于南京时，匆匆写成一首诗。我认为这诗是真实地反映了当时监狱生活和难友间的感情的，也是我长相思的结晶，因此特抄录如下，思念振华和老人。

《金色的蜡梅》

说也惭愧，
十七岁我才认识了蜡梅，
一旦认识她，却终生刻上心扉。
记得南京特刑庭监狱阴风惨惨，
狰狞的看守吆喝我的姓名，
说：有人探监。
我被领出几重铁门，

终于望见一角冰冷的天！

骤然间，窗口传来冷冷的清香，

这不是蜡梅的清香吗？

我贪婪地大口呼吸，

冰凝的心灵顿时舒展。

铁窗外站着一位陌生的老人，

送来衣服和食品，

给我爱抚和安慰的叮咛。

我从惊喜中清醒：

啊！老人是我难友的父亲，

为了给我双倍的精神力量，

他让我代替他终未一见的儿子，

来享尽父亲的深爱，

他脸上激动的皱纹，

似乎是坚决的悲愤，眼神闪动着傲然的光芒，

啊！那是蜡梅的金色，光彩照人！

我什么都忘了，

忘了只有十分钟的接见，

甚至忘了起码的礼貌——道谢和告别，

我只看到一颗金色的心！

为使天真留下的抱憾得以弥补，

为使思念之情得到满足，

每年岁朝，我都供上蜡梅，

以后我还请画家专门画幅蜡梅，

即使冬春过去，

她依然在我心中喷吐芳馥。

有位诗人写出了我升华的情思，

他说：手捧蜡梅走过闹市，

引起所有人的瞩目，

使周围的一切相形失色，

人们喊道："蜡梅来了，蜡梅来了，

快给金色的蜡梅让路！"

　　这篇诗作刊登后，我再也没法给振华诵读了，他的小脑已经萎缩，而且我也没有勇气跟他讲动感情的话，唯恐对他病情有刺激。现在我只能把对他的思念和感情埋在自己胸中，让它燃烧，或许能使我更好受些。

1989 年 7 月 1 日

光荣的孤立

我的难友桑润身，已有五十多年没有见了。虽然零零星星得一些关于他的消息，解放初期在北京清华大学读书，以后又到玉门油矿工作，再以后听说他工作调到天津大港油田设计研究院，又犯了关节炎毛病，行动不便，等等。悠悠几十年，就飘来这些消息。其实，真要写信联络一下，也不是办不到的。只是我一向懒于动笔说些自己忙于"斗争""改造"之类的事情，总以为革命者虽天各一方，情感肯定一脉相通的——也算蛮气派的革命情怀。

工作退下来以后，心情平静了，不时思念起这位难友来，但仍旧没有通信联系。直到最近，读到桑润身给沈立人的信件（载发《为了新中国》），我真的动了感情。桑的信很简短，只说自己身体不好（最近患了脑血栓的毛病），不便来苏州聚会，但希望同志们能去天津，并将火车站下车后，如何搭乘公共汽车，如何转车，哪一站下车再到达他家的"线路图"，逐一详尽写明……读罢信，感觉他一如从前的热情和纯朴，仿佛老朋友已倚门可望了，可想而知他是多么渴望友谊。我甚至想象，当我按他指点的路线找到他家时，看到的也许已是一位卧床不起的老人，而他见到的我也已是一个陌生的颓顶老头了，非得自报家门，而后才会激动异常地拥抱流泪……

桑润身与我是患难相交的难友，又曾是同学。1943年，我进县中初中，我在甲班，他在乙班，教室相邻，但互不熟悉（除非出门在外或几十年重逢，才会有同学、同乡的那种骤然亲热感）。我对桑润身产生敬畏之情，缘于当年在校参加体育锻炼的一段小插曲：那时我长得比较矮小，有次下课时，我到单杠上做"引体向上"时，不知怎么（现在知道是没有掌握吸腹要领）一翻身，手一松（惯性很大），整个身体朝地面扑下，双手来不及撑住，结果上门牙插入下嘴唇，顿时鲜血直流，痛得我爬不起来……正是这位热忱的桑润身大同学，首先将我扶起，细心观察我的伤势。因为血口粘上了泥沙，看不清楚伤口大小，于是他又扶我到操场后的一口井边，吊上一桶水，叫我漱口，帮我拭洗伤口；又领我到校总务室，讨些药棉、红药水帮我止血。说来惭愧，当时碍于伤痛，我竟忘了向他道谢，甚至连他姓啥也没问，跑回教室上课时，已经迟到了，大家看着我胀肿的脸和红肿的大嘴巴。

援助弱小，为别人排忧解难，事不大，但受惠者往往不易忘记。在我幼小的心里感觉这是一种厚道、侠义的精神，因而对桑润身由衷产生敬佩。事后我打听得知，这位身材高大的热心同学叫桑润身，河北人，能讲一口国语。与他偶然在校相遇时，我仍只会腼腆地笑笑而过，很少上前攀谈什么。有时放学回家与他同路，才认得他家住在吴县直街11号，一座中西式的楼房里。

桑润身很善于交谈，我却生性腼腆，对他的感激之情一直藏于心里，从没当面说些什么，仅以笑笑默认我们已是朋友。随着年龄增长才逐渐懂得，这就是纯情的友谊。

初中毕业后，我入农校，后又转师范学习，桑润身是进苏高中读书的。想不到事隔几年，到1948年11月21日，我们俩又在国民党苏州城防指挥部的拘留所里见面了。"群社"事发第二天，桑润身被捕了，而我则是前一天深夜被捕的，这样我们又成了难友。以后，我们的牢狱生活辗转了四五处，我和他差不多总在一起，有时还关在同一个"号子"里，我们一起度过七十多天的患难生活。桑润身性格热忱直率，同案人从四面八方而来，很快都能与他熟稔起来，特别像难友计振华，他俩是苏高中同学，所以谈话更加投机，他们谈同学间的情况，谈社团活动……以至几十年后，偶然与以前苏高中的一批革命分子接触时，说到他们的姓名和活动，我竟也能耳熟能详了。

记得我们关在无锡军法看守所时，曾为所谓"铺位费"而与牢房"龙头"进行一番斗争。桑润身当时血气方刚，准备与他们对打。同案者中几位年龄稍长、有点阅历的如史若平、凌镇涛，以及另案的一位苏州人沈志直等，开始都主张以我方人多势众、年轻力壮，又借共产党的身份把事情闹大，趁机揭露监狱中的黑暗，抵制"敲竹杠"（睡觉收"铺位费"）。后来，经过牢房里另一位共产党员王耀南同志的开导和分析，我们才作了有节有理的解决，部分难友（如沙惠民、沙可积、张玉熙、邹厚源、方钧贻、桑润身、计振华等）的家属，送了些钱进来交与"龙头"，才算作罢（此事在我《黎明前的黑暗》一文中有过记载）。桑润身本来准备打斗的，经说服后，非常直爽地用家里送来的钱，帮助其他难友解决"铺位费"问题。

我们被黑暗无比的无锡军法处看守所关了12天后，又转押到了常州交警总队。这里没有牢房，仅有一大间封了铁栅的空房（像是一间仓库），同案十二人全部关在一起，吃、睡、厕都在这一统间里，而且男女不分。同案中曹璟大姐是唯一女性，关在这里很不方便。于是，难友中年龄稍大的史若平、凌镇涛和热心人桑润身一起想办法，在牢房的一角隔出空地，拉起一根绳子，挂上被头，很快为她解决了方便问题。晚上睡觉时，为防看守的军警欺侮，难友们让曹璟大姐睡在当中，我们十一人围圈而睡，也算是种保卫措施吧。

四天以后，我们又被解到常州"京沪警备司令部"（汤恩伯的老巢），这里的待遇就更加恶劣了。把我们十一个男性分别关在两只小木笼子里，木笼子仅一米五见方，一笼关六人，一笼关五人。白天站在笼里就够挤的，晚上睡觉更加受罪了，像我这样身高不足一米六的矮子，都卧不能直身，睡不能躺平，何况像桑润身这样的大高个呢。睡觉时大家双脚蜷起，头脚相互交叉、侧身而躺，或者背靠木笼，屈腿坐着打瞌睡……

第一夜在笼内睡觉实在难受，难友们都无法入睡，于是有人提议索性不睡，众人响应，话匣子重又打开，桑润身与计振华的谈话又发生争论（记不得什么话题）。众人参与进去，一直争到深更半夜，有的难友话渐少了，争论者就剩他两个。我倦极了真想睡觉，有点光火，于是突然竖起身来，站立不卧，让出空间，并大吼一声："不要争了，让大家睡好。"我倒不是针对谁,有点"我不入地狱,谁入地狱"的味道。现在回想起来觉得非常可笑。那一夜,我这奇怪的行动,竟然将争论镇住了,大家无声地勉强入睡。不料,第二天白天,挤在木笼子里的桑润身,又要继续与人争论,大家认为他"输了理",都不愿再与他争辩,甚至讥笑他"处于孤立",但这位老兄竟引经据典地借用列宁的一句话,称是"光荣的孤立"。

小木笼子里睡觉受罪,但伙食倒还不错,我们与这里的士兵一样待遇,一日两餐吃得饱饱的,那大箩筐里的白米饭,大面盆盛肉汤煮青菜,虽然菜里很难找到一丝肉片,但肉味油水十足,难友们前一阵也饿得够了,大口大口地扒饭吃菜……我们在木笼里生活,只有吃饭和大小便才能出笼,于是,难友们就经常提出小便。渐渐与看守的士兵混熟了,他们有时还肯帮难友寄封家信呢。有时一些军官也来看我们吃饭,隔着笼子与我们闲聊,聊些时局变化和人生态度等,偶尔叹说:"你们年纪轻轻,误入歧途……"而我们有的难友就趁机对他们做"思想工作"。

此后,这些成了木笼子里的谈话内容,有时不同的看法表现在桑润身上,就成了剧烈的争论。他对所有事物总要表态,什么问题都要争个明白,哪位军官会有转变的可能,肯定能"放下屠刀,立地成佛",哪位军官是死硬到底,等等。有时争论理论方面的事情,或在议论同学、朋友、社团活动等事情,尤其是与他的老同学计振华争论时,桑润身常常会毫不讳忌地再次自称"光荣的孤立"!他的热忱、喜欢讲话,有时甚至缠着你"表态",就像"文革"中要求"人人表态"一样。有时争论刚一开始,我们大家就学他先说"光荣的孤立",他倒并不见气,单是他的这种真诚坦荡性格,也成为难友间维系情谊的支柱力量。在艰难的环境里,"光荣的孤立"者有其独立思考的一面!

小木笼里关了四天又起解了,把我们转押到"首都特种刑事法庭"羊皮巷监狱,其间,我们还在南京白下路中华路口的首都交警总队关押过几天。那时我们经常听到窗外飞机的轰鸣声,桑润身就说:"蒋介石要逃亡了。"有的难友说"这里近明故宫机场,这是正常的客运机起落",于是争论又起……我却以为,桑润身的观点表明他坚定的信念,而且事实上，他的预言很快得到印证——特刑庭来不及判处我们，蒋介石就已逃亡了。说明"光荣的孤立"是有内涵的自信。

在特刑庭期间，桑润身、计振华、方钧贻与我四人，是关在"勇"字四号一间号子内的。南京的冬天特别冷，而我又衣着单薄，限于家庭经济困难，无力为我送衣送食，过冬犹如雪上加霜。我当初是在学校于深夜被捕的，从被窝里迷迷糊糊被他们叫醒，我也不知道发生了什么。上身只套了一件卫生衫外加一件单校服，下身穿两条单裤。在走出校门时，我向军警提出小便，趁墙角边小便之时，我头脑开始搜索想到上衣左袋里藏有九十多块"金圆券"（原是前期赴解放区的同学变卖家里的金戒指等物，才筹集起这笔款，留作我和其他同学去解放区的盘缠），落到敌人手里一定会引起疑心——一个穷学生怎会有大额钞票呢？另外，在我上衣右袋中还有一本自己装订的"通讯录"，记着与我相知的同学和志同道合朋友的名单，以及太湖游击队、江阴武工队有关人员的化名、地址等等，裤袋中藏有隔天与同学交谈中，对方向我借三本书的名称，一本《价值、价格与利润》，一本托洛茨基著的《论不断革命 ABC》，还有一本是苏联小说（名字不记得了）。

我是被所谓"飞行堡垒"抓捕的，架势很大，我被指定坐在当中一辆自行车书包架上，双手插在裤兜里。两边是二十多荷枪实弹的"飞行堡垒"队员，他们威风凛凛，我却冷得瑟瑟发抖……我先把裤袋中那张借书纸条用手揉碎，然后趁人不注意一点一点漏掉。接着，我灵机一动，军警是先上我家抓我未着，才押着我爹到学校来的，而现在一路向北，正要路过我家那条巷子，于是我要求军警让我回家穿件衣服。应允后，我成竹在胸。到家后，脱下上装向箱架上一甩，扯起一件线呢长衫，往身上一披……尽管军警们呼五吆六，我姐姐、弟弟奋起抗争，父母想护卫我，而我迅速离开房间向外走去了。此一瞬间，我脱掉中山装，换了件长衫，丢掉了"秘密"，其实并没有穿暖。

桑润身身上穿得还暖，他家里人又送来了一件西式人字粗花呢夹大衣。桑见我穿着单薄，毅然将西式夹大衣脱下，给我穿上。于是，我靠它抵御寒冷，也制止了我已经开始的咳嗽和拉肚子……岂止是抵御严冻，不但受用，而且贴心，它让我感到踏实，所有的社会关系被隔绝，安全系数就高了。从开头抓我时的来势汹汹，以为我是"群社"与共产党联络的头头，到后来逐渐降温，最后沦为一批所谓"儿童罪犯"（因为我长得矮小），关押进老虎桥的"儿童牢监"里。这件大衣温暖了我，直到我们释放回苏。

回苏以后，我理应马上去桑家归还大衣的。但由于我的疏懒，也为了躲避当初险恶的环境，我一直拖着……解放以后，由于大家都忙于革命，又一拖再拖，后来他到了北京去读书，彼此就更无碰头机会了。后几十年的风风雨雨，这件大衣早已"尸骨无存"了。但我对它的美好记忆，蕴涵着桑润身对我的深情友谊，这件大衣仿佛就是桑润身对我隐藏"秘密文件"的奖赏。桑润身的可爱形象，很长时期留在我心中挥抹不去，我一直非常想念他。

"光荣的孤立"——独立思考，热忱率真，甚至叫"善于狡辩"，这在过去几十年中，也许是属"不合时宜"。到了 1957 年夏季，乾坤倒转，桑润身的嘴巴被阳谋钩子挂着了，桑润身成了一条"离了水的鱼"，不死不活。他的命运只能长期在荒漠艰苦的地方工作，风霜雪雨，冷冷热热，以致患上了严重的关节炎（动弹不得）……好几次昔日难友聚会，他都因为病体不便而无法远道赶来。每每想起他来，我免不了会替他感觉孤单、寂寞和伤感，但愿事实上他过得还好。

桑润身于 1979 年获得"右派改正"，于是改名为"桑田"。几十年的风云变幻，正是沧海桑田呀！从他的来信中，仍能感觉他性格未变，形象依旧。所谓"不合时宜"之"时"，也许就像时装表演中的花样翻新和眼花缭乱，但毕竟不是社会与人生的"准则"吧。幸好润身是搞石油采矿的，他懂得"矿藏埋得再深，跨越时间再长，随着科学技术的进步，终究可以发掘"的道理。抑或，这也为后来的人们提供一种借鉴和教训。桑润身"光荣的孤立"性格、思维（包括他的学识）以及曾经为共和国作出的贡献等等，都是值得称道的。至少，他在我们这帮难友中，"光荣的孤立"有着独特的人格魅力！

2000 年 7 月

寻找"小八路放火队"

1948 年 11 月 20 日，国民党政府的苏州城防指挥部，兴师动众出动所谓"飞行堡垒"，军警全副武装闯入孔庙内的苏州师范学校，逮捕我这个所谓"共产党头头"。连夜，我被反绑到审讯室，一个反动军官冷峻而带讥笑道："怎么是一个小鬼头？"

是的，我当时十七岁，身高大约只有一米五左右，瘦小的身躯，一张娃娃脸，怎么可能是干惊天动地事业的"共产党头头"呢？事实上，我这个"小鬼头"仅仅读了一点所谓的"野书"，接受了些时髦的思潮，向往"山那边的好地方"，送过两批好朋友奔赴"好地方"而已，根本够不上做"特殊材料"的人，称我"小鬼头"蛮对。

我被辗转关押到南京伪首都特种刑事法庭监牢，推进"勇"字四号牢房。这里据说全是"戡乱时期"触犯特种刑事治安条例的共产党，可是在共产党中却出现了两个十来岁模样的孩子。一个姓薛，安徽蚌埠人，据说是跟父亲出来"跑单帮"贩卖香烟的（父亲被关在另一个号子里）。另一个叫"小山东"，胖乎乎的红脸蛋，穿一件脱笼黑棉袄，清脆直爽的山东口音，说话时常伴有见义勇为的举止和见识。偶尔反握着双手，对着铁窗仰天长叹，像个"大人"模样，还用胖乎乎冻红了的小手托着下巴，凝神沉思，是个难友们人见人爱的孩子。

在这"特刑庭"监牢里总共关押了十一个未成年的孩子（九至十三岁）。难友余心清是个长期与共产党合作的国民党中将，出狱后写过一本《在蒋牢中》的书，对这十一个孩子有过记载。

事情的起因是：常州一男孩，六年级学生，父亲在南京总统府当秘书，他从小过继给常州的舅父，舅父因贪污而被捕入狱，无人照料生活，他只得回到父母身边，他的母亲脾气很坏，也不甚喜欢他，时常打骂他，他常想要逃回常州去。某天，家里来客人，父亲给他五块钱，叫他拿个酒瓶去打酒。他一出门就觉得机会来了，他买了一块钱大饼，吃一半，留一半装在口袋里，沿铁路朝常州方向走去。天黑时，走到尧化门车站附近，忽然见到一草堆起火，呆看了一会儿。这时附近的宪兵发现了他，觉得这个小孩装束不同本地人，手里还拿着酒瓶，认定这把火是他放的。一顿吊打，又从鼻子里灌了凉水，要他承认，并骗他说："承认火是你放的，就可以送你回常州。"结果他承认了，宪兵又押着他到南京车站附近去指认"同伙"，被迫之下他在街上指谁认谁，这样又捉了十个在街上流浪乞讨的孩子，一起被关进特刑庭。他们的罪名是"共产党放火队想放火烧毁南京火车站"。这抓来的十一个小孩就成了"小八路放火队"队员。

大约是 1949 年 1 月 12 日或 13 日，一纸令下，特刑庭全部"案犯"转移到南京老虎桥模范监狱。模范监狱究竟"模范"到什么程度，我一无所知，许多难友们倒是"享受"到的。而我这个"小鬼头"和这群"放火队"的孩子，被关入了儿童监牢。十一个人睡六张双人木床——有双人铺就算"模范监狱"。那个常州小孩因在另外一间，以免遭受孩子们联合报复。这大概也算"模范行为"吧。享受"模范待遇"也真是麻烦，因为关入儿童牢房者，都未成年还算不上人，所以没有"放风时间"，见不到人群，连看守人员的动静都见不到，也得不到任何信息，即使早上漱洗，短短三分钟在走廊水龙头前也见不到人影，整天就是面壁等待。我这个被定为"共产党头头"的小鬼头，犹如跌进了不见天日的深渊里，枯坐在一个闷罐里，空气逼仄得几近窒息，精神濒临崩溃边缘。我要讲话，我要呼叫！可这里没有共同语言，没有忧患意识，不须有什么思想，整日仅有孩子们的撩事和争吵。这也是一种磨炼，以至多少年以后"隔离反省"时，反倒有了抵御能力，对饱尝孤独滋味，我已是"过来人"了。

孩子们待我很好，"小山东"（可惜记不起他的大名了）与我在特刑庭是同牢,还教我哼过《国际歌》呢。到了这里后,他在生活上照料我,为我端饭盛水,问我冷暖。"小山东"在孩子群中有点威望(领袖人物),他称我"朱先生",其他孩子也跟着这么叫。对于孩子们之间无谓的争吵和打架,"小山东"常常表现出"路见不平一声吼,该出手时就出手"的英雄气概,把他们都能镇住。他的这种精神也把苦难环境中的我激活了,听着孩子们一声声的"朱先生",我想:何不借此机会教他们识点字呢?

于是,我们挖墙头泥作粉笔,水泥地当黑板,写字、读音、解义,孩子们跟着我比划笔画,先教他们"人、手、足、刀、尺"之类,后来发现他们连自己的姓氏都不识,逐改教《百家姓》,按他们的姓氏一个一个地教……几天下来,感觉他们识字的效果不明显,就又改为直观教学,见什么,教什么,教过几个来回,他们倒派上了用场。

孩子当中有一个湖南人,叫朱同山,大家都叫他"猪头三",是山区来的孩子,对自己的姓名只会读音,却搞不清楚是怎么三个字。我估计他可能排行第三,这是乳名,就像江南一带称"阿三"之类的,而且我猜想,大山可能产桐树,于是为他改名叫"朱桐山"。十三岁的朱桐山,厚嘴唇,声音沙哑,走路跛脚,伛偻着腰,骨瘦如柴,望上去羸弱不堪,可是有些孩子常欺负他,只有"小山东"护着他。

在我教他姓名识字后,他向我倾吐了一肚皮的苦水,还撩起单裤给我看:那瘦骨伶仃的小腿上,有一道很长的血脓模糊的伤口,谁看了都禁不住心疼。朱桐山不知道自己出生湖南什么县,只记着那个大山深谷中的村名(可惜我忘记了),家中父母务农,还有姐姐哥哥和一个老祖母。记得是快过大年的时候,国民党军队开进村来抓壮丁,抓不着他哥哥就强拖他去顶替。国民党军队把他朝天捆手绑脚,然后用扛棒像扛猪猡那样,扛着他走了大半天的山路,夜晚就在一座庙前停下,这时朱桐山已挣扎得不省人事,只记得离家时祖母、母亲、姐姐她们呼天喊地地哭叫。

没有经过训练,朱桐山被驱赶着拿起枪上了前线,人小枪高,他双手托着沉重的枪,赶上了徐州大会战的战场,第一次开火就被俘了。朱桐山说,共产党对他很好,给他路费,开路条让他回家。可怜他不知道自己老家在哪里。不识字，又说不清具体要到湖南什么地方，只能在茫茫田野不停地向南乱闯。不巧，又被国民党军队抓获，说是逃兵，一顿毒打，并搜掉路费，重新编进队伍。第二次又被推上前线，排长要他冲锋，他稍有犹豫，便遭到一阵枪托捅打，排长还用刺刀将他小腿刺伤，等他苏醒过来时，发现自己躺在尸堆血泊之中。

朱桐山又一次被俘了，共产党为他的伤口敷药，又发给他路条、路费，他跌跌撞撞行至一荒落的农家，用路费换件旧衣服，总算脱离了国民党军队纠缠。也不知走了多少路，他摸到一个小火车站，溜进一列货车到了南京，开始沿街乞讨，不想又被抓进了特刑庭，成了"放火队队员"。

知道他的身世，我想今后他要回家，非得识几个字才行，否则麻烦大了。于是我对他采取"急用先学"的办法，先教会他识地名：南京、上海、杭州、株州、长沙……我想，凭着他说一口湖南腔，只要到了长沙，若碰到好人肯定能辨别他的乡音而帮他寻找家乡的。他说"只要见到大山和溪水，就能认得村子"，说这话时，他原本忧愁的眉目和嘴角，露出了一丝笑意，我仿佛见到一朵枯蔫的花朵有了一线生机。

孩子们识了几个大字，尤其是朱桐山认得了地名，有了回家的希望，我孤独忧伤的心情，好像也解脱了许多。有天夜晚隐隐听到了隔江的炮声，白天小铁窗外，经常看得到飞机往返窜逃，监狱的看守逃亡了，连烧饭的人也逃走了。我们在饿了一顿后闹得不可开交，监牢当局不得不打开每一间囚室，让难友自己推选人去烧饭。这样，我就走出了禁闭二十多天的"儿童监"，来到成年人群里，好像"释放"一样，急切地往各个牢房探望难友，我见难友们已在囚室的墙壁上，写上了"中国共产党万岁"的大字，这是同案难友史若平的杰作。那几天，我们大家饱餐了几顿。释放政治犯是和平谈判的先决条件，大人们已经在窃窃私语，"小鬼"们也看出些门道，能吃饱且有希望出狱，当然是开心的事，脸上也有了笑意。我特意关照朱桐山，出狱后，乘火车向南到长沙再问，肯定能找回老家的。"小山东"在南京有个哥哥，不用我多担心。

1949 年 1 月 28 日下午，监狱人员点放了我们这批共产党，总算离开了老虎桥监狱，临别时孩子们依依不舍，我抚摸了"小山东"的头，握了握朱桐山干瘪的手，不忍再说什么，扭头便走……

五十多年过去了，我时常想念这批小难友，尤其是朱桐山、"小山东"。有时见到街上佩戴红领巾的孩子们打着队旗、敲着鼓列队行进时，总忍不住对大头大脑的胖男孩要多看几眼，希望能意外见到"小山东"！或者格外注意大饼店里的伙计，想想"小山东"也可能以此为业。夜深人静时，有时睡不着觉，就会牵记朱桐山的命运，不知他到家了没有，还是失散在兵荒马乱之中了？

19世纪时，英国煤矿工人在巷道里作业，灯火昏暗，伸手不见五指，时常发生危险，于是矿工们在黑暗中，自觉结成一种亲密无间的共同体，他们相互理解，坦诚相见，这种社会黑暗中形成的友谊带到地面上，人们赞誉为"煤炭的光泽"！我渴望和珍重友情，羡慕和向往"煤炭的光泽"，凭着我们曾经有过的"煤炭的光泽"，希望小难友们能看到我的这篇拙文。

2001年1月

追悼会上没念的悼词

伯皋，今天我们为你送行，真的热热闹闹的。可惜你紧闭双眼，根本感受不到了。天地阴阳相隔，从此我们与你再也不能相聚而热热闹闹了。为你洒泪！

还在你躺在灵堂后面时，我们一批难友为你办理后事时，我就主张不要单位来主持，我说单位来主持的告别会都是教条主义的，根本不可能有感情的！

果真如此，单位主持人连开场报个告别会的全称都没有说全，只说告别会开始，现在由生前友好致辞。于是立人在你灵前致悼词。如果没有悼词和晓明的答谢词，那个告别会只需五分钟就结束了。

伯皋，在我们年轻时曾有句流行语："革命是不要批准的！"革了一世的命，现在人逝去了，开个追悼会，亲朋好友要表达下感情，还要有文件来管你。还说这是改革，不能称追悼会，只能称告别会。而且告别会只发张逝者的简历，放放哀乐，鞠鞠躬，向遗体告别就结束了。这次告别会上主持人连你的简历都不肯读一读，连同志、战友等称呼都没听见。会后听晓明说，曾争取要读简历的，但单位人讲我们的某院长死了也没有读简历！原来，他们用"长"来压人的，认的是文件，就是不认情！

几十年来，我们一直生活在被人从头管到脚的时代。因此革命真的忙得不可开交而常有得不偿失、得失不当的成果。而某些具体事情的处理上，大概只能如此简单化或粗暴化了。这是时代的悲哀。计大账，不算小账，也罢。伯皋同志，我们是志同道合的同志，是几十年前从接受马克思主义思想而结成的友谊，自然我们的感情是深厚的。我们在你的灵堂前摆满了花圈，敬称你是同志、难友、老战友。而那些单位来的"长"字号，他们仅仅是你同一办公室里的同事，或者是同一院子里的陌生人。对陌生人，他们出于礼貌或例行公事，我们还能要求他们什么呢？会后，甚至我听说单位人还嫌告别会时间拖得太长了！

我们嫌短，因而还要以另外的形式来悼念你，包括我补作的这份悼词。你的同志战友从昆山、南京、上海、太仓等地专程赶来，有的远在北京、济南、大连的同志发来唁电，供上花圈，这才叫同志的感情！他们都在写悼念你的文章哩！出个专集这才叫热闹哩！

伯皋，你知道我的脾气的。在你的告别会上，我恨不得夺权来主持哩。我早就主张亲属和难友来开追悼会。立人是好人，他不愿跟他们闹翻，只能采取磨合的办法，争取加上了立人的悼词和晓明的答谢词，总算我们同志间热闹过了。

追悼会由文件来管，发源于1979年和80年代初期，原意是历年来冤假错案多多，亲人们都要求有个正确结论，因而有时事情闹僵，上级领导来个简单化，不愿看到尴尬的僵局。这就是历史缘由。到了基层，层层照套，结果参加多少次的追悼会都索然无味！我讲这话，你肯定又发笑了，我看到你的笑脸：张了嘴，露了牙，脸上的皮肤皱成U形，发出嘿嘿嘿的笑声。可能你会问：追悼会还要有味？是的，就要有亲情味！同志友谊味！

伯皋，我告诉你，我曾经在顾传宇（地下团员）的追悼会上夺过主持权的。顾传宇一世坎坷，没有成家，病重时缺少照顾，逝去后学校对顾的后事极为冷淡。追悼会上，我们十来个相好同学到场，有批教师、学生也来了，校里说校长不来，派个工会主席来。临场没有头绪，不见动静，拖了一些时间。老战友宋墨云不满地大声说："他们真是死人不管呀！"我听了这话，马上走上灵台，宣布追悼顾传宇同志仪式开始。我一人包办，既主持，又致长长的悼词（见《古稀情愫》第二册）。会后，顾的两个外地来的哥哥、一个妹妹听了我的悼词说，有些事迹他们都不知道，说真有这样情深意厚的同学呀！我说我们同学间的友谊是时代给予的，我们是同志呀！事后，他的大哥经常和我通信。我将悼词广为印发，还特地寄一份给市一中的校长！

伯皋，身后热热闹闹，只有同志情才办得到，否则即使单位人读悼词，也是最后的廉价送客词，不必相信这一套。都是有套路的，最后是"失去了一位好同志"，而活着的时候，并没有称你"好同志"的。廉价的悼词只有几分钟的效果！不久前，沈志直的告别会上，单位人说了几句对沈业务上的好话，隔天志直的儿子沈青去单位取这份悼词，他们却说丢了，而且领导人避而不见。

我又要引你发笑了，给你讲个真实的故事听听：有位共产党员犯了错误受了处分，不幸得病而逝。那时单位遵循伟人教导，都要开追悼会的，虽然讲了他生平的一些好话，但最后却只能说"我们失去了一个同志"，就缺了个"好"字，总算还带着同志两字。这就是教条主义的追悼会。

我们都是凡人，都是上不了历史的人物，何必要个所谓的结论、鉴定、评价等等。在自己一帮亲属友人心目中有个好形象有些好的口碑就够了。

事实上，我们这帮朋友，凭了年少时的初衷和纯真，矢志不渝，尽管没有耀眼的头衔、职务和政治身份，像你、沈志直、计振华、姚文言、赵方拂、林野、张骧、殷安如、邱隐帆、陈希敏、张益泰、张念祖、夏怡曾、李佩华同志（限于我所认识的），但比起那些变了质的金玉其外还没败絮其"外"的大小员们，不知要高大千百倍，真有天壤之别。伯皋，我和你相识于南京特别刑庭狱中。1948 年 11 月 20 日深夜，你们在国华银行被捕后，城防指挥部马上抓了我跟你们对质，问我们认识不认识？我们都摇头。而你的姓名、地址，我却是老早就相知的：程伯皋，阊门外叶家弄 39 号。这是我记载在我的小本子上的，几十年来我还保存着。从此，虽不相识，却牵出了一连串的故事，这就是真假伯皋的来源（见《为了新中国》）！

说实话，我同你相识于狱中的一次放风中，我见到吕谊后即问："我怎么进来的？"我这突然提问，他猝不及防，尴尬异常，支吾其词，为了搪塞，他连忙把你介绍给我而摆脱其窘态，说这才是程伯皋！我当初结怨于吕谊，也结怨于"群社"，我连手都没与你拉一拉。当然狱中也不能真正握手的。而当我真正握着你手的时候，感到你的手怎么这样的瘦小、无力。那已经是几十年以后你吃了不少苦头后的事情了，是经历了又一次磨难的事后了。记得是你在苏北建湖农村某中学教书，上世纪 70 年代中期趁假期回苏来到我家，我们才真正握手的！我们之间的友谊曲曲折折，历史也就这样曲曲折折走过了。

以后你调到木渎教书了，有机会在苏州你家常聚聚了。而我记得你的孩子对我们这帮人的谈话有过精彩的概括，说："你们尽讲些老话，我们背都背得出了。"不错，尽是老话，而老话中却有友情！讲了那么多的老话，我们竟还不够了解呢。这次告别会上没有读你的简历，我回家后细读，才知道你在"反右"中得到一顶帽子——"中右"，内定"右派"。从此就打入农村，辗转不同乡村、不同学校，整整有二十二年之久。而你是个书生，不但手无缚鸡之力，而且连自己烧饭都不会，全依靠你的亲人沈炜，而我的印象中竟以为你在省新华书店还算顺当，还以为是"文革"中期才下乡的呢？你看我们虽然相知，你却连过去的苦难都不肯多说几句！是不堪回首还是向前看？

你受"左"的伤害真够受的了，然而你却学着当时的时髦话：无怨无悔。当初，我就曾跟你争论过，我问你为什么不怨？我们的经历怎么能不悔？你总是笑而不答，最后一本正经地归纳为正面的理论上去。怨和悔是因为我们的道路有错，而且这错并不是我们个人的，怎么应该负错的人不认错，倒要我们来无怨无悔呢？

我们谈话常有争论，但并不妨碍友谊，这就是实在相熟的缘故。真像你有时会同立人争论后，刺一下立人那样："你是著名经济学家嘛！十三大党代表嘛！"当然立人也不会有气。而我跟你争论最激烈的一次，即 1999 年姑苏春会前夕，你劝我不要在会上发言，特别不要提退党的事，而我坚持要发言而且必定要讲退党的理由。最后闹得不欢而散，我把你家的门用力一推，砰的一声关了就走！过后，我们照样蛮好，各人有各人的脾性，让我发发也好嘛！

记得 2002 年，你已经开刀几年坐在轮椅上，并搬到吴中二村了。外地有两位难友来苏探望你。我们一起来的。你很兴奋，讲话基本上是包场。你经常如此,这可说是你的专利——健谈。你讲你幸福的家庭,讲你新居的来龙去脉,以及装修等等。实在时间不够,两位远客无从插话,为避免打扰你家生活,到吃饭时我们就离去了。事后我想你怎么如此兴奋而包场得无从插话。现在看了你的简历,才真正理解你的处境和心路历程。几十年来你一直受到巨大的政治压力,有了"中右"的身份,就有多少双陌生的眼睛盯着你,你对周围的人们亲不得,也疏不得;你的言辞,遣词造句"左"不得、"右"不得;日常生活中你不能多一句话。你根本不可能健谈。这就叫不准乱说乱动。否则坐实了"右派"帽子(这在当时尤其是农村是极容易办到的),你还会跌入更加深的枯井!你孤身一人在外乡农村,流离失所,没有一个好好的住所,根本没有个窝!即使调苏州后还是如此,直到落实地下团政策后,才逐步有所改善。这回,我听晓农讲为什么取名晓农:沈炜怀孕时你全家在农村,生活极艰难,沈炜临产连医院都没有去,就由农村产婆老法接生的;又考虑到孩子将来也在农村,因此取名晓农!这些辛酸的话题,虽然我们一直讲老话,却从来不知,真的我们痴迷于理想而不顾自己的种种!

地下团冤案在申诉平反前后,伯皋,你骑了一辆小轮自行车穿梭于同志间。得到平反,大家高兴。突破这类三十多年前定下的框框,戛戛乎难矣。这种高兴是旁人难以感同身受的。我们不断地集会、畅谈,老战友不避任何顾忌赶到苏州来会友。但在一个习惯于非此即彼的简单逻辑思维的时代里,许多冤假错案即使平反了,承认你是进步的,有组织的,甚至是革命等等,但某些掌有霸权话语者头脑里仍留有旧习的印象(个例除外),旁人是无法帮他清除的。你表现再好也不过是只裂了缝的破碗,比不得人家是只新碗。本来历史清白和历史清楚就是有界定的。所以 1989 年在团结桥集会时,大家兴高采烈时,我就讲了句不适当的话,说这不过是"自得其乐"而已。事实也是沿着这句话走的。伯皋,你受到过委屈、遭过罪,同时地下团的朋友们也如此。平反后,你常说对不起我们,要负领导责任,包括你在 1999 年姑苏春会上也说过这话的。我又是跟你调笑说:"不要以为你是地下团的领导,你领导的团员,现在即使你和立人出来作证,当权部门也当你白板,他们根本没有把你看做是一级组织的领导！"我直言相告，你又拉开了嘴，露了牙，脸上的皮肤皱成 U 形在发笑哩。

几十年来，白云苍狗，瞬息即逝，然而你的音容笑貌历历在目，你的精神，你的经历、作为，都在我们这辈始终不忘的朋友心中。我们走过了艰难险峻的历史，我悼念你，仅仅记下点滴的历史，但愿这些点滴历史不因岁月流逝而被我们淡忘。如果能从不淡忘中有些思考、探索，那我们还能看到你在天之灵的笑容，虽然面孔瘦削，精神仍然矍铄！

2003 年 9 月 5 日

奇怪的邻居

苏州人住在老房子里，特别看重邻居关系，长年累月地相互照顾，和谐相处，形成一种生活乐趣。不像现代人住公寓房后，都被防盗门、出入换拖鞋等一类事隔阂得视同陌路，甚至为了点小事还要以邻为壑似的。老房里邻居，好比是披荫于老树下的根须，都是相互关联、关心的，而且生活语言多于政治术语，自有一股亲情之风，如同现在风行的广告词，有股温馨情调。邻居间留下的点滴印象，几十年过去了，还令人难以忘怀。

然而我家的一位邻居有点特别。那个时代正是国共两党开战，国民党已处于劣势，共产党即将掌权的时期，而我的这位邻居是国民党的军官。这未免有点格格不入。

1947年寒假，我从外地学校归来，发现我家多了一个大邻居，一个国民党的小机关——团管区（专管抽壮丁的）搬进了嘉余坊的一个大宅院里。原来这个大宅院有七家人家，还有一个破旧荒凉的后园、池塘等，被他们赶走了两家后，占据了大部分房屋，设立了办公机构。他们总共只有十来个士兵和军官，只有一个大队副带着家眷住在大宅院最好的两间房间，其他军官士兵都住在外面。那位大队副叫潘林森，是什么军官学校毕业的，上尉衔头，溧阳人，个子高高的，当年大约近三十岁，穿着军装，打扮得很神气，尤其两只眼睛看人总是转动的。他的家眷是位爱搽粉点胭脂、打扮得有些乡气的少妇，又喜欢搓麻将，总是拉着邻居打麻将。邻居相处倒也有一阵热络。而潘林森偏偏喜欢串门子，跟邻居的大人小孩们瞎扯。那时我正顺着潮流处在激进阶段，自然对国民党军官有种鄙视、提防的态度。我家住的一间屋冬天太冷，有次我拿了小凳走到宅子后园的最尽头，实际上是抗日时期吃过炸弹后荒废了的宅基地墙角边，一面孵太阳，一面看书。我看的是"禁书"。我将斯诺的《西行漫记》用包皮纸做个封面，上书《老残游记》，为的是提防那个大队副。果然不出所料，他也踱步前来问看什么书？我立即合拢将封面亮给他看，说："《老残游记》。"他应声说："我也看过，不怎么样。"也到此为止了。这里既没有坐的，也站不稳（瓦砾堆上），他晒晒太阳也就去了。我经历了一场有惊无险的场面，还自以为得计。以后被我的启蒙人知道后，还训了我一顿。

1948 年的暑假回家，那个对头的邻居还在。这回我算懂事了：人来人往，信件传递等尽量回避这位邻居。看薛暮桥的《经济学》，都是以伪装做《大代数》做掩护的，我还认真地将《经济学》记下了整整一本笔记。只要房门外听到他的脚步声，我马上换做代数题。潘林森闯相邻也只能是翻翻我的教科书，或考考我的知识面。记得他问过我弋阳江在什么地方之类的问题，估计他曾在弋阳江附近驻扎过。

到了深秋，我对着国民党干的激进行动终于由于幼稚而败露，被国民党捉将官里。在国民党团管区的眼皮下，竟有这样的异端分子，大队长孔某大发脾气强令我家迁走，无奈下我老爹老妈带着孩子只得搬迁到城南局头弄的一个破屋里去，这是苏州地图上都没有标出的小弄。而在城中心砂皮巷小学读书的三弟要每天赶路上学，在当初看来是远而又远的路程，是一大难题。后来幸好有位远亲将一辆破旧的脚踏车给我三弟才解决问题。车子多年不用，去整修时小孩子没有讲好价钿，取车时却要一大笔钱，我家哪里拿得出这笔钱。潘林森知道了三弟的尴尬，就领着我三弟向修车摊主交涉，凭了他一身军官服装，摊主以成本收费。而这笔费用是潘林森掏的腰包。三弟虽骑车上学，每天要往返多次，潘知道后，又让他的婆娘跟我母亲讲，让我三弟临时吃住在他家，免得往返劳累。这样的寄养生活直到临近苏州解放。这类事都是在我三弟退休回家后最近讲给我听的。

有了这样一件敌我关系不清的事，倒也勾起我的记忆。我因共产党身份被捕，层层押送，苏州、无锡、南京等。在无锡军法处看守所里的一段生活最为黑暗，牢房"龙头"对新犯人要敲诈一笔"铺位钿"，不拿出三担米钱就不给你睡下，以致我只能躲在大马桶上过夜。写信回家要钱。不久，我父亲来探监，当接见时，骤然发现站在我父背后的却是身穿军装面带微笑的潘林森，我只能微笑点头致意。父亲带着悲伤的脸，只说没有钱，话也不多。而我微笑着尽量多说些。我说我的情况报纸上都登了，你们大概都知道了，没有什么的，别着急。至于要钱的事现在已经由同案人的帮忙解决了。大约接待就这么几分钟就结束了。临别时，我与潘林森点头，他也点头微笑。父亲与潘林森看着我进牢房才离去。

这类奇怪的事一直留在我脑海里。三弟退休回家乡再次谈起这类事，我就问潘林森是跟国民党逃往台湾，还是回乡的？三弟不确切知道。但他听到潘的婆娘说过："共产党怕什么？我们家乡多的是共产党，我们村上的亲亲戚戚，大队副的许多亲戚朋友都是共产党，我们是要回溧阳去的！"

上世纪60年代初，三弟休假回苏州曾路遇过去团管区的上士老陈，问过潘林森现在何处，处境如何？陈答：可能是回溧阳乡下，还能有什么好日脚，肯定是"反革命"。以后我三弟又路遇团管区的伙夫，问起潘的下落，伙夫说大队长到台湾去的，大队副或许也跟去的。

潘林森到底是什么脸谱，扑朔迷离，实在弄不懂。

几十年过去了，现在想想我这位邻居或许是坏人中的好人。这类印象一直留在我脑海里，有时不免有所猜想、引申。根据他的表现，善于接近群众、乐于助人、为人解危等，似乎真有点共产党的味道，或许他在家乡时受过共产党的影响，或许是打入国民党的共产党哩！

猜想自然是空的。回过头来看看几十年来我们政治运动多多，却没有人来我处调查材料。想来他如在大陆，处境也是可想象的。在阶级斗争越来越激烈的年代，那些他照顾我家的小事情是摆不上位置的。甚至我如若写了这类证明材料，还会追究我划不清敌我界线，立场不稳等问题哩！那么他去台湾了吗？当时国民党撤退时的狼狈相历历在目，下级官员不但挤不上海轮、飞机，甚至踏上了舷梯的，还被上级官员用手枪击毙而自己逃命的。

　　到哪儿去都不行，真的，走投无路！

　　我只能心存悬念，假设这位邻居是坏人中的好人，默默地祝福他日子过得还好，至少是坏中有好或好中有坏吧！

2002 年 5 月

《天亮前后的伯乐中学》续篇

　　写这拙文，是个缘分。《天亮前后的伯乐中学》（载2009年《苏州杂志》第4期）作者蔡贵三是资深的中学教师，也是我近二十年的文友。我当编辑时，他是积极的撰稿者。而他写的《天》文中提到的几个角色，我同他们都有点关系。蔡贵三老师六十多年前通知出逃的学生王汉章，又是我解放前的老友，王是在黑暗中追求共产党的革命青年。至于有意透露逮捕消息的伯乐校长朱家积，是我初中时代仰望的校长人物，我从县立中学初中毕业后，他就接任吴县县立中学的校长，是苏州教育界有声望的著名社会人士。解放初期朱家积是积极参与人民事业的社会活动家，曾经有过各界代表之类的桂冠，在1951年"镇反"运动时被镇压。几十年后所谓"反革命"家属，他的孙子朱宏，却是我的摄影朋友，而且是有近二十年的忘年交。

　　自然，不只是简单的人际关系。历史的诡秘在于它的跌宕起伏，翻云覆雨，由此构成了许多演义式的历史故事。

　　蔡老师几十年间一直在惦记王汉章，他向伯乐的同仁打听，半点影踪都没有。蔡写的《天》文，充满着思念王汉章的情怀，也对校长朱家积的命运作了实事求是的探讨和肯定。王汉章1949年参加部队，上世纪70年代转业在苏州一工厂工作。离休后，年老体弱，有病缠身，局居一隅，没有机会阅读《天》文。朱家积一案，1985年得到平反，其家属放下政治包袱，才敢于谈论家庭、祖先，其孙子朱宏更愿了解祖父的经历和事迹。我将《天》文给王汉章看后，他激动异常，回想年轻时代的风云，怀着感恩的情愫，迫切要求见见蔡老师和朱校长的家属、孙子。于是，最近有了一次园林的茶聚。

茶聚见面，没有电影镜头里常有的热烈拥抱、激动而流泪的场面，只是王汉章紧紧地握着蔡老师的手，蔡老师端详着王的脸，说路遇肯定不认识了，娃娃脸变了，个子倒还是老样子。王说："原本是矮个子，一米六，现在年老更缩小了。"参加茶聚的还有朱家积的媳妇洪厚存，她是伯乐中学的校友，以及孙女朱清琳、孙子朱宏。落座后，慢慢地进入了时光的隧道，将历史的碎点逐渐地还原，拼成一幅历史图画。

王汉章怎么会被列入黑名单的？事情还得从王汉章说起，王当时是伯乐中学高二学生，思想激进，参加秘密组织"群社"。1948年11月20日晚，苏州城防指挥部破获匪谍机构"群社"，先后被捕青年有二十三人，曾震动苏州社会各界。经历几十年的浪淘沙沉，现在清楚了。

原来"群社"的头头吕宜，曾是新四军人员，后脱离。1949年11月18日，吕在常州新闸火车站被交警盘问、搜身，发现有共产党嫌疑而被捕，被捕后吕宜即全部交代在苏州组织"群社"事情，且与敌方合作，设计诱捕苏州"群社"全体人员的方案：由交警纵队第五中队督察员谢福保和交警纵队第五中队副邱浩，持吕宜亲笔信给苏州另两位"群社"主要人员程伯皋、沈立人，让他俩召集领导人员会议，从而一网打尽。

吕宜的信件原文是：

焦大海、周兆年：

　　兹介绍上级谢福保、邱浩两同志前来检查你们的工作，希召开领导人员会议，向他们汇报。

张明（吕宜化名）

1948年11月20日下午，国民党特务谢福保、邱浩持吕宜的介绍信找到苏州焦、周（即程伯皋、沈立人的化名），程、沈见吕宜亲笔，且双方都用的化名，尤其是张明的"明"字，日中少一划是特定的暗号，表示安全，因而深信不疑，以为真的是领导来检查工作，且按照谢、邱两人要求将"群社"花名册和收集到的情报资料带上，约定当晚在观前街国华银行楼上召集领导人员会议，向上级汇报工作。

当晚人员到齐后，准备开会，军警即闯入会场称调查户口，实际上从察院场到大成坊一段观前街上早已布满军警、汽车，重要街口还架起轻机枪，对国华银行作了重重包围。此时，冒充上级的两个特务从腰间拔出手枪对准与会人员喝道："不许动！动就毙了你，还是识相点好！"军警拥上将与会人员五花大绑捆在椅子上。而"群社"的花名册和收集的情报资料全部落入特务手中。

这就是王汉章被苏州城防指挥部列入黑名单的来源。

王汉章已是网中之人，怎么出逃成功的呢？翌日，朱家积被城防部召去开会，接受布置，回来透露风声给蔡老师，仅暗示而已。蔡坚持正义，同情共产党人，直接要王汉章出逃。当晚王汉章跳墙逃出学校后，后面有人追来，气氛紧张，定睛一看，原来是相好同学陈小重，他是来护送王汉章的。到了火车站，又见到一位教师来招呼，说是来送你上车的。可惜几十年后，王汉章将这位教师姓甚名谁都忘记了，但这一细节记忆清晰。可见这又是朱家积用心良苦的安排吧。否则，这位老师怎么会无缘无故地来送王汉章上车呢？

现在回过头来看看朱家积的命运。朱家积早期与共产党相处过，而且在1927年还参加周恩来领导的工人第三次武装起义，以后又在为了纪念苏州共产党人汪伯乐的牺牲而设立的伯乐中学任校董事会董事长。由此长期服务于教育界。从朱家积从政的履历看，他青年时代从爱国抗日开始，而且经历过三次敌伪牢狱的熔炼，是位有抱负、有理想、有良知的爱国人士。完全不同于国民党政客们，更不是军警特务或一介武夫残害欺压过人民，背负过血债。尽管他曾任国民党吴县县党部的执委和吴县的参议员，但朱家积到底受过共产党的熏陶而懂得共产党的理论和政策的，包括在1946年至1949年受到地下党的支持，活跃于政界和社会做过许多有益于人民的事情，迎接解放。解放后又是统战人士，各界人民议论大事时，他总是拥护人民事业，积极发言和推动。可是到了1951年4月，"镇压反革命"运动突然降临，一夜之间就变成"反革命"分子，逮捕、公审、枪决。

1951年4月在体育场举行公审大会上，伯乐中学有位沈姓老师上台控诉，就以朱家积迫害共产党人王汉章作为罪行的。而知情者蔡贵三已在外地进修学习，受惠者王汉章在部队里革命，不在苏州，公审大会犯人自然没有任何陈述权，大会结束押赴刑场。

其实不以王汉章为例，也会有张汉章、李汉章的。那个时期所谓群众运动好得很，没有任何力量能阻挡得了这股潮流。当时一旦戴上"反革命"帽子后，再也没有人敢为他说句公道话。为什么？这是习惯了的政治态度，包括高层机构和人员。政治压力沉重，轻则为"丧失立场"，重则是"为反革命鸣冤叫屈"，如若坚持，那么你本来就是"漏网的反革命同伙和后台"。这项"镇反"运动事前都是划了几条杠杠的。凡划入杠子内，再也不讲你曾经做过有益于人民的事了，再也不需要实事求是了。"镇反"以后一段时期曾经出现过"扩大化"的议论。有关部门也作过调查研究等等，但一到1957年，"阴谋"出笼，万马齐喑，再也没话可说了。

朱家积被捕后，华东军政委员会统战部发一通知，要朱家积去华东人民革命大学学习。家属收到后，无法回复，上交有关方面。不久，又来通知催促朱家积去报到学习。华东军政委员会统战部还以朱家积为统战对象而加强团结教育呐。

朱家积离世后，家属成"杀、关、管家属"，也称"反革命家属"。这是项很严厉的枷锁。受群众监督的阶级敌人，有杀父之仇嘛！家庭成员降为贱民，怕见人群，尤其怕群众雪亮的眼睛，宁愿孤独，讳避家庭出身和祖、父辈，强迫自己患上严重的自闭症，除非各项政治运动，甚至是学习，要你交代和表明态度。低头遮帽做人，自我扭曲人格，其做教师的儿子朱建元，在电业系统工作的朱建成，生存状况就是悬着心过日子，以至"文革"中再次受到"清算"。这类精神上、肉体上的苦痛，非当事人所能一席讲尽的。

政治帽子是传代的，第三代只能接受世袭。社会"待遇"如何？无非在读书、就业、入团入党、参军、择偶之类受到歧视和阻挠，略举几例。

孙女朱清琳没有资格进农场，只能去农村插队。插队时有过"荣誉"，上级发给她一枚为下乡专铸的毛泽东纪念章。不久，城市里出现

"反革命"案件，居民倒马桶时发现这枚特铸的纪念章，专门排查，首例对象自然"杀、关、管家属"，朱清琳被纠缠了，幸亏这枚纪念章不缺，石头落地。原来是街坊邻居一个三四岁孩子顽皮捣蛋所为，将纪念章丢在马桶里。时值1969年底，否则逢上1966年、1967年、1968年的红色风暴的话，三四岁的孩子也是罪该万死地被游街、斗争的，其父母还得陪斗。

第三代在择偶对象上，不得不早早表明自己的政治帽子，免得人家猜疑顾忌。

孙子朱宏，1954年出生，没见过爷爷，懵懵懂懂，一向积极响应号召。70届初中毕业，有幸进工厂当学徒，众人都认为这是好小囡，可要求进步入团受阻，说家庭太复杂。无奈，其父为他写了一份家庭史，总算过关。以后朱宏略懂政治包袱的重量，对参军、入党等等不作非分之想。1985年朱家积得到平反，到了1993年他倒萌生了入党想法，且有人积极介绍。在这种情况下，尚且还有人在支部大会上要他把家庭政治问题说说清楚。虽然支部大会最后还是通过了，党是入了，但平反、消除影响的负面阴影还在晃动。

简短的园林茶聚，时隐时现描绘了一幅历史图画。面对图画，人们只是发出一声长叹。至此，茶聚结束。回家途中，心里总有一声长叹，在以后的好几天里，好像总是跨不过这"一声长叹"的坎。左思右想，老是长叹仅是表明一类感情而已，也无济于事。于是想到记录以上的文字作为蔡老师一文的续篇，或许对读懂历史图画有些感情的理解，为的是想留下些公共记忆，免得人们事过境迁容易犯自闭症、健忘症。

2010年7月2日

注：

一、国民党的"交通警察总队"

这是一支非正规的军队，起源于抗战爆发初期，上海失守，为了开辟敌后抗日游击战争，蒋介石授命军事委员会调查统计局（简称军统）组织敌后武装，当时得到上海青帮头子杜月笙的大力支持，成立"忠义救国军"，潜入敌后，是一支由特务机构指挥的武装力量。随着战局的演变，和国共两党的摩擦增加，这支部队实际上成为在敌后和共产党领导的新四军制造摩擦的反动武装，在江阴的顾山地区就曾爆发过"忠义救国军"袁亚承部与新四军东进部队"江南抗日义勇军"（简称"江抗"）的大规模战斗。新四军老六团副团长吴焜同志在战斗中牺牲。后陈毅同志亲自到江阴，为了避免事态扩大，劝阻战斗停止，忍痛西撤扬中，北上开辟苏北战场，决战黄桥等。

苏南由三十六名伤病员与地方中共党员组建"江南人民抗日自卫队"（简称"民抗"）继续战斗。

抗战胜利以后，军统不肯放弃这支数万人（据说五万人左右）的武装力量，遂改变名称为"交通警察纵（总）队"，独立于正规国民党军队编制之外，以"保护铁路安全"为任务（包括搜捕铁路线城市的共产党地下组织），参与内战。

《辞海》上的条目上写："国民党的一支特务武装部队。前身是中美特种技术训练班训练和装备的'忠义救国军'、军事委员会别动军第六纵队和别动纵队等特务部队。抗战胜利后，合并为交通警察总队，共四万余人。任务除担任铁路、公路的守卫外，还配合国民党正规军进行反共反人民的内战，配合军统特务进行搜捕、屠杀革命志士等活动。在解放战争后期被中国人民解放军消灭。"

二、国民党"城防指挥部"

抗战胜利以后，蒋介石发动"戡乱"内战，为了强化各地的军事统一领导，在城市建立"城防指挥部"，它可以对当地的党、政、军、警、宪、特进行统一指挥，一般由当地驻军的最高军事长官任指挥官。但由于国民党内部派系林立，在实际行动过程中，同样存在各种矛盾和相互摩擦。

夜校开课讲马列

夏衍名作《包身工》，我是在解放以前读过的。社会的苦难，纺纱女工的悲惨命运，给人深深的刺激，激起了年轻人的热血，引发追求天国的理想。可以说年轻人要求进步的感性认识是从这里受到启蒙的，然而真正体会到纺织女工的这类生活，却是在解放以后，我在做纺织工会工作的时期（此话只能现在讲，早几十年讲的话定属反动言论）。

1950年9月，我从市团工委调到纺织团总支工作。团总支只有一个书记、三个委员，我是干事。书记、委员都深入工厂蹲点，我在机关里做做统计、登记，转转团员关系，打打电话，发发宣传材料等等。无多大事情。坐机关，等待工作上门，年轻人很不甘心。加上办公机构还有党总支、市纺织工会都在一起，大多数干部都是深入工厂去的。于是我同纺织工会的劳保部副部长王广仁、纺织党总支干事成国冠，三个人好像组织个工作组似的，专门跑分散在全市的小织布厂。王广仁是小布厂染坊师傅出身，对各布厂情况很熟，很能接近工人。成国冠是苏高中的地下党员（后来他专跑小绸厂）。我是学生出身，还不善于接近工人，与工农结合是我这类出身的神圣任务。于是跟了王广仁跑小布厂，见多识广，学习与工人相结合。三个人一直同进同出。到小布厂、小绸厂，王广仁善于直接找织机旁的工人谈话，我们只能轧进简陋的机器旁，看看四周的环境，或者同拿扳头的修机工聊聊情况。最好接近的是账房里的职员和学徒，他们有时间与我攀谈，但一般的都是怕与我们穿制服的干部接触的。几个月下来，我们比较深地了解到工人的工作和生活情况，有些小厂的工人简直就是包身工！

小布厂最好的设备是铁机，只有永新、协成两家有。其他厂都是铁木机，甚至是脚踏机、手拉机。工厂就是民宅，有的车间旁就是老板的住房。铁木机是由天轴皮带传动的，没有防护设施，机器常有伤人事故，飞梭打伤工人，噪声严重，加班加点是常规，根本说不上劳动保护和保险。脚踏机全是人力操作，每织一梭就得在踏板上使劲踏两下，秋春间就汗流浃背的，即使在冬天，女工也是穿得很单薄的。至于手拉机更需手脚并用，体力和脑力结合，才能开经投梭，每编一梭就很吃力的。中午吃饭，苏州本地工是自带饭盒，冷菜冷饭，填饱算数。外来工，都是老板包的，没有桌子，打了饭加些菜，吃罢就继续工作，晚上是粥加萝卜干或红萝卜丝，吃了就要加班。有些小厂女工都是江阴人和常熟人，老板从乡下弄来十来个女孩，包吃包住，工作时间起码十五小时以上，没有休息日，逢年过节才休息一两天，工资由老板保管，年底一并结算，让其带回家去。至于如何计件、如何记工，那是不给你知道的。住宿条件是一张竹片搁在竹马上，拥挤在阴暗的房屋里，甚至有的女工要两个人合睡一张竹片。有病只能硬挺，没有病假，没有医疗。这些女工来苏几年，她们根本不知道苏州有观前街、玄妙观等等。她们知道的事情只有老板和织布，巴望过年可以结账回家探亲。这部分女工，我们是很难接近的，她们也怕与我们搭话，唯恐被老板发现而受到训斥。有的小老板在解放前还霸占女工，先强奸，后娶为妾（这老板在以后的民主改革运动中受到了应有的惩罚）。有的女工夏季穿得单薄，还被小老板或其爪牙吃豆腐、受侮辱等。当初我们听到这类情况很是气愤，好像无从着手。如何打开局面是一大难题。

幸亏有染坊师出身的王广仁，凭他对工人的感情，善于接近女工。首先本地工可以回家外出，作个别工作，唤起组织工会的要求，逐渐以滚雪球的方式，一个个地发现积极分子。然后据理力争，与老板开展斗争，诸如反对加班加点，争取饭后休息，争取工资福利等。在争取过程中，与资方总有矛盾，就由工会代表与资方到劳动局去调解。当初劳动局设有劳资调解科，专门调节劳资关系的。我们常陪同小厂的工会代表，拉了资方，上劳动局去调解。科长是孙家汉，东吴大学学生出身，我们相熟。办事员是顾衡如，原是王广仁的师兄弟（后顾得发后，曾是模范党员、著名的优秀企业家等。王广仁于上世纪90年代初曾去胥城想见他，但被拒，从此没有来往。以后，顾又以重大经济案件而被判刑，但贪污、受贿数字甚至有什么情节，报道都一概省略，因而朋友们无从关心）。事实上劳资调解科的干部都是共产党干部，哪有帮资方的？这样往往工人得胜而鼓舞士气。我们当初靠的是"工会法"和国家政务院公布的劳动保护条例，向资方作斗争，逐步建立工会，改善劳动条件等等。

但大部分小布厂的工人被资方封闭得不敢和我们接近，顾忌丢掉饭碗，于是三人商量如何大面积地发动群众。想来想去，想到一个主要问题：小厂工人还不懂得谁养活谁的道理。这是我们从农村土改中流行的一只歌曲叫《啥人养活啥人》（是著名作家叶至诚作词的）受到启发的。采取办法两个：一是组织青年开展文娱活动，尤其是丝织业已有一批文艺积极分子，由成国冠召集文娱骨干作寓教于乐的动员报告，要求开展文娱活动，团结广大群众，很快就成立了丝织业的文工团一类组织。记得还在乔司空巷云锦公所里演出过节目。我还为一丝织青年女工夏某（记得后来夏某考入工农速中，继而又进大学念书去的）唱"翻身道情"配拉二胡。这类活动在丝织业很快见到效果。以后成国冠也专门跑丝织厂了。其二是利用职工夜校，动员工人争取识字、学文化、学政治，多参加社会活动，同时我们参与讲政治课。当初市纺织工会主席毛之衡听说我们要去讲政治课，他还拿出一本老解放区的政治课本给我们参考。我因学生出身，解放前学过些社会科学的基本知识，因而由我担任政治课教师。记得夜校设在景德路黄鹂坊桥口的肇基中学里，附近的庆丰、中华、天和布厂的女工都踊跃参加。我任课后认真备课，风雨无阻，先讲劳动创造世界，劳动使猿变为人，然后讲社会发展历程，几个社会发展过程都是由生产力的发展，冲破了生产关系才改变社会的，从原始共产主义社会到奴隶社会、封建社会、资本主义社会。着重点讲资本主义的剥削，和资本主义社会制度固有的矛盾，必然发展到社会主义，以至共产主义的。对于资本主义剥削的内幕，我用最简单的公式：生产资料所有制（包括机器、原材料）

加上劳动力（工人的劳动）就能生产出商品，才有价值。而资本家付掉了工人的工资，扣回了机器折旧、原材料的成本，就得到一大笔利润，这利润就是工人劳动的剩余价值。如果资本家付足工资，他就没有利润，利润就是剥削工人的劳动价值。结论是工人养活了资本家。这一课，我讲得最为得意，记得下课后，工人学员不肯离开课堂，还围着我谈这谈那，还要弄清隐蔽着的资本主义剥削行为。我回机关后，也在同事中吹，说跟工人讲资本主义剥削的隐蔽性，他们最能理解，认识最深刻。

一个学期的夜校政治课配合群众工作，逐渐见到了效果。基层小厂纷纷成立工会或小组，工人发动起来了，工会工作的局面打开了。大约就在这年的秋天，我的工作也调离了。

几十年后，这些染织小厂中的有些女工，经历了各项政治运动和社会主义改造运动，以及总路线、"大跃进"、阶级斗争年年讲月月讲、"斗私批修"等等所谓考验和锻炼，有的成了基层干部或市区干部。偶尔我去工厂搞调研或参加工厂社会主义教育运动，见到这些朋友们还能记得她们的姓名，倍感亲切，直到现在有些朋友还有来往。又隔了几十年，这些朋友们都退休了，那就各有各自的命运了。有的当过基层领导的，现在工厂改制或关闭了，好像无所依靠，总是想有个单位，老怀念上世纪50年代的生活。有的基层干部退休了，还在社区、居委会忙，就是挂只红臂章或参加个什么秧歌舞之类的活动，都是认为极其光荣的任务，积极程度不减当年。有的在政府当过干部或"长"字号的，后来为加强基层领导调回基层去的，拿的是企业工资，待遇与老朋友们、同事们相差一大截，见到老朋友倾心发泄不满情绪，或者更有激动者在公园晨练后，口无遮拦，乱喷牢骚话。有的朋友自己不过如此，然孩子们思想早解放，下海经商，出国谋生，发点小财，有的还将父母接到国外溜达溜达。我似乎像个既得利益者，命运平庸，一双儿女都是工人，且还有下岗者，只能把心思放在第三代。老朋友们聚在一起总要讲讲现实社会，讲讲我们过去的伟大目标。多数人都认为不必讲什么政治了，只求身体康健最为要紧。甚至认为即使议论政治，现在也无从发挥作用，说了也是白说。然而我却不然，偏要辩论一番，总认为没有探索就没有社会进步，我们年轻时也算探索而进入革命的。至于什么是革命，什么叫进步，都是随着时代变迁而变化的。有余力而探索这才是生活的实质，否则余生尽管长寿，生活有何意义？想来这可能是"教条主义"的余毒。

我住在城市的南部，附近有些合资企业，常看见一拨拨打工妹在小摊上购买小商品打扮自己，或者每人手拿一支棒冰而享受消暑，但听说他们的工作时间起码也得十五小时。至于她们的生活没亲自见过，然报章杂志常有透露，尤其在南方，都是被锁在楼上而不得自由进出的，老板们唯恐打工妹逃跑，可见生活待遇之恶劣。至于附近居民楼里，常有一群女孩租一间房间，到十一二点钟才起身，穿着短裤、汗衫，拖着拖鞋，到水龙头上去盥漱，精神懒散，残存在脸上的胭脂比任何打扮都难看！

于是我又想着夏衍、马克思……名作到底是名作，夏衍啊夏衍，真缠得你头脑里老联想着包身工。马克思发现了剩余价值，奠定了社会发展的基本学说。可惜我们读的仅仅是小册子，肤浅得只会套用。总以为解放后一切不必操心，听上面说啥做啥就是了，失却了思考、学习（读报式的学习一点没有少学，不要说"文革"中的教条学习花去了多少宝贵时间），更无深思、熟虑，舆论一律得几乎没有可能独立思考。现在年纪老了，来不及了，只能在交出的昂贵学费中吸收些知识，开开眼界，充实生活而已。希望自然在新一代的学者、思想家、政治家和广大关心国家命运的人士，他们在寻找美好的世界。还是用得着孙中山的一句老话："革命尚未成功，同志仍须努力。"

2003 年 6 月

编辑《苏州》画册甘苦记

编辑一本画册不就是根据主编意图，征稿、选片、划样装帧等平平常常的业务吗？本没有什么甘苦可言。所谓甘苦记，实际是记载了新旧交替时代出现的曲折现象，写下这种小事不求发表，仅供后来的人们闲暇时，笑话上代人做件小事的笨拙、愚昧状态，作为谈资而已。

1988 年 9 月，中央对外宣传领导小组在牡丹江市召开全国对外宣传工作会议暨宣传品评奖、颁奖仪式。我有幸参加这次盛会。由我编辑的一本《苏州》画册，在这次会上获得银鸽奖（第二名，一等奖称金鸽奖）。

会上除听取领导人报告外，还宣布了对外宣传品的获奖名单和交流制作对外宣传品经验。这本《苏州》画册原本是我在苏州市委宣传部任对外宣传科长时的"任务制作"，并无参加评选、获奖之想。只不过出版后，各界反应尚好，又受省委宣传部对外宣传处的纵容、推荐，让我将此画册，寄往中央，参加评选。想不到一本地方性的画册竟在全国评选中获得银奖。虽有点荣誉感，却也有惭愧感——绕开了许多不应有的干扰中，得罪了许多人，尤其是某些领导，确有惭愧感。

会议开得很热闹，有观摩，有交流，串联，倾心交谈等等。两本《苏州》画册在展台上展出观摩。不到一天，画册已翻得"遍体鳞伤"。到了第二天，索性不翼而飞了。工作人员找到我要再拿出几本，我哪能想到《苏州》画册会如此受宠而随身携带呢。工作人员大失所望，却与我大谈《苏州》画册在评委中如何受到好评，甚至将评委中的私房话泄露给我，说苏州若是个大市，这次肯定得大奖。还说如果《苏州》画册不在香港印刷（印刷质量高些）而在国内出版的话（要是出版社出版，我们又无自主权了，尽是他说了算，那不知会编成什么样的画册来，而且费用更大），又能胜占一面（评选内部有条规定）。此外对画册还说了许多好话。我是个受原则教育过来的人，对此只能认为小道而已，不作为准，姑妄听之。

待到程序进入大会交流时，工作人员又来传达上级要苏州代表上台作交流。我原本想全国性会议主要对象是各省和直辖市，我代表小地方只能在会上吸收新知识，毫无准备上台发言交流，而且我个性不大愿抛头露面、自我张扬，因而当即拒绝这项任务。然他还绕住不放，还启发我只需归纳几条即可发言之类的话。迫得我急了，我竟漏出一句戏言说："我不能上台发言的，讲经验那就是我多方摆脱了领导才编成这样的。"此话一出，此君紧张，但随即我将戏言作了解说："实际是摆脱个别领导习惯教条主义的宣传模式。"这时此君面色才有所松动。我又表明我若在大会上讲这些实话，传到苏州，我将极为尴尬，甚至处境困难。这人也表同情，说那让我汇报后再让领导定夺吧！结束谈话，也就结束了上台发言的机会。也免得我上台发言而言不由衷地带出出乖露丑的不适当言论来。

会议后期游览、拍照，结束时我捧回一只七八斤重的铁铸镀银的地球上站着只展翅欲飞的鸽子塑像和六百元奖金。如何处理请示部里，回答说是你编的，工作都归你。塑像是纪念品没问题，六百元如何用法？一是当初二百元一桌饭菜也算盛宴了，我请了一桌积极参与编辑的摄影朋友（不是全部），到了十二位。另一桌请的是领导人员和有关部门人员，结果在通知中遇到难题：约了这领导、那领导却对中午、晚上用餐各有选择，不能一致，通知一半只能暂停，我只能答允再作商量。这样一拖，深感很难服侍，也就不了了之。前一桌付账也拖着，拖久了还是张姓摄影朋友以单位请客名义向他单位报销的。我想不请领导，他们也不会少吃一顿而大加责怪我的。

这些还是小事，要说的是所谓戏说摆脱领导的一些花絮，就是说怎么摆脱不应有的干扰。

　　我原来是写写公文，称秘书类的机关文字工作者。后来几经调度，曾做过宣传部的文艺科长，几年后又改做对外宣传科长。这两任科长都是官即是兵、兵即是官的单将独兵，好在我也有职业习惯，做秘书的只有人家领导你，你从没有领导过一个兵。设这类科，或是为了对上口，或是因人设事，所谓人头无摆处，想来这也是干部调配的难题。我想这工作关不了什么大局，不必争什么硬任务，定要领导放在重要议事日程上等等。所以我只能融会到有关部门一起去工作，也算尽了责任，因而我常悠转于外办、旅游局、对外开放单位等。帮助出点子，了解些情况，甚至代为外办起草公文、总结，以至这类代写文件还受到上级批转等，这些部门难得有此"光荣待遇"，多多谢我。其实，我只是老手出马，深知例行公事中的诀窍而已。这也好，由此我在这环境里也有说话余地了。

　　1986 年是纪念苏州建城 2500 周年，市里大搞庆典活动，并印刷大量宣传品。春日某天，分管宣传文教工作的一位市委副书记，召我去谈话，难得有此荣幸，但这已是第二次。第一次是他熟悉上海著名某画家以及其女婿，女婿马姓搞摄影的，拟来苏开影展，召我和祁连庆两人（都是苏州摄影组织头儿）去，要接待、要给场地及场面展出。而我们的摄影组织一无经费，二无脱产人员，仅是业余时间聚谈聚谈，做不花钱的事情。因而告他这情况能否批点经费，我们去办。他一口回绝，非办不可。我俩再三申述本来就最怕接待外地摄影朋友来苏，因无经费接待，已不知得罪了多少外地朋友。他毫无动情。我们仅是业余的社会活动而已，又不是我们职务内的事情，因而我们也斗胆回绝了这"任务"，不欢而散。现在要讲的是第二次谈话，想来又是冲着我是摄影界头儿的事吧！准备接受训斥，洗耳恭听。他说市里纪念建城 2500 年，要出本画册，宣传苏州建设伟大成就，这任务交给你去办。我想："你何不直接找宣传部或文联去办，却要找我这小兵猎子呢？这不是又是为难我吗？"但我也得应对，即问："准备花多少经费？"副书记说："此项任务列入纪念建城 2500 年活动计划，经费你们自己想办法，出画册要按市委意图办！"我说："印刷出版一本画册要几十万，没有经费怎么印？即使前期拍摄也得费用，苏州搞摄影的除报社外都是业余摄影者，没有经费，硬性压任务人家是不理睬的。"来来回回就是谈论经费和拍摄人员问题。副书记一毛不拔（当然属大笔一挥之类的拔毛），我也没有接受任务而归。

这位副书记一向以为压任务是种威望，而我稍稍顶了一下，事后也很坦然。他尽管压给宣传部、文联就是，任务到了部里还有宣传科哩！也不一定要我来完成，各人有各人的分工嘛。同时，我认为副书记是管大事的，对我这类表现小节想来也不会有所计较的。

几个月过去了，没有动静，想来这任务压给哪个部门了，我也随它去了。但也使我想起出画册的正题，我既做对外宣传工作，又与本市摄影家有联系，上级的对外宣传系统也经常强调要出宣传品。我想在业务上也应做点成绩出来，苏州摄影家的水平如何？哪些人善于拍些什么，可以征得哪些稿件，需要创作些什么图片？基本上盘算一下就有数了。只要对画册总体确立编辑思想，抓紧动员摄影家创作，弄到一定的经费，就能出本画册。此想法与摄影朋友们商讨，大家一致称好。问题关键是两个：一是经费哪里来；二是编辑思想新颖些，不知能否通得过，需要那些领导来点头。

动了几天脑筋，设想是：不轧在苏州纪念建城 2500 年活动中，出画册仅是我工作本分，我对口省委宣传部对外宣传处合作。编辑思想对外宣传可低调些，可以冲破些教条主义的、政策图解式的宣传模式。定稿点头可由省委宣传部和市委宣传部组成编委，设主编来解决。至于经费问题，没有权办不成大事，没有钱连小事都不能办。何况市委副书记都批不了经费，如何去解决？如果真的自己解决了，这位副书记不但不会说你的一句好话，相反他对你更有反感，想来这是常情。

我跑了几趟省委宣传部，听了我的议想，答允借一些款子印刷《苏州》画册，将来出书后以书价抵债归还。第二个办法，宣传部范副部长与市财政局颜局长熟，我跟他跑了几趟财政局，签条借五百元，到年底售出画册后即归还。三是报社副总编陆乃斌，是我老友，当时他们正在香港印刷广告集子，经与港方印刷厂协商，可先印后付，出齐后再由报社垫付，待书本出售后再归还报社。这样印一本 16 开、74 页的精装画册，印刷费用及前期制作等费用，一万册约需十八万元。这样总算牛牵马绷地落实了经费。

二是编辑思想，我是有信心的。上有省委宣传部，本地由宣传部领导，俞明部长又直接分管对外宣传工作。他本来就是思想解放者。在他手下工作多年，凡拨乱反正的事情他都放手交下属办，而且办得很有起色。俞同志又是敢说敢想者，出言谈吐能使教条主义者目瞪口呆，甚至还有些小刁麻子者检举揭发哩！而广大宣传部、文教系统人员对他都是称赞有加。有此条件我就投入编辑。

一是事先我翻阅过不少国内外画册，区别好坏。凡我见到过的国内画册，都是将领导人放在重点，装模作样地办公，甚至手拿电话发指示，有的将接待上级领导、握手、视察，甚至将党和国家领导人来过本地的照片刊之于首。我只见过日本人出地方性画册，都是市长开头的，其他就介绍政府做的福利工作等等，而欧美国家的画册有的是旅游性的，也有的是介绍文化历史的，很少涉及政治和领导人物。因而我向部里建议：本画册是对外宣传品，要适应外国读者口味，着力于文化历史和投资环境的宣传。建议不登任何领导人的照片，外国读者不像我们天天在电视里、报刊上看领导人。我进一步强调，为使这画册寿命长些，以不登领导人形象为好。这是因为我们的党和国家领导人经常会有变化，一是任期有变化，二是职务名称也会有变化，如国家曾经设过主席，也曾经不准设主席，党的主席有时会改为总书记。如果这类人头或职务名称一经改变，那这本画册马上会过时，甚至不能发行对外宣传，这是宣传纪律。我特加申明，多说几句：主要考虑到对外宣传的效果，并非议论领导及制度。若编国内画册，尽管登载领导照片，包括广告集、建厂纪念集，基本上新老领导都可集体登场的。

二是图片以艺术魅力取胜，所有画册照片只分类成主题，如古城和它的民居、山与水、街坊和建筑、桥与塔、乡镇风情、文化与艺术、工农业所见、生活与节目、古典园林等。每张照片全无文字说明。能看懂图片就好，有艺术魅力更好。照片文字解说实际上是多此一举、画蛇添足。这样选照片的要求就更高些。

三是画册不写序言或编后话。只有《摄影絮语》，以散文的形式，介绍苏州文化历史和发展，力求语言准确，少用政治术语，使翻译文和汉语地区读者一看就明，力戒花里胡哨，乱加形容，要平白可读。此外，为了介绍苏州环境和经济情况，专门写一篇苏州经济发展有数字和百分比的短文，强调短而明了，题目称《苏州知多少》。两篇短文中、英文双语印刷。

四是版面横开本，可充分利用，较好的照片可做满页，甚至大型跨页，要求翻一页就能引人入胜，然后要有起有伏，令读者看后不愿罢手，到最后要戛然而止，不必全部端出，留有余地，期望读者能有回味而向往亲临苏州。

所谓摆脱某些领导，绕过干扰，所指的还有长期以来习惯的审查，而且越重视越需要集体审查。在市级就是市委常委会审查。譬如说戏曲审查，常委全去看戏，作为一名观众，什么感想、意见都有，而集体审查中某人发过言就不问下文了，要归纳的话还有互相矛盾的意见哩。你听了哪个意见为好。我是做过这类会议的记录者，经常在归纳书面意见时遇到的大难题，更是文化部门包括制作人员无所适从的大难题。我编这本《苏州》画册，因同省委宣传部合作，所以当初就说定，审查时请省委宣传部到场，会同市委宣传部一起审查。至于对市委来说，因这是一种科室的业务，并非是市里的重大活动——为纪念苏州建城 2500 周年而出版，不必惊动市委领导了。但我见到市委书记戴，还是告诉他，我科最近和省委宣传部合作要出本对外宣传的画册，说到时请你审查清样。他说："这还要我看吗？"我说："你也喜欢摄影的，看看苏州人拍的照片吧！"他说："不必看了，出书后送我一本就是。"我马上说："应该、应该。"这样，常委集体审查也就免了，也免得和那位副书记再见面了。否则，只要某常委对某张照片发表不同意见，那就不知要翻江倒海地调换多少次照片呢。而结果总成的画册只能成为"红什伴"，毫无特色可言。

俞部长是主编，编委有省委宣传部对外宣传处长、我部的两位副部长，再加鄙人。审稿时，省委没有派人来，说你们部里定了就行，所以就是部里几位部长加我。先通文字稿，预先复印好的《摄影絮语》《苏州知多少》两文。讨论时，副部长张，总是先发言的，总是鼓励话多，说文章不差、图片也好，你们放手去干，要精益求精等等。另一新来的副部长说《苏州知多少》文章很好，读到《摄影絮语》，先是皱了皱眉头，然后说，这篇"絮语"文章总觉得不顺，怎么写才好，要研究研究。姓范的副部长还未讲，俞部长就讲："这两篇文章都不差的。絮语还有文采，又较全面地、艺术地侧面宣传了苏州。"这位副部长接着问："这篇文章谁写的？"至此，我这编委当仁不让，直截了当地说明白："这是我写的。"我想说明了谁写的，反而会少些疙瘩。我再次说明分两篇写是为了适应对外宣传需要，避免枯燥，要有文化历史味道（那时还不叫可读性），要言简意赅，一读就明白。这样大家说了些无关改动文章的话也就通过了。至于图片，有的是反转片，有的只有照片。没有幻灯机打反转片看，审查也麻烦些，要对着阳光看。大家嫌烦，我就口头介绍分类栏目的大体情况和版样划样意图，然后讲哪些照片开头、哪些压阵，以及哪些照片要突出做满页或跨页等情况，大家也看了看照片和划样本，就说到时看清样就是了。直到我去深圳校对、校色取回清，才正式传阅通过。

有时事情简单些反倒好办，越想被领导重视，越会郑重其事而繁琐得多，这是我们的制度、思想习惯使然。不是现在常听说地方报纸登有本地领导人新闻照片后，常受到领导人的责问、批评吗？诸如：形象小了，怎么只拍个侧面，画面位置摆得不恰当啦，我自己都不认识自己啦。想来我编辑《苏州》画册，只拍了些男男女女、老老少少的各类苏州人的活动情况。没有真门真格的群众集会学习讨论；没有领导人视察，在群众中慰问、访问等形象。政治题材照片没有，真要从政治挂帅来说，这画册是出不了的。幸亏，我扛的牌子是对外宣传需要。内外有别，对外宣传要软性些（此话是中央说的），因而没有遇到如此的麻烦。

小矛盾都在内部，也逐步统一。上面说的文字分两篇的编辑意图，其中一篇用数字讲成就的《苏州知多少》，我因忙于编务，也不大乐意写官样文章，所以收集了些资料，请部里办公室副主任动手写的。但接近付印时，一副部长跟我"商量"说，某主任写了文章，应列入编委。我对这突如其来的要求，当即表明我的态度，说参加编务工作中的人有许多摄影家在市里也是有声望的，都没列入，某主任虽写文章可没参加编辑工作，就像还有英文翻译、封面设计者一样，只具名而不列入编委，这是有规矩的（其实我也不懂什么规矩，甚至新来的副部长的姓名也没列入）。又说："我认为不必列入，如果定要列入，请部领导讨论决定。"不久，我向正部长汇报这一细节的来龙去脉。尽管政治生活提倡批评、自我批评等等，但被人先告一状，你就得先背下什么包袱似的。曲解了的事情，再也很难弄清的。直来直去说清情况这是我对歪曲批评、自我批评的补救办法之一，或者说，明的说话总比暗箱操作要有些透明度。想来这应是党内正常的政治生活原则，否则暗地里做被告，不是总是吃亏吗？

画册原本要年底印就，但有"长"字号人物建议要发给参加纪念苏州建城2500周年活动邀请的国内外来宾。于是只得电催香港印刷厂赶紧印刷装订五百册空运来苏，最后在10月某天纪念活动前一天到货，总算完成了一项政治任务。不由自主地轧进这阵闹猛场面，不张扬也得张扬，也管不了什么人有什么情绪和想法了。整个画册也到10月底发全了。

不久国务院文化部对外宣传司约我带画册样本去北京，见样本后就确定订货三千册，说要发给我驻外使领馆，并以成本价结算成交。省委宣传部又要两千册。在香港，我通过文化界一亲戚代为分发给台湾、香港及海外各界人士五百册，全是免费赠送，但劳神了亲戚，又贴了邮寄费或行李费等等（这只能亲戚尽义务了）。这样总算一大笔款项收回了。不久市内各宣传系统都做了购买，有些开放单位有外事任务的机构购买更多些。这样总算还清欠债，而且多少还给摄影作者、撰文者、编务者、主编、编委们发了些香香手的稿费。那时刚恢复稿费制度，否则要被指责"金钱挂帅，私自当头"之类恶名的。

画册出版后反应尚好。首先同行们如《人民画报》的朋友说编辑新颖、大胆，说你敢将穿开裆裤的孩子露出屁股的照片都选上了。我说童真无忌，这是苏州民情。有位文化界人士称赞说："完全有苏州味，编辑对苏州太熟了，苏州文化历史被发掘了。"几个月后，报社陆乃斌同志特给我送来一份香港《文汇报》，说副刊上有篇评论《苏州》画册的文章，问我熟悉否？我见作者姓名，不熟。看文章后才知这是我的香港亲戚赠书起的作用。书评者是位作家。事过境迁，我也不揣冒"张扬"之嫌，转抄如下：

《苏州知多少》
阿浓

　　前年匆匆过苏州，只在虎丘、剑池随喜一番，在寒山寺里敲了一下古钟，在玄妙观前的摊子上买了一些纪念品，对这古城并不曾留下深刻印象。

　　路逢许国三先生，赠我新出版的《苏州》画册，是他的友人朱熙钧先生所编。细阅一遍，爱不释手，禁不住想重游姑苏，再住上十天半月，体验那"一巷春雨一巷伞，一声卖花一路香"，"处处楼前飘管吹，家家门外泊舟航"的生活。

　　画册文字绝少，只有前面的《苏州知多少》和《摄影絮语》两篇，都写得简而精，尤其是后者，更是一篇美文，可以选入中学课本中作为范文。

　　画册里的图片是四十八位摄影家的集体创作，不是明信片式的风景照，而是饱含画意、诗意和感情的乡情、人情的捕捉，因此更能触动读者的心。

　　图片共分九辑。在《古城和它的居民》中我看到这城市的人民特别心灵手巧。在《山与水》中我欣赏这水乡的恬静。在《街坊与建筑》中，小巷和黑色的瓦背屋顶把我带进了诗境。《桥和塔》是苏州风景的焦点。《乡镇风情》是我最喜欢的一辑，屋里屋外两个苏州妇女闲话家常，一个抱着孩子，一个在绣花，地上还有母鸡和鸡雏，一只闲坐的猫，好一幅静谧甜美的生活写照。一箩箩红色的果子（是杏子么？），可能是自家园里摘的；摆卖的两个少妇，怀里抱着熟睡的小孩。可爱的乡镇风情。《文化与艺术》中，弹的、唱的、雕的、画的、绣的都是精的、美的。《工农业所见》鱼米之乡和轻工业城市的风貌都有概括的表现。《生活和节日》热闹中洋溢着文化气息。《古典园林》苏州独步天下，在艺术家的镜头下便更令人心醉了。

真是一本值得珍藏的画册。

此外，有的出版社看到画册，特来苏州面谈，愿再版。中国矿业大学出版社尤为积极，来往过两次。我受框框束缚，以为矿业大学非艺术院校，出版名目不正，又因报酬问题，除两家公家对分外，留少部分稿费给作者。我以为不尽合理。不想做这项公私两头吃力不讨好的事情。此外，稿费制度刚恢复，人们总以为有资本主义之嫌，属非法收入似的，本来就有人盯着这事，想来篷不要扯得太高，因而不了了之，回却了再版。

画册影响是有的，包括我个人的拍照履历上添加了一道得奖光环。我本是位拍拍白相相的摄影爱好者。开放以后成立苏州摄影家协会被选为头儿（山中无老虎、猴子称大王而已），又参加了省协会。而有了这画册带来的桂冠，竟然名列中国摄影家辞典，将获奖功劳归入我名下。其实我没有一张佳作，连自己满意的照片也极少，更谈不上名作。有此自知之明，从不主动投稿、参展，除非约稿或本地展览属名分辈的事。自从小名列入辞典后，这十多年来，在邮箱里不时收到各种各样的征集名人大辞典的通知、信函，打印好你的经历、照片，要你确认。有时和摄影一点关系没有的什么大家名人，或是全国、国际级的名头大得吓人的辞典，也要将你列入。大概电脑网络发达，广种薄收，总有人入彀的。笑话事只能搁在一旁，每年总得理出一大摞的。

想想我的正业是革命。几十年来回头看看，做了些为人民服务的好事，也做了不少"极左"的事情，甚至对坏事也起了推波助澜的作用，也伤害过人们。自己有过错，也受时代局限。概括说来，几十年风雨，官至科级，没有职称，更无学位，退休后一介平民。本文并非总结正业，只能一笔带过。现在要讲的是副业，副业上了辞典，人们总以为你是摄影家，而我始终认为仅仅拍拍白相相的玩着。玩得痴迷，以致爱屋及乌，对摄影器材大有兴趣，花在这方面的时间不少，积累些资料，进入暮年时刻，却还想制作只木箱式的镜箱拍拍白相相。

说不上"正业歉收副业补"，拍拍白相相始终是我的摄影观念，爱好也是生活。如今我这七四老汉，还受某单位之约，还在编辑图片且略有补贴进账哩！

我这个所谓"家"，自知含金量不高的。试想拍拍白相相的白相人也会成"家"，这岂不是绞得出水分的"家"吗？但我始终相信，以至常与青年们闲聊这样的话：现在社会条件不同于过去，一个人只要有一定的文化基础，又有专业心，钻它个三五年，准能成为一个专门"家"。当然不是我那种虽经风雨而徒有虚名的"家"。至此暂且刹住，改日有机会再说说我们年轻时代的所谓"红"与"白"的斗争故事吧！

2003 年 7 月 14 日

图书在版编目（CIP）数据

苏州，一个甲子的林林总总/俞明，朱熙钧主编． 一上海 ：文汇出版社，2017.3
ISBN 978-7-5496-2015-9

Ⅰ．①苏… Ⅱ．①俞… ②朱… Ⅲ．①苏州－地方史－史料 Ⅳ．① K295.33

中国版本图书馆 CIP 数据核字（2017）第 039031 号

苏州，一个甲子的林林总总（二）

主　　编 / 俞　明　朱熙钧
责任编辑 / 许　峰
装帧设计 / 周　丹

出版发行 / **文匯**出版社
　　　　　　上海市威海路755号
　　　　　　（邮政编码200041）
印刷装订 / 苏州华美教育印刷有限公司
版　　次 / 2017年3月第1版
印　　次 / 2017年3月第1次印刷
开　　本 / 787×1092　1/16
印　　张 / 93.5
字　　数 / 800千

ISBN 978-7-5496-2015-9
定　　价 / 138.00元（全四册）

苏州，一个甲子的林林总总

（三）

俞明、朱熙钧 主编

文汇出版社

总序

本书的缘起是喝茶喝出来的。十余年前，开了不少茶馆，有零食、小吃，离退休的老人们蜂拥而至。过去的同乡、同窗、同事们，三五成群，隔三差五，聚在一起孵茶馆。天南地北，东扯西扯，述往事，思来者，边吃边喝边聊，谈谈说说笑笑，乐陶陶也。

在过去的年代里，聚众闲聊是大忌讳之事。祸从口出，弄得不好，妻离子散、家破人亡之事随时可能发生。特别是宣传文化部门、新闻媒体，非讲不可，非写不行，当时是对的，过后是错的，耍了一辈子笔杆，做了一辈子检讨。退下来之后，孵孵茶馆，过着清闲的日子。因为经历多，可聊之事也就多。比如童子军，凡读过中学的都参加过。换言之，中学生都必须参加童子军。这个话题，聊起来就相当热闹，但各个年级的童子军活动各不相同。经过大家补充，朱熙钧兄就写成了一篇文章。又比如一种普通的点心"斗糕"，如今已消失不见，当年是价廉物美的大众早点。熙钧兄认识巷口的"斗糕"摊主，写了一篇《斗糕大王》，介绍了当年街头一道靓丽的风景，很有意义。总之，老人们把闲聊的"口头文字"逐渐发展成了"纪实文学"，于是有了这套书的林林总总。

如今不是动员大众大讲幸福感吗？年轻人身在福中不知福，以为生来就是吃鱼吃肉的，祖祖辈辈都是这样过来的。殊不知，在那个困难年代，农村是吃糠咽菜，城市是买几两豆芽、扯几尺布都要票证。国家是"计划经济"，一个家庭月收入几十元，也非得过"计划经济"的日子不可。抽香烟只能抽"飞马牌"，不敢买"大前门"。冬季的农村，

每年都要进行社会主义教育，基本方法就是回忆对比。一个村增加两只竹壳子热水瓶、两双元宝套鞋，大家围在油盏灯下，在漫长的冬夜，要翻来覆去讲上两三个月。现在，老粗布、"的确良"已退出历史主流，"耐克""杰克·琼斯"等品牌的衣物穿在时髦青年身上。奇怪的是，现在动员大讲幸福感，却以为回忆过去那些事，是对过去抹黑，其实愚不可及也。

话又说回来，老头老太们善用此法倒并非为了去找幸福感。名牌衣物仍然不买不穿，也并无不幸福感。我辈善用此法，是因为只善此法。年届耄耋，不久即将终止生命的旅程，因而我辈累积了回顾过去的六七十年的优势。

我和过去的一些同事好友，多数人在机关干过，有几个在如今叫作"媒体"的地方做过。数十春秋随俗浮沉，与时俯仰，总算全身而退。而今，齿摇发落，"苍苍者或化而为白矣，动摇者或脱而落矣，毛血日益衰，志气日益微"。但我们这帮人都有一定的经历和阅历，有聊不完的故事。又因为都是亲眼所见、亲耳所闻，资料翔实。虽经几十载磨砺，记忆仍然鲜活。

比如朱熙钧兄。他土生土长在苏州，熟悉苏州土地上发生的事，熟知苏州街头巷尾一个甲子的种种变迁。以饮食而言，从苏地著名的朱鸿兴面店，到玄妙观的糖粥摊，还有观前街的绸缎局，他是店主、店员和摊主的老主顾、老朋友，他写的这一店一摊才自有独到之处。近年来，老伴病魔缠身，熙钧兄不仅要负担家务，还主动承揽了本应由我完成的编辑工作。

像钱正兄、熙钧兄，都具有那样的牺牲精神。难道还不足以证明我们这帮老头子，在行将就木前所做的最后一件事的意义和价值吗？

倚老卖老要不得，但编书这件事，正因为想到了这个"老"字，胸中才升腾起一些责任感、使命感，才有了些"非我莫属"的气概，才放弃一些清闲，自寻了这些"烦恼"。

俞明

2011 年 11 月 11 日

目录

我的人生旅途篇

苏州往事篇

文＼王国华

留园墙上的马粪饼

可能是 1946 年，也可能是 1947 年，春天刚来临时父亲说这次去苏州要带我一起去，让我见识见识吴中第一胜景虎丘，当时我内心的兴奋与喜悦大人是无法体会的。我出生于 1937 年，那时我仅仅是个十来岁的孩子，爱玩当是在情理之中。

船靠广济桥，我们在石路闹市的一家旅社安顿下来（多年以后每当我上下班路经大苏旅社的时候我总要亲切地望上一眼，因为它曾经接待过我）。用过午餐后我便想去虎丘，父亲告诉我他下午要去办事，虎丘之行只能推迟到明日早上。我好不容易挨过半日又一夜，次日清早吃过早点，我乘父亲不备的时候偷偷下楼，傻乎乎地站在旅社门口等车。旧时住店客人可以通过茶房请点心店派人送点心到客人房间，服务周到，仅收一点小费。父亲结完账不见我的踪影便急急下楼，见我站在店门口安然无恙才舒一口气，责怪我太无组织、无纪律。我们上了一辆黄包车，我坐在父亲身侧直奔虎丘而去。车子北转弯过广济桥又西转弯上了一条较宽的马路——留园马路，我的兴奋劲头还未过去，贪婪地用小孩的眼光搜索马路两旁的景致。现在我已记不清马路是弹石路还是沙石路，反正人坐在车上很不舒服，高高低低、颠颠簸簸，但丝毫不影响我这个小人儿的良好心情。马车过来了（后来我坐过，坐在低矮的长木凳上并不怎么舒服，由于收费低廉很受乘客欢迎，譬如从察院场乘到石路只收现代币值的一角或一角五分钱，比黄包车便宜多了），门口有两棵树的大宅门过去了，一排排低矮的平房过去了，再远远往前看过去一道长长的围墙呈现在眼前，奇怪的是白色围墙上醒目地有着一个个大大的黑圈，黄包车拉近距离后，我仔细一看那是一个个有羌饼大小的棕褐色大饼，贴在又灰又黄的围墙上。百思不得其解的我问父亲那是什么东西，父亲告诉我这里便是留园，留园大门两旁墙上贴的是马粪饼，晒干了冬天用来烧火的。黄包车继续向前行进，留园很快便被甩在后面了，而我的好心情顿时化为乌有，脑子里尽是大大的马粪饼以及它们晒干后燃烧时发出的光和热，还有那难闻的臭气。

首游虎丘，对举世闻名的剑池、千人石、虎丘塔等这些景点的印象，竟让我忘得精而光之，哪怕是一草一木都未留下任何记忆！唯独留园墙上的马粪饼却让我回味了六十年。儿时想起马粪饼便有作呕之感，长大后思想深刻了些许，也便释然了：马粪本是废物，聪明的马夫们出于生活清贫的无奈让它们变成了能源创造了财富，更何况当初的留园刚从日寇手中接收过来——这座名园在八年抗战期间曾沦为日本军队的马厩——真所谓冠云峰下养马场，今古奇观第一景。抗战胜利后留园管理一度空白，衰败、冷落，既不修缮也不开放，两扇大门对百姓依然紧闭。这便是我儿时初游虎丘时留下的难以忘却的印象——留园围墙上的马粪饼！现在我诉说给儿孙们听，他们以为我是在编故事哄他们呢。现在的留园和留园马路早已换了颜色，去虎丘的路上再也见不到冷落与破败，但那年见到的马粪饼将永远烙在我的脑墙上，今生今世也无法抹掉了。

黄埭求医记

　　1948 年夏秋之交，台风来临之前的一两天，天幕低垂，上空的云层压得极低极低，天气燠热，而树叶儿竹叶儿又集体罢工——纹丝不动。十一岁的我上午还活蹦乱跳，下午却头昏脑涨的生起病来了，没有丝毫玩意的我便自个儿爬上竹床闷睡去了，大人以为我睡觉乖未曾管我，直到吃晚饭时刻他们才发觉事情有些不对，母亲摸了一下我的额头便自言自语："又发寒热了。"我幼时常发寒热（那时两种病常常跟我形影不离，一是疟疾，二是小喉胀，即是现在的扁桃体发炎），她看我不像是疟疾便让我喝了凉开水嘱我好好睡一宵，告诉我明早一觉醒来病就好了，这样我便昏昏沉沉地睡过去了。

　　次日清早我是被父母摇醒的，原来父母见我一夜无语倒也喜欢，母亲起床后第一件事便撩起小床帐子想催我下床解手和喝水，谁知一夜之间我的模样变得那样的狰狞可怕：嘴巴和鼻子下方那个称为人中的部位竟肿得和鼻尖持平，上下嘴唇及其周围部分也都又红又肿（这些都是我后来才得知的，当时我尚在昏睡之中）。父母商量后决定去黄埭求医，黄埭镇上的一位疗科专家极有名的，况且镇上电灯厂李先生与疗科专家是非常相熟的，而李先生与我父亲既是同事又是朋友。父亲认定我患的是危险的人中疔，母亲也这般认为，于是父亲关照母亲替我穿戴，他自己便出门张罗雇船去了。家人后来告诉我，那天清早台风便自东南方向开始吹过来了，压在头上的乌云向西北散去，人们便感觉舒服多了，遗憾的是黄埭在荡口东南的十八里处（如按现今的正确测量法应是十二公里），小船要穿过鹅真荡是很有些难度的，因为正好逆风而上，风险太大，所以父亲和苏航班（即荡口到苏州的客轮）协商好去时由客轮将我们的小船拖到黄埭，回时小船自己摇回荡口，这样可以让我早点回到家中休息，不必在黄埭死等回轮。说来也怪，昏迷中的我睡在船舱之中竟然会悠悠醒来，而且张口要喝水，父母当然高兴，他们安慰我说现在已在鹅真荡湖面上了，过了北桥便是黄埭，又说风渐渐大了，我是给这救命风吹醒的。

到达黄埭后父亲嘱母亲和我在船上等着，他去找李先生。我吃力地睁开一条眼缝（其实我眼睛周围的组织也已肿起来了），船靠在一座环洞小桥边，桥面上人来人往，桥堍的菜市更是熙熙攘攘，说明那时刻不会过上午九时。但在桥堍转角边的疗科专家医寓里却人头攒动，坐满了待诊的病人，李先生忙向里间招呼："朱医生快出来，有个小病人从荡口远道而来，重病，请你拨拨号！"里面走出的不是医生本人而是个比我略大的女孩，李先生忙问她妈怎么不在，她说今早家里实在太忙，妈叫她先来开门放病人进来坐等，李先生嘱她赶紧去催，指指我说小病人实在等不起了。女孩一溜烟跑出门折向西街……我此时似乎更清爽了一些，心想疗科专家原来是个女的。只不过一杯茶工夫女孩和她妈已急步进入诊所，热情地和病人们打个招呼以后径直向李先生走来询问我的病情，李先生向她介绍了我父母，由父母把详情一一告之。这时我才发现这位女医生是个四十来岁的乡村女子：脑后挽着一个朴素的发髻，身上穿的是一身素花短衫裤。脚上套的是一双我从未见识过，好像是用席草纺织成的跷头的草鞋——后来我知道它的正确叫法是蒲鞋，产自草席之乡浒墅关，的的确确是用织席子剩下的边角料织就的，农民特别喜欢，镇上的居民也喜欢，因为它价廉物美，人人买得起且又吸汗，穿上特感凉快，不生脚湿气，但当时我就觉得这样装束的医生是不能治好我的病的，她的脚背上还沾着不少泥，好像刚从田里走出来一般……

这位不像医生的医生对我扫视了一下便说："我去洗洗就来，请稍等一下。"说完走向门口的河沿。父亲很不满地对李先生说："老李，她行吗？小女可是命在旦夕啊！"李先生轻声笑道："等会你看好戏吧！"

不一会手脚洗过的朱医生从河埠头上走进自己的诊室，向众位病家抱拳致意："对不起各位了，我得给这位小病人先拨拨号，她远道从荡口赶来不容易，生的又是人中疔，一刻都耽误不得，你们都是本乡本土的让让号可好？"几句话把已有些不耐烦情绪的病人说得点头称是。她把我们领进里间，原来她女儿正在研钵里捣药。她客气地让我们一一坐下，说她早上晚上要忙田里的生活，白天又要到街上接诊病人，捣药的活儿只好让十三岁的女儿帮忙了。接着她详细又极熟练地检查了我的脸部、口腔和颈部，稍微凝神思索一下便一句一句地对我父母说我患的不是人中疔，没有生命之忧；她又说刚刚进门时察看了一下便已确定所以才定定心心下河洗手洗脚。李先生倒有点不开心了，说刚才在外间你不是已当众宣布她生的是人中疔吗？她对我父母微微一笑："要不是李家阿叔陪着来，你们女儿生的就是人中疔，在你们身上不弄个一二十元才怪呢！看在李家阿叔的面子上我实话实说，令媛得的是热风病不是人中疔，你们到别的医生那里看病他们都会说生的是人中疔，明白了吧？"李先生叫父母赶快谢过，她一边坐下取过纸笔开方，一边命令女儿挑只大西瓜到河边洗干净，等她开了方子便亲自操刀剖开西瓜，红瓤黑籽好诱人啊！切好片后亲自递到我的手上："小妹妹多吃点，多吃一片早好一天，热风症就是要多吃西瓜。"她又请父母和李先生吃，父母象征性地各自吃了一片，他们大概在掂量一片西瓜要值多少钱。

朱医生把药方交到父母手上，说她的药吃完后若没有痊愈便凭这张处方去荡口药铺买药，不过她估计这张药方是用不上的，她给的药量足可以解决问题了。她又从药橱里取出两包药，一包是丸药，当场叫我吞下十二粒，另一包是没药，关照回到家里立即和水抹在肿痛之处，并反复叮嘱：一是按时用药，不可漏顿；二要多吃西瓜和冷开水以求早日解毒；三要坐在三岔路口吹风绝不能闷睡在帐子里。她保证三天后就会见效，最后她轻轻地又朗朗地告诉父母因为是脚里脚的关系才把真话掏出来，父母问她应交多少诊金，她手一挥："脚里脚的，不收钱了！"父母和她推了几个来回她终于笑纳了三块袁大头（此时已是1948年的夏秋之交，政治局面急转直下，社会上已悄悄地流行使用当时的硬通货——银元，袁大头是硬通货中的硬通货）。

回程途中台风已渐渐加大，顺风顺水，我睡在舱中听着父母的对话。

　　父："今天总算顺利，因为脚里脚，既不是人中疗又不曾多花钱！"

　　母："你说这个疗科专家怎么是个女的呢？"

　　父："朱家祖上传下来的规矩，传媳不传子！"

　　母："为什么不传给儿子呢？"

　　父："要儿子到外面去另闯世界，不要吃老祖宗！"

　　听着父母的对话我咯咯地笑了，父母张大了嘴惊奇得可以拍案："奇了怪了，去时还昏昏沉沉，回来时病已退去大半，真是神医！"

　　回家后，父母遵照医嘱不敢有丝毫怠慢，第三天我已能和兄弟们打打闹闹抢吃西瓜了。

　　时间匆匆流逝，已是 1953 年的秋天，我在省报头版下边看到一条新闻报道：吴县黄埭镇世代疗科中医朱 ×× 无私地将祖传秘方献给国家，为丰富国家医药宝库作出了杰出贡献！

　　我不禁浮想联翩。朱医生是个农村女子，名副其实的赤脚医生，而且说话行事略带三分江湖气，横个脚里脚，竖个脚里脚，但她确确实实医好了我的病，也医好了别的病人的病，病人是最公道的。疗科专家是病人送给她的大号，不是她自封的，不像现在有些人张口自称是博士，闭口自称是专家，却不如一位乡村医生管用。未知她老人家还在不在世上？高寿多少了？我与她的这段故事毕竟尘封近六十年了，今天写出来无非两个原因：一、感谢当年的医恩；二、请现在某些医务人员好好对照对照，应该从她身上吸收些什么营养？

八月十八游石湖纪实

每年的农历八月十八日这天，苏州有夜游石湖，进香上方山的习俗。也是在 1948 年的中秋过后这一天，父亲带了大病愈后的我、母亲、父亲的朋友及家眷们在万年桥埭乘上了一艘开往石湖的豪华游轮——全苏州仅此一班，全年也仅此一班。我之所以称它为豪华游轮是因为轮船体积较大，座位舒适，船票早在半月前便被订购一空。事实上只是普通大客轮而已，并非现代意义上的真正豪华的游轮。

轮船自万年桥埭起锚开航，穿过桥洞不久便折向西行。父亲向大家介绍我们座位底下的这条河便是有名的胥江河，当年伍子胥被吴王夫差逼死后，他的尸身便由此河直下胥口，被当地百姓拦住捞起葬于胥口，此河便易名叫胥江……我觉得这故事蛮动听的，比历史老师讲得生动多了。不久矗立着高高烟囱的苏州电气公司已展现在眼前，父亲连忙起身向窗外搜索，他忽然伸出右手向岸上挥手致意，站在公司大门口的几个人大概是父亲的同事，他们发现后赶紧边挥手还礼边叫喊着什么，大意是叫我们玩个痛快。

船继续向前航行，我惦念座位底下的食盒，忍不住蹲下身子翻动起来，别的孩子跟着学我，于是几家大人不约而同取出各自的食品在旅游途中享用起来。有糕团，有饼馒，有面包，有蛋糕，我家带的是生煎馒头，母亲存放得好，馒头居然还带着喷香的热气。吃完晚饭我又爬上座位观看两岸景色，心里快活极了，又有好东西吃，又有好景致看，真是不枉此行。游轮开得飞快，据说这是苏州城里最最优秀的轮机手驾驶的最最高档的轮船，快速且又平稳。很多摇橹的小木船迅速向后退去，上面坐满去进香的男女老少，他们羡慕地仰视着我们这艘"航空母舰"。处于童年期的我竟会觉得得意非凡，踌躇满志，内心迸发出一种难以名状的优越感，稍大后我便知道这就是虚荣心，我为之憎恨并批判的与生俱来的虚荣心。

当天色渐将转暗的时候，轮船已达目的地石湖，船在湖面绕了一圈便停靠在行春桥畔。上天不肯赐恩，月亮躲在云层深处不愿露脸，人们只得纷纷上岸踏上攀登上方山的小径。不知是哪位慈善家，或是哪个大老板做的积德善事，在山路的一旁，香客的头顶上吊挂着一盏盏汽油灯，把山道照得如同白昼一般，因为当时的上方山及其周边地区属偏僻之地故而尚未通电，只能靠汽油灯的照明使众多香客登山入寺。人真多，摩肩接踵，相互碰撞，听口音就知道一半以上是上海人，满口"阿拉，阿拉"的。几家人相互照应着，好不容易看到楞伽寺内的塔顶了（塔的周围也挂着几盏汽油灯），突然一道奇特的景观呈现眼前：被汽油灯照得雪亮的山道两旁齐齐地坐着、蹲着、跪着衣衫褴褛的乞丐，有男有女，有老有小，有的拱手示谢意，有的磕头如捣蒜，个个面黄肌瘦，令人不忍细看，他们面前放着瓦钵、搪瓷小盆、破篮破笤箕，香客们纷纷把早已准备好的零钱扔到他们的"吃饭家什"里，有的嫌少，有的倒也知足。母亲想把吃剩的馒头送给他们，父亲连忙拦住低声说道："他们今晚不是冲着你的馒头来的，而是冲着香客的钱袋来的，一年一次，何况上海客人特多，大多是为借阴债、求平安，借神道之手让财源滚滚而来，乞丐中有真乞丐，也有假乞丐，他们知道今日香客出手肯定大方，想借此发个小财，而且其中夹杂着山下的村民，他们扮成叫花子讨些闲钱比清早出去挑葱卖菜强得多了。"我紧拉着父母的手随着人流慢慢向前移动，父亲还叫我把一些零碎小币投进一个带着小女孩的中年乞丐的"敛财箱"里。这个中年乞丐是个癫痢头，在汽油灯的照耀下，显得特别刺眼。

进入楞伽寺，母亲赶紧购香买烛，叩头拜神，父亲则和他的朋友们去大殿一旁的化缘台前捐钱去了，外面是乞丐发财，寺内是和尚发财，倒也相映成趣。

其他细节我现在已无从回忆起来，唯有一件事终生未忘：在下山路上，睡意朦胧的我突然发现在山道的转弯处坐着一个穿着干净的中年男子正在点数着一大把钱币，脸上泛着满意的笑容。他就是刚才我施舍的那个带着小女孩的中年乞丐，因为他头上的癞痢骗不了我。母亲也发现了这一秘密，父亲紧拉着我们赶紧离开，他说点穿了我们命都没了，他们肯定有一大群同伙，会追打到山下……我小小的心灵受到莫大的伤害：原来可怜的小女孩只是他借来的道具，脏脏的外衣便是他敛财的工具！为此我发誓再也不上上方山。

后来听说上方山的香火中断了几十年，人们忙于搞运动、破"四旧"、人斗人。20 世纪 90 年代初我常来往于苏福公路，每到横塘时总要向南望望上方山及上方山的宝塔尖，儿时八月十八游石湖及进香楞伽寺的记忆镜头不时映现在眼前，勾起了重游一番的强烈愿望。终于在 1992 年中秋节那天我陪同外地来苏的亲戚第二次登上了上方山山顶，石湖、行春桥依然老样，只是行春桥经过修复反倒显得青春焕发。楞伽寺内香火依然缭绕，卫生状况却无法使人开颜：满地的香烛（因香炉及烛架上插不进，人们只好胡乱在地上摆堆焚烧，简直使人难以立足，绝无西园寺、寒山寺那种庄严神圣的氛围）。青年时代我读《聊斋》时发现楞伽寺内供奉的那尊五通神竟是个邪神——淫神，是人们无知还是宗教部门有意欺骗大家达到敛财目的？我无从得知，但我觉得这和当年我遇到的那个骗子乞丐的本质是没有区别的，而且听说八月十八夜晚的香客还是成群结队，一字阵的乞丐队伍又出现在弯弯山道，我有些黯然，有些神伤，但愿后人能超越前人，少做些骗人又骗己的勾当。

开明戏院看白戏

旧时有恶俗陋习：凡是职业上有互动关系的单位总是逃脱不了贿赂和被贿赂的嫌疑。上世纪 50 年代末我刚分配进铁路工作时，"老铁路"（指在解放前就进铁路工作的）常会炫耀他们当年的特殊待遇。例一：凡是车站到达一车皮水果，特别是北方的鸭梨和南方的香蕉、荔枝，由于当时的保鲜手段极差，到达后货运部门应立即通知收货人前来车站领取，以便他们及时运回水果店上架售货，如果耽误了一天两天，这些娇嫩的水果便会蔫头蔫脑甚至腐烂变质，即使把它们拖回店里，老板肯定连本钱都收不回来。火车站的工作人员就利用手中这一点点的权力，常常不及时告知货主，任其腐烂变质，等时机成熟才通知让水果店来提货，老板一看知道自己斗不过铁路便乖乖认输，约定下次不论什么水果到达后请铁路高抬贵手及时通知提货，谢礼是让铁路有关部门自己挑选几筐应时水果尝鲜。记得"文革"前一年我还吃到过这种礼品水果，而我只不过是铁路子弟学校的一名教师。货运部门倒也有"集体主义"精神，凡是本站职工，人皆一份。例二，解放前市内各电影院的影片都是通过火车从上海运来的，哪家影院先拿到，哪家影院就可先放映，广大观众便涌向那家影院，观众是影院的生命线，影院老板心知肚明，所以常常派了职工在车站零担房守候，一旦及时取到货便从口袋中取出十几、几十张电影票奉送对方，后来发展到先送电影票后取货，电影院与影剧院之间竞争也是很激烈的，而得利者始终是铁路方面。

　　就在那次游过石湖、上方山之后的第二天，父亲离开旅社外出办事，回来时宣布晚上请大家去开明大戏院看京戏。开明大戏院是苏州城里最有名的戏院，也是当时京沪线（即后来的沪宁线）上知名度极高的戏院之一，能进开明演戏的剧团不是一流便是二流，三流四流的剧团休想进门。母亲和我表示不去。母亲听父亲说是请客，心想这么一大群人请得起吗？我是从小喜欢越剧，对京戏一窍不通，而另外几家的当家人也都认为父亲太客气了，他们受之有愧，坚决不让父亲破费。父亲这才认认真真地说明这次是看白戏，不用掏钱，大家这才高兴起来，打听是什么剧团，什么角儿，演哪几出戏，父亲一一做了解释，原来他们和父亲一样也是京戏迷，平时在镇上看不到好戏，这次能在苏州城里最著名的戏院欣赏最著名的演员演戏，一生能有几次机会？况且听说又是看白戏，真是喜上加喜！私下里母亲责怪父亲手面太大，请客也没这么个请法，父亲说大家难得来苏州开开眼界，碰巧开明有名角登台，票价确实很贵，但我没骗你，也没骗大家，也确确实实是免票的，到了戏院门口就知道了。

　　晚上七时许，一行人浩浩荡荡来到观前北局，只见"开明大戏院"五个霓虹灯大字闪耀着红色的光亮，大门两旁小霓虹灯下则是精心制作的海报，海报上详细介绍了演员阵容、演出戏目及演员照片，另外还加上极富煽动性的号召语："演出阵容空前绝后，真马上场史无前例，唱做念打，件件皆精，欲睹丰采，购票入场！"售票厅内熙熙攘攘，人头攒动，父亲嘱我们等在门口，说去去就来。这时检票口已开门，观众纷纷高举戏票被后面的人群潮水般地拥向检票口验票入场，售票窗口则挂出免战牌：票已售罄，明日请早！等退票的人络绎不绝，抱着一丝希望赶来觅票，他们游动到我们面前："请问阿有余票？我多拨倷两角钱！"我们自己尚不知票在何方，只好摇头。

　　父亲终于从人群中满头大汗地挤过来了，我总以为他肯定取到了戏票，谁料，他两手空空如也。大家正纳闷间，他指指跟在他后面的两位四十岁上下的男子向众人介绍："这是我苏州的同事，今天看戏全仰仗他们两位了。"谢过以后一行人便跟随在这两位的身后从人缝中挤向检票口，检票员一看他俩忙不迭地点头招呼："两位爷叔今天也有空闲来助助雅兴？请！"但一看他俩后面的一行人，脸上便露出为难之色，两位爷叔立即递上一张早已备好的纸条，他扫视一遍脸色立时多云转晴，连声"请，请，请"地闹猛着。进入正厅后爷叔们把纸条给了领座的服务员，服务员和两位也是熟人，满脸堆笑地说："鲍叔跟我来。"父亲的朋友们及其眷属，就在后座通道的一排加座上落座，我们一家三口则被领到前座第三排的正中央才一一落座，两位爷叔坐在父亲的身边，边说笑边谢过服务员，父亲忙从兜里掏一张纸币塞给服务员："小意思，小意思！"我轻声问父亲没有票怎么会坐到好位子上，父亲解释说这几个位子是戏院老板留在手中专备不时之需的王牌票，今天能坐在这里看戏全靠你这两位爷叔了，其中一位笑笑对我说："你小时候我还抱过你，你忘了？"我不好意思地笑笑，想起年幼时确有一个父亲的师弟，宁波人鲍叔叔抱过我的。谈笑间舞台上的绛红色大幕徐徐拉开，嘈杂之声渐渐消失，大家凝神定睛死盯着台上的动静。只见一位穿着笔挺西装的中年人从侧幕走到舞台中央的麦克风前，鲍叔向父亲轻声耳语："他就是开明的老板，刚才我手里的纸条就是他亲自写的，所以你们十几个全部放进来了，这几个位子是特意批给我们的。"老板热情洋溢地感谢剧团从上海来到苏州演出，感谢广大观众破费捧场，仅四五句话他即宣布演出开始。他刚退向后台，幕旁的乐队马上开始演奏，演奏声中鼓板击打出的"得、得"马蹄声盖过了其他乐器声。我虽然不懂京戏，但因乐声悠扬而侧耳细听，正在此时本来非常安静的坐席突然一片啰唣，我惊奇之余随大家把头扭向紧靠右墙的通道，只见一位化好妆的演员（饰孙悟空）牵着一匹膘肥毛亮的大白马正在由通道走上通向舞台的台阶，白马训练有素，它蹄子下的"得、得"声和演奏声中的"得、得"正好合拍，融为一体，观众的情绪被调动起来了，鼓掌声盖过演奏声，直等到上台以后才渐渐安静下来。只见孙悟空牵着白马在舞台上走了两个圆场，然后稳稳地站在台中间，演员用京韵道白在马耳朵旁讲了几句并在马背上轻轻拍打几下，白马前蹄纵起，仰天一声长啸，此时观众的情绪被煽动到最高潮，叫好声、鼓掌声此起彼伏。接下来演员牵着白马走向后台消失了，于是第一折戏正式开演。反正是《西游记》中的一折，具体哪一折我已全然忘记。记得最牢的就是那匹白马，这也是剧团和剧场共同策划的一个热点。第二折是《吕布与貂蝉》，生旦两角控制舞台，父亲向母亲介绍这两个都是京剧界的赫赫名角，生角叫什么名字，旦角叫什么名字。其实这些对还是孩子的我并不重要，重要的是我记住了吕布抚捋头上野鸡毛的架势特别有功力，唱功也见长，唱一句下面叫好一句。旦角扮相俊俏，台步婀娜多姿，唱功绝不输于生角。长大后我非常后悔没有记住他们的大名，有时候我怀疑他们是叫叶盛兰和杜近芳，因为后来听父亲这个老戏迷说，这是京戏界最有号召力的一对黄金拍档。第三折我就不大喜欢了，因为戏中有白鼻头奸相曹操，还有一个赤膊斜披衣襟的老生边唱边击鼓，唱到激昂处又引来阵阵喝彩声，后来我知道这个角色就是祢衡，戏就叫《击鼓骂曹》。最后一折是压台戏（有人说第三折叫压台戏，我始终认为最后一折才是压台戏）《大劈棺》，是上海滩上红得发紫的京剧坤伶童芷苓的《大劈棺》，戏的内容当时我全然不知，只觉得她演得特别出色，特别抢眼，手执利斧，口咬青丝下定决心劈棺取脑的亮相式动作博得的掌声更是超过了前三折。以后只要人们说起童芷苓，我立马会联想到《大劈棺》，想到一浪高过一浪的喝彩声。以后渐大，我知道了童芷苓演的角色叫田氏，是庄子的老婆，也知道了童芷苓在沪上京剧界乃至全国京剧界的举足轻重的地位，我真的很幸运，小小年纪在不经意间竟能欣赏到梨园名角如此精美绝伦的表演。

在演出结束后的归途中我向父亲打听那位爷叔怎么会有那么大的权力让我们十几个人全部免费入场？又让我家三人坐在剧场的最佳座位？父亲告诉我，他们和父亲一样都是苏州电气公司的普通职工并没有什么大来头。戏院老板能请到这些名家名角来苏公演已属不易，倘使演出过程中有人使坏故意停电，那后果会是怎样？老板如何收场？因此老板手中必须留有一定数量的好票来应付政府要员、社会名流、新闻记者的需要，电气公司他也不能得罪，两位爷叔是负责北局这一地区电力供应的大师傅，他们开了口老板当然要"侍候"好。我终于明白了什么叫"近水楼台先得月"。

现在我苍老了，健忘了，开明大戏院看白戏的许多细节故事也已淡化甚至忘却，定格在记忆深处的除了开明大门口的闪烁着五彩光芒的霓虹灯外，就只剩下那匹健壮的大白马和由此引起的轰动效应，还有童芷苓在《大劈棺》中青春亮丽的形象及她的高水平的表演手段。当后来我吃到免费水果时常常会想起开明戏院看白戏的经历，两者有异曲同工之妙。是耶，非耶?

少小曾作葑溪游

　　张义本先生是我父亲共事多年的朋友，他是地地道道的苏州城里人，家住望星桥堍。我年少时曾随父亲去他家做客，吃过一顿中饭。他家大门朝西，跨进门槛便是一个反起坐（起坐间即客堂间），朝向东面。东面是一排落地长窗，室内陈设简朴，只一张红木长桌和一张红木四仙台，以及与红木四仙台并不配套的几张靠背椅子而已。落地长窗外是一个小院，院内有一口老井，靠墙处有一棵桃树，记得我去时粉色桃花正含苞待放，娇艳欲滴，所以我能确定那时正是春意荡漾的仲春季节。坐定后张家师母端上干果点心，还问我爱不爱吃风干荸荠。我说我在家就喜欢吃荸荠，而且最爱吃的就是风干荸荠。她说好极了，我们葑门这一带荸荠就是多，价钱又便宜，倘是喜欢带点回去。于是她忙到院子里取下一只挂在钩子上的篮子，篮子里装的便是风干了的荸荠。张先生一定要留我们吃中饭，张师母便去厨房张罗去了。

　　大人们说着话把我晾在了一边，我无聊之余只能边吃荸荠边打量屋舍。这是一排三开间的平房，当中一间是客堂，两边都是房间，前面是大房间，后面是小房间。开间比一般的阔，所以客堂成了四四方方的一大间。在家时就听父母说过张家的房子是上代传下来的老屋，是长毛（太平军）之乱结束后在废基上重新翻造起来的，但我以孩童的眼光来看此屋并无颓废衰败之态，仅门窗的漆有些斑驳，地上的方砖略有破损而已。大人们说了好长一会儿才发现我还正襟危坐在一旁，于是张先生站起来叫我跟着他去看"西洋景"。我跟着他走进小院。他打开院墙上的后门，随着吱呀一声门响，一幅奇异的图画展现在我眼前：这是一片绿色的世界，有垂柳，有芦苇，也有参差不齐的蒿草，成群成群的鸟雀在柳树丛中唧唧喳喳，听见人声便振翅飞向远处去了。父亲跟过来说小孩子家开开眼界吧。我从柳树蒿草的缝隙中间向对面望去，一道高高的城墙展示在我的视线之中，虽不如平门城墙雄伟，却也不失古朴，特别是它的凹凸不平的破墙更像一位历史老人一样，见证了这座古城的战争洗礼和更朝换代的重大历史事件。城墙墙根下一滩坡地上长满了一畦畦青葱可爱的蔬菜，几个农妇蹲着身子忙碌地操劳着。我问这里究竟是城里还是乡下，张先生说这里是城里的乡下。我茫然，父亲解释：这是苏州城的特色，城里有农田有农舍，对面的城墙是葑门城墙，城里的农家田少，就利用城墙下的荒滩野地种点蔬菜挑到集市上卖。他们还告诉我这是元末张士诚在苏州称王时留下来的杰作。当年张士诚被朱元璋团团围困，只得利用空地甚至拆掉民房让其变成农田种粮种菜，这是其他城市没有的一大特色——苏州城里可种田。他们不知道，太平天国的天京（即南京）被清军围困三年，他们解决粮食短缺的方法和张士诚一模一样，也就是说洪秀全克隆了张士诚的方法，这是我后来学历史时获知的。当时我只觉得很可笑，现在想想倒也有趣，如果上世纪50年代初苏州城墙保存下来，城里种田这一奇特景观保留下来，不是一道很有历史价值的遗迹景观吗？旅游部门稍加修整，赚得盆满钵满是毋庸置疑的。

吃完中饭告别时，张家师母提了一布袋的新鲜荸荠硬塞给我，并叮嘱我回去再洗洗风干了吃。后来知道葑门外有大片河荡湖泊，最大的湖泊有金鸡湖、独墅湖、黄天荡，黄天荡在上世纪70年代就已填平变成农田，唯金鸡、独墅两湖不但保留至今而且成为园区很有名的休闲胜地，当然这是后话。因为有湖泊湿地，葑门外的水八仙如红菱、荸荠、莲藕、芡实等亲水作物产量是非常高的。例如荸荠，苏州的称苏荠，杭州的称杭荠，论品相和吃口苏荠是远不如杭荠的，但产量多，价格低，适合一般市民的消费能力，甚至于远销到上海和无锡、常州等地。

张家是典型的葑溪人家，虽然没法和深宅大院的大户人家相比，却也丰足小康，温馨和顺，是大多数苏州市民的代表。如今张家夫妇早已作古，他们的老宅已荡然无存，在一片拆迁声中变成了小游园的一角。两年前我试图在旧址上找些旧时的踪迹，最后只能怅然而归，但少时那次深入腹地的葑溪之游我仍然记忆清晰，而且将陪伴我走向人生终点。

唯亭和夷亭

幼时初知唯亭两字全靠地图上的标志，哦，它是沪宁线上苏州站与昆山站之间的一个小站站名。火车从苏州站往东开出之后第一站是官渎里，第二站是外跨塘，第三站便是唯亭，再过去是正仪，接着便是昆山，唯亭正好在苏州和昆山的中间。从地图上看唯亭镇位于沪宁线南侧，不知何故当年清政府建造京沪铁路（即今沪宁线）的时候把铁轨排在大多数城镇的北面，城市如苏州、无锡、常州，乡镇如正仪、唯亭、浒关、望亭等等。唯亭在苏州的东部十余公里处，原属吴县管辖，现属苏州市园区。

几十年前在浒关读书时班上转来一个唯亭籍的女生，小小年纪初来乍到常常思念家乡，和同学谈家常时不免唯亭、唯亭的。开始我并不在意，时间久了发现她的发音有误，常把唯亭读成夷亭，我们同学纠正她，但不出三天夷亭之音又不绝于耳。当时我认为这是从娘肚子里带出来的毛病，不必苛求她了，她倒是努力着改，到毕业时终于不再夷亭而是唯亭了。

三十年后的上世纪 80 年代初，苏州的大街小巷满是粮票换鸡蛋的景致。一次我从一位老农手中换鸡蛋，见他和善亲切便问他是哪里人，他说他是夷亭人，我说是不是外跨塘那边的唯亭，他说一点没错，我问他为什么要把唯亭读成夷亭，他告诉我这是老祖宗传下来的读音，写在纸上是唯，读出声来是夷。我怅然，当年是我错怪那位女同学了。不久我先生的司机来我家玩，他告诉我他的家在唯亭，然而他也把唯说成了夷，我托他回去请教请教当地的老人，夷亭一说究竟有何来历。再次见面时他告诉我他问过很多老人，夷亭说法是老祖宗传下来的，与古代打仗有关。

1996 年秋我游完蜀中大地从重庆顺流东下时，因转船之故在湖北宜昌曾登岸暂栖一宿，并买了一份《宜昌晚报》，细细品读竟发现了一篇虽然不长却能充分引起我兴趣的短文。原来《宜昌晚报》开辟一个介绍吴中人文景观的专栏，这天晚报上介绍的是夷亭一说的起因，给了我一个实实在在的惊喜。作者丰富的历史知识以及引经据典的认真态度使我心服口服，明白了为什么唯亭人要把唯亭叫做夷亭。

两千五百年前吴越两国曾是敌对国，双方不时发生军事摩擦，甚至爆发了多起史书上都有记载的大型战役，如"夫椒之战""檇李之战"，这里我不再赘述。在战火的洗礼下吴国积累了大量实战经验，越国在吴国的东南方，国界在今浙江嘉兴一带，常派小股部队骚扰吴国，吴国军队便在都城的东面二十余市里处筑高亭观察远方敌情，以便及时向吴王报告，这种亭子（现在的瞭望台）便被称为夷亭，夷即蛮夷、敌人的简称，表示吴国对越国的轻视。吴越之间战火连绵、恩怨不断，在最后一次战争中吴国败给了越国，越国当然不会容忍夷亭的存在，从此在这个逐渐因人聚居而建成的小镇便易名为唯亭，但当地的人们为了纪念自己的先祖仍称呼该地为夷亭，只有在作书面文字时才写作唯亭。

沪宁线上还有两个带亭的站名，一是安亭，二是望亭，顾名思义这两个重要的集镇大致有和唯亭相似的经历和成因。它们同属吴国，后来又同属于江苏省，直到近 50 年前安亭才划归上海管辖，而望亭和唯亭却都是属江苏。不过近年由于中小学生课内课外都说普通话，他们之中已不大流行说夷亭了，随着老人们一个个的离去，夷亭这一叫法会不会淡出历史舞台？我倒希望这种叫法能绵延下去，一是对先祖的纪念，二是丰富我们吴方言区语言内涵，并借此得以传承和延续。

带城桥下塘的沈老师家

　　当年我在浒关中学读书时，和沈如英都是住校生。我家本在浒关，后因变故搬回无锡去了；她家在陆慕（那时叫陆墓），因种种原因也来浒关中学就读。与我同班前后座，晚上住同一宿舍则是上下铺，这种亲密的关系使我们的情谊越发超乎一般。她告诉我她家在陆慕镇上开有一家规模不小的竹行，可惜父亲早亡，店务家事的重担全落在母亲身上，虽说她上面有两位哥哥。大哥已结婚生子，还顶着竹行老板的头衔，但大哥无能既不管店又不管家，天天和一班朋友喝茶聊天；二哥刚从新苏师范毕业被分配在唯亭中心小学任教，一名小学教师每月能省下十元钱贴给家用已经是不错的了。我和如英相熟不久后她又告诉我陆慕的竹行在全国一片关店声中也应声而倒，她母亲在家急得团团转，一家数口吃什么？穿什么？况且如英才十四五岁，正是接受教育的年龄，也是少年不知愁滋味的时候，可如英整天紧锁双眉，无法展颜。

　　过了寒假我们再相会在校园时，如英却一改以往愁眉不展之态度变得轻松活跃，她悄悄跟我说，她的一位堂叔父带着妻女从南京调回苏州，她母亲被邀去做保姆，每月工资有二十多元呢！二十元在 1953 年不是个小数字，是可以养家糊口的保证，而这位母亲当时已经五十五岁。如英说现在回家不必再远道经苏州到陆慕，她母亲就住在带城桥下堂叔叔家，还说要带我去见见她的堂婶婶——前苏联人安娜。

　　初夏的一个周末沈如英真的带我同往苏州。在凤凰街与带城桥路口处向东一拐便是带城桥下塘，走不多久便是赫赫有名的振华女中（现在此处的门楼已被"苏州织造府衙门"所代替）。过振华再走五十米便是沈老师家，坐北朝南，门口是一条窄窄的小城河，河的南边便是十全街。沈家的房子并非自己的，是每月花一石二斗米租下来的。和大多数苏州人家一样，大门间并不起眼，只是一间极普通的旧平房而已。当你穿过大门间进入内部时你会大吃一惊：里面尽是精美的屋舍与花园，一条长通道向四旁辐射出几条甬道，你要知道里面有几户人家只要数数有几条甬道。其中一条甬道的尽头是一个大大的月洞门。我随如英穿过月洞门便进入了沈家的范围，沈家的房子是一幢显得很新的二层小洋房，洋房周围是一个不大但很精美的花园，花园的一边是一排整齐的偏屋，供下人住宿、堆放杂物、烧饭洗衣之用，沈家伯母就住在其中的一间。

其实沈家人不多，沈家叔叔是如英父亲的堂弟，父母早亡，从初中起就离开陆慕到外地求学做事，跑遍了半个中国，1949 年全国解放时他定居在南京，可惜他的名字我没记住；婶婶安娜其实是中俄混血儿，父亲是国民政府的一个小官员，早已去世，母亲是俄罗斯人，早年从西伯利亚这条通道来到中国，和安娜的父亲结婚并生育了安娜，我一直怀疑她是白俄。沈叔叔调回故里苏州后在苏州医士学校任教，婶婶安娜则在从东吴大学演变而来的江苏师范学院任教，沈叔叔教的是语文，安娜教的是外语，是俄语还是英语我忘记了，现在想想她应该教俄语，因为她的母亲是纯种俄国人。她自小和母亲在一起讲俄语是当然的事情。上世纪 50 年代前期中苏关系亲密人人皆知，大学乃至中学都在开设俄语课，大学毕业生被派往前苏联留学是非常光荣的事情。女儿明明是他们唯一的孩子，当时还只是个七岁的小女孩。安娜婶婶是混血儿，但在她身上竟找不到混血儿的特征，除了两个眼珠是黑的，其他如体型、头发、面容，完完全全是白种人的典型，她不会说苏州话，也听不懂苏州话，我们说的话都必须经沈老师翻译成普通话她才能理解，而明明虽然有四分之一的俄国血统却找不到一点外国人的印迹，只是鼻梁稍挺，皮肤较白而已。她拍的特大相片被安放在邵磨针巷国际照相馆的陈列窗内发挥广告效应，早先几个月我就已经欣赏过了，的确是一个非常美丽动人的小姑娘。安娜的母亲没有随女儿女婿来苏州，老太太趁女儿女婿工作调动之际，取道蒙古国到前苏联远东地区的赤塔探亲去了。和那些足足使她魂牵梦绕了两万多个日日夜夜的亲人们聚首去了，原说好一年以后再回中国和女儿一家相依相伴度完余生，不料未满一年便在赤塔染病而亡，这些情况我是以后才知道的。

沈老师一家调回苏州的当口，正是沈如英一家经济状况凸现窘态的时刻，沈家伯母就顺理成章地成了他们家的保姆。沈伯母能烧一手上口的苏州小菜，这已使沈老师很满意，何况她识文断字能够每天把邮递员送来的报纸分门别类安放在客厅的茶几上，连小花园里的修枝剪叶等杂活也都包下。实际上沈老师一家丝毫没有把老人家当做保姆看待，而是把她视作嫡嫡亲亲的大嫂，这从头天的晚宴上可以得到证实。因为已入初夏，晚餐安排在洋房一侧的露台上，一张圆桌六张椅子，菜式丰富，口味清淡，以清蒸鱼和盐水虾为主，沈伯母不肯上座，说是要在厨房里忙点事情，沈老师硬是步下五六级台阶去厨房把她请上露台用餐。我和如英两个孩子尚未成年，在这种"饭局"上是特别拘谨的，沈老师夫妇毕竟是有学问有教养的人，为了免除我们的尴尬除了向沈伯母夹菜外还拼命向我们碗里夹菜，边吃边笑说女儿明明虽然有俄罗斯白种人的血统，看上去却纯粹是个中国人，是沈老师的翻版，不过她的钢琴弹得不错，是向外祖母学的。说安娜老师有二分之一的中国血统，但苏州人看来她全然是个外国人，她是她母亲的翻版，她每天去学院上班总会受到路人的关注。沈老师幽默风趣，安娜老师热情豪爽，我们二人被感染了竟与两位长辈说笑起来。饭后他们叫明明为我们演奏了一首钢琴曲《渔翁》。事后我想，沈老师从前应该不是普通的教师，他的学识教养可以证明这一点，他当时的经济实力也可以证明这一点，而且我过去也曾遇到过这种情况。我有一位语文老师，他的古文和现代文的功底都很深厚，教起书来根本不用课本，学生听得如痴如醉。他姓宋，几十年后我在《无锡市志》上看到了他的名字，他原来是无锡大报《人报》的主笔。《人报》是解放前无锡统治当局的喉舌，撇开政治原因不说，能进入《人报》馆工作而且当主笔非要有一肚子学问不可，几十年以后在《无锡市志》上还能占一席位置，可见其功力绝不一般。由此我常联想到沈老师，他来苏州医士学校任教前在南京究竟从事什么工作？我问过如英，她也说不清楚，只说他们分别近三十年了，而她现在才十五岁。

第二天清晨我们两人醒来时，沈伯母早已把早餐准备好。正准备用餐时外面突然进来一个手捧鲜花挽着花篮的姑娘，她把一束芳香四溢的玫瑰花交给沈伯母，一看还有两个小客人在，赶忙从盖着湿漉漉的白毛巾的花篮底下取出四朵白兰花，如英和我每人两朵，还说这是送的。如英边吃早饭边告诉我，卖花姑娘的家在虎丘山下，每天清晨摘好花便紧赶城里送花，沈老师是她的长期客户，每天都要换一束，才五分钱。从虎丘进城再到城东南的带城桥需赶多少路？少说也有十来里，而且刮风下雨从不间断，为了揽住长订户有时还要加送白兰花之类的小花朵，当时的物价实在太低了。

早饭后我们二人向沈老师一家告别，也向沈伯母告别，到观前街疯玩去了。沈老师和安娜老师欢迎我们以后再去她们家做客，当然我以后再也没去过，因为我不久便离开浒关回无锡老家去了，沈如英则回陆慕成了一名小学代课老师。再后来我长大了，自己也工作了，在与沈如英一次相遇时，她告诉我她母亲已去世，沈老师平时在校慎言谨行，逃过了1957年"反右"一劫。

1966年"文革"风起云涌，沈老师一家能否安然无恙？由于和沈如英的通讯中断，所有情况都不得而知。直到上世纪80年代初我定居苏州后与陆慕中心小学通过一次电话打听沈如英的下落，校方告诉我她早已调往江苏徐州去了，她爱人是徐州市防疫站的医生。从此我只能在心里默默祝福他们，祝福沈如英，也祝福沈老师。如果沈老师和安娜老师还健在的话，他们也应该是九十开外的耄耋老人了。

百感交集说浒关

初知浒关尚在六十年前小学的历史课上。历史教科书上并无"浒关"二字，那时的小学历史老师为了引发学生对历史的兴趣，往往在一节课结束的前几分钟讲一点有趣的历史故事，有的是正史里记载的，有的是流传在民间的野史闲话，老师讲得绘声绘色，学生听得如痴如醉，正史记得不多野史倒深深植根于心中了。那个时代国人对清政府的憎恨不是可以用言语就能表达的，从清兵入关到江南要塞江阴的屠城三日，再到晚清一次又一次丧权辱国的签约，在小学生心里激发出的排满反清的情绪高涨到极点。那时教科书上也不书写"清政府"三个字，一定要在清政府三字之前加一个"满"字。一次历史老师讲乾隆皇帝读白字故事，其中一个故事就是嘲笑他在下江南时将浒墅关说成了"许墅关"，金口不好改，因此一直"许墅关"下来直至今日，学生听了无不开怀畅笑。虽然我后来质疑过故事的真实性：乾隆自小在宫里饱读诗书，尚不至于连水浒的浒字都不认识吧？我觉得这只是汉人对清朝的憎恶、蔑视和无奈的流露而已，然而"浒关"两字倒深深地记在我心中了。

我家原有一套广漆的榉木骨排凳，是托人在浒关定做的，凳身比一般的要大出一壳，凳脚又粗壮结实，我小时搬不动常常恨之入骨，母亲也时常唠叨："浒关的木匠真'木'，做出来的东西又笨又重。"木归木，敦敦实实着实叫人放心。到夏天晒酱时酱缸压在它身上笃笃定定纹丝不动，上面立个人往高处挂东西不在话下，现在我已年过七旬，要想往壁橱里放点衣物被子之类的东西还非得让它垫脚不可。于是我改变了对浒关木匠的看法，认为他们的手艺才是百年存世的手艺。现在我对着那张仅存的浒关骨排凳常常发思古之幽情：论年龄你比我大，论腿脚我比不过你，老法头的浒关人做手艺扎扎实实没有半点虚头，不像现在的家具枉有华表，用过两年便走样报废，于是"浒关"两字的印象在我脑中再次加深。

上世纪 50 年代初命运之神把我推到了浒关，由于父亲工作调到浒关，全家同往浒关居住，我成了浒关中学的一名学生，直到两年后初中毕业我才离开。那两年对我来说正是长智慧长见识记忆力最强的年龄段——十四岁至十六岁，浒关的大事小事，浒关的工业商业，浒关的风俗人情一样都没忘记，即使活到一百岁我尚能回忆起个大概来。

沪宁线上的工业重镇

从上世纪90年代初开始，江南的一些古镇如周庄、同里、甪直，开始走俏于中国乃至世界的旅游舞台，它们由于自身闭塞落后而被有审美疲劳的城里人所青睐，所赏识，但他们对中国历史的贡献，特别是近百年来对中国民族工业的贡献哪及得上浒关的一根毫毛？周庄也好，同里也罢，它们蜷缩在一方的旮旯里躲过了历次毁灭性的运动的冲击，才把自己的原汁原味——现代人追逐的古老风格、建筑格局、水乡风情的诸多元素——保存了下来，这不是功绩，只不过是历史的原因造就了它们今日唯其独尊的局面，它们只是个幸运儿。浒关则不同，京杭大运河穿镇而过，古代在此设立了关卡，管理疏导过关的船只并收取费用上交国库。百年前沪宁铁路在镇东咫尺之遥处建成通车，火车每天数十次呼啸而过，带来了全国各地的商品物资，带走了浒关自己出产的蚕茧、生丝、矿产和农副产品，旅客列车输入了大量急需的各色人才，也输出众多莘莘学子和青年才俊到全国各地施展才华报效祖国。浒关身处水陆两便的交通要冲，又恰好在富庶江南的中心区域，你不想发展，社会现实也不允许你不发展。蚕桑业的崛起确立了浒关在全国植桑养蚕缫丝这一条产业链上的重要地位，全国闻名的蚕桑学校从初办时的女子蚕校，发展到后来的男女兼收的蚕桑专科学校，学校首脑郑辟疆、费达生更是闻名天下，代缫丝厂（蚕校的实验工厂）、江南丝厂的厂丝质量闻名遐迩，几十家蚕种场经过上百年的努力拼搏终于确立了在全国业内的领导地位。

除了蚕桑业，浒关还有一业可以书写一笔，就是白泥矿，后来被称作高岭土矿。在上世纪 50 年代前期，浒关火车站的西首两百米处有一个叫白石山的小山头，山不过五十来米高，通体白色，从站台上望过去只见人们忙碌地采石运石。后来在 50 年代末此山便被削为平地，不见当初的风光。白泥矿的名字改成了高岭土矿，矿的牌子挂到了离浒关十几华里的南阳山山麓去了。原来在阳山又发现大藏量的白泥，甚至有江苏省的第四地质勘探队长期驻扎在此。312 国道建成之前，我坐在苏锡公路上奔驰的汽车里多次见到这块牌子。直到现在白泥矿还在源源不断地贡献着自己的财富。

记得当年学校组织学生春游观山时，我站在山顶上面对阳山观赏山景，一阵阵的硫黄香味扑鼻而来，其他师生也都闻到了，化学老师说观山附近肯定有硫黄矿，后来果不其然在观山与阳山交接处的山坞里勘探出藏量不菲的硫黄。几十年过去了，矿藏可能已经采尽。

后来的苏州红叶造纸厂本属浒关，厂址在大运河旁下塘街的西首。浒关中学教数理化的老师余秀华与红叶纸厂的总工程师相熟，带领我们学生参观红叶厂的生产工艺流程开开眼界，给我印象最深的是工厂周围的稻草柴垛有无数个，每个都堆得像小山高，工厂围墙上四个红色大字特别醒目：严禁火种。具体细节已经忘记，只记得稻草进车间捣碎成纸浆，再经过一个一个车间的流转，一道一道工序的加工，最后马粪纸成形便打包出厂，在当时这已经是相当先进的机器造纸业。孤陋寡闻的学生感到十分的满足。

1958 年崛起的苏州钢铁厂虽然历史不长，却也雄踞一方，改革开放后虽一度陷入困境，据媒体报道经吸收外资重新调整等一系列操作后，现在又重整雄风生产优质钢材了。浒关的工矿企业肯定远不止我上述的这几家，由于我当时年少无知，回忆中又有疏漏之处，叙述肯定是片面的。但，就上面所说的和周庄、同里、甪直这些名镇相比，浒关在经济方面的贡献如何？作为第三方，我想为浒关讨个公道。

运河边上的席草人家

席草业是浒关农业和商业紧密合作的一大传统产业，年代久远，古已有之。上世纪五六十年代，如果你坐在沪宁线急驰的火车里，会发现将近望亭时路轨两旁的水田里长的不是水稻，而是一根根挺拔向上的墨绿色的席草，姿态雄伟不可侵犯，成熟后它便是织席的原料，这片绿色的风景直延续到浒关时才慢慢淡出旅客的视野。江南有两处产席区，一是浙江宁波，二是苏州浒关，但人们向来认为宁波草席是咸水席，浒关草席是甜水席，此话不无道理。宁波近海，它那里生长的席草当然吸的是又咸又苦的海水，织成的席容易碎，浒关席草吸的是太湖水，织成的席睡上去感觉清爽凉快，使用寿命也长。过去我曾在杭州买过一条宁波草席，五尺宽的大床席只卖三元多，够便宜的，但是用了两年席草就开始断裂，而且席也织得松散。当然这是几十年前的老话了。

浒关是草席业的集散地，席行都分布在运河西岸的上塘街上，从南到北近千米长的街上开设着二十多家大大小小的席行，有的做批发，有的做零售，也有批发零售兼而搞之。上等的草席光洁扎硬，价钱也不菲，大床席子每条五斗米左右。我使用过的一条小床席，从我七八岁时起用，一直到我儿子十来岁时还在使用，足足陪伴我们度过了三十余年的漫长岁月，可见其耐磨的程度了。便宜的种类很多，最便宜的七八角钱即可成交，但单薄料轻，草结又多，至多两年又要买新的替代。

上世纪 50 年代初，我家住在上塘街毛家弄 6 号，弄口便是大运河的轮船码头，春夏之交时每天总有十几条敞篷船停在码头边上，船上满载着织好的席子,准备上岸来卖给各家席行。母亲每天要往码头淘米洗菜,洗衣洗物,所以和紧邻码头的徐记席行的老板徐师母甚为相熟。徐师母五十不到的年纪,却已见老态,一点不像现今电视剧女老板那般珠光宝气,她早年丧夫带着独生女儿守着丈夫留下的这家席行苦度光阴。席行是需要男劳力的,席子不比百货是需要经常翻晒的,不然会生霉出虫。徐家雇了一个二十多岁的农村青年作为伙计共同经营席行,小伙计从小吃得来苦,来到徐记席行后勤勉有加,重体力活如搬席晒席都抢在徐师母前,几年下来终于锤打成功,无论是收购还是销售,无论是鉴定质量还是保养存货,俨然已是行家里手。徐师母觉得这样一位赤胆忠心的伙计心里当然欢喜,便有了招赘为婿的念头。她把这个心思向我母亲说了,我母亲告诉她必须征求女儿的意见,断断不能自作主张,因为当时新《婚姻法》刚刚颁布,大街小巷满是戚雅仙演唱《婚姻法》的越剧开篇。徐师母女儿与我同校不同届,她读初三我读初二,但年龄要比我大几岁,按当时镇上的习俗是可以指婚了。她性格温柔却过于懦弱,母亲的决定她反对过,而且已拿到了去苏州市内新苏师范报到的通知书(她那一届的初中毕业生不需经过任何考试,可以直接分配进高中或中专,条件是必须无条件服从统一分配,新中国成立至今只此一届),这本是求之不得的好事,可是徐师母目光太短浅了一些,死活不肯让女儿离开浒关。她的心思邻居们都清楚:女儿到苏州读书后眼界高了,看不上小伙计了,她的席行也就随之维持不下去了。最终是以女儿的屈服而告终,因为我后来经过徐记席行时总看到店铺里三个身影各自忙碌,徐师母坐镇店堂总管一切,小伙计忙进忙出重活轻活一肩挑,女儿则坐定账台埋头记账。

像徐记席行这样的小店铺,在浒关的席草行业中是最有代表性的。像徐师母这样的老板也是很辛劳的,为了赖以生存的席行不致断送在自己手里,竟搅黄了女儿的前途。以后小伙计究竟有否成为徐家的上门女婿我就不清楚了,因为不久我也就离开了浒关。

简陋与精致并存的浒关中学

　　现在与苏州中学、振华中学及木渎中学齐名的吴县中学，在苏州地域赫赫有名，它的前身便是我的母校浒关中学。

　　1951年秋到1953年夏，我在那里待了整整两年。两年时间不能算长，在人的生命长河中它只是泛起的几滴浪花，但正是多个"几滴浪花"的合成才组成了绚丽多彩的生命长河。这两年正是我脱离童稚期进入少年期的重要阶段，也是汲取文化营养，学会处世做人的关键时段。

　　浒关中学位于镇上的公园路上，西头通往镇中心的闹市区，东头通往火车站，在学校与火车站的中间则有规模宏伟的大有蚕种场，它是全国最负盛名的蚕种场。镇上居民要乘火车必须经过公园路，公园路偏偏又把浒关中学阻隔成南北两部分。南院是学校的主体，教师办公室、教室、操场都设置在这里。北院其实原来是个庙，叫陈公庙，我在读时它已彻底改造过了，庙堂成了学校的大礼堂，主席台背后的墙上贴着毛泽东和朱德总司令的画像，那时政治气氛浓烈，隔三差五全校师生便要集中大礼堂开会、听报告、呼口号，喊得最多的口号是"打倒美帝"，因为那时正是抗美援朝运动一波高过一波的时段。除了开会之外，学生自己编排的文艺节目即便非常粗糙也可登台演出，大受全校师生员工的欢迎，甚至学校周边的居民也可进入礼堂站在后面观看。礼堂的两侧原是陈公庙的偏殿，那时已改建为师生的生活区，食堂、宿舍都分布在这里，每天三餐都在大礼堂摆桌用餐，全校师生基本上都在学校用膳，除了极个别的本镇师生。那时物价低，荤菜、蔬菜都很便宜，一个月的膳费才七元钱，如果周末回家需要停膳只需到总务老师那里登记一下，到月底就把停膳的费用结还给你，因此家在本镇的学生也乐意在学校食堂搭伙。学校食堂的小菜真是不错，早晚不说，中午的菜式很是诱人：两荤两素一汤，每天能吃到红烧肉、红烧鱼，这在刚解放不久的年代已经是很高级的了，而且白米饭可以放开肚量尽管吃，当时定量供给粮食的政策尚未出台。不少农村同学在家里难有荤腥下喉，在学校能吃到这么可口的饭菜他们感到非常的"幸福"。我家也在镇上，但是和大多数镇上的同学一样也寄宿在学校，伙食当然也在学校解决了，我倒并非想沾学校食堂的光，初衷是想通过集体生活融入学校大家庭，因为当时大力歌颂集体主义精神，文学作品、电影、戏曲，乃至学校生活都散发着浓浓的集体主义精神。

南院是教学区，教师的办公室包括校长室都是极简陋的平房，教室比办公室还要低一个档次，大概是因为利用浒关公园改建成浒关中学时资金不足，只能将就着。现在每每电视里出现中西部贫困地区的学校校舍时，我常会触电一样惊恐地回忆起自己几十年前当学生时的情景，其中一个镜头便是仰望教室的上顶时，同学们个个都在担心它什么时候倒塌下来，幸好到我毕业都没发生意外。

这里外地学生很多，苏州城里的、无锡的、昆山的，浒关四周各乡镇的，如望亭、通安、黄埭、东桥，上浒关中学求学无非两个原因，第一，学费低廉，每学期仅收七元五角，学费、书费、杂费都在里面了，而我转学之前在无锡读初一时每学期仅学费就要三十二元；第二，膳费便宜，质量又好。学校既不是公立也不是私立，拿现在的话来说它是民办的，究竟是哪个机构办的，我直到现在都不清楚，反正投入了不少经费，不像现在，连公立学校都在想尽恶毒办法从学生家长的口袋里抢钱。校舍蹩脚，校园却是极精美雅致的，假山是太湖石堆砌的，一座亭子就在假山旁边，但是校方不许学生入内，目的是保护。通道旁高大的白玉兰每到初春便会含苞待放，同学们要等白玉兰凋谢后才会从地上拾起一片轻轻抚摸后夹入书本中。其他灌木类的花多姿多彩，可从没见人采折过，当时学生的公德观念可见一斑。

校舍南面围墙中间有一扇门可以通往操场，操场倒是很大，但它是公用的，平时归学校使用，镇上开大会时供全镇使用。那时节运动一个接一个，抗美援朝，声讨美帝，公判"反革命"分子，连苏南行政区的第二届物资交流会也在我们的操场举办。但学校、学生绝无半句怨言。

浒关中学的师资是可以称道的。校长姓杨，已是斑白头发的老先生，他的主职是浒关镇的镇长，只是偶尔来学校督察而已，听说他并非是共产党员。教导主任黄树绵，北大历史系的肄业生，主讲历史，从古到今滔滔不绝，有好多同学约好高中毕业后一定报考北京大学，原因皆出自对黄老师的崇拜，另外还兼政治、音乐、体育等课，样样皆精，不愧为多面手。余秀华老师毕业于天津南开大学的数学系，上课时一口宜兴方言倒也使学生倍感亲切，一个女老师要教代数、几何，还要教物理、化学，实在难为她了。蒋迈里老师是苏州人，东吴大学数学系的毕业生，她没教过我们班，但跟我们学生的关系都特密切，因为她是住校老师，就住在女生宿舍隔壁的小宿舍里，晚上学生有什么突发事件一叫就能起来。方立三老师是我的级任老师，学校里年龄最长的一位，他教我时已五十多岁了，毕业于东吴大学法律系，解放前的职业是律师。教语文兼教英文，出口皆是文章。他对我特别关照，因为他和我一样也是无锡人。记得一次晚自修时，我们几个班干部在礼堂开会商讨班级工作，他在巡视晚自修时发现我不在教室，便请几位同学带路心急火燎直奔我家。那时已是晚上八点多钟，街面上黑咕隆咚，商铺早已打烊，到我家必须翻越横亘在运河上的南津桥。我和其他几位班干部开会结束回到教室时，同学们告诉我方老师到我家去找我了，我一听立即调头赶往家中。到家时正见方老师和我母亲说着话，焦虑之情尽显脸上，见我安然无事他才渐渐平静下来，直怪自己忘记了布置我们开会一事。此时离我父亲在运动中被整死才不过半个来月，上课时我神思恍惚老是想些与课本内容无关的事情，大概我的异常表现早已引起方老师的注意，只是我不知道而已。方老师的寻访使我深为感动，而且感动了一辈子。可惜这么一位才气横溢，又处处关心学生的老学究，终究未能逃脱政治厄运。据已做代课教师的沈如英同学写信告诉我，1955年春天吴县全体教师在开明大戏院开会时他被正式点名为"反革命"分子，开除公职并立即被驱逐出会场。这个消息如晴天霹雳轰击着我，我的悲怆、我的伤怀与三年前我家遭受重创时何其相似！即使五十余年后的今日我都未能释怀。两年以后我在无锡城中公园与方老师相遇过一次，衣冠还算整洁，但头发已全部花白，六十岁不到却像七十多岁的人那般苍老，神情呆滞，反应迟钝。他总算认出了我，告知我两个大孩子已参加工作，能贴补一下家用，两个小的却还在中学读书，他和方师母靠居委会下发的糊纸盒子每天挣几毛钱生活。那凄然无望的眼神我牢记了一辈子，可那时我还是个学生没有经济收入，我能帮他什么呢！后来我工作了，有工资了，希望与他再相遇一次，然而始终没有，一次也没有，我后悔没有问他要个详细的地址。现在想想，他不可能逃过"文革"这一劫，倘使能活过1978年倒又好了。现在我自己都已入古稀之年，常常想，要是早几十年实行亲民政策，许多人的命运不会落得如此悲惨，许多人的子女的命运也会好得多。历史在一页一页地翻过去，我发这些感慨还有何用？许多人，特别是知识分子，被冤死被整死的恶劣后果早已暴露无遗，我不发也罢，但愿亲民政策能长期实行下去。

一所中学的教学设施如此匮乏可以说是空前绝后，一个偌大的操场连最起码的单杠、双杠都没有，仅有一副篮球架子。那是学生们的最爱，学生最大的乐趣是在课上课外投篮、玩球。体育课上男生半场，女生半场，一到体育活动时间各班学生拥着班长到黄树绵老师处领球，先到者为胜，后到者遭殃，对此黄老师不得不列了张时间表让各班轮流使用篮球场。我的篮球技术就是在那时练就的，打全场、打半场都不怕，和浒关最高学府蚕桑专科学校的篮球队比赛，我们男女两队都赢了。本校年轻一点的老师包括黄老师在内，办公之余都要来热闹一番，和学生一起抢球、运球、投篮，师生关系亲密无间。男学生在运动场上跑来跑去大多赤着脚，布鞋是舍不得穿的，球鞋更是买不起，而且农村同学基本上都是穿蒲鞋的，这种鞋虽然优点很多，但不耐穿而且脱跟，只能在教室里穿。我有一双新买的蓝白相间的上海派头的球鞋，穿上它总是引来"艳羡"的目光，同学又是问价又是借穿，连男生都不顾男女大防要我脱下让他们仔细"观摩"一番，还真有人千方百计省下钱买了与我一模一样的。

音乐课开始是黄老师上的，他只需带几张歌谱和一根用树枝削成的指挥棒，没有风琴，没有手风琴，更谈不上钢琴，歌曲绝大多数是前苏联的——二战时期流行于前苏联红军队伍中的战斗歌曲，唱了倒也使人精神振奋，斗志昂扬，可惜几十年过去歌曲名字早已忘了。一年后总算调来位老师，姓陈，昆山人，圣约翰大学的肄业生，他自己介绍说是学英语的，因喜欢音乐，常站到音乐系去旁听。方立三老师的英语课托给了他，还上起了我们的音乐课。他把自己私人的一只小提琴带到音乐课上演奏给学生听，同学们好奇想去摸摸他都不让，因为弄坏了浒关镇上是无处可修的。

理化课一直由余秀华老师兼着，她虽是名牌南开的毕业生，但她学的是数学，她常常向学生表示歉意不能做实验，学校无钱购买实验仪器，学生好说话，也不计较。其实她当初才三十出头，我们却把她当做长者一样看待。浒关中学给我留存的印象始终是既精致又简陋，校园是精致的，假山亭台，鲜花绿草；校舍又是简陋的，庙堂即是礼堂，教室濒于坍塌，没有标本，没有仪器，任何教学设备都没有。而最最精致的还是师资力量，北大、南开、东吴、圣约翰，哪所不是响当当的名牌大学？而且这些老师在一所乡镇中学上课绝没有半点委屈感，只是勤勤恳恳耕耘在自己的一方天地里。

过去了，都过去了，现在 21 世纪的学生绝不会想到自己的母校曾经是那般寒酸，那般简陋，那般微不足道，师生关系又那般亲和密切。俱往矣，让那一半精致一半简陋永远留在我的心底吧……

浒关风情画

之一 浒关新娘

每天清晨来倒马桶的是一对老夫妻，镇郊的农民。老太上楼拎马桶，老头在楼梯口接过去，然后出毛家弄将污物倒在停靠在小码头的小船船舱里，马桶先在大木桶里刷洗，然后在运河水里清过拎回各家门口。这件肮脏活儿技术含金量不高，家庭妇女人人会做，然而它是个面子工程——含金量很高的面子工程。你必须忍受过往行人的鄙弃神色，也必须忍受熏人鼻眼的冲天臭味，如果你脸皮嫩一点是绝不会从事这一行的。

老头老太其实并不很老，四十五六的年纪，因是农村人，终年操劳，穿着又土气，看上去倒有五十开外了，尤其是老太又瘦又小，脸色憔悴泛黄，我望着她佝偻着背手提马桶下楼梯那吃力的身影时，同情之心不禁油然而生。终于有一天老太不再出现，代替她的是一个十八九岁的年轻女子，穿着红花短夹袄，两条长发辫又黑又粗，脸色红中透白。老头本来从不上楼，这次特地破例引见给各家："这是我家新娶的大儿媳，按理不该让她出来吃苦，可是老太婆病倒了，没有女儿，倒马桶的活只好委屈媳妇了，过门才半个月就让她出来走街串户，我是在作孽呀！请各位师母多多包涵关照！"新娘子微微一笑，对大家姆嬷姊姊的称呼了一声，便拎着马桶登登登地健步下楼了。

第二天我妈趁新娘子上楼拎马桶之际问了她一些情况，她也高兴解释作答。她说，她自己娘家是很穷的，土改时才分到两亩地，爹娘早早把她许配给了现在的夫家。夫家人对她都很好，公婆看她身体好力气大更是喜欢，身上的新衣服都是他们做的，小官人是家里的主劳力，又要下田又要织席。公公在镇上揽到了倒马桶的活，一个月有三十来元收入呢（粪自己只用一部分，大多是卖给别人的）。婆婆是个老病人，血吸虫病，昨天终于挺不住倒下了。公公缺人手只好她来顶，反正吃得来苦，也不讲究人家的闲言碎语，倒一两百只马桶也只是一早晨的工夫。

新娘子的一席话倒也赢得了众人的称赞，大家认为结婚才半月就抛头露面到街上来倒马桶真是要有点勇气的，将婆家人待她的好牢牢记在心里，有情有义。

以后每天上楼来的总是新娘子，永远红扑扑的脸色，永远笑吟吟的一脸幸福，左右两手各拎一个马桶稳稳地轻盈地踩着楼梯下去，半小时后将洗刷干净的马桶又重新拎了回来。

我家刚搬到浒关，不了解浒关镇上倒马桶的行情，母亲向同院邻居打听，他们说一分钱都不需付，非但不付钱，逢年过节他们还要送点糕团什么的。我们家还从来没有碰到过这么好的事儿，因为在别处每月倒一只马桶至少付一元五角钱。

一天清早，我家的马桶已移至房门外的楼梯口。全家人正吃早饭时听到外面门上轻轻敲了两下，母亲说马桶已在门外，应声的是新娘子，她说看见了，但必须开开门。母亲不解起身开门，外面除了新娘子外还有一个小伙子，小伙子手里挽着一个竹篮，竹篮子里的东西用白毛巾遮盖着。新娘子微笑着，很不好意思地说道："这是我家小官人。今天重阳节，家里做了些重阳糕给大家尝尝。"小伙子眉清目秀，衣着整洁，赶紧掀开毛巾取一条粉红色的米粉糕送到母亲手上，嘴里连声说："尝尝，尝尝，我的手是干净的。"母亲连声道谢，接着他们又去敲邻居家的门。小夫妻俩要走几十户人家，想想真是诚意一片。为了不讨人家嫌弃，新娘子硬把新官人拉来，由他的手分送礼物，考虑真够周全。临近除夕时他们又重复了重阳节的礼数，只是这一次送的是年糕，一条大年糕。当我母亲把早几日准备好的一斤红糖交到新官人手里作为谢礼时，新娘子的眼睛湿润了。

浒关新娘的形象是独特的。一般农村新媳妇总要等新婚满月后才会出来干活，而这位新娘子为了照顾多病的婆婆，婚后半月便跟着公公每天清早到镇上倒马桶，为了送礼总要拉上新官人，为的是证明礼物没有经她倒马桶的手，是干净的。

浒关新娘姓甚名谁我始终不知道，只知道所有人都叫她新娘子，她留给我的形象始终是年轻、淳朴、勤劳、美丽而又健康，此后我再也没有遇到第二个这样的新娘，而且倒马桶不收工钱，逢年过节倒贴铜钿的风俗也只有浒关才有，其实这是浒关人的聪明之处，"他们这样做还有谁可以插进手来抢夺他们家的生意"？可不是嘛，我到现在还死死地惦念着那位新娘子呢！禁不住想问一声："浒关新娘，你现在可否安在？"

之二　桑园浪漫曲

全国有三大蚕桑基地，一是珠江三角洲，二是四川省的南充等地，三是江浙两地，几乎农村家家植桑，户户养蚕。浒关是太湖流域蚕桑基地中的基地，全国最高端的技术人才几乎全集中在这里。

浒关四乡遍植桑树，即使镇内也是如此。下塘街南津桥之南端的片片桑园属蚕桑专科学校所有，几十亩、上百亩连在一起，为了便于管理和行走，南北一条大通道足有两公尺宽，将桑园一分为二，大通道上每隔二三十米便有一米宽的小通道辐射进桑园深处。这里的桑树和别处的不一样，枝条在离地面半尺处便分蘖而出，树干挺拔而又高耸，桑叶阔大而又光洁，叶面好似涂上了一层橄榄油。初春天气，小小叶芽从嫩黄色开始渐长渐绿，渐长渐大。仲春时节千片万片的嫩桑叶在苏醒的春风熏冶下茁壮成长，生机无限，采桑工人一早便来桑园双手不停地交替采集桑叶，因为此时的蚕宝宝已长成"少男少女"，它们不停地吃，不停地消化，养蚕人不停地供给它们桑叶，采、洗、切，一个环节紧扣一个环节。到了暮春，干脆把大枝条连叶带枝小心剪下，用小舟儿运回蚕校的育蚕室。奇怪的是，工人天天采摘天天剪枝都不见桑叶稀疏，绿色反而越来越浓，浓得化不开，成了一片绿色的海洋。直到养过秋蚕后这片绿色的海水才慢慢退潮，发黄的桑叶一一开始凋落，地上铺满厚厚一层，任村民、镇民来此将树叶残枝打扫回去供作燃料，那时用煤球炉子煮饭烧水的习俗还未形成，大灶头烧饭的燃料数桑叶桑枝为最佳，它容易着火而且耐烧。勤恳一点，带了箩筐尽管去装，蚕校绝不阻止，因为这是一举两得的好事：一、村民、镇民得了实惠感恩于心，来年会更自觉地保护好桑林；二、蚕校不费一兵一卒就把桑园打扫得干干净净，等待隆冬时施肥壅土，用现代话来说这叫双赢。

浒关聚居着全国最负盛名的蚕丝专家，其领军人物便是声名赫赫的郑辟疆、费达生伉俪。在这些高端专家的精心培育和管理下，浒关的桑园和浒关的蚕种在全国范围内名气大到震耳欲聋的地步，甚至在上世纪 70 年代我的一位至亲，从 40 年代起便在蚕校任教，直到 90 年代初退休的顾国桢老师，被国家委派到非洲的阿尔及利亚以专家身份指导该国国民如何植桑，如何养蚕，如何采茧，如何育幼蚕。可见蚕校名声已远播海外，浒关这个地名也为境外人士知悉。其实镇上还有二十来家大小不一的蚕种场，他们的桑园和蚕校的桑园大同小异，一到春天，整个浒关镇就恣意浸沉在桑绿的海洋之中，放眼望去一片绿色，何谓养眼？这就是养眼！何谓绿色家园？这就是绿色家园！可惜现今的年轻人无福消受了。每逢仲春临近中考时，我们学校的学生都会在课余时间钻进桑园里去复习功课，背英语，背历史，背语文课文，这里安静得很，无人打扰，采桑人一清早采好桑后便已回去。开始时只有两三知己同学，后来这个秘密被发现后发展到全班同学都来，三三两两占据几棵桑树，背靠桑树席地而坐，复习完了便高谈阔论，谈时事，谈前途，无所不谈，畅所欲言。慢慢地我们发现了一个惊人的秘密：比我们高一届的初三学生中有几对男女学生经常面对面地靠在桑树上"复习功课"，手中煞有介事拿着课本讲义，细听之下原来是在互诉衷情，他们比我们高一级，但年龄却比我们大两三岁，而且国家已经宣布他们这届（52 届）的初中毕业生只要不留级便直接分配进高中或中专，不需参加考试，所以他们精力有剩，躲到桑园这顶绿纱帐中谈恋爱来了。

后来不知是哪位好事的同学把这件事情捅出来了，在一次全校师生大会上黄树绵老师板着面孔不点名地批评了这个早恋现象，他语重心长地告诫他们以学习为重，切莫过早涉足情感之河。后来他们果然绝迹于桑园。初三同学不来桑园，却又有一支恋爱大军闯入了我们的视野，镇上好几家工厂的青年工人谈恋爱谈进了桑园，政治背景是政府禁止包办婚姻，禁止买卖婚姻，提倡自由恋爱，自主结婚。初夏季节日头最长，吃过晚饭夕阳还挂在天边，此时一对对、一双双的恋人相继进入桑园畅谈工作，畅谈学习，绝无现代青年手挽手，甚至拥抱接吻的场面，镇上能提供的公共场所实在数不出来，唯有桑园是保护私密的最佳去处，可是从来没有听见有什么出格的、有伤风化的事情发生，五十几年前的年轻人守旧、规矩，钻进桑园谈谈恋爱已经是很浪漫的事了。不久，我们这些略懂世事的初中生便知趣地退出了这个神秘王国。

浒关镇自打一千几百年前运河开凿成功南北通航时起，便已自成集市，至明清时已是响当当的江南名镇，清朝末年又在运河旁筑起了京沪铁路，交通便捷使周围的城市特别是上海的诸多城市元素融入了镇上居民的生活，他们既保守又开放：老年人是保守的，包括衣着、打扮、生活习惯；青年人是浪漫的，也包括衣着、打扮，加上兴趣爱好。外地人不停地涌进来，本地人不停地走出去，而浒关的桑园一如既往依然保持着自己傲然而又妩媚的风姿，接纳着每一位喜欢它的尊贵的客人，奏响着热情奔放的抒情浪漫曲。但愿这片绿色海洋不要萎缩，不要干涸，不要消失。最近我特意去查证了一下，桑园依然还在，规模却小多了，只及从前的十分之一。但愿人们手下留情，让这一块绿洲永远保留下去，切莫彻底消失。

之三　曾经辉煌的浒关蒲鞋

草席、蚕种、丝茧、矿石是浒关最有名的特产，有谁知道，关上人民在制草席时还能利用边角料短席草制成副产品？这副产品便是俗称"丝草拖鞋"的草编拖鞋、蒲鞋和小玩具。我家未搬浒关之前我在无锡城里的道南中学读了一年初一。在初一下学期的五月间，苏南行政公署在无锡体育场举办了第一届苏南城乡物资展览会，展览兼销售，当然机械、生丝、茧、大米、小麦等东西是不销售的。在展览会上吴县送的展品，数浒关的草席、草拖鞋、蒲鞋最引人注目，既做工考究惹人喜爱，又价格便宜实惠经济。我看中了一双丝草拖鞋，除本色席草，还有红绿黄三色席草相间其中，大人不仅给我买了一双，还给家里所有人，包括他们自己都买了一双。这种拖鞋轻巧吸汗，脚伸在里面即使是黄梅天也不感湿闷，是拖鞋中的上品，一般只供给旅馆、饭店的客户使用。全家人的拖鞋加在一起怕有七八双吧，只花了二元几角钱。还有一种蒲鞋，其实和"蒲草"绝无关系，是和草拖鞋一样的原料，只不过编成像传统的老布鞋一样的鞋子而已，只是它的圆口较大。因无锡人从未见到过这种蒲鞋，又不知它的具体用途，故少人问津。就在这年的秋季我转学到了浒关，使我眼界大开的是镇上老老少少的居民人脚一双蒲鞋，连学校的男女学生也是如此，只是做工不及无锡展览会上的那般精致。母亲也觉得奇怪，怎么浒关人对蒲鞋情有独钟？邻居告诉我们，蒲鞋的好处大着呢！首先它的原料是织席剩下的边角料，所以价格便宜，大人一双两三角，小孩一双仅一角；其次穿蒲鞋可以免生脚湿气，它吸汗透风，脚丫子永远清凉干燥，只是不经磨，两三个月就要换双新的，但比起布鞋来还是便宜多了。我的同学很多都是来自浒关的农村，他们穿的蒲鞋都是自己家里织的，只有两种情况下不穿，一是周末回家和周日回校时的路上不穿，二是上体育课时不穿：我问同学借来试穿，果然干燥舒适，后来那位同学在一次从家返校时特地带来一双送给我，让我在宿舍里穿着透透气。那个年代还没有塑料拖鞋，只有木拖板和布拖鞋，布拖鞋最怕沾水，木拖板学校是禁止穿的，因为声响太大。那双蒲鞋后来成了我的最爱，可惜毕业时只能一扔了之，缘由是它已不成鞋了。

现在当然看不到这种既经济又实惠的蒲鞋了，前几年我还问过浒关籍的同事：关上人还穿蒲鞋吗？老同事憋了半天憋出一句来：18世纪的老脑筋！我明白牵挂了大半生的浒关蒲鞋终于成了历史的记忆，如果还有珍藏而未穿过的，请您千万保存好，说不定它会成为文物贩子的宝贝，建议博物馆给浒关蒲鞋一席之地。

之四　街肆小吃

浒关街上的菜馆饭店我从来没进去过，只跟着父母到一家开设在上塘街南津桥堍的最具盛名的面馆吃过一次早点。面是小刀子切面，我们看着师傅在案板上使劲搓面，压平，然后一刀一刀切成细面，然后厨房里收进去，然后一碗一碗端至食客面前，父亲一向手面大，要么不吃，要吃就要双浇，通常是鱼肉双浇，有时我不喜欢吃鱼就改成鳝丝焖肉。这是唯一的一次进面馆吃面，因为第二年春天父亲便离开了人世，至今已五十五年过去了。所以这家面馆虽然在镇上最负盛名、最具人气，但是一想起它便会联想起父亲，便会悲从中来。

最使我怀念的是下塘街中段的那家一开间门面的小馄饨店。馄饨店老板从未谋过面，总是四十多岁的老板娘独自一人在店里操劳，帮手都没一个。老板娘终日围着一条白布围裙，不是在灶上忙碌，便是在招呼客人，或是坐在作台旁包裹馄饨，客人一进门便立即揭开锅盖往沸腾的汤水里投放馄饨，只两三分钟时间一碗热气腾腾葱香扑鼻的小馄饨便已出现在客人面前。她的生意最好，每碗馄饨只收五分钱（这个价钱我一生只在此间碰到过，后来到过很多地方，都没遇上过这么便宜，味道又鲜美的馄饨了）。老板娘是非常辛苦的，从早晨六点开始营业一直要到晚间十一时才歇息，中午不能歇息。浒关街上的集市要近十一时才散，集市散后大多农村人都要到这店里吃上一碗。由于五分钱一碗农民还付得起，吃完才有力气赶回家里。晚上老板娘必须坐在店堂里等，等什么？等书场、戏馆散场，因为从书场、戏馆散场出来的客人此时已有饿意，花五分钱吃碗小馄饨正好。她必须等，总会有二三十碗可以卖出去。1952 年的一个冬日，星期六晚上我们五六个不回家的女生向校方请了假去看了一场越剧《梁祝》。听说演祝英台的那位演员家境很好，只是喜爱越剧才在高中毕业后进了越剧团，唱做俱佳，这在当时可以算是新闻了。大家都知道，唱戏的尤其是唱越剧的女演员大多是浙江山里出来的苦命女孩，读不起书，没有文化。家境殷实，又是高中毕业的演员头回听说，而且剧团又是从上海来的，几个女同学决定多破费些钱财（其实票价才一角伍分）去看场戏。目的只为那位高中毕业的女主演。那位女主演确实演得不错，大概文化底蕴足，理解角色能力强，把个祝英台演得惟妙惟肖，赚了台下观众一大缸眼泪。

看完戏后肚子已空空如也，天又冷，路过馄饨店时大家不约而同停了下来，商量要不要索性多消费五分钱进店吃碗馄饨。老板娘见状赶紧出店招呼我们，我们坐下后老板娘便在灶上忙开了。她心里高兴，特意在碗底多加些鲜料，而且特别开恩，说明只收四分钱一碗，以后只要常去光顾就可以了。馄饨很鲜，一只是一只，绝不会像别家的店那样糊成一团。老板娘肯定有自己的独门配料方法和制作手段，最最重要的是每碗只卖五分钱。我长大后去过很多地方，始终没有再吃到五分钱一碗的馄饨。21世纪的年轻人怀疑我诉说的是天方夜谭，非也，浒关镇上确实有这么一家一个中年女人独自经营的馄饨店，这是历史，绝非杜撰。

另外，南津桥东堍稍往南走几十步，一家住户的门口一到秋天便支起一只炉子，炉子上架一只大铁锅，铁锅里煮的是芋婆头（即芋母，芋芳母体），大大的，也是五分钱一个。我们学生口袋里钱少，嫌贵，从不去买。可是天一转凉，铁锅里的芋母便变成了山芋，山芋烧得酥烂，而且还放些饴糖，这时我们才会花五分钱买上一只大山芋，两个人合吃，边走边吃，边吃边笑，少年人也有享受人生乐趣的方法。

浒关四周河塘多，菱角是特产之一，一斤熟的沙角菱只卖四分钱。可惜我自小吃惯了无锡的大孙巷四角菱，沙角菱与其相比品质是远不如的，但如果浒关人家里孩子多，花四分钱买一斤哄哄孩子也是很实惠的。

我老了，还有些小吃想不起来了，也不去想它了，但愿浒关小馄饨的鲜味和浒关烧山芋的香味永远留在我的齿颊不要散去，不要散去……

之五　春访观山

西出浒关三里许便是颇有知名度的观山，从观山山脚往西南方向顺着蜿蜒曲折的山势山道越来越高，山坡越来越陡。在我印象中观山是没有真正的路的，所谓山道只不过是多年来人们爬山时踩出来的小路而已。山顶上一片山地风光，有怪石，有草地，有野花，观山和南阳山（苏州人简称阳山）紧连在一起，可是两山之间却是一道深深的、宽宽的峡谷，可望而不可即。我们学校组织春游观山（那年代不叫春游叫远足），学生戏称这里是苏州的大兴安岭。观山的西坡是一个较具规模的公墓园地，没有围墙，人人都可参观，高大的花岗石墓碑上的墓志铭刻录着墓主的身份，有些铭文较长，向活人诉说死者的一生功绩。师长告诉我们其中有些人生前是很有些来头的，遗憾的是我们太幼稚，这些名人的名字一个也没有记住，也不想记住。东坡是零星的私家坟区，每到清明时节浒关人便手提香烛供品前来祭扫，虽然那时处于解放初期，破除迷信的运动风起潮涌，泥塑老爷打翻在地，庙宇祠堂移作学校校舍和粮食仓库之用，但清明祭扫祖坟的习俗却始终未和"迷信"二字搭界，可能和当时各地正在兴建革命烈士公墓这一事实有关。

即使祖坟不在观山的镇民也会借这个时节前往观山，因为观山离镇近，是浒关唯一的游览景点。如果你能攀及山顶，往东看，市镇全景尽收眼底，甚至沪宁铁路和京杭运河都清晰可辨；往西北看，远方天际一带白水泛泛发光，本地同学告知我那便是太湖水，我去过太湖多次，但都在蠡园和鼋头渚，想不到在观山顶上也能远眺太湖。后来查了地图，太湖在浒关的西南方，距观山仅八公里，站在百米高的山巅是可以望见的。东南方便是吴中大地最高最大的南阳山，那时阳山尚未开发，仍处于原始状态，观山仅是它的余脉。两山之间是幽谷，是深涧，是茂密的森林，站在观山望阳山犹如小人儿仰视大人物。直面的，是阳山的背面那一道高高的黛青色的屏障，对我们这些还未见识过安徽黄山、四川峨嵋的大小孩来说够强大够气魄的了，同学们有些望而生畏。当时我们何尝知道二千四百多年前，吴越两国之间的最后一场血战就是在阳山展开的，刀光剑影血肉横飞，吴王夫差在越王勾践的逼迫与羞辱之下举剑自刎，几十年以后在阳山山麓出土的文物，经考古专家的鉴定，证明了这一点。

山谷里不时传来阵阵硫黄气味，有些同学不识此味以为是毒气，我倒熟悉这气味，因为家中曾有人患了皮肤病久治不愈，后来好心人送来一包硫黄粉，嘱咐放入浴水必能见效，事实果然如此，我便牢牢地记住了硫黄的味道。我告诉同学那不是毒气，山谷里肯定有硫矿，几年以后报纸报道了阳山发现硫矿的新闻。

　　游观山成了我们学子最大的乐事，恰同学少年，一道登山赏景，一道探险猎奇，一道仰视阳山的神秘风采。下山途中摘一捧山花，经过几个静谧的绿树环绕的小山村，望着夕阳映照下的袅袅上升的炊烟，觉得自己真跨进了唐诗的意趣境界。同学间相互打趣说这就是浪漫主义和现实主义相结合的最好例子，这个词刚从语文课本上学得，活学活用非常贴切。遗憾的是，同学一起也就去过寥寥几次，但清明时节观山游的记忆仍清晰记得，如同昨日刚去过一般。

通安孃孃是绣娘

　　韩芬是吴县通安人，入读初一时被安排住在同一宿舍而且与我是床友，两个人头顶着头。这是一间大通间，共排了十张双人木板床，住了二十个女生。她与我紧邻，这是她的运气，也是我的福气。她很健谈，晚上九时熄了灯还要和我嘀咕几句，直到我提醒她不要给巡夜老师"捉住"为止。

　　通安地处阳山脚下，交通闭塞，上街购物都要乘航船（手摇船）上浒关。航船在通浒小运河里吱吱呀呀地摇，摇到浒关已经是两个钟头以后的事了。韩芬初次来上学时因带着被头行李不得不乘航船，周末回家时索性走回家去，她说走快一点一个半小时就能到家了，还能省下一角钱的船票费呢。因为地处偏僻，通安的女孩子是不读书的，自小就跟着父母下田、织席，手巧一点的就学做绷子（刺绣）。韩芬小时候也没进过学堂门，跟随她的小孃孃学刺绣，后来她的父亲发现苏州城里的女孩子都进学校念书，毕业后找个工作一个月的收入抵得过乡下的绣娘一年的收入。于是在韩芬十一岁的时候被送进乡村小学上一年级，毕业后总算考上了初中，因此韩芬虽然比我低两级，年龄却比我大好几岁。她年龄偏大，同班的一些女生有些看不起她，学习上遇到困难不大肯出手帮助，特别是英语她最感头痛，由于乡村小学不开设英语课，连二十六个英文字母都没接触过。我倒很乐意帮她，因为她年龄大，力气也大，常常帮我拎井水（那时学校没有自来水），帮我一起洗衣被，知恩图报，我当然要助她一臂之力。从英语到语文，从数学到历史，我俨然成了她的家庭老师。她也从刚进学校时的英语摸底成绩 0 分到中考时的 65 分，这个速度用现今的话说就是火箭速度，原来轻视她的那几个女同学也都对她刮目相看了，为此她非常感激我，常把家里的碎事儿讲给我听。

她有个小孃孃（苏州城里把父亲的姐姐叫嬷嬷，把父亲的妹妹叫孃孃，而在乡下则统称孃孃，几十年后的今天苏州城里的称呼也发生了变化，只听见孃孃不听见嬷嬷的叫声了），年纪已有二十四岁还未出嫁，在通安一带做绷子是出了名的，绣鞋花，绣桌围床围，绣荷包手巾，也绣百裥裙和戏衣，而且自己还会出花样，出花样翻译成现代语即是设计图案，有些有名的绣娘能绣却不能出花样，名气就要打折扣。韩芬的小孃孃样样来事，远近闻名。婚是老早订了的，对方是光福人，也是刺绣人家，年年来催婚，图的是小孃孃手中的那根绣花针，可是韩芬的祖父祖母，父亲母亲都舍不得她嫁出去，一是小孃孃为家里赚了不少钱，二是小孃孃嫁出去以后家里要备点绣活什么的就不方便了。

韩芬告诉我，小孃孃这次是拖不过去了，婚期定在小年夜的前一天。这一阵小孃孃正为自己的嫁妆忙碌，属于绣品的随嫁已装满了两箱子，连缎子被面都是自己绣的，开箱鞋就做了整整二十双。我不懂什么叫开箱鞋，她告诉我就是嫁过去时新娘子要给男方的每位女长辈送一双绣花鞋，这种鞋就叫开箱鞋。这是多大的工程啊，绣花被面，新娘自己穿的百裥裙，尊长穿的开箱鞋，还有发给小辈的荷包手巾……可见韩芬的孃孃的绣艺确是了得，没有娴熟的手艺哪能做出那么多的绣品？可惜的是我只听见韩芬的夸赞，却不曾亲睹她小孃孃的大作。

冬日的星期天，我们寄宿生都把自己的被褥洗净晾晒在院子里，韩芬把我们俩的东西晒好以后，随手把自己的枕套褪下也洗了一把晾晒在绳子上，我望着枕套上的刺绣图案惊呆了：一只用七彩丝线绣成的花篮斜靠在枕套的左上角，花篮里是盛开的各色花朵，有月季，有蔷薇，还有不知名的黄色小花儿，花朵安排疏密有致，花瓣颜色自浅渐深，层层递进，配上浅绿深绿色差不一的叶子，真叫人难分这是鲜花还是绣花。好多女生也跟在我后面一起观赏，大家一致赞不绝口，针脚儿齐密，颜色儿逼真，最美的是那只花篮，不大不小，斜搁在枕套的一角，而绝不是像一般人那样绣在中央，那角度设计得非常巧妙。她们问我是谁的枕套，我告诉她们是韩芬的，韩芬闻言从里间步出，告诉大家这是她小嬢嬢特地为祝贺她考取初中绣了送给她的，她自己也能绣，但是离小嬢嬢的水平远着呢。

几天后的一个中午，饭后的我正躺在床上小憩，一位乡下姑娘找到宿舍说是韩芬的小嬢嬢，我闻言赶紧下床请她坐在韩芬的床沿上，然后速速去初一教室把韩芬找回宿舍。原来今日一早，小嬢嬢和韩芬的父亲乘航船到浒关采置遗漏的嫁妆，东西已送到船上由韩芬父亲看管，自己便问讯过来看看侄女儿，反正离开船还有一段时间呢。我见她们聊家常便想走开，韩芬一把拉住我向她小嬢嬢介绍我是她最尊敬的同学，在学习上帮了她不少的忙，要小嬢嬢给我绣一只枕套，和她那只一模一样。小嬢嬢说你自己也会绣呀，韩芬说我绣要等到寒假才行，况且手艺哪有你的好呀，小嬢嬢笑着答应了。我当然很高兴，想马上买块白布料让小嬢嬢带回通安，小嬢嬢说今天买了好多布，其中一段是白府绸，剪一块下来就行。

等下次韩芬周末探亲回校时，一只白府绸做成的枕套已交到我的手上。我拽开一看，枕套上除了那只与韩芬一模一样的花篮外，在对角处还绣了一本翻开的书，书页上似乎还有一行行的小字。韩芬对我说，嬢嬢说你们都是学生，都是念书人，应该绣上一本书才好。小嬢嬢真是个聪明人，手指了得，头脑更了得。

半个多世纪过去了，按韩芬小嬢嬢的聪明才智，凭她那娴熟纤巧的绣艺，她很可能成为苏绣工艺大师的。然而我们彼此间五十几年音讯全无，韩芬怎么样了？韩芬小嬢嬢怎么样了？始终是我的牵挂。但愿这位先是通安，后来是光福的绣娘真的是苏州的某位工艺大师，享誉海内外。这是我的心愿，也是我的祝愿。

树山杨梅树山茶

洞庭碧螺、东山枇杷、西山杨梅这些苏州特产家喻户晓，人人皆知，名气大得刮拉拉，至少在长三角地区是这样。有谁知在阳山和观山之间那条大峡谷的山旮旯里有一个名叫树山村的地方，小得连地图上都难以标识，只在最新版的（2006年版）苏州旅游图上才正式亮明身份，"树山"二字赫然在目。它似乎向世人表明：我来了，我向你们走来了，我融入苏州的大家庭了！

尽管地图上已经有了树山的一席之地，但是我敢打赌，目下在苏州知道树山这个地名的人恐怕千分之一都不到。我很幸运，在上世纪80年代中期就开始知道在阳山北麓有一个叫树山的行政村，缘由是我先生那时是吴县电力系统的负责人之一。他经常要到吴县所属各乡镇、各大型企业走访踏勘，而且那时改革开放的浪潮一天高过一天，各个地方、各个单位都需要充足的电力保证那一方的发展需求。一次他晚上回来说今天去了一个新地方，在山沟沟里，那里没有工厂，没有电力，山里人家晚上照明还要点火油灯。我当然不信，在吴中大地，在中国最发达的东部地区还有电杆木竖不到的地方？他说千真万确，这个地方就在阳山的背面，叫树山村，一部分壮劳动力在阳山的白泥矿挖矿为生，其余人只能利用山坡种植杨梅和茶树，他叹了一口气："想不到鱼米之乡竟还有这样的穷乡僻壤！"

次年的春夏之交，通安镇、树山村的父母官们登门拜访，感谢电力部门对他们的大力支持，现在他们家家户户通电，村办、镇办企业蓬蓬勃勃兴起。他们带来的礼物是一斤茶叶和一筐杨梅。他们说，人们只知道洞庭的碧螺春，殊不知我们的树山茶几乎可以和碧螺春并起并坐，至于杨梅绝不逊色于西山，只是这两样东西的产量实在有限，形不成市面，当年曾经是朝廷的贡果贡茶，乾隆非常喜欢，特赐"树山杨梅树山茶"这个称号。我想不到树山这个冷僻山坳居然还有这么名贵的山货，不禁刮目相看。

先生品过树山茶后说："真的不错，胜过碧螺春！"他是品茶高手，西湖龙井、洞庭碧螺、黄山毛尖、太平猴魁、福建铁观音，等等等等，凡是中国名茶他都曾品尝过，他能说树山的茶叶不错，那就是真正的不错。不喝茶的我也抿了几口，感觉是介于龙井和碧螺春之间，茶色茶香都属上乘，而且还耐泡，碧螺春只能泡两次，树山茶的第三泡尚觉清香无比，确是珍品。

那杨梅自不必细说，送上门的当然都是经过筛选的，粒粒乌黑，颗颗饱满，入口咬尝，甜度略胜西山。

可是为什么市场上却总不见树山茶叶树山杨梅呢？树山人尽可扩大生产面积以增加产量增加收入。后来得知，我这个想法树山村的人在数百年前就早已有了，而且付诸行动，遗憾的是以失败而告终，不是种不活树苗，就是即使成活了，长出来的茶叶、杨梅都变了味，级次明显降低，所以他们只能在树山村周围这个小小的圈子里勤作苦劳，让树山杨梅树山茶这两件精品得以保留并永远代代相传。

俗话说一方水土养一方人，农作物也是如此。无锡茭白、无锡水蜜桃，加上杭州的荸荠都是全国有名的蔬菜水果，聪明的苏州人花了大价钱买了种子撒播在自己的领地上，可惜长成后外观虽有那些名菜果品的三分神韵，吃到口里总感到和原产地的口味不一样，逊色多了。树山茶叶树山杨梅也是如此，离开树山村周围十里的山坡上种出来的质量就大打折扣。现在科学发达了，土壤的各种成分都能检测出来，即使相距一两里路的土壤成分也不一样。树山杨梅树山茶只能在树山村周边几平方公里的山坡上种植生长，稍向四周扩种便以失败告终。

科学就是科学，绝不容许虚伪。树山人就扎扎实实地在自己那一小块领地上栽种收获，不使质量退化，不让杨梅茶叶在历史的长河中逐渐湮没而导致后世人不知树山杨梅树山茶是什么东西，有什么来头。

唐寅是我旧乡邻

初启蒙时常听人们笑谈《唐伯虎点秋香》的故事，发生地是我的老家无锡。无锡的东亭镇——明朝弘治年间的隆亭镇，后来的评弹艺人把它改成了龙亭，于是人们都以为是龙亭。字形不同，读音相同，虽是一字之改，却大大丰富了故事或是传说的内容，因为隆与龙的含义绝对不同，隆是兴隆发达的意思，龙是权力的象征，皇帝的代号。民间说书艺人常有"龙亭一夜改东亭"之说，说的是皇帝知道华太师的家乡居然叫龙亭，心中不悦，便着人南下调查华鸿山究竟有没有反意？华鸿山朝中的好友派手下快马加鞭直奔江南将此消息告知，要他早作应急准备，华鸿山急中生智立即着人在官船必经的河岸两边挂起大红灯笼，上书"东亭"二字，如此这般才躲过致命一击。故事归故事，历史归历史，无锡史志上只有隆亭并无龙亭，什么时候改的东亭没有详说。

幼时无知，听大人讲唐伯虎追秋香从虎丘一直追到东亭，觉得蛮有趣，很动听，也很好笑。等稍长识了几个字，知道历史上确有唐伯虎其人，明朝的大才子，诗人兼画家，苏州城内桃花坞人。他的画很有名也很值钱，苏州人简称唐画。谁家要是拥有一幅唐画，那可是一件天大的事儿——半辈子的柴米油盐不用发愁了。小小的脑袋里想象唐家应是高楼大屋藏金，仆妇丫环贴身，再加上收音机里"空中书场"说书人弹唱《三笑》的艺术夸张，我对唐伯虎的印象坏到了极点：为了一个丫环竟不顾做人的尊严，卖身入相府做奴才做书童，这种人我贱视！及至成年，书看多了，真实的历史资料翻多了，才开始慢慢改变对"江南第一风流才子"唐寅的看法，由讨厌憎恨到尊敬同情，由同情到更深的同情！

上世纪 60 年代婚后，家住苏州皋桥头的下塘街上，出大门过张广桥，下桥右转上皋桥，下桥后穿过西中市便是吴趋坊了。当时的人流车流绝对比现在稀松，4 路公交车要二十多分钟一班，上街走路轻松随意，从家门口到吴趋坊一分半钟足矣。吴趋坊不宽敞，但也绝不狭仄，在与西中市交接的拐角处有一家规模不算小的日杂综合商店，朝东两开间，朝北两开间，连在一起就形成了半圆形的小商场，这里的商品虽然平常得不能再平常，却是家家户户必备之物：碗橱书架、木柜箱子、畚箕扫帚、拖把水桶、吊桶吊绳、锅碗瓢盆、火钳筷笼、针头线脑，凡是居家用物可以说是一应俱全（这种商店曾经存在了几十年，现在已绝迹多年了，而我却仍在深深地怀恋着这种平民商店，它平常却真正的实用）。星期日有空的时候，我常要进去挑一些必需的物品，然后付一两元钱结账走人。结账以后我常常会在店门口站上一会，看看西中市的闹猛，瞧瞧吴趋坊的冷清，心中不由思绪万千，遐想当年。

五百年前，唐寅就是诞生在我现在所处的这家日杂品商店的楼上，不同的是那时不叫日杂品店，而只是店面仅两开间的"唐记"小酒店，他的父母终日操劳，侍候着光顾酒店的客人。猪头肉、猪大肠、豆腐干、五香豆、油氽花生米……价廉物美，阵阵菜香使皋桥上踏级下来的人们的眼睛都刷刷地朝"唐记"瞟过来（当时的皋桥是顶高高的石拱桥，台阶肯定超过二十级），恨不能立即飞入店堂持盅痛饮，酒香菜好，更称心的是价格便宜，服务周到。唐老板夫妻二人经营有方，连阊门外的酒客都喜欢来这里小坐浅斟，或独饮，或三五好友聚饮。因为生意确是十分的好，唐家已积聚了不少银子，正考虑让儿子伯虎读书之事。儿子对买卖商事兴趣全无，才五六岁已能背得不少经典文章，读书背书间不时在白纸上东画两笔西画三笔，斜对面的皋桥已像模像样地搬到小唐寅的画纸上了。唐父是个小商人，知道自己低人一等，虽然靠努力靠精明积攒了一些银子，但是要想出人头地必须把目光锁在儿子的身上。唐寅不负父母的希冀，聪明好学才智过人，天才加努力，才十几岁已声名鹊起，居然能拜在退休宰相王鏊的门下，在学士街宰相府里举行了极为隆重的拜师仪式，小唐寅在红毡毯上恭恭敬敬地向王鏊王老大人响亮地叩了三个拜师头。

我想得太神了，也想得太远了，唐寅已是近五百年前的古人，干我何事？手里买的东西赶紧拿回家去才是正理。但是到下一个星期日，我又会抽空出家门，走西街过桃花桥，右转上桃花坞大街转悠，去揣测去想象去神思：落魄后的唐寅究竟住在现在的桃花坞大街的几号门牌？为什么这个有那么优雅动听的名字的地方不多种桃树以示纪念？我也傻得可以：上世纪60年代的前半期是什么年代？"四清"、社会主义教育、破"四旧"，运动一个接一个，一波未平一波又起，人们的心思全投入了运动。运动方要深入细致地领导运动、组织运动，不使一人漏网；被运动方千方百计要保全自己，不多说一句话，不多走一步路，寒蝉声禁。唐寅当然是"四旧"，而且是"四旧"的首席代表，连和他关联的东西，如遗址呀，古迹呀，墨宝呀，也统统是"四旧"，就连我到桃花坞转悠这种事也只能深深地埋在心窝里连家人都不必要知道，否则我都成了"四旧"了，尽管当时的我才二十七八岁。

令我不解的是，唐寅是"四旧"，弹词《三笑》是"四旧"，唐墓是"四旧"，唐画更是"四旧"了，为什么唐画还堂堂正正地藏在故宫博物院和南京博物馆？民间更加神秘，谁家藏有唐画那绝对是价值连城的宝贝疙瘩，恶名昭著的大奸臣康生不是到处想方设法搜索别人的书画名品，也包括唐画吗？"文革"结束后的第十五个年头（1991年）的隆冬的某一天早晨，我如同往常一般提着菜篮子上彩香一村的小菜场买菜，路过三区的一幢大楼的门口时（与我家仅咫尺之遥），门口置放着五六个花圈，尽管天寒地冻，花圈前还是围着一群看热闹的人，约有二十多人，个个神色凝重，不时低声交谈。我侧耳一听原来是楼上一家的女主人几天前被人杀死在家中，今天是出殡的日子。这就证实了我在三天前听到的一则传言，说彩香一村一个五十多岁的居民被歹徒杀死在家中，她的一幅唐画真迹被劫持而去，坏人已逃遁他乡。死者父亲生前是收古董的，临终前把这幅唐画真迹传给了女儿。改革了，开放了，各色各样的人都冒了出来，有一个走私分子居然找上门去表明愿意收购该画，几轮讨价还价，画的价格定在五十万元这道坎上。画的主人心中无比喜欢，她想不到父亲传下的那幅画居然可以卖这么多钱！（要知道1991年拥有50万元已经可以列入苏州的富人榜了）付款取画的时间定在深夜，一手付款一手交货，于是这天午晚一桩全苏州都轰动的凶杀抢劫案便发生了，女士钱没拿到命倒丢了，而且杀人犯携带宝画不知去向。报上作为新闻报道了此事，要求市民协助公安部门破案。又过了一个月，报纸披露凶手在深圳被捕，正在押解回苏州的途中，幸好画卷尚未出手，也随警方同时回归苏州故里，但报上没有说明该画是否唐寅真迹，聪明人都清楚这是万万不能说的。几个月后报上又报道了凶犯被处决的经过，于是一幅唐画引发的刑事案件的余波慢慢平静，慢慢淡去，而唐寅在苏州市民心中的地位却无疑又得到了提升。2004年我在老年大学上课的时候，文史课主讲老师钱正（前市博物馆馆员）谈及唐寅时,他斩钉截铁地声明：苏州的唐伯虎真迹只有一幅半，一幅经过各方专家的讨论一致认为确是真迹，另一幅则有争议，一半专家认为是真迹，一半专家认为还是须商榷，所以只能算一幅半。唐寅啊唐寅，你生前可曾想到，也许是着意凝神构思的，也许是随意涂鸦的那幅画作竟然在20世纪末还导致了一出血腥的悲剧。我想，你知道后肯定把笔一扔仰天长叹："不画了，喝酒去！"当你得知后人对你敬仰有加都想获得你的一幅画作时，你肯定会重拾画笔，磨墨铺纸："切莫急，慢慢来，每人一张！"当你得知国家把你的作品当做神明，当做国宝一样供奉时，你又会老泪纵横："我终于被朝廷承认了，死而无憾兮！"

我驻足于皋桥头，我徜徉在桃花坞，我又踯躅在横塘的唐寅园。唐寅终年时才五十四岁，死于肺痨，留下一个孤女才十几岁。丧事办得极为简单，他的一位知己，我已记不清楚不知是祝枝山还是文徵明，刚好不在苏州，于是朋友们把他埋在他自己住宅后面的桃园深处。过了几年，朋友们集资又把他迁葬到横塘的王家村，这是他生前买好的一块坟地。当年的王家村墓地就是现在的唐寅园所在地，上世纪80年代初我经过那里时从车窗里望出去，唐寅墓是很简陋的，只是一道矮矮的围墙，围墙里仅有矮矮的几间房子，墓和墓碑在汽车里是看不见的。有钱造人造风景，却不能把轰动世界的绘画大师的墓搞得稍微隆重些。

苏州的有识之士，包括政府部门终于意识到了这一点，于是一座庄严肃穆、雅致又不失书卷气的唐寅园开始展露在人们的视野里，我因种种原因迟迟到 2003 年 6 月才了却了一睹唐寅园，凭吊唐伯虎的心愿。宽敞的前园，两旁的长廊，长廊的墙上挂着唐寅的画作和书作（当然是仿作），无疑给墓园增添了几分墓主生前的才情气息。最后才是唐寅的墓地，墓碑碑文是祝枝山写的。我问讲解的墓园负责人："唐寅的遗骨真的在里面吗？'文化大革命'横扫一切时红卫兵有否翻尸弄骨？"他说："你问得好。我就是本地人，知道当时的情况，唐寅墓确实没有被翻动、挖掘过，唐寅一直安安静静地睡在里面。至于红卫兵为什么没敢动他一根毫毛，我也说不清，可能是出于对他的敬畏和崇拜吧，或许还有几分同情。"

我在唐寅园的角角落落内流连忘返，两次回到唐墓前，不禁想起了唐寅三十岁遭遇的那场科场舞弊案。科场案的始作俑者，唐寅称之为"徐兄"的那个人，正是大名鼎鼎的旅行家徐霞客的高祖父徐经，他万贯家财，挥金如土，他无私地帮助过唐寅，上京赶考的路费都是他一手包下来的，唐寅视他为知己。在京候考期间，带着唐寅坐了高头大马，并命仆佣抬了各色礼物——从江南带来的各种土特产，登门拜访在京的几位江南籍高官，其中一位便是这届科考的主考官。他们并不想贿赂任何人，只是炫耀炫耀而已，徐兄有的是银子，唐弟跟风凑凑热闹，仅此而已。他们还年轻涉世不深，不知官场深浅，一场冤枉官司的伏笔已经深深埋下，只是他们浑然不觉。在客栈，全国各地来京参考的学兄学弟们仰慕唐寅的才情，要他猜猜今科开考的题目，唐寅略一思索便脱口而出。有谁料想得到考题竟与唐寅猜测的一字不差！一场科考冤案的大幕就此拉开，在刑部堂上挨了板子不说，两人原来的功名全被革除，特别是那位江阴人徐兄，连他的子孙后代都不准与将来的科考沾边，正因如此才造就了大旅行家徐霞客。现在各地导游都争相推出"徐霞客"的大名，以提高自己旅游资源的档次，可是你们可曾想过徐霞客年轻时在人后的心酸与眼泪？亏得徐母知书达理，乐观达启，鼓励儿子另找蹊径实现抱负，于是"徐霞客"这个名字流传至今，而且还会继续流传下去。唐寅的遭遇比徐兄稍好一些，出狱后经说情皇帝居然格外开恩："到浙江去做部邮吧！"换了别人肯定涕泪交加，连呼"万岁、万岁、万万岁"！然而人们始料不及的是，他居然袍袖一甩头也不回拖着身心俱惫的身子又回到了姑苏老家。我在墓前的碑文中看见祝枝山如此说："……归而不往，子畏（唐寅另一名）大笑，竟不行，放浪形迹，翩翩远游……"这就是唐寅唐伯虎的真实写照，换了别人，这个好好表现重新做人东山再起的机会岂肯放弃？

唐寅是我的邻居，一位近在咫尺实实在在的五百年前的老乡邻。我还想问问他：后人为你编排的追舟无锡，卖身为奴的《三笑》故事，你听了以后有何感觉？这恐怕又要五百年以后，等时空隧道打通，才能向你面对面的请教了。

金阊狂少年

上世纪 50 年代初，紧靠罗马式城门的金门北侧城墙下有一所中学叫光华初级中学，往南不到一百米便是景德路的末段。我的夫君查海明——他当时的同学，后来参加工作的同事都喜欢叫他查查，省力且又亲热（这个称呼直到"文革"开始才结束），他当时就是光华初中的学生。在他就读的那几年，苏州的古城墙尚未拆除，他就天天坐在紧靠城墙的教室里读书修学。若干年后他无数次地在我和儿子面前夸耀他在光华时的种种"恶行"，诉说间不时流露出神往的表情，临了还要"哈哈"大笑几声，一是掩饰对少年时代荒唐行为忏悔时的窘态，二是表达对那段兴奋而又刺激的学生生涯的眷恋之情。

他生在一个小商人之家，父母在皋桥下塘街开一爿豆行，专卖黄豆、赤豆、绿豆、芝麻一类的东西。家里兄弟姐妹多，生存不易，所以他直到十六岁才上的初中，成了班里最年长的学生。上课时倒是很认真的，课余却不得了，满天满地都是他的世界。操场上他是篮球队长，带着队员们盘踞球场，不肯让非队员同学上场试试身手。上午四节课，两节课后的休息时间要多五分钟，学生特别是男生到此时已饥肠辘辘，同学怂恿他到校门外景德路口的大饼油条摊上购买几付回来填填空肚子，他想也不想立即冲出校门，五分钟后包括他自己人手一付大饼油条，三下五除二，三分钟不到已全部纳进胃里。门房早已报告校长，校长通知班主任，查查少不了要挨一顿训斥，但过后他又会干出这种出格的事儿，他戏称自己是"侠义担肩"。

他头脑简单，城府太浅，同学对学校有什么意见和要求，譬如要和兄弟学校开展篮球校际赛啊，秋天想登天平山赏红叶啊，他都会带头向学校提出。即使不关他本人的事，譬如某同学受了委屈（老师不问情由的瞎批评），眼泪汪汪的，他看不下去，竟在众目睽睽之下向那位当事人老师慷慨激昂地陈述同学的"冤情"，弄得老师尴尬不已，其实那位同学并没有委托他"申冤理枉"，等等等等，他十足是个"坏小子"。更出格的事还在后头呢。

在初二升初三的当口，新学期开始刚交过学费没事干，看看太阳还老高老高的，这次倒是他出点子了，建议爬城墙去探险，一来捉几只蟋蟀回来玩玩，二来看看城墙顶上究竟是怎么样的，兴许还能挖点宝贝下来。这个建议刚一出口，十来个同学立即击掌附和，于是在他带领之下一群男生跟在他的屁股后面，在教室后面的那段城墙下（为了避开老师的视线）开始攀登，三爬两跨便登上了城墙，往哪个方向走呢？朝南是胥门，朝北是阊门，他的跟屁虫们一致建议往南走，因为他们的家都在阊门一带，倘然往北走极有可能会被家长发现。于是一行人在他的带领下浩浩荡荡穿过金门城墙向胥门方向进发了。他告诉我，城墙墙坍壁倒，荆棘丛生，有些树木已长得很高很高，浓荫蔽天，城墙下的人根本瞧不见城墙上的这群少年郎，刚才怕被家长发现的担心纯属多余。他们在草丛间行走，在树丛里穿梭，蟋蟀们虽在诱人地鸣叫歌唱，可是他们已经没有兴趣翻砖弄瓦捕捉蟋蟀大将军，他们必须兑现自己的承诺，将绕城一周的战斗进行到底！

其实城墙顶上并无他们想象中的好看的风景，除了东倒西歪的破城墙，便只有杂乱无章的树丛和荆棘乱草了，顾了脚下顾不上城墙两边的风景，顶多在树阴摇曳时形成的小小空间中望一望城墙外侧宽宽的护城河上在初秋灿烂阳光照耀下泛起的潋滟波光，以及时不时搅乱潋滟波光的大小舟船。河对岸的南浩街的屋宇也是破旧得可以，大多是年代久远的破屋烂房，真正意义上的苏州式的名宅大院几乎没有跳入他们的眼睛。胥门近在眼前了，护城河的水面更开阔了，甚至向西透迤的胥江河都清晰在望，城墙上的树在这一段已少了不少，脚底下的城墙地基已不再是高低不平的泥地，不时出现一小段一小段用厚实城砖铺就的砖地基，有的完好无损，有的已裂开了缝，缝间居然长出了绿色小草——谁知这段城墙是哪个朝代修补过的，这些绿色小草却赋予了古城墙不少活力，使其褪去了几许岁月的留痕。在查查的建议下他们围坐在砖地上，讨论该何去何从。查查心中明白，他是带着"弟兄们"自找苦头来了，汗水流了那么多，香港衫都可以绞出水了，而且其中几位还是富家子弟，平时在家养尊处优，何曾吃过今天游城墙的苦头？他自己本人都没料到周游城墙是这样的不浪漫不潇洒。自己不改初衷一定要周游一番，绝不辜负蓄谋已久的心愿；其他同学呢，随他们的心意和体力吧，他们之中有不少人是冲着这位"哥们"平时的豪爽和侠义心肠，今天才硬着头皮跟随他翻上城墙涌往各城门的，但是万一他们回去后生了病他怎么交代？明天可是新学期第一天开课的日子啊！他思索了片刻，便把自己的心意坦诚公开："愿者继续跟我走，要回家的赶快下城墙，从胥门走回阊门。"此话刚一出口，舆论便一片哗然，"查查，你看不起人！我辛辛苦苦跟你从金门走到胥门，你却扔下我不管独自去兜风，你还是查查吗"，"好你个查查，你以为我们吃不了苦？今天就走给你看，我们是不是胆小鬼，我们是不是怕死鬼"。在众人的谴责声中，他领着他的队伍继续向盘门方向进发，由于精神力量的支持，他们的走路速度也加快了不少，冷水盘门已在脚下，正当他们想再一次休整队伍小坐片刻时，突然一个同学惊叫起来："看，看，死人头，死人头！"十来个人的目光都投向了他所指的方向：墙根边一个露着七孔的骷髅狰狞地朝向大家。大家倒抽一口冷气不觉后退几步，眼睛定样样地望着查查。查查也被这件突然冒出来的"宝物"吓傻了，但他立即镇定下来安抚军心："大家别怕，有我呢！"他去城墙边拔了一把长脚草，搓成一根草绳，果敢地把草绳的一端探进骷髅的右眼眶，再从骷髅的左眼框把草绳拉出来，然后打了一个结，一个白中泛黄的骷髅便已拎在他的手中。同学们见他如此大胆利索不由钦佩万分，问他打算如何处置这件"宝物"，他想了一会，终于想出了一条妙计：带回学校藏好，明日一早吓唬女生。大家一致同意，因为班上的女生太娇气了，动不动指责男生粗野。要向她们请教一下难题的解法，她们会把头一偏，嘴一撇："有工夫请教还不如把心思多放在课上，少到外面去撒野！"

这帮男生早就对她们意见满腹，借此物吓吓她们岂不快哉？于是在查查带领之下放弃了绕城一周的计划，队伍掉头走上回头路，直奔学校。当他们回到金门时天色已经微暗，他们轻手轻脚翻下城墙，蹑手蹑脚推开教室门，把骷髅藏在教室角落里扫帚畚箕的后面，如此这般商议了半天，决定明日一早便毅然出击，于是大家相约明天比平时早到半小时，见机行事。

清晨，一群女生提着书包跨进教室时，只见这几个平时瞎起哄的男生端端正正坐在各自座位上认认真真地翻看新教材，她们不约而同互相对视："怎么啦？天开眼了？"突然一个小女生惊叫起来："看，看，死人头，死人头！"这群女生随即发现讲台下方的地板上一个狰狞恐怖的白骨森森的骷髅正朝着她们"瞪"眼睛。教室里顿时像炸开了锅，这帮恶作剧的男生终于忍不住心中的喜悦哈哈地一阵狂笑，狂笑过后是难堪的沉默，他们的目的达到了，这帮女生到底不是他们的对手，胆小鬼！但是后果怎样他们心中也很清楚。仅三分钟，班主任老师便急急从办公室赶往教室核查事实，核查的结果是：女生汇报的情况属实。老师压住怒火，缓慢却又威严地逼视男生："谁干的？自己站起来！"男生们不约而同把目光投向了查查，怎么办？空气凝固了几秒钟，查查霍地站直身体："报告老师，这事是我干的，与其他同学无关！"于是查查被带出了教室，又被带进了校长室。他已作好被记大过甚至开除出校的准备，所以接下来的几天教室里倒是安静了不少，他整天埋头于作业之间，不和任何人搭理。他的"战友"集体到校长那里说明祸端的起因，为查查求情。奇怪的是校长并未贴出惩处的布告，只是来教室向师生解释了事情的经过，希望以后不要再发生类似的事件，要求学生把精力投放到学习中去。

半个月之后，学生会改造，查查被推上了学生会主席的位置，同时兼校篮球队队长之职，学校的黑板报也归他负责编辑出版，连黑板报的缮写也一并包下，他的字还是不错的，给人以铁笔银钩之感觉。

五十多年以后他的那些铁哥们都已成退休老人，还时不时来我家小坐畅谈，谈及当年那桩公案时不禁都大笑起来："太幼稚了，太无知了！"就连他们的包校长（当年三十来岁意气风发的年轻人，现在已是满头银发的八旬老人）也会上门和他心爱的学生重叙师生情，别后事。可惜的是查查在 1996 年退休以后没几年肾病症状就暴露出来，虽然做过血透，做过换肾手术，但在 2003 年年底的一个非常寒冷的晚上，他永远的闭上了眼睛，仅六十九岁。吊唁时，包校长这位耄耋老人在他的学生、查查当年的"铁哥们"的搀扶下，也来舍下为自己的学生送行，我不禁泪湿满襟，连声称谢。

在他生前，我和儿子不厌其烦地聆听他那段游城墙，吓女生的故事有几十遍，每次追忆往事时他既兴奋又愧疚，对自己少年时的狂放出格行为既自豪又自责，感慨良多。

少年时代谁没有一段既无畏又无知的经历呢！

马大箓巷搬家记

　　1963 年春节过后，我们新房楼下的那一大间面对闹市的店面房就被国家租去开了一家生肉店，每天清晨三时肉店职工就会准时上班，分猪身，分割猪肉，五时整便开门迎客。从租出的那一天起，我们夫妻二人便陷入了水深火热的痛苦之中。"砰砰嘭嘭"从砧墩板上传出的一百二十度分贝的噪音把我们从一帘好梦中惊醒，还要陪听楼下那七八个斩肉师傅在斩肉时为解寂寞不时大声发出的说笑声，他们的文化修养及生活教养限制了他们的思维。楼上是房东的卧室，清晨三时至五时正是他们深睡的时段。我经历了几天的煎熬终于拍案而起："不是他们搬走就是我搬走！"我先生查海明非常同意，因为他对睡眠的需要比我还要强烈！后来在他大弟的奔走之下，我们终于离开老宅从皋桥下塘街搬进了中街路马大箓巷口的一处大宅院，离中街路仅二十来米，坐南朝北。六扇已不能叫做墙门的墙门破旧不堪，门两旁是长长的围墙，墙面斑斑驳驳，但看得出当年这里曾经辉煌过，显耀过，现在明显是败落了。房东便是当时社会上很吃得开的房管所。进入墙门间右拐便是一条伸手不见五指的漆黑的备弄，备弄很长，要接近每一进的天井时光线才会从漏窗中透进一些。我是住在第三进，从备弄跨进第三进的大门便眼睛一亮：这里是三开间的方砖地大厅，方砖完好无损，显然是多年前重新铺成的，庭柱粗壮，但家具摆得十分杂乱，东一张八仙桌，西一张四仙台，一眼便知这一进住了好多户人家。我们住在大厅西侧的大房间，前面还带间厢房，加起来也有三十平方米。天井蛮大，靠近我们厢房的墙根有一口老井，一院子的人吃、用的水全靠这口老井。

倒马桶是一个艰巨的工程，拎出三进大门后便要通过黑黑长长的备弄出墙门，向东行经过又一个大宅门，才有公共厕所兼带涮马桶的水池，这个大宅门究竟是谁家的我当时并不知道，直到上世纪 90 年代初《姑苏晚报》才登载一条消息：经文物部考证，并有大炮等实物佐证，这里便是太平天国时的军械所。我天天经过那里，那时万万没想到那是太平军戒备森严的贮藏武器的机关和仓库。这样长途跋涉的倒马桶使我牢骚满腹，特别是那条黑咕隆咚的长备弄更使我觉得它是地狱之路，我恨之入骨。尤其是到了夜晚，在外面看完电影回来通过备弄时除了打开手电筒，还必须倾听前方的脚步声，步声渐近必要大喝一声："谁？"对方也必会回答："我！"大家擦肩而过，相安无事。

时间稍长邻居有些熟了，老住户告诉我们，从第三进再往里走还有人家，只是他们的房子差多了，都是简陋的矮房子，住了十多户。旧时是个很大的后花园，后来苏州的房荒问题暴露出来后房管部门把后花园改成了大杂院，他们进出不经过备弄，因为备弄底有一个后门间，后门出去便是中街路的另一条巷叫花驳岸，那些人家上下班都是从那扇后门进出。我试着想从后门进出，但那门除了早晚上下班开着，其他时间都是锁着的。

大概是 1964 年的黄梅天开始吧，这里的后门便一天到晚开着了，原来后门间里又住进了一户人家，其实这户人家只一个人，一个人高马大的三十好几的大男人，他的家具十分简单，仅一张帆布折叠床和两个衣包。我通过的次数多了，便互相点头微笑，话也多了起来。他告诉我他小时就住在这里，1958 年"大跃进"时他响应国家号召去了大西北，在那里他结婚生女，妻子是和他同时去大西北的战友，后来父母双亡，房子被房管所收回。现在调回来了，没地方安家，妻女只好和岳父母挤在一起，而他这个又高又大的大男人只好回来蜷缩在老家的后门间里听候房管所的调派。我听他诉说以后，同情之心油然生起。

1964 年的深秋，我先生奉命要去徐州参加"四清"，丢下我一人要穿越漫长的备弄确实放心不下，何况我无数次地抱怨该死的黑备弄，所以决定搬回老家后楼。马大篆巷的房子让给先生的好友兼同事 ×× （恕我姓名已忘）。他结婚数年，一直挤住在父母的房间里，老少三代挤住一间的苦处和窘态是可想而知的，当他得知查查将把房子转让给他时，他欢呼雀跃，那高兴劲不需我再在这里点墨表述。

因为备弄又黑又长，搬动三门大橱、五斗橱等大件家具颇费周折，所以搬家板车决定停在花驳岸的后门口，从第三进到后门口距离短、光线亮，方便，只是要和那位新住户打个招呼，请他挪一挪折叠床。他倒也爽快，马上折好帆布床靠在一边墙上，等我们把东西搬出去。当我们把板车送出巷子返回时那人已不在，折叠床和两个衣包也已不见，我们没往坏处想，只是觉得怪而已。我们跨进厅堂想进入自己房间准备取走最后一些家什物件时不由倒吸了一口冷气：那人正往房间里搬他的那张折叠床和两个衣包！我们双双惊得张大了口连话都说不出来。还是先生镇定，他以非常平缓的口气和那厮说理，告诉他此房已有主人，下午就会搬进，他必须把自己的东西搬出去，房门钥匙是绝不会交给他的，他必须守法。他横竖不接受我们的劝说，坐在行李包上反复唠叨："进来了就不出去了，你们要报房管所可以，要报派出所也可以，我反正不出去了！"见他如此蛮横无理，我和先生又都不会打架，只能悻悻然把钥匙塞进口袋，提了东西离开这里。

后来怎么收场的我已记不清了，反正房管所去了几次都无法赶他走，先生只好连连向同事道歉，同事只能仰天叹了口气，最后钥匙只能交给房管所，房管所把钥匙又交给了那厮。这场搬家风波以我们的妥协而告终。先下手为强，先占者为王，这是千古不变的"至理名言"。

就我们沪宁线上的上海、苏州、无锡三个最靠近的城市来说，东邻上海的房荒是举国闻名的，西邻无锡紧随上海之后，这两个城市的工业人口迅速上升是主要原因，苏州向来以房子多、房子大而著名，但从 1949 年到 1964 年仅十五年时间也会以百米冲刺之速闹起了房荒，而且素以文明著称的苏州人居然会做出强盗般的行为，真是不可思议！究竟是什么原因导致了这一现象呢？

附记：

写完了此文突然想起应该再回马大箓巷拜访一下，先前几次在公交车里寻觅该巷的影子始终未果。中街路早已"动过手术",路面宽了,路面平了,还增加了人行道和隔离带,我停在一个估计就是马大箓巷附近一带的巷口,东张西望,见一老者过来便客气地向他打听,老者说着一口软糯的苏州话:"倷个大妹妹(我已整七十岁了),到仔马大箓巷还在寻马大箓巷!"我说巷口连路牌都没有,他指了一指一堆破砖烂瓦的背后说:"喏,牌牌蛮好竖勒嗨,倷弗曾注意活!'他倒也健谈,问我找几号,我说几号记不清了,只记得是中街路进去靠南第一家。他问我是第几进,我说是第三进,不是找人,只是回来看看我当年住过的地方,他说巧了,当年还是邻居呢,他住在第二进内。天下真有这么巧的事!他告诉我这房子保护起来了,古时候是一个姓马的大官的住宅,巷口的建筑垃圾便是里面整修时运到外面来的,还没完工,完工后你可以到里面走走玩玩。我谢过他便去研究巷口垃圾背后的那块苏州古街巷牌,只见簇新的竖牌上这样介绍:

《宋平江城坊考》疑浙西安抚使马光祖居所在此,时岁饥,某王府积粟不发,光祖得悉其祥,得粟活民甚多。巷内慎修堂邱宅为太平天国军械所旧址,系市级文保单位。

我抄录后又回到旧址前端详细察:破烂不堪的旧墙门已变成朱红色的新墙门,斑斑驳驳的围墙重新砌过,用石灰水涮得洁白无瑕,墙门旁又开了一个宽宽的口子,"帅俭园"三字已刻在口子上方(这里正是备弄的身底),里面正在大兴土木,一只四角凉亭已赫然在目……

我来得正是时候,马大箓巷在变,我住过的旧宅子也在变,我怀着欣慰的心情告别了它们。这里画蛇添足再加一句:马大箓巷用普通话念完全可用字典上所标的注音念,但要用苏州话念则要念成"马达豆巷"。

下塘街往事

　　苏州的下塘街特别多，因为河道密布，与河平行的两岸街道便称之为上塘街和下塘街，如阊门附近有阊门外下塘街，阊门内下塘街，之间只有小桥连接。我这里所指的下塘街是阊门内下塘街的中间一小段，仅指皋桥那一段，即属东中市路段的张广桥到属西中市路段的庙桥之间的那一段，全长不会超过二百米。

　　我认识这个路段的时候已是 1963 年，这里已是露天小菜场，下塘街本来就不宽敞，加上两面摆满了菜摊，行人走路犹如走蜀道。据我先生回忆，他小时候（指解放前）这里是苏州有名的闹市口，商业气氛特别浓烈，街上商店一家接一家，靠街的狭窄的塘河内停满了从四乡八镇赶来出售农副产品的小船。河内的水是可以饮用的，我依稀记得在"文革"前我尚在这河中洗过被单，家中的井水质量不好，白被单洗多了就泛成黄色。所以洗被单之类的大件浅色物品就干脆到河埠头去。我细究原因，这里之所以能成为闹市口是因为它所处的地理位置特别优越，过张广桥是东中市，穿过东中市便是汤家巷；过庙桥便是西中市，斜穿西中市便是吴趋坊，汤家巷和吴趋坊往南走到底便是景德路黄鹂坊桥一带；张广桥北面的西街直通桃花坞大街，西街两侧、桃花坞一带的横街竖弄像蜘蛛网一样交叉密布，你数也数不清；西街以东的下塘街那段便是神仙庙一带了，以西则可一直通到阊门饭店一带。可想而知这一区域的居民人数之多，在苏州城内可称得上是苏州之最。

商店开在这样的一个扼咽喉的黄金地段，生意当然是好透了的。从一大清早开始迎客，一直要做到黄昏上灯时才打烊关门，然后清算一天收入，再然后是坐下来吃顿安稳的晚饭，他们家开的店的金字招牌就叫"振兴泰"。公婆告诉我，对面、两侧的邻居都是开店的，规模有大有小，清一色的前面是店后面是家，清一色的是自家房屋。我记得上世纪60年代前期结婚后，每逢周末我回苏州时婆婆总要指着前来串门的左邻右舍向我介绍"这是秤店好婆"，"这是香店好婆"，"这是砚台店的××阿姨"，"这是帽子店的××先生"……门对门的华先生是无锡荡口人，在苏州已几十年了，过去开的是乐器行，笙箫管笛样样齐全，后来是乐器厂的私方经理。华师母天天要在下午四时左右过来小坐片刻，谈谈家长里短，我最熟悉的邻居便是她，可惜我始终没有记住华先生任职的乐器厂是民乐几厂。最大的店铺便要数"德元菜馆"了，老板是常州人，姓沈，小开叫沈鑫根，与我先生幼时即是玩伴，上学后是同班同学的那种如同亲兄亲弟的朋友关系。我接触这个名字时，其人早已在上世纪50年代中期去了大西北工作，"文革"结束时才调回苏州，单位是林机厂，职务是什么科的科长，调回来时就把早已染上身的职业病——肺病（不知是哪一种肺病）——带回来了，刚跨进21世纪便因此病亡故，过后先生知道还潸然泪下，男儿有泪不轻弹，他淌眼泪了便可知他们之间的情谊绝非一般。德元馆一年到头生意红火，楼上楼下尽是食客，所以论经济实力沈家当是第一。

　　德元馆的西邻是一家中药铺，当年坐镇店堂脉诊的便是后来的中医院院长黄一峰老先生。当初正值盛年，医艺医德有口皆碑，下塘街一带的居民到他那里求医他总是特别关照，经济水平一般的绝不收费，即使后来他离开了下塘街，后来又当上了中医院的院长，他的老邻居们还是会寻上门去，老百姓心中确实有杆秤。紧靠中药铺的庙桥堍有一家铁匠店，先生说他小时候最喜欢和沈鑫根一起去"观摩"铁匠店老板的"淬火"，烧红的铁件往冷水里一浸，顿声"嗞"的一声使小孩们惊喜无比，刺激过瘾！小孩上学了，要学写毛笔字了，到斜对面的砚台店买一只就是，如果关系好，老板会奉送一只，当然是几分钱一只的黄砂砚台。中秋节临近了，生意最好的当数香店，香斗、香升箩家家必备，其实不久前的地藏王生日时要用的狗屎香已赚了一笔，先生家的人常常把香店和锡箔店分开来，喜欢学锡箔店老板的绍兴话"哼个老倌"，就是指"那个人"，但我觉得锡箔和香是分不开的，应该是一家。馒头、大饼油条、馄饨各种小吃店我不再细述，反正这两百米的一段路开满了各色各样的店，从吃到穿，到用，到看病配药，无所不有。

现在时光已流到了 2007 年，有的时候回去看看老宅（老宅还在，租给亲戚开店，那种烟杂食品乃至保健品一类的店），"振兴泰"三字赫然在目，亲戚用了这块牌子却没付任何费用。两开间的店堂里挤满了顾客，买好的刚跨出门槛，要买的又跨进门槛，川流不息，生意出奇的好，应了公公生前的那句话："这里是市口里。"几十年前关掉的店又都重新开张营业，只是店的老板都换了人，有的是老板的子孙，有的是外地人租了门面开的店，而且商品的内容也变了，除了烟杂店比较传统以外，其余都是美容院、棋牌室、电脑房、玩具店一类，烙上 21 世纪时代印记的新型商店。下塘街永远在喧闹声的流动中度过自己的一天又一天。

补记：

我写上面这些文字的时候下塘街依然如故的热热闹闹，熙熙攘攘，但 2008 年的 11 月却起了变化：建在南宋时期的庙桥北堍的泰伯庙要重新翻建，连同下塘街一道将打造成苏州市的又一个旅游景区——明清一条街，庙内的农贸集市在 11 月下旬已北迁至桃花坞一带，余下的事情便是工程浩大的拆迁工程。我家的老宅何去何从现在尚无头绪，开店的亲戚正为此焦头烂额。但是，数年后一条崭新的古典风格的下塘街将会重新展现在人们的视线之中。

都亭桥的地货摊

从接驾桥往西走便是东中市，东中市在接驾桥口到都亭桥（苏州本地居民又要读白字了，都亭桥要称都林桥）这一段路是整条东中市的繁华地段，称它繁华我是有点拔高它了，只是有点闹猛而已，最有名气的店家除了桃坞电影院以外，只有路口的那家三开门面的面馆（可惜店号已忘），和再往西面逼近都亭桥的坐南朝北的桂香村糖果茶食店了。

四十几年前我经常路过桂香村，次数多了便发现桂香村门口的人行道上多了一个地货摊。摊主坐在一张小板凳上，七十来岁的年纪，头发已经花白，穿一身褪了颜色的蓝卡其布中山装，鼻子上架一副金丝边眼镜。他并不吆喝，只是微笑地望着经过地摊的行色匆匆的过往人。他的地摊只有八开报纸那样大，商品就安放在那张八开报纸上：几只泰康公司的空饼干听，几只乐口福和克宁奶粉的大口玻璃空瓶，几只装满印泥的瓷质印盒和几只装印章的红木质地的空章盒，最吸引眼球的是那只做成棺材形状的空章盒，的的确确是一口微型的小棺材。我对它注视并非是喜欢它，相反感到一丝恐惧。饼干听保存有方，没有铁锈，大口玻璃瓶也完好无损，因我小时候吃过乐口福和克宁奶粉，所以对它们很熟悉，家中还留有好几个空瓶。至于放图章的空盒我倒是没有，印章一直用纸包着。而每个月的15日是领工资的日子，非要带上它不可，正想给它觅一只材质上乘的包装盒呢！

我经过那个小摊已好多回了，摊主总是微笑着热切地盼望行人能停下来瞧一瞧他的宝贝。可惜的是那个饥肠辘辘的年代里,人们是不需要空饼干听的。派头大一点的家长付了粮票买回去一斤饼干,不消一天几个孩子就会全部消灭掉,要空罐空听何用?既无奶粉卖,也无乐口福买,空玻璃瓶又有可用?老人失望得很,但嘴角上始终留着一丝微笑。

我心里着实可怜他,又有买一只章盒的动机,所以有一次路过时终于让脚步停在了小摊的前面。

"同志,倷阿要拣件抱回去?"

我询问了各样商品的价钱,大饼干听是五角一只,大口玻璃瓶是三角一只,红木印章盒也不超过五角。我蹲下身去细细推敲,他见我诚心诚意,便也诚心诚意地介绍这些东西的来历:"这些空瓶空罐都是家里吃剩下来的,放在家中本也可以放放东西,但老夫妻俩靠子女几个的生活费实在不够应付,拿出来换几个钱,让你见笑了!"我对他说你这把年纪了有退休工资的,他告诉我他解放前是在上海银行里做事的,解放不久银行关门,只好回到苏州老家,无退休工资。本来还有几个房钿收收,1958年被国家经租(现在的青年人恐怕不知这段历史,1958年在"大跃进"、大办人民公社的声势浩大的运动中,城市里有多余房子的人除了留一部分自住以外,多余部分国家全部征收,租金归国家所有),房钿没有了,几个子女加起来的生活费也就二十元。衣食住行,二十元钱怎能打发开销?没奈何翻遍了家里的角角落落,能卖的都卖到寄售商店去了,这些小什物寄售商店是不收的,就瞎摆摆,骗几个钱回去。听完老人的一番自我介绍,我确信他的话是真的,因为我的一位姨夫和他差不多年纪,解放才两年米行就关门,只能回家靠子女供养。恻隐之心人皆有之,我挑了一只章盒(真红木做的,盒子虽小,分量倒很重的),付了四角钱。他又从中山装的大口袋里掏出一只象牙挖耳:"妹妹(称呼改变了),这件小东西你也带回去吧,真象牙的,以后不会再有人做了。"我接过一看,不像是动物骨头做的,而且做工也还精致,便以两元钱成交。他千谢万谢,我不忍卒视,赶快离开。

章盒还在,象牙挖耳早已遗失几十年了,如果还在现在少说也值几十元。以后路过时老人还时常向我点头微笑,而地摊上的东西也不断变化着，饼干听不见了，玻璃瓶卖光了，添上了几块绣花手帕，还有几只绣工极佳的红缎子荷包；后来又换成几只砚台和几件红木摆设，印象最深的是一本旧书《饮冰室文集》，梁启超的。

两年以后的1966年的夏天，红卫兵"大串联"运动开始，抄家破"四旧"势如破竹，从此这个老人在我的视线中消失了，永远的消失了，他的地摊再也没有出现过。

接驾桥的小吃摊

很久很久以前，我在上海铁路分局属下的无锡铁路子弟学校任教，每逢周末，手持通勤免票乘火车回苏州的家中。在苏州出站后，在广场西侧的边沿乘上1路公交车，通过平门大桥（准确一点讲应该叫梅邨桥），再经过北寺塔便到接驾桥了，站点便设在农业机械厂大门口。本来我还可转乘4路公交车一站路直到皋桥，但是那时年轻，能走。一站路也要三分钱，何况4路车要二十分钟一班，与其等车还不如劳驾自己的双脚，走路一刻钟便到了，所以我总是从农业机械厂步行回皋桥头的。

从站点往南走三十公尺便右转进入东中市，就在拐弯处马路形成南北两个半圆形的转角，这里是南北交汇（人民路）、东西互通（白塔子巷即现在的白塔东路与东西中市）的扼口，人流量特别大，而转角处的风水又特好，总是熙熙攘攘的。老人们端张小凳子带着小孙子坐在转角处看风景是蛮有趣的，而最最吸引人的还是东来西往、南去北返的人流和车流，和那南北转角处的小吃摊的阵阵香味。南面四五个，北面四五个，煤球炉上支只大号钢精锅，锅子里冒出的热气中散发出的香味直冲人们的鼻孔。摊主控制火力的本事很大，因为从下午四时开始一直要到晚上十时才能结束收摊，这当中摊主绝不会再增加一只蜂窝煤球（为了节约成本）。炉门必须开得恰到好处：汤水始终微滚但又不会沸出锅外。我每周都要经过这里，次数多了对锅里的食物也了如指掌了：百叶包、油面筋、油豆腐。价钱呢，绝对消费得起，一角钱一碗的是两只百叶包几只油豆腐，二角钱一碗的是两只百叶包两只塞肉油面筋，外加一小把线粉。生意好得不能再好，南来北往的人肚子饿了就来一碗。最好的时候便是桃坞电影院散场的时候，人们蜂拥而至，摊主双手虽然忙乱，内心却是高兴无比，他们所以要等到晚上十时以后，就是等最后一批散场的电影观众。

"文革"来了，什么都变样了，但是接驾桥的小吃摊始终没撤。也许摊主们因属于城市贫民阶层而受到了保护，也许管他们事的执法者有时肚子饿了也会到那里来碗，也许他们的子女中有个别人当上了"造反派"头头，暗中保护着老子。当然这只不过是我的猜测。改革开放后，这些摊子依旧存在，还是一角和二角两种价格。直到人民路再一次拓宽，东中市道路改造以后再也不曾看见他们，连同他们的煤球炉、钢精锅，这已经是上世纪 80 年代末的事情了。

需要说明的是，吃客都是站着的，没有桌子没有座位，摊主也是站着的。站累了在转角人行道边沿上坐下来歇一歇，搭上几句话，然后各行其是，各奔前程。

枫桥女儿徐丽仙

在评弹流派中我最喜爱的是徐丽仙的"丽调"，她的哀怨凄楚、缠绵悱恻、九肠十回的唱腔，倾倒了无数的评弹爱好者。1962年的《新木兰词》她突破了自我，旋律明快，跳跃，声声入耳，字字送心，使人感受到古代女英雄花木兰代父从军，征战沙场十三载出生入死英勇骁战的爱国情怀。1964年又以《饮马乌江河》一曲开篇震惊艺坛，一改以往男女相思愁肠百结的哀怨缠绵的情调，以雄浑刚强又深情无限的风格，歌颂了上世纪30年代的红军战士和50年代的地质勘探队员的不畏艰险不怕困难的爱国主义精神。"马蹄得得自远至，来了红军同志歌；来自一万里枪林，去向一万里炮火"，吟诵了两万五千里长征将士们征战关山、豪情冲天的壮丽场面。"今年乌江畔，犹如明月照山坡，来了勘探队的同志哥，饮马乌江河。来自一千条深谷，去向一千里高坡……"词虽不是徐丽仙亲作，但她声情并茂、气势恢弘的演唱感动了大批地质工作者及万千聆听的评弹迷。现在她的歌颂现实、吟唱古典（如《宝玉夜探》《黛玉焚稿》《杜十娘》《情探》等等）的开篇都成了书坛盛会上的经典曲目。有幸的是，1964年初冬我在无锡的吟春书场亲眼目睹亲耳聆听了徐丽仙的风采和演唱。那天她和余红仙拼档，余红仙是下手，唱一曲开篇本是她的职责。我清楚记得开篇曲目就是举国闻名的《蝶恋花》，书目是《双珠凤》。徐丽仙是上手，说表从容，弹唱自如。结束时，以无锡听众兼具北京和上海两地观众的热情奔放的风格，绝不轻易放她下台。在谢幕数次后，她只能重新坐下，手抚三弦，在余红仙的琵琶伴奏下献唱了经典之作《新木兰词》。这是破例的，无锡听众也知道好坏，经久不息的掌声在落成不久的吟春书场穹顶久久回响绕梁。那场面深深感染了我，以至四十几年以后的今天，我回忆起来仍是历历在目。

徐丽仙 1928 年出生在苏州枫桥的农家，因家贫自小送与别人，养母教她唱评弹，九岁就能登台演出，但养母对她太苛刻了，她并不愉快。后来渐长，演唱的天赋日渐显露，养母更是把她当作了摇钱树，严严实实地控制着她。据上世纪 80 年代末上海《新民晚报》夜光杯的一篇文章介绍，抗战胜利前夕，年方十七的徐丽仙跟着养母在常熟城里演出，当地一户有钱人家的少爷相中了她，要娶她为妻，养母看男方家境殷实就不顾徐丽仙的反对同意了这门亲事。徐丽仙百般无奈之下反抗了，在一个漆黑的凌晨她逃离了养母的住处，逃亡途中她在一条舟船上结识了当时已稍有名气的青年中医陈家栋。陈是常熟人，但医寓却在江阴县的长泾镇，现在正在赶往长泾，他当时还未曾婚配。他同情怜惜徐丽仙，由怜生爱，两人意欲结为夫妇，可能是出于男方家长的反对，也可能是徐丽仙背着琵琶行走四乡，造成了双方沟通甚少的局面，反正这门亲事吹了。我看了该文的介绍后为徐丽仙惋惜，为她与陈医生的擦肩而过感到深深的遗憾，因为在我的生命历程中有三年时间是经常和陈医生打交道的。我在"文革"中期随下放浪潮搁浅在江阴县长泾公社，经常要去公社医院看中医，接诊医生就是陈家栋。时间是 1970 年至 1973 年，此时的陈医生已接近六十岁（"文革"中受尽磨难，人肯定会看老些），刚从牛棚出来不久。是同村的社员推荐我去找他就医的，他在长泾人的心目中是了不起的神医。也许是心有余悸吧，接诊时他话语不多，除了望闻问切时几句交谈之外没有一句多余的话，但我仍能感到这是一位慈善睿智的老人。他瘦削高个，长方形脸上架着一副银丝眼镜，眼镜后面流露的是对病家关切之眼神。当时流传最广的故事，是 1966 年他在一个初冬的上午被"造反派"押到长泾河边，寒风中逼他脱得只剩一条裤衩，然后命令他下河把银元摸上来。1966 年夏，"文革"之火烧到长泾时陈医生把家中的银元全部抛进了长泾河，抄家时没抄到什么值钱东西，"造反派"光火了，便出现了上述的一幕。当时河两岸围观人数之众是这个小镇史无前例的，"赛过当年看出会"，这句话是镇民们形容当时的围观"盛况"。捞没捞上来大家都没看见，银元哪里去了大家都不知道，反正"造反派"心里有数，这件事是长泾镇的历史大事件。后来由于实在找不到他和国民党反动派有什么关联，而长泾那一带病家又一致要他出来看病，连"造反派"自己也要请他看病，他便又顺其自然地重新在公社医院开诊了。

我是下放干部，享受公费医疗，一年中总有几次要到陈医生那里开方配药，次数多了也就熟了。他敬业、又厚道，不仅名震长泾，而且在江阴县也是几个数得着的专家之一。即使下放期满我被上调到江阴县立中学任教时，仍有一次机会请他的儿子（当时也是一位名中医了）诊过脉，并请他捎去对他父亲的一声问候。

《新民晚报》上那篇短文只是提及了陈家栋，对他并无多少笔墨，哪及得上我知道得多呢！虽然我知道的也是皮毛而已。然那篇文章却引起了我无尽的遐思：要是徐丽仙当时能和陈医生结合那该多好，就不会有后来的几次婚姻悲剧了。但事物往往是辩证的，如果徐陈婚姻成功，徐肯定不可能再辗转城乡打磨唱腔，奠定"丽调"的基础，她极可能成为陈的全职太太，使后来的评弹迷们少了一种流派的享受，也必定使评弹史逊色不少。当然，在我向陈医生求医的那几年，我绝对不可能把他和徐丽仙联系起来，而长泾人也未曾向我提起过他和徐丽仙的关系。因为长泾人虽精明却有一个致命的弱点——饶舌，例如影星上官云珠在故乡长泾中学读初中时，长泾人便编排了令人动容的绯闻以飨听者，然而我所看到的历史资料是上官云珠的中学生涯是在苏州度过的，因为她的堂哥韦布那时正在苏州从事话剧工作。陈医生是一个道德高尚、医疗水平可圈可点的名人，他绝不会轻易开口把他和徐丽仙的关系告诉别人，即使徐丽仙后来也成了书坛名人。这就叫稳健，这就是凝重。当年徐丽仙在舟船上遇见他是缘分也是福分，要是没有他的帮助，会不会有后来闻名江浙沪的徐丽仙呢？

这里还要提一提的是，徐丽仙的一位姐姐是抗战时期江南新四军的地下交通员，不幸牺牲在日寇的屠刀之下。当年徐丽仙从养母家逃出之后无家可归，可能和她姐姐牺牲也有关系，她明白回归家中就等于自投罗网。

枫桥镇的领导干部曾说过，徐丽仙给家乡带来了荣耀、光环和骄傲，所以在建造何山公园时，特意在离公园大门不远处树立了她的汉白玉半身雕像，在紧靠公园的枫桥劳动服务总公司新大楼的一楼，专门辟出两间屋子作为徐丽仙纪念馆，里面陈列她的生平和艺术成就的图片，让枫桥人永远记得枫桥的女儿——徐丽仙。

饮马桥、接驾桥和别的桥

听弹词名家徐丽仙演唱《饮马乌江河》时，常常会联想起人民路与道前街、十梓街交汇处的饮马桥。一边是所谓恢弘的跃马关山，一边是身材娇小的流水小桥，娇小得三脚两步便已把桥走完，但小小饮马桥的名气却响彻苏城，往东走是苏大附一院及苏大原正大门；往西是市二院（现在叫做市立医院本部）、会议中心和挂有九块牌子的机关大院（古时的道署衙门）；往南走便是三元坊及南门人民桥；往北走到底便是火车站，途中经过察院场及北寺塔。这样一个扼要道咽喉的地方其交通位置的重要性是不需再加笔墨赘述的了。这么一顶小小的桥不应该和"饮马"有什么关系，然而历史往往会和你开个玩笑。晋代有位高僧支遁骑着一匹叫频伽的马从苏州西部的支硎山走来，在饮马桥这个地方停顿下来歇息一会，马儿在小河边饮完水后朝河内撒了一泡尿。接下来发生的事使人目瞪口呆，撒了马尿的小河内顿生莲花而且蓬蓬勃勃，苏州人惊奇高僧及其坐骑的神力便在此筑桥，并命之为"饮马桥"。饮马桥已有一千六百年的历史。

我生也晚，虽然幼时常闻"饮马桥"之名，但真正领略饮马桥的风采却已在 1959 年。当时我的三哥正在市委领导下的"五人小组"工作（五人小组乃"肃反"组织的名称），地址即在饮马桥南马路东侧的一排平房内。1959 年 6 月我奉母命从无锡来苏找三哥办点事，从火车站出来按地址找到了饮马桥。此事过去近五十年了，但那时饮马桥及其附近的情况却依然记得：当时的饮马桥绝不像现在的饮马桥那样不起眼，它是一顶水泥桥，略高于路面，但因为两旁都是破旧的平房或古老的矮楼，加上人民路还未去掉弹石改造成柏油马路，所以饮马桥给人的感觉还是蛮新式的。可惜的是那一带商市萧条，行人稀少，给我冷落衰败之感。现在的饮马桥在两旁高楼大厦的映衬之下，在越来越宽的人民路的烘托之下，就显得那般无声无息，甚至出现了站在桥头还在找桥的趣事。事实上，现在称之为"饮马桥"的绝非真正指桥本身，而是一种泛指，即饮马桥南北东西的一个较大的区域。

接驾桥在1956年就拆掉了，在此之前我经过此桥时总是坐在黄包车里，一晃便过去了，未曾留意。听说桥名的来历和吴王（哪一位吴王不详）有关，吴王屈驾于此，此后便称这桥为屈驾桥，但苏州人很会转音，屈驾桥念成了接驾桥，就像临顿路一样口语要叫做"伦顿路"。

阊门城外的渡僧桥名气是颇大的，它的东面紧靠乾隆时初创的老字号药铺"沐泰山"。原先的传说带有低级的黄色味道，现在导游的解释合情合理。一个和尚化缘积了些钱便在此处造了顶桥，方便南北百姓往来而免受舟船摆渡之累。取之于民，用之于民，构建和谐社会的观念自古就有，人民是不会忘记这些身体力行的公仆的，哪怕他仅是一个和尚。现在渡僧桥的名气更响了，因为从石路去往新世纪的新景点山塘街，它是必经之地，每天人头攒动，中外游客络绎不绝。站在桥上东望阊门古城墙、古城门，西看夹在上塘下塘之间的城河美景，渡僧桥为苏州增姿添彩。

鸭蛋桥位于石路偏西北一方，桥畔有人民影剧院做伴，现在石路商圈扩大了，它反倒成了石路闹市区的中心，白天车水马龙（其实这词我用错了，它已是石路步行街的一部分，公交车、其他机动车早已禁止入内），既有国际商城、太平洋商城等高大建筑物的陪衬，又有优美如画的银河广场的烘托。

顾名思义，那是买卖鸭蛋的地方，其实错了，我从小到大从没看见那里开过什么蛋行，摆过什么蛋摊，它只是一个名叫阿黛的古代女青年的谐音。据说阿黛姑娘有一个凄美的故事或传说，后人为了感念她，在此筑了一座小桥便命名为阿黛桥，历史长了就成了"鸭蛋桥"。上世纪90年代，有人建议恢复阿黛之名，可惜无人理会，公交简图或地址录内只见鸭蛋不见阿黛，雅不敌俗。我有个建议，请城建部门在苏州城内各知名古桥旁勒石刻书，说明该桥名称的来历和它的历史沿革，以让市民进一步了解苏州这个历史文化名城更深层次的内涵；外地游客则对苏州文化、地理有更进一步的了解，这对进一步提高苏州的知名度是大有裨益的，有望将苏州从国家级历史文化名城提升为国际级历史文化名城，可否？

又记：

最近特意去鸭蛋桥查访，偶然发现桥身上刻着"鸭黛桥"三个红色大字，以前没有发现是因为它身上没涂红漆易被人忽略，现在涂上了红漆显得醒目，于是我也记住了"鸭黛"之名，有关方面肯定是采纳了各方意见将鸭蛋和阿黛合二为一，解决了此桥桥名的争端问题。

记忆深处的天赐庄

凡年在六十岁以上的苏州人都熟稔天赐庄这个地名，原因是天赐庄有两个大名鼎鼎的单位：东吴大学和博习医院。东吴大学是高等学府，旧中国时代排得着名次的综合性大学，是高中学生神往的所在。博习医院闻名大江南北，原是外国人办的教会医院，医院设施全面，医护人员素质顶尖。19世纪鸦片战争以后列强不断制造事端侵吞我国领土，势力渗透到各个领域，这是可恨可恼的，但同时也带来了先进的医疗设备和人才，一改由老式中医一统天下的局面，使病家有多种治疗方式的选择，这未始不是好事。

我真正认识天赐庄是在1952年的5月。时年父亲住在博习医院的外科病房接受抢救，我被三哥领进医院病房时已是事发一星期后的辰光了。那时我尚小，才十五岁，不过事态的严重性我还是能感知的。在病房里待了一会，母亲和哥哥们便叫我到楼下的医院大门口去透透气，病房里的气氛对我实在不利。来时只顾跟着三哥急急走路，没有理会医院所在的天赐庄究竟是一个何许样的地方，现在我坐在医院大门口的水泥台阶上，脑子很乱，父亲能否转危为安？我茫然地望着前面一块空地，空地大得很，称它为广场都可以，只是空地上没铺沥青，泥土上夹杂着不少石子瓦屑，三轮车、人力车来来往往，凡是在这里经往的人们都没有高谈阔论的习惯，只是悄悄地、默默地穿越医院大门。空地的最南端才有一排不起眼的民房民居，东吴大学究竟在何处不得而知。给我印象最深的是大门两旁的喜蛋摊，铁锅里冒着热气，三三两两的人围着摊子剥着蛋壳,我从小就知道苏州人有吃喜蛋的习惯,据说可以治好头痛病,可是我始终认为吃喜蛋是很不卫生的,很恶心。

我又被叫进了病房,看着挂水架上瓶子里的血一滴滴进入父亲的血管,我不敢哭,泪珠在眼眶里打转。母亲嘱我立即回浒关的家,安心回校读书,下星期天再来医院探望。大哥把我送出医院,一路上嘱咐了好多话,当我走出大门时,我回望了一眼医院:一座西式建筑物虽不很高,却也神气。我问大哥东吴大学在哪里,他手指东南方:"不远,半里路。"大哥送我上了一辆人力车并付清了车资,他一再叮嘱车夫把我安全地送到火车站。由于天正下雨,车夫把车门帘拉下,于是我对天赐庄的印象只留下冷清,空旷的广场及病人家属焦虑黯然的神色加上病人痛苦呻吟的煎熬,而我的父亲连呻吟也不会,他处在深度昏迷之中。没有等我第二次探望父亲便撒手人寰,从此我与天赐庄如同天地之隔,再也不愿提及天赐庄。

1987年我退休后有了空闲时间,想了却一睹苏州大学(即东吴大学)风采的夙愿。当时市内正好开通从三香路西段到苏州大学的9路公交车,我在家门口乘上9路车直往苏大而去。车过凤凰街便应是天赐庄那个地方了,我从车窗内向外扫视,想寻觅一点旧时的印痕,却一无收获。天赐庄这个地名已被取消,代之的"十梓街"路牌赫然在目,医院早已从"博习"改成第一人民医院,院门口那片广场亦早已成了民居商店,只是在南端辟出一条很深深的弄堂直通医院大门。上世纪90年代初,这条弄堂的东侧又拆除了不少建筑物,建成了一个偌大的草坪。四时鲜花点缀其间,草坪两侧是宽阔的通道,便于行人汽车出入医院,新造的门诊大楼就在草坪的最北端,病人从南面走向大楼的那一刻似乎看到了希望,感到了温馨。

怀旧是人的天性,但我并不怀念旧日的天赐庄,旧日荒乱,况且还有曾令我心碎、使我神伤的那个疤痕。现在这个曾经被叫做天赐庄的地方人流滚滚,车流如潮,一派繁荣的景象有何不好?苏州最负盛名的高等学府和最最权威的医院都还在原址,既传承了昔日的文化命脉又开拓了新的昌盛气势。

告别了,天赐庄。

笔走神仙路

我第一次轧神仙是在 1963 年的阴历四月十四，这天是星期日，又逢轧神仙的正日（按习惯可以轧三天，从四月十三到四月十五），所以轧神仙的人还是很多的。神仙庙位于西街东首的下塘街上，我家就在西街的西首，走过去五分钟就到了。神仙庙倒是宏伟的，可惜已经破旧不堪。高高的门楼下挂着几块牌子，大概是居委会办的几个小工厂在这里生产运营。我从门口放眼进去发现院子里晒着被子尿布，估计里面还有住户。香客是不能进去烧香的，只能将自带的香烛插在台阶下的砖缝里，以示对吕纯阳老祖的崇敬并希望感染一丝吕仙人的仙气，这年政治气氛不太紧张，政府不加干涉，人们还可这般糊弄糊弄大仙人。

庙门口下塘街上大约有五十米光景是很闹猛的，地摊上有盆景、竹篮、吊桶吊绳，还有倒马桶用的甩洗，最多的是无锡的惠山泥人，我粗粗一看，那品相、色彩、粗糙之极的做工，根本不是无锡货，瞒不过我这个从小看惯了惠泉山下泥人铺的无锡人。不过用来骗骗苏州本地小孩子也是不错的。我想寻觅一些苏州本地产的工艺品扇子、牙雕、骨制品，却遍寻不着，只好怅然而归，一无收获。第二年再去光顾神仙庙时正日已过，庙门前萧条冷落，香客绝迹了，十来个摆摊的人无神地望着稀稀拉拉的轧客。1965 年更是凄凉，庙门前空无一人，破"四旧"运动已经兴起，自此轧神仙的活动终止了十几年。

改革开放后轧神仙的地址转移到西中市吴趋坊巷口，即唐寅老家的门口。现在闹猛了，花鸟虫鱼工艺品、泥人娃娃皮老虎、绫罗绸缎布摊头、旧书新书小百货，一应俱全。遗憾的是万宝全书缺只角——主角神仙庙缺位了多年。

后来在上世纪90年代中期以后，金阊区区政府有意借轧神仙之名推动本区的经济发展，所以在南浩街改造结束竣工之时，一座新建的三进院落式的神仙庙终于呈现在人们眼前。它处于南浩街最繁华的中段，东依护城河，西托阊胥路，黄墙黑瓦十分气派，善男善女进庙拈香，吕洞宾仙人颠沛流离了几十年之后终于有了安身之所，而且还要接受人们的朝拜，心中当然高兴。我始终是无神论者，所以从未进入过神仙庙，但是四月十四却终归要去轧一轧：一是感受感受庙会的喜庆气氛，二是去淘淘中意的商品——这也是政府的目的，活跃经济才是举办轧神仙活动的终极目的。

我目睹了吕纯阳老仙祖的搬迁过程，从下塘街到吴趋坊，从吴趋坊到南浩街，就像现实生活中的凡人一样，生活环境越来越好，生活水平越来越高。谁也没轧到仙人，也许谁都轧到了仙人，但愿轧神仙的人们都能实现心愿：身体安康无恙，收入年年攀升，社会更加祥和。

三香庙的传说

苏州有条三香路人人皆知，从西首的狮山大桥东堍起，直到东首横跨护城河的姑胥桥（老苏州、土苏州还是习惯叫它红旗桥）西堍止，全程不算长，但名气不小。一是因为该路是改革开放后苏城第一条最漂亮的马路，路身宽阔平整，隔离带用红花绿草组成，两旁人行道上的香樟树华盖蔽天，夏日走在人行道上颇有怡然自得之感；二是三香路两侧的建筑物都是响当当的知名度很高的单位所有，开发大楼、供电局、胥城大厦、雅都大酒店、苏州海关、国贸中心（行政服务中心就设在国贸中心的楼下）、苏州建行，往西还有附二院、体育中心，知名度最响的便是苏州市人民政府。以"三香"二字命名的除三香路外，还有三香新村、三香公园、三香弄、三香桥。初闻这些带香的名字确实有些老土、老乡气、老小家子气的感觉，时间长了也就惯了。上世纪 80 年代初，这里一片土地还是属郊区管辖，称三香大队，我曾经亲睹这片热土上原先的村落菜园、小河的原生态。随着改革开放大幕的徐徐拉开才形成了目前这个状态，花了近二十年的时间。可是人们很少知道在五十年前这里还存在过一个庞大的建筑物——三香庙，地点就在现今的雅都大酒店主楼的北面直到小河为止。

三香庙的历史由来已久，建造在哪个朝代已说不清楚。诉说给我听的人是姚小弟先生，他是三香本土人，郊区某企业的负责人，绝对的三香知名人士，他的话是带权威性的，我信。三香庙是苏州城里城外屠宰卖肉的老板集资建造的，意欲为自己杀生的罪过减轻罪名，四时香火不断，连附近的农村人每逢初一月半都来求神拜佛祈求平安。据说神仙很灵，那些杀猪的、卖肉的寿命都不短。姚先生回忆自己小时候亲历的一桩有关三香庙的奇闻时还很是神往。

他十二岁那年，正是过了端午节不久的一个晚上，天气特别闷热（黄梅时节正当时），大家坐在院子里纳凉闲聊时，突然邻居走进来神秘地告诉大家三香庙的神仙显灵了：有人看见一条很大很大的白蛇正盘在大殿前的庭院里朝拜月亮呢！于是人们带着手电筒出门往北去三香庙看个究竟。姚先生的家就在如今劳动路电校之北的一个叫田多里的自然村，往北过一顶小桥便是今国贸中心，当时还是片片田野，在月光的倾泻下三香庙已赫然在目。从家出来到庙门口不需十分钟。姚先生跟着一群人蹑手蹑脚走进庙院，刚入二进便站住了，一条比碗口还粗的大白蛇正盘在二进殿前的院子里，蛇头高高昂起，正对着月亮"凝神遐想"呢！大家看得真真切切，盘成圆形的蛇身足有大竹箩那么大。于是人们轻轻退出二进，回到一进后面的院子里又等了十分钟，几个胆大的又进入二进，发现白蛇已踪影全无，于是招呼外面的人一起进来寻找，遍寻不着，连蛇洞都没有影儿。第二天便传开了神灵化作白蛇的故事，人们赶紧进香上供，屠宰行老板和肉店老板更是诚惶诚恐出资重修佛像金身，还大摆素斋，着实热闹了一阵，于是三香庙菩萨显灵的故事在城西地区路人皆知。

1958 年"大跃进"，随着政治气候变化，三香庙终于抵不住潮流的冲击被解体，被拆光，被荡平，在扫荡三香庙的过程中三香人还想一睹白蛇的风采，但那条神蛇也玲珑乖巧识时务，始终不曾露身，不知所终。

1982 年我想瞻仰建设中的彩香新村，那可是改革开放以后的苏州城第一个现代化的规模最为宏伟的新村，于是来到了三香庙的旧址。这里已是三香大队的蔬菜基地，正是春夏交替的时候，社员们在地头收摘红红的番茄，我想问他们买几斤，社员们回绝了我，因为这是生产队的集体财产，他们无权出售。后来我自己也搬进了彩香新村，蔬菜园已变成了一个庞大的建筑工地，雅都大酒店正在以极快的速度逐层逐层地加高。就在这当口，姚小弟先生望着兴建中的雅都不无感慨地告诉了我三香庙的故事及当地的一些趣闻，他告诉我的时候还念念不忘那条大白蛇月下显灵的详细经过。

白蛇是白化了的蛇，它身躯那般粗大肯定在三香庙的某个角落里，或是属于它自己的地下密室里生活了漫长的岁月，不惊人不扰人，只是在某一个闷热的晚上出来透透气时给人撞见了，过后又悄无声息地游回了自己的洞穴。它留给三香人无限美好的想象，以至于现在已经跨进21世纪还有几位中老年妇女在三香弄的小桥头每逢初一月半准时给它上香点烛，叩头朝拜，熏得三香弄8号（一个小区）的粉白围墙乌烟瘴气，而且屡禁不止，用她们的话说她们是向神灵献一点爱心，祈求一点太平。

这便是三香庙的故事。

苏州火车站的演变

苏州火车站建于 20 世纪初，1906 年正式建成，是年沪宁铁路通车，它正式开始服役。2006 年为百年纪念，苏州的大报小报专门辟出专栏介绍当时庆典的盛况，并刊出了几幅弥足珍贵的百年前拍摄的庆典照片。

火车站位于苏州城北平门外，出平门过梅邨桥（现在五十岁以下的人都不知它的原名梅邨，只管叫它平门桥），往北走一段左转弯便到。解放前我在苏州站上下车总共只有两次，第一次年龄实在太小不能记住细节，只能依辨方向在苏州城之北，因为一出车站映入眼帘的便是那高高的城墙；第二次是在 1949 年春节，彼年我快满十二岁了，是能记住一些东西的，给我印象最深的依旧是那高高的、黑黝黝的、满身斑驳疮痍的旧城墙，和在城墙脚下流淌的护城河，护城河上的平门桥以及车站通往平门桥的那条颠簸不平的煤屑路，煤屑路的两边是货场。货，就是从北方运过来的煤炭，货场并无围墙，高高的煤山、忙碌的装卸工一览无余。这种格局直到 1951 年才得以改观，因为我记得 1951 年的国庆节我再次走出火车站时，站前广场已经建成，只是稍显简陋。1956 年我再一次来苏州时面貌进一步改观，站前广场很大，用花岗石铺就的路面踏上去使我有安全踏实的感觉，广场西侧还建有一个篮球场，本来专供铁路职工打球之用，后来一些市民也带了篮球来此一显身手，等车的旅客常在四周围观，倒是一道很和谐的风景线。原来的主建筑——英国式的售票处，因入口处不宽敞，就像一个门厅，所以在紧靠它的东边已扩建了候车室。候车室宽敞明亮，粉墙上挂着四幅大规格的国画《虎丘春晓》《洞庭夏熟》《天平秋红》《灵岩冬翠》，概括了苏州四时美景，作者都是苏州市内顶尖国画高手。旅客们坐在一排排的木质长椅上静静地听候广播里的通知，什么车次在什么门排队候检，绝无争拥抢先之不雅场面。

这种场面直到"文革"兴起才被彻底搅乱。

1966年夏秋之交开始的红卫兵"串联"活动遍及全国城乡，苏州这个从来就是文质彬彬的礼仪之邦居然一夜之间变得豪气万丈。站台上挤满了全国各地到苏州"串联"的红卫兵，他们身穿没有领章的军服，臂上挂着红袖章，就算是捍卫最高领袖的红卫兵了。苏州的红卫兵看着眼热也想去全国走走（免票的），于是火车站台上一天到晚乱哄哄的没有片刻安宁。时间到了1967年夏秋之交，两派武斗升级，真枪实刀杀个你死我活，软糯的苏州人一下子变成了凶狠剽悍的武士道精神的实践者。火车站已被参与武斗的一派占领，另一派已逃之夭夭。我从无锡过来，一到车站外面就发现气氛不对，戒备森严杀气腾腾，从出口处到近平门桥形成一条狭隘的人弄堂，人弄堂两边摆着一张张长条桌，桌后站着挂着臂章、别着手枪或是拿着大刀长矛的占领者，他们神态冷峻要求每一个旅客打开自己的行李包裹任凭他们恣意翻弄检查，钱财他们倒不要，他们只要两样东西：传单和武器。派性斗争已由文斗进入武斗，各派视对立为最最凶恶的阶级敌人，来这么一手是能被理解的。我站在他们面前接受检查时突然闪过一个念头：小时候路过日本鬼子的岗哨时也是这个模样，我还被小日本没收过两个煮熟的鸡蛋。解放后十几年间看了无数的前苏联反法西斯影片，其中不少镜头和现在发生的一幕何其相似！

1976年火车站搞过一次土木工程，小修小补小扩充。1981年我自己也调到了苏州站工作，记得每逢节假日广场上必须搭建用帆布筑成的临时候车室，以应付越来越多的人流量，苏州站的客运量达到了史无前例的水平。年年在扩建，年年在改变，形成了目前这个规模。但三年以后这里又将被颠覆，真正的车站大楼将建在铁路的北面，眼下的车站大楼及广场只是景观区而已。

我目睹了苏州火车站近六十年的变迁，它从晚清到民国，到被日寇占领，又到被解放，它见证了苏城的政治风云和城市面貌的变化。在一百周年之际，我又见证了它的新命运——一座崭新的大型的花园式火车站将在数年后替代现在正在服役的老火车站。它是苏城的北大门，也是苏州人的颜面，但愿它能再历百年，不要再修修补补的了。

追忆子弹洞

　　1967 年暑假我从无锡回到苏州，未乘 1 路改乘了 2 路公交车，车到石路站（即如今石路国际商城的门口），下车步行回皋桥头下塘街的家。当我刚刚转弯走近沐泰山门口时，一幅惨不忍睹的场景把我震慑住了：沐泰山对面阊门吊桥堍的赵天禄、近水台，还有其他几家商店都已被大火烧毁，留下的仅是烧焦的残壁断垣和倒塌在焦土上的焦门和焦窗，十几个工人正在清理现场，过往的行人只是漠然一瞥，不交谈，不议论。两派武斗这是当年涉及政治立场的头等大事，多问一句话多生一点是非。我带着那股焦味回到了家中，家人对我说，三天前的夜晚两派激烈对抗，子弹声"嗖嗖"不断，吓得居民躲在闷热的屋里不敢出门纳凉，远远向西望去，熊熊大火映红了吊桥的半边天，几个小时的燃烧终于烧坍了赵天禄、近水台，家人还告诉我吊桥东堍朝南的那户居民的二楼墙面上还留下了十几个深深的子弹洞，那户人家当时的受惊程度之深是不言而喻的。

　　第二天我果真站在吊桥顶上去数子弹洞了，一共十几个，大概由于墙厚抑或枪支落后的缘故，墙壁没有被击穿，然而每个弹孔至少有一寸半进深。那户人家大门紧闭，可能搬到别处避难去了。谁知这些弹洞一留就是二十多年。大概没有打穿墙壁，故而国家不作赔偿，大概是房主气恼，所以也不肯自家出钱补没弹洞。这些弹洞存在了二十几年，二十几年间我路经吊桥时，总要瞧瞧那垛伤痕累累的西墙和那十几个凹陷的子弹洞。

后来阊门几经改造，才在上世纪 90 年代中期拆除了那所身带累累弹痕的屋子，阊门新了，吊桥新了，房屋也新了，然而历史还在，记忆还在。

弹洞由"文革"武斗而形成，武斗因"文革"而生起，至于"文革"生成的原因大家都心知肚明，政府方面也向百姓解释了不知多少次，无需我再啰唆。所以我认为弹洞应该由政府出面为居民修补，不应该让居民自己掏腰包。那户人家之所以让弹洞在自家墙上留了二十几年，无非是一种无声的抗议。

素雅古朴的苏式水乡服装

　　近六十年来中国人的服饰发生了天翻地覆的变化，从长袍马褂、箭衣长衫，到列宁装、人民装、中山装，再到现在的西装、夹克衫。女式服装更是花样百出，从旗袍到短打，到列宁装、人民装，再到保持了几十年不变的两用衫——春秋两季共用的外穿服。改革开放后两用衫逐渐淡出历史舞台，夹克衫、欧式职业服、东洋高子衫，再到如今的露背露胸装、吊带衫，使人眼花缭乱，数不胜数。唯有苏州农村妇女的服饰变化极小，改革开放前她们上城时总是一律的包头布，一律的青花小袄，一律的系腰围身，城里人对她们的装束是不屑一顾的：土气、古板、落后。

　　后来情况发生了变化，他们的儿子女儿进城读书了，进城打工了，进城做老板了，儿女不时换下来的时装扔给了老爸老妈，这些老人一生节约惯了，把儿女的衣服都套到了自己的身上。老头解下了作裙穿上了西装、夹克，脚上却还是一双解放军球鞋；老太羊毛衫、紧身衣，脚上一双圆口布鞋，他们中西合璧，土洋结合，倒也别有景致。改革开放向纵深发展，古镇游渐渐升温，他们原先的水乡服反倒成了时髦新鲜的玩意儿，博物馆展览，广场上展示，T形台上亮相，流行得不能再流行。我在市附一院的门诊大厅里，经常会看见穿着水乡服的老太太在静静地候诊，她们也会轻轻地问我一些有关挂号、就诊、检查一类的问题，她们为人谦和，处世谨慎。老年妇女包头布束围身的装束引起了周围候诊年轻朋友的兴趣，围着问长问短，恨不能立时买到一身与他们一模一样的水乡服装。

存在是真理，水乡服也是这个道理。水乡服装主要流行地区是苏州东部的甪直、斜塘、车坊一带，那里河道密布，湖泊星罗，妇女们是要下地劳作、下水捕鱼的，包头布（后来演变成了包头毛巾）可以挡住田间寒风、水面湿气的侵袭，一条围身系紧身腰可以防止体温的散发。现在苏州的水乡服装既可作为演出服，又可在现实的日常生活中发挥它的护身作用。如果你想买，山塘街上就有出售这种古典素雅的、经过改良的水乡服装。

物以稀为贵，如果一个年轻女子穿一套新式的苏州水乡服行走在上海的淮海中路，她的回头率肯定不低。

面对面的较量
——小议朱鸿兴、近水台、观振兴面业三巨头

　　苏州的汤面是出了名的，尤其是人民路上的朱鸿兴、石路近水台、观前街的观振兴，它们是面馆的金字招牌，各有各的客源优势。

　　前几十年我不喜欢吃面，源于幼时遇到的一件使我很难堪的"吃面事件"。我在端初小学读书时期，一天早上背着书包上学时，跟着父亲到端初小学隔壁的那家很有知名度的面馆里吃鱼肉双浇面。我胃量太小，加上一块大肉、一块大熏鱼，这碗面我实在吃不下，剩下了大半碗，两个乞丐窜入店内"侍候"在我两旁。父亲点头示意让他们将剩面倒进自己的破缸，他们千恩万谢出门去了。父亲付钱，我目送乞丐出门的那一刻，瞥见正在店门口柜上买馒头的级任老师正在注视着我，店堂里的一幕他看得一清二楚。在当天的展会课上，他指名道姓地批评了我一通，说我小小年纪就已经学会浪费钱财，张扬奢侈。我委曲极了，很长一段时间抬不起头来，对吃面事件的厌恶感久久不能排除。

　　上世纪90年代中期朱鸿兴在观前北局开出了第一家连锁店，全家人，包括我那已出世两年的孙女儿斐斐在内，挤进了店堂，斐斐和他的祖父一样酷爱汤面，我和她守着已经觅得的座位，先生、儿子、儿媳三人在窗口排队领面，足足等了二十分钟才领回自己的五大碗面。味道确实不错，这是我生平第一次尝吃朱鸿兴的面，就是陆文夫的长篇小说《美食家》中提到的那碗面。虽然不是头汤面，味道还是不错。后来朱鸿兴的连锁店越开越多，人们的反应却越来越坏，最近上海的

大哥大嫂来到苏州，我特意领着他们去了住家附近的烽火路上的朱鸿兴连锁店，令人扫兴的是味道与北局第一家连锁店的大不一样，平平而已。

进近水台吃面还是在"文革"前几年，那时经济开始复苏，又未完全复苏，历经几年油水枯竭的肠胃一旦遭遇近水台这家名店面的滋润，其感受无法用语言来表明，只能说声"好极了"！后来近水台因武斗而毁于一场大火，便搬到了如今阊胥路太平洋商厦西侧，开头尚能揽到许多食客，后来味道渐变，也要自己排队领面，自己端回食桌，而且少了当年的独特风味。再后来石路地区改造，近水台不知所终，它的连锁店却遍城开花，我天天要去买菜的彩香农贸市场就有一家近水台连锁店，老面客说味道怎能和老近水台比。

观振兴位于观前街中段的玄妙观附近，我印象中它是一家拥有三开间门面的坐北朝南的面店。它的招牌面是阳春面（又叫光面），这在繁华的观前街上是一道独特的风景线。五十几年前和沈如英在观前街逛累了，她建议我们去观振兴吃光面，权当午饭。沈是齐门外陆慕人，她和家人上城时总是到观振兴去解决饥饿危机的，她还说："所有陆慕人上苏州城只到观振兴不到其他店，因为光面便宜，而且味道不错，价廉物美的东西哪个不爱？"那次吃面的感觉非常良好，服务员热情周到，响亮的叫堂声响彻店堂，悠扬绵长，听了舒服。虽是光面，青蒜、汤汁绝不含糊，吃完了还有块热气腾腾的白色小毛巾递到我们手中，擦擦嘴，揩揩手，绝不因为我俩是黄毛小丫而降低待客档次。后来我在1981年调回苏州后，却发现观振兴的店面已开到对街去了，是否我的记忆有误？后来观前街再一次彻底改造，观振兴已不复存在，有人说曾在冷僻处瞥见一家观振兴连锁店的身影。

现今你付两万元就可获得开连锁店的权利，顶着老招牌的名，行赚钞票的实。早先三家面业巨头为了留住客源必须使出浑身解数，在质量、风味、服务水平上大做文章，它们都在不断完善，不断改进，形成了三足鼎立的局面。如今呢，连锁店遍城皆是，老食客死的死，老的老，新食客——其中有一部分来自异地外省的新苏州人，又没吃过这些老店的招牌名面，糊弄糊弄照样生意兴隆。

依我之见还是面对面的较量好，钱对钱的较量是短期利益，连锁店的开开关关足以说明这一点。唉，在面业发展的同时，对眼下流行的连锁店经营模式能否动一动手术刀？

驿站记事篇

文\韩琼

难忘的"三割"和"两蒸"

上世纪五六十年代交替之际,中国大地经历了一场灾难,人们先称之为"三年自然灾害时期",后改称为"三年困难时期",城乡人民特别是农民口粮奇缺,人吃不饱,猪也吃不饱,生猪产量锐减,市场猪肉供应少得可怜,吃肉成为"奢侈"。于是什么人造肉精、小球藻,用酒糟糖渣做的"营养"饼等一类创造发明先后问世,可惜这些玩意既不能填饱肚子,更无法增添什么有价值的营养。于是又有些人想出了"生猪三割"和"两次蒸饭"的奇招。

所谓"三割",就是割生猪的耳朵、尾巴和甲状腺,据说"三割"可以使生猪催肥助长;所谓"两蒸",是先把大米炒干,然后入锅蒸煮,使饭粒饱吸水分,犹如爆米花那样变得体大量多,让人产生"饱"的感觉。尽管许多人不相信,认为荒唐可笑,但在当时那种非常时期,为了缓解饥荒,相关部门宁信其有效,不信其无用,正儿八经地自上而下布置推行,其结果是不难想象的,毋庸赘述!

斯时,几乎没有农民私人养猪,一是没饲料粮,二是私人养猪被称为"资本主义尾巴",是不允许的。因而都是生产队集体养饲,推行"三割"的结果,使猪罗大倒其霉。试想这些畜生饲料吃得少,还要受此皮肉痛楚,怎么够再长肉长膘呢?!不少猪子还由此感染病死,最后只能以失败告终,受损的归根结底又是老农民!至于那个"两次蒸饭"法,明明是画饼充饥,根本不能解决饥饿问题,相反破坏粮食营养成分,不久也被迫作罢。

改革开放以来，农村实行包产到户，粮食、猪肉供应充足，想想当年这些可笑可叹之事，一定不会重演。但作为亲历其事的老人，每当想起当年这一幕，总觉得哭笑不得，难以释怀。

双季稻兴衰记

　　说起双季稻，现在二三十岁的年轻人已不知其为何物，可是对中老年人和去农村插过队的老"知青"来说，印象深刻，记忆犹新。那是上世纪 60 年代中期，为了增加水稻产量，苏南一带不顾地理气温条件，推行南方地区的种植经验，改革耕种制度，由原来一年种稻麦两熟，改为一年种一茬麦子、两茬稻子，名曰三熟制。两茬稻子分为前季稻和后季稻，这便是双季稻的由来。当时，主观想法是提高土地利用率，增加复种指数，以期提高粮食单位面积产量和增加粮食总产量。前季稻一般在三月上旬落谷育秧，当时还是春寒料峭，地温很低，为了提早催芽，防范霜害，秧田普遍使用薄膜覆盖，只在中午阳光强烈时通风采光。到四月五日左右，必须进行大田移栽（俗称之莳秧）。大约在七月二十三四日进行收割，一边上场脱粒计产，一边立即灌水翻耕土地、施肥，抢种后季稻，因为时间紧、任务重、劳动强度高，所以号称"双抢"。后季稻必须在八月十日前移栽结束，如果种晚了遇到低气温，会有只长株不结实的风险，大约十月二十日左右收割。由于小麦成熟期长，一般要到六月初才能收割，但前季稻四月上旬必须移栽，茬口上存在时间矛盾，所以不得不大面积改种大麦，尽管大麦的产量和收购价均低于小麦。

　　双季稻的绝对产量，一般比当时种的单季粳稻亩产高一两百斤，但如果把大麦产量比小麦低的因素扣除，实际上，三熟制比两熟制增产的粮食极为有限。当时很多生产队长和社员思想不通，不肯改种双季稻。他们心中有几笔账：一是双季稻虽然产量比单季稻高一些，但种子、化肥、农药、水费、机耕费和劳力都增加一倍，生产成本大大提高，而双季稻米质差，营养成分不如单季稻大米，国家收购价每斤比单季稻低几分，增减相抵，农民劳而无获，得不偿失，损害了他们的切身利益。二是为了推行三熟制，不种小麦种大麦，又减少了社员的收入。三是前季稻莳秧时，寒气未消，水田烂泥冰冷刺骨，群众叫苦连天。笔者在"五七干校"时，曾亲身感受体会到这种难忘的滋味，四月初赤脚下水田，冻得周身瑟瑟发抖。其时缺医少药，更缺医疗知识，妇女长时间下身接触稻田里极其肮脏的臭水，哪有不得妇女病的。而等到抢收抢种时，正是一年里气温最高的时候，烈日炎炎，酷热难熬，不管是割稻、挑稻、脱粒、运肥、翻耕和插秧，无不汗流浃背，十分艰苦。那些全力推行双季稻的决策者，虽然有时也到田头走走，装模作样，但背着人后也喊吃不消！中国有个大人物在表彰农民时说："中国农民就是不怕多脱几层皮！"有些领导只知向农民压任务，根本不懂体恤民情。当时机关干部下乡"支农"，个把星期下来，都叫苦不迭。四是由于生产成本高，双季稻谷和大麦收购价相对较低，双季稻草短而少，两季都不如单季稻草多，社员烧柴紧缺，不少社员被迫拿粮食到城里与居民换煤球，或购买居民的煤球票，群众辛苦劳作了一年，盼到年底分红，往往除拿回口粮外，分不到多少钱，有的社员甚至还要倒欠，普遍反映说："做得忙煞，吃得苦煞，算算账气煞！"确实怨声载道。

此外，搞了三熟制后，土地得不到翻晒休闲，大量使用化肥，又使土地耕作层变浅，土壤板结，土质恶化，结果势必影响到农作物的收成。

也许有人不禁要问，既然基层干部和广大社员普遍不赞成种双季稻，为什么又能在十年多长的时间里，苏州农村地区几乎百分之百播种呢？这不能不归罪于"左"的恶风和长期形成的瞎指挥坏习惯，在当时形势下，为了所谓增产，官员根本不顾群众切身利益，推不动，就加压，强调双季稻是革命稻，是政治任务，种不种双季稻是对大家的一种考验，说穿了，没有别的法子，用大帽子压基层干部群众，试想，高压之下，谁敢不遵，还有谁敢出来抵制呢？！就这样，尽管上下都知道广大社员不愿种双季稻，也明知种双季稻得不偿失，弊大于利，有损广大农民的切身利益，但还是硬着头皮坚持搞下去，让农民在粮紧柴缺身疲的情况下忍受了很长一段时间。城里人虽然体会不到种双季稻的辛劳和苦楚，但也不得不吃了多年的双季稻米。直到农村改革后实行包产到户，农民有了生产自主权，很快恢复了两熟制，农民不再过粮紧柴缺的苦日子，城里人也托福重新吃上又香又糯的大米。双季稻终于被农民终结为历史！

中国自古以农立国，老百姓主要靠吃粮食为生。面对黄土背朝天的农民，当然是最懂种田的行家里手，他们祖祖辈辈靠种田吃饭，生于斯，长于斯，对哪块田土适宜种什么庄稼，什么时候应当收割，可以说了如指掌，心中有数。一家生活所系，岂肯马虎。可是在相当长的时期内，农村种什么，哪天种，一亩田种多少穴多少棵，哪天施肥，施多少斤，哪天收割等等，一切都靠行政命令指挥，农民只有俯首听命的资格，这种不管后果好坏，严重违背群众意愿，剥夺农民自主权，损害其切身利益，轻率伤害农民的错误做法，不碰壁失败，那才怪呢？！

光阴如箭，双季稻由兴盛到衰亡已经过去几十年，农民以自己的行动，早已给双季稻的功过是非给了结论。虽说如此，广大朴实善良的农民付出了很大的代价。事物总是复杂的，农民的看法和管农民的人的看法，往往大相径庭，时至今日，还有一些人说当时有此需要，不能说全错云云，因为事过境迁，大家谁也不愿去深议。不过，这种事关广大农民利益的大事，不是无关紧要的小事，也并非与政治无关。笔者认为应本着实事求是的精神去追忆每段历史问题，平心静气去反思，明辨是非得失，从中记取教训，纵有可能产生某些人说的"负面影响"，也是需要的，不可怕的。

也说昆山今昔

说起昆山,现今可说是大名鼎鼎。作家杨守松早年写的《昆山之路》就是昆山改革开放的实地写照,而且在国内外产生了巨大的影响。报载该市截止 2005 年底,共有五十五个国家和地区的四千二百多家三资企业在这里生根开花结果,经过二十多年的拼搏,由一个以传统农业为主的小县,一跃而成为以外向型经济为主体的新型城市。在 2006 年初公布的"中国经济最发达"十强县(市)中,名列榜首。而水乡小镇周庄率先开展的旅游,又引得全国各地乃至许多外国旅游者纷至沓来,盛况空前,据说仅 2006 年"五一"黄金周期间,每日平均接待游客超过一万多人,平时也长盛不衰,以每位休闲消费一百元(包括门票)计算,确是一笔可观的收入。近年又带动邻近的古镇锦溪、千灯两地旅游的蓬勃兴起,这在苏州所辖各县(市)中,是名不虚传的领头羊,昆山市三十一万农民能享受政府支持的社保福利,想来与上述改革开放所创造的经济条件是密不可分的。

古今昆山,地灵人杰,风物清嘉,许多人文景观具有独特的优势。阳澄湖大闸蟹是久负盛名的,每年秋风乍起,菊花绽放之际,上海等大城市总有大批食客蜂拥而至,争相光顾,大快朵颐,而远在港澳等地的同胞,也无不翘首期盼。近几年听说还出口远销日本东京、大阪等市场。奥灶面名扬江南,价廉物美的正仪青团子清香甜糯,是名副其实的大众化食品。再如在名胜方面,昆山也有特色。马鞍山坐落在沪宁铁路和312国道边,虽无奇峰危崴,但娇小清幽,易于攀登,在上海市周围各县（市）中，不失为可登临远眺自然风光的佳处，而该山古产的昆石和原生长在正仪顾家花园的名种并蒂莲，以及被人们誉为百戏之祖的世界文化遗产昆剧，堪称昆山三绝。不过，依我看来，最值得昆山人引以为荣的是历史上出过的几位文化名人，他们虽未做高官显爵，但其道德文章，却名传后世，备受百姓尊崇，这绝非能用物质金钱价值可以度衡的。明人归有光一生绝大部分时间在家乡开馆授业，从事教育工作，著作颇丰，所遗《震川文集》达四十卷之巨，是明代的文学大家，《项脊轩志》《浮图山记》《沧浪亭记》等文章都是人们所熟读的古文。朱柏庐的治家格言《朱子家训》，体现了儒家学说中的修身齐家的具体规范，尽管由于时代、阶级的局限，但其主要内容还是有积极意义的。至于那位坚持民族气节，具有高尚爱国情操的顾炎武，他的"天下兴亡、匹夫有责"的铮铮警言，真是掷地有声，几百年来，不知激励了多少仁人志士献身国家民族，前赴后继，可以说，凡是识字的人，或深或浅皆受其熏陶，萌生或强化了爱国观念和社会责任感。老先生这句名言，与他的先辈苏州同乡范仲淹的"先忧后乐"名句，同样会流传千古，在人类思想文化历史发展上，永远放射出灿烂的光辉！

"江山代有才人出，各领风骚数百年"，在昆山现代人中，也不乏佼佼者。神舟六号上天，出生在巴城湖畔的农家子弟费俊龙成为航天英雄，国人皆引以为豪，当然也为其故乡增光添彩。旅居美国的电子专家王安，身居异乡，白手创业，凭着自己的坚强意志和智慧，取得惊人的业绩，使山姆大叔也刮目相看，表示钦佩。又如当代中年书法家陆家衡，十几岁时插队务农，自学书法，劳作之余，墨池驰骋，陋室孤灯，锲而不舍，不断进取，时今他在书法艺术领域里已获很高造诣，他的书风严谨厚重，所写隶书，古朴凝练，富含气韵，行草苍劲洒脱，端庄清秀，笔笔力道令人赏心悦目，爱不忍释，在全国中青年书法大赛中，曾拔头筹，得到广大书法爱好者的普遍好评。还有一位昆山人俞明先生，此公虽由教育界从政，官至苏州市人大常委会副主任，但并未改变其学者气质，生性正直，淡泊名利，对文学一往情深，离休之后，潜心创作，陆续写了《姑苏烟水录》《尚书第旧梦》《评弹人家》等，佳作问世，在市一级领导人员中，大概是绝无仅有第一人。我特别喜欢拜读他的散文，论人说事，宛如娓娓谈心，细腻、生动，文笔流畅自然，隽永透彻，引人入胜，虽然笔底似无风雷激荡，但在叙述一些平凡的世间人事中，常常可见作者个人的独到的见解和寓含一定的人生哲理，阅后不仅得到精神享受，而且有时感同身受，从中获得有益的感悟！俞公已年临耄耋，近年笔耕不辍，还不时鼓励和指导别人写作，这种热情提掖后进的精神，令人肃然起敬。他虽不是专业作家，也不喜欢张扬，但在苏州这块常被人称"人文荟萃，作家辈出"的大地上，比之某些被冠以"大家"的作者，我看至少可以说毫不逊色！

人老了，阅历渐深，看人看事可能会想得多些深些。在赞美昆山古今辉煌的同时，自然也会想到它的另一面，在那些少为人知或已为人忘的旧事中，有些是终生难忘的，也是不应当淡忘的。上世纪50年代中期起，国家对关系国民生计安危的粮食问题，实行了严格的统购统销政策，当时苏州地区八个县，每年的征购粮食达十八亿斤，其中十二亿斤就近调给苏州、无锡两市，以确保城市供应，另外六亿斤由省里统一调度外省市。而昆山在地区八县中，属田多人少县，因此任务顶重，在长达二十多年的时间里，平均每年向国家上交征购粮食三亿斤上下（期间作过调整），无论上交总量和农户人口平均量，都排在第一位。当然，在当时历史条件下，对粮棉油等有关国计民生的活命资料实行统购统销，是完全必要的，特别是完成征购粮食任务，对保证城市人民口粮和市场上的基本需求，稳定全国政局，起到极其重要的作用。但在此历史阶段，广大农民承受的任务是繁重的，他们的确作出了巨大的牺牲，特别是由于有些人指导思想上急于求成，人为的搞起"大跃进"浪潮，浮夸成风，对粮食产量竞相高估虚报，严重失实。高估产量引出了粮食高征购，结果受害最大的是农民，因为虚假的产量带来了实实在在的超额征购，严重挤走了农民赖以生存的口粮和种田养猪不可缺少的饲料粮，导致农村许多地方口粮不足，发生饥荒，农民中普遍发生青紫病、消瘦病、肝炎等疾病，陆续出现群众非正常死亡，其中昆山巴城公社最为突出。后来，上面发现问题严重，急急忙忙派出工作组下去做工作，紧急调粮食救荒，总算制止了灾难的进一步发展，但已经造成了许多本来不应当发生的悲剧。为了平息民愤，当时有些公社和大队干部被逮捕入狱，判处重刑。后来，大概觉得问题虽出在基层，根子却在上头，片面责难基层干部，拿他们作替罪羊，显然有悖情理，也难以服众，不得不将判刑的干部提前释放，但有些人也已因此家破人亡。类似事情，当时并非仅仅巴城一地，但因为巴城暴露矛盾早，问题也较严重，所以全地区出名，史称"巴城事件"。

随着岁月的消逝，四十多年过去了，许多当事人、知情人陆续离开人世，有些人虽还健在，相信也不会忘记，但出于各种原因，大多不愿旧事重议，更遑论有人勇敢地站出来承认错误、承担责任了。笔者当时未身历其境，但有缘于1966年夏被指派到巴城公社蹲点三个多月，尽管已时隔五年多，但依稀可以看到劫后的些许遗疤，在与当地干群的日常接触中，听到他们在有意无意中叙述那场灾祸的情景和无奈的叹息，心灵仍感到巨大的震撼。

由此联想到改革开放以来，粮食供求趋于正常，长期困扰政府和百姓的"粮食问题"，已经成为历史，这当然是令人高兴的。但随着经济的发展，耕地大量征作他用，报载我国每年用于建厂建路造屋的土地有五十多万亩，相当于一个县的耕地面积，而土地是不可再生的资源，我国人口已超过十三亿，今后的粮食消费，只会有增无减。现实是严酷的，容不得丝毫马虎，报纸消息说现在世界上不少地区闹粮荒，中国人口多，世界上没有哪个国家能养得起这么多人，如果把解决粮食问题寄托在进口上，显然是有风险的，靠不住的。所以，不怕别人说我"刮冷风"，或说我翻"老皇历"，杞人忧天，多此一举，敝人还是要大声疾呼，居安思危，未雨绸缪，在看到好势头时，多想一些可能出现的"隐忧"，尽最大努力严格控制和节约一切资源，特别是土地资源。

百姓沧桑篇

文＼王铭和　王维忆

"送礼"旧闻

"岁岁重阳，今又重阳"，年年国庆，今又国庆。而今国泰民安，老百姓安居乐业。在此国庆佳节里，人人沉浸在欢乐之中。大街小巷走亲访友，个个手中大包小扎，什么保健品、水果、糕点，还有各地土特产等等，真个是琳琅满目，美不胜收。送礼已是苏州人在每个节日里不可或缺的"保留节目"。

"礼"者，辞海的释义中有一项是指礼品、礼物。中国有句成语，叫礼顺人情。就是指人们的人情往来，是合乎情理之事，也是必须遵循之原则。所以，送礼，送的是物，承载的是情。苏州人最讲究的是细腻。你看那昆曲、评弹、园林、刺绣等等，无不如是。所以，在送礼上也体现了苏州人的特色：细腻、讲究。现在就来谈谈老苏州人是怎样送礼的。

常说道：礼尚往来。还有一说：来而不往非礼也。那么，送礼在哪些时间，在哪些人之间进行的呢？一种是至亲好友，在逢年过节时要送；谁家有弄璋（指养佝子）、弄瓦（指养囡五）之喜时，要给产妇娘送；谁家有病人痊愈要给痊愈者送；谁家给人介绍职业的，也就是对给你找饭碗的恩人要送；谁到单位去工作，要给在进单位时为你做保人的人定时不断地送；还有，帮你解决一些问题的人，比如帮你找到房子租赁的，帮你请人打赢官司的，诸如此类。可能有人看了，会有疑惑。要知道，在旧社会里，既无人事局，也无劳动局，要寻饭碗头都要依靠亲朋好友介绍的。还有，在进一个单位时，一定要寻一个社会上有一定地位，或是同行业里的头面人物，再或是家道殷实，有一定声望的人作保人。因为，万一遇到你在此单位里发生如卷款潜逃，经济上出重大差错等问题时，保人就要承担全部责任。被保人向保人送礼，是天经地义理所当然的。再有，协办婚丧喜事的账房先生也要送礼的。因为办婚事要收贺仪，办丧事要收奠仪。当事人家一定要请一位精通财务的账房先生，坐镇收礼、登记、开销脚钱，最后结算后，将账册金额算清交与当事人，一天下来是很辛苦的，所以亦要送礼的。

旧时送的礼物是什么呢？那时的物质可没有现时这么的丰富，送的东西在现在看来价值不是太高，不可能像现在这样的动辄上百，甚至成千。一般都是两色（就是两样），至多四色。这也符合当时社会经济水平的。

一色是送皮蛋，这是老苏州人送礼时不可或缺的。三十只一蒲包，上面放一张红纸，草绳一扎就可送人了。但这个收受皮蛋的人家一般自己是不吃的，用来转送。因为皮蛋不容易变质，储存期较长。曾经有人在一张红纸上做了个记认，结果该包皮蛋兜了个圈子，"完璧归赵"，又回到了他手里。另一色一般都是自制菜肴。病愈者送猪腰汤，里面要放扁尖、火腿，文火煮烂，其味鲜美，营养丰富。至多再增加一纸包"叶受和"精制的猪肉松。这份礼在当时来说已算是很体面的了。产妇娘送白笃猪脚爪或白笃蹄膀，特别是猪脚爪里面富含胶原蛋白，是催奶的佳肴。这里面就不能加火腿和扁尖，火工要到家，汤水要浓稠。小小一道菜还是很讲究的。也有少数送老母鸡煨汤。对媒人送礼则要适当重一点，除皮蛋以外，蹄膀是少不了的主角，苏州人不是有一说，媒人做成功要吃十八只蹄膀么，当然不会是真的十八只。这里的蹄膀是要红烧的。另外要"元大昌"的四瓶陈年花雕，有时还会配上"生春阳"的熟火腿一包，一定要南腿的，苏州人叫"桥南"和"牌南"，就是用火腿的片搭成一座桥，或将火腿切成骨牌状。现在观前街上的"生春阳"不知还在否？至于送保人和职业介绍人，这份礼要比较重了，四色是不可缺的。皮蛋一包，陈年花雕四瓶，蒋腿（金华蒋家的火腿是独占鳌头的）一脚，为体现人情，要自己烧只红烧"四喜肉"或红烧"狮子头"。这份礼可算是比较宽气了，也就是说是上得了台面的。亲朋好友日常的礼尚往来，往往是逢年过节烧点菜，比较精致的有：虾饼子（虾仁捣烂后加鸡蛋入油锅炸之）、茭白骡子肉（纯精猪肉切成小方块与茭白在炭吉炉上文火烧之透酥，其味无穷），还有如冬天送虾仁白菜烂糊、母油八宝鸭，过年则送自己蒸制的糕团。亲友之间受礼者必须还礼，这是一个潜规则。送协办婚丧喜事的账房的礼品与上述的介绍人之类大同小异，但可以多少由之，比较随意。

将礼物送至受礼者处的人，家有佣人的，则由女佣担任，没有的就请梳头娘姨。受礼者对女佣或梳头娘姨都要开销一定的脚钱，大致是礼物所值价格的十分之一。

老苏州人还有一种送礼是比较特殊的，就是受礼的对象是外地，主要是上海的富贵亲戚，他们到苏州来或苏州人到上海的亲戚人家去，所送的礼主要是苏州土特产，有采芝斋的苏式糖果，小包扎成大包成金字塔形，其中的糖果都是价格很昂贵的，大部分含有松子的，有轻松糖、重松糖、条松糖等。当然送礼者的人家也是比较殷实的，小户人家是送不起的。

上面所讲的老苏州人的送礼，大部分都有自制家庭菜肴，除了体现人情以外，主要是当时的经济条件，大多数人家能有温饱已属不易，加上送礼的额外支出，很多人家捉襟见肘，因此，精打细算是完全可以理解的。

评弹老票友的口述

当今红遍海内外的江南佳丽盛小云在她《云彩中来》小文中说:"灿烂的吴地文化孕育了秀美精微的园林、苏绣,孪生出了委婉雅致的苏州评弹。"

本文,是一个苏州评弹"老票友"口述一个甲子内丰富多彩的故事,准确地说,评弹票友应该是弹词票友。正由于新中国成立后将评话与弹词合为一词,从此约定俗成,沿袭至今。

"老票友",书香门第,小康人家,自幼略显颖慧,禀性执着守恒。在得天独厚的客观条件下,得与评弹结下不解之缘。经数十年之淬炼,成为苏州较少见的"老票友",是否言过其实,且看以下事实。

六七龄　书场进

乍看,这有啥稀奇?苏州小孩跟大人进书场多的是,十有八九是去吃脆梅、油炸花生的,解馋罢了。"老票友"却与众不同,兄弟姐妹四人,排行最小。其父对他比较宠爱,上书场听书,总归带着"小老拖"。六七岁的小不点儿,像模像样的跨进书场,吃点零食是免不了的。可贵的是他听起书来专注,一眼不眨,一改平时顽皮淘气的习性。可能是先天的基因,对评弹具有特殊的感情。那时每逢年底,各书场纷纷推出"会书",还有粉墨登场的"书戏"。"老票友"与其老爸,如影随形,一步不离,到书场里欣赏那名家云集、精彩纷呈的书艺，直乐得心花怒放。这样，日积月累，耳濡目染，长大了不成为票友，才是怪事。

诸名家　遂一听

评弹名家有大有小，当红时间有先有后。"老票友"幼时随父听书，十五岁进了银行，下午三点钟下班，有的是时间，足迹遍布城内的各书场，诸如吴苑、德仙楼、春和楼、九如、四海楼、茂苑、国泰等处。照现代人说法，是地道的评弹"粉丝"。

苏州是评弹的发源地。各路名家隔三岔五要回"娘家"说书，向乡亲老听客汇报。此去彼来，络绎不绝，乐煞了"老票友"，大饱耳福。要说究竟听过多少位说书先生，从未做过统计。粗粗排个名单，可见其一斑。其中男单档有魏钰卿、杨筱亭、张云亭、汪云峰、黄兆麟、许继祥、杨莲青、夏荷生、徐云志、严雪亭、邢瑞亭、杨仁麟、李仲康、周玉泉、蒋月泉、魏含英、姚荫梅、姚声江、顾宏伯、唐耿良、吴子安、吴君玉、张鸿声、金声伯、潘伯英等等；男双档有杨月槎、杨星槎，蒋宾初、王畹香、陈莲卿、祁莲芳，蒋如庭、朱介生，朱耀祥、赵稼秋，沈俭安、薛筱卿，陈瑞麟、陈云麟，周云瑞、陈希安，侯九霞、沈惠人，华士亭、华佩亭，刘天韵、谢毓菁，汤乃安、吕逸安，谢汉庭、庞学庭等等；男三档有杨斌奎、杨振雄、杨振言，张鉴邦、张鉴（庭）定、张鉴国；女单档有范雪君、黄静芬、徐雪月、钱丽仙、余红仙、贾彩云、蒋月仙等等；女双档有醉霓裳、醉宜仙，侯莉君、侯小莉，魏含玉、侯小莉；女三档有王兰香、王再香、王月香；男女档有朱雪琴、郭彬卿，邢晏春、邢晏芝，张如君、刘韵若，周希明、沈世华，吴迪君、赵丽芳，饶一尘、石文磊，赵开生、郑缨，后期的徐云志、王鹰，周玉泉、薛君亚、蒋月泉、朱慧珍……林林总总，密集如云，尚有若干遗漏。试问，聆听过如此众多评弹艺人演出的"老票友"，苏州能寻出几个来？就算评弹研究专家、江浙沪两省一市评弹小组组长周良先生，也未必会听过这许多。据了解，周先生是老干部，新中国成立后才到苏州文化局的。

为学艺　入师门

听再多的书，只能是书迷，当票友要能弹会唱。"老票友"听得如痴似醉，发誓要当票友，要求学艺入门。好在其老爸宠爱有加，决定如愿以偿。凑巧麻将桌上的汤侪华先生是名家沈俭安高足汤乃安的老爸，两个老爸一合计，汤师就走进了"老票友"家门。当时"老票友"才十二岁，汤师来时特地带来了小型练习琵琶一把，从薛调"上把"简单过门开始启蒙，直到教会弹"三六"为止。"老票友"为练轮指，用铅笔匣子，系上橡皮筋，五指并用，随时练习。功夫不负有心人，时不多久，居然已学成满师。因为票友只是玩玩，要求并不太高。想不到的是从小学评弹，其烙印之深，非比寻常。十年过后，"老票友"参加革命，到苏州人民银行报到，身穿毛料长袍，足登纹皮皮鞋，加上眉还清，目尚秀，小波浪形头发，活脱脱一个说书先生。刚进会计课办公室，有两位女同事，一见就吃吃笑个不停。后来彼此熟悉了，她们主动"揭秘"。说那天她俩肚皮里转念头："奈末好哉，银行里来仔说书先生哉！""揭秘"时还笑得前仰后合，直喊肚皮痛。两位女同事，一位早已谢世；一位现年八十四五岁，定居美国，大儿子是美国终生教授。她两年要回国一次，主要是苏州尚有两个女儿。与此同时，总要来看看这位"说书先生"老阿弟，友谊长青，难能可贵。本文题外之事，从略不赘。

机缘巧合，"老票友"弹琵琶从弹词入了门，有条件参加了苏州吴平国乐团。团体虽属民间，但历史久，水平高，"老票友"参与其间，弹奏技艺颇有长进。一般地说，达到了当时的独奏水平。从此，"老票友"又兼任了民族乐团唯一的琵琶手，这为"老票友"又添了一些底气。

时过境迁。新中国成立后，汤师进了文联所属的评弹研究室，"老票友"则成了一名机关干部。两人办公地点很近，不时相晤。汤师因当时教的是爱好评弹的顽童，不能算作受业门生，而当了干部的"老票友"，见了汤叔叔也赧于启齿，于是双方只是微笑额首，以示友好。虽有礼貌，终欠热忱。这是后话，一言表过。

初生犊　客串频

"老票友"学了琵琶，自学三弦，小菜一碟。因为年少气盛，有急于表现之欲望，总想把学会的弹唱到外面去露一手。当然，机会有的是。其老爸三朋四友，张三做生日，李四庆寿诞，乘此机会推荐"小犬"去寿堂唱曲客串演出。此寿堂，非秦香莲唱给王延龄丞相听的寿堂，听众乃各位祝寿赴宴的嘉宾。时或一首《上寿》，时或一曲《九子廿孙》这类开篇的内容，一片吉祥如意，无非是图吉利、讨口彩。唱罢，寿翁、寿婆笑口频开，老爸脸上飞金，"老票友"实际是小家伙沾沾自喜。唱得如何？字还算正，腔也算圆，没有走调，尚堪入耳。其实是初生牛犊不怕虎，唱砸了也不怕出洋相。从此这位"清客"（非专业演员）倒经常受到邀请，唱的是"老二篇"，轻车熟路，深以为乐。

机会，总是给肯下功夫的人。下面要叙述天赐良机的过程。那时评弹艺人主要奔波于书场和电台之间，业内称为"赶场子"。是时的苏州无线电台均系私人经办，最多时达十家。其中久大、苏州、百灵三家最具知名度。久大电台地址在北局国货商场（今人民商场）四楼。每天播出若干档评弹节目，听众颇不乏人。那"老票友"这个时候在干些啥？他和其兄各自在一家商业银行当职员，其兄有位女同事项小姐与久大台播音员（此时尚无节目主持人之称）张小姐是要好同学，而项小姐也认识"老票友"，并且晓得"老票友"喜欢抛头露面客串演出，唱唱开篇还是有点小花头的。某日，久大台发生了件尴尬的事，原来是有位响档先生临时不能准点上电台播出。张小姐急中生智向项小姐发出求援信号，项小姐匆忙把"老票友"拉去应急，千叮万嘱要"老票友"自带乐器，提前若干时间赶到电台，以票友身份客串。"老票友"虽然一向跃跃欲试，真要上电台直播演出，真叫"大姑娘坐花轿——第一回"。说句目今时尚话，"老票友"心中嘀咕："怕什么，无非去'博一回'嘛！"忙将由自己教出的徒弟，实乃老表兄，约同前往，商定表兄做上手，"老票友"充下手。说实在话，要论弹琵琶，"老票友"的水平，够上一个二三流的专业演员。到得电台，由张小姐招呼，嘱先调好音，然后进入直播室，并暗示一定要蹑手蹑脚，不能发出半点声音。直播室设备很简单，中间一张方桌，上悬麦克风，四周以金属固定。另有座椅数只，供演员坐下演播。此时，广播员轻启朱唇："各位听众，现在因某先生不能来演出，临时邀请两位票友客串，唱得不好，请多原谅。""老票友"和老表兄听得面面相觑，小鹿撞胸，真有点六神无主，只好硬着头皮唱了两折开篇，都是《珍珠塔》的内容，"老票友"拿手是薛调《陈翠娥痛责方卿》，老表兄唱的是《打三不孝》。两曲开篇方已毕，哥俩额头沁汗珠。阿弥陀佛，辰光到哉，俩人飞也似的逃出直播室，心窝里还是咚咚地跳个不停。演出效果如何？据两人家属收听反应，六十分还是勉强。啥格道理？毛病出在张小姐一面关照在外面调音，一面不断在催促"快点、快点"，平时镇定自若的"老票友"临阵"走耳"，音准上差了一点。内行人懂得，两只傢牲（乐器）推板不起一眼眼，否则就会格格不入，唱起来不走调"有老爷"。"事非经过不知难"，这次磨炼，叫"赶鸭子上架"，出了点洋相，从此"老票友"不再"显格格"哉！费了不少笔墨描述几十年前的"老票友"电台直播，无非是说明在苏州地界上，这么早就上电台代响档先生客串直播，能否说是"少少叫格"？

当绿叶　扶年青

俗话说："二十年媳妇熬成了婆。"当初，"老票友"其实是小青年，随着岁月流逝，已经年逾花甲。1988 年，有位十多岁的英俊少年小沈，又是一个小书迷。由于条件不同，学评弹可以收看电视、听取录音，因而早已学会各个流派的唱腔，惜乎是能唱不会弹，离票友还缺极重要的基本功。此时"老票友"退休返聘，仍留机关。无巧不成书，小沈之母因公到"老票友"办公室，两人在工作上联系频繁，非常熟稔，就问："能不能为我儿子找个师傅学琵琶、三弦？""老票友"闻言，微微一笑，说："卖火腿撞到仔生春阳来哉！不才毛遂自荐，保证短期内教会。至于拜师仪式和贽金一概豁免。"当然这是开开玩笑而已，沈母是时欣喜万分，马上告诉儿子，说："搭偌寻着仔师傅哉！"从此师徒俩每周总要相会，一教一学，十分认真。岂料英俊少年天分好，悟性高，聪敏过人，稍一点拨，马上领会。真是教者轻松，学者神速。时隔不久，师徒俩已能拼双档到票友社去演唱，成了苏州小小有名的业余师徒档。

"老票友"年事已高，体质又差，论唱已经力不从心了。于是甘心当好绿叶，扶持天资颖悟已崭露头角的评弹票友新秀。所谓当绿叶，就是专为徒弟演唱伴奏琵琶，让他的唱功得到充分发挥。

在这里，要"外插花"哉！说说弹词界伴奏的发生、发展及其功能的历史。早先，一些老先生双档演出，上手在唱，下手则"琵琶声停呆呆望"，赛过一个木头人。"开口琵琶"乃薛筱卿先生所创。沈薛档所以名噪一时，除了沈俭安独创略带沙哑、醇厚、沉稳的沈调，确实耐听外，还与薛筱卿伴奏所起的烘云托月的作用是绝对分不开的。沈的高足郭彬卿如是说："沈俭安唱得极聪明，他借琵琶来发挥他的哑调，使弹与唱一起沟通，使听众觉得弹唱天衣无缝，听来舒服。"这正是琵琶伴奏犹如绿叶之于红花，起到了扶持衬托的作用。至于说到伴奏最著名的要数"琶王"张鉴国，为乃兄张鉴庭伴奏，已臻淋漓尽致的地步。若是"张调"缺了伴奏，必然会大大逊色。"老票友"深谙此道，决心为爱徒伴奏。果然，其爱徒先是初露锋芒，后来，竟然夺魁获冠，成为一时佳话。"老票友"的绿叶作用终于见效了。

1991年培姆杯业余评弹大赛，苏州赛区进行初赛。小沈报了名，商诸"老票友"，拿什么出去演唱？"老票友"沉吟再三，根据其爱徒天赋特点等条件，毅然确定为沈调《打三不孝》。于是师徒俩加紧排练，未敢丝毫懈怠。到初赛那天，在观前街群艺馆大厅演出。苏州名票咸集，评委到场的有朱雪琴、景文梅、侯莉君及群艺馆长李幽兰等。轮到他们师徒俩，从"我末名尔襄阳远探亲"，直到"脸涨通红不敢云"止，一气呵成，毫无闪失，配合默契，评委点头，听众鼓掌。初赛揭晓选送上海参加决赛。这下师徒俩劲头来了，再接再厉，继续排练。到决赛那天，一对母子、一对老夫妻同赴上海，直奔玉茗楼书场。评委阵容更加强大，有杨振言、陈希安、张鉴国、周介安、王莺，以及苏州初赛时的侯莉君、朱雪琴等名家。只见台下早已客满。师徒俩从容登台，徐徐唱来，仍是《打三不孝》，小沈唱腔成熟老到，"老票友"伴奏恰到好处。台下三百多名听众听毕，始则寂然无声，继则掌声如雷。结果爱徒荣获二等奖。初战告捷，来之不易。

接着赛事又到，乃江南两省一市业余评弹大赛。师徒俩经周密思考，决定演唱难度较高的周云瑞调《王十朋》选回《祭江》。大赛地址在苏州戏曲博物馆。评委仍然名家济济。这次，各路人马都是有备而来，意在夺魁。师徒俩临场一看节目单，倒有点担心。为何？上海青年名票柯勇参赛的作品也是《祭江》，赛过当年夏荷生和徐云志的敌档，唱起对台戏哉。师徒俩彼此相视，心照不宣，要直面挑战，不畏强敌。轮到上台，小沈用那缓慢苍凉的嗓音，把王十朋老母在江边哭祭媳妇的感情唱得声情并茂，无懈可击，而"老票友"在周云瑞先生设计的一段散板新腔："我要问一问那……"全用长轮的指法，抑、扬、顿、挫，无不悉心而奏。此时唱者动了情，弹者入了神，相互交融，不分彼此，台下聆听诸众屏息静气。经评委合议，小沈与沪上青年女票友庄文倩并列第一。至此"老票友"甘当绿叶扶掖青年，已尽心竭力，小沈书艺在天赋加上自身努力下，已达一定高度，"老票友"确实可以休矣！

进央视　国际传

1998年中央电视台国际频道"中国风"栏目，冲着江南艺坛之璀璨明珠——苏州评弹而来，除采访专业演员、评弹团及评弹鉴赏协会领导外，还重点采访了若干评弹票友，其方式有多人共聚一处进行者，有个别登门访问者。经有关方面较大面积推荐，由央视记者筛选，最后确定一名年迈资深能评弹而又擅书法者，一名唱功扎实又能以现代化手段电脑贮存评弹资料者（当时电脑远无目前之普及）。到采访时，记者阮小姐才惊奇发现：海选结果乃一师一徒也，真是出乎意料，合于情理之中。一师一徒是谁，聪明者，早已心知肚明了。

"老票友"接到将由央视来采访录像的消息，有点措手不及。因那时身居小巷深处仅有七十来平方的陋屋，室内一片混乱。幸好购买在高新区的新居装修告竣，焕然一新，屋内家具亦已配套，才于匆忙间重点布置了书房，下午静候他们光临。那天陪同央视采访录像组一行来新区的是苏州评弹团周明华副团长。让阮小姐感到意外的是"老票友"精神焕发，七旬开外的人毫无龙钟之态。于是采访开始，先在阳台上录了师徒双档的演唱，重点采录书法方面的镜头。"老票友"捧出了诸多作品任其挑选。阮小姐对其小楷长卷、微书扇面兴致浓厚，青睐有加，一个接一个镜头地录。"老票友"倒暗自着急，因为这里结束，尚要到小沈家。初冬日短，夜色很快降临，而阮小姐仍从容不迫兴趣盎然。"老票友"人虽老心却细，知道自己书艺并不高明，也许阮小姐有所偏爱，于是冒昧地向她提出，在唐诗宋词与古文中最钟情的是什么？她说是晋陶渊明之《桃花源记》。"老票友"又一次毛遂自荐，说待她返京后将会寄去书写《桃》文的小楷扇笺。阮小姐很真诚地表示感谢。采访已毕，告辞而去。

时光迅速，两个月过去了。《中国风》未见这一录像播出。"老票友"对老伴说，恐怕录像经领导审查已遭"枪毙"的命运，因此就当没发生过这件事一样，照常生活工作。一日电话铃响，对方乃阮小姐也，被告知此节目将于某月某日播放，请按时收看。喜讯虽然迟到毕竟没有泡汤，实属万幸。一个干瘪的平民老头，能在此生中上一次央视国际频道，将来驾返道山，面向列祖列宗也可有交代了。至今转录下来的录像带，以及在书房录像现场包括阮小姐倩影的珍贵照片，都好好保存着，以便让后代子孙们也知道，上代还曾发生过此类荣耀之事咧！

央视国际频道，面向全球，传播面极广。海外侨胞喜爱评弹者不在少数。某天"老票友"忽然收到国际邮件，乃从美国寄来。这位侨胞对"老票友"师徒的演唱以及"老票友"的书法艺术表示倾慕，希望能取得联系。"老票友"组织观念较强，因录像播出中的身份是苏州市票友鉴赏协会会员，即将此信上交协会，请他们出面答复，所以连这封国际邮件来自美国什么州，写信者的尊姓大名都没记下来，这里只好付诸阙如。同道诸友了解此情后说"老票友"死脑筋，你与那位侨胞直接通信总不见得说你是里通外国呗！"老票友"恍然大悟，然悔已迟矣！

翰墨缘　结知音

　　"老票友"爱好广泛，涉猎各个方面，优点是"博"，弱点是"不专"。苏州人所谓"猪头肉三不精"。他在学评弹之前早已接受书法启蒙。清代状元刘春霖所书及当时风行的《星录小楷》，临之又临，倒颇有成就。从小打下的基本功，一直锲而不舍，哪怕下放苏北，都没荒废，是以能保持一个稳步前进的状态。回城后又受程可达教授耳提面命的指导教诲。在当时来说，其小楷、微书是小有名声。1990年国际文化交流赛克勒杯第一届中国书法大赛获得二等奖，奖品端砚一台。1992年举行盛大的个人书法展，后来又获全国扇面二等奖，并入选中国书协主办的第一届书面书法作品集。其余小奖尚有不少。《人民日报》海外版以"苏州千扇王"为题，报道了他的书法特色。总的说来，"老票友"的书法在同道中至多列于"小三子"尚不到的角色。可是喜爱他小楷、扇面的人并不少，包括中央部级领导、部队少数高级首长等等。这是否说明他的书法就蛮好呢？否！"老票友"头脑还算清醒，没有忘乎所以。他审视自己的字是熟而又俗，就像唐代李白批评某古人书法家那样，叫"俗书趁姿媚"。"姿媚"作何解释？"老票友"理解，就像一个女子搽粉、点胭脂、涂口红，虽讨人欢喜，唯缺内涵。这是从事书法艺术的大忌。"老票友"对他小楷人气较旺的原因有一个客观合理的分析，中国的书法艺术是中华民族文化艺术的瑰宝，其他艺术无可望其项背。但书法艺术又是概念模糊，不好上秤称，不能用尺量，要看精气神是否有书卷气、书外功，这些都是抽象的东西。仁者见仁智者见智，又何况萝卜青菜各人所爱，有喜雄浑遒劲的，有爱婉约秀逸者，众口难调，各有其不同审美标准。"老票友"说他的毛笔字，只是哗众取宠，充其量是个书匠，不足为训也。这些琐言，是为"老票友"的书法怎样与评弹挂上钩作个铺垫，不能当做废话看待。

　　论时间，"老票友"最早与评弹艺术家结缘的是邢晏芝老师。时值1990年，规模空前的邢晏芝独唱会揭幕。在精美华丽的专刊上，有篇市领导俞明先生所著,曾发表在《瞭望》杂志上的散文《小白菜》片段。承俞主任的不弃，指名要"老票友"用行楷来抄写。恭敬不如从命，"老票友"遵命而为。事后，邢老师光临"老票友"寒舍，一表感谢，二赠音带专辑盒《杨乃武与小白菜》的说唱本。"老票友"受宠若惊，立即报之以"李"，为邢晏春兄妹各写扇面一笔，春兄为《杨淑英告状》的诉状，字小如蚁头样，芝妹为《苏州啊，我可爱的家乡》。敬请注意，以评弹内容写书法作品的恐属首创。接下来1992年吴迪君、赵丽芳评弹表演艺术的创作演出，1993年弹词艺术家朱雪琴舞台生涯六十年纪念演出，1994年余红仙从艺四十周年纪念演出，1996年杨振言艺术生涯六十周年……"老票友"都或先或后为他（她）们写了作品。从此以翰墨与评弹艺术家共结知音，犹如野火春风不可收拾。通过苏州电视台广播书场殷先生的中介，"老票友"先后为杨振雄、蒋月泉、秦建国、张鉴国、尤惠秋、周希明、沈世华、徐惠新、王莺、周明华、孙扶庶、饶一尘、石文磊等诸名家书写扇面。记得还曾由评弹鉴赏协会任会长介绍，嘱为张如君、刘韵若伉俪写过一幅"梦金不知何处去，隆兴典当做朝奉"的条幅。"老票友"有个惯例，赠扇一律书以洒金之面，装以玉竹之骨，配以织锦之盒，配套赠与，省却了诸名家自己去张罗这些劳什子活的不少工夫。故而"老票友"一直认为，之所以受到评弹名家普遍欢迎，不是自己毛笔字写得漂亮，一是所写内容为各名家所唱名篇；二是对"老票友"是醉心评弹"发烧友"的认同；三是服务周到，想得周全，体谅名家时间之宝贵。1997年定居西安的苏州籍艺坛多面手（能书擅画，又酷爱评弹，又组织票友结社）张范九先生给"老票友"写信说："在几十年的交往中，有诸多评弹票友，能说书的不一定善书，在诸多书家中，能唱评弹的更少了。"这一分析看来还是中肯的。"老票友"阅信后想："能以书法结识诸多评弹名家的人不多，而以评弹内容写成书法作品的恐怕真是凤毛麟角的了。"

诸名家收到"老票友"的赠扇，总要以自己的录音带、纪念演出专刊或自己创作的脚本相赠。结果，"老票友"书房多了一摞子这方面的珍品，大获丰收，如杨振雄先生还以自己的书（隶书）、画（墨竹）扇反馈，如今杨振雄先生已经仙逝，这件礼物之珍贵可想而知！

"天涯何处无芳草"，评弹名家也是真人不露相。与常州评弹团著名演员周希明先生以"书"结缘的过程，尤使"老票友"钦佩和感动。

"老票友"托人将赠扇带奉。不日，周先生复信来了，其硬笔书法刚劲雄健，铁划银钩，此其一；其二，周先生在信中写道："这样的酷暑天气，您老爱评弹，关心演员仍如一团火……作为演员只能记住这份情谊，并加倍努力弘扬民族文化为评弹事业作贡献，我将好好收藏这份珍贵的礼物……"这使"老票友"大出意料，小小一把折扇，不过是"老票友"涂鸦而已，竟然会产生这样的效应，真使"老票友"面红耳赤，热泪盈眶。好在立时想到"男儿有泪不轻弹"的名言，泪水终于没有滴下来！

嗣后到2006年，"老票友"在报上看到盛小云演唱会在我国宝岛台湾演出，盛况空前，载誉而归的信息，特别是小云女士在发高烧的情况下，依然光彩照人，精神抖擞地演出。当主持人在演出结束向大家说明时，台胞们无不为她这种为促进海峡两岸文化交流的爱国精神，为弘扬发展评弹事业奋不顾身的敬业精神而感动。此时"老票友"思忖，自己如何为可贵可敬的新秀以及具有类似情况的资深演员，做点表示呢？脑子里马上跳出两个字"写扇"。于是又通过电视台的殷先生，主动地向盛小云、袁小良、王瑾，以及金声伯老和评弹团副团长金丽生诸位名家各赠一把折扇，且在硬件上提升了规格，改玉竹骨为红木、乌木骨。赠扇已毕，"老票友"心安神宁，了却了一段心愿。

数日后"老票友"家电话铃声频作，原来诸位名家收到赠扇后，颇出意料，纷纷表示感谢，赠受双方在电话中的对话，其中不乏精彩、令人忍俊不禁之语，但限于篇幅，就秘而不宣了。将来拟另撰《"老票友"口述拾遗花絮》补录之。但可以透露一项内容，那书赠江南佳丽，国家一级演员，生于评弹世家，师承晏芝、云仙（两位表演艺术家），嗓音甜润悦耳，拥有众多"粉丝"的盛小云女士扇面上写了些什么？答曰：深受台湾同胞热捧，演出会上的压轴名篇，由评弹先辈徐丽仙、周云瑞等共创，曲调悠扬、爱国情浓的经典作品《新木兰词》是也。

擅说唱　缺底蕴

"老票友"给票友同道的印象是，难得唱唱薛调《方卿看灯》《痛责》之类，主要是为爱徒伴奏。其实呢，并非如此。"老票友"是能说会唱，起个角色也蛮活灵活现的。唱的包括主要流派，各调都能有板有眼有韵味，除非是要用假声的"俞调""侯调"等，则谨谢不敏了。举例如下。

周玉泉名作《云房产子》里的老佛婆，是个老旦，"老票友"可当众表演"哦哟，三师太，小角色十个寒热勒浪肚皮里向啥格样子？唔奴老太婆阿要讲点拨俫听听"（说白）；"叫一月生来如露珠，二月宛如桃须些，三月腹中分男女，四月方能手足齐，五六月，能移动，七八月生来只灵弱些，九月未行十月满，瓜熟宛然蒂落基"（唱词）。此曲新中国成立后已无人演唱，所有出版的开篇集均不予刊载。"老票友"下放苏北时，一切书籍基本都送废品站，老开篇集已荡然无存。就凭记忆一字不错、一字不漏地唱出来。读者诸君如果是体育界裁判，对此"票友健儿"要否打它个九点五分。再说，"老票友"起旦角也是惟妙惟肖，如《落金扇》中陆庆云小姐的《庆云自叹》中，一声"胸怀无限犹疑事，尽付临风一叹中，唉，庆云啊庆云"，"老票友"说来娇娇滴滴，赛如当年"隔墙西施"蒋如庭。起红玉丫头听壁脚、接冷嘴，"啊呀，俫小姐自家勒浪叫自家哪，阿浪"（说白）！把一个丫头伶牙俐齿、天真俏皮的神态也能学得令人捧腹。再举一例。老旦角色方太太在《打三不孝》中说表"方太太到陈府浪拿俫子呼唤到里向，要打俚三桩大不孝"，"我把你这孽障，还不与我跪下"。"老票友"同样能把皇封夫人的威严，如假似真，大义凛然地责备，表现得正到妙处。类此等等，不胜枚举。总之，"老票友"是确实有点"三脚猫""老花头"的。

可是，为啥弗听见俚在公开场合表演呢？个中自有难言之痛。

"老票友"排行最小，兄姐弟三人中惟其最"娇搁"，一碰发寒热，二来又久咳不愈，所谓先天不足，后天失调，本元不足，中气当然欠缺，唱评弹全靠中气十足，才能游刃有余。"老票友"得了个致命伤，因此尽管能唱许多流派，底蕴不足，总是"拦路虎"，成为不可逾越的先天性障碍，只能扬长避短，以弹奏琵琶为主。东坡居士词中名句："月有阴晴圆缺，此事古难全。""老票友"反省从事业余评弹数十寒暑，其历程不谓不丰满，其机缘不谓不遂心，其业绩不谓不如意，知足常乐，夫复何求，大可不必为此抱憾终生。

耄耋人　手脑灵

"老票友"垂垂老矣，因患诸多疾病，步履维艰，基本杜门不出。又患于幼孙之种种干扰，甚少怀抱琵琶。小沈目前身居银行高位，日无暇晷，师徒俩"别时容易见时难"，一年难得相叙片刻，若干年未曾各抱乐器，演唱一番。

2006年秋，前某军分区司令员转业来苏任职，邀约"老票友"及小沈并家属人等，共赴洞庭东山陆巷村先哲叶梦得"宝俭堂"叙旧，希望能听到师徒档之苏州评弹。是日也，天朗气清，秋风不紧，在那回廊曲折、小桥流水、绿叶扶疏、果木溢香的祥和氛围里，"老票友"虽近年因"老年性耳聋"听力急剧下降，幸有外资企业生产之助听器补救。小沈已显得老成持重。在八角亭内各执乐器，弦索铮琮，乐声悠扬，软糯悦耳之弹词开篇出自小沈之口中。时间有限，每曲只唱数句，有沈调《打三不孝》、蒋调《夜探潇湘馆》、严调《梁祝》以及周云瑞调《祭江》。"老票友"琵琶在抱，轻拢慢捻，珠落玉盘，神韵不减当年，赢得园中游客也驻足而听。唱罢，免不了掌声鼓励。有某君以细语询问"老票友"："您老年届耄耋，为何尚能手活脑灵？"答曰："此童子功之神效也。"不信，"老票友"曾就学二胡于陆修堂教授处，至今，一曲《怀乡行》，奏来尚能使闻者潸然泪下。

后记

洋洋洒洒数千言，读者尚不知"老票友"为何许人也？实不相瞒，口述者与撰文者合二为一人也。此人是谁？八十叟，貌清瘦，略佝偻，艰行走，姓氏曰王，铭和其名，别号拙翁，自署"墨香琴韵斋主"，绰号"苏一怪"，此号为善于雅谑的、陆文夫先生生前挚友、"老票友"之"老同事"陆乃斌兄所赠。

谜底已揭，真相已白，原来是作者所写自传体裁的评弹票友史。可能有人会质疑，全文之中，颇多自诩，有"王婆卖瓜"之嫌。老朽直率坦认，此乃实话实说，偌大一把年纪，犯不着装腔作势，假作谦虚。

本人一生坎坷，了悟人生，并不想通过此文，有所图谋，唯希谅之是幸。

　　"行成于思，业精于勤"。本人写此拙文，至此已将落下帷幕。临了，尚思赘言数句，以抒胸臆。回顾作文之际，构思于夜半（患失眠症），走笔于凌晨（习惯早起），每得"佳句"，辄自令以脑忆之，随时命笔记之，唯恐倏忽之间，稍纵即逝，得来偶然，失之可惜。综观撰写全过程，用心之专注，扪心自知；精神之投入，家人共睹；资料翻遍，枯肠搜尽。虽不能说"呕心沥血"，实属"殚思竭虑"。完篇之日，如释重负。搁笔于架，喟然长叹："撰此文也，何其艰难若此？"即兴口占打油诗曰："不自量力学撰文，一字一句一沉吟，此文若有出头日，成似容易却艰辛。"敝帚自珍，人之常情也！

一起"引狼入室"的盗窃案

偶然想起一件事，把它记下来，确实在脑海里尘封已久了。

大概是 1942 年，我父亲因病逝世多年，家道中落。为贴补家用，母亲将前进楼房三间和楼下一间厢房出租给郑家。郑家老母寡居，原来家庭经济状况颇为殷实，可能是丧夫缺失了顶梁柱，致入不敷出，不得已将自己居住的地处东中市承天寺前的一所大宅子卖掉。老母膝下有两儿两女。两儿虽已成年，却不作任何生计；"两女居家初长成，待字闺中未事人"。吃口重，都是消费者。卖房之举实出无奈，属于"杀鸡取卵"的下策。

当时私房出租，都有订立租赁契约的习俗。所谓契约实际是一本折子，上面写了一些属于租赁双方必须遵守的事项。主要言明每月租金若干元，不得拖欠，并由中人、保人签字。签约已定，便是郑家择吉乔迁的日期了。

事有凑巧。郑家搬家的那一天，也就是他们签订售房契约收取卖房款的那一天，又是我母亲探亲回上海娘家（实际是抚养她成人的叔父家）的一天。我们住在第二进，家中仅有姐姐和我两个未成年人。母亲离家不放心，特地请了一个熟人来照应。此人是我写小楷的启蒙者。为壮胆，他又特地邀约了三个朋友，作围城之戏，即竹林之游，说白了就是打麻将，在第三进的一间房内，与第一进有相当的距离。

郑家搬进我家，出出进进，人流不断。我们躲在后进，图个清静。对他们那里的事，无所见也无所闻。

哪晓得，外头出了大纰漏了。到傍晚将要断黑时，外面郑老太号啕痛哭，呼天抢地，惊动了四周乡邻，把我们也惊呆了。蛮好的乔迁之喜，此时应该向乡邻送糕团的时候，怎么哭声震天起来了呢？我和姐姐被吓得呆若木鸡。母亲请来的熟人和"麻友"三人，人多壮胆，走出去打听。郑家的儿女正在述说他们搬家来此，俗话说法"屁股还未坐热"，就碰到强盗抢哉！老太开始"严防死守"，强盗则不客气，请侬"吃生活"，打得老太痛彻心扉，连呼救命。最后，乖乖地双手将款奉上。于是诸匪扬长而去。据说已向伪警察局报案去了，如此等等。

事情始末弄清楚了，熟人和"麻友"们继续作方城之戏。因事不关已，何况伪警察局马上要来人，不相干的人搅和在里面，除非是脑子里搭错了神经。

事后知道，那时伪警察局确实来了人，询问了情况，特别是对出去"开门揖盗"的女佣作了重点讯问。问她缘何随便开门？这个老实巴交的女佣面对伪警察，支吾其词，言语闪烁。其实明眼人不问可知，此人有重大嫌疑。可是当时伪警察出来办案，总想捞点外快，到了郑家，只听到的是絮絮不断地诉说，毫无"意思意思"的动作，于是，就借风落篷，说我们知道了，回局去研究，进行彻查。实则是撒手不管，一走了之。平心而论，郑家遭到的是致命洗劫，一笔巨额售房款，口袋里尚未焐热就被抢了个精光。老天爷，你叫他们再拿什么向伪警察"意思意思"呢？

此案从此不了而了。郑家后来生活之艰苦，可想而知。日子怎么过？不相干的人无权过问，估计原来家道殷实，总还有些金银首饰，借以变卖度日，否则，只有去喝西北风了。

这一盗劫案，按初露端倪的迹象分析是极易侦破。伪警察局的冷漠态度实在令人扼腕。本人长大成人后，曾仿照评弹《珍珠塔》的唱词《十八因何》的形式，将此案提出了十个因何：

1. 因何匪徒知悉郑家出售脚下宅子？

2. 因何匪徒获得售房签约付款日期的信息？

3. 因何匪徒准确无误地得知郑家所得之巨额售房款尚未存进银行、钱庄？

4. 因何匪徒了解郑家迁往的地址和门牌？

5. 因何匪徒选择傍晚伸手不见五指的时刻作案？

6. 因何匪徒敲门后如此畅通无阻地进入郑家？

7. 因何匪徒进得郑家，瞄准款项在握的郑家老太？

8. 因何匪徒明目张胆而十分猖狂地殴打老太，并清清楚楚、明明白白逼着她把"卖房款"乖乖拿出来？

9. 因何匪徒在目的达到后，立即扬长而去，而对其他财物不作进一步的搜索掳掠呢？

10. 因何伪警察在盘问女佣时，此人胆战心惊、语无伦次呢？

够了！匪徒阴谋策划进行的这场盗劫案，是目标明确，并有"内线"配合，冲着这一笔售房款而来。若真想侦破此案，易如反掌。倒霉的是郑家遇到了这批毫无人性的伪警察！

至此，读者看了这十个因何，谁都明白，这是一起内外勾结的盗劫案，是一起"引狼入室"的盗劫案。罪魁祸首就是这名"揖盗入门"之女佣也。这里有一个非常深刻的教训。郑家的麻痹思想堪称少有，家中有一个从"荐头店"里雇来的女佣，善恶难辨，底细不明。我估计，郑家在售房全过程中的一言一行、一举一动，对这个女佣无丝毫戒备之心，不作任何回避，以致让这个被盗匪买通或是派遣来的"内线"，掌握了一切信息，使匪徒对"内情"了如指掌，从而采取一系列万无一失稳操胜券的抢劫措施，使这一罪恶阴谋得逞。

一个甲子过去了。现在见到报纸上不时刊登双职工家中屡屡发生保姆窃款或携幼儿潜逃，来一个人去"财"空、人去"儿"逝的悲惨结局。此文尽管叙述的是一件陈年旧事，难道对今天就没有一点警示作用么？说得大一些"以史为鉴"，要切实做到"防人之心不可无"，未雨绸缪，省的"亡羊"时连"牢"也不能再补了。

记忆中残缺不全的苏州园林民歌

　　苏州，号称园林之都，驰名中外，真所谓名气响得呱辣辣。而今，苏州的拙政园、留园、网师园、环秀山庄、狮子林、艺圃、耦园以及沧浪亭等名园已作为苏州古典园林的典范列入世界文化遗产名录。随着网师园"殿春簃"的出口美国进行复制，至今世界各国竞相效尤，苏州古建筑公司营造的中国式园林，已成为地产出口的品牌之一。

　　说起园林，勾起了我幼时的回忆，那就是一曲悦耳动听的江南民歌《苏州景》，它歌颂的就是苏州园林的美好景色。《苏州景》既无唱片，又无现代化的录音磁带和 CD 光盘。它是靠一代代人心口相传，至于我幼时怎么会听到《苏州景》的呢？这不能不从我母亲说起。

　　我的母亲幼失怙恃，长期寄人篱下，没有读过一天书。可是不知她如何学会识字、看书的。小时候的我曾经看见她在忙碌家务之余，就手持一卷用有光纸印刷的字体极小的绣像小说，如《天雨花》《再生缘》《义妖传》等等。她看了之后，暇时还会把我们兄弟姊妹以及我的两个表兄集中起来，讲述书中的情节，听得我们寂静无声，只觉得津津有味，有时还会缠着要她讲下去、讲下去呐！

　　母亲不仅能看懂绣像小说，且表现出她无比出众的记忆力，不知她从哪里听来，还能给我们唱一些江南民歌，唱来有板有眼，有情有景。在我记忆中，最最好听的就是《苏州景》了。这只曲子的内容是专唱苏州的园林，曲调与《无锡景》相同，唱词颇不俗，并且押韵，大多是五言或七字一句，用地道的苏州方言咏唱，从唱虎丘开始，接着狮子林、留园、沧浪亭、灵岩、天平、上方山等，非常引人入胜。她唱，我就跟着和调，不久倒也能朗朗上口了。只可惜，后来上学、工作，新中国成立后十余年的下放，没有工夫更无闲情逸致来哼什么《苏州景》。只能将首段唱词记述下来，让大家了解一下，六十多年前的老百姓是如何歌唱苏州园林的。这在我来说是重温旧梦，在读者来说，仅是管中窥豹而已。

《苏州景》首段歌词内容大致是"我来拉胡琴呀，唱只苏州景。苏州格（的）景致多得勒无淘成呀，让位末，虎丘是最有名呀，让我那个慢慢末，唱拨勒诸公听，嗯……"，"走进头山门呀，先见二仙亭，五十三参，参参见观音呀，千人石边，是真娘坟呀，虎丘塔傍冷香阁，品呀末品香茗，嗯……"。

第二段是唱贝氏祠堂狮子林，惜乎我只记得两句开首叫做"画师倪云林呀（即大画家倪瓒），营造狮子林"，以下就什么也记不起来了。

我年已八十，步履维艰，不可能去跑图书馆搜集有关资料，也许这只《苏州景》有全部文字记载也说不定。如果真有的话，能在苏州哪家报纸上公之于众，也是一桩好事情啊！

说说苏州文书

苏州，二千五百年的历史文化古城，文化积淀深厚，在艺术方面诸如书法、绘画、苏州评弹、苏剧，以及已列为世界非物质文化遗产的昆曲，各领风骚，美不胜收。

在此要说的，却是至今已鲜为人知的曲种：苏州文书。苏州文书创始在何时？创始人是何许人？本人缺乏条件进行考证。只是凭我回忆，在十来岁的时候家中有台飞歌牌收音机，当时人们称收听无线电，从中听到王宝庆唱的苏州文书，只此一家，别无分出。他自弹三弦自己唱，其曲调低沉、缓慢，有唱有叙，完全以苏州方言说唱，听来颇有点沧桑之感。总的印象，曲调比较衰颓，听过之后只感到平添了几分惆怅。

王宝庆苏州文书的代表作是《十叹空》，唱的是劝告世人知晓，世界上的一切都是空幻的，是虚无缥缈的。所谓《十叹空》，一共唱了十个方面的空，什么"爷养伲子（儿子）"一场空，"娘养囡五（女儿）"一场空，"结发夫妻"一场空，"酒肉朋友"一场空，"万贯家财"一场空，"功成名就"一场空等等。无非是讲什么都是瞬间存在，倏忽间即成泡影。据我所知，王宝庆除了在电台上说唱，并由百代或是高亭公司录过一张唱片外，并没有见他在什么书场公开演出过。估计他也拿不出如弹词一样大部头的书作，如《珍珠塔》《玉蜻蜓》《三笑》那样的长篇来。这也是这一曲种注定湮没的原因之一。

王宝庆谢世后，他的传人是外甥冯筱庆，唱来与乃舅无分轩轾。

不久前，我在苏州一张报纸上看到有关冯筱庆的讯息，说他在浙江从事评弹，这倒使我有如遇故人之感，颇觉欣慰。

新中国成立后，这个曲种，内容消沉，唱腔低沉，与革命精神格格不入，自然销声匿迹，仅成了少数"老苏州"脑海里的"陈年宿古董"了。但苏州文书毕竟是曾经在苏州存在过，这是不容置疑的。

旧时银行职员的伙食

在 1941 年至 1944 年，我曾在观前一家商业银行任职，从练习生、助理员，到办事员。到 1945 年抗战胜利，这家银行就关门了。

据记忆，当时工资并不高，练习生每月大概十五六元（可买五斗米）；助理员百元左右，办事员一两百元不等。工资尽管不高，有个有利条件就是供给三餐，不管你是本地、外地人，只要自愿，可免费供应三餐，而且伙食相当好，一般居家是享受不到的。

早餐：主食为白米稀饭，有油条、馒头之类，过粥菜可以说是相当的高级，素的除了玫瑰乳腐、宝塔瓜、嫩黄瓜外，主要是荤的，如彩蛋（即皮蛋）、咸蛋、熏鱼、酱鸡、酱鸭、熏蛋等，这些品种是每天轮换，不是一哄而上的。这些卤菜，因地理条件好，观前马咏斋、龙凤斋等野味店，近在咫尺，厨师隔夜或当天买都很便利。

中餐：是一天伙食中最好的一顿，因岁月太远，记忆中大概是四荤二素一汤，鸡鸭鱼肉蛋天天翻花样，冬天还有羊肉。而这名无锡籍的厨师拿手杰作是一只白菜炖，具体配料及烹调过程是，用一只特大号碗一层白菜叶上置有鸡块、虾仁、干贝、海参、火腿、冬笋、香菇、水发蹄筋等，堆如宝塔样有好几层，放在文火上隔水炖，一小时甚至更长一些时间，其味鲜美可口，不用味精。苏州人说法"吃仔格只白菜炖，鲜得眉毛匣（也）要拖脱哉！"

晚餐：五时半至六点吃晚饭，一般比较简单，因大多数行员三点钟下班，闲着无事，就打道回府了，留下来的是我们这些练习生、助理员，或家住外地的行员。晚餐主食有干有稀，菜肴比早餐好不到多少。

除此而外，逢年过节，行里是不摆筵席的。只有行庆，即银行开门纪念日，则请木渎石家饭店专派厨师来掌勺，事先和石家饭店掌柜确定菜单。因行中有一位出纳主任是地道的美食家，他的脑瓜子里什么吃法的玩意儿可说是层出不穷。据我记得起的，石家饭店的看家菜是一定有的，如酱方、八宝鸭、熘虾仁（要串成葫芦样，称为葫芦虾仁。这只菜的要求就是虾个头要大，火要旺，要勾芡，入口既鲜又嫩），鱼类大概总是松鼠桂鱼（鳜鱼）、清蒸白鱼、青鱼头尾等等。而最讲究的要算几道点心，一道是荠菜猪油馒头，那时荠菜都是野生的，斩得很细，加上板油块、白糖，蒸煮后板油化入馅心，鲜甜可口。但是吃时一定要小心，因猪油是烫的，如果大口一咬，其汁如沸，烫得你哭笑不得。所以"天吃星"吃荠菜猪油馒头真格要"摆点魂灵头勒身浪向的"。另一道是枣泥拉糕，再有就是八宝饭，无非是桂圆、莲心、枣泥、豆沙等组成。这道点心，对嗜爱甜食者来讲，是最煞念，可谓口福无穷。

趣说苏州话

目今，电视连续剧时兴戏说。央视《百家讲坛》的诸多学者专家强调正说历史。鄙人轧闹猛，来一个趣说。说什么？苏州闲话。一个老苏州，对过去、现在烂熟于胸的本地方言，稍稍琢磨，觉得有不少话非常夸张，有不少话则非常形象，真格蛮有趣的。信笔所至，与读者共同赏析，不当之处，希望予以指正。

1."勒煞吊死"。乍看血淋淋的，像是攸关人命的事。其实是地道的夸张。这句话的本意是指某人说话唠叨、重复、令人生厌。当然，"轮嘴捣咕"也含有同样话语噜苏之意。但是，"什得咕廿四咕"虽然也指说话的喋喋不休，可其中却包含着"发牢骚、叹苦经"之意。至于"多说多话"那明显是指说了不该说的话，又含有不了解情况没有发言权的意思。再有"舌割乱拌"，此话则指说话颠三倒四。对"闲话多仔饭泡粥"，那是一种形象化的比喻了。不是么？饭泡粥煮开时，就是会不停地咕噜咕噜地起泡。

2."三拳头敲不出个闷屁"。这句话看来有点不登大雅之堂，要说形象化倒是够格的。对那些讷讷不言，终日埋头，什么事都不表态的人，确实蛮贴切的。

3."鸡头眩"。苏州人真善于观察事物。君不见，两只公鸡相斗，斗到后来，鸡也会发生眩晕，于是鸡眼睛翻白，还会把头甩上几下。因此，苏州人说"鸡头眩"，实际是指脑部的一时性缺血，一片空白，霎时间什么也想不起来了。

4. "头挑"。是"那么温"即第一的意思。用文字来表达，即超群、出众、百里挑一之意。有时，老苏州会用歇后语的形式来表达，作如是说"额角头上放扁担"，借誉以"头"来"挑担"也。

5. "木实老楂"。此语是指某些人办事顶真，从不马虎，一是一，二是二，也即"老到"之意。另一种说法叫"厚支赫纳德"，也属"认真着实"之赞词。

6. "忘记脱仔时辰八字"。这句话是贬义的。指某些小人得志，忘乎所以，以致得意忘形，把自己定在错误的坐标上。此话实质是对这些人的蔑视与批判。

7. "丝弦慢套"。指办事不上劲，懒洋洋，很不在意。没有时间观念，属"你急他不急"的人群。

8. "温吞水"。此话之意：在其上是沸点的开水，在其下则是冷水。温吞水也是说那种永远笃悠悠慢吞吞的人。与前一句"丝弦慢套"有异曲同工之妙。

9. "痴头怪脑"。是指有些人一天到晚嘻嘻哈哈，没有分寸，不动脑筋，浑浑噩噩地过日子。"七弗搭八"指拎弗清，老是"冬瓜缠在茄门里"，和"缠夹二先生"是同义的。

10. "盐钵头里出蛆"。大家知道，盐的另一功能是消毒，在盐的环境里长蛆是根本不可能的。这句话的意思乃说某些人信口雌黄，一派胡言，无中生有，造谣离了谱。

11. "焐侬势势"。有一种人，很内向，不善交际、言辞，遇事畏畏缩缩。苏州人就说他是"焐侬势势"。

12. "贼忒嘻嘻"。意即某些人态度不端庄、不严肃，并显得有些油腔滑调，甚至是一种轻佻。此语与"贼骨欠欠"相仿佛。

13. "阴阁阁"。有这样一种人，平时话不多，但很有头脑，非常之冷静，对他人的言行则细加观察，在冷不防的情况下，突发一语，往往出人意料，或者是语惊四座，有时会使被说者处于尴尬被动的处境。此语另一个说法是"阴间秀才"。

14. "龌里龌掐"。指人促狭，歪点子多，使绊子，算计人，很损人，防不胜防。

15. "刮辣松脆"。除了对吃的梅子、干果一类的形容外，对人则是指性格豪迈，心直口快，实话实说，不绕圈子，开门见山。这是一句褒义之话。

16. "直腰烂掼"。苏州人蛮讲究人的举止，对人的行走立坐都要求规范。所谓"坐有坐相，走有走相"。"直腰烂掼"是形容那些举止阑珊，精神萎靡，一点也不振作，属于颓废派的人。

17. "鞋袜角棱棱"。指那些注意仪表，穿着得体，比较整洁的人们。

18. "尖尖子，哑哑子"。此话一般指精明乖巧、胸怀狭窄、说话尖刻、得理不饶人的钉子户。

19. "神知糊知"。指那些不务正业，饮酒无度，终日酒水糊涂，抑或沉湎于赌博，神魂颠倒，以致神经麻木、神态变异的人。

20. "度（大）妈妈"。有种人有钱有地位，恃而傲物，待人态度比较傲慢，时常对周围的人表示蔑视小觑的态度。苏州人就会用"度（大）妈妈"这句话来描绘他们。

读者诸君，以上信笔拈来的苏州话，都是大千世界芸芸众生的部分表现。应该承认，苏州闲话的确富有内涵，显得非常丰满。

今后有机会，当继续进行趣说。

半世纪未了的悬案

我所知道的悬案有两件：一件是盗劫案，另一件是人命案。从发生至今，已超越了半个世纪。案件发生的地点在当时人民银行苏州支行下属的两个营业所。

本人作为解放初期苏州人民银行本部管理部门的干部，可以证明确有其事，并非道听途说，子虚乌有。

中国人民银行苏州支行始建于 1949 年 4 月，于 6 月 11 日正式营业，到 1984 年 12 月工商银行成立，经历了二十五个年头。至此，人民银行专司中央银行的职能，其信贷与储蓄业务，概由工商银行承担。

一、南门营业所的盗窃案

苏州市的商业中心繁华区，自唐朝以来逐步形成，基本集中在阊门外的山塘、南浩、石路，阊门内的东中市、西中市，市中心的观前与护龙街（即今人民路）。新中国成立后的南门所展现的只是冷冷清清，缺少形成商业区的人气。那时在党的"发展生产、繁荣经济"方针的指引下，在 1952 年 7 月市二届四次人代会上通过了"开辟南门商业区"的决议。其前提是南门大桥即人民桥于 1951 年 9 月落成了。随后，市政府组织了数以千计的工人，用两个月的时间，从孔庙到南门桥之间搞了一个有三十多万人次参与的交流活动，只能是因陋就简。我曾亲临其境，两旁搭的都是些简易棚屋。尽管活动热闹非凡，但硬件却是寒酸得不行。作为国家金融机构的人民银行，理所当然要为这次大会服务，匆忙间就在南门设立了一家营业所，开展金融业务。

南门营业所占地极小，设备简陋，并因地处偏僻而未配置警卫人员，又没有银行所具有的坚实库房。因此存放重要单据凭证的只有一只普通的保险箱。至于现金，按当时制度，（储蓄所）在当天营业结束后要交到上级办事处入库。

为时二周的"苏南第三次物资交流"活动结束了。绚烂归于平淡，热闹又呈沉寂，南门恢复了昔日冷冷清清的情景。

南门营业所与参加交流会的工商户不同，不能说撤就撤，而是要长期营业下去，为发展南门新商业区服务做出贡献。

讵料事隔不久，某天晚上，匪徒光临营业所，明目张胆地把一只保险箱扛抬出去。至翌晨发现此保险箱已被砸开，并被抛入附近的小河浜内。人们不禁要问，营业所有无值班人员？回答是：有。那怎么听任匪徒盗劫铁箱？你要说值班人员熟睡未曾察觉，这种谎言连小孩也不信。看来盗贼人数肯定不少，且身强力壮（抬得动保险箱是明证）。而值班人员至多二人，银行干部文弱之辈，难道在这敌我力量悬殊的情况下，与他们搏斗不成？因此，案件发生后，据了解，对值班人员未作任何处分。

保险箱里面究竟被匪徒劫走了什么重要的票证呢？凡是上了年纪的人，都知道解放初期人民银行曾开办过的储蓄业务中有一项名曰定额储蓄，老百姓称它为"定额存单"。其面额分为：旧人民币一万元、二万元、五万元、十万元、五十万元和一百万元六种（改革为新币后，一万元为一元），随时存取，全城通兑。而铁箱内恰恰有着若干本定额存单，并已盖好专用章，意即定额存单被盗，与现金被盗毫无二致。总额究竟多少？不知其确数，但可以说，损失是不小的。你想：每本定额存单五十张，面额大小都有，累计起来，在解放初期应属于大案要案之例。

接下来，公安局派人实地踏看，分析案情。你要说排摸，这一荒凉地带何从入手？折腾了一番，一无所获。只有将被盗存单号码通告全市银行机构。

可是，树欲静，风不止，被盗存单终究出现了，持票人是谁？烟纸店里老板。问他从何而来？答曰：卖香烟收下并找了零。买烟的人呢？

杏如黄鹤,不知去向。这样,在很长时间内,总是相隔一阶段,出现一次,但想借此逮人却如风吹柳絮。这里有一个问题,这帮匪徒深知,如果手持存单到银行去取款,无疑是自投罗网。而银行的定额存单比现钞还过硬,到处通用,而钞票还有西贝货,而这种存单赛过旧社会金融机构开出的本票,是最过硬的代"通货",人民银行又不可能向全市所有商业部门印发被盗存单的号码,只能落得一个束手无策。这是受历史条件的限制,不比现在可在各处设置探头录像设备。

二、虎丘营业所主任神秘失踪案

新中国成立后的政治活动连绵不断。本人适逢其会,无一遗漏。1952年上半年,政府在党政机关工作人员中开展反对"贪污、浪费、官僚主义"的"三反"运动,在私营工商业者中开展反对"行贿、偷税漏税、偷工减料、盗窃国家财产、盗窃国家经济情报"的"五反"运动。而"三反"运动的重点是国家经济部门,特别是一天到晚点钞票和保管钞票的银行,人民银行苏州支行在劫难逃。我是报考苏南公学后被录取进入银行的,所处部门是支行会计科,只打算盘和制报表,又不是下属单位的什么头头脑脑,因此被指定为"打虎队员"。"打虎队员"者即运动的动力非对象,固亦一时之荣。好在我们所处的会计科不经手钱财,运动对象极少,而我对此又不太理解,行动并不积极。我们小组负责的一个对象是伪中央信托局的职员。我寻思,就算他在中信局贪污了,那不是拆国民党的台么,应该算作立功,怎能把他当成"老虎"呢?而此公即这只"宿笃老虎",骨瘦如柴,胆小如鼠,在运动中面色夹白,惶惶不可终日。我就跟他说,不要紧张,有什么问题就交代什么,党的政策是"坦白从宽,抗拒从严",说清楚了就可以了。我怕他受不起惊吓,会有什么三长两短。

银行里的"三反"运动正如狂风骤雨,势不可挡。有个渡江老干部从皇后饭店(人行当时宿舍)四楼纵身跳下,惨不忍睹。这位同志幸未殒命,却落个终身残疾。另外一件就是本文所要写的虎丘营业所主任,夜半出走,从此杳无信息。这些血淋淋、活生生的事实,使我这个年轻人头脑稍微冷静了些。

虎丘营业所，是银行的一个基层单位。当时银行领导"三反"运动者及市里一些权威人士，有几句"名言"，说经济部门就像一座山，"有山必有洞，有洞必有虎"。部门不分大小，虎丘营业所理所当然也是座"山"，山洞里"虎"是谁？所的头头是也。所主任姓樊，姑隐其名。我曾见其人，从表象看，忠厚老实，谨慎小心。一旦成了洞里的"老虎"，心理上压力当然很大，且这类"老虎"，当时已成监控对象，禁止自由行动，失却了人身自由，身旁有"打虎队员"看管，晚上"虎"与"打虎者"同卧一床，"虎"在里床，"打虎者"卧外床，防范不谓不周。哪知这位主任大概已经忍受不了这种折磨，因尚有大会、小会地连续批斗，大会在城隍庙大堂内举行，威灵显赫。有一次为树典型，法院院长带了法警当场宣布将银行一名所谓"顽固分子拒不坦白者"逮捕法办。现场由法警将其拎到台上，上了手铐押走。大大小小的"老虎"们见了这种场面，无不个个胆战心惊，魂飞魄散！这位樊同志大概想，与其落得如此下场，不如自己了断。于是在某日晚间，趁"打虎队员"酣睡之际，跨越而过，悄然离所。至次日凌晨，发现人去床空，急忙四出寻找。支行运动领导者指示尽力寻找，不得有误。可是，事与愿违，找遍其家属、亲友及河边等处，一无所获。

苏州说大不大，说小不小，找一个逃匿的"老虎"应该说终归会有蛛丝马迹可寻吧。可是，樊同志大概已经深思熟虑，下定了"一去兮不复返"的决心，去了一个谁也找不到的所在。要说他投河吧，尸首会浮起来；说他上山跳悬崖绝壁吧，此间山小，终究也会发现。因此樊的失踪就永远成了一个难解的谜。运动过后，大概证实他经济上并无问题，领导为抚恤其家属将其妻子吸收进银行，在某分理处任职。从此再也没人提起这件事情。这位营业所主任在这尘世间却神秘地永远地销声匿迹了。

查库存查出了贪污分子

反腐防腐，是一个热门话题，关系到国家的前途和命运。凭我一介草民，也不是三言两语说得清楚的。本文拟从一个个案来看监管制度的坚持与缺失其结果迥异的鲜明对比。

大概是去年，阅报获悉，有个地方的邮局中几个女收储员通同作弊，挪用（职务侵占）库存现金（即储户之存款），数额巨大，达数百万元。荒唐透顶的是，竟然以此购买彩票，至东窗事发，除了将这批蟊贼绳之以法外，大笔现金已经打了水漂，最终受害者还是老百姓。阅毕，大跌眼镜。呜呼！这家邮局的单位领导人与上级单位，他们的监管责任何在？他们的监管制度缘何如此严重缺失！

这使我联想起解放初期的人民银行，其主要职能之一也是吸收存款，和上述收储的邮局是同一性质的。不要认为解放伊始，国家银行初建，经验缺乏，矛盾众多，可是它却恰恰坚持并执行了有关的监管制度，这对防止和及时发现腐败分子产生了积极的作用。

首先讲，人民银行有什么样的监管制度，由哪个部门来执行这一制度？即以人民银行苏州支行为例，支行管理部门会计科设立了一个稽核股，赋予它以较大的权力，即可以对全行任何营业部门实施监督检查。一张介绍信，被介绍人等于"钦差大臣"，不管哪个部门都只有接受他们的检查。本人正好被分配在稽核股工作。

稽核股股长程润身，四十岁开外，工作积极主动，有魄力，有朝气。组内人手虽少，但开展得很有生气，因此也取得了不凡的业绩。

其次要讲的是人民银行的机构组织状况。支行是管理部门，设有相关科室。下设营业单位，有观东、观前、东中市、阊门、胥门等几个办事处，办事处下设若干分理处，分理处下设储蓄所。至于现金保管单位只有办事处和分理处才设有库房，而散在的储蓄所规定当天要将现金上解分理处或办事处的。

按照这种机构设置，支行会计科稽核股就订有一项查核现金库存的制度，可不定期地对某个办事处或分理处于早晨营业前突击抽查其现金库存，是否账库相符。读者朋友，您可不要小看了这个制度，那些心怀叵测想利用自己掌管现金的大权伸手挪用公款的人，对此不能不心存顾忌。因为不知哪一天支行会计科稽核股的人员一到，问题马上暴露在光天化日之下。

可是制度归制度，少数人还会心存侥幸，把罪恶的手伸向库内现金。下面追述发生于1951年某日的一件事实。

观东办事处是几大办事处中较大的一个。出纳股长姓施。此人表面上面目和善，工作勤恳，兢兢业业，任劳任怨，即便有些头疼脑热也坚持上班不请假。由此被评为银行的先进工作者。

1951年某日下午，程股长向我和另外一位同志关照，明晨在七时前直接到观东办事处查库，介绍信则由程股长亲自执持。可能读者看了觉得七时还未上班，去了有什么用呢？这是因为解放初期，凡属国家机关（此时银行亦属国家机关），清晨六时半就有早学习的制度。隔日清晨我们奉命前往。到办事处由程股长向办事处史主任出示了介绍信。当即要这位姓施的股长，拿出现金库存簿，由我们拿着，他就取钥匙开库房门，静候我们的检查。

此时元以上钞票面额分为旧人民币十万元、五万元、二万元、一万元四种。我们在木架上先点大数，即各种面额的数量与库存簿记载的是否相符。结果是相符的。接着是抽检，即从各种面额已贴封签者（一百张为一封）进行核点。当时从木架最高一层取下。岂料一拆封，就露馅了。

这是怎么一回事呢？在抽检十万元封时，发现首底为十万元的，中间却是一万元和二万元的。也就是说，本来一百张十万元应是一千万元

（即新币千元），夹进了九十八张一万元的，每叠仅剩了一百一十八万元（即新币一百一十八元），一叠即被挪用折新币八百八十二元。凡是夹进了九十八张二万元的，即每叠仅剩了二百一十六元，一叠即被挪用折新币七百八十四元。同时在抽检中还发现五万元面额的一叠同样夹有一万元和二万元，其挪用数各为上面所述的对半。不查不知道，一查吓一跳。程组长立即与史主任联系，请他查看。一面组织人员全面清点库存，一面派人将出纳股长看管，防其逃逸或发生意外。清点结果的具体数字额因年隔过久，已经记不起来了。但大概可以确定有几千万元旧人民币（即数千元新币）。要知道，这在解放初期是天文数字呀！程组长与史主任共同将有问题的钞票全面封存，临时指定人员负责出纳工作，开门营业，照常工作。我们则返回支行，向会计科长汇报。科长立马向施云滨行长汇报。这一惊人之举，一时间传遍全行，成为说话资料。

这一问题的暴露，是大出意料的。程股长所谓的任劳任怨，有病不请假不仅属伪装的表象，最根本的问题，他干了这种事就再不能请假了，否则一旦有人代理，说不定问题马上会被揭发出来！

关于对此人挪用大量公款的犯罪行为，本来是马上可以立案处理的，正好1952年"三反"运动开始，就拿此人作为运动对象"老虎"对待。进行大会小会批斗，事实已经清楚，再要他交代也没有什么好讲了，他只是在批斗会上连声讲"我有罪，我有罪"。至于运动后期他被如何处理的我也未作了解，反正判刑是免不了的，挪用之赃款肯定是追回的。

我只是想用此例来说明，在经济领域里，坚持监管制度是非常必要的。这一次查库的结果对全行某些人确有震慑作用。因此事件之后，我调离银行之前，虽然也随程股长多次对有关单位进行现金库存抽查，始终未有过此类问题的出现。事实雄辩地证明，监管制度的建立与坚持执行，是防腐的重要措施。

评弹界的趣闻轶事

有道是人到老年喜爱旧，随着时光的流逝，这些尘封之事，在脑海中反复盘旋，挥之不去。既然如此，就把它付诸笔端，尽管是一鳞半爪，多少还有一点小小的趣味性。

一、严雪亭弹唱《密室相会》的热效应。

记得我在求学时代，一个岁聿云暮的冬天，弹词响档严雪亭先生在东中市德仙楼书场弹唱《杨乃武与小白菜》。由于严雪亭的精湛演技，倾倒了无数听众，差不多每天都是座无虚席，甚至走道中间也排了临时座位。当说到"密室相会"关子书那一天，天降鹅毛大雪，不仅书场内仍然挤得水泄不通，就连窗外站在雪地里听"转书"者也不计其数。这一"空前"的盛况，至今我记忆犹新。

二、四海楼欣赏张少蟾的大套琵琶。

弹词名家张少蟾先生不仅擅长说表，且在琵琶演奏方面颇见功力，这在诸多弹词演员中是不多见的。记得有一次我去临顿路四海楼听书，正好遇到张先生加演琵琶独奏，那时称作"大套琵琶"。张先生演奏大套琵琶，有这么一条规定，即每逢农历三、六、九日在正书前加演。那天，我听的是一曲《龙舟》。通过张先生的弹、挑、抹、拂，演奏得正如赛龙夺锦，热闹非凡。聆听之余，我十分兴奋。这对我后来不满足于弹一些评弹曲调，不断寻师访友，学练琵琶独奏曲有一定的影响。

三、国泰书场开业，别出心裁，大响档演出，至今余音在耳。

在我幼时，记不清是哪一年了，临顿路新开一家国泰书场。按现在说法，这家书场的场东颇有点创新意识：其一，书场内座位排列迥异于一般的茶馆书场，如同电影院的座位一样（但无电影院那么讲究）；其二，书场不是买筹入场，而是预先订票，这可能是开业那天预计听客特多之故；其三，买满若干张票，赠送玻璃杯。开业那天，我父亲带领全家前往。听到的是弹词大响档魏钰卿先生的《珍珠塔》，那一段"陈翠娥哭塔"的段子，真是声情并茂，博得阵阵掌声。"小姐是终日凝愁双泪悬，咬银牙毁碎了凤头簪……"那正宗的马调，至今一直在我耳边余音袅袅，不绝如缕。名家艺术之魅力，可见一斑。

四、徐云志的雅号及其风靡一时的录音唱片。

在上世纪40年代，徐云志已在弹词界脱颖而出，蜚声书坛。他所创造的徐调，被称作是"糯米腔"，唱时九转三回，清响从容，圆润甜糯，袅袅不绝，倾倒了无数的书迷。由于听众对他的喜爱，在背后称他的雅号为"小莘荸"，这是一种昵称。为什么？据我臆测，可能是徐云志脸上有两个酒靥的缘故。那时灌了好几张唱片，电台日夜播放，有条件的富裕人家，则启动留声机在家听取。其中一曲《狸猫换太子（寇宫人）》更是耳熟能详。开曲第二句"她奉主命且向御苑行"，在唱这个"苑"的拖腔时，足足要唱几十秒钟。到落调时，"一声蓦听儿啼哭，好比万把钢刀刺芳心，掷向绿波总不忍"，听来真够过瘾。记得徐云志还曾有一张《周美人上堂楼》的唱片，最后一段绕口令，经我查阅《苏州弹词大观》，遍寻无着。根据我的记忆，述录如下。这回书的情节是《三笑》中元宵佳节周文宾与祝枝山打赌，男扮女装是否会被人察觉。当周文宾扮成乡下姑娘上街观灯时，恰恰被王老虎瞎猫拖死老鼠地把这个西贝女子抢回家中。当晚将周寄住到面目姣好的妹子闺楼上。王小姐看到了十分俊俏的乡下娘娘，心生嫉妒，于是，有了这样一段咕白"我伲两只标致面孔傍起来，是我只标致面孔比起俚只标致面孔来得标致呢，还是俚只标致面孔比子我只标致面孔来得标致呢，究竟是拿（哪）只标致面孔来得标致"，"单说格两声亦弗轻容易格，弄得不好说子标孔面孔，难听相得极"。在若干年前，徐云志就能借用其他剧种的表现形式，搞了一次闺阁千金PK乡下姑娘的新尝试，确有创新意识。

五、"描王"夏荷生衣领特高有玄机。

夏荷生那时是刮辣辣的大响档。他所说的看家书《描金凤》，并不像《西厢记》《珍珠塔》那么高雅，其内容都是些身边社会底层的小市民故事。主角为走江湖的钱笃召，还有他的老相好许卖婆，好比喜剧里的角色，因此深受听众的欢迎。夏荷生的特色是响弹响唱，说表火爆有力。当时书场的上座率极高，在电台也是收听率极高。于是，被称为"描王"。我在幼时曾多次听过他的书，见他精神抖擞，神采飞扬，但是他与众不同的地方是，所穿的马褂（长衫外的短罩衣）领子特高，我心中感到纳罕。后来才知道，夏在台上台下的状态截然不同，因他的健康状况很差，而响弹响唱是需要付出很多精力的，在入不敷出的情况下，沾上了阿芙蓉癖，即成了吸鸦片的瘾君子。按照现在说法，由于自身免疫功能低下，以致传染了结核，病灶却在淋巴部位，俗称"疬子颈"，淋巴结核溃疡结疤，颈项一条条如同蜈蚣一般，十分难看，只能将衣领做高，以资掩饰。正由于此，这位极有天分的评弹名家，只活了四十七岁，就过早地逝世了，实是评弹界的一大损失。

六、蒋月泉曾经输给邢瑞庭一只红木琵琶。

蒋月泉与邢瑞庭分别是周玉泉和徐云志的高足，他俩之间关系很密切。蒋有一只红木琵琶，小巧精致。一次两人打赌（可能是搓麻将）言明，邢若赢了，此物即归邢所有，结果倒真的如此。有一次，我在俞明主任家遇到了邢晏芝老师（因我曾为她独唱会刊写过小楷，所以比较熟悉），她说起了这件事。我很感兴趣，故提出能否一睹佳品。好在那时晏芝老师的家离得很近，即时取来。经我一试，音色甚佳，果然是只好琵琶，特别适宜于评弹女演员使用。因一般红木琵琶都是民乐演员独奏之用，既大且重。据晏芝老师讲，这只琵琶长久未用，到了她手里，经重装面板，并重新排品后再次焕发了乐器的青春。晏芝老师在高规格或规模大的演出之时，一般都用这支琵琶。

七、严雪亭有一阕在解放前演唱，新中国成立后不再演出的开篇。

严雪亭先生不但书说得好，唱功沉着平稳，且擅方言。在解放前，他曾经有过一曲开篇，叫《江北夫妻相骂》。其唱词开头为："区区深宵转家回，一日辛苦忙非凡。小户人家来经过，只听得里面闹非凡。原来是一夫一妇生口角，江北初到上海滩。"接着说白："阿唷会，你这个猪头三……（用苏北方言）"下面因涉及不文明语言，就不再落笔了。现在看来，开篇本身明显有籍贯歧视的缺陷，新中国成立后也就销声匿迹了。好在我的记忆力尚可，居然还能把这支开篇的开首几句完整地写出来。

八、沈俭安有一位富家公子的徒弟。

沈俭安先生门墙桃李众多，除了周云瑞以外，都是"安"字辈。我因自小随汤师乃安学琵琶，汤师经常与一些同道到我家中来闲聊。一次来了一位姓张艺名静安的先生。此人温文尔雅，乃吴江同里人，家道殷实，酷爱弹词，特去上海拜沈俭安为师。三年学成满师，并未下海，而是以此作为业余消遣。由于他从未登台演出及上电台播出，因此听众们都不知道有这么一位书艺相当有造诣的说书先生。我适逢其会见过一面，如张先生健在的话，大概要在九十岁以上。

九、周希明缘何能唱如此正宗的"周调"？

常州评弹团的周希明先生是一位能说又能创作的弹词名家。他所写的《苏州第一家》《三更天》等，都赢得了听众的好评。特别是他的"周（玉泉）调"，唱来清脱飘逸，沉稳舒缓，深得周调精髓。何以他能做到这一点么？在和他接谈后才恍然大悟，原来是家学渊源。希明先生的尊大人就是周玉泉的高足伯庵先生。这位周伯庵，他曾和其师弟徐伯菁在六十多年前到过我家，也是汤师陪同前来的。好像时间不长，在书坛上就听不到周徐的演出了。

十、张鸿声的"飞机《英烈》"和被他说活了的胡大海。

上世纪 40 年代，说大书中有两位说《英烈传》的响档，一名许继祥，一名张鸿声。两人的风格迥异，可称南辕北辙。对许，人称"吐血四官"，嗓音低哑；张则干净利落，精气神诸方面兼有，说书的速度奇快，人称"飞机《英烈》"。在这部书中有个喜剧角色就是胡大海。说大书时书里人物出场要有"挂口"或"咕白"，而胡大海的咕白就是"老子胡大海，手托千觔板，做过大元帅……"，省略号是一句"国骂"，这里从略。简单几句咕白，胡大海的憨态可掬，以及他表面上"戆"，实质上"乖"，甚至在战场上诡计多端的神态都表现得非常到位。听了张鸿声的书，小孩们最喜爱模仿胡大海的角色，把这上述几句咕白熟练地挂在嘴上，以致遭到家长的呵斥，原因是在最后一句"国骂"上。

十一、朱耀祥、赵稼秋所灌的唱片中加了二胡配音。

早先，小书界的朱赵档异军突起，别树一帜，朱者朱耀祥，赵者赵稼秋。传说朱曾唱过"小热昏"，实则是唱苏滩地方剧的。朱耀祥的唱腔有点怪，号称"祥调"，特别是说了请陆澹庵先生改编的《啼笑因缘》而名声大振。他灌过两张唱片，一为《啼笑因缘》中的《别凤》，一为开篇《上海少奶奶》。记得在开篇的唱片中，除三弦、琵琶外，还加用了二胡配音，显得很别致，在弹词界尚属首创。可见，传统的东西，总是在不断创新，哪怕是极细微之处。

十二、一位罕见的说大书的女先生。

评话，也就是时称为说大书的先生中，极少有女性的。而在上世纪四五十年代，苏州曾经有过一位叫贾彩云的女演员开讲《济公》。她大概不是润余社，就是普余社的。这在当时来说，在评弹界真是罕见的现象。这位贾女士确有冲破传统束缚的大无畏勇气，否则就不可能以女儿之身，手持信木，走上书坛的。事实上，她也得到了听众的认同，就这么活跃在当时的书坛上。

十三、张鉴国先生最后一次的苏州之行。

说起张鉴国，人人都知道这位"琶王"，对"张调"起了极重要的烘云托月作用。1996年中，一日下午，我接到苏州电视台殷德泉先生的电话，要我去十梓街一家枕河的旅社。原来是"琶王"张鉴国先生来苏，要对其进行采访、录像，并由张讲述自己伴奏艺术的形成与发展。此时张先生大概七十开外，花白头发，身穿黄色西服，红色领带，显得十分精神。边采访边谈，直至黄昏。之后，在祝贺苏州电视台书场开播一千期的纪念刊物上，有"琶王"在苏州的三帧照片，只见他神采奕奕，谈笑风生。这也是鉴国先生最后一次莅临苏州。1999年，苏州电视书场袁小良等人专去上海寿星家中采访。曾几何时，哲人其萎，不久，他就走完了人生历程，在上海逝世了。

十四、快人快语的余红仙。

在弹词演唱领域里有非凡才华的余红仙，上世纪60年代初一曲《蝶恋花·答李淑一》使她成为家喻户晓的名家，赢得了盛誉。她在1960

年进入上海市评弹团以后，有机会与蒋月泉、杨振言、陈希安、徐丽仙等书坛多位名将合作，使她在艺术上得到了有益的切磋和显著的提高，成为弹词界耀目的明星。至 1993 年，她获得国务院对有特殊贡献的知识分子的终身津贴，这是一项殊荣。

1994 年由上海市文化局、上海市评弹团、曲艺家协会以及上海电视台等单位在上海商城剧院联合举办了"余红仙书坛生涯四十周年演唱会"，这是一次盛况空前的演出，取得了圆满的成功。在演唱会之前，苏州电视台殷德泉先生传言，要我为余红仙老师写一帧扇面。我奉命从事，写的内容是余红仙的代表作之一——《红楼梦·王熙凤》，经殷先生及时转交，并在演出会刊上予以刊载。在我想来，这件事算是尘埃落定的了。讵料不久又经殷先生传言，不知哪位仁兄缺德，把我书写的洒金扇，顺手带走了，因此余红仙老师要我再写一把。再次奉命，很快交了卷。但出乎意料之外，余红仙说这一次写的小楷扇面逊于上一把。我始则反思，造成这一结果的原因，可能是我手中任务多多而未经心而书；继则哑然失笑，想想这位擅起如王熙凤、三仙姑等泼辣角色的余红仙老师，真是快人快语，实话实说，对我这个经常挥毫弄墨的老人，未始不是一次很好的鞭策！

才艺超群的赵开生老师

　　凡是喜爱评弹的老听客，提起赵开生老师，可称哪个不知，谁人不晓。

　　我之所以称赵开生为老师，这是出于对他才艺超群的钦佩和尊重。按辈分讲，我与他应是师弟兄的关系。这倒并非是瞎攀附。且看，开生老师于 1935 年生于常熟，1948 年师从上海弹词名家周云瑞，周为沈俭安之高足；我则幼年学弹琵琶，乃俭安先生弟子汤乃安先生启蒙，是以我俩同出一门，师祖同为沈俭安。这一点我曾当面与开生老师谈过，所不同者，赵为专业演员，我乃业余票友而已。

　　要说开生老师的光荣史，须知他与其恩师周云瑞一样，精通音律。一曲《蝶恋花·答李淑一》，就是他所谱成，真是蜚声中外五十载，经久不衰。据开生老师回忆，在谱此曲时才二十三岁。当时由他所在的上海长征评弹团领导指定他为毛主席这首词谱曲。在接到这一光荣任务后，他既喜又惊，忐忑不安而创作热情又十分高昂，顺利地把此曲谱成了一个融评弹、歌唱、京剧为一体，以评弹为主旋律的新腔。谱成之后，由当红女演员余红仙内部试唱。陈云老首长听过之后，曾拉着赵、余两人的手到周总理面前，请总理提意见。当时业内人士及社会上对此颇多非议，特别是"万里长空且为忠魂舞"这一句长腔，认为这还算弹词曲调吗？是不是在唱歌啊？总理当场就鼓励赵、余两人要打消顾虑，指出只要把毛主席这首词的情意唱出来就是可行的。这对赵开生来说是一个极大的鼓舞。

首播此曲后，一是开了苏州评弹为毛主席诗词谱曲之先河。之后，又陆续谱成的有《卜算子·咏梅》《七绝·为女民兵题照》《七律·人民解放军占领南京》等多首曲子，受到了中外人士的喜爱与认同，甚至连有些老外也能哼上几句。二是此曲一举唱红了江浙沪两省一市乃至全国，产生了歌曲以及其他剧种纷纷向评弹学习的效应。三是这些为毛主席诗词所谱之名曲既保持了弹词原有的韵味，又有所突破，各出机杼，成为弹词永垂千古的精品杰作。就凭这一点，开生老师为此而作出的贡献应该说是够大的了。

再说，开生老师的才艺超群，要算他把《珍珠塔》这部苏州人攀谈已经"熟汤气"的老书说得新意迭出，发挥得淋漓尽致，引人入胜，宛如品尝阳澄湖大闸蟹。因为真正懂得吃闸蟹之鲜美的老饕们深知，尝过大闸蟹再吃别的什么都没滋味了。听过开生老师的《珍珠塔》也是如此。总之，听了还要听，越听越想听，听到哪天"剪书"，马上要说"喔唷，奈末吽不听哉"，恋恋不舍之情油然而生。所以讲说传统小书说到这一程度，真是"到仔火候浪哉"，难能可贵，百里挑一。

作为弹词老票友的我，对开生老师心仪其人，心折其艺，之后，通过电视台的殷先生的介绍，结识了开生老师，一度曾与他鱼雁互传，以通款曲。这也可以说是与他有缘的了。

上面讲述了开生老师谱写《蝶恋花·答李淑一》的历史，不能不提到，他另有一首为《红楼梦》金陵十二钗之一的巧姐所谱之曲，同样非常之精彩动听，寓声于乐，寓情于曲，亦属上乘之作。为此我于1996年曾经撰写过一篇关于赏析《巧姐》的小文，刊登在第4期《收藏与欣赏》的评弹收藏鉴赏学会的会刊上，现摘录供读者参阅。

不久前，我应《苏州消费报》"为评弹名家造像"栏目编辑之邀，为赵开生先生编了两句词。词曰："云瑞嫡传青胜蓝，《珠塔》老书陈出新。"词虽简，而自觉这十四字尚堪概括开生先生高超的弹词艺术。

顺着"青胜蓝"的思路，拟对由开生先生谱曲弹唱的金陵十二钗《巧姐》开篇，作一粗浅赏析。

开生先生受业于周云瑞。周不仅说唱俱佳，并能依照自身体质、嗓音条件，创造了优美、柔糯、委婉、不绝如缕的唱腔流派，名噪一时；且师从民乐大师卫仲乐，徜徉于民族音乐殿堂，在器乐方面有相当造诣。据有关资料介绍，徐丽仙"丽调"形成过程中，谱曲方面曾得到周云瑞的大力帮助。

我这儿说开生先生"青胜蓝"，指的是在音律方面。驰名中外、脍炙人口的《蝶恋花》评弹曲调，即由开生先生所谱，此为传世不朽之作，永垂评弹史册。无独有偶，开生先生又为《巧姐》开篇谱了别开生面、别具韵味的新曲，其创意之新，愚意可与《蝶》曲相媲美。

其一变调特异。一般弹词演唱，三弦定为 D 调，即子、中、老三根弦定义 5、1、5。但《巧姐》之三弦定为 G 调，即子、中、老三根弦定为 2、5、1。这一变调，我看非随心所欲，乃根据开篇内容的特定环境需要，为反映出贾府经抄家后的那种大厦倾圮一片衰颓氛围而定。

其二，曲调流畅。我为记录此曲曲谱，曾听《巧姐》音带不下百遍，在反复欣赏中深感，开生先生所谱的曲，通篇十分流畅，唱来朗朗上口，虽三回九折，仍然一泻千里，毫无拖泥带水之感。

其三，以声传情。如"时难运衰亲不认，门庭冷落车马疏"，唱出了"无可奈何花落去"的情景；"乐煞那恶舅奸兄众刁奴，丧尽天良把渔利图"，唱出了小人之辈的猖狂与无耻；唱到"她是低头痛哭仰天呼，莫展一筹没奈何"，把弱小女子孤立无援的绝望心情，表现得恰到好处，闻之令人心酸；特别值得一提的是紧接"没奈何"的一段长过门，由低沉转向高亢，反映了事情出现转机，是全曲谱得最好的一段。至于唱到"见多识广的老婆婆""施良策暗中善张罗"，加上刘姥姥与巧姐一段对话，曲调轻快，反映出雨过天晴、好人获救的喜悦心情，而三句"落调"则唱得丝丝入扣，更使人享受到一种"百事和"的满足感。

据今年 11 月苏州报纸先后报导获悉，开生老师年逾七旬，依然活跃于书坛，在评弹这块土地上辛勤耕耘着。今年 10 月，在第三届千灯文化节上，苏州市有关单位部门联合举办了赵开生艺术生涯六十周年作品展演，同道们友情助演，赢得了满堂掌声。这缘于对这位才艺超群的评弹表演艺术家"退而不休"精神的敬仰与肯定。大家一致公认，他在桑榆晚年，又对评弹作出了新的贡献。如他在退休后担任了苏州市评弹团的艺术顾问，十余年来先后为苏州、常熟等评弹团创作改编了中篇评弹《雨过天晴》《杨乃武还乡》《香山侍郎》《大脚皇后》《一念之差》等多部作品，并对大批中青年演员尽心传艺，特别是《大脚皇后》在他的精心创作、指导下，被评为江苏省舞台艺术精品工程2003—2004 年度精品剧目，还荣获中国曲艺牡丹奖、第六届江苏省"五个一工程"优秀作品奖等，成为全国曲艺界获奖之最。

吴平国乐团

我查阅了《苏州市志》（1995 年版），其中民族音乐一节仅提了"艺声歌咏团"，对"苏州吴平国乐团"只字未提，深感遗憾。可以毫不夸张地说，在中国民间民乐史上，吴平国乐团当居重要一席。直到 2006 年 5 月、11 月，2007 年 1 月，一再在苏州报纸上看到了有关吴平国乐团的报导，我倍感欣慰："吴平啊吴平，你总算又重新返回到人们的视线中了。"创造人泉下有知，定当含笑而拂其长髯矣。

鄙人兴趣广泛，什么都要学一点，俗称"三脚猫"，是逮不着老鼠的"猫咪"。1942 年，我供职于一家商业银行。大哥有一同事，乃是苏州民族音乐界前辈项印若先生的千金，经她的介绍，我得以参加了在抗战期间一度停止活动的苏州吴平国乐团。当然，参加是要具备一定条件的，即至少擅长一种民族器乐，并有参与重奏和大合奏的水平。

项印若先生是苏州倡导民族音乐的先驱者。他与诸同好在 1929 年创建了吴平国乐团。关于"吴平"这个名字，据说创办伊始，参与者为东吴大学与平江小学的师生们。当时印有专门介绍乐团的刊物，惜乎我在下放苏北时统统抛弃了，否则，这批珍贵的历史资料将成为最具说服力的见证。"吴平"成立时人才济济，演出水平相当高，并办有会刊、创作会歌、设计会徽，颇具规模。后因抗日战争爆发，苏州沦陷，被迫停止活动。1942 年项老先生再度出手，重新召集老会员，有条件地吸收部分新团员，然后恢复正常活动。当时称新团员为吴平乙组，以示新老区别。在老团员中，有在苏州音乐教育界享有盛誉的姜守良先生，有一定扬琴演奏技艺的邵廉珪先生，还有早先的琵琶手此时已经荒疏的徐厚颐先生，尚有周兰荪和赵惜麈先生等。

我是以评弹为入门的琵琶弹奏者，尽管水平一般，但恰好填补了空白。入团后，我既增长了见识，又得到了实际的锻炼，因此有了长足的进步，成为乐团唯一的琵琶手，实际上"蜀中无大将，廖化当先锋"是也。

吴平国乐团恢复活动后有这样的制度：每周一次在定慧寺巷苏公弄 7 号项宅集中排练。乙组人员有两位台柱子，都是印若先生的公子。长子项祖英，时在东吴大学经济系就学，是团内的第一二胡演奏手；次子项祖华，在苏高工就读，专司扬琴。其余的青年成员如拉二胡的马家麟（后为苏州医学院教授），吹笛子的柳关寿（为竹藤柳器店小开），吹洞箫者为印若先生的内侄、东吴大学学生，后成为外交人员的谢承浩，兼弹秦琴和大阮。另一洞箫吹奏者是唯一的女团员张红怡，也是东吴大学的学生。此外尚有后来任江苏省昆剧院副院长的徐坤荣，以及张海仑、华仑昆仲等等。

诸多团员，聚在一起，仍是一盘散沙，必须有高明的指挥来统帅。先后担任吴平国乐团指挥的有姜守良，二胡名家、上海音乐院教授陆修棠，尚有沈阳音乐院教授张季让。应该说，指挥的阵容是相当强的。在我印象中，姜守良先生笑容可掬，宽厚仁慈，他不仅能指挥，还是作曲家，器乐演奏的全能手，一点架子也没有，与他相处，如沐春风。而最有魄力最能驾驭这些未经专业学习的杂牌军的是张教授。因为这样一个团体排练起来，最重要的是和谐，即要求所有乐器全部定在一个音域上。但我们这些小青年即使调好了音，还喜再拨弄几下，于是八音齐奏，吵得一塌糊涂。只见魁梧的张教授将指挥棒在谱架上一敲，以示 STOP，于是，诸音齐寂。然后由他逐一听取、校正，经过他的整合后，演奏起来才能悦耳动听，使人们在艺术上获得享受。

我记得先后曾排练过的大合奏乐曲有《将军令》《三吴曲》《枫桥夜泊》《春江花月夜》，以及二胡重奏《石湖之春》等等，还有好多已淡忘了。

排练，是演习；真正的动力，是演出。根据吴平国乐团以弘扬民族音乐为宗旨的初衷，大部分演出都在各个学校校庆时。在我记忆中最难忘怀的是一次在振华女中（今市十中）礼堂演出。大合奏的乐曲为《枫桥夜泊》，指挥乃陆修棠教授。我这个琵琶手还坐在台中央咧！由于我有演奏踏拍子的不良习惯，脚上穿的是黑白皮鞋，说明季节应是在初夏。外出演出除大合奏外，较多是广东曲子，演奏粤曲最大优点是轻骑兵，只需三个人组合：二胡项祖英，扬琴项祖华，秦琴则由谢承浩或我交替上台。我们自称为"粤曲苏州三剑客"。

这里特别要说的是，项印若先生毕生为吴平国乐团作出了无私的贡献，毫无功利可言。让我来描述一下，当时乐团团址设在项家，这是一个什么样的状况呢？偌大一个音乐团的乐器，大大小小，林林总总，一个几十平方米的房间放得满满当当。每周排练时，一遍又一遍，真够嘈杂的了。项宅一家老小安之若素，从未流露出厌恶的情绪。天长日久，实非易易。但事实却说明世上往往有这样的事例：你办这件事，毫无个人利益的目的，但产生的效果却是出人意表。就是说，当年苏公弄7号吴平国乐团于有声处恰恰孕育培养出了民乐界两个大师级人物，即上面提到的项祖英、祖华昆仲。他们最终都没有从事所读的专业，而是分别成为二个音乐院教授，一南一北，宛如两颗璀璨的明星，交相辉映。

先说项祖英。他自幼在家庭环境的耳濡目染下，原来就拉得一手好二胡，参加吴平乙组后，由于得到号称"南陆北蒋"的陆修棠先生的耳提面命的指点，因此在演奏技艺上是属高层次的。他起先参加当时著名的上海民族乐团，任第一二胡手。"文化大革命"后则成了上海音乐院的教授。据了解，中央领导如毛主席、周总理等都听过他的二胡演奏。他有一名学生乃上海大名鼎鼎的周冰倩，熟悉的人只知道她是耀眼歌星，其实唱歌是半路变身，她在音乐院的专业是二胡，因而她在歌唱演出时，往往自拉自唱，扬己之长，标新立异。最有趣的是，日本驻上海领事的夫人，却是个汉乐迷，义无反顾地投身项祖英门下，学习二胡。祖英兄从事民乐后，我与他很少联系，仅在"文革"时期，我下放苏北，中途因病在沪治疗，曾相约见过一次面。总的感觉，经过这场不可理喻的浩劫后，他和他的家人显得小心翼翼。我俩谈话的内容也心存戒心，并未敞开胸怀。大概是 1980 年左右，他曾应邀来过苏州，并在市委礼堂演出独奏二胡名曲，获得了故乡知音者的热烈欢迎。从此与他失去了联络，如今未知他还健在否？

再说项祖华，据我所知，他在吴平乙组期间，为求深造，常去铁瓶巷苏州扬琴高手任晦叔先生处请教。在名师指导下，加上本人天分颖悟，自身勤奋，最终成为中央音乐院教授，后在中国音乐学院任扬琴教授。去年，他曾应邀来故乡演出，报纸上称他为扬琴大师，桃李遍布，并且在扬琴演技上有了突破性的创造，还创作了无数名曲。当报社记者采访他时，他对故乡、对吴平国乐团流露了深深的眷恋。惜乎是我年迈衰病，事先既未得知，事后才见诸报端，未能一睹他今日资深教授之风采，同忆昔日之友情。想来他离苏已久，毕竟物是人非，回到故乡，对旧时友人在短短时间内也不可能再予查询的了。2007 年 1 月 31 日，《姑苏晚报》刊载江苏民族乐团来苏献演消息的同时，提及"苏州是中国民族音乐的重镇，上世纪三四十年代的吴平国乐团已经远近闻名，也涌现了项祖英、项祖华等苏州籍著名民族乐器演奏家"。

吴平国乐团在印若先生逝世、乙组成员（大部分为学生）星散的情况下，停止了它的活动。直到"文革"后，大概是 1979 或 1980 年，由文联艺指委的钱璎同志出面，召集尚在苏州的吴平老团员会议，明确吴平由平江艺术馆的方博接收。会议之后就和我们老团员断绝了联系。之后他们如何活动，有什么新的进展，都不得而知，仅耳闻复苏后的吴平国乐团有一二胡高手朱小虎，技艺上乘，如是而已。

以上仅凭记忆，吉光片羽，拉杂至此。

门前看街景

现在的少儿、少年真幸福，可资消遣的东西太多了，最普遍也最使家长伤透脑筋的是无休无止地看电视，有的是上网成瘾，搞得晕头转向，有些可怜的父母到了深夜还在挨家挨户地到网吧去寻找他们那宝贝的儿子咧！看来什么事情总是有利有弊。看电视与上网虽然对拓宽少儿、少年的视野，开发他们的智力都是有益的，问题是要掌握度，过了度，肯定就会出问题，甚至成了祸害。

这篇小文，要讲一讲我们这一辈人小时候的消遣。记得在上小学时，放学回家后和星期天要么打打玻璃弹子，滚滚铁环，间或跳跳绳，或者"一撸麦，二撸麦，三撸拍大麦……"，边叫边击掌。说实在话，课余的生活是很寂寞无聊的。于是就有了一个无偿、随意的消遣——立门前。

我们家是一所自建的石库门民居。平时石库门外面有一扇扬州式矮闼门终日关闭，即上了门闩的。后来有了司必灵锁，那家人进出就方便多了。记得我父亲是不大在家的。我们放学回家，温习功课或练习毛笔字外，余下的时间显得无所事事了，就一股劲地缠着母亲，要求准许"立脱歇门前"。逢到母亲晚饭已做好，手中又没什么针线活的时候，就带着我们兄姐弟三人开了扬州矮闼门，立在条石阶沿上，浏览路过的形形色色与来往的人们。小小一条街，仿佛是一个社会的缩影，能体味出一些社情民意，以及某些地方特色。当然，斯时我们小小年纪只为解恹气与好玩，不可能有什么深层次的理解。现在写来，真是人间百态，颇饶趣味。

一看来往的车辆

那是人力车基本一统天下的时代。来来往往多数是黄包车，那时苏北人在乡下生活难以为继，就到苏州等城市车行老板处租一辆车，交一笔押金，就靠拉车维持生计。黄包车夫风里来，雨里去，夏日晒日头，寒天受北风，确是苦交易。我们立门前看到坐黄包车的人有各色人等，经常看到有人坐在车上直催："拉得快点、快点！"弄得车夫气喘吁吁，汗流浃背。由于我家离苏州火车站比较近，傍晚一班火车到站，于是出现了人力车好几辆甚至十几辆鱼贯而过。车上坐客中红男绿女，老少美丑，各不相同。这些人都有大小行李。虽说苏沪相距甚近，在当时来说总归叫出门，颇有点行色匆匆的味道。最好看的是自备包车。座中有大腹便便的地主老财，有珠光宝气的少奶奶、小姐们，偶有出诊接产的产科医生，还有赶场子的响档说书先生，"叭啵叮当"，看得我们津津有味。

二看各种小吃担档

苏州的特色小吃是颇为著名的。先说说一年四季都活跃在四街小巷的骆驼担，如馄饨担和糖粥担。它们的特点是在基本固定的时间内停歇在一个固定的地点，离我家很近。这两副担子一到，点火烧煮或加热，马上显得热气腾腾，香味四溢。特别是肉馅馄饨加上一个水潽鸡蛋，浓香扑鼻，令人馋涎欲滴。还有黄昏出现的臭豆腐担。一个白发苍苍的老人，挑了一担备有沸滚油锅的小担，见我们立在门前，立马停下来，口内吆喝"臭呀豆腐干嗳……"，他佘出来的豆腐干，外面裹上一层色泽金黄的表皮，颇有异香，你买几块他就在铅丝筛盘上以铁钳拣了，用稻草芯子一串。我妈妈经常买给我们吃。逢到此时，因以食为先，我等立即返身入户，当天"立门前"宣告结束。附带说一声，爱吃辣味的人，这个担上是备有辣酱的，可以满足你的要求。还有油豆腐线粉汤，担主是一个中年人，他可能是家传的配方，味道特别鲜美。你看他那熟练的动作，先把油豆腐放入锅内烧煮，后将线粉放在一个小巧圆形的竹制笊篱内浸入汤中，一忽儿油豆腐入味了，线粉也熟了，于是一碗香喷喷的油豆腐线粉汤就可以供你享受了。尤其是冬天，竟能起到暖身祛寒的作用。接着说说季节性的小吃商贩，如秋天的菱角。小贩肩背上一只广漆的木桶内有和尚菱、沙角菱、馄饨菱，冬天则是乌菱，上盖着厚厚的棉毯，掀开来菱角尚保持着一定温度，马上可以大快朵颐。秋冬季节，特别吸引人，也使人难以忘怀的是白果担。卖者吆喝着"烫手罗来热白果，香是香来糯是糯，要吃就来数，一个铜板买三颗嗳"，手中则拎着一只烤白果的铅丝镂空工具，四周配以小铃铛，一面唱，一面摇晃，发出"哐铃哐铃"的声音。在寂静的空间会传到好远好远。你别小瞧了这种叫卖声，它和"小楼一夜听春雨，明朝深巷卖杏花"一样，也是蛮有诗情画意的。

当然，还有豆腐花担、糖芋艿担、箍桶担、生铁补镬子担、铜匠担等。因大都在白天走过，此时黄昏已很少见到他们的身影了。

三 看行乞者的不同形象

旧社会乞食者比较多，你在门前站一回，不时会有此类人走过。一种是盲人，手持竹竿，边探路边行走，一面嚷着："娘娘太太，苦怜苦怜，阿有冷粥冷饭，修福修寿。"对这种盲人乞丐，一般人都会在他的破帽子中丢上几个铜元。特别有趣的是有一对老夫妇俩相携而行，男的已经很老，行走困难，是由妻子扶着的，而这位女的身上衣着虽有补丁，却很整洁，发髻梳得整整齐齐。一路上用她的女声唱着："老来苦，真正苦娘！"这对夫妻行乞档差不多总在薄暮黄昏时过我们住的小巷。还有一种"强叫化子"，苏州人称他们为"赖皮叫花子"，声腔重浊，看见有人站在门口会强索硬要，以此，我们只要远远看到，马上仓皇撤退，关门落闩。

四 看方外人化缘

　　方外人中，一种是茅山道士，身穿黑色道袍，头戴黑色道冠，口中念念有词；一种是佛门子弟和尚，手执木鱼、缘簿，口念"阿弥陀佛"，是出来化缘修庙或为菩萨金身的。由于道士和尚的衣袖都出奇的大，当时曾有装纳小孩子的说法。因此，逢到僧道出现，我们这些看野景的小孩儿马上溜之乎也，回到家中，甚至心头还怦怦跳个不停。这是"立门前"最煞风景之事。

　　以上这些，犹如过眼烟云，只因写此小文，才把它们从尘封的记忆中挖掘出来。

逝去的乐声

社会在发展，一切都在变，包括人居环境和人文环境。这是事物本身的规律，是任何人不可能阻挡的。我这个人生来就有点音乐细胞，从小就喜欢听、唱、弹、拉，与音乐有着特殊的情愫。而今到了晚年，听听现在的音乐，诸如铺天盖地的流行歌曲、街头音乐、爵士音乐，总感到不合口味。就连现在播放的一些民乐，当然不是全部，也像开着盖、走了味的老酒，缺乏和谐与醇厚，用苏州话来讲，有点"拗腔别调"。于是就想写一写渐行渐远、迢迢离我远去的乐声。

一、悠扬动听的广东音乐

抗战前，收音机在苏州开始露面，当时称之为无线电，都是 RCA 及飞歌等舶来品。除了富有之家有条件购买外，不少商店往往都把收音机放在门面的柜上一角，日夜放着节目，其中也有招徕顾客之意。在我印象之中，播放诸多节目之中，广东音乐（又称粤曲）占了很大比重。其中最著名的乐曲有《小桃红》《昭君怨》《连环扯》，这是三大主曲，还有如《平湖秋月》《三潭印月》《铁马摇铃》《杨翠喜》等也受到大众的喜爱。当时灌唱片的演奏家确是正宗的广东人，操板胡的是大名鼎鼎的吕文成，弹秦琴的是尹大傻，打扬琴者为谁，已经记不起来了，反正也是国手。当时称他们三人为"粤曲三剑客"。在这些粤曲中，《昭君怨》算得上是家喻户晓的，而真正音乐爱好者则特别钟情于《小桃红》。

其音高亢流畅，优雅动听，确是一种激浊扬清、悠然神往的艺术享受。记得我在苏州人民银行工作时，逢到节日，全行庆祝大会的余兴节目，总有我和袁嘉祥同志两人合奏的《小桃红》。袁吹口琴，我操二胡，定调很高，只要乐声响起，台上演奏者摇头晃脑，台下就是一片附和击拍的掌声和踩脚声，上下同乐，煞是有趣。

至今，要想再欣赏这种唱片，可能性已经很少的了。

二、进步（革命）歌曲

英年早逝的中国最著名的作曲家聂耳，他在短暂的一生中创作了许多堪称经典的歌曲。当然，说到聂耳，谁都知道国歌《义勇军进行曲》就是他的不朽之作。在我们幼时，差不多就在不断聆听他所创作的歌曲声中长大的。现在回忆起来，印象仍然十分清晰。如《开路先锋》，一开头就"哈哈哈，轰！我们是开路的先锋……"，乐声把劳动人民热爱生活、乐观向上的精神表现得无比真挚；又如《大路歌》，是这样的唱词和旋律："杭唷！杭唷！杭唷！杭唷……沉重的麻袋、钢条、铁板、木头箱，都往我们身上压吧，杭唷嗬咳！"这种极其沉重的声音，反映了中国工农群众在阶级压迫下的深重苦难；再如《毕业歌》中"同学们，大家起来，担负起天下的兴亡！……"，这种高亢激昂，促人奋进的歌声，在"九一八"事变后，唤起了全国人民在国难当头之际，同心协力抗日救国的坚强意志。写到这里，我觉得要提出一个问题："为什么时到如今，就不能再听到这种发人深省、激励人们高歌猛进的歌声了呢？"常言说"前事不忘，后事之师。"读者以为然否？

三、"金嗓子"周璇的流行歌曲

周璇，常熟籍，应该算是苏州人，这副金嗓子完全是上天所赋予。她唱的歌曲中脍炙人口的主要有《四季相思》《马路天使》《花好月圆》《何日君再来》《拷红》等。我想凭记忆分别述说一下。

《四季相思》的曲调是以苏南民歌为主调的，耳熟能详，雅俗共赏，不赘饶舌。那《花好月圆》的唱词自"浮云散，明月照人来"始，到"红裳翠盖，并蒂莲开"，一气呵成，明快流畅，听了心情舒畅，有喜气洋洋之感。到现在这支歌还偶尔在广播中听到，韵味不减当年。至于《何日君再来》则流年不利，新中国成立后被批判，套上了"汉奸歌"的帽子。这是为什么？原来这首歌词一开头是这样的："好花不常开，好景不常在，今宵离别后，何日君再来……"这些大白话表达的无非是恋人、好友之间送别时的依依之情，却被指斥"何日君再来"是希望日寇卷土重来。这真叫"欲加之罪，何患无辞"！按照音乐欣赏的角度，此曲的主旋律还是健康动听的。最后要说周璇的《拷红》。周璇唱得好，这是没有二话的。至于其内容是《西厢记》中相国夫人拷问红娘的故事。但我认为，这支歌曲的词写得实在不错，简而不陋，艳而不俗，现一字不易地凭记忆记录如下："夜深深，停了针绣，和小姐闲谈吐，听说哥哥（指张生张君瑞）病久，我俩背了夫人到西厢问候。他们情意两相投，他把门儿关了，我只好走。夫人你能罢休便罢休，又何必苦追究。一不该，女大不嫁把青春埋；再不该，言而无信把婚姻赖；三不该，不曾发落这张秀才。如今是米已成饭难更改，不如成其好事，一切都遮盖。"惜乎！写此文不能把音符配上，否则的话，如有阅读此文而感兴趣的朋友，逸兴遄飞，还可试哼一番，一赏已经远逝的乐声。

民间伤科名医施明初

数十年与书法结下不解之缘的我，对书圣王羲之《兰亭集序》的全文，可说娴熟于胸，差不多到了背诵如流的程度。其中有"人之相与，俯仰一世"，"俯仰之间，已为陈迹"的句子，今天撰写此文就从"俯仰"两字始。

"俯"，即向下低头之意；"仰"，乃脸向上之意。任何一个正常的人都离不开"俯仰一世"的命运。当然，"仰"大大少于"俯"。除了杂技团、特技人员、舞蹈者、体操运动员、游泳者等之外，一般人只有赏月、观测天象以及仰天大笑或仰天长啸才得"仰"着头；而谁要种田、做工、驾驶、读书、看报、写字、坐办公室、上电脑、点鼠标，以至做家务等等，哪一件事不是"俯"着干的！正由于维持"俯"的状态的时间实在太长了，于是疾病就在不知不觉中缠上了你，不是颈椎，就是腰椎，甚或是胸椎。

且听专家们是怎样解释颈椎病和腰椎病的形成过程的。人随着年龄的增长，会出现颈椎和腰椎或某个关节骨质增生的情况，这是机体衰老的标志之一。其起因是骨骼为了适应长期的运动和负荷，而产生的一种生理性退行性变化。当颈椎、腰椎骨质增生超过了一定的范围和度，使椎管、椎间孔、横突孔等变得狭窄，造成对脊髓、脊神经根和椎动脉的刺激与压迫而引起相应的临床症状，这就成了名副其实的颈椎病和腰椎病。那些"生理曲度变直"与"椎间盘突出"以致两个椎体之间发生脱位的，这就是 CT 断为"滑脱"的病症。颈、腰椎病根据所压迫的组织不同可分为神经根型、脊髓型、椎动脉型、交感神经型、颈型、食道型以及混合型等，症状大部分为疼痛、不能行走、肢体麻木，直至瘫痪。这类疾病可发于任何职业、任何年龄段，特别以中老年人居多。因此，它是地地道道的常见病、多发病，成为人类生命健康的一大威胁。

以上这些略带专业性的叙述，只是为了说明这类疾病的普遍性和治疗的复杂性。有病就要治，患者最需要的是高明的医生。本人由于一个偶然的机缘，得以结识了近在咫尺的吴江的一位民间骨伤科名医施明初先生。

一、精湛医术来自带有传奇色彩的学医过程。

被吴江传媒称作推拿神手的施明初，曾详细地介绍了他的学医过程。在他八岁那年，亦是在偶然中遇到了上世纪 40 年代享誉苏州阊门外的民间推拿能手黄仁明老先生。黄的过去，据说曾经参加过太湖游击队，后来由于某种原因就投身地方从医为生。黄的师父是一位小脚老太，至于籍贯、姓名、医术门派，都无从考证，而她的推拿技术却颇具神秘色彩，而黄则尽得其真传三昧。新中国成立后他隐迹于吴江，成为一名筑路工，借居在施的家中。做工之余，也为他人治病。这引起了施明初的好奇和兴趣，在得天独厚的条件下就师从了这个民间推拿神手。不要看小小年纪，一面要啃那艰涩难懂的医书，一面要在黄师手把手的示范下练功。为了练出一手过硬的指功，施明初在求学余暇，则在三角石上苦练基本功。功夫不负有心人，几年时间，终于有了可喜的收获。当时随黄师学医者尚有六七人，可是他们有始而无终，最后都辍学不干了。而唯一学成的只有最刻苦勤奋，而又独具天分悟性的施明初。且看《吴江日报》是怎样叙述他的学医过程的："他极具灵气，机触于外，巧生于内，手随心转，法从手生。"他能"灵活运用学到的知识，不硬搬书本和黄师传授的知识。他对推、摸、按、捏的运用，以及对病情的判断能力，有时连黄师都惊叹不已。到十五岁那年，施明初对高矮肥瘦不同人的穴位和经络都能准确地触摸到"，同时为一些崴了腿脚、扭伤脖子的病人义务推拿。如此边实践，边揣摩，厚积薄发，终于修成了手到病除的正果。如今，他在为人治疗颈腰椎病时，不一定要索看 X 光片及 CT 片，只要用手一摸，就知道哪处增生，哪处突出，哪处滑脱，并能确认患者的神经是否老化，韧带是否钙化。对后两种情况是万万不能推拿的，否则将会导致严重的后果：轻则瘫痪，重则殒命，真格性命交关。正由于他怀有如此精湛的绝技，多少年来经他治疗过的数以万计的患者，从未发生过意外事故。这可是最雄辩、最有说服力的过硬本领啊！

二、精湛医术使施明初成为一名无有从医执照的民间医生。

说到从医执照，这是卫生行政部门的刚性规定。用一个不太恰当的比喻，施明初就像书坛启功先生一样，当上了北大教授，却无有学历。施的学历、施的执照不是旁的，恰恰是手到病除的医术。最说明问题的是吴江卫生局长的姐姐患腰椎病，久治不愈，经施医生治疗，仅五次就告霍然，而正规医院则除牵引外，要么手术治疗，像这样轻而易举地治好顽疾者是不多见的。于是施医生的家，常是患者盈门，纷至沓来。从人道主义出发，他能坐视不医么？当然不能。他专门找了一个地方，接受门诊，每日上午半天，平均接诊二十人左右。

三、精湛医术盛誉响彻军营，施明初又成了一些部队的特邀医生。

1984年，已具有几十年临床经验的他，经同乡某部队房管局长的介绍，去了北京空军总部，首先为空军政委家属治疗因车祸而致腰椎的损伤，二十天后痊愈。同年11月，又为空军原司令吴光宇及政治部主任徐成冬治愈了腰椎间盘突出症。以效果说明其高超医术的施明初，逐步成为各大军区的常客。1997年，空军参谋长许其亮腰椎间盘突出半年多，去医院诊治未见效果，经施治疗十天左右就将他的椎间盘回纳复位，且后来没有复发过。为此，许曾专门致电施医生，表示感谢。连中国人民解放军总医院的少将医生冯天佑，也由衷地称赞施的医术："你真神了！"是以后来施到北京，部队里都称他为"施大师"。他曾到过的南京军区、湖北军区、海南军区各大军营无数次。短则二十天，长者如去海南达八个月之久。施明初为部队官兵解除了诸多病痛，赢得一致的赞誉，成了部队的特邀客座医生。

四、精湛医术，病例个案充分说明"高手在民间"。

腰椎间盘突出是腰椎病中最常见的，这也是施明初的拿手杰作，特别是他因人施医，疗效显著。1981年，五十多岁的原吴江邮电局局长倪庭荣全身瘫痪，大部分椎体都移位、麻木。施用推拿中的经穴、整形、重力等按摩手法，使病人解痉止痛，祛淤消肿，逐步疏通病人的经脉，调和其气血。整整三个月，施几乎每天都到病人家中。半年之后，病人椎体复位痊愈，能像常人一样行走坐卧，至今未曾复发。

1997 年，有位朋友的女儿产后突发腰椎间盘突出，来势凶猛，全身剧烈疼痛，卧床不起，任何人都不能近身。在如此严重的情况下，特将施医生请去为其治疗。真是"老将出手，立竿见影"，在他的手法下患者当天就站立起来。经三次巩固治疗，沉疴顿失，患者重新获得了健康。

2006 年，海安县前公安局局长，同样患腰椎间盘突出，当地医院为之牵引，导致瘫痪。获悉施明初医生之大名，遂专程到吴江租屋暂住，定时上门就诊。历经施医生两个多月的精心治疗，患者也神奇地恢复了正常功能，可与正常人一般生活，退休后不时垂钓湖畔，其乐融融。

在门诊中，有吴江松陵镇五新村某农民也因腰椎间盘突出，去医院求治，医院力主必须手术治疗。经人介绍来至施医生处诊治，约一个月，奇迹又产生了。

诸如此类的事例不胜枚举。苏州有位著名中医听了施明初手到病愈的事迹介绍后，感叹地说："祖国的名医却有许多散在民间啊！"

五、精湛医术与高尚医德集于一身，成为众多患者的福祉。

温文尔雅的施明初，曾经在谈及传人的问题时动情地说："高超的医术最重要的是要有高尚的医德为前提。"此话意义深长，也是他身体力行的座右铭。凡是上施医生处求诊，他基本上做到来者不拒（因有些神经老化韧带钙化者已属推拿之禁忌），不分彼此，热情相待，精心治疗，不厌其烦，不收挂号费，不作病历记录，只凭治疗效果说话。他绝不会向患者提出要钱，有的病人心中过意不去，放下五元、十元聊表心意。有的病人送些水果之类的，农民，则拎只鸡或拎袋米，以表感谢之情。而有些家庭困难的农民，施医生在了解他的情况后，反给他数十元的往返车资。因此集医术与医德于一身的施明初在当地民间享有极好的口碑，声名远播，不胫而走。在相互转介下，北京、上海、武汉、昆山、南通等地病人，甚至有些老外也会找上门来。反正他是从容应对，以平和淡定的心态，富有节律的生活起居，科学合理的膳食，保持着强健的体魄。五十四岁的施医生春、秋、初冬只穿一件衬衫，至多加一件外套，在寒冷季节，仅加穿棉毛衫或羊绒衫而已，仍能双手温暖，给患者以恢复健康的福祉。

笔者亦乃严重腰椎病患者，多方求医无效，后经部队同志介绍，得到施医生亲临寒舍为我诊治。仅三次推拿，突出、滑脱之椎间盘即行回纳，并能迈步下楼。绝处逢生，身受其惠，惊叹不已。谨以此小文，一则表示深深的感谢之意，二则向患有同类疾病患者以翔实可靠的信息。

北师大于丹教授如是说过："在这个世界上，知识固然重要，比知识更重要的是经验，比经验更重要的是悟性。"以此对照施明初，他是一个三者兼备的民间名医。

蒋月泉弹词经典作品——《厅堂夺子》

从一本传媒新出的册子中，看到这样的对苏州评弹生动而传神的描述："评弹声声，响在大街小巷，响在苏州人的血脉里。如果城市有一天真的成为人间天堂，绕梁不绝的还是评弹。……它那甜糯的吴侬软语、幽默地说噱弹唱，精美的经典唱腔，鲜活的书坛佳话，打造了江南第一品牌——苏州评弹。"

以前，只要是喜欢听书的苏州人，不论男女老少，多数人都会哼上几句当时最流行的蒋调开篇，如"隆冬寒露结成冰，月色迷蒙欲断魂"（《宝玉夜探》）；"波涛滚滚水东流，鲁大夫设宴请君侯"（《刀会》）；"窈窕风流杜十娘，自怜身落在平康"（《杜十娘》）；"关公奉命带精兵，校刀手挑选五百名"（《战长沙》）。这些开篇都是已故弹词名家蒋月泉先生的代表作，而蒋调的高峰却是出现在解放之后。

本文就想讲一讲弹词蒋调的一折经典之作。擅说《三国》又曾身为新中国成立后首任上海市评弹团团长的唐耿良先生，在今年第3期《苏州杂志》上发表了一篇文章，题为《忆蒋月泉》。他说蒋月泉"说噱得张云亭之长，弹唱获周玉泉之神，把两位老师的特长，融合一身，再加上他本身的天赋，嗓音醇厚，思维敏捷，勤于学习，善于吸收各种艺术养料，成为青出于蓝胜于蓝的一代宗师。"

称为一代宗师，那不是随便给他加冕的。其在演出过程中必然要出现经典性的作品，如同大书法家王羲之的《兰亭》，颜真卿的《祭侄文》等一样。而蒋月泉演出弹词的经典作品，就是由老作家陈灵犀呕心沥血创作的《玉蜻蜓》中《厅堂夺子》这一中篇。1962 年在香港演出，他那"徐公不觉泪汪汪"大段唱词，使港胞听众们的反响异乎寻常的热烈。当时唐耿良先生就在现场，他这样写道："月泉的'徐公不觉泪汪汪'第一句的高腔轻过，低音重刹的甩腔已经赢得全场彩声，以后几乎是一句一彩，书场中出现了前所未有的掌声。那天月泉特别卯上，嗓音也出奇的圆润，之前没有这样得心应手过，之后再没有唱得这样的声情并茂，可以说是他声腔艺术中最高峰的一次演出。我有幸听到这样美妙的演唱，是一次极好的艺术享受。那天的谢幕也一谢再谢欲罢不能，听众们久久不肯离场，演出获得了超常的成功。"

看了唐先生的文章，马上联想到我于 2004 年 7 月苏州市评弹收藏鉴赏协会的会刊上，有一篇题为"欣赏《玉蜻蜓·厅堂夺子》"的拙作。全文摘录如下：

《玉蜻蜓》中篇《厅堂夺子》，乃弹词艺术的经典作品，脍炙人口，扣人心弦。众口交誉，名不虚传。经过多年反复聆听，有所感受。

愚以为：《厅堂》篇最可贵之处在于这是大师集体智慧的结晶。陈灵犀先生创作的评弹佳作，不可胜数，且愈写愈成熟、精炼，称其为"创作大师"，当之无愧；蒋调创始人月泉先生，书艺超群，风靡书坛，称之为"弹词大师"，当之更无愧；杨家将三雄之一振言先生耄龄登坛，功底之深，鲜与伦比，在《厅堂》篇中，称之为"绿叶大师"，亦无不当。此篇乃在香港演出时现场录音，港胞中酷爱并深谙评弹真谛者不乏其人，因而在此篇演出过程中，演员之一举手，一投足，一句说白，一段唱词，妙在哪处，笑声、掌声即从那处爆起。总之，创作者、演唱者，以及座上听众们，在此时此刻已经完全融合到一起了。因此，欣赏《厅堂》篇，简直是艺术上的最大、最妙的享受。以"百听不厌"来形容已嫌不足，只有借用杜工部的名句："此曲只应天上有，人间能得几回闻。"

最后，想作一比拟，《厅堂》篇是弹词中的"极品"，是评弹艺术的巅峰,反复聆听之后,再听其他,真有"会当凌绝顶,一览众山小"之感。

我这篇小文发表在唐耿良先生之前,只是从欣赏音带中所获得的感受。当然,这不可能与唐先生身在现场的直接感受相比,但足以说明我作为一个老票友的这一赏析,还是比较中肯和恰如其分的。

建议老苏州人、新苏州人中的评弹粉丝,以及爱好中国评弹的老外们,大家都来欣赏蒋月泉先生的经典之作,这可真是绝妙的艺术享受啊!

别具风味的苏州特色糕点

苏州，在历史上曾经是个消费城市。吃在苏州，苏州人特别讲究吃。

我是地地道道的苏州人。由于幼时家境较好，因此颇有些感性知识，不少是亲口尝过的。苏州人从来就讲吃相，不作兴狼吞虎咽，而是要在非常悠闲的环境下，细嚼慢咽。老苏州对苏州糕点一类的小食品情有独钟，并把在二餐中间添加的食品美其名曰"点心"。"点心"这个词汇，真是妙极了，只为苏州人把腹中略饿又非饥肠辘辘时称为"心潮"。这并非指起伏、澎湃的心潮，而是表示腹中有空虚之感。按照现代医学观点来说，可能是因体内热量摄入不足，血糖偏低。正当其时，适当进食一些淀粉之类的糕饼点点饥，称其为"点心"，确也言之有理。

苏州的老字号茶食糖果店，如稻香村、叶受和，至今还开张着。但据我所知，幼时曾经尝到的一些特色糕点已经不见踪迹了。若能把它挖掘出来恢复生产、销售，让改革开放后日益富裕的老百姓，特别是一些美食家一饱口福，未尝不是一件好事。

此文要介绍的是几只别具风格的糕点：叶受和的黄千糕、稻香村的薄荷糕，以及众多茶食店都有出售的猪油定胜糕。

黄千糕的原料是糯米粉，掺以红糖成金黄色，长方形，糕身扁薄，糕面上星罗棋布地嵌着不少松子仁。糕的含糖量较低，入口甜而不腻，清香扑鼻，深受消费者喜爱。松子仁历来被视作为润肠滋补之珍品，在糕点制作中用以为辅料，使黄千糕的身价品位明显提高。

至于稻香村的薄荷糕，以糯米粉与粳米粉混合制作，糕呈墨锭形而略大。上下层均为白色粉质，中间夹着淡绿色的白糖薄荷瓢子，色泽可爱，入口齿颊清凉、甜润，正合苏州人讲究细腻精致的脾胃。如果搞什么糕饼评比的话，此糕可获大奖。

再说猪油定胜糕，在苏州前店后坊的茶食店差不多家家有售。糕是粉红色的。制作程序大致是用蒸熟的米粉放入"定胜"形的木模中蒸煮而成。糕中夹有不少小块透明的猪板油。其时在人们的头脑中尚无什么胆固醇高低的概念，因此购食者不乏其人。猪油定胜糕与粉红色的团子联袂作为馈赠亲友乔迁之喜的礼品。糕者,谐音高高兴兴；团者,喻团团圆圆也。

二十斤螃蟹满地爬

记得是鲁迅先生说的吧，大意是世界上第一个吃螃蟹的人是非常勇敢的，言之有理。你看，螃蟹之外形狰狞，张牙舞爪，横行霸道，尤其是一对大螯，不小心被它咬住，真叫"咬定青山不放松"，使你痛彻心扉。能吃螃蟹的先行者，确有大无畏的气概。

最近，苏州的传媒不断报道螃蟹旺销新闻。什么卖一只蟹一个区高达亿元，全市各养殖户销售总额竟打破了历史纪录云云，成为一时的热点。

不仅如此，又爆出了一只重达一斤若干两的螃蟹，说是罕见之物，最后以天价出售，开创了售蟹史上的辉煌。具有一定规格的"横行将军"，乘坐飞机，远涉重洋，不论港、澳、台同胞，海外侨胞，连金发碧眼的老外们都不惜重金，趋之若鹜，以求大快朵颐。

联想起与吃螃蟹有关之事，君不见"蟹八件"经过若干年的寂寞生涯后，如今又焕发出了青春。现今与先前相比，品位大大提升了，身价也抬高了。"蟹八件"这玩意儿不仅有实用价值，且亦属具有苏州人饮食文化特色的一种小巧精致的工艺品。本人幼时看到家中有一副用白木匣盛装的银制"蟹八件"，不过从未引起家人的重视。吃蟹时谁也不想使用它，就凭手齿并用，无不摧枯拉朽地把那一只只"无肠公子"嚼个尸横遍桌，支离破碎。至于现在人民生活富裕后的"蟹八件"，却比过去讲究多了。其外包装红木匣，也许是"玫瑰檀"的。掀开盖头来，鲜红的丝绒衬底，配上精光锃亮的金属八件，有气派，够品位。

此外，我又联想到苏州曾有一帮"老下"，那是 1969 年至 1970 年前后下放苏北农村干部的自嘲称谓。"老下"们对吃蟹一事,个个记忆犹新。苏北的湖蟹,虽比不上我们苏州阳澄湖、太湖产的极品,但味道倒也确实并不逊色多少。且其特点,一曰价廉,二曰个头大,三曰容易买,往往都是送上门的。我下放所在生产队及本人全家居住的茅屋,离射阳湖摆渡口仅千步之遥。一旦乡亲们捕捉到什么水产品,马上会送到我家来,其价格之便宜,现在说出来人们不大相信。"对蟹"即二只一斤,每斤仅四角五分。某日,邻居一个小伢子在沟边洞里钓到一只巨蟹,拿到我处一称,绝不吹牛,一斤开外,与近日报纸介绍的"蟹王"差不了多少。当时大概就付了七八角钱。下放诸苦多多,苦中总归或多或少地会碰到一些快活事。吃上这只便宜货"蟹王",就是苦中所遇之乐事了。我正写到此处,站在一旁的老伴说:"你忘了,我们调回苏州时,县委党校饯行,王会计给我们小弟(儿子小名)吃的一只蟹有九两重呢。"

再有一件趣事,我下放后结识了当地(盐城地区)下放的干部徐、戴夫妇俩,豪爽可亲,颇为投机。一天,老徐问我:"你们苏南人喜欢吃蟹,我为你代买些好吗?"我答:"好啊,就买两三斤。"他听罢哈哈大笑:"这算买蟹吗?买二十斤。"我一吓,当场又不好意思拒绝他的美意。数天后,"二十斤"临门,大概是三角一斤。我家一时无处存放,就放在冬天不用的木制大浴盆内,上面覆以匾、桶等物。岂知蟹的顶力及爬行功能不小,到天明一瞧,覆盖物早被顶开了,蟹全作鸟兽散,弄得满屋兼是。最可笑的是在烧饭时刚将引着火的木柴推进灶膛,居然也爬出了几只"将军"来。在我们焦头烂额、手足无措的情况下,生产队的邻居走来教我们:"白天随它们去,到晚上,将小桅灯放在泥地上,蟹有趋光性,见光必来,逐个逮之,匿入甏中,逐层置放,并撒以芝麻,作为饲料,这样,蟹不掉膘,相反能长膘,而后慢慢地享用就是。"一试果然灵验。

事有凑巧,此时苏州派出下放慰问团光临茅舍。我们即以大绿甏(属夏天泡青蒿茶之大缸)煮了满满一甏,招待来客。是日也,宾主尽欢。

苏州闲话中的"吃"和"白相"

苏州闲话也就叫苏白。想起从前，苏州人到上海，一开口，上海人马上就要说："嗲来！'小苏州'来哉！"最气人不过的是，上海曾经开过一家糖果店，招牌就叫"小苏州"，有点瞧不起苏州人。改革开放后，苏州经济发展一日千里，苏州话也随着吃香了。现在上面提倡推广普通话，总不见得将方言也扔掉吧。你瞧，苏州电台《苏阿姨谈家常》是资深节目，后来又增加了吴阿姐主持的方言电视栏目（现在这位吴静女士在主持《民生在线》栏目了）。从 2004 年 11 月 1 日起，每晚六点半又开辟了苏州平民新闻电视节目《天天山海经》，主持人手推一辆 28 寸的老坦克自行车，一声"来哉"，节目马上就开始了。这些用方言开播的电视节目，受到了广大听众与观众的热烈欢迎。

本人是老苏州。这个老字，有两层含义，一是土生土长，二是年已八旬开外，这总算得上是个老苏州了吧！这个老苏州还有一段历史小插曲。记得 1979 年，我在市政府所属的一个局级机关工作，当时中国社会科学院语言研究所来了一位女同志到市政府办公室，要求推介一名能说标准苏州话的土著。其附加条件是，要吃过一点墨水的。我呢，惭愧得很，学历较低，只是靠自己努力自学，弄了不少年的笔头。承蒙不弃，市政府办公室就将她介绍到我处来。当时我工作实在忙，只能利用清晨六点多未上班前，录了三次音。她拿出事先准备的词语，要我用地道的苏白加以朗读，还要读出一词一语同字不同音的读法。临别时，她给了我五元钱的报酬，被我婉拒了。这虽然已经是近三十年以前的事了，至今还历历在目。

作为老苏州，想想自己年事已高，应该把自己所经历和知道的东西写下来，包括苏州方言在内。据报载，现在不少小朋友只会讲普通话而不会说苏州话，就连我的孙子和外孙女也不例外。

言归正传。就来说说苏州话里的"吃"和"白相"吧。

先说"吃"字。苏州话"吃"和"喝"不分。吃饭、吃菜果真是吃，喝也称吃，如吃茶、吃酒、吃水等。这一点，北方人都弄不懂，为啥苏州人统统称为"吃"呢？这就是苏白的特点之一，"吃""喝"不分。苏州话对这个"吃"字，真是充分运用并将其大大地延伸出去。有时"吃"代表挨打，叫"吃生活"，"生"字要读作 sang。如小孩不乖，要"吃生活"；打架被人用棍棒刀枪打了，叫"吃傢牲"，说大书中十八般武器都叫做"傢牲"；死刑犯枪毙，叫"吃外国莲心"。

有时"吃"代表受气、受委屈、受伤害，叫"吃夹档""吃搁头"。这件事情两头不讨好，就是"吃夹档"，还有一桩事情上吃了大亏，哑巴吃黄连，叫"吃搁头"。

有时"吃"代表心狠。如说某人心狠手辣，便说："真是吃死人不吐骨头啊！"有时，吃又代表碰钉子，叫"吃叉鱼头"。如"这桩事弄得真吭趣，吃了叉鱼头转来"。

有时"吃"代表个人职业。如有人吃布店饭，有人吃米行饭，有人吃银行饭，有人吃报馆饭，有人吃邮政局饭，有人吃海关饭，有人吃颜料店饭，有人吃开口饭（指艺人），等等。

有时"吃"代表一种不入流品的语言、动作和流氓行为，如"吃豆腐"，"日里吃太阳，夜里吃月亮"。有时"吃"又代表服帖、甘拜下风，叫"吃瘪"。有时"吃"代表放心，如"吃了定心丸哉"。有时"吃"代表头脑拎不清，如"喔唷，你赛过吃错点啥勒嗨"。有时"吃"代表贪心不足，叫"吃一看二见三"。有时"吃"指社会上的小混混，如"这个人吃戳饭的"。有时"吃"代表愚忠，如"你看俚阿像个吃屎忠臣啊"。有时"吃"代表奉承阿谀，如"吃马屁"。有时"吃"代表臂膊向外弯，叫"吃里爬外"。有时"吃"代表买进、炒进，如收藏书画古玩，"我吃俚下来"，炒股票，叫"吃进"。有时"吃"又可以指人的态度不好，如这个人"吃相难看得来"。如此等等，遗漏的肯定还有不少。

再说"白相"。苏州闲话中的白相也包括了不少内容，外地人听了有时会弄不懂，有时甚至会瞠目结舌。苏州人单单说"白相"，就是指玩。如旅游，"这个长假里我们要去九寨沟白相哉"，还有白相虎丘山、灵岩山、园林等。有时白相是指讨人欢喜，"喔唷，格个小囡阿要好白相啊"。有时白相是指收藏，如白相瓷器、玉石、邮票、钱币、明清家具等等。有时白相是指豢养，养鸟、养昆虫、养金鱼、养猫咪、养小狗，如这个人白相画眉、鹦鹉、八哥，那个人白相蝈蝈子、墨蛉、金蛉、马蛉、赚蜶（蟋蟀），还有人白相波斯猫、牧羊狗、小京巴等，总之统称白相。还有北京人叫做"玩票"的，苏州人也叫"白相"，如白相京戏、评弹、申曲（沪剧）、越剧等，还有把拉弹民族乐器也叫做白相，如白相古琴、古筝、琵琶、二胡、竹笛、洞箫等。有时把儿童玩具，称作"白相家事"。有时说人善于生活、善于自我调遣，叫"会白相"，把开玩笑叫做"流白相"或"弄白相"。有时候在白相后面加个"人"，叫"白相人"，就是指流氓地痞了。再如女的带有一点痞气或过于泼辣，苏州人会称之为"白相人笃嫂嫂"。最最令人费解的，也就是上面所说外地人听了会瞠目结舌的，把亲朋之间的串门、访问也叫"白相"。不信，你看，苏州人对此是怎么讲的，如"喔唷，倷长远弗曾来白相哉"，要留客人多聊一会儿天，就说"再白相歇呐"，在送客的时候一定会说"来白相哦"，这些方言在不懂的人听来真是匪夷所思。还有指社会上的一种丑恶现象"嫖娼"，苏州闲话中叫"白相堂子"。

写这篇小文，是"立此存照"之意。

"五卅路"的由来

苏州五卅路，是十梓街的横马路，与公园路平行。原来，此路甚为幽静。近年来，也陆续开设了许多商店与饭店，人气比过去是旺多了。

这条马路缘何称谓"五卅"，它是在什么年代、什么情况下开拓成的？这条马路上还有碑文，又是哪位书法名家书写后镌刻的？

"五卅"运动是中国共产党领导下的群众性反帝爱国运动。1925年5月15日，上海日商纱厂日籍职员枪杀工人顾正红（共产党员），打伤工人十余人，激起了上海市工人、学生和市民的愤怒。中共中央决定进一步发动群众开展反对帝国主义的政治斗争。30日上海学生二千余人在租界内宣传，声援工人斗争，号召收回租界。租界巡捕逮捕学生一百多人。随后百万群众集中在公共租界南京路巡捕房门首，要求释放被捕者。英国巡捕开枪，群众死十余人，造成"五卅惨案"。接着，全国五百个城镇人民，纷纷起来游行、示威、罢课、罢市，以及通过通电、捐献等形式，表示坚决支持，形成了全国规模的反帝高潮。由此可见，"五卅"运动是我国现代史上一场惊天动地、波澜壮阔的打击帝国主义、大大提高全国人民政治觉悟的大事。五卅路以"五卅"为名，纪念这场伟大的运动，让子孙万代永远不忘国耻。

我原以为以"五卅"为路名，也就是志念之意，并没有作进一步的思考。后来，得到张允和女士口述的一本名为《张家旧事》的书。允和女士的父亲张冀牖先生乃苏州乐益女中的创始人，侯绍裘等就是在乐益秘密建立中共苏州第一个独立支部的。在《张家旧事》关于"乐益"

一节内,短短数百字,把五卅路的开拓由来,说得一清二楚。特摘录如下:

> 上海"五卅惨案"发生后,乐益停课上街宣传、募捐,分散在各城门口、火车站……乐益募捐得了第一名,上海、苏州各报都登了这条消息。为支持上海工人罢工,同学们还自编自演了节目。张老先生还请来了马连良、丁伶等名演员义演募捐,共演了三天。上海工人罢工结束,多余的款退回苏州,乐益女中的师生和苏州的工人、学生一起,自己动手,填平皇废基空场贯通南北的小路,开拓为大马路,取名"五卅路"。

看了这一节,我明白这条路的建成是苏州支援上海工人开展反帝斗争运动的产物。

我退休前的工作机关就在乐益女中的旧址。离五卅路仅几十步之遥。每每走过这条马路,总会看到与民治路交界处,有一块扁方形的石碑,即是有关五卅路的纪念碑。书写此碑的绝妙楷书,既端庄秀逸,又浑厚凝重。内行一看,深得唐代大书法家李邕的精髓,并具有自己的风格。书写者为谁?自名"长安半生",原西安医学院教授、苏州草书社创始人程可达先生是也。

我三生有幸,得能"立雪程门",在书法艺术方面获得程老夫子热诚而坦率的指点,耳提面命,亲聆教诲。程老严于律己,宽以待人,奖掖后进,和蔼可亲,毫无某些名家的骄矜之气。老夫子素有心脏疾病,仍欣然接受市老年大学之邀请,其"敬业乐群"的精神感人至深。之后程老迁居里河新村,我则西迁高新区,难得见面。最后一次大概就在 1992 年 5 月,我这个程老的学生自不量力贸然举办了所谓个人书法展。时隔不太久,传闻程老因年事已高,力不从心,超负荷地书写巨幅屏条,致旧疾复发,不幸逝世。哀哉!痛哉!苏州市从此少了一位名副其实的德艺双馨的资深书法艺术家。趁此文写五卅路开拓经过之便,由路至碑文书写者,顺笔提及,亦借此聊寄"一瓣心香"之虔诚敬意!

二胡大师陆修棠的点滴往事

近见苏州报载"江苏民族乐团来苏献演"的信息，其中谈到"苏州是中国民族音乐的重镇，上世纪三四十年代的丙寅乐团、吴平国乐团已经远近闻名，也涌现出了陆修棠、项祖英、项祖华等苏州籍著名民族乐器演奏家。"

看了这段报道，欣喜之情油然而生。因为多少年来，从没有或者说很少有媒体提及陆修棠先生的。我与陆先生曾有过一段时期的交往，故而想说一说这一节往事。

陆修棠先生是吴江人。他的乡音未改，还比较浓重。吴江虽然离苏州市区很近，但其口语的地方特色非常突出。陆先生瘦长个子，脸白皙，一身西装谦谦君子的姿态，骤望之下文化人也。他不是吴平国乐团培养出来的民乐演奏家，而是以音乐院教授的身份曾一度担任过吴平国乐团的指挥。项祖英兄弟的二胡演奏技艺也曾得到陆先生的指点。祖英兄后来成了中国这一年代数得上的二胡大师。

陆先生的故乡是吴江松陵镇或是其他集镇，我并不清楚，作为一个吴平国乐团的团员，没有必要也不可能冒昧地提出这样的询问。在苏州沦陷时期，曾有不少苏州籍的在外地音乐院任教的教授都赋闲回家。此时陆先生居住在苏州旧学前一所洋房内，这所房子有点像办公室，装修在当时来说也比较讲究。与陆先生同处的另有一位女士，大概是夫人。他那里我曾经去过不少次，具体情况详述如下。

陆先生的特长是二胡演奏，谈到二胡就得追本溯源。中国的二胡原先在民乐界的地位很低，民间有一种说法"叫化胡琴一黄昏"。这句话包含了两层意思，一是学拉胡琴很容易，一个黄昏随意拉拉就成了；二是拉了胡琴只能在街头卖唱行乞，因而称为"叫化胡琴"。有没有实例？瞎子阿炳是也。他在解放前就是拉二胡边唱边靠施舍度生的。

二胡的翻身，主要是靠开山祖师刘天华先生。江阴出了这样一位大师级的人物，真是光耀千秋。刘天华先生把二胡进行改良，使其音量宏大，音色优美，又创作了无数著名的二胡独奏曲，如《良宵》《月夜》《病中吟》《闲居吟》《空山鸟语》等脍炙人口广泛流传的经典作品。由于他制订了科学规范的指法和弓法，及以简谱形式进行授课推广，使二胡这一种国乐器进入了中国民族乐器的殿堂，进入了音乐学院，成为民乐系中一个专业。可以说，没有刘天华先生就没有二胡今天在世界上的地位，更不可能有像宋飞这样杰出的演奏家到维也纳金色大厅演出而赢得国际上崇高的荣誉了。

刘天华先生不幸传染猩红热，过早离开这个世界后，继承刘先生事业的有"南陆北蒋"。在南方是陆修棠先生，在北方是蒋风之先生。二位大师演奏二胡的风格迥异，可谓各领风骚。我听过蒋先生演奏的《汉宫秋月》，总的印象是朴实无华。每个音符都是着着实实的，很少运用技巧，就像书法中的八大山人那样，就那么恬静淡定。而陆先生的演奏，在技巧上是非常丰富而细腻，有一个特色是他喜爱装饰音，装饰音的好处就在于悦耳动听。另外他在颤音问题上也有了新的突破。"颤音"就是奏长音时使其呈波浪形，有起有伏。传统的方法是用手指摇动，而陆先生是采用小提琴的手法，用腕部摇动。这样一改，这个颤音听来就显得自然而非刻意为之了。不要小看这个突破，应该说是二胡演奏史上一个重要的关键性的改革。另外陆先生在指法上还喜欢突破常规，该用左手小指而改用无名指，这在他著作的《怀乡行》中有很明显的运用。由于我有机会经常到陆先生旧学前住处，所以一方面得到他在二胡演奏方面的指点，另一方面，也近距离地看到他是怎样变化指法的。惜乎我天赋不高，加上学得太杂，心有旁骛，以致虽经陆修棠先生的亲自指点，在二胡演奏方面与其他同道相比，是属于最次等的，也就是说，未成气候，是不登大雅之堂的。

在吴平国乐团创始人项印若先生的提议推动下，曾为陆修棠先生举行过一次二胡演奏音乐会，时间大概是 1943 年至 1944 年，地点在宫巷乐群社礼堂。由于乐群社是教会集中之处，做礼拜，唱赞美诗，所以舞台上顶呈拱形，能聚音并向四周辐射，因而陆先生那天二胡独奏的音响效果非常理想。这次独奏会是非商业性的，在我印象中留下很深印象的是上海民族乐团金祖礼先生友情助演，洞箫独奏《银箫引》，奏来如怨如慕、似泣似诉，乐声悠扬而萧散，聆听之下，令人有飘飘欲仙发思古之幽情之感。这是一个小插曲。

陆先生赋闲在苏，有些事就托我为他办理，因而曾多次来过我所在的金融单位。具体情况因相隔时间太久，也说不清楚了。

"文革"期间，陆先生在上海音乐学院任教授，浩劫临头，未能挺住。在"反动学术权威"的大帽子下被不断批斗。据说批斗他很凶的人中间还有他最钟爱而关心备至的学生。可能因此思想转不过弯子，终于自己结束了自己的生命。真可惜，中国民族乐坛上号称"南陆北蒋"的二胡演奏大师，从此与世长辞。

名噪一时的大学生瞎子算命先生

现在对残疾人的称呼讲究尊重人格，旧社会称双目失明者为"瞎子"，新社会改称"盲人"。题目称"瞎子算命先生"，是为保持历史真实性。

现在人们的联想翩翩，一提盲人，马上联想到深圳技术高超的盲女钢琴调音师，苏州郊区横塘青春大队天生拥有宣传口才的严金生等等。一提算命，又会与《十五贯》里况钟况大人挂钩，苏州知府为侦破尤葫芦被杀案，微服私访，扮成算命测字先生，正巧凶手娄阿鼠来测字，一出戏就这么展开了。《十五贯》一剧挽救了一个剧种——昆曲。如今青春版《牡丹亭》红遍国际，功莫大焉。写此文引了些与此有关的事，也算是写文章起、承、转、合"四字诀"中的一个"起"字罢！

话说苏州城内在东中市、景德路中间，有一条小巷名曰"王天井巷"。在巷内靠近马大箓巷口，有一个姓俞的算命先生在那里对外"营业"。两开间门面，客堂两旁是满满当当的一排靠背，这是给来算命问卜者的座位。靠右首摆上一张账台式的长方桌，乃算命先生的宝座。中间靠屏门放有长台、供桌，桌上香炉、蜡扦，还有签筒一个以及供品水果，中间悬挂着一幅"鬼谷仙子"的画像。

谈算命，按最古老的说法属"医卜星相"的范畴。这个"医"，决非现代的中西医，是蒙昧时代的巫医，靠念咒画符来治病的。"卜"者，其解释是"古人用灼龟甲取壳，据以推测吉凶"。后来发展了，不用龟甲了而是借用其他方法来预测吉凶，如卜居、卜宅，即选择居住之处是否吉利；卜筑，即选择建房之处；卜邻，乃择邻居是否和睦；卜人生，也就是测一个人的一生命运如何，是富贵荣华吉祥如意，青云直上一帆风顺呢，还是食不果腹、衣不蔽体、厄运连连、祸不单行呢？算命先生就是"卜人生"的主持人。

至于鬼谷仙子，是怎么被算命先生供奉为祖师爷的呢？经查考，简直是匪夷所思。鬼谷子，相传是战国时楚人，姓名传说不一，无从稽考，周世隐于鬼谷这一地方，故自号"鬼谷子"。其人专擅养性持身和纵横捭阖之术。养性持身，现代应译为保健专家；纵横捭阖之术，可是了不起的争夺天下称王称霸的大道。所以大名鼎鼎的苏秦和张仪都出自鬼谷子门下，是其高足。悬梁刺股的苏秦不是曾悬过六国的相印吗？这就是连横的成果啊！这样一考证，懵了！鬼谷子先生与算命先生一点也不搭界，风马牛不相及。所以在王天井巷算命的俞先生供奉的鬼谷仙子，若真有仙气的话，在他们点烛焚香、挚心朝礼之际，一定会想：我和你有啥瓜葛呢？

俞先生，巷内人都知道他读过大学，毕业与否则不得而知，反正当时是个大知识分子。不知所患何症，导致双目失明，也不晓得怎么会当起算命先生来的。这些都是"谜"，也永远不会有人去揭秘的了。因为王天井巷早已拆了个遍，俞先生呢，恐怕已通过"轮回"，转投人生去了。

我小时上学放学，天天要几次走过俞先生"卜所"的门口，只见里面人头攒动，与现在大医院挂号处差不多，除了占着座位的，尚有不少站着的，不用纠察，按到达先后逐个进行，秩序井然。到吃中饭、晚饭时，尚有未轮到的，对不起，下午或明日请早！

这个地方，闲杂人等是不能去"轧闹猛"的。所以，我辈小学生、中学生之流，只能隔窗而望，愈看愈觉得好奇、神秘，但却没有进门之机缘！

世界上有位名人说："机会总归会有的。"这是至理名言。终于这一天到来了，而且之后还有过好几回。原由是我母亲最相信"宿命论"，就是人的一切皆命中注定。苏州俗话说："横财不付命穷人，拾了黄金变成铜。"我母亲平时盼望哪位亲戚到来，总是叫我们小孩报个时辰（即天干，共子丑寅卯辰巳午未申酉戌亥十二个），然后在手指上掐算，像《三国演义》中孔明先生一样，算下来，什么"速喜速喜，跷脚坐起"，今朝姆姆不会来了，"空望空望，两脚慌忙"，喔，正在路上急匆匆地走来，明朝素珍孃孃扳来（一定来）格！这是占小事，遇到大事，则要请教俞先生的了。于是我这"老拖"伲子"跟屁虫"，一定跟着姆妈跨进"卜所"，居然也"塌铺铺"占一个靠背坐坐，因为也算顾客的随从嘛！现在我开始描述俞先生如何为人算命的，尽力绘声绘形，惜乎我这支笔没有生花，不一定写得活灵活现，谨请读者多多原谅。

母亲把我大哥的生辰八字报给俞先生听。先生身居宝座，桌上一壶西洋参泡的茶，啜上一口，而后口中念念有词："子丑寅卯、辰巳午未、申酉戌亥……"手指上下掐动，还不时发出"嗯、嗯"之声。片刻之后，俞先生开口了："按这个人八字来看，命里不太顺，先凶后吉，后福尚可。此人年方弱冠，即失椿庭（丧父之雅称，这出于一个大学生之口，是恰如其分的），不能继续攻书求学。"此时我母亲频频点头，准极了，我父亲病故，大哥辍学去上海绸庄当学徒了。俞先生略一沉吟，接着启齿："嗯，机会来哉，学生意，吃尽苦头，从而按八字来看，时来运转，马上有贵人相助，寻着仔金饭碗哉！这一段运大概有六到八年。其间红鸾喜动，要配亲拜堂，做新郎官，但有点曲折，反正逢凶化吉，遇难呈祥。喔，新娘子一定是面如满月，一脸福相，有二十年'帮夫运'，关于子嗣嘛，有二三传香。可惜，按八字测来，其人身体多病，要多多小心。最好，在此禳禳星、拜拜斗、消消灾、弥弥祸。好，下一位是哪个？"我妈知道命已算好，即向俞夫人付了算命钱。俞先生一则眼盲，不识银元真伪票面大小，二则，算命问卜者接踵而至，赛过病人看专家门诊要限额挂号，接着算也来不及，当然由耳聪目明的俞夫人来收费了。

你讲，命算得准不准？准！大哥在上海绸庄当学徒时，确实艰苦非凡。回到苏州，总是眼泪鼻涕，向妈哭诉。我妈听了好不心痛，于是下定决心亲自出马跑上海，找了抚养其成人的亲叔父（某大银行董事长兼总经理）说，无论如何要为我这个苦命的侄女拉上一把。婶娘女流之辈，听了也觉心酸，马上从旁敲边鼓。好了，大哥不久就进了当时外资某银行，上了写字间当起白领（当时无此称呼）职员了。不是俞先生说的准么，"贵人相助，捧着金饭碗"。从此，大哥身穿毛料长袍，足登革履，头发也吹成男式中最时髦的，走起路来挺胸昂步，回到家中，衣锦荣归，连邻居都刮目相看。至于大哥的婚事么，确实不太顺利，先一位对象瘦弱矮小，但率直真诚，谈到论娶谈嫁时，突然发生变故，大哥痛不欲生，好容易抚平心灵创伤，又真遇到相貌丰腴的意中人。照古人说法，"福得得"的人是"宜男"之相，即会多子多女。果不其然，三男两女，五路财神之数。俞先生早就说过："子嗣嘛，二三传香"，二加三不是五么？这笔算命费出得太值得了。不过请读者们寻思一下，"二三传香"之伸缩性可大呢，二个也对，三个也准，五个是准之又准的了，这就叫江湖之诀！大学生运用起来，得心应手，不露痕迹，妙哉！

至于说到年方弱冠丧父，万一没有此事，算命先生岂非大触人家霉头呢？万一说父母均在，俞先生马上话锋一转，这一定是你家祖上积的德，给他父亲增添了阳寿。这样之说，错得有理，听者还蛮开心，真是谢天谢地谢祖宗积德。

俞先生除了日常算命外，还有"批命书"一项。这个费用就大了，而且要问卜者先将八字留下，要隔三、五、七天才能拿到命书。批命书为你一生分成几个阶段，如几岁到几岁克母，几岁到几岁流年不利，晦星高照，几岁到几岁得遇贵人，几岁到几岁事业有成，如此等等。批一张算命书大概要三四银元，一般人是批不起的。

除此而外，另一项服务内容为"合婚书"。过去男女婚嫁，女家要将闺女八字用大红贴送到男家，由男家去算命先生处将男女二人生辰八字排比，有无"六冲"之厄。这"六冲"是什么？我不是俞先生的门徒，因此说不上来。我家大哥、二姐人家来做媒，我妈曾多次去俞先生处卜"合婚"合适与否？结果好几起相当理想的对象就在"合婚"的帽子下告吹，真是天晓得！

俞先生再有一项重大活动是"禳星拜斗"。那时算命结果，某人今年大为不吉，甚至有阴人缠绕，那就建议你要搞"拜斗"了。听到流年凶象者急于解除灾难，于是请俞先生选择吉日"禳星拜斗"，当然是在鬼谷仙子面前焚香点烛。俞先生要此家人茹素，虔诚地去膜拜，他则念念有词地步罡踏斗。这项活动短则半天，长则一天，要看凶象之险恶程度而定。关于"拜斗"后是否成效卓著，既无抽样，又缺乏全面调查，谁也不知道。反正在出钱的人家，星也禳了，斗也拜了，灾也就消了，祸也就免了，在心理上的压力是大大地减轻了，省得一天到晚惴惴不安，度日如年。

俞先生在此巷内，生意兴隆，蒸蒸日上。到什么时候才停止活动，我后来踏上社会后就很少关心这些"名堂"，所以也就不得而知了。

新中国成立后，算命是被政府取缔的，因纯属迷信。据了解，解放快六十年了，如今偏僻地区及城市周边农村，算命先生还在四处活动，而且有一定市场，蛮活跃的。信者自愿花钱，真格是周瑜打黄盖，一个愿打，一个愿挨。现在不是在论战什么"伪科学"么？我看，说算命、测字是"伪科学"，那是最确切不过的。中央提出社会主义荣辱观，其中有一项"以崇尚科学为荣，以愚昧无知为耻"。看来，全国，特别是偏僻地区以及农村，更要加大力度，进行宣传，相信算命先生不正是"愚昧无知"的具体表现么？

玩警铃吓坏东洋人

抗战即将胜利，但苏州城仍在日寇的铁蹄下呻吟。

当时，我年才十五六岁，经介绍，跨进了地处观前街靠近承德里口的苏民银行当练习生。在抗战前这里原是苏州金城银行，新中国成立后是中国人民银行苏州支行的信贷部。这家银行的贴邻是日本人的华兴银行。此址在抗战前是江苏银行，新中国成立后为人民银行的营业部和行本部的管理部门。

苏民银行是一家商业银行，总行在上海，苏州是支行。经理先生姓马，大名六宜。在当时来说，此公确是一个正人君子，从不涉足烟花场所，洁身自好，唯独喜爱的是三酉儿，也就是杯中之物。每天下班后，就上元大昌、金瑞兴等酒店去独酌，品尝那异香扑鼻的陈年花雕，其乐也融融。

马经理老家在上海，中年丧偶，唯有一子，小名维新，父子俩相依为命。马公到苏州来当银行经理，一个鳏夫唯有将儿子带在身边。小马年龄大概十岁刚出头，白天上小学，一日三餐在行内搭伙，晚上乃与父同住宿舍。原来金城银行的建筑规格在当时观前街上也是数一数二的。营业厅宽敞明亮，很有气派。二楼有会议室、宿舍，凡外地职员均可入住。他们父子俩住的是朝南且最大的一间。如此这般，倒也相安无事。不料终于在一天肇了事，闯了不大不小的穷祸。

这位小马公子在读书之余，就在银行办公厅里出出进进，毫无顾忌，与我们员工也相安无事。

光阴荏苒，又到了夏天放暑假的时候。小马无所事事，闷得发慌。正好苏民银行雇用了一名小童工来做工友，为行员沏茶、递毛巾、代买早餐点心等等。总之，是打打杂差的，劳动强度并不高。这名童工的名字却不大妙，姓黄名连生。黄连生、黄连生，与中药黄连直接挂上了钩，毋怪其小小年纪就要出来当童工，为家庭养家糊口了。

黄连生的到来，给小马送来了一个小伙伴。两人在银行下班后一起跳跳蹦蹦，尽情玩耍。马公看到儿子不再形单影只，也喜在心头。讵料有天下午，三时下班，马公已上酒店去自斟自酌了。小马坐在行长室老子的座位上，黄连生坐在对面襄理的位置上，两人手舞足蹈，忘乎所以。那天，我正好下班有事未走，还留在办公室。一会儿警铃之声大作。其时观前街也不太闹猛，这种警铃声相当刺耳，马路上的行人全部听到了，真格有点吓人势势。大家不晓得究竟出了什么大事。因为本文一开始就介绍苏民银行的贴邻就是日本华兴银行，日本人当然懂得警铃响就是发生盗警的信号。而当时苏民银行前门铁栅栏早已紧闭。他们估计匪徒会从后门（承德里）逃逸。苏民银行的后门之内正好是一个小花园。华兴银行的几个窗户直对花园。于是好多日本人都手执勃朗宁、直锚等候，如临大敌，大有一触即发之势。但奇怪的是日本人等了半天却不见任何动静，弄得丈二和尚摸弗着头脑。后来就一股劲冲到苏民银行，重敲后门那两扇小铁门。厨师开了门，他们就哇哇地叫，意即你们发生了什么事？正好此时，警铃声戛然而止。

最后，才弄明白，经理办公桌下面装有警铃，用以防盗启用，但一般行员都不知道内情，大概是保密的。幸好那天除了我留在银行外，尚有一位略知情况的课长，在一番寻找下，急忙关上了桌下的按钮。几个东洋人在了解情况后就叽里呱啦"阿拿傺"，回转华兴银行去了。一场虚惊到此结束。

苏州中医轶事

前些时候，俞明先生借给我一本书，作者是台湾一位精通岐黄的中医。他在抗战前与沦陷后的上海行医，蜚声杏林。他的著作中有相当篇幅叙述了那时国民政府执行歧视排斥中医政策的历史，由于此际面临中医将被取缔的厄运，于是中医界老前辈及在社会上有声望的名医组织起来赴京（南京）请愿，最后问题获得比较圆满的解决。孰知晓，到了 21 世纪，又有某些人大张旗鼓地主张"取消中医"，而且还有个别人指责中医理论中的阴阳学说、经络学说与针灸学说等是"伪科学"。这顶帽子分量颇重，有"泰山压顶"之势。于是网上展开了一场两阵对垒的论战，纷纷云云，莫衷一是，好在执医药牛耳的政府部门——国家卫生部，旗帜鲜明地表了态，这是造福人民的佳音。看来，历史是不可能重演的了。

我泱泱大国，历史悠久，达五千年。先民们都以食五谷为生，哪有不生病之理？在实际生活中，西方医学传入中国以前，全靠中医治病，连金枝玉叶的帝王之家，也专门设置了太医院。就拿苏州来说，中医素负盛名，人才辈出。吴门儒医之多，不胜枚举。远的不说，如我年龄段曾经睹面相见或见其行医招牌的，就有曹沧州、李畴人、金昭文、郑燕山、乐山昆仲、葛云彬、奚凤霖等等。所以我认为，对中医的看法不能偏激，有人认为好像只有西医、西药才是科学的，中医、中药及其理论都是不科学甚至把它指责为"伪科学"，这叫"妄自菲薄"缺乏自信。要知道尺有所短、寸有所长，这是真理。要说西医看不好的病被中医看好的事例比比皆是，且举数例。苏州著名中医妇科专家钱伯煊，新中国成立后被调到北京。曾有一位外国驻华大使夫人婚后久不育。她在自己国内西医处看了个遍，而"宁馨儿"却仍杳如黄鹤。结果慕名请钱大夫诊脉处方，服药数月，居然圆了怀孕产儿之梦，欣喜之情，不可言喻。这位大使感激不尽，盛赞中医中药之奇妙。另外我还从一本杂志上看到，有一位中国去某国传授针灸医术的名医，他的外国徒弟学得非常认真，对老师的医术佩服之极，广为宣传。这被某国一位高级将领得知，可是针灸名医归国期将届，而这位将军夫人被所患痼疾折磨，已经到了山穷水尽的地步。将军急中生智，竟然设计将这位名医加以软禁。在他诚情邀请下，针灸专家使出绝招，不久将军夫人的顽症竟告霍然。由此，这位针灸医师的名气，不胫而走，响遍某国，请其诊疗者如入山阴道上，应接不暇。这位杏坛高手国内尚有任务，于是与某国卫生部门约定，每年定期去某国一段时间，为病者解除痛苦。惜乎我看过这方面的书太多，一时找不到，否则有鼻子有眼地娓娓道来，将会更加传神。现在就讲一个美国的例子吧。丽莎女士在车祸中导致骨折，眼睛也因之失明。但伤愈后双目仍未复明。经中国针灸师为她作了三次针灸，丽莎又重见光明。近据苏州报纸介绍，目前针灸已有长足的改进，可以多种形式广泛应用于临床，据可靠数据，能有效治疗的疾病达三百零七种。又据传媒处获悉，现代西方国家早已破除了对西医的盲目崇拜，普通民众和医务工作者对包括中医在内的各种自然医学的热情与日俱增。在德国有77%的医疗单位建议病人用针灸治疗疼痛。针灸师在欧洲有十五万名，在美国有十二万名。美国每年要花几千万美金进口中药。从这些数据来看，外国人用针灸治疗疾病的势头比起我们针灸故乡之中国要普及得多。

应该言归苏州了，我就讲述几桩自己的亲身经历吧。

在我刚参加工作初，不慎闪了腰，站都站不直，苏州人说法像了"一三式"（三十二只骨牌中的一枚）。我家离乔司空巷很近，立即去伤科名医葛云彬处就诊，为我治疗的是葛大夫的夫人周玲英。她要我坐着，背向医师，全身放松。我刚坐定，那身手矫捷的周大夫就把我拦腰一提（当时我很瘦弱，体态轻盈），抖上几抖，口中说道："好了，立起来，走走看。"听话的我马上站起来开步走，居然什么事也没了。你说神奇不神奇？我想问一下，这样抖几抖能以仪器测么？能写医学论文么？

大致在 1962 年，我母亲高烧不退，住进了市里的某大医院。验血结果为肥达氏阳性。什么意思？医生告诉我，你妈患的是伤寒。按西医治疗伤寒的方案进行，验血不知验了多少回，加上 X 光透视。总之，把医院里当时能用的洋设备都用了一遍。医师又对我说，可能不像伤寒，但肥达氏阳性是铁定的，现在高热不退我们能用的检测手段都用上了，但就是不能确诊。经会诊，拟打开你妈的腹腔，看看有什么名堂？我乍听，简直气得发昏，咬咬牙，当天就办手续出院回家。

家是回了，高烧不退的母亲有点抗不住了。大哥、二姐和我三人，只有我一人在苏，这要靠我拿主意。天无绝人之路。经搜肠刮肚，想起了有位祖母（已故）面上的亲戚，现在第二人民医院的老中医李伯缘丈，我赶到他的住所，说明是谁谁的孙子，现在母亲病危，西医束手，并有开膛破肚之建议。李老详细询问了起病、发热、神智等方面的症候，闭目沉思片刻，取出方笺，用毛笔开了一张处方，嘱咐我说：服三剂，如热度不退就不必再来，意即病入膏肓，无药可医了。我飞速撮药回家，浸药煎煮，给母亲服下。奇迹出现了。次日热度开始下降，再服一剂，热度退尽。一条老命，竟在说病讨药的情况下，给一位长髯飘拂的苏州儒医挽回过来了。李老此恩此德，我永生不忘。当然，这一事例使我对中医治病的神奇有了进一步的认识。

再讲一个也是发生在我身上的事。三年困难时期，我在机关工作，发现腹部膨胀，手指扣之其声咚咚，胃纳欠佳，不思饮食。看了几次西医，说没有什么病，不用服什么药。这时我又想到了中医。于是到二院中医科徐文华医生处（现在徐主任仍在市院看专家门诊，就诊者极多）。徐医生说，你腹中有气，应以药消之。于是开出"丁香烂饭丸"，一味中成药，嘱我认真服用。果不其然，不久，腹部不再膨胀，食欲也改善了，扣之也不咚咚作鼓声了。

此文到此可以刹车，意欲发几句议论。中国有位伟人说过："不管白猫黑猫，能逮老鼠的就是好猫。"今日套用一回曰："不管中医西医，能治好病的就是良医。"因而，把西医以外的医学指责为"伪科学"者，不是无视现实便是一种无知，盲目崇拜西洋医学。看来，我国有少数人得向老外学习学习咧！最后，以苏州老百姓的呼声作为本文的结束语："中医是中华民族的瑰宝，百姓离不开它！中医不能废，应该大发展。"

两个大和尚的鲜明对照

能写这种轶事，只有像我一样，从小就喜多管闲事，凡是看在眼里听进耳里的事往往历久不忘。

今者叙述决非卡通片中三个和尚的寓言，说什么一个和尚挑水吃，两个和尚扛水吃，三个和尚没水吃等等。

我家祖居在连接景德路与东中市的王天井巷，隔开两家门面，并行的就是高师巷。于是故事开始。

王天井巷靠近景德路有家寺庙叫静心庵。庵内住持是一位禅宗佛门子弟，而且是一位非常高雅脱俗的大和尚。至于法号末已经忘怀了。这位大法师在虔诚诵经之余，喜爱丹青，专攻山水，又是工笔的，尤擅画扇面。我家与静心庵素有往来，因此拥有大和尚的精品之作好几筐。惜乎在抗战逃难东山时家中被洗劫一空，这些墨宝不知流落何方，或者早已粉身碎骨的了。我长大了涉猎书法，对绘画虽不能动笔，但孰优孰劣，还是略知一二的。回忆那些扇面山水的风格，就是淡、雅、静、幽，画中有诗。有如王维笔下"明月松间照，清泉石上流"的意境，也有如王维诗中"独坐幽篁里，弹琴复长啸"的意境。你瞧，那青山黛黛，流水潺潺，村居明灭其间，归鸦飞驰于上，大有黄公望之神韵。我因常写扇面，因此对这位大和尚的精品之作的散佚一直念念不忘。

由于我家遇丧事，总请静心庵诸佛门子弟来做法事，因而在抗战前一直保持着联系。大概是大和尚的关照，每逢年关，香火师傅总要挑一担素斋来。其中有"春不老"，乃是腌制的萝卜，甜咸适中，咬之香脆，吃了还想吃，所谓"齿颊生香"，大概就是这种佳品的功能了。大和尚蛰居庵中，潜心修行，堪称释众楷模。

高师巷临近中街路中有家寺庙叫崇义庵。庵内当然也有一位住持。这家和尚庙和我家没有直接关系，却有一些间接的瓜葛。

我老家虽住王天井巷，但因那时婆媳间的矛盾，我是在高师巷诞生的。当时所租赁的房屋离崇义庵仅几十步，小而简陋，却住了好多人家。其中有一家父女俩相依为命。女儿名曰菊宝，小家碧玉，长得倒也楚楚动人。因为我母亲在那里坐月子，跟她一家搞熟了，她就三不两时到我王天井巷家中来玩。有时早晨来了，要到晚上吃了晚饭才回家。她也看到我母亲带领四个孩子很辛苦，就出手帮忙做掉一些家务。寒来暑往，她在我家如在自己家里一个样。我们都叫她阿姨，在背后，则不客气，就是"菊宝长、菊宝短"地说她了。

之后，不知发生了什么变故，这个阿姨不上我家来了，也未听到她婚嫁的消息。令人意外的是传来了她的惊人之举，是什么？不可思议的是她与崇义庵的大和尚好上了，非法同居。这大大有辱佛门清规戒律。据说，和尚堂里还添了丁，这真是千古奇谈，足可与弹词《玉蜻蜓》一书中"师姑堂里养伲子"的情节相媲美。罪过啊罪过，阿弥陀佛！

两座庵，两位大和尚，其行为南辕北辙，大相径庭。标题上说是鲜明对照，切题不切题，还是阅读诸公裁定吧！

使我感到遗憾的是，静心庵这位在绘画艺术上有很深造诣的法师，与我缘悭一面。想来，一定是神定气闲、淡然洒脱，既具方外人的禅意，又有艺术家的风采。至今，想来已往西方极乐国土去了。

朱梁任父子生平及后人

关于梁任公先生之生平，有多种说法，现人亡境迁，无从考证，姑俱录之，以供读者参阅。

据民国 21 年（1932 年）11 月 14 日《电影时报》载称："朱梁任，年六十岁，住三六湾，为前清武进士朱永璜（小汀）之长子，性狷介，不事生产，工诗词，精研金石书画，并以家传所得，又擅技击，嗜饮，斗酒不醉。现任美专教员。生平不穿锦衣，不坐人力车，与中央要人吴稚晖性情相同。在洪宪称帝时，朱以民国将沦，竟穿白衣，直入宫殿觐袁（世凯）反对复辟。前数年间，建局填平夏侯桥河浜时，朱以该处有古迹可考，认为有保存必要，日往劝止小工停工，小工不从，朱欲用刀格杀，其率直处，有如此者。"

又据民国 30 年（1941 年）5 月 26 日《苏州新报》载："朱梁任先生事略：朱梁任先生，讳锡梁，江苏吴县人。清武进士小汀公长子。读书学剑，偄傥自喜，既而究心经世之学，走日本留学，政治得失，慨然自任以天下之重。会孙中山先生，设同盟会于东京，先生致身为会员。潜归，与江南子弟言革命，与吴江陈去病、柳亚子先生等立南社……值西太后万寿，苏吏举庆典，先生白衣冠而往哭之曰：'嗟！我汉族子孙，乃甘为奴，何不肖一至于此？'吏执而讯之，先生抗辩不屈。大吏谩以为狂，斥之去。又招同志十七人，登狮子峰，招国魂，放歌痛哭。事闻当道者，恶之甚，然卒无奈之何也。民国元年，先生参议北伐，军之淮上，及南北和议成，先生遂隐居不出，授徒自给，家罗四壁。由是下帷谈诵……著作有等身之富。尝主苏沪两地报纸笔政，因撷拾文字，周内之，因忤苏帅，捕之入狱，将治以军法。而军阀谋阻，遂释先生。先生治学博涉，顾喜考据，古文字之在龟甲兽骨者，一览则精辨之。东南学者，莫不善先生。先生固碌碌未尝有近名之意。"

梁任公曾先后任美专教员、中央大学及上海某大学国学教授，以及江苏吴县古物保存委员会委员等。与李根源、金松岑、章太炎、张一麐、吴荫培、王同愈等相交往。由于梁任公为姑苏耆宿名流，新中国成立后首次编纂《苏州市志》时，将其列入《名人录》之内。

朱天乐，名世隆，1903年生，为梁任公之子，江苏水陆警校毕业生。民国15年，曾入粤，在黄埔军校充排长。北伐军兴，钱大钧任32军军长时，有水公安三区区长沈高尘者任该军独立团团长，委天乐为该团三连连长。钱大钧绾军苏省之前，沈任32军驻沪办事处主任，天乐任该处副官。钱氏抵苏，沈与朱天乐均解职同返，曾任《正大日报》主编。

朱梁任、朱天乐父子，与你何干？有干。朱天乐，乃余之堂姑丈也。在1932年有关报纸上刊登，天乐之妻王淑贞，即余父之堂妹，在家名为素贞者也。虽说，我与梁任公及堂姑丈天乐从未见过面，但沾亲带故，此乃事实，洵非虚语。

父子同罹于水难

民国21年（1932年）11月12日，苏沪各报如《申报》《时事新报》《电影时报》《吴县晶报》《苏州明报》等均刊载用直保圣寺古物馆开幕盛况，参加开幕典礼者有：中委蔡元培夫妇、前铁道部长叶恭绰、中央研究院副院长杨杏佛、前革命博物馆馆长陈去病、江苏省政府主席顾祝同代表董修甲、财政厅长林彪、海上闻人王一亭、中华佛教会长圆长、德国考证家嘉璧礼博士、昆山县县长程汝继及公安局长秦杰人、苏沪各报通讯社记者等，士绅男女共五百人。

同时，因覆舟发生死三人伤七人之惨案，媒体以显著大字标明"苏州考古家朱梁任父子灭顶，新闻记者傅紫雯亦死"的消息，当时震动了社会各界人士。

事情可要从头说起。据当时媒体报导："甪直保圣寺，创自梁代天监时，寺之大雄宝殿内，有罗汉像十八尊，散置两壁。为唐代与吴道子一起师从大画家张僧繇学画之雕塑名手杨惠之所雕塑，古色古香，形貌如生。迄于现代，已历千年。虽剥啄颓废，然古代艺术之精神，毕露无遗。惜历来无人注意及之。及民国七年，由顾颉刚、陈万里、金家凤等前去考证摄影，事闻于日本名考证学者大村西崖，专程来苏研究，著有《塑壁残影》一书，誉为东方瑰宝，古代艺术之精品。于是引起各界的注意。惜乎此十八尊罗汉中，完整者仅存五尊，残缺者四尊。民国十八年，遂由教育部聘叶恭绰、蔡元培、吴稚晖、陈去病等十八人为委员，组织保存唐塑委员会。其经费除由教育部及苏省府拨款外，归叶恭绰保存并会同诸人共同筹措。聘请范文照为建筑师，设计建筑馆所，并请雕塑家江小鹣补壁。动工约二年后，费用三万多银元。经营规划，煞费辛苦，终于将颓废不堪之保圣寺大雄殿，一变而为美轮美奂、庄丽肃穆之古物馆焉。"

自苏州载客到甪直参加这次开幕典礼的汽轮共有三艘，连索衔尾而行，到离甪直有十多里的银杏港口转船时，三船相连的缆绳相绞，其中第二轮名为源兴号，顿时倾覆，船上乘客十四人，全部入水。是时风势矼骨，轮窗尽闭，导致当场淹毙者就有朱梁任、朱天乐父子及记者傅紫雯三人。这次朱梁任父子同罹于难的惨剧有一情况必须说明，即是时不少报刊载有，时任教职于苏州朱家庄成烈体专的朱天乐，识水性已经逃出舱外，为其老父尚在舟中，乃重新返舟援父，遂同及于难，是以被称为朱孝子。在同年 11 月 17 日《苏州明报》上即刊有拟在木渎区筹建梁任公园朱孝子碑以志不朽的报导，之后是否建成不得而知。

这一消息，传到我姑母素贞处，犹如晴天霹雳，当时揪心裂肺地失声痛哭，并拟自尽以殉夫，经诸亲友劝阻，力规其节哀顺变，因尚有遗腹之胎儿尚未出生，盖指望其生一遗腹子也。

天乐遗孀之艰难生活

天乐殁时已生有三女。报载长女名天锡，时年八岁，次名二媛，年四岁，幼名三媛。实则均为小名，此均系我的表姐妹。长实名听雪，次名德言，三名为何，后面将另有叙述，遗腹一女，名为念先，以纪念其父故也。

梁任公父子死于溺舟事故后，事闻于当局。鉴于梁任公乃老同盟会会员，报经国民党中央执行委员会核准，优予发给一等一次恤金一千银元。这笔款项在当时来说是不小的。但我堂姑妈素贞娘娘考虑到上有阿婆祝氏，将来要办后事，膝下四女要生活、求学、出嫁等等，因此将此款以定期储蓄分存几家银行，每年只使用其所增值之利息，以致此笔款项直至解放，未曾动用，最后由中国人民银行委托交通银行处理解放前存款遗留问题时才取到，但两者相较，币值已无可比拟了。

素贞姑母女流之辈，遭此惨痛打击，首要考虑的就是如何支撑这个残破之家庭，如何聊谋温饱而不受饥寒之苦。于是利用其善于刺绣之技艺，以此谋生。但如依靠坐在家中一针一线地刺绣，则所得甚微，是难以维持生计的。于是让几个女儿凡稍稍长大者除上学外，余暇则全部从事刺绣劳动。自己则与绣庄洽谈，由她为绣庄专跑四郊农村，将绣件放给以刺绣为副业的农妇。其绣品大致是枕套、鞋头花一类，尚有少数被面、披肩等当时认为高品位者。绣庄一则同情她的艰难处境，二则知道她为刺绣能手，属于行家，委以任务，能够把好质量关。就这样，我的素贞娘娘，成年累月，风尘仆仆地往返于城郊之间，遍及苏州各个村庄，真是晴天一身汗，雨天一身泥。一个女流之辈如此艰难地为生计而不分四季寒暑四处奔波，个中辛酸，惟其本人自知了。由于绣庄付给她的中介费极其微薄，是以家中诸人的生活尚难达到温饱的程度，至于添置新衣等则是一种奢望，若有患病等情况，更数雪上加霜了。然而惨剧毕竟发生了。其三女名三媛者，生得俏丽聪明，惜乎体质虚弱，加之长期营养不良，传染上了结核病，当时被称为"童子痨"，此病乃富贵病，而且又无特效药物可治，日复一日，三媛心中极度痛苦。看着母亲如此艰难困苦，自己不能为家庭做出努力，相反成了沉重负担，于是萌生了短见之念。一日下午，竟独自溜出家门，由三六湾直奔广济桥河边，以其花样年华之躯纵身一跃，投河自尽。一时围观群众无数。当素贞娘娘得知噩耗赶来，见到女儿遗体，放声大哭，悲痛欲绝。作者写至此时，亦不觉泪眼模糊矣！悲夫！我的表妹何以轻身若此！须知在世上总是无绝人之路啊！亲生骨肉自寻短见，素贞娘娘遭此打击，其心灵之创痛，是一辈子也无法弥补的。

堂姑嫂亲如姐妹

素贞娘娘有无嫡兄，我年幼不知。但总的说来，她是基本无一问寒嘘暖的着肉亲眷。我父乃其堂兄，所谓至亲者仅此而已。素贞娘娘在此处境下，不仅需要物质上的帮助，尚需精神上给予慰藉，并给她以宣泄的空间。于是她在"放生活"之余，三不二时地上我家，找我父亲"同笙阿哥"与"阿嫂"即我母亲。我的母亲从小父母双亡，长期寄人篱下，祖母在世的时候亦曾度过数九寒天穿夹衣的苦日子，因而对这位堂姑娘十分同情。好在我家此时有祖传遗产，还过着"小康"的生活，乃从各方面给素贞娘娘以尽可能的援助。还有素贞娘娘一到我家，总是一把眼泪、一把鼻涕地哭诉着日子如何难过。她不管今天是八月中秋，还是大年三十，也不管是年初一、元宵佳节，来了就是号啕痛哭。按苏州人规矩，在这些日子里，来个人哭天哭地，是不允许的，是"触霉头"的。我家父母不以为忤，任其宣泄。待她哭一停了，才关心地问她有什么困难可以帮她一把的。如她大女儿听雪考取了地处范庄前的崇范中学（即今景范中学），家住城外三六湾，当时又无住读，即使有，她在经济上也负担不了。我妈就让听雪表姐较长一段时期住在我家，日供三餐，让她按时上学，在生活待遇上和我们兄弟姐三人毫无不同，也就是将此甥女视同己出。当然如此之外，在物质上的帮助也是源源不绝的。我的家中有什么，总要想到素贞娘娘家。至于具体的情况，我年幼又是男孩，也不去留心。反正，她们堂姑嫂俩不是姐妹，胜似姐妹，不是嫡姑嫂，却远远胜如嫡姑嫂。后来素贞娘娘的二女德言还经常与自己的子女说起，当时舅母家在她家最困难的时候是如何如何的。这说明一个人，在最困难的时候，最最需要的是雪中送炭，并且要在精神上给予同情、关怀，付出真诚的爱心，只可叹而今"锦上添花"的事到处皆是，"雪中送炭"之事，则属难能可贵的了。

素贞娘娘的厄运还没有了。她患有神经性皮炎，因缺乏医疗常识，痒时就搔，结果愈搔愈痒，愈痒愈搔，最后不断蔓延，以致溃疡，直至体无完肤。某医院一度为她特制玻璃床一只，人睡在药粉中，以玻璃罩盖之。癣疥之疾，竟被折磨到如此严重程度，她的命也实在太苦了。

"文革"期间，一场浩劫又降临到素贞娘娘头上，阿公是国民党元老，丈夫又是黄埔军校，又知道父子覆舟同归于尽后，国民党中央执委特发恤金一千银元等等。这在"造反派"看来，简直反动透顶。不客气，红卫兵抄家，结果国民党党旗、黄埔军校军官的指挥刀都好好存放着。于是厉声叱责素贞娘娘："你在等变天是不是？"这个时代是无人权、无公道、无人性，什么东西都践踏在地的时候，有什么好说的。素贞娘娘就被剃了阴阳头游街示众，受尽了百般凌辱。这些都是我下放苏北返回苏州后听说的。素贞娘娘何时逝世？起先也不清楚，问了其外孙女敏玉才知道的。哀哉！我堂姑母的一生，是含辛茹苦的一生，是自强不息的一生，是厄运连连的一生，是令人心酸的一生。

天乐、素贞后人的概况

天乐逝世时，妻子尚有遗腹婴儿，未卜男女。后生一女，名念先，前文已提及。素贞娘娘把一切希望寄托在此女身上。好在刚解放时，与目前读书不同，均为公费，而念先聪颖过人，又极努力自勉，后来考上了大学。婚后与丈夫赖先生同在铁道部所属苏沪两地学校执教。其子女颇多成就：长子建苏，留学美国，获博士学位；次女建梅，留学德国白姆斯脱大学，获硕士学位；幼子建弟，同样留学德国白姆斯脱大学，获博士学位。现念先夫妇七旬开外，定居美国长子所在地，难得回国。

天乐、素贞之长女听雪，解放初期，即去东北哈尔滨，在某军工企业任职员。后因患类风湿性关节炎，长期卧病在床，现年逾八旬矣！次女德言，2006 年逝世，其两子启龙、启东均在苏某企业工作，幼女敏玉，在某医院为白衣天使，敏玉之丈夫杨锦豪现任北京东方酒店集团管理公司并兼任天津泰达酒店集团管理公司工程总监。儿孙辈事业有成，安居乐业，各得其所，如天乐姑丈、素贞娘娘在天有灵，亦将含笑于九霄云上矣！

糊硬衬和扎鞋底

　　过去，勤俭持家是一种非常传统、非常普遍的现象。这在一方面说明社会的物质还不丰富，另一方面也说明勤俭持家的观念比较深入人心。如《朱子家训》中"一粥一饭，当思来之不易，半丝半缕，恒念物力维艰"的名言，不仅家喻户晓，且能家家户户身体力行。就以现代化目光来看，珍惜爱护社会资源，仍为世界各国所认同。如日本至目前，私人印的名片上赫然标有"再生纸利用"字样。

　　解放前后相当长的时期里，苏州城里城外不论男女老少，脚下穿的多数是布鞋，有单鞋、棉鞋两种。而且都是自家的"杜做货"，很少到鞋店去购买。至于穿皮鞋，则仅是少数有钱人的高级享受了。

　　杜做布鞋的原料，除了鞋帮及鞋底表面一层是用新布以外，其余都是废物回收利用。因为家家都有穿旧了或尺寸大小已无法继续穿着的布衣，先拆去缝线，摘下纽扣、钮襻，尽可能地剪成较规则的方形或长方形的布条，而后下水清洗、晒干，再以面粉调成薄糊状，利用那时家家都拥有的如同长桌大小的洗衣裳木板，把一块块大小不一的裁片用刷子上浆后逐块糊在木板之上。视旧布料的厚薄糊上三四层，把整块木板全部糊满，放在晒台或家门口的阳光下曝晒。所需时间依照四季阳光的强弱不同，长短不一，总之，以晒干为准，然后整张撕下。这就是苏州人所说的糊硬衬，用以作为鞋帮的衬里或鞋底的中间层。

　　鞋帮制作按穿鞋人的脚寸大小，单鞋面料一般用直贡呢，用硬衬作夹里，然后绲边。棉鞋面料一般用乌绒，形如蚌壳，人称"蚌壳棉鞋"，同样用硬衬作衬，中间均匀地铺上棉絮，而后绲边。这样鞋帮就算完成了。

鞋帮必须配上不可或缺的鞋底。那时根本没有什么塑料底，布底鞋是一统天下。用牛皮底的，那简直是少之又少，另外皮底有个大缺点，易滑致跌。小小一双布鞋底，真叫做"成似容易也艰辛"。我乃小男子汉，对扎鞋底毫无亲身感受，但从我母亲及街坊邻居的妇女那里亲眼目睹，颇感不简单，这一劳动的艰苦性是现代人所难以想象的。

鞋底的操作程序大体是：先确定鞋样大小，用硬衬一层层叠起，再以蒲包爿托底沿边并用针线将它们固定在一起，最后覆上层厚实的白厂布。于是，艰苦的扎鞋底劳动就开始了。

扎底，那是用既粗又长的引线（针），用很粗的扎底线在鞋底上一针针地扎，每一下子就那一个小不点儿，而且要用足手劲把它收得非常紧密。这里在扎针穿过鞋底时，中指必须套上一枚铜制"顶针"，把引线顶过去。在收紧时手背上要系一布块，否则，扎底线会把你手背上的皮肤勒破。扎一下，还要把"引线"在头皮上划一下，使它起一种润滑作用，以减少穿过布层的阻力。可知道，一双鞋底，何止千针万线。如我这样年纪的人，就是穿着母亲为我们手制的布鞋长大的。回头想想，真是"慈母手中线，子女足上鞋，千辛兼万苦，难报劬劳恩！"

旧时家庭妇女糊好硬衬扎鞋底，耗费时间最多的要数扎鞋底。她们一般利用家务之余暇进行，多子女者还要在火油灯下开夜工，加班加点。然而，她们安之若素，并无怨天尤人之语。这也是勤劳节约的美德，又是一种妇道的乐天知命，更包含着甘为子女含辛茹苦的母爱在内吧！

当然，也有些妇女喜欢手持鞋底走东家闯西邻，串门扎鞋底与聊天侃大山相结合，苦中作乐，自我调适。而串门扎鞋底的现象，在底层家庭间极其普遍。请大家闭眼设想一下，大晴天，多少人家在糊硬衬，多少妇女走来应去手中不闲地扎着鞋底，这也是旧时苏州的一道风景线啊！

据说，当时小姑娘配亲，婆家的人除了询问相貌以外，还要问一下针线生活，特别是鞋底扎得怎么样，好像扎鞋底成了妇女必须具备的基本功。厉害的阿婆太太，甚至要媒人拿这位姑娘亲手扎的鞋底亲眼检验一下。说实在的，有些姑娘、大嫂是扎鞋底的能手，扎好的一双鞋底，针针相接，行行整齐，简直是可当一种手工工艺品来欣赏！

唱堂会

被誉为"江南明珠"的苏州评弹，源远流长，受人喜爱。"评弹"这个词，是新中国成立后把评话弹词合二为一的称谓。在旧时，苏州人统称其为说书。只说不唱的叫说大书，又说又唱的叫说小书。艺人又统称为说书先生。说书先生的形象是身穿长袍，鞋袜角棱棱，在斯文中流露出一种聪明睿智的气质。

众所周知，评弹的表现形式，或者说表现场所，是逐步演变的。先是从露天开始，一张桌子，若干条长凳，说书先生面对的是过路行人，或驻足，或坐下；继而发展进小茶馆，面对的是生活在底层的劳动人民；再进而进入专供艺人表演的书场，先生端坐或站立在状元台上，面对的正是那些慕名而来或钟情于听说书的群体。

依照我的年纪，就曾面临过评弹的另一种特殊表现形式。听众是少数的、流动的，但彼此却是近距离也就是面对面的。此乃解放前颇为流行的说书先生唱堂会。

所谓唱堂会，说书先生不再在书场里面对广大听众，而是更换阵地，将演出场所变成私人办婚事的礼堂，家庭庆寿诞的寿堂。我杜撰了一下啥叫"堂会"：就是说书先生与吃喜酒或喝寿酒的来宾同在礼"堂"或寿"堂"相会，直面相对，称之为堂会，最确切不过了。

唱堂会有个不成文的规矩。凡收取报酬的，案桌放在厅堂下首，说书先生面朝里；凡不取报酬者，或因说书者与主人沾亲带故的，或是具有相当水平的票友"客串"的，如今说法是无偿友情演出的，那案桌则放在上首，说书者面朝外。

过去，吃喜酒或喝寿酒，一般都是整天的。从早到晚，要热闹一天，而正式婚宴或寿宴都安排在晚餐时间。这样，整天时间，除少数人集合打麻将、打扑克以外，其余宾客就显得无所事事，倍感无聊。于是主人家或由宾客"凑份子"聘请数名至少小有名气的或是响档说书先生来唱堂会。既增强了办喜事的氛围，又使这些东逛西荡的客人有乐可寻，得其所哉。

办喜事和庆寿诞，说书先生演出的形式相同，而内容却截然不一样。如办婚事人家可由演员说唱本人擅长的精彩片段，也就是看家书。我就曾在堂会上听过书坛名家潘伯英先生的评话《彭宫保怒击宫门》，严雪亭先生弹唱的杨乃武中的《密室相会》，这说明在办婚事人家，你说什么内容，主人家是悉听尊便不予过问的，只要宾客们欢迎就行了。

可庆寿诞的人家就不同了，先生不能随意说唱，怕人家做寿，说唱了不吉利的内容，会引起主人家的不愉快，甚至因此而耿耿于怀。据我所经历，做寿人家唱开篇基本是两支。一为《上寿》，其内容为八仙为瑶池王母祝寿，唱词中八仙的神态各异，具有鲜明特色，如坦腹大笑的汉钟离、肩挂葫芦的铁拐李、敲击云板的曹国舅、唱曲连连的张果老、口吹玉笛的韩湘子、手持花篮的蓝采和、执着金莲的何仙姑、肩背双剑的吕洞宾，最后大轴登场的是骑鹿前来的南极仙翁。其中最讨人喜爱的吉利唱词，是王母寿堂上的一副对联"福寿寿长长福寿，寿长长福福长天"。紧扣祝寿主题，听罢，主宾皆大欢喜。另一支是《九子廿孙》开篇。内容唱的是子孙满堂，满朝朱紫，图个好口彩，讨个好吉利。当然，《九子廿孙》与当今提倡计划生育的国策完全是背道而驰的。好在目今唱堂会形式已不复存在了，不可能再有人唱这类的开篇了。

标准"女裁缝"

　　每个人生活在这个世界上，最基本的需求是四项，即衣、食、住、行。其中衣占首位。衣者，古时上曰衣，下曰裳。所以苏州人讲穿衣服为"着衣裳"是有道理的。衣裳的功能是蔽体、遮羞、避暑和御寒。一年四季寒来暑往，一个人从小到大直至晚年垂暮，都离不开衣裳。衣裳面料有棉织品、丝织品，之后又异军突起，增添了合成纤维织物这个新品种。而要将面料制成上衣下裳或长袍时，必不可缺的是裁缝师傅。"裁缝"这个称谓应该是既确切，又有动感。裁缝的任务就是按穿着者的身体大小尺寸先把面料"裁"成若干块，然后用线把它一针针地"缝"起来。一件衣服用手工制作，得花上不少时间。在缝纫机还未普及，又没有像现在的成衣流水线以前，手工裁缝是成衣的主力军。旧苏州小巷里的裁缝铺子比比皆是。除了少数有点实力的裁缝拥有自己小小的门面外，绝大部分都设在大户人家的墙门间里。所以会出现这一现象，在裁缝来说，大人家的墙门间建筑讲究，地点固定，可以有稳定的顾客，并且不一定要付什么租金；而对房屋主人来说，前面有家裁缝铺，安全比较有保证，可以省去雇用看门人即古时所谓"司阍者"。

　　本文并非讲述墙门间里的男裁缝，而是叙述进入顾客家里，即"登堂入室"的女裁缝。用个不恰当的比喻，女裁缝宛如常驻"联合国"的代表，当然任期有长有短。

　　"女裁缝"，一般来说是苏州本地人，年龄偏大，大致四五十岁左右，那时已属于阿婆级。人品长得蛮细气，谈吐则轻言柔语。最漂亮的是一手好针线，男女老少，春夏秋冬，单、夹、衬布、衬绒、棉絮、丝绵、驼绒、驼毛等等各色衣服，无所不能，都擅裁制。而且慢工出细活，精致而地道，保证成衣得体，主人称心满意。常驻的优点是在半成品时即可试穿，确保合身，在制就后如有不满意处可立时修改。而请墙门间里老裁缝，可就没那么称心了，往往要来回折腾，耽搁时间。

至于请女裁缝的人家，首先是经济条件要好；其次是需要制作的衣服数量比较多；第三要给女裁缝静心制作的环境和设备，如桌台板，光线充足的工作场所，等等。另有一种特殊的情况，是闺女出阁，准备嫁衣。这样，这个常驻成衣代表要呆少则个把月，多则两三个月，甚至半年以上。

主人家对这类高级标准女裁缝，礼遇有加。日供两或三餐，一般不与主人同食，以免其受约束而不自在。下午还要添加点心一道，有时是生煎馒头、蟹壳黄、盘香饼，或是鲜肉馄饨、花色浇头面。目的是要她拿出浑身本领，做出称心如意的服装。这里包含着"观音山轿——人抬（待）人"的意思，我投你以"桃"，你可要报我以"李"啊！

幼时我在家里及有些亲戚家，都见过不少女裁缝，也确实目睹过她们的绝活。最绝的是女式旗袍、中式短袄上的打纽扣钮襻，先在桌台板上固定一根柱状物，然后用织物慢慢地打绞，可以打出各色各样的钮襻，如盘香纽、回纹纽、条条纽等等。反正，我这个小男子汉，也搞不清这些玩意的名称。而且大人又一再关照，不准打扰婆婆做生活。好在我们兄弟姐妹是蛮听话的，只是难得溜进去看个新奇而已。

女裁缝的工资，是按日计而非按件计的。因为主人家请得起女裁缝，看的是质量，这些女裁缝是颇具素质的，也绝不会因为工资计日而"磨洋工"的。

逝者已矣。苏州女裁缝也只是一种历史现象，随着流逝的岁月而消失了。这里记录的虽颇琐屑，毕竟也是苏州历史现象之一，留给后人看了消消闲，还是有益无害的，譬如听讲故事，仿佛"白头宫女话玄宗"是也。

"取暖"今昔谈

最近，看到《苏州日报》一版副刊上，刊登了一张古色古香的白铜手炉的照片。据云是清代之物，炉盖上文饰由如意、金蟾、菊花、冰梅与星叶五种图案构成。炉身开框，各饰有人物山水图，非常精致，富有艺术特色。如今，已成为收藏的古玩了。

像我这样年纪的人，一看这只手炉，一点也不觉得陌生。因为在我的童年，冬天也用过这种白铜手炉。当然，没有上述那只的精巧、讲究。由此打开了我的记忆之窗，想著文述说过去，特别是我们幼时，在隆冬与拗春冷的气候下是怎样取暖的。

先前，苏州冬天的气温比现在要低，每年总要下几场漫天大雪，化雪时檐口的冰棱（又称冰挂）要有尺把长，转晴后很长时间才会消融。想起唐代祖咏一首《望余雪》的诗中有道："林表明霁色，城中增暮寒。"真是绝妙的写真。苏州人就有这么一句话叫"落（下）雪不冷烊（融化）雪冷"，说得一点也不错。

五六十年前，苏州的民居属粉墙黛瓦型，多数为一层，少数为二层。无论是一层平房或是二层楼房，屋顶仅铺一层瓦片，室内屋顶为长方形的"望砖"，没有"泥幔"，也就是说没有隔离层。因此室内温度与室外基本差不多。到数九寒天，真叫冷得出奇，冻得诧异。那时室内滴水成冰，家家如此，不足为奇。一块抹布冰得就同笋干相仿。轮到这种寒冬腊月，对小孩子来讲真是苦不堪言。特别是幼儿两只小手背冻得通红或发紫，甚至肿了起来，冻疮是必生无疑。于是这些小鬼头只能哇哇大哭。在此情况下，做母亲的只有为他（她）做副棉制小手套，戴上并且把它扎住以免小手暴露在外。至于脚部，冻得也是够呛的。苏州人称"冻得生（读商）激骨头"。对待如此冷天，老百姓总要因时因地因条件制宜，采取一些防冻保暖的措施。下面姑且就讲讲当时的几种取暖方法。

一、手炉与脚炉

手炉在开篇时已讲到，一般都是白铜的；而脚炉则是由黄铜制成。手炉的燃料是用烧旺的"炭吉"，由炭吉的热传导到炉面，炉面布满着孔隙。用时以手烘之。如嫌过烫，则裹以手帕或布巾。至于脚炉，大多不用炭吉，从节约角度出发，以燃烧后的热灶膛灰拌以木屑。这样做，节约是节约了，可是在刚生火时，会从木屑中飘出一些烟雾，惹人咳呛，以致眼睛流泪。记得邻居人家的幼婴儿，立在木桶（一种木制的塔形桶，供尚不会走路的小儿站立）中，下面放一只脚炉，以驱寒气。按现在说来，人们可能不大相信，如此取暖，岂不寒碜。毕竟那时民众的物质生活条件还是相当艰苦。穷归穷，冬天总要过，取暖总要想些办法。这就是前面所说因条件制宜罢了。与今天相比，自然不可同日而语。

二、热水袋和烫婆子

那时，"永"字牌热水袋就是一只名牌产品。它的优点：一是橡胶不甚厚，传热很快；二是袋的塞子紧密无隙，安全不漏水；三是水袋本身耐高温水的冲入。一般说来，因水袋破裂而造成烫伤的几率几乎是零。而一些所谓被烫伤者，往往由于未将袋塞拧紧所致。不要小看一只热水袋，用得起的人家起码也是小康之家，或者是公馆里的小姐、少奶、太太。她们一面一手捂着热水袋（上面还覆上一层薄薄的丝巾），一面坐下来"搓麻将"，作骨牌的方阵之戏，惬意得很！也有的人家把热水袋作为晚上温暖被窝的工具，但它不如汤婆子的保温时间长。彼时，有些会动脑筋的人，则设法从医护人员处讨来盐水瓶，灌以热水，作为热水袋的替代品。虽也解决取暖问题，但美中不足是一失手成千块碎，只好徒唤奈何矣!

说起"汤婆子",现代人可能不知为何物。它由翻砂铜制成,有圆形、鸭蛋形两种。一般人家冬天到黄昏薄暮时,拎了汤婆子到附近"老虎灶"去打二根筹的开水,就可以保证通宵被窝温暖。这确是惠而不费之事。在我幼时,与兄弟姐妹们经常受母亲之差遣,用提篮放置汤婆子去老虎灶打水,只见那打水桌面上,就像汤婆子的晚会。大家心中有数,绝不会拿错。小小汤婆子,有一个关键设施,就是盖头与热水中间,尚有一个倒十字形的隔离。缺了它,汤婆子稍一移动,马上溢水。要知道,溢出的可是沸滚发烫的开水,不是与你开玩笑的。据我们所知,那些经济条件更差的人家,连汤婆子也用不起,那只能拿以木屑为燃料的脚炉放进被窝里,由此,曾发生极少数的火灾事故,缘起是入睡后不经意中踢翻了脚炉,木屑烧着棉被,酿成不幸的火灾事故。

三、燃煤火炉

前文谈到,老苏州的冬天与料峭春天,室内外温差极小。有少数较为富裕的人家就有围炉取暖之佳事。如我父亲在世之日,每届隆冬,总要请铅皮匠到家来安装火炉。铅皮匠的任务之一是做火炉的底座。底座由粗木板拼成方形,四周加边,然后裹以洋铁皮,这样就可防止炉火与木质地板直接接触而引发火灾。铅皮匠的任务之二是制作排气的洋铁皮排气管,使火炉燃煤中产生的气体排送户外,以免煤气中毒。一年制作后可多年使用。火炉引火是用刨花和木片,待煤燃旺后,上面放一把水吊子。须臾,水开了,一时间,热气氤氤氲氲,室内春意盎然。这在当时来说,已属较高档次的取暖方式了。

四、热水汀

除上述而外,当时一些银行里,以及住着洋房的富豪地主们,他们取暖,是更上一个档次了。用什么呢?那时俗称"热水汀",即先安装好锅炉,利用燃烧水的蒸汽通过铁管向客厅、居室散热,这样,既暖和又不会上火，那真是神仙般的享受了。我生有幸，十五岁进了私营银行，对热水汀是有幸身受其惠的。

目今，空调已大面积普及，一家几台空调者也非常普通，且还有形形色色的取暖机。同时居住条件也有了极大的改善，有的更是用双层玻璃，隔冷又隔热。因而取暖一事，对绝大多数人来讲，已是不成问题的问题了，反倒是空调排放的气体在夏天成了"热岛效应"，成为环保治理的难点了。

孰知此文刚写毕，2008年1月至2月，一场罕见的大雪在全国许多地区，包括苏州在内，飘然而至。其下雪次数之频繁，积雪之厚度，冰挂之粗长，道路结冰之泞滑，残雪融化周期之漫长，在我这个八旬老人来讲，好像也是生平第一次遭遇。好在现在，广大人民物质生活条件得到了极大的改善，因此，这场冰雪灾害于绝大多数人来讲，都能安然度过。

一张老照片的回忆

　　光阴荏苒。我家从相门狮子口迁居到高新区，弹指一挥间，已经十个年头了。当时儿子向银行所借的公积金与商业贷款本息悉数还清，而在一个偶然的机会下，于2003年6月又购进了工业园区金鸡湖东的一处房屋。经过设计装修，全部就绪，只待择吉日乔迁了。于是我就着手准备，从整理书籍入手。在此过程中，发现一张颜色泛黄的老照片。

　　老照片是历史的记录与见证。看到它我不禁浮想联翩，百感交集。

　　此照摄于1976年7月1日，距今已有三十二年之久。摄制地点在苏北射阳县，照片上方有一排字：中共射阳县委党校全体同志合影。

　　凡事总得从头说起。明明是苏州市委宣传部的干部，怎么会到射阳县委党校去呢？只因为在1969年冬，苏州曾经下放盐城地区的机关干部、企事业单位工作人员、中小学教师、医务人员和演员等共有3178人之多。

　　1969年12月份，我们一家乘了运牛的大船经过滔滔长江，乘风破浪，三天三夜，直奔我们完全陌生的射阳县海通公社中尖大队第三生产队。

　　从人间天堂的苏州到了"一穷二白"的农村生产队，历尽了艰辛，忍受了种种热讽冷嘲，克服了生活上的诸多困难。这一切尽管过去了四十年，仍然似在眼前，毕竟往事并不如烟啊！

　　我一家三口，我和怀着孕的妻子，以及一个三岁的女儿，到达生产队后，就被安排住在破损得不像样的队房里。晴天顶上见光，雨天水漏如注。向来了解下放人员生活情况的公社民政干事作了反映后，毫无动静。而为下放人员建房之事，尚须等到来年春暖花开之际。由于考虑到妻子头胎难产的情况，决定先将她和女儿送到其在上海从事医护工作的姐姐处，这样可以免除我的后顾之忧。我则留在生产队参加田间劳动和照料建造草屋。到1970年6月，三间聊避风雨的茅草屋建成了。四周墙是由从滩涂里挖来的大块盐碱泥土相叠而成，两架三角梁由苏州拨下的木材中获得，两个小窗户比而今的地砖还要小，后面泥墙上挖一小洞，挂上一张草帘子，屋顶是全由芦苇打成的箔子，上面覆盖着几层茅草。家中地上长的都是草，以致在床下长得和棕绷相接。尽管说这种居住条件，真够得上"陋室"的标准，但倒是冬暖夏凉。我妻子在上海分娩后，不久即返回射阳，就将女儿寄养在大姨的邻居家中，不久女儿因得了肾炎，只得领回农村。在生产队总共六年时间，我除参加劳动外，当过几年会计，也被公社、大队抽调到工作组搞运动。后来又在公社五七小组干事，早出晚归，十分劳碌。尽管我在农村认真参加劳动，借钱给生产队购化肥农药，关心贫下中农的病痛并供药等等，照样还有人用石灰水在我家泥墙上刷下"要立新功，不要吃老本"的字样。总的说来，下乡的日子过得并不顺畅。

我家与县城横亘着一个射阳湖，到通兴镇上又有十几里路，因此一家吃的蔬菜都由我在傍晚栽种管理。我按照农科书籍进行科学化管理，小小的蔬菜地长得一片绿茵茵，甚至可以给生产队社员送菜，还创造了在一分地上收获七十斤油菜籽的高产记录。通过农业生产实践，我深深感到"人勤地不懒"的道理。

大概是1974年夏天，一日下午，乌云密布，天色骤变，白昼如同黑夜，冰雹骤然降临，大如鹅卵，正好在麦收前夕，生产队的麦子被全部砸坏。我这个种满了各色蔬菜的十边地，也在顷刻之间被砸了个稀巴烂，其中包括已经挂了果的西瓜。这是我生平第一遭遇到的天灾。据生产队老乡们讲，他们也是从来未遇到过。我们这个穷队，遭此灾害，宛如雪上加霜，社员们的生活更加困难了。

在我尚在生产队战天斗地的情况下，不少苏州下放干部陆续到县城报到，重新安排工作。是时，原宣传部的同事陆乃斌兄与原苏州市委办公室主任赵贯高在县委党校，他们都劝我早些离开生产队，以摆脱小孩尚小，生活上诸多不便的困境。于是我和妻子统一了思想，在1975年到县委党校报到，任理论教员。全家随即迁到党校，一面办学习班，一面参加田间劳动。中间曾随校长去陈洋公社参加"学大寨"工作队一段时间。

在党校工作期间，县革委会宣传组沈、钟两位组长多次要陆兄与我去县里帮助写稿，后来从东台调来任县委副书记的陈兆明同志，对我们更是青睐有加，一再点名为他写发言稿。记得有一次我正在陈洋公社"学大寨"工作队，陈书记要我立即返回县里。当下我在沙地上艰难地踏了几个小时的自行车，回到党校，已经浑身被汗湿透，马上抹身换衣赶到县革委。其间艰辛，不言而喻。

最后，要回到这张"老照片"上。这张照片上总共十一人，有对我们照顾有加的老校长冯坦同志，有苏州下放干部副校长赵贯高，理论教员有苏州的陆乃斌及我，射阳本地干部周维俭、刘拂嵋和王榴香，总务王志德，干事唐璧，炊事员倪斌和薛振东。现在记不起来，是何原因尚有两位理论教员，南大历史系毕业的沈曰高，北大毕业的莫人章，不在其内。如今，赵贯高在南京国防科工委退休，陆兄返苏后曾任《苏州日报》副总编，已离休在家纳福。除王志德在我们返苏后曾来苏采购电器材料，刘拂嵋以盐城劳动局安全干部的身份来苏考察，与他们相见一次外，数十年不通音讯，谅来他们都已在家颐养天年的了。在此遥祝他们健康长寿，家庭幸福。

我在射阳这九年，是一辈子也忘不了的！

苏州话中的称谓

苏州人对人的称呼颇有讲究，且同样的关系，苏州人之间的称呼也略有不同。新中国成立后推广普通话后，对称呼也有较多变更。现根据"三党"（父党、母党、妻党）之间的不同辈分关系，依次而叙。

父亲，按标准苏州话称"爹爹"（读嗲嗲），而现在较多学北方人叫"爸爸"了。

父亲的父母亲称为祖父、祖母，苏州人叫"阿爹""好婆"，也有少数人家称祖母为"亲婆"。现在较多学北方人叫"爷爷""奶奶"了，也有学宁波人叫"阿爷"的。

父亲的姐姐，标准苏州话中不称"娘娘"（读平声），而称"好伯"或"姆姆（读嫫）妹"。

父亲的妹妹，基本都称为"娘娘"（读平声），过去父辈姊妹多的，则称"大娘娘""小娘娘"，或按排行称"三娘娘""四娘娘"，依次类推。

父亲的姐夫、妹夫，都一律称为"姑父"。

父亲的哥哥、嫂嫂，称"伯伯""姆（读上声）妹"。

父亲的弟弟、弟媳，称"叔叔""婶婶"。

母亲，标准苏州话称"姆（读平声）妈"。

母亲的父母亲，称为"外公""外婆"，很少有学北方人称"姥爷""姥姥"的。

母亲的姐姐，称"姨妈"或"娘姨妹妹（读每）"。

母亲的妹妹，称"阿（读矮，平声）姨"。

母亲的兄弟,称"娘舅"或"舅舅",母亲的兄弟媳妇,称"舅姆(读上声)"。

母亲的姐夫、妹夫,一律称作"姨夫"。

妻子的兄弟,称为"阿舅",俗称"舅老爷"。

妻子的嫂嫂及弟媳,称"舅嫂""内弟媳"。

妻子的姐夫、妹夫,统称为"连襟"。

妻子的祖父母,称"太丈人""太丈姆"。

妻子的姑父、姨母、姨夫,一般都跟着妻子称呼了。

至于堂兄姐妹、表兄姐妹,以及外甥、内侄等,一般与文字上没有什么区别。

把苏州人的这些称呼弄个一清二楚,也是一种历史的记述。

"逃难"琐忆

　　1937 年，也即民国 26 年，日本帝国主义分子甘冒天下之大不韪，公然挑起战争，大举入侵中华，使中国人民遭到了一场浩劫，多少人家破人亡，颠沛流离，其罪行实是"擢发难数,罄竹难书"。归根结底，"落后是要挨打的"。在国民党统治时期，国力衰微，给全国人民带来了无尽的灾难。再看新中国成立后的当今，"卫星上天""嫦娥奔月"，军力方面"能打下卫星；潜艇能在美国航母附近出没，自卫和与必要时武力统一台湾已没有太大的悬念"(《南风窗》2007 年 12 月下 63 页)，这真够人们挺起脊梁，说一声："中国人民真的站起来了！"

　　我们这一代人，是直接遭受到日寇侵略祸害的"在劫难逃者"。讲述几十年前的经历，还是有其意义的。现在对日本侵华一事，媒体都在讲："要记住历史，不是记住仇恨。"

一、日本飞机在苏州

　　1937 年 8 月 13 日上海开战，隔了一天，日机就来空袭苏州，炸毁了大中华旅社等地方。之后，天天来轰炸。而当时的县政府唯一的防空措施就是拉响空袭警报，要老百姓马上躲起来。而所谓"躲"，只是将家中最结实的方桌上裹以几层棉被，在台底下放几只小方凳，人就躲在桌子下。真被炸弹命中，这种"防御工事"能起什么作用？彼时日本侵略者倚仗自己实力，藐视国民党在国防上的无能，把飞机飞得低低的，料你也奈何我不得。我多次在家里楼上亲眼看到呼啸掠过的日本战机，连座舱里的日寇也看得清清楚楚。如果有一支步枪，足以把它打个"啃泥地"，真是"恃强太猖狂"！

二、炸弹扔在东中市

一天下午，空袭紧急警报响起，人们正忙着钻进桌子底下时，只听得天空中轰鸣之声连绵不绝，就在我们的头顶上盘旋。大家心想："这个事不妙。"说时迟，那时快，突然一阵震动，日机扔下炸弹，翘起尾巴飞走了。奇怪的是只有震感而无炸弹爆炸之声。在解除警报后，我家里人以及四周乡邻都出来打听。原来这颗炸弹就扔在王天井巷巷口东中市乾丰米店门口。一枚炸弹穿过路石直插泥中，恰恰是一颗哑弹。好险啊！如果这颗炸弹爆炸的话，最起码我家门窗上所有的玻璃都将被震得粉碎。事后，国民党的城防指挥部把这颗炸弹清理掉了。据说很小，仅一百磅！不知确否？

三、一条漏船过太湖

随着日寇的大举入侵，逐步推进，以及空中的狂轰滥炸，到 1937年 10 月，苏州城里的市民纷纷逃难四乡，而我的父亲还是躲在家中不像样的防空洞里"按兵不动"。直到连倒马桶的人也不进城了，粪便满街时，父亲才着急起来。在母亲的催促下，于 11 月末的一天，匆忙到城外雇了一条木船，避难方向是母亲的故乡洞庭东山，也因为我的姑母早已捷足先去。是时我虚岁十一，记得很清楚，那天只带了少数衣被，及日常生活之碗筷等，于暮色苍茫之中下了船，一橹一橹地摇向前方。谁知晓，摇不了多少路，船家摊牌了，说明这是一条漏船，有一个不大不小的漏洞，现已进水。这一吓非同小可。漏船能渡过这烟波浩渺的太湖么？已经进了水怎么办？真是冥冥之中已经定好了，在极少的行李物件中却有一对新的搪瓷痰盂，船家正好用这对痰盂一盂一盂地将渗透进船的水舀掉。至于能不能安渡太湖,既然已经坐了漏船，也只有听天由命了。好不容易到晚上十一时左右摇到了木渎。不凑巧，在一顶桥洞前堵船了。原因是对方来了不少载运伤兵的船只，相持不下。随着时间的过去，桥洞依旧堵塞，而后来的船只越堵越多。大家急得六神无主。因如果延迟到天明，日寇飞机一来，见那么多船只，肯定要乱扔炸弹，这不大家都要成为屈死鬼么？光着急没有用，只有耐心等待。好不容易到半夜两三点钟光景，伤兵船因一些船只的让路，总算过了桥洞。而后，四处逃难的船只争先恐后摇过桥洞，直奔太湖。两个船家，一个摇啊摇，一个舀啊舀，总算命不该绝，那天素称"无风三尺浪"的太湖居然风平浪静，水波不兴。一直到下午大约五点钟光景才到东山上岸，直奔已经先我们而至的大姑母居处——叶巷村恒德堂。这是一所极大的民居，在大姑母的联系与洽谈下，在西侧一进房子内租下一间厢房。这样，总算有了一个安身之所。我思忖，如果木渎堵船到天明，必然被日机炸死；如果太湖大风大浪，必然会葬身鱼腹。然而我们居然万分侥幸地躲过了这场劫难。

可以这样说，在兵荒马乱中，一家五口搭乘一叶漏舟，漂荡于太湖之上，然而能安然无恙地到达彼岸，转危为安，恐难找出同样的事例。这是一场特殊的经历，有惊无险。毋怪我母亲总是喃喃念诵"阿弥陀佛"和"观世音菩萨"不已。

四、日寇强占恒德堂

我们全家在恒德堂安顿下来后，过了几个月的太平日子。吃吃东山的带皮羊肉，黄家门前的豆沙咸瓣团子，虾仁绿豆饺，避难生活倒也颇为安逸。哪晓得一过春节，先是日本飞机不断地在洞庭山上盘旋，大家嘀咕恐怕又要发生什么事情了。果不其然，两三天后，日军进驻东山，而且有七八个日寇牵着高大的马匹强行进入恒德堂民居，在大厅上养马。他们住在正中一进房的两边厢房，而住在正中的一家也是苏州避难到东山的孔家。进驻的几个鬼子中大约有几个军官，是有文化的人，对中国孔子极为尊重。所以，在起初的几天内，倒尚未扰民，干什么罪恶的事。

那时候，居处来了日本鬼子，大家对日寇奸淫掳掠之事早有所闻。于是女眷们都在脸上涂了锅底灰，尽量躲起来，女孩则乔装扮成男孩。一天到晚，战战兢兢，唯恐什么时候大难临头。几天之后，这些鬼子就兽心发作起来，一到晚上就哇啦哇啦叫嚷要花姑娘。我家父母当机立断，跳出虎口。好在恒德堂房子大，鬼子在正中一进房，我们住西侧房，有一条备弄，因而没有惊动鬼子。这次突击迁移，搬到施巷河头凤珍堂，我母亲一个表舅父的家里。念在亲戚关系，舅公舅婆让出了二楼自己的主房给我们。这样一迁居，要半年过后到初夏才踏上返苏的归途。

五、东山枇杷名不虚传

在凤珍堂安定下来，日子过得蛮快，已经是初夏天气。我因发疟疾，困顿不堪。冷时盖几条被，热时大汗淋漓，好不容易寻到一些金鸡纳霜（即奎宁），吃后逐步好转。初夏，果乡东山白沙枇杷上市，价廉物美，尤其是荸荠种，个子小，单个核，肉质细，水分多，含糖高。我家都是十斤、二十斤地买，大大解了我的馋。到端午时我们启程返乡，记得最清楚的是临走时买了一大网篮的枇杷，在五十斤以上。设想现在，买半担枇杷得要多少钱啊！

农村支书李金城

一提"三面红旗",过来人马上就会想起"总路线""大跃进""人民公社"。不差,此文就想回忆一下本人在"大跃进"中的遭遇和今日回顾的感悟。

那时,中国进入了一个不顾客观经济规律,只凭主观臆断,"假、大、空"满天飞的年代。什么"不怕做不到,就怕想不到","人有多大胆,地有多大产",这些看似豪迈实质是"客里空"的口号响彻云霄。

为了全国农业在 1958 年能够实现大丰收,中央于 1957 年决定精兵简政、精简机构,下放党政机关干部去农村参加劳动锻炼,充实基层单位。苏州市遵照中央、省委精神,也开展了干部"上山下乡"支援农业建设,从事劳动锻炼的运动。全市下放农村的干部多达两千五百余人,本人也是其中的一员。

当时我已调离人民银行,按工作单位的对口应该下放到虎丘乡。可是由于某种原因,却跟了苏州人民银行下放到津桥乡三联高级社。三联社的所在地是枫桥,西津桥的西边,在向街的东面。

那时下放干部是有组织形式的,去三联社插队的干部组成一个班,班长是人民银行秘书科长姚乃吉,尚有胡家熊、曹辰生等三个人,加上我一共五个人。我被安置在第三生产队吴文达家里落户。

回想当年,我们响应号召下乡插了队,对当时全国总的形势根本弄不懂,只是随大流罢了。反正有一点是明确的:干部下放,要在劳动锻炼中改造自己的世界观,同时还要当好农村基层干部的参谋,为改变农业生产面貌作贡献。

下乡伊始，忙着跟贫下中农下地劳动。是时正好寒冬腊月，下马威就是光着脚跳进车干水的小河浜里罱河泥。记得下乡的第二天，党支部书记李金城同志就一个一个地来看望下放干部，和我们聊了天，嘘寒问暖，叮嘱我们参加田间劳动要循序而进，慢慢适应。

李书记给我们的印象是：矮小的个子（苏州人称为五短身材），黝黑的脸庞，很淳朴，是地道的庄稼汉本色。总的感觉这位农村干部很可亲，很实在。他对我们这些刚从城市下来的下放干部的生产、生活很关心，同时也把我们高级社及所在生产队的概况作了如实地介绍，使我们原来忐忑不安的心情很快得到了缓解。

接下来，津桥乡的副乡长及干事也接踵而来。三联社是他们的联系点，见了我们表示欢迎，并要求我们发挥干部的参谋作用。虽然这两位干部也和蔼可亲，但好像每次只是来转达如何夺高产的田间措施要求，如什么"开麦沟要沟沟相通，沟底平整，做到雨停水干"，"麦垄要敲三遍"，等等，很少到田头实地观察，根本就没有与农民并肩劳动，给我的是一个"动嘴不动手""蜻蜓点水"的印象。这也难怪，且看，当时《人民日报》发表的题为"乘风破浪"的元旦社论中，就是要求夺取农业生产的"大跃进"和大丰收。社论的口号是："让我们乘风前进！让我们乘压倒西风的东风前进！乘压倒"右派"、压倒官僚主义、压倒保守思想的共产主义风前进！"

试想，在这样的形势下，各级干部的浮夸风、弄虚作假风必然不断增长，达到了惊人的地步。各地农业生产争先恐后地大放所谓"卫星"，最离奇的是当年《人民日报》居然刊登了一个小孩坐在"卫星田"稻穗上的照片。在大环境的影响下，我们乡里不断地召开各高级社支部书记的会议，而我们这几个下放干部差不多三天两头跟着支书参加乡里的会议。会议开法：一听上级指示精神，二要各高级社支部书记大会表态，而支书的发言稿，一般都由下放干部执笔。在这种会上，谁提出的产量指标最高就插"红旗"，一般化的"黄旗"，只提所谓"保守"的指标就得"白旗"。而"白旗"单位的日子是不好过的。彼时的提法叫"拔白旗"，真是咄咄逼人，逼着人说假话、放空炮，不这样就过不了关。

那么，我们这位李金城书记在会议上的表现又是如何呢？且听我道来：

李书记对那时农业产量高指标、放"卫星"实际上是不认同的。当然，那个时候谁敢说一个"不"字？连态度不明朗也不行。当他和我们下放干部讨论发言稿时，一些口号和门面的话是不大计较的。但对产量，他绝不跟风，总是实实在在地提出还比较有可能实现的指标。他和我们说，种田种了那么多年，如此高的指标，怎能实现呢？罱河泥吧，几条浜已经车干挖尽，下面都是生土；养猪吧，那时实际上农户已经露出了缺粮的苗头，根本没有什么饲料可以养猪。所以，有时他在大会上发言的产量指标，已属他的违心之论。而乡里其他一些高级社的干部，在大会上口号喊得震天响，指标订得老老高，而恰恰就是他们会得到乡干部的赞扬。我们是旁观者，这位李书记在上级印象中应该说是不折不扣的保守派。

身为一个草根老百姓，农村最基层的干部，他所信守的正是"实事求是"的原则，这就是他的党性所在。到五十年后的今天，我还是要向他致以最诚挚的敬意！

另外说一说，李书记在生活上绝对俭朴，外出乡里开会，与那些吃鱼吃肉的同级干部截然不同，每次都在镇上居民家借火，自带米、菜，青菜萝卜，至多加一点豆腐百叶。现在不是反复强调国家工作人员要廉洁干净么？五十年前的李书记，这个不脱产的干部，是今天的表率。

惜乎，返城以后，始终未与他再次晤面过，如健在的话，年龄当在九十左右了。

再说"苏州闲话"

葛剑雄教授在去年曾到苏州来,作了一次题为"地域差异使文化更有风采"的讲话。他在演讲中谈到地域文化的特点有四,其中第一就是方言。他这样讲:"我国幅员辽阔,地理条件差异很大,在长期发展过程中,肯定会有不同的生活环境,再加上人文、自然各方面的影响,而在相当长的时期内,人们之间的交通往来不是非常的方便,这样一个地区就会形成自己的方言。这不仅影响到日常生活,甚至影响到了政治生活。"

对于位居地域文化特点第一位的方言,也就是通过历史积淀而成。据此,又进一步激发了我再次写写"苏州闲话"的幽默和趣味。

要写出标准"苏州闲话"的幽默所在,必然离不开长期通行在民间口头的"歇后语"。下面就这么不经意地写写有关这方面的"苏州话"。

1. 吃弗落,吃弗落,三碗一笃笃。

这是形容有些人去人家家里就餐,假客气,称自己胃口小,吃弗大落,结果吃了三大碗还得添上一笃笃(即一些之意),听了令人忍俊不禁。

2. 身浪绸披披,屋里无没夜饭米。

在旧社会,"只重衣衫不重人",尽管穷,还要打肿脸充胖子,身上穿绸着缎,家中晚饭米尚无着落。这句话是嘲笑某些人死要面子活受罪,也是令人心酸的。

3. 精精精,苦仔剩条筋。

有一种人，门槛极精，什么事都会打小算盘。然而过于精明了，往往人人远而避之，见而防之，反而使他变成了孤家寡人，什么有利益的事都轮不到，苦得剩"一根筋"了。

4. 三"骨连"白糖，一蘸就光。

"骨连"，在苏州话中就是"铜钱"的意思，即被称为"孔方兄"的。十钱就是一个铜元(板)，三"骨连"白糖，真正一点点，经不起蘸。这"蘸"字的谐音是"赞"，比喻某些人经不起赞扬，一赞马上忘乎所以。

5. 三婶婶嫁人，心不定。

这里所谓"三婶婶"，系泛指已婚而寡居的妇女，想再度组织家庭。但是思前想后，顾虑重重，因此心神不宁。苏州话就是以这种形象比喻那些优柔寡断的人。

6. 猢狲爬与猢狲爬肚肠。

猴子的习性是好动，动物园里的猴子在铁笼子里跳上跳下，一刻都不肯停。苏州人对某些无事找事，有了好的工作不时跳槽，有了美好的家庭又不断制造矛盾，或不断搬家等行为，统称之为"猢狲爬"或"猢狲爬肚肠"。

7. 沿仔屁股绗（读杭）尿布。

"绗"字代表缝的意思。这句苏州话所表述的是：办事者做到缜密思维，千方百计，恰到好处，多一寸则长，少一分则短。这种形象化的表述，确实非常生动。

8. 十五只吊桶，七上八落（下）。

这是对某些人心态的表述。有的是急切期盼一件事能达到自己所期望的结果；有的是办了一件于心有愧的事，不能释怀；有的是准备干一件事，衡量再三，还下不了决心。所谓七上八落（下），用简单的文字来说，就是心中忐忑。

9. 田鸡跳了戥盘里，自称自卖。

"田鸡"即青蛙。这是指那些自我吹嘘，自我炒作，自我标榜的人。

10. 床底下放鹞子，大高而不妙。

试想在棕绷或席梦思下放风筝，它能飞得多高呢？此话针对某些人的行为、道德、艺术和所谓"策划""主张"不够格的评价。

11. 脚炉盖当镜子，看穿。

旧时取暖用的铜制脚炉，盖上密布无数的小孔，用它来当镜子照，当然是只能看穿了。苏州话中的"看穿"，即为对事物的透悟，不再执着于原来的一孔之见。

12. 九头鸟（读吊）拾（读席）着帽子，无带一头处。

实际上鸟类里并没有九头之鸟，就像动物中没有龙、凤、麟一样。这句话形容某些人骤然得到一种好处，譬如中了彩票，同时有几所大学录取了，等等，兴奋之余，手足无措，不知如何是好！同样是蛮生动的。

13. 月（读厄）亮里点灯，空挂明。

月亮里是不可能点灯的，为了作生动形象的比喻，假想是可能的。这个"明"字应谐音为"名"。譬如担任某某组织的名誉会长、顾问等等，自嘲仅为空挂其名而已。

14. 猢狲戴帽子，像煞一个人。

这句话同成语来说就是"沐猴而冠"。猿猴都是直立行走，戴了帽子学人样。苏州人以鄙夷不屑的口吻，鞭挞了那些得志便猖狂的小人。

15. 麻子揾粉，蚀煞老本。

麻子是天花患者的遗留疤痕，按理说应予同情，不应嘲笑。这句苏州话只是借麻子之事，来讥笑少数干了丑事，挖空心思来弥补漏洞，然而欲盖弥彰之行为。"蚀煞老本"，此之谓也。

16. 骰鬼（读居）。

有一种人，莽莽撞撞，一天到晚好像忙忙碌碌，结果却一事无成，两手空空。苏州人称之为"骰鬼"，也即"骰五骰六"之意。还有一句话，叫做"苍蝇掐脱个头，无头无头"。

17. 天晓得

这是苏州人的一句口头禅，"天晓得"代表事情没有来由，或者离了谱，或者是"冷镬子爆出了热栗子"，总要说一句"天晓得"！按北方话说即"天知道"。记得京剧《苏三起解》里的解差，上场的四句道白："你说你公道，我说我公道，公道不公道，只有天知道。"北方话中的"知道"，到了苏州人嘴里就变成了"晓得"。愚以为，"天晓得"这一苏州人的口头禅，代表着一种"无奈"的自我调侃。

18."弗像哉"！

你留心听苏州人讲话，总归有一句常说的话："弗像哉！"弗像什么呢？我琢磨了一下，大凡对社会的道德、风尚的滑坡，对人心的变坏，对整齐环境的被搅乱，对某个人的外貌性格的变化，等等，通过比较都会用"弗像哉"来形容之。所谓"弗像"是指什么呢？乃不像过去也。

19."嗡（读入声）得来"

"嗡"用时尚话翻译，就是"不爽"，一般说法就是不痛快，不如意，或者很糟糕的意思。例如，"格（这）桩事体真格办得嗡得来"！

金融拆借

抗日战争胜利，国民党政府对日伪组织批准开设的银行，除国华银行准予继续营业外，其余均停业清理。对钱庄则勒令停业关门打烊，但允许因抗战而停业的钱庄复业。于是许多钱庄老字号如允生、永丰、诚康、鸿盛、鸿源等十多家钱庄，借尸还魂，批准复业。所谓"借尸还魂"，就是老的招牌，由新的老板融入资金后向政府申请。至于在银行界先后有上海商业银行、交通银行、江苏银行、江苏农民银行、国货银行、浙江兴业银行、四明银行、中南银行等银行复业，又有新开设的新华、永大、吴县合作金库等银行，林林总总一大堆金融单位。而其中为首的，则是国民党政府的中央银行和中央信托局。

银行也好，钱庄也好，金库也好，它们的业务很简单，"存"与"贷"，即吸收存款，发放贷款，从中获取利率差。只要不吃"倒账"（目今美名曰"不良资产"），总归是赚钱的。

一个金融单位，其资本的大小，信誉度的高低，存款总额的多寡，经理人与外界关系的广、窄，与业务上的稳、冒，尽管当时还不兴排行榜，但在同业中，在社会上，孰优孰劣，大家心中都是有数的。

这么多的银钱业金融单位，就有了一个同业往来的问题，即甲银行收到乙钱庄的支票，丙钱庄收到丁银行的汇票，而丁银行又收到甲钱庄的支票，错综复杂，如何结算？开始在单位不多时，双方相互开户，凡收到其他同业的票据就派学徒（银行称练习生）到对方柜面去解入，如需现款时，则在柜面取现。到银钱业众多的时候，这个办法就行不通了。试想，你要用多少个学徒在外面跑呢？且那时根本没有公交车，就靠两条腿。经银钱业同业公会与大家商讨，决定采用交换的办法，规定每天下午一时，各单位按收到客户解来的各有关银行、钱庄的票据归户制成结算单，到票据交换所交换。那时彼此收到的票据都很多，要赶上交换，必须在饭后集中本单位的算盘快手，一起动手计算，那个紧张真是不言而喻的。因为有这样的规定：如准点不到，轧出交换，你这家银行或钱庄就要倒闭，是动真格的！正由于这样一个原因，在银行钱庄内有若干算盘快手，刚放下饭碗，立即操起算盘，进行紧张运算。天长日久，十有八九得了胃病，本人也不例外。

票据交换的形式，由各单位指定的交换员，将当天要交换的票据妥善放入公文皮包，由工友护送到交换所。按固定座位逐家分发好所有单据，然后计算别家分派来的本单位票据，两者轧算，如各家向你归收的票据总金额大于你带去票据总金额者即是"轧出"，反之为"轧进"。

这个差额最后如何处理呢？按当时规定，各银行、钱庄都在中央银行立专户，如"轧出"者必须在当天下午规定时间内解进款项。如果这家银行钱庄当天柜面收进的现款足以补足"轧出"的金额时，就及时将现金解进中央银行专户。如果现金不足，就成了当天的"缺头寸"单位。

"缺头寸"就要向"多头寸"的单位"调头寸"。于是缺头寸的经理襄理立马打电话给诸同行，协商拆借，有时甚或要亲自出马。谈妥后就派职员手持本单位的本票向单位办理拆借手续，或现金，或"中央银行"支票，然后介入自己专户，当天的"缺头寸"就算尘埃落定，只需给对方一天的利息。

这样一种互通有无"调头寸"的"同业拆借"，确实解决了每一家银行钱庄都会遇到的临时性资金短缺的情况。为什么呢？因为每家银行、钱庄与不少客户都订有活期透支的契约，在额度内透支照常支付。有时会遇到不少客户较集中地来透支，就会出现"轧出"的情况。

当然，如果你这家单位业务状况不佳，外界口碑较差，缺了"头寸"，可能就拆借不到，拆借不到就意味着你这家银行或钱庄关门大吉。

尽管这是极少数的现象，但据我回忆，确有一家商业银行因拆借不到而导致停业。

可能读者要问，你写这个内容有何意义？可以告诉大家，正因为我从当今的报纸上看到，国家银行（工行、农行、中国、建行）与各商业银行（光大、招商、浦发等）也开展了同业拆借的业务，这是新中国成立后也是改革开放后的新事物。新事物来自于老传统，这就是撰写本文的初衷。

梳头娘姨·喜客人

相当长的一段时期，应该说是抗战以前，苏州的已婚少妇，都留有一头秀发。她们不能再如做姑娘时扎一根大根辫或两根小辫子，而是要梳一个大方、美丽、光可鉴人的头髻。这个头髻大有讲究，形式多样。有扇形髻，形如西游记里铁扇公主的芭蕉扇；有如英文字母 S 形的横爱司髻；还有盘螺髻，也就是说先将头发梳成长辫，然后如蚊香般地把它盘起来，按苏州话来说，叫做勃罗头髻。

梳头髻的动作在身后，自己动手一是用不出劲，二是臂膊高举而为时不短，也相当吃力，因而一些比较富裕的人家都请人代梳。于是梳头娘姨也就应运而生，成为三百六十行中的一个行当。

梳头娘姨一般是中年妇女，手脚勤快，行动迅速，梳头手法麻利，不轻不重，疾徐得当，而且还要口齿伶俐。对于品貌长相虽无特定要求，但至少要五官端正，头光面滑，走到人前看了"不惹厌"。她们的工作时间，只是在每天清晨很短的两三个小时内，大概从七点钟到十点半左右。在此短短时间里要走七八十来家人家。因各家主妇起身有早有迟，特别是少数主妇跟着丈夫抽鸦片，吞云吐雾，晚上睡得很迟，起身往往到日上三竿。这种人家，邻居称之为"双枪"陆文龙的后代，在梳头娘姨挨家挨户走梳头时就会排在最末位的了。

梳头娘姨人称"走梳头"，虽然她们不具备戴手表的经济条件，但她仿佛像时钟一样地准时到达张家、李家或王家。由于时间紧迫，"走梳头"与这家主妇称呼一声，不作寒暄，主妇坐下，她就立刻动手，开始操作，直奔主题。

梳头需要什么道具？一般说，鸭蛋形座镜一架，放在桌子正中。主妇直接从中看到自己的面庞和头发。另外手持式有柄小圆镜一面，以备照看后面是否梳好，取得这位主妇的满意。另有刨花缸一只，内置木材加工时刨下来的刨花，经一定时间的浸泡，形成黏性液体，用猪鬃刷蘸上刨花液将头发粘住而不致散乱。再有生发油一瓶，油面塌一个。所谓油面塌，是用绸缎类织物，剪成圆月形，一面绣上一些花卉，一面是黑色绸夹里。待头发梳成后，最后一道工序就是将生发油倒在油面塌上，在发面上反复涂抹抚平。这样，经过"走梳头"的一番手艺劳动，主妇一头青丝绢光滴滑，人就显得精神了。

"走梳头"的工资是按月计算的。我的母亲也请了一个，据我记忆所及，大概是一块银元吧。试看，一个"走梳头"每天上午跑七八十家，在当时，收入应该是不菲的了。

当然，梳头娘姨的主业是梳头，除了上午以外，还有一定的空闲时间可以搞些副业。其副业主要是喜客人。所谓"喜客人"，也即喜娘。苏州民俗凡办事的人家，尤其是女家，必不可缺要请两个喜客人。当时喜事是租私人的礼堂，两个喜客人的分工是一个专陪新娘，一个是在女厅内负责招待吃喜酒的女眷们。前文开始已提及梳头娘姨的条件之一是伶牙俐齿，嘴巴要甜，擅长说吉利话、奉承话。碰到出现的偶然事件，善于现场发挥，随机应变。譬如说办喜事正日忽被打碎了一个茶杯或碗盏，喜客人马上就说："好啊，岁岁（谐音碎）平安"。来宾中谁家小孩摔了跟斗，喜客人就说"倌倌跌跌长"等。总之，喜客人要眼观四处，耳听八方，察言观色，善于应付，甜言蜜语，脱口出秀，从而做到皆大欢喜，人人高兴。

喜客人的收入是很不错的，除了办喜事东家付给一天固定报酬外，各个女客所给的小红包加起来也是相当可观的。

至于梳头娘姨做喜客人的那一天，除了几家起身早的主妇她抢先梳头以外，对一些较迟的则在隔夜打好招呼，告个假，暂停一天。好在这些老东家知道这是她挣钱的好机会，也会通情达理，乐得做个好人。以上是陈年回忆，在现在的年轻人或某些中年人看来，也许会感到是一件新奇而有趣的历史故事。

卖鱼娘娘

解放前，苏州差不多每条大街或一些小巷内，总有一些自然形成的菜场，它的存在与附近人口密集度有关，这就是所谓有人气才会有市场。

这种菜场，蔬菜摊是主力军；也有肉砧墩，是卖猪肉的；同时还有鱼桶摊，出售鱼腥虾蟹。鱼桶摊贩基本是清一色的中年农村妇女。可能是男捕女销，产销分工，名副其实的夫唱妇随。苏州市民称呼卖鱼的妇女为"卖鱼娘娘"。

卖鱼娘娘一身穿着是标准苏州郊区女性的服饰，上身短袄，下着长裤，外系围裙。围裙的作用：一是这一营生起早天寒，用以防风；二是短围裙里内有口袋，存放卖下的钱，起着钱包的作用，且既不易丢失，更不易被窃。卖鱼女性为什么中年居多呢？看来，年轻小姑娘肯定是不相宜的。年轻口子嫩，不善做生意。此外，旧社会里地痞流氓到处皆有，小姑娘难免要受到骚扰或被欺凌。而卖鱼娘娘已在生活中历练出一身能耐，个个伶牙俐齿，真格能把死的说成活的来。对顾客有钱人嘴巴甜来，也蛮势利格。若遇一些小户人家的主妇挑挑拣拣，弗客气哉，拿只篮朝鱼桶里一倒，意思是俫吃弗起弗要来搅七廿三。说到卖鱼娘娘嘴巴甜，首先表现在称呼上。她们见年轻的顾客称为"少奶奶"，稍为年长的叫"少太太"，年龄再大一点的叫"太太"或"老太太"。卖鱼娘娘热情地招徕驻足在她摊前的顾客，然后介绍自己鱼桶里的时鲜水产品。经过一番讨价、还价、过秤、计价、付款，一笔生意就算大功告成。说实话，卖掉一条鱼，特别像鳜鱼、青鱼等上品，是颇费口舌的，不是容易的。虽然，苏州那时号称消费城市，但真正每天买得起鱼肉荤腥的人家，也不是太多的。

卖鱼娘娘一个早市做下来，鱼桶里总归剩有或多或少的鱼虾。这种鲜活产品如不在当天售罄，是要变质甚至会死掉的。赖此生存的打鱼人家，总是要想方设法把商品兜售出去。

我在小时候曾亲眼目见，这些卖鱼娘娘的营销方式大致可分为以下几种：

一些骰子活络的，就主动上门，联系好几家面店、菜馆或熟食店，如面馆要做爆鱼、虾仁等浇头，菜馆则是少不了以鱼虾做主菜的。有的卖鱼娘娘就主动上门，定点供应，且价格优惠，服务周到。那些菜面馆的大厨又何乐而不为呢？要说服务，卖鱼娘娘不仅把虾卖给店里，还得坐在里面帮他们义务撮虾仁，这一活儿费时费力，特别是寒冬腊月，手指冻得像胡萝卜，真是苦交易。至于野味熟食店要的是青鱼，用来制作熏鱼的。卖鱼娘娘只要帮店里宰杀、开膛，取去内脏及鱼鳃就算服务到家了。

还有部分聪明伶俐的卖鱼娘娘，会找墙门人家作为固定联系点。所谓墙门人家就是有钱人，她们隔三差五地上门销售。由于这类人家的少奶奶一般是不上菜场的，蔬菜由女佣买，荤菜特别是鱼虾，则欢迎送上门来的，目睹鲜蹦活跳，吃得放心，其味也鲜美可口。卖鱼娘娘手拎竹篓、秤杆，跑李家，走张家，不多时就卖个精光，然后兴冲冲地回家去了。

我家虽不是大户，却也在这条小巷内排得上号，因而也成了卖鱼娘娘瞄准的目标，不时上门来兜售，而我母亲多少总归买些，给父亲做下酒菜。其中印象最深的是，我家有熬虾子酱油馈赠上海亲友的惯例。到春末夏初开始有仔虾的时候，卖鱼娘娘们会蜂拥而至。她们早已把虾子洗出置于布袋里，待沥干水分后就上秤计量付款。这时候我家的一个天井里熙熙攘攘，真够热闹。她们为了早些回家，七嘴八舌，争先恐后，把我老妈作得头也昏了。此情此景，虽然经历了一个甲子还多，至今犹历历在目。回首当年，颇有曾岁月之几何，而今我已成为耄耋老人之沧桑感慨。

苏州长人

1949 年 4 月，苏州解放。当时我在一家私营钱庄当会计。一解放，我和鲍增先、李凤岗、林厚钟等同志一起筹建金融贸易工会，我和陈统同志负责康乐，即组织开展业余文娱活动，这样就与苏州人民银行诸多同志有所接触。正好此时人民银行初创伊始，急需熟悉银行业务的人员，于是我就从钱庄辞职，报考了苏南公学。在尚未公榜时，即被人民银行人事科通知到会计科报到，立马投入工作。公榜后，人事科长周喔同志跟我讲："你就不必去常熟学习了。"从此我就成了一名国家银行工作人员，一直到 1954 年调离银行去国营商业公司为止。

在银行工作期间，有好些往事。回忆起来，历历如在目前，而且有的挺有趣，讲述出来，也许具有相当的趣味性。

人民银行管的是钞票、黄金和白银，安全问题极为重要。因而银行里专设警卫班，负责钞票押运，做好现钞从发行库到业务库之间往返的保卫工作。还尚有一个是银行收兑黄金集中到一定数量后，必须向省分行押运保卫，其责任可谓重大。

就在这个警卫班内，有个身高超常的特殊人物。此人姓甚名谁，大家谁也不去问讯，背后都称他为"长子"。那时警卫班的人员实行供给制，即免费供应三餐，每年发几套制服，按月发放为数极微的津贴。

人们不禁问："长子身高究竟有多少？"回答是没数。但可以作一个对比，因为 1979 年我在工作中曾接待过男排名将汪嘉伟，身高在一米九以上，他跨进我的办公室是低着头才进入的。若把长子比嘉伟，有过之而无不及，只会超越，不会稍低。且我们这位长子同志，背阔膀圆，站在那儿，如同铁塔一座，真是个超级巨人，当今的姚明相仿。

此人既然人高马大，需要的热量理当要比常人多。长子吃饭时，其速度之快、数量之多也是超常的。那时我们薪给制的职员也在食堂就餐，往往有不少人的目光都会集中到长子这一桌上，只见他吃饭如风卷残云，无不瞠目结舌，叹为观止。但据后来获悉，这位长子同志的胃，经不住长期过量的负荷而得了"胃病"。因我嗣后调离人民银行，长子的下落也就不得而知，只听传说已返回家乡昆山去了，想必至今一定健在而安度着晚年。

说了半天，还未达主题。不急，待我如实写来。长子特能吃饭，这是生理的需要，无可厚非。但他因此而具有得天独厚的条件，就是人高腿长，健步如飞。有一天，这位长子同志终于显出了他的神威来。

某日，观前街承德里口发生了一起扒手挖包的事件。扒手在得手后拔腿就跑，被扒者大声呼喊，这是在人民银行旁边发生的事。正巧被长子目睹了这件突发事件，说时迟，那时快，他毫不犹豫地迈开双腿，三脚两步，把这个扒手逮个正着。好玩的是，他把这个小贼抓在手中，高高拎起，上不着天，下不接地，直吓得他浑身发抖。我们估计，此贼一定在想，怎么祖宗无灵，今天出师不利，会碰着这个祖师爷的长人呢？这一消息，立时不胫而走，成为苏州街头巷尾的笑谈。

按照苏州弹词的说法，这回书，命名应为"苏州长子观前街上显神威"，看官们，请以茶待酒，举杯浮一大白。

苏宝宝 素宝宝

这些年来，从"保健养生"及"保护环境"出发，大陆、港台地区（特别是台湾），不少医学、营养学博士提倡素食主义，大声疾呼，不遗余力。人们对"素食问题"的认同与否，大致分为三种态度：一是表示赞同，深信不疑；二是心有顾虑，将信将疑；三是坚决反对，满腹狐疑。持不同态度的人都有自己一套理论和实践经验，唇枪舌剑，各执己见。这篇小文是用一个外婆家在苏州、在娘肚子里就吃素、现在二周岁半的宝宝口吻述说，奶声奶气，憨态可掬，也许有些可读性和趣味性。以下是她双满月时的自语：

大家好！我叫楼泰予风，已经快两个月啦。我是一个素宝宝，所以有幸和大家在这里见面。虽然我还是个"小不点"，可我已经外出过很多次了。但凡大人们赞扬我后，听说我是素宝宝时，总是瞪大了眼睛露出惊讶的表情，甚至怀疑我的营养不够。经过妈妈和阿姨的解释，大人们有的会饶有兴趣，有的则将信将疑，也有的虽然在我身上找不出什么问题，仍会固执地说"荤的还是要吃一点的"。所以我想我应该来自我介绍一下，让大家对我有个全面的了解。

我是妈妈的女儿

因为我的妈妈是个素食者，我才有机会成了素宝宝。我的妈妈是律师，据说还小有名气。她在十多年前就读完了硕士课程，所以我妈妈是一位相信科学的人。但妈妈不迷信科学——因为大部分书上说动物蛋白很重要。妈妈出生时是早产儿，只有 2.1 千克（哈哈，比我差远了），所以体质虚弱，有脑神经、心脏、肾等很多慢性病，加上工作繁忙，所以是有名的药罐子。四年多前，她在一名营养师的鼓励下开始了素食生涯。这位营养师告诉她："你只要每天吃三种以上蔬菜保证矿物质、豆制品保证蛋白质、水果保证维生素，我就保证你的身体会好！"

素食果然给妈妈带来意想不到的利益，原来靠药瓶和补品过日子的妈妈变得不需要上医院、也不吃补品了。据说在我没去过的老房子里，还有妈妈吃剩的半罐蛋白粉。一年半载没见过妈妈的朋友，都惊讶于妈妈那憔悴黄黑的脸色变得红润白皙了。最神奇的是，一向缺钙的妈妈在素食半年后的一次下山途中被绊重重摔了两跤。第二次摔下后眼前一片漆黑，脚踝肿得比馒头还大。但查下来竟没有骨折，连医生都不敢相信，说："如果两周后还不退肿的话一定有骨裂，你再来查。"可到时去查，还是什么都没有。当时妈妈自己也认为，吃素虽然对体质有益，但不一定对骨质有利。于是相信科学的妈妈开始查食物的营养成分表，发现其实蔬菜中如苋菜、油菜苔的钙含量高于牛奶、鸡蛋黄和海虾，而海带的钙含量则高于荤菜中含钙量最高的河虾。此后妈妈成了坚定的素食者。

妈妈在怀我以前，曾做过一次全面的体检，体检医生惊诧于妈妈红细胞和白细胞的质量，说妈妈是她检查至今见过的红细胞活力最强的人。但妈妈告诉她在自己素食半年时所做的检查，还是被诊断为红细胞质量较差，属亚健康状态，以致这位医生都忍不住以赞叹的口气告诉其他体检者妈妈。

我来到这个世界以前

妈妈发现有我的时候，离她去澳大利亚和马来西亚只有短短的几天时间，自信的妈妈仍然决定不改变出行计划，要知道那时妈妈已经快满三十七岁了。据说许多高龄准妈妈是连门都不敢出的。妈妈在悉尼淋了一场大雨，坐在歌剧院里靠体温焐干了衣服和丝袜后染上了严重的咳嗽。但为了我的健康，妈妈坚持没有吃任何药，硬是靠喝水和姜茶坚持了下来。妈妈在国外时非常辛苦，经常每晚睡三四个小时。为了节约时间和费用，跨国还坐整夜的航班。好在我很争气，没有给妈妈惹什么麻烦。

回国后妈妈又很快投入工作，出庭、谈判、出差，甚至三个晚上有两晚坐来回火车赶到山东去开庭，我终于不忍心看妈妈这么辛苦，给了妈妈点颜色看，于是妈妈被迫在家休息。但是妈妈的"休息"可不是真正的休息，她天天起床后坐在沙发上打工作电话，修改或书写文书，同事上门来商议工作，即使是闲暇时妈妈还帮我织了好几件漂亮得令人啧啧称道的小毛衣。

这样的日子过了近两个月，妈妈又开始活动了。妈妈是不出门则已，一出门就去了北京，因为要开一个仲裁庭。此后，妈妈又是一发不可收地去宁波爬山，去北京做评委，一直到我出生前的两周，妈妈还在开庭。

这些日子里，妈妈并没有改变素食，但妈妈看了国内外许多关于胎教、孕期营养的书籍，知道韩国著名神童的母亲也是素食者，在欧美有许多素食的母亲，不少书籍还特别为素食母亲提供指导。同时，妈妈还按照食物营养成分合理安排饮食，每周保证吃海带、紫菜、黑木耳一两次，每天吃黄瓜、胡萝卜、番茄、西兰花、青椒等蔬菜。在家中休息的那段时间，妈妈饮食的量和品种并不多，一位年长的名中医在给妈妈号过脉后，对妈妈的素食表示了首肯："母体向胎儿供给营养靠脐带传输，你食素血液清，胎儿一定会长得健康，也不会营养不良。如果胎儿营养供给不足会先从你的体内摄取，你不用特意补什么，青菜萝卜挺好。"妈妈上班以后，则每天早上安排三餐的方法，早餐吃一份水果，经常是苹果或猕猴桃，生食一份蔬菜如黄瓜、番茄、胡萝卜、西兰花、苦瓜、青椒，一份清蒸的土豆或红薯，以及杂粮馒头或稀饭，有时喝混合豆浆（由花生、薏仁、黑豆、黄豆等制成），午餐、晚餐尽量少食油、盐、糖，经常吃原味的蔬菜汤，即把各种新鲜蔬菜放在水里煮，不放任何调料，可清香啦！于是妈妈的脸色越发红润，身材也没有什么大变化。妈妈在我出生以前只比原来重了11公斤，每次去体检妈妈的体重增长都是一周长 0.5 公斤（这可是国际标准），而各项指标又表明妈妈既不贫血也不缺钙，更没有血糖高、血压高等孕妇常见的问题。每次体检医生都会告诉妈妈："宝宝长得很大。"妈妈就会很得意地说："素食的好处就是只长宝宝，不胖妈妈。"

我出生了

我比医生预计的时间晚了四天来到这个世界。我出生时就睁大了眼睛，医生给我综合评分打了十分，这可是满分。我的体重有 3.44 公斤，可是我并不胖。妈妈说我得到的营养都是蛋白质和矿物质。

我们比常规提前了一天出院。回家后，妈妈找了一位月嫂周阿姨。周阿姨是一名有十多年带小孩经验，经过专业培训，非常敬业又富有爱心的阿姨。她简直无法相信素食的妈妈能够给我提供足够的乳汁。但妈妈的母乳完全超出我的食量。周阿姨对此惊诧不已，说她服务过的妈妈们吃鱼汤、肉汤、鸡汤大补，可是通常仍无法满足宝宝的需求而不得不增加奶粉。可是妈妈却稳坐泰山，还常对我说："你可得给素宝宝长脸。"

我当然不含糊。除了出生的头两个晚上饿着了睡不着，从第三天开始就天天晚上呼呼大睡，一般能睡五六个小时，从不打扰大人休息，哪怕白天睡得再多。说到白天睡觉，我可有点让大人们犯愁。别的孩子一天要睡近二十个小时，可我在月子里白天就不怎么愿睡，只有来客人的时候我才睡，大声讲话也没关系。搞得妈妈哭笑不得地说："你要是喜欢在客人面前表现乖，赶明儿我每天请一帮客人来玩。"现在我大点了，白天开始有规律地睡。妈妈可高兴啦。

我四十二天时按规定去医院检查，别的宝宝都穿长袖长裤，不少宝宝还戴了手套，包了包被。可我就穿了件无袖的连衫短裤，在医院的冷空调下若无其事，倒是别的宝宝的妈妈有些担心，要周阿姨帮我用毛巾盖盖好。医生检查时，我一躺下就对医生咧开嘴笑，乐得严肃的医生也笑着说："宝宝怎么这么乖！"我是胎儿时，妈妈就教育我要友善待人，对医生笑笑当然是应该的。检查结果我的体重正好是每天长 50 克，其他方面也都很正常。医生说有人认为吃母乳不用补钙，但她还是建议适当补，妈妈相信自己的乳汁已经有足够的钙，因为我的身高已经超过中国女婴的标准了。为了验证她的判断，妈妈特地买了母乳钙试剂条，根据标准平均值应该是 8mmol/L，如果低于 6.7mmol/L 是钙含量不足。测试结果表明，妈妈的乳汁钙含量超过 10mmol/L，达到测试量最高值。

通过一段时间的生活，周阿姨早已逐步相信素宝宝不会营养不良。看到我的智力和体质，看了这么多检验结果，周阿姨已经成了妈妈的同盟军。带我外出时只要有人说我皮肤好，长得像三四个月大，周阿姨就会自豪地告诉别人："我们是素宝宝！"周阿姨还说："以后再到别的宝宝家服务时，一定要告诉新妈妈多吃素。"

哈哈，日子快来，我这个素宝宝已经两岁半了。阿爹、好婆、叔叔、阿姨、哥哥、姐姐你们一定想问我："怎么样？小不点儿，你还吃素吗？"吃！有妈妈做主，一直在吃。身体长得怎么样？很健康，脸色红红的，身体胖哆哆的，衣服穿得少少的，走路快快的。告诉你们，我已经是一家有外国阿姨的幼儿园的学生了，还学会了不少英语咧。你们相信吗？我的妈妈是大忙人，全国天南地北地跑，我要吃奶，也就跟着她跑。两年来去过宁波、杭州、广州、太原、北京好多地方。在去内蒙古时，还在蒙古包里拍了不少照片哩。草原上真好玩，蓝蓝的天，白白的云，还有数也数不清的羊群！我高兴地跳呀、蹦呀，周阿姨跟在我后面，累得她喘气啦！哈哈！

有一次，我跟妈妈去北京，当然周阿姨也一道去的。不知怎么，我突然感冒发高烧了，一量体温三十九度。妈妈真有胆量，也没有带我去看医生，只是要阿姨不断地喂我温开水。真奇怪，到明天高烧退了，一点药也没有吃。和妈妈一起开会的人都说我抵抗力强，小身体棒得很！现在我跑到哪里，人家都说我好健康。苏宝宝，素宝宝，吃素，我是吃定的了！

黄包车和航班船

衣食住行,人生四大要素。"行"字排列末位,但缺其不可。综观苏州市"行"的现状,而今非比曩昔,已经划时代地进入了新阶段,开创了新水平。

据最近报纸报导,"苏州至上海,白领上班打'铁的'。"这是怎么回事?原来,铁路部门为适应悄然兴起的"铁的族",调整并加开了苏沪之间的列车班次。举个案如下:二十六岁的贾先生,清晨从苏州出门,乘坐七点五十分的火车到上海,然后转一号地铁,至八点四十分已抵人民广场附近的单位,离上班尚有二十分钟,是以泡杯热茶,定定心神。这说明,八十公里的路程,仅花了五十多分钟。因此"居住苏州,上海打工",就仿佛与英国从兹利到利物浦上班一模一样。这种新的生活模式,最清楚地告诉我们,这就是看得见摸得着的现代化之一。

曾经,也就是想当年,苏州市"行"的状况又是怎么样的呢?不妨让我们回顾一下。

即以市区交通工具为例,民国初,苏州人还处于"坐轿代步"的阶段。像我家祖父所造的房屋,就专门设有"轿子间"。他在吴县商会工作,上下班或走亲访友,都由"轿班"(抬轿人)抬着出行的。直到上世纪30年代,方才出现马车。但其经营范围只限定于城外,可能是马要撒拉,这会影响到市容和卫生。小时候,我就曾在马蹄得得声中跟随父母去虎丘游览过。坐在上面,感觉不要太好喔!马车这一交通工具延续期不短,直到1958年我被下放枫桥乡向街时,还看见阊门外有不少马车在招徕主顾咧!

至于市内，大概是 1923 年，人力车才逐步出现，俗称"黄包车"。这是当时出门代步最主要的，甚至可说是唯一的交通工具。大凡出门上火车站、汽车站、轮船码头，或去较远处走亲访友，以至谈恋爱时与女友上电影院和患病就医，等等，无一不以人力车为代步工具。有些急病重症不宜乘黄包车者，则将病人放于竹、藤榻上临时请人抬着去医师处。不像现在一拨 120，很快就有救护车风驰电掣般地驶来。回到"人力车"的讲述上。解放前，苏州最多时达到四千辆，林林总总，汇为"江河"，大街小巷一片滴铃之声。这也是劳动人民挣扎在饥饿线上的真实写照，因为拉车者也就是所谓"黄包车夫"，绝大部分是苏北籍的苦力，目今说法是外来打工族。直到新中国成立后的 1958 年才全部淘汰。代之而起的是三轮车。三轮车与人力车相比，优越性就多了，一是后者可乘坐两人，座位比较舒适；二是速度比起人力车是大大提高了；三是减轻了劳动者的劳动强度，使他们从完全靠脚板的艰苦劳动中解脱出来。要知道一个黄包车夫，如果拉着头两百斤重的胖子，那真是够他受的了。

在人力车时代的有钱人家，以及银行钱庄、著名私人医生、著名艺人等，都自备包车。同样是人力，但硬件却大不相同了。自备包车车身宽大，外表黑色精光锃亮，坐垫用料讲究，冬天还有羊毛毯子遮住膝盖以下以御寒，两侧配有车灯，便于夜行。车主脚下还有铃铛，车夫右侧车杆上设有橡皮喇叭，鸣之前进，一声"叭啵叮当"，好不威风也。

要说汽车，私家车在那时是绝无仅有的，政要也不一定有什么轿车可坐。至于公共汽车，直到苏州沦陷后才有由日商经营的四辆车，这还是从有关资料上查到的，而我们还极少亲眼看到，毕竟一个市仅有四辆，岂不可怜兮兮！而现在的私家轿车，真的"忽如一夜春风来，千树万树梨花开"，多如过江之鲫。

以上讲的是陆地之"行"，苏州乃江南水乡，出行是少不了舟楫的。走水路乘船，过去叫"乘航船"，亦叫"航班船"。记忆中阊门外南新桥码头和胥门的万年桥码头，最为闹猛，这些航船往来于市镇乡村之间。

那时上木渎、胥口、横泾、洞庭东西山，都必须搭乘航船的，两条船一来一回，一日仅此一班。其速度极其缓慢，犹如老牛拖破车，而且风雨有阻。且看苏州著名作家、园艺家周瘦鹃先生在1945年于杨梅时节去西山的描述：他和程小青二人雇了人力车赶到胥门外万年桥下西山班轮船的码头上，经过两个小时才到木渎镇停泊，然后在石家饭店吃面。又一个多小时抵达胥口，再行两小时许方始到达目的地。读者不妨计算一下，那时从苏州轮船码头出发，到洞庭西山要花上将近六个小时，你能相信么？这能和现在相比么？但这是历史事实，一点也没有掺假。"话今昔"一比较，就可以了如指掌了。

关于"火车"，苏沪通车的年份早在1906年，至今已有百多年的历史，这里不作赘述，因无非是车辆"旧枪换新炮"，由蒸汽到电气，再到子弹头，并不断地提速。

好了，"行"的今昔，粗粗地述说了一下，读者亦可见其梗概。反正谈这个问题，归根结底，一切先进交通工具，也就是"人足的延伸"而已。科技越发达，地区之间的间距越益缩短。抚今追昔，费长房缩地行仙之术，已非是什么神话，恰恰成了活生生的现实，你能不欢欣鼓舞么？

我与小江珊的一段情缘

1998 年，长江中下游不少地区大雨如注，洪水肆虐，出现了无数险情。在党中央领导下，开展了大规模的抗洪斗争。在这场斗争中的抢险紧要关头，人民子弟兵坚决执行党中央、国务院、中央军委的决定部署，全力以赴，勇往直前，承担了最紧急、最艰难、最危险的任务，为了抢救人民生命财产，顽强拼搏，舍生忘死，演绎了不可胜数的可歌可泣的事迹。

这里，让我们追溯到这一年 8 月 1 日的夜晚。在嘉鱼县簰洲湾的那场洪灾中，小女孩江珊的奶奶、妈妈已被洪水冲走了，年仅六岁的小江珊凭着一种超乎寻常的毅力，紧紧抱着一棵摇摇欲坠的小树度过了九个小时，最后武警战士以奋勇和机智，居然成功地把小江珊从被洪水包围的树上救了出来。难能可贵的是，这一拯救小江珊撼人心肺的全过程，由中央电视台现场全部摄制下来并加以播映。这一场景，揪动了全国多少人的心！当年的我，一名年已七十二岁的古稀退休干部，老迈之人，尚存忧国忧民之心，对人民解放军那种奋不顾身，甚至为抢救群众献出了自己宝贵生命的高尚行为，感动得老泪纵横，久久不能自已。小江珊的不幸命运及其顽强的毅力，在我脑海中留下了深刻印象。对其被救后的处境一直萦绕心头，难以释怀。事隔一个多月，偶然从一张报纸上看到了有关的报道。原来小江珊与其姐江妮，已为北京圣陶学校所收养，并由该校校长刘荫芳及舒乙（老舍之子）与其父签订了领养教育至十八岁的合同，并且获悉了小江珊到了圣陶学校之后的生活学习等情况，我感到非常欣慰，萌发了为江珊赠送一件纪念品的想法，要让她对这段历史永志不忘。于是，我花了整整三天半时间，完成了一件扇面作品，在一张白摺扇面上，一面用蝇头小楷工整地记录了江总书记在江西视察抗洪救灾工作时的讲话，高度评价人民解放军在抗洪斗争中所立功勋，计三百多字；在另一面，以微书书写了江总书记在全国抗洪救灾总结表彰大会上讲话中关于抗洪精神的深刻阐述，计两千六百余字。书写字迹之微约为每平方厘米有十个字，虽不能说笔笔铁划银钩，字字隽秀飘逸，但至少说，字里行间，井然有致，应该是一幅书法作品。10月15号，我将这件作品放进一只锦盒，连同一封信函，发往首都北京密云县圣陶学校，请该校校长刘荫芳及舒乙先生待日后江珊长大成人时转交，作为她永远铭记中国共产党和中国人民解放军再造恩情的纪念品。

10月27号，收到了圣陶学校办公室寄来的复信。

> 您的来信和您给江珊同学寄来的赠品均已收到……您已年过七旬，但还关心着灾区的人民，关心来我校就读的灾区小朋友江珊同学，您的精神实在令人敬佩。
>
> 自从江珊姐妹来到我校后，在校领导、老师和同学们的热情帮助下，很快地适应了新的环境。现在她们都非常的活泼，聪明可爱。圣陶学校已成为她们温暖的家。
>
> 收养贫困和失学儿童是我校应尽的职责，为国家培养高素质人才是我校光荣而又艰巨的任务。我们领养小江珊也是因为我们希望能以小江珊那种钢铁般的意志和坚强不屈的精神，鼓舞其他同学努力向上，成为对国家、对人民有益的人，成为21世纪的高素质人才。
>
> 您给江珊同学寄来的东西，将由学校代为保存，在图书馆展出，待江珊同学长大成人后进行转交。

光阴荏苒，九年时间，弹指一挥间。小江珊已是十五岁的姑娘了。想来，她在学校领导与师生的共同关怀，以及自身的努力下，一定是品学兼优，茁壮成长。在撰写此文之际，遥祝她好好学习，天天向上，成为祖国建设需要的人才。

铜墩小学

苏州是出了好多教育家的，还有许多出资办学的，如创办乐益中学的张冀牖先生，还有创办振华女中的王谢长达和王季玉先生等等。要细数起来，指头子扳扳要一歇得来。

我这里要说的也是两个办学人。只是这两个人属于芸芸众生，太渺小，不像上面所说的人是可以名垂青史的。她们在一个村的史志上只怕也不会记上一笔。但她们确实办了学，办了一所后来发展到三所的小学校。

1945 年的正月里，苏州城外的西津桥铜墩村来了两个大姑娘，二十多岁的年纪，都姓唐，是两姐妹。她们和当地已联系好，是来这里办学的。事情要从头说起。六十多年前，西津桥这个地方还完全是"乡下头"，铜墩村的小孩子还是上的私塾，没有新法小学。有个名叫土宝的女人进城帮人家，就在唐姓姐妹的舅舅家，说起当地还没有新法学堂，引起了唐家姐妹的兴趣。当时，唐家的妹妹已在山塘中心小学教书。既然铜墩村有意向要办学，她们就决定结伴下乡，到那里去办一只新法学校。

办学校首先需要校舍。在当地村民的支持下，将那里的一所庙宇作了学校的用房。这庙就叫铜墩庙，学校就叫了铜墩小学。庙的大殿做了一至三年级的教室，另辟一间小一点的做三到四年级的教室，老师的办公室就放在庙里老爷的太太房隔壁。房子解决了，课桌椅怎么办？学生们自己带！一到三年级的每人带一只骨牌凳、一只烧火的小凳子，就是课桌椅了；四到六年级的就从家里带了半桌（比方桌小一半的桌子，俗称半桌）和凳子来上课。

两间庙舍，自己家的桌椅，两个老师，一个学校就这么办起来了。可能有人会奇怪，怎么六个年级只要两间房？只有两个老师？怎么上课啊？其实这就叫复式班。现在我们这里是不可能存在了。但只要注意一下我国的西部或一些偏僻的山区里，还有这种复式班的存在，一只教室里有几个年级在上课，只有一个老师管理。将各年级分排坐了，老师先给一年级上课，上完后布置他们做课堂作业，老师再去给二年级上课。或者一个年级上画图课，一个年级就上语文课，就这样轮流着上。这在现在我们这里是不可想象的，但六十多年前我们苏州也有这种复式班式的上课。

"麻雀虽小，五脏俱全"。别看这学校小，倒也有模有样。一下子收到了百把个学生。一到三年级有七十多个，四到六年级有近三十个。反正年级越高学生就越少。倒不是老师水平低，而是农村里的小孩稍大一点就要帮家里做事了，是没有空闲上学的。所以这个学校当时招的六年级只有四个学生。妹妹教三到六年级，姐姐教一至三年级。妹妹兼做校长，每周一的早上还领读《总理遗嘱》（孙中山）；姐姐兼对外联络工作。只要城里学校有的课程，都开设了。语文、数学自不必说，就是画图、体育、珠算都齐全。这两个老师也算是"全能"的了。

到了年关收学费。不要以为收学费就是收钱，那时是收米的。学生按一年级每人每年一斗米计算，年级上去米的数量就加上去。所以一到学年快结束时，姐姐就挨家挨户地去收米。米收到了，学年也差不多结束了，于是雇一船将米摇回苏州。

唐家两姐妹在铜墩村办学很受当地人的欢迎。一年多后，在附近的肖家湾村、司徒里（音）村又办了两所小学，当然老师依旧用了自己人，大多数老师都姓唐。三年后，铜墩小学被政府接收，纳入了正规的教育系统。后来铜墩小学是并是撤，西津桥的方志上有否记载该学校，我未去考证查询，就不得而知了。

按现在的观念来看，去乡村办个学校算不得什么。但在六十多年前，抗战还没有胜利之时，两个女孩子去乡下办学，还是有一定胆识的。

一是她们开创了当地第一所新法学校，并成功地开办了第二、第三所学校。二是艰苦办学，用现在的话来说是克服了种种困难，没有条件创造条件上。三是女孩子们挑起了养家糊口的担子。

现在，只要已是七十岁以上的当地人，说起唐老师都知道。不少人一直和唐老师们有着亲眷般的感情。我和表姐妹们在上世纪 50 和 60 年代时都到那里去玩过，介绍时只说："这是唐老师的女儿。""哦，蛮好，多来白相相。"你看，唐老师的名气还很响呢。

这姐妹俩就是我的妈妈和大阿姨，大阿姨名叫唐爱芬，妈妈叫唐允仪。如今，大阿姨八十七岁，妈妈八十九岁，都还健在。说起当时的办学，老太太脸色都会光灿起来。

泰让桥联合诊所

　　五十多年前，我就熟知苏州的两个地名："小石灰桥"和"太阳桥"。一直到认得字了，才知道其实一个是小日晖桥，还有一个是泰让桥。也不知是我年幼听别了，还是苏州人正是这样叫的。不过，苏州人叫别了的路名多的是。如因果巷叫做"盎果巷"；临顿路叫做"轮顿路"；还有以前人民路叫"护龙街"，苏州人更是读别了，叫其为"马龙街"，更含糊一点的就变成了"马桶街"了。记得小时候大人常常打趣，把上厕所叫做"到马桶街去"。

　　言归正题。为什么这两个地名我特别熟呢？因为那是我妈妈常常带我们去玩的地。小日晖桥是我姨夫的老家，那时是苏州"尤家针灸"的"总部"。吴中针灸名医尤嶂民就带领了他的子女儿媳们在此挂牌行医。而"泰让桥"则是后来由原来的一些个体挂牌的医生一起成立了"泰让桥联合诊所"。我姨夫尤怀玉正是发起人之一，所以小时候就常常听大人们说起"泰让桥"。近日，我在姨夫处看到了他写的在成立联合诊所时的心路历程，很有感触，特将其摘录如下：

　　　　从私人开业到参加联合诊所，成为大集体，在现在看来不成为一个问题。可在当时解放初期（上世纪 50 年代初）时，苏州遍地都是私人开业的医生，根本没有公立医院和集体合作医疗机构，特别像我们家要走上集体道路，放弃私人丰厚的收入，是有点不可思议。当时，国家仅在《人民日报》上，号召私人医务工作者参加国家单位，参加地方医院，参加联合诊所。但并没有强迫你必须参加，仅是一篇报纸社论，供大家参考。

但国家和政府的号召打动了我的心。特别是看到了解放初期各个方面都呈现出脱胎换骨的新气象，我觉得我们新中国的医务工作者应该走这条路！想法有了，路也认定了。但具体怎么实现这个"划时代"的计划，还是糊里糊涂，没有一个完整的想法。我决定先要找几个志同道合的人，条件是一要有业务，二要思想进步，三要年龄相仿，这样说起话来有共同语言。于是，我在胥门周围找了两个人，一个是外科陈明善，一个是内科宋祥孚。果然，两人一听我的打算，都表示赞同。由此，发展到小儿科、妇产科、眼科、西医内科等，一共八九人，决定成立联诊，定名为"泰让桥联合诊所"。

因为当时是第一家发起成立联合诊所，大家心中一点底也没有。万一没有病人，生意不景气，集体的工资、开支是一点也不能少的。不比私人诊所，一家一户，平常也要开伙仓的。而且，病人如到集体联诊了，将来万一因种种原因联诊失败了，病人都散了，大家还能再回到自己家里继续开私人诊所吗？大家都吃不准。开会讨论了几次，想出来一个折中的办法，就是上午到联诊上班看病，收入归集体；下午回私人诊所看病，收入归个人。一时大家觉得这办法不错，公私兼顾，办得好，转成全日制，成为完全的大集体，办得失败，也有退路。私人诊所没有关门，病人也不会走散。

一开始，我也赞成这个办法。但是仔细考虑，觉得这个办法存在着许多缺陷。上午看病收入归公，自己只拿一部分，下午看病收入全部归私。当时我们都是私人开业医生，如果有人把上午的病人下次就约到自己家里去呢？没有公正的监督，谁也说不准。再说要办好一件事，不想成功，只愁失败，还会有凝聚力吗？大家想想也是，就提出缓一步吧，再细细考虑考虑。第一次办联合诊所的讨论，就这样结束了。

隔了不到一年，苏州市第一家山塘联合诊所正式开始运行，也是纯中医各科的联合诊所。该诊所的开张，对我们在胥门开业的医生影响很大。他们能办成，为什么我们就办不成呢？反思起来，还是私心未除，怕收入差距太大影响自己的生活。尤其是我们尤家和陈明善家，从私到公这一步确实是难跨过去啊！症结在此。心中明白只有抛弃私心，从头再来。开会就直入主题，讨论实质性的问题。

首先依然是人员，志同道合，不在多而在精，要求人人兼职，不能有一个吃闲饭的人。外科二人，陈明善兼联合诊所主任，另一外科医生负责外科的一切杂务，如做药线、摊膏药等；针灸科三人，尤噪民兼任联诊副主任，尤怀玉兼管联诊总账；小儿科二人，谢家玉兼任联诊内务调配运筹；杨如华兼管西药房；中医内科宋祥孚兼管联诊出纳；妇产科朱复珍，除外出接产外，在联诊处理杂务；眼科朱玉谷，由于业务较清，联诊的外出采购由他负责；再有一个挂号兼收费，一个勤杂工；另有二名学员。这样一共有十六人，真是精简到不能再少了。

人员确定后，就是开办费的筹措，决定以简约为原则，各家拿出私人诊所的家具和用品（包括中西医器材），一齐拿到诊所折价记账，容后清还，但不记利息；再根据各人的财力垫付一部分开办费，也是各家记账，容后清还。各人的工资收入按照自报公评、一致通过的原则。自报的根据是私人医生三年来门诊记录和原来有工资收入的，在这个基础上适当降低一点，原来高的降得多一点，原来低的降得少一点。自报后就是互评，采取的是"一票否决制"（在以后多年中，如年终分红、工资增加、诊所发展等等问题上，都采取了这个公正的办法）。最后大家一致通过了每人的工资报酬金额。

第三，就是要建立适合集体事业的工作制度。当时我们这些人都是私人开业的，平时散漫惯了，来就来，走就走，十分自由。现在成立了集体，就要有一个制度约束。特别是初创阶段，上下班要准时，休息日暂时取消，因为要努力办好诊所。而且，因为这些医生们的家就在附近，还定出了上班时不可随便回家（这在现在听起来有点可笑，但在当时初办集体诊所时，确实需要有这样的约束），上班有事请假要主任批准方可的规定。违规者扣半天工资，举报者有奖。

制度有了，还要有人管理。但大家都是要好朋友、同道，谁管都不适应。当时我想出了一个办法：集体管饭，一日三餐在诊所吃，定时供应，过时不候。这样一来，就不会随便迟到早退或旷职了。因为那时一日三餐也是笔可观的收入，记得那时的伙食标准是一天十二元。联诊办起来后，没有一个人违反过纪律。所以说，当时大家的积极性都是很高的。

1952 年 11 月，联诊正式成立。恰好冬季，天寒地冻，正是医生业务的淡季。第一个月，收入不够开销，大家按评定的工资标准打了九折。不过，大家心里有底，开办伊始，病人少一点，是正常的，何况又是冬天。不久，病人就逐渐增多，到后来成倍地增加。不但外科陈家、针灸尤家两块老牌子病人多，就连其他的科室原来有些在家只看三四号的，现在一天也要近十号。业务上去了，联诊一炮打响，大家心里别提多高兴。记得初创时去卫生局登记时，老局长还对我们讲："你们慎重考虑考虑，因为联合诊所是新生事物，只能成功，不能失败。要求是成立一家，巩固一家。"我们那时觉得已酝酿了近两年，各方面还是比较成熟的。现在看来，这一步是走对了。

后来，连附近的厂家、公司，如苏纶厂、鸿生火柴厂、第一丝厂、祥生油厂等，都和我们订了特约合同，他们的职工来诊所看病，凭特约单，自己不用付钱，到月底诊所向单位结账。这个办法现在看来不稀奇，但在当时是个创举，我们诊所是第一家这样做的。

到 1953 年底，我们算了一笔总账，除了工资开支、正常开销外，还大大积余了一笔钱。我们将其分成三份：一是分红，二是公积金，三是公益金。公积金主要用于再发展，如增加人员、房屋、设备等等。公益金主要解决员工的医药费报销（每人每月十元，如果不用，可以积存，但专款专用，只用作医药费报销。如退出联诊，这笔钱可以带走）、病假工资（病假一个月内工资照发，二个月工资八折支付，三个月六折，六个月后作长病假工资，根据具体情况而商定）、公休假的工资（当时已决定每人每年有七天公休假，休假不扣工资，如不休假，可拿本人日薪工资作为补偿）等。

诊所日益兴旺，人心积极向上，形势真是一片大好。当年元旦时，联合诊所举行了一次别出心裁的元旦迎新文娱晚会，全诊所的人员都积极参加。其中有陈明善主任的自编的歌颂联诊成立发展的散文，陈主任用其"无锡普通话"朗诵，声情并茂，受到大家热烈欢迎，有针灸科室的集体大合唱，由我的弟弟尤怀琛担任指挥，有妇产科的扭秧歌，小儿科的变戏法，内科的评弹清唱等。最后一个节目是全诊所合作一起排演的话剧《抓特务》，剧本是按照当时一本杂志上登载的一个独幕剧编演的，虽然没有专业人员的指导，但演得有声有色。当时的晚会除了全诊所的员工外，还有家属，还有诊所的邻居等，几十个人济济一堂，热闹非凡。我们度过了一个终生难忘的新年。

"泰让桥联合诊所"，从我小时候到现在，听见了总有一种亲切感。日前在网上看到有文记载，说泰让桥联合诊所是苏州第一家成立的联合诊所，从以上我姨夫的回忆来看，并不是第一家，第一家是山塘联诊。后来，这个联诊里的许多医生都是苏州中医院成立时的骨干力量，如名医陈明善、尤怀玉、唐爱梅等。

五十多年过去了。如今，尤老医师年已耄耋，仍神清气爽，思维敏捷。前年和去年，我两次神经性面瘫，别人不寻，马上寻着尤老医生。八十五岁高龄的姨夫，第一次给我针灸了十次，第二次针灸了八次，就痊愈了。以前我对针灸并不是很相信的，现在不信也难了！就在去针灸时，我看到了他写的回忆录，就说想写写这个泰让桥联诊。我表姐说，早就有人写过了，史志也有记载，没啥新花头写。姨夫说，我这个写的是当时的思想脉络，建联诊时的琐碎事情，可以写写的。我也觉得，现在再回过头来看那时已经是私人开业、收入颇丰、名气日响的著名医生，都摈弃私心，走上了集体所有制的道路，在现今更多元化的创业时代，难道就没有一点感动和启发么？

袜子的故事

袜子是人人要穿的。人人穿的袜子不同，过去和现在穿的袜子也不同。

过去，袜子叫做"洋袜"。我们小时候前面加个"洋"字的东西很多，比如洋袜、洋火、洋灯、洋油、洋伞（与我们传统的油布伞和油纸伞有区别的）、洋纱、洋线、洋布、洋画、洋机（缝纫机）、洋风炉、洋山芋等等，当时只要是舶来品，就在其名称前面冠一个"洋"字，以示和我们传统的东西不同。

说起洋袜，那时大多是纱袜或线袜。较之现在的袜子，纱、线袜有两个缺陷，一是松紧度差。因此，穿在脚上新的时候尚可，等旧了以后，袜子和皮肤的"距离"逐渐增大，"关系"越来越"远"，"袜统管"常常会掉到了脚踝上。我小时候更是"懒"得出奇，袜子直往下滑，也不去拉一拉，到晚上洗脚时，袜子已经滑到了脚心了，半只脚是裸露的。所以到了冬天，我的脚踝后部常常要皴。

第二个缺陷就是牢度不好。穿了没有几天，脚跟和脚尖上就会有小洞洞了。于是，就有了猜谜语，"天弗晓得地晓得，人弗晓得我晓得"，即指袜上的洞洞。那时，业余生活很单调，每家人家都是家务繁忙，其中补袜子就是很烦心的一桩事体，三天两头要补袜。袜子不大好补，因为常破在脚跟和脚趾处，不是平面，布和袜子很难契合熨帖。于是就有了一种专门补袜子的工具，叫袜底板。一块如鞋底的平板，前后有两块做出脚尖和脚跟的模样，中间有一根细条作支撑，其实就是做成像一只脚的模型。材质一般是竹头。补袜的时候，就将袜子套在上面，再用布缝纫上去，就好补多了。（记得我是在读小学二年级时学会了补袜子，甚至还因为补了一双袜子而写了一篇周记。）因为这纱袜实在不耐穿，有人就在袜子新的时候就把袜底部从脚跟至脚尖中部剪开，将其向两边翻上，加固脚板上的四周，而脚底就用白洋布剪两层，用线密密地缝了，再和袜子的本身连缀起来，这个叫做"托袜底"。这样加工处理过后的袜子就耐穿多了。

尽管这样，还是觉得袜子很"费"，即经常要坏，要买新的。这时就有善于精打细算的人想出了好法子，用线编织（苏州人叫"结"）！那时候线是计划供应的，要用线票去买。将省下来的线票买了线后，用细细的针，这针比牙签粗不了多少，一针一针的"结"。这可真是"慢工出细活"啊。一双袜子要"结"多少辰光我不曾统计过。不过，你只要想象一下，那么细的针，那么细的线，要"结"出一双袜子来，花多少时间是可想而知的。好在那时晚上没有电视看，也没有电脑上，更没有现在的酒吧茶楼、歌厅饭庄，在家慢慢地"结"吧！也真有许多的巧手，"结"出了一双双精致漂亮的袜子，为脚上增添了一道道风景。我的手很笨拙，但看到人家编织得很好，也不免手痒起来。买来针线，开始学习。可惜一点也没有长心，只"结"了半只就再也"结"不下去了。

后来慢慢地有了尼龙袜、卡普龙袜，这些袜子是结实耐穿了，但在当时的价格是非常贵的，一双尼龙袜要花三四元钱。可能有人会觉得三四元钱不贵啊！要晓得那时一个月的工资一般才三十多元，一个大学毕业生一年后的工资也只有五十六元，一双尼龙袜要十分之一的工资。放到现在的工资比例来算，一般现在大多数人的工资在二千元左右，那么一双袜子就是二百来元钱了。试想，这么贵的价钿，啥人舍得买？

我清楚地记得，我的第一双尼龙袜是1966年在北京买的。当时正好到北京去"串联"，吃饭和住宿都不要钱。爸爸妈妈说："出门要常带小鸡钿（苏州人的老话，指万一踏煞仔别人家的小鸡连赔格铜钿也没有）。"就给我寄来了十元钱。这下子我成了"小富翁"了。我用这钱买了一本有电影《东方红》图画和解说词的日记本，花了七角八分，再花了两元钱买了一双白色的尼龙袜，一是只要两元，比苏州便宜多了，二是那袜子白得好奶油，好柔和哦。当时穿在脚上的那个舒服啊，白白的、紧紧地"呵护"着我的双脚，再也不会往鞋底里钻。

现在，已不再有人穿尼龙袜了，即使是乡下的老人也少有了。更没有人再会补袜子了，"袜底板"也不再见其踪影。穿袜子讲究的是"返璞归真"，大家都要穿"棉袜""纱袜"了，要"纯棉的"。一个是不怕它不牢，破了再买新的么，十多元钱（当然不能买名牌），买得起！一个是现在做袜的工艺经过改革，一般的棉袜、纱袜都能穿好长时间。最不牢的是女同志穿的丝袜，往往一不小心就是一个洞，或者就是脱丝了。但现在的丝袜便宜得很，块把钱一双，坏了就再换双新的就是了。

我这个袜子的故事讲出来，年轻人很难想象，只怕会说："挖酷！有这么夸张吗？"可这些都是当时的真实故事。不信，你回家问问你的爸爸妈妈或者爷爷奶奶就知道了。

"白相家事"

　　玩具，是小孩子打发时间、培养兴趣、开发智力的好东西，苏州人叫做"白相家事"。小小的玩具，也反映了社会的变化，时代的前进。

　　现在小朋友的"白相家事"，论铜钿，动辄百把元钱，再高级的只怕千儿万把的都有。论花样经，更是多得不得了：遥控的自动化玩具，汽车、飞机，还有枪、炮、机器人；锻炼运动的玩具，小脚踏车、滑板、轮滑、乒乓球、羽毛球等等；还有一些女孩子、男孩子现在都玩的绒布玩具，小狗、米老鼠、唐老鸭……什么动物都有，笃定可以开个动物园。半个世纪的变化真大啊，我们小时候的玩具，现在说出来，可能小朋友怎么也弄不懂：这怎么白相啊？确实，我们那时就白相这些"白相家事"。其实乒乓、羽毛球之类的我们小时候也有，只是要花"代价"，一要场地，乒乓桌是很少见的，能在水泥板上抢上两板已是不错的了；二要运动器械，乒乓板、羽毛球板，还有球，这"代价"一般人家是付不起的，所以这种白相是比较少的。那么大多白相点啥末事呢？且让我把现在已看不见、也不再玩的东西慢慢讲来。

"捉帖子"

　　我不晓得这几个字是否是这么写的，且按苏州人的谐音写来。这是一种什么样的白相末事呢？其实，有点像北方人喊"沙包"的东西。用布裁剪并用线缝成一个小口袋，如现在的香豆腐干大小，里面装上米，再用线封口，这就是一只"捉帖子"了，一共要做五只。可以一个人玩，也可以几个人一起白相。五只"捉帖子"一把抓了，在桌子上撒开，然后挑一只离得最远的，拿了，向上高高抛起，一只手在台子上做一个隔断状。乘那只"捉帖子"未落下之时，将散落在台上的搬过"隔断"。抛一次搬一只，速度要快，否则就来不及接住那只落下的，这是第一局。第二局是将手的拇指和食指撑在台上做成门洞状，然后再将一只"捉帖子"高高抛起，抛一次将台上的"捉帖子"一只只往"洞里"赶进去。要求不可赶在"洞"外，抛起的"捉帖子"不可掉落在台上，一定要接住。还可以有第三、第四局。只要你想得出花样经，只管一局局玩下去。几个小伙伴一起玩，可以比个胜负。这个游戏要求玩者反应敏捷，感觉准确，否则就会输。

当然，大人们是不大允许我们做"捉帖子"的，主要是浪费粮食。里面的米扔久了会碎掉，就又要做新的。大人们要我们用沙子做，但沙子扔起来会有灰尘扬出来，比较脏，我们都不大欢喜。里面也可以装绿豆、赤豆等，这些东西不大会碎，但玩起来的手感没有米来得好。

"丢骨牌"

五十年前，打麻将是绝对禁止的。也真绝了，那时全国上下没有一个人打麻将，全都非常自觉。而那时麻将牌却是很好找到的，对于我们小孩子来说，足够玩了。我们不管麻将牌是整付的还是残缺不全的，是正宗绝好的"骨牌"，还是一般的麻将牌，拿来就是。四只、六只、八只都可以玩。几只牌，一只"捉帖子"，就是我们的玩具了。玩时先将牌在桌子上撒开，然后将"捉帖子"高高抛起，乘其还未落下时，一只手将牌快速理成清一色的正面或反面，然后一把抓起再接住"捉帖子"。再接下来就是基本如前，只是将台上的牌或横或竖或重叠地玩就是了。这个玩法要求手要灵巧，反应同样要很敏捷。

那时有很多麻将牌都是很精致的，甚至有些是很值钱的。但因为当时认为再也不会玩麻将了，这些牌放着也是个累赘，倒不如让小孩子"搅"去吧，所以大人们并不阻止我们将一副副麻将牌"零打碎敲"，渐渐化为乌有。真正是六十年风水轮流转，谁能想到五十年后的麻将风会如此盛行呢？

"蚬子壳"

有一种小小的像蛤蜊一样的水产，约指甲般大小，常常有"卖鱼娘娘"提着篮子叫卖的。价格很低廉，会打算的人买来后在水中一焯，将壳去掉，其肉可以烧豆腐，"蚬肉豆腐"。也可以炒韭菜，肉嫩味鲜，营养丰富。我们小时候常吃，现在好像不大看得见了。吃完了肉，那个壳就是我们小孩子派用场了。把其洗净晾干，即可玩耍。有两种玩法：一种是两人或多人一起，用石头、剪子、布的办法决定谁先玩。抓一把蚬子壳，撒向桌面，用小小的手指把蚬子壳翻个身，这个壳就归你所有了。正面向上的一按就翻过来了，反面的就是合在桌子上的，要想办法先将其翻过来，就不好办了，最后按谁得蚬子壳多谁就是赢家。还有一种是用一只蚌壳，把蚬子壳一只只抄起来，谁抄得多谁就是胜者。

"弹豆子"

最方便的玩具，是我们过年过节时常有得吃的东西：炒蚕豆或炒黄豆。那时小孩子吃的零食很少，在过年或过节时，还有就是乡下新砌灶头时，往往会炒一些蚕豆或黄豆，如果是砌灶头就叫炒"发乐"，也是一种讨吉利的行为，炒过"发乐"后灶火就烧得旺，人家也就"旺"。小孩子会分到一把豆子，热乎乎、香喷喷的。因为难得吃到，大家都很珍惜这一把豆子。这时大一点的孩子就会想出方法来玩了。每人拿出同等数量的豆子，合在一起，也是用石头、剪子、布的办法决定谁先玩。将豆子撒向桌面，在两颗豆子之间用手指划一道线，表示先在这两颗豆之间弹。瞄准其中一颗，用手指将另一颗豆弹过去，弹中了，这颗豆就是你的了。依次进行，谁赢得豆越多就越合算，可以多吃啊！谁输掉了，那就连自己原来的一份豆也没得吃了。在这种情况下，往往大的孩子胜算要多一点。

"拍纸球"

纸球？现在的小孩会觉得奇怪。是的，纸头做的球。那时随便一家烟纸店里都有卖纸头糊的球。五到六瓣橄榄形的纸片，粘起来就是一只圆形的球，用红黄绿白等颜色相间，在球的一头留一圆孔用来吹气，这就是一只漂亮的纸球了。纸球很便宜，只要一分钱就可以买一个。买来后在圆孔处吹气呈球形，就可以拍了。可以一个人拍，也可以几个人一起拍。小手上下舞动，纸球似彩蝶翻飞，又如彩虹在空中划出道道七彩，美丽极了！女孩子特别欢喜白相纸球。

"踢毽子"

毽子现在的小孩子也踢，只是那时的毽子都是自己动手做的。特别是到过年的时候，一般人家都要杀鸡、鸭、鹅等。这时的小孩子们就等在边上了。只要有美丽的大公鸡，就会一拥而上，去拔近尾巴处的鸡毛，因为这地方的毛做毽子最漂亮，绒毛多，平衡也更好。还有拔鹅毛管，一定要鹅翅膀上的，鹅毛管比较粗，能多插鸡毛。毛凑齐了，用一个小铜钿（如以前的什么康熙通宝、乾隆通宝等）用布包了做底盘，将鹅毛管缝上，插上鸡毛，就是一只很漂亮的毽子了。

那时的"白相家事"还有很多很多，现在已不再玩了。比如飘洋画、滚铁箍、刮拍子等等，实在也不是我一支笔能写完的。只是现在的小孩子听了那时的"白相家事"，是否感兴趣就不得而知了。也许有人会觉得这些东西这么写来，颇有点"古调虽自爱"，只是"今人多不弹"之感。

自制"搭粥菜"

几天前，见报上有文为《过去的搭粥菜》。作为也是那时的过来人，倒也引起了共鸣。正如文中所写：那时能买上五分钱的酱小菜，已属条件中等的家庭，还有很多条件并不宽裕的家庭，在吃粥时所用的"搭粥菜"往往是"猫耳朵老卜干"。这种萝卜干的特点就是一个字：咸。还常常买了这种萝卜干后洗净，在太阳下晒上几日，外表一层白色的盐霜。这时吃这种萝卜干就更"过粥"，"过"开水泡饭。还有一种叫青头萝卜干，也很便宜，大约一角四分一斤，也很咸，也是家境并不宽裕的人吃粥时的选择。

说到吃粥时省菜，苏州人还有一句老话，叫"烫粥难为菜"。意思是粥烫的时候，难以快速入口，只能小口小口地吃。这时，吃一口粥就要吃一点菜，菜不就费了么？所以，小时候吃烫粥的时候，大人往往会叫我们冷冷再吃，可以省一点吃粥菜。

其实，除了在选择粥菜时买便宜一点的，吃粥时省一口是一口以外，苏州一般的人家会自制"搭粥菜"。

自制"搭粥菜"，首选的就是腌制咸菜。每到秋末初冬，青菜和雪里蕻上市之际，腌菜便开始了。这时，有集市的河滩头就会有一船船的青菜、雪里蕻和萝卜摇来停泊着。家庭主妇们开始还价、挑选，一捆捆的菜往岸上搬，一般都要买上个几十斤、百把斤，人多的人家，甚至腌上个几百斤也不稀奇。

腌菜有几种腌法。大多是将菜洗净吹到半干时，将菜一层层地砌到大缸里，每砌一层撒一层盐，一边砌，一边撒，一边穿了草鞋在上面踏，踏到菜都软了为止，最后压上大石头。这种腌法现在也很多。我家腌菜不用脚踏，因觉得用脚踏不太卫生，吃起来总觉得心里有点不适意。我妈妈腌的叫"神仙菜"，就是先在缸底撒些许盐，将洗净吹干的菜一层层砌入缸里。砌一层青菜，再撒一层盐，砌一层雪里蕻。如此一直砌到缸满为止，再撒上一层盐。盐要放多少是有一定比例的，大约一百斤菜三斤盐。然后在上面压上大石头，一定要全部菜上都压到，都吃到重力，这样菜才不会坏。一两天就有盐卤出来，菜都浸润在盐卤里。半个月后，就可以吃了。这种"神仙菜"腌出来特别好吃。因为有了雪里蕻一起腌，就特别鲜美。青菜的菜梗呈金黄色，又脆又嫩又鲜，咬一口真是齿颊留香、满口生津啊！雪里蕻将其切细后爆炒、烧汤，可谓绝佳。到了开春时吃不掉，可以将其稍稍吹干放在甏里，塞紧封口，放到天热吃都不会坏。到时可烧咸菜豆瓣汤、大汤黄鱼（那时的黄鱼可不像如今那么稀罕珍贵）、咸菜烧小鲫鱼等等，真是鲜得用苏州人的一句闲话来说就是"打耳光也不放"。

大冬天到咸菜缸里挖咸菜也有"过门"的，要先用温水浸一浸手，擦干了再挖，手就不冷了。否则的话，盐水温度低，进缸挖完咸菜后手指头冻得受不了，要疼上好半天。

还有一种腌菜是把菜洗净吹到半干后，细细切了，按一定比例和盐一起拌均匀了，一点一点地塞入小口的甏里，塞得越紧越好。塞完后在甏口盖一张箬叶，用竹篾三四根撑住了，然后倒合在水中，亦可用泥封口，反正只要与空气隔绝密封就是。过个半月一月，就可吃了。这种咸菜的特点是贮存较久，只要不启封，放上个三月半年都不会坏，放到大热天吃是最好的了。还有就是味道更鲜。

那时一到腌菜的季节，大街小巷，都会看见有青菜或雪里蕻晾晒在家门口，或放在地上、屋顶上晒，或将菜中分了骑跨在竹竿上吹。一排排，一堆堆。倒也是一道城市里的风景呢！

自制萝卜干。除了腌制咸菜，还有就是腌萝卜干。名字最好听，也是最好吃的一种叫"春不老"，那是将萝卜和青菜一起腌制的。将萝卜洗净切小晒到半干，青菜亦洗净切细吹到半干。用盐将菜和萝卜一起拌均匀了，并和上少许用凉开水泡好的糖精水和香料（茴香之类），再塞进罂里，也用荷叶或箬叶封了口，竹篾撑住了，用水或泥密封。过个半月一月的也能吃了。到时挖出罂时，萝卜是象牙色的，青菜是绿色的，绿白相间，色泽上就先声夺人。闻一闻，香喷喷，尝一块，香甜可口，实在是搭粥的佳肴。

自制酒脚乳腐。酒脚乳腐有点像现在超市里买的糟方乳腐，但比糟方更细腻鲜美。那时买豆制品还需要用票，我妈妈会积攒了半年的豆制品票，到入冬后，就全购买老豆腐。切成一块块四方寸许大小，在蒸笼架里铺上将去稻叶的稻草心或将干净的麦秸，将切好的老豆腐放在稻草上，每块要相隔一些距离。然后用干净的衣物被褥等盖上保温，天太冷还要放上只汤婆子或者热水袋，以保持适当的温度。几天之后，老豆腐上会长出长长的白毛，越长越好，其实就是发霉了。别小看这个霉菌，很重要。不发霉不好，发霉如果是其他颜色的也不好，比如有红的绿的等等，这就是杂牌霉菌了，这种霉菌是有毒的，吃不得。所以一定要白色的，那才是纯种的好霉菌。这时，将发霉的老豆腐拌上盐，砌入罂里，放些橘子皮，浇上黄酒，放少许凉开水，封口。半月一月后开罂的乳腐酒香扑鼻，乳腐肥嘟嘟，鲜滋滋。现在回想起来，还会条件反射，口内生津呢。

苏州人的自制搭粥菜还有很多呢，也不是我这篇小文能叙述完的。比如还有自己做酱，做泡菜，做臭露罂等等。如今生活条件改变了，自制搭粥菜的人家越来越少了，有一天它们会消失吗，谁也说不准。

花园洋房

在苏州曲曲折折的小巷深处，有一处花园洋房。这条小巷里都是这样的洋房，清一色的清水砖墙，罗马柱子，阳台……一条小巷因此无比漂亮气派。像这样的小巷在苏州是很多的，而且基本都叫做什么"里"。譬如十梓街五卅路那边的信孚里，观前街的承德里，包衙前的敦仁里，等等。我要说的这个"里"，在平江路的边上，现在正属于平江历史街区的中心位置。

和这座花园洋房结缘，是在五十五年前（1953年），至今差不多要一个甲子了。五十五年前，我坐着父亲骑的脚踏车，坐在车座前横杠上，在小巷里穿梭，在小巷的弹石路面上颠簸，看着路上的小石子模糊成一片，急速往后退去，真是"趣味无穷"。我想，姐姐和妈妈坐黄包车是肯定没有我这个乐趣的。就这样，我们一家搬进了这座花园洋房。

这座房子把我们深深吸引住了。一眼望去，外墙是一色的清水砖，看上去雍容大方。两根高大的镶嵌着白色细石子的柱子支撑着一个大阳台。进得一扇镂花大铁门，就是一个美丽的花园。两棵高高大大的白杨树摇曳生姿，三个花坛上分别种着白蔷薇、红蔷薇和黄色木香花。院子的东北角还有两棵小枇杷树，郁郁葱葱，长势正旺。这个院子后来无疑成了我们小孩子的天堂。春天里，我们常常会带同学到家里，禁不住盛开的木香花的诱惑，折上三两枝，凑到鼻子前。不过，楼上的金家婆婆看得很牢呢，不准小孩子折花，说那不是欢喜花，而是糟蹋花。金家婆婆是很爱花的。每年农历二月十四，她会在每棵花树上系一根红丝带，据说那天是百花仙子生日。

在这幢洋房里，房是房，厅是厅，厨房是厨房，储藏间是储藏间，最少见的是那时已有抽水马桶和白色的搪瓷浴缸，还有热水汀，还有自来水。热水汀是由厨房里一个小锅炉输送蒸汽发热，用来取暖。要知道那是在五十五年前！窗户上有三层窗，一层是纱窗，一层是玻璃窗，还有一层是木制的百叶窗。这种百叶窗关了后，既防寒保暖，又隔音隔热。夏天关上窗，将其百叶状的木条打开，既透风，又阴凉，真是很环保的东西。在当时这种房屋的建筑理念就这么先进，倒是在以后的几十年间，这方面是毫无讲究了。窗子的最外面是铁艺的雕花栅栏，窗上一律是铜插销、铜钩子。就这一扇窗户就够我们惊讶不已了。

这幢房子里，连我们共有三家人家。住房宽敞，邻居和睦，生活设施方便，而且环境优雅。整条巷子的首尾都有铁门，有专人看守，犹如现在的小区门卫一般。到晚上，首尾铁门一关，小巷里静悄悄的，让人恬静地进入梦乡。房子的前面是一条小巷，巷与小河并行。河上有几座廊桥。据说，当年谢晋导演拍摄电影《女篮五号》时，就曾在那里取过外景。

入住了也就三四年的光景，全国掀起了"大炼钢铁"的热潮，我们小学生都在敲砖头、缸片、焦炭，以助大人们炼钢铁。于是，整条小巷房子的铁门、铁窗栅栏被拆下来去炼钢铁了，浴缸、小锅炉被拆下来去炼钢铁了，就连自来水的水塔也拆掉了，水塔拆了也就没有了自来水。雕花的铁门和窗户铁栅栏等就此变成了当年钢铁产量的一个数字。大门成了单薄的有着很大裂缝的木板门，而且还是用门闩闩的。单薄到只要有台风，常常会将大门吹开。有时早上一觉醒来，会发现大门洞开，好在那时的治安尚无大碍。小巷没有了首尾铁门的把守，成了日夜通行的巷子，哪怕是深更半夜，也有人经过。最可怕的是，每到凌晨三四点钟，即有拉粪车的工人在巷首大呼："车子往东转弯啦！"随即便听得车轮辘辘之声，车子在墙上碰擦之声，美梦也就没了踪影。（那时没有了抽水马桶，全用一只只木制的马桶，天天凌晨由环卫站工人来倒到粪车里，然后集中至洗刷站，倒在小河里早已等候着的农民的粪船里。）

拆去了铁艺门窗的洋房，没有了往日的奢华。门前的小巷拓宽了，但这是在填掉了那条小河的基础上变宽的。悠悠的河水没了，当然也没了廊桥。

又过了三四年，住房突然地紧张起来。居委会动员"让房"。这幢洋房里一下子又住进了四家人家，比原来住的户数翻了一番还不止。后来又陆续进了几家。洋房里"撑足"了，于是便往外"溢"。只要是可以搭建的空间，就都利用起来。院子里搭建了厨房间，大客厅一分为二还不行，就一分为三，过街楼的底下也充分利用起来，三面围墙一砌，再一隔两间，就又可安排一家人家入住了。原来巷宽有三四米，现在就剩了一米左右的"一人弄"。八平方米左右的灶间一隔为四，几只煤炉同时操作时，场面甚为热闹。到后来，亭子间、三层阁，都住进了人家。再也不是房是房，厅是厅，吃、喝、拉、睡都在一个房间里的人家不少。我们家孩子多，又让出了二十多平方米的房间，家里顿时拥挤起来。不过，大约总比"七十二家房客"的情景要好一点吧。院子里的黄木香花、红白蔷薇花、白杨树也没了。院子变丑了，变得逼仄了。

又是几十年的风风雨雨，花园洋房里的住家进进出出，住着的人生生死死。其间，洋房的地板朽了，蛀了。走在上面嘎嘎作响不说，最要命的是，一不小心地板踏穿了，脚就到了地板底下，我们将其戏称为"挂火腿"。纱窗坏了，拆掉；百叶窗坏了，拆掉；洋门的玻璃碎了，钉块木板……花园洋房犹如一个饱经风霜的老妇人，破了，衰了，老了。

终于在十多年前宣布洋房为危房，房屋的所有者——房管局，派人来修理。

清水墙推倒，重新砌过，用石灰一抹了事；地板撬掉后，铺水泥；铜窗钩、插销拆了，用铁的；门显得长了，截去一段；应住户要求，由住户出钱，阳台用铝合金全部封起来，以增加住房面积……一番改造换代后，外表簇崭一新，老住户们高高兴兴地搬了回去。未过两三年，窗户的玻璃与窗框，都有离心离德之嫌疑；窗户好多都关不拢，下雨天雨水都会往里灌；窗钩、插销，不是松了，就是掉了；有的地方墙壁有了裂缝。是这老房子已没有了修理的基础，还是……我不得而知。

现在，这座花园洋房依然还在，岁月的沧桑，历史的变迁，伊早就没有了往日的漂亮和气派。唯一的只有阳台前的两根半露的罗马式柱子，还在向过往的行人述说其曾经的风采和昔日的辉煌。

我的人生旅途篇

文\钱正

吴县光福钱氏源流初探

　　光福镇，在苏州胥门外二十八公里的太湖之滨，以盛产梅花的"香雪海"风景区和东汉邓禹手植"清、奇、古、怪"四棵古柏的司徒庙而闻名遐迩，属吴县六大名镇之一。吴王阖闾在虎山养虎，东汉邓禹归隐于此，直到六朝梁天监二年（503），顾野王把自己的住宅捐献出来建为佛寺，取"佛光普照、广种福田"之意，取名"光福寺"，自此以后，镇遂名"光福"。

　　钱氏是中国大姓之一，《百家姓》上排列第二位，据1994年全国人口统计，全国钱氏人口约二百二十万人，位居全国第九十六位。

　　据历史记载，中国钱姓起源于彭祖。彭祖名篯，被封在彭城（今徐州）。他的儿子（一说孙子）彭孚，被周朝聘任为泉府上士，相当于今财政部部长，专管钱粮。因官为姓，泉即钱，子孙因此姓钱，一直居住在长安（今西安）及彭城附近。西汉王莽篡位，政局动乱，钱氏中的钱逊、钱林为了避乱，从彭城携家南下，迁居江南乌程（今浙江吴兴）。由于三国东吴于此建吴兴郡，遂名"吴兴钱氏"。这是江南钱氏的起源。

　　吴兴钱氏经四百余年的繁衍生息，到东晋末年，有一支继续南迁到杭州附近的临安，还出了个名人钱遽，父子十人，在梁、陈两朝中出任过郎官和太守。唐代初期，吴兴钱氏中又有钱孝璟因留恋临安的山清水秀，从长城县（今长兴县）迁来临安，人口繁殖，遂崛起"吴越钱氏"一支。七世孙钱宽，生子钱镠，成为唐代末年地方割据的吴越国王，发展成强大的一支钱姓，载誉史册。光福钱氏就是钱镠后裔。

光福前西峰、安山村钱氏——吴越王钱镠后裔

我家在吴县光福前西峰（古名前秀峰）村，世代务农。村上绝大部分姓钱，蔚然成族。小时候看到村上钱姓婚嫁庆典之时打出的大灯笼上，贴有仿宋体大红"钱府""郡名彭城""吴越世家"等大字。族中有论辈排名的族规。像我父亲，小名金狗，族中排名荣如，同辈中有惠如、明如等。我祖父小名锦庭，族中排名都是"卿"字辈，如田卿、润卿等，我都尊称为公公。

由前西峰向西，相隔约五华里的安山村在安山脚下，濒临太湖。我母亲的大妹妹就嫁给该村的陈海峰为妻，因此我经常随母亲去姨母家。

安山村上，钱氏子孙占总人口百分之八十以上，有为新四军藏枪的钱寿根、新四军短枪班虎将钱锦南等，并有一座钱氏支祠，旧时还有春秋两祭、族长聚议等活动。据民国《吴县志》卷三十三载："钱武肃王祠，在安山。"清光绪二十二年（1897），钱元怡等修撰过《安山钱氏宗谱》二册，由锦树堂木刻活字印刷。我与《苏州日报》资深记者施晓平先生于2012年5月到安山实地考察，由该村原任大队会计的宗亲钱兴土陪同介绍，看到钱氏支祠仍在。支祠面阔五间，共两进，中隔天井，由东、西厢房连接。原大门外有木栅拦，大门有"钱氏支祠"匾额。前面五间，中间为穿堂，作为过道；西面为灶间，供祭祀时烧煮用；再西一间为祠堂看守者宿舍；东边两间，为族内议事之地。大天井中，植金桂、玉兰，取金玉满堂之意。后进五间为殿宇式，方砖铺地。正中间筑神龛，安置七个木制长生牌位，供奉七房始祖。每座牌位下，各置一卷挂轴，楷书载明各房子孙传承和姓名，可惜毁于"文化大革命"中，内容已无人知晓。

由此可见，吴县光福前西峰和安山二村的钱氏，都是钱镠后裔。

光福钱氏祖根——吴越钱氏

钱氏，在苏州及其周边地区兴盛发展，并非偶然。因为在唐代末年、五代十国的时期，钱镠为吴越国王，统辖一军十三州，包括今苏南、浙江、福建北部和江西东部。一军，为衣锦军，原来为安国县，因为是钱镠的出生地，因而敕封为衣锦军，即今浙江临安；十三州，为杭州、越州（今绍兴）、湖州、温州、台州、明州（今宁波）、处州、衢州、婺州、睦州、秀州（今嘉兴）、苏州、福州。

苏州，是钱镠第六子钱元璙的封地。

钱镠一生共有儿子三十人。前面七子是元璬、元玑、元瑛、元璲、元懿、元璙、元瓘，分封在吴越国各地。五代后汉乾化二年（912）八月，钱镠六十岁时，把第六子钱元璙封在苏州，当时的官衔是苏州刺史、中吴军节度使，后来更封为广陵郡王，镇守苏州达三十余年。死后葬在七子山麓的九龙坞，有巨碑"广陵郡王之墓"，并有石人、石马、石牌坊。在钱元璙之后，其第二子钱文奉代理苏州刺史、中吴军节度使，钱文奉的次子钱承礼担任中吴军节度副使，协助其父治理苏州，又长达三十余年，直到最后一任吴越国王钱俶撤销国号，归并入赵匡胤的北宋。由于钱文奉在苏州创建著名的"南园"，子孙都聚居于此，这一支就成为苏州"南园钱氏"。因此，我一直认为，苏州及周边地区的钱氏都源出于钱元璙一支，包括光福前西峰、安山二村的钱姓子孙在内。

苏州吴越钱氏始祖——钱元璙南园钱氏

但事实不然。

据民国 13 年（1924）钱文选编辑的《钱氏家乘》载，苏州钱元璙的一族被称为苏州"南园钱氏"。其传承脉络如下：

> 一世
>
> 钱镠（852—932），字具美，浙江临安人，享年八十一岁，

谥武肃王。七岁启蒙读书，十二岁读《春秋》《武经》，十七岁习武，二十一岁投入董昌的石镜义军，参加阻击浙江叛将王郢之战，成为董昌的偏将。中和二年（882），浙东观察使刘汉宏叛唐，钱镠率部身经百战，历五年讨平。光启三年（887），因功授杭越管内都指挥使，兼杭州刺史，统治浙西、苏、常、润等地。梁开平元年（907），册封吴越王。龙德三年（923），封吴越国王，在位四十一年。其出身平民，深知百姓之苦，终身以保境安民、发展生产、修筑海塘、扶植农桑为务，使东南沿海在吴越国期间蓬勃发展，为苏、杭繁荣奠定了坚实基础。

二世

钱元璙，字德辉，谥宣义，钱镠第六子。最早授沂王府咨议参军、宣武军节度判官，升散骑常侍，赐金紫，马步军厅事都指挥使，邵州、睦州刺史。五代后汉乾化二年（912），钱镠六十岁，八月授元璙苏州刺史、中吴军节度使，下辖吴县、长洲、昆山、吴江、常熟，累加校检、太傅、太尉、太师，同中书门下平章事兼中书令，最后封广陵郡王。开府仪同三司，食邑五百户，治苏州三十年。为人俭约沉静，郡政循理，使苏州物阜民丰。建金谷园（今环秀山庄址，一说是元璙三子文恽建）。先，元璙曾经吴县南宫乡楞伽山（今上方山），爱其胜概，赞叹说："今后我当下葬于此。"后果然和杨氏夫人（淮南王杨行密之女）合葬于七子山麓之九龙坞。二夫人江氏，生子七：文英（出家）、文奉、文杰、文恽、文倧、文伟、文溢。

三世

钱文奉，字廉卿，元璙第二子。善骑射，能上马运槊，涉猎经史，精通音律图纬、医药棋球诸艺，冠绝一时。先为苏州都指挥使，后升中吴军节度副使，协助父元璙治理苏州。元璙卒，袭父爵代理苏州刺史、中吴军节度使，累加校检、太尉、太师，兼掌中书令，镇守苏州三十余年。礼下贤能，有才艺者都归附。建南园、东庄，为苏州名胜，奇花异卉，罗列园中；又垒土为山，引泉为池，俨如溪谷。延接宾客，一时名士汇聚。收藏书法、名画、古玩雅器无数。与宾僚一起采集史籍，撰《资谈》三十卷行于世。自号知常子，取知足常乐之意。时乘白骡，披鹤氅，缓步花径，或泛舟池中。六十一岁卒，谥威显。葬九龙坞其父元璙墓区。夫人苏氏，生子七：承祧，承礼，承祯、承禧、承祠、承裕、承祎。

四世

钱承礼，文奉次子，任中吴军节度副使，助父治理苏州。

……

七世

钱德茂，北宋任江南东路转运使。

八世

钱庆延，字嗣宗，号云庵。举德行兼茂材科，授会稽丞，不就。金兵入侵，高宗南渡，他随驾赴杭州，然后迁往浙南台州。恰巧其内侄谢徽任象山县宰。庆延过访，见陈山幽雅，遂在绍兴十二年庚午（1150）举家迁到象山。

钱庆延一支虽去浙江象山，但钱庆祖一支继续留在苏州南园，其传承脉如下：

第十世

钱庆祖，字懋远。北宋进士出身，累迁中散大夫。以苏州南园地百亩与苏舜钦为沧浪亭。娶王氏，赠淑人。生子二：遇、述。（钱庆祖和钱庆延之间，是否弟兄关系？这里按《钱氏家乘》转录，尚待考证）。

第十一世

钱遇，字会之，钱庆祖长子。宋赐同进士出身，继奉直大夫。生子五：立孙、有孙、振孙、兴孙、宁孙。

第十二世

钱立孙，字道甫，淮东总制千官。娶王氏，生子一：濬。

第十三世

钱濬，字国宝，江南督府签厅，赠朝散大夫。赎苏舜钦沧浪亭重归钱氏，从台州迁来苏州居住。娶高氏，生子二：道卿、道宰。

第十四世

钱道卿，字遂初，赐进士出身，任太常博士。时南宋贾似道专政，政治黑暗腐败，遂弃官归隐。以所居沧浪亭捐入苏州府学，有碑记。南宋德祐二年（1276），元兵入侵，为国殉节，世称靖节先生。娶曾氏，生子二：福、寿。

第十五世

钱福，字大年，号愚溪。南宋景炎二年（1077），为避元兵，携家离开苏州，迁居吴江麻溪居住。行谨学博，地方官以明经推荐于元朝，他不应征召。有《麻溪诗集》行世。

钱寿，字永年，生于南宋咸淳九年（1273）。元兵南侵，父道卿殉节，仅四岁。随兄钱福于六岁迁居吴江麻溪。敬爱成家，性极孝友。四十岁尚无子，后儿孙绕膝，人称"好人天报"，享年八十。生子五：鼎、海、珪、璋、瓛。

根据以上脉络，说明钱元璙父子虽在苏州居官六十余年，子孙当时聚居于南园，但在金兵南侵时，钱庆延一支去了浙江象山。到元兵南侵时，钱福、钱寿弟兄二个率全家去了吴江麻溪。自此以后，苏州南园钱氏就此不复存在。钱元璙一支在苏州未获发展，因此光福钱氏不属钱元璙后裔。

那么，光福钱氏究竟来自何方？

光福钱氏——从无锡传来

根据钱文选的《钱氏家乘》，发现光福钱氏竟然源出于钱镠第七子钱元瓘一支，并且是从无锡绕了一个圈后再传到吴县光福来的。其传承脉络如下：

一世

钱镠，是为武肃王，吴越国开创国主。

二世

钱元瓘，字明宝，钱镠第七子。钱镠卒，因其"仁孝有功，将吏悦服"，继承王位，是为文穆王，在位十年，享年五十五岁。生子十：弘傅、弘佐、弘倧、弘俶、弘儇、弘亿、弘仪、弘偓、弘仰、弘偲。

三世

钱弘佐，字玄佑，钱元瓘第二子。少年英慧，收福州，积仓库十年，免境内租税四年，民更富裕。为忠献王，在位七年，二十岁去世。娶陈氏，生子三：惟泽、惟泓、惟淫。

四世

钱昱，字就之，迁武进菱溪。由刺史至福州节度使，寿、泗、宿、郢四州团练使，卒赠刑部尚书、金紫光禄大夫、上柱国、太师，封富永侯。子十六：绰、维、络、总、纮、绎、绅、约、纬、绘、缄、绶、纺、统、绚、绛。

五世

钱统，字爱轩。任右殿直。娶杨氏，生子二：逖、进。时北宋朝廷命钱镠后裔全部迁往河南开封及周边地区，共三千余人。钱逖、钱进避而不去，迁往嘉兴。

六世

钱进，字晋宗，钱统次子。宋朝封承奉郎。祥符年间，由嘉兴来无锡，赘于沙头王氏。生子二：颖、仅。

七世

钱仅，字能甫，钱进次子。宋朝授宣义郎。迁居无锡开化乡的猪岭，世守父茔。

八世

不详。

九世

钱梓，字国器。宋朝授将仕郎，封康国公。赘于新安溪过氏，遂迁居无锡湖头。

十世

不详。

十一世

不详。

十二世

钱志宁，宋朝授承仕郎，封康国公。娶过氏，生子二：祐、裕。

十三世

钱裕，字宽甫。一乡首富，性倜傥，好施舍，遇荒年必发放谷粮以赈济贫困。曾向杨伯铨借五万贯，杨赴金陵，遭火灾，借券焚毁，担心难以收回，钱裕如数归还。娶陆氏，生子四：文煜、文焯、文炜、文烨。

十四世

钱文炜，字昭达，钱裕第三子。后裔中有四支迁居苏州：光福、铜坑、洞庭西山、苏州娄门内的跨塘桥。

由此可见，我们吴县光福钱氏，是由十四世钱文炜一支从无锡湖头迁居来此。光福一支向北发展到三里之外的前西峰村，铜坑一支向北发展到一里之外的安山村（现美国犹太州家谱学会尚存《安山钱氏宗谱》二册），并在该村建"武肃王祠"（清代以后改为"钱氏支祠"）。

钱氏谱牒文献——《钱氏家乘》

今天，我们之所以能够寻找出光福钱氏的大体传承脉络，主要归功于民国 13 年钱文选先生撰编的《钱氏家乘》，此谱对钱氏子孙寻祖溯源，厥功巨伟。

《钱氏家乘》是一部以钱镠为核心的大型钱氏谱牒，内容翔实。现上海和杭州临安市钱镠研究会据说有复印本出售，网上有"钱建文电子书"本。共分十四卷，《序言》《宸翰》《像赞》《图考》《年表》《家训》《传记》《遗文》《艺苑》《古迹》《轶事》《世家》《支派》《祠产》。特别在十三卷《支派》内，记载了武肃王钱镠后裔在全国的支脉线索，对后人寻找祖根有极大帮助。

钱文选先生，字士青，武肃王三十二世孙。祖籍江苏溧阳，后迁安徽广德。太平天国战役中，族中三百余口惨遭浩劫，仅余数人。文选先生当时年仅四岁，得以幸免，由母亲抚养长大。清同治十三年

（1863）为广德县附生，得安徽巡抚赏识，送京师大学堂（北京大学前身），毕业于译学馆甲班。以举人衔七品录用，宣统二年（1910），出任驻英留学生监督。民国 2 年（1913），参与筹备盐务署，八月调任驻美旧金山领事馆。民国 4 年（1915），任云南盐务稽核所所长，俟后历任长芦、皖岸榷运局局长，鄂岸盐务稽核处长，鄂岸榷运总局长。民国 15 年（1926），升两浙盐运使、福建盐务缉私局长。民国 21 年（1932），任川南盐务稽核所长等。文选先生从年轻时起即关注钱氏宗族资料的收集，到民国 13 年（1924）终于编纂付梓，当时的大总统徐世昌、南通状元张謇等政要名人十余人为其作序，成为中国家乘谱牒界的一大盛事。

根据钱文选先生为武肃王三十二世孙推算，他在清咸丰三年（1853）太平军打到广德、南京时为四岁，离我出生的 1928 年相差一百二十余年，古人以三十年为一代，则我应该属于武肃王三十六世孙左右。现在，我们吴县光福钱氏能够追溯到最远的祖根，是第十四世钱文炜，距今相隔二十二世六百六十余年。参考吴江麻溪钱氏的始祖钱福、钱寿为避元兵从苏州南园迁往吴江，是第十五世孙，则钱文炜最迟当为宋末元初之人。以此看来，中间空缺了七百三十年。

要弥补这一段漫长的空缺，最后的希望寄托在《安山钱氏宗谱》，但它远在重洋之外的美国犹太州家谱学会，目前来看，真的只有"望洋兴叹"了。

另一个悬念是：在光福的西迹山（潭西村背后的山）有一座钱有威的墓。他字用均，号三泌园。明代嘉靖三十年（1551）庚戌科进士，官南京刑部郎中（相当于今天司长、局长），是常熟董浜、徐市人。他为什么会葬到光福来？他的后裔有没有迁来光福？他是不是钱姓迁来光福的始祖？经考证，钱有威虽然也是吴越国武肃王的后裔，这有董浜、徐市《钱氏家族考》为证，但他是钱元瓘第九子忠懿王钱弘俶的后裔，而光福前西峰、安山二村是忠献王钱弘佐的后裔，可见不是同一支。

先辈历程

根据妈妈在我年幼时对我讲起的故事，我知道一点曾祖父的情况：

曾祖父弟兄三人，他是老大。长得身高力强，村上出名的种田好手，人家叫他"长子"，拼命在家务农。盛夏，恰是农忙季节，他贪夜凉，整夜在田里耘稻，感到手里一堆杂草总是散不掉，天亮一看，想不到竟是一条蛇，被他有力的手捏死，皮和肉在一夜田土里被摩擦掉了，只剩下一把骨头。另两个弟弟因年少，外出学了木工，经常在浒墅关等外地做工，积了一点钱就寄回家里，连婚都没有结，积劳而亡。只有哥哥结婚，传下我家这一脉，并用弟兄三个积下的钱买了八亩田，留下一栲栳（可装五斗米的藤制盛器）银元、三间破房子，最终离开了人世。

祖父叫钱锦庭，从小体弱多病，中年时期患眼疾，双目失明。幸青年时父母为他娶了一个能干的妻子，把这家门面支撑下来。村上有个小小的赌牌九、麻将的地方，农闲季节生意兴隆。祖父摆了一个小摊在门口，在一只竹丝编的筛里放点烟、糖、瓜子、炒蚕豆之类卖。都是本地人，牵亲搭眷，向他买一点东西，把钱交在他手里，从未有人少给过，农村淳朴之风如此。人到中年，生了二女一子。女儿嫁到很远的西泾上村，在光福到善人桥航道的中间，乘船去就在那座浮里桥登岸。我曾经去过那里一次，那是1941年冬，我们都在上海，日军发动太平洋战争，对英美宣战，冲进上海租界，我们避难下乡。因此，我随妈妈在新春去姑母家做客，才看到这是一个很小的村庄，房舍从东到西一字横排，姑母家在村子的西头。一开间门面，"一条龙"房子，即客堂、灶间、房间、猪舍，出后门是粪缸、田野。大门前一片泥场，再前也是田野。当年的农村贫困如此。

一子，就是我父亲钱金狗，族名"荣如"。钱姓历史上是大族，五代吴越国国王钱镠的后裔，现虽贫穷，但架子仍在，族里仍有排辈取名的规矩。我仅知妈妈叫我称"公公"的一辈是"卿"字辈，如玉卿、田卿、润卿等，我祖父的族名好像是荣卿。到我父亲一辈都是"如"字，像荣如、惠如等。到我们这一代，就无人过问了。

在我父亲三五岁左右刚会走路时，祖父就急于将曾祖父遗下的一栲栳银洋拿出来，在三间旧房之后造五间新房。这在当时农村是震惊人心的大事，五开间称之为"院堂"，是乡绅人家的规格，方圆数十里只有数得清的几家。之所以有此惊人之举，是因为祖父感到自己对家已无能为力，日益衰落，如果慢慢贴补生活，把祖上遗下的钱耗用掉了，将是上对不起祖宗、下对不起子孙的事。何况孩子还小，自己年事已高，加上时局不稳、盗贼横行，万一有些闪失，更加追悔莫及。造成房子，就铁定不移了。据村人讲，祖母忙碌异常，里里外外，全靠她办成了这件大事，受到村人的赞誉。当时父亲还小，往往坐在一只小马桶上，在工地上边看边解手。据妈妈说，当时有个匠人说了一句："你拉到哪里，拆（方言"大便"叫"拆屎"）到哪里。"村上人听后，都认为这句话很不吉利。事实是经过五十余年，在20世纪七八十年代中，我家的房子真的都被生产队拆成一片空地，再也没有造起来。

父亲的事，我知道得比较多了。

父亲小时长得很结实，敦敦厚厚，为人和善踏实，从不会对人大声粗气，也从未坑害过别人。到十七八岁时，祖父自感身体不好，早早要为儿子成家以了心愿，托媒向迁里村何锦芳的堂兄说亲，欲娶其长女何根林为媳。

迁里村是光福镇下属的一个有名大村，而村上最出名的"种田乡绅""墙门人家"何锦芳，以辛勤务农发家，号称"阳山西第一家"。我外婆家也较富裕，为村上殷实之户，但外祖父（可惜近年来把名字忘了）壮年犯"心里痛"（现在看来为胆囊炎或胆石症），无奈之中，吸鸦片止痛成瘾，自此家道中落，但声望尚在。听说前西峰村钱锦庭家也是该村上有名之人，因此一口答应，择日结婚。据妈妈讲，结婚那阵子，迁里何家去了不少人，轰动了前西峰全村。特别是堂弟何荣虎之妻（按辈分是我的堂小舅母）长得特别漂亮，小巧玲珑，穿了当年农村没有见过的软缎绣花裙、绣花鞋，许多村人跟着来看，啧啧称赞，使我妈妈很有面子。

不知是命运捉弄，还是心力交瘁，结婚以后不久，祖父母先后去世，家庭受到极大打击。本来造房已把祖遗全部花光，为父亲结婚更竭尽全力。祖父母死后，只能押田押房举债料理了。在这时，妈妈的二妹夫陈海峰出了大力。

外祖父母共生三个女儿，没有儿子。外祖母在家名赵秀珍，其父是东渚镇开小猪行的有名人物。赵家闺女住在离镇有一定距离的满渡浜村，从小聪明伶俐，十岁左右就能烧菜煮饭。长大烧一手好菜，家里来客、农忙请人种田、逢年过节，都由她烧菜，人人称赞。并随弟兄在私塾读过一阵书，能背诵《千字文》《百家姓》《千家诗》等的片段，我至今能背的就是童年从外祖母处口授学来的。这在农村当时是罕见的姑娘了，由于对迁里何家声望的钦慕，答应了这门亲。外祖母勤劳一世，生性乐观，心情和平，一边干活一边唱唱山歌，还会唱"宣卷"，很少愁眉苦脸，待人接物客客气气，受到全村人的尊敬，更乐于助人，同族中婚丧喜事、农忙雇人、逢会遇节，外祖母总是被人请来帮忙，掌勺烧菜，设宴摆席，尽心尽力。事情忙过后，从不要求他人报答。加上她懂的事多，村里人们遇到大小事情，往往都要请教她，所以几乎是群众中自发推崇的老长辈。1961年在饥荒中去世，享年九十九岁半。当时医生检查，全身没有一点毛病，如果不是饥荒，肯定百岁以上。她自己说，如果算上闰年闰月，已经不止一百岁了。

外祖母生三女：长女根林，嫁我父钱荣如；二女小金，嫁安山村陈海峰，生雪宝、雪金二女；三女阿水，嫁叶家堆村金云生，生长女宝云、次女凌云。

当我祖父母逝世时，父母亲新婚不久，年纪还小，无法料理这样重大的家庭变故。何况两手空空，前西峰村上虽姓钱的族人很多，但一是穷，二是曾祖父、祖父、父亲都是独身单传，并无近亲。幸好我母亲回到迁里村，娘家立刻摇船到光福镇上，从棺材、石灰，到油盐酱醋、豆腐、百叶，一切物品全装上船，摇到前西峰村，并且来了一大帮人协助，井井有条地办丧事，使全村人为之震动，纷纷称赞她是"大村上来的姑娘"，不同凡响，有实力。

当时安排丧事，主要靠两个人。一个是我妈妈的堂弟何玉荪，他是何锦芳长子，在光福镇上开一家米行，规模虽不算大，但已是镇上头面人物。"我大姐家的事"，各方打个招呼，东西拿了就走，事后结账，无人不肯。

第二个是我妈妈的妹夫陈海峰。海峰的妈妈当年在上海某巨富家做女仆，由于稳重能干，深得主人信任，服侍小姐，被视为心腹。小姐出嫁后，随夫去新加坡，仆人都不肯去，只有她伴随小姐远行，所以后来收到一笔馈赠。加上历年积蓄，回乡造了三间新屋，成为安山村上的有名人家。海峰小时因而读了一点书，然后到外面学漆工手艺，满师后在苏州陆墓开了一家漆盘店。虽然后来因痔疮严重，为了止痛，吸了鸦片，歇业返家，但当时农村里对见过世面的他，仍刮目相看。我祖父母丧事中，他垫付了一部分钱，解决了急难。

但这些终究是应急之事，事后父亲把八亩田典押给同村钱南泉家，把新旧住房典押给阿虎大家，把妻子送回迁里娘家（自此和外祖母相依为命，度过了一生），自己凭一身种田人的力气，到光福镇上为凌家打工。

凌家是苏州富贵人家，在平江路中张家巷有大宅（想不到后来我们曾住在该处数年），并在光福开丝行，收购农民自己缫成的土丝，运往上海销售。父亲每天清早在光福挑一担丝，走菱塘桥、城隍山脚下，穿过王宴岭，经白马涧、西津桥、枫桥，进阊门，然后走平江路到中张家巷凌宅。傍晚到达时，已是筋疲力尽，第二天原路返回，每两天来回一趟。幸亏父亲年轻力壮，为人憨厚，从来不出事故，凌家夫人深为赞赏，将他留在府中厨房间烧火、挑水，跟大师傅上街买菜、挑担，风雨无阻，勤恳诚实。一年过年，开在上海南京路上著名的乾泰祥绸缎庄老板到苏州凌家做客，受到盛情接待，看到端菜送饭、老老实实的我父亲，竟与凌家商量要他到上海乾泰祥烧饭。凌家忍痛割爱，因此我父亲在第二年春天离开苏州，进上海乾泰祥厨房间打工。

该店历史悠久，信誉极好，职工数十人。厨房间长年忙碌，厨工七八人，收入颇丰。我父亲包吃包住，每月还有五元大洋，可以买一担多米。平时灶中熄火的木炭、饭锅中存留的锅巴，都是他们的"额外收入"。对我们这个贫苦至极的农民家庭来说，生活一下子有了改善。父亲在上海又在同行中交到朋友，隔了一段时间父亲就跳槽到英国太古轮船公司开往武汉的航班厨房里烧饭，这里的收入更高。他们还可以自己带货，来往于长江沿途各站进行贩卖，或代客带货收取运费。在这期间，父亲还在江西景德镇烧制了一套金边瓷碗，上面印花、题字，并且落款"钱荣如自制"。

这时我大姐桂英已经出生，聪明、善良、漂亮，深得父母喜爱。妈妈带了她去上海，父亲租了房子，还花二元大洋买了一个用赛璐珞制成的大大的洋娃娃给她，一直当珍品被放在外婆家里，直到我离开家乡，后来不知道如何了。

父亲被上海的一对父子设计进了一个骗局，先策动开糖果公司，制作扇子糖、弹子糖等各种糖果，再用洋铁皮制成漂亮的包装盒，贴上印有英文的五彩商标，向市场出售。由他的儿子作推销员（当时称"跑街"），他自己则做账房，控制全部进出财务。一年多下来，生意不错，但被父子两内外勾结，最后席卷逃跑，血本无归，只留下一些陈旧的铁皮盒，作为我小时候盛玩具的容器。

不久，父亲总算在上海又站住了脚跟。依靠他的诚实所赢得的信誉，承包了浦东新陆师范师生的全部伙食，称之为"包饭作"。后来更发展到上海市区，承包了赫德路的滨海中学和静安寺胶州路的民光中学两所学校的膳食。把光福农村来上海待业的同乡招为工人，从此竟被人尊称为"钱老板"。

实际上父亲的经济实力十分单薄，每到月底，拮据到东借西贷、典物当衣。那时他的姐姐也到了上海，我经常听到姑母讲，她家里一点值钱的东西，经常在典当行里出出进进，要用钱时当掉，月初结了账再赎回来。

妈妈经常带我们去上海，每次父亲总是陪着我们去找房子，看电线杆或墙头上贴的招租条子，按户打听。租到房子以后，再买家具，包括床、桌子、浴盆等生活必需品，把家安顿下来。但我们在上海总是住不长，每到春天来临，或年终岁末，外婆就要托人带信叫妈妈回乡养蚕，或回家过年，一住总要很久，隔很长时间才再去上海。

后来父亲在上海与其他女人有牵扯，甚至发展到同居。最后一个女的是光福同乡，安山村人，与妈妈的二妹在同一个村，大家都认识。那女的有一个儿子，丈夫死了，到上海做佣工，遇到了我父亲，就非法结合在一起，并生了一个女孩，叫林娣，比我小两三岁。从客观上说，因为母亲在乡下时间多，父亲单身一人在十里洋场的上海，并且手里有了一点钱，难免发生这类事。但后来竟公开称对方为老婆，把我们撂在乡下不管，当然是不妥的。

自此以后，家里出现了矛盾。母亲每次带我们去上海，不再是融洽的团聚，而是斗争。有时甚至和对方女的打起来，对幼小的我来说，这是一种恐怖和灾难。父亲性格善良，但在争吵中以劝架的方式偏袒对方，父母感情越来越恶化。虽然我们去了，仍然租房子，送饭给我们吃，但父亲从不到我们这边来，房子质量也越来越差，最后一次是与人家合住在一个三层阁楼内，仅放一张铺、一只小桌而已。

这种情况持续了不少年，直到1941年太平洋战争爆发。日本侵略军与英美宣战，冲进英法租界，粮食受到管制，居民只能购买限量的"户口米"，父亲的"包饭作"陷于绝境，不得不回到阔别数十年的故乡。他先住在我外婆家里，外婆对这个浪子女婿十分不满，我也与他毫无感情，对他弃家不顾的行为抱敌对态度，只有母亲对他的到来感到欣慰。后来父亲一度住回出生的前西峰村老屋里去，但离光福镇太远，比住迁里村要远三倍路程。最后在迁里村张水娟（其父抗战前为本地保长，抗战中撤往重庆，胜利返回时，不幸在武汉因失足掉入长江而淹死，名张祥林）家租了一间房间，才安顿下来。

父亲终究是在上海经商数十年的人，很快他又和苏州阊门外上塘街的王云记麻油店接上关系。店中炒芝麻要用大量柴火，而那时农村恰因粮价飞涨而毁掉桑地，改种水稻，砍伐下来的大量桑树无法出售，柴价大跌。父亲立即抓住机遇，在农村收购桑树柴，借我堂二舅何赓虎的一艘农船，再雇二个曾在上海为父亲打过工的本乡农民工，运载去苏州。我当时已十四岁，长得敦敦实实，就随船拉纤、扭绷，参加运输劳动。实际在父亲的意图中，我是被称为"押栈"的人，防止货物半途被二人偷卖。

生意瞬间红火起来，收购了大量柴火，储存最多时堆满了外婆房后的一条空弄，约有万斤之多（一百担）。母亲和外祖母都高兴起来，整个穷了大半辈子的人突然感到手头宽裕了，愁眉得以舒展。父亲也像模像样地表示要好好安家立业。他收购了三堂长板，为祖父母建造的房屋装上了板壁，撤销了数十年来使用的破芦芭，使客堂间顿时显得堂皇起来。我那时心里也高兴，把这些门板每次四块从迁里外婆处挑到前西峰家里，又用水洗净，太阳晒干，再买回桐油，仔仔细细地抹上两次。虽然在大热天里挥汗如雨，但心里甜甜的。父亲把数十年前被典押的八亩田赎回来，由我自己种三亩，放租给原来典主钱南泉种五亩，到过年时因而可以收到五石糙米。父亲又收回了被典押的全部房屋，甚至还买进了三亩在北庄的田，这在农村真是了不得的壮举。那天晚上，由父亲姐姐住在北庄的女婿我的表姐夫和尚（表姐叫长保）做中保，伴同卖田者、写文书的先生，一起在外婆家签订合约。老外婆第一次喜气洋洋地以七十余岁高龄亲自下厨，烧了十分可口的鱼肉菜肴。父亲又买了酒，点上光亮的蜡烛，举行了一个庄重的签约仪式。我从未见过这种场面，为这种大人们办大事的气氛震惊，喜气洋洋地目睹了这一切。虽然我只能躲在灶前愉快地吃晚饭，但心里是甜甜的，极度贫苦的生活看来将有起色了。

好景不长，甚至可以说是瞬息即逝。父亲开始在苏州阊门外上塘街黄云记麻油店南侧的乐荣坊弄堂里，包下了一个旅社内小小的厢房作为歇脚之处。派头也大了，也不要我参加运输劳动了。柴船仍照样有条不紊地来往，他自己则乘着轮船来去，不上柴船。但不知为什么，一船船柴出去，母亲再也见不到钱返回，积存下来的柴全部运完，钱也没有了。父亲以这一阵打响的声誉，开始到安山、铜坑村、三家村等地方借高利贷，改做小猪生意，运到浙江泗安贩卖。想不到天热，经太湖的漫长水路，又不懂饲养小猪，结果猪全部死掉，空手而归。一次一次的不顺利，只好把三亩刚买进来的田卖掉，甚至要卖掉刚赎回来的老屋和祖田，父亲动员母亲："卖掉做本钱，很快翻身；放在那里是死货，不能赚钱。"母亲抵死不从，父亲处于四面楚歌之中。高利贷以惊人的速度往上翻滚，当时称"粒半头"，一粒米过一个月就变一粒半，利上滚利，并传出苏州要下来人查封房子的消息。突然，父亲消失了，音信全无。母亲气极，再三扬言："他在外面搞的一套，家里全不知道。我们夫妻几十年，本来就不像个家。他在外折腾了大半世，发财我们也从未沾到一分钱，借债也不要想到家里来拿一分钱，谁来和谁拼命。"这确实是事实，邻里乡亲都知道，加上大债主安山王全金是母亲二妹的同村人，低头不见抬头见，后来二妹的二女儿雪金，又配给了王全金的小儿子为媳，看在这些份上，也不好意思相逼。外婆又埋怨起母亲来："阿金狗本来不是好东西，你被他花言巧语骗得上了当，这会清楚了吧！"

迁里村是闻名光福的大村庄，何家是迁里村上的大姓，母亲是何锦芳的大侄女。何家人多，虽不是大富，但也不穷。何玉荪开了米行，何赓虎任当地保长，何桂土在光福恒隆米行做送米师傅，在农村看来，总有点树大根深不太好碰的感觉。母亲平生待人接物样样在理，和善且乐于助人，人缘很好，同村人都尊之为"大姐"。外婆又是族中有影响的老长辈，母亲的两个妹妹又是殷实的庄家户。由于这许多虚虚实实的因素，父亲闯下的一场大祸，也就悄无声息的过去了。直到今天，我也没有弄清到底欠了人家多少钱，为何欠的？也从未有人上门讨过债。提起这些事，其最根本的原因有二：一是父亲失踪了，冤有头债有主，你们找他本人去；二是后来解放了，债务一律取消。

热腾了一场又恢复为平静，我们还是过我们的苦日子。对父亲的失踪，家里从来没有人牵心挂肠过，只感到是一种解脱。至于他的去向，和我们素来不搭界，现在又不知到什么地方鬼混去了。

直到解放以后，大概1953年，我的隔房堂兄迁里的何泉元到上海，突然遇到了父亲。惊喜之余，详述一切。原来父亲重返上海，在闸北区的一个小菜场卖葱姜混日子。大家都知道他是无家的单身老头，一直在上海混口饭，人又老实、诚恳、和善，因此关系不差。隔壁也是一个宁波老太摆的葱摊，五十多岁，男人已去世。因此两人同居在老太自己在路旁屋角搭的极小的违章棚户内，也算有了一个家。我们得知了这一消息，虽谈不到兴高采烈，但终究是自己家庭中的一员，也就舒了一口气。

世事变幻，像一条流淌的河，又进入静静的阶段。1958年深秋，父亲突然来到了苏州，不知怎样会寻到我大姐桂英在北寺塔天后宫大街（今改名桃花坞大街）的家中。大姐还是在1935年左右在上海见过他，那时父亲年轻有为，包了三个学校的膳食，是他事业最兴旺的时期。自此一别二十多年，大姐抗战随姐夫撤往四川，抗战胜利返来仍住在战前的祖居中，而父亲已年逾六十，垂垂老矣。见面之后，总有一番家人相见的激动，何况大姐又是个重感情的人。父亲简单地述说了他的现状，拿出了数年来的积蓄大概一百五十元钱（当时一般工人每月三四十元工资），并且问起母亲的情况。大姐告诉他："母亲随弟弟（就是我）住在公安局盐仓巷（人民路通贵坊内）宿舍，身体蛮好。"父亲想见见母亲，但当天就要回上海，时间实在太短，来不及通知，只好说："以后再来吧。"就匆匆走了。后来大姐及时把这些情况告诉了妈妈，妈妈平静地说："他又想到了家，没有见到也好。"实则是过去的一切伤透了妈妈的心。因为父亲好像已养成了习惯，坏了往家走，好了往外跑。

父亲这次回来寻家，实际也是被迫无奈之举。他被确诊患了食道癌，深知生命之途走到尽头了。树高千丈，叶落归根。果然到第二年春天，即1960年，我接到了父亲在上海住院的消息。不管怎样，他是我的亲生父亲，到了这个时候，过去不如人意的事都可以忘记不计，尽人子之道，给老人最后的关怀，是我们小辈的道义和责任，我匆匆去了医院。父亲要动手术，要自己亲属签字，和他同居的老太太已经知道了父亲的一切，因此要我去签字。医院的名称、地点都已无法记住，只感到大门口进去有一个大大的花园，完全是过去中西式花园洋房的住宅，红瓦青砖，中间夹有红砖的装饰线条。父亲住在朝南的三层主楼楼下东边厢房内，有两三张病床。父亲已病容满面，对我的到来表示欣慰。我当然是惯例地安慰他，说不会有事的。好在当时看病不需要自己给钱（只要有工作单位），在经济上毫无压力，因此大家都很放心。那天夜里，我陪睡在病房外边，只听到抢救病危者的吸痰器"霍落……霍落"之声不绝，第一次感到一个人在死神逼近时的无望和凄凉。

我大概住了两夜。宁波老太太待我很好，早上送豆浆、油条、大饼给我吃，当时已是很不错的早点。她一早就来了，料理过后匆匆回去，中午又送饭，晚上再送。那时经济很困难，不可能在饭店进餐，我每月工资只有五十九元四角，全部养家还不太够。她对我的诚挚使我很感动。她再三说，确实不知道我父亲还有这样一个家，否则她绝不会与我爸爸同居。我反过来安慰她，我们很感谢她这么多年来对父亲的照顾。说这些话，大家都是真诚的。

我第三天决定返回苏州，父亲要养几天才能动手术。我以工作忙为名告辞，答应随叫随到。实际上我很怕陪病人，百无聊赖，加上更怕见动手术的过程，在旁边好揪心的，还是不在的好。病房里有位高高的女护士，苏州人，听说我要回苏州，还托我带一点东西到她白塔子巷西口南边的一条小弄家中（现改名白塔西路，拓宽了，但该小弄还在）。

宁波老太太带着爱抚之意问那位护士小姐："你猜猜他几岁？"

护士说："很年轻，工作了吧？"

老太太说："已经三十出头，小孩子都有了。"

她显得很惊奇："真的看上去还像个孩子。"

"哈哈！孩子生孩子。"

返回苏州后，隔了大概半个月，上海来信说父亲要出院了。我再去上海，周如英带了薇佳一起去看看老人家。早车赶到，上午与宁波老太太一起把父亲从医院接出来，两老一辆三轮车，我单人一辆，如英和薇佳一辆，直接回到好像是复兴西路的那个小小棚户里。父亲先躺到床上，老太太忙着照料我们吃饭，到熟菜店买了鸡、肉，十分亲热。棚户虽小，但整理得干干净净。我们对父亲能有这样一个人伴在旁边，真的很感谢，如果母亲在旁，可能也不会全心全意、细致入微到像她这个程度。

当天我们回到苏州，又过了两个多月，已经进入夏季，上海又来了快信，说父亲已经病危。我第三次赶到上海，在棚户里父亲当面对我嘱咐了后事："不要放到殡仪馆去。停留入棺以后，到外滩苏州河畔，有民间小木船可以将棺木直接运回光福，在虎山桥上岸，然后抬送回前西峰，葬在自己出生的故乡热土上。"当时看他神情很正常，像在谈论一件工作一样平静。我终究与他感情不深，只是在尽人子之道，所以也没有那种生离死别的悲伤，只是郑重地答应他的嘱托。已经来不及回苏州，老太太和女儿商量，把我送到女儿那里住夜。他们是工人，那时家境都一样清贫，特地把自己的床给我一个人睡，他们则在客堂里另想办法，幸好已是夏天。睡在这个陌生的人家，不容易睡着，也有些人生的感慨。父亲在外忙忙碌碌，一生也走到了尽头，一种淡淡的悲哀，随着深夜的凉意袭上心头。

我后来最遗憾的，是没有带妈妈一起去见父亲的最后一面。当时我征询过母亲的意见："要不要一起去？"她犹疑了一下："家里有薇佳孙女要带，怎么办？"然后缓缓地说："我和你爸爸这一生，也就是这么一回事，不去就不去吧！"我既未做进一步动员，更未做实际安排，还自以为是地认为妈妈大概也不想去。我仅是应付一下地征询意见而已，使妈妈失去了见爸爸最后一面的机会。后来懂事以后，我为此而深深遗憾！父母终究是结发夫妻，生了我们姐弟三个，我怎么会如此马虎，草率对待这最后一面！但当我深深谴责自己的时候，连妈妈也离我们而去了。

又过了个把星期，父亲去世了。我第四次去上海，老太太托她女儿、女婿把一切事情都处理好了。只告诉我船已装好和到达光福的日期，希望按时到虎山桥去接。当我临走的时候，她没有要我一分钱，并且还真诚地嘱咐，今后有便到她这里当亲戚一样走走。我也真诚地答应了，但实际上从此一别，也就从未再见过。我至今仍真诚地感谢这位慈祥的充满爱心的老人。妈妈听我回来讲了后，也从心里说："幸亏有了她，使他最后得到了很好的照顾。"

母亲承担了后来的一切，到虎山桥接回了在外面闯荡了数十年的游子，请人抬回前西峰村。经过迁里村时，许多熟人和妈妈打招呼。到自己村上以后，生产队里出人，把父亲埋在我们自己曾经有过的河边的"港头"上。

生我养我的母亲

母亲是一个十分善良、勤奋、很有自尊心的人，小时候出过天花，在当时根本谈不到治疗条件的农村，硬是凭着自己的生命力度过了这个劫难。但妈妈很遗憾地对我说：当时已经六岁，又不懂事，待临近痤愈面上浆泡结疤的时候，奇痒难忍，用手去抓，结果留下了一些永不消退的疤痕，使她的脸"破了相"。

母亲和她的母亲相依为命了一生。短暂的出嫁，不久又重新回到了娘家，但村上人都很尊重她，从未发生过任何争执、口角，客客气气地度过了数十年清贫而和睦的生活。

母亲绣得一手好花，光福镇上"放生活"的绣花庄，遇到有花样最繁、要求最高的绣件，都要找上门，一定要母亲绣才放心。有一次，我还小，在吃一块母亲从镇上买回来的猪油糕，坐在母亲绣棚对面，突然忍不住咳嗽，一口喷出嚼烂的油糕，全部掉在绣棚上。母亲急坏了，赶快把糕处理掉，但留下了无法清除的油渍。母亲在上海时留有一小瓶汽油，人们说衣服上沾上油渍，可以用汽油洗掉。母亲尝试着一洗，不好！油渍反而扩大了。这时慌了神，我知道闯了大祸，一声不响地看母亲着急，心里不知该怎样才好。但母亲半句都没有骂我，只是想办法补救，否则这一块绘有花样的大幅被面不仅将被当废品不予收购，而且必须赔出一笔当时无法想象的巨款。后来母亲急中生智，就在这片油渍上，按照污染的形态和图案的布局，绣上了一只栩栩如生的蝙蝠和一朵五彩祥云，环绕在原来的一条金色巨龙的旁边。等绣好送到庄上验收时，一是母亲声誉极好，值得绝对信任，二是补绣得天衣无缝，特别母亲用"双面绣"的方法，无论正反两面都被绚丽的图案布满，看不出一点污迹。绣品顺利通过，母亲舒下了一口长气。

母亲绣花已到了出神入化的地步。一块白料，用不到事先绘上图样，就可以随心所欲地绣出各种图案。我亲眼看见母亲在稍有空暇的时候，为自己绣了一对枕头。她说："绣了这么多年花，也要为自己绣一点。"那时她还年轻，父亲又经常在上海，怀着美好的憧憬，决定绣一对枕套。在雪白的竹布上，左上角彩龙，右下角彩凤，相对舞翔，十分生动，还买来紫酱色布做成荷叶边，十分漂亮，一直装在橱柜内。可惜的是，这对蕴含着母亲对人生美好想望的枕套，空守了一生也未能用上，直到我结婚，才成为我们的用品。

在我还没有出生的时候，母亲被苏州大石头巷一户大人家聘请，专门为小姐出嫁绣制嫁衣。想不到后来这里成为市公安局宿舍，我们就住在这里，母亲才告诉我当年在这里的往事。母亲以精湛的技艺，绣制了大量精品，使东家很满意，母亲也因此引为自豪。

母亲在三十六岁生我，两年后又生了我妹妹美英（母亲三女一子：大姐桂英、二姐雪英、我雪元、妹妹美英）。到四十岁以后，婚姻生活就进入了沉重期。每次到上海见父亲，已不再是欢乐的团圆，而是斗争，因为父亲在外面另有相好。父亲是识字很少的劳动者，不敢进歌榭舞厅，而是到招雇女佣的"荐头店"去物色。这里都是从农村出来的妇女，先是相好，后来相对稳定地同居，但在母亲面前还是表示忠诚的。当最后找了光福同乡安山村上那位妇女以后，正式拉破脸面，另租房子同居。母亲为此带我去上海说理："我是靠你去找你爹。"我实在弄不懂，我是个十岁不满的小不点，能起什么作用？外婆还具体地告诉我："你是儿子，有了儿子还在外面胡搅，在场面上就无理可言！"但我仍然莫明其妙。

在一次次斗争中，父亲虽不正面冲突，但明显偏袒那一方。母亲下决心拉开场面，以"老板娘"身份进驻滨海中学食堂。在食堂里支起绣架，全天在里边绣花。在开饭时，坐镇厨房间，对学生要加菜买蛋炒饭等，直接收款、放进腰包。首先是食堂工人，都知道母亲是正宗夫妻，且都是光福同乡，因而都支持母亲，希望对方退出。父亲背后也劝对方，不要再来惹事。逐渐校长也关心此事，甚至找母亲去他家里（就在食堂前小洋楼的二楼）问清情况，对我们很同情。校长夫人白白胖胖的，十分和善，对我们很好。那位妇女就此销声匿迹，在群众中还传为笑谈：“我们原来还以为是真的老板娘。”有一次父亲带我到浴室洗澡，我第一次进入大都市浴室，眼花缭乱。有位服务员看到我是个浑身沾泥的农村男孩，感到好奇，问我父亲：“钱老板，这孩子是谁啊？”父亲接口：“是我的儿子，我就是这么一个儿子！”服务员惊奇地问：“那上次你带来的那个儿子呢？”实际是安山那位妇女与前夫生的长子，比我要大五六岁。父亲知道说漏了嘴，急中生智，喃喃地说：“喔，那是寄名的，寄名的！”即是干儿子，搪塞了过去。我回家告诉了妈妈，还暗暗得意。

八月中秋，食堂生意红火，学生纷纷加菜，收入不少。安山那位妇女也闯来想收钱，结果和母亲面对面吵起来。母亲当然不买账，最后扭打起来。我和大姐好怕，同乡工人努力劝开。父亲好尴尬，捏住母亲的手劝架，实际偏袒。妈妈被那个女的打了一记耳光，为此而愤愤不平。当时恰巧有二位光福同乡，一个是东渚的“小矮子”，还有一个好像姓张，他们也参加了劝架，暗中当然帮母亲，让母亲占了一点便宜，起码没有吃亏。回来以后，在家里谈得兴高采烈，好像取得了伟大胜利。妈妈为此再三表示感谢，以后凡他们来我家，母亲总是酒饭相待，他们也尊称母亲为“大姐”。

实际上也确实打开了局面，如果坚持下去，对方起码将转入“地下”，不再敢出头露面。但外婆从乡下托人带信来，要养秋蚕了，家里无人，必须要母亲回去，因此我们又全面撤退回到迁里。母亲可是一等劳动力，投入忙碌的养蚕劳动中。外婆看到我们回来，心里都高兴，单身一人的屋里一下又成了热热闹闹充满生活情趣的家。

母亲到晚年，感叹人生时曾说过：“我的事一半也坏在我娘身上，上海总是待不长，刚稳定，又要回乡了。”这确实也是真话。

话说回来，父亲确实不是凶的人，善良憨厚，对母亲从来没骂过，更不要说打了。母亲总是理直气壮站在他面前，父亲总感到自己理亏一截，低头认错。对我们孩子也从未说过什么，场面上还表示很喜欢我们。

在社会上也以老实闻名，光福同乡人，只要找到他，叫他声"钱老板"，能留下打工就打工，如果人满了，实在不好安排，就住在这里吃口饭，绝对没问题。所以在家乡的口碑也很好，"人是不凶的"，"是好人"，"心善"。有时在母亲面前不便过分赞誉，也最多说一句："阿金狗人是好人，就是有时分不清好坏。"

母亲为了孩子，特别是为了我，付出了一切。纵然像1937年冬天鬼子杀到光福，当时我才十岁，得了伤寒。外婆劝母亲带了两个大孩子出去逃难，母亲斟酌再三，最后她狠狠心："不走了，要死就死在一起吧！"真是惊天地，泣鬼神啊！这里包括了多少深情。

母亲虽是农村文盲，但思想很新。她出生在清朝的光绪年间，但她会唱国民革命军的歌《打倒军阀》，并教会了很小的我："打倒军阀，打倒军阀！杀汉奸，杀汉奸！国民革命成功，齐欢唱！"此外，即使她再困难，也坚持要给孩子读书，包括女孩子，并为此而受到农村左邻右舍的舆论压力："家里这样穷，应该是让女孩子早点绣花，男孩子早点做小长工，竟然还读书！"在农村里，当时把读书看做是培养游手好闲分子的途径。村上大家不读书，并以很小就参加劳动为荣，在这样的氛围中母亲坚持自己的主张不变，顶住了周围的压力，让大姐桂英读到初中一年级，二姐雪英读到高小毕业，我一直读到了高二，因主动参加革命而中止，这在当时是十分不易的。特别当我初中毕业以后，母亲极希望我工作，即使做个小学教师也好，因为家里实在支撑不下去了。但当我要求继续读高中时，她竟在百般无奈、力不从心的情况下，以舍己为子的大无畏精神，继续支持我上学，这是以更艰难地咬着牙关度过三年漫长岁月为代价的。她说："不论再苦到什么程度，只要对孩子今后有好处，就不去计较了！"这就是母亲的信念。

实际上，我根本没有按照母亲的期望做。我在学校接受了马克思主义，决心走上革命的道路。1947年的暑期，我要下太湖参加新四军游击队，这是十分危险的要掉脑袋的事。当时解放战争正在惨烈进行，母亲抵死不肯让自己唯一的亲儿子走上如此危险且好像毫无希望的人生之路。她惊呆了，但我不管她如何苦口婆心地劝我，我决不回头，甚至为此而绝食。母亲在心底流血的煎熬之中，哭着同意我的要求，要我停止绝食，但到我恢复饮食以后，又极其委屈地向我劝说。当我今天懂事以后，发觉我对妈妈做了多么残酷的事而沉痛不已。

1948 年 10 月，我悄然离开学校，秘密冒着生命危险渡江北上，到苏北解放区投入革命，音讯自此断绝。据二姐后来告诉我，妈妈和外婆以泪洗面，但又不敢表现在外形上。当我的堂弟何松云结婚的时候，妈妈和外婆躲在房里哭。因为我和松云是童年最要好的小弟兄，现在他比我小都结婚了，而我则生死不知，消失在茫茫人海中，其痛苦可想而知。松云家还误会我母亲对他们有意见，所以放着阴沉的脸色，哪知这无法言明的隐痛。

1949 年 4 月 27 日，苏州解放，我随大军南下进入苏州，并奉命追击逃往太湖的国民党江苏省水上警察总队（总队长张少华），一直尾追到了太湖中的西山岛上。跟乡亲讲起自己是光福迁里村人，立即被太湖游击队的周云泉（绰号"小横泾"）知道。他也是迁里人，把消息迅速传到村上。妈妈听到后，喜从天降，立即乘船赶来西山，但我们部队已经离开，扑了一个空。直到我工作稳定下来，到苏州市公安局三科（治安科）工作以后，妈妈约我姑母一起来看望我，因无钱乘船，竟带了几个自己蒸制的米粉饼，步行了整整一天，才从光福走到苏州看到了我，放下了心里的一块大石头。当看到我十分精神，甚至比家里时稍稍发胖的样子，妈妈开心地说："雪元胖了，我还以为风里雨里，一定瘦得不像样子。菩萨保佑，好，好！"

家乡开展了轰轰烈烈的"土地改革"和拥军优属运动。我家分到了三亩田，并且由生产队劳动力为我们耕种，称为"代耕"，以示优待军属，过年还送点礼物。母亲受到了村上人的尊重，终于摆脱了数十年来贫苦的抬不起头的日子。

我在 1954 年 5 月 1 日和公安局同事周如英结婚，一年后生下了大女儿薇佳，母亲被请到苏州来和我们住在一起，以照顾我们。

依理来说，母亲应该从此过上幸福的日子，但实际不然，这里有几个原因：

一是我们的待遇都很低。先是供给制，每月八角钱的"黄烟费"；后来改包干制，每月十五元；最后薪给制，我每月五十三元四角，周如英四十九元七角。生薇佳时还是包干制,根本谈不上给妈妈幸福。到了后来,每月也只能挤给妈妈两元钱,包括回光福的路费和对外婆的"孝敬"。生活十分艰苦,而家务重担却压到了她的肩上。

二是周如英来自农村,不懂对老人的关心体贴,往往态度不好,语言伤人,妈妈甚至为此而流过多次泪,也因而引发了我们夫妻之间的不和。

三是老外婆已逾九十高龄,需要女儿照顾,因此妈妈处在两头奔波的情况下,辛苦地在苏州、光福来回跑,根本谈不上安享晚年生活。

但最主要的,还是儿媳妇周如英对她精神上的伤害。一次,妈妈一早为我们去菜场买了一篮小青菜,周如英竟说:"不值六分钱,从中揩了两分钱油。"又一次,周买了十只小鸡蛋糕(每只六分钱)给妈妈,她很高兴,而看着孙女薇佳、苓佳围着她,妈妈给每人一只共享。想不到周如英大骂一场,说下次再也不买给她吃了。妈妈哭着告诉我,我正色对周说:"钱,我也有一份在里面!你不买,今后我来买!"又一次引发了争吵。类似的事情太多了。

妈妈跟着我们很苦。1960 年,粮食每人定量每个月二十六斤,一天只有八两,我们年轻人哪里够?身体一天天垮下来。当时我已调到博物馆工作,为了布置展览会,申请了几斤面粉打成糨糊,桶底留了一点用剩的(其中还掺了明矾以防发霉)。妈妈拿来吃了,还高兴地偷偷告诉我:"今天总算吃了一顿饱的。"可想而知苦到什么程度。

妈妈被迫回乡下去了,把青蚕豆的外荚捣烂,还把榆树的树皮内层剥下来捣在一起做团子吃,挑野菜吃,有一顿没一顿,天照应没有饿死。但外婆年老,肠胃衰退,被饿得实在没法,吃了大量红花草,满口无牙,囫囵吞下,绞缠在肠子里,活活被塞死,时年九十九岁半。

母亲为我新添了个儿子家琦而高兴,那时她已开始生病,身体逐渐支撑不住,终于病倒,住在第四人民医院,如英也就在该院生了家琦。母亲一直为我们连续生了五个女孩而不安(母亲曾说如英是个"雌肚皮",招到如英对母亲毕生不忘的恨意),这次听到生了男孩,母亲病也好了,很快出院,回到光福。老外婆也十分高兴:"这是家里的福分,是值得珍奇的了,就取名'家琦'吧。"

但是，孩子出生只会给母亲带来更重的负担。我们整天上班，而孩子又很烦，一会儿要出，一会儿要返。母亲整天抱着他（除了孩子睡觉的一会儿），每到下午四时就抱了他到马路上等我下班回家（五时半）。母亲带着乞求的口吻对我说："年纪大了，我真的弄不动了！我在一天一天地熬，等孩子不要抱了，就好了。"我看着母亲憔悴苍老的样子，真是欲哭无泪。又有什么办法呢？孩子照样烦，我照样上班，妈妈照样竭尽全力地熬。那时我们住在西花桥巷 21 号。

1967 年夏天，妈妈有事回光福乡下去了。1969 年的冬天，我送妈妈往第四人民医院住了几天院，挂了一些水，缓解了一下病情，妈妈就主动要出院。那时我们搬到了城东新村住，西花桥巷的老邻居振亚丝织厂工人徐鸿玉烧了一条鲜鲫鱼，和我一起去探望住在医院里的母亲。临别时，母亲带着微笑说了一句永别的话："我们要'再会'了！"

病人最清楚自己的病，果然母亲出院不久，在家里去世了。家里没有人，只有二女苓佳陪在她身边，孩子还很小，根本不懂事。母亲把一生仅有的积蓄，二十余个五分币，共一元多钱送给了苓佳，无话可说地走了，那是下午四时多。

当如英到博物馆来通知我时，我以上厕所为名，请假到厕所，心里像刀绞一样地痛，但不能发出声音，哗哗地流了一阵泪，气也咽住了。妈妈为我苦了一生，前几天还说："我想吃一次黄豆芽（那时连黄豆芽都要凭票供应，成为珍稀菜肴），一定很好吃的。"后来又想吃点炒青菜，即使到了最后时刻，也不敢向我们要一点好菜吃。母亲整个一生没有过到一天好日子，怀着一颗为我们担惊受怕的心走了。

写到这里，我自己虽已是八十一岁高龄的老人，仍忍不住泪流满面。我对不起妈妈，我没有对她有半点报答，这是我一生最大的遗憾。

我的童年

民国17年（1928）农历十一月十二日辰时，约早上八九点钟，我出生于上海望志路租借的一所住房内。想不到，上海望志路就是中国共产党成立的地方，此路因党的第一次代表大会1921年7月23日于此地召开而闻名世界。

当时我父亲在上海经商，并已脱离了最贫苦的底层生活，大约正在开小型的糖果公司，因此有了能在这里租房暂住的条件。在我十分幼小的心灵中仿佛记得，马路边是新造起来的许多房子（但尚无高楼大厦），而路对面则仍然是一片田野，种植蔬菜等作物，恍若今天的新开发区那种面貌，马路上行人还是稀稀朗朗的。

出生不久以后，母亲带我回到了光福迁里的外婆家。那时我上面有大姐钱桂英、二姐钱雪英，我乃由外婆取名为钱雪元。后来大概在第三年，又有了妹妹，由外婆取名为钱美英。

我在朦胧中度过了襁褓生活。大概在三岁的一年，我清晰地记住了去上海的经历。那是新年以后的春天，母亲喜气洋洋地去上海，外婆做了不少米饼、熟鸡蛋给带上，我由小娘舅何荣虎抱着，从迁里村出发去光福。当时小舅舅刚结婚不久，年仅十七岁，穿上新的夹袍子，朝气勃勃。平生第一次去繁华的大上海，显得十分高兴。村上人都以羡慕的眼光和口气打着招呼，祝我们一路顺风。我虽很小，但也充满着喜悦。

路上的过程不太清晰，时睡时醒，到上海已经天黑。大人正在马路上打电话叫父亲来接，我刚从睡梦中醒来，只看到霓虹灯闪烁，车水马龙，听着喧闹的市声，一片新奇。我仍由小娘舅抱着，但不久我又睡着了。

幼年第二个清晰印象是又一次去上海，我已经不太要睡了。那次是老外婆送我们去，她穿了一件新的蓝色土布罩衫，好奇地坐上火车。对火车她很不理解，为什么如此之长的车载如此之多的人，而不见人拉马牵，而是用"火"来开动的？她安安静静地坐在座位上，过了好久，她问妈妈："怎么还不开动？"母亲笑着对她说："老早开动了。"她这才看到窗外飞速逝去的景色，大为惊讶地说："啊唷，怎么一点也感觉不到？"她原以为会像坐摇船或马拉的车那样，晃摆得厉害呢。

再一次也是去上海，好像是安山大姨夫送我们。乡下人从未进过城，因而每次都以送我们为缘由，轮流去上海见识见识。上了火车，车上挤得很，妈妈抱着我。我突然看到坐在位子上的一位先生向车上服务员买了一瓶汽水在慢慢喝。我想这一定是甜美得不得了的美味水，十分想尝尝。于是我对母亲撒娇，说自己嘴干。妈妈说："这里没有水。"我就哭闹起来，哭得很大声。妈妈慌了手脚，并且看到我一双小眼睛，老看着那位先生手里的那只美味水的瓶子，只好鼓起极大的勇气，向那位先生开口："我们孩子口渴，能不能讨一口水给孩子吃？"那位先生看我哭，动了心，把剩下大概四分之一的汽水瓶递过来。妈妈道谢后，把瓶口送到我的嘴里。我高兴极了，急着尝甜美的神奇水，想不到汽水又辣又麻的怪味使我大吃一惊，一点也不好吃，刚尝一点，立即摇头不吃了。妈妈感到奇怪："怎么不吃了？"我摇摇头，神态安详，一点也不再有口渴的样子。妈妈把瓶还给人家，我奇怪地看着他一口口地慢慢地有滋有味地喝，感叹万分！大人们真不可思议，花了钱买这么难吃的东西，还毫不皱一点眉头。

接下来的一次难忘的印象，是我差一点死掉。

好像是暮春三月，据妈妈说我才四岁，但已经能独立出去玩了。我那天下午四时左右，在二娘舅家门外玩。沿河是一座木照墙，墙的下面是一块巨型花岗岩条石，而墙外就是河。我正站在条石上，二十余岁的吴寿生走过和我开玩笑："小弟弟，你看塘岸上谁来了？"我遥望隔河的大路，不见有人。他说："你爸爸回来了！"我信以为真，急步往条石的南头奔去，因为那里没有木照墙隔遮，可以看清楚些。想不到突然失控，失去知觉。等我恢复知觉，发觉自己已经在河中，只见眼前全是水，很快不知道了。再次醒来时只听得人声嘈杂，二舅妈把我抱在怀里，跑进第一进房屋，把大香炉里的香灰抓一把按在我头上。接着我又晕过去了。第三次醒来已在夜里，母亲抱着我坐在外婆的客堂屋里，轻轻地拍着我。隔壁大舅妈和我的堂弟何松云已睡，母亲和大舅妈悄悄地在讲话，意思是要把松云的小便留下来，他们认为"童男子"的尿涂后可以消肿，而我的脸已肿得眼睛只剩下一条缝了。我昏昏沉沉地时睡时醒，在母亲的怀抱里温暖、幸福，没有感到什么痛苦。

原来，我当时跑到条石尽头，留不住脚步掉下了河。恰巧二娘舅的一条船泊在那里，我的头正好撞在船尾翘起的"鸡膀稍"角上，额上顿时撞出一个大洞，随即沉下了河。当时二舅母恰巧出来淘米，准备烧晚饭，一看河里有个人，河水被血染红了，大叫起来！正好江阴人辰松在小娘舅家做长工，身强力壮，水性又好，闻声赶出来跳下河去，把我捞起来，给站在踏渡上的二舅母。她立刻抱我进屋，抓把香灰按住了血。大舅母闻声抢着拿来一块绸巾紧紧绑在额上，小舅母立刻烧了两个水泡鸡蛋喂我吃（农村习俗，认为流血后吃了水泡鸡蛋，不会感染、发烧、肿胀）。等我母亲知道赶来，一切都已处理完毕，遂把我抱回家。我一直昏迷、发烧、脸肿，母亲通夜不睡，把我抱在怀里。总算天帮忙，几天以后退烧消肿，大概半个多月以后，一块由香灰和鲜血凝结而成的硬块从额上自行掉下，自此留下一条长长的横斜形伤疤，至今仍清晰可见。

十岁那年（1937），我患上严重的伤寒症，起病于不知不觉中，发烧躺倒了。从我自己来说，只感到时好时坏，有时大汗淋漓，有时眼前的东西显得十分遥远、模糊不清，感到自己好像是一个幽灵在飘荡，有时沉沉睡去，有时头脑清醒，就拿一本残缺不全的合订成册的厚厚的连环画一遍又一遍地看，打发见不到头的岁月。那是写唐僧的书，说是一颗肉球在水中漂流，后来被人捞起剖开，里面坐着一个男小孩，于是送往庙里出家，取名叫"江流和尚"，长大后上西天取经，等等。

房里很暗，靠屋面上一个小天窗漏下的一点光，再加上帐子遮隔，光线更加不足，何况又在身力虚弱的病中，结果形成了我深达八百到一千度的近视眼。后来病愈上学，黑板上的字完全看不见了，坐在第一排也没有用，我的学习遇到了巨大的障碍。

那是 1937 年，大姐桂英已成年，并且在 1936 年高小毕业后，到上海滨海中学上学了。她非常爱国，唱着爱国救亡歌曲，我跟她学会了《毕业歌》《救国军歌》《自由神》等歌。"七七"事变爆发，我突然懂事起来。由于平时读着大姐夫陈如农寄给大姐的杂志《新少年》，上面有很多关于日军侵略我国、我们抗日救亡方面的文章，对日本鬼子已有了深深的仇恨。特别看到一幅激动人心的画：一个标着二十九路军的中国军人站在棺材头上，举起上了刺刀的步枪，向站在棺材下的日本鬼子刺去，表示誓死卫国的决心和精神，使我留下了难忘的印象。

一天傍晚，刚吃过晚饭，大人们搬着椅子到后门外乘凉，战讯传来，卢沟桥失守了。我抑制不住痛哭起来，好像看到无数画中的中国军人，正在前赴后继地和日本鬼子浴血奋战。妈妈劝我、哄我，都无法制止。月光已经洒在青青的南瓜藤上，纺织娘正在鸣叫，小舅母问妈妈："小弟弟为什么哭？"妈妈说因为卢沟桥失守了。小舅母不可理解地说："仗还远着哩，小弟弟不要哭！"她以为我害怕，谁知我是为着国家遭到帝国主义侵略而痛哭。

这种深深的爱国观念，是我大姐留给我的深刻影响。

走向革命

我所以会走上革命道路，也许是社会发展的必然，但也确实出于强烈的爱国爱人民的观念。

日本鬼子杀进了中国领土，特别是我去过的上海。铺天盖地的抗日救亡宣传，震撼了我幼小的心灵。

大姐慷慨激昂地参加过鲁迅先生的送葬大游行、西安事变蒋委员长和平归来的庆祝活动，从学校里带回来充满激情的抗日歌曲，到木渎去慰劳受伤将士，唱着声泪俱下的《慰劳伤兵歌》，以及她的各种讲述，这些都深深印在我的心里。

我读《新少年》《爱的教育》所受到的启蒙教育，使我深深爱国，热爱人民。

大姐夫陈如农到迁里来开"乘风凉晚会"，讲述日寇暴行，"把孩子挑在刺刀尖上活活杀死"的故事，至今难忘。

迁里小学老师矫毅贴在教室、走廊上的战斗漫画激励着我，上面画着一个军人在炸弹雨下振臂高呼："敌人能炸毁我们的物质，炸不毁我们的心！"到今天仍清晰显在眼前。

我深深感到国家衰弱招致日寇欺凌的悲哀，下决心长大了要立志报国。

接着，日本鬼子来到了村上，战马昂首，驮着杀气腾腾的鬼子。大姨母抱着表妹雪金，牵着雪宝，从敌人的马前兵缝中逃出重围。鬼子为了强抢外婆辛苦饲养的鸡，用一铁搭柄狠击外婆头部。我站在旁边，眼看着慈祥的外婆额上冒起鹅蛋般大的血泡，心痛不已。鬼子要大娘舅去打一大瓶烧酒，大娘舅没钱，犹疑了一下，鬼子竟拔出雪亮的指挥刀要杀他，我同样站在边上，吓出一身冷汗。我们深夜躲在春天盛开菜花的田畦中，听村上鬼子的喧闹。总之我恨透了鬼子，为积弱的中国哀伤。

但我太小了，没有能赶上抗日的战斗。

八年抗战，是多么漫长。大姐离乡背井，随未婚的姐夫陈如农远去四川。我在玉遮山脚下表姐宝云的家门口，看到了身穿黑色便服、斜挂盒子枪的太湖游击队战士。我慢慢地在艰难的环境中成长。

我在家中天井里插上自己精心制成的青天白日满地红的国旗，表示誓死不屈。我含着泪读着杨靖宇将军在东北被日本鬼子围剿而壮烈牺牲的报导。在学校里，我坚决不学日语，虽然这是学校的必修课，并由鬼子亲自来教。

胜利的一天终于到了。

要好的小同伴顾银泉（我们亲昵地叫他的绰号"邋遢阿二"）匆匆地赶来了，那是下午三时左右，他一跑进门就高喊："钱雪元，东洋赤佬投降哉！"

我们高兴得忘乎所以，立即收拾一下农活，跟他赶往迁里。走到观堂堂角，只见在大路要冲的墙上，由太湖游击队张贴着朱德总司令发布的命令布告，要八路军、新四军收缴敌人的枪械武器，"敌人如不投降，就坚决消灭他"！

遥望南天，青山丛中升起巨大的浓浓烟柱，日本鬼子正在焚烧藏在山洞里的军用物资。

"胜利了！"我在心中纵情地呼喊，充溢着幸福和自豪。中国已强大起来，今后再也不受别人的欺侮了。

振奋人心的消息不断传来。

全新美式装备的新六军开到了光福，多神气！皮靴、冲锋枪、钢盔，高大的身材、气色红润的容光，确实像胜利之师，比日本鬼子神气多了。当年不可一世的鬼子，算什么东西！

逮捕汉奸！在苏州狮子口监狱枪毙了大汉奸陈公博，汪精卫的老婆陈璧君、湖州的褚民谊都捉起来了！

国民政府还都南京，狂欢的双十国庆节！老百姓虽苦，但如火如荼的热情使人忘记了一切。

但胜利的光辉慢慢地变色了。

接收大员为什么如此贪污？物价为什么如此飞涨？伪军为什么一下变成"先遣军"？内战怎么又打起来了，不都是中国人吗？老百姓的生活怎么不仅毫无改善，反面更糟了？

这究竟是怎么一回事？

1945年放暑假，我从吴江乡村师范回到光福迁里村，在农村里经历了"胜利"的这段岁月。下半年应该读初二，但局势大转折，学校停办，眼看着秋风落叶，我为大好时光悄然逝去而黯然神伤。

1946年春天，我回到了吴江乡村师范，而在抗战胜利后的第一个学期中，学校里发生了直接关系我并导致我被"开除"出学校的二件事，"开除"使我加速走向了革命。

一件是由于物价飞涨，一日数变，校长把从教育厅领下来的学生伙食费投放市场，购买肥皂、洋烛等当时最紧俏的日用品，然后逐步出售，赢得利润。内幕暴露以后，引起学生的义愤。不知谁发起了要斗争校长的风潮，我以简易师范二年级班长的身份积极参与，到楼上把校长"请"到教室，在斗争会上还积极发言，面对面责问他，要校长交代问题，我被校方列为不安定的有共产党嫌疑的危险分子。

第二件是我班级里的吴织霞同学突然自杀，校方怀疑与我有感情牵葛，抓住不放。

吴织霞是嘉定县人，随姐姐吴织云、姐夫周天龙（化名肖剑青）住在苏州阊门外三六湾，抗战中一度失学。这年春天考入吴江乡村师范"简师"科为插班生，勤奋好学。我每天早上四点起床，即赶往教室抓紧学习功课（学校晚上规定熄灯时间，不能加班，早上无人管理），教室中空无一人。后来吴织霞也很早来了，遇到难题就来问我，日子长了，引起风言风语。那天，班主任马毓春老师在傍晚找吴织霞个别谈话，指出此事，要她注意。深夜，吴织霞服大量安眠药自杀，幸同寝室女同学发现，校方急送吴江县医院抢救。在昏迷中，据说不断低呼"钱保长"，因而认为由我而导致。凌晨把我叫起，我和同学杨杏方、沈宗海去陪了一天，并打电话给她苏州的姐姐。傍晚来汽车把她接返苏州，自此即未再来学校。直到1980年左右，即三十五年以后，吴织霞从甘肃来苏州，游览拙政园。走乏了，在隔壁苏州博物馆的传达室借空休息，无意中在桌上的《会客登记表》上看到我的名字，遂再次见面。据其自述：她的姐夫是国民党特务系统人员，想把她送给某官为妾，她誓死不从。春假回去，姐夫逼得很紧，刚刚返校又遭班主任找谈话，以致自杀，实际上与我无关，真相终于大白。

放暑假中，我接到通知，已被列入开除的十二名学生之列。这十二名学生，实际都是斗争校长的积极分子。

为了继续学业，我在暑假晚期考进了刚从四川重庆山洞迁到苏州的圣光中学，插班入初中三年级，在校中认识了高一的张醒钟同学。

张醒钟，上海人。父亲在四川北路开了一家小小的印刷厂，实际上是几部脚踏小型印刷机，专门为火车站印制火车票，兼印其他小型印品。因上海学费贵，遂来苏州读书。他勤奋好学，关心国事，阅读进步书籍，是一位热血青年。当时我在朦胧中，深感社会的不平、经济的萧条、政治的腐败，加上家庭的极度贫困，与他一拍即合，结成好友。当时我们受到《文汇报》及期刊《文萃》的影响极大（实际上有共产党员在这些报刊内工作，后被国民党政府查封，枪杀了吴承德等三位烈士），阅读了大量解放战争中共产党不断战胜国民党军队、全国民主运动蓬勃兴起的报导，以及许多进步文学和新思潮的文章。后来又从他那里借来艾思奇写的《大众哲学》，我又在家里找到了抗战逃难时陈廉贞留下的《新经济学大纲》《马克思传》等进步书籍，接触到唯物论哲学和马克思的剩余价值学识。后来他更弄到了苏联大使馆印发的《时代日报》，我们的思想发生了质的变化："中国要强大，人民要脱离贫困，只有依靠共产党！"

从1946至1947年，中国正处在时代大动荡的转折期。报纸上报导了几条轰动全国的新闻：

一是上海爆发的"摊贩事件"。国民党上海市政府为了整顿市容，不准无证摊贩营业，引起轩然大波。共产党领导，形成大规模的对抗。

我本来在贫困中生活，为此竭力宣传，仇恨代表统治阶级的反动当局。

二是美国驻华军人在北京强奸北京大学女学生沈崇，又在南京将睡在桥上乘凉的人力车工人臧大咬子抛入河中致死，全国掀起了反美浪潮，我身为学生，当然积极参加。

为了扩大影响,张醒钟提出在学校内出版《早春》墙报,来唤醒同学，名字取自德国诗人雪莱的名句"冬天已经到了，春天还会远吗"。我极表赞成。我们写了各类文章，并请教导主任王家勋老师以其漂亮的书法和标题画加以装饰美化，在一夜之间，贴满了二楼到三楼的楼梯转弯平台的墙壁。第二天，平静的学校内好像爆炸了一颗炸弹，同学们纷纷围观，校方大为震惊。特别是王家勋老师题写的标题，使很多人吃不透其背景。结果仅出二期，被校方禁止，王老师也受到校方指责，撤掉了教导主任的职务。

我们已经写好的第三期文章眼看要浪费了，张醒钟提出油印发行，取名《学谊》，不使锋芒毕露。张醒钟自己编辑、刻钢板、印蜡纸，我则积极写稿子。其中有一篇为《古老的城墙》，描写保卫封建统治的古老城墙在秋风中破败残缺、荒草离离，坍塌的时间不会太久了；又一篇《写给哥哥的一封信》，虚拟哥哥被抓壮丁，上内战前线，家中母病父死，食不果腹，劝其坚决脱离战场，呼吁不要为统治者去打同是贫苦的同胞弟兄；再一篇《沈崇事件》,以学生的心态，猛烈谴责美军暴行，"谁没有姐妹兄弟"，"胜利了，外国军队仍然横行在中国的土地上"，"这是惨胜，国家的地位没有改变"，号召大家起来反抗国民党的独裁政权。

《学谊》印出来了，除了在校内传播，更邮寄给外地的同学、朋友，影响大大扩展，我们由此也交了不少新的朋友。

沈志直，是青年职员，正在印发油印的《求知》月刊。他一手漂亮的钢板体、精致磨印的图案，远远超过了我们的《学谊》。他更和香港的孙起孟（进步民主学者）取得联系，不断获得邮来的新材料，包括中共的《土地法大纲》、毛泽东的《在延安文艺座谈会上的讲话》、解放区作家赵树理直接描写解放区新天地的《沸腾的山庄》，以及《小二黑结婚》等文艺作品。因此他的会员大大增加，发展到苏、浙、沪等地。我们遂成为好战友。沈志直的活动，激发了很多年轻人奔向解放区，或参加各项民主斗争。解放后，很多人成为最早参加工作的干部。他本人在解放前就参加了地下新民主主义青年团，因而被苏州城防指挥部逮捕，押解到南京，在特种刑事法庭监狱中上过电刑，直到1949年国共和谈才集体出狱。解放以后，分配在苏州教师进修学院教中国文学，任教研组长。他一生勤奋，退休后2003年初秋因病去世。

周辛癸、赵小农，是木渎下塘街顾心正堂国药号青年学徒，出了名叫《海灯》的油印不定期刊物，也是自编自印，免费发送。我们也成了好战友。周辛癸解放后不久在上海逝世，英年早逝，不胜痛惜。赵小农的哥哥赵子良是江阴华墅镇章卿寺小学教师，和中共江南工作委员会有联系，成为我后来走向苏北解放区的通道。

挥之不去的劫难旧忆

1937 年 7 月 7 日，日本侵略军在北平卢沟桥打响侵华第一枪，中华民族揭开了长达八年的抗日序幕。紧接着，8 月 13 日，日军在上海大举进犯，企图在三个月内攻下南京，迫使国民政府投降，达到灭亡中国的目的。

中国军民以极大的牺牲，在上海激战三个月，顶住敌人。日寇施展阴谋，向南偷袭浦东金山卫，包抄上海，向北则进入长江，攻占太仓、常熟，并进一步深入，向西实施战略大迂回。中国军队主力为了跳出包围圈，急速向西撤退。于是，上海、昆山、嘉定、松江相继沦陷，11 月 19 日，苏州失守。从此，太湖周围腥风血雨，人民陷入暗无天日的悲惨世界之中。

那时我年方十岁，居住在太湖之滨的光福镇农村。我家本在前西峰村，濒临浩渺的太湖，但因家中贫困，妈妈回到娘家迁里村和老外婆相依为命。直到十八岁那年鬼子投降，我才看到了胜利的蓝天。

一、风声鹤唳

1937 年的夏天特别炎热，迁里村虽然贫穷，但绿荫环抱，一片宁静，小河清流，蝉声长鸣。我和小伙伴经常在清沏的小河中，尽情戏水，一片欢乐。突然，北平城外的一声枪响，顷刻成了一场灾难，震动了整个中华大地。

不久，上海打了起来。这再也不像卢沟桥那样遥远，村村巷巷都有一些亲人在上海经商和打工，于是掀起了一片惊惶。风声愈来愈紧，不少人陆续返乡，带来了骇人听闻的战地新闻：鬼子把怀有小孩的女人剖腹，把孩子挑在刺刀尖上寻乐；闸北大火，烧死的老百姓像枯焦木头一样；中国军人抱着大刀，滚过马路，跳进敌人壕沟，奋力拼杀，同归于尽；南京路大世界娱乐场掉下一颗炸弹，路人血肉横飞……

接着，一批批伤兵从战场上撤到苏州。城里住满后，撤到了木渎。姐姐她们的西崦小学组织学生去慰问伤兵，回来告诉我伤兵们断腿缺手的悲惨情景，不少伤兵在听了姐姐她们唱的《慰劳伤兵歌》后热泪挥洒，高呼口号，表示一待伤好立刻重返前线，"和鬼子们拼了"。

至今我虽已八十高龄，仍忘不了那首沉重的歌："你们正为着我们老百姓……"最近，我去看望已经八十八岁的大姐钱桂英，一起哼念这首歌，虽然看似笑着，但眼里却含着热泪。

苏州当教师的大姐夫陈盛玉来了信，还附来了一张穿着笔挺军装的照片，显得英气勃勃。他告诉我们，已奉命集中到城西的老五团营房中接受军事训练，暑期中原来预定到光福来看姐姐的计划只能取消。

乡下也传来了命令，十八岁到二十五岁的青年集中到虎山上东狱大庙里，穿上灰布军装，进行壮丁训练。小娘舅也去了，一个星期只准回来一次。农民第一次穿上了军装，既新奇，又激动。我们怀着庄严的心情，围在小娘舅身边，听他讲训练的故事，好像他已经成为捍卫祖国的神圣战士。

过了几天，动真格的了，日本鬼子的飞机不断嗡嗡飞过我们农村上空，去轰炸苏州、无锡和铁路。我们孩子的眼尖，看清了飞机翼上血红的"太阳"标志。一次，村上蚕种制造场的收工大钟"当…当…"地敲响，鬼子的飞机突然在天上停着不动，好像在侦察着什么。我还亲眼看到鬼子飞机一个倒栽葱，拖着尖利的怪叫俯冲下来，扫射下一长串子弹，把几只大水牛打死了。苏州城里更惨，炸弹下来，墙坍屋倒，死人的断肢残体飞上了邻近的树枝和电线杆。

光福镇上来了一批又一批的逃难人。不久，难民到了我们村上。对很少见到外人的农村来说，又增添了一份大难降临的惊惶。小娘舅家房子大，就住了十几个难民，他们带来了不少亲历轰炸的恐怖故事，也在光福铜观音寺办起苏光中学，开学招生。他们在乡间晚上点上蜡烛，举行"乘风凉晚会"宣传抗日。

一天，村上敲起了"喤喤"的锣声，担任保长的二娘舅，大声宣布："上头来了命令，每家出一个男人，自带铁搭，在村头集合，去开壕沟，供军队打仗使用。"

这说明仗要打到村上来了，从青年到壮年，迅速集中起来。我家没有男人，但我坚决要去。十岁的孩子，举不了锄头铁搭，但搬得动土。我带上了家里的一只畚箕，跟着大家出发了。

这是一个十分壮观的豪气冲天的场面，成百上千的农民，汇成人群的海洋，在被分配到的地段上挥锄破土。正当水稻长势正旺的季节，田野里一片葱绿，肯定是一个丰收的季节。但现在顾不得了，国既已破，哪有家在？平时看到有一株稻苗倾倒，都要小心扶直的农民，现在忍着巨大的心痛，动手拔稻、放水、破塍、挖沟。和土地打了一辈子交道的农民，今天却自己动手毁坏眼看到手的庄稼，在大地上开腔破肚，掘成弯弯曲曲的深沟。农民们没有军事知识，更没有人规划指导，只有一个心愿：把战壕挖深一点，让敌人的子弹打不到我们的军队；把战壕挖阔一点，让军队在里面跑得开。

农民们一片虔诚，拼上死命，早上还是葱绿的稻田，傍晚已变成沟渠纵横的荒野。它实际上不成其为战壕，几乎成了又宽又深的河道，下去了不要想爬得上来。

但不管怎么说，大家都为国家出了力，兴奋得满面红光。收工时，我夹在庞大的挖战壕人马里，一下子感到自己已是大人了。

最后，听到了上海失守、中国军队向南京撤退的惊人消息。光福镇的杨树头河埠，停泊了一艘挂着美国国旗的难民船。鬼子沿上海、昆山、外跨塘铁路线，杀向苏州。

二、大姐走了

那天黄昏，从苏州城里摇来了一只小船，船上坐着六个城里青年，有一个还穿了国军制服。他们是苏州抗敌后援会向西撤退人员，其中有我的大姐夫陈盛玉和他的哥哥陈盛联（廉贞）。夜已经很深，外婆和妈妈在一片惶惶中匆忙地烧了晚饭，打了稻草铺供他们食宿。我睡在里面的病床上，正患着严重的伤寒症。隔着板壁，我听着他们焦灼又慷慨激昂的谈话，知道鬼子已经进城，随时可以杀到光福。

半夜惊惶地醒来，听到外婆和妈妈低声低语地在急促地商量着什么，显得焦急不安。我片言只语地听到，大姐夫发了脾气，口气决绝地对妈妈说："桂英虽然还没有过门（结婚），但已经定亲。这次我一走，三年五年不知道，十年八年不知道，她必须跟我走！"

天亮后我才确知，平时最喜欢我、爱护我的大姐桂英，将要远离家乡，跟姐夫走了。这一走，不知走向何处，更不知何年何月才能回来！

妈妈暗中垂泪，外婆轻轻劝着他："女儿终是人家的人，嫁鸡随鸡。鬼子杀来了，让桂英跟男人走吧。"

这对我来说是绝对的悲伤。过去女孩子大了，嫁到前村后巷，最多也不过十里八里，何况还都是牵亲搭眷的，十天半月，来来往往，不当件事。我真不懂，外婆和妈妈为什么会在兵荒马乱的时刻，忍心作出这样的决定。我哭着不让大姐走，当然是徒劳的。

当天中午，一群人喧喧嚷嚷地吃了一顿简单的中饭，轰然走了！外婆和妈妈默默地抹着泪，拎了一个小包袱，跟在人群的后面，送大姐到停泊在村外大坟角港头的小船上。新嫁来村上不久和大姐感情极好的周家"新娘娘"急急赶回来，搬了一只小马桶送上船去，一路嘴里发急："一个姑娘家，挤在六个男人一起的小船上，解手怎么办？这怎么得了！"

路过小舅妈家后门口，恰恰小舅妈刚新生下一个孩子。大姐还满怀深情地向里问了一句："生的妹妹，还是弟弟？"

小舅妈应了一句："仍旧是个女的！"还急急补充："阿是桂英要走了？一路顺风哇！"

在这兵荒马乱的瞬间，一句在平时看来毫不在乎的问候，却充溢了多少难言的感情。

三、大难降临

这一天，大难终于来到了！

1937 年 11 月 19 日，日寇上海派遣军第九师团攻入苏州。我们在农村听到这一警讯，惶惶不可终日。紧接着，日寇杀到木渎，尤其令人惊惶的是，停泊在光福镇杨树头的那只挂有美国国旗的难民船也开走了。大难临头，生死攸关，左邻右舍纷纷商量着逃难的事。往哪里逃？太湖边上不能去，这是绝路，鬼子来了没有回旋空间。只有躲到东边的群山丛中去。那里山多，有阳山、玉遮山、姚岗山、笠帽山……特别是城隍山，三峰并连，半山上还有座古老的城隍庙，不仅可以躲风避雨，并且居高临下，十里之内，一目了然，万一鬼子来，能早早发现，另作逃命打算。于是，村上人暗通声气，悄悄动身。到暮色降临的时候，村上已一片荒凉。平时家家炊烟，人语喧杂，临河踏渡洗衣汰菜的和平景象顷刻消失，笼罩在一片死一般的寂静之中。

我们家也早早关上大门，点着一盏昏黄的油灯。老外婆和妈妈长吁短叹，围坐在我病床之前，不敢脱衣睡觉。二姐雪英，在惶恐之中，蜷缩在大姐离去后仅剩她一人的孤独床铺上。那已是农历寒冬十月，冷风在破砖瓦缝中飒飒地吹进来，带来野狗的吠声，撼动着晃动的灯火。我躺在冰冷的破被中，头脑里一片空白。不知过了多久，老外婆苍凉的声音，在寂静中幽幽传播："唉！我这一生多灾多难啊！妈妈怀上我，那是前清咸丰皇帝在位的庚申年，长毛杀到家乡，妈妈逃出家门，躲到姚岗山，在刺藜棚中生下了我。谁知道命中注定，还会逢到如今鬼子大难。"她顿了顿，缓缓地说："阿根林！你还年轻，带了雪英（那年十三岁）跟大家出去躲一躲，好汉不吃眼前亏！"

妈妈沉重地望着老外婆问："你呢？"

老外婆像经过深思熟虑，坚定沉稳一字一句地说："我不走了，今年已经七十三岁，死也不算短寿命！你们走，我守在家里。"

是的，虽然只是一个穷寒破败的家，但一只筷子、一把镰刀、墙边的树、地里的菜，都已和她结成生生相守的血缘。这就是朴实无华的农民，与土地、家乡结成的终生不渝的情结，使他们即使在疯狂日寇的屠刀面前，也表现得如此坚毅。

妈妈望着躺在病床上的我，沉思了半晌，神情庄重地说："娘！既然你不走，我走啥？雪元又病得这样，不能动。"沉吟了一下，又说："丢下了你们，纵然我活着，还有什么意思？鬼子来，要死也就死在一起吧。"

没有豪言壮语，没有慷慨激昂，但却斩钉截铁，义无反顾，全家作出了悲壮的决定。

住在我们前面屋里的大舅妈，深更半夜悄无声息地摸过来，满腔颤动的喜悦，声音也带有颤抖："好婆、大姐，我感觉着你们没有走，摸过来看看，果然没有走！鬼子来了，你们准备怎么办？"

她一脸惊惶，又一脸高兴，像迷路的孩子突然找到了同伴。

当听到我家的决定后，她连连说："我家和你们在一起，在一起，不走了！"

四、鬼子进村

黑夜中，时光在悄悄流逝，大舅妈的到来平添了一点喜悦。

突然，村子里好像发生了什么。大舅妈做了一个手势，蹑手蹑脚地走向外屋的大门。妈妈立即吹熄了灯，死一般的寂静，连呼吸也在压缩。仿佛过了好长一段时间，大舅妈终于摸着回来，悄声地说："鬼子进村了！"

大舅妈是从大门的缝隙中向外偷窥的。大队鬼子钢盔、皮鞋、刺刀、太阳旗，特别是骑的马十分高大，马上的鬼子头碰到了农家的屋檐，现在正在村中的大路上休息。除了刀枪碰撞声、马蹄声、马鼻子喷气声、个别鬼子哇哇几声叫喊外，静悄悄的，大概在等待命令，没有人离队。

幸好村中有条小河，鬼子与我们隔着那条河，好像安全一些。

一夜未敢合眼。鬼子一队队进村，又一队队离去。我心中纳闷："怎么这样多的鬼子兵，开到太湖边的农村来了？"

天蒙蒙亮，一阵急促的打门声，把大家的心吊到嗓子口。正在屏息静听，门外传来了压低喉咙的话音："娘，快开门！我是小金……"

小金是妈妈的妹妹，嫁在太湖浪涛拍打的安山村。老外婆急着站起来，被妈妈按住，大舅妈敏捷地抢步过去，在门缝中看清楚以后，赶快打开窄窄的一条缝。

小金姨妈一身破旧，像个要饭的，脸上抹了一把锅底灰，黑一块白一块，和原来俊俏的模样相比像换了一个人。怀中抱着小女儿锡金，手里牵着七岁的大女儿锡宝，紧张、疲惫、惊惶，当在屋里坐下来的时候，好像一下子瘫痪了一样。外婆接过抱着的，妈妈接过牵着的，劫难相逢，千言万语，却一句也说不出来。

想不到鬼子都开到安山村去了，成千上万，不知其数。一夜之间，砍伐尽山上的树木，制成无数的木筏，装载着大炮、洋马、部队、弹药，迎着太湖的浪涛，不停地开往太湖对岸的无锡、宜兴……小金姨妈逃出来的时候，村口塞满了鬼子。她冒死带着孩子，在马肚子下钻出来，在刀枪丛中挤过来，越过必经的小石桥，像做场噩梦一样地逃到了娘家迁里村。她喘着大气，喃喃地说："我总算逃过了鬼门关。"

大舅妈说："我们这里也不太平，过了一夜的鬼子。"

小金姨妈毫不在乎地吐了一口长气："我是算太平了。当我在小桥上挤出鬼子队伍时，生死已听天命，一切都不想了。到了家我什么也不怕，和娘在一起，我也定心了。"

小金姨妈的到来，顿时添起了一阵喜色，大家感谢菩萨和祖宗保佑，好像这里真的已经成为一个安全地带。

鬼子从光福横渡太湖，迂回无锡、宜兴的战略行动，使他们得不到休息和离队的机会，这使我们免遭了一场浩劫。

但是，后续部队的跟进使村上成了鬼子的驻地。瞬息间，鬼子满村，鸡飞狗跳，挥刀斩狗，举枪打鸡，一片混乱。无耻的小汉奸，弯腰曲背，跟在后面，点头哈腰地当翻译。家里的前后门都给打开，任鬼子随意出入，大家尝到了当亡国奴的苦头。

几个没有逃离村子的妇女，都躲到我们家里来，一是这里的房屋成堆，形成一个复杂的群落，紧连一片，串堂通房，走得通，回旋余地大；二是和村中大道隔着一条河，通向对岸的小木桥已经拆去，鬼子过来得绕个道，相对安全；三是一个人害怕，合个群壮壮胆。突然，几个端着枪的鬼子，搜家挨户地从后门冲了进来。大娘舅机灵得很，装着引路,打开门户让鬼子从主通道穿堂通过。特别是打开腰门的时候,恰恰把紧邻在侧的我的房门给遮挡住了。这一招起了关键的作用,房内正挤满了左姑右嫂的一群年轻妇女。听到鬼子的吆喝声、刀枪碰击声、沉重的军靴声,大家吓得脸色大变,大气不敢喘一口。这时,仅仅两岁的堂弟梅云哭了起来。大家慌了神,有的甚至建议把堂弟坐在屁股下面闷死,舅妈当然舍不得,急中生智,把奶头塞进小嘴,立刻一片寂静。老天保佑,那群进屋的鬼子,在大娘舅机智的导引下穿堂而过,从大门出去了,我们惊险地度过了这一关。

在风声鹤唳中过了一个年,春天来到了。小麦青青,金灿灿的菜花铺满了田野,我的重症伤寒,依靠童年强劲的生命力奇迹般地痊愈了。一天上午,大队鬼子下乡扫荡,再次进村。起先以为他们临时休息,很快就要开走,大家未作准备。谁知道一停下来,就此不走,最后一声令下,鬼子散向全村。这下子乱了套,青年妇女逃向村外田野,躲藏在菜花田里。我不懂事,跟着老外婆守在家中,几个挂着长长指挥刀的鬼子,住进了前屋大娘舅的家里,那儿成了临时指挥部。大锅子里正煮满满一锅抓来的鸡,香气四溢。鬼子长官摆起了桌子,放上碗盏,准备大吃大喝。突然拿起一只特大的空酒瓶,把大娘舅叫过去,比划着要他到光福镇上去打酒。大娘舅是个老实人,看到这起码能装十斤酒的大瓶,给怔住了,这该要多少钱啊!自己口袋里空空的,只好窘住在那里。鬼子见他迟迟疑疑不肯接瓶,突然狂吼一声,猛然抽出雪亮锋利的指挥刀,高高举起,劈向大娘舅的脑门……我当时正站在旁边,看到这一幕,吓得我一溜烟逃回家里,躲在老外婆身边再也不敢出去。

但老外婆这里也遭了殃。一个鬼子从后门进来,比划着要抓鸡。老外婆在鬼子进村以后已经把养着的十几只鸡紧急唤呼回来,关在一条两屋相交的空弄内。老外婆把身子挡住关鸡的弄门,一面对鬼子比划着表示:"鸡都在外面桑园地里,屋里没有鸡。"鬼子先愣了一下,当他后来揣摩出外婆的大体意思后,突然兽性发作,随手拉起墙边一把垦地用的铁搭,怪眼圆睁,直向老外婆劈下来。一场惨剧好像已经不可避免,突然鬼子把铁搭掉过头来,也许感觉到这里住着"长官",改用竹柄猛击外婆额头。我亲眼目睹,额头上迅速爆出一个血泡,并且不断扩大，最后竟和鹅蛋一般。我抱住外婆，心里恨死了鬼子。

鬼子双手空空地出去了，我赶紧拉着外婆溜出村外，在广阔的田野里东躲西藏。黑夜来临了，到处好像有不知名的怪物在窥视着我们。风声、远处的狗叫声，都使我惊悸不已，最后我迷迷糊糊地蜷曲在田角里睡着了。

从此，在我的一生里，再也不可能忘记这些挥之不去的往事。

社师回顾：时事讲座和读书会

1947 年夏，我在苏州圣光中学初中毕业，考入位于常熟的国立社会教育学院师范部。

这是一所全公费的国立学校，直属国民政府教育部，为社会教育培养师资。至此，我摆脱了沉重的学费负担，轻松入学。至于学什么？今后干什么职业？全不放在心上。

来到人地两疏的这所新学校，顿觉新鲜。常熟本来是江南著名小城，风物清嘉，幽雅宁静，学校就坐落在闻名的石梅广场。从广场南出，通过紧贴县政府的巷道，就与东西向的通衢大道县前街相衔接；背靠景色秀丽的虞山，山径清幽、茂林修竹。一座吊脚楼式的茶馆，埋藏在绿阴深处。稍往上走，即有昭明太子读书台、辛峰亭等名胜古迹，真是读书的好地方。

开学后，我肩负简单的行李，入住校门外西侧的一座破旧的园林中，称男生宿舍。里面有湖石假山，水池林木。我们一年级甲班，住在一座敞轩式的建筑内，前有一排落地长窗，双层床环墙而置，轩中再横列两行，光线幽暗，且毫无可供读写的桌椅之类家具。但对我这个来自农村的贫苦孩子来说，有吃、有住、有书读，已恍若进入天堂一样美好了。

教室在石梅广场东边的一个封闭式院落内，二层楼房。我们甲班在楼下居中，南隔壁是丙班。面对天井外有二座教室，即乙、丁两班（女生班），都是一年级。楼上是高年级，层次分明。

因为是全公费，学生来自四面八方，都是贫苦的清寒子弟，年龄更是参差不齐。像朱熙钧、钱积学等，都是稚气未脱的少年；像我、张守伦等，则已是近二十岁的青年；至于水世闽，人高马大，却又一脸稚气，闪动着一双充满智慧的眼睛，让人吃不透他的年龄和心思；此外，还有少数学徒、职工、国民党复员军人和背景比较复杂的人。

我开始观察人群。说心里话，在这样一个动荡的社会里，我根本不是准备来"寒窗苦读"的，而是要运用在圣光中学初步积累的经验，到这里来继续做"唤起民众"、激励同学的工作。说得诗意一点，就是要丢下一块革命的巨石，掀起冲击蒋介石腐朽政权的波澜，加速光明的到来。

那时我并不是共产党员，但却以革命者自居。如今回想，真是"初生牛犊不怕虎"，好像自己如果不革命，中国就不会有希望那样，应该说是多么幼稚和可笑。但历史证明，千百年来正是因为有着一批天不怕地不怕、少年意气、以天下为己任的年轻人，才能掀起冲天巨浪，促使社会的变革和发展。

大约经过一个月的努力，我结交了一批志同道合的同学。朱熙钧是苏州同乡，小不点儿，圆圆脑袋，纯朴无邪，但很机灵；钱积学，脸色白净，戴上一幅白框眼镜，俨然一介书生，文静端庄；郜克钧，北方口音，身穿黑色衣服，据说是"善后救济总署"发放出来的美军制服，经染黑后发给贫苦学生穿着，我因而一度怀疑他是国民党的复员军人，但他心地善良，主动靠拢我们。

靠后排坐的，都比较老成。我的同桌贴邻张守伦，浙江海宁人，戴深度近视眼镜，当过店员，不甘平庸，再度来此学习，一幅很有文学修养的样子，性格开朗，讲话滔滔不绝，读书颇多，对革命书籍也有所涉及；浦维钧，温文尔雅，好好先生，甚至还有点腼腆。他们都有一个共同的特点：追求真理，嫉恶如仇，一往无前。

其他为卞玉树，是班长，还有位石奎煮，也是班长。据说他们是师范部主任石联星的亲戚，因而指定为班长，我对他们敬而远之。冯友棠，宜兴人，国民党军人，复员后安排来校，平时说些不三不四的话。他们一共有三四人，我一般提高警惕，以"敌人"视之。

我对老师，也作了观察和分析，最使我"警惕"的是训育主任陶焜。有传说，公立学校的训育人员都是职业特务，我深信不疑（后来事实证明不是这么回事）。因而连同训育员李实钧老师，也一律以敌视的目光观察。其他老师，则划之为不问政治、偏右、比较进步等不同对待。特别应该一提的是女老师李绍朴，当时不过三十岁左右，年轻坦率，正义感强，爱护同情同学，和二年级女同学张厥元特别要好，亲如姐妹。后来她自己告诉我们，她是苗家的女儿，为了追求真理，独自离开家庭，千里跋涉，在抗日战争的岁月里，奔赴重庆，入社会教育学院就读。她的经历，使我对她十分尊敬。事实证明，她热爱真理，对校方的一些黑暗内幕深为不满，有时还透露一些我们不知道的内情，日子一长，我视她为大姐姐一样。

　　想不到在我仔细观察同学和老师的同时，另一个人却在仔细观察我，这就是水世闿。最后，他终于认为我是进步的，因而有意识接近我、支持我。后来他成为我推心置腹的知交，并知道他来自武汉，父母都是参加1927年大革命的革命家，年仅十六岁，但已参加大别山区李先念率领的新四军第五师，因被国民党围剿，突围到汉口家里，又患上了一段时间的疟疾，养好病后来常熟读书。难怪他经常面带微笑，多听少说，显得老练沉着。直到后来，与我结成好友，才滔滔不绝，知无不言。我每遇事，都一定要和他商量，使我获益匪浅。

　　当我对学校情况相对熟悉以后，就开始行动。

　　首先，我搞了一个"时事讲座"。因为我知道，要把同学组织起来才能发挥作用，但这必须摸清大家的政治态度，不能草率从事。特别在我们这所公费学校中，许多高年级同学都是从四川随校迁来，不少还是国民党青年军的复员军人，说不定还有特务组织在暗中监视，必须稳中求进。通过自由参加的时事讲座，就可以考察同学们的思想情况。

　　那天晚饭之前，我突然在班级课堂的黑板上写了一个简短的通知：今晚举行时事讲座，欢迎同学自由参加。下面既无署名，又无组织名称，但同学们一看就知道是我的字迹。

　　平心而论，从今天回头看，当时学校总的气氛还是比较开明的，各班级社团林立，各有各的组织和墙报阵地，基本上没有什么人来严格控制，言论相对自由。因此，举办时事讲座，从氛围上来说还是容许的。

五时半晚饭，六时半是名义上的晚自修时间，但实际上没有什么人来教室，平时倒是空空荡荡的。我提前在教室等候，同学们竟陆陆续续地来了，都是平时意气相投比较要好的人，像张守伦、朱熙钧、水世闾、钱积学、顾传宇等当然都在。我开始讲当前国内战争形势和具体进退情况，并在黑板上绘出简明的地域示意图。1947年，正是人民军队从粉碎蒋介石重点进攻到转入战略反攻的巨大转折点。我有声有色地介绍陈毅将军的华东野战军如何在鲁西南地区孟良崮战役中歼灭国民党五大主力之一的整编七十四师张灵甫部，进一步介绍刘伯承、邓小平如何率领中原野战军从鲁西南出发，千里跃进大别山，从内线作战转向外线作战，突现战略反攻的大好形势等等。同学们听得很出神，感到耳目一新，真弄不清我从什么地方弄来这么具体的军事情报。实际上一点不稀奇，一是我从苏联驻上海大使馆发行的《时代日报》上看到的消息，而该报是由家住上海天潼路的我在圣光中学的张醒钟同学（这时他在苏州东吴大学附中读高二）辗转邮寄给我；二是阅读当时进步的《文汇报》《文萃》《展望》《观察》等报刊上的分析性文章中获得；三是根据每天国民党报纸上的战况报导，透过他们的文字游戏如"转进""主动撤出""诱敌深入"等句子，再用地图逐天对照得出的情况，用我自己的语言予以表达。因而"化腐朽为神奇"，好像由党组织发给我机密情报那样精确和详细。

时事讲座起到了一定作用，不仅使同学们对时局有了比较明确的认识，并且引导大家预知未来，使信心和热情大增，来听讲座的人也明显增多。对我来说，进一步摸清了同学的思想脉络，促进了他们的加速进步。

在这个基础上，经过和水世闾同学的商量，进一步组织起"读书会"。这样，我们开始形成了一个基干核心，其中有少年老成的水世闾、年轻积极的朱熙钧、全力支持的张守伦、紧跟不舍的钱积学，以及不断靠拢的浦维钧、张念祖等。我们经常在一起商量办法、分析局势、评价同学，暗中有计划地发展会员。当时主要的阅读内容，为了避免过分触目，从文艺小说入手，先读解放区著名作家赵树理写的《李家庄的变迁》。书中描述了北方一个小小村庄，经历抗日战争的洗礼，在共产党的领导下，如何从被压迫、被剥削，文化上落后、思想上愚昧、生活上贫穷的悲惨境况中奋斗抗争，终于走向团结抗日、欣欣向荣的革命大道的感人经历，深刻揭示了解放区在共产党领导下的全新面貌，激起了同学们追求革命、追求光明的空前积极性。我们总是利用午间休息或星期假日，通过秘密联系，邀请大家到虞山的绍明太子读书台，或白衣庵，或林木深处，展开活动。先传阅原文，再组织讨论，启发引导，交流心得，开阔眼界。后来继续阅读的，有《李有才板话》《毛主席在延安文艺座谈会上的讲话》《新民主主义论》等文章。通过这一活动，同学之间的团结更加紧密了，革命热情得到了进一步激发。

当时大家对这些来自解放区的材料，感到新奇和神秘。真以为我们和共产党有什么组织上的联系，想不到它们都来自苏州的《求知》学社。那是我在苏州圣光中学初中三读书的时候，联系上的一个群众自发的进步组织。起因与读高一的上海同学张醒钟有关。他理论水平比我高，一股火一样的革命热情深藏在斯文的外表内。在他的提议下，我们在学校里搞出了唯一的壁报，取名《早春》。在这座充满基督教气氛的学校里，突然贴出了一张传播共产党领导革命信息的有鲜明反美倾向的壁报，像一声炸雷，使校方大吃一惊，当即予以禁止。但我们既然开了头，就不可能停止。商量以后，决定将油印单行本的形式发行，定名为《学谊》，来代替《早春》，并越出学校范围，向社会散发。当时社会上这种自发的进步刊物不只我们这一个，在对外交流过程中，我们和由苏州学士街沈志直发行的油印刊物《求知》，木渎顾心正堂国药店青年职工周辛癸、赵小农发行的油印刊物《海灯》发生了联系。这一些联系，对我们后来走向革命的过程产生了深刻的影响。我们通过赵小农的哥哥赵子良，直接和江阴的地下中共江南工作委员会武工队长盛国瑞接上关系，而《求知》学社沈志直则和香港进步知名人士孙起孟有直接联系，我们读书会的这些资料，就是由《求知》这条渠道从香港获得的。

我们的活动，开始引起校内倾向进步的同学注意，他们主动和我联系，使我的活动面发生很大变化，开始越出自己班级的界限。

首先来联系的，是三年级鲁平章、邓祖德主办的《露》文艺社。《露》，是在学校中影响较大的同学自办的大型壁报，张贴在教室区南面墙上。在他们的发刊词上声称："露，是黎明与黑暗交替时的产物，要把黎明的希望带给大家。当黑暗消逝、光明真正到来的时候，它完成了历史使命，也就自动消失了。"这几句精彩的话，使我产生了丰富的联想，认为是一些期待革命胜利的青年学生，在蒋介石黑暗统治下发出的心声和呐喊。因而，我认真阅读了它的每一期文章。后来，鲁平章同学亲自来教室里专访了我，邀我参加《露》文艺社。经和水世闇同学商量以后，我开始参加他们的编辑工作会议，发表了一些看法：建议进一步超越班级之间的界限，发展成集全校精英的大型优秀壁报，带领全校壁报紧跟潮流；组织有质量的文章，不仅在校园内张贴，最好和社会上的报纸取得联系，运用它们的副刊，把好的文章推介出去，扩大影响等等。后来，我还直接为《露》文艺社撰稿。

几篇小文章，居然使同学们刮目相看。后来，其他班级的有些同学也来和我联系，要我跨班级参加各种活动。交游变得广阔起来，结识了又一批跨班级的学友。二年级的高敦享，湖南人，人敦厚朴实，看时局具有独眼；二年级的王润源同学，个子不高，但读书很多，他借给我当时十分风行的艾思奇著的《大众哲学》，使我开始跨进唯物主义哲学的门槛；二年级的张厥元同学，长得高高的，豪放坦诚，性格和一般女同学明显不同，与我们接近，并通过她，我们开始认识了青年女老师李绍朴；其他还有三年级的陈世治、刘绍棠，简师的谢志恒，刚毕业不久在师范部附属的民众教育馆工作的汪杰（后来随我去苏北解放区，改名丁犁，南下到福建军区工作），青年老师余永忠等，都围绕到我们周围，形成了一个声气相通的无形集群。

我开始被校方注意，最后终于被训育处找去训话。起因是我在早晨的升旗仪式上挑起了风波。

学校每天早上起身以后，要举行升旗仪式，把全校学生集合到校部前的石梅广场上，由学生会主席陈有章喊口令，升旗后由训育主任陶焜训话。我们对此十分反感，认为他们以此灌输反动思想，加强统治，决定予以抵制。于是通过我这个核心成员多方串联，在越来越多的同学中达成共识。时机终于到来了，时值严冬，天气阴冷，浓云密布，好像即将下雨的样子，我们发动大家抵制，拒不参加。起身号响了，天还蒙蒙亮，我睡着不动，核心同学看我不动，大家也不起来。其他同学看到这架势，也继续睡在那里。平时的晨起喧哗，变成一片肃静。结果人头密布的操场上，就缺了我们这个班的一大块，空空荡荡，十分显眼。校方立即追查，据后来李绍朴老师透露内情，是宜兴的国民党复员军人冯友棠等几个人做了检举，于是训育处命训育员李实钧点名找我谈话。我第一次经历这种情况，心里再三勉励自己不要慌张，要镇静，一切装糊涂，只说天冷贪睡，看到大家不起来，我也不起来，没有任何目的和动机。训育员李实钧看实在追查不出什么，训诫一番后，也就放我回教室。一些关心我的同学焦急地地等待我，像朱熙钧、张守伦等一看到我回来，都来问长问短，特别是水世闿，很赞赏我的策略，并提出今后对冯友棠等要更加提高警惕。这次行动对校方有所震撼，他们提高了戒备，但在全校学生中产生了很大的反响。大部分同学开始隐隐感觉到学校里有一股进步的力量在暗中凝聚，为冲破校方的统治和同学之间的沉默而感到欢欣鼓舞。李绍朴老师更公开地站在我们这一边，认为这一个升旗仪式本身就值得考虑，并偷偷向我们透露内情，加深了我们对李老师的信任。

水世闿同学以他丰富的斗争经验，成为指导我行动的好参谋，这从下列一些事例中可以看出。

首先，为了麻痹校方对我的注意，他支持我以信仰基督教的面目出现，每星期日到常熟圣公会教堂去做礼拜、唱赞美诗。还带领几个同学像朱熙钧、钱积学、顾传宇、张念祖、浦维钧、水世闿等一起去，使我们平时经常在一起的亲密关系披上了一层"教友"的神秘色彩。我和张醒钟的通信中，也写上一些祈祷上帝、感谢主恩之类的宗教言语，信封上则有"青年团契"之类的落款和标志。我还故意参加了一次常熟三民主义青年团在团部召开的青年学生座谈会，会议由负责人张钰主持（想不到解放之后，我在苏州行政区公安局工作，他成为我们集训的反动党团特骨干分子的成员，直接在我的掌握下交代罪行）。他狡猾地说："对待共产主义思潮，光靠禁止是不行的，因为青年人好新奇、爱时髦，容易盲目跟进，因而要用年轻人的其他爱好如交友、游览、音乐等活动来吸引他们，等等。"当时我暗暗好笑，但表面上却装得很幼稚，静静地听他讲。因为我知道，这次座谈会肯定有人会向校方报告，这样能使校方放松对我的戒备。

不久，学校里开始酝酿学生会的换届改选。开始，我私下和要好的同学明确表示反对，决不参加由校方控制的学生会组织。但后来水世阊以老练成熟的口气对我说："应该参加，必须把我们的进步力量打进去，改变它的性质，为我所用，使其尽可能成为为同学服务、为进步服务的组织。即使不能完全做到这一点，至少也能进一步团结同学、扩大影响，了解校方动向，达到保护自己的目的。"我深感他比我看得清，想得远，于是我参加了多次换届改选学生会的预备会议，还准备在里面竞选上掌握"学习"的主任，因为这样不仅可以插手全校的壁报，还可以引导同学向新的思潮前进。这些在今天看来已不值一笑，但在六十年前的黑暗统治年代里，应该说也是不容易的。但当时已临近寒假，尚未改选就放假了。

我每天都很忙，大量时间都花在和同学的谈心和给外地友人的通信中，自信地认为是在点燃革命火种。有一些事至今还记忆犹新：

浦维钧同学，心地善良，很重感情，勤奋读书，为人诚恳，但他来自苏北解放区，共产党没收了他家的土地。他一直跟我讲，妈妈善良勤劳，常年在地里劳动，但受到了不公正待遇，心里总是挥之不去。自从我们成了好朋友以后，我不断和他谈唯物主义哲学、政治经济学、社会发展史等革命理论。他是一个热心追求真理的人，虽然都接受了，但就是对现实生活中的沉重记忆，特别对妈妈的感情上的创伤，难以排遣。我们劝他顾全大局，从整体劳动人民的利益出发，放弃自我家庭得失和恩怨。说句心里话，这也真正难为了他。最后，他终于无条件地接受了这些。苏州解放以后，他参加了随军的西南服务团，远去四川工作，直到离休。

应学汾，是由张守伦介绍给我的一位他们在海宁师范的女同学。

她为人热情，文笔很好，但却处在那个时代中青年人固有的彷徨和困惑之中。我们每个星期都要花费不少时间来写信交流思想，不仅不以为累，反以为乐。当时我们都是最穷的人，连寄信的邮票都感到是一大负担，后来由张醒钟想出一个妙法，即在邮票上涂上厚厚的一层糨糊，使邮戳盖在表面，收到信的人就可以把它浸在水中洗去覆盖在邮戳上的糨糊，就可以反复使用到不能再用为止，美其名曰"与蒋介石打经济战"。应学汾进步很快，我临去苏北解放区时写信约她，但她由于多种原因未能成行。江南解放以后，她立即参加了华东军政大学，编入女生九大队，驻在苏州悬桥巷。当时我渡江回到苏州，在景德路的苏州行政区公安局工作，接到她的信后专程去看了她，但当时她正和战友在河里洗木床，那时的纪律和慷慨的革命激情，都使我们仅仅说了几句简单的话就告别了。自此以后，她调到南京，毕业分配在驻浙江的第九高级步兵学校担任文化教员之类的工作，她还寄来了长长的毕业论文《马克思主义的三个来源和三个组成部分》，理论上进步很快。再后来，我们失去了联系，直到今天也没有见过面。

这年冬天，学校放寒假，我回到吴县光福镇迂里村的外婆家，连续接到了圣光中学王省三副校长的来信，他对我这个"品学兼优"的学生离开圣光中学感到遗憾，破例为我免去一切学杂费用，要我回去。当我表示连吃饭的伙食费也交不起时，他竟然答应我连吃饭、住宿都不要钱，以工读生的名义返圣光中学读书。当时，张醒钟将《学谊》已改成铅印，在发行和撰稿上也需要帮手，于是我又回到了苏州圣光中学上学，结识了同班的高义、李智强、顾中和等同学，带他们走上了革命的道路。高义在随我去苏北解放区时改名革清奇，李智强改名李果人，后来都参加了渡江战役，返回江南。高义在吴淞要塞司令部、东海舰队司令部任作战参谋，升到师级军务处长，直至离休。李智强先在无锡警备司令部工作，后来失去联系，直到今天仍无音信。顾中和则在北京国家外贸部任职，多次出国，现已离休。在常熟的老同学水世闾、朱熙钧，他们坚守阵地，展开了更深入、更广泛的革命活动，造成了声势不小的革命浪潮。

回首往事，已过去了六十年之久，当年的青年人都已成为八十左右的耄耋老人。但每次同学相聚，回忆起当年在学校的激情岁月，仍会抑制不住自己的感情而怦然心动。

进入解放区

1948 年 9 月，常熟国立社会教育学院师范部和苏州圣光中学突然有一批学生失踪，随身的衣物都留在原地，人却音讯全无。在那个局势动荡的年代，这种事虽并不罕见，但仍使人瞠目结舌，一般都认为这些人凶多吉少，估计遭遇到不测之灾了。这批学生，有师范部刚毕业在常熟县中当教师的陈世治，二年级乙班女生邹月琴、王芬蓉，已毕业刚分配在常熟支塘镇做小学教师的谢志恒，师范部劳作老师余永忠，圣光中学高二学生高义、李志强，再加上社师下属的民众教育馆教师汪杰老校友等。

谁也没有想到，这些人统统被我带去了苏北解放区（在这以前一个月，社师的三位学生会主席张厥元、高敦享、水世闾，连同苏州《学谊》社的张醒钟、吴心田、周佩玲等一行八人，进入中原地区大洪山的江汉军区解放区）。

当时，国内革命战争已进入到白热化阶段。人民解放军的凌厉攻势，使国民党军队节节败退，长江防线吃紧，已正式宣布封江。长江下游除镇江、江阴两个口岸外，已禁止船只往来，即使开放的两个港口，也是军警林立，戒备森严，盘查极紧。凭我一个尚在读书的青年学生是如何把这些人带走的？至今很多人还不明白真相，说来也确实有一些鲜为人知的内情。

这得从源头讲起。

1947 年春，我和张醒钟都在苏州圣光中学读书，我读初三，他读高一。1948 年春，我们收到了从吴县木渎镇寄来的一份油印刊物《海灯》，发行人是周辛癸、赵小农两位青年职工。从刊物的内容和他们的自我介绍信件中，可以清楚地感受到他们追求进步、渴望光明的澎湃热情和不畏艰险的无畏精神。

1948 年，放暑假的第一天，我亲自到木渎去会见这两位从未见过面的挚友。青年们固有的奔放热情和毫无顾忌，使我们一见如故，畅所欲言。临别时，赵小农还特地冒着烈日送我上长途车。那时木渎镇到苏福公路上的车站，有一段相当长的路，至今我仍清楚地记得，在烈日之下，我们两个并肩而行的身影倒映在沙石公路上。

一路上，我情真意切地告诉他："蒋介石的反动统治非打倒不可，我们青年人不站出来，中国就没有希望。"他深以为然，问我："你为什么不参加革命？"我坦诚相告："正在作努力，我家乡光福镇邻近太湖，是新四军太湖游击队的根据地，一旦接上头，我就不读书，直接参加革命去。但看来一时还难成功，因为他们都处于绝密状态中，无路可通。"他突然神秘地告诉我，他也许有办法。因为他老家在江阴，抗日战争时期是谭震林新四军第六师的根据地。他哥哥赵子良当年就和新四军关系密切，估计现在还不会断，目前赵子良就在江阴华墅的章卿寺小学教书。我真是欣喜若狂，千叮嘱万托付，无论如何抓紧进行。长途汽车来了，我们就挥手而别。

小农君是个说一不二的人，后来真的帮我联系上了。转眼学校开学，9 月 16 日他来了信，嘱我亲自去一趟江阴当面交谈。20 日，我以外祖父病重为名向学校请了假，乘火车到无锡，转搭小轮船前往江阴的华墅，然后步行到章卿寺小学。学校地形很好，在一片田野的中间，四顾无邻，独存这一座原来是庙宇的建筑，三面环水，只有一条通道，周围有几颗树木，清净幽雅。学校刚好放假，寂静无人。子良哥热情地接待了我。当年好像有个不成文的默契，只要是阅读《文汇报》《文萃》等进步报刊的人，一概视之为"同志"，即使从未见面，一谈以后，大家立刻推心置腹，心照不宣地成为"自己人"，何况子良哥是经过小农介绍的。

到底是经历过抗日战争的老同志，诚朴真挚，独立担负着这所学校的全部责任，从校长、教师到校工，就是他一个人全包着，认认真真地教着书。他叫我在简陋的办公室坐下，说盛国瑞同志今天要来。

　　我的心怦怦直跳，就像要见到亲人一样地激动不安。怎能不是呢？梦寐以求的中国共产党的正式代表，就要面对面地和我相见了，再也不是仅仅从报纸和书本上所读到的名称。大约下午四时左右，老盛悄然来到，一点没有想象中的伟大和壮丽。子良哥大约听到了什么暗号，出去了一下，进来轻轻地对我说了声："来了。"我刚想站起来，一个三十岁左右健壮精悍的青年人，带着谦和的微笑，一身短衣，出现在我的面前。略有所不同的是斜背着一支驳壳枪，显出一丝神秘的英武。子良哥让我们在办公室坐下，他立刻出去为我们望风。我们开门见山，在不长的时间里，我表达了对共产党的企慕和渴望之情，约定了今后联络的方式。最后，我急迫地问："什么时候可以去解放区？"他不慌不忙，神态自若，劝我不要性急，他会联系各方，待条件成熟，就马上通知我。他希望我一方面做好去解放区的准备，一方面继续在学校里团结同学，组织进步力量，争取能多一些人共同奔赴革命阵营，并且强调"做好这些本身就是革命"。

　　盛国瑞同志老练沉着，谈完话像什么事也没有似的和子良哥打过招呼，悄悄地走了。后来我才知道，他就是江阴地区赫赫有名的武工队队长。天色已晚，我随子良哥回家。这是一座小小的普通村庄，离学校不远，前面是一条泥路，沿路留开一溜宽阔的场地，后面就是低矮的排列整齐的农舍。子良哥的家就在村头偏中，极其普通的木板门，已显得受尽风雨侵蚀后的陈旧。嫂子热情接待了我，普通的农家饭菜、简单的铺位、深感幸福的会见，使我香香地睡了一晚。一早起来，农村的早雾未散，舀点水漱洗完毕，喝过香香的米粥，我匆匆赶赴华墅镇，搭上了开往无锡的小轮船，循原路回校。

　　从此以后，我进入了一个崭新的生活阶段，以共产党人自居（实际上远还不是），一切都显得那么慷慨激昂，活动得更加有劲了。

　　9月下旬，星期六的一天，我感冒发烧，请假在宿舍里睡着。突然，传达室通知说有人看我。我还以为光福家乡来了人，匆匆披衣出去一看，竟是一个完全陌生的中年人在等我。我心里一怔，而对方却像老熟人一样和我招呼，随我到宿舍后才悄悄地告诉我是盛国瑞同志叫他来的，并随手给了我一小角皱皱的牛皮纸，上面了无字迹。我正在疑惑不解，他笑笑，告诉我只要用碘酒一涂，字迹就会显现出来。临走他托我买几张极薄的拷贝纸，说明天来取，就这样来无影去无踪地走了。

我一跃而起，好像什么病都没有了，立即赶出校门，奔向城里。当时我们学校在齐门外通向陆墓镇去的洋泾塘畔，进城去有好长一程路，但一切都不在话下。我一口气奔到学士街《求知》学社负责人沈志直君家里，详告一切，还托他在密写的牛皮纸上显示字迹。那时，我一直把老沈当老练的长辈看待的，实际上他只大我四五岁，但长得高高大大、魁梧敦实，穿着一件宽大长衫，像个经历了不少世事的长者样子。他找来碘酒，一经涂抹，字迹立刻显了出来。后来知道，实际上它是用淘米留下的浓浓"米泔水"写的，遇到碘酒，化学反应使淀粉变成焦黄色。就这样，我和地下党江南工委的关系算正式接上。我当即买了几张拷贝纸，第二天由原人来校取返，大概也算是接上关系后的反馈。

10月3日，中共江南工委派来了人，说时机已经成熟，如果真的要走，就可以行动了。这个突然通知使我措手不及，一切必须做的准备工作都没有来得及做。例如，对学校、家里，都应该有个说法，否则学校里的学生突然失踪，必然引起震动，家里相依为命的妈妈和老外婆，如果知道她们唯一的一个男孩子说没有就没有了，岂不要闹出大事？何况许多同学、朋友都望着我，等我的消息，今后如何联系？问题一大堆，一时走不了。但期待已久的机会，又不甘心白白放弃，何况也不好向党的组织交代。我急中生智，将秘密向同班知友高义讲了，结果他说他毫无牵累，可以说走就走。再一联系，决定由他与常熟社教师范部的邹月琴、王芬蓉等同学先去，我抓紧处理一切事务，第二批再走。

这里应该介绍一下高义同学，他是北京良乡县琉璃河庄头村人。兄弟四人，他排行最小。大哥在家乡种田，二哥抗日战争中为打鬼子而投笔从戎，在国民党五大主力之一的新五军中任军需官，眼前正开赴鲁豫交界的前线，三哥同样加入了国民党青年军二〇二师，就驻在我们圣光中学旁边的四摆渡，当尉级小军官。当时，我们圣光中学刚从洋泾塘原址搬到四摆渡美国教会所属的福音医院院址上课。该处原被日本鬼子占领，抗战胜利后美国教会同意由圣光中学向有关部门申请收回，暂借给学校办学。这样，学校和二〇二师师部成贴邻（现在学校成了苏州市广济医院，二〇二师师部成了第三人民医院）。他三哥还来学校看过我们，傍晚一起散步。我有意试探过他的口气，实际上他对蒋介石的黑暗统治也深为不满，并认为共产党的胜利势在必然，自己也要找机会脱身。由此也可以看到，在1948年整个局势已发展到什么程度。

高义是我初三时的同班同学，心直口快，有北方汉子固有的直率、坦诚、侠义。虽两个哥哥都在国民党军队中，但他一心追求真理，与我无话不谈，以天下为以任。我们甚至相约，今后踏上社会，假使谁做贪官污吏，危害人民，谁就有权利把对方打死，决无怨言。我俩还为此勾过手指发过誓。这次，他果然义无反顾，说走就走，并把他最好的一双皮鞋脱下来，连同哥哥给他以备不时之需的一只金戒指也一起交给我，头也不回地走了。

高义是以家中有事为由，办理正式请假手续后离开学校的，一切都风平浪静。接下来，我立刻进行各种准备：首先向光福老家寄了封信，说最近经同学介绍，在外地给我找了个小学教师的工作，准备就去，请不要挂念，一切待到职以后再来函详告，以免年迈的老外婆和妈妈发生意外。第二，与朱熙钧同学联系，让他暂且留下，作为我走后的秘密联络点，为后续者保持一条通向解放区的道路，用他的话来说："在渡口留下一盏照明的灯。"第三，我们分头联络想走的同学、朋友，以便随我同往。第四，我变卖高义给我的那只金戒指，与朱熙钧一起到阊门外石路钟表店买了一只自认为解放区急需的普通"粗马"旧手表。然后留下一点必要的路途盘缠，其余都给朱熙钧作为今后的联络经费（九十元金圆券）。

1948年10月10日一早，我和朱熙钧、汪杰先去无锡，转乘轮船到江阴华墅，然后步行到后塍。薄暮时分，按事先的约定在村稍头找到了那户人家。这显然是地主住宅，房子很大，大约是新四军在抗日战争中建立的统一战线基地。不久，盛国瑞同志来了，仍然那样斜背驳壳枪，英气勃勃。我们一起在客堂中吃晚饭，虽是普通的饭菜，都吃得很香，特别是地里刚拔下来的小"藏菜"，酥糯清香，略带甜味，好吃极了。这给朱熙钧同学留下了终生难忘的印象，五十多年以后，还写了一篇专门文章《苏州青》，收录在他的文集《大黑七三集》中。饭后，盛和朱熙钧讲好今后如何联络，包括书信地点、运用假名或密写小条等，算接上了关系。当天夜里，我和朱熙钧在东厢房的简易床铺上抵足而眠。第二天我们就要分手，在这动荡的年代里，今后能否再见，谁也不知道，大家都不愿去触及这个话题，而是讲了不少对未来的憧憬和今后的联络方法。这种在黎明前的激动心情和意气风发的情况，迄今仍印象深刻和难以忘怀。

天还没大亮，匆匆吃过早粥，作了简单的告别，我们就分别上路了。汪杰去上海联络同志，朱熙钧一个人返回苏州，我则带了陈世治、李智强同学，踏上了从后塍直通长江边黄田港的沙石公路。盛国瑞同志照例给了我一角经过密写的皱巴巴的牛皮纸，这是给长江北岸驻南通新港的中共江南办事处的秘密介绍信，我郑重其事地把它密藏在皮带掩盖着的裤腰内。他还派了一个农民打扮的向导，护送我们到黄田港，并负责送上渡江北去的船只，以确保安全。

这真比逢年过节还要欢天喜地。自此以后，自己真正地从一个普通青年学生，一下成为名副其实的革命者，不仅永远脱离了蒋介石的黑暗统治奔向光明，并且将为中国的命运和人民的幸福贡献出自己的一切。说真的，当时对前途的艰险是作了充分的思想准备的，决心忍受难以忍受的苦难，更准备牺牲在苏北。我在光福镇西淹小学的一个同学来约我一起奔赴革命，我恰恰去田里干活了，他被我的老外婆支走。不久，他到了苏北，好像编入了十一纵队的一个旅，就在阜宁战役中牺牲了，由苏州同乡战友把他埋在一棵大榆树的下面。青年时期那种狂热的革命浪漫情绪，即使面对死亡，在头脑中也编织得如此壮丽，抱着一股欢乐的心情去接受。

意想不到的困难真的就来了。大约不满一个小时，天色阴霾下来，瞬间变成迎头阵雨，公路两侧的田野立刻沉浸在白茫茫的水雾之中。我们不仅不怕，反而乐呵呵地说，这是走向革命征途的第一个考验，一个劲地往前走。

情况出现了意想不到的变化。那个向导和我打个招呼，说要解手，就闪到路边偏僻处去了。我们毫不在意地只顾往前赶路，以为他地形熟，很快会赶上来。直到过去了近一个小时，我们才意识到他已经不辞而别地离开了我们。

这下子麻烦大了，去黄田港反正就一条大路，没有问题，但到了那里又该如何办呢？

天大的困难，也得想办法克服，总不能退缩回头。初生牛犊不怕虎，我们仍然一往无前。雨越下越大，四顾无人，决心虽大，但困难也明显摆在眼前，衣服已经湿透了，荒郊公路连躲个雨的地方也没有，前面还有几十里路要走。就在这时，背后听见了汽车声，一辆破旧黑色道奇牌轿车，在沙石路上颠簸地赶上了我们。解放前，公路上都有这种"野鸡包车"，随时招呼随时停下。于是，我招呼后与同学们上了车，车厢里塞满了六七个人。一下子好像进入了天堂，任凭风雨在车外肆虐，我们却安坐车内，虽然挤一点，却像腾云驾雾一样地在雨中向前飞驶了。

黄田港，是一个濒临长江边上的小镇，实际上只是一个从荒村渔舍演变过来的村庄而已，不及我家乡迁里村一片瓦房那样整齐，都是低矮的小屋。我先找一家旅馆，把同学先安顿下来。即使是旅馆，也不过是用竹片编成的墙，屋顶上半草半瓦，好在是竹片墙上涂了一层干泥，刷着白色石灰水，看上去还蛮干净。

安顿好后，我一人出去设法找过长江的船只。但上街一看，就傻了眼，满街都是国民党的军队：陆军、海军、保安队、警察、戡乱建国大队，肯定还有穿便衣的特务。上下客货的码头上，都有军警监视、搜身，江边还停泊有大小不等的舰艇，一股封江的森然气氛。这时，黄田港是长江下游除镇江以外唯一通往江北的口岸，进出船只和客货都是和北岸由国民党统治的靖江对开直往的，不通任何别的地方。要到共产党的根据地新港去，根本不可能。

此时我才发现向导走掉的真正严重性。这可怎么办？我真正急起来，连吃饭也无心思。天还在下着蒙蒙细雨，我豁出去了，只能冒险行事，自己去直接叫船。为了使国民党军警人员麻痹，我故意披上一件买来的草绿色军用雨披，半个脸被雨帽遮着，让他们吃不透我是什么身份。我径直走到长江边上，黄浊的江水拍打着江岸，停泊在那里的许多木船，在风雨中不停地起伏晃荡。

我开始用普通话喊叫船家："喂！去江北吗？"

"什么地方？"

"新港！"

船家瞪着奇怪的目光，不声不响，只当没有听见地缩回去了。

这真是太冒险了，直到今天回想起来，还有点害怕。这身不伦不类的打扮，竟敢明摆着说要去共产党根据地，船家还以为国民党的特务来有意讹诈，谁敢搭理？而更加危险的是，在这军警宪特密布的港口，只要一旦引起敌人的注意，那就是当场枪毙或活埋的结局。自己也不知当时怎么会如此轻举妄动，当时只想闯过长江去，什么也不考虑了。也许上天见怜，在我这样来来回回叫唤了半个小时，看到完全无望后，才拖着疲惫的双腿回到旅馆。

仿佛已经走到了路的尽头，我心烦意乱的横躺在床上，理不出个头绪。

突然，房门外客堂里有一个苏州口音的人在讲话。可能是在绝望的时候，乡音特别牵心，我忍不住爬起来出去张望。原来是一个五十岁左右的老人在和人家讲话，我找机会和他搭了个话。想不到他竟是这个旅社的人，老板就是他的儿媳妇，由于儿子是评弹艺人外出游码头，旅社里总要有个男人，所以他就长年住在这里，帮忙料理杂务。老家在苏州城中护龙街宜多宾巷，我立即用朱熙钧同学家的所在地嘉余坊作为我的家接了上去。老乡遇老乡，一下子就亲热起来。我有意和他套近乎，到附近卤菜店里去买了牛肉、花生米之类的菜，和他慢慢喝起酒来。晚饭以后，我还请他去黄田港唯一的一家小戏馆去听戏。回到旅馆，再喝老酒，就此变得亲如家人一样。

他终于随口问起我："到黄田港来干什么？"

我巴不得他这么一问，就向他露底："想找船到北岸的新港去，但找了半天都无船搭理，正陷入了绝境。"

他大吃一惊说："那是共产党的地方，现在已经封江，有谁敢去？"并且警告我，这里军警遍地，捉住是要杀头的。

我长叹一声，编出了一段使他心动不已的故事："我哥哥多年前经人介绍，为了混口饭吃去新港学生意，至今一直留在那里。但现在爸爸病重，看来是不行了，整天叨念要见大儿子一面。新港那边是共产党的地盘，连信也不通。实在无法，妈妈说家里只有我一个男人，只能叫我出来冒次险了。反正我是学生，还在读书，有学生证件，共产党、国民党和我们不搭界。你看，妈妈为了不放心，还叫同学陪我一起去。"

我停了一下，望着老者："老伯，实在无奈，能不能看大家都是苏州人的面上，帮我一个忙！"我还把学生证拿出来给他看。

这个时候，旅馆已半关着门，准备打烊了。夜已经深了，嚣杂的街上也已静下来，客堂在昏黄的灯光下，只有我们两个人。老伯心地善良，动了恻隐之心。他沉思了一阵，悄悄对我说："我去和儿媳商量商量，她人头熟，看看她有没有什么办法。"

我充满感激之情，说了一声："谢谢老伯！"眼看他进内房去了。

不久，老伯悄悄出来说："你自己去和她说吧！"

我心中狂喜，但仍装着一脸悲戚和无奈。房内灯亮着，老板娘正在处理一天的账务。见我进去，热情地站起来。她比我大多了，三十岁左右，短发，干净利落，一看就是个能干的人，并极富同情心。听我再一次叙述后，她爽快地说："机会倒有一个，明天一早就有一条装货的船要去新港，他们就住在这旅社里，都是老熟人了，可靠的很。如果我让他带几个人，不会有问题。"她特地叫我稍微等一下，出了房门。我知道她是去落实了。

一切顺利，我当时感激得差一点跪下来。我把刚买了没有几天的那只手表脱下来，双手捧上："嫂嫂，我没有别的可以谢你，你就收下留个纪念吧！"

她一脸诚恳："要是我要你的东西，我也不会替你想办法了。这是一桩冒很大险的事，要不是刚才老爹进来说是要好同乡的事，我也绝不会答应。表是绝不收的，事情就这样定了，明天他们天透亮就要开船，你们早点起来等着，到时我叫你。"

我激动不已，深深感到人民都是善良的。我千谢万谢，回到房间，同学们还都在等我，听到这个好消息后，开心得不得了。一宿无话，天不亮，表上指着四时多一点，我们立刻悄悄起来，漱洗完毕，寂静无声的默坐等候。

老板娘果然悄悄来叫我，还留我们吃了稀饭，说："路程很远，不吃要饿的。"这份真挚的心意，使我铭记难忘。匆匆付清费用，匆匆道别，就跟上几个身穿黑衣服的船上人出门，在港内停满船只的河滩边登上了他们的船。

这是一艘在长江内穿梭航行的惯见小木船，船头尖尖的，俗称"浪里窜"，是从北岸装运百货杂品来的。船尾还拖着一大捆木头，半浮半沉地浸在水里。船舱不大，我们端坐在里面，船上人叮嘱我们："出港要检查，不管发生什么事情，你们只说自己是学生，搭船去对岸靖江的，其他一切不必管，由我们答话。"

我们牢记心上，为防差错，我叮嘱同学："一切由我对答，除万不得已，大家尽量少说话。"

解缆，离岸，出港。

天还早，船不多，靠上港口的军警检查站。首先是盘问、验证，然后进舱检查，"秃、秃"的军靴踩在船板上，发出沉重而恐怖的声音。我们虽装作无事，内心难免紧张，学生证早已拿在手里。大概船主照例塞了"检查费"，加上证照俱全，对答如流，作为到靖江的正常航行，并没有过多的纠缠，就放我们起航了。

一出检查站，就进入浪大水急的长江，船只开始晃动起来，但我们的心都极为平静，预想自此以后应该一路顺风地驶向目的地了。

想不到当船只顶风破浪航行到江心的时候，不知是不是被国民党的海军发现了什么？突然一艘军用舰艇快速地追赶上来，并用信号命令停航。船上人也紧张起来，一个人进舱，把我们藏到船舱地板的下面底层里去，并嘱咐："千万不要发出任何声音。"幸好我们都是年轻人，身软体小，手脚麻利，很快就在舱底匍匐下来，舱板就压在我们身上，清楚地可以听到仅一板之隔的滔滔流过的水声和浪涛的拍击声，心提到嗓子口，真想不到还有这样一道险情。

我们清晰听着军用舰艇高速赶来的马达声，越来越近，最后靠上了木船。军靴踩在船板上"咔、咔"直响，船主和他们叽叽呱呱地说着什么。接着，舱门打开了，我们的心咚咚直跳，幸好大概看见里面空空荡荡，因而没有人进来。再过一段时间，大概船主又花了一笔钱，他们开始离船返舰，解缆启动，马达声响，渐渐远去，惊险地又过了一关。事后才知道，大概是船上人心急了一点，刚到江心就想偏离去靖江的航线折而向东，被海军巡逻舰发觉追了上来。好在大江宽阔，在风急浪高的情况下，一条小木船颠簸起伏的艰难航行，很难凭此而断定就别有动向。受此一吓，船上人拨正航向，直驶正北方的靖江码头。直到靠近北岸芦苇丛生的浅水滩头，在芦苇的掩护下才掉头向东，扯起风帆，顺流而下，往下游急驰，迅速脱离了敌人的监视范围，直奔南通的新港而去。

我们也被释放出闷人的底层，重返中舱。虽然浪花不时溅进芦棚的缝隙飞向舱内，但经过刚才的惊险以后，我们什么也不在乎了。

路程确实不近，即使顺流东下，从靖江到南通新港也航行了十个小时左右。直到薄暮时分，太阳在云层的掩盖下渐渐西坠时，船降低速度在一个荒僻无人的芦苇浅滩停靠下来，告诉我们应该上岸了。从这里往北不远，就是新港所在地。我们踏上江岸，欢呼雀跃起来，像梦幻一样地已经到了象征着光明和幸福的解放区。这是多么神圣壮丽的一刻，天边红色的晚霞，为我们燃起了胜利的希望。

当和船上人告别的时候，我们把余下来的全部钱款统统要送给他们。谢志恒同学更把工作以后新做的一件马可呢大衣也脱了下来，坚持要送给船上人，并高呼此为"割掉小资产阶级的尾巴"，借此以答谢他们对我们的一路照顾。到底是诚朴的劳动人民，他们坚决不肯多收一分钱。我对他们说："反正蒋介石发行的钞票我们也没有用了，请你们不要客气！"他们对我们这些青年学生的狂热几乎不可理解，诚恳地告诉我们："这里急需要国民党发行的金圆券、关金券，有了这些钱，就可以到江南去购买各种物资。"教我们把这些货币到镇上去兑换成解放区的"华中币"，仍旧可以继续使用。

木船离岸继续东去，我们整理好随身物品，在我的带领下迈向了一个被薄暮笼罩的毫不起眼的村庄——新港。说实话，实际上到现在我也没有弄清这真是远近名扬的新港，还是仅属于新港管辖的无名小村。

我终于问到了中共江南办事处，谁知就在农民家里，低矮的几座民居就是秘书科所在地。

在这个农舍的客堂里，秘书科长焦康寿同志满面笑容地接待了我们。我从皮带掩盖的裤腰里取出这张密写的一角牛皮纸递给他，待他进内读完以后，表示欢迎我们的到来，并和我拉起家常。最使我激动而终生难忘的一句话是："这里就是你们的家，到家了！"我从心里迸发出五个字："是的，到家了！"

焦康寿科长说，革命形势发展得比原先想象的还要快，需要越来越多的青年来参加。我心里一怔，在学校里，我们把能参加到共产党领导的革命队伍里来看做是十分神圣且神秘的大事，真是要百里挑一才能同意。而如今焦科长却说："只要愿意来的，我们都欢迎！"真是敞开大门。

我情不自禁，脱口而出："早知道是这样，江南要来的人可多着哩！"

"真的？"

"那还有假！"我眼前立刻浮现了许多熟悉的面孔。

谁知焦康寿同志大感兴趣："这样吧，让这些同学先进去，你暂且留下来。隔天我们有同志要去江南出差，你就随他一起去，再邀一批青年来！"

对我来说这简直不可思议，花了千辛万苦刚到这里，立即却要重返江南？但我立即下了决心："好，为了革命，为了热心向往解放区的同学和朋友，再跑一趟，值得！"何况既然来到这里，填写了入伍申请书，人就属于革命队伍的了。自此以后，这个七尺之躯，不再属于自己，组织上叫怎么办，就怎么办。

简陋的晚餐，萝卜干、调着玉蜀黍粉的粥，黄黄的、黏糊糊的从未吃过，口感很好。不论领导、下级、客人，自舀自食，一视同仁。如此不分彼此，我深感革命队伍中一律平等的伟大，使每个人顿感自身价值的尊贵，刚从贫富悬殊、等级森严的江南来到这里，真是耳目一新。

门外泥场上有不少村民，阴历十月份的天气清清凉凉的。江南办事处的工作人员也都来到泥场上，融合在群众之中。在人们的建议下，不少青年男女开始边唱边扭起秧歌舞来。过去只在小说上读到，今天竟在眼前实地展开，我的新奇感和革命的热情迅速被调动起来。焦康寿同志鼓励我们也参加进去。本来，我在学校中一向不肯在大庭广众下搞文娱活动，但现在既到了革命队伍之中，自己认为有责任事事带头，破例地第一个插进了秧歌队里扭了起来。步子很简单，前进二步、退后一步构成一个单元，夸大地扭着腰，甩着两条臂膀，就算成功了。这对我们这些青年学生来说根本不在话下，还受到了围观者的欢呼。我鼓励同学们一起进来，气氛顿时热烈起来。当时，我认为这是和工农兵结合的第一步，抛弃了小资产阶级的爱面子思想，一种革命的庄重感和神圣意识，使自己努力地跳着。

散场，回到屋里，他们还要按制度学习。我深感奇怪："学习？学什么？怎么个学法？"看他们围坐在一起，一个人凑着油灯的光亮，一字一句地读一篇新华社的社论《目前形势和我们的任务》，据说是毛泽东主席亲自写的。我自大地心里暗想，这文章花半个小时就能看完，何劳兴师动众地逐段朗读，居然还要大家讨论。

这些后来司空见惯的学习，在第一次见到时真有一种强烈的新鲜感。焦科长并没有邀请我们参加，客气地说："路上辛苦了，早点休息吧！"我们四周一望："休息？到什么地方休息？"连椅子都是各人自己带来的，更谈不到床铺。

我笑笑说："不累。"就在留给我的一只小矮凳上靠墙坐下，权作休息。实际上我好奇地听着他们你一言我一语的发言，心里还洋洋自得地认为，如果叫我发言，一定可以洋洋洒洒地来这么一段，明显比他们系统全面，理论性更强。

深夜，学习结束。村庄一片宁静，大伙散去，我也确实不支地瞌睡了。焦科长笑着招呼我，我还强装不在乎，但真的在纳闷："今天如何睡法？"想不到焦科长把农家的大门卸下来，用二条长凳一搁，就算是一张床，好在天还不算冷，和衣一滚，就算睡了。两个人合睡，当然得分外床、内床。他外我内，一侧身，他很快就睡着了。我很不习惯两个人合睡，拘谨得一动也不敢动，侧着身背对着他，二腿弯曲，生怕一伸腿碰到他，最大限度地拉开距离。大门卸下，屋外月光亮亮地，望得很远。虽然焦科长在卸门时说过这里是解放区，何况村上还有同志们放哨警戒，放心睡觉。但我无论如何不习惯，静听着风声、草声、秋虫声，久久不能合眼。最后，浑然不知何时睡着的，这是我到了解放区的第一夜。

第二天，我就在家里耽着，就像小时候走亲戚那样乖乖地。同学们跟随向导北上，我也只在门口象征性地欢送。

第三天，焦科长对我说："今天有人去江南，是位老同志，你放心跟他重返江南，把可以带来的人都带来。"

我随着一身劳动人民打扮的老同志离开了江南办事处。他本来就是无锡人，泥瓦工人出身，那正是熟门熟路，再也用不到我花任何心思。上船过江，重返黄田港，坐车到无锡，买票上火车，大概一路都有地下党联系，反正一切顺利。车到苏州，我告别下车，他则直去上海，约好了在上海见面的地点和暗号。我第一次感受到有了组织依靠后的强大力量与安全。同样林立的国民党军警，现在我已感觉到其徒具形式和不堪一击了。

重返苏州，依理是回到家乡，但我竟好像是来做客一样。自己心目中的家，变成了刚去没几天远不及苏州繁华的苏北解放区，苏州突然显得陌生起来。我既不能回学校，又不能去光福老家，只能找到学士街沈志直同志家中。老沈不在，嫂嫂亲切地招呼我坐下。她实际上大不了我几岁，整整洁洁的一身阴丹士林布罩衫，短短头发，典型的贤妻良母，我十分尊敬她。不久，老沈回来了，惊喜我的到来，详询了一切，我如实相告。晚饭吃得很开心，炒青菜、荷包蛋、白米饭，和苏北比已是十分可口了。我就在他家宁静无忧的小天地里宿了一夜。

第二天一早，我把朱熙钧同学找来，他十分高兴地自动接下了联系其他同学的任务。当即我和他乘火车赶去上海和汪杰见面，那时他已在一所小学里立下脚，见过我们后他立即作去解放区的准备。

接下来匆忙而紧张的日子，事隔近六十年，已难一一详记。总之，我又回到苏州，熙钧则专程赶去常熟，把余永忠等统统约集苏州。我俩还特地赶到天赐庄的东吴大学，在一幢高高的女生宿舍大楼下高喊一位女同学的名字，楼上窗口伸出一个头来，回答我们："不在！"我们立刻就走。也许这个同学无缘，瞬间失去了一个去解放区的机会。最后，我带了这批青年到无锡与老同志见面，由他安排，顺利回到江南办事处。

大约休息了一两天，焦康寿科长叫事务长买肉添菜，为我们饯行。

那顿美餐至今难忘，多香多鲜的红烧肉啊！我们感到十分不好意思，来了还没有做一件事，却叫组织上破费。焦科长笑呵呵地告诉我，这是组织上规定的对新同志的待遇，每人三两肉，送各位踏上北去的征途。新港属华中一地委，而华中工委则在北边的阜宁，江南来的知识青年一律要到华中工委报到，统一安排。此外，我还把朱熙钧的姓名留在江南办事处，以便他再组织一批同学和朋友来解放区。

下午，我们怀着对未来充满新奇和憧憬的心告别了江南办事处的同志，跟随组织上派出的向导开始北上，向华中工委所在地阜宁前进，开始了一生的革命生涯。

解放家乡苏州，我是先遣队员
——1949 年渡江进军亲历记

六十年前，1949 年，我刚二十一岁。青春年华，血气方刚，恰恰赶上了百万雄师渡长江的历史时期。这壮丽的场景，使我在整整一生中都铭记难忘。当时，我们华中大学驻在刚解放不久的盐城，战争创伤触目皆是。然而，淮海战役伟大胜利的喜讯传来，使这年的春节过得特别红火。当春天的气息刚从小麦的叶尖上透露出来的时候，我们就接到了准备南下的进军任务。

动员南下

苏北军区司令管文蔚同志亲临盐城，在一座经过战火洗礼的破败大祠堂里，为我们做了南下进军的动员报告。

管司令身材高挑，瘦长精干，腰板硬朗。一身灰布军装，使他显得英气勃勃，看上去有四十开外年纪，在讲台上时停时续地缓缓走动，嗓音响亮而清晰。我们坐在用乱砖、木头临时搭起来的"座位"上，以背包作"桌子"，认真地写着笔记，黑压压地坐满了祠堂的里里外外。管司令用相当缓慢的语调讲着淮海战役胜利后的新形势和党中央提出的新的战斗任务，特别明确提出："在今后一年左右的时间内，要把国民党的反动统治基本打到！"全场群情激奋，口号声此起彼伏，达到沸点。

管司令讲了大约两个小时，事隔六十年之久，大致内容都已忘了，但有几句精辟的话，却深深地刻印在了我的脑海中，终生难忘："同志们，世界上十全十美的事情是没有的，它只存在在小资产阶级的幻想之中。……这次渡江南下，也一定会遇到很多困难、挫折和麻烦，需要我们做好充分准备，去迎接它、克服它……"以后所经历的一切，充分证明了管司令的正确性，使我在整个一生中牢记"十全十美的事情是没有的。"不管在什么时候，都使我事前做好迎接困难的思想准备，即使遇到再大的困难，都不会惊慌失措。这些话陪伴着我度过了无数的风风雨雨，直到今天。

行军途中

管司令动员以后，华中大学立即紧张起来，人员开始频繁调动。一批同志调往参谋训练班，高义同志走了，邹月琴、丁犁等抽去军区文工团。大家的心加速跳动，都有些按捺不住。终于接到命令：全体南下，待命渡江。

早春三月，阴雨绵绵，苏北平原上，阴云低垂，春寒料峭。我们踏着泥泞的道路出发。我年轻力壮，被编入了先遣队，总是半夜起身，摸黑上路，按上级布置的路线，必须赶在大部队到达之前先到宿营地。然后与当地兵站取得联系，领取柴草粮秣，分配宿营驻地，安排班排房屋，迎接大队到来。我们当时的代号是"XD"，用粉笔写在配定的民房大门上。同志们一到，安排大家打铺、烧水、洗脚。那时，天天下着蒙蒙春雨，同志们的棉军装全湿了，待大家入睡，我作为班长还要生起火堆，把大家的湿军装围在火堆边，一件件烤热烘干，盖到大家身上，才能躺下休息。天不亮，先遣队出发，我又第一批上路行军，赶往新的宿营地。自己也不知道哪里来的那么旺盛的精力，从来不感到疲倦。

由范仲淹兴筑的捍海大堤"范公堤"（现在改为通榆公路）上，出现了千载难逢的壮观景色。日夜涌动着草绿色的洪流，前不见头，后不见尾。无数路纵队，各色各样的番号，全部往南！往南，塞满了整条宽阔的公路。春天来了，部队改装，一律穿上新发下的草绿色单军装。显然是供给紧张，我们穿的都是农民木织机上手工织出的白色粗布，然后用青草一类作为染料，制成军装，一经雨淋，迅速褪色。但刚刚发下时，还是一色崭新。最惹人眼的是骑兵和炮兵，汽车拖带着一色的美式榴弹炮威武雄壮，通信兵则牵着驮满电线的长耳驴子吆喝着赶路。大量从山东南下推着独轮车的支前民工，车上插着红色的小旗，由他们的队长率领，为了防止敌人空袭，也一律穿上绿色新军装，在拥挤的公路上，匆匆推车前进。更主要的是庞大的步兵队伍，战士们扛着枪，斜挎着用白布缝制的带式米袋，搪瓷碗挂在腰间，背包上垫衬着一双备用军鞋，疾步向前，挑着大锅的炊事班间隔其中。忽然又有疾驰而过的骑兵通讯员，从后边赶来，迅速消失在浩浩荡荡庞大队伍的尽头。队伍中不时响起慷慨激昂的口号声："打到南京去，活捉蒋介石！""打到江南去，解放全中国。"此呼彼应，不绝于耳。越往南走，横跨公路的竹扎牌楼越多。当地群众用青松翠柏作点缀，正中放置着毛主席像或巨大的红色五角星，两侧写上红色金边的大幅对联："全力支援前线，欢送大军渡江！""军队向前进，生产长一寸；加强纪律性，革命无不胜！"青年群众更在公路两侧设置茶水供应站，把早已凉好的开水一碗碗送到我们的手中。

在那种热火朝天的雄伟场面中，无论谁都会情不自禁地热血沸腾。随军同行的著名音乐家费克等同志，立即创作了崭新的战地歌曲《行军小唱》《同志！亲爱的兄弟》等，一时风靡四方。我是连里的俱乐部主任，一接到新歌，立即教给连队战士。每当队伍就地休息时，连排之间相互挑战唱歌："快、快、快！来一个！""一二三四五，我们等得苦！""要不要三连来一个啊？要！！！"一时歌声嘹亮，此起彼伏，一波接一波，充满着胜利的激情。当时唱得最多的名歌要推《我们的队伍来了》，歌词很豪迈："我们的队伍来了！浩浩荡荡饮马长江。伟大庄严的红旗飘扬，不怕你山高水又深，不怕你碉堡密如林！我们的队伍，要渡过长江，横扫千里。穷人翻身，老百姓做了主人！"

路遇伏击

在接近长江的时候，打了一次遭遇战！

当时，我们的队伍已离开公路，沿着农村泥路向南推进。前面是一个房屋密集的村庄，并不起眼，我们的前哨队伍毫不介意地开了进去。想不到国民党在这里布置有警戒性小部队。他们当然谈不到要阻拦解放大军南下，但一旦警戒部队和我们接上火，说明解放军已经真正接近长江，则渡江作战已是明摆着的事。江南江防部队就以此为根据进入实战状态。

当部队正在毫不介意地向前开进时，突然村子里响起了密集的枪声。这真有些出人意料之外。我当时离村庄约有三五百米，队伍立即传来命令："快，跟上！"我们开始一路小跑，微弯着腰紧跟前面的队伍向村庄冲去。我手里握着一支短型的小马枪，本来是骑兵使用的，比较轻便。正当我冲进村口的时候，枪声骤然停歇，前面传下话来，敌人已经解决，战斗结束。但我亲眼目睹从村里抬下来一副副担架上面躺着我们受伤的战士。老百姓支援前方带来的民用棉被，盖在他们身上，军帽遮住他们的脸，鲜血在担架上点点滴滴的洒下来，立马渗透进泥路里面去。刚才跟我们一起生龙活虎进军的小伙子，一下子变成靠人抬着抬下来的伤员，有的甚至已经牺牲了。我深深体会到战争残酷的现实，绝不是小说中看到那些带着幻想激情的浪漫情调。

惊险空袭

天偶然放晴，苏北平原上辽阔的田野一片嫩绿，小麦青青，洋溢着春的气息。村上路旁的树木已生长出绿得发亮的新叶，真是春意盎然。一旦摆脱使人厌烦蒙蒙的春雨，同志们的情绪显得分外高涨，跨着轻快的步伐迅疾南进！

突然，作为防空警报的急促军号吹响了，前呼后应，连成一片。大道上久经战阵的队伍，快速地消失在两侧的麦田里，靠绿色军装的掩护卧倒。敌机从长江方向的天边呼啸而来，一共三架，全部是战斗机。他们知道我们部队缺乏防空武器，制空权在他们手里，因此显得十分猖狂，飞得好低好低，机翼下的"青天白日"图徽都看得清清楚楚。我突发奇想，要看看他们如何疯狂，于是半侧翻过身来，两眼直瞪着敌机。这时我真正尝到了临近死亡边缘的滋味。敌机带着刺耳的呼啸声对准我俯冲下来，乌黑的机关炮口对着我的头部，越来越近，使人几乎不能控制的想躲避。但当时我牢记领导的话："遇到空袭时不准乱跑，连身体都不能动一动，即使牺牲也要牺牲在原地。"特别是挂在腰间的搪瓷碗一类容易反射光亮的物件，更要绝对掩护好。因为一旦被敌机发现目标，那就不是个人牺牲的问题，势必将整个队伍暴露在敌人的眼前。因此我一动不动，心想："即使牺牲了，也要看清敌机是如何打中我的。"

敌机猛然开始扫射，咯咯咯咯，长长一梭子炮弹倾泻而下。我清楚认识到这是瞄准我的头部打的，我决心看清这最后一眼。想不到竟没有打中我的头，而是扫射在身旁的大道上。一朵朵被子弹打起的尘土之花，在"扑扑"之声中跳起。我第一次如此清楚地看到，它不是我们想象的那样沿着一条直线扫射过去，而是以三角形点射不断向前延伸，以尽量扩大它的杀伤面。突然，一颗弹壳跳到我的身边，还是滚烫的，它比我们的步枪弹壳大多了，足有我们今天的小型电筒那样粗粗长长的，可惜正处在生死边缘上，又有严格的军令约束着，否则我正想把它捡起来，藏在背包里做个纪念。

敌机轮番扫射，简直是无休无歇。一架飞机刚刚审过去，另一架又迎面冲过来，喷射出又一串火弹。我开始懂得，炮口针对我是一种错觉，但我那颗心却好像已不在胸腔中，而是塞在喉咙口，咽不下又吐不出。呼吸好像全然停止，头脑里一片空白，也不再想到生生死死什么的，只是等待那一串串疯狂的子弹打下来。特别当敌机一个侧身俯冲时，我竟看到了坐在机舱里的敌人的身影。

敌机终于把子弹打光后飞走了，嘹亮的解除空袭警报的军号此起彼伏。一下子，大道上又卷起了巨大的纵队洪流，人欢马嘶，继续向南进军，激昂的战歌在空中飘扬。

待命长江

我们终于到达了长江前沿，浩瀚的江水、辽阔的江面、对岸江阴隐隐的青山、长江中流倾侧着冒出滚滚浓烟的中弹敌舰，使我这个来自苏州的战士产生了一种急不可待的迫切心情，恨不能一步跨江而过，解放尚在苦难中的亲人。

有人问我："当时怕不怕？"说句真心话，那时心里只充满着胜利的信心而兴高采烈。当看到如此雄伟的无敌铁流，个人一下子显得十分渺小和微不足道："怕什么，我个人纵然牺牲了，但大部队过江了，家乡的人民解放了，还有什么不值得的？"

在我的眼前，顿时闪现出慈祥的母亲、白发苍苍的老外婆和期盼我回家的姐姐，梦牵魂萦的江南亲人。

真是人间奇迹，日夜汹涌南下的部队一到长江前沿，突然都消失得无影无踪了。田野里依旧一片宁静，村庄沐浴在和煦的春风里，老树吐着新芽，敌机经常从江南起飞，轰然飞过头顶，消失在往北的远方天空中，而沿着大江的苏北平原上，好像什么事都没发生。

人究竟到哪去了？实际上部队接到严格的命令，就地隐蔽。因此，我们整天藏在农民的房舍中、树丛里、竹林内，结成一个个班排小组，认真学习《三大纪律八项注意》《城市政策》《入城须知》等等，并联系实际，反复讨论。当时有一条令我感到不可思议的是："进入新解放区以后，不准买东西。"经过讨论以后，才知道我们用的是解放区的华中币，江南用的是国民党的金圆券和其他货币，两者的比价要上级财政部门经研究后才能确定，一旦部队擅自购物，必然引起金融混乱，影响大局。由此可见，当时制定的各项政策，细致到了什么程度。

逢到阴雨天气，或到下午四时以后，敌人的飞机不可能活动的时候，局面就完全变了。一下子无数的人突然冒了出来，大大小小的船只，在新开凿的小河中从隐蔽的村庄、树林和竹丛中拉了出来，进入长江，紧张操练着水上作业，支援前线的民工队伍匆忙地运送给养和弹药，到处一片忙碌。

粮食准备得十分充足，但吃菜成了突出的严重问题。如此庞大的队伍汇集在江边，数十里范围内的蔬菜已全部吃光，连地上的野菜、刚冒尖的竹笋一概无剩，后勤部门想尽千方百计，调来黄豆，孵成豆芽，加上粉丝，发到部队。实在供应不上，一律用酱油汤做菜。

火线入团

离渡江作战的时间越来越近。

那天下午，我接到通知，要我参加火线入团的动员宣誓大会，并且指定我为"争取火线入团"的青年战士代表，要在大会上发言。

大会在一座很大的祠堂内举行，红色的横幅标语，悬挂在主席台上方。来自各部队的青年战士，挤满了整座建筑，包括其中的庭院。先是首长动员，讲话简短有力："青年团是党的亲密助手，是党联系广大青年的纽带和桥梁。渡江战役是锤炼和考验我们的极好机会。优秀青年要争取火线入团！"接着是第一批入团青年战士的宣誓仪式：排成整齐的方阵，洪亮、坚定的誓词，加上此起彼伏的口号，把全场激励得热血沸腾。接着就是我们一批"争取火线入团"的积极分子代表发言。

我讲了些什么？已完全不记得了。但清楚地记得，我揣着一颗激烈跳动的心，脸上沸烫，登上主席台，看到台下挤满了的人，像呐喊一样地表示了自己争取火线入团的决心，然后在一片雷鸣般的掌声中下来，返回同志们笑脸相迎的队伍之中，感到无比自豪，无比幸福。

果然，随后的几天里，组织上很快批准我成为光荣的"新民主主义青年团员"。我自己激动地勉励自己："已经向党的组织靠拢了一步，以后就要在战斗中争取入党了。"

特殊"任务"

突然接到命令，晚饭以后谁也不准离开。大家端端正正地坐着，等待领导的到来。

指导员一脸严肃，什么话也没说，只要大家准备一小张牢一点的纸和一支笔，但郑重嘱咐，可以用毛笔，也可以用铅笔，但绝不容许使用当时普遍的"自来水笔"。我心里纳闷:"这是为啥?"但不好问,命令就是命令。

我向房东借了一截短得只有手指长的铅笔,听候使用。

指导员一字一句地说:"大家在纸上写上自己的姓名、部队编号和家庭住址,字迹要端正,不得潦草。自己不会写,可以叫会写的同志代劳。"然后一律放在军装的左胸袋内,任务就算完成。解散后,各返自己班排,进行例行的晚间学习。

我心想:"这算什么任务?吃晚饭时指导员讲一下不就得了?"老同志们懂得,这是即将开始渡江战役的重要准备工作。士兵在战斗中牺牲了,从江水中拖起来,谁还弄得清你是哪连哪排?只要口袋里一掏,小纸片上一看,就什么都清楚了。原来如此,难怪指导员为此郑重其事。我摸摸折叠得整整齐齐的小方块纸,心想,只要在江南吴县光福镇迁里村的妈妈,知道我为解放江南而牺牲了的消息后不再倚门而望,我也就心满意足了。

横渡长江

连着几天下起雨来,敌人的飞机不再出动,使我们安静了不少,但行动增加了困难。农村道路既窄又小,满路泥泞。准备随军南下的新安旅行团的孩子们,穿着长短不一的、明显太大的军装,在队长的带领下经过我们驻地,一滑一个跟斗,真是难为这些孩子了,大的也不过是十三四岁,小的只有十岁左右,个个都跌得像小泥猴一样,叫人忍不住发出善意的笑声来。

但真正的关键是江水涨了!江面一天天地变宽,水不断漫上原来长草的滩头湿地。大家心急如焚,谁都明白部队多涉水一丈,将在战斗中增加多少困难和伤亡!因此,原来准备在星月全无的月底渡江,提前改为4月21日下午十八时开始出击。

真是万炮齐鸣,震天动地。开始时,可以清晰地听到炮弹出膛的"轰——"声,然后是炮弹飞越江面摩擦空气发出的"嘘——"声,接着才是在江南落地爆炸的"嘭——"声。这是实弹射击的测试,一旦修正射击诸元以后，就是越来越密集、连续不断的发射和爆炸声，最后像过新年的鞭炮声一样，已经无法辨别，只是轰然连成一片的巨大声浪冲击我们的耳膜。长江南岸，形成了一片火海。

我们两淮总队，是随十兵团二十九军从江北的十一圩滩地登上渡江的木船。时值十一时左右的深夜，炮击早已停止，第一线部队已突破敌人江防，向纵深追击远去。但在长江北岸的后续部队，千军万马，在一波又一波地上船扬帆，渡江南进。如此紧张繁忙的军事行动，竟会一片寂静，在黑暗中悄然进行，简直是人间奇迹。部队秩序井然地按照周密的布置，迅速上船起航，口令都用轻微的声音传达。我们出发前都接到严令：不管发生任何情况，谁也不准发出不必要的声音。为了在一片黑夜中不掉队，不少队伍在每个人背着的背包插上一支点燃的香，闪发出一点红光，后面的人就紧盯着这一点红光前进。船上民工，也无半点声音，只听到轻微的吆喝，抽跳板、起航、拉蓬，然后是哗哗的江水扑击声，一艘艘战船向漆黑的长江南岸直扑而去。我心中惊叹，组织工作竟达到了如此出神入化的妙境，如果不是亲历其境，简直无法相信。江中千帆竞渡，偶尔有作为联络之用的手电筒，一闪一闪地发着我看不懂的信号。

大约一个小时左右，我们达到江南江阴的夏港滩头。江水泛涨，船靠不上去，被浅滩搁住，离岸还有相当远的一段距离。船前是一片茫茫的江水，波浪起伏。长官传下命令："下船！涉水登陆。"我们迅速下船，跳进水深过膝的长江滩头。由于我出生在太湖之滨的光福农村，从小喜水，对此毫不在乎。阴历四月份的江水冰凉冰凉的，难为了随军渡江的女同志，我们班里就有两位。指导员下令："由男同志背上岸！"我是班长，当然轮上。她替我提枪，我背她涉水。想不到在江滩泥地里，国民党插满了锐利的竹刀，尖峰向上。我们连续行军跑烂了的布鞋，根本经不起这些锐利的刀锋，它们可以轻易地刺进我们的脚心。幸好第一线的部队，已把船头上用来架设机枪的填上土的草包抛下了江，压倒了一部分竹刀，我从小又在太湖边上踏惯刺脚的芦苇根，因此叫大家用脚向外侧踩踏，把竹刀从侧面踏倒，减少伤害，顺利登上了江岸。

刚一上岸，按分配进入江边一户农家休息。时已过半夜，人十分疲劳。我却被领导点名，立即随先遣队奔赴无锡。我从开始南下行军以来，从未好好休息过，现在又是一个通宵，人困得直想倒地就睡。但军令如山，整一整挂在身上的背包、米袋等装备，二话不说，又大步向前，摸黑上路了。

走路也会睡着

从江阴到无锡的锡澄公路上，挤满了汹涌向前的解放军队伍。黑夜中只听见杂碎而匆忙的脚步声、刀枪碰击声，偶尔听到"跟上…跟上"的轻微口令声。在极度困乏的情况下，这简直是太静了！

我的脚步在习惯性地机械地跨着走，而眼皮却不可抗拒地闭了下来，沉重得即使使了劲也张不开来。渐渐地，我终于失去了知觉，沉沉地睡着了。

猛地背上受到重重的一推，加上轻轻的喝令："跟上！"我被突然惊醒，想不到一路走着竟睡着了。我振作精神，快步小跑，紧紧跟上了前面那个熟悉的身影，再次刻板地不紧不慢地迈步向前。慢慢地又沉沉睡去，就这样周而复始。我开始懂得，每天凌晨三点左右，是一个人积累疲劳最严重的时刻，在极度困乏时尤其如此，简直不可抗拒。我当时有点埋怨组织上，为什么不让大家休息一下，即使是短短的十分钟也好。但后来老同志们告诉我，队伍越疲劳越不能休息。如果一旦停下来，战士们会立即倒地入睡，拉起了这一个，那一个躺下去，顷刻会使整个部队瘫痪。这已经到了不是意志能解决问题的时候，只有坚持一刻不停地走路，宁可让实在不行的同志倒在路边，让后面的收容队收容，也不能使整个部队停下，战争就是这样残酷无情。

拂晓，东方开始露出鱼肚白，清凉的晓风吹走了一夜的尘土和睡意。最疲乏的时间过去了，年轻人的精神又饱满起来。前方惠山、锡山秀丽的身影，越来越清晰。这是一个春光明媚的和煦晴天，我终于踏上了梦魂萦绕的久别了的江南平野。长期在北方行军，稀稀落落的农舍、村庄，都是泥墙草顶，灰灰蒙蒙，毫不显眼。现在到了江南，放眼望去，青青的麦田，蓝天白云，衬托着乌瓦粉墙的砖房村庄，眼前一下显得明亮和艳丽。我们在堰桥这个集镇吃了一顿炊事班临时搭锅煮成的稀粥和贴在锅边上的烘馒，再接再厉，终于精神充足地进入了无锡北门外的市区边缘，就地待命。

重返苏州

敌人基本上溃退了，在市区经历零星敌人的抵抗，很快结束战斗。上面传来命令，从南京大量溃退的敌人，正沿着京杭国道撤往杭州。因此，二十九军必须南渡太湖，邀截这批敌人，暂不向苏州前进。

部队停了下来，开始作南渡太湖的准备。我心里可急死了，眼看已经到了无锡，而近在咫尺的家乡苏州，一时偏又到不了。我多么想立刻见到家乡的亲人，纵然能够听到一句乡音也好。

4月26日，上面传来喜讯：太湖南岸的敌人已经被兄弟部队解决，二十九军立即东进解放苏州。

八十七师暂留无锡，八十五、八十六两师立即出发，沿宁沪铁路东进。驻防苏州的敌人有青年军二〇二师余部和顾锡九的一二三军，铁路上的一些铁桥已被溃退的敌人炸断，头上还不时有从上海起飞的敌机来轰炸、扫射。在强大的进军声势中，这些都已构不成什么威胁。部队克服诸多困难前进，在到达浒墅关以后，我军分兵两路：二五三团继续沿铁路，经虎丘进入火车站，然后从北向南进攻苏州。二五四、二五五团则从浒墅关往南插向西津桥，从枫桥、横塘方向北上，形成南北夹击之势。并力争绕过苏州城南，切断苏嘉公路，东出葑门、娄门，抢占外跨塘，不让敌人东逃上海。

我们两淮总队，随二五三团跟进。下午，我们在无锡北门下船，由一条小火轮拖带，沿江南运河驶往苏州。薄暮时分，到达浒墅关。我们的船被严密的棚架掩盖，人都挤在舱里，外边根本看不出是运兵的船。浒墅关显然没有经过战斗，居民们平静地在岸上说着话，我听到了家乡的话音，心中一阵狂喜，默默祷念着："妈妈，我回来了。"

深夜，船停泊在金门外的南新桥堍。部队陆续上岸，与我们两淮总队同船一起到达的是军区文工团的同志。整理队伍后，我们分道扬镳，进金门，走养育巷向南。当年街道很狭窄，下面还是大石板铺的路，队伍的脚步声引起空荡的回响。街上寂静无声，一片战时景象，两边的房屋内，既无灯光，亦无人声。只有明显电力不足的街灯，散发着暗淡昏黄的灯光。

前面传话过来，苏州军事管制委员会已经成立，我们两淮总队编入军管会序列，每人发到了一小块长方形的红色臂章，上印"军管"两字，用针别在右边上臂的军装衣袖上。从此告别了南下大军，我转入了接管苏州的地方干部行列。

追击敌水警总队

驻地频繁调动。

这一天，我们驻扎在胥门的学士街口。天气很好，已是暮春季节，阳光暖暖地照人。下午四时左右，我突然接到通知，指导员找我。我匆匆上楼，指导员坐在靠窗的一张桌子后面。待我走进，他严肃地向我下达任务：国民党江苏省水上警察总队二千余人，携机枪四十余挺，在总队长张少华的率领下，盘踞在城西十二公里的木渎镇上。为了肃清这股反动武装，解放木渎人民，要我立即出发，会合作战部队，前往追击。并已由苏州发电厂调出小汽轮一艘，停泊在胥门外的万年桥下的河码头等着。

我立刻下楼，好在当年随时做好战斗准备，早上一起身，背包就打好了，因此毫无耽搁。出门一看，一个排的兵力，在宋排长的率领下，整整齐齐集合在学士街上。此外，还配备了三个干部，一位是预定任苏州检察长的领导同志，姓名已忘，后来上调北京去了；另一位是负责总务的赵学礼同志，后来任苏州市政府行政处长；再一个就是我，人员总计刚足四十。

出发时，太阳已经西斜。宋排长是久经战阵的老同志，刚不久从淮海战役前线下来。他身背驳壳枪，步履轻捷地走在队伍的左侧。我因为是苏州人，在队伍的尖端领路。刚要上万年桥，迎面走来阔别已久的表姐夫肖永坤，他凝神看着这支全副武装的解放军，止步不前。我以为他发现了我，心里一阵激动，真想跑上去热烈握手，一叙别情。但为了严守保密制度，我不能和他讲话，只对他略略微笑一下，点了点头就擦肩而过。但我心里感到十分踏实，高兴地想，他一定会把我已渡江返回苏州的消息，迅速传给我在光福乡下日夜思念我的慈祥妈妈和老外婆。事后才知，他根本未加注意，只是对人说："解放军真客气，还对我笑笑！"

我们来到码头，立即整队下船，启动开航。当离开市区，驶入郊野时，夕阳已向西下沉。在紧张的战争气氛笼罩下，四野里寂无人影，一片空旷，只有小汽轮"扑扑"的机鸣声，显得特别脆响。部队全部隐伏舱内，纹丝不露。

当木渎镇在薄暮的灰色中隐隐在望的时候，宋排长发出准备战斗的命令：一、二班分别上岸，沿河道东西两侧田野散成战斗纵队，向木渎挺进；三班留在船上，艇首架上一挺机枪，机枪手卧倒瞄准前方；其他人员子弹上膛，伏在舱内待命。

战士们刚从渡江战役中下来，锐气极盛。两侧部队很快插入了木渎镇内，但未见接火。汽艇开足马力向前冲。宋排长提枪离艇上岸，指挥部队。天渐渐黑下来，我们的汽艇停靠在斜桥附近岸边，全体上岸。在群众指引下，我们迅速包围了设在西街上的敌水上警察总队部。当我们冲进屋里，才发觉敌人刚在大约一小时以前撤向太湖边上的小镇胥口。总队部内一片人去楼空的凌乱景象，文件纸张散了一地，可见敌人撤离时的狼狈相。我顺手拿起一张油印的纸看了一眼，是刚印不久的《思想测试》题目。其中有两条，写着"为什么说三民主义就是爱国主义？""共产主义为什么不适合中国国情？"敌人在已走向全面崩溃的时候，还在向他们的士兵灌输这些乱七八糟的东西，实在可笑。

宋排长富有战斗经验，为了防止敌人暗设陷阱，或待机反扑，他当机立断，命令撤出总队部，占领左右较高民房就地监视。

一夜无话，证明敌人确已撤离。天色微明，部队继续出发，向胥口追击。

上午十时左右，我们进入胥口。据群众反映，敌人刚下船不久，撤向太湖中的洞庭西山。

我们的任务是一定要追上敌人，咬住他们，不使漏网。匆匆吃过午饭，全体立即下船，就凭这一叶小艇驶入太湖，向西山岛进发。

天气发生变化，太湖起风了，满天阴霾，风浪很大。船一出港，太湖中的滚滚浪涛向小艇扑来。西山岛时隐时现在云水浪涛之中，飘忽不定。艇身起伏升沉，颠簸不已。轮机竭尽全力轰鸣着，驶向湖中，与卷浪搏斗，舱玻璃上喷上一阵阵水沫。驾驶员坦言，假使在平时，在这种天气下小轮船决不会冒这种风险，但现在是战争。

当接近西山岛的时候，已近傍晚，天色昏沉。终于我们艰难地靠上了浅滩，成为在西山岛登陆的第一批解放军。船刚停下来，部队迅捷跳下，冲上岸去。前方是一座小小村落，迎面好像是一座祠堂，大门前影影绰绰聚集了一大群人。我们预防敌人狙击，分三路猫着腰快步包抄上去。看看人群好像有些慌乱，我们怕伤了群众，宋排长严令：不听见对方枪声不开火。幸好谨慎了一下，原来都是岛上的老百姓。他们告诉我们，敌人已在下午撤向湖州去了。在交谈中，他们发现我是苏州口音，于是亲热地问长问短。想不到，当他们知道我是光福迂里村人时，这一信息立即通过原地下党渠道，很快传到了我家中，使望眼欲穿的老外婆、妈妈和姐姐喜极而泣，一夜未合眼，连连念"阿弥陀佛"。

我们随即布置警戒，在岛上宿营。

第二天一早，我奉命在岛上搜索敌踪。那时真是初生之犊不怕虎，单身一人，手无寸铁，出没在荒山野滩之间。最后终于在岛民的协助下，在芦苇丛中找到敌人藏着的两艘来不及开走的小汽艇。其他搜索部队也未发现敌踪，敌人确已逃往太湖南岸的湖州方向。那里已属浙江省境，我们不便越界行事（事后知道他们被当地解放军缴了械），领导决定部队返回苏州。

当天下午，在劲风猛浪中，由三艘小轮船组成的艇队，颠颠簸簸地劈风斩浪，冲破一波又一波浪涛的拦阻，全速返程。一种完成任务以后的轻松感觉充溢身心。当年同志们这种慷慨激昂，在数十倍于己的敌人面前毫无畏惧、勇往直前、义无反顾的精神，迄今回想，仍然激动不已。

接收吴县警察局

战争像一场暴风雨，掠过苏州上空，卷向上海。苏州成为进攻上海的后方，由粟裕同志领导的上海战役指挥部就设在大公园北邻的金城新村内，苏州市军事管制委员会则建立在饮马桥南堍原汪伪李士群省长的公馆"天香小筑"中。我们属于驻在卫前街原汪精卫公馆（今总工会）中的军管会公安部领导，着手接管国民党的吴县警察局。

吴县警察局机构庞大，下属有各分局、派出所。局长赵维峻已在苏州解放前逃离苏州。总局在长春巷东头的一座古建筑群中，面积很大，有门厅、大厅、后厅、两侧附房。最后还有一个花园，里面古木参天，土丘、池塘，清静幽雅，机要室、档案室就设在花园内。

我们分成好几个接收小组，进入警察局内部。领导上的指示原则是：连人连物，原封不动，全部接收下来。特别要注意枪支弹药、档案文件，力求完整，不使缺漏散失。我分在接收机要档案小组。警察局内部已经接到军管会命令，因此当我们进入局内时，原来的工作人员全部到位，甚至包括军乐队也完整无缺。

接收工作十分顺利。首先，我们要他们负责人交出档案目录、物资登记表等账册，然后根据这些表册，按号按件核对事物，一一点清。最后按原样归入橱柜，加贴封条。当时使我倍感惊讶的是，这样一个反动统治的核心机构，从枪支弹药、机密档案，到人员名册，竟如此完整地顺利移交到我们手中，其中必有原因。

我们立即组建苏州市公安局。我分配在第三科（内部称治安科）任内勤，实际上就是秘书工作。第三科的办公室，位于大门进来的第一个大厅。说来也许不信，原来吴县警察局的全部业务基本上就由我们第三科全部承担了下来，包括消防、交通指挥、刑事侦查、户籍管理、警察督法、外事接处，甚至对家犬、信鸽的登记，对刻字、浴室、旧货、理发、印刷、戏院等等行业的监管掌握，无一不在我们业务范围之内，整天忙得不亦乐乎。每天晚上，非到十点以后不得休息，且夜宵自理。

实际上我们每一个月的津贴只有八角"黄烟费"，而一碗小馄饨得六分钱，菠菜炒面则要二角三分。因此，什么点心也吃不起，只有饿着肚子上床。

在我们三科，有一位上了年纪的户籍股股长老丁，手下只有一位干事帮助他处理具体事务。老丁两鬓花白，一口北方话，态度十分谦逊，待人诚恳，给我留下的印象很深。他虽然也穿着一身军装，但在我们这一批清一色二十多岁的青年军人中，却显得相当苍老，十分显眼。

新从部队转来市公安局任警法股长的邱挺同志，第一天来上班，一看到他，猛然一惊，找机会悄悄问我："这位是谁？"

"是户籍股的负责人。"

"是不是叫丁世琦？"

"对啊，你们认识？"

"岂止认识！是我在打淮阴时亲手捉的俘虏，怎么混进我们的公安局来了？"

我也大吃一惊，郑重建议老邱："你应该立即向组织上报告！"

这真是一个离奇的故事。当年解放淮阴的战斗打响，老邱是主力部队的排长，带了一批战士往前冲，进了国民党的一个区政府。前面是区长办公室，老邱多了一个心眼，从侧面迅捷地迂回过去，突然从后窗跳上去，把冲锋枪对准坐在办公桌后的那个人的背部，大喝一声："不许动！"那人高举双手站起来，老邱一个虎步窜过去，全身一搜，没有武器。问清身份，原来是该区区长，名叫丁世琦。随即枪抵后背，喝令前行，押解到俘虏集中地。想不到竟在这里见面，并且也穿上解放军军装，成为与他平起平坐、同屋办公的干部，岂非咄咄怪事？

谁知背后竟隐藏着一段秘闻。丁世琦被俘后，衷心感谢共产党，决心投向人民。主动表示，江南吴县警察局的现任局长赵维峻是他的亲戚，还有一定感情基础，完全可以利用这层关系打入内部，进行策反。当时我们华中工委的城市工作部慎重研究后，采纳了他的意见。他星夜渡江来到苏州，面见局长赵维峻，婉委诉说了自己如何在淮阴遭遇战乱，只身逃出险地潜来江南的经过。最后要求"给碗饭吃吃"。赵维峻略加思索，慷慨安排他进警察局的督察室，任警务督察员，代表总局指导下级工作。

丁世琦大喜过望，穿上督察警衔的制服，利用这个活动面十分广泛的职务，展开了地下工作。首先，他摸清组织机构、枪支弹药、机密档案等情况，并注意发现有进步倾向的警务人员，进行启发性的宣传教育。特别在大军渡江前后，他结交朋友，稳定内部，完好保存枪支文件，迎接解放。

在他的一番工作下，警察局内部气氛大为稳定，即使在赵维峻局长撤离警察局时，也未引起破坏和混乱，直到我们顺利接收为止。他也因之而留在公安局内，当然邱挺同志不免为之大吃一惊。

丁世琦在走向人民队伍以后，生活发生了崭新的变化。虽然已年近半百，但精力充沛、生气勃勃、积极认真，还娶了一个二十岁左右的在市公安局总务科当公勤员一类工作的女青年成立了新家。这个女孩文化不高，大概是普通劳动人民家庭出身的人，单纯朴实。组织上还吸收她参加了青年团的活动，和我在一个小组过组织生活，圆圆脸，胖乎乎的不善讲话，叫她发言，只是笑笑，婉谢了。

岁月如流，六十年过去了。我自己从一个朝气蓬勃的青年，变为了八十二岁的垂暮老人。值得欣慰的是，当年贫穷落后的祖国，已大踏步前进在现代化建设的大道上，屹立在世界的东方。个人是渺小的，但无数个人汇聚而成的巨大力量，即人民的力量，是可以改天换地的，这是被历史反复证明了的真理。

苏州博物馆筹建亲历记

苏州博物馆筹建于 1959 年 8 月，迄今已整整五十年。当年参加筹建的同仁，绝大部分已先后去世，如果再不把经过写出来，这段历史将永远湮没。我责无旁贷，谨以八十二岁高龄，会同徐月英、匡正娟两位回忆当年往事，写成此文，但究属记忆所及，难免疏误，仅供后贤研治史学参考。

一、缘起

1959 年 8 月，我奉命进入苏州东北街原太平天国忠王府，参与筹建苏州博物馆。

忠王府是一座巨大的古建筑。建国之前，忠王府为社会教育学院校址；1950 年为苏州专员公署驻地；1951 年 10 月，在此建立苏南文物管理委员会；1953 年，苏南文管会撤销，改为江苏省博物馆筹备处；1959 年，该筹备处奉命迁往南京，合并于南京博物院。经苏州市人民委员会（即市政府）决定，在此筹建苏州博物馆。

我之所以奉命参与筹建，也有一段缘由。

1957 年"反右"运动以后，机关大规模整顿，掀起"上山下乡"运动的新高潮。我从苏州市公安局下放到吴县蠡市乡新北村新红二社务农。当时规定，第一年工资照发，第二年贴补不足，第三年全部自食其力，原单位不再负责。1958 年冬，我被调回苏州市，先后投入宁沪铁路复线工程、苏州化工机械厂（在虎丘一号桥）基建工程等项目，继续劳动。1959年春，市里建立庆祝解放十周年筹备处，由市人民委员会直接领导，下设解放十年史编写组和庆祝解放十周年展览会筹备组，我奉命调入后者。这一展览规模宏大，工业馆设在道前街原市人委址，农业馆设在人民路南段沧浪亭附近的新建工人文化宫内，文教卫生馆设在民治路人民文化宫中，1959年4月27日开幕，6月30日结束。

庆祝解放（后改"建国"）十周年展览会，是一个由中共苏州市委直接领导的规模空前的巨型展览，调动工厂、企业、学校、农村数千人，由各归口局分片包干举办。展品由下而上逐级精选，新产品都由生产单位甚至是生产者本人担任讲解员。展览会以宣传解放以来的伟大成就为目的，组织全市人民参观。展览结束以后，领导们感觉就此一散了之十分可惜，决定在此基础上精简建成一个永久性的苏州市陈列馆，后决定干脆一劳永逸地筹建一个苏州博物馆。因此，展览会原套班子大力精简后，全部搬迁到东北街忠王府，恰巧接下江苏省博物馆迁往南京后腾出的地方，在此筹建。我从1959年9月开始工作。

第一项工作就是精选原展览会中的展品。其中一批有代表性的突出、重点展品，正式作为苏州博物馆收藏的精品造出清册，上报苏州市人民委员会批准。在这本清册的前言中，恰好写下了由十周年展览会向苏州博物馆转化的过程，特摘录如下：

> 苏州市庆祝建国十周年展览会已胜利结束。根据市人委马秘书长（名崇儒，原苏州地下党文教片负责人）指示精神和文化局关于建立"苏州市博物馆"的决定，准备在博物馆内筹建"社会主义革命和建设之部"，并拟于（1960）春节对外开放。要求是全面概括、有重点地反映本市十年来各条战线上辉煌成就，因此除机器等生产资料的展品外，拟将模型、照片、尖端的和有历史意义的产品、历史文物等留下，作为筹建之用。工艺美术部分，原则上全部留下，已经由原

单位出售的展品可以领回。丝绸部分除酌留部分主要产品外，其余一律留小样。兹附上具体留下展品清册，请领导审查，并批转有关方面知照。

苏州市庆祝建国十周年展览会

一九五九、十二、二十二日

二、三个组成源头

实际上，我们展览会仅是筹建苏州博物馆的一个组成部分，倘使追根溯源，还有另外两个来源。

首先是苏州市文物保管委员会，它是苏州建立博物馆的文物藏品来源的主要基础。1949 年 4 月 27 日，苏州解放，鉴于苏州文化底蕴的深厚，由谢孝思、范烟桥、余彤甫、张寿鹏等社会知名人士于 1950 年 5 月筹组苏州市文物保管委员会，并于 7 月 26 日正式成立。1953 年，江苏省政府成立，12 月下令撤销苏州市文管会，文物悉数移交给位于东北街太平天国忠王府内的江苏省博物馆筹备处。但苏州文物古迹面广量大，因此于 1954 年 8 月 14 日重建苏州市文物古迹保管委员会，10 月恢复原名，在狮子林西侧原住宅区办公，继续征集、保管文物。此时奉命并入苏州博物馆，于 1960 年 1 月与新建的苏州博物馆合署办公。图书文献部分组成该馆的资料室，文物藏品部分组成该馆的保管组。

苏州博物馆的第三个源头，是苏州地志博物馆筹备处。它建立于 1958 年冬，当时的口号是"市市县县都建博物馆"，地点在人民路三元坊孔庙中。人员都是苏州市各单位下放农村后调回来的干部，包括市粮食局、商业局、苏昆剧团、江苏省博物馆筹备处等。1959 年 1 月率先迁到忠王府，改名苏州历史博物馆筹备处，并于 1959 年 3 月 1 日，在开展"苏州地下党革命斗争文物史料征集"工作的基础上，编出了以苏州历史博物馆筹备处名义油印的第一本集子《中国共产党在苏州活动部分资料》第一辑，迈出了博物馆工作的第一步。其《前言》中可以看到当时的工作情况，特照录如下：

革命历史文物资料征集组全体同志，在党的正确领导和各机关、学校、工厂的大力支持协助下，开展了工作。截至二月底止，已先后访问了老干部、老工人、老农民、烈军属及熟悉党在苏州地下斗争的人士八十余人，征集得"五四"运动、党在苏州早期活动、支援"五卅"运动、党领导的苏州丝织工人大罢工、人力车大罢工、监狱里的斗争、太湖游击队和苏州学生运动、解放前夕的护厂护校斗争部分资料及有关文物一百八十余件。这些资料为原访问时按谈者语气记录的原始资料，其中有很多是真实可靠的。

苏州历史博物馆筹备处，吴家柱整理

1959 年 3 月 2 日

在这册采访记录中，载有许多鲜为人知的亲历亲闻，当事人有"五四"运动中苏州学生联合会首任会长沈味之，参与领导苏州丝织工人大罢工的早期工人党员莫斯科中山大学学生朱福卿（思浩），参加人力车工人大罢工的工人党员陶国樑，抗战爆发后第一个来苏州地区重建党组织的王仲良，太湖游击队司令薛永辉，坚持地下斗争直到解放的孔令宗，东吴大学地下党领导的学生会主席诸汉文等前辈，口述记录都经本人校阅，其真实性是无可怀疑的。在这些前辈绝大部分已先后逝世的今天，这些资料显得更为宝贵。

三、人员

筹建苏州博物馆的人员，同样来自这三个方面。

首先，是庆祝建国十周年展览会中留下的一批，人数最多，计有：

张开祺，苏北人，中共党员。本市轻工业局副局长，派往展览会任工业馆负责人，展览结束改任苏州陈列馆馆长，该馆撤销改为苏州博物馆后，调回原单位。

孙浩，无锡人，中共党员。原苏州市总工会宣传部部长，参加十周年展览会筹备，来馆后任陈列组负责人。

潘一安，苏州人。市纺织工业局下放干部，参加展览会纺工部分筹备，来馆后任美工、设计等工作。

钱正，吴县人。市公安局下放干部，参加展览会秘书组工作，来馆后任方案设计、文字编写工作。

施志渊，浙江湖州南浔人。市粮食局下放干部，参加展览会总务工作，来馆后仍任总务。

诸文元，苏州人。市工商联合会文书，从展览会转来任文书、誊印工作。

张连元，苏州人。市粮食局下放干部，从展览会转来任行政办事工作。

谢兆林，苏州人。共青团苏州市委通讯员，下放后调展览会，来馆任门卫、传达。

朱秉扬，江苏扬州人。光明丝织厂工会宣传干事，从展览会纺工部分转来，任宣传工作。

匡梅君，女，中共党员，宜兴人。大光明电影院售票员，展览会文教馆讲解员，来馆后任讲解组负责人。

孙玲凤，女，常州人。东吴丝织厂工人，从展览会纺工部分转来，协助匡梅君对讲解员进行管理工作。

夏方素，女，苏州人。光明丝织厂工人，从展览会纺工部分转来，担任讲解员。

屠敏华，女，上海人。同前。

章丕雯，女，苏州人。同前。

赵瑛，女，苏州人。同前。

张××，女，苏州人。由学生参加工作，从展览会转来任讲解员，后清退回家。

李芬英，女，吴县木渎人。1958年招收入苏州刺绣研究所为绣工，调去展览会工艺美术馆任讲解员，转来本馆继续任讲解员。

筹建苏州博物馆的第二批人员，来自苏州市文物保管委员会，这里不少人是专家学者，成为苏州博物馆的学术中坚，其中有：

谢孝思，贵州人，文管会主任，民主促进会苏州主任委员，原国立社会教育学院国画系教授。临解放时，在该院中共地下党的支持下，担任该院应变委员会主任，坚持护校。解放后，任苏州市文教局局长、园林整修委员会主任、文管会主任，在抢修古典园林、古迹，保护征集书画、文物等方面作出很大贡献。

王言，江苏扬中人，文管会副主任。塾师出身，有深厚的中国传统文化底子。抗日战争中奋起从戎，参加中国共产党，坚持丹阳地区抗日游击战争，积功任命为丹北县县长。参加渡江战役后，任职于上海警备司令部，复员调来苏州后任苏州市文教局副局长（后文教分开，任文化局副局长）、市文管会副主任，是博物馆党的领导人。

钱镛，江苏江阴人，书画鉴定专家。父亲开利泰纱厂于江阴本城，为我国早期民族资本家。本人留学日本，为近代著名书画家吴湖帆先生之外甥女婿。善画松，负责文管会的文物保管和书画鉴定工作。

沈维钧，大学教授，对中国版本学深有研究，在苏州文管会资料室工作。

黄慰萱，江苏无锡人，刻碑、拓碑工艺师。技艺精湛，为祖传事业，曾被聘去日本刻碑，名满吴中，被江苏省博物馆筹备处留下。

黄正祥，苏北人，任文管会外勤。

其他一批文管会委员均为苏州知名人物，经常集议有关问题或分担各项任务，但不按常规上班，记得的有：

管城夫，曾任清代中国驻海参崴（今俄国符拉迪沃斯托克）公使。

陆权，苏州人。黄埔军校早期毕业生。北伐战争中为少将，光复苏州后任首任苏州市市长，开辟金门。抗日战争中，在西安任国民党将校训练班中将主任。1949年4月苏州临近解放，国民党驻苏州的一二三军军长顾锡九扬言要在苏州打仗，以胁迫苏州人民，勒索银元，经陆权晓之以理才撤出苏州，全城免遭兵劫。

费朴安，吴江人。曾任民国江苏省教育厅督学，当代名人费孝通之父。

汪星伯，苏州人。同盟会元老汪东（旭初）之子，善中医，为园林专家，住东北街混堂弄。

韦钧一，女，江阴人。上海爱国女校毕业生，嫁与江苏巡抚张树声之子张冀牖，创办苏州乐益女中，任校长。

蒋吟秋，苏州人，书法家。抗战前任江苏省苏州图书馆馆长，苏州沦陷前他把珍本、善本书装箱秘密转移东西山，使之免遭浩劫，功不可没，抗战胜利后运回馆内。

周瘦鹃，苏州人。上世纪30年代著名文学家、盆景专家，住王长河头。

潘圣一，苏州人。长期在原东吴大学图书馆工作，版本学家，住旧学前牛角浜。

林伯希，苏州人，书法家。

陈涓隐，苏州人，园林专家、书画家。

汤国梨，章太炎先生夫人，上海爱国女校毕业生，住锦帆路章宅。

俞钰，女。北京师范大学毕业，终身从事教育事业，未婚。苏州东大街新桥巷新苏师范校长，后调入博物馆。

其他还有陆尹甫、孙履安、俞啸泉、顾公硕、宋衡之、陈旧村、王志方、张晋、胡觉民、尤墨君、肖退庵、余彤甫等，不一一详载。

第三批人员，是当时苏州地志博物馆的工作人员，其中有：

王言，（兼）主任。简况见前。

孙继元，秘书，山东人，中共党员。参加淮海战役、渡江战役和抗美援朝，部队复员后分配来此。

吴家柱，苏州人，本市粮食局下放干部。

沈祖寿，苏州人，本市税务局下放干部。

徐月英，苏州人。江苏省博物馆筹备处下放吴县藏书乡，调回后分配来此。

匡正娟，无锡人。同上。

范放，无锡人。解放前为某小报记者，原江苏省博物馆筹备处工作人员留任。

四、陈列

苏州博物馆的第一个基本陈列，是"社会主义建设之部"，实际是庆祝建国十周年展览会的浓缩版。建国不久,宣传工作的主要要求是"厚今薄古""突出政治",因此把宣传社会主义建设的伟大成就作为博物馆的首要任务。

该陈列由我(钱正)编写陈列方案,勇彤华进行美术设计,孙继元、孙浩主持全局,全体工作人员努力工作,经一个多月的紧张筹备和现场布置,建成了苏州历史上第一个博物馆的第一个基本陈列,于1960年1月28日春节免费开放。

开馆时,气氛庄重热烈,忠王府大门上方高悬馆名匾额,由郭沫若行书题写的"苏州博物馆",黑漆金字,遒劲潇洒。仪门(轿厅)置放前言,气势宏大。大殿灯光明亮,由苏州工艺美术学校贺野校长绘制的《欢庆苏州解放,欢迎解放军进城》巨幅油画放在首位。前后两座大殿布置了解放以后的"五大运动",然后折而向东,进入东轴线的四面厅和南部戏厅,集中陈列各条战线十年来的辉煌成就。当时的分布是:北厅为"文教卫生",东厅为"工艺美术",西厅为"农业",南厅及戏厅为"工业"。

此次陈列展览成为苏州的重大政治文化活动,由于政府的大力倡导和有计划地组织参观,每天观众如潮涌,延续了两个多月之久。直到4月以后,为了迎接6月2日太平天国光复苏州百周年纪念日,举办大型"太平天国光复苏州"展览而暂停。后经整修,在同年10月1日国庆再次开放。当时展览占地面积约一千五百平方米,为江苏省仅次于南京博物院的最大基本陈列。该陈列的首次方案,已遗失不存。现将1960年7月16日编印的《社会主义建设之部修正方案二稿》扉页上的"几点说明",摘录如下:

> 社会主义建设之部,是我馆今年建馆时期的大型基本陈列之一,开放后颇为群众所欢迎。它在宣传毛泽东思想、宣传党的三面红旗,以及配合全市反"右倾"、鼓干劲的"整风运动"和社会主义思想教育运动等方面,曾起积极作用。今年四月,因筹备"太平天国光复苏州百年纪念展览"对房屋之需而全面拆除。现据上级指示和博物馆基本任务,拟于七

月开始重新编写陈列方案、征集文物，八、九月总体设计、全面施工，10 月 1 日修正开放，迎接国庆。

担任美术设计的勇彤华先生（过去我曾误记为姚世英先生设计）是常熟人，他在这一段工作中竭尽全力，发挥了他所具有的艺术设计才能，使苏州博物馆闪亮地登上了历史舞台。

第二年（1961）开始，全馆开始为举办第三个大型基本陈列"苏州历史文物陈列"奋力工作。我在前辈范烟桥先生的具体指导下，仍然负责陈列方案的编写，而美术设计则改由姚世英先生承担。自此以后，我们两人长期合作，密切配合，愉快合作了三十年之久。

五、首届班子

苏州博物馆的第一套班子，确实来自五湖四海，并没有一个人是文博专业出身，但基于解放初期特有的旺盛的革命热情，竟把博物馆搞得有声有色。

首届苏州博物馆班子，共分三室三组，现分述如下：

（一）馆长室

顾公硕，馆长，苏州人。书香门第，是苏州铁瓶巷怡园主人顾文彬（子山）的第四代后裔。解放前支持其子顾笃璜参加中国共产党地下组织，并为之提供活动场所。解放后参加民主建国会，任市政协委员。善书画，精鉴定，热心工艺美术事业，创建苏州刺绣小组（为苏州刺绣研究所前身）。为建立苏州博物馆，毅然将祖传的国家级文物，如明代唐伯虎行书《漫兴》字轴、元代王蒙《竹石》图轴、明代戴进的《归舟》图轴等稀世珍宝无偿捐献国家。党从统战角度出发，聘其为首任馆长。

范烟桥，副馆长，范仲淹后裔，吴江望族。上世纪 30 年代文学家，东吴大学文学院教授。解放后为苏州市政协委员，熟悉地方历史掌故，曾编写《拙政园志》（稿本，苏州博物馆资料室收藏）。党从统战角度出发，聘为首任副馆长。在筹备"苏州历史文物陈列"的方案编写中，运用其专长，作出很大贡献。

王言，副馆长，中共党员，为实际领导人，时年约五十余岁。简况见前。

（二）秘书室

孙继元，秘书，兼中共苏州博物馆党支部书记。三十余岁，为全馆实际工作的总负责人，类似今天的办公室主任。简况见前。

李忠，女，文书，负责档案、打字，掌管单位公章等文秘工作。上海浦东人，孙继元夫人，为照顾夫妻关系从上海无线电厂调来。

朱德和，中共党员，会计，江苏扬中人。1962年回乡务农。

朱秉扬，宣传干事，江苏扬中人。1962年回乡务农，患癌症于1986年病逝。

施志渊，总务，浙江南浔人。简况见前。

谢兆林，门卫，后年老退休。

张荣凯，门卫，苏北人。江苏省博物馆筹备处留任，后年老退休。

（三）陈列组

孙浩，组长，1998年病逝。简况见前。

钱正，方案文字编写，吴县光福人。早年参加学生运动，由地下党撤往苏北解放区，参加渡江战役，任职苏州市公安局。1986年调苏州市市区文物保护管理所任副所长，1991年离休。简况见前。

潘一安，美术设计、施工，兼任采访、编辑。1969年冬下放苏北响水县务农，十年后调回苏州在文艺用品厂工作，后病故。

勇彤华，美工，辞职回常熟原籍。

诸文元，誊写，写一手漂亮的钢板体，专写展览会说明文字和刻印钢板，后调去外跨塘商业部门。

张连元，后调回粮食部门。

在陈列组内，附设讲解组，由匡梅君为组长，孙玲凤协助。下有屠敏华、章丕雯、夏方素、赵瑛、李芬英等为讲解员。

（四）保管组

钱镛，负责市文物保管委员会库房文物的保管。在筹建苏州博物馆时，他无偿地将家传的国家级文物，如明代沈周行书五律诗轴，明代祝允明草书《乐志诗》轴捐献给博物馆，成为馆藏珍品。后从博物馆退休。

徐月英，1933 年生，苏州人。负责保管苏州建国十周年展览会留下的库藏文物，后负责从苏州文物商店精选文物转馆入藏，使馆藏积累了许多精品。

（五）资料室

沈维钧，苏州市文物保管委员会委员。因在委员中年龄相对较轻，因而常驻资料室工作，负责图书资料的收藏、整理和出借。

范放，为驻室工作人员，因孤身一人无家室拖累，住在馆内，直到返回无锡原籍，后病逝。

林伯希、韦均一、潘圣一等文管委员，亦不定期常来资料室工作。

（六）考古组

王德庆，组长，苏州人。在国家文化部考古培训班结业，从江苏省博物馆筹备处留下。由于是专业人才，一直工作到六十周岁退休。

匡正娟，女，1935 年生，负责文物古迹的建筑维修和保护。在维修苏州虎丘塔、北寺塔、瑞光塔等工程中，经常独当一面，作出较大贡献。在建立文物保护单位的"四有"（标志、档案、划定范围、确定人员）工程中，成绩显著。

黄正祥，担任外勤调查和参与田野考古工作，后调影剧公司任送片员。

六、结语

五十年风云变幻的岁月过去了，一切都已成为历史，但许多事情还那么记忆犹新。苏州博物馆的创建时期，正处在物质生活极度匮乏的年代，人们不计任何报酬，日夜苦干。在这样的历史背景下，全馆工作人员轰轰烈烈地创建出了苏州历史上第一座具有一定水平一定质量、陈列展览层出不穷、不断更新的苏州博物馆。每每想起当年这些同仁以大局为重，毫不计较个人得失的崇高品质和艰苦奋斗的忘我精神，我总是激动不已。

图书在版编目（CIP）数据

苏州，一个甲子的林林总总 / 俞明，朱熙钧主编 . 一上海：文汇出版社，2017.3
　ISBN 978-7-5496-2015-9

　Ⅰ．①苏… Ⅱ．①俞… ②朱… Ⅲ．①苏州—地方史—史料 Ⅳ．① K295.33

中国版本图书馆 CIP 数据核字（2017）第 039031 号

苏州，一个甲子的林林总总（三）

主　　编 / 俞　明　朱熙钧

责任编辑 / 许　峰

装帧设计 / 周　丹

出版发行 / **文匯**出版社
　　　　　上海市威海路755号
　　　　　（邮政编码200041）

印刷装订 / 苏州华美教育印刷有限公司

版　　次 / 2017年3月第1版

印　　次 / 2017年3月第1次印刷

开　　本 / 787×1092　1/16

印　　张 / 93.5

字　　数 / 800千

ISBN 978-7-5496-2015-9

定　　价 / 138.00元（全四册）

苏州，一个甲子的林林总总

（四）

俞明、朱熙钧　主编

文汇出版社

总序

本书的缘起是喝茶喝出来的。十余年前，开了不少茶馆，有零食、小吃，离退休的老人们蜂拥而至。过去的同乡、同窗、同事们，三五成群，隔三差五，聚在一起孵茶馆。天南地北，东扯西扯，述往事，思来者，边吃边喝边聊，谈谈说说笑笑，乐陶陶也。

在过去的年代里，聚众闲聊是大忌讳之事。祸从口出，弄得不好，妻离子散、家破人亡之事随时可能发生。特别是宣传文化部门、新闻媒体，非讲不可，非写不行，当时是对的，过后是错的，耍了一辈子笔杆，做了一辈子检讨。退下来之后，孵孵茶馆，过着清闲的日子。因为经历多，可聊之事也就多。比如童子军，凡读过中学的都参加过。换言之，中学生都必须参加童子军。这个话题，聊起来就相当热闹，但各个年级的童子军活动各不相同。经过大家补充，朱熙钧兄就写成了一篇文章。又比如一种普通的点心"斗糕"，如今已消失不见，当年是价廉物美的大众早点。熙钧兄认识巷口的"斗糕"摊主，写了一篇《斗糕大王》，介绍了当年街头一道靓丽的风景，很有意义。总之，老人们把闲聊的"口头文字"逐渐发展成了"纪实文学"，于是有了这套书的林林总总。

如今不是动员大众大讲幸福感吗？年轻人身在福中不知福，以为生来就是吃鱼吃肉的，祖祖辈辈都是这样过来的。殊不知，在那个困难年代，农村是吃糠咽菜，城市是买几两豆芽、扯几尺布都要票证。国家是"计划经济"，一个家庭月收入几十元，也非得过"计划经济"的日子不可。抽香烟只能抽"飞马牌"，不敢买"大前门"。冬季的农村，

每年都要进行社会主义教育，基本方法就是回忆对比。一个村增加两只竹壳子热水瓶、两双元宝套鞋，大家围在油盏灯下，在漫长的冬夜，要翻来覆去讲上两三个月。现在，老粗布、"的确良"已退出历史主流，"耐克""杰克·琼斯"等品牌的衣物穿在时髦青年身上。奇怪的是，现在动员大讲幸福感，却以为回忆过去那些事，是对过去抹黑，其实愚不可及也。

话又说回来，老头老太们善用此法倒并非为了去找幸福感。名牌衣物仍然不买不穿，也并无不幸福感。我辈善用此法，是因为只善此法。年届耄耋，不久即将终止生命的旅程，因而我辈累积了回顾过去的六七十年的优势。

我和过去的一些同事好友，多数人在机关干过，有几个在如今叫作"媒体"的地方做过。数十春秋随俗浮沉，与时俯仰，总算全身而退。而今，齿摇发落，"苍苍者或化而为白矣，动摇者或脱而落矣，毛血日益衰，志气日益微"。但我们这帮人都有一定的经历和阅历，有聊不完的故事。又因为都是亲眼所见、亲耳所闻，资料翔实。虽经几十载磨砺，记忆仍然鲜活。

比如朱熙钧兄。他土生土长在苏州，熟悉苏州土地上发生的事，熟知苏州街头巷尾一个甲子的种种变迁。以饮食而言，从苏地著名的朱鸿兴面店，到玄妙观的糖粥摊，还有观前街的绸缎局，他是店主、店员和摊主的老主顾、老朋友，他写的这一店一摊才自有独到之处。近年来，老伴病魔缠身，熙钧兄不仅要负担家务，还主动承揽了本应由我完成的编辑工作。

像钱正兄、熙钧兄，都具有那样的牺牲精神。难道还不足以证明我们这帮老头子，在行将就木前所做的最后一件事的意义和价值吗？

倚老卖老要不得，但编书这件事，正因为想到了这个"老"字，胸中才升腾起一些责任感、使命感，才有了些"非我莫属"的气概，才放弃一些清闲，自寻了这些"烦恼"。

俞明

2011 年 11 月 11 日

目录

三槐堂故事卷

苏州老厨房卷

柴米油盐酱醋茶

开门出来七件事，柴米油盐酱醋茶。

我的祖母是木渎镇上人，说不上大家闺秀，但也不是属于那种小家碧玉。我的祖母绝对是一位操持家务的能手。她胆大心细，有一种一般女性所不具备的果断和韧性。抗战时期，当时我祖父在上海工作，全家都居住在上海。一天，祖父到大世界去买东西，正遇上东洋人扔炸弹，祖父买了东西出来，大世界门前已经是尸骨遍地、血流成河。见此情景，祖父吓呆了，他埋着头一声不响，分不清东南西北，也不知怎么回到家，鬼使神差地拿过一个水梨削着，削着、削着，自言自语地说："我在手上削了一刀。"祖母知道他胆小，听到了急忙说："你不要动，我来替你包。"祖父又说了一句："我又削了一刀。"就此，祖父疯了。逃难的途中，祖母一直悉心照顾着我的祖父，祖父是武痴，一不留神就会闯祸的，祖母到处给人家打躬作揖赔不是，直至两年后，祖父安然地驾鹤西去。

1954 年，我父亲从上海招商局被整编（失业），带着三个月薪水的退职金，带着全家八口老小回到苏州，寄住在亲戚家中，那一年我虚岁八岁。父亲带回来的三个月薪水二百四十七元钱很快就用完了。父亲以前是个高级职员，凭着他的一手极其漂亮的硬笔字生存。可是失业了就用不上了。虽然他也作过努力，在街道办事处的生产自救小组拿着铁榔头敲打废铅丝，摆过水果摊，在自家门口设过文具摊，结果都是以亏本而告终。我的祖母看在眼里急在心里，她挪动着一双放大了的小脚，烧一锅栗子山芋、踩一缸雪里蕻，在家门口卖，竟然维持起一家八口人的生计。据说，祖母在娘家时就是当家小姐。我还断断续续从祖母的嘴里听到了许许多多她在娘家时的生活趣事。

比方说调料的存储与制作。

酱油防霉：祖母说，只要用麻布做一个小口袋，里面盛芥子，浸泡在储酱油的瓮中，酱油可历久防霉。

酸酒制香醋：坏了的黄酒，味道发酸，弃之可惜，只需将烧红的火钳在坏酒里搅拌，立即就成上好的醋。

治酸酒法：一种是，每一坛酒用甘草一两（应是十六两制），官桂、砂仁各五钱，研细入酒，密封三五日，酸味即去；一种是，用赤豆一升炒焦，装在布袋里，放入坛中，一二日之后味道就转；一种是，头贰蚕宝沙（干的二两），看酒的多少增减，用细夏布包好，放入酒（十斤）内，封好口，不能出气，大约浸泡一星期后开封，酸味尽无，酒味清爽，喝了还对人体有利。

祖母滴酒不沾，但她分辨酒的好坏，只要以手指叩击酒坛子，声音清而长的，这酒必然是佳酿；声音重而短的，不是好酒；声音不响的，定是坏酒。

老法鸡尾酒：这个名称是我取的，如果适逢喜庆宴请，各种剩余的酒均倒在一处，好坏不分，且上面还有一层油腻，祖母说只要放在那里沉淀一歇歇，用毛边纸拖去油腻，然后，将陈皮二三两投入酒中，密封三日，滤去陈皮，味道即刻香美。

也不知祖母从哪里听来的饮酒不醉之法：她说只要在饮酒时，嘴里含一些硼砂和枳壳，随酒吞下，能耐久不醉。灵不灵，试一试就可知道了。

从祖母嘴里说出来的秘法不光这些。

甘露酒的做法：将桂圆肉、红枣肉、葡萄、桃仁、当归、枸杞、杜仲、熟地各二两，浸泡在十斤烧酒之中，能治疗各种虚症及百损，其味更美，可以常年服用。

玫瑰烧：用玫瑰花二三十朵，取其花瓣放入可容一斤半酒的玻璃瓶中，加入高粱酒一斤、冰糖三四两，然后密封起来，放在背光阴凉处，经过一年半载方可启封，其酒味清香，为酒之上品。服用三年，且能治愈气管炎等疾病。

雪中暖酒：冬天携酒踏雪。冷酒伤身，可以带上石灰一块，需要时，将其埋入雪中，然后将酒壶放在上面，顷刻之间酒就热了。

储存酒以瓷器为佳：一般酒壶都是锡的，因锡中杂以铅质，有损无益，铅毒又容易溶入酒中，所以，储存酒以瓷器为好，千万不可以锡酒壶存储酒。

浑水迅速变清：天气干旱时，水比较浑，可取新瓦片一张，捣碎极细后倒入水缸中，一歇歇，水就清纯如镜。

解饮食中毒：饮食中毒，仓促之际不知所措，可赶紧用生甘草、蒜泥等量煎熬成汤，喝下去立刻见效。

自制酱油有两种做法：一是先将大豆煮成糊，以面粉涂在上面，放在不通风的地方，让其稍微发霉之后，用碱水浸之在大缸里，大约一个月就可以吃了，其味道比市场上出售的更佳。二是夏季大伏天，取早豆（就是成熟最早的黄豆）煮烂，然后，放在日中晒干（不能过于干燥），用小麦粉搅拌（大约一斗豆用小麦粉半升），放在室内空气不流通之处，敷席上，上面用南瓜叶子掩盖，让其发酵，大约经过一个星期，等黄豆面上全生黄色霉菌，取出来再晒干，越干越可储存久远。到冬天或者第二年想出酱油时，可在缸中放干净水，将制好的黄豆浸入，直至半烂时，放入食盐。然后，每天早晨拿出来晒太阳，晚上盖起来，经过两三天，将其酱汁煎熬，再日暴夜露，雨天掩盖，两三月之后，颜色发黑，然后收藏备用。其味道鲜美，非市场上所卖可比的。

自制虾子酱油：临近黄梅天，带子新虾多，如果将虾子取下（必须先将带子虾在荷包里闷死，虾子才会下来），煎熬酱油，味美无伦。方法是将带子的新虾放在一处，取井水一桶，将虾倒入，经过冷水一激，其虾子自脱，再将虾子滤干，每一两虾子可煎熬酱油一斤。煎熬时候，先将酱油倒入锅内，煎沸，撇去浮油，加入老姜数片，再煎熬数开，将滤过的虾子加入，待其烧开即好（多烧恐怕过老，虾子发黑）。盛在器皿中，等待凉透灌入瓶内，上面滴入麻油少许，防蝇撒种。再将瓶口封好，如此收藏一年也不坏。

自制枇杷酱：先将枇杷（最酸的枇杷去皮去核）一切为四，猪肉切小片（如中指大小），用酱油、小粉搅拌，与枇杷合并，上饭锅蒸，蒸到枇杷糍就好取出，非常可口，当菜吃尤其鲜美。

食物防馊：夏天，当时还没有发明冰箱，可以将饭菜放在石灰缸中，封好，过夜不变味，可用手伸进石灰缸中试验，有寒流侵肌肤。不过，石灰末或已经脱性的石灰块，均无效。或者将饭菜放入锅内，隔水蒸透，锅盖不可开，放到第二天也不会馊。比如过农历年时，家家都会预备许多食品，为新年用，就用此法。倘若遇到立春较早之年，食物容易坏，就要预先收藏雪水，用雪水煮烧食物，略可耐久。夏天，还有一种最最简单的方法，就是将食物存放在吊桶里，然后放到井水里，靠井水的寒气可保食物不会变质。

废弃茶叶：茶叶，一般人家都有，每天早晨都会将隔夜茶叶废弃。其实，却大可利用，可以用大坛（如酒坛之类）洗干净，存放天天废弃的茶叶（不论红茶还是绿茶），日久年深，愈加灵验。坛口加盖，放在屋檐下，不能摇动。凡遇见汤火伤者，立刻取缸中远年茶叶满涂患处（此时茶叶水颜色清洁，却臭不可当），重者一小时，轻则数分钟，立刻止痛，且不肿，亦不起泡，实在是医疗烫伤之良方。

我们的老宅是清仿明式建筑，前后七进，共有四口水井，其中三口淡水井，是饮用水，一口所谓咸水井，是不能饮用的，只能用来洗东西，比方拖地板、洗马桶等。那么究竟如何来辨别呢？因为每逢天气干旱，井水不能时时推陈出新，恐怕会产生有机物，所以试验之后方可以饮用，以免疫症之患。方法是，取井水在碗里，以高锰酸钾少许投入，用筷搅拌，若这药红色消灭，可知其水不良，必须用明矾治理。倘若化为红色，如葡萄酒一样，就是良水。该药价廉，大约每两一角（这是上世纪五六十年代时的价钱）。

我的祖母还会制作牛茶。不过她自己从来不吃，那是因为我的祖父爱吃。这是用极精瘦的牛肉切成小块，放入小口径的瓦罐内，加水，满到罐口，再加一调羹盐，盖好罐盖，将罐进蒸笼以汽蒸，大约要蒸四个半小时（必须时时向蒸锅里加水，以免烧干）。时间到，将瓦罐取出，用纱布将肉汁过滤出来，可作饮料，其味道浓厚，若每日饮一杯，远比牛奶的功力大。

祖母爱饮用的是炒米茶。她说，夏天生病或者初愈，喝炒米茶最好。此法将糯米炒成老黄色，储存起来，要用时，任意取多少，放入沙锅内煮，煮到糯米开花，就可以吃了，有开胃消滞之功效。糙米茶的效果更佳，现在市场上有卖现成的糙米茶，我也经常饮用，但不是用糯米做的，缺少了糯米健脾补胃的作用。

祖母说，倘若要让新酒留有陈香味，也有办法，凡是自家酿制的酒，必须数年之后才有陈香味。其实，只要用陈糯谷酿酒，酒熟便有陈香味。既免去藏酒之难，又有速成之效果，所以，藏酒不如藏糯谷。

其实，祖母肚皮里的日常生活技巧还有许多。

解烧酒醉：烧酒醉，轻者吃一个生梨，重者用豆腐敷在肚脐眼上，使其发散蒸汽，以泄酒热。

西瓜醋：将坏西瓜和第二层白皮，存储在罐内，积满一小罐，加入白糖（大约一斤）盖好，数日后，沼渣浮起，用小绷筛滤干净，数月后可用来调羹。其味道酸而爽，自成良醋了。

山芋制糖：十斤山芋煮熟，和一斤大麦芽搅拌，自化成稀水，等到成了净汁，再入锅煎熬，用木棍不停地搅动，渐渐稠结，自然成糖。

治酸酒方法：新开酒坛的酒，假如有酸味，非常扫兴。不过虽然当时不能饮用，还是有办法变成好酒的。可以用蚕豆一升，放进铁锅里炒焦，趁热倒入酒坛，用泥头紧密封好口，三日之后开酒坛，不仅酸味尽除，且色清香浓。

自制樟脑酒：用樟脑三两，羊踯躅花三两研末，高粱酒两斤，一起放进玻璃瓶中，封好口。浸泡七天，过滤去渣滓。可以治疗腰背疼痛、腹部疼痛、风湿疼痛、跌打疼痛、关节疼痛、偏正头痛，涂在患处，有奇效。

自制小磨麻油：小磨麻油虽然精良，其实制作却也简单。一种是，用芝麻一斤，放进铁锅炒黄，用手磨磨碎，然后以瓦盆盛好，将沸水冲入，搅拌成糊状，再用铜勺徐徐沓，就会出油，大约一斤芝麻可出八九两麻油；另一种是，先将芝麻倒进釜（旧时的一种锅）里炒黄，然后用石磨磨细，磨出的油汁一起再倒进釜中，加热水，用铜制的油勺子徐徐冲击，油与渣自然分离，渐渐渣都浮在上面，麻油就可以用了，香味极佳。

淡竹盐的制法：取新淡竹，锯成筒状，将食盐灌入其中，击实，大约八分满，用纸张或稻草塞住竹筒口。然后在火中煨，等到竹燃盐红，就成了圆锭，可以用来烹调，也可用来刷牙齿。

辣油：一般人都以为辣油是用红辣椒煎成的，其实不然，熬这种油必须用酱园里所售出的辣椒酱，用油熬成，再去除渣滓，方成辣油。

试验烧酒：烧酒是否纯，只需要倒半碗酒，滴入一滴大豆油或菜油，一沉到底的就是纯酒。

醇酒速清：醇自然是以陈宿自清最佳，但是有时候碰到急用，需要快速澄清。可以向药材店购买些夏枯草，只需三十文，煎汤，冷却后倒入五十斤酒中，搅拌成漩涡，加盖，过一会，酒即清纯可鉴。

止口渴的方法：倘若夏天出门旅行，又不方便带水，只需临出门时用上等的茶叶和冰糖含入嘴里嚼化，虽然徒步赤日下，或两三天不饮茶也不觉得口渴。

甜酒，苏州人称酒酿，制作法有两种：一种为硬做法，一种为软做法。硬做法是，用糯米一升、米曲二升配合制作，先用精良的糯米煮成饭，让其慢慢冷却至和人体温度差不多时，加入米曲，充分搅拌放入桶中，加少量温开水，再用力搅拌，直至米与曲混合均匀，用盖封好，放在温暖之处，一般都放在草制作的桶里，夏天两三日，冬天十多天，即产生糖化作用，就成酒酿。所谓软做法是，米曲与米用量相等，糯米煮成饭，取出滗去米汤，混入米曲（即酒药）搅拌均匀，放入桶内，时时搅拌，大约四五个小时就成酒酿。

最后再听听祖母说食盐的妙用。

日常用品：一、藤竹器件，以盐水洗后，可柔韧而不脆；二、花园小径，杂草丛生，若遍地洒盐水，能令其不再滋长；三、剪下的花枝，有盐水养之，可保鲜艳耐久；四、冒烟或暗弱之火，撒上少许盐即燃烧；五、烧炙之物，撒些盐能息火焰；六、白铁器用盐擦能去污；玻璃与铜有污垢，可用柠檬蘸食盐擦干净。

生活保健：一、吃核果时，少许撒些盐，容易消化且味道更鲜美；二、牛乳中加少许食盐，能收藏数天而色味不变；三、用盐刷牙漱口，牙白而坚，口洁而净，且可预防咽喉炎；四、以盐擦头发，可避免脱发，洗眼睛，可清除眼脂；五、精神颓唐的人，可以用热盐水洗澡，即可复振；六、唱歌之前喝少许盐汤，可避免喉干嗓哑。

治病救人：一、治疗头疼病人，可用细盐擦舌头，再饮凉开水即可；二、患胃滞以及反胃病的人，饮盐汤有效；三、负重伤者，不省人事，顷刻间又无方可治，急用盐汤灌下，可苏醒；四、患疫病的人可用盐热敷脐上施救，患风寒发热病的人，可用细盐擦鼻子处；五、牙床出血，含盐汤亦可。

对于生活，事无巨细，祖母可谓无师自通。

衣食住行

《庄子·养生主》云:"始臣之解牛之时,所见无非牛者;三年之后,未尝见全牛也。"而唐朝杨承和《梁守谦功德铭》又称"操利柄而无全牛",比喻技艺精湛纯熟,得心应手。我的姑妈是个裁缝,接触的人多,自然见多识广,对于生活中的诸多繁琐,可谓无所不通。

先从她所从事的老本行说起。刚刚做好的衣服需要熨烫,偶然会不慎而将衣服烫黄,遇见这种情形该怎么处理?首先要注意这衣服是什么面料,若是纯棉织物,可以在烫黄处撒上一点细盐,用手轻轻揉搓,然后放在太阳下面晒,晒过一会儿,再用清水洗,晾干之后,焦黄便会变淡甚至消失;若是丝织品,就用少许苏打粉,用清水搅拌成糨糊状,涂抹在焦痕上,等待水分蒸发之后,再垫上湿布熨烫一下,对黄斑的消除有直接的作用;倘若是呢料,烫焦部分就会没有绒毛而暴露底纱,这就比较麻烦,需要用缝衣针轻轻挑剔无绒毛处,直至挑出新的绒毛,再垫好湿布,用熨斗顺着原来绒毛的倒向反复熨烫多次即可。这当然是不得已而为之。倘若没有这些应急办法,就只能以衣料的全款,或者多出几倍的价钱赔给别人。

清洗蚊帐:用了一个夏天的蚊帐又灰又黄,很难清洗干净。其实,只需要买二两生姜烧一面盆生姜水,先用清水洗掉蚊帐上的浮灰,再放入生姜水中浸泡三个小时,再用清水洗干净。如果没有生姜,可用萝卜烧水或者用淘米水浸泡同样有效果。

巧用鞋垫:小时候,我在穿鞋时祖母总会在我的鞋子里垫上一双鞋垫，既保持鞋内干净又保暖。可是一走路，鞋垫很容易从鞋子中滑出来，有时甚至会窜到脚心，所以我总也不愿意垫，时常悄悄将鞋垫藏起来，祖母知道后很不开心。后来，姑妈将我的鞋垫拿了去，在鞋垫的居中加缝一块一寸见方的硬布，再让我试着穿，果然鞋垫不再从鞋子里窜出来了。

衣服鞋帽去霉：黄梅天衣服鞋帽容易起霉点。这时切不可风吹日晒，需先将霉斑轻轻刷去，再用酒精刷干净之后，挂在阴凉处阴干，唯有如此色泽不损伤。

如何洗刷鞋帽：丝绸鞋帽衣服等，不宜用毛刷去灰尘，这样做容易起毛。只要预先用丝绒做一个袋子，内塞碎布或棉絮，轻轻刷去灰尘，没有起毛之弊。皮鞋用油后，也不宜用毛刷擦，否则几次擦刷很容易裂开，只需用无浆水的棉布擦刷则玄光可见。如果以鲜牛奶涂在皮鞋上擦刷，可保皮鞋久穿不破。

剪绒衣服去灰尘：上世纪二三十年代，秋凉季节，上海女界喜欢用剪绒制衣，可惜剪绒最容易染灰尘，如果刷去灰尘，绒面必然受损伤，最妙用剪绒去擦，则尘落而衣无恙。

哔叽裤子去坐渍：西服之中，哔叽为当时春秋季节流行之面料。然而，西装裤子坐久了，坐处会发光如油污，很不雅观。其实只需要在熨烫时，在此处均匀地涂上一层凡士林，将厚纸覆盖其上，以烧烫的熨斗，隔纸熨烫，则油光尽去。

呢料服饰防缩防蛀：呢料服饰虽好，却易蛀，且水洗之后易缩，道地的裁缝就会在缝纫之前，在面料反面满喷花椒水，然后用熨斗烫干，这样缝纫出来的衣服，不蛀不缩水。

衣服上绒毛：久藏的呢绒，绒毛不是被压紧了，就是绒毛不顺，应该先用水喷洒一遍，再将衣服卷紧，稍待片刻，将衣服逐次摊平，用湿布覆盖，再以烧烫的熨斗熨烫干，待布掀开时，趁布下冒起的热气，用软刷子轻轻地刷，绒毛如初。

白丝绸衣服保养：收藏白色丝绸衣服时，切不可用白纸包裹，因为白纸所含的漂白成分，会使白色丝绸变黄，应当以蓝色薄纸包裹，方能使其颜色永葆不变。

收藏皮衣：皮衣，年年四月间必须晾晒，每件用川椒或艾绒数包，放入箱内，最好用杉木箱子，用青蓝色布包好，放满箱子后，盖好不能透气。切忌杨柳花飞时节进行晾晒，这时沾毛即生小虫；慎忌近土壁，久藏会脱毛。

缝纫竹布：竹布亦称夏布。质地硬，不容易缝纫，只需涂以白蜡，即针滑易缝。

姑妈说，江南是生产丝绸之区，必须要特别注意，天然的桑蚕丝上都含有蚕口分泌物，这是一种胶质，因此桑蚕丝不是纯白的。需要漂白时，可以用九十五度热的肥皂水，所用肥皂量是桑蚕丝的三分之一比例，将桑蚕丝浸入水之中洗涤一个半小时，然后取出，用淡肥皂水煮一个半小时，再换清水煮一滚，取出后再用清水冲洗，直到没有肥皂味道，就成纯白桑蚕丝了。

夏天穿白色丝绸衣服，既美观，又能反射光热。但是洗涤久了就会反黄，倘若用淡水（即天落水）洗涤，可以避免此弊。切记，肥皂、河水不可以同时洗涤丝绸衣服。

夏布上浆，是姑妈的绝活。夏布，顾名思义是夏天用来缝纫衣服的一种苎麻纺织而成的布，要保持清洁且挺括，方为美丽。所以，洗衣服时必须注意，先将衣服在清水之中浸泡一刻钟，加入少许硼砂搅拌洗涤，不可太用力，晾晒时，竹子上要用布套，否则会留下黄色竹痕，宜在通风处阴干，直到衣服半干时即收下，折挺括，再用平板重压，待衣服干后，就和上过浆无异，且颜色洁白如新。无论官纱洋纱都可以如此。

艾绒制衣服：有一年天大寒，姑妈给我祖母送来一件冬衣，衣服是用旧衬衣翻新的，有一股中药味道，我见了大不以为意，可祖母却如获至宝。这一年，体弱多病的祖母依靠这件衣服无病无灾地度过了冬天。原来这件衣服大有讲究。祖母说，这件衣服里面衬的并非棉花，是姑妈平时收集的陈年艾叶，得空时将艾叶搓成艾绒，正反两面罩上一层极薄的丝棉，装进这件翻新的旧衬衣里缝制而成的。据祖母说，所以要用旧衬衣，是穿着柔软，更奇妙的是里面的艾绒，温暖竟胜丝棉二十倍，而姑妈的爱心远非倍数可论。

法兰绒内衣：我小时候曾经穿过一件法兰绒花内衣，是姑妈送的。因为姑妈生育了七个儿子，却没有女儿。所以，我一落地就过寄给了姑妈，其疼爱程度可想而知。有一年，我去姑妈家，见到姑妈给我买回来一块花洋布，当时这种散花洋布称之为苏联花布。我心中一喜，心想，马上就有新衣服穿了。可是，左盼右望总也不见姑妈做。一直盼到冬至那一天，姑妈兴冲冲来到我家，她一手拿只双层提盘篮，依旧下层装菜，上层一碗年夜饭，饭碗底下放两块银洋钿；一手捏只青底白花小包裹。我依旧接过提盘篮，依旧喊一声"寄姆美"。姑妈笑眯眯说："冬至大过年，寄姆美再添点。"一面说，一面已经解开包裹，我一看，姑妈手里拿的不就是半年前给我买的花洋布吗？总觉得有点异样。姑妈笑道："我拿苏联花布变成法兰绒哉。"法兰绒内衣，当时是何等的稀奇。姑妈终于揭开了谜底，她告诉祖母说："我拿只大沙锅放半沙锅清水，烧开水放进去两样东西，一两樟脑，四两肥皂，用木棒搅拌，搅拌到完全融化，就拿这块花洋布，还有两块鞋面布一起放进沙锅，大约搅拌五分钟，绞干，放在搓板用力搓，再放进沙锅里搅拌，就这样反反复复五六次，再用清水洗涤晾干，就变成法兰绒了。"我望着姑妈手中的内衣，热泪中仿佛看见姑妈正不断努力地搓揉。

节约肥皂：洗涤一般的粗布衣服，以及大件被褥姑妈是从来不舍得用肥皂的，一般情况，是用蚕豆壳灰或者高粱草灰浸泡的水洗涤，效果也不错。

虚岁六岁，我上一年级。当时，下课放学回家都是排着队，由老师就近而远一路送回家的。有一天，下着毛毛雨，回到家里，我的鞋子、袜子全都湿了。一进门，我边埋怨边撒娇地一头扑进祖母怀里。祖母笑道："上学堂的人了，还像个小图样子。看看寄娘给你雪中送炭来了，快点谢谢你寄娘。"这时我刚刚发现，祖母的旁边还坐着姑妈，姑妈的手里捏着一双鞋子，紫红颜色，微微透着光，我好奇地看着姑妈手中的鞋子，嘴里喃喃着："这颜色我不欢喜。"姑妈赔着笑说："这颜色是不太好看，不过耐污糟。就是下雨天穿穿，没人看的。"这时，我恍然大悟。原来这是姑妈为我做的雨鞋。后来，我长大了，姑妈告诉我，当年的雨鞋，都是自己做的，因为鞋面布料容易破，所以一定要用直贡呢。直贡呢一般是用来做裤子的，因此都是素色的，就是这种紫红色，已经是极为少见。姑妈说，要用直贡呢做雨鞋，必须先将布料铺平，用熬熟的菜油涂擦，然后，在烈日下暴晒，晒干之后，用细沙皮摩擦，使布料坚实，再涂擦菜油，如此反复四五次，直贡呢才有光泽，犹如油漆，雨水不透，且鞋面仍然柔软异常。再说这鞋底也是有讲究的，必须用穿旧的布鞋底烧成灰，和上少许桐油，镶嵌在鞋底里方可不渗透。此时此刻，我方知姑妈为我做这双雨鞋之辛劳。

姑妈的节俭是亲戚之间广为流传的。比方像一般家庭防蛀虫，都会用樟脑丸，包成纸包放在衣服里，用得少了就无效，多了费钱。姑妈的办法是，买上十粒樟脑丸，再到西药房去买一两酒精（大约四分钱），将樟脑丸放进去融化，然后用生纸剪成数百张小块，浸入这药液中，浸透之后，取出晒干，将这些纸片夹入衣物内，与樟脑丸有异曲同工之妙。

裘皮大衣防蛀：裘皮衣服通常是晒好之后装进樟木箱，倘若家里没有樟木箱怎么办？只要准备一个火盆，以生葱一把放进火盆内，然后将晒好的裘皮衣服挂在火盆上面熏半个小时，等热气退却之后装进任何箱子，永不生虫。既不费钱，又无气味，比樟脑丸之类，功效实有过之而无不及。

清洗蓝竹布：不能用洋肥皂洗，否则会退色或成斑斑驳驳；且不宜在烈日之下晒，否则即变得不黄不白，很不雅观，尤其在袖底为最。

洗涤毛巾：毛巾用久了会发黄变硬，洗涤方法是，先将肥皂涂遍毛巾，不必搓擦，放在盆里，隔水蒸半小时，然后取出，在冷水之中漂洗，自然洁白柔软。

洗涤棉绸衣服：棉绸其纤维多孔，容易纳污藏垢，百洗不净，如果涂满肥皂后放在锅里煮上半小时，清洗后就会变得洁净如初。

翻新香云纱：香云纱一般都是以玄色为主，穿久了，会变得斑斑驳驳，极不雅观。可以用一大碗醋，将锈烂铁器浸泡在醋里一夜，次日倒入桶中，将衣服浸泡在此水中，反复拎均匀，然后用清水漂过，晒干之后乌黑如新。

青黑色染料制作法：取葡萄的嫩蔓,晒干之后煨成炭（如烧木炭法,切忌灰化），研为粉末，就是上好的青黑色染料；另有一法，就是制作葡萄酒时过滤出来的渣滓，也可以如此煨烧成青黑色颜料，还可以用作画炭像之炭墨。这也是废物利用之一法。

去衣服油渍方法：偶尔衣服上染上了油渍，可以去药房买些鹿角霜，用毛边纸三四层垫在油渍下，油渍上只需铺上一层，然后将鹿角霜均匀地铺在毛边纸上，再用重物平压在上，一夜之后，将毛边纸去掉，油渍尽去。倘若一时买不到鹿角霜，还可以用无敌牌牙粉敷在其上，用熨斗烫上数次，很快油渍尽然被吸去。倘若毛衣上染了油渍，只需将汽油涂在其上，随即，油渍与汽油一起自然挥发，若留下汽油味道，只需在太阳下暴晒一个时辰，味道尽去。

去除汗斑：倘若竹布、夏布，或洋纱布上出现了黄色的汗斑，极难洗涤。我姑妈是用生姜切成米粒大小，放在衣服的汗斑处，细细搓洗，洗涤干净之后，汗斑即退。如果白夏布上有了汗斑，还可以用冬瓜捣成汁来洗。

倘若苍蝇屎弄脏了衣服，只需用灯芯就可以擦去。

蚊子血脏了衣服就比较难洗，姑妈告诉我，只能用冷水洗涤，才不会有痕迹，倘若用热水洗，不仅洗不掉，而且污垢牢固再也无法洗掉了。

红蓝墨水污了手，用肥皂是洗不掉的，可以用无敌牌牙粉用力细细擦去；白帆布鞋帽，用久了，会变得灰黑，很不雅观，也可以用无敌牌牙粉蘸水洗，立即焕然一新。

洋红污手：以前，凡是有人家办喜事，或者生小孩，都要用洋红染鸡蛋，手上染了洋红，不容易洗去，可以用石灰和水擦，很快就洗干净了。

大理石去污法：大理石器物，只要一弄上污垢，很不雅观，想要擦掉，更是不容易。其实有一种办法可以解决，用多包无敌牌牙粉，加适量汽车上所用的轧司令（即煤油精），搅拌成糨糊状，涂抹在污垢处，用麻布摩擦数次，污垢即去，光亮如初。

我说姑妈是万宝全书，可是她自己却说，万宝全书缺只角。比方说，擦玻璃窗，别人是用抹布擦的，姑妈偏偏是用乌贼鱼的骨头来擦，果然透亮如新。

香云纱衣服好看却收藏比较困难，容易将香云拷折皱。姑妈有一法。她说，收藏时只需套在旧棉衣外，一起折叠，待需要穿时取出，毫无折痕，且可避免破损之虞。更需要注意的是，洗涤时，切忌用手绞，以防破裂。

巧做挂衣钩：以前挂衣服，一般都是在板壁上钉钉，这样日久生锈，会污衣服，姑妈家的挂衣钩，都是姑妈将软木塞钉在板壁上，衣服挂在软木塞上就不会留下铁钉的污垢。

洗水烟袋法：姑妈的母亲是吃水烟的，水烟袋用久了，上面积累的油又厚又辣。姑妈将浓碱水灌进水烟袋，然后将水烟袋竖在煤炉火边，不时地移动，此时，烟油和碱水热度极高，热气不时从水烟袋口喷出，直至闻不到烟味道了，再用清水洗涤。我曾经问姑妈，这样洗水烟袋，油烟不都让姑妈你吸进肚子里去了吗？姑妈浅笑着说："她是我母亲。"其实是姑妈的继母。

洗涤酱油瓶：黄梅天酱油瓶容易生霉，白沫一圈。倘若用清水是洗不干净的，只要用一把米，放进瓶子，用水一冲，白沫自净。

老式海绵的做法：姑妈说，大凡吃莲蓬，剥出莲子，随手一抛弃，很可惜的。其实，倘若将其有空的盖，爆晒在太阳下，晒干之后异常的柔软，用以洗刷物品非常干净，且又是废物利用。

有时候，做汤多放了盐怎么办？姑妈说有办法，可以用一块纱布，或者拆掉一个口罩，包上一些洗干净的大米，或者生土豆片，放入汤内煮一会儿，捞出，这样，汤里的盐分就被吸收一部分，汤的味道就变淡了。

如何去除腥味：烧过鱼虾的锅和盛过鱼虾的餐具，洗过之后总有一股腥味，只需将这些餐具浸泡在茶水中十分钟左右，再用清水一冲就干净了。

姑妈的故事就先讲到这里了，以后想到什么再补充吧。

文房四宝

　　说起文房四宝，就要说到我的父亲了。说句毫不夸张的话，比起现在的大学生来，我的父亲算得上是饱学之士了。我并非怀疑现代大学生的学识，只是指所拥有知识面的博大精深。我的父亲是个旧知识分子，写一手极佳的硬笔书法，这或许与他所从事的职业有一定的关系。可是，他自己说，硬笔书法必须要有扎实的毛笔字功底方可。新中国成立前后，父亲在上海招商局任高级职员，不仅有较高的文学造诣，对于诗书画印，均有着独特的见解，并且在当时物资匮乏的时代，他甚至能巧用文房四宝。

　　比方说，石头的印章用旧了，上面的油腻多了，会使字迹看不清楚。父亲说只要将印章浸泡在香油灯盏里一个晚上，第二天，蘸点香炉灰，用旧牙刷，或棕刷轻轻刷洗，若还不干净，可蘸水刷洗，这样，不仅印章不会损伤，且完好如新。

　　夏天的墨盒很容易发臭味，只要在墨盒之中放入一些樟脑，便可去此臭味。

　　小时候，我们习字，都用石板，用久了容易上油，父亲教我们，只需抓一把砻糠在上面一擦就好了。

　　新钢笔用起来，不容易着水，只需用自来火（火柴）先烧一下笔尖，然后将笔尖插入墨水中，即书写自如。

　　保存糨糊：糨糊容易发霉，如果冬天收腊雪入瓮，化成水，制作糨糊，装裱一切书画不会蛀，若再加入少许萝卜汁，装裱出的书画，干后不会拱起。

磨墨：父亲说磨墨也有讲究的，倘若以醋代水，磨出来的墨写字，乌黑且有光；若再磨进一点肥皂，洗涤之后也不会退色。

磨砚台：砚台用久之后，上面的墨迹不容易洗去，只需用极细的磨刀石一小块，在水中将砚台摩擦，立刻干净了。

临时需要写大字，一时没有许多墨汁，可以将洋蓝泡水，代替墨汁，书写在红纸上，与墨色无异。

收藏字画也十分讲究，古帖书画收藏，偶一不慎，会被蛀虫蚕食，有一个方法，即用新鲜的报纸逐件包裹，因为报纸上的印刷油墨可以避免一切蛀虫。其实，衣箱中也可用此法，较之樟脑丸更佳。

黄梅天，书画卷册极有潮湿之虞，所以，伏天需要拿出来翻晒，不过，决不可直接晒在烈日之下，不然将会有凹凸损裂之弊。同时，必须注意，晒书时，切不可将书半叠半露，这样晒书会使书的颜色半退半留；再有，洋装书不能晒，否则使书不平整且很难复原；还有，彩色书面不能晒，晒后会褪去彩色，倘若非晒不可时，可以用旧报纸覆盖在上面。

铅笔画或者木炭画无论画得多么精美，若一不留神举手或者袖口擦过，就模糊不清，非常遗憾。有一个办法可以避免此灾，只需用一个鸡蛋，蛋清滴在杯中，用笔蘸上细细涂在画上，待干了之后，画上的颜色再不会褪去。

一般在有光纸上或硬纸上，尤其在折扇上盖章，不容易干。甚至，不小心一擦就模糊不清。父亲说，只要用少许无敌牌牙粉轻轻抖在所盖章之处，用软毛牙刷轻轻刷去，顿觉鲜艳异常，且不再掉色。刷下来的牙粉，收起来可以下次再用。或者用白明矾也可以。

小时候，父亲让我们用石笔在石板上习字，可石笔很容易断。不知什么时候起，父亲每次买回石笔就将其浸泡在清水之中数小时，然后擦干了再让我们用。据说唯有这样石笔方不容易断。

清洁西洋画：西洋画是用油色颜料所画，悬挂在墙上，惟妙惟肖，但是悬挂时间久了，被湿气侵蚀，其颜色变得灰蒙蒙。其实，清洗方法很简单，只需用大蒜头从中剖开，在画上擦刷，立刻光艳如新；还有一法，可以用山芋浆均匀地涂在油画上，片刻，再用清水洗干净，晒干，污垢尽去。

印泥的制作和保养：自己制作印泥，只需从颜料店里买一盒净艾绒，用蓖麻油和银朱砂调和，就成了印泥。印泥需要经常在日光下暴晒，切不可用铁器搅拌，否则印泥会变黑。还有，印泥用久了，容易出油，且腻在印章上面，可以放在太阳下暴晒，还可以盖棉纸一层，即去此弊。

自制自来水笔：父亲说，通常钢笔蘸墨水不多，写字少而费时间，偶尔蘸得墨水多一点，就有下落之弊，使满纸糊涂。于是，父亲自制自来水笔，其实也很简单，只需用两个同样的笔头，重叠在一起，插入笔杆中，这样，蘸一次墨水能写六七十个字，且不会墨水下落。

收藏毛笔：好的毛笔收藏不好，会有虫蛀，只需用花椒水灌一点在笔套内，蛀虫闻到就不敢进去。

清洗机械钟表：机械钟表用久了灰尘一多，机械停滞不行，可以将机械拆开，放在煤油之中浸泡，且时时摇动，灰尘尽落在煤油之中，洗涤干净之后，放在空气之中，自然挥发而干，机械轴承灵滑异常。

蜡纸上写错字修改法：用钢笔写蜡纸，若有错误，不必换纸重写，只需预备白蜡一块，随时涂在错误处，再在涂白蜡处书写，错误的痕迹全无。

吸墨纸的代替物：用墨水笔写字，吸墨纸必不可少的。但是，购买时价格昂贵。父亲说，可以用中国桑皮纸或簿面纸替代，与吸墨纸功效一样。还有，若预备一支白粉笔，书写之后，用粉笔一滚，字迹立刻就干，没有模糊之虞。

在生纸或绸绫上写字作画，苦于墨汁溃散，用生姜汁和水磨墨，就不会出现此弊端。

硬书面的保护：书店里刚买回来的硬面书，硬面金字，色彩鲜艳，倘若一经着水，或霉或蛀，就会斑点触目，只需在新书购买回来之时，用中国漆（清漆）均匀地薄薄涂一层在书的封面上，久之颜色不变。切忌使用外国漆，因为外国漆中胶水太多。

中国书大多是对折书页，用久了就会断裂，新书时可以用生漆在书页对折处涂一层，日后就不容易断裂。

暖砚：冬天习字，笔砚常常因受冻而书写不便，市场上虽然有卖铜暖砚，然需要四五角钱，贫士苦于无钱购买，父亲自制了一个洋铁盘，里面可以烧一个手炉煤，将砚台放在上面，墨汁就不再冻住了。

自制纸笔筒：父亲做过一个纸笔筒，他用废旧棉料纸浸化后，加入少许石灰粉，捣成泥，用竹笔筒当模型，围一层棉料纸在竹笔筒外，再将纸泥糊在竹笔筒外，大约三分厚，待晒干之后，将竹笔筒抽出，就成了一只洁白的笔筒，可以随意加上图画。

节约习字纸：父亲习字经年，然惜纸如命。他从来不买习字纸，嘴上说习字纸均为毛边纸，书写不易。其实不然，只要看他是如何习字的，便可窥其一斑。父亲习字用的是旧货店里买的旧报纸，初以淡红墨水书四寸大的大字，后又用蓝黑墨水书大字，然后用墨水书全张能容之大字，剩下余地，再作小楷，留下四周的空白，用作书写英文，因为当时父亲在招商局任职，必须学习英文。

父亲还讲过一件事，也许在家庭日常用具日益繁多的今天也能一试。以前上海洋行或写字楼里大都铺设天鹅绒地毯，高雅美观，然清洁起来却实在不容易，于是就会成为藏污纳垢之处，用一般的扫帚很难清理，且很容易扫坏地毯。写字楼里的茶房们有一个方法，就是用隔夜打扫之时收下的各个写字间里的茶叶，滤去茶水，将湿茶叶撒在地毯上，然后用扫帚轻轻将茶叶遍扫地毯，地毯上的灰尘即去。其实用这种方法清理地毯，比起现今的洗衣机来，既省力又省钱。

我的外祖谱琴公是吴门派、浙派兼修的篆刻大师。其所篆刻的边款更精妙绝伦。建国初，曾经在谢孝思先生的授意下，与王能父、蔡谨士等先生一起创建艺石斋，惜于开斋之前月余，驾鹤西去。小时候，住在外祖家，耳濡目染也听得几招。

篆刻玉章、玛瑙、水晶：用几个荸荠一同放入水中，煮一昼夜，再用明矾三厘，蟾酥三厘，涂在篆刻处，炙干，再涂，直至药尽，此时篆刻与白寿山石无异。

篆刻牙章：象牙质地坚硬，可以用米醋或萝卜汁涂篆刻面，虽然容易落刀，但是容易开裂。倘若用象牙与木贼草一起煮四五个小时，其质即软，篆刻好之后，再与甘草同煮，则牙质仍坚，且无裂开的可能。

外祖更擅长竹刻，自创的沙地皱、葡萄皱等篆刻，已经不传。记得他曾经说过，篆刻梅根、竹根图章，用刀之时，必须偏锋，万不能用中锋，若用中锋，反而顽腻且难刻，向字画边切去，不可太厚，不可稍钝，阴阳文均宜深，浅则不光润。抗战之时，东洋人慕名前来，找外祖为他们刻金印，外祖连夜举家避至唯亭乡下。五天之后，东洋人追到乡下，五花大绑将外祖抓进宪兵队，家人求天拜地托人帮忙。一个星期之后，外祖终于被放了出来，已经变得痴痴呆呆不省人事。自此，他发誓——再不治章。

外祖的画，亦独具一格的。建国之初，极少有人请外祖篆刻印章。一度，外祖以画扇面生存。画一幅扇面，加工费是六分钱，做这个营生的同行，一天能画二三十幅，而外祖只画二三幅，他说用来做扇面的纸张本身就不是十分好，倘若画工再拆烂污一点，这把扇子就是送人也没有人要的。近日，有人欣喜地在古玩市场觅得两幅外祖的扇面，竟然花费了人民币六万元。可憾外祖竟然没有给自己留下一幅，在清理外祖遗物时，所见到的是二十七把扇骨。后来，这二十七把扇骨，均由我的舅舅从加拿大回国时存放在他的同学、外祖的学生矫毅先生处。

民间单方

以下民间单方，有的是家族中传承下来的一些应急办法，有的是在我采风中逐年的积累，有的是我亲眼目睹的治病救人方法，有的是我亲身经历且亲手所为的尝试。

常见的头疼：头痛发作时，可以倒一杯冷水，和少许柠檬汁，再加半匙苏打，搅匀后喝下，极有效果，且味道也不难喝。

跌破头额：我国有一个陋俗，就是凡小孩跌破了头额，或刀伤出血，就会习惯地抓把香灰，甚至是门角灰敷上，却不知这样会使伤口不洁，容易引起细菌感染，因此造成伤口溃烂而经年不愈。我就是这种陋俗的受害人，小时候不慎跌了一跤，头额跌破了，流了许多血，老祖母急忙在供桌上的香炉里，伸手抓起一把香灰向我头上按下。结果，我的额头上留下了一个伤疤，几十年不退。后来我知道了一个治疗外伤的简单方法，用五倍子末和白矾各半，研和，装入玻璃瓶中，临时取少许敷在受伤处，此两味药能使破坏的微血管收缩，血立即停止。且白矾能杀灭微生物，可以避免受伤处溃烂。还有一个方法，是我亲眼所见。一次，我见到邻居家的小孩跌破了头，家里的老人拿出一把白糖，按在跌破处不放手，许久，血止住了，过后竟然没有疤痕。

去雀斑：年轻人脸面上有了雀斑，十分不雅观。有一个办法，就是用茄子切成小片，时时擦脸，有神效。

每天早晨用豆腐少许擦脸，能使脸面白嫩清洁。

治疗休息痢：以前有一种痢疾称休息痢，其实就是痢疾之中最厉害的一种，十分难治，虽然民间有许多偏方，但是都久治不愈。其实，不外乎肝脾两经，以肝藏血，脾统血，肝脾不和，失于系统，所以才有此病，经常用桂圆肉补脾，苦参子泻肝，一补一泻，虽是妙法，却仅治标不治本。其实，诸多民间单方亦是如此，若欲痊愈之后永不复发，应当继续用炒白术二两，煨木香六钱，灸柴胡三钱，赤白芍各一两五钱，均分七日服用，决无复发之虞。

肝胃气痛：患这种病的，妇女最多。病发时，坐卧不安，寝食俱废。据一位老人说，无论久病还是新发，只需用福建荔枝树根四两，与猪肉一斤，一起入锅煮烂，淡食之，即可永不复发，屡试屡验；还有一法：用野猪胃煨成灰，冲绍兴酒服用，亦有灵效。

治疳积虫：中医称小孩的肠胃病为疳积。其实，小孩腹痛往往是因为肚子内有蛔虫所致，倘若真是蛔虫，只需先服下蓖麻油一两半（当时西药房里买一小瓶蓖麻油只需二角半），再用石榴根煎汤，分三次服下，就能将蛔虫泻下来，此方屡试屡验。

治荷叶癣：以前我家里有人患荷叶癣，叔叔说，只需用荷叶蒂晒干研末，香油调敷，数次痊愈。按照此方敷，初不觉得异样，也不见得愈，敷数次之后，四周均发，患得更加严重，奇痒无比，以为没有用，就不再敷了。第二天，癣处已干，不痒不痛，数日之后，脱去厚皮一层，癣亦立刻痊愈，竟然永不复发。

治疗疥疮：疥疮，俗称浓泡疮。初发在两手指间，日久遍及全身，又痒又痛最不容易治愈且极容易传染。现觉得一方，用几个核桃肉捣烂，再以红蜡烛油与水银三分混合，日擦数次，数日即痊愈。此方已经有好几个人试验过，极灵验。治疥疮还有一方，用陆地根、明矾、鸡爪黄、莲根、串蜈蚣、猪油，一起捣烂，用稀布包，擦疥疮处，数日即痊愈。

治嘴角疮：只需用汤罐底水，或锅盖上的汽水涂在患处即愈。

治癣疮：一般癣疮，极容易蔓延，初起时可以用荸荠，或生姜时时去擦，颇能见效。

治疗疔疮：初起时极痛，若不知是否是疔疮，可以用一两粒黄豆，放在嘴里嚼，若有豆腥气，则不是疔疮，急饮豆油两大碗，立刻就消；若无豆腥气，即是疔疮，倘若误食猪肉，快则半日，慢则三日，即死亡。

一旦确定，赶快用白菊花根捣烂，取汁一碗服下，并敷患处，立即痊愈。如有无花根，叶也可以，若大腿弯有紫筋起，可用银针刺出血，立即痊愈。

治疗腋臭：腋臭俗称猪狗臭，最为人厌恶。去除此疾，十分简单，以明矾末二分，淀粉八分，撒布于棉花上，缚于腋下，且时时清洁此处，久之则痊愈。若多脚汗，脚臭的人，也可用此法。

治蛇咬伤：倘若遇到被毒蛇咬伤，突然暴肿，若无药会立刻死亡。这时可以用野柏树叶捣汁，敷在毒蛇咬伤处，立即痊愈。若以其汁喷蛇身，则蛇立僵硬。必须注意，切不可用已经嫁接过的柏树叶。还有一方，立即用旱烟杆内的烟油用冷水调涂，且服下，蛇毒即消。

疯狗咬伤：要立即用川大黄三钱，木鳖子三钱，明雄黄一钱，二丑一钱半，煎服。如过七天，需服两剂，不必忌响器。

治疗小孩夜啼：小孩夜啼，大人不得安睡。大多会悄悄在厕所里贴上一张"天黄黄，地黄黄……"之类的东西，其实，毫无用处。若用黑牵牛末一钱，清水搅拌，敷在小孩肚脐上，啼哭自然而止。

林则徐戒烟法：只知道林则徐在虎门销烟，却不知道林则徐还会戒烟，此方据说是祖父从上海市井间所得，不知真伪。但是当时却有人用之有效，而流传开来的。我的祖母曾经保存过此方。祖母曾经收藏过一点点生鸦片，因为祖母有很严重的胃疾，只有在她疼痛得实在忍不住的时候，才从她的宝贝小玻璃瓶中取出一点点，捻在她平时所吸的勇士牌香烟的点火的一端，吸上一口，胃疼痛即消。祖母唯恐自己上瘾，所以保存了这张"林则徐四物饮"。祖母驾鹤西去后，父亲在清理祖母遗物时扔了，我却记住了此方，生甘草一斤，赤砂糖一斤，川贝母八钱，烟灰三钱（瘾重者四钱），以上四物，用清水十五碗入锅内熬成三四碗，去渣取汁，存储在瓶里，放在静室、行步不震动处。每日早起及夜卧之前，各以开水炖温，口服一杯，日久坚持服用，烟瘾即断。倘若瘾重者，可以取已经煎过的药渣重煎，十杯煎取一杯，服法照前。

脑漏：亦称鼻渊。我小时候曾经患过此疾，药石乱投，百无一效。后来祖母听人家说，吃生花生可痊愈，祖母让我吃了许多生花生，稍微好过一阵子，日久又复发了。据说，后来有一位道人给了一方，用经霜丝瓜根（俗称天萝），能治此病。但是，必须是在泥里经霜。祖母托我家老坟上的坟客帮助挖掘，拿回来煎汤，给我分几次服下，果然痊愈了，且至今再没复发过。

治刀伤出血：方法很多，这里只说一个十分简单的方子，每年农历五月初五日午时，采取苎麻叶，悬挂在通风的屋檐下，阴干。急用时，只需取干苎麻叶包裹伤口，用线扎紧，血立刻能止住，过二三日就结痂痊愈，并无伤痕。

去汗斑法：酷暑天气，汗流浃背，所穿的衣服上会留下汗斑，十分难洗。其实，只需用颜色纯黄的老黄瓜，在汗斑处频频擦刷，就可以退去。

治疝气病：只需用黑丑二钱,煎酒服下。初起者只需一服立即痊愈，且再不复发。黑丑就是牵牛，各药房都有卖。另外还有一法，无需用药，即临睡前，在床上，以两膝盘坐，两手在腰间前后上下摩擦，如左手在前面擦，右手就在后面擦，每擦七次，更换两手，以四十九次为度。但是，必须闭目静坐不动，口须运气，气不可急，以气提上为主。每手擦七次，运气一口，照此方法连行三日，疝气即痊愈，再不复发。

治疗寒疝：新鲜的荔枝核、橘子核、小茴香各一两，焙干研末，用红糖、高粱烧适量搅拌，每次服一钱。切忌阴虚体热者不可服。

风寒入骨：夏天贪凉，睡在通风处，致使风寒侵入，气血凝滞，导致经络时时隐痛，大多患在股关节、手臂和肩关节。可以用葱白、生姜汁，和面粉一起炒熟，加入陈酒，用青布包裹，熨擦患处，擦至皮肤灼痛不已即止。再用整块生锦纹（即大黄之上品），锉成极细的粉末和生姜汁一起敷在患处，次日，皮肤变青变紫，即是有效的症状，敷至青紫色褪变白，即痊愈了。

大伏天良药：旧时的文人皆通医，我的父亲自然也是懂得医理的。每当夏日伏天，必须让小孩吃一些使君子，按照年龄而定，一岁吃一颗，至七岁，长者不加，凡三伏天，共服三次。平时也不觉得如何，然我的家人，夏天无疮疖，秋不泻痢。其实使君子的好处远不仅如此，使君子主治五疳，杀虫去热，健脾胃，疗泻痢，愈疮癣。父亲说，使君子不拘三伏天，宜平时每月上旬清晨空腹食用，先吃煨熟的七颗，后吃七颗生的。味甘而香，颇耐咀嚼。大人肚子里有虫亦可。唯食后不宜饮热茶，否则会腹泻，但是并无大害。

少年白发：有人说"年少早白头，一世吃穿不用愁"。但毕竟少年白头，不甚雅观；欲治此病，比较简单，只需用梧桐子捣汁，涂在发根处，渐渐白头发脱落，长出来的就是黑发。

蛀发癣的治疗：蛀发癣一旦产生，极为可恶。我小时候也曾经生过，而且都生在发根，每天梳头，总会梳下许多被蛀发癣蛀下的头发，我急得哭了。祖母买回来了生姜和一瓶顶上高粱酒，先将生姜浸泡在高粱酒里，次日，用高粱酒里的生姜给我满头地揉搓，擦过几次，果然就好了。

耳聋复聪：用北细辛末一钱，将黄蜡熔化，做成枣核大小的丸子，用棉絮裹好，塞入双耳，每日两次，无论何种重听，均能复聪，唯戒恼怒。还有一法，则用活的叫哥哥数只，从冬至起，养过九九，待其死亡后，用阴阳瓦片焙成灰，和在冰片油内，聋者以油滴入耳中，虽极聋之耳，亦必复聪。

去竖头肉：竖头肉又称赘疣，俗称老鼠奶，亦称千日疮。光滑的肌肤上凭空突起一些多余的肉来，既不雅观，又剪之不去，即便剪去了，又会再生出来。有一个办法，就是用红菱的柄擦，数日之后就会自行脱落，且永不复生。但是，必须是与菱相连之处，一摘下来立即就擦。

治疗发背：发背一旦溃烂，往往不治。我的祖母就患过，没有去医院，竟然被她自己治好了。祖母用陈年的海蜇皮，浸泡在米泔水里，半日之后，捞出来，按照疮口的大小，剪成圆形，再用针灸银针在上面刺多孔，然后贴在疮口上，几次之后竟然痊愈了。

盗汗：酣睡时出汗，谓之盗汗，可以用小麦炒熟了泡汤喝，饮下一大碗即可止。

童子痨：无论男女，年轻时，面黄肌瘦，咳呛少食，俗称童子痨。可以用子鸡一只，剖腹洗干净，向药店购买三十文阿魏，加酒和水淡煮，吃完后，保存其骨，毋失一段，在瓦上焙酥，研末，用黄酒送服。一只鸡吃后不痊愈，再食一只，必定痊愈。

疳积：儿童面黄肌瘦，胃呆腹坚，俗称疳积之症。用活蜣螂一只，俗称屎壳郎，本草名飞廉，入锅炒焦，去翼去足，给小儿服下，一泻即痊愈，亦一奇特之验方。

痢疾验方：用金银花花蕊，焙焦研成极细末，成人服三钱，日服三次，小孩服三分，日服三次，用蜜糖冲服，两日即痊愈。

止血奇方：鼻衄，就是鼻子出血，只需用马兰头叶塞鼻子，最为灵验；吐血急救，食乌贼鱼墨囊少许即止，若立即喝下一调羹生菜油，也同样有效。无论何种血症，常取芦粟，尽量多吃，血症痊愈于无形。

冻疮变烂脚：年轻时，我一到冬天手上脚上尽是冻疮。有一年开春了，我脚上的冻疮不见好，反而溃烂成了烂脚。祖母说，冻疮变成春疮就是老烂脚，难治了。后来，祖母在我堂叔处讨来一方，其中有炉甘石四钱，白蜡、煅石膏各一钱，冰片五分，一起研成末，敷在患处。祖母照方抓回来，研成末给我敷在腐烂处，初敷时只觉得癣痒，三天之后，出了脂水，却不痒了，大约敷了十来天，脂水全无结成盖了，待盖脱落之后，竟然没有留下疤痕。

胞衣不下：所谓胞衣，就是胎盘。女人生产后，如果胞衣不下，是极其危险的，每当此时，束手无策。其实，只需用荷叶一全张，煎汤服下，胞衣立刻就下来了。奇怪的是，若荷叶扯成几块，胞衣也成几块下来。此时，让产妇不必惊慌，只需预先准备好荷叶。

断奶妙法：小儿断奶，无非是让小儿不思母奶，办法很简单，用山栀一个，辰砂、麝香、雄黄、雌黄各二分，共研末，待小儿熟睡时，用麻油调和，敷在小儿眉心，苏醒之后，即不思奶。

脱肛：1954 年 4 月，我的父亲虚岁四十七时，就因"耳聋眼花，年老体弱"而被整编。从此，一蹶不振，疾病缠身，使他最难以忍受的是痔疮。起先是大便不出，数十天之后终于通了，然未通之前，肛头脱落，难过异常，每次大便必须在马桶上一坐就是半天，祖母说他大解比女人生孩子还难。偏觅草药单方，或熏或洗，不下三四十次，终未见效。后来，祖母听曾经患过此疾的亲戚说，脱肛年久不收的人，最好用酸板苋菜（即豆瓣苋）煎汤，倒入木盆内，白矾三四块，乘热坐在木盆上熏，待水稍凉后就洗，边洗边用手揿住肛头，直至水凉。父亲按照此法熏洗，果然灵验。后来，我也曾经患过此疾，我去药房买些皮硝（一小包大约两分钱）。买回来之后，我洗干净一只痰盂，将一小包皮硝倒入其中，加沸水，先闷一会儿，待药性出来，便坐在痰盂上熏，直至水凉了，倒入脚盆将患处洗干净，就此一次，竟然再未复发过。

白内障：大凡上点年纪的人大多会患白内障，无药可医，有一个偏方可治疗，用不落水的猪苦胆一个，以小刀剖开，取出苦水，将苦水放在铜勺里，在炭炉上煎干，成为菜籽大小的小丸子，一个苦胆可成数十粒小丸子，待冷却之后放两粒在患病的眼睛里，小丸子遇热又化成水，能去白内障。如此朝夕各服两丸，待一个苦胆用完即痊愈。此方法我没有试验过。不过，朱季海先生生前曾经教过我一个方法，让我每月去药房买四瓶杞菊地黄丸，每日服八丸，我坚持服用了四年，至今没有白内障。据先生说，他是从一份日本的医学资料上见到的，先生平时也服用此丸。

去脚湿气：脚湿气，初起时小泡泡粒粒，其痒难忍。以手搔之则破，从此黄水淋沥，虽然时常敷药，却终不见效。其实无需用药，只需每日用水洗涤一次，用无敌牌牙粉敷在患处，大约四天即痊愈。

止夜间咳嗽：夜间咳嗽，惹人厌烦，自己受累，其实只需临睡时用甘草五六片，含在嘴里，不要咽下，就可以终夜不咳。然此方法只可用在夜间，白天还是用梨膏或枇杷膏等治疗，不知何故。

由吴门人家的早茶说起

有人说，芸芸众生，仅有两样半东西是真正属于自己的：一样是生命，就是说健康的身体；一样是知识，一辈子所学到的知识和积累的学问；半样是金钱，之所以说它是半样，是因为金钱无论有多少，只有花掉的是自己的，没花掉的不真正属于自己。

人到了老年，猛然省悟，生命是有尽头的，健康尤为重要。通常人们都以为人的衰老是从中年开始的。不然！平时注重养生的人，即便人到老年，还是手脚轻健，精力充沛；反之，平时不注意保养，便会未老先衰，精神萎靡。所以，无论生命长短，都要活出一个健康的人生来，这样才不枉匆匆来这世上一趟。

其实，养生并非难事，无须人参、鹿茸、羚羊角、冬虫夏草之类的贵重药材。苏州人有句老话：药补不如食补。今天我试着从吴门人家的早茶来说说，究竟应该如何以享受美食来起到养生的作用。

吴门人家，坐落在苏州市平江区潘儒巷，一座清仿明式的典型的苏州民居。原为山中宰相王鏊的后裔建造的义庄——敦裕堂。十数年前，原先在玄妙观西角门开设鸡鸣牌八宝粥店的经理沙佩智女士，在此创建了正宗的苏州菜馆——吴门人家。继而，又推出了吴门人家（特色）早茶。这"特色"二字，是笔者自己加上去的，至于为何要加上这两个字，读完本文自然而知。吴门人家的早茶，时间限定为每天清晨六点半到九点半。注意保养的食客，从不会选择六点半就早早地去茶室抢食吃。

从中医养生角度来说，以一天十二个时辰来分，清晨六点半正值卯时，此时大肠经当令。七点钟天亮了，古代人们将此时称为开天门；与此同时，地户也要开了，地户是指肛门，在中医里也称魄门。因为身体经过一夜的代谢，将废物输送进大肠，肺与大肠相表里。这时候，肝气实，身体中的毒素和废物都会从大肠中排出。倘若此时不排出，大肠又会将这些东西重新吸收，于是将对人体造成危害。所以，注重养生的人士，通常都养成卯时大便的习惯，称卯时养生。

卯时，全身的器官刚刚进入苏醒状态，卯时起床小锻炼。户外晨练，是一天活动的启动，也是一天活力之源，适当的晨练，可以使人整天精力充沛，生机勃勃。但是，卯时晨炼要有度，一般只需散步、跑步，或者打打太极拳。

通常，此时我梳洗完毕，就出门散步，偶尔会一路散步到吴门人家。一踏进吴门人家早茶大厅，抬头望去，两侧梁架上的四只蟒爪，足以显示原先这房子主人先祖之尊贵。所谓"五爪金龙四爪蟒"，皇帝之下便是他了。据说，原先大门反面还真有一条木刻的四爪蟒呢。

晨七点到九点是辰时，辰时胃经当令。经脉气血从子时初起生，到卯时阳气已经全部升上来了。辰时养生，晨饮一杯水，养生又美颜。因为，人体经过一夜睡眠，水分排泄出去，致使血液黏稠度比较高。所以，辰时是心肌梗死和脑梗塞的高发时段。辰时饮水，可以冲刷肠胃，冲淡胃酸，使肠胃保持最佳状态；辰时饮水，还可以增加血流量，稀释血液，降低血液黏稠度，促进血液循环，帮助排除毒素，滋润肌肤。此时，喝水应该喝新鲜的温开水，不能喝饮料，更不能喝自来水。

此时，吴门人家准备了新鲜开水的同时，还准备了依据古方特制的两种保健茶："杏枣汤"和"青蒿茶"。说到这两种茶，在此必须多说两句。先说杏枣汤，杏，原产地中国，18世纪被西班牙教士带入加利福尼亚。1879年，果树学会列举的在美国种植的品种有十一个。西欧的杏，是通过中国古代的丝绸之路传播过去的，后来全世界都种植起来了。

杏树对土壤、地势的适应能力强，一般都种植在土坡和丘陵，即便在八百到一千米的高度也能正常生长。杏树的寿命长达四五十年，在良好的条件下能存活一百年之久。杏，富含维生素 A 和天然糖分，杏干是铁的良好来源，未成熟果实中含有类黄酮，有预防心脏病和减少心肌梗死的作用，还是极有效的抗癌物质，对癌细胞有杀灭作用。

根据《神仙传》记载：三国时，有位郎中，名董奉，字君异，家住庐山，常年以杏为民治病，却不收钱物。重病人痊愈后，只需在他的屋后种植五株杏树，轻者一株。如此十年，竟然种植了十万余株，郁然成林。待杏子成熟时，他对人们说，谁要买杏子，不必告诉我，只要将一盆米倒入我的米仓，便可装一盆杏子。董奉又将用杏子换来的米，救济贫苦的农民。董奉去世之后，人们在董奉隐居之处建筑了杏坛、真人坛、报仙坛，以纪念董奉。杏林的故事就一直流传下来，杏林也就成了中医的代名词。明朝名医郭东曾模仿董奉，居山下，种杏千余株。苏州人郑钦谕，庭院之中也设置杏圃，病人馈赠的东西也拿去救济贫民。元代书画家赵孟頫病危，名医严子成治好了他的病，他特意画了一幅《杏子图》送给严子成。从此，人们常用"杏林高手"来称赞医德高尚、医术精湛的医生。

再说枣，大红枣，又名大枣，自古被列为"五果"（桃、李、梅、杏、枣）。枣的维生素含量高，连续吃大枣的病人健康恢复速度，比单纯吃维生素的快三倍以上，因此大枣有"天然维生素"之美誉。大枣为温带作物，适应性强，有"铁杆庄稼"之称。大红枣的功效：1. 能提高人体免疫力，抑制癌细胞，甚至可使癌细胞向正常细胞转化；2. 常吃鲜枣的人，很少患胆结石病，因为枣中丰富的维生素C能使体内多余的胆固醇转变为胆汁酸，胆固醇少了，结石形成的概率也就随之减少了；3. 枣中含有钙和铁，对防治骨质疏松与贫血有重要作用；4. 枣中所含芦丁，是一种使血管软化，从而使血压降低的物质，对高血压有预防功效。不仅如此，枣还有健脾益胃、补气养血、安神和缓和药性等作用。所以，民间用杏、枣煮熟了饮用，为夏天解暑清热润肺的清凉饮料。

说过了杏枣汤，再说说青蒿茶。青蒿，是一味中药，为菊科植物，青蒿的地上部分开黄花，味甘微辛、气寒、无毒。它的主要功效是：1. 清热凉血，用于内热引起的咽喉肿痛、目赤、口干舌燥等病症；2. 解暑，用于燥热汗出、口干难忍、四肢无力、虚脱休克等症状；3. 除蒸，这是阴虚火旺引起的暑邪发热、阴虚发热、疟疾伤寒、湿热黄疸等症状；

4.益气，青蒿能治疗脱发白发、视物模糊、黄疸，以及郁火不舒等症状；

5.凉血利尿，主要症状是小便不利、小便短赤、大肠风热下血、发热怕冷等。青蒿有一种特殊的味道，这种味道还能用来驱蚊，常喝青蒿茶，既能驱蚊，又能起到预防疟疾的作用。

以前一到夏天，老苏州家家户户都会泡上一大缸青蒿茶，供全家人饮用。观前街上的老字号商家，也都泡好了青蒿茶，免费提供给顾客饮用，以招揽生意。不过，这些饮品都已经成为过去，如今被形形色色的现代饮料所取代。吴门人家，重新拾起这些老祖宗的绝招，实属不易。就此两种茶的恢复，不仅有利于养生，又能激发起人们怀旧的情愫。记得有一年夏天，有一对久居美国三十余年的苏州籍老夫妇，一下火车，就雇用了一辆三轮车，带着行李，直奔吴门人家，说是来寻找苏州味道的。在找到了苏州味道之后，他们邀请了亲友在此又品尝了吴门人家的中餐和晚餐。

七点钟去吴门人家吃早茶，不要急着吃食物。因为，人在睡眠时，绝大部分器官都得到了休息，唯独消化器官，仍然在消化吸收晚餐留在胃肠中的食物。清晨才渐渐进入休息状态，一旦早餐吃的过早，会干扰胃肠的休息，消化系统又处于疲劳应战状态，扰乱了胃肠的蠕动节奏。因此，辰时最适合用早餐，可以先喝一杯温开水，稍待片刻，喝上一杯杏枣汤，或者喝一杯青蒿茶。一喝杏枣汤，健脾开胃，此时，食欲最旺。杏枣汤好比早餐前的一碗汤，先暖一暖胃，然后再吃早餐。早餐是一天活力的源泉，太油、太甜、太咸的东西吃多了，容易使人产生昏昏欲睡的感觉。苏州人有个习惯，两粥一饭，是很有道理的，因为粥能护胃补元气，粥在熬煮过程中已经将食物之中的有效成分都释放、溶解在汤里了，很容易被消化吸收。

俗话说：早晨吃得好，中午吃得饱，晚上吃得少。所以说，早餐是十分讲究的。所谓好，那就是早餐应该有丰富的蛋白质、各种矿物质和维生素，还包括谷类、肉类和水果蔬菜三大必需品。吴门人家早茶供应富含各方面营养的食物多至八十四种之多，可以随意地挑选搭配。这里的粥品就有享誉苏州的鸡鸣牌八宝粥，有骆驼担糖粥（又称紫气照白云），有莲子银耳汤，有皮蛋粥等，还有茶叶蛋；倘若不喜欢甜点，可以取咸味食品，有皱纱小馄饨、荠菜鲜肉大馄饨、酒酿圆子、青菜瘪子团、鸭血粉丝汤、两面黄，还有随点随制的高汤阳春面。

早餐上，还准备了荤素八样热菜：番茄炒蛋、红烧鱼块、五香素鸡、黄豆猪手、白菜肉丝、青椒土豆丝等等，其中的营养成分不言而喻。假如早餐不想吃油腻的炒菜，便可选些酱菜、卤菜之类，有双耳冷盆、糖水红枣、苏式雪里蕻、金圣叹花生、爆鱼、卤鸭等等。另外，还设有糕点饼馒，其中最负盛名的要数吴门人家火腿馅饼、萝卜丝酥饼。每年的中秋节前后，吴门人家还会推出独特的药膳月饼，在这里总能找到您所需要的养生食品。从营养角度出发，吴门人家绝对不制作熏烤之类的垃圾食品。早餐的热量不宜过高，且不能过于油腻，过量的油腻会造成胃肠负担过重，导致高血压。

品尝吴门人家早茶，是需要根据食物的营养与个人的口味、合理搭配和仔细玩味的。也许有人会问我："你是怎样去品尝吴门人家早茶的呢？"通常我喝过杏枣汤，夏天喝一碗青蒿茶，就会到骆驼担上盛一碗紫气照白云，七分糯米粥、三分豆沙糊，一边闻着这两种不同的香味，一边搅拌，观赏着搅拌时不断变化着的颜色，之后便慢慢品味着这一碗淡淡紫色的糖粥；然后，去取一个茶叶蛋，以代替我每天早餐时吃的煮鸡蛋。吃过甜食，舀上一小碗皱沙小馄饨，而后捞一碗鸭血粉丝汤。鸭血粉丝汤，我是每去必吃的，一则是喜欢，再则鸭血可是肠胃的清道夫，每周吃一次鸭血粉丝汤，能起到保持肠胃清洁的作用。这时已经有了饱感，就不需要再吃什么东西了。倘若这一天我不想吃甜食，就会在骆驼担上盛一碗白粥，外加一些青椒土豆丝、番茄炒蛋、一个茶叶蛋，或者拿一些苏州雪里蕻、金圣叹花生什么的，然后点一碗阳春面、青菜瘪子团之类，惯例，还是以鸭血粉丝汤结束早餐。也许有人会说，吴门人家早茶是自助餐，有那么多好吃的，你就吃这么点，不合算。可是，我需要的是这么一种浓浓的苏州味道的环境，和可以随心所欲地搭配营养的自由。再说，并非吃得越多越有营养的。

九点到十一点进入巳时，此时脾经当令。所谓胃主受纳，脾主运化，这时，脾开始运动，将刚刚胃所摄入的食物，运化成为身体能够利用的精细物质，然后交给小肠去吸收，渣子交给大肠。巳在十二生肖之中属蛇，这条蛇其实就像一条大蚯蚓，它在土里运动着，因为在五行之中脾为土，脾主一身的肌肉。所以，脾功能好，就肌肉发达，气血充足。这时不能继续进食物了，否则将打扰脾土的运化，起到适得其反的效果。这时上班族可以去上班了，老苏州们也可以开始一天的买、汰、烧了。

吴门人家早茶，每位二十元，儿童半价。自开设以来，在市场价格频频上调的当今，十二年不变。用沙经理的话来说："我要的是这些老苏州食客，要的是让这些老苏州吃得起，要的是这浓郁的苏州味道。"

交流苏州民间传统厨艺

欢迎大家来讲苏州菜！

（一）虾仁香菇盅

选十个大鲜香菇，贴皮去根，三到四两虾仁（基围虾也可以）去壳去泥筋，虾仁剁碎，加入黄酒、生姜汁、盐、生粉搅拌（最好加入一个鸡蛋清）。将香菇白色的底盘上涂湿面粉浆，将虾仁浆小心地盛上去，用调羹压成半圆形状，十个香菇盅做好之后，摊开在盘子里，上锅隔水大火蒸十分钟就可以吃了。

徐华

（二）酒酿田螺

田螺是好东西，苏州人说法"清明田螺赛似鹅"，说的是清明前的田螺特别鲜，特别嫩，还有清热、利尿、明目之功能。田螺洗干净，不用剪尾部，放进锅里，放几片生姜，没水烧开之后加料酒，然后改文火焖烧两三个小时之后，将田螺壳稍微敲敲碎。这时起个油锅，将预先端正好的葱白、生姜先爆一爆，再将田螺倒下去一起炒，再放酱油炒匀，倒进沙锅里焖烧，沙锅烧到盖子噗噗响，然后，放进四五汤匙酒酿，再用大火将汤收干，这时候沙锅里的汤醇香扑鼻。

章之秀

（三）盐激豆

先在小锅里烧一碗卤，其中有小葱、酱油、糖，烧浓，放在一边备用。再拿一碗青蚕豆干，少放些盐一起在铁锅里炒，炒到爆停豆熟，立即盛进烧好的卤里一激，蚕豆又重新泡开，变得又酥又松。吃早饭或者当做冷盘最爽。

（四）火夹肉

原料：火腿、五花肉

辅料：黄酒、葱花

操作：火腿去皮及油膘，切薄片，五花肉去皮切片（可比火腿略厚些）。将火腿片与肉片隔花排在盘子里，上面铺一层扁尖丝，再撒点毛豆，洒上黄酒及葱花，少些冰糖上蒸笼，高火蒸十二至十五分钟即可。特点是鲜、香、嫩，有滋补作用，剩下的可制汤用。

（五）代蟹粉

原料：鲜鸭蛋两只（最好高邮红黄蛋）、咸鸭蛋一只

辅料：黄酒、姜末、镇江醋、糖少许

操作：将鸭蛋打碎，蛋白、蛋黄分开（不调碎），起油锅六七成旺，将蛋白、蛋黄分别用铲刀划开，直到凝结，放入辅料一炒即成，起锅装盘。外看和炒蟹粉一模一样，口感也相似。

（六）雪梨肉片

原料：里脊肉、雪梨

辅料：黄酒、味精、盐、蛋白、生粉

操作：将里脊肉切片，用蛋白、生粉上浆，在油锅中熘到断生，将雪梨片倒下一起炒，淋上生粉起锅即可。秋天滋补去燥且鲜嫩，老少皆宜。

潘咏焕、潘涓

（七）油爆虾

十一月份的虾又好又便宜，一到春节就贵了。活的河虾，洗干净沥干水，开大油锅，汆到四分熟就捞起来，待一冷就放入冰箱速冻，要用时拿出来再烧，可放三个月不变质。

（八）呛虾

活虾呛，不卫生，应该先烧开水，虾进去一汆，捞出来乘烫用酒一喷，再放调料。

（九）一品冬瓜

取大冬瓜的一头一底，挖干净，不用削皮。用干贝、开洋、南腿、扁尖、香菇、黄鳝骨头熬高汤，一起放进冬瓜底里，盖上冬瓜头，用文火煨。

（十）清煨河鳗

一斤上下的河鳗（不能太大），切成一寸左右段，嵌些猪油，两头贴姜片，装进沙锅里，加料酒、酱油（酱油一定要讲究），用炭基火煨。

（十一）青鱼炖肉

肉要田径黑毛猪，去皮，留两层膘肉，手工斩成肉酱，用小葱、姜、酒拌均匀，肉要一个方向拌。预先用一条大青鱼，剖开切好，雌雄爿，雌爿沥干；再用花椒、盐一起在铁锅里炒热，乘热腌鱼，放入钵头压紧，数日后拿出来吹干，再用酒糟、洋河大曲涂糟，放入"六尺"里，用时拿出来，洗干净，切成一寸长八寸宽的块，鱼面上放上几片姜片，倒上肉酱，小葱放在肉酱上，大火炖熟。

王

（十二）豆腐昂刺鱼

洗干净昂刺鱼，铁锅烧热，放少些油，先将生姜和小葱爆香，将鱼稍微煎一下，然后加少许水，再放切成片的竹笋，略滚之后，见汤色已经泛白，加料酒。别人家烧鱼一般都是油锅里一煎好马上喷酒的，不过，烧鱼汤不宜早放酒，因为料酒一放，鱼汤不容易出乳白色，豆腐可以根据各人的喜欢，无论老豆腐还是嫩豆腐都可以，将豆腐划成块，轻轻放在鱼上面，不要翻炒，让豆腐充分吸收汤汁，盖上锅盖烧五分钟，再加盐、调味，再撒些小葱起锅。

徐芳

（十三）油焖笋的烧法

首先，竹笋要挑新鲜的、白白胖胖的，剥去壳，横切成条，再切成一寸半长度。笋入锅，加水到齐笋的一半，大火烧开，稍微煮片刻，加酱油、少许盐，浇些油。然后，盖上锅盖，改小火焖烧半个小时，加一点白糖，再焖一焖，就好了。别人家烧油焖笋一般都是起油锅炒的，然后加酱油、糖。不过，先用水煮，笋的新鲜味道更容易溶解在汤里，再加油、盐、酱油焖烧，要比油炒的鲜嫩的多，不相信你可以试一试。

（十四）金花菜菜饭

先准备两根香肠，切片，热锅倒烹调油，拿香肠片先爆香，盛出来。金花菜洗干净，水不宜沥太干，倒入香肠油中，稍微炒熟，熄火之后，汤留在锅里，金花菜盛出来备用。

再拿淘干净的新大米倒进菜汤里翻炒，加进香肠、适量的盐和味精、水，盛到电饭煲里，按照平时烧饭一样，饭烧好之后，马上揭开锅盖，用饭勺打均匀米饭，将煸好的金花菜混入米饭，稍微一焖即起锅。最好随好随吃，做饭时间可以精确到开饭前四十五分钟。

赵秋英

（十五）两面黄

要求细面，就是现在的阳春面，用沸水煮面，半熟就可以了，过水后沥干，放在铁锅里小火煎，一次不能太多，有香味，不能焦，翻得两面都发黄了，略放些糟油更加香。

陈岚

（十六）金香火腿

用针金菜、香菇丝、火腿丝一层一层排在盘子里，适当添加些调料，用碗扣住，隔水蒸，水烧开之后半小时即可。

杜菊

（十七）桑拿蒸虾

先熬好一碗调料，鲜酱油加点醋，切点嫩姜丝，还可以再加点黑胡椒、白糖。用保鲜膜连盘盖住活蹦乱跳的虾，上蒸笼，活虾在水蒸气中就像洗桑拿浴一样，浑身湿漉漉的。大约五六分钟就好了，这时，蘸了调料剥壳吃虾，鲜嫩之极。假如用微波炉蒸，虾肉就老得多。

附：切洋葱妙法

先将菜刀在冷水里浸泡一下，拿出来切洋葱时就不会刺激流泪了，切小葱也如此。

马承

（十八）宫保甲鱼

现在的甲鱼变种哉，腥味重，肉质松，一烧就烂，大不如以前的甲鱼了，所以想出宫保。将甲鱼洗干净，连背壳一起切成块，热锅冷油先将生姜、小葱段爆出香味，再倒入甲鱼块一起爆炒，加料酒，少许盐，少许水，盖上锅盖烧十五分钟左右起锅。

洗干净铁锅，冷油中倒入去皮的花生米，小火不断翻炒到颜色略深，赶快熄火，盛出来冷一冷。铁锅里的余油放入甜面酱翻炒，直至甜面酱噗噗起泡。这时，拿已经烧好的甲鱼块倒进去一起翻炒，甲鱼汤不要全部倒进去，要看甜面酱的厚度，如果汤还有多余，可以用生粉勾个芡。最后，将香脆的花生米拌进去，再撒一把葱花下去。宫保甲鱼酱色重，裙边和四爪的皮上会闪出亮晶晶的膏脂色，好吃又好看。

王娟

（十九）御麦凤爪排骨汤

苏州人所谓御麦，其实就是玉米，现在最好用水果玉米。

凤爪要挑大的，称一斤，肉排一斤，一起入锅加水烧开，然后捞出来洗干净，重新加水，必须一次加足水，不能中间添加。先放入肉排，大火烧开之后倒进料酒，改小火焖二十分钟，再放凤爪一起烧，烧到汤色由清变化成乳白色，这时味道已经出来了。再拿御麦洗干净，切成两寸长的一段一段，放进热锅里。稍微烧一歇，御麦的清香掺和着肉汤的鲜味，非常独特，这时，加一点盐就好了。

韩沿

（二十）萝卜丝鲫鱼汤

鲫鱼洗干净，沥干，热锅凉油煎黄，放入沙锅，加三片生姜，加水煮汤，等到汤色泛白后，加料酒烧开。

白萝卜去皮，切成细丝，倒进鱼汤里一起烧，最后放盐、小葱段。有清热去火作用，看上去浓厚，喝起来蛮清淡的。

史群

（二十一）菜包豆腐

买块老豆腐，开水里汆一汆，去掉豆腥味，在案板上压碎；拿几片白菜去帮留叶，放进开水里汆一汆。

再将预先准备好的鸡胸脯肉斩碎和豆腐泥一起搅拌，加进一个鸡蛋、少许生粉、小葱末，再一起搅拌，最后倒入一点麻油。

将烫好的白菜叶摊开在手心里，中间放一朵馅，拎起四角，装进盘子里，层层叠好，隔水蒸，烧开之后五分钟，豆腐鸡肉馅成块，菜包也成形了。

同时还要烧一碗露备用。在热油锅里将小葱、姜片炒香，菜包中蒸出的汤也一起倒进去，最好再加一点小姬菇，一起烧开，用生粉勾芡，乘热将汤连小姬菇一起浇在菜包上，就像岩浆滑坡，好看又好吃。

梅华

（二十二）石花菜肉糕

伲小辰光爷娘经常做石花菜肉糕。用南货店里买的石花菜浸泡之后切细，同猪头肉一起焐上三个小时，焐到滋膏出来哉，加料酒、盐、味精，再撒一把葱花，盛出来冷透，自然就结成冻糕。吃的辰光切成一片一片。因为石花菜是凉性的，对于患高血压病的人很有帮助。

翁宪章

（二十三）荠菜干贝粥

这种粥吃了起到消食解毒的作用。用的米一定要新，干贝一定要用绍兴酒泡软，撕成极细的丝，和新米一起加水烧。

荠菜洗干净，切细，用细盐腌一歇歇，略微挤干水，拌些麻油备用。干贝粥烧到八成时，将荠菜倒入粥里搅拌，一直搅拌到再烧开就好了。这种粥吃起来既有荠菜的清香，又有干贝的鲜美。

沈本敏

（二十四）腊肉芋艿煲

将半精半肥的腊肉洗干净，加料酒隔水蒸，一直蒸到肥肉透明，再把烧到八成熟的芋艿切成厚片，一片芋艿一片腊肉排在沙锅里，倒进刚才腊肉里蒸出来的汤，加一点酱油、白糖，再用小火煨，让腊肉的鲜汤渗透到芋艿中，上桌前撒些胡椒、葱花。吃起来要一片腊肉一片芋艿夹在一起吃。

徐佳

（二十五）鲈鱼丝瓜汤

买一条一斤半上下的鲈鱼，洗干净，去头尾，当中划开去掉大骨头，切成略微厚的鱼片，用细盐、料酒、生粉捏均匀。头尾骨头放进沙锅里熬汤，汤好之后，捞出头尾骨头。用一只番茄切块，放进油锅里炒，且用铲刀将番茄压碎，放进鱼汤里，大火烧开，最好再倒入一些番茄沙司，烧到汤色变红，再将丝瓜去皮，切成滚刀块，与鱼块同时倒进沙锅里，轻轻划开，一烧开，撇去浮沫就好了。

朱杏珍

（二十六）牛尾罗宋汤

牛尾赤红色的精肉间夹乳白色的脂肪，中间圆柱形的骨节，横切之后像一朵朵花一样漂亮。切六七段牛尾放入冷水（记住一定要用冷水，否则会有腥味），大火烧开，去血水，洗干净；汤锅中重新加水，牛尾和洋葱先放入烧，一烧开，加料酒、生姜片解腥味，烧二十分钟之后放入切成块的土豆、胡萝卜、番茄一起烧，汤要宽一点，让蔬菜充分浸入。牛尾汤即将烧好时，再倒些番茄沙司和牛奶，搅拌均匀。如此牛尾汤，十分的诱人。

江建华

（二十七）虾油卤蘸鸡

用一只鸡烧好，上面的油撇去，整只鸡的汤倒在鱼卤里熬，熬好了卤，将鸡冷透，浸泡进去，里面还可以放进肚子、猪肝，或者其他东西。可惜现在这种鱼卤买不到了。

附：虾油卤的制作方法

将糠虾烧烂，与咸鱼卤一起搅拌均匀；选一只五斤重的阉鸡（一定要用阉鸡，特别嫩），再将虾鱼汤倒进去合成。

蒋阿姨

（二十八）两道甜点

1. 香蕉切薄片，中间夹豆沙，外面滚湿面粉，进油锅一氽。

2. 鲜枇杷取掉核，中间塞进芝麻或豆沙，滚一层湿面粉，在油锅里一氽，十个一盆，既可作甜菜，又可当点心。

潘咏焕

（二十九）八宝肚子

伲过去吃八宝鸭，和八宝鸭一样的做法，焐酥，冷透了，一片一片切出来装盆子。

（三十）豆腐衣包（亦称蔬港齐）

青菜、香豆腐干斩细，加调料，用豆腐衣像包春卷一样包好，在油锅里一氽。

（三十一）虾饼子

将鲜虾仁斩细，加鸡蛋清、调料，搅拌均匀，做成一个个饼子，隔水蒸好，盘子里铺一层菜心打底，又好看，又好吃。

杨秀英

（三十二）荷叶蟹粉肉

用蟹八件将大闸蟹的肉出出来，苏州人称出蟹粉。将出好的蟹粉与肉酱一起加调料搅拌均匀，和荷叶粉蒸肉一样，用新鲜荷叶包起来隔水蒸熟。

（三十三）川糟

先将大青鱼暴腌几日，不用起油锅，烧开水，放进小葱、姜片、料酒、冬笋片一起烧一歇，将洗干净的青鱼块氽进水里，再烧开，大约七八分钟就好了。

李洪祥

（三十四）三件子

侬老底子一到冷天，特别是过年时候，就会烧一只三件子。一只鸡，一只鸭，一只蹄膀，一大锅烧好了冻在那里，要吃的辰光就拿点出来。烧开之后，里面可以放些蛋饺、肉圆、菠菜、粉丝等，以前的人又不怕油，觉得蛮好吃。

孙建华

（三十五）酱肉的腌制

人家腌制酱肉，一般都是用酱油腌的，这样腌制出来的酱肉味道有点酸的。我腌制酱肉用的是豆瓣酱，先将肉腌好了，两面擦豆瓣酱，再用重东西压紧，一个星期之后翻个身，照一个太阳，再回一回卤，拿出来晾干就好了。

徐颖炳

（三十六）拌酸

先将肉皮焐酥，切丝，与白菜一起用糖醋拌，称拌酸。这是一道冷菜。

（三十七）乳腐肉

先将肉切成条状，整齐地排在碗里，用玫瑰乳腐的卤浇透，加一点点酱油，隔水蒸，蒸好了将卤滗出来。

右侧竖排文字

俞谦

（三十八）自己做月饼

买一斤标准粉，一分两，一半用清水揉，一半用调和油揉成油酥，再将油酥嵌入干净粉中，再反复多揉几次备用。馅心用肉酱加一点油条一起斩细，加点酒，加点调料，搅拌均匀后，像馒头一样做好，压扁之后，在平底锅里烤得两面发黄就好了。

（三十九）做酒酿

要隔夜浸好糯米，一包酒药做三斤半米。先将糯米烧熟，用钵头装起来，用冷水淋一淋，拿一只面盆，里面铺一块纱布，酒药碾碎碾细，拌在饭里，拌均匀后，将纱布四只角一拎，拌好的糯米饭倒进钵头里，中间安放一只玻璃杯，将四周的糯米稍微压平，将玻璃杯转一转拿出来，钵头盖好，放进被头里（预先将棉被焐热）。二十四小时之后就有香味出来了，再焐二十四小时，好了，好拿出来吃了。

孙建华

（四十）硬翘老

简单得不得了，就是拿面粉加点盐加水揉，揉好了擀成薄饼，放进平底锅里焊（烤）。不能放油，这到要点本事的，只能黄，不能焦。刚出锅的硬翘老香得不得了，越吃越想吃。这是伲东山人的吃法。

（四十一）老烧鱼

买一条一斤半的鲤鱼，开片，淡盐花，压得重一点（不能洗，洗了会洗掉鲜味的）。过两天拿出来挂在阴凉的地方吹干，开油锅一炸，加少些糖，只是吊吊鲜，加黄酒、葱、姜片，少些水，烧的干渍渍的，好吃得不得了。

朱红

（四十二）鲫鱼嵌肉

鲫鱼背心上开刀，嵌起肉来，头里也要嵌到，油锅里煎到两面黄，再用金针菜、木耳，小葱切段，一起红烧。

（四十三）走油肉

五花肉清水烧到七成熟，热锅冷油，肉皮的一面放进去，大火，盖好锅盖，炸三分钟，捞出来冷水里一沉，沥干水，再同样炸一次。晾干之后，要烧多少就切多少出来红烧。

附：自己做肉松

买的前腿肉要九成精一成肥，焖烧成酱，再在绞肉机里一绞，这时用百分之七的鲜酱油（熬熟），稍微加一点点鸡精、一点点白糖，大约要炒四十五分钟，三斤肉做八两肉松。

冯宗律

（四十四）鸳鸯冬瓜

材料：冬瓜、京腿、里脊肉、扁尖嫩头

将冬瓜切成一寸左右厚片，京腿、里脊肉切成极薄片，扁尖嫩头撕成细丝。先将冬瓜一破两，不要切断，然后将一片京腿、一片里脊肉夹在冬瓜里，一片一片夹好，砌进沙锅里，加入调料，再少些加一点酱油，再将扁尖丝铺在上面，烧开之后五六分钟，不能烧得太熟，只要冬瓜熟就可以了。

（四十五）红烧香菇盅

十只新鲜的大香菇，齐根剪下，用小粉涂香菇白色的一面，再拿预先做好的肉圆放进涂好小粉的香菇里，稍微压一压扁。然后起油锅，将香菇翻过来煎肉圆的一面，煎到肉圆发黄，香味出来，盛进沙锅，再加调味品红烧。这样烧，香菇香、肉香会一起溢出来。起锅时，沙锅面上再加入几棵烫熟的菜心，格外漂亮。

（四十六）芝麻鸡

芝麻鸡其实不是鸡，是将白馒头切成厚片，在冷水里一泡，马上拿出来，将预先准备好的肉糜、芝麻调好的糊，涂在湿的馒头两面，然后进油锅一炸，炸到两面发黄，香味出来，就可以吃了。

（四十七）糯米卷

糯米饭烧好之后，将腊肉、香肠、笋丝分别烧好，与糯米饭一起搅拌均匀，用鸡蛋皮卷起来，别有风味。

严莲芳

（四十八）银耳黄瓜

白木耳泡开，取其一朵朵花样的，余下的派别的用场。黄瓜切片，一起在开水里一汆，不要太熟，加调味品搅拌均匀。这是一道冷菜，既好吃，又好看。

（四十九）京酱核桃

核桃仁去衣，在油锅里炸，一直炸到香，再用甜面酱倒进去一起炒，炒到断芡即可。

（五十）凤穿牡丹

白木耳弄成一朵一朵花一样，用鸡汤烧，然后将预先烧好的火腿屑、鸡片、菠菜梗，一起放下去一烫。

（五十一）阳春白雪

豆腐干用鸡汤煨，待等香味出来，放入大量香菜，马上起锅。豆腐干雪白，香菜碧绿。

（五十二）金屋藏娇
出好虾仁，拌好调料，鸡蛋打好，加入些许面粉打成酱状（稍微厚些），包裹了虾仁一起炸。炸得发黄，就可以吃了，又香又鲜。

沈雪南

（五十三）姬菇荠菜羹
姬菇洗干净，在开水里一烫，荠菜切细，用盐一捏，等待汤底烧开，一起放进去。再烧开时，姬菇就像一个个小和尚的秃头，飘在汤面上，稍微加一点芡。这碗汤好看又好吃。

（五十四）糖醋卷心菜
将卷心菜叶子上的筋去掉，叶子撕碎，等糖醋烧开，卷心菜放进去烧，其实也就是手撕包菜。

杨晓文

（五十五）豆沙饭
糯米饭和五倍的豆沙，用猪油一起炒，炒得乌油油，盛在白盘子里。四周排一圈白调羹，几个人摆几把调羹，一人一调羹，再想吃，已经没有了。

（五十六）素食盘
将大栗、白果、白木耳、黑木耳、金针菜、冬笋、香菇、青椒、油面筋、胡萝卜，切成各种形状，放了调味品一起炒，快炒好时，倒一点点鲜酱油。

邹燕青

（五十七）炸粉丝等

1. 碎粉丝在热油锅里一炸，捞起来后拌来吃，很好吃的。

2. 苋肉韭菜汤，苋肉煸一煸，放汤，烧开之后将韭菜落下去。吃了壮阳补阴的。

3. 太湖长梗菜的菜心在开水里捞一捞，沥干水，阴干，拌着吃，好吃得不得了。

张玲珍

（五十八）龙凤嬉珠

拿鹌鹑蛋煮熟，剥掉壳，裹上拌好了的肉酱，再滚一层湿面粉在油锅里一炸，然后红烧。小菠菜洗干净，不能掐头（作凤凰用），用开水烫一下，砌在鹌鹑蛋的四周。此菜其中缺少"龙"，是否可以用鳝丝代替？

单丽芳

（五十九）橘落圆子

橘落圆子不是用橘子做的，是用橙子做的。先拿橙子洗干净，剖开，将橙子肉挖出来，等橙子皮干一干，将外面黄色的一层枯皮刨下来。等圆子落好，将要盛出来时，拿橙子肉连黄色的橙子皮一起倒进去，香得不得了。

（六十）枣泥拍饼

红枣做成泥，与粉（一半糯米一半粳米）一起揉好做皮，豆沙、松仁做馅。以前有一种木头做的模子，上面雕刻了花鸟案，拿这做好了的胚子，用模子一个一个压出来的，既好看又好吃。

（六十一）菠萝鸡片

菠萝切薄片，用盐水浸泡，与青豌豆、枸杞子、黑木耳、鸡片一起炒，炒出来颜色非常好看，又有一种特殊的香味。

附：为啥老底子的玫瑰乳腐好吃，现在的不好吃，现在的玫瑰乳腐是豆腐做的，以前的玫瑰乳腐是用大头芋艿做的，所以吃起来特别的细腻，特别的糯。

王中护

（六十二）小菜一组

1. 虾蟹油：虾仁出好，蟹粉出好，开大油锅炒，油要没过虾蟹的面，这是一道上好的面浇头。

2. 香菇、黑木耳、金针菜、扁尖（扁尖要买安吉的土特产扁尖最好），香菇营养好，黑木耳防癌，金针菜安神的，扁尖是粗纤维，这样四种菜放在一起炒，很科学，也可以做面浇头。

3. 开洋扁尖油：大开洋一剖两，扁尖切成一段一段（不用撕开），一起熬油。

4. 虾饼子：一斤虾，一只鸡蛋，虾仁在钵里春碎，鸡蛋打好了搅拌进去，再加调料，做成虾饼子。用油煎的是虾饼子；放在汤里的称虾圆，汤里可以放进冬笋片。

5. 糖醋鲈鱼

6. 虾蟹菜心：虾蟹先起油锅，菜心一剖两，菜心煸倒，虾蟹再倒进去，一起炒。

7. 虾肉蛋饺

8. 着泥毛头：毛头煸倒烧烂，嫩扁尖斩成末，倒进去，一起着泥，鲜得不得了。

9. 鳌鱼炖蛋、炖肉、炖虾仁。

邱立蓉

（六十三）八宝鸭

整鸭，翅膀下开个洞，拿端正好的八件，糯米、香肠、香菇、木耳、莲心、火腿、白果、栗子塞进去，调料也一起放进去，紧汤，红烧，再焖，焐到喷喷香。

（六十四）鲫鱼冻

小鲫鱼先煎一煎，再焐，焐到骨头也酥，再加葱、姜片、醋、酒、酱油、糖、萝卜片一起焐，焐到没有吐出来的东西，让其自然冷却成块状。

（六十五）炒圈子

大青鱼的大肠洗干净后焐，焐酥后与豆腐一起烧。

赖燕南

（六十六）酒酿扣肉

先拿肉糟好，做成扣肉，扣肉一蒸好，拿碗翻过来，上面铺一层酒酿，香得来。

周国珍

（六十七）扣鸡、扣鸭

或鸡或鸭，洗干净之后，在清水里氽一氽（就是烧开马上捞出来），沥干水，在大油锅里熘一熘，晾干后切成刀面，装进碗里，加上调味品，上面铺一层笋干，扣紧，上蒸笼，蒸好之后，一翻身，笋干在底下。

吴鸿新

（六十八）拖鱼条

将鱼切得一丝丝，油锅里一炸，预先弄好鱼卤，油锅里起来一沉，马上捞起来吃，又香又脆。

孟金妹

（六十九）焐酥豆糖粥

焐酥豆糖粥要比赤豆糖粥费糖，比方焐酥豆糖粥需要三斤糖，而赤豆糖粥只要两斤半，至于价格略高一些，客人也能接受的，我希望这传统小吃能恢复。还有一样，苔条炒花生米也非常好吃，还有松花团子。

附：桑尖茶

以前在东山紫金庵里，老和尚请我喝的，只有桑梓的两个嫩芽，这茶喝上去甜润、芬芳。现在紫金庵里卖门票的小姑娘，就是当年那老和尚的孙女。

何纯澄、李珏生

（七十）瘌团肉

要用夹心肉的，有精有壮，肉要切小点，先用酱油佐料浸泡一歇歇，沥干后，将打碎的鸡蛋拿肉包起来，砌在沙锅里红烧，酱油少放点。扁尖、金针菜、木耳打底，再放点毛豆。

赵嘉玲

（七十一）白肉金枪丸

用豆腐、油条，作料要配好，油条、面粉一起搅拌好，豆腐浸在卤里，再揉进面粉里，做成小丸子，在油锅里一氽。这是一只佛家菜。

朱红

（七十二）万岁菜

通安有一只菜，蛇皮韭菜炒螺丝。这蛇皮称龙衣，韭菜不切断的，称长寿菜，螺蛳肉，切千刀万刀，切碎（岁），意思万岁，蛮好吃的。

吴祥生

（七十三）糖醋萝卜

先把白萝卜洗干净，带皮切成厚片，在白醋里浸泡半天，捞起来，白醋倒掉，再用生抽、白糖搅拌均匀，萝卜放进去，浸泡一夜，再把萝卜捞出来，拿浸泡过的酱油汁水熬熟，等冷却之后，再把萝卜浸泡进去，这样做出来的萝卜就好吃了。

只可惜，以前有一种小孩吃的软鱼，现在没有了，也不知怎么做的。

陈薇

（七十四）高汤醋熘粉丝

这先要用骨头熬出一只高汤来，等其他菜都上完了，用预备好的高汤，放些小葱、姜片、醋，稍微放一点酱油（不能放糖），烧开之后，拿预备好的粉丝落下去，再一滚，端上去，没有人说不好吃的。

李悌华

（七十五）清炖鳜鱼

一条咸鳜鱼、一条新鲜鳜鱼，洗干净，用网油包裹好，上面放一些火腿丝，再放小葱、姜片、黄酒，不用放盐，隔水清炖，炖出来味道香得不得了。

冯骧

结语

苏州老厨房的故事暂且告一段落，笔者所以不厌其烦地说这些老掉牙的几乎尘封了的旧事，自然是有道理的。在现今科学技术突飞猛进的时代，浩荡的工薪阶层远不如珍稀的公务人员待遇优厚的今天，除却菜篮子需要精打细算，在日常生活中，既然增收是那么的缓慢，何不采用老祖宗传下来的生活方式节流，也未尝不是件好事。

至亲至爱卷

漫话苏州王氏望族

中国王氏巨族起源悠远，其源头十分繁杂，颇不同于出自某一方国、某一地域或某一人的其他众多的中国姓氏。从唐宋时期始，历代史家根据王氏的不同来源，将其分为姬姓之王、妫姓之王、子姓之王、夷姓之王等；又根据其主要居住地区的不同，分为太原之王、琅琊之王、北海之王、天水之王等二十一郡望；还根据各堂号的不同，分为三槐王、乌衣王、马蕃王等，凡此种种，不一而足。难怪宋人郑樵要说："王氏，天子之裔也……以其所出既多，故王氏之族最为繁盛云。"

早在公元前 549 年，周灵王姬泄心之子太子晋（字子乔），因直谏而被贬为庶人，谪居并州太原城都唐坡里，世人称其王子乔。王者，往也。原不为姓，只因帝王之后，繁衍各地，呼为王家，乃以王为姓。灵王崩，次子贵继位，是为景王。王子乔之子宗敬仕周室为司徒，后来，周室衰败，乃毅然引退，避乱太原。时人称为王家，乃以王为姓，意为王者之后，并尊晋公为王氏开姓始祖，世代相传。

及至汉代，王子乔后裔，明秦将军王离封武成侯，其长子王元授封于琅琊（山东），次子王威受封于太原（山西）。族史上遂有了琅琊王和太原王之分，衍延滋盛，遍及中原，成为北方大族。

六朝时期，中原战乱。西晋宗室司马氏自琅琊南渡，名臣王导率族来到江南，遂有了王羲之的"兰亭雅集"。司徒王珣官吴国内史，与兄弟王珉于苏州虎丘山兴筑别墅而居（此举为世界上有别墅之称的最早记载）。

到了隋代，一代大儒文中子王通，备受四方景仰。史载：大唐名相魏征、房玄龄等均出其门下。江南王氏修撰谱牒时，均尊王通为一世祖。王通（580—617），字仲淹，河东龙门（今山西省万荣县）人，王子乔四十二世孙。隋代著名的儒学理论家。大业间讲学于龙门，隋炀帝屡征不至。门人私谥"文中子"。王通的先祖为太原祁人，西晋末永嘉年间因晋室丧乱迁往南方。王通一生以明王道为己任，希望重兴孔子之学，重振孔子之业，提出了许多很有价值的思想和主张，被后人称为隋唐时期儒学复兴的先驱。王通后人将王通讲学及他与学生、朋友的对话记录整理为《文中子中说》一书，流传至今。王通有二子：福郊、福畤。

二世福郊，三世元束，四世景肃，五世政。六世仲舒（762—823），字宏中，以贤良方正高第，拜左拾遗，唐朝元和初为吏部员外郎，知制诰，出为江南西道观察使。曾在苏州建造五十三孔宝带桥，造福一方。有七子，次子哲，登进士第，始迁居开封。八世言，滑州黎阳令，追封许国公。九世彻，后唐同光三年（925）进士第一，任左拾遗，赠侍中。十世祐，拜监察御史，知开封府，拜兵部侍郎，追封晋国公，即亲手在庭园中栽种槐树三棵者。十一世，王祐次子旦，北宋太平兴国五年（980）赴京参加春闱，赐进士出身，为大理评事，知平江。侄子王玄随其南下，落籍昆山，为昆山王氏始祖。十三世，王旦之孙王巩，字定国，长于诗词，与苏轼兄弟为文章道谊之友。苏轼守滁州，王巩前往拜访，苏轼在黄楼之上招待王巩，赞道："李太白死，世无此乐三百年矣。"且为其作《像赞》。十四世，王巩之次子王皋，即太原王氏南渡始祖。

唐宋之时，金兵南侵，中原王氏再次渡江南下。琅琊王、太原王相聚于江南。六朝金陵、南宋临安，向来称为"京畿辅弼之地，粮米供应之区"，"天上天堂，地下苏杭"之民谚就从此流传。王姓大族在江南迅速发扬光大。

第一部分：中原王氏入苏州

苏州王氏，大体来自三个方面：一、以东晋司徒王珣、司空王珉弟兄为代表的琅琊王氏；二、以南宋柱国太尉王皋为代表的太原王氏；三、以南宋签书枢密院事王伦为代表的阳山王氏，其后裔再度迁居东山，成为以明朝大学士王鏊为代表的莫厘王氏。此外，颇为著名的还有太原王氏分支三槐王氏、北宋宰相王旦之侄、王旭之子王玄为始祖的昆山王氏。

一、琅琊王氏

琅琊王氏，真正成为一门望族，自王子乔第三十五世孙王祥始。"二十四孝"中著名的"卧冰求鲤"，说的就是王祥的故事。王祥入西晋之后，长期居于位尊的太保、太傅高位，在奢侈腐败已成为当时官僚队伍集体意识的西晋初年，王祥却做到了出淤泥而不染。《晋书·王祥传》中记载："咸宁初，以（王）祥家甚贫俭，赐绢三百匹。"可见王祥的清廉。王祥开创了孝悌家风之后，王氏家族在错综复杂的险恶政坛上出现了王衍、王敦、王导等族人的坚韧开拓；在文化艺术领域中，王羲之、王献之、王僧虔等后人以执著的精神奋力耕耘。据不完全统计，当时出任吴国内史的就有：王导次子王恬、三子王洽、五子王邵、六子王荟，王洽长子王珣，王坦之长子王恺，王荟长子王钦等；出任会稽内史的有：王导次子王恬、六子王荟，王导堂侄王羲之，王导从弟王舒，王羲之次子王凝之等。

"八王之乱"导致西晋王朝的灭亡，以 322 年王敦攻入建康为标志。王导和王敦堂兄弟俩默契配合，将司马睿扶上皇帝宝座，在江南重建晋王朝（东晋），因而出现了"王与马共天下"的局面。王导扶助司马睿，一方面替司马睿延揽大批南渡名士；另一方面笼络江东大族，协调南北门阀士族的利益，共同抵抗北方的胡族力量。以顾、陆、朱、张为代表的吴地大族，早在三国孙吴时已经发展成为"童仆成军，闭门为市"的颇具实力的政治力量。为沟通与江南士人的感情，王导一方面是派出自己的子孙、族人去吴国出任内史，一方面试图与吴地大族联姻，并且勤奋地学习当地方言。所以，中原名士刘琰说："王丞相没有什么特别了不起的，只不过善说吴语罢了。"

琅琊王氏渡过长江后，就定居在秦淮河边的乌衣巷。清波荡漾的秦淮养育了一代又一代的琅琊王氏子孙，琅琊王氏家族犹如一株郁郁葱葱的大树，枝叶茂盛。

王导去世后，琅琊王氏在政治上逐渐衰落，而子孙辈中却产生了一批著名文人学者。如王导的堂侄王彪之，以精通理学著称于士林，其学问被世人称为"王氏青箱学"；王导之孙王珣，擅长时文，颇有汉朝文豪贾谊遗风，人称"大手笔"；王珣之弟王珉也是多才多艺，尤精于诗文与书法；王导的另外几个堂侄，如王胡之、王耆之兄弟，文雅风流，以诗闻名；王羲之与他的子孙辈，更以书法著称于世。

活跃于东晋末期的琅琊王氏子孙，在苏州颇有影响的主要是王珣、王珉兄弟。兄弟俩是王导的嫡孙、王羲之的堂侄。太元十五年（390），王珣被晋孝武帝（司马曜）擢升为尚书右仆射，地位仅次于司马道子。因帮助平定王恭之乱，被封东亭侯，追赠为司徒。

王珣任吴国内史期间，居住在吴郡城内白华里。弟兄俩又在家山虎丘兴建别墅，成为一时之美谈。各捐为寺，分东西两刹并建。居民立庙祀为土神，分别为东山庙、西山庙、长泾庙。东山庙即短簿祠，在东山浜，祀司徒王珣。珣初为桓温主簿，因身材短小，同僚戏称"短主簿"。清朝赵甄北有诗云："短簿祠高虎阜东，故居人指梵王宫。谁知舍宅归僧寺，翻占名山地百弓。"西山庙，离虎丘山仅百步，临大溪（即今山塘河），祀司空王珉。长泾庙，在虎丘山西，祀司徒王珣、司空王珉。

琅琊王氏在新的历史气候下，清芬再发，世滋芳烈，后世又产生出诸如明清王阳明家族的"余姚王氏"、王世贞家族的"太仓王氏"等。

二、太原王氏

自王子乔居太原后，传至十四世孙秦朝大将军王翦、秦武陵侯王贲，十六世孙秦将军王离。十七世孙王元、王威兄弟，由汉朝分封，王元封地琅琊（山东），为琅琊王始祖；王威封地太原（太原），为太原王始祖。

所以，无论太原王氏，还是琅琊王氏，均出自姬姓后稷之后。从前有《三沙老谱》，以后稷为一世祖，十五世至周西伯，三十七世至周灵王太子晋。

王子乔是王氏诸望中太原、琅琊两个支派的祖先。太子晋的事迹可见于《逸周书》《国语》《楚辞》《列仙传》《风俗通》《潜夫论》等书。太子晋行年十五，才识过人，能言善辩。周灵王二十二年（前550）谷、洛两水泛滥，威胁王宫，灵王派人壅塞两水。太子晋力陈不可，主张应学大禹治水，顺其自然，因势利导。灵王不听，且废除了晋的太子名位。《新唐书宰相世系表》云："周灵王太子晋以直谏废为庶人，其子宗敬为司徒，时人号曰王家，因以为氏。"王氏从此而始。太原郡有史可考的王氏第一位名人应为汉朝大将军王霸（详见《汉书》）。王霸，字儒仲，为太原王氏立祠开族的首创者。而江南王氏大族却尊龙门文中子王通为始祖，有唐朝杜淹的《文中子世家》、北宋司马光的《文中子补传》为凭。

太原王氏中最早到苏州之族人当推王仲舒，王仲舒系三槐王氏王祐之高祖。据北宋宋祁、欧阳修合著的《宏中公传》（见《新旧唐书合钞》）载：王仲舒，字宏中。生于唐宝应元年（762），卒于长庆三年（823），享年六十二岁。赠左散骑常侍，谥曰成。以贤良方正高第，拜左拾遗。唐元和初为吏部员外郎知制，诰出为江南西道观察使，迁苏州。在苏州任上，他"堤松江为路，变瓦屋，绝火灾。赋调尝与人为期，不扰自办"。元和十六年（816），王仲舒又带头捐宝带集资在苏州城东南十五里，横跨澹台湖与运河相交之处，始建五十三孔宝带桥。此桥是我国桥梁建筑史上一大杰作。太平兴国五年（980），三槐堂始祖王祐的次子王旦赴京参加春闱，经会试、廷试，赐进士出身，为大理评事，出知平江。其侄子，即兄弟王旭之子王玄，于宋真宗时跟随伯父王旦在苏州为官，遂留居吴地，落籍昆山，世称昆山王氏。

昆山王氏自始祖王玄由三槐堂析出，立基昆山，至第十四代王复始欲修谱，未果。第十七世孙王同祖，草创王氏世系，直至第二十代孙王在公方始编撰完成第一部昆山《王氏世谱》，时在明朝末年。清朝以后，又多次重修《续王氏世谱》行世。此谱为今人研究三槐堂王氏及其后裔昆山王氏，提供了极为重要的资料。

太原王氏大举南渡迁徙苏州的首推南宋柱国太傅王皋。王皋为王旦曾孙、王素之孙、王巩的儿子。由于史籍无载，王皋其人，鲜为人知。

《中国姓氏通书·王姓》一书，记载至王巩，便断了线，只能留缺。幸在《太原王氏皋桥支谱》中，录有范成大撰写的《子高公传》，附宋建炎四年《子高公晋柱国太傅仍予世袭制》、宋绍兴二年《子高公请解兵柄不允批答》，以及《世德传》等，记述了王皋的生平业绩，保留了极为珍贵的宗族资料。

王皋，字子高，生于北宋元丰四年（1081）二月初二日，"太常公（巩）坐苏轼诗案，贬海上，生公贬所"。王巩从海上召还后，王皋作为"名臣子孙"而进入仕途。政和七年（1117），王皋"以荐拜少府监，寻迁殿中丞"，不久又"迁右谏议、吏部郎中、权判开封府"，仕途可谓一帆风顺。然而，宋朝已处在金兵南侵、时局急变之际，国难当头，君臣异议，在坚持抵抗还是屈辱求和的抉择上，形成了激烈的对抗。结果爆发了"靖康之变"，金兵大举攻陷京城，俘获宋徽宗、钦宗两帝，并议立异姓王。此时，力主抗金的王皋坚决反对，也遭金兵劫持。金将令王皋跪拜，他则"厉声斥曰：'吾王文正公子孙，岂拜贼邪！死则死耳，异姓必不可立！'大呼者数，金人色沮"。显示了威武不屈的民族气节。靖康二年（1127）五月，康王即位于应天，改元建炎，是为宋高宗。王皋闻讯大喜，高呼"天下有主矣"！并又建议太后"撤帘"，让高宗主政。随后，王皋举室南下，在扬州"以戎服见上（高宗）"，宋高宗"温语奖谕，礼赐有加，遂拜殿帅府太尉"。建炎三年（1129），扈从统制苗傅、刘正彦"作乱劫上"，迫高宗传位给幼小的太子，让太后垂帘听政。王皋得知后，极为愤怒，迅速赶往平江会同张浚、韩世忠率军追讨苗、刘，终于及时平定叛乱，让高宗复位。王皋赤胆忠心于赵宋王朝，其意义不在于对一姓一朝的维护，而是在金兵南侵、民族矛盾激化、国家或存或亡的危急关头，坚持抗金斗争，守卫国土完整，斥责屈辱求和，反对投降偷生，体现了封建社会中传统的爱国主义精神。

然而，历史的悲剧终于降临到王皋身上，虽然王皋一片忠心、满腔热血。但是宋朝统治阶层的种种矛盾，终使高宗对金投降，放弃中原，苟安东南，迁都临安（杭州）。至此结局，王皋悲愤交加，"怫然曰：'西湖一洼水，何足济天下事乎，吾亦从此逝矣！'遂弃官隐苏之荻扁家焉"。考"苏之荻扁"，即今苏州相城太平镇。王皋先前随宋高宗南渡"驻跸平江府三日"，曾经"乘小舟遍探吴中佳山水，因过阳城之荻扁，见其地滨湖控海，水土深厚遂家焉"。王皋隐居苏州乡间后，"故旧僚佐，摈不与交接，尝葛巾野服，从小奚奴，治蚱蜢，往来吴山越水间，与樵夫渔父相狎侮，罕有知其为隐官者"。虽然"上念其功，数强起之"，王皋已对偏安一方的南宋王朝不再抱有任何希望，故而"辞疾不拜，寻以寿终"，于绍兴二十六年（1156）九月十七日离开人世。"葬苏之益地乡十七都东"，据实地考察，即今苏州相城太平镇王巷村。1956 年，王皋逝世八百年之时，吴县文物管理委员会进行文物普查，尚见王皋的"墓穴完整"，并有"吴中保墓会"立的石碑。现墓丘已平，变为农田。该地区除王皋墓地，还留有其他有关王皋的遗址遗迹，如："阁老基"，即王皋故居遗址，现为一所小学校，近处有座武康石建的"凤凰桥"，属宋元时代旧物；"王氏祠"，三楹两进，已为近代翻建，现作镇幼儿园的用房，祠前有一棵银杏树，粗可数人合抱，至今仍枝叶繁茂。王皋生三子：长子王易，字吾置，袭授太尉，迁昆山为东沙支祖；次子王铎，字吾伍，尚书郎，在苏州留守祖业，为中沙支祖；少子王胤，字吾曾，官显谟阁直学士，迁无锡，为西沙支祖。王皋作为太原王氏"南渡一世祖"，到苏州落户扎根，繁衍后代，延绵不绝。

范成大在《子高公传》中，还特地写明了两件事：一是为何国史未载王皋业绩？这是因为王皋"性梗直，与人言侃侃，不少贬同列，多不甚协。归田后，国史少书其功，其勋业无得而称焉"。在封建社会里，一个刚正敢言的人，确实不可能在官场上不得罪人，何况最后王皋又不听皇上的召唤，坚持归隐乡间，也就必然湮没无闻了。二是范成大何以能撰写本传？这是由于王皋"家获川，与石湖相望，乐数晨夕，因得详公之生平"，复"因其少子胤之请而为之传"。范氏世居苏州石湖，与王皋家相望若邻，故能得知实事详情，更因王皋少子之请，撰传也在情理之中。如今王皋的后裔几乎遍及大江南北，来自国内外寻根访祖者陆续不绝。东南亚王氏家族，经过多方协助考察，竟然得出结果，认定苏州太仓就是他们的祖地。（见海外太原王氏联谊后援会《关于太原王考察总结汇报》）1983 年 9 月 3 日，泰国揭西县河内乡王氏族亲会一行十八人，由团长王锦源（系泰国曼谷亿财置业有限公司董事长）率领，经北京、南京、苏州，于 9 月 11 日抵达太仓，进行寻根访祖活动。

由当地政府和侨办、侨联接待，而后进行认亲。太仓王氏族亲王昌仪叙述了太原王氏于元朝至正年间避红巾乱南下，流寓平江路（即苏州）嘉定乐智乡（即太仓）的经过，团长王锦源、副团长王锡丰看了族谱后十分激动地说："我们的祖根找到了！我们是一家人！"王锦源团长还说："历史上因战乱把我们亲人分成南北各一支，有的还漂流海外，现在国内安定团结，使我们海外游子又找到了亲人。"近日，中国王氏家谱研究会频频来人来函，自称是王皋三沙支之后，询问太尉公王皋后裔之史实。

与王皋几乎同时迁徙苏州的便是王皋之堂侄王伦。王伦是王旦的兄弟王旭之幼子王端的曾孙、王元的孙子、王毅的儿子。王元长子王毅，号能吏，官朝散郎，后累赠太子太师。王毅当年曾经上疏论奸臣蔡京罪恶，乞正典刑，因此得罪权贵，且丢失官职。从此，家道衰落，其子王伦年轻时成为一个游手好闲、爱行侠闹事之人。但正是这个王伦，日后竟然成了太原王氏家族复兴的功臣。

王伦（1084—1144），字正道，开封人，传见《宋史》卷三百七十一。史称王伦少年时常往来京洛间，屡次犯法，均因故幸免。靖康二年（1127）汴京失守，宋钦宗亲临宣德门，招募能人，欲收复京师，但无人敢应。这时，王伦竟只身闯到御驾之前，自荐其才，要为国效力。宋钦宗非常高兴，当即任命王伦为兵部侍郎。王伦当即下楼，挟恶少数人，传旨安民，使都城人心安定下来。南宋建炎元年（1127），充任赴金使，被金人拘留。他与洪皓等人密遣商人陈忠去黄龙府（今吉林农安），向钦、徽两帝通报高宗即位之事。绍兴二年（1132），得以南归临安，举家迁徙平江。七年，充迎奉梓宫（徽宗灵柩）使，第二次入金，见金大臣挞赖，要求废伪齐。八年，第三次使金，许归梓宫及河南地。九年正月，王伦被特赐同进士出身、端明殿学士、签书枢密院事，成为"二府大臣"（见《宋宰辅编年录》卷十五），且为东京留守兼开封尹赴京践约。但金兀术废所议，王伦被扣留，从此未能回归。金人曾胁之以官，王伦斥拒不受。绍兴十四年（1144），在被拘留五年之后，王伦被金人绞死。十二年之后的绍兴二十六年（1156），南宋朝廷才允许其后人招魂赐葬，王伦被追赠为通议大夫。直至绍兴三十年（1160），兄弟王遵、侄儿王述冒险潜入北方河间，将王伦的尸骨运回江南，才得以在隐居地平江阳山择地将其安葬。虽然在下葬的过程中发生了一场争抢墓地的风波（《夷坚志》），但毕竟了却了家族中的一桩大事。王伦的忠烈壮举，使他成为一个名留青史的大英雄。

自王伦一支在平江阳山定居之后，宋孝宗曾专门下诏书求访王伦遗孤，将王伦的三个子孙荫补为官。长子王述以父荫入官为朝请郎，掌管登闻鼓院，后来担任过平江府通判。家族中颇有影响的是王述的四子王柟。王柟，字汝良。初以祖泽入仕。宋宁宗开禧中（1205—1207）假右司郎中，奉命出使金国，不辱使命。官同签书枢密院事。从此，王伦这一族在平江阳山生根发芽，其中有一族迁徙洞庭东山，就是后来的明朝大学士王鏊家族莫厘王氏，又是一番风流景象。后代中颇有影响的人物，还有明代的兵部、吏部尚书，少师，太子太师王象乾；清初的文学家、户部尚书王士禛，号渔洋山人；著名史学家、内阁学士、礼部侍郎王鸣盛等。

第二部分：苏州王氏望族

苏州王氏望族主要有两家，一家是南宋柱国太尉王皋，另一家是签书枢密院事王伦。王皋因为"性梗直，与人言侃侃，不少贬同列，多不甚协。归田后，国史少书其功，其勋业无得而称焉"，再加上"上念其功，数强起之"，而王皋却"辞疾不拜"（见范成大《子高公传》），故而湮没无闻。王伦对南宋朝廷忠心耿耿，作为一名政府的外交官，往来于宋金之间，传达政府的意图。政府欲战，他下战书；政府欲和，他上和表。王伦在不知不觉中执行了议和投降的卖国政策，但他与秦桧的卖国投降毕竟性质不同。后来，《宋史》将《秦桧传》划归在《奸臣传》中，而将《王伦传》与名臣的传记编汇在一起，正是一种客观、公允的区分。然而，在当时的历史条件下，不明真相的百姓却将王伦视为与秦桧为虎作伥的国贼内奸，人人可诛之。直至宋高宗绍兴二十六年（1156），朝廷才下旨招魂安葬。

王皋（1081—1146），王巩之子、王素之孙，字子高，与岳飞同任南宋殿帅府太尉。后来，王皋之三子王胤曾请岳飞为王氏族谱作跋，岳飞欣然命笔，且亲书"王氏世宝"四个大字。后来，岳飞被害，秦桧当权，南宋腐败，恢复中原无望。高宗建炎三年（1129），王皋携家随孟太后南渡，定居在苏州荻扁（今相城区太平镇）。同时将王氏家谱连同木刻版牒装了数车，一起南运，世人称奇。从此，弃官隐居荻扁，遂为三沙王氏始祖。

王皋的长子王易，字吾置，袭授殿帅府太尉，其子孙徙居昆山东沙，形成三沙王氏之东沙支，子孙散居海虞、太仓等地；

次子王铎一支，在苏州留守祖业，太平镇上建有王铎祠堂（现为镇幼儿园用房），门前的千年古银杏可为历史见证。顺便说一下，王氏家族有一个不成文的规矩：一所祠堂只供奉一位始祖。因此，太平镇王巷原有王皋祠堂，"岁时庙祭者，以数万家，历久不绝"，今已无存。王皋"阁老基"前武康石建造的凤凰桥和太尉墓受到保护，直至建国初期，全国各地的王氏子孙都到太平镇来扫墓，持续不断。自王皋率族到荻扁隐居后，造福一方，遂有了阁老院、王巷、太平镇等建筑。

但是，真正成为苏州王氏望族的，却是王皋的幼子、西沙支始祖王胤一支。王胤（1134—1202），字吾曾，又名商，行五十八。宋朝显谟阁直学士、枢密副使、权判苏州府事，后提举崇道观，受封护国侯。他"游戏江湖，笑傲风月，因玩太湖至无锡之沙头，停舟泊棹，玩水登山"，"久而遂居之"，始迁徙无锡沙头，为西沙支始祖。卒后赠礼部尚书、集贤殿大学士，邱宗为其撰写墓志铭。因此，王胤的祠堂建造在无锡（即现在的无锡泥人研究所），后又迁徙南方泉，重建祠堂。

王胤有四子一女。次子炯，字尚廷，行七，宋朝宗正丞。他救灾恤民，世称"细七相公"。炯有一子越祖，"有功于民，绍定二年（1229）敕令立庙，赐灵护，加封利济惠民侯"。越祖一子罡，宋朝儒学提举。罡有四子，次子逸，字元生，宋末兵乱，"以经济保障乡里，民倚以为重"，"封殿帅府，配享惠山灵护庙"。逸有子二，通一、文昱。次子文昱，封朝奉郎，有功于民，配享惠山灵护庙。文昱有子三，长子护一。护一子鼎一。

南渡九世，鼎一，字学恂，原名瑟。元朝时，以明经辟授虞山书院山长，遂居常熟宛山里山塘泾。累世耕读，直至王三让始迁于郡城。

以下列举苏州王氏家族中的佼佼者。

一、太原王氏皋桥支

皋桥支一世始祖，太原王氏三十世，南渡十七世。

王三让（1576—1633），字养淳。始由常熟徙苏州皮市，再迁百花里，继而在皋桥卜宅定居。王三让隐居授徒于吴郡，不为科举，德高望重。到了皋桥支第三世，也就是王三让的孙子鼎铨，王氏望族在苏州城内得以发扬光大。

皋桥支三世。

王鼎铨（1634—1719），字子重，号竹圃。敦厚好施，乡里推重。苏州府知府陈鹏年与其结为忘年交，举乡饮介宾，敕封儒林郎。顺便说一说陈鹏年。陈鹏年（1663—1723），字八暝，号沧州，清湖广湘潭人。康熙三十年进士，由江西西安知县，官至河道总督。除弊兴利，为官清廉；兴修水利，颇有政绩，时人称之"陈青天"。先为江宁知府，总督阿山欲加火耗银二三分，为康熙南巡之资，鹏年坚持不可。阿三必欲置之死地，赖织造曹寅力救之。后官苏州知府时，总督噶礼欲害之，举其《重游虎丘》诗，以为诽谤朝廷，遂摘印下狱，论死。康熙因为政治需要，故得以免死，而皋桥王家亦受其株连。

王鼎铨有三子三女，三子是：治、澍、晋涛。长子王治（1658—1712）字禹敷，太学生，考授州同，敕封儒林郎。有六子三女，六子为：拭、杞、勺、桢、楷、栋。值得一说的是长子拭与四子桢。

皋桥支五世。

王拭（1680—1735），字学南，号卓人，晚年又号迂老。举人，以文章见重于世。尹继善巡抚江南之时，引为知己，延为上客。无子，以从子嗣照（三弟王桢的次子）为后。女婿陈树勋随其读书于尹继善的两江官署。清高宗乾隆三十四年（1769），陈树勋之子陈初哲高中状元，外祖王拭功不可没。王拭去世之后，尹继善为其撰写《卓人公墓表》，且作诗云：

琴书久已化飞尘，亭畔犹余手泽新（"望山亭"三字为卓人所书）。

卅载虽无言笑接，百年犹觉梦魂亲。

欲寻旧迹迷荒草，屡抚垂杨忆故人（有卓人手植垂柳）。

记得池莲开放日，曾吟短句和西宾（曾有《池上吟》唱和）。

再说王桢。王桢虽然与王拭同出自书香门第，却成为传奇人物，究其缘由，与"虎丘诗案"有着密切关联。

王桢（1686—1765），字周士。自皋桥王氏受"虎丘诗案"株连后，沦为说书艺人。清高宗乾隆南巡时，闻说书一技在苏州极盛，即召说书人到行宫献艺，应召者就是王周士。乾隆听罢，当即赐王周士七品冠戴，命随驾回京，王周士进京在内宫说书，赐太学生，由御赐七品小京官升迁为正五品顶戴。年迈有病，辞驾回乡后，率领评弹艺人与叫花子甲头斗争，改变了评弹艺人受乞丐甲头管辖的低下地位。并且还用御前供奉所得赏赐，创建了"光裕公所"（取"光前裕后"之意），使评弹艺人开始有了维护自身利益的行会组织。

王周士的重要贡献，还在于首次总结了评弹艺术的说唱经验，留下《书品》《书忌》各十四则，成为后人的重要借鉴。王桢有子二：学文、学武；女四。学武出嗣长房王拭后。

王栋（1693—1730），字桂臣。太学生，敕赠儒林郎，考授州同。子三：睿照、炳瑜、继照；女二。炳瑜出嗣胞兄杞后。

皋桥支六世。

王睿照（1721—1791），字逊颜。议叙贡生，以孙灿官四川堡垒璧山县知县，覃恩赐赠文林郎，诰赠奉政大夫。子七，女五。

王继照（1730—？），字方明，号筼亭。候选州同，敕授儒林郎。好施乐善，乾隆五十一年（1786）捐赈旌表，议叙加一级，晋赠奉直大夫。以孙朝俊官安徽颍上县知县，覃恩诰赠通议大夫。子三，女二。

皋桥支七世。

王大采（1742—1782），字家谷。以外孙程庭桂贵，覃恩赐赠通奉大夫。子一政铎。

王大垣（1746—1814），字卫安，号慧庵。太学生。嘉庆年间，由皋桥迁居砂皮巷。子一国琛。

王时升（1753—1824），字遄吉。吴庠生，廪贡生，以子璨官四川璧山县知县，覃恩敕赠文林郎，晋赠奉政大夫。子三：星钺、璨、玮。

王大增（1754—1811），字集川，号渔溪。候选州同，加二级，诰授奉直大夫。

王大育（1757—1827），字莳东，号镜池。例贡生，以出嗣子干官浙江湖州府学训导，覃恩赐赠修职郎，以孙朝俊官安徽颍上县知县，覃恩诰赠奉政大夫，晋赠通议大夫。乾隆甲寅（1794），迁居中市。六子：琨、琪、廷、浩、干、铸英。

皋桥支八世。

王政铎（1775—1823），字鲁传，号柳桥。候选布政司理问。三子、二女。

王廷钰（1774—1838），字质文，号拙闻。太学生，议叙光禄寺署正。五子：恩溥、恩润、恩溶、恩浩、文英。

王琛（1788—1853），字季宣，号海涛。吴庠廪生，嘉庆丙子举人。癸未会试拨取眷录功臣馆议叙，选授四川中江县知县，调补璧山县知县。癸卯四川文武乡试同考官，加一级，钦加同知衔，诰授奉政大夫。嗣胞兄星钺次子绍濂为子。

王玮（1803—1865），字侣曹，号若溪。吴庠廪贡生，候选训导，议叙国子监典籍。三子：绍汶、堡、燦。

王斯镐（1783—1832），字阴畿，号韵梅。太学生，赐赠奉政大夫。四子：恩湜、冠英、恩泌、恩澍。

王干（1794—1849），字质夫，一字季条，号雨楼。商籍。浙江杭庠廪贡生，选授湖州府学训导，加三级敕授修职郎，晋授文林郎。三子：万里、汉、游。

王琪（1780—1845），字牟甫，一字襄采，号湘茝。吴庠附监生，嘉庆戊辰恩科顺天乡试拨取内廷眷录生。

王铸（1799—1849），字仁苍，号霁楼。以子文光官浙江候补主簿，敕赠儒林郎，诰赠奉政大夫。十子。

王瑛（1802—1849），字德藩，号皓庭。候选盐知事，以子朝俊官安徽颍上县知县，覃恩诰赠奉政大夫，晋赠通议大夫。三子：朝俊、文潾、文堪。

王球（1795—1866），字象乾，号竹安，又号宝之。太学生，议叙詹事府主簿。二子：文湘、文沐。

王珍（1799—1860），字聘之，号雨村。长庠附贡生，试用训导，赠云骑尉。四子：文鎏、文琪、文沂、文凇。

王瓒（1808—1860），字虎臣，号锡之，又号月峰。太学生，候选布政司经历，以婿潘绍诒贵，赐赠中议大夫。六子。

皋桥支九世。

王崧（1798—1862），字川如，号生甫。苏府庠增贡生，候选训导。一子：世楷。

王朝英（1800—1863），字凝澜，号织云。苏府庠生，增贡生，候选训导。嗣胞兄恩洽子世柟为子。

王恩溥（1796—1873），字厚存，号榕坡。太学生，以孙咸熙大挑教喻拣选知县，敕赠文林郎。一子：乔松。

王恩溶（1805—1858），字敬存，号筠林。候选县佐。二子：邦荣、庆荣。此两支为苏州市区人丁较兴旺者。

王恩浩（1806—1863），字馀存，号养吾。候选县佐，议叙光禄寺署正，太学生。一子：道术。

王文英（1814—1881），原名恩淑，字善存，号春如，又号蔚起。吴庠生。二子：遵义、龙杓。

王恩澍（1828—1860），字时生，号松吟。咸丰庚申城陷，夫妇殉难。一子：庆桐。

王万里（1815—1860），原名文濬，字程伯，号子鹏，又号哲卿。商籍。庠生。咸丰庚申（1860），游幕常州，城陷，无从稽考。二子：森桂、则友。

王沅（1800—1860），字楚澜，号芷芗，又号云石。商籍。庠生。咸丰庚申（1860），城陷殉难，恤赠云骑尉。三子、五女。

王文光（1835—1907），字子真，号朴人。浙江候补主簿，署宁波府甬东，巡检镇海县丞、开化县丞，五品衔。三子。

王朝俊（1832—1901），原名文澧，字兰伯，号寿泉，又号吟春。吴庠生，同治庚午并补行壬戌恩科举人，光绪丙子恩科进士。即用知县签分安徽补授颍上县知县花翎，同知衔，补用直隶州知州，晋加三品衔，覃恩加四级，主讲安庆凤鸣书院。诰授奉政大夫，晋授通议大夫。二子：汝标（殇）、宝录。

王希溶（1817—1849），字俊良，号松田。以孙礼钧职衔，覃恩诰赠奉政大夫。四子：肇榊、保、肇龙、肇樽。

皋桥支十世。

王乔松（1815—1863），字又曾，号小坡。吴庠廪贡生，候选训导，以子咸熙大挑教喻拣选知县，敕赠文林郎。

王邦荣（1827—1897），原名仁荣，字德华，号怀之。吴庠生附贡生，五品衔，候选训导。二子：雍熙、成熙。

王庆荣（1833—1902），原名仁傑，号俊甫。葬吴邑五都四图万青字圩西跨塘美池岭白云坞。为笔者高祖，一子：瑞熙。

皋桥支十一世。

王福旭（1864—?），原名昌熙，号芝卿。苏府庠附贡生，候选县丞，筹防局帮办，电政总局线路处理事员。七等嘉禾章。中国红十字会总会总办事处秘书长。一子：棟人。

王咸熙（1836—1903），原名景折，字鳌百，号馥庭。苏府庠廪生，同治庚午并补行壬戌恩科举人，拣选知县，光绪庚辰科大挑二等候选教喻。二子：元基、肇基。

王雍熙（1863—?），字可南，号伯禾，晚号通禅。吴庠增贡生，癸巳科乡试堂备，候选训导，中国红十字会会员。著有《通庵笔缘》三卷、《惜吟》二卷。五子：元璘、元寿、元禄、元康、元绅。

王瑞熙（1886—?），字福生，号君玉。为笔者先祖。一子：元禧。

王赓熙（1848—1909），字颂虞，号寿春。五品衔中书科中书，太学生。光绪时迁居悬桥巷。四子。

王鸿翱（1878—1960），号凌霄。国学生，候选县丞。三等嘉禾章，六等文虎章，内务部存记警察，官浙江任用，荐任职，吉林财政厅，征榷科科长，吉长道署顾问，吉林全省警务处第一科科长，吉林省城警察厅秘书,山西河东盐运使署秘书,代行吉林全省警务处长职。著有《警察训练概要》一卷、《理财概要》一卷。民国10年（1921），迁居古市巷。二子：国彪、国鹤。国鹤出嗣同曾祖本生胞弟鸿耆后。

王鸿翔（1882—?），号宾秋。财政部印刷局会计科副科长,张家口边口税局局长，财政部全国农工银行事务局会计主任。二子：国骅、国骧，俱殇，以国鹏为嗣子。

王鸿耆（1885—1914），号振翼。苏州马路工程局会计员，吉林省城警察厅督察员。

皋桥支十二世。

王元寿（1900—?），字受新，号星角。中国红十字会会员，桃坞中学修业生、美国万国函授学校商科毕业生。

王元禄（1904—?），字纪龙。中国红十字会会员,桃坞中学修业生、东吴中学毕业生、东吴大学修业生。

王元康（1906—?），字叔宁。中国红十字会会员,晏成中学修业生。

王元绅（1908—?），字纪午。中国红十字会会员，晏成中学修业生。1937年成为协和医院有史以来最年轻的住院总医师。上世纪30年代，黑热病是北京、河北等地蔓延最广的流行病，他成功地从穿刺周围肿大淋巴结和从周围血液的巨噬细胞内找到了黑热病病原体。1940年，随同国际知名传染病学家福斯特教授赴美国吐兰大学进行学术交流。抗战时期，他主持贵阳医学院教务，抗战胜利后，创办浙江大学医学院。1952年，首次证实了钩端螺旋体病在浙江的流行；1954年，首次证实了急性血吸虫病的流行，治愈大批肺血吸虫患者。上世纪80年代，领导研究乙型肝炎、母婴宫内传播途径。他担任第一届国际传染病会议执行委员，主编中英文版《中国现代医学》，我国第一部高等医学院校传染病学教材，出版了《传染病学》《内科理论与实践》《中国医学百科全书》等十三部著作，又长期主编国内最权威的《中华传染病学》杂志。1956年被评为全国先进工作者，得到刘少奇等党和国家领导人的接见。历任第二届到第七届全国人大代表，曾任中国科协常委、浙江省科协主席、九三学社中央常委、浙江省第四届政协副主席。

王元禧（1906—1964），字桂生，号为彰。为笔者先父。子二：开镇、开钟。

二、洞庭东山莫釐王氏

吴县洞庭东山王氏，于南宋建炎初由汴（河南开封）迁吴，定居于洞庭东山。据《莫釐王氏家谱》记载："吾吴王氏为巨姓，支派所出不一，惟洞庭东山一派，实蕃且显，半居郡城，镡之先自昆山迁吴。"至于迁洞庭的一支，族中有人认为系太原王氏，系三槐堂后裔，但明代王鏊认为："王氏有二十一望，莫釐王氏究属何望，已无从考。"故王鏊撰谱，仅标莫釐王氏，不系郡望，然而其书画之落款，又自称"三槐堂之裔"，且有"三槐之裔""三槐之裔大宗伯""三槐堂"诸印章。

据《家谱》记载：

一世祖，王百三、王百八。

二世，王千七，将军。

三世，王万六，将军。

九世，王琬（1419—1503），字朝用。以贡入太学，久之，知湖广之光化县。

十世，王鏊（1450—1524），字济之，别号守溪。成化十年甲午乡试、十一年乙未科会试俱第一，殿试一甲第三名探花及第。历官侍讲学士、少詹事，正德二年升户部尚书兼文渊阁大学士，四年升少傅兼太子太傅，武英殿大学士，六十岁致仕，嘉靖三年卒于东山，谥文恪。王鏊博学有识鉴，文章尔雅，议论明畅，使弘治正德间文体为之一变。

十三世，王禹声。万历十六年戊子举人，明年己丑中进士，万历中出知肇庆知府。因太监荼毒地方，为民请命，遂落职。后得到昭雪，擢按察使副使，湖广提督学政未赴任。万历三十年卒于家，终年五十九岁。

十八世，王世琛（1680—1729），字宝传，号艮甫。归安县廪膳生，归籍长洲，循例入国学。顺治八年辛卯顺天乡试举人，明年壬辰进士，殿试一甲一名状元及第。授翰林院修撰，历官詹事府少詹事，提督山东学政。雍正七年己酉正月故，终年五十岁。

二十世，王芑孙（1755—1817），字念丰，号铁夫。十三岁能文，长洲县附生，不屑为时俗科举文字，独肆力于诗古文。乾隆四十五年江南召试取列二等，复由廪贡生应乾隆五十三年天津召试，取列一等，召见赐举人，考充内庭咸安宫教习，授江苏华亭县教谕。

二十二世，王仁俊（1866—1913），号捍郑，一号干臣。光绪十七年辛卯科举人，明年壬辰进士。历官吏部主事、湖北宜昌、黄州知府，历充学部图书局副局长、礼学馆纂修。

二十三世，王淑岱（1847—1908），字觐东。同治九年庚午科武举人，光绪二年丙子科武进士。历署安徽游兵营游击，实任巡警、和州城守备。

二十三世，王颂蔚（1848—1895），字芾卿，号蒿隐。光绪二年丙子科举人，六年庚辰科进士。翰林院庶吉士改户部主事，户部郎中，记名御史军机处帮领班章京，在任候选首。蔡元培参加科举考试，颂蔚任考官，大胆破格录取。光绪二十一年染时疫去世，遗产千金由其夫人王谢长达开办振华女校。有子：季烈、季锴（监名季同）、季点、季绪，女六人：四女季玉、五女季山。

二十四世。

王季烈（1873—1962），字晋余，号君九，又号螾庐。光绪二十八年壬寅科举人，经济特科召试一等，三十年甲辰科进士。曾任学部员外郎、京师译学监督、学部专门司司长。业余悉心研究昆曲，与刘富樑合编《集成曲谱》。

王季同（1875—1948），又名季锴，字小徐。毕业于同文馆，清末赴英国留学，并在德国西门子电机厂实习。1910年发现四元函数求微方法，1916年发明电气变流方法，1928年任国民党政府中央研究院工学研究所专任研究员，1930年后又发现电网络计算之新方法。

王季点（1880—?），字琴希。清附生，毕业于东京高等工业学校，历任清政府内阁中书、农工商部主事、京师大学堂提调、汉冶萍公司监督等。

王季绪（1881—1951），字纵庐。早年赴日本留学，入东京帝国大学，获工学学士学位，又赴英国剑桥大学工科学习。归国后，历任国立北平大学机械科主任、代理校长、北洋大学代理校长、北大工学院教授。

王季玉（1885—1967），教育家，曾赴美留学，获学士、硕士学位。1917 年回国，接办其母创立的振华女学校，一时誉满江南。

王淑贞（1899—1991），女，早年赴美留学，获博士学位。历任上海西门妇孺医院妇产科主任，上海女子医学院教授、院长。建国后，历任上海医科大学教授、妇产科医院院长等职，是我国妇产科奠基人之一。

王守竞（1904—1984），1921 年毕业于苏州工业专科学校，1924 年赴美，先后在哈佛大学和哥伦比亚大学读本科生和研究生，1927 年获博士学位。任浙江大学物理系主任、昆明中央机器厂总经理，后任国民政府资源委员会驻美代表，留居美国。曾任麻省理工学院教授，是原子分子物理学家。

王守融（1917—1966），1937 年毕业于清华大学机械系，后任清华航空研究所研究员。曾任工程师、大学教授，是光学精密仪器专家。

王守武（1919—2014），1941 年于同济大学电机系毕业，留校任教。1945 年进美国普渡大学研究生院读工程力学，获博士学位。回国后，在中国科学院工作，1980 年当选为中科院学部委员后任中国科学院院士。

王守觉（1925—2016），1949 年毕业于同济大学电机系，曾在中国科学院物理研究所工作，1980 年当选为中国科学院学部委员，后为中国科学院院士，是微电子学家。

纵观莫釐王氏家族，在明清两代科名很盛。明代中举人四人，其中乡试副榜一人、武举人一人；中进士者二人；贡生四人。至清代，中举人者二十二人，其中武举人一人、乡试副榜一人；进士十人，其中武进士一人。仕宦，即在政府中任官职的有一百零四人。

解放后，也是人才辈出，很多人是学科带头人，在科学研究等方面作出杰出贡献。

三、太原王氏太仓支

明代万历年间，首辅王锡爵（1534—1610），为太原三槐堂王氏后裔，苏州府太仓人，字元驭，号荆石。嘉靖四十一年会试第一、廷试第二，授编修，累迁至国子监祭酒。万历初掌翰林院，张居正"夺情"，将廷杖吴中行、赵用贤等，锡爵谏之，不纳。进礼部右侍郎，以张居正恨之，归里不出。张居正死后,拜礼部尚书兼文渊阁大学士。时申时行为首辅,锡爵与之同郡、同科,甚相得,性刚负气,常忤朝论。万历二十一年,锡爵为首辅,以拟三王并封旨,为言官所攻,八疏求罢而去。有《王文肃公集》《王文肃疏草》。

万历三十八年,卒于家,年七十七岁,赠太保,谥文肃。墓在苏州阊门外来凤桥北。妻朱氏乃黄岩县令朱邦臣之女,封一品夫人,卒于万历二十六年,二十九年造坟圹,四十一年夫妻合葬。

王锡爵墓,1966年12月由苏州博物馆清理。原墓地有二百亩,有翁仲、石狮、石虎、石羊等,为一座竖井式券顶双室砖墓,结构牢固,封闭性好。出土随葬品有绸、缎、锦、缂丝等,墓志由大学士申时行撰。

王锡爵祖父涌,为人宏爽,有才器,富而好行其德,里中称道。父梦祥,少而有才,尝入太学,卒年六十八岁,葬于嘉定县。叔父梦臣。弟鼎爵,进士,累官河南提学副使。锡爵只有一子,名衡,字辰玉,号缑山,万历年间中进士,授翰林院编修,万历三十七年卒,年四十九岁,葬于镇洋县。王衡有三子:鸣虞、赓虞、赞虞,老大、老二皆早卒。

王赞虞(1592—1680),后改名时敏,字逊之,号烟客,又号西庐老人,太仓人。未冠以祖恩荫,授尚宝司丞。天启年间升正卿,又迁太常寺少卿。明亡后,闭户不出,钻研绘画,成为清初大家。他自幼就以黄公望为宗,拜董其昌为师,钻研画技,临摹不少家藏宋元名迹。他擅画山水,笔墨苍润松秀。众弟子中有王翚、吴历等名家。他的孙子王原祁,得祖父指授,卓然成家。族侄王鉴(1598—1677),在画界名望亦高。故后人把王时敏、王鉴、王翚、王原祁,合称"清初四王",再加吴历、恽寿平,亦称"清六家"。王时敏兼工隶书,能诗文,著有《王烟客先生集》《西庐画跋》等。

王时敏有九个儿子。长子挺,明代官至中书舍人,尝奉使两浙。入清,闭门辞官,专事著述。有《不盲集》,卒于五十九岁。次子揆,顺治间进士,然力辞举荐,终不出仕,卒年七十一岁。三子撰,继伯父之后,为鸣虞嗣子。工诗,善书法及丹青,卒年八十七岁。其文采年寿,悉肖其父。四子持,为贡生,卒年三十一岁。五子抃,太学生,为诗善乐府，卒年七十五岁。六子扶，贡生，卒年四十七岁。七子摅，善诗文，为海内推重，著有《芦中集》。八子掞，康熙间进士，授编修，累迁左春坊左赞、侍读学士，尝主顺天乡试，迁刑部尚书，拜文渊阁大学士兼礼部尚书，卒年八十四岁。九子抑，曾任太原府同知，屡决疑狱，上官以为能，摄忻州事。

王揆有两个儿子：原祁、原博。

王原祁（1642—1715），字茂京，号麓台。康熙九年进士，历任知县、给事中、中允、户部侍郎，深得黄公望浅绛法，兼及吴镇墨法，中年供奉内庭，充《佩文斋书画谱》纂辑官，参与绘《南巡图》《万寿盛典》等。原祁娶妻李氏，另有侧室沈氏，共生三子。长子字孝征，号梅冶，官至广东巡抚；次子谔，字中贻，康熙举人；季子圊，字叔骞，号汶漪，以父荫授工部主事。

王原博，康熙朝曾任主事、掾事，后戍肃州，凡七年，后赎归里。乾隆五年卒，年八十五岁。

王原祁有十个孙子，同用"述"字取名，有述浚、述湛、述淮、述汾等。总之，这一支王氏人丁兴旺。在诸多后辈中，有的做过高官，有的文名显赫，有的工于诗词，有的擅长丹青，不乏卓有成就者。

四、琅琊王氏太仓支

明代中后期著名文学家、史学家王世贞（1526—1590），字元美，自号凤洲，又号弇州山人，为琅琊王氏后裔。

曾祖辂，字寄殷，号夷庵，少读书修行，不乐仕进，以子倬贵，赠少司马兵部侍郎。

祖父倬，字兴拾，明宪宗成化年间进士，曾任浙江山阴县知县，颇具政绩。弘治中，擢山西道监察史，迁广东右布政使、四川左布政使，进都察院右副都御史，整饬苏州边备兼巡抚天府等，官至南京兵部右侍郎。

父亲王忬，字民应，号思质。嘉靖十年进士，授行人司行人，选江西道监察御史，超拜都察院右佥都御史，经略通州军务。嘉靖二十一年巡抚山东，二十三年巡抚大同，累立战功，进兵部左侍郎，兼右副都御史，总督蓟辽保定军务，兼理粮饷。后因滦河失事，严嵩扶嫌构馅，诏以失律论死，天下冤之。

弟世懋，字元敬，官至南京太常少卿。

王世贞于嘉靖二十六年中进士，初授刑部主事。张居正当国，王世贞与张不合，罢归。后其友王锡爵秉政，出任南京兵部右侍郎，升南京刑部尚书。他在文学上成就很高，与当时的李攀龙、谢榛、宗臣、徐中行、梁有誉、吴国伦等，被称为明代文坛上的"后七子"。在李攀龙去世之后，王世贞独立文坛二十年。世贞有五子，果祥、荣寿皆早夭。三子士骐，万历十七年进士，授兵部主事，改礼部仪制司，历文选、稽助司郎中，忤大学士沈一贯，罢官，光宗时追赠太仆少卿。四子士骕，荫入太学。五子士骏。

五、其他

另外，苏州还有一支王氏，先世著籍浙江金华，明初迁于吴，遂著籍吴郡者四百余年。为郡之望族，代有闻人，在隆庆、万历间享有盛誉，到清代世以儒术相传。

据《王同愈集·先考略》记载，高祖王师何、王师功；曾祖王茂兴，国学生；祖王乃熙，邑庠生；父王赓伯。

王赓伯（1822—1902），元和人，字鲁珊，晚自号退叟。年二十三补博士弟子员，省试不中，设馆授徒，以教育人才为己任。有子四。

王同恩（1847—1896），字铭之，元和人。邑廪膳生，候选训导。妻陈氏，继娶吴氏。有子怀沐、怀汾、怀沂、怀沅，女一。

王同懋，湖南候补同知，署安乡县事。

王同慰，候选盐课大使。

王同愈（1855—1941），字文若，号胜之。光绪十五年进士，翰林院编修，顺治乡试同考官，驻日公使参赞。二十三年，任湖北学政兼两湖学堂监督，二十九年，任江宁学务处参议，三十一年，与尤先甲等组成苏州商务总会，同年任江苏学务总会副会长，后任议长。热心地方教育，兴办新学。《苏州市志》有传。生子怀琛、怀鋆、怀瓈、怀镁，女怀婉、怀琮、怀璧、怀玕。孙四：尚忠、毓忠、宝忠、以忠。

第三部分：近现代苏州王氏名人录

王韬（1828—1897），原名利宾，字紫诠，号仲韬，又号天南遁叟。居长洲。道光二十九年（1849）至咸丰十一年（1862）间，任职于上海墨海印书局。后赴英译书，游历法、俄等国。同治十三年（1874），在香港主编《循环日报》，评论时政，宣传变法自强。晚年在上海主持格致书院，并担任《申报》馆编纂部主任。有《韬园文录外编》《韬园尺牍》《淞隐漫录》等数十种著作。

王颂蔚（1848—1895），字芾卿，号蒿隐。光绪二年丙子科举人，六年庚辰科进士。翰林院吉士，改户部主事、户部郎中，记名御史军机处帮领班章京，在任候选首。蔡元培参加科举时，其任考官。光绪二十一年，染时疾去世。遗产千金，由其夫人王谢长达开办振华女校。有子女季烈、季同、季点、季绪、季玉、季节山等，颇有影响。

王谢长达（1848—1934），女，字铭才，婚后从夫姓。祖籍安徽，迁居苏州。光绪三十一年（1905），与友人陈星照、蒋振儒等人捐募千余元，创办女子两等小学，以"振兴中华"为目的，定校名为"振华女校"。除办学，还积极从事社会活动。光绪二十七年（1901），在苏发起成立"放足会"（亦称"天足会"），自任总理，并研究放足方法，印成"说贴"宣传。辛亥武昌起义，沪、苏等地组织女子北伐队，她出任苏属队长，亲率女学生百余人积极参加筹募工作。死后，由张一麐等人发起，在振华女校举行追悼会，遵照王谢长达遗愿，所送礼舍，悉数充作长达清寒奖学基金。

王同愈（1855—1941），字文若，号胜之，别署栩缘。居苏州。同治十三年（1874），入上海舆地居，始习天文、算术、格致之学。后入吴大澂幕，深得吴器重，遂成入室弟子。同治十一年中学，同治十五年进士，改庶吉士，散馆授翰林院编修。两度出任顺天乡试同考官，后任驻日公使参赞。先后出任江苏学务总会副会长、苏省铁路公司协理、宪政编查馆咨议、清宫实录总纂等职。热心地方教育，兴办新学，先后创立高等小学堂、第一中学堂、师范传习所、初等商业小学堂、半日学堂等。著有《栩缘日记》《栩缘随笔》《栩缘诗文集》等。

王雍熙（1863—?），字可南，号伯禾，晚号通禅。居苏州。吴庠增贡生，癸巳科乡试堂备候选训导，中国红十字会员。著有《通庵笔缘》三卷、《庚申惜吟》二卷。

王福昶（1864—?），原名昌熙，号芝卿。苏府庠附贡生候选县丞。筹防局帮办、电政总局线路处理事员、中国红十字总会总办事处文秘书长。

王仁俊（1866—1813），字捍郑。居吴县东山。清光绪十八年（1892）进士，授翰林院庶吉士，散馆改吏部主事。在上海创办实学报馆，针砭时弊。光绪二十九年（1903），赴日本考察，为张之洞聘为湖北存古学堂教务长，后任京师大学堂教授、充学部图书局副局长等职。精于史学及敦煌学，撰有《汉书艺文志考证校补》《补宋书艺文志》《补梁书艺文志》《补西夏艺文志》《辽史艺文志补正》等，另有《王氏著述目录》。

王季烈（1873—1952），字晋余，号君九，别号螾庐主人。居苏州。明大学士王鏊后裔，王颂蔚、谢长达夫妇的长子。光绪二十年（1894）中举人，三十年中进士。二十二年至二十九年，在上海江南制造局译书，与傅兰雅合译的《通物电光》，是国内最早详细介绍 X 光的产生、用途的译著。他编译的《物理学》，是国内第一本大学物理教科书。王季烈长期研究昆曲，依律考订曲谱，著辑有《螾庐曲谈》《度曲要旨》《集成曲谱》（与刘富梁合作）、《与众曲谱》《正俗曲谱》（子、丑集）等，还据脉望馆藏本校订《元明孤本杂剧提要》。建国初期，应陈叔通之邀赴北京，参加文史馆工作。

王鸿翱（1878—1960），号凌霄。居苏州古市巷。国学生，候选县丞，三等嘉禾章、六等文虎章，曾任内务部存记警察官、吉林财政厅征榷科科长、吉林省警务处长等职务。著有《警察训练概要》一卷、《理财概要》一卷。

王薇伯（1883—1958），原名荫繁。居吴县。同盟会会员，日本大学司法科法学士。曾组"吴中公学社"，创办"吴郡白话报"至第六期，因《吊新年文》反清犯禁被查封。匿至博习医院，翌晨至沪，避难于章士剑的"大陆印书局"。旋东渡日本，与木田月子（王月芝）在大阪结婚。后夫妇创办《华侨日报》《日华新报》，又在东京组织"日华通讯社"，为国内创办通讯社之首。民国元年（1912）10 月，携眷回国，在上海《民强报》年余，又集资创办《上海商报》。民国 8 年（1919），在苏州皇废基创办《苏报》《大苏报》《小苏》三日刊，随报附送。社址设北寺，考聘女编辑、女记者，为报业之首创。

王怀曾（1884—1932），字鼎中。居苏州。1900 年，进苏州中西学堂求学，翌年去上海，入南洋公学。毕业后，去英国伦敦费拉台电机工程学院、剑桥大学、格兰士哥大学土木桥梁工程系学习，分别获学士和硕士学位。曾随詹天佑筑平绥铁路，任工程师、总工程师等职。是国内最早的中华工程学会会员，任学会编辑主任。一生为中国铁道建设作出了重要贡献。

王季玉（1885—1967），女。居苏州。早年毕业于苏州景海女学，后赴日本补习英语及数理，翌年考入美国麻省蒙特霍育女子大学，获文学学士学位，旋入伊利诺大学攻读植物学，获硕士学位。回国后，继承母志，接任振华女学校长。1953 年，学校由政府接办，先后改为女子中学、江苏师范学院附属女子中学、附属中学，任校长、名誉校长。1967 年 3 月 14 日，病逝于杭州，终年八十三岁。王季玉献身教育、科技事业，终身未嫁。曾任江苏省人民代表、苏州市人民代表、市人民委员会委员、市妇联副主任等职。

王謇（1880—1969），原名鼎，字佩诤，号瓠庐，晚署瓠叟。居苏州。1915 年毕业于东吴大学，获文学学士学位。曾受教于沈修、黄人、金天翮、章炳麟、吴梅诸师。历任苏州女中教务主任，振华女中副校长，江苏省立苏州图书馆编目部主任、馆刊总编辑，国学会副主任干事，章氏国学讲习会讲师。学识渊博，善治诸子，精熟吴中文献掌故，历任《吴县志》协纂。家有解粟楼，藏书甚丰。著有《宋平江城坊考》《续补藏书纪事诗》《西厢记注释》《吴县志校补》《先秦汉魏两晋南北朝群方校释》等。

王怀琛（1890—1971），又名颂来。居吴县。1910 年，毕业于天津直隶高等工业学校，后在陆军部兵工专门学校化学科学习，毕业后任湖北汉阳兵工厂技士。翌年，前往奥地利、瑞士等国钢铁厂实习。先后任兵工厂钢铁厂主任、上海吴淞中国铁厂主任兼工程师、东北兵工厂铸造厂厂长兼兵工学校教育长、校长等职，是中国著名的炼钢专家。译著有《电热炼钢学》《铸钢学》。

王伯祥（1890—1975），名钟麟，字伯祥。居苏州。1906年，考入苏州中西学堂，次年入苏州公立第一中学堂。期间，与同学从事学术文艺活动，组织诗社"放社"，又办油印刊物《学艺日刊》。毕业后，在甪直镇县立第五高等小学任教，同时任北京大学国学门通讯研究员，并与叶圣陶等创办《直声》文艺周刊。先后于厦门集美学校国文班、北京大学中文系预科班执教，上海商务印书馆史地部任编辑。期间，编辑史、地教科书多种，并撰写《三国史略》《郑成功》等著作。编辑出版《二十五史》《二十五史补编》《春秋左传读本》等。1950年，任北京大学文学研究所研究员，后该所改属中国科学院哲学社会科学部。期间，选论《史记选》，参加《唐诗选》选注，并撰成《增订李太白年谱》。曾任全国政协第三、四届委员，中国历史学会理事。私人藏书达一万四五千册。

王荫嘉（1892—1949），字苍虬，号殷泉。居苏州西百花巷。早年随父赴京就读，1910年返归故里。他博学群书，爱好金石考据、目录版本之学。后结识钱币收藏家周仲芬，遂爱好收集钱币，并研究钱币学、货币史。主持《泉币》杂志的编辑校订工作，又是主要撰稿人，发表学术文章八十多篇，又参与出刊《寿泉集拓》十篇。

王无能（1893—1932），原名念祖。居苏州。从小有表演滑稽戏的才能，能说多种方言。1913年，民兴社在阊门外演新剧，王无能独自一人说方言、唱小调、讲笑话，演出成功，开创了独角戏。其他艺人也群起仿之，因此滑稽界奉其为独角戏鼻祖，称之为"老牌滑稽"。

王志钧（1893—1940），又名之钧。1914年，毕业于上海南洋公学，后考入北京交通部邮电专科学校。毕业后，受派遣赴日本考察电信，后任上海电话局工程师、苏州电话改良处主任工程师，主持建造阊邱坊巷新局房屋，及将磁石电话交换机改为共电交换机的工程。新局建成后，他留任苏州电话局主任工程师兼工务科长。在任期间，还领导建设苏浙、苏皖省际长途电话。

王乘六（1894—1980），名承龙，字心若。居吴县甪直。1909年，毕业于江苏两级师范学堂，曾受教于金天翮、陈衍、章炳麟诸师。历任甪直乡立第一初等小学校员，吴县斜塘小学校长，宝山县立师范、上海晏摩氏女中、章氏国学讲习会讲师，上海太炎文学院、诚明文学院、光华大学教授。1957年，由苏州市四中调上海师范学院任教，曾参加《辞海》的编纂修订工作。晚年归居于苏州桃花桥弄。著有《晋书校注》《说文部首释义》等。

王太乙（1896—1966），原名元曾。居苏州。先后就读于南通农业学校、江苏省立第二农业学校，毕业后，赴日本国立园艺试验场任研究员。八年后归国，回母校任教。后任南京东南大学教员、南京总理陵园（中山陵）园艺股主任、南通农学院农科教授、中央农业实验所技正等职。建国后，任苏州农校园艺科主任，是苏州市人民代表、市文物管理委员会委员。著有《种苹果法》等书。

王茂仙（1896—1969），居吴县陆墓。幼时读私塾三年，十四岁随父学习缂丝技艺，二十二岁随兄王茂高做缂丝。建国初，曾出席苏州市各界人民代表会议、苏南文艺工作者代表大会，参加苏州文联刺绣小组，专门从事缂丝制作，后转至苏州市刺绣研究所。1957年，出席全国第一次工艺美术代表大会。其作品曾在国内外展出。

王慎轩（1899—1984），原居浙江绍兴。上海中医学校毕业，1924年来苏州开业，专业妇科。鉴于当局歧视、排斥中医，以致中医事业江河日下的现状，他立志从传授中医知识着手，振兴中医。1926年，开办国医女科函授学社，后在阊门内专诸巷开办苏州国医学社，编著出版《中医新论汇编》《女科医学实验录》等书。建国后，先后应聘到南京中医学院和北京中医学院任教。1964年，因病退休回苏。

王大炘（生卒年不详），字冠山、贯三，号冰铁。居苏州市通关坊，命其室为"思惠斋"。近代篆刻家，初学浙派，后以秦汉为法，旁及皖派。著有《王冰戬印存》五卷（每页一印，1926年由中华书局影印出版），与吴昌硕（若铁）、铁崖（瘦铁）并称为"江南三铁"。

王欣夫（1901—1966），原名大隆，字补安。原居嘉兴，生于吴县。早年受业于吴江金松岑，后转从吴县曹元弼学习经学。曾任圣约翰大学教授、复旦大学中国古典文献学教授，专长中国古代目录、版本、校勘学。著有《文献学讲义》《补三国兵志》《藏书纪事诗补正》等，整理出版他人著作有《许颙学林》《四库全书总目提要补正》等，与赵诒琛等合编《甲戌丛编》《乙亥丛编》,其内容以吴门文献中未刊稿为主，兼及旧刻罕见者。

王芝九（1901—1978），学名志瑞。居苏州。早年进私塾，1913年转入江苏第一师范附小，1915年考入江苏第一师范。抗日战争期间，在上海南方中学等校任教，并为开明书店编写《历史人名辞典》。抗战胜利后，任吴县教育局局长，并在江苏省立苏州中学、东吴大学、苏州师范学校、河南大学等任教。建国后，任苏州市立中学校长。1950年，调中央教育部任第一司（初级司）副司长，11月任人民教育出版社编审，编写中、小学的中、外历史教科书和教师参考书，期间与人合作编写《中学历史教师手册》。著有《宋元经济史》《英国工业革命》。

王汉伦（1903—1978），女，原名彭剑青。早年就读于上海圣玛利亚书院。婚后因不满丈夫的不良行径，离婚出走。先后任教师和英美烟草公司职员、万国体育会英文打字员。上海明星公司聘她为演员，遭家庭反对，结果被除"族籍"，改名王汉伦。自民国12年至15年间，共主演影片十二部，其中有的是国内早期名片。1949年，参加上海影剧协会和上海电影演员剧团。

王国昌（1903—1957），居吴县香山。早年随舅父学建筑，对旧住宅、园林、寺庙等古建筑均有研究，能绘制建筑施工大样图，且是工艺能手。建国后，在苏州市建筑公司设计室工作，负责工程设计和估价。曾参加留园、拙政园、狮子林等园林古建筑及孔庙、双塔的整修。整理双塔、虎丘塔时，他的方案实施后效果良好，得到国家文物局的表扬。

王守竞（1904—1984），居吴县。1921年毕业于苏州江苏省工业专科学校，后考入清华大学留学预备班，1924年派赴美国留学，入哈佛大学，后转哥伦比亚大学，1927年获博士学位。在美从事研究工作两年后回国，历任浙江大学、北京大学物理系主任，抗日战争期间任昆明中央机器厂总经理，后在美国麻省理工学院兼任教授。在美期间，成功地将量子力学应用于原子分子研究，这一研究成果为现代物理学研究作出了重要贡献。

王淦昌（1907—1998），出生于苏州常熟支塘镇枫塘湾。1925 年初，录取为清华大学首届本科生。周培源在《王淦昌和他的科学贡献》一书的序言中写道："王淦昌同志是清华大学物理系第一届毕业生，1929 年毕业后留校任助教。"1930 年，去德国留学，在迈特内教授指导下研究 β 衰变能谱。从此，他一直在物理学的前沿——核物理学和粒子物理学领域工作，并取得了巨大成就，是国内这两个领域的主要奠基人之一，为国家培养了大批人才，对我国基础研究的发展和国防建设都作出了贡献。在他和其他同事的共同努力下，我国于 1964 年和 1967 年先后成功地爆炸了原子弹和氢弹。1982 年，国家授予他和他的同事们自然科学一等奖。

王卓然（1908—1979），原居浙江上虞县。1927 年，东南大学理科毕业。1946 年，任上海华丰搪瓷厂工程师期间，研制成功白色硅酸盐水泥，填补国内空白。1947 年，借用华丰搪瓷厂的设备和车间，与人合股开设光华水泥厂，1950 年迁到苏州。1949 年，与李液、田宜等人合作，发明白水泥熟料漂白工艺，1964 年获国家科技发明奖。1956 年，调任建筑工程部水泥研究院粉磨室主任，后任建材工业总局江油水泥工艺研究所技术顾问。曾任苏州市政协第一届委员会常委。

王松林（1908—1983），居吴县光福。自幼酷爱绘画，十三岁拜上海杨舍龙为师，学习绘画刺绣图案。1950 年加入苏州刺绣第三集体工场，1956 年参加苏州第一刺绣生产合作社，后在苏州刺绣研究所、苏州刺绣厂工作。熟谙龙凤、花鸟等传统苏绣图案设计，并擅长设计被面、台毯、靠垫等日用刺绣品的图案。曾参加《苏州刺绣图案》《日用苏绣图案》等书的编绘。晚年将艺术经验整理绘成《被面小样》《靠垫小样》《日用刺绣图案》等书稿。曾至苏州工艺美术职工大学授课，编有讲义《苏绣日用品图案设计》。

王沛伦（1909—1972），居吴县。1933 年，毕业于上海国立音乐院。后任教于中学及师范学校，先后任国立福建音专教师、江西省音乐教育委员会驻会委员演出组组长、南京"中央广播电台"音乐指挥。1949 年去台湾，任中国广播公司音乐指挥、中国文化学院音乐系教授等职。

他不仅精研西乐，对中国古乐亦有研究，曾在苏州吴平乐团担任艺术指导和参加演奏活动。创作有《战场月》《灵山梵音》等具有民族风格之大型合奏曲，著有《音乐辞典》《歌剧辞典》《戏曲辞典》《乐人字典》等。

王师（1911—1974），原居昆山陈墓，1925年随父母迁苏州。于1928年在县中毕业后，在苏、宁、沪、镇江等地从事市政建设、建筑营造业务。先后任助理工程师、工程师，曾负责建筑镇江图书馆、游泳池等工程。上世纪50年代，苏州建筑吊装仅靠吊杆，在他主持下，完成苏州钢铁厂、苏州冶金机械修造厂等大型建筑的吊装任务。上世纪60年代，在他主持下，苏州水泥制品厂试制成功钢丝网水泥农船，为全国首创。1965年，任苏州水泥制品厂技术科长、工程师，被选为苏州市政府第五届委员会委员。

王大衍（1915—2011），原籍苏州。我国光学事业奠基人之一，应用研究与开发局高级顾问、长春光机所名誉所长、空间科学与应用中心名誉主任，中国科学技术协会荣誉会员、中国光学会名誉理事长、美国国际光学工程学会会员。1936年毕业于清华大学，1938—1940年在伦敦大学帝国学院物理系获硕士学位，1941—1942年在英国雪菲尔大学玻璃制造系进修。先后任英国昌司玻璃公司研究实验部物理师、大连大学任教授和应用物理系主任、中国科学院仪器馆（长春光学精密机械研究所）研究员和所长、中国科学院技术科学部主任、中科院长春分院院长，1955年当选为中国科学院院士，1979年被评为"全国劳动模范"，1985年获国家科学技术进步特等奖，1994年获何梁何利基金科技优秀奖。

王守融（1917—1966），居苏州。1937年毕业于清华大学机械系，后任清华航空研究所研究员，昆明国立中央机器厂工程师、分厂厂长等职。1945年赴美国考察，后去加拿大帝国机器厂任设计工程师。1948年归国，先后任上海资源委员会所属工厂总工程师、天津南开大学教授。建国后，历任天津大学教授、精密仪器系主任、中国民主促进会天津市会常委、中国科学院长春光学精密机械教材编审委员会主任等职，曾当选为第三届全国人民代表大会代表。所制国内第一台01型刻线机，获1964年国家创造发明奖。著有《不等分半自动刻线机》《多环尺过链的选装配法》。

王守武（1919—2014），出生于苏州。中国科学院半导体研究所研究员，微电子中心名誉主任，国务院电子振兴领导小组大规模集成电路顾问组组长，北京大学、清华大学兼职教授，中国电子学会半导体与集成技术学会主任，《半导体学报》主编。1941年毕业于同济大学，1949年获美国普渡大学博士学位。曾任美国普渡大学助理教授、中国科学院物理研究所研究员、半导体研究所副所长、109厂厂长，是我国半导体工业的开拓者之一。他因领导研制大规模集成电路，1981年获中科院科技成果奖，1985年获中科院科技进步奖，1987年获国家科技进步奖。鉴于他在半导体方面的突出贡献，1979年被国务院授予"全国劳动模范"称号。

王传馥（1920—1942），生于苏州曹家巷。幼年就读于私塾，后进苏州树德初级中学，毕业后进上海兰达学院。1937年12月，他与几位热血青年结伴去武汉找革命队伍，经学习和训练后，分配在新四军三支队三团政治处任宣传股长。"皖南事变"中被俘，囚于上饶集中营。因他积极组织狱中斗争，故被两度秘密转移，最后囚于茅家岭。1942年5月25日，组织实施"茅家岭暴动"，为掩护战友毅然殿后，不幸身负重伤，重落敌手，第二天惨遭活埋，壮烈牺牲。

王安（1920—1990），原居苏州昆山。美国电脑专家、王安实验室公司董事长。1940年获上海交通大学理学学士学位，1946年获哈佛大学理学硕士学位，1948年获该校哲学博士学位，1971年获洛厄尔理工学院名誉理学博士学位，1981年获东南马萨诸塞大学名誉理学博士学位。1954年入美国国籍。先后任上海交通大学教师、中央无线电工厂工程师，1948年为哈佛大学研究员，专门从事电子计算机的研究。1951年，他将一项有关电脑记忆系统的重要发明专利（磁心储存记忆器）卖给国际商用机器公司，获得五十万美元。以这笔钱作资本，在波士顿市南郊其私人汽车库创办了电脑设备小厂，当年赢利一万五千美元。1955年以来，任王安实验室公司董事长兼总裁，并兼任波士顿第一国际银行董事、波士顿学院、东北大学校董、王氏研究生学院院长。

王国鹤（1919—2000），字寿康，号季鹤。国家级医学专家，主任医师，苏州市中医诊所外科负责人、苏州市中医院外科主任、第四人民医院中医科主任。有三子：宝善、达善、庆善。

王守觉（1925—2016），原籍苏州。中国科学院研究所研究员、中国电子学会副理事长、《电子学报》主编。1949年毕业于同济大学，后任上海新成电器厂工程师，开发氧化亚铜整流器的工业应用。1956年调入中科院半导体研究室，长期从事半导体电子学研究。曾获国家新产品一等奖、全国科学大会奖、中科院重大成果一等奖及其他省部级以上奖励共七次。1956年，被评为"全国先进生产者"代表。

王晓达（1939—　），本名王孝达，生于苏州。1956年毕业于苏州中学，同年考入天津大学机械系，1961年毕业后分配至成都工作。现为成都大学机械系工程材料教研室主任、讲师，中国作家协会会员。1979年开始发表作品，代表作有《波》《莫名其妙》《冰下的梦》《复活节》《记忆犹新》等，《陶博士和电子锁的悲剧》获首届"银河奖"甲等奖。

王仁农，1942—1950年就读于桃坞中学及附小。1950年参加"抗美援朝"，后入中国人民解放军海军，从事无线电通讯工作。1956年转业考入北京矿业学院地质系，1961年毕业后从事煤田地质勘探工作。现任煤炭部第一地勘公司科教中心总工程师、中国地层委员会二叠系成员、安徽省古生物学会理事等职。1985年被授予煤炭部全国煤田地质系统"优秀科技干部"称号，荣获金质奖章。

第四部分：王氏望族在苏州的遗址名胜

太湖胜地，吴中灵秀，王氏望族之人杰在历史上蔚为大观，声誉远播。苏州，是三槐堂文化与吴文化结合的典型环境，至今尚留有大量的遗迹名胜。

一、墓祠

1. 东山庙

即古短簿祠，在虎丘东山浜，今为万景山庄。祀晋司徒王珣，珣曾与其弟司空珉舍别墅为寺，故居民立庙祀为土神。原有唐陆东的书碑。乾隆三十五年，里人任德章等移建此地。旁有东山副司神，即葛贤。王宾云："东山庙，即短簿祠，自山之东抵郡城西北，居民祀之。珣初为桓温主簿，封东亭侯。"钱泳有《晋琅琊王氏世表》，载《云岩杂志》。赵翼诗云："短簿祠高虎阜东，故居人指梵王宫。谁知舍宅归僧寺，翻占名山地百弓。"

2. 西山庙

去虎丘无百步，今留有西山庙桥为证。祀晋司空王珉，宋崇宁二年建。王宾云："西山庙，自山之西及于南，以至枫桥阊门市居民祀之……此盖东西寺也，今庙存而寺易。元时每当元夕，两庙张灯设馔，箫鼓喧闹，游人杂逐。寺之山径，节节有灯。往来之人，或以鼓乐自随，竞相为乐，乃踵宋时故事也。今两庙时有居民于此酬愿赛神，优伶箫鼓，香颇盛。"

3. 南渡始祖太尉公墓

坐落长洲县益地乡王巷南七都床字圩东原（今苏州吴县太平乡旺巷村）。南渡始祖王皋，行四，三槐堂始祖王祐四世孙，王旦之曾孙。宋靖康间，扈太后南渡，授殿帅府太尉，晋柱国太傅，始居苏之荻（今苏州吴县太平乡）。尚存家祠、祠前一棵银杏树及阁老院基南的凤凰桥。太尉公墓原为省级文物保护单位，1984年时撤销，现为平地（未发掘）。

4. 王伦墓

位于苏州吴县阳山。王伦，三槐堂王祐五世孙。虽生礼仪之家，但因其父王毅当年任太子太师时曾上疏劾奸臣蔡京，因此得罪了权贵，还可能因此而丢了官职，所以王伦家道贫寒。他年轻时"不获细行，喜立奇节，轻财好施，贫而无悔读书"，成为一名游侠。靖康二年（1127），宋钦宗任命王伦为兵部侍郎，多次赴金，后被金人扣留、绞死，年六十一岁，谥节愍。王伦死后，宋王朝敕建专庙祭祠。后长子王述将其遗骨自河间迎回，葬于苏州阳山大石坞。（《宋史新编》卷一百三十五）

5. 三槐堂遗址

三槐堂王氏，自大名莘县南渡迁入苏郡后，先居吴县太平乡，继数经徙迁，后以阊门皋桥为中心置地卜宅。其子孙聚居范围，东始临顿路王家墙门，西至阊门外朱家庄，南从景德路，北至苏州城河。明大学士王鏊的祠堂、义庄，均在这一区域内。

6. 王鏊祠堂

位于苏州城内景德路，原为景德寺。王鏊，三槐堂五世孙王伦后裔，居吴县东山，官至户部尚书、武英殿大学士，卒谥文恪。以诗文擅名一代，后退隐归乡，且与状元吴宽同称"吴中二公"，著有《姑苏志》《震泽集》等。后徜徉山水林泉以终，死后葬于东山梁家山。后人为追念他，遂在景德寺址修建了这座祠堂。祠堂共三进，分为门厅、过厅和享堂，门庑殿堂，极为宏敞。祠堂的梁架、柱础等，均为明代始建时的原物，现辟为苏州刺绣博物馆。

7. 王鏊墓

位于吴县东山乡梁家山。王鏊墓，面对太湖，以志其永远"不舍七十二峰"，优游林下，泛舟湖上的夙愿。墓的规模很大，有翁仲、石兽、石坊和明嘉靖帝的祭谕碑。原坊柱联由门人唐寅撰："海内文章第一，山中宰相无双。"

8. 三槐堂皋桥支祠堂

位于吴县陈公乡匠门塘（今城东小学址）。南渡西沙支王胤之后裔王三让，始由常熟徙苏郡皋桥，为皋桥支一世始祖，赠尚书、集贤殿大学士，配陈氏，合葬于皋桥支祠堂旁。现均无存。

9. 王锡爵墓

位于苏州城西阊门外来凤桥西，现已发掘。王锡爵，居苏州太仓，入第登朝后，历任翰林院编修、国子监司业、国子监祭酒、右春坊右中允、掌右春坊事、詹事府少詹事、侍讲学士、侍读学士、礼部右侍郎、吏部尚书、内阁首辅、会试同考官、《穆宗实录》总裁等职。充经筵讲官时，穆宗赞他"讲书明爽切直"，并谕"今后讲官讲书，都要如他讲"。（隆庆元年《王文肃公年谱》）

10. 王桢墓

位于吴邑二十都下扇十二都二图南投字圩一云山（今吴县藏书乡善人桥），墓广五亩七分。王桢，字周士，清乾隆年间著名评弹艺人。

二、宅居

1. 王氏别馆

晋司徒王珣和其弟司空王珉之宅，内在城内白华里（景德寺），外在家山虎丘。第宅有内外之分，出现别馆、别墅之类山庄园林，这是苏州最早的记载。

2. 拙政园

明正德御史王献臣宅，中国四大名园之一。位于苏州城东娄门内，占地 4.15 公顷。明正德四年（1509），御史王献臣以大宏寺址改建此园，取晋潘岳《闲居赋》中"灌园鬻蔬，以供朝夕之膳，是亦拙者之政也"之意，取名"拙政园"。此园现已列入世界文化遗产。

王献臣（生卒年不详），字止仲，号丰轩。居吴县。明弘治进士，官至御史，后为永嘉知县。正德三年（1508），解官归里，翌年造拙政园。正德八年（1513），文徵明作《王氏拙政园记》。王献臣筑室种树，享闲居之乐二十年于此。王献臣作古后，其子一夜赌博，将园输给徐鸿胪时泰。明崇祯四年（1631），园东部为侍郎王心一购得。

王心一（1572—1645），字纯甫，一作字元渚，号元珠，又号丰禅野叟。居吴县，王通后裔。万历癸丑进士。幼有大志，书祖东坡，为陈尧峰入室弟子。其山水简澹中另有寒冷之气，怡人心目，著有《兰雪堂集》等。王心一购园后，命名"归田园居"。园内有兰雪堂、放眼亭、涵春池、缀云峰等，沈德潜作《兰雪堂记》。时辟荷花池，广四五亩，叠假山数处，广种桂树、梅花，自作记。原苏州灵岩山南麓，还有王心一别业。

3. 怡老院

为明王鏊告官归里后，其子王延喆为其造的宅园，位于苏州城西学士街。前称柱园坊，后称天宫坊。因其好居山野，其子特仿洞庭东山景物而建。园内有清荫、看竹、玄修、芳草、撷芳、笑春、抚松、采霞、阆风、水云诸胜。王鏊于此颐养天年，常与沈周、吴宽、文徵明、唐寅、祝允明等徜徉其间，达二十余年。

4. 招隐园

王文恪公鏊宅在苏州东洞庭山，别墅曰招隐园。又有得月亭，在湖滨。所构还有真适园，文徵明有《题真适园诗》。

据《静观楼记》所述，招隐园应为现在的惠和堂。清道光间，王家家境衰败，子孙辈将宅第分割出售，惠和堂为叶氏购得。

王鏊未及第前，居惠和堂原址，门南向偏东。中解元后，在墙南巷口接陆巷处，建立解元坊。中会元后，跨陆巷建会元坊。中探花后，接惠和堂西墙，跨街又建一坊。正德四年（1509）辞内阁后，建静观楼和九狮照壁（均完整），接惠和堂北墙建阁老厅，向西对探花坊。大门正对探花坊，其间有一广场，开路直达河边。正门前有两个石墩，分立左右。正门内，两旁各有执事、夫役。据传，正德间共有五坊，现存三坊。（陆永文《东山惠和堂系王鏊故居考》）

5. 鏊舟园

在洞庭东山石桥景德堂，王文恪公仲兄王鏊所筑。鏊隐居不仕，取"藏舟于壑"之意，以名其园，即以自号。文恪公有《鏊舟园记》《吴县志》，清吴庄亦有《记》。园中有云津堂、飘渺楼等。明沈周有《鏊舟园图》，题跋者十五人。

6. 且适园

王鏊弟，隐士王铨所筑，在横金塘桥。园内有东望楼、遂高堂、元喧堂之胜，兄鏊作记。

7. 越溪庄

明王宠故居，在苏州行春桥左。庄西向，面楞伽、茶盘山，修竹数千竿。庄后为小圃，后垣即越城遗址。王宠（1494—1533），字履仁，更字履吉，曾隐居于光福雅宜山，号雅宜山人。他资性颖异，读书石湖二十年，然困踬文场，终于诸生。王宠善书，行书妙得晋法，以拙取巧，婉丽遒劲，为时所趋，与祝允明齐名。擅山水画，偶然兴至，随笔点染，深得黄公望、倪赞墨外之趣。王宠初学洞庭蔡羽，后与边贡、顾璘等游，改奉七子。沈德潜称其诗："圭臬颜（延之）谢（灵运），痕迹未融。"与唐寅为儿女亲家。著有《雅宜山人集》十卷。死后葬于苏城之西尧峰山。

8. 承志堂

洞庭东山的后山上湾，有一独处林外的深宅大院，近现代建筑，墙角界石刻"王氏支祠"，当地人称"王家祠堂"或"承志堂"。该堂外缘纵长70多米，横宽20多米，朝南，略偏西向。前后布局可分祠堂、住房两部分，计五进，三或五开间，总建筑面积有 1000 余平方米。由于原房主人均在外地工作或定居海外，故长期空关，无人住用。

9. 惇裕义庄

为王鏊后裔住宅，在苏州园林路潘儒巷内。坐北朝南，西路三进，正路在西，有门厅、享堂和后厅。享堂面阔三间 11.45 米，进深 11.5 米，梁架扁作。山墙内壁有砖砌勒脚，雕饰圭角，外檐有椽间、牌科。堂左右设两廊，与门厅相接。第三进有门楼，上枋砖雕牡丹花，下枋砖雕鲤鱼跳龙门，原有清乾隆年款，并雕有四爪蟒。现为苏州市民俗博物馆使用。

清代时，王氏后裔住宅遍及苏州城内，如：十全街 265 号怀厚里的怀厚堂王宅，十全街 275 号的慎恩堂王宅，传芳巷 2 号的太原王氏皋桥支始祖祠堂（全楠木厅），西花桥巷 23 号—25 号的王氏怀新义庄，醋库巷 38 号的王氏太原家祠，鸭蛋桥浜 24 号，钮家巷 5 号新一里（即凤池园遗址），干将路 128 号、130 号，肖家巷 53 号，曹家巷 28 号新乐里，等等。

10. 渔隐小圃

清乾隆间为王冈龄住宅，名小停云馆，在苏州阊门外江村桥南。

王冈龄（生卒不祥），作画仿文徵明，沈德潜赞其"所葺园，亦宛如文氏画图"。

11. 王稚登宅

在长春巷，内有南有堂、尊生斋。王稚登（1535—1612），字百谷。明诗人，十岁能诗。隆庆、万历年间，以"山水布衣"称诗吴中，相国袁炜、申时行深为推重。王稚登诗纤秀清新，多写日常生活，王世贞称其诗"独诣婉尽"。王诗文因地为编，编自为名，史兆斗汇刻为《王百谷集》，曹学俭汇刻其诗为《南有堂诗集》。王稚登另有多处宅第，在山塘和锦帆泾。

12. 石坞山房

为太学士王申荀别业，在尧峰之麓。汪琬有记："吴中石之美者，如太湖最著，以尧峰文石为甲；泉之美者，如武邱法雨七宝憨憨之最著，又以尧峰乳泉为甲。故吾吴游者莫不盛推尧峰，尤西山幽绝处，云石坞在尧峰之麓……"

13. 谢鸥草堂

为文恪公六世孙忘庵先生武之别业,在齐门外永昌镇,归庄有《谢鸥草堂记》。王武,字忘庵,以善画名,与归庄交游甚深,又能诗。其居暮云庐,在东山文恪公老堂旁。

14. 息圃

为王弘经将军宅。在开元寺后,右枕百花洲,浚沼通流,竹木交荫。

此外还有,如:训导王行宅在石湖,处士王鑑宅在盘门内,王鸿皋宅在马医科楼园,省干王大猷宅在中街路,王鹏隐居处在洞庭东山,侍郎王永和宅在吴趋坊,知县王佐圣宅、王敬圣宅均在大儒巷,吏部王毂祥宅在盍簪坊,王鸣盛宅在洞泾桥,王仲举宅在德庆坊。

三、塔桥

1. 双塔罗汉院

为宋判司王文罕兄弟所建,在城东定慧寺巷。《吴门表隐》云:"双塔,宋雍熙中判司王文罕建,并舍田五百八十亩。今祀文罕为伽蓝神。兄弟三人并有像。其墓在寺内东隅,冢甚高,人不敢近。其地本名王判司巷。"双塔东西对峙,形式结构相同,均为仿木楼阁式砖塔,平面等边八角形,共十层。各层腰檐,均用砖叠砌挑出,塔檐较浅,微微反翘。塔顶铁刹挺秀,高约占塔身的四分之一。塔内尚有方室,塔外上下层门窗,亦随内部结构的变化而交错设置。塔北正殿(罗汉院)遗址,有宋代精美石刻。现为江苏省重点文物保护单位。

2. 宝带桥

位于苏州城东南十五里,横跨于澹台湖与运河相接之处。始建于唐元和十一年(816),为唐代苏州刺史王仲舒捐宝带集资而建,故名宝带桥。该桥是我国桥梁建筑史上一大杰作,全长316.8米,宽4.1米,共有五十三个桥孔,桥孔之多堪称国内之首。设计时采用了联拱低平的方法以减轻桥的自重,增加净空,使水流畅通,桥体稳固。中间特设三大孔,便于船只往来通过。桥身平坦宽阔,既便于挽舟拉纤和通行,又与宽阔的湖河十分和谐，犹如"长虹卧波"之势，为中国历史上十大名桥之一。

3. 王家桥

位于齐门大街北端。清代重建石平桥，宽 1 米，长 3 米，1975 年拓建，宽 6.4 米，长 8.3 米，为苏州市区通往齐门城外的交通要道。

4. 王母桥

在城东严衙前，南北沟通叶家弄，1927 年时已拆。

四、巷弄

城内：

1. 大王家巷

东至殿基巷，西至人民路，长 261 米，宽 3 米。

2. 王洗马巷

东至中街路，西至汤家巷，长 395.5 米，宽 2.7 米。

3. 王天井巷

南至景德路，北至东中市，长 629.6 米，宽 3.5 米。

4. 王衙弄

东接学士街，西连前莲花巷（曾名升平桥弄），长 121 米，宽 4 米。明代大学士王鏊居此，故名。

5. 王长河头

西接凤凰街，长 210 米，宽 2.5 米。

6. 王家墙门

南接蒋庙前，长 109.6 米，宽 2 米。

城外：

1. 王祥弄

东至闾胥路，北转至谈家巷，长 585.7 米，宽 2 米。

2. 王家桥浜

东至梅巷村，西接齐门外大街，长 120 米，宽 3 米。

以上所说，只是我国北方王氏大族迁徙江南及其后裔发展的大体脉络。谨以此文作一块引玉之砖，恭候大家指点。

有关王皋的官职

北宋徽宗赵佶执政之后，为了缓和新旧两党之间的派系斗争，减少内耗，于崇宁五年（1106）下诏，恢复哲宗朝大批遭贬谪大臣的官衔。王皋的父亲王巩重新出山，王皋也以"名臣子孙"渐入仕途。王皋有一个好父亲，据《京华广志》记载：

> 皋，懿敏公孙，幼聪颖，性活泼好学，家世富贵，兄弟行皆骄侈，独守奉简。父定国官至宗正丞，涉乌台诗案贬广南宾州，公生于斯。巩归京不思宦途，终日跌宕于诗酒，与诸名士交游甚广。……春始，徂夏不雨，土裂如龟，苗稼垂槁；饥民嗷嗷，扶携塞道，羸疾愁苦，身无完衣，乏食之家十有八九。公遍游富家，自称文正之后，晓以大义，淳淳然以调急言劝之，巩亦轻财重义，尽倾囷之有，济食于千家，民赖以安，生还者无数，免死沟为幸。去之明年，人念恩不忘，欲将其惠刻于石，公曰："不可，善行乃家之教也，非为另立新规也。"皆曰，众得生于彼，乃晋国公之后王定国之为也！宗泽公闻之，怅然泪下曰："虽未谋面，此乃三槐高风也，呜呼！何其守家法如是耶！有其祖，必有其后，晋国公之遗泽长也！"

王皋在这样一个有着良好家风的家庭中成长，加上他自身的修养，也就不难在朝廷中立足。元丰七年（1084），王巩从荒蛮僻远、瘴气弥漫的广南宾州大赦归来时，他的两个儿子，一个死于贬所，一个病亡在家里，王巩本人也大病一场，几乎送命。因此，王巩对小儿子王皋的珍爱程度可想而知。《京华广志》中，这样记载：

> 皋乃巩第四子，家不惜巨资，几聘高士。本邑人李公常宁，闻王氏乃行善积德高门，往试观之，见皋俊秀，喜之不迭，倾其学教之。……果不负师，一试秋闱中式。

可见，王皋真正进入仕途，并非完全以"名臣子孙"这块招牌，而是依靠自己的真才实学"一试秋闱中式"。其实，王巩本身就是位好老师。王巩可以说是三槐王氏中第一个真正的文人，一个超越了科举功名范畴的文人。这就注定了不可能在儿子的仕途上给予大的帮助，所以王皋进入仕途以后的路还要靠自己去奋斗。不仅如此，王皋还练就了一身好功夫，还是从《京华广志》中可知：

> 学知韬略，思之易序。武学一门拜周侗，公身体丰伟，素健于步，学术领悟之深，凡子莫及也，涉棍棒枪戟，诱以骑射之方，技艺绝伦，颇得绪余。赵德麟曰："文武奇才也。"递荐书，……举皋为少府监。

所谓"武学一门拜周侗"，众所周知，后来的岳少保岳飞也出自周侗一门，难怪皇室赵德麟会称赞其为"文武奇才"。政和七年（1117），王皋三十七岁盛年时被任命为少府监，专门负责制作服饰、旌旗、朱牌印记、拜表案褥等器用物件。

王皋凭真才实学，脱颖而出，以后的不断升迁，也就在情理之中。由于受家风影响，他为官清廉公正，不久升迁为右谏议大夫、吏部郎中。王皋敢言直谏，勇于尽职，为朝廷所重用，一度还兼任京师开封知府，负责起京畿重地的地方行政事宜。

政和七年（1125），金兵入侵，直逼汴京。在这种朝不保夕的危急局势下，爱国的将领与贪生怕死的皇帝及追随者之间形成了"主战""主和"两派，发生了激烈的斗争。王皋立场鲜明，不怕得罪至高无上的皇帝，力主抗金，奔走呼号，置个人生死于度外，因而岳飞赞誉"虽疆场宿将，无不闻名叹服"。

靖康之变，金兵将徽钦两宗、后妃宗室、文武百官共四百七十余人掳胁北去，王皋亦在被掳之列。金将久闻王皋之名，有意羞辱，令他下跪。王皋在生死面前，大义凛然，怒斥："吾王文正公子孙，岂拜贼耶！死则死耳，异姓必不可立！"大呼数声，坚决不下跪，金将为之胆怯。后来，王皋在北去的途中逃脱。当听说张邦昌登上伪帝宝座，他奋不顾身，再三申言，联系群臣力劝张邦昌，奉迎孟太后，授康王即皇帝位，是为宋高宗。继而又扈送孟太后前往扬州，与高宗汇合。王皋一身戎装，面谒高宗，高宗大喜，遂晋封为殿帅府太尉。自此，王皋担负起护驾重任，紧随皇帝，在南渡长江、抗击金兵、驻跸平江、护驾明州等风雨戎马中殚精竭虑，建立了汗马功劳。

建炎二年（1128）三月，"苗刘兵变"，统率警卫部队的御营统制苗傅、刘正彦打着为民除害的旗号，在杭州发动兵变，杀王渊、康履等人，且胁迫高宗让位给年仅三岁的儿子，继续拥护孟太后垂帘主政，改年号为"明受"。王皋护驾在侧，亲历惊变，急忙潜出杭州，赶往平江调兵遣将，直趋杭州。苗、刘两人见大势已去，向南逃窜，遂使高宗复位。王皋因救驾有大功，加封为柱国太傅，并予世袭，可见恩宠之隆。

平定"苗刘兵变"后，宋高宗一度拟在苏州建立临时首都。建炎三年（1129），王皋随驾来到苏州。王皋一片忠心，满腔热血，"请上出师，复中原，迎二帝"，但高宗最终苟安东南。对此结局，王皋悲愤交加，拂然曰："西湖一洼水，何足济天下事乎，吾亦从此逝矣！"

王皋隐居苏州乡间后，便向朝廷上奏本"请解兵权"。绍兴二年，朝廷发下批文。

> 子高公请解兵权，不允，批答：
> 建德必以终善为名，位命务以成功为贵，矧国家多难之日乎！卿以名家子驰逐行间，扈从辇毂，勋伐之盛，方召争烈矣！比者疆场未靖，正须戮力，悬车引退非所宜，言伯也，

执殳为王前驱，诗人之意可思也。卿将从赤松而翱翔，予且
赋白驹而维系。

试想，王皋手中不掌兵权，何能调兵遣将，解"苗刘"之危，又何来"请
解兵权"，既然退隐荻扁，自然无须再执兵权。

笔者所以写此短文，一则，是想进一步理清王皋对于南宋政权所
起的作用；其次，为日前仓促而写就的历史小说《王皋》补遗。仅此
而已。

亦师亦友亦尊长

前不久，季羡林先生以九十八岁高寿辞世。季公曾说生平最敬仰四位前辈：陈寅恪的"独立之精神，自由之思想"；胡适的"大胆设想，小心求证"；梁漱溟的"三军可夺帅也，匹夫不可夺志"；马寅初的"宁为玉碎，不为瓦全，宁鸣而死，不默而生"。季公做到了！

由季公而想到另一位故人，那就是一年前谢世的谢公孝思。

德无常师，主善为师。

初识谢公，那是 1954 年秋天。那年，我们家刚刚从宁波迁徙回苏州。我插班干将小学二年级。一天中午，我与兄弟争吵，重男轻女的父亲不问青红皂白，上来就给了我几个"毛栗子"。顿时，我的额头上殷红一片。正巧外祖从政协"交心"回来，手里拎了三两生面（外祖因为中午来不及回吉庆街家里吃饭，每次"交心"都是自己买了生面就近到我家来煮），进石库门就看见我额头上刚刚吃过"毛栗子"。他对我怒气冲冲的父亲望了望，放下手里的生面，默默牵着我的手朝大门外走去。祖孙俩沿人民路右折观前街，一直走到玄妙观，进西脚门，在一副骆驼担前，外祖要了一碗我们平时舍不得吃的桂花赤豆糖粥，说："慢慢吃。"外祖坐在旁边看着我津津有味地吃着糖粥，似乎连同刚才的"毛栗子"一咕隆都吞下了肚子。他看我吃完糖粥，舔干净粥碗，这才挽起我的手回家。当时年仅七岁的我，竟然不知外祖还饿着肚子。

回家的路上，途经宜多宾巷时，外祖突然撒脱了我的小手，急步上前，在一位瘦瘦黑黑、一双眼睛特别精神，似乎比外祖年轻许多的先生面前鞠了一躬，嘴里哝哝说道："谢同志，我从1952年11月得到了失业人员登记证，以为政府调配即在目前，可至今无音……"这位先生尴尬地笑笑，十分肯定地说："我知道，我会想办法的。"这时，外祖似释重负，一把牵过早已躲在他身后的我的手，郑重其事地对我说："这是谢同志，快向谢同志问好。"我怯怯地向这位先生问过好，又躲到了外祖身后。这位谢同志与外祖道过别已经走远了，我们祖孙俩还站在那里遥望着。许久，外祖自言自语着："谢孝思，好人。"于是，我就记住了这个名字。

后来，当得知谢公因为任用友人谷友庄，刚刚被免去政协副主席职务，外祖后悔莫及，嘴里总念念着："我让谢同志为难了，我不该为难谢同志的。"外祖说这话是有道理的，因为我的舅父自从1947年由天水调往台北水力发电公司工作，外祖便成了"反属"，所以在解决就业问题上困难重重，外祖无疑给当时的谢公出了个难题。

由于为新苏州的建设作出了极大贡献，1956年谢公恢复了政协副主席职务，且任苏州市文化局长。迫于生计，外祖犹豫再三，于1957年1月再次向政府提交了《申请就业报告》。1958年1月，谢公以1958年美术展览会筹备委员会主任委员身份向外祖发出邀请参展通知。当时，外祖参加展出的作品有：

书帖类：道因法师碑、芥子园、隶字汇。
字画类：孔雀石画屏、文卿款侍女横幅、小蕙款山水面、孔维粟色笙立轴、小蕙款横幅、窗心画、谱琴款立轴、石印横幅。
印谱类：惕巢印蜕、毛主席词。

展出受到了有关人士的高度关注。1958年7月10日，在韩家巷4号设立"苏州市金石书法研究社筹备会"，外祖被邀请参加座谈会。会上，谢公授意外祖篆刻筹备会印章一方。外祖以此为荣，他说这是得谢同志的庇护,且经常挂在嘴边。我以为应该是两位大师之间的默契!自此,谢公的名字便时时出现在我耳际。

1959 年,据说在郭沫若先生的授意下,在苏州市文化局的帮助下,外祖同蔡谨士、王能父,以及下一辈的张寒月、矫毅(谱琴先生的学生)等苏州金石名家共同筹建"苏州艺石斋"。外祖的心愿即将实现,在这些日子里,他废寝忘食,嘴边总挂着一句话:"我有生计了!"不料,过度的劳累终于夺走了外祖刚刚开始焕发艺术青春的生命。

谢公在自传中说:我还做了几件很有意义的事情,一是苏州乱针绣,二是苏州的道教音乐,三是苏州的彩绘,唯独忘却了他煞费苦心扶植起来的金石篆刻和"艺石斋"。

无贵无贱,无长无少,道之所存,师之所存也。

1969 年,市委号召掀起知识青年和城市居民"上山下乡"高潮。因为我是幼小时就被医院判了死刑的人,是叔父竭尽全力将我从死亡线上拉回来的,若是去"修地球",毫无疑问将会死在那里。4 月 14 日,我悄悄领了结婚证,没有新家具(买了几件旧家具),没有婚纱,没有喜宴。我拿着装着八颗烂黄糖制作的"喜糖"送到幽兰巷谢公家里,谢公夫妇正失业在家。我歉意地将"喜糖"放到谢公手上,没有喜悦,没有祝贺,只有苦涩的笑,谢公无物不包的目光凝视着我,哝哝说道:"好,好,好。"

1973 年年底,谢公全家从幽兰巷搬迁到花街巷,我便成了这里的常客。记得 1979 年 10 月,我在沧浪职校语文考试时的一篇题为"今夜明月人尽望"的作文被学校推荐给了《新苏州报》,我欣喜若狂,拿着这张报纸向谢公报告(当时我已经是两个孩子的母亲)。谢公看完我的作文,和泪笑道:"好,好,孙谱琴有你这样一个外孙女可含笑九泉了。"谢公的这句话给了我极大的鼓舞,在以后的日子里,我笔耕不止。每每在报刊上发表了作品,谢公都是我的第一位读者。谢公喜称:"我们是同龄人,你是 1946 年 8 月出生在苏州,我们是 1946 年 7 月随国立社教学院迁徙苏州的,这么算起来,我只比你大一个月。"明知道这是一句戏言，却在我心中泛起暖暖的依恋。

无父何怙？无母何恃？

1992 年秋，一天与谢公在察院场邮政局巧遇，我将刚刚收到的新作《心墙》送给谢公，谢公惊喜地说："开征能出书了？不错，不错。"当时，我自卑地说："我没有文化，还请谢老多多赐教。"谢公却不以为然："哎，你这话说得不对，有文化的人，即使大学生，也不一定能写出书来。"接着，他又说："抽空到我们家来，我有事情要与你谈谈。"

第二天我就去了花街巷，没有寒暄，谢公直率地问我："开征是共产党员吗？"我听了这话，心中一惊，羞愧地回答："不是。可能是因为我父亲的原因。"谢公沉思着，片刻，他轻声说："人不能没有信仰，没有信仰就没有约束，能明白我说的话吗？"

刘老插嘴说："现在不是不吸收吗？"

谢公仔细地询问了我一些情况，果断地说："我可以民进江苏委员会顾问身份介绍你加入，不知开征是否有这意向？"我内心的喜悦无以言表，除却点头还能说什么呢。

1995 年，我尝试着写的第一部长篇小说《沈万三传奇》定稿。在此前，有人劝我不要写，说什么苏州有那么多的著名人物可写，为什么非要去写个地主？我似乎迷茫了。于是，跑去找谢公，当时他们家已经从花街巷搬迁到了三元一村。我向谢公说出了我的迷茫。

谢公却说："走自己的路，不管别人说什么。"随即，他返身去书房，为我题写了书名。我一下子有了底气，欣喜地看着谢公的书法，默默在心中说："走自己的路，让别人说去！"

也就是这年，我着手组建"苏州市三槐堂历史人物研究会"。6 月19 日社科联、民政局批准，8 月 9 日召开成立大会。谢公夫妇、凡一夫妇、陈达力先生以及诸位书法家均出席了盛会。谢公一时兴起，率先提笔挥毫，写了四个字，自觉章法不妥，弃之，重新写下"江山代有才人出，各领风骚数万年"，落款为"丙子九二叟孝思"。在谢公的感染下，会长王西野、崔护、刘叔华、钱九龄等大家纷纷挥毫祝贺。

2000年1月，我写完《风流王安石》，告诉了谢公。谢公问："有什么困难？"我迟疑着，终于说出："还是想求谢老题写书名。"

谢公爽快地说："你将书稿留下，改天来取，这回我想多写些。"一星期之后，我去取回书稿时，谢公给我的是两件东西：一是题写的书名，再是一篇《跋》。喜心翻到极，呜咽泪沾巾，即便父母，又岂能厚爱如此！

值此谢公仙逝周年之际，我在此一吐切身感受，以缅怀先人，遥寄思念之情。

借用谷新先生的一句话作为结束语：谢公的一生写的是天地文章，做的是人间图画！

我认识的朱季海先生

在苏州的文人当中只要一提及朱季海先生，就会引出许多的闲话来。有人说他是饱学之士，有人说他不过如此，有人说他是个怪人，更有人说他是痴子、文丐。然而，据香港中文大学饶宗颐教授说，海外评出大陆十大国学大师，朱季海先生推首位。朱季海先生究竟何许人也？就我平日接触了解，说几件事，以见先生风貌。

一、独立人格

我认识先生是在 1986 年苏州市民俗学会成立之际。那天，一位老人坐在离会场较远的门旁，脸色红润，神态慈祥，似在迎接前来与会者，却时而皱一下眉头。诸晋祥先生递给我一杯茶的同时，向我介绍了这位慕名已久却相见不相识的朱季海先生。随后，又补了一句："朱先生不吸烟，怕闻烟味，故而坐在此。"会场里有许多人也都不吸烟，却没有人像他那样坐在会场门口的呀。既然朱先生并非林则徐再世，仅以此举来抵抗吸烟者是否有用呢？我大惑不解。不过，自此我认识了先生。

先生似乎不大合群，当别人以"太炎先生的弟子"介绍先生时，先生会十分不高兴。曾经几次听先生说："我就是我，为啥一定要介绍我是太炎先生的弟子呢？我所以同章家接触频频，除却曾受教于太炎先生，主要是我同章奇相处极好，胜过亲兄弟。'但向西泠添石刻，金钉花烬月如烟'，别人欢喜借重名人来标榜自家，我不愿借别人的名头。

因为在人格上我是独立的。"说这些话时，先生是极为认真的。

抗战前，先生在南京国史馆任职。一次，有人传话："某副馆长请你去一趟办公室。"先生便问："喊我去办公室何事？"当得知这位副馆长有问题请教时，他立即回绝说："某馆长有问题请教我，应该他来寻我，哪哼倒喊我去一趟呢？"终于，先生没有去办公室。

先生处事从不迷信名人。1996年9月18日《人民日报》刊发了记者孟西安题为"《孙子兵法》八十二篇在西安发现"的报道，宣称销声匿迹长达两千年之久的《孙子兵法》八十二篇手抄本在西安重新面世。与此同时，新华社以"电讯通稿"的形式也报道了相似的内容，中央电视台、《解放军报》等多家新闻媒体都对此作了详细报道和转载。其中提到中科院历史研究所所长李学勤"对此极为重视，提出应作为一个重要工程，组织专家进行校勘、交流、研究"之说。还引出《预示》篇篇末留有纪年"周敬王十六年秋，周吴民孙武定简于景林"等说。当国内外人士均为"国宝"的发现欢欣鼓舞之际，先生却愤愤然说："《孙子兵法》十三篇，哪里来的八十二篇呢？他们都在瞎搞！"，"周敬王的'敬'字是勾的谥号，周敬王十六年辰光，孙武哪哼会晓得二十几年过后，勾死了会追封的谥号呢？分明是一派胡言。"

1997年2月，我拿着黄朴民、仲伟民两位撰写的《岂容伪书自逍遥》一文给朱先生看，先生读完文章，十分内疚地说："哎哟！我错怪李学勤哉。"原来，文中阐明了"先秦史专家李学勤先生首先站出来以正视听"。1996年10月14日，李先生在《北京青年报》上发表声明，宣布收藏人送给他鉴定的两张手抄本"完全是假"。可惜，先生没有机会读到《北京青年报》，否则就不会错怪李学勤了。终于，我发现了先生的一个致命伤，他太认真了。一认真起来便容易激烈，激烈到别人惧他为怪人，使有些"学者"皱眉头。于是，我曾经问先生："为啥别人说你是怪人和痴子呢？"

"还有人喊我乞丐呢。怪人也好，痴子也罢，说我的人本身是一种心理变态。我的言行为啥一定要遵循别人的思维逻辑呢？一个人处处搭别人雷同不见得就是好。倘使一个人真心自得其乐，别人说长道短有啥关系呢？"说这些话时，先生不时溢出宽容、大度的微笑。是呀！

一个人要照自己的生活方式去生活，别人就会说他，这样做人不是太让人难受了吗？做自己的主人，人生的滋味也就全在其中了。

二、淡泊名利

先生出生在上海小西门中华街，却定居在苏州。抗战前，他在苏州创办《制言》杂志（半月刊），同时还帮助考文学会创办《杂报》，创立"章氏国学讲习所"。一次我问："朱先生，你是上海人，为啥却定居在苏州？"先生悄声反问我："你们的老祖宗王皋，为啥要从太原南渡到苏州荻扁（今相城区太平镇）呢？"我似有所悟。

抗战胜利后，先生在南京国史馆主编《国史馆刊》，同时又为贝琦所著的《博望楼文抄》作序。春风得意之时，得知国史馆将迁台湾，先生毅然一走了之，避居在上海复兴路刘海粟家里。

1949 年，新中国成立后，先生经钱太初先生介绍才又回到苏州，在苏州晏成中学（现为市三中）任教,市第一医院杜子威博士是其学生。同时，先生还接受东吴大学校长杨永清之聘，为教师开专著选读班。上世纪 50 年代到 60 年代间，大约十二年的时间，先生在上海第二医学院为教师、学生开课，教授《说文》、音韵、训诂等。60 年代，先生患浮肿病在家休养期间，应江苏师范学院中文系主任刘开荣所聘，在中文系任教，讲授《说文》，之后又三度在该校讲课。先生曾出版《楚辞解故》（上海中华书局）、《石涛画谱注释》（上海人民美术出版社）等专著。香港《新书目录》于 1981 年、1983 年先后两次推荐其著作。1981年，上海中华书局将《楚辞解故稿》（正编、续编、三编）全部拿走之后，至今信息全无。我为此不平说："那你为啥不写封信去问问呢？"先生却给我讲了一个故事：

> 乾隆皇帝下江南，乘船在运河上，看见运河上舟楫往来，熙熙攘攘如过江之鲫，便问左右："他们都在忙些什么？"左右脱口而出："无非忙两个字，名和利。"

波斯人莪漠伽耶玛说出了真谛："来不知从何处来，去不知向何处去，来时并非本意，去时亦未征得同意，糊里糊涂在世间逗留一段时间。在此期间，我们是以心为形役呢？还是立德立功立言以求不朽呢？还是参究生死直超三界呢？这大主意需要自己拿。"

十一届三中全会后，东南亚华侨掀起了一股强烈的寻根热潮，久离母亲的游子们纷纷寻回祖地，为家乡的建设添砖加瓦。值此大好时机，我欲组建三槐堂研究会。一天，下班后途经观西，巧遇吃过夜饭正在观前街踱方步的先生，稍一寒暄，我便道出了组建研究会之事。先生连连说："蛮好，蛮好，这是桩极有意义的大事，你大胆去组建，我支持你。"当时，我并未在意，因为我不敢奢望像先生这样的大学者真会给研究会什么具体的支持，姑妄听之。

1995年7月24日，值盛夏酷暑，定下午三点整，苏州市三槐堂历史人物研究会假北塔公园方丈殿召开筹备会议。当时气温高达摄氏三十八度。我未免有些担心，天气这么热，所请的顾问会来吗？岂料一点零五分，朱先生便早早来到会场。我难以抑制内心的感激之情。也许先生也看出了我的尴尬之态，他十分随便地说："你弗用谢我格，我弗是为你来开会格，我是为三槐堂这个题目确实有研究价值，是为你们的老祖宗来的。"自此，研究会开会，先生逢会必到。只是每次，开会前总要宣布一个通知——会场内不准吸烟。

三、博览群书

当人们决心要避免一场灾难时，灾难往往已发展到不可避免的地步了。1966年，思维敏捷的先生预感到了灾难随时会降临，他先做准备，将自己一生收藏的书全部寄存到了钱太初家中，办完这一件事，他如释重负。然而，余悸未尽，又是一个霹雳，太初先生家被抄。几乎所有的文化人都为之而感到惋惜。我说："朱先生，当时你一定十分痛惜。"先生平静地说："抄去了，也只好抄去了。好在这些书我都读过哉。遗憾的是其中有些是向别人借来读的书，当时仓促寄存出去，来不及整理出来，倒是呒不办法去还给人家哉。"

去年，苏州评出十大藏书家，先生的儿子也在其中。我说："果然，有其父必有其子。"不料，先生稍稍有点怒气地说："藏书家？我弄不明白现在是依据啥条件评藏书家的？就点点书的多少，也叫藏书家？究竟所藏的书是否真有收藏价值？现在书店里买的新书哪哼好入藏书之列呢？再说，这些书到底是否都读过哉？还是当当摆饰品呢？藏书是为了读书、用书格。"

"先生学的是工科，何以教授的都是文史、美术、训诂、《说文》等呢？这些知识你是哪哼获得的呢？"一次闲谈时，我这样问先生。先生说："知识都在书上，多读书，比方上世纪五六十年代我在上海第二医学院任教期间，几乎读遍了上海图书馆的书，当时年纪轻，记性好，一目几行，都能记得住。我的书是这样读出来的。现在我的孙子接受的完全是封闭式教育，耳朵里塞满不许这样，不许那样，一点呒不自家的思想，从学堂里出来，就是培养出来一个蠢材。"

平时，先生仍旧用繁体写文章。他说："文字改革是好事体。不过，不是件容易的事，尤其是第二次文字改革，过分草率，越改越弗像哉。中国人自己弗要传统的物事，外国人倒在拾中国的传统。"

四、了解社会

行万里路，读万卷书，以广见闻，求活知识，这是先生的一贯主张。以先生的学问，一生漂泊不定，究竟是为了什么？带着这样的好奇心，一次我问先生："为何不求一个固定的公职？"先生十分诙谐地说："曾经有过几个地方都要长期聘用我，我提出一个条件，只要让我工作两年，外出旅行三年，我就接受聘书。对方当然弗同意，那么我只好弗签长约。一个人要保持思维的能力，不能离开社会。中国的文人从来就呒不独立的尊严与人格，一个最主要的原因就是呒不厚实的经济基础。"

先生居住在观东的一条陋巷深处，生活十分简朴，十分的有规律，不吸烟，不饮酒，唯一的嗜好是清茶一杯。无论阴晴风雨，每天上午先生总坐在双塔茶室外独自品茗读书。时而有年轻的大学生前来求教，先生总微笑着慢慢道来，十分的随和，全然没有一点大学者的架子。

他说："搭年轻人交谈，能更多地吸取新生事物，接受一些新的观念。"凡听过先生讲学的人都有一种同感，就是朱先生所讲的内容，观点十分新。

五、终生求索

《楚辞解故》是先生颇为得意之作，南师大段熙仲教授读后曾经吐出四个字——深不可测，可见作品的博大精深。

据说，《楚辞解故》正编，早在抗战之前就写就了。当时，先生年仅二十多岁。于此之前，还写过《风俗通》《三体石经考》等。我问先生："《三体石经考》，听说以前太炎先生和王国维先生都写过，你为啥还要写？"先生说："因为当时我拿到几张拓片，发现其内容远不止于此，所以我萌发出再写《三体石经考》的念头。正在写的辰光，复旦大学王大隆（字欣夫，著名藏书家）来寻我，要我写《楚辞解故》。当时，《风俗通》已经出版哉。等到正编写好，就抗战开始了，只能带了书稿逃难，不能再写下去哉。"

"《三体石经考》为啥不再写下去了呢？"我打破沙锅纹（问）到底起来。"当时，正是今文古文之争，以鲁迅为代表的一派极力反对经学。其实鲁迅自己不懂，他学的是医，连自己老婆许广平的妇科病也看弗好，最后还是吃'乌鸡白凤丸'吃好的。"

上世纪 60 年代，先生在上海美术馆参观雕塑大师罗丹的作品大展时，巧遇日本代表团。陪同日本人的是南大的一位教授，再三邀请之下，先生以南大客座教授的身份，为日本荣誉教授们即席开讲中国绘画史，被日本教授们拿回去整理后当做宝贝。

1981 年，先生应北师大校长陆宗达（黄侃的大儿子）之邀，赴武汉出席中国训诂学会成立大会暨首届研讨会，并当选为理事。就在这个会上，先生与香港饶宗颐教授初次见面。以后，每年都出席训诂学会的年会。

上海王元化藏书室出版的《学术集林》上，先生为第二期写了《王允》，第五、六期写了《韩诗外传》上、下篇。

作为苏州市哲学社会科学联合会顾问，先生正着手做两件事：一是重新编写《吴方言词典》，二是希望在有生之年完成一项夙愿，挖掘出上世纪60年代被埋入东大街地下的两尊敦煌石佛。他说："第一件事，我已经开始着手准备，就等市社科联组织一个班子来完成。第二件大事，也是十万火急的事，其实我在一年之前已向市领导、社科联领导交代过，现在知情人年纪都大了，若再弗抢救的话，万一弗能完成，我将成为千古罪人。希望能得到市有关方面的支持。"

明末清初著名的思想家、哲学家、文学家王夫之，晚年隐居著述时曾提出著名的修身名言"六然"：自处超然、处人蔼然、无事澄然、有事斩然、得意淡然、失意泰然。

那么，朱季海先生集中其中几然呢？

一代医学宗师王季午

有一位伟人说过一句至理名言："丹青难写是精神。"我试着写一个人，他就是我的堂叔——浙江医科大学名誉校长王季午。

内科学、传染病学专家，医学教育家王季午先生，为我国的医学教育事业和传染病防治研究奋斗了七十余个春秋之后，于2005年6月5日18时50分在杭州驾鹤西去。对于现今的苏州人来说，王季午这个名字似乎鲜为人知，而对于国内外医学界的业内人士来说却是振聋发聩的。

教人治人，宜皆以正直为先。先生之风，山高水长。一代又一代医务人员在他的带领下攀登医学高峰，浙江大学医学院附属一院传染病学科有他的六代学生，如何南祥、马亦林、刘克洲、干梦九、陈智、陈亚岗等教授，他们不仅活跃在医学、教育、科研第一线，而且传递着王季午先生开创的严谨求实、团结合作、刻苦钻研的优良传统。那么，作为他的后人又该做些什么呢？

为善最乐，读书便佳

人生处万类，知识最为贤。

王季午先生（1908—2005），原名元绅，字纪午、季午，以字行。中国红十字会会员。清光绪戊申年五月十一日出生在苏州城东菉葭巷（苏州状元陆润庠府第内）一个书香门第。

王季午先生的祖父王邦荣（1827—1897），原名仁荣，字德华，号怀之。为南渡二十六世，五品衔候选训导。父亲王雍熙（1863—1930），字可南，号伯禾，晚号通禅。参加过癸巳科乡试，候选训导，中国红十字会会员。著有《通庵笔缘》三卷、《庚申惜吟》二卷，极尽庚申年间情状。苏州光福"清、奇、古、怪"四棵古柏就是他所题写。王雍熙与一板之隔的陆润庠为道义之友，经常在一起说古道今，诗词唱和。当初，陆润庠曾为王季午先生的长兄王元寿（字受新）写过一副对联，其中嵌有"受新"两字。王雍熙的妹婿，是前清进士单镇（字束笙）。王雍熙曾经为苏州光复捐助军饷。王雍熙有四子三女，兄弟四人中，王季午排行最小。三个兄长均从事金融业，长兄王元寿（1900—1988）曾经参与创建太平洋保险公司。三姐妹中，长姐夫申子振从事邮政工作，曾经为贵阳、安徽等地邮政局长，二姐之子钱大椿、钱大奎均为苏州名医，妹夫顾跃祖为苏州著名的口腔科专家。

曾记得，在我家护龙街（今人民路）旧居大厅背后的天井门额上端，刻有砖雕"为善最乐读书便佳"八个大字，这是王雍熙给后辈留下的家训，他还时时告诫子女要"明理知时切记牢"，可见他对小辈所寄予的厚望。王季午先生就是在这样一个文化氛围中长大的。

不为良相为良医

闲居非我志，甘心赴国忧。

王季午先生读的是洋书。他自幼聪颖，读书成绩优异，自县立高等小学毕业进入晏成中学。当时内战频繁，时局吃紧，父亲当机立断，举家迁徙上海英租界避难。他们居住的三马路靠近西藏路。王季午少年时就目睹了上海西藏路时疫医院的病人在死亡线上挣扎的情景和江南水乡血吸虫病人的凄惨景象。

此时，族叔王福昶（1864—?，电政总局线路处理事员、七等嘉禾章）当选为中国红十字会总会总办事处秘书长，父亲王雍熙率领族中人纷纷加入。1920年农历八月初一，慈母死于伤寒。接着，姨母又死于肺结核，长兄元寿患伤寒，他自己也多次患疟疾。王季午发愤学习，下决心要成为一名济世救人的医生。

1926 年，王季午考入当时号称江南四大教会名大学之一的苏州东吴大学医预科。东吴大学最初是由美国监理会教士孙乐文（1850—1911）创办的。1895 年，孙乐文在宫巷乐群社传教时，经常有一些中国秀才愤于甲午战争惨败，决心攻读西学，来此学习英文。第二年，成立宫巷中西学院。1901 年 3 月，师生百余人迁徙天赐庄博习医院旧址。继而扩大为东吴大学堂，孙乐文就是第一任校长。东吴大学在苏州有文、理两个学院，后来，上海又开办了法学院。医预科的课程十分繁重，仅基础课就有二十余门，课本讲授、做习题都是用英文。王季午的生物学、微积分、三角函数、无机化学、有机化学、物理等基础课程都学得十分扎实。勤奋好学的王季午仅用三年时间就读完了四年医预科课程。此时，传出梁启超在协和医院手术时出现失误，于 1929 年 1 月 19 日因病情恶化逝世的消息。在国人对协和医院口诛笔伐之际，他却在报刊上读到了梁启超所写的《我的病与协和医院》，文章之中详细叙述了手术的过程，并且尽力为医院辩解开脱，事态才得以平息。年轻的王季午领悟到了其中的端倪。当时的中国，民众愚昧守旧，盲目排斥西医，身为公众人物的梁启超，他的一举一动都关系到协和医院的生死存亡。王季午忽然大彻大悟："梁公一旦说出真相，对于初入中国的西医，将会是毁灭性的灾难。"梁启超的宽容，震撼了王季午。1929 年秋，王季午毅然考入北京协和医学院。第二年，获得东吴大学理学士学位。在协和医学院时，他的全部生活就是在宿舍、实验室、病房之间度过。每逢临床讨论会，他都预先作好充分准备，将学过的生物学、寄生虫学、药理学等基础知识与临床实践密切联系，融会贯通，积极发言，认真记录。

最年轻的住院总医师

小来思报国，不是爱封侯。

1934 年，王季午以优异的成绩毕业于协和医学院，获得美国州立大学医学博士学位，且留校任教。从此，他与医学事业结下了不解之缘。

当年，他与从苏州志华助产士学校毕业的张简青女士结为伉俪（张简青是名医顾志华的学生，曾任浙江省政协委员，晚年捐资给浙江医科大学，设立"张简青后勤奖"以奖励后勤先进工作者）。由于他工作认真，精益求精，毕业第三年就被聘请为第一住院医师。次年，任住院总医师，这一年，他刚刚二十六岁，可以说是当时最年轻的住院总医师。当时的教学医院，尤其是协和医院，住院总医师是业务上竞争最为激烈的职位，只有在业务上和学术水平上出类拔萃的住院医师才能担任此职，而且，只有当上住院总医师，才能继续留校工作并有出国深造的机会。第二年，他升为主治医师。

1940 年，王季午先生由罗氏基金会保送至美国路易斯安那州新奥尔良城图兰大学深造，主攻热带病的研究。学习期间，他在国内外杂志上发表了二十余篇具有相当高学术价值的论文，引起了医学界的关注。王季午先生作为热带病学与寄生虫病学院访问学者，他在该校协助讲授热带医学和进行学术交流。他以优异的成绩和精湛的医疗技术，很快得到了图兰大学相关负责人的赏识，被授予"名誉讲师"之衔。

1941 年，王季午先生成为美国热带病学会会员。在美国的一年时间里，他考察访问了全美各所有名的医学院校与热带病研究机构，如哈佛大学、约翰斯·霍普金斯大学、耶鲁大学、纽约州立大学、芝加哥大学及其所属医学院，并在加利福尼亚大学胡佛基金会鼠疫研究所研究蚤类生活史，深切地了解了美国医学教育概况和动态。在以后的日子里，当人们每每谈论他的成就时，他总会感慨地说："是哈佛大学图书馆墙上的一句名言'谁也不能随随便便地成功，它来自严格的自我管理和毅力'，时时激励着我。"

黑热病殇

强学力行，业精于勤。

黑热病，又称内脏利什曼病，是由婴儿型利什曼原虫或杜氏利什曼原虫不同亚型虫株引起的一种广泛分布的疾病。该病体主要寄生在肝、脾、骨髓、淋巴结等器官的巨噬细胞内，常引起全身症状，如发热、肝脾肿大、贫血等。在印度，患者的皮肤上经常有暗的色素沉着，并伴有发热，故而称为黑热病。因其致病力较强，且很少能够自愈，如果不及时治疗，常因并发症而死亡。黑热病主要分布在印度北部、中东地区和中国。

上世纪 30 年代，黑热病是北京、河北流传最广的传染病，当时医疗诊断不发达，诊断传染病、寄生虫病，通过寻找病原体来确诊是十分重要的手段。当时，我国黑热病流行，王季午根据黑热病利杜体存在于体内各种网状内皮细胞的组织和器官，成功地从穿刺周围肿大淋巴结中找到利杜体，避免了骨髓、肝、脾穿刺，提高了安全性和简易性，并且研究论证确定了新斯锑波霜等药物为当时最有效的抗黑热病药。在后来的《新斯锑波霜和脲锑波明治疗中国地鼠黑热病》《近期治愈的杜氏利什曼原虫感染的地鼠对犬利什曼原虫的免疫性》等研究文章中都详尽地记载了这个重大突破。此外，他对于疟疾、斑疹伤寒、白喉等疾病也进行了很深入的研究。如在血片中寻找疟原虫，他发现推片快推到载玻片的一端时，将推片一端快速提起，就可使比重较大的疟原虫集中在载玻片边缘，以此可提高检出率，并屡试有效。又如，在确诊结核性脑膜炎和胸膜炎时，他经常通宵达旦在病人脊髓和胸水中找到结核杆菌，获得成功，确诊并明确了患者愈后。

王季午先生对于黑热病的研究成果多次在国内外著名杂志上发表，这些论文在国内外产生极大的影响。他在美国留学时，哈佛大学的美国同行称王季午为 Kalaazarman（意思是研究黑热病有成就的人），且被国内外同行誉为"活郭霍"，以此赞扬他的研究成果。

贵阳小协和

能治一病谓之巧，能治百病谓之良。

1941 年，王季午先生自美返国。当时，协和医院与协和医学院均已停办。他应邀担任贵阳医学院内科教授，且兼内科主任、附属医院院长、医学院教务长等职。这次，王季午先生携带夫人与三个女儿同行。

当时入黔必须辗转由苏州转香港，然后再从香港入内陆到当时的抗战大后方。由于长途跋涉，一路颠沛，一到香港夫人就病倒了。待稍有好转，王季午先生只得让夫人带着孩子一起原路返回苏州老家，自己只身奔赴贵阳。所以，从1941年底到1946年抗战胜利之后回苏州，其间他一直独处。当时的贵阳也是抗战大后方，人文荟萃。王季午先生三十出头，英俊潇洒，一口流利的英语，蹁跹的舞姿，再加他在医学界的名望，在社交界尤其令人瞩目，不乏追求者。然而，他始终洁身自好，埋头于新的环境之中，因为他深感责任之大。当时的贵阳医学院条件艰苦，设施简陋。王季午先生憋足一口气，全身心投入到办学事业之中。他以治校严谨著称，在他的主持下，贵阳医学院办得非常有特色，被当时的抗战大后方誉为"小协和"。

浙大医学院首任院长

人之材有大小，而志有远近也。

抗战胜利后，浙江大学增设医学院。浙江大学是一所有着爱国主义优良学风的大学，自"一二·九"运动之后，全校学生因学校当局开除学生会正副主席、压制学生爱国运动而举行大罢课，并将反动校长郭任远驱走，学生们坚持"要学者，不要党棍"。在此情势下，国民党教育部被迫委派著名的地理、气象学家竺可桢教授出任浙江大学校长。1936年，竺可桢接任校长之职务后，诚聘名师，倡导"求是"校风，鼓励学术研究，浙大被英国著名学者李约瑟誉为"东方剑桥"。1937年7月7日，卢沟桥枪声宣告了抗日战争全面爆发。11月，竺可桢率领全体师生员工，携带大批图书资料、仪器设备开始西迁，流亡办学。于1940年达到贵州，在遵义、湄潭、永兴等地坚持办学七年，直至抗战胜利。竺可桢校长深知王季午先生的为人以及严谨治校的作风，竭诚邀请他。王季午先生欣然应允，受聘为浙江大学医学院院长兼任附属医院院长。这一年，王季午先生三十八岁，是当时浙江大学文、理、工、农医、师范、法学等学院中最年轻的院长。

王季午先生自贵阳返回苏州之后，马不停蹄又奔赴杭州。这时，立足未稳，办校匆促，一张白纸上要筹建一个医学院谈何容易。他身负重任，全身心扑在筹建事业上。

首先要解决的是资金问题，他奔波于上海、南京等地，向当时的中国行政院善后救济总署、联合国善后救济总署和美国医药援华会申请教育、医疗、科研仪器设备经费。

其次，因为他深知大学要办好，师资素质十分重要，办学过程中他向全国各地聘任了一批国内知名的教授担任教师，如解剖学的王仲侨、生理学的李茂之、内科学的郁知非、放射学的张发初等教授。除此，他还十分注重教学质量的提高，在录取新生时严格挑选，宁缺毋滥。

王季午先生努力将浙江大学的求是精神与协和医学院的优良传统融为一体。当时，浙大医学院定学制为六年，新生入学后，强调宽口径基础培养，学生可以跨系选课，专业教学注重临床技能与临床研究能力的培养。在他的带领下，当时的浙江大学医学院和全国同类医学院相比，拥有更加充实的师资队伍，在教学和医疗质量上亦具有较高水平，深得社会赞赏。短短几年，浙大医学院就形成了鲜明的办学特色，培养的学生以思路宽阔、基础扎实、学风严谨而著称。如科学院院士、第二军医大学陈宜张教授，曾任北京协和医院院长的朱预，原浙江医科大学校长郑树等，均为浙大医学院的早期毕业生。

不久，王季午先生又克服层层困难，在浙大方伯巷田家园创办了浙大医院（后来改名浙医一院）并担任院长。

1947 年 11 月 1 日，浙大医院开院应诊，当时医院职工不足百人，病床六十张，日门诊量五十人次。几间民房，悬壶济世。王季午先生始终致力倡导严谨求实的学风且贯穿于整个办学过程中，使医院形成一种良好的治学行医氛围。与此同时，他还怀着打造"南方协和"的美好愿望，励精图治，把设备简陋、条件艰苦的浙大医院办得有声有色。

1949 年 4 月，杭州解放前夕，王季午先生与竺可桢校长并肩领导浙大师生积极准备迎接解放，并且电告国民党政府，坚决拒绝迁往台湾。在国民党的高压淫威之下，迫于无奈，他们遣散师生，自己则隐居上海，闭门谢客，直至全国解放。

中国传染病学的奠基者

一灯能除万年暗，一智能灭万年愚。

新中国建立之后，王季午先生继续担任浙江大学医学院的领导职务，在领导学院教学、医疗、科研工作中几十年如一日，兢兢业业，严肃认真，一丝不苟。他亲自为每一届学生讲授传染病学，他的课内容丰富，组织严谨，用语简洁，重点突出，深入浅出，条理清晰，论述透彻。他在教学中十分重视医学理论与医疗实践相结合的教学方法，教育学生把基础知识应用于临床实际，综合分析病情，作出正确的诊治。其实，他自己就是广大师生的典范。

浙江大学医学院附属一院院长、中国工程院院士郑树森如是说："记得我上世纪70年代初实习时，一次疑难病例讨论，碰到一位非常不典型的消化道出血病人，临床表现仅有贫血、低血压、心率快，没有呕血、黑便等症状，诊断不明。当时医疗设施简陋，与现在的先进仪器无法相比，靠的就是询问病史，从中找到疾病规律。众说纷纭时，王教授果断判断，这是一例消化道出血病人。病人经灌肠后排出大量柏油样大便，果真是消化道出血。那时，我对他出神入化的诊断水平佩服不已。"王季午告诉学生："临床上病种繁多，病情因人而异，症状千变万化。诊断无法死记硬背，应从现象追溯其本质，检查与临床紧密结合，依靠基础知识，进行综合分析，方能提高诊断正确率和医疗技术水平。"郑院长感慨地又说："这件事至今记忆犹新，得益匪浅。"

对于我国传染病的研究是王季午先生在学术上的突出成就之一，他是我国传染病学教材的奠基者。西方医学传入中国后的漫长岁月中，直至上世纪50年代，在高等医学院校中所采用的都是外国教材，没有真正由我国出版的结合国情的传染病教材。因此，王季午先生下决心要编写出一本适合国情的完全由我国自己出版的传染病教材。

为了加强对我国传染病的防治研究，早日控制传染病的流行，1954年，浙江大学医学院成立了传染病学教研室。王季午先生很早就意识到病毒性传染病是研究的重点，于1956年就派何南祥教授赴前苏联留学，主攻病毒学。上世纪50年代中期，王季午先生自编了一本《传染病学》

讲义，在原浙江医学院试用，教师和学生反映都很好。随后，他多次主编和修订了高等医学院教材《传染病学》，为编写适应国情，反映国内外研究进展的大学教材付出了艰巨的劳动。此外，还主编了参考书《传染病学》《中国医学百科全书·传染病学分卷》《内科理论与实践》等教材达十三部之多。为了将自己的知识与经验写下来传授给下一代，为了充分反映国内外的医学先进水平，王季午先生每天天不亮就起身看书、写书、修改稿件，真所谓夜以继日、废寝忘食。

1964 年，浙江大学医学院率先创建了传染病研究室，此举为全国之最。这些年来，王季午先生在传染病学方面取得了显著成绩，如黑热病、肺吸血病、钩端螺旋体病，以及血吸虫病等的防治，都具有理论和实践上的重大价值，他在国内外杂志上发表论文三十七篇，所著论文、著作具有很高的学术水平，在国内外医学界享有盛誉。

送瘟神

治病及其未笃，除患贵其未深。

新中国建立不久，神州大地上响起战瘟神高歌，王季午先生将自己的生命融入与瘟神的搏斗之中。

1952 年，浙江临海地区出现大批流行性黄疸出血病人，他星夜奔赴现场，作检查，找病原，首次证实了钩端螺旋体病在浙江的流传，从而推动了全国对该病的研究。1954 年，他在浙江首次证实了急性血吸虫病的流行。当年，有一批志愿军患了肺吸血病。王季午先生接受卫生部任务，对肺吸血病进行了大量临床研究和治疗研究，制定了氯喹和吐根碱合并疗法，这是当时最有效的治疗肺吸血病的疗法。此后，广东、四川以及全国各地陆续报道了该病在各地区的流行。该病的证实以及直接从人体组织中找到和纯培养钩端螺旋体的成功，在国内尚属首次。同年，在浙西首次证实了急性血吸病流行，并制定措施及时予以控制。1955 年，成功采用氯喹和吐根合并疗法治愈大批肺吸虫病患者，后来在全国各地以及朝鲜推广应用，对当时的肺吸虫病的预防起到了重要作用。1956 年，在杭州召开的全国肺吸血病会议上，王季午先生主持制定了防治肺吸血病的新方案，这对肺吸血病的防治起到了重要作用。当年被推选为全国先进工作者，得到刘少奇等党和国家领导人的亲切接见。

当毛泽东主席在《人民日报》上看到这一消息之后，老人家欣然命笔，写下千古绝唱《七律·送瘟神》二首：

> 绿水青山枉自多，华佗无奈小虫何！
> 千村薜荔人遗矢，万里萧疏鬼唱歌。
> 坐地日行八万里，巡天遥看一千河。
> 牛郎欲问瘟神事，一样悲欢逐逝波。
>
> 春风杨柳万千条，六亿神州尽舜尧。
> 红雨随心翻作浪，青山着意化为桥。
> 天连五岭银锄落，地动三河铁臂摇。
> 借问瘟君欲何往，纸船明烛照天烧。

1961年，王季午先生冒着酷暑亲自到温州现场制定二号病的治疗方案，指导控制和消灭该病的流行。1964年，到绍兴钩端螺旋体病流行区指导科技工作。1965年，参加医疗队，到农村进行防病治病，努力为贫下中农服务，还言传身教，手把手地教学生和基层医务人员，指导他们一起进行防病治病和开展科研工作。上虞县的医务人员至今还怀念这段历史和师生友情。

长寿秘籍

以清廉自律，以恩信待人。

王季午先生的居处十分简陋，古老而简单的几件家具。他的客厅兼办公室的书房内，一张狭窄的三斗桌、一只破旧的藤椅（坐处破了，加上一块竹板）、几只摇摇晃晃的靠背椅（苏州人称"戏靠"），都是从苏州老家带到杭州去的，一张方桌、一个简单的木书橱和一个竹书架，是全部摆饰。几十年来，直至夫人患了病才买了两只沙发。唯有悬挂在书房正中的一块由社会各界馈赠的"一代宗师"匾额，显得格外光彩夺目，令人对这位医学泰斗肃然起敬。

王季午先生尽管工作繁忙，几十年来，甚至到了耄耋之年，家务事都是由先生和夫人亲自操持。困难时期，孩子们吃剩的甘蔗渣都晒干了当引火柴，每月供应的煤球还有节余，用以资助别人。平时，先生与亲友之间往来比较多，书信频繁，他将信封"旧翻新"，接着使用。

上世纪80年代初，王季午先生以毕生积蓄捐资设立临床教育奖，鼓励杏坛英才。他寄语青年学者："传染病在全球范围内虽然已经不占重要地位，但在发展中国家，我们还是任重道远，还须不断努力，加强研究，扩大实施，达到最后消灭传染病的目的。"

王季午先生多年来养成了良好的生活习惯，早晨从信箱里取回报刊是他的必修课，每天要看很多报刊，不断阅读国内外学术期刊上新发表的论文，关心学科发展的新动向。每每此时，总有一只色彩斑斓的大花猫，"喵喵"地陪伴在他的身旁，这只十八余岁高龄的老猫是先生最好的伙伴。每天先生带上它一起外出散步、聊天，它陪伴老人度过了许多快乐时光。先生的小女儿王开英风趣地说："我们家连猫都长寿。"

甘为人梯

经师易求，人师难得。

岁月沧桑，丹心依旧。王季午先生在医学征途上辛勤耕耘了七十余年，对科学研究孜孜不倦，尤其十分重视培养中青年一代，常常将自己负责主编的论著分出一部分章节让中青年教师编写，在编写论著中锻炼教师，培养人才。对比较难写的新、尖内容，如《传染病学》总论中"传染病的实验诊断进展"一节，他帮助作者列出内容提要，一遍遍修改。平日，先生经常审阅《中华医学杂志》《中华内科杂志》和《中华传染病杂志》等杂志的稿件，青年医务人员的论文，从实验数据正确性到文章写作技巧、文字、标点符号，都认真修改，严格校正。

浙江大学医学院附属一院国家传染病重点学科学术带头人、国家卫生部诊治传染病重点实验室主任、浙江卫生厅厅长李兰娟回忆说："1973 年，我从浙江医科大学毕业后，分配在浙医一院传染病科，三十多年的行医生涯中，有幸得到王教授的悉心培养。王教授学识渊博、思路开阔、逻辑严密、诲人不倦，非常重视医学理论与临床相结合，他不仅传授广博的医学知识和丰富的临床经验，而且教给我严谨的工作作风和科学的思维方法。"李兰娟还说："在我开始人工肝支持系统治疗重型病毒性肝炎研究时，王教授已逾古稀之年，依然非常关心人工肝技术的进展，经常亲临指导，并对人工肝技术取得的突破从内心感到高兴。到了耄耋之年，还十分关心学科发展的新动向，不断阅读国内外学术期刊上新发表的论文，每每看到学生的'杰作'，总是亲切祝贺，并提出自己的见解。在一次传染病学术会议上，王教授如数家珍地说起我的一篇有关人工肝技术的论文，令我十分诧异和感动，因为这篇论文刚刚发表，当时我自己都还没看过这期刊物。"

1983 年开始，王季午先生又和何南祥教授、马亦林教授等指导博士研究生，首次证实了乙型肝炎病毒母婴宫内感染的存在，并进行了流行性出血热病毒实验感染猕猴的研究，获得成功，达国内领先水平。

在王季午先生的悉心指导下，传染病学科得到了长足发展。1978 年，浙医一院恢复硕士研究生招生 ;1981 年成为全国首批博士生培养点 ;1984 年起，连续三届成为省重点学科 ;1996 年，被批准为浙江省第一所卫生部重点实验室 ;2002 年，被批准为内科学(传染病)国家重点学科，并列为我国 211 工程建设重点学科。学科研究成果累累，一批以博士生为主体的中青年教师活跃在教学、医疗、科研第一线。

白头虽老赤心存

双鬓多年作雪，寸心至死如丹。

王季午先生是一位有奉献精神的社会活动家，与共产党肝胆相照，荣辱与共。他于 1956 年加入九三学社，生前曾任第二至第七届全国人民代表、第二届浙江省人民代表，第一、二、三届浙江省政协常委，第四届浙江省政协副主席,九三学社浙江省第一届委员会副主委,第二、三、四、五届名誉副主委,九三学社第五、六届中央委员,第七届常委,九三学社第八、九届中央参议委员会常委。他在担任全国人大代表、浙江省政协和九三学社领导工作期间,认真贯彻中国共产党的路线、方针、政策,积极团结和引导各界人士围绕政府中心工作以及群众关心的问题开展工作,深入基层,调查研究,运用自己丰厚的医学知识,积极参政议政,建言献策,为维护政治稳定、民主党派事业发展,作出了显著贡献。他热心科技群体事业,在担任浙江省科学技术协会第二届、第三届主席期间,他团结全省广大科技工作者,为科技事业的发展、科学技术的普及作出了重大贡献。

王季午先生为我国的医学教育、科研事业和民主党派工作倾注了毕生精力。但是,他始终有一个心愿未了。自1959年起,王季午先生多次递交入党申请书,要求加入中国共产党。终于在他七十七岁高龄时,1985年,经中央组织部同意入党,实现了他几十年的夙愿。

1998年,四校合并组建新的浙江大学,他作为原浙江大学医学院的见证人,坚决拥护党中央的决定,表示要终生奋斗,发挥余热。这一次,他给我寄来了一张印着新浙江大学的明信片和一张他自己身穿白大褂坐在实验室里的近照,照片上的老人怡然自得,开心得双眼眯成了一条线。

孙苦匏、孙小匏合传

孙苦匏（1868—1933），名梁，字吟笙，号苦匏、匏庵。原籍安徽，19世纪初，由其娘舅携带逃荒到苏州。民国时，迁阊门汤家巷。

苦匏在年轻时转辗于苏、沪、杭等地谋生，广交朋友，业余爱好治印。先后结交胡菊邻、钟矞申、叶叶舟、吴石潜等篆刻名家，潜移默化，对刻印有了颇深造诣。后经诸家荐举加入西泠印社。叶叶舟曾经在《广印人传》内称："孙梁，嗜金石学，间作小印，有汉人遗意。"孙苦匏在苏州时，经常携子会同胞兄孙咏雩（其时任昆曲传习所所长），于怡园、拙政园等幽静处切磋刻印、拍唱昆曲和填词赋诗。

孙苦匏历年所刻印章数百枚汇成《苦匏印蜕》，为其一生艺术之精品，全部传授孙小匏。抗战时，小匏遭劫，家中书籍、印章散失殆尽。

孙小匏（1889—1960），原名补勤，字谱琴，后以谱琴为名，改字小匏，号宨庐，晚号惕巢主人。光绪十五年出生于苏州城内，就学于吉林省吉长道立中学，毕业于吉林大学。回苏后，执教于吴县县立中学。后经人推荐去上海生洋影片公司任职。1927年因下肢风瘫回苏治疗，病愈后在仓米巷小学任教，同时兼任马医科斑竹小学夜校教师。1932年淞沪战役之际去唯亭小学教书，后校长因故撤职，又去车坊小学。1937年"八一三"后，为了避免日本人的纠缠，携儿带女迁至吴县东渚镇，任教于东渚小学。日本人追至东渚，将其五花大绑捕去。后得多方营救，方保全性命。后来又经好友推荐回城进吴县私立纯一中学任誊写员。抗战胜利后，他在家潜心钻研金石、竹刻艺术，苦度光阴。直至1959年，在中共苏州市委书记柳林同志的帮助下，会同王能父、蔡谨士、张寒月、矫毅等苏州诸金石名家共同筹建"苏州艺石斋"。但未待正式开业，因病于1960年12月22日逝世，享年七十一岁。

孙小匋的金石篆刻，由其父苦匋悉心亲授。青年时代随父转辗，又同吴昌硕、胡菊邻、吴石潜等篆刻名家结下了不解之缘，尤其与叶叶舟友谊更深。在众多名师指导下，技艺突飞猛进，后更缅于秦玺汉印，尤苦研浙派，独辟蹊径，真乃青青佳色出于蓝。

小匋醉心浙派篆刻事出偶然。某日，他在苏州宫巷清泉浴室沐浴，巧遇明清古印收藏家葛昌枌，两人一语合契，相见恨晚。浴后结伴同行，径往杭州葛家。在那里，他饱览罕见的明清古印鉴，还欣赏了难以寻觅的何雪渔、苏啸民等人的精品，与"西泠八家"的佳刻。与此同时，他也为葛氏兄弟钤拓了《晏庐藏印选》和《绳庵藏印选》各十部，共四十册。正当全家人四处寻找，焦急万分之时，他却欣欣然捧着葛氏兄弟所赠印谱，如获珍宝而归。从此，对浙派篆刻悉心研究，逐渐掌握了个中奥秘，他说："浙派用切刀，吴门派也用切刀，吴门派始创比浙派早近二百年，故浙派是由吴门派演变而来，但因浙派有众多印谱流传于世，而吴门派印谱流传极少。因此，这一源流关系，鲜为人知。"他还说："有些人认为'西泠八家'都刻浙派，八人都是一副面孔。其实不然，八人篆法、章法、刀法各个不同，面貌各异，如丁纯丁篆法、章法质朴厚重，陈秋堂工整稳健，陈曼生自然粗狂，钱叔盖另辟奇趣，赵次闲综其大成。初学浙派者最好先从赵次闲入手，较易进门，边款则学陈秋堂为佳。"他又说："学浙派也要有自己个性，貌离而神合为佳品。"

庚辰（1940）清明，他在为苏州诗词家张蛰公先生所治斋馆印"食破砚斋"时，篆法、章法上任其自然，不矫揉造作，疏密得宜，天真浑朴，使整个印章有生气而不板滞，刀法上纵姿英迈，爽朗豪放，直逼曼生，又能自出鲜意，雄健誉古，庄重大方，堪为近代陈曼生派之佼佼者。

1949年，小匋六十岁时，为学生张范九（吴门派诗歌、书、画、印大家）所治"品石山房弟子"一印，虽刀法亦宗曼生，纯用切刀，大胆落刀，不加修饰，天真自然，苍劲豪放，流畅古朴，却又自创界线式刻法。由此可见，小匏在篆法、章法上既取前人之长，又不拘成法，变化多端。浙派八家中，小匏尤倾向陈曼生风格，但亦只取神韵而不结集袭其貌，自创脸面。其送张范九的另一方印章"留手迹于人间"，则采用仿秦玺风格，印文用金文，并巧用印章中常见的相互挂让法，使该印在字体结构上安排得十分舒服。尤为妙者，他把"间"字中"日"，移到"门"字上面，使该印达到字体奇放，灵巧多姿的境界，既有变化又有统一，给人以丰富、生动、完美与耐人寻味之感，呈现出篆法和章法上的双重美。刀法上，亦一变往常惯用浙派之"碎刀"，而易之以术印刻法，变锋颖毕露而为圆润有力。上世纪 30 年代所作《陋室铭印谱》，建国前后完成的《惕巢印蜕》，是其一生艺术之结晶，无愧为代表之作，惜现仅存六册《惕巢印蜕》传世。他一生刻印大部分为仿浙派，又自出新意，治印篆刻刀法工整，章法一丝不苟，有独特风格，行书边款尤为精美。

由于先祖曾在上海开"景润堂"扇店，孙小匏得天独厚地获得练习机会，以刀代笔，刻画扇骨。他首创扇骨蝇头小楷竹刻，并采用沙地皴、葡萄皴等多种细腻花纹作铺底，将《芥子园》画面在扇骨上恰如其分、形态逼真地轻轻托起。遗憾的是，他的竹刻艺术后继无人，仅留下二十多把扇骨于世，他在加拿大的儿子孙路上世纪 80 年代初回国时寄托在孙小匏的弟子、著名篆刻家矫毅府上。

此外，他对书法、绘画均有独创，曾有山水画、窗心画及书法字轴在怡园展出，可谓触类旁通。

孙小匏一生正直不阿，与世无争，1960 年冬至夜离世时，两袖清风。幸有弟子矫毅送去三十元人民币，才得以火化安葬。

孙小匏有一子三女：子名永坚，1937 年中日事变后改名孙路（取寻求'生路'之意），于 1947 年冬随甘肃天水电厂赴台北水力发电公司工作，1974 年举家移民至加拿大定居。现亦有一子三女，子方期，长女慕兰适沈氏，次女慕杜适苏州王氏，三女慕陶适杨氏，慕兰之子沈本德，慕杜之女王开征、子王开镇现均居苏州。

笔者敬撰此文，心香一瓣，谨代笔诸后辈以表缅怀之情。

飘零的游子
——忆舅舅孙路

　　《苏州文史资料》和《苏州史志》在介绍苏州青年抗日救亡活动时，曾经多次提及孙路这个名字，然而，最终却说"孙路至今不知下落"。作为孙路的后人，我有责任将其身世、经历及其归宿在此作一简单的说明，向曾经与其并肩战斗过的战友，以及至今仍然在关注他的人们作一交代，同时也以此短文慰告先辈之英灵。

取名孙路

　　1915 年 8 月 13 日，孙路出生在苏州阊门内汤家巷。也许是初为人父，庆幸得到一个体格健全的男孩，也许希望幼小的生命得以顺利长大，父亲为他取了一个古怪的名字——不残。

　　不残是幸运的，出生在一个小康家庭。不残的出世给孙家带来了极大的欢乐。继后又增添了三个妹妹与两个弟弟，分别起名为：不娇、不媚、不妍、不弱、不愚。不久，胞弟不弱（永刚）、不愚（永敏）相继夭折，不残成了孙家唯一的男孩，尤其金贵。日往月来，星移斗换。不残到了上学的年龄，学名永坚，名如其人，自小个性独立。1929 年考入黄埭乡村师范。黄埭乡村师范前身为吴县县立乡村师范学校，于 1929 年秋天从苏州市沧浪亭畔迁移到黄埭镇，因此移名"黄埭乡村师范"，简称"黄埭乡师"。从此，孙永坚离开家庭，开始了独立的人生道路，成为黄埭乡师第一届学生。

寻求生路

古人云：父母在，不远游，游必有方。1931 年，日本侵略东三省，"九一八"事变爆发。9 月 27 日，苏州举行万余群众参加的抗日救国大会，抗议日本帝国主义侵略，反对国民政府的卖国政策。28 日，苏州反日救国会成立。1932 年"一·二八"淞沪抗日战争爆发，抗日救亡活动日趋高涨。苏州救亡青年积极响应抗日救亡活动，当时正在黄埭乡师就读的学生孙永坚、顾厚栋（即顾前）、蒋思安、陆地、鲁鱼等还组织了"路灯剧社"，寻求生路之意。孙永坚改名孙路，从此真正踏上抗日救亡之路。他们上街宣传抗日、张贴标语，到车站去唱抗日歌曲，又与蒋思安等在唯亭的一座破庙内组建了"唯亭工学团"，组织代表赴真如慰劳国民革命军第十九路军前方将士。

"八·一三"沪淞抗日战争爆发，苏州成立了吴县抗战后援会。当时，前线有大批伤员撤下来，由卫生列车从前线运到苏州。车站里没有专门的救护人员，于是，抗战后援会立即组织起救护队，在车站上做转运伤员的救护工作。时值盛夏，天气酷热，由于前线缺乏救护人员，许多伤员的伤口得不到控制，已经溃烂化脓，有的甚至生了蛆。身为救护人员的孙路与顾前目睹此情景，心急如焚，他俩当即与卫生列车上的负责人取得联系，征得同意之后便立即上了卫生列车，直接去前线抢救伤员。一到前线，孙路与顾前冒着数十架日机的狂轰滥炸，立即投入抢救工作，即便在战局危急关头，他们也始终坚守阵地，得到了部队长官的赏识。孙路从一名救护人员逐步升迁成为正团级军医。

十九路军经过了三十三天血战，3 月 2 日，根据国民党南京政府命令，蔡廷锴将军全线撤出上海。同时，蒋介石决心对"违令"抵抗日军的十九路军加以整肃。不久，十九路军彻底被瓦解。顾前返回苏州，孙路随军去了西安，就是在西安，他与汤伯恩的干女儿黄既白相恋相爱结成伉俪，很快又有了儿子，但孩子不幸夭折。

1937 年 7 月，抗日战争全面爆发。12 月，国民党南京政府迁都重庆，孙路夫妇去了重庆。第二年年底，郭沫若按照中共中央安排，出任国民政府军事委员会政治部第三厅厅长，开展抗日救亡工作，也到了重庆，孙路与郭沫若之间开始了频频的交往。1940 年 9 月，三厅被撤销，10 月重新组建文化工作委员会，郭沫若担任主任之职，并且请回三厅原班人马。1945 年秋，正值日本宣布投降之际，孙路夫妇喜得一女，起名方平，取抗日战争方始平定之意思。

抗战胜利之后，孙路被派往甘肃天水火力发电厂任职。1948 年，已经是正工程师的孙路夫妇携两个幼女随顾友东一起赴台湾修建水电工程。逾二十五年，于 1973 年退休。从此，这个孙家的独子与苏州家中的父母亲天各一方，杳无音信，且累及老父亲为爱子背上一辈子重负，解释不清。

游子思归

父母之年，不可不知，一则以喜，一则以惧。

孙路在台湾的二十五个春秋里"无时不在盼念中"。1975 年，获悉大陆政策开放，且有大批侨民回归探亲，孙路"心潮澎湃"（引号中均为来信中言语），"单人赴香港，期返苏而未果"，因为他所持有的是台湾护照（别人都是第三国护照）。沮丧地回到台湾之后，为早日实现返乡之心愿，孙路决然将全家分四批移民加拿大，暂栖满地可。从此，孙路夫妇一面在加拿大找房、求职、学习英语，争取参加移民入籍考试，一面通过驻加使馆，迫切地讯问老家的消息。

1979 年 4 月 1 日清晨，终于得到了驻加使馆的函告，获悉"故居地址仍旧，妹均健在"，"闻之突然，欣喜无似！深感老天佑吾，无负今生，于愿足矣"。舅舅写的第一封信中就说："现中、美、加邦交敦睦，闻年内即有祖国青年来加学习科技知识，我家子弟中有无合格人选，祈尽力争取来加求学，我当可就近照护，俾资为新中国尽力服务也。"在加拿大居留三年期满，加入加拿大国籍，取得了居留权，又得到了加国老人福利，他迫不及待地向大使馆提出归国计划。来信中写道："有一天，我会突然归来，祈我顺利。"我给舅舅写的回信中提及，外祖曾经由当时的市委柳林同志推荐给郭沫若，且授意在苏州创办"艺石斋"一事。舅舅立即回信："再告诉我外祖的情况吧，如在苏开印石展览的情形，和去北京的经过。"并且说："郭沫若是'很'认识我的！"他特地将这个"很"字加了引号，可见舅舅与郭的"认识"之特殊。

夙愿成真

1982年的一天，孙路夫妇突然出现在老家门前。他说："等这一天等得实在太久了，竟然等了整整三十四年。"又说："站在老家门前的这一刻，思潮澎湃，不能自已了！"

舅舅的归来使许多亲朋好友，甚至早已经不相往来的亲戚（因为外祖有个在台湾的儿子，视瘟神般避而远之）欣喜若狂，蜂拥而至。然舅舅在归来的兴奋之余，不无遗憾地告诉这些"至爱亲朋"，他的这次回来，并非衣锦荣归，只是希望在有生之年，能为祖国尽一点绵力。第二天，舅舅去了苏州电子局并且带去了一个投资项目，因为他的二婿司徒铭柏任职宝来亚洲公司电脑部主管，欲在苏州开发当时国际市场上尚属领先技术的产品。结果，因为苏州电子局尚无认识法文的人才，连说明书也看不懂而告终。舅舅抱憾地说："下次有项目，一定翻译好了再拿回来。"回去之后，他让正在学习英语的季女方洁改学法语。

这次回来，舅舅一次次地设想着回国定居计划，且十分乐观地说："落叶归根，下次回老家，就再也不走了。"回来的这些时日，舅舅每天清晨在小巷间跑步，他说："唯有双脚踏在家乡的石子路上，才真正感觉到回到了老家。"舅舅对生活的乐观与豁达让我们之间的代沟消失殆尽，他时时挂在嘴边两句话：一句是"我没有坍父母的台，我曾经也干过轰轰烈烈的大事"，还有一句是"郭沫若是'很'认识我的"。

魂归异乡

月寒日暖，煎熬人寿。1994年5月24日，清晨三时，舅舅一如既往如厕，竟然坐在马桶上一睡不醒。舅母急拨电话"911"求救，"911"

到时，舅舅已经停止了呼吸。据法医诊断是中风所至，去得极其安详，临终时仅舅母与季女方洁在身边，幸亏有许多好友帮忙。次女方理一家当晚十二时由蒙特利尔赶来，长女方平及女儿自美国连夜飞回，除长婿吴大中不及赶到，全家均到齐。26 日晚治丧，八至九时行追悼仪式，由舅舅过去的上级介绍生平，并且有老同事数人致辞，舅舅生前好交朋友，热心助人，所以参加的人极多。舅舅享年八十一，俗称喜丧，灵堂上用的是红烛，讣告亦加了红边，灵堂上摆满了鲜花，高悬横幅上书"福寿全归"。27 日晨举行火化，30 日做了一场法事。6 月 1 日，舅母写信向国内亲友报丧。尽管舅舅已是高寿，又是"福寿全归"，读完信仍旧无法挥去这刻骨的哀痛，舅舅的夙愿未了。

大家闺秀

——王开护的精彩人生

> 人世中，欢乐与忧愁，机遇与不幸，疑虑与危险，以及绝望与悔恨总是混杂在一起的。
>
> ——泰戈尔《法官》

王开护，不是一个让人惊艳的女子，确切地说也算不上大家闺秀，用她自己的话来说："我的母亲才是真正的大家闺秀。"然而，她的人生经历却足以令人惊叹不已。

落地护龙街

现今的人民路旧时称护龙街。据说清朝康、乾两帝南巡时曾经在此护驾而得名。再以前，宋朝时称大街，这是当时唯一的一条以"街"称谓的路名。建国后，正式改名人民路。上世纪 20 年代初，王家从至交管谷成处买下了这条街上的一处宅子。

1922 年农历 4 月 24 日，就在护龙街中段一所清朝仿明式的七进老宅内传出一声脆亮的啼哭声，端坐在大厅太师椅里的老太爷王雍熙心中大喜，情不自禁站了起来："孙子！如此响亮的嗓门，定然是个孙子。"

产房中，王家花了三十元现大洋请来的妇产科名医戴美丽手中捧着一个湿漉漉的婴儿，嘴里喃喃着："王家又添一位女公子。"消息传入大厅里的老太爷耳中，顿时，一种失落之感油然而起。两年前，长房媳妇生育长孙女时，王雍熙曾经着实开心过好一阵，俗话说"先开花后结果"。紧接着，又陆续产下两个孙女，又先后夭折，现在再添一个孙女，老太爷心中难免会产生一些不快，虽说老太爷是个开明人士，心里终究想得一孙子。因此，当长子元寿前来向父亲为新生女儿讨个名字时，老太爷随口就说："落地在护龙街，就取名'护'吧。"按照字辈，这个刚刚落地的女婴有了一个名字"开护"，王开护从小就没人在意。此后，开护的母亲又接连怀过三胎，都未能保住，直到第八胎时，终于产下了一个男孩，老太爷的心里别提有多么的开心，信手挥下"开宗"两字，顾名思义，王家自此后继有人！可是，开宗的出生，使开护更加显得微不足道，可有可无，更加无人问津。老太爷既然有了大孙女，现在又添了孙子，自然更加不稀奇这个"多头兮"了。

知遇之恩

她好比一棵杂草，要放在一个规规矩矩的花园里栽培，已经太晚了。

王开护从小十二分的淘气。比方当时护龙接石库门里第二进的天井里，南厢房的窗台下的石桌上设置一套茶具，铜茶壶的上方安装了一个自来水龙头。王雍熙经常在此邀友品茗，十分方便。小小的开护看见长辈们吃茶时只需要一扳上面的把手就会出水，她心生好奇。一天，趁祖父的朋友尚未前来，她悄悄爬上杌子，伸手就将水龙头扳开了，自来水不停地流出，她呆呆地看着，只见铜茶壶里的水不停地溢出来，沿到炭基炉里，再流淌到地上。待到老太爷出来迎接好友时，炉火早已经熄了，水还在涌涌而下，老太爷朝开护横了一眼，怨声说："你这个祸宗头。"

夏季，每天下午老太爷总会拿着水枪放井水浇天井降温的，这水枪声音蛮响的。一次，小开护被祖父放水枪的声音吓哭了，以后，只要看见祖父放水枪她就哭，自然成习惯，甚至看见祖父拿起水枪还未放，她就哭了。不过，老太爷也赞许过小开护一件事情，他说："这个小囡有一点蛮好的，给她一件物事（东西），她从不会瞎丢的。"当时，老太爷曾经送给小开护一个铜手镯。王开护面对手中的旧物回忆着，好似对着一位老朋友，柔声说："八十多年了，我保存到现在，这是知遇之恩。"她回忆起这段往事时十分开心。

游学趣事

王开护的读书经历也颇为离奇的。由于她天性顽皮，惹人讨厌，当姐姐开云读二年级时，母亲说："开云上学总归要人送的，让她跟阿姐一道去听听吧。"就这样，学龄前的开护当起了姐姐的伴读，学期结束，她居然也通过了考试。后来，二伯父王元禄在宫巷里的乐群社教书，开云、开护姐妹俩就转学到乐群社。这时，长房王元寿一家从护龙街搬出，迁入状元陆润庠的老宅里。当年，陆润庠曾经送给王元寿许多的字画、对联，还专门为他写了对子，其中一副还嵌入元寿之字"受新"二字。王元寿喜欢买书，当时诸如曾朴写的《鲁男子》《孽海花》等他都买过。不过，他自己没有时间看，结果，却被刚上小学不久的开护遍读。王开护的知识面特别广泛，后来报考大学时被沪江、之江、罗斯福师资学院、国立女子师范学院等五个大学录取，结果她去了罗斯福师资学院。教会学堂花费是很大的，好在她的家庭对于学习上的费用是从不计较的。

与影视界的交往

由于王元寿任职造币厂的管理，全家迁往上海，居住在太兴路新嘉花园8号，对面住的是电影演员蝴蝶。每天傍晚，做作业之余，开护就爬在窗台上看蝴蝶化妆。这是一种美的享受，小开护甚至异想天开地想象着自己什么时候也能变得这么漂亮。后来，蝴蝶出了名就不住在那里了。

电影明星夏梦的祖父杨叔鼎是上海永大银行经理，又是苏州大地主。他是王开护的祖父王雍熙的学生，夏梦的父亲又是王开护父亲王元寿的学生，可谓两代师生。所以，夏梦的父亲结婚时向王雍熙叩头的。由于这样一层关系，杨叔鼎将永大银行与苏州的产业全部托付给王雍熙管理，自己跑到上海去开办影映院了。

再说导演黄佐临。开护母亲的姑妈嫁给金家，就是金鼎禧，金鼎禧是天津花旗银行的大买办，他的女儿金丹妮嫁给黄佐临，黄蜀芹就是他们俩的女儿。而开护的三舅就在金鼎禧银行里办事。所以，他们每每到苏州总要去拜访开护的母亲的。钱锺书最困难的时候，黄佐临曾经帮助过他，所以，钱锺书将《围城》交给黄蜀芹。

王开护自称："我家与电影界蛮有缘分的。"

与文学界的关系

庐隐曾经是王开护的国文老师。她是福建大户人家出身，封建家庭重男轻女，父亲不喜欢她。一次在海上，父亲要扔掉她，是哥哥求下来的。她读书十分用功，1925 年成了有名的女作家，她的成名作是《海滨故人》。后来到上海工部局女中教国文。

五四时期，王开护刚读初中，鲁迅先生逝世，王开护前往殡仪馆送葬，阮玲玉死，她也前往悼唁的。

萧红、萧军当年住在香港九龙乐道 6 号，他们俩分手后，萧军走了。因为当时王元寿在香港是搞钞票发行的，管理着香港造币厂，全家迁往香港，搬进了他们的房子，当时萧红还住在前面。不久，端木蕻良住了进来，就住在四楼。他们一起在楼下创办时代出版社，还共同生活过一段日子。后来，萧红的肺病严重了，住进了香港圣玛丽医院，直至逝世。

真光女中

太平洋战争爆发后，王元寿全家都在上海。真光女中，是公务局女中，在英国租界，后来搬迁到新加坡路。学校很漂亮，各科教室都分开的。在真光女中读书时，开护姐妹俩与陈香梅，还有孙中山的孙女孙瑞英都是同学，且都坐在一排上，王开云、陈香梅坐在一起，隔一条走道是王开护，右边就是孙瑞英。陈香梅会讲普通话的，她喜欢读书，背诗。当时很流行的一首北京儿歌："小狗小狗你别闹，明儿到我家，没有什么吃，只有粑粑和奶茶。"

当时，学生们中午都在学校里吃饭，没有什么小菜，就一根香肠、一碟咸菜。王元寿每次从香港回重庆时，飞机需要东西压舱，他都会带上许多的榨菜等食品回来，所以，王开护就会带些去学校，与同学分享。

公务局女中的体育老师陈咏声是值得一提的人物，她是中国派去柏林研究体育的。上世纪30年代，中国派出一位研究体育的女士去柏林，这是绝无仅有的。抗战时，她到重庆去寻找王元寿，希望得到一份工作。当时，她住在化龙桥，就在王家住地红岩新村下面。抗战结束后也回到了上海。前些年召开奥运会时，许多报刊上都刊登过，1935年中国派出一名参加柏林奥运会的上海运动员，就是她。她在上海教体育时用的都是近卫军的一套方法。在学校健身房后面的楼房里，她让学生自己评分。当时，一门不及格就要留级的，当问到王开护时，王开护理直气壮地回答："六十九分。"她果然给了六十九分，其他教师都为王开护抱不平。王开护的姐姐王开云是"球大王"，还是校队的。王开护从来不喜欢体育，打排球时，她总是站在最靠边的，生怕球飞过来砸了头。

王开护记得，最后一次与陈香梅见面是在上海圆明园路。当时，陈香梅是记者，邀请王开护去听讲座。最近，陈香梅到太原签名卖书，王开护没有去见她，自觉两人之间的距离太远了。

银训所另类

银训所的全称为：四联总处银行人员训练所。

银训所的开办是国民党所谓"胜利在望"逼出来的。策划者试图在一年之内训练出西方大学所谓MBA金融系的学生。所以，将西南联大和政治大学的名教授全搬来授课。

1943 年，王开护在沪江大学就读，她在香港已经有学历了。后来，沪江大学从上海迁往重庆，借一个教会学院晚上上课。王元寿全家住在红岩新村，在重庆郊区，王开护白天在交通银行上班，晚上在市区上课，十分的辛苦。当时，国民党在重庆共有四家银行：中国银行、交通银行、中央银行、农民银行，还有中央信托局、邮政局，四行二局，统称四联公司。王开护听说四联公司办的银训所很难考，都是国民党政府官员去考的，作为金融生力军，只要录取就是官。王开护保留了沪江大学学籍，试着去报考银训所中级班，结果考取了第十七名。

银训所那座漂亮的西班牙式洋房坐落在李子坝嘉陵新村内，嘉陵江右岸，名朱家陀的半山腰，山下是嘉陵江水。银训所所长是孔祥熙，教师尽是专家名流，费孝通、黄炎培、安叔伦等都是顶级人物，同时还有许多进步分子。学员在一年之内要学完大学经济系四年所学的课程，生活学习十分紧张。同班同学共一百零八人，同学们喜称"一百零八将"。全军事化管理，进出校门必须全副军装。值得一提的是：王开护的军服左胸佩戴黄色边缘的布徽章，这是考试院"特种考试"级的标志（普通考试级为蓝色），而黄色边缘又是国民党军官"校级"身份。大家拿王开护开玩笑说："你从中尉一跃成为'校级'了。"学员进校后享受供给制，吃、穿、住一律免费。吃是分食制，一人一个饭碗，荤素搭配；穿是每人两套黄呢军服，女生下装是裙子，外加一副绑腿；睡觉是双层床，每人发一套被褥。

后来，中央国民党党部派了谢耀祖来校，搞得同学们都参加了国民党，说什么不参加国民党就不分配工作云云。王开护不在乎，因为她还想回沪江大学去读书，所以就没有参加。结果，读了一年就分配出去了。首先，中国银行外汇办看中王开护。不过，真正到了分配时，交通银行人事处的人发现了王开护的名字，知道是王元寿的女儿，就将王开护招进了交通银行。

银训所很少上大课，美国总司令魏德迈的副手、外事局长何浩若，梁启超的儿子梁思成来讲过课。平时学习，一般分组学英语，一组有六名学员，三位教师，一位是美国上校，一位是外交部调来的王考官，还有一位是谭颖，谭颖是全所唯一的女教师。陈诚的夫人名谭洋，是其姐姐。谭颖是瑞士留学生，懂得英、法文。

名人演讲有：当年金融界巨头陈行、刘攻芸、贝松荪、赵棣华、徐继庄等。另外还有 CC 头子陈果夫、民主人士黄炎培、哲学家冯友兰、心理学家丁瓒等，都来演讲过。

所里搞过一次英语演讲比赛，评判员有教育长杨荫溥、陈淑琼老师和几位外籍人士，第一名是王开护。

浦秀珍先生管理早操、军训、晚集合，蔡亦民先生是女生指导。蔡亦民，无锡人，是中央银行陈行长的亲戚，她的儿子姚依林，在解放区干革命，女儿名姚竞新，后来去了美国。她的一个弟弟名蔡正性，也在本所工作，侄女姚贤惠，在上海公务局女中任职。丈夫姓江，曾经帮助解放区购买、运送医药用品。当时，王开护住在新石路福康里，蔡亦民住根兴里，都在化龙桥，所以比较熟悉。王开护至今还保存着蔡老师写给她的信。

值得一提的是经济学家王唯中教授。他是我国早期研究《资本论》的专家之一，是我国著名的外国经济学术史学家。当时，他任银训所中级班、高级班班主任。王教授住在祥德路财大宿舍，王开护与同学们一起去看望过他，他时时勉励学生们不忘学习马列主义。在这样一些进步教授的影响下，国民党做梦也不会想到，银训所竟然为共产党培养出了一大批精英。

创办建设银行

抗战胜利后，王元寿全家返回上海，住在圆明园路。王开护读书时读的是国外贸易，当时的先生都是讲英文的多，讲中文的少。新中国成立初，王开护到北京，1949 年 12 月 15 日进交通银行总行，搞机关建设。因为国民党时交通银行是搞实业的基本建设，所有国家投资银行全归交通银行管理。新中国成立后，1954 年 10 月 1 日，将投资一块单独成立建设银行。王开护是创办建设银行的第一批人员。

上世纪 50 年代，党号召向苏联学习，建设银行搞"基本建设投资拨款监督"，基本上是学习苏联长期投资银行的，投资方向完全是苏联的一套。建设银行总行有个苏联专家叫鲁多夫，大家叫他"葡萄先生"，他带来了大量的俄文资料，翻译部门来不及翻译。当时，为了适应新中国建设需要，王开护自告奋勇，进入"中苏友好协会"夜校，读俄语，边读书边翻译，读得十分认真。后来，又成立了投资银行，搞的都是外资，投资银行又将王开护拉了过去，从起初稿、翻译到打字，她一个人全包了。1954年，她欲赴苏联去考副博士，结果没有去成。她玩笑着说："如果去成了，我变'修正主义'哉。"

第一届人民代表大会，王开护是交通银行候选人民代表。中国银行选出人事处长张文秋，保险公司选出陆赞文（是个老革命），人民银行选的是一位姓郭的，据说是与邓颖超一起回来的。后来，履历一拿出来，王开护的年龄太小，资历不够，未被选上。便让她为张文秋写材料。后来两人交往多了，王开护所在的交通银行每年要去请老革命讲话，她就专门去请张文秋。张文秋的丈夫姓刘，是地下党山东负责人。一次他们到苏联去，途径新疆，被新疆国民党盛水才逮捕，在国民党监狱里，上老虎凳死的。张文秋后来与王开护关系很好，曾经还拿出毛岸英、毛岸青的照片给王开护看过，原来毛岸英娶的是张文秋的大女儿。王开护笑道："人家可是一点官架子都没有。"

交通银行会计处长吴隆治，大家喊他阿隆。他的夫人姓郑，是重庆进步人士，郑大姐是燕京大学毕业的，一口流利的英文，她有一班同志，乔冠华就是其中之一。乔冠华的夫人章含之是周总理的英文秘书。章含之的父亲是上海大资本家的大少爷，她的母亲非常漂亮，是上海永安公司里的康克令（美国进口的钢笔名）小姐，虽然大少爷看中她，但是家里不允许，等于是外室，生下章含之。后来离婚时，律师是章士钊。章家愿意留下这个女孩，其实是章士钊保下来的。

1957年建设银行大发展，王开护与银行行长一起参加培训，培训结束后到西安去，与西安财经学院共同办学校，并且让王开护任教师。说起这事，王开护感慨地说："这些行长都比我大，真正是小先生教大学生哉。"

初进山西

不到紧要关头，谁也不知道自己身上蕴藏多么强烈的情感。

1958年，王开护与中央各部领导一起开会。因为建设银行搞的是"修正主义"的一套，是"大跃进"的绊脚石。从此，建设银行寿终正寝，合并到财政部。奇怪的是，北京建设银行没有了，山西还有建设银行。于是，王开护调往山西建设银行。当时正当"大炼钢铁"，银行人员也整天在山里挖掘矿石，一心想着夺红旗、"放卫星"，王开护代表小组去领了炸药、雷管，点炮炸山，差一点炸死了她自己，轰塌了指挥部。

1961年在汾河水库劳动锻炼，王开护拉着小平车，半夜收工送回车，从六十米高的坝上摔下来，身后还拉着一辆小平车。也算是命不该绝，竟然摔在大坝半山腰的一堆虚土上。

也就是这一年，王开护在昔阳大寨公社搞秋收。当时经常挑灯夜战，有一天收工时，她把箩筐放在一个山坳里，第二天，天未亮时去取箩筐，竟然与一只狼狭路相逢，仅隔十几米对视。王开护心里十分清楚，生死关头决不能示弱，就这样人畜对视着。不知过了多久，天渐渐亮了，狼居然没有袭击她，逃窜而去。

出土文物

1973年，王开护调到临汾。临汾人对王开护不了解，财务工作上看不起她，且忌讳她。当时，王开护的工资收入是八十一元三角，他们局长的工资也没有这么高。所以也不给她分配工作，只是帮帮小青年的忙。后来，财务林主管去参加学习，局长才将这一堆事情交给了王开护，王开护就此大显身手，将财务整理得有条不紊。后来，局长说："别人的账目都是遮遮掩掩的，你倒好，摊开来让人检查。"从此，大家都对王开护刮目相看了。

1979年，山西建设银行专门派人到临汾来请王开护，她发了一通火，不愿回去。后来，他们将她的户口也迁走了。当时的厅长徐金当了行长，也下放在临汾，任专员。王开护去找他，说建设银行不干了，要么去搞调研。1980 年，王开护终于从临汾回到太原，果然让她搞调研。其实，这一次调动是北京交通银行来调的，以后又发出过几次这样的调令，都被徐行长扣下了，因为山西建设银行太需要这样的干部了。从此，王开护再也没有了进京的机会。不过，每年的国务院大检查，或者制订行内制度等大事，总行都会专门派人接她去北京。她自豪地说："一下子将我当出土文物又挖掘出来了。"

1990 年王开护退休了。退休工资是一百二十二元。

退休软着陆

王开护自 1944 年 1 月走上工作岗位，直至 1990 年退休，历时四十六年。想到几十年的忙忙碌碌，四处奔波的生活即将结束，想到从此不再能为社会奉献，心中实在不是滋味。她说："退休，犹如一辆急驶的车辆突然刹车，弄得不好，可能翻车。"于是，她几经考虑为即将到来的退休作了一些安排，用她自己的话来说就是："逐步后退——软着陆。"

第一阶段，她接受原单位的返聘。一切与未退休时相同，只是在原工资外增加了一些返聘报酬，如此干了两年。第二阶段，脱离原单位，受聘于山西省会计事务所，每年还必须参加国务院举办的财税大检查。在外单位工作，时间有了更大的灵活性。第三阶段，参与自办企业。1992 年，邓小平南方谈话后，改革开放形势进一步加快，人心思动，王开护不甘心再受雇于人，为人作嫁衣。于是，加盟了一个工程技术咨询公司，主管财务，与工商、税务、银行等部门打交道。2008 年，交通银行百年庆，北京总行派了同仁特地到苏州来，与王开护共同庆祝，还留影纪念。工程技术咨询公司从 1993 年成立，直至 2000 年结束，又干了八年。她从此彻底从工作中解脱出来，也就不觉得别扭了。这一年，王开护七十九岁。

结庐人间

1990年，王开护迁新居时，原定住四楼，却被原定住一楼的住户抢先占了，作为补偿，主事者在楼房前围了一个六十平方米的小园，没想到小园给王开护夫妇俩带来了极大的欢乐。搬迁时，基建刚结束，转瓦、水泥、石灰、碎木遍地。王开护正好退休了，有时间逐步清理。一年后，小园初具规模，园内种植了葡萄、金银花各一架，香椿三棵，枸杞、薄荷、菊花脑各一丛，这些都是多年生长的。他们每年还种植了许多丝瓜、扁豆、葫芦，盆栽的龟背竹、昙花、君子兰、令箭荷花，还有各种吊兰、仙人掌，还有一大盆太阳花，可谓郁郁葱葱，姹紫嫣红。小园给老夫妇俩带来了无限生机。为小园锄地、播种、浇水、除草、搭架子，为退休生活增添了劳动快乐。在春天的阳光中，王开护拿起了一辈子也没有触摸过的针线，认真地学习缝纫衣服，学结绒线衫；夏天的凉风里，煮一锅红枣百合绿豆汤，再加一把自己种植的鲜薄荷；秋天的月光下，二三知己，坐在小园里，一杯清茶或一壶咖啡，谈天说地，其乐无穷。

行万里路

读万卷书，行万里路，是王开护自幼的向往。在上世纪六七十年代，农村照明条件十分差的情况下，王开护白天在地里干活，晚上凑在小煤油灯下看书，没看多久，两个鼻孔全都乌黑的了。王开护自得其乐地说："读书之乐，乐何如？ 一旦走入书中，开卷一切忘乎所以，闭卷尚可驰骋千里。"退休之后，她又重温了范文澜的《中国通史》，阅读了沈浮的《浮生六记》。王开护最引以为豪的是她的行万里路。

退休十年，她每年南归，因为自己生于江南，有着解不开的江南情结，所以每年必到苏州、杭州、南京、上海，尤其是苏州。喝一口故乡水，圆一圆江南梦，那是她的最惬意的旅行。其次，西部之行：旧地重游了重庆、成都、峨眉、青城、乐山，到了西安、兰州，登上青藏高原，拜谒了青海的塔儿寺，上了日月山，游览了青海湖。再次，南国之旅：广州、深圳、珠海、海南，看看那里的改革开放大好形势，得到几多启发。第四，是海滨之游：青岛、烟台、蓬莱、威海。从黄土高原下来，与大海亲近数日，有着说不尽的惬意。第五，名山大川：衡山是五岳之一，风景秀丽，张家界更是旅游胜地，十里画廊、金鞭溪、黄狮寨等，尽是仙境一般。最后，是朝圣：老夫妇一起去了延安和西柏坡，虔诚地接受了一次革命传统教育。之后又去了黄帝陵，拜谒了中华民族的老祖宗。还游览了叹为观止的黄河壶口瀑布。

如此十年游踪，其中不乏有一些趣事，也有一些尴尬事。比方那年去张家界，当时，交通条件比较差，一条金鞭溪走下来，大家都已经筋疲力尽了，再要向前，除了步行只有骑马了。无奈之下，王开护只得挑选了一匹比较矮的马，马夫扶她上了马，她就使劲拉紧马缰绳，双腿紧紧夹住马肚子，心里却在想着，那马有多么的难受。有的地方根本没有路了，马夫劝说她下马走路，怕马失蹄摔下来，可是，她却说，马有四条腿，总比我两条腿能走，一切听天由命，就这样一路上担惊受怕，竟然平安到达了目的地。

随着年龄的增长，体力渐渐向相反方向减退，王开护对旅游的兴趣逐步转向小桥流水和乡村农舍，希望能在一处有山有水有树的地方，静静地住上十天半月的。其实，她还是念念不忘故乡苏州，坚持回苏州的愿望一直就没有改变，以致她虽然人在山西，户口却还在苏州，梦也在苏州。

苏州囡王开护，今年虚岁九十三。

钱氏医家渊源浅析

　　凡是六十岁以上的苏州人，说起名医钱大椿都不会陌生，但说起钱大椿的生平业绩以及家世渊源，恐怕就鲜为人知了。由于笔者的祖上与钱氏家族是姻亲关系，耳濡目染，于是欲试着将钱氏近三代的大体情况作一叙述，且将钱氏医家的家族渊源一并作一探索，以飨愿意关注钱氏医家的诸位。

钱氏奇迹

　　圣人不曾高，众人不曾低。

　　吴越王钱镠第三十五世孙钱立声（1889—1973），字葭青，擅长书法。世居苏州古市巷，后来又购置西白塔子巷石桥里大宅。娶三槐王氏王雍熙次女琴贞（1888—1967）。生一女五子，女：轶群，五子：大赉、大椿、大辅、大吕、大奎。

　　钱轶群（1909—2002），是钱家老大。新中国成立前在二弟大椿的诊所学医，后来在联诊、平江医院药房任职，直至退休。夫婿陶菊畦（1913—2000），曾在钱大椿诊所学医，1955年在上海公安医院（后来改名为上海中西医结合医院）医学化验室任化验员，直至退休。生一女：陶针璞，夫婿朱树敏，均为教师。

　　钱大赉（1910—2009），毕业于苏州东吴大学。曾任纯一中学老师、苏州市第三中学教师，擅长数理化。尤其热衷昆曲，幼承家学，十岁即从家父钱葭青学曲笛，十四岁能吹曲，并常为其父伴奏。1929年在苏州东吴大学求学期间，课余曾请昆曲名家沈月泉拍曲、教习身段，同时阅读吴梅、王季烈等各种曲学理论著作。曾协助王季烈整理校对《正俗曲谱》子、丑集。对曲学有相当的基础，对昆曲宫调、曲牌有深刻的理解，能谱曲，曾参加《昆曲曲牌及套数范例集》的编写并任副主编。曾任苏州昆剧研习社副社长、苏州市昆剧之友社理事、江苏省昆剧研究会常务理事等。娶妻汪风琴（1911—1988）。生三女二子，女：本仪、本英、本和，子：本中、本华。

钱本仪（1935— ），1959年毕业于苏州医学院。先后任苏州市第二人民医院病理科主任、病理科医师、病理科主治医师、副主任医师。夫婿庄启元（1936— ），1959年毕业于苏州医学院，先后任苏州大学病理科医师（助教）、病理科讲师、病理副教授、教授、病理科主任，创立苏州法医学，任法医学教授。长子庄建平，1985年毕业于苏州医学院，先后任苏州市第二人民医院住院医师、主治医师、副主任医师、主任医师，博士，现任泌尿科主任。

钱本中（1936— ），1955年考入山东医学院。1960年毕业后进山东菏泽专区医院（后改名菏泽市立医院），先后任外科医师、住院医生、主治医师、副主任医师、主任医师、院长。娶妻吴桂芬（1940— ），1959年毕业于山东菏泽医学院，先后任菏泽专区医院护士、主管护师、副主任护师、护理部副主任。生一子一女，子永明，女永红。

钱永红（1969— ），1988年考入青岛医学院。1993年毕业，分配到苏州市立医院，先后任住院医师、主治医师、副主任医师、妇科副主任。

钱大椿（1912—1999），1933—1940年间，就读于上海医学院。钱大椿早年先后两次患过重症伤寒，其中一次还合并肠出血，当时生命垂危。在饱尝了疾病的痛苦之后，立志学医。大学毕业后即赴重庆，任重庆防疫处技师。1940年调任上海红十字医院（即华山医院）内科医师，为我国的卫生防疫工作和传染病防治，尤其是鼠疫、霍乱等烈性传染病的防治作出了贡献。1942—1952年期间，在苏州民间开业行医，是当时家喻户晓的名医。他竭尽全力，怜贫济困，救死扶伤，医国医民，饮誉苏州城乡。建国初，与肖伯宣等同仁率先创建了第一家公立医院——苏州市人民医院（即今苏州市第二人民医院），曾先后任该院内科主任医师、副院长、院长，于 1956 年加入中国共产党。"文化大革命"后期下放无锡洛社，并为无锡县人民医院培养了一批业务技术骨干。1975—1989 年期间在苏州市第四人民医院，先后任内科主任医师、副院长及名誉院长。他与我国著名心脏内科专家陶寿祺教授是同窗挚友。钱大椿在内科和心血管专业方面积累了丰富的临床经验和科研教学成就，尤其在黑热病、流行性出血热、高血压病、冠心病等疾病的防治及医学遗传学研究和染色体检查等方面都有独到之处。是中华医学会资深会员、著名内科医学专家，享受国务院特殊津贴殊荣。娶妻陶慧灵（1916—2008），毕业于上海第一医学院，建国初与钱大椿同时进入苏州市第二人民医院，任小儿科医生，"文化大革命"后期与钱大椿一起下放无锡县人民医院，任小儿科医生，1975 年进入苏州市第四人民医院，任小儿科医生，直至退休。有一子：三扬。

钱三扬（1965—   ），1982 年进苏州市第四人民医院，负责全医院医疗设备的检修和配置。

钱大辅（1914—2003），上海国华银行静安分行副经理。娶妻刘永玖（1916—1985），曾在钱大椿诊所学医，建国后在联合诊所、平江医院等处任化验员。生四女一子，女：本吉、本宜、本庆、本明，子：本星。钱本吉的夫婿余知未，1939 年出生，1964 年南京药学院毕业后进入苏州市第四人民医院，任药剂科主任，直至退休。

钱大吕（1916—1997），原来在中央大学学习心理学，后来在钱大椿诊所学医。1953 年，进入人民路（北塔）联合诊所任化验员和放射科医生。娶妻徐觐先（1920—2007），曾在钱大椿诊所学医，建国后，在联合诊所、平江医院等处任化验员。生一子一女，子：本刚，女：本淑。

钱本刚（1953—   ），1970 年下放吴江，当赤脚医生八年，1978 年返城后，任厂医、主治医师，1979 年，业余自学西医大专四年，1989 年，进苏州医学院内科专业学习三年毕业，2001 年，自己开设挹秀诊所至今。钱本刚自学成才而成为名医，远近闻名，整天忙得不亦乐乎，从来没有休假。现在，家族中凡是有头痛脑热、疑难杂症，约定成俗的"寻钱本刚"。娶妻刘家兰。生一子：永翔。

钱本淑（1951—　　），1969年下乡，1978年返城后在工厂劳动。任职期间参加医专班，半脱产学习三年半，后来任厂医，直至退休。

钱永翔（1983—　　），2005年毕业于襄樊职业技术学院医学院临床医学专业，2008年苏州大学医学心理学本科毕业，现任职于平江医院B超科。

钱大奎（1918—2011），1939—1943年期间，就读于上海法政学院（后改名上海法商学院）法律系，法学士。太平洋战争爆发之后，随二哥大椿学医，成为西医内儿科开业医师。1953年12月进入苏州市第二卫生所，1955年10月组织东北街联合诊所，任主任。1958—1969年期间，历任苏州市平江区联合医院副院长、苏州市北塔区联合医院副院长、苏州市联合诊所管理委员会副主任、苏州市平江区联合诊所管理委员会主任、苏州市平江区红十字会副会长。1970—1974年期间，任苏北大丰县新团公社医院顾问。1974—1998年期间，任无锡县东峰中心卫生院内儿科医师、医务科长、副院长。1979年任苏州市平江区人民医院院长，直至退休。钱大奎自法学士而成为名医，难能可贵。于2011年6月9日病逝家中，享年九十四岁。娶妻潘瑞珠（1920—2002），曾在钱大椿诊所学医，建国后，在联合诊所、平江医院等处药房工作，后任主管。生三女一子，女：本初、本钰、本扬，子：本洪。

钱本初（1947—　　），1966年毕业于苏州高级中学，1968年下乡，1978年考入南京中医院中医专业，1982年任苏州市平江医院中医内科医生并负责家庭病床医生，职称主治医师。

钱本洪（1949—　　），1968年赴苏北农场劳动，任赤脚医生，返城后任苏州仪表厂厂医，上世纪90年代去美国定居。

钱本扬，1968年下乡，1974年任赤脚医生，1979年返城，任苏州市平江医院护士、主管护师、门诊部办公室主任。夫婿闵大联，为苏州闵氏伤科传承人，是苏州市平江医院骨伤科副主任医师、副院长。

纵观以上，笔者列举了钱氏二十四位家族人员。除却钱大赉为苏州昆曲界名人，苏州名医钱大椿一门三代，自1912年至今近百年间竟然出了二十三名医务工作人员，更其难能可贵的是绝大多数都是自学成才。由于家学渊源，其中不乏赤脚医生进而成为专业人才者，这在中国医学史上绝无仅有，不能不说这是个奇迹！

钱家近三代如此。笔者出于好奇，欲试着从医学遗传学的角度去思考，究竟是因为钱氏家族的人智商特殊？还是钱氏族人的勤奋好学成就了这三代人？不妨再探索一下，钱氏家族医界的历史渊源又是如何呢？

最后的贵族

医能治一病谓之巧，能治百病谓之良。

据宋理宗《题吴越钱氏谱序》记载："钱氏自黄帝凡九世而至孚，此受姓之源。自孚至吴越国王镠七十三世，此建国之始也。"就是说钱氏得姓始于黄帝后裔彭祖第二十八子孚，孚为周朝"泉府上士"，据周朝官制，泉府是执掌财帛的官吏，"泉"，古"钱"字。所谓以姓分血源，氏别贵贱，因官命氏，这就是孚姓钱氏之来源。

宋太宗太平兴国二年（978），钱俶奉旨入汴梁被扣留，不得已，自献封疆于宋朝，吴越国亡。钱俶先后被封淮海国王、汉南国王、南阳国王、许王、邓王。宋编《百家姓》中排列第二的"钱"就是指钱俶。后人评价：识时务的钱俶避免了生灵涂炭，老百姓感念至深。988年，钱俶六十大寿，宋太宗遣使祝贺，当夜钱俶暴毙（有怀疑其被毒杀），谥号忠懿。有七子，这里只说与本题有关的第四子钱惟演。

钱惟演（962—1034），字希圣。吴越王钱俶之四子，一个最后的贵族，少时任牙门将。自钱俶降宋后，钱惟演从父归宋，授右屯卫将军，迁右神武将军。宋真宗爱其才，咸平三年（1001）召试，改授太仆少卿，从此改任文职。曾参加编修《册府元龟》，授尚书司郎中，历官给事中、翰林学士、工部尚书。钱惟演从一个异国降臣，摇身一变为总理。他的老部下欧阳修《归田录》中赞扬他："坐则读经史，卧则读小说，上厕则阅小词。"钱惟演作诗宗法晚唐诗人李商隐，词彩妍华，精工稳切。欧阳修、梅尧臣等著名诗人都受到他的推重。钱惟演还十分注重医术，曾辑有《箧中方》一卷。宋景佑元年卒，谥文僖，加谥武定。

世代名医

钱颖（一作颢），吴越王钱俶支属，随钱俶归宋，遂定居郓州（今山东东平）。钱颖精于医术，擅长针灸。生平嗜酒，喜游历。其妻生子钱乙，不久亡故。钱乙三岁时，颖弃家出游东海，不复归。钱乙为姑丈吕氏所收养，成人后赴东海寻父，凡五六年始寻得颖的住处，又过了几年，迎归奉养。七年后，钱颖亡故。

钱乙（约1032—1113），字仲阳，北宋郓州人。钱乙三岁时母亡，其父弃家东游于海上，姑丈吕氏收为养子。吕氏业医，钱乙自幼从姑丈学医，凡医书无所不读，尤重本草诸书。长大后，悬壶济世，以儿科名著山东。吕氏将殁，告诉他家世，钱乙悲泣，请求赴东海寻父，五六年后始寻得。又过了几年，迎父归乡，钱乙已经三十余岁。北宋元丰年间，长公主之女患病，召钱乙诊视，有良效，授翰林医学，赐绯。第二年，皇子得了重病，国医不能治疗。长公主推荐："钱乙起草野而有异能。"朝廷立即将钱乙召入，钱乙为皇子进"黄土汤"治疗而痊愈。宋神宗问："黄土何以愈疾？"钱乙说："以土胜水，水得其平，则风自止。且诸医所治垂愈，臣适当其愈。"宋神宗悦其言，擢太医丞，赐紫衣、金鱼。自此，戚里贵室及士庶之家皆知钱乙之名，争相求医。后来因病免职。宋哲宗即位，复召之，宿值于禁中。不久，复以疾辞，遂不复起。钱乙本有羸病，又性好饮酒，每次发病则自以意疗之。后来病越来越严重，乃叹息道："此所谓'周痹'也。周痹入脏者死，吾其已夫！"沉思良久说："吾能移之，使病在末（四肢）。"从此，自己制药，日夕饮服，左手足忽然拘挛不能动，喜曰："可矣！"然后让家人采集多年茯苓服之，虽然偏瘫而气骨坚悍，如无疾者。此后退居里舍，杜门读书。患病者日聚于门，每有百里之外求治者，钱乙一一授以药，皆致谢而去。晚年挛痹之疾渐剧，他仍嗜酒、喜寒食之习又不肯禁，自知不可为，乃召亲戚诀别，易衣待尽。钱乙享年八十二岁，终于家中。其子早亡，有孙二人，均业医。钱乙著有《伤寒论指微》五卷、《婴孺论》百篇、《小儿方》八卷，均佚。钱乙故人之子阎季中曾广收钱氏方论，辑有《小儿药证真诀》（又名《小儿药证直诀》）八卷，大行于世。此书为我国现存最早、最系统之儿科著作，对后世影响极大，至今为学者所重。

钱益，字孟谦。其家世代以儿科为业，常悬一金钱于门，凡求治小儿病者，必投"金钱钱氏"之门。钱益性警敏，早年习举子业，遭家道中落，乃复事医业，于妇科尤臻其妙。成化乙巳（1485）应召入太医院，升御医。曾奉旨校正《袖珍方》诸书，考据精当。其门生率为良医。

钱元善，北宋名医钱乙之后裔。元善于家传小儿方脉甚精，有名于时。其家有"生幼堂"，相传三百年，虽家屡迁徙而堂名不易。子宗道。

钱宗道，钱元善之子。于家传小儿方脉最精，亦以医名世，官晋府良医正，为恭王所重。子钱瑛，继承其学，医名益盛。

钱寰，以小儿医知名于世。嘉靖初，征授太医院御医，以治太子病有功，升右通政。

钱国宾，字君颖，明代浙江钱塘县人，以医名世。万历年间，有一年冬天，山海关流行时疫，病者头疼发热、恶心口渴、神昏欲睡、四肢不举，肌肉推之则一堆，平子则如故。世医有作伤寒者，有作时气者，投以发散剂，无不加重，死者无数。乙丑年（1625），钱国宾至山海关谒见太师，谈及此症，钱国宾说："此症天行时疫，名'肉行'，不比伤寒。古今医集不载，只以《官邸便方》见此异症一款。当大补血，用首乌、枸杞、当归、地黄等味，稍加羌活风药，足以应病矣。若经发散，立死无疑。"后世医家皆服其论。钱国宾著有《女科百病问答》《备急良方》《寿世堂医案》《经历奇症》等，前二书日本尚存，国内未见。

钱瑛，字良玉，名医钱宗道之子。钱氏世代以儿科著称，瑛亦善此术，名满吴中。宣德中，入太医院任御医。宁阳侯之子，出生九个月，惊悸频啼而汗出，虽百方而莫效。召瑛进官，瑛命此小儿坐于地，使人泼水为戏，小儿惊啼顿止。人问其故，瑛回答："时当季春，小儿丰衣帏处，又不离环抱，热郁难泄。使近水则火邪杀，得土气则脏气平，故不用药自愈。"子四：钱恒、钱恺、钱悌、钱宣，皆世其业。

钱恒，字伯常，钱瑛长子。恒亦精医术，以儿科著称。成化年间，召入太医院典医药。因治疗有功升御医，官至院判。每退内值，士大夫迎接他去治疗小孩疾病的仆马不绝。子钱钝，亦工医。

钱钝，字汝砺，钱恒长子。钱钝绍承父业，精于医术，亦入太医院，官至院判。

钱恺,字伯康,钱瑛次子。钱恺亦精医术,与兄钱恒齐名。素重医德,以济生为念,病者酬以金币,一无所取。

钱悌,钱瑛第三子,以儿科名世。

钱宣,钱瑛第四子,以医名世。

钱氏旁支

钱国祥,字乙生,清代江苏吴县人,钱辰之子。钱国祥素习举业,以廪贡生候选训导。光绪辛卯年（1891）,总督刘坤一命国祥任上海制造局翻译馆校勘、广方言馆教习第职,从事十年,造就甚众。著有《身体解》《外科便方纪要》《外科肿疡主治类方》《药性要略》等书,后三种今存抄本。

钱士清,字耕山,自号耕道人,清代江苏苏州人,侨居嘉善县魏里,为苏州诸生。博览群书,精于医术留心内养之法,年七十七岁卒。著有《伤寒合璧》等书。

钱士镃,字万煌,清代江苏吴县人,贡生。精于医理,求治者应接不暇,继之以夜,且不计诊金。后因酷暑应诊,积劳成疾,自知死期,沐浴端坐而逝。

钱氏医家,比比皆是,恕不一一。

主要引用书目：
《苏州府志》
《吴县志》
《嘉兴府志》
《浙江通志》
《钱塘县志》
《宋史·钱乙传》
《宋史·艺文志》
《医藏书目》

《医说》

《天一阁书目》

《中医图书联合目录》

《医学入门·历代医学姓氏》

《郡斋读书志》

《小儿药证直诀·钱乙传》

不应冷落张献翼

苏州市区干将路 128 号文起堂，乃张献翼故居。

文起堂坐北朝南，现占地六百五十平方米。原有轿厅，面阔十二米，加两落翼，进深六点五米，木柱础，木构梁架，圆作扁做，这种做法在苏州市区仅存孤例。内额枋上刻有"七朱八白"，屋顶坡度比较平稳，整体形式、构筑风格充分体现了明朝时的建筑特征。轿厅设置砖雕门楼，并出两翼，贴砖照壁，与大厅相对。门楼以及砖照壁下部均作青石须弥座式，其雕刻简练精细，束腰图案为缠枝卷草、双狮戏球等，下出圭脚，线条柔和。更为突出的是，砖雕门楼为双面式，这在苏州不多见。大厅结构为扁作抬梁式，斗拱梁枋用料粗壮，大厅内原来悬挂"文起堂"匾额。原为三进，门厅于建国之前拆除，1993 年，扩宽干将路时又拆除了轿厅前的两厢，缩小了天井，现存轿厅、大厅以及东西厢房。

张献翼何许人也？文起堂堂主！

据《玉剑尊闻》卷二记载：张幼予，名献翼，初名鹏翼，字枚，别字幼予，长洲人。自谓"不可无一，不可有二"，因号"可一居士"，以布衣老。张献翼即当年擅名吴中的张氏三兄弟之仲。张氏三兄弟长兄张凤翼，字伯起，仲弟张献翼，字幼予，小弟张燕翼，字叔贻。兄弟三人并有才能，时人称之为"三珠树"。"三张"之中献翼才名最高，《列朝诗集》称："三张之名，独幼予藉甚。"其十六岁时以诗贽吴中大名士文徵明，文氏读罢大为赞叹，语其徒陆子传曰："吾与子俱弗如也！"献翼淹博群书，能文擅诗，独步一时，"以诗豪七子中"。《弇州山人续稿》记载：“幼予五、七言近体皆佳，而七言尤自铮铮，态度都雅，音徽清嫩，时造真境，七言古绝似高岑，而间有费力处，押仄韵少操吴音，白璧之小瑕也。”推崇如此。幼予生平著有《读易纪闻》《读易韵考》《舞谱》，黄虞稷赞曰：“乐有书而舞无书，幼予创为之。”

幼予晚年文名尤盛，文徵明之曾孙、名士文震孟与幼予交往，尊称其为宗师，执礼甚恭，且将张献翼府上的堂号“文起”移为自己的字号。徐文长从来目中无人，但写了《自为墓志铭》却派专人送往吴中，请幼予修正，由此可见对张献翼其人的推崇。更有后辈学子，年纪相差四十余岁的冯梦龙，对张献翼的文才学识和风流放诞心仪神往。自从张献翼去世后，冯梦龙有感于如此人物世间“不可无一，不可有二”，欲继承其衣钵，复以“可一居士”自号，成为了江南又一位众人瞩目的怪杰。嘉靖四十三年（1564）春，长洲张氏三兄弟一同赴南闱，成为文坛一时之美谈。结果三兄弟全考中了，考官以为若三人一起发榜恐招嫌疑，于是大笔随意一挥，圈去了张献翼的名字，从此，张献翼的人生彻底改写。这位名士，当年不仅以其独具一格的才艺，更以其惊世骇俗的举止，成为吴中人人皆知的公众人物，成为“不可无一，不可有二”的吴中怪杰。

明万历二十八年（1600）七月七日，晴。张献翼出游，在万里无云的洞庭东山中部的碧峰坞前驻足，他为眼前的景色心仪，这里，环山的苍翠间一座雄伟壮观的庙宇突兀而起。得知长洲张献翼到来，翠峰寺方丈前来索要墨宝。张献翼游兴正浓，信步进寺，文房四宝早已备好，张献翼挥毫写下了《重修广福翠峰禅院》。

明朝万历二十九年（1601），苏州爆发了一场以丝织工人为主体的城市人民反封建斗争。当时，明神宗为摆脱财政危机，派出大批太监充当税使、矿监，横征暴敛。苏州织造太监孙隆滥收商税，机户被逼罢工。6月3日，织工领袖葛成率数千人在玄妙观誓神，以摇芭蕉扇为号，直奔税官之家，捣毁税署，打死税官多人。事后，明政府出兵镇压，葛成挺身而出，要求“幸勿及众”，被明政府囚禁十三年后才遇赦出狱。当时，张献翼豪气冲天，毅然加入到暴动的人群之中。后来，张献翼心知葛成自首必然凶多吉少，决定率士子在玄妙观露台上举行生祭葛成仪式。大义凛然的张献翼昂首挺立在露台上，朗朗发表演说，事后又谱写《蕉扇记》传奇，揭露官府劣绅害人，以此伸张正义。一个月黑风高夜，张献翼惨遭杀害。张献翼以一个文人的身份，他做了能做的一切，他舍生取义，至死方休，这样的侠肝义胆，足可名垂千古了。

再看张凤翼，为保全家安宁，竟然要求沈德符在《万历野获编》中加入诋毁自己兄弟的文章，意图以桃色事件去掩盖由葛成之事而起的真相，这在当时或许情有可原。那么到了今天，还不能还其真相吗？是张献翼的怪异举止羞于见人？还是文人本不该参与到轰轰烈烈的工人运动中去？

张献翼的堂号文起堂，其兄张凤翼的堂号处实堂，有各自的文集为证。为什么一提及文起堂，总拿张凤翼说事呢？费解！费解！文起堂乃是张献翼的故居！

久别重逢李翠莲

由中共苏州市委宣传部、苏州市文化广电新闻出版局、苏州市文化艺术界联合会联合主办的"苏州市文艺界庆祝建国六十周年文艺展示展演系列活动"落下帷幕已经整整一个月了,然余音未尽。

9 月 25 日,下午二时,我应钱璎先生之邀去观看苏剧,地点在苏州昆剧院剧场。当钱先生在电话里问我:"想不想去看苏剧?"我急切地问:"钱老,什么剧目?"电话中传来钱先生欣喜的声音:"《快嘴李翠莲》,是'承'字辈老艺人新排的。"我的心在狂跳,久违了,李翠莲!放下电话,我狐疑起来,心想'承'字辈老艺人和我是同龄人了,有的甚至还比我大出好几岁,能登台演出吗?

曾记得,上世纪 60 年代初,苏州体育场举办夏令游艺场。我家争取到了在游艺场里摆一个茶水摊的机会,于是,我们兄弟姐妹就有了进场看剧的条件。当时进驻体育场展演的有来自全国各地的马戏团、杂技团,还有各种剧种的剧团。就在露天扎帐篷搭建戏台,大约搭建有五个戏台。马戏团、杂技团帐篷内的观众特别拥挤,我从不去凑热闹,却对地方戏剧情有独钟。当时来苏州演出的剧种有沪剧、锡剧、苏剧和黄梅戏,我看的最多的是苏剧,因为苏剧的唱念都是苏州话,听起来容易且亲切,依稀记得当时我看的苏剧有《描金凤》《孟姜女》《女驸马》《小放牛》《救风尘》《抱妆盒》《西园记》《拜月记》《寻亲记》《花魁记》《金玉奴》《秦香莲》《孔雀东南飞》《乔老爷上轿》《狸猫换太子》《快嘴李翠莲》……

苏州昆剧院舞台上，苏剧"承"字辈老艺人，老面孔、老腔调，穿戴着崭新的行头在演绎着。略显得有些富态的李翠莲，轻快地、夸张地唱着费家调出场亮相，赢得满堂彩。剧中的李翠莲是个性格热烈、口快如刀、没遮没拦的少女，由花甲之年的梁承芝出演真是难为她了。随着舞台上李翠莲快嘴里吐出的吴侬软语与快人快唱的吴歌所造成的层见叠出的喜剧色彩，我竟然忘记了演员的年龄。

后半场的李翠莲是由六十七岁的叶承蔚（叶和珍）出演，《快嘴李翠莲》是叶和珍老师的拿手戏。李翠莲一进夫家得知自己被骗成亲之后，就骂丈夫，骂公婆，骂小姑，骂尽夫家所有人。李翠莲骂得理直气壮，骂得淋漓尽致，骂得观众共鸣！"女娲炼石补天处，石破天惊逗秋雨。"叶和珍将李翠莲演得看似夸张却又实情实理，顿时觉得叶和珍就是李翠莲。我情不自禁呢喃着："就是她！就是她！"原来，成功地塑造剧中人是可以改变客观条件的，这就是艺术家的魅力所在！

"此曲只应天上有，人间能得几回闻。"我沉思良久，自问：再过五十年，李翠莲还会如此年轻否？！

三槐堂故事卷

堂史篇

王祜：三槐寄情

闻名于世的王氏三槐堂，渊源于北宋王祜手植三槐的故事。王祜，字景叔，大名府莘县人。生于五代后唐同光二年（924），自幼聪慧，秉性倜傥。在宋太祖、太宗二朝，以"文章清节兼著"任监察御史至兵部侍郎。卒于宋太宗雍熙三年（986），追封晋国公，累赠太师、尚书令兼中书令。

王祜一生，显于汉周之际，文武忠孝天下闻名。五代时，他劝阻杜重威背叛后汉，这是忠；归宋之后，他拒绝卢多逊谋害赵普，这是义。他以全家百口人性命担保大名府尹符彦卿无罪，当时众望所归，"天下望以为相"。遗憾的是王祜因刚正耿直而"不容于时"，曾经被宋太祖疏远，这是直道。为寄希望于后代，王祜在自家庭院之中种植了三棵象征三公的槐树，并大声疾呼："吾子孙必有为三公者。"所谓三公，周代为太师、太傅、太保，西汉为大司马、大司徒、大司空，东汉则为太尉、司徒、司空。王祜种植槐树预期子孙兴盛，位登三公，"此其所以志也"。

三槐象征三公，来源于古代朝廷礼仪。相传西周时，朝廷明文规定，在朝士们会见官吏僚属议事的专门庭院中，三公大臣率领州长和百姓代表站在三棵槐树前，面对左侧的率领群士站在九根棘木前面的卿大夫和右侧率领公侯贵族共商国事。三槐既是三公地位显赫的标志，又是权力、责任和忠诚的象征。

失意后的王祜手植三槐，心潮澎湃。他要用三棵槐树来寄托自己的爱国情思和为人志向，勉励后辈努力向上，报国为民。他要用"好德励志，好学有文"的优良家风、爱国热情和高尚情操培养出一代又一代杰出人才。不久，王祜的次子王旦进入仕途，任宰相一十八年。其后，孙辈中王瑞为太子太保，爵列三公；曾孙辈中王元卒后赠太子太傅；玄孙辈中王震卒赐太子少师……王氏后代名人辈出。难怪大文豪苏东坡会将王祜手植三槐的史实载入了流芳千古的名作《三槐堂铭》之中。从此，王氏功业与《三槐堂铭》俱永。

自从王旦任宋真宗朝宰相之后，王祜种植三棵槐树的宗族祠堂就被命名为"三槐堂"。随着时间的推移，王氏宗族各分支均以三槐堂为荣，于是，三槐堂渐渐地成为太原王氏一脉的代称。王祜手植三槐，从此谱写了三槐堂王氏诸贤的新篇章。

王旦：全德元老

五代末，赵匡胤统一全国，建立了北宋王朝。处于北宋初期的真宗朝励精图治，为加强中央集权，发展经济，稳定社会，进行了不懈努力。宋真宗比较开明，当时任用了贤良方正的王旦辅弼朝廷，君臣相得，开创了有宋以来相对稳定的"太平盛世"局面。宋真宗赞扬王旦："朕之有文正，如天之有日。文正之有朕，如龙之得水。天无日不明，龙无水不神。"有才还须有德，王旦之德高望重，世代为人称颂。

王旦（957—1017），字子明，大名府莘县人，其父王祜为三槐堂始祖。王旦自幼沉默好学，"好德励志，好学有文"，在良好的家庭熏陶下努力学习，立志报国。王祜预言"此儿当至公相"。王旦有理想、有道德、有才能，为其将来遇明君、施才学打下了坚实的基础。

任平江县知县、事宋真宗一朝二十年，任宰辅十八年之久，天下誉之为"贤相"的王旦，天禧元年（1017）六十一岁时以疾罢相，九月薨。宋真宗亲临丧恸，废朝三日，赠太师、尚书令、魏国公，谥文正，且"别次发哀"，单独召开追悼会。乾兴元年（1022），诏配享真宗庙廷。

及建碑时，宋仁宗篆其首曰"全德元老之碑"。王旦被宋仁宗誉为全德元老，这是封建社会最高统治者对大臣的最高赞誉，历史上绝无仅有，王旦当之无愧。

王旦从政仁爱为本，一贯爱民如子。他任平江知县时"为民补弊刬蠹，锄其悍顽，而兴作利政，以惠养之"。曾经为薛奎、张士逊赴任时分别赠言"东南民力竭矣""朝廷权利至矣"，爱民之心溢于言表。

王旦用人任人唯贤，"内避亲嫌，外不避怨"，一贯注意"回避政策"，加强自我约束。他主动不与岳父、兄弟同列朝纲，不利用特权举荐亲朋好友。寇准贤能，虽然经常在宋真宗面前批评他的举措，然而，王旦深知他为人耿直、贤能，"称其美"，临终之前还力荐寇准为相。

王旦处事大公无私，胸怀坦荡，既往不咎。有一次，翰林学士陈彭年递呈一份不恰当建议，同在中书省的向敏中欲过目。王旦为保护陈彭年，避免落下话柄，"旦瞑目取纸封之，曰'不过兴建符瑞图进尔'"，为其加以掩饰保密。后来陈彭年与王曾、张知白参与政事，他们对王旦致意："我们奏事由你把关，别人都不知道具体内容，由你批旨奉行。你是恐怕别人知道会对我们不利啊！"

王旦处事大度，不徇私情，不图回报。他两次任主考官，考取状元孙何、陈尧咨，从不图回报，也不拉师生关系，不结党营私，只图为朝廷发现人才，奖掖后进。"观才""荐才"从不炫耀自己，尽量不让被推荐者知情。

王旦持家节俭，生活淡泊，奉行祖辈"仕不为利，以行其仁，处丰自薄，而厥其身"的优良传统。平时吃的是粗茶淡饭，穿的是"被服素质"，用的是"缯锦毡席，不准许"，住房"所居陋"。宋真宗要为他重新整修建造，他"辞以先人旧庐，乃止"。

王旦"事寡嫂有礼，与弟旭友爱甚笃，婚姻不求门阀"。

王旦平时不置田宅，教育子弟"子孙当各念自立"，告诫他们"我家盛名清德，当务俭素，保守门风"，要"见欲散施，以息咎殃"。

王旦的高风亮节及其为大宋所作的贡献，没有辜负先父王祐手植三槐的殷切期望。"郁郁三槐，惟德之符"，全德元老魏公之业如日中天，与槐俱荫！

王旦卒后，葬开封县新里乡大边村。苏州三槐堂裔孙王荣初为祭祀宋太师王旦，在太湖洞庭西山吴巷建有王文正公祠。全德元老王旦与吴中山水共存。

王旦：内举避亲嫌，外举不避怨

春秋时晋国中军尉祁黄羊（祁奚）年老请退，晋悼公要他推举替代的人。祁黄羊首先推举了他的仇人解狐，解狐还未上班，不幸死了。接着，他又推荐了自己的儿子祁午。悼公问："你这样推举人员，难道你不怕别人议论你吗？"祁黄羊回答："大王问我什么人能替代臣，并未问谁是我的仇人，谁是我的亲人。"祁黄羊的"内举不避亲，外举不避怨"，一时成为美谈。

然而，仁者见仁，智者见智。宋朝贤相王旦是十分注意用人方面的回避政策的。王旦以身作则，带头廉政自律。"内举避亲嫌，外举不避怨"，体现了他的大公无私、高风亮节和博大胸怀，同样广为流传，成为美谈。

早在淳化四年，三十七岁的王旦与苏易简知贡举，加虞部员外郎，同判吏部，知考课院。当时，岳父赵昌言参与机密事务，是王旦的上司。王旦为了有利于开展工作，主动避嫌，引用唐朝独孤郁故事向宋太宗辞职。太宗皇帝赞赏他的识大体、顾大局、不计私利的品质，改任他为吏部郎中、集贤殿修撰。第二年，赵昌言出知凤翔调离京师，宋太宗当即任命王旦为知制诰，仍兼任修撰、判院事，又面授金紫袍服、牯犀玉带以示恩宠，且同时命他负责崇文院秘阁事务。从此，王旦深受太宗重用。

王旦的弟弟王旭很有才干，宋真宗在未登基之前就经常听到别人称赞他，一登基，就让他多次升迁，任命他为殿中丞。王旦任宰相之后，王旭为避嫌，辞去了职务在家闲居。王矩曾经向宋真宗举荐王旭，认为王旭才能可以胜任重要工作。真宗皇帝召见王旦时说："前朝兄弟同居要职的很多，朝廷任人唯贤，怎么能因为你的缘故而有意委曲王旭？"于是，授王旭为京府推官。但是，王旦仍然坚持不可，后来只好改判南曹。

以后，王旭由判国子监知颍州，"荒政修举"。

王旦的大女婿韩亿，按照规定应该离京外放任职，女儿心中不大乐意，请担任宰相的父亲通融。王旦私下含糊地对女儿说："这是小事，不必担忧。"过了几天，王旦对女儿说："朝廷已经任命韩亿为洋州知县了。"女儿大惊失色。王旦却说："工作调动是很平常的事情，韩亿外放，你可以回家来住，大家并非失去什么。我如果向皇上提出照顾韩亿，别人就会说王旦徇私奏免了女婿外放。这种私情容易影响朝廷施政，对韩亿的前程并没有好处。谁不爱自己的亲人呢？你听我的不会错。"韩亿知道后认为岳父做得对，对夫人说："岳父为国为我们，都是一片苦心。"后来，韩亿最终做到两府大员。

担任宰辅的王旦按照朝廷规定，对人事任命有推荐和适当照顾亲属的特权。然而，他在朝为官一向自谦、抑让。直至去世时，子侄辈中尚有"白衣者数人"。

王旦一生治国安邦三十七年，从政"内举避亲嫌"是他的一贯作风，也是他治国要领中"廉政建设""自我约束"的一个重要举措。王旦的另一个举措是任人唯贤，举荐人才，不避仇怨。北宋名臣寇准敢于直谏，太宗曾经将他比为唐朝名相魏征。宦海沉浮，几度升迁，寇准与王旦同列朝纲，由于政见不同，两人经常发生矛盾。有一次，王旦负责的中书省有事，办事人员将报告直接送直密院，这是违反内部管理程序的"违诏格"行为。因此，寇准负责的枢密院将此事上告到真宗皇帝那里，王旦受到宋真宗的指质，并登门向寇准致欠，王旦的手下有关人员也都受到了责罚。事有凑巧，不久，枢密院有事直送中书省，亦属"违诏格"行为。王旦的手下幸灾乐祸，赶快交到王旦处。但是，王旦阅后并未上告宋真宗，立即命令手下送还枢密院。寇准感到十分内疚，见到王旦打招呼："您的度量实在大，惭愧！惭愧！"

寇准生性耿直，也是一位贤相。为朝廷国事与王旦有不同看法，经常在宋真宗面前评好说歹，而王旦却经常赞扬寇准。宋真宗对王旦说："你总是称赞他好，可他却总是说你的不是。"王旦回答："这是完全可以理解的。我在相位已久，多做难免错也多，寇准对殿下忠直，有什么说什么，这是我所以推重他的原因。"

王旦临终前，宋真宗探病时问："谁人能继任宰相？"王旦在病榻上喘息着："臣举荐寇准可以为相。"

王旦：远小人，禁陋习

王旦被任命为兖州景灵宫朝修使，内臣周怀政因为是宫观修建负责人，所以和他同行前往交割。周怀政为人机巧奸诈，一心想讨好巴结王旦，王旦深知其人，有意疏远他，一路上队伍缓缓而行，周怀政一心想接近王旦，但是无从亲近套近乎。到了驿馆休息时，周怀政寻找借口要求接见谈公事。王旦有意拖延时间，一定等到从者到齐之后，再戴好冠带，公开见他。冠带威仪之下从者侍立，自然形成一种只谈公事，不谈私事的氛围。事情一谈完，众人散去，周怀政毫无私言机会。

后来，宋真宗病重时，周怀政想立仁宗为帝，以真宗为太上皇。他暗中召杨崇勋、杨怀吉等密谋杀了丁谓等人。后来，两杨告发了他，被处死刑。人们回过头来看王旦疏远周怀政一事，感到由衷地佩服。

真宗朝内臣刘承规平时做事忠诚、谨慎，深受皇上的宠幸。刘承规临终前要求皇帝能给他一个节度使虚名。皇上很想满足他的要求，觉得这是他人生的最后一次要求，于是对王旦说："承规等候朕的封赐才能瞑目啊。"王旦坚持认为不可以答应。他说："朝廷的决定，今后就是天下的榜样，不管是死人还是活人，哪能要官要爵，此陋习一开，今后如果有人要求做枢密使，那能怎么办？"王旦从国家长远利益出发的一席话义正词严，宋真宗茅塞顿开。从此以后，内臣要官留待身后的陋习被革除。

王旦：澶渊会盟沉重行

宋真宗景德元年（1004）十一月，辽国大军进犯大宋，中外震惊。丞相寇准力排众议，请真宗皇帝御驾亲征。宋真宗率领文臣武将赴澶州，与辽国会盟于澶渊。这时，一方面西夏乘机重兵压疆，煽动边境部分军民谋叛，对大宋朝虎视眈眈；另一方面，留守东京的雍王突患急病，无法主持朝政。在这风云际会、形势险恶之际，寇准向宋真宗推荐了向敏中与王旦。于是，宋真宗全权委托向敏中带着便于行事的密诏去镇守西陲边疆，王旦秘密潜还东京，全权负责京都留守之事。

临行前，王旦与宋真宗、寇准一起商讨应变措施，王旦大胆提出了"十日之间澶渊会盟仍无结果应当如何"的问题。宋真宗沉默良久，终于作出了"立太子"的应变决策。因为身处险地的真宗随时都有可能遭遇不测，唯有"立太子"方能断绝辽国拿宋真宗要挟大宋的图谋。虽然事态的发展到后来无需"立太子"，但是这一决策体现了王旦的"退一步进两步"的应变能力和与辽国准备长期周旋的战略思考。

王旦连夜赶还东京，秘密入宫作了全面安排，且命令任何人不得泄漏消息，违令者立斩！王旦秘密住在宫中，及时处理一切事务，密切注意澶渊会盟动向。直到澶渊会盟和议成功，王旦这才舒了一口气。宋真宗率领群臣班师回朝，王旦的家人一起去郊外迎接。忽然，听到身后传来快马奔驰之声，方知王旦已经回京好多天了。

王旦：初任宰相二三事

澶渊之盟和议签订之后，西夏誓守故地，中原基本结束了唐五代直至宋朝初年天下纷乱异族犯边局面，出现了天下太平的大好形势。寇准却遭遇王钦若陷害，罢相出知陕州。不久，王旦开始担任宰相。为了确保社会安定，宋真宗不忘强兵。当时，马军副都指挥使张旻按照宋真宗旨意精选兵将，但是要求太高，下令太严，士兵感到畏惧，于是阴谋兵变。内忧骤起，处理不当将引发大乱，宋真宗闻讯后立即召见枢密院和中书门下二府负责人商量对策。担任宰相之职的王旦首先说："倘若怪罪张旻，从今以后领兵大臣将难以带兵，立即逮捕图谋者，事情又将闹大，必定震动京师。皇上屡次欲升张旻为枢密，不如现在就解除他的兵权，提拔他。这样，想闹事的人感到心安，也就不会再图谋生事了。"这是两全其美的方法，王旦就这样轻而易举地消除了大宋澶渊会盟后欲强兵反生变的一次军事危机。事后，宋真宗向大臣们赞扬王旦："王旦善于处理大事，真不愧为宰相。"

澶渊之盟后，有一年契丹奏请朝廷每年资助三十万钱帛以外再借贷一笔钱帛，宋真宗征求王旦的意见。王旦说："为庆贺太平盛世的到来和表示国外所举行的东封泰山大典日期临近，皇上车驾就要成行，契丹在这个时候提出借钱帛之事，其目的是试探朝廷的虚实，我们既要制止他们的不良动机，又不能伤了和气，同时又要表示大宋朝对之轻视的意思。因此，可以在三十万年度份额内各借钱帛三万，并告诉他们于下一年度份额内扣除。"契丹得到答复后感到羞愧难当。第二年，王旦又指示有关部门，契丹所借钱帛六万，属微末小事，今年还是按照常规数目发给钱帛，今后不再照顾。

　　西夏赵德明于纳誓"誓守故地"后不久，又向宋朝要求借粮食万斛。大臣们认为，这是赵德明故意违背誓言出的难题，应该下诏严责。这件事宋真宗交给王旦处理。王旦指示有关部门在京师准备好粮食，下诏书让赵德明派人自取。赵德明得到答复后羞愧地说："大宋朝有能人。"

　　王旦为维护国家形象和利益，正确处理睦邻友好关系，不卑不亢、有理有节，"动于万全，出于不意"，这样的处理是十分得体的。

王旦：王、马罢官

　　宋真宗朝贤相王旦，处理国家大事深谋远虑、洞察入微，有一则小故事颇能说明问题。

　　王钦若与马知节同在枢密院共事。一次在朝堂上议事，两人因为政事争论不休、互不相让，惹得宋真宗很不高兴。于是，召见王旦，王旦进殿后，看到王钦若脸红耳赤地正大声嚷嚷，一副不服气的样子，而马知节却哭哭啼啼、泪流满面地要王钦若同到御史台去理论。宋真宗怒气冲冲欲将两人打入大牢治罪。王旦见实在不成体统，便将两人斥退下去，然后从容地对宋真宗说："王、马两人各自依仗皇帝的器重和厚爱，在皇帝面前大胆争吵，这是对皇帝的大不恭。臣身为宰相，当依朝廷法典加以处置，不过见皇帝如此不高兴，臣想还是恳请皇帝暂且息怒，先进内宫休息，待明日再作处置不妨。"宋真宗同意了王旦的意见。退朝以后，王旦将王、马两人狠狠地训斥一番，两人终于意识到了自己因为意气用事，犯下了对皇帝大不敬之大罪，回去之后，诚惶诚恐各自写下了认罪手疏，等待责罚。

第二天，经过"冷处理"后，宋真宗火气消了，王、马两人也冷静下来了。这时，王旦进言："臣仔细考虑了昨日在朝堂之上发生的事情，按理当对此两人惩处，然而臣却不知依据那一条律法来定罪较为合适？"

宋真宗一想起昨日之事就不开心："朝堂之上纷争无礼，便可定罪。"王旦不卑不亢："皇帝治国圣明，无人不知，而使大臣担纷争无礼之罪名，传到海外，恐怕有损朝廷形象，不利于威慑。"

宋真宗又问道："依您之见该如何处置？"王旦回答："微臣以为还是让臣到中书省（宰相办公的地方）去处置。微臣先行召见他等，传达圣上对此大为不满的旨意，且加以训斥，引以为戒，待事情完全冷却下来之后，再找其他借口罢了两人的官职，也为时不迟。"

宋真宗觉得王旦之言说得有理，便点头表示同意。事后对王旦说："若非爱卿此番言语，朕实在很难下咽这口气，还真不知如何处置才是。"数月后，王钦若、马知节两人均被罢了官职。

王旦妥善处理这件事情，体现了他处事时的睿哲，窥一斑而知全豹。

王旦：以俭养廉

三槐堂二世祖王旦，事宋真宗一朝二十年，任副宰相六年、宰相十二年，普天下誉之为"贤相"。王旦的修身养性、齐家治国平天下，被后来的宋仁宗誉为"全德元老"。

古人说：勤能补拙。王旦天资聪颖又好学有文，更加睿智。古人还说：俭以养廉。王旦礼乐盛德传家，好德励志，一心为公，忠君爱国，廉洁自律。王旦的"俭以养廉"贯穿其一生，实为后人的楷模。

王旦身为宰相，按照常理，应该锦衣肉食、山珍海味，可是王旦平时却总是粗茶淡饭。家人见他生活过于节俭，一次私下以稍许肉泥置入汤中。王旦吃出了味道，于是他只吃饭不喝汤。家人觉得奇怪，问："老爷为何光吃饭不喝汤呢？"他说："今天我不喜欢喝汤。"第二天，家人又将肉泥混入饭里，王旦发现之后不愿意吃饭，还说："今天我不想吃饭，想喝粥。"王旦虽然从不诵经念佛，但是，他自觉"养廉"，衣食却似持斋之人。

王旦富贵一生，穿的应该是绫罗绸缎、花团锦簇，可是他却"被服素质"，很少添置新衣，家里人要将府上略加改善，他都一一制止。

王旦所居年代久远，既小又不气派，宋真宗见了要拨款给他翻造扩建。这种事在别人看来是求之不得的事情，而王旦却以"先人旧庐""不忘祖辈"为借口，婉言谢绝了皇帝。后来，房子的大门坏了，必须拆除重新整修建，王旦不愿意彻底翻建，宁可在廊庑下开边门出入。

王旦从来不置田产宅园。他教育子孙应当如何依靠自己的力量来建立家业，他说先辈置办田宅，只能是为小辈们创造争夺财产的机会，陷小辈于不义。

王旦病重时，宋真宗前往探视，赏赐白金五千两。但是王旦坚决拒绝，并真诚地向皇帝表示："如今微臣家中并不缺少银两，反而担心财产较多，将祸害小辈。倘若谁家有难处，微臣愿意散财施舍，以平息将来家中可能出现的因财产而引起的祸事。"

王旦临终前一再规诫子弟："我家盛名清德，一定要牢记节俭朴素，要保守门风，行事不得奢侈浪费，无需为我厚葬，以金银置放在棺木之中。"

王旦俭以养廉一生，勤政爱民一生，足智多谋、光明磊落一生，为大宋朝建立了丰功伟绩，他的故事永载史册，为后人所称道。

王旦：人非圣贤

宋朝功勋卓著的贤相王旦，临死前竟然让家人为他"松发污面"。人们都知道，人世间只有做了十恶不赦之事、遭人唾弃之徒，才会被人"松发污面"。作为大宋朝宰相何故这样的自责呢？原来，这样一位忠心为国、勤政为民的"全德元老"，心中有一件抱憾终身之事。

澶渊之盟以后，大宋朝与契丹议和，西夏国誓守故地，社会安定、政局稳固，一时出现了天下太平的局面。随之而来的是歌功颂德、粉饰太平的现象大兴，宋真宗以为从此四海升平，应该风光一番。这时，奸佞王钦若引荐丁谓，百般迎合真宗旨意，伪造天书、争献符瑞，开始了封泰山、祀汾阴，大造舆论。王钦若说什么"唯有封禅泰山，方可镇收四海，夸示外国"。宋真宗满心喜悦，但是却担心宰相王旦会阻拦。因为宋真宗心中明白，封禅之事其实是徒费钱财、毫无道理的无稽之谈。为此，宋真宗特意召王旦前往饮宴，示意他不要对此事过多发表意见，并且赐王旦好酒一樽。宋真宗郑重其事地对王旦说："这樽酒是极品，带回家去与家人好好享用。"宴会结束之后，王旦回家打开一看，酒樽里装的全是上好的珍珠。宋真宗如此的好大喜功，意思是十分明显的，王旦无可奈何，想再违拗已经是不可能的了。于是凡是有关天书、封禅等事，王旦缄口不言。但是，对于自己违心地接受皇帝行贿，王旦至死不忘。

一位心中容不得半点沙子的贤相，自责道："吾生平死不愧，唯封禅一事，终生有愧，请松发污面。"当然，后来"众阻而止之，乃罢论"，然而王旦严于责己的态度是非常明确的。

王素：谏官

宋朝官制中设立谏院官署。凡朝政决策、大臣至百官任用不当，三省至各官署事有违失，都有权向皇帝反映、劝谏，且要求朝廷加以改正。三槐堂第三代王素为官贤能，宋仁宗特提升他负责谏院工作。谏院工作说来容易做起来难。且不说封建社会里官场腐败、钩心斗角之争经常发生，就古人所说"伴君如伴虎"而言，稍有不慎就会失去前程，甚至惹发"龙颜大怒"而脑袋搬家。王素知谏院能不顾个人得失，敢于犯颜直谏，刚正无畏。他是宋朝的一位正直无私、忠贞爱国的好谏官。

有一次，宋仁宗喜得皇子，十分高兴。为表示庆祝，仁宗皇帝打算给文武百官各升一级，再分送酒食，以赏赐各军。王素却坚决反对，且与宋仁宗争辩说："如今西夏国蠢蠢欲动，契丹要的粮食不肯减少，地方官员的财政支出费用却越来越高，国库越来越紧。这个时候，朝廷应该留下爵位与俸禄份额，用以分赏有战功的将士，存储钱帛以支援边陲军费开支。怎么能为庆贺生了皇子而给大家加官晋爵、肆意挥霍呢?"王素义正词严。最后,宋仁宗表示同意。

又一次,宦官王德用进献了两个绝色美女。王素得知后觉得不好,就去找皇帝,仁宗皇帝用商量的口气对王素说:"我是真宗皇帝的儿子,你是王旦的儿子,我们君臣是世交,关系非他人可比。德用确实进献了两位美女,且已经在朕左右久了,既成事实,爱卿就不用再计较了吧。"王素回答说:"臣所担忧的正是她们在圣上身边待得太久了啊。"宋仁宗一听,立即动容,马上令人将这两位美女送出宫去。

迎合上司,投其所好,古往今来司空见惯,更何况是皇帝。像王素这样直言制止皇帝的人,实为罕见。

王素是王旦的次子,以论事无所畏避获宋仁宗嘉奖。晚年历知成德军、太原府,官至工部尚书。

王质:捉放盗衣贼

王旦弟弟王旭的儿子王质,是一位清廉寡欲、克己好善的人。他在任江陵府时发生过一件事,足以体现他同情贫苦百姓的善良品格。

有一次,府中的衙役捕捉到了一个偷盗别人家晾晒衣服的盗贼。被捕的盗贼四十岁上下年纪,面黄肌瘦,天寒地冻,却身穿单衣,瑟瑟发抖地跪在公堂之上。王质上公堂,命他"从实招来"。盗贼叩头哀告:"小人因常年身体不好,家中贫寒,迫于饥寒交迫走投无路,才干此等蠢事。大人可以查明,小人平生从未做过缺德之事,今日初犯就遭逮捕,小人下次再也不敢了,万望大人宽恕。"

王质上任时就已经体察到江陵地方土地贫瘠、百姓穷苦。平日里,自己在街坊间行走,遇见贫困者也经常"出私钱予之"。他自己本来就是个不喜蓄财的穷官,平时信奉清廉节俭,经常周济穷人,时时入不敷出,甚至还借债度日。穷人的甘苦他是深有体会的。

现在,王质听盗贼如此哀告,又见他衣衫褴褛、面露菜色,不似惯盗,恻隐之心顿起。录下口供之后暂且押入牢房。第二天,王质派人到这个盗贼居住地调查,调查结果,此盗贼供状句句属实。翌日,王质再次升堂提审,除教训他日后要堂堂正正做人,又将自己家中的旧衣服送给他穿上，还资助了些许银两，让他自谋生路，然后当堂释放。

王质：义送范仲淹

曾经以"先天下之忧而忧，后天下之乐而乐"闻名于世的范仲淹，于宋仁宗景祐三年（1036），针对时弊上呈《百官图》，对宰相吕夷简多次指责，因而被指为"朋党"，由权知开封府被贬饶州。

吕夷简为打击异己，翻手为云覆手为雨，大搞整人运动。凡平时与范仲淹有所往来的人，有的躲进了避风港，但求明哲保身；有的则见风使舵，卖身投靠；有的甚至昧着良心干出落井下石的勾当。在这种险恶情势下，范仲淹离开京师时，无人送行。旅途中，范仲淹正感叹世态炎凉、人情淡薄之际。忽然，听到身后马蹄得得之声音，好友王质抱病前来送行。

十里长亭就在前面，患难见真情，人生至交又能有几人？范仲淹感谢王质一片真情，为避免受株连，劝说他赶快离去。然而王质大义凛然，盛赞范公的庙堂之忧，痛斥所谓"朋党"的整人运动。两位好友在十里长亭摆酒痛饮，互诉忧国忧民的情怀，痛快淋漓地把酒话别。堂堂开封府尹贬官赴任，京城众多故人同事，尽管原因各异，独王质一人相送，难免有些令人惆怅。王质的到来，场面虽然冷清，然王质义薄云天、性情刚烈，为范仲淹送行慷慨激昂，给人们留下了深刻的印象。

事后，有人讥讽王质，甚至质问他是否范仲淹一党？王质听到后哈哈大笑，义正词严地回答："范公是有名的贤者，我王质能与范公成为同党，实在是很幸运的事情。"这件事传为美谈，大家对王质在朋友遭难，众人唯恐避之不及的时候，能独立前往携酒送友，并自豪地引以为同党的言行，表示由衷的钦佩。从此，王质被公认为贤者。

王巩：苏轼的《三槐堂铭》和《定风波》

《古文观止》中收录了苏轼的一篇《三槐堂铭（并序）》，并评论："王氏功业与槐俱萌，实与此文而俱永。"

苏轼怎么会想到去写《三槐堂铭（并序）》的呢？原来，王巩与苏轼是过从甚密的师生关系，作为苏轼的门生，王巩曾与苏轼一起"游泗水，登魋山，吹笛饮酒，乘月而归"，师生之间志同道合，情趣相投。王巩，字定国，当苏轼因为乌台诗案被贬时，王巩亦受株连被贬宾州。

宋朝时，党争激烈。宋神宗时，苏轼因作诗议论新法，被政敌指控为"讥讽朝政""谤讪中外臣僚"而遭受监禁，险遭杀头之祸。王巩作为苏轼的"朋党"被连坐，贬为宾州监酒税。宾州地处岭南，条件极差，王巩一去多年，两个儿子病死，自己也差一点客死他乡。但是，王巩"豪气不少挫""依然跌荡傲世"。王巩南迁回京之后，第一件事就是去拜见苏轼。叙谈之间，苏轼填词《定风波》，借对王巩侍女柔奴的赞誉，高度赞誉了王巩。

> 王定国歌儿曰柔奴，姓宇文氏，眉目娟丽，善应对，家世住京师。定国南迁归，余问柔："广南风土，应是不好？"柔对曰："此心安处便是吾乡。"因为缀词云。
>
> 常羡人间琢玉郎，天应乞与点酥娘。自作清歌传皓齿，风起，雪飞炎海变清凉。
>
> 万里归来年愈少，微笑，笑时犹带岭梅香。试问岭南应不好，却道，此心安处是吾乡。

王巩刚正无畏、磊落坦荡的风骨神采，深深地感动了苏轼。柔奴的"此心安处是吾乡"不就是王巩的心声吗？

苏轼早在宋神宗元丰二年（1079）从徐州调至湖州时，激情勃发，为王巩新修的《三槐堂族谱》挥毫写下千秋传颂的《三槐堂铭（并序）》：

> 懿敏公之子巩与吾游，好德而文，以世其家。吾是以录之，铭曰："呜呼休哉。魏公之业，与槐俱萌。……王城之东，晋公所庐。郁郁三槐，惟德之符。呜呼休哉！"

王皋："靖康之变"

王皋（1081—1156），字子高，高祖王祐、曾祖王旦、祖王素、考王巩。政和七年（1117）王皋作为名臣子孙，渐入仕途，"以荐拜少府监，寻迁殿中丞"，不久又"迁右谏议、吏部郎中、权判开封府"。正当王皋仕途一帆风顺之时，爆发了"靖康之变"。

王皋所处时代，金兵不断南侵，在坚持抗金还是屈辱求和的重大问题上，朝廷之上形成了两大派别之间的尖锐对抗。结果给敌人以可乘之机，因此爆发了"靖康之变"。宣和七年（1125），金兵两路攻宋，宋徽宗传位于太子宋钦宗。靖康元年（1126）正月，金将完颜宗望率东路军围攻开封，宋钦宗向金国送上金银珠宝，并许诺割让太原、中山、河间三镇，完颜宗望遂于二月退师。十一月，金将完颜宗翰（粘罕）率西路军与东路军会师开封城下，开封失陷，宋钦宗请降。次年三、四月金兵退师，将徽钦两帝、后妃、宗室、部分臣僚以及技艺工匠、倡优、内侍及礼器法物、天文仪书籍舆图、府库蓄积等驱掳北去，北宋遂亡，史称"靖康之变"，或"靖康之祸""靖康之难""丙午之耻"，这也是中华民族历史上的奇耻大辱。

开封失陷后，金兵俘虏徽、钦二帝，召集全体宋朝臣僚，打算议立异姓王，且让大家签名表态。王皋与张叔夜带头拒绝签名，并写信给金营，要求立皇太子为帝。王皋的刚烈行动激怒了金人，金将命令王皋下跪，王皋须眉皆张，昂然挺立，厉声斥责金将道："吾是王文正公之子，尔等乃侵扰我大宋朝河山的强盗！吾生不能消除国难，怎能向你等下跪？死有何惧，要立异姓王断然不可！"王皋慷慨陈词，声色俱厉，令金将张口结舌，为之气急败坏。终于，金人摄于王皋大义凛然的忠义气节，听其不拜。

金人公开扶植屈膝投降的张邦昌为"楚帝"，"使主社稷"，王皋再次表示反对。在群臣聚集时王皋反复申述，坚持"赵氏不可绝，大位不可假"，坚决抵制张邦昌篡夺宋朝皇位。金兵退出开封之后，在众人的坚决抵制反对之下，张邦昌理曲气衰，不得不"率众臣奉皇后垂帘东京"。

皇后垂帘东京期间，王皋抓紧时间"招募离散，缮备城郭，以图后举"。他积极组织流散的抗金力量，增强战争防御设施，准备收复失地，中兴宋朝，雪耻报国。

靖康二年（1127）五月，康王即位于应天，改元建炎，是为宋高宗。王皋听到这一消息，十分高兴，激动地连连高呼："天下有主矣！"并建议太后撤帘，让宋高宗主政。随后，王皋扈从太后，且带领全家南下，于扬州身披战袍面见高宗，表达了自己忠于大宋、随时为中兴宋朝浴血疆场的决心。宋高宗接见时"温语奖谕，礼赐有加"，拜王皋为殿帅府太尉，主管抗金军事。至此，王皋力主抗金报国，心中终于有了一块实地。

王皋南渡之后在苏州定居，是为三槐堂南渡始祖。

王胤：流放梧州

王胤（1154—1202），字吾曾，父王皋，为宋高宗时殿帅府太尉特晋柱国太傅。

据说，王胤出生前一天，邢氏夫人梦见一位神人送给她一根鱼骨。第二天王胤出生，夫人将梦中情景告诉王皋，王皋说："那是鲠骨。鱼善变化，此子必能继承和光大吾家传统，就怕直道难行，招灾惹祸，前途多有变化。"后来，王胤一生的经历竟然被王皋言中。

王胤长大之后，爱好儒家学业，专攻理学，拜延平李侗为师。李侗与罗从彦（世称豫章先生）、杨时被称为"三剑先生"，东南学者推为程门理学正宗。

宋孝宗乾道二年（1166），王胤擢进士第，开始进入仕途。受三槐堂"好德励志，好学有文"传统家风熏陶，王胤忠君报国，政绩卓著。然而"直道不容于时"，最后落得个流放梧州安置。在困境中，王胤仍然自强不息，尽自己所能传道授业，造福一方。

宋宁宗庆元元年（1195），韩侂胄以策立宋宁宗有功，权势倾天下，序班丞相之上。这一年，韩侂胄嫌恶右丞相赵汝愚上书批评左丞相京镗，因此赵汝愚受到了永州安置的处分。为此，王胤很不服气，写了奏章为赵汝愚竭力"辨其枉",因此获"忤旨"罪名,由显谟阁直学士兼枢密副使,罢为提举崇道观权判常州府事。王胤在向朝廷辞行出京赴任之时,在谢表上又极力贬斥韩侂胄为奸邪之徒,应该斩杀方能大快人心。韩侂胄得知后恨之入骨,指使何澹弹劾王胤倡导伪学(指程朱理学),"沽猎名誉,标榜声气,谤讪朝政,实党人魁首"。皇上震怒,责成将王胤交归化军节度副使管束(即削职为民,易地而居),安置在梧州。王胤就此走上了"流放"的人生旅途。

王胤年岁渐高,身体衰弱。从临安到梧州路程几千里,一路上翻山越岭,过涧涉溪,沿途荒无人烟。蛮荒之地,蛇虫乱窜,山雨不断,艰楚万状,随从人等,面露畏南之色。王胤面对难以忍受的困境,豁达地对随从说:"我们经受这样的患难是命中注定的,虽然失去了安居的生活,但是一个人的人格不能失去,我的学问永远不会失去。难,也是一种磨砺,我一点不后悔,没有什么可灰心丧气的。"随从们被他的大无畏精神和一脸正气所感染,大家互相帮助,终于走到了梧州。梧州是广西的荒僻地区,文化教育相当落后,当地人很少懂得学问之道。王胤一到梧州,立即以传播文化知识、提高当地人的素质为己任。王胤落脚在一座古庙的客房中,当即召集当地比较优秀的年轻人,聚集在一起谈艺讲学,亲如父子家人一样。时间一长,梧州人士互相串联,相约一起来到王胤住所听讲,大家都以王胤迟到梧州为憾事。从此,梧州人精神面貌有所改观,社会风气蒸蒸日上,世风为之一变。

当时韩侂胄当道,指斥理学为伪学,大兴"庆元党禁"。朱熹、蔡元定都在贬逐之列。有人好心地劝王胤不要再讲学,以免再遭祸害。王胤一笑,置之不顾。

王胤在梧州一年多,太上皇思念旧时官僚,询问王胤近况。皇上亦受感动,于是发诏至梧州,对王胤"夺职放还",即仍然削职为民,但是可以回原籍。临走之时,梧州百姓以及从学弟子争相送行,道路为之堵塞。王胤卒于无锡沙头家中,直到韩侂胄伏诛,诸子才将其归葬苏州获扁祖坟。

王通：文中子立户执教

三槐堂始祖王祐的十世祖王通（584—617），字仲淹，号文中子，绛州龙门（今山西祁县）人。生于隋文帝开皇四年，从小刻苦学习，六岁时就夜读达旦"不解衣"。他精志学经，后来成为一代经学大师。文中子曾经于仁寿年间西游长安，向隋文帝上书《太平策》十二篇，论述了治国平天下的理论和方略。隋文帝大加赏识，将他的上书交给公卿们讨论，由于政见不同，公卿们很不高兴，却又十分妒忌。文中子见状，知道"道不同，不相为谋"，于是作了一首《东征歌》，悄然而归：

> 我思国家兮远游京畿，忽逢帝王兮降礼布衣。遂怀古人之心兮将兴太平之基，时异事变兮志乖愿违。呈嗟道之不行兮垂翅东归，皇之不断兮将自而归。

这首诗叙述了他怀才不遇的经过和自强不息的奋斗精神。隋文帝知道后，派人再去请他，文中子婉言谢绝后离开京城而去。这时，他已经下定决心另辟蹊径，以为国为民培养济世人才为己任。

从此，文中子自立门户，开始执教自给，广收门徒，"序述六经，敷为中说，以行教于门人"，时称"河汾门下"。晚唐诗人皮日休曾将文中子与孔、孟相提并论，并加以比较："较其道与孔道，岂徒然哉？设先生生于孔圣之世，余恐不在游、夏之亚也。"认为文中子不次于孔圣人最得意的二位门生。

文中子卒于唐灭隋之际，其学术在盛唐"得而用之"。大唐的开国元勋，贞观之治时期的名臣、名儒，如薛收、李靖、魏征、李责、杜如晦、房玄龄等，均为文中子高徒，文中子经术之高可想而知。

王绩：斗酒学士

王绩(585—644)，字无功，文中子王通之弟。王绩年轻时弹琴、作诗、著文，高情胜气，独步当世。十五岁时进长安，拜见杨素，称他为"神仙童子"。唐高祖武德年间，王绩奉命入长安，以隋朝六合县县丞的身份在门下省等待分配。

当时门下省官员按理每天发给三升美酒，王绩的七弟王静任高祖千牛卫，一次问王绩："兄长等待分配的日子还快乐吗？"王绩回答说："俸禄微薄，只是三升美酒，还勉强令人留恋。"门下省侍中陈叔达是王绩的好朋友，听说后笑道："三升美酒不足以留住王先生。"于是，他下令每天发给他一斗美酒，当时人们称王绩"斗酒学士"。其实，他能饮酒五斗，故而自称"五斗先生"。

贞观年间，王绩因家贫入长安求职。当时，太乐署的府史焦革家中善酿好酒，天下无双。王绩坚决要求当太乐丞，选司认为这个不是有学问人的职务，不能任命。但是禁不住王绩再三请求，他甚至说："我欲当太乐丞其中有深意的。况且士人、平民各分清浊，天下人都知道。没有听说过庄子不做漆园吏，而老子不耻当柱下史的。"这才得到了这个任命。其实，对于王绩来说，职务无关紧要，可一旦当上了太乐丞，就能每天品尝焦革家的美酒了。

不久，焦革死了，妻子袁氏照常送来美酒。一年之后，袁氏也死了。王绩叹息说："天不让我饱尝美酒了。"于是就此辞职还乡，以陶渊明为榜样过着隐居生活。

王绩自号东皋子，著有《五斗先生传》、《醉乡记》、《无心子传》、《东皋子集》五卷、《酒经》一卷、《酒谱》一卷等。

王勃：滕王阁盛会

王勃（649—676），字子安，文中子王通的孙子。严格的家教和自身的勤奋，使王勃六岁就善于辞章，"清才俊发，构思无滞"。年十四应举及第，曾为沛王府修撰。当时，王府中诸王常召集斗鸡会取乐，王勃一时兴起戏写文章《檄英王鸡》（英王即中宗）。高宗听说之后，认为这篇文章影射朝廷，意欲挑起不和，因而一怒之下斥免王勃为虢州参军，继而又坐"擅杀"罪当诛，除名抵罪。王勃的父亲，即文中子王通二子福畤，也遭连坐谪交趾令。这一年，王勃去探望父亲，途径洪州。巧遇洪州都督阎伯屿重修滕王阁竣工，在阁内摆下盛宴，招待当地官员和各界知名人士。王勃为"初唐四杰"之首（其余三位分别为杨炯、卢照邻、骆宾王），文章一向华美。作为名人，王勃适逢其会，也被邀请参加这次盛会，并挥毫写下了奇文《滕王阁序》。

这一天适逢重阳节，天气晴朗，滕王阁内高朋满座，张灯结彩，一派喜气。阎都督暗怀私心，有意显示女婿的才华，预先让他写好了一篇赞扬滕王阁的文章，准备在盛宴上歌咏。酒过三巡，阎伯屿笑道："为了助今日酒兴，哪位能当场写一篇滕王阁的文章，让大家品味欣赏？"一面说一面让人备下文房四宝挨个地请。在场的人互相推让，让到王勃时，王勃欣然答应。阎伯屿原本是虚情假意，见状面带怒容，派人到王勃面前，让他写两句，随从报两句，打算让他当场出丑，一扫王勃的威风。只见王勃略微思索，展纸挥豪：

豫章故郡，洪都新府。

阎伯屿一声冷笑："老生常谈！"随从又报道：

星分翼轸，地接衡庐。

阎伯屿鼻孔里出气："这是故事。"紧接着随从报道：

襟三江而带五湖，控蛮荆而引瓯越。

阎伯屿沉吟着，没有说话。当随从报道：

云销雨霁，彩彻区明。落霞与孤鹜齐飞，秋水共长天一色。

阎伯屿大惊，脸上现出欣喜的笑容，称赞道："真是天才啊！这样的好文章会与世长存的。"

王勃将《滕王阁序》写完，宴会达到了高潮。阎伯屿当场送给他两匹绢帛，表示由衷的钦佩和衷心的感谢，宾主尽欢而散。

滕王阁盛会中王勃当场挥写千古名文《滕王阁序》，有学者将其创作经过归纳为三奇：在冠盖云集、铺张扬厉的宴会上，作为一个过路的青年人，毫无准备，匆遽作文，而写得令人那么称赏，一奇也。当诸客都因为有所顾忌而不敢动笔，王勃却偏偏一展才华"慨而不辞"，也许还知道有人会窥视着，而他却毫无惧怯，二奇也。面对高官显爵，王勃只是个年轻的小人物，但他却旁若无人，"对客操觚，顷刻而就，文不加点，满堂皆惊"，三奇也。

根据民间传说，王勃在滕王阁盛会前夕，乘船去马当山，夜间梦见水神对他说："祝你一帆风顺。"果然一夜舟行七百里，巧赴盛会，才有了《滕王阁序》的问世。又有了后人黄淳耀过马当山时，怀念王勃而写下的一首风情跌宕的七绝诗：

> 斗鸡檄就海南来，犹有雄文对客裁。
> 一日长风千里阁，世间唯有鬼怜才！

归纳为神奇、人奇、舟奇、文奇，可谓四奇。

王勃之名和滕王阁古迹，都因奇文《滕王阁序》而传世。可惜的是王勃生命短促，二十七岁时渡海探亲，不幸溺死。一代文坛新星就此过早陨落。

王仲舒：苏州刺史

王仲舒（762—823），字宏中，太原人，是唐代一位有名的勤政爱民的能吏。元和十年（816）王仲舒由婺州迁苏州，任职五年，给苏州百姓留下了极其深刻的印象。

苏州地处太湖流域水网地区，水路交通发达，唐代时陆路不便，严重制约了苏州的经济发展。为了改善苏州南大门的交通，王仲舒捐出身上的宝带，集资建了举世闻名的宝带桥。

宝带桥横跨于澹台湖与大运河交汇处，全长三百一十七米，宽四米，共有五十三个桥孔。建这样一座大桥，在当时是一项耗资巨大的工程。为了完成这样一项利国利民的工程，王仲舒积极筹集资金，号召苏州官民有钱出钱，有力出力。资金缺口太大，结果王仲舒带头拍卖皇帝御赐宝带，将所得银两全部捐出。

说起这条宝带，当年王仲舒在婺州任刺史时，婺州三十多年瘟疫旱灾，百姓逃的逃，死的死，几乎成了绝地。王仲舒任职五年，很快"吕里增完就"，使婺州人丁兴旺，经济复苏。皇帝为此嘉奖他，"加金紫服"，赐宝带。这宝带既是荣誉，又是财富，来之勤政爱民，用之利国利民，王仲舒心怀坦然。

宝带桥远看似长虹卧波，宝带束腰，仿佛老天示意百姓要记住王公捐宝带建桥的功德。每逢农历八月十八，皓月当空，宝带桥畔游人如织。据说，只要时间、角度把握得当，湖心游船上的人们就能有幸见到宝带桥的五十三个桥孔中都会有一个月影，一眼望去，恰似一串明月，这就是有名的吴中胜景——串月奇观。苏州百姓更是交通、观景二相得益，均为王公所赐。

宝带桥建成之后，王仲舒为了进一步完善苏州地区的水陆交通，又决定将苏州东南面的松江河堤修建为大道，使东南面的入海交通水陆并进。由此，苏州交通网络建成，水陆两路四通八达，为苏州在唐朝时的"现代化建设"打下了坚实基础。

王仲舒十分关心苏州百姓的生活。"变瓦屋，绝火灾"，是他为了改善苏州百姓居住条件、减少火灾损失所实施的有名的"安居解危工程"。一千多年前的苏州，大唐百姓居住的是"草堂"。虽说茅屋"冬暖夏凉"，然易"为秋风所破"，"火神爷"时时光顾茅屋，城乡火警不断，百姓有苦难言。为解决百姓安居问题，王仲舒组织百姓开窑烧砖瓦，在苏州范围内力促百姓将茅屋改建成瓦屋，以达到"绝火灾"之目的。自此，苏州市容为之一新，百姓安居乐业。

在王仲舒的精心治理下，苏州出现了"赋调尝与人，为期不扰自办"的感人景象。在封建社会里，百姓赋税不需官府催讨，到期自动踊跃交纳，这是少有的现象。

王仲舒是苏州历史上父母官中的佼佼者，历代苏州百姓一提及他，就会油然升起一种敬仰钦佩之情。

王子乔：右弼真人

刘向《列仙传》中记载了一则右弼真人得道成仙的故事。说的是：王子乔为周灵王太子晋，爱好吹笙，其声音美妙动听，尤似凤鸣。出游伊洛之间时，道士浮丘公将他接上嵩山。三十余年之后，遇见桓良，他说："请告诉我家人，七月七日在缑氏山头等我。"那一天，王子乔果然乘白鹤驻山巅，人们看得见，却去不得。王子乔举手向众人致意，然后乘白鹤离去。道教称他为"右弼真人"。

传说是美好的，至少向世人昭示了一点：周灵王太子晋是个受人尊崇的王子，才能成为仙道"真人"。中国王姓巨族的发展历史，就与右弼真人王子乔有着渊源。

"天下王氏出太原"，追根寻源，在太原开王氏之宗者，正是周灵王的嫡孙、太子晋的嫡子——宗敬。王子晋，字乔，因直谏灵王励精图治而失宠，被贬为庶人，谪居太原（晋）。因为他是"王"的后裔，所以人们尊称他为王子晋，或王子乔，或王乔。又因为他为人刚正，忧国忧民，人们又将他神化为"右弼真人"。王子晋嫡子宗敬，曾一度出任过周景王的司徒。但当时已经处于周朝后期，王室衰微，诸侯纷起，天下大乱，周王朝形同虚设，大臣们无所作为，宗敬遂辞官离朝，退居太原。人们同样尊称他为王宗敬。王子晋云游在外，王宗敬就成了太原王氏的实际始祖。但是，数典崇宗，王宗敬在太原立宗祠，尊奉其父亲王子晋为王氏的开宗始祖。

由"右弼真人"周灵王太子晋为始祖的太原王氏一脉相承，枝繁叶茂。及至汉代，王元受封于琅琊，王威受封于太原，族史上遂有了太原王氏和琅琊王氏之分。三槐堂王氏其渊源，实出于此。

才智篇

王翦：伐楚争产

王翦是战国时秦始皇手下有名的大将，战功卓著，智力过人。为了帮助秦始皇统一天下，结束东周以来群雄割据、列国纷争的局面，他带兵灭掉了赵国、燕国，平定了北方蓟地。在李信伐楚兵败后，他又领兵六十万担起了灭楚大任。

就是这样一位德高望重、忠于秦国的老将，伐楚前竟然向秦始皇索要田产，令人不可思议。事情的经过大致是这样的：

王翦伐楚，始皇亲自送他，临分别前，王翦举杯向始皇祝过例行寿酒后，出人意外地从袖中取出了一份简帖交给了始皇，希望能将上面记载的咸阳城内的许多房宅田产赏赐给他。

始皇收下简帖后感到既意外又不理解，笑着问他："将军你已经出发了，为什么现在还担忧自己缺少田产呢？"

王翦回答道："我是大王的将军，年纪已老，功劳再大最多封侯，但是享受不了多长时间。现在趁大王关爱我时，我多要点田产好留给子孙，这才是长久之计啊。"

始皇听后哈哈大笑，同意了他的要求。

王翦大军来到函谷关，又派人回咸阳要求始皇再给予足够他子孙五代享用的良田和园池。

始皇又一一满足，并再次勉励王翦打了胜仗后回来共享荣华富贵。

王翦伐楚前向始皇争要田产的行为，一般人都不理解，其实王翦自有他的道理。李信伐楚前，始皇曾召开过军事会议，李信提出只需用兵二十万，而王翦深知楚国疆域辽阔、兵多将少，想要获胜必须用兵六十万。会上始皇笑话王翦年老，变得胆小怯懦，于是任命李信为伐楚大将。王翦对此只能摇头，后来推托有病回家休养。但是时间不长，李信损兵折将，大败而归。始皇方才懊悔不该任用李信，自己再亲自到王翦家登门探望表示歉意，重新起用了王翦。经过这一次曲折后，王翦对始皇有了进一步的认识。

副将蒙武问王翦："将军提出多要田产的要求是否过分了点？"

王翦回答道："你们不知道秦王这个人表面粗豪随便，实际上内心对人怀疑。如今大王将秦国所有的兵马都交给了我伐楚，心中其实是十分矛盾的。我不多要田产宅园，制造在秦为子孙置产业长期扎根的事实，难道要让秦王坐在宫中长时期地疑心我吗？"

第一次伐楚，始皇任用李信，其实是不愿"空秦国甲兵专委于"王翦。君子为义、小人为利，王翦争产实际上是为了完成秦国伐楚的"大义"，是他过人智慧的一种表现。

王翦最终率秦军在两年内灭掉了楚国。

王浚：晋吴长江之战

魏、蜀、吴三国鼎立的局面，随着魏破蜀汉开始解体，又随着司马氏篡魏为晋、再灭东吴而结束。

279 年，晋武帝兵分六路，攻伐吴地。其中三路向荆州，两路向扬州，一路水军直扑建业。

替晋武帝司马炎打好全国统一最后一仗的领兵将军，就是当时担任益州刺史的王浚，他被任命为伐吴水军大都督。

晋吴长江之战终于揭开了序幕，东吴凭借长江天堑构筑了水上防线。在浅水要害之处，东吴用多道铁链横锁长江，制造长一丈多的铁锥，暗中放置江中，在江两边建立水寨相互呼应。

交战初期，晋兵水军前部顺流而下，战船全速前进碰着了江底铁锥，船被戳破不能前行。冲到铁锥面前的战船，因刀斧斩不断铁链，互相拥挤成堆。吴兵乘机攻杀，晋兵只能退回。

王浚针对东吴布防情况，总结了前锋失利的教训，采取了相应对策。他命令手下军兵到江岸砍伐林木，制造了大筏十万只。王浚打算命令会水者乘筏先行，让铁锥碰着大筏，然后铁锥就会随筏而去。又制造大的火炬，里面灌足麻油，遇铁锁后点燃火炬，锁就会被熔化而断。

准备工作齐备后，王浚再次下令进军。那一天风急浪高，船至三山险象环生。有人畏惧，建议暂停进军。王浚大声说道："建功立业，在此一战，我们要不畏艰难，直接进军到石头城下！"命令全军全速前进。

天将傍晚，晋军顺流而下。十万大筏急泻在前，很快带动铁锥冲至横锁于大江上的铁链前面，然后木筏向江两岸分靠，并迅速接近两岸水边吴军水寨。后续火炬部队立即乘筏接近铁链，点燃火炬熔化铁链，清理水道。一时间火光四起，短兵相接，喊杀连天。王浚随即率大部队越过封锁线。吴兵溃不成军，纷纷逃窜。王浚乘胜追击，一鼓作气，大兵直至石头城下。

吴军败兵退回建业后，城内惊惶一片。吴主孙皓见大势已去，再也无法抵抗兵势强盛的晋军，于是只好模仿当年蜀汉的刘阿斗，背缚双手，抬着棺材，请求投降。由此，晋遂灭吴。

王浚为结束三国战乱历史，完成晋王朝统一全国的大业立了大功，后来官至抚军大将军，死后被晋王追谥为"武"。

王导：智渡难关

东晋三朝丞相王导，年幼时就与元帝关系密切。元帝未即位前，王导就在府上劝元帝吸取"八王之乱"的教训，为避宗亲倾轧争权之祸，主动归藩。眼看天下即将大乱，又劝元帝招贤纳士，为重振国事预作准备。元帝即位后北方大乱，"五胡十六国"将中原搅成了一锅粥。元帝采纳了王导的建议，决定南渡，作战略转移。这样，如何在江南扎根成了东晋王朝的当务之急，王导为此呕心沥血，日夜操劳。

晋元帝渡江后定都建业，肃清陈敏余党，廓清了江表。但是吴地百姓一向对北方人持有戒心，渡江一月以来，地方知名人士和百姓都不肯拜服朝廷。对此王导非常担忧，于是心生一计。那时吴地有三月三日上巳修禊的风俗，即每逢阴历三月三日上巳日，官民人等都到河边用流水洗濯手脚，去除宿垢，穿戴整齐，表示干干净净做人。王导建议元帝在上巳之日亲自参加修禊活动。正日那天，元帝"乘肩舆、具威仪"，王敦、王导等朝廷各位名人贤士都骑着高头大马在后面跟随。吴地的纪瞻、顾荣、贺循等江南名士暗暗地注意着，看到元帝君臣如此威武气派，都感到敬佩、惧怕，于是主动相约带领大家拜倒在路左边表示恭敬和迎候。朝廷又适时抚慰，严禁骚扰百姓。吴地士人百姓和东晋朝廷之间的距离一下子拉近了。从此以后江南地方盛传朝廷威仪，百姓渐渐对东晋王朝开始信服。

江南初定以后，晋王朝又面临着严重的经济危机。当时国库空竭，只有几千端（古时度量单位，说法不一）白绢。为了解决财政困难，王导又别出心裁，亲自带头与朝中贤达大臣一起做成白色单衣穿在身上，故意在路上行走。一时读书人看见后都当做时尚，人人争着学样，到处都兴穿白绢衣服，这样一来白绢价格很快涨了上去。于是王导又命令主事者及时将库存白绢全部拿出来，以每端一两金子的高价卖出。就这样，王导在不惊扰百姓的情况下，用发展经济搞活市场的方法初步解决了东晋王朝的财政困难。

经过王导的精心治理，东晋王朝渡过了一个个难关，得到了休养生息，江南地区也免除了胡人涂炭之危。

王猛：变通

王猛是东晋北海郡剧县人，字景略，年轻时博学多才，尤其擅长兵法。未出名时家庭生活贫穷，隐居在华山。桓温入关时，王猛曾经穿着破旧衣服去拜见过他。他一面捉虱子，一面纵谈天下大势，一副旁若无人的样子。后来王猛被前秦苻坚看中，任命为丞相，削平北方群雄，使前秦国势日强，后被封为清河郡侯。王猛临终前曾遗言告诫苻坚，不可动晋的脑筋。但是苻坚没有听从，于是就有了"淝水之战"，前秦从此一蹶不振。

王猛治军很严，但是善于变通，有一则小故事很能说明问题。

有一次，前秦苻坚派王猛率十六万大军讨伐燕国。燕国慕容平驻军潞州，王猛进军与他相持。为了了解敌情，王猛派遣将军徐成去哨探燕军，要求他中午返回。然而徐成到傍晚才回营，王猛大怒，下令要斩徐成。这时大将邓羌出面求情道："大敌当前，很快就要开战。现在正当用人之时，请主帅暂时不要责罚他。"王猛不同意，回答道："不斩徐成，军法难立。"邓羌再次恳请道："徐成是我的部将，虽然误了期限，我愿意与他一起拼死杀敌，将功赎罪。"王猛还是不同意。邓羌一怒之下，立即回到自己的营房击鼓聚集部下，准备攻打王猛。事情发生后，王猛认为邓羌这样做，说明他有义有勇，是个难得的人才。因而派人对邓羌说道："你不要胡来，我现在同意赦免徐成了。"徐成免除军法后，邓羌亲自来向王猛表示感谢。王猛拉着邓羌的手笑着说："我是试试你的啊！将军对部将尚且如此，何况对国家呢？大家为了国事，总应该好商量一点。"后来邓羌与徐成一起奋勇作战，大破燕军，以此回报了王猛。

王忠嗣：智避安禄山

唐玄宗时，宠信野心家安禄山。玄宗沉湎于酒色之中，忘却了励精图治，导致小人得志，使大唐江山危机四伏。

王忠嗣是唐朝有名的大将，任河东、河西、朔方、陇右四镇节度使，手握重兵，担负征讨吐蕃、保卫大唐西部疆域的重任。王忠嗣战功赫赫，安禄山钦佩他的智勇，一心想收买他。鉴于三镇节度使安禄山的权势，王忠嗣不得不与之虚意应酬，然而内心早就对这位祸国殃民、阴谋造反的胡儿生有戒心，处处小心提防。

安禄山兵强马壮，羽翼渐丰，造反作乱前夕，想到了镇守西部边陲的王忠嗣。安禄山想请王忠嗣派兵前来助战，同时要将他的部队留下。王忠嗣面对内忧，又不能置边陲于不顾，也不想在安禄山公开造反就与他反目，于是就想出了个"先至再还"的办法。

安禄山派人到王忠嗣处传信，请王忠嗣于约定时间、地点，会兵阅军。会兵那天，王忠嗣故意提前半天带兵马到达了约定地点，自然安禄山兵马尚未到达。王忠嗣又故意转了两圈，然后以见不到安禄山兵马，可能有变化为理由，名正言顺地回转了自己的防地。安禄山兵马耀武扬威地准时到达预定地点，见不到王忠嗣，知道情况后又不好加以责难，只好单独行动。

王忠嗣巧妙地避开了安禄山后，密切注视国内外动向，致力于防止外族入侵。同时暗中向朝廷举报了安禄山的不轨行为，提请朝廷加强防范，采取措施。遗憾的是奸相李林甫反而忌恨在心，向玄宗诬告王忠嗣。因王忠嗣父亲为大唐战死沙场，忠嗣是作为功臣遗孤被收养在宫中长大的。李林甫奏报玄宗，说王忠嗣幼时在宫中长大，现在想要奉太子为帝，图谋不轨，就这样王忠嗣竟落了个死罪。后来以节度使官爵赎免死罪，被削职为民，终其一生。

王晙：以少袭多，乱中取胜

中华民族历史悠久，源远流长。在历史长河中，记载着数不清的统一祖国、维护社会稳定、抵御外族入侵的战斗篇章，其中不乏用兵如神的军事家。

两军对垒，不失时机地创造条件，在敌人阵营中制造混乱，以弱胜强，乱中取胜，是一常用方法。唐时安北大都护王晙，以七百骑兵夜袭吐蕃数万大军，取得辉煌胜利的战绩，就是一个很好的例证。

唐时吐蕃经常入侵，边民生活遭受严重威胁，吐蕃成为大唐的心腹之患。有一次，吐蕃号称十万大军侵犯临洮，兵临大来谷，安营扎寨。军情紧急，身为安北大都护的王晙一面申文快马向朝廷告急，一面率所部二千军兵奔赴临洮与守军会合。吐蕃势大，连营几十里，战将如云，兵强马壮，唐朝兵士仅几千守军。王晙到达临洮后，分析敌我情势，认为敌强我弱，被动坚守城池，等待敌人第二天一早兵临城下围城攻战，将对唐军大大不利。朝廷援军一时又不能马上赶到，守住临洮必须出奇制胜。吐蕃虽然兵势强大，但是远来劳顿，又恃强生骄，麻痹大意，唐军应趁吐蕃兵立脚未稳之时，出其不意打他个措手不及，先折其锐气，伤其胆智。于是王晙制定了夜袭大来谷敌营的计划。王晙调齐精兵七百骑，当晚命令他们全部换穿胡服，饱餐以后立即轻装进发。离敌营五里时，王晙下令："前面如果遇到敌军，要立即大声呼喊，并击鼓响应。全体将士首先要以冲乱敌营制造混乱为目标，然后相机杀敌，听号令再回约定地点会合后撤出战斗。"那一夜月黑风高，呼声乍起，鼓声大作，身穿胡服的七百唐兵向敌营发动了全面冲击。吐蕃兵将惊慌失措，怀疑大军营寨安在了唐军伏击圈内，于是人人自危。夜色之中敌我难辨，吐蕃兵将为保自己，只得自相残杀。杀至天亮，吐蕃兵死者已数以万计，兵马败退五十里。吐蕃经过这一仗，锐气受挫，损失惨重，只好暂停进攻。

随后大唐朝廷援军赶到，吐蕃知无胜利希望，就此退回自己境内。

王彦章：王铁枪智破夹城寨

五代时，后梁有位文武全才、作战勇敢的大将叫王彦章。由于他出战时常手持一支镔铁大枪，冲锋陷阵如入无人之境，因此军中人称"王铁枪"。

王铁枪年轻时为军卒，梁末帝时因军功升迁为澶州刺史。他性情忠义，为后梁朝廷出生入死，忠心不改。有一次晋王为了招降他，于两军对垒时曾掳来了他的妻子，遣使者胁迫他投顺。但是王彦章大义凛然，大呼"豹死留皮，人死留名"，不顾妻子安危，立斩来使，表现出了大无畏的英雄气概和高尚的忠君爱国气节。

后梁末帝龙德年间，爆发了梁晋德胜大战。王彦章智破夹城寨，取得了遏制晋王南侵的决定性胜利。

晋王占领了黄河北面以后，立即以铁链锁断了德胜河面，建筑了河南、河北两城，号为夹城寨，用以巩固已经取得的胜利。王彦章被梁末帝任命为招讨使，来到了德胜上游前线，担负起打击晋军、收复失地的重任。大兵初到，立即安营扎寨。王彦章当晚置酒大会将士，有意搞得热热闹闹，暗中却派甲兵六百人手持巨斧，带着炼铁的人和器具，乘船顺流而下。王彦章照常饮酒，不露声色。酒至一半，假装喝醉离席更衣，神不知鬼不觉，悄悄地引了一千精兵，沿黄河直奔德胜。到了目的地后，王彦章一声令下，船上兵将举火熔锁，用巨斧斩断了河面上的浮桥。河面上火光冲天，晋军仓促应战。后梁兵将急攻南城，浮桥已断，北城晋兵无法来救。王彦章手持铁枪，身先士卒，率先攻入南城。南城攻破后，后梁军威大震，一鼓作气再攻北城。晋军在王铁枪的连夜突袭下大败溃逃，梁军很快收复了黄河北面大部分失地。

王铁枪智破夹城寨，为后梁北部边境的暂时安定，立下了一大战功。

王朴：平边奇策

东汉末年，天下大乱，桃园三结义后的刘备以刘皇叔的身份争雄天下。刘备三顾茅庐后请出了卧龙先生诸葛亮，引出了"三分天下"的高论奇策《隆中对》。

无独有偶，五代时天下大乱，又出了一篇可与诸葛亮《隆中对》媲美的《平边策》，可惜鲜为人知。

五代末期，周世宗柴荣励精图治，取秦陇、平淮右，威震夷夏；修礼乐、定制度，广招贤才。当时的拾遗王朴，是一位不可多得的奇才。王朴给周世宗献上了一篇《平边策》。大意是："攻取制胜的诀窍是从容易的地方入手。如今只有吴地最易得手，东至大海、南至大江，可以先行进取。这一带地方千里，我们可以从防备薄弱的地方动手。吴人在东面防备，我们就攻他西面；在西面防备，就攻他的东面，让吴人来回奔走相救。在其奔走期间，我们可以观察他们的虚实。只要我们实行避实击虚的策略，就可以所向无前，江北各州都会落入我们之手。江北既得，再用那里的民力，增强我们的实力，江南也就不难被攻下了。江南被攻下后，广西、贵州、四川等地就可以飞书招降而归。吴、蜀两地荡平，幽州必定望风而降。只有并州必死之敌，必须以强力攻取，然而就剩这一处地方，是不足为患的。"

世宗读后十分赞赏，拍案加好，连称奇策，但是没有来得及实施，王朴、周世宗就相继病逝了。

后来赵匡胤"陈桥兵变"，大宋兴起，平定天下的策略却与王朴的《平边策》如出一辙，赵匡胤用的很可能就是王朴的《平边策》。

王曾："鬼"丁谓下台记

王曾（978—1038），宋青州益都（今属山东）人，字孝先。咸平五年（1022）获进士第一名，是宋朝三名连中三元者之一，官吏部侍郎，两拜参知政事。后来因为与吕夷简合不来，所以与吕夷简一起被罢免。卒谥文正。王曾一生，扳倒丁谓之事最是为人称道。

丁谓是宋时"五鬼"之一。真宗朝时，营建宫观、伪造祥异都是他与王钦若相互勾结暗中所为。寇准为相非常厌恶他，他就制造、夸大寇准过失，最后导致寇准再次罢相。仁宗时丁谓执政，因为心中有鬼，担心别人会在仁宗面前弹劾他，所以不允许同僚单独留下向皇上启奏事情。每天散朝，他总是最后一个离开皇上。当时大家心中都不服气，畏于他的权势，无可奈何，只有王曾表现得十分顺从，从来没有违拗过他。有一天王曾对丁谓说道："我没有儿子，想过继弟弟的儿子，请求皇上能恩准成全，又不敢单独留下来启奏皇上，惹你生气。你看怎么办？"丁谓道："你可以例外，你去好了。"就这样王曾争取到了单独与皇上谈话的机会，并趁机送上了早就准备好的有关丁谓欺罔皇上、交通宦官雷允恭的弹劾材料。丁谓离开王曾没有多久，非常后悔，然而已没有用了。过了几天，一道圣旨下来，丁谓就此一蹶不振。

王曾能独自一人委顺丁谓，而最终又弹劾他使之下台，这就像蔡京带头奉行司马光而最终又叛离司马光一样。所不同的一个是君子苦心为国，另一个是小人狡诈为己。

王德用：知己知彼，不战而胜

自古兵法云：知己知彼，百战百胜。就是说打仗要确切了解敌我双方各方面的情况，就可以达到百战百胜的目的，然而世上还有军事家能够"知己知彼，不战而胜"。宋朝王德用不战而胜契丹人，就是一例。

王德用（980—1058），宋郑州管城（今河南郑州）人，字元辅。

宋仁宗明道中，知枢密院事，领安德军度使。契丹要求得到关南地方，以大兵压境，王德用被任命为保静军节度使，后徙真定府、定州路都总管。王德用到任后，立即整顿防务，天天加紧训练士卒，积极备战。时间一长，军队面貌大变，士卒个个训练有素。正好这时契丹派探子混进了城中刺探军情，被德用部下暗中发现，要求予以捕杀。德用道："大家听我的命令行事，现在用不着去惊动他们，我正希望他们能回去如实报告这里的准备情况。虽然百战百胜很好，但是如果我们不战就胜不是来得更好吗？要让契丹人知道我们的战备情况，使他们产生畏惧心理，我们就有可能不用打仗就能压服他们。"第二天德用故意在大教场公开阅兵，众将个个踊跃、人人争先，为保家卫国大家同仇敌忾，士气十分高昂。于是德用又假意下令："大家准备好干粮听我号令，随时准备出发杀敌。"探子们回去报告了这里的情况，说汉兵强大，即将前来。契丹人原来以为澶渊之盟以后，多年来大宋朝和平麻痹，兵备松弛，国势衰微，能人稀少。想不到现在仍然是兵精将强，于是不敢再行妄动，立即派人前来议和，重续前好。就这样王德用以实力为后盾，虚虚实实，终于达到了不战而胜的目的，为国家立了大功。

王安石：快语绝扰攘

王安石（1021—1086），宋抚顺临川（今江西抚顺）人，字介甫，号半山。神宗时宰相，主持变法，善属文，为唐宋八大家之一。

王安石主持兵法，遭到了保守派的强烈反对。但是王安石顶着风浪，坚信"当断不断，反为其乱"，下定决心，排除万难，以超人的胆识断，义无反顾地勇往直前。

变法中有一条规定：裁减皇室宗亲的俸禄，以节约朝廷财政支出。这一条直接影响了宗室成员的利益，宗室子弟们心中感到很不舒服。于是有一天这些人相约在大街上拦住了王安石的马头，向王安石提出照顾的要求。他们说道："我们都是宗庙子孙，你怎么能不看我们祖宗的情面？"街上挤满了许多看热闹的人。王安石立即厉色回答道："即使祖辈的亲人，也都要照此办法。何况你们这些人？"宗室子弟们气得大眼瞪小眼，一句话都说不出，只好悻悻地离去。

王安石一向议论偏激，这么一句话就将削减皇室宗亲优惠供奉，取消有关特权的事情，永远敲定了下来，并且就此断绝了宗亲们公开扰攘的行为。

王安石变法后来在保守派们的抵制下失败了，他本人也遭到了贬官的处分，但是王安石的变革精神，以及在变法中处理问题时的胆智、识断，人们还是称道的。

王罕：澶州疯妇案

宋尚书左仆射王桂的叔父王罕是一位很有才干又关心百姓疾苦的地方官。王罕知澶州任太守时，刚到任不久就微服私访，了解民情。

有一次，王罕在东门茶肆前看到一披头散发、衣衫不整的中年妇人，嘴里念叨不清，一会儿笑、一会儿哭、一会儿喊、一会儿叫，许多小孩子紧跟在后面看热闹。王罕从茶客们的闲谈中知道这位妇人住东门外，有点神经质，以前曾多次到太守衙门去胡闹过。由于是患神经病的狂妇，所以前任太守也不好计较，赶出去了事。

王罕回衙后向刑名师爷一打听，知道这妇人曾经多次向前任太守申诉事情，但是出语无章说不清楚。开始时前任太守还肯接见她，到后来因为实在问不出名堂，所以就不想理她，而她就乱骂一通，前任太守见到她就头痛。从此这妇人的狂病也就越发厉害了。

王罕了解到这些情况后，心中觉得这疯妇多次跑州衙，可能想要诉说冤情，但是又说不清楚，心中越苦越急越说不清楚，反过来心中就更苦更急更说不清楚，于是神志错乱形成疯病。

第二天，王罕派人将她从大街上带进了衙门，给她吃喝，平心静气地慢慢问她。疯妇一时说话糊涂，一时又清楚，对突然变化了的环境和别人的态度，有所感受和震动。王罕看到了她的细微变化，于是命令手下好好照管她，有空就与她聊聊。时间一长，疯妇病情渐渐好转，说话也慢慢地有了头绪。

原来这妇人是东门外张记豆腐坊老板娘子，婚后无子。丈夫讨了一房小妾，生得一子。小妾平时与她不和，但还能与之相处。后来不幸丈夫病死，小妾凶相毕露，一言不合赶走了她，并将资产全部占为己有。她栖身在土地庙，孤苦伶仃，心中怨恨，屡次向官府申诉，一直得不到解决，以致发狂。

王罕了解到实情后，立即派人调查落实，升堂传唤小妾，公开审理此案。澶州百姓听说王太守审理"疯案"，衙门前挤满了人。小妾当堂招认赶走大娘、霸占家产的事情经过。王罕训斥了刁妇小妾败坏民风、目无长上、逼人致疯的恶劣行径，分割了家庭资产，判回了大娘应得的财产份额，并责令小妾加倍赔偿损失。

从此，"王青天"大名传遍了澶州城。

王璋：周王府释疑免冤

王璋，河南人，明永乐中为石都御史，为官清廉，办事干练。有一次，有人密告周王府图谋不轨，皇上打算乘其未发动之前先将周王抓起来。事前征询王璋的意见，王璋对皇上说道："周王府谋叛的说法还没有事实根据，就这样派兵去抓他，师出无名不大妥当。"皇上道："兵贵神速，如果他一出城，事情就不好办了。"王璋道："以我愚见，可以不用动武，让我亲自去一趟。"皇上道："你要用多少人？"回答道："只要御史三四人随行就足够了。然而必须是奉上皇上敕命，给我以巡抚其地的名义才行。"于是永乐帝命学士起草敕命，令他立即启程。

王璋黎明时到达目的地，直接造访王府。周王不知发生了什么事情，感到很意外，特地请王璋到别室相见会谈。王璋开门见山对周王说道："有人告发你谋叛，所以皇上叫我来此查询。"周王听了大吃一惊，立即双膝跪下。王璋说道："朝廷十万大军即将到来，我因为你谋叛的事情并没有事实根据，所以奉命先来问你，这件事你看怎么办？"祸从天降，周王全家哭成一片。王璋道："哭是没有用的，你要有使皇上去除怀疑的解释才行。"周王道："我方寸已乱，实在不知道怎么办才好，只有请你指点迷津了。"王璋道："依我的看法，只要你能献出所部三营护卫军兵，以此行动来表明自己的心迹，恐怕就可以无事了。"周王同意照办。于是王璋派快马飞报朝廷，皇上很是高兴。王璋就此发出告示道：
"周府护卫军三日内全部解散，不走者一律处斩。"没有几天，护卫军全部散去。

关于周府谋叛的说法也就自然消失了。

王振：功德寺金装佛像

北京功德寺后宫有一座金装佛像，十分工细华丽。关于这座佛像的出处，有一段小小故事。

明英宗正统时，张太后经常到功德寺游玩，在后宫住三夜后才回宫。那时英宗年纪还小，经常跟随母后一起来去，寺中也专门为他准备了过夜的地方。太监王振认为，后妃经常到佛寺过夜，并不是十分妥当的事情。皇上年幼，太后如此，自己又不好劝谏，于是心生一计，造了这尊极其工细华丽的佛像。

佛像造好后，王振请英宗对太后道："母后大德，做儿子的无以为报，现在我已经专门命人造了一尊金装佛像，安放在功德寺后宫，以此来报答你。请母后一起去看看。"太后听了非常高兴，同意一起前往，并命令中书舍人写了金字的佛经放在佛堂东西厢房内收藏，用来表示自己的欣喜和信佛的诚意。

从此以后，太后因为有佛像和佛经在后宫，不宜再在外面过夜，于是不再去了。

王振在历史评价中被视为小人，但他忠于英宗，为朝廷献计，也曾做过好事。"金装佛像"一事，王振用心良苦，不着痕迹，不失为聪明人。

王鏊：奏阵边计

王鏊（1450—1524），字济之，别号守溪，晚号拙叟，祖居吴中太湖东山，是明朝成化、弘治、正德三朝的名臣和文学家。

弘治年间，蒙古鞑靼族力量逐步强盛。弘治十三年（1500），达延汗部已故知院脱罗干七子火筛，自大青山侵入威远卫，明将王果不敌，大败而归，大同报警。当时报警奏章上写得明白：敌以八千骑东驻辽塞下，攻入长胜堡，杀掠殆尽……鞑靼小王子骁勇善战，以十万骑从华马池、盐池入，散掠固原、宁夏境，戕杀残酷……边关十万火急，警报接二连三，三辅震动，朝野瞩目。

大同报警之时，王鏊任吏部右侍郎。正值国家多事之秋，王鏊心急如焚，朝思暮想安边之计。为此，王鏊连夜伏案疾书安边奏章，举荐秦纮，又作"御敌八策"，供皇上参考。

王鏊奏陈的边计大意是："近日火筛进犯大同，使皇上日夜不得安宁。而边将据城自守，没有人能挫败寇敌前锋，这实在有损国威，令人遗憾。我认为，火筛小王子其实并不足惧，而嬖幸小人乱政、功罪不明、委任不专、法令不行、边防空虚，才是深可畏惧的。近年边将执纪不严，要命令他们戴罪杀贼。副总兵姚信拥兵不进，应处以临阵脱逃罪。如今军心日渐懈怠，士气不振，就是这些将领执法不严、不能以身作则造成的。希望陛下大振纲纪，经常召见大臣咨询边将勇怯情况，有罪必罚、有功必赏。建议起用退仕尚书秦纮为总裁，节制诸边；提督右都御史史琳镇京营，遥为声援。厚恤沿边死事之家，招募地方骁勇之士作为后备力量。分兵掩击，出奇制胜，寇必不敢长驱直入。"

王鏊所作的"御敌八策"为：一曰算、二曰主将、三曰法令、四曰恤边民、五曰广招募、六曰用间、七曰分兵、八曰出奇。

孝宗采纳了王鏊的奏议，很快诏起秦纮为户部尚书兼副都御史，总制三边军务。

秦纮驰至固原，立即视察防地，躬祭阵亡将士，埋葬他们的骸骨，奏录死难指挥朱鼎等五人，抚恤阵亡将士家属。劾治败将杨琳等四人罪责，更换守将。又勤练壮丁、兴屯田、申明号，军威大振。同时修筑各处边防城堡一万四千余所、垣堑六千四百余里，使固原成了边防军事重镇。又创造了一种"全胜车"的战车，在边地推广。秦纮在任三年，四镇平静，为前后经略西部边陲的大将所不能及。

追本究源，后来明朝西疆的相对安宁，王鏊奏陈边计功不可没。

王鏊：智定汪皇后葬礼祭仪

明武宗正德年间，代宗废后（汪皇后）薨，她的葬礼祭仪应以何种规格相宜，一时无法决定。这是因为汪皇后经历曲折，所以她的葬礼祭仪很难"对号入座"，成了疑难政务。

汪皇后是代宗的原配。1449年，"土木之变"发生，明军几十万大兵及从征的五十余名公卿重臣被蒙古也先部骑兵包抄屠戮，亲征的英宗被俘漠北。英宗的弟弟奉太后敕谕代兄登上了帝位，是为代宗。太后同时下诏立英宗二岁的儿子为太子。一年以后英宗归，代宗却将他软禁在南宫，并废掉原太子，改立自己的儿子为太子。这件事开始时代宗与汪皇后商量了几次。汪皇后深明大义认为，皇位已经代兄长坐了，再赶走皇兄的儿子，于心何忍？然而代宗一意孤行，最终还是颁诏易储，汪皇后也因反对易储而遭废黜。景泰八年正月十七日，忠于英宗的文臣武将发动了"夺门之变"，将被软禁南宫七年的英宗迎回奉天殿，复辟成功。二月初一，代宗被废，迁往西宫，十九天后，薨于西宫，年仅二十九岁，以亲王礼埋葬西山。代宗生前精心建造的寿陵，亦被英宗捣毁。因此代宗是明朝十七帝中，除下落不明的建文帝之外，唯一一位死后没有能葬入帝陵的皇帝。他的太子儿子亦早已夭亡。关于代宗的死因，《明史》《实录》不载，野史称"为宦官蒋安以帛勒死"。

汪皇后在代宗执政期间为名实相符的皇后，因深明大义而被代宗废黜。代宗被英宗废除后，汪皇后理应"平反"，然而又不好"平反"，也不应"平反"。因此关于汪皇后的葬礼祭仪规格问题，大家也就议论纷纷，意见不一。

王鏊作为三朝元老和宰相，学识渊博、办事公正、为人刚直、性格沉稳、才智识断超人，所以朝廷就请他发表意见。王鏊早已胸有成竹，一锤定音："妃子没有罪过而遭废黜，理应恢复原来的说法。现在可以以王妃礼厚葬，以皇后规格祭奠。"众人一听，个个称好。于是皇上命令停办朝务，致祭汪皇后，一切按规定行事。

疑难政务汪皇后葬礼祭仪规格一事，就此画上了圆满的句号。

王鏊：力定吴皇后葬礼

明宪宗成化废皇后吴氏丧葬问题，也是武宗正德朝一件较为难办的疑难政务。

宪宗宫闱生活颇具传奇色彩。宪宗十六岁即皇帝位，万氏已三十五岁，但是宪宗每次看到她，都为其姿色所动，不久就立万氏为贵妃。尽管宪宗的原配皇后吴氏是个"聪明知书，巧能琴"的美丽端庄女子，然而宪宗情有独钟，终生宠爱这样一个比自己年长十九岁的贵妃。万氏在五十余岁时，偶因"气咽痰涌"，一口气没能回得上来，气绝身亡。宪宗惊悉，震悼之余长叹道："万贵妃长此而去，我亦将不久人世了。"郁郁寡欢，不久竟然真的病逝了。万贵妃生前专宠，吴皇后看不惯她的傲慢。有一次吴皇后借故斥责万氏，万氏反唇相讥，一股不买账的架势。吴氏忍无可忍，便以正宫身份命太监将她拽倒，亲自施以杖刑。万氏吃了大亏，回宫后便在宪宗面前百般哭诉，搬弄是非。宪宗龙颜大怒，第二天便入禀太后，要求废黜吴皇后，并以退位相要挟。两宫太后无奈，只得改立万氏为后。孝宗为宪宗的皇三子，他的长兄为万贵妃所生，未足月就夭折了；次兄为柏贤妃所生，册立为皇太子后即被万妃害死。万贵妃痛失爱子后，宫中任何一位嫔妃怀孕，她都会设法令其堕胎，以确保自己的专宠地位。孝宗生母纪妃好不容易瞒过万贵妃，足月生下孝宗后，遂由太监帮助将孝宗秘密收养。吴氏被废别宫，得知孝宗生于西宫后，十分谨慎小心地照顾孝宗。所以孝宗即位后感念她的恩德，待她以母后之礼。孝宗自己的生母，于孝宗六岁认父以后，即被万贵妃害死。孝宗在皇太后的亲自照料下长大成人。后来万贵妃因为害怕孝宗忌恨她，因而气闷成疾而亡。吴氏薨于正德四年，当时专权的刘瑾欲"焚之以灭迹"，并命令"不可以成服"，即不可以按皇后规格对待。

对于刘瑾的蛮横决定，王鏊认为很不妥当，带头坚决反对。王鏊坦率而大胆地提出了自己的意见："服可以不成，葬不可薄也！"断然否定了刘瑾焚尸灭迹的主张，群臣一致赞成。刘瑾迫于众人一致意见，只得听从，于是以妃礼归葬。

吴皇后葬礼，在王鏊的努力下，与汪皇后葬礼祭仪规格一事一样，终于也画上了一个圆满的句号。

王守仁：劝服安贵荣

王守仁，明朝余姚人，字伯安，学者称为阳明先生。他才高八斗，学富五车，识断过人。正德初，因为发表营救言官戴铣等言论触犯了宦官刘瑾，因此被贬为贵州龙场驿丞。

王守仁到龙场驿后，与当地苗、瑶等少数民族和睦相处，办好公务后潜心于学术研究，在当地士民中威望很高。贵州地方土官安贵荣，虽然世代骄横，但对王守仁却十分相信和尊重。有一次安贵荣以跟随朝廷大军征剿香炉山反叛有功，被加封为贵州布政司参政。然而他认为朝廷封赏太薄，奏请朝廷要求减贵州龙场诸驿，然后划归于他，以补偿他的功劳。王守仁就此给安贵荣写了封信，剖析了这件事的得失利害关系，说理透彻，安贵荣心服口服。

这封信的内容大致是这样的："凡是朝廷的制度，都是由祖宗制定的，后世继承遵守，一般都不敢擅自改变。轻易改变制度，在朝廷称之为变乱，何况地方呢？即使朝廷不怪罪地方，可是专管部门却可以随时按规定对此做法绳之以法。如果能够幸免于一时，或五六年，或七八年，甚至远到二三十年，管事的人照样可以以典章规定再来议论这件事。这样，你又有什么好处呢？在你之前的历史岁月里，自汉唐以来已一千几百年。这里的土地、人民，在你的祖辈们的管辖下基本上没有什么改变。之所以能如此长久，是因为你们能世世代代遵守天子的礼法，竭忠尽力，不敢有丝毫违背和越轨的地方。因此天子也不可以无故对忠良随意责罚处置。不然的话，你所世代管辖的土地和人民，如此富有昌盛，朝廷完全可以下令归并而代之以郡县制度。由朝廷直接委派官员管理，谁人能说不可以呢？驿是可以减少也可以增加的。驿的数量可以改动，你原来宣慰使的官也是可以撤除的。由此看来，你这样做是非常有害的。你有没有这样想过呢？你所要求的表功升职很不合适，意思也就是这样。铲除寇盗以安抚保卫地方百姓，是你守土地方官的职责，如今你罗列出来要求朝廷给予封赏，那么朝廷平时对你的信任、给予你的地位和俸禄，又将怎么说呢？你为参政，已不是旧时之官，如今又不断地想再进一步，这是无边要求的一种表现，对此大家必定不会答应和忍受的。宣慰使是守土之官，所以能够世代有自己所属的土地和人民。而参政是流动性很大的官，东西南北全由天子安排。只要朝廷一道圣旨就可以派你到福建或者四川去任职。如果你不肯去，那么诛杀的命令就会立即下达；如果你奉命赴任，那么千百年来属于你们自己管辖的土地和人民就不再是你的了。如此看来，像现在参政这个职务，对你应该有唯恐推辞得太慢的感觉才对。你怎能再有新的要求呢？"

安贵荣要求减驿归他的奏章朝廷交给了督抚勘议。看了王守仁的信后，安贵荣对减驿之事没有再坚持，最后也就算了。

事后，安贵荣将王守仁这封信抄录了一遍，并一直当做行事的座右铭放在自己身边。

王守仁：智审伪证

明朝正德年间，庐陵地方有一大户人家，母子三人。弟兄俩叫多应亨、多邦宰，表面斯文为人和善，暗中却十分骁勇凶悍，经常外出干打劫的勾当。有一次同伙失风，将两弟兄牵连了进来，于是被官府捉拿归案，弟兄俩也供认不讳。这是在王守仁做庐陵知县前的事情。

王守仁调任庐陵知县后审理了一起当地的强盗案子，强盗头子王和尚也招供出同伙中有多应亨、多邦宰两人。但是忽然有一天，多应亨母亲在兵备道上告了一纸辩冤状词，诉说多应亨弟兄俩被别人诬陷后熬刑不过被屈打成招，实属冤枉。辩状发至州府重新审理，其中指明王和尚为证人。上面文书下达以后，王守仁仔细考虑了一下认为，必定是王和尚得到了好处，同意为他作证。为了戳穿强盗们串供作伪证的把戏，王守仁迅即设计了一套审理方案。

王守仁在后堂设立了案桌，桌帏内暗藏了一位书吏，然后将三个强盗全部带齐到案前先行复审。审讯刚开始不久，预先安排好的衙役皂隶前来报告迎宾馆来了贵客。于是王守仁故作匆忙,与众人一起丢下三个强盗而出。三个强盗看见四面无人,就在桌帏前说开了悄悄话。过了一会儿,王守仁与众人再进来时,桌帏内所藏之人立即从桌底下出来指证道:"听到王和尚对多应亨两弟兄说,让他们暂时先忍受两夹棍,等会儿为他们作证。"三个强盗无论如何也想不到桌帏内会有人监听,立即惊慌失措,只好叩头认罪请死。

王守仁一一录取了口供后,立即行文上报。州府复审后维持原判,三个强盗于秋后处斩,受到了应有的惩罚。

王守仁:收降苏受

明朝正德年间,漳南、大帽山等地少数民族反叛朝廷。朝廷委派王守仁全权负责征剿。王守仁大兵进驻苍梧时,各地部落头领被王守仁的先声气势所夺,纷纷表示愿意和谈。王守仁实施韬晦之计,一直不明确态度,给对方造成了强大的心理压力。第二年七月,王守仁移兵南宁,派人约定时间叫田州叛军头领苏受来大营投降。苏受表示同意,很快带领自卫精兵两千人提前几天来到南宁城外等候安排接见。几天后,约定时间将到,这时发生了一件意想不到的事情。

王守仁手下有位指挥王佐和门客岑伯高,从内部得知王守仁并无杀苏受的意思,因而想乘机诈取些钱财。他们派人对苏受说,督军传言,要活命须得交纳万两黄金。苏受一听,感到非常后悔和气愤,认为王守仁欺骗了他们,况且仓促间根本就拿不出万两黄金。看来想要活命,只有一反到底了。

苏受要拼命的消息传了出来,王守仁身边有个十四岁的侍儿,知悉了王佐等的阴谋后,当晚就到营帐中告诉了王守仁。王守仁听后大吃一惊,一直到天亮都没有睡觉,忙着布置应变防范措施。第二天一早,王守仁又迅速派专人出城到苏受处,叫他不要轻信别人的胡言乱语,并再次保证不杀他。苏受对此承诺很怀疑,心中又很害怕,实在拿不定主意。于是他对来人说,我去见督军可以,但必须带领自己的卫队,王守仁表示同意。苏受还不放心,又提出军门左右侍候的人必须全部换成田州人（苏受的人），不换就不见。王守仁为避免兵戎相见，不得已又表示同意。双方约定第二天上午相见。

第二天一早，苏受带领武装整齐的卫队离开驻地进入了南宁城。南宁城中百姓见此都十分惊恐。到了辕门前，苏受下马，安排了守门人后，开始进见受降。王守仁当面训斥了苏受造反的罪行，然后公开表示接受了他的投降，并处苏受以杖刑一百下表示责罚。施刑时，苏受特例可以穿衣甲受杖，而且施刑者又都是田州人。就这样苏受顺从地接受了杖刑，认罪投降后再回到自己的营帐待命。此后各部族也都陆续接受招降，表示悔罪臣服。

事后王佐和岑伯高受到了应有的处罚。

王守仁：智平宸濠之乱

宸濠为明太祖儿子、江西宁王之后，弘治中袭封宁王。武宗正德时，正德皇帝没有子嗣，经常到处外出巡游，宸濠认为有机可乘，于是萌生非分之想。武宗有所觉察，下令解散他的护卫军兵。宸濠不服，占据南昌后开始公开造反。正德皇帝早已使王守仁巡抚南赣，密切注意宸濠动向，相机行事。王守仁于险境中"金蝉脱壳"，安然脱险后，在较短的时间内很快平定了宸濠之乱。王守仁在平定宸濠之乱中所表现出来的大智大勇，一直被后人广为传颂。

一、金蝉脱壳

王守仁巡抚南赣，平定漳南、大帽山等地叛乱后，因勘察事情路过南昌附近的丰城，准备回南昌时，忽然听说宁王宸濠已经造反。消息来得突然，王守仁当机立断准备立即沿赣江逆水南下到吉安，先脱离险境，再调集兵力准备平叛。风云突变，船夫听说宸濠已派千余兵丁前来拦截，心中十分害怕不敢开船。情况万分紧急，时间不容多加耽搁，王守仁不得已拔剑削掉了船夫一只耳朵，迫令立即开船。一路上风萧萧江水寒，两岸景色陡然变得凄凉。天色将晚，大船逆水而行船速太慢。王守仁估计不能再如此乘大船前行了，于是令众人改装换乘小渔船，令一人穿着他的衣帽，仍乘大船后行。不久，宸濠追兵果然拦下了那只大船，方才知道王守仁已远去。王守仁就此安然脱险，乘船继续前行。

二、间谍之计

王守仁在中途深恐宸濠用兵快速，不利于朝廷及时组织平叛，于是在途中预作了一条间谍之计：沿途放风，假说奉朝廷密旨行令两广湖襄都御使及两京兵部，指示他们各自命将出师，暗中埋伏在要害地方，等候宁王府叛军来到时予以袭杀。王守仁将此假公文放在几名能干手下的衣服夹层中，叫他们假意传送。临出发前，又安排捕捉了伪太师的家属们至船尾，有意使他们看到分派传送假公文的场面，然后假装发怒将这些家属牵上岸去处斩，却又故意让监斩人员和他们一起逃脱，好让他们去南昌报信。不久宸濠根据报告捕获了送假公文的人，果然在衣服中搜得了公文。就此宸濠犹豫不决，迟迟不敢发兵轻易离开南昌。这样王守仁终于又赢得了备战的时间。

三、调虎离山

王守仁安然来到了吉安，立即开始调集兵力，筹备粮草。准备工作初步就绪后，马上公开传发征兵檄文，声讨宸濠谋反罪行。宸濠到此时方才知道中了间谍缓兵之计，大怒之下准备迅速出兵攻城略地。在商讨对策时，王守仁对大家说道："我们不能盲目地与宸濠正面交锋，这不是上策。我们应该避其锋芒，作出自守不出的姿态，然后跟在他的后面，等候机会再去收拾他。我们的重点应放在先收复省城南昌，捣毁他的老巢方面。宸濠知道后，必定会回兵来救，那时我们再出兵在半路上与他交战，这是万全之策。"后来宸濠果然派人探知王守仁自守不出，于是留下了万余人守护省城，自己亲自引兵向东进攻去了。

四、"救韩趋魏"，力克南昌

王守仁闻报宸濠已经挥兵东下，立即传令敦促各府军兵，限期于丰城聚会。当时宸濠兵马已很快攻下了南康、九江，又包围了安庆，企图进兵南京。王守仁手下众将认为，应当赶快去解安庆之围，遏住宸濠进攻的势头。王守仁分析了敌情指出："九江、安康已经失陷，而南昌城中敌军有精兵万余，粮食军备高度集中。如果我军进抵安庆，围攻安庆的敌军必定回兵死斗，安庆守军兵力不足仅够自守，必定不能出城与我们夹击敌军。那时宸濠命令南昌兵断绝我们的粮道，九江、南康之敌再予以配合，我们又不能指望四面的支援，这样一来，我们的处境将非常危险。现在，如果我军在紧靠南昌的丰城大量集中，先声之势所加，南昌城中敌军必定惊慌，我们再并力急攻，其势一定能将城攻破。这就是'孙庞斗智'中孙膑的'救韩趋魏'之计。只要宸濠回救南昌，安庆之危自解。"这时侦察敌情的人又报告道："新旧厂地方有敌军伏兵万余，现在以掎角之势护卫南昌。"王守仁听后，立即派兵从小路突袭，先击溃了他们。败兵退入城中，南昌城中军兵知道官兵云集丰城，更加恐慌。于是王守仁一鼓作气，迅速攻下了南昌。

五、围敌打援，宸濠就擒

宸濠听说王守仁大兵云集丰城，锋芒直指南昌，立即想要回兵救援。当时手下有个叫李士实的人劝宸濠："应该一鼓作气直攻南京，等到在南京登上皇位，那么江西自然就会顺服。"但是宸濠不听，很快撤掉了安庆之围，陈兵扬子江上，作回兵救援南昌的打算。王守仁听报后很高兴，立即召集众将议事。众人认为宸濠势盛，应收拢兵力入城，坚守待援。王守仁坚决地说："这样不行。宸濠听说老巢已破，胆已丧失。我们应该先出精锐拦截他，挫折他的锐气，使他更加畏惧，这样宸濠将不战而溃，这就是所谓先声夺人的方法。"于是立即指派武文定等人面授机宜，先以少数游兵引诱敌军，再假装向北败逃，让敌军争前趋利进入伏击圈，然后四面合击，伏兵齐出。王守仁又考虑到南昌城中宸濠宗室或者会做内应，于是亲自安慰告诫他们："凡是胁从的人一律赦免不问，虽然曾经担任过伪职，但是能逃归投顺的都免死，能杀贼将功赎罪的人，一律给赏。"又派城内外居民及专人四路传布。安排完毕后，立即又分兵去攻打九江、南康，以断绝宸濠的后援。

经过大家齐心合力，王守仁终于在南昌城外抓获了宸濠。

王守仁：智斗群奸

王守仁勇擒宸濠，智平宁王之乱后，引起了朝廷群奸的强烈妒忌。一时间浊浪排空，狂澜又起。权奸们明枪暗箭，不顾国家、百姓利益，蓄意挑起事端，欲贪天下之功为己有，置王守仁于死地而后快。王守仁在极其险恶的生存环境中，智斗群奸，以超人的智力和定力，既旗帜鲜明地维护了朝廷利益和社会的稳定，又保全了自己。

一、智争座位

宸濠被擒后不久，四镇统兵大将江彬所率的北方军队刚刚赶到。江彬是武宗宠信之人，一向专横跋扈，招权纳贿，且生性狡诈。他一到南昌就放出流言，诬赖中伤王守仁。王守仁深知其人，并不为意，像没事人一样按常礼到营帐中去拜见了他。江彬和他的部下有意十分傲慢地设座位于旁席，示意王守仁坐下。王守仁只当不知道，自顾以江西巡抚的身份坐了上座，而将其他人的座位转到了下席。王守仁心中明了，一个座位虽然是小事，但是座次的变化在目前场合意味着地位的变化，迁就退让就是示弱，容易造成心理上的被动。江彬心怀叵测、盛气凌人，自己坚决不能受他所制。江彬和他的部下见此情形，更加气急败坏，直接恶语相向责问王守仁，存心想寻找借口挑起事端。然而王守仁却心平气和地仍按规矩与他们交谈。后来有人为王守仁作了解释，江彬等才不得不停止了恶意攻击。

二、以柔克刚

正德皇帝身旁的内侍张忠、朱泰等人听说宸濠造反，曾经竭力诱引正德皇帝御驾亲征。正在这时，任汀赣巡抚的王守仁擒获宸濠的捷报已经传到。他们大失所望，于是任意散布流言蜚语中伤王守仁。说什么王守仁原本就是宸濠一伙，现在擒捉宸濠是为了制造假象保护自己等等。又唆使后到南昌一心想争功的江彬率北军在南昌到处肆意谩骂，以引起南昌军民的敌对情绪，或故意冲撞南昌军民，一心想制造事端挑起冲突。对此王守仁一概不为所动，并特别注意对北军以礼相待。王守仁命令手下的巡捕官晓谕市民：大局初定，时下较为混乱，应尽量到乡下暂时避让为好，家中只需留老弱看守门户。北军刚进城时，王守仁准备犒劳慰问他们，但是朱泰等却预先禁止北军接受。于是王守仁就传谕百姓：北军为国事离家十分辛苦，居民应当热情地将他们当客人看待。王守仁每逢出门在路上遇到北军有死丧者，必定停车询问缘由，并给以好的棺木，慰问一番后再离去。时间一长，北军对王守仁都十分信服。接近冬至节那天，王守仁又预先下令全城为战乱期间的死亡将士、军民人等举行祭奠活动。当时才经宸濠之乱不久，祭奠活动时洒酒哭亡之声经久不绝。北军听此个个心酸思家，有的掉下了眼泪，人人要求早日回归。

在王守仁采取克制态度，以柔克刚策略的感化下，南昌城终于渐渐地安定了下来。

三、阴谋惧真章

王守仁将叛逆宁王宸濠擒捉后，立即秘密囚禁在浙江。当时武宗南巡，住在南京。武宗身边的权奸宦官们软硬兼施，竟然想叫王守仁将宸濠放归江西，一心想制造好让武宗"御驾亲征"重新擒获宸濠的机会，以此来取悦好大喜功的正德皇帝，王守仁不予理睬。于是他们瞒着正德帝，派了两位中官至浙江传达指令。王守仁明确表态，只要中官出具领状，可以将宸濠交给他们。中官也害怕担当责任，只好恨得牙齿痒痒地就此罢手。

四、与人为善

围绕"争功""捉放宸濠"引起的政治风波日趋复杂。正德皇帝又到南方来巡察游玩，一批奸臣侍候在皇帝左右。王守仁非常担忧群奸会对他不利。这时正好有两位宫中得势的中贵到浙江来公干，于是王守仁特地设宴于镇海楼为他们接风。酒席中途，王守仁屏退众人，撤掉楼梯，拿出了两小盒往来书信给这两位中贵过目。这些书信都是他们与宸濠有所往来的证据，从宁王府内获得。虽然这些信件往来并非反叛实迹，但也是话柄。王守仁将这些信件全部交还给了他们，两位中贵非常感激。后来王守仁最终未被群奸们扳倒，多亏了这两位中贵从中帮了忙。

五、智让战功

宸濠造反，正德皇帝正式任命右都御使杨一清为提督，率兵讨伐叛军，宦官张永总督军务。宸濠为王守仁所擒，江彬一心想找茬子好抓王守仁为自己立功。其他权奸也唯恐天下不乱，与江彬密切配合，处处为难王守仁。王守仁面对如此复杂的情势就与张永计议这件事，认为还是不要功劳为好，这样事情也许还有回旋余地。如果不这样，则只会触怒江彬那群小人，事情没完没了地纠缠下去就会更加复杂化。结果王守仁将宸濠交给了张永，再次向上报捷，归功总督军门张永。自己停止了再上江西的行程，托病在净慈寺休养。张永回到皇上那儿，极力称赞了王守仁的忠义及让功避祸的意思。曾被发还书信的两位中贵也在皇帝面前诉说王守仁的种种德行。正德皇帝听后顿然醒悟，于是彻底制止了江彬等人的无理取闹。不久王守仁被任命为南京兵部尚书，由宁王宸濠造反引起的风波，就此渐渐地平息了下去。

王守仁：收徒

王守仁是明朝大名鼎鼎的学者，因为他曾在阳明洞读书讲学，自称阳明子，所以后人称他叫阳明先生。阳明先生弟子很多，其中有两名高足拜师经历与一般人不同：一是王龙溪，阳明先生用计收服；一是王艮，千里求教，先倨后恭，两次论辩，两次拜师。

王龙溪年轻时心高气傲，行侠仗义，天天活跃在酒店赌场之中。王守仁了解他为人正直，是个人才，有前途，很想见见他，就是没有机会。于是王守仁就安排自己门下六个弟子在公开场合一起聚赌饮酒，唱歌高呼，以便接近他。时间一长，王守仁秘密派了一个弟子去侦察王龙溪的踪迹，并跟随他到酒家要求与他一起赌钱。王龙溪笑着说道："你们这些迂腐的读书人也会赌博吗？"跟随的人回答道："我老师门下的弟子与其他一般读书人不同，天天赌博。"王龙溪听后大吃一惊，心想王守仁不拘泥小节，肯定与众不同是位奇人，就此要求拜见。一见之下，王龙溪便被王守仁的相貌气质所折服，于是立即自称弟子。后来王龙溪为国效命，名重一时。

自学成才的泰州学派创始人王艮，三十八岁时在家乡泰州讲学。一位客居泰州的吉安籍私塾先生黄文刚听了他的讲学后，感到很惊异，说王艮的观点与当时任江西巡抚的著名理学家阳明先生很相似。王艮听了很高兴，于是便千里迢迢赶到南昌去拜见王守仁，到了南昌后，王艮身穿自己做的五常冠、深衣、大带礼服，一副古代圣贤的模样，手捧笏板走在南昌街上，轰动了整个南昌城。王守仁见到他时也十分惊疑，还以为是来了一位道士。王艮拜见了王守仁后也不谦让，坐在了上座，立即提出了一系列问题与王守仁展开了辩论，并且不断地提出质疑。经过一番论战后，王艮十分佩服阳明学说，简明易懂、直截了当，自己确实不及。于是先从上座移于侧座，又从侧座下来拜王守仁为师。事后王艮回到住处，经过反复思考，又觉得王守仁的有些观点并不太令人信服，因此又很后悔自己太轻率地就拜王守仁为师。第二天，他又去见王守仁时，直言不讳地告诉王守仁自己很后悔拜他为师。王守仁听了以后并不生气，反而称赞他说："好哇！你这样不轻信盲从别人是对的。"就这样王艮又重复了第一天的过程，先自顾坐上座，再侧座，最后才对王守仁真正大服，心悦诚服地拜王守仁为师。王艮是王守仁唯一的一位身无功名的布衣弟子，但是王守仁却对这个不轻信、有自己独特见解的弟子特别赞赏。王守仁死后，王艮独树一帜，后来成为明朝著名的泰州学派创始人。

王守仁：劝架

有一次，王守仁的朋友为琐事与人争执，情绪十分激动地来请王守仁评论是非。王守仁对他说："你现在比较激动，过几天等你心平气和了，我再与你谈这件事。"几天后，那人又来寻王守仁说："弟子现在已经心平气和了，请你赐教。"王守仁回答道："你既然已经心平气和了，还要我教什么？"

情绪稳定、心平气和，是处理问题的良方和先决条件，"既然已经心平气和了"，是非自然也明了了。

王琼：出谋擒江彬

宸濠之乱平定以后，王守仁让功给总督军门张永，宸濠由张永派兵押往通州行营。不久，明武宗在镇江游乐，至镇江浦积水池捕鱼为乐，船翻落水，被侍从救出，惊悸得病，不得不结束南巡回京。武宗病危弥留之际，担当扈从南巡的江彬更加骄横跋扈，招权纳贿。皇太后暗下懿旨，令大学士首辅杨石斋（廷和）捕杀江彬，消除后患。

杨石斋制定好了擒捉江彬的计策，然而考虑到江彬手下有边兵数千，亲信爪牙又都是武功高强之人，担心江彬部下会趁机兵变，所以迟迟不敢动手。计无所出，不得已就去找王琼商议。王琼（1459—1532）是一位正直而又无私无畏的大臣。他任吏部左侍郎时，正是刘瑾当道之日，许多官员纷纷具"红本"拜谒刘瑾，王琼偏偏不具，被刘瑾随便找了个借口排挤了出来。杨一清趁平定宸濠之乱之机，结交张永，利用张永和刘瑾之间的矛盾扳倒了刘瑾。刘瑾伏诛，王琼复出，当时在朝廷刚任户部尚书不久。王琼对杨石斋道："你的担心很有道理，但是也很容易解决。你只要抄录江彬部下扈从皇上南巡时的功劳，命令他们到通州行营去听赏，将他们支走就行了。听赏人人想去，江彬又不好阻拦。到时再依计行事，不愁江彬不伏法。"杨石斋照计行事，江彬孤掌难鸣，终遭擒获。

江彬被擒后，朝廷没收其家产得"黄金七十柜、白金两千两百柜"，江彬最终遭到了"磔"的处罚，即被处以分裂肢体的酷刑。

王琼：奇袭汤麻九

王琼任兵部尚书时，湖州孝丰县有个叫汤麻九的人聚众造反。贼势比较猖獗，到处烧杀抢掠，当地地方官兵屡战屡败，无奈之下只好上报朝廷，请求派兵征剿。御史奏知朝廷，事情交给了兵部处置。

王琼接到皇上谕旨后，经过一番内部调查摸底，第二天在兵部升座，立即召见进京上报的使者。王琼对使者公开责备道："汤麻九不过一个小小蟊贼，能有多大本事？本处只消几十个伙夫就能将他缚来，哪值得这样大惊小怪，惊动朝廷？要朝廷为此发兵征剿，这有伤国家体面。巡按不称职，经考察后就应该罢免！"王琼一番训斥，当堂打发了上报之人回去，令其代为传播他的言论。大家都认为兵部将贼寇之事当儿戏，聚在一起议论时都十分担忧。

很快汤麻九得知了朝廷不肯发兵的消息，变本加厉地恣意劫掠，不作防备。地方官兵只能暗中叫苦，毫无办法。

王琼并不是不肯发兵征剿。王琼认为，对付汤麻九这个地方无赖，如果朝廷命将派兵，汤麻九必定负隅顽抗，事情势必弄小成大，徒耗朝廷钱粮。朝廷应秘密安排，出奇兵奔袭，定能奏效。先放风麻痹汤麻九，观察其动静，再作打算。

先是以户部为查处钱粮事，差都御使许延光在浙江公干。王琼见汤麻九已经不加防备，立即暗中向皇上请密敕，令许公组织地方武装予以讨伐，并详细授以征剿方略。许延光接受敕命后，经过事先侦查，命令彭宪副秘密带领几千民兵，出其不意，连夜奔袭汤麻九巢穴。汤麻九一伙刚刚掳掠回来，还在相聚狂饮之时，突然神兵天降，毫无防备。月色朦胧之中，汤麻九当场即被擒杀。

湖州汤麻九造反一事，在王琼的精心组织安排下，经过一夜奇袭，立即全部荡平。朝廷既未派兵耗费钱财，而地方上也平静如常。

王琼：花马池兵议

明嘉靖初年，北方寇敌进犯陕西花马池一带，当地官府守将惊惶不安，请求朝廷发兵策应。这件事情皇上交九卿会议决定。兵部尚书王宪认为，应立即派兵，否则恐有不测。事关重大，众人不敢反对。王琼当时为冢宰（吏部尚书的别称），就他一人不同意。王琼上奏皇上道："花马池是我在边关时负责防务的地区，那地方防守较严，寇敌必定很难攻入。即使被他们攻入，也不过抢掠而已，地方上完全有能力自己防御，时间不长，寇敌自会退去。如果朝廷派兵远涉边境，一路辛劳以后，未必派得上用场。而沿途骚扰，害处也不会少。倘若大兵到了那儿寇敌已退，那么完全是徒劳往返。我认为不发兵为好。"

花马池一带曾经是王琼多年辛苦经营的地方，边防基础较好。这与王琼的善于治理分不开。

王琼负责西北边防时，对手下有功必赏。为加强边防，王琼主持修筑花马池一带边墙，曾经命两位指挥具体负责。两指挥工作卖力，边墙修筑得十分坚固，并且人工费用也不高，资金积余两千余两，全部上交。王琼道："这一带城墙是西北防务中的要害地方，你们能尽心完成此事，这些零碎物事又何足多问？现在全部赏给你们。"后来北虏犯边，王琼派这两个指挥提兵抵御，他们争先冲锋陷阵，其中一人战死沙场。

王琼总管三边时，每次巡边，伙食费标准需百金，从来没有用尽。王琼吃肉不多，全部撤去散给跟随的官吏，即使下面的一些办事人员也都能沾光。所以西北一有警事，则人人都肯卖力。

西北边防在王琼的精心调治下，得到了巩固和加强。刘瑾伏诛后，王琼调回京城，西北边疆一直太平无事。

如今北方战事又起，王琼知己知彼，分析十分深刻精辟，料定并无大碍。然而兵议之事是兵部做主，最后王琼还是派了六千兵马，由两位游击将军领兵前去。不过，兵马到了彰德，还未过黄河，已报说寇敌出境了。

王世贞：以盗制盗

明朝大学者王世贞在青州负责兵备时，地方上有一被追捕的盗贼叫雷龄，横行在莱滩之间的海道上。负责追捕的宋捕头追捕很急，雷龄只得逃遁在外。宋捕头估计雷龄可能回青州，于是请王世贞帮忙。

雷龄果然悄悄地溜到了青州同党的家中，藏匿了起来。王世贞得到确切情报后，立即召集人手准备暗中突袭。布置任务时稍微露了点口风给执行任务的王捕尉。事后行动的人还报说，雷龄又事先逃遁了，追捕的人仅慢了一步。王世贞敏感地觉得，恐怕有人走漏了消息。面对空手而归的众人，王世贞装作无奈的样子说道："没有办法，只好不去管他了。"

又过了一段时间，王捕尉带领众兵丁擒得了其他盗贼，立了大功。王世贞通过审讯，从盗贼口中曲折知道了雷龄曾经有恩于王捕尉，因而王捕尉通消息给雷龄，让雷龄逃避了追捕。审讯结束后，王世贞派人叫来了王捕尉。屏去左右后，开门见山地责问王捕尉："你为什么要隐匿雷龄？上次立在阶下听到捕雷龄消息的人，不就是你吗？"王捕尉听后大吃一惊，立即下跪请罪，表示自己愿意带雷龄回来赎罪。王世贞责令他立即就去。

雷龄很讲义气，随王捕尉来到了兵备道衙门投案。王世贞对雷龄说道："你犯的是死罪，看在你有情有义，也算一条好汉的份上，我想成全你。如果你能将某某强盗带来归案，我就保你不死。"雷龄听后表示愿意效劳，将功赎罪。王世贞命令王捕尉与雷龄一起前往。两人经过一番寻访、厮杀，果然捕获了那个强盗。

结案后，王世贞将经过情形告诉了宋捕头，雷龄和王捕尉都得到了较宽的处罚。

王世贞：智辨诬攀案

有一次，王世贞派手下捉七个强盗，结果逃掉了一人。审讯时，强盗头子起初不肯招供，后来熬刑不过，胡乱说了一个人的名字冒充逃跑者。很快王世贞派人按名字将那人带到，结果却是城西绸缎庄的陈老板。陈老板是个地道生意人，待人和气、买卖公平、童叟无欺，因此远近小有名气。也不知前世作的什么孽，该有这一场惊吓，被强盗头子诬攀到公堂。

陈老板在公堂上大呼冤枉，对强盗犯罪情节一概不知，王世贞一看便知是强盗头子乱咬人。可能是陈老板的名气较响，强盗头子一时想不起其他名字，所以尽管他们连面也没有见过，一下子就被强盗头子咬上了。王世贞初审见底，立即命陈老板反绑着手跪在公堂阶沿上，然后再从牢房中将强盗头子带至公堂庭下差不多远的地方站在一边。强盗头子从后面远处偷偷地瞧着穿丝鞋跪在阶沿边的陈老板。王世贞又假意审讯了一番陈老板，同时秘密派人挡住强盗头子的视线，蒙住陈老板的头脸，使手下人学陈老板的样子而换下他的丝鞋，然后悄悄地将陈老板带到里面。事毕，王世贞命人将强盗头子直接带到堂上进行指证。强盗头子并不知道人已换掉，直指穿丝鞋的人，而且咬定不改。王世贞哈哈大笑道："你是要将我的手下指作强盗了。"惊堂木一拍："大胆囚徒，还不从实招来？左右，与我大刑侍候！"一面从后堂带出了陈老板，换回丝鞋，当堂开释。

强盗头子知道谎言已被拆穿，再无必要多受皮肉之苦，只好如实招供。

王越：智脱险境

明时威宁伯王越与保国公朱永有一次率领千余人巡边，半路上突然遇到了数倍于自己的大队敌兵。偶然相遇，敌我双方都感到很意外。由于兵力悬殊较大，保国公朱永急着要走，王越却立即制止，并马上布置列阵自固。敌军见此情形，虽然自己兵力占绝对优势，但是对唐兵的动机和有无后援部队估摸不透，所以心中疑虑，也不敢贸然进击。双方互相戒备，谁也不想先动手，僵持在原地。天色将晚时，双方立寨结营，仍然相持不下。

夜色渐深，王越在夜色掩护下命令所有人都下马，让马摘铃、衔枚，全体悄悄地依次起行，并不准大家随便回头张望，自己则率领骁勇将士殿后。一千余人的队伍神不知鬼不觉离开了营寨，从山后走了五十多里路回到了自己的驻地城前，而敌兵一点儿也没有察觉。

第二日，王越对朱永讲述了之所以这样做的道理："昨天傍晚敌强我弱，双方偶然相遇，敌方并不知道我们的底细，也不敢轻易发动攻击。如果我们一见他们人多，立即掉转马头就走，这是向对方示弱，说明我们心虚怕他们，同时在无意中也将我们的底细暴露给了对方，敌人就会跟在我们后面进击。这样一来，后果将不堪设想。我方结阵自固，表现得不慌不乱，敌人心中反而疑惧，因而不敢轻举妄动。趁天黑依次而行，且人都下马，没有了行军的声音，敌人就不易觉察我们的行动，这样我们不就安全地退回来了吗？"

朱永听后十分佩服。

行事篇

王允：严惩蔡邕

汉末大儒蔡邕曾受到董卓的礼遇。董卓挟持汉献帝以令天下，王允巧施美人计，进献貂蝉挑拨董卓与吕布的义父子关系，结果吕布在王允授意下诛杀了董卓。消息传来时蔡邕正在王允家里作客，对此大为叹息。王允痛诉他道："董卓是国贼，杀害皇帝，残害群臣，天下不容，人神同嫉。你是臣子，世代受到大汉的恩德，君王有危难，你不反戈一击，现在董卓受上天诛罚，你反而要为他悲痛吗？"立即命令廷尉把蔡邕逮捕下狱。

蔡邕在狱中谢罪说："我虽不忠，但古今安危的大道理，耳熟能详，口中常说，岂肯背叛国家而同情董卓？情愿受刑，留命续成《汉史》。"

大臣们都爱蔡邕之才，前来劝谏王允。太尉马日磾对王允说道："蔡邕是少有的天才，尤其对于汉代的史实知道得特别多，应当让他继续写完《汉史》，使之成为一代的宏大典籍。"王允回答道："以前武帝不杀司马迁，让他写下谤书，流传后世。如今国运中衰，兵荒马乱，不能让奸臣再在幼主左右执笔，使我们这辈人将来一起受到诽谤。"于是下令将蔡邕杀了。

王裒：不向西坐

王裒之父王仪性格直爽，曾任安东将军司马昭的司马。东关战役魏军被吴军打败，司马昭问大家："最近这事，是谁的错？"王仪回答说："责任在元帅。"司马昭大怒说："你想把罪责推到我头上吗？"就把王仪推出去斩了。

王衷痛心父亲死于非命，于是从不向西坐，以示不当司马昭的臣民（西晋帝都建在长安）。从此，他隐居教书，朝廷几次征召，他都推辞不去。王衷在父亲墓旁搭了茅庐，早晚到墓前跪拜，攀着柏树悲恸号哭，眼泪流到柏树上，天长日久，树都因此枯死了。读《诗经》读到"哀哀父母，生我劬劳"时，悲痛欲绝，所以他的门人为此不读《蓼莪》这首诗。

王导：识周镇

东晋周镇由临川郡罢官，乘坐一普通子民船回京都，一路跋涉，未及上岸，船停靠在清溪渚。丞相王导知道后就去看望他，当时正是夏天，忽然乌云密布，狂风骤起，电闪雷鸣，暴雨如注。船小，雨大，仓漏，大家连坐处都没有，周镇的寒酸相，说明了周镇在临川时的清廉，引起了王导的感慨："胡威（周镇字）之清，想不到是这样！"

事后，王导果断地启用周镇为吴兴郡守。

王导：斥感伤

西晋王朝由于内部的"八王之乱"，引起了外族的入侵，导致了政权的彻底崩溃。晋室南渡以后，偏安江南，然而面对北方五胡少数民族政权的威胁和内部争斗，东晋士族官僚软弱无能，充满了无法收复失地的没落感。他们经常相聚在一起，好尚清谈，品评标榜，自我陶醉。

有一次，天气晴好，过江诸人相邀在建业新亭聚会饮酒。大家坐在草地上，宴饮到一半，周侯（字伯仁）忽然叹息道："风景没有什么改变，只是山河有了变化（指北方广大领土为胡人们分割占领）！"大家一片感伤唏嘘，相视流泪。

面对国破家亡的一味唱叹，唯有丞相王导坚决反对。王丞相脸色一变，气愤地大声道："大家应当振奋精神，共同为王室尽力，努力争取收复北方领土，何至于像囚犯一样相对哭泣！这样太没出息了。"

王导义正词严的一席话，说得众人哑口无言，很觉惭愧。

王导：四座并欢

东晋丞相王导过江到扬州拜访各路宾客，数百宾客列队相迎，人人都有喜悦之色。其中唯有临海一位姓任的客人和几位胡人，脸上不以为意。王导看在眼里，记在心中。举行宴会时，王导乘着经过姓任的身边开玩笑道："你从临海出来，临海便无人（任）了。"姓任的听后大喜。又过胡人身前，学胡人的调调："兰阇！兰阇！"胡人们大笑。于是四座并欢，整个宴会气氛十分活跃。

王导：江左管夷吾

东晋时，温峤初为刘琨的使者，由江北过江南来考察。当时江左地方刚刚开始营建，东晋王朝南渡不久，纲纪尚未健全，一切均未走上轨道。温峤新到，见状后对东晋王朝存有较大的忧虑感。拜见丞相王导时，温峤沉痛的讲述，充满了《黍离》中所描述的那种痛心。温峤忠心慷慨，感情深厚激烈，声泪俱下，丞相王导与其交谈，深受其影响，与之相对而泣。俩人谈得投机，叙情完毕，便互相仰慕交结。王丞相亦盛情招待，酬谢知己。拜访结束后，温峤出门后高兴地对众人道："江左自有管夷吾（将王导比作管仲），又有什么可担忧的呢？"

王承：东海太守

王承是东晋名臣。任东海太守时，一天有个人违反了宵禁，为吏卒所拘留，送到王承处。王承问他违令的原因，那人说："在老师那儿学习，不知不觉已是黄昏了。"王承说："鞭打处罚像古人宁越那样苦读好学的人来树立威名，不符合为政教化的根本原则。"于是，派人送他回家。

王羲之：坦荡成佳婿

书圣王羲之是司徒王导的侄儿，自幼酷爱书法。幼学之年，他虽然已经笔力遒劲，顿挫生姿，但从不沾沾自喜，仍然勤学苦练，博采众长。

太尉郗鉴久闻王家后辈个个才华过人，想在王家后辈中为女儿选一个佳婿。有一年盛夏时节，他派自己的门生到王导家求婚。王导让他自己去厢房观察王家子弟。

当时，王羲之与同族兄弟相聚在叔父王导的丞相府歇息。他们听说郗太尉派人来选佳婿，大家赶紧整理衣冠，个个神态端庄地等待郗家来人，唯有一个人毫无理会，依然袒腹在床。

郗家来人相看了王家兄弟后，回府向郗太尉禀告："王家后生个个都很英俊，他们听说我去选婿，十分矜持地恭候着，唯有一个人就像不知我去选婿似的，依然袒腹在床，吃着东西……"郗太尉心里想，那袒腹在床的后生，毫不做作，性情坦荡，日后必成大器。于是脱口而出："袒腹在床的就是我之佳婿！"一打听，得知这人就是王羲之。不久郗太尉果然将女儿许配给他。

后来，人们便称呼别人的女婿为"东床"，成了典故。

王羲之：天外有天

王羲之任会稽（郡址在苏州）内史时，支遁（又名道林）也在那里。王羲之初到任所，孙绰（字兴公）就对王羲之介绍："支道林见解新颖，胸怀中包孕的主意都极好，你想见见他吗？"

这时，王羲之自以为自己很有才学，因此看不起支遁。后来，孙绰约支遁一起乘车到王羲之的住所，王羲之无意与支遁交往，所以也不与支遁交谈，仅仅与孙绰敷衍了几句，坐了一会儿，他们就告辞回去了。

过了几天，王羲之要外出，车子已经停在门口了。突然，支遁来了，王羲之想避开已经来不及了。支遁说：“你现在不要出去了，我对你讲几句话后你再走。”

于是，支遁直截了当与王羲之谈论《庄子·逍遥游》。《庄子·逍遥游》向来是很难读懂的，许多名流、学者虽然可以在此中钻研玩味，但各人的理解都不出郭象、向秀的注释。

支遁神思超拔，滔滔不绝，辞藻新奇。他提出了郭、向两家注释以外的一种新的见解，与各家各贤的讲法大不相同，这正是王羲之探求不得的。一席话听得王羲之心领神会，豁然开朗，便敞开衣襟，解下腰带，流连不能自已。吩咐门上将车子也打发掉了，一股劲地让支遁“讲下去，讲下去”。直到支遁走了，王羲之还怔怔地望着他远去后的大门外，嘴里念念有词：“楼上有楼，天外有天！”

王羲之：爱鹅

王羲之生性爱养鹅。会稽郡有一个孤独生活的老妇养了一只善叫的鹅，王羲之想买，于是带着亲友动身前往老妇处看鹅。老妇听说王要来，于是杀鹅待客，王羲之为此十分惋惜。

山阴县有一个道士，养了一群好鹅。王羲之知道后前往观赏，十分喜欢，坚持要买。道士说：“你替我抄一部《道德经》，我就把这一群鹅全送你。”王羲之欣然抄写完了《道德经》，用笼子装着鹅带回家，觉得非常高兴。

还有一次，王羲之在路上见到一个老妇拿着六角形的竹扇在叫卖，却无人问津，他让老妇将扇子拿给他，他就在扇子上题词，每把写五个字。老妇起初脸色不高兴，王羲之对她说：“只要说这是王右军写的字，你可卖一百钱一把。”老妇将信将疑，依照他的话去做，人们果然争着来买。过了几天，老妇又拿扇子来求写字，王羲之笑而不答应了。

王徽之：爱竹

王徽之，字之猷，是王羲之的儿子，性格超然，不拘小节。

有一次，王徽之路过吴郡，看见有一个士大夫家中有长得极好的竹子。主人知道王徽之爱竹，肯定会来的，于是洒扫庭院，作了布置，在官厅里等候。王徽之却坐着轿子直接来到竹丛边，吟咏长啸了很长时间。主人很失望，但还是寄希望他离开时会来与自己交谈。谁知王徽之欣赏好了竹子竟想直接出门。主人忍不住，便让手下人把大门关了，不让他出去。王徽之反而十分欣赏主人，便留了下来，尽欢而散。

还有一次，王徽之曾临时借人家的空宅居住，一住下来就叫人种竹。别人问他："你临时居住，何劳如此？"王徽之吟诵了许多以竹子为题的诗，然后指着竹子说："怎么可以一天没有此君做伴呢？"

王徽之：乘兴而行，兴尽而返

徽之与戴逵（字安道）是好朋友。王徽之住在山阴县时，一个冬夜，大雪刚停，月色清朗，四面一片银色，徽之一面独自饮酒，一边吟咏左思的《招隐诗》，悠悠自得。忽然想到戴逵在剡县，就连夜动身乘小船去拜访。摇了一夜船才到剡县，可是走到戴逵的门前却并没有进去，反而转身摇船回来了。傍晚到家，人家问他为啥到了戴逵门前而不进去。徽之回答说："我本来乘兴而行，现在兴尽而返，何必一定要见到安道呢？"

孝武帝太元十三年（388），王徽之、王献之（字子敬）兄弟俩都患重病，献之先故世。徽之问服侍他的人："怎么一点也听不见子敬的消息呢，一定是死了。"于是要了辆车前去奔丧。到了那里，也不哭。献之生前喜欢弹琴，徽之便直入灵堂，坐在灵床上，拿过献之的琴便弹，可是调来调去也调不准琴弦，便拿起琴来往地下一掷说："子敬子敬，人琴俱亡！"于是，在灵床上伤心痛苦了许久。一个月后，王徽之也去世了。

王献之：打招呼

王献之晚上睡在斋中，小偷们进来，把财物盗窃一空。献之从容地说："偷儿，青毡是我家几代相传的东西，请不要拿走。"小偷们吓得丢下财物逃之夭夭。

王僧虔：不卑不亢

南齐高帝萧道成能写得一手好字，当上皇帝之后，仍然十分爱好书法，并且自以为已练得炉火纯青了。有一次，他想与大书法家王僧虔比一高低。各人写完后，高帝对王僧虔说："我和你究竟谁是第一？"王僧虔望着高帝不卑不亢地说："臣下我的书法可称第一，陛下是天下第一人。"高帝萧道成笑着说："你真是个善于为自己谋划的人。"随后把珍藏的古代书家墨迹十一幅给王僧虔观看，并叫他负责收集书法家的名单。

王肃：虚心好学

北魏太和十七年（493），齐武帝杀害了王肃的父亲和哥哥。王肃避祸在外，后来投奔北方，却受到了北魏孝文帝元宏的器重。王肃的博学多才，为朝野各界所瞩目。

有一次，孝文帝在华林园宴请群臣。在闲谈时王肃说："古代只有女子的头上才插笄，男子没有这种装饰。"大家觉得王肃讲得很有道理。但在一旁的刘芳却反驳说："我以为按照《礼经》的正文，古代成年男女都用笄作发饰。"刘芳还举一反三，多方论证说明这一道理，在场的群臣纷纷点头称赞，孝文帝对他的学问也赞赏不已。王肃听得心悦诚服，脱口而出："这位大约就是大名鼎鼎的刘石经吧？"

东汉时，曾经把三种文字校勘的《五经》刻成石碑，竖立在太学门外，为当时学者勘正文字树立范本。由于刘芳学识渊博，能辨明经文的读音字义，北魏的学者都纷纷到他门上去求教勘误，称他为活的石经，于是，刘芳有了"刘石经"的雅号。王肃久闻其大名却从未谋面，刚才听了刘芳的这一番理论，王肃没有因为自己讲错了而觉得失了面子。酒宴散尽时，王肃追随刘芳一起出门。王肃握着刘芳的手，激动地说：

"我自幼研读《三礼》，并且曾经和南方的儒家多次研讨，都以为《礼经》上有关这方面的内容，就是我刚才所讲的那样。今日听到你的精辟见解，一下子去除了我多年的困惑，真是学到老也学不了呀！"

王凝：护才

王凝十分器重司空图。唐咸通中（860—874）王凝出任主考官时，司空图一次就考上了，为第四名进士。一同考中的人对他这样无名之辈的迅速成功，既感到惊讶，又看不起他，甚至有人给他取了个外号——司徒空。

王凝知道了这些非议后，召集那一榜的门生，摆开了筵席，当众宣布说："我有幸主持本次科举，今年发榜，只为司空先生一人而已。"王凝一言定鼎后，在座的人谁还敢非议，因此司空图的名声更加响亮了。

司空图从殿中御史，迁礼部员外郎。后来天下大乱，司空图避难在中条山之王官谷，当时盗贼纵横，但从不入王官谷骚扰，因此，士人们都到王官谷避难。

王起：取士

唐穆宗长庆年间，宰相王起（760—847）再度出任主考官。当时，白敏中和贺拔甚两人文才最好，但贺拔甚放荡不羁。王起有意让白敏中考上状元，但他对白敏中与贺拔甚是知交很是不屑。因此王起暗地派心腹去告诉白敏中，要他与贺拔甚绝交。白敏中听到来人这样说，也就同意了。

正巧这时，贺拔甚到白府，白府的门人骗他说白敏中有事外出了。贺拔甚等了一会儿，也就走了。这时，白敏中从里屋冲出来，连忙叫人把贺拔甚喊回来，并且将内幕和盘托出，慨叹："功名哪里不可以博取，怎么能够因功名而对不起老朋友呢？"两人开怀痛饮，酣醉而睡。

来人见此情景，大怒而去，向王起汇报。王起却说："我原打算只取白敏中，现在干脆连贺拔甚也一起录取吧。"

王维：爱才

韩干小时候曾在一家酒家干活，做送酒的事。当时，王维还未做官，经常到这片酒家来赊酒，饮酒漫游。因此，韩干常常到王维家里去收取酒钱。

一次，韩干在地上随意画人、马。王维是精通绘画的，看到后为他所作画的意趣而吃惊，于是，每年给韩干二万钱，让他学了十多年画。

王维绘画水平高超。有一天他看到一幅《奏乐图》，观看良久，不禁微笑起来。别人问他原因，他说："这画的是《霓裳羽衣曲》第三叠第一拍。"好事的人召集乐工来演奏，加以验证，果然一点不错。

王维：在难中

玄宗天宝末年（756），安禄山攻陷洛阳、长安，唐玄宗出逃，王维来不及追随，被叛兵逮住。王维服泻药，装成痢疾，又假装得哑病。安禄山素来看重王维，特地派人将他送到洛阳，关押在普施寺内，强迫他接受任命。

安禄山在凝碧宫大宴党徒，所用的乐工都是侍奉玄宗的旧人。王维得知后内心十分哀痛，写下一首诗："万户伤心生野烟，百官何日再朝天。秋槐花落深宫里，凝碧池头奏管弦。"

平定叛乱后，接受过伪职的官员分三等定罪。王维因为这首诗为肃宗李亨赞赏，又因为弟弟瑾请求削去自己刑部侍郎官职来赎兄之罪，再加之王维被叛党逮住后的种种抵抗，肃宗破例宽宥了王维。

王廉清：宁愿死守此书

王铚（字性之）读书，能一目五行，常常别人才看三四行，王铚已经看完一页。年轻人向他请教文章，他边看边翻，片刻功夫就看完了搁在一旁。因此，有人怀疑他看不起自己，生出许多诽谤他的话来，其实文章优劣，王铚都已清楚。

秦桧当权时，王铚曾任枢密院编修官，编撰《七朝国史》。他善于收集宋朝故事，著作丰富，但到秦桧执政中止时，书竟不传。

王铚死后，秦桧的儿子狗仗人势，居然写信给州官，要掠取王铚的藏书，并且说，只要王家献出王铚的藏书，答应给王铚的儿子做官。王铚的长子王廉清得知后大哭，并且拒绝道："我宁愿死守此书，也不愿做官。"尽管州官用祸福威胁引诱，王廉清一概不答应。秦桧儿子恐事情闹大，只得作罢。

王令：来即令我烦

王令（1032—1059），字逢原。年少时生活贫穷，靠教授学士为生。王令才思奇异，因受王安石的赞赏，声誉大增，加上他又和王安石同娶吴氏姐妹，一时间便有不少喜欢攀附的人天天上门，进誉献谀。王令大为恼火，他愤愤然在门上大书："纷纷闾巷士，看我复何为，来即令我烦，去即我不思。"从此，献媚者绝迹。

王安石：坐禅

魏国公韩琦任扬州知州时，王安石刚进士及第，任金判官。王安石每晚读书直到天明，稍事休息就匆匆上官府，常常来不及漱洗。韩琦见他一脸倦意，疑心他夜饮放荡，规劝他："你年纪轻，应该认真读点书，不要自弃。"王安石没有为自己辩解，只是说："韩公不了解我。"

一天，王安石访蒋山的和尚元禅师，两人谈古论今。元禅师以为王著述劳累，心气不正，劝他摒弃杂念，专心坐禅，以修身养性。几天后，王安石遇见元禅师说："坐禅对人确有好处。几年来我一直想作《胡笳十八拍》，总作不成，可昨夜偶尔坐禅间却已做成了。"元禅师听后哈哈大笑不止。

王安石行文十分严谨，曾经有绝句云："京口瓜洲一水间，钟山只隔数重山。春风又绿江南岸，明月何时照我还。"据吴中一位读书人家藏的王诗草稿，第三句最初写的是"春风又到江南岸",后圈去"到"字,旁边批注"不好",改为"过"。后又圈去,改"过"为"入",再改为"满",共改了十多字,最后才定为"绿"字。

王安石为编集唐朝诗人的《百家诗选》,从宋敏求（字次道）那里借了一些书。有本书中杜诗"暝色赴春愁"句,被宋敏求改"赴"为"起",王安石把此字重新定为"赴"字,并且对宋敏求说："如用'起'字,谁不能写出来呢？"宋敏求听了深为钦佩。王安石治学就是这样的认真。

王安石：宴客

王安石不当宰相时,儿媳妇家的亲戚萧氏到京城来,王安石约他到家里来吃饭。

第二天,萧氏盛装赴约,总以为宰相家必定盛宴款待。已经中午了还不见开饭,萧氏感到肚子很饿,却又不敢离开。又过了很久才让他入席,然而桌上也没有什么菜。喝了几杯酒,先上了两只胡饼,又拿来了几碟猪肉,就开始吃饭了,下饭时也只有一碗菜羹。萧氏一向十分骄纵,心中很不快,不再动筷子,只吃了胡饼的中间部分,将四边剥在桌上。王安石看见了也并不说话,拿起桌上的胡饼皮自己吃了。萧氏这时真感到愧疚,匆匆退席。

王安石任知制诰时,吴夫人给他买了一个小妾。他见后问："你是什么人？"那女子说："夫人要我在你身边服侍。"王安石又问："你是谁家的？"那女子说："我的丈夫是军官,监运米时船沉了,倾家荡产仍不够赔偿,只好把我卖掉。"说着便暗自抹泪。王安石伤感地问："夫人花多少钱买你的？""九十万。"王安石问清后让夫人将她丈夫找来,令他们夫妇团聚,并倾家中所有将钱全数赐给他们还债。

王安石：出人意料

以前王安石与刘放十分友好。后来王安石任参知政事时,一日刘放去拜访，恰巧王安石在吃饭。侍从请刘攽在书房等候，刘攽见砚下有草稿，取来一看，是一篇论兵法的文章。刘攽的强记能力极好，过目不忘，读后仍放回原处。转念想到自己是普通官员，擅入参知政事的座位不好，便退出书房，在厢房里等候。

王安石吃完饭，邀请刘攽入座，问刘攽近来有何新作。刘攽开玩笑说："写了一篇《兵论》。"王因为自己也在写此题，所以问其概要，刘攽以刚刚看到的草稿内容作为自己的见解回答，心想这回王安石一定会满意的。王安石不知他窥见自己的文章，沉默良久，慢慢取出草稿撕毁了。因为王安石平日议论一定要出人意料，如果别人见识与他相同，就认为是流作之见了。

王冕：花了几棵梅子钱

王冕（1287—1359），字元章。小时候家里很穷，父亲让他放牛，他偷偷进学舍去听学生读书，直到晚上回家，将牛也忘了，父亲大怒并打他。以后他一听书又忘了牛，母亲婉言劝他，你为听书常常挨打，不如白天好好放牛，夜间去依僧寺，坐在佛像的膝上，在长明灯下读书。

后来，王冕多次应试均不中，于是就玩世不恭起来，曾骑着牛游京师，名士权贵们都恼怒他。他带了妻子、儿子一起隐居九里山，种了上千株梅树，并将自己的居室题为"梅花书屋"，自号"梅花书屋主"。王冕善于画梅，他自题画梅有"冰花个个团如玉，羌笛吹他不下来"之句，求画的人接踵而来。

春天，梅树结子了，王冕夫妇收了梅子卖钱，每一树梅子卖多少钱，他们都用纸袋装好，作了记号。每天的开支，便记"今天花了几树梅子钱"。

大雪天，王冕赤脚登上山峰，眺望四面，大声呼喊道："天地之间都是白玉，使人心胸一片澄澈，多想飘然飞去登临仙界呀！"

王冕的住所与一神庙相邻，他碰到缺柴烧的时候，就把神像劈了烧饭。隔壁邻居虔信神佛，凡是王冕劈了神像，他们就一边嘴里念念有词："罪过！罪过！"一边刻木补做。这样几次三番，然而王冕家里年年太平无事，补神像家的妻子小孩却时常患病。

一天，邻居请了巫婆来降神，责问神："王冕多次毁坏神像，神不降罪；我常常做新像，神为啥不保佑我？"巫婆被逼问得一时回答不出，只得发脾气说道："你不做像，他拿什么来烧饭呢？"从此以后，那邻居不再补新像了，神庙就此荒废了。

王冕：识人

王冕早年志向远大，游北京时却无人赏识，只好借屋住下。当时临川人危素（字太朴）官任翰林学士，住在钟楼街，王冕曾读过他的文章，但从未见过面。

一天，危素骑着马经过王冕的住所，听说王冕在里面，他下马进去。见面后，王冕请他坐下，并不问他姓名，过了一会儿说："你不是住在钟楼街吗？"危素答："是呀。"王冕于是不再讲一句话，危素只好告辞。后来有人问王冕："你是怎么知道来者就是危素呢？"王冕说："我见危素的文章有诡诈之风，见来人举止有些诡诈气，因此断定他一定就是危素无疑。"

王恕：罢官

南京兵部尚书王恕（1416—1508），字宗贯。王恕为官刚正清严、不畏权势、敢于直言，经常上疏批评朝政，揭露劣迹时弊。凡是朝政有不妥当时，群臣必然会议论："王公怎么不言？"随即又欣喜道："王公上疏已经到了。"果然，王恕的上疏来了。因此，当时京里流行着歌谣："两京十二都，独有一王恕。"木秀于林，风必摧之，王恕的做法必然使得权贵忌恨，皇帝厌恶，王恕的日子很不好过。他一生曲折，罢官难复。

与王恕同朝为官的文渊阁大学士丘濬（字仲深）知识渊博，但他行文拖沓，至于填词，更不是他所擅长。丘濬年轻时写过小说《钟情丽集》，内容都是风流的爱情故事，当时很多人看不起他。因此，他又写了一本专讲封建伦理说教的杂剧《五伦全备》，想借此来掩盖写小说的过失。其实，《五伦全备》语句俚俗，意思十分浅显。王恕批评他："身为理学大儒，不应该将精力放在词曲上。"为此，丘濬十分恨王恕。

有一次，有人为王恕写了《王大司马生传》，文中对王恕十分褒誉。丘濬见了就说："如果有豪杰出来驳斥，王恕就会有不测之祸。"

王恕把自己写的奏章刻印成册，其中凡是成化年间被留中不发的奏章，均说明"不报"。丘濬见了又说："这是故意彰露先帝拒谏的过失。"御医刘文泰当时也与王恕有仇，听了丘濬的话，就上书弹劾王恕，王恕就此罢官。

在明宪宗、孝宗两朝，王恕戏剧性地两起两落，终于屡争不得，无法立朝，最后不得不辞官回家。

王衡：父子榜眼

王时敏的父亲王衡（1562—1609），字辰玉，号缑山。王衡青少年时，父亲王锡爵招陈继儒（号眉公）与他一起在苏州支硎山读书，两人十分相投，成终身好友。王衡少年时就有文名，曾经受到同乡父辈王世贞的赞叹。

王衡读书，总是从头到尾，一字一句地仔细读下去，即使是数百卷的书，也是如此，甚至笺注中的每一个字也不轻易放过。陈继儒对他说："诸葛亮读书是略观大意，陶渊明读书则是不求甚解，你何必这样自讨苦吃？"

王衡却笑笑说："你有你的读书方法，我用我的读书方法。不过，读书与做人相似，必须有始有终，一丝不苟才行。"

1588年，王衡终于举顺天乡试第一。但因为他父亲王锡爵位居内阁，官任礼部尚书兼文渊阁大学士的缘故，有人以为王衡的乡试第一和他父亲的高位有关，于是舆论纷纷。朝廷不得不下诏复试，王衡舒卷一挥而就，众考官详细审阅了试卷，都觉得王衡文理通达，才思敏捷，无不为之惊叹，仍获第一，准许会试。但王衡为了避嫌，谢辞了会试。

在他父亲位居内阁的十年间，他连续三次放弃了参加会试的机会。

万历二十二年（1594）王锡爵经多次请辞后归里休养。直到万历二十九年（1601），王衡在他父亲的鼓励下，怀着澄清怨气、用事实昭示天下的心情参加会试，结果会试第二名，廷试又以第二名高中榜眼。

王衡和他父亲王锡爵"父子榜眼"，被传为美谈。

王世贞：严世藩之死

太仓王世贞的父亲王抒家藏祖传的《清明上河图》，奉为至宝。严世藩强要索取。王抒虽然舍不得此图，又畏惧严氏父子在朝中的权势，于是就另觅高手临摹了一幅给严世藩。

王抒家曾经有过一个姓汤的裱工，专门装潢名画。后来这裱工到了严世藩家，裱工一眼识破了王抒送来的画是假的，对严世藩说："此画的真迹我见过，王抒给你的是摹本，你只要看看图中这小麻雀的两脚踏在两块瓦片上就可以知道了。"严世藩因此十分恼火。

这时正好俺答入侵大同，王抒总督蓟辽。严世藩死党鄢懋卿授意御史方辂弹劾王抒防御边塞无术，结果王抒被杀。

王世贞得知这内情后，痛哭不止，觉得父亲冤枉致死，死不瞑目，于是他日夜思图报复。

一次，严世藩问王世贞，街坊间有没有什么好看的小说，王世贞回答说："有。"严世藩问书何名，王世贞一个急智，看见床上金瓶中养着一支梅花，就随口说："《金瓶梅》。"又谎说："书已很旧，字迹模糊，等抄清后再送上。"王世贞回家后，构思了几天，写成《金瓶梅》。严世藩看后大喜，爱不释手。

严世藩有修脚的习惯，王世贞又重金收买了修脚匠，乘严世藩专心看《金瓶梅》时，将他的脚稍微弄破一点，偷偷地搽上烂药。从此，严世藩双脚溃烂，不能入朝。这时严世藩的父亲严嵩也已年迈迟钝了。对朝务的处理无法使皇上满意，严家父子逐渐失宠。御史邹应龙等人乘机上奏本弹劾严嵩父子，严世藩因此被处死。

王世贞：自我批评

王世贞在李梦阳和李攀龙之后的文坛声誉显赫，四海流传。归有光（字熙甫）对此不以为然，在为人作的序文中力排世俗的风气，认为俗人往往把一两个狂妄平庸的人拥为文坛巨人。王世贞知道后就去对归有光说："我确实有点狂妄，但无论如何也说不上平庸啊。"归有光回答说："正因为狂妄，所以才平庸，没有狂妄而不平庸的人。"王世贞到了晚年，才意识到自己确实不及归有光，在归有光的画像上题了"千载有公，继韩欧阳。余岂异趋，久而自伤"的赞语。

也许一个人只有到了晚年才更能心平气和，并且敢于解剖自己，即便是名人也不例外。王世贞、李攀龙等后七子成名时，汪道昆与王世贞虽然是同年进士，但并不在后七子之列。后来因为汪道昆成了权相张居正的亲信，骤然显贵，他的诗文也被世人传阅，文名暴起。这时，王世贞尽力宣扬他，当世便以王、汪并称。王世贞到了晚年，对这件事很不服气，他曾经说："我佩服张居正的功劳，但因为人们都说他不好，我也就不敢说他好。我心里看不起汪道昆的文章，但由于人们都说好，我也只得跟着称赞。我做了这两件违心的事，真不知如何是好。"

王绂：一幅竹石图

王绂（1362—1416），字孟端，别号友石，又号九龙山人，无锡人。博学，工歌诗，能书画，山水竹石妙绝一时。隐居九龙山，故自号九龙山人。

王绂客居京师时，有一天晚上邻家传来一阵清亮可人的箫声，便乘兴画了一幅《竹石图》。第二日一早，王绂带了图去拜访吹箫人，并以图相赠。哪料吹箫人是一个富商，得到王绂图后大喜过望。过了一日，送来两匹驼，请王绂再画一图，配成双。王绂听后十分不开心，命他去将前图取来，王愤愤说："如此庸俗的人怎配有我的画！"于是将画撕得粉碎。

王士禛：性格

康熙初年，王士禛、汪琬（字苕文）、刘体仁（字公勇）分别在礼部、户部、吏部做官，又共同主持文坛，风流儒雅，一时闻名。当时的士大夫和各地来京城的读书人凡作了诗文，都一定先要送呈三人，定下优劣，然而才可能有名声地位。然而这三人对投谒的诗文态度各不相同：王多有赞誉，汪却多有批评，而刘则不置可否。王士禛曾经对刘体仁说："我们三人性格不同，各执一端。纯翁洁身自好，不能容人，但过分批评人，几乎不留一点余地；我宽容喜奖励引导后学，但过分的赞言容易使人滋长骄傲之心，我俩都有偏颇。只有足下把人家的作品搁放一边，不置可否，实在是我们比不上的呀！"刘体仁听后一笑。

蒲州人吴雯（字天章）有诗才，但刚到京城时，却默默无名。王士禛初读其诗，便颇加褒誉，称为仙才。一天，王士禛趁与众官在殿外等待朝见皇帝的时候，有意向叶方蔼（号讯庵）吟诵起吴雯的诗，"泉绕汉祠外，雪明秦树根"，"浓云湿西岭，春泥沾条桑"，以及"门前九曲昆仑水，千点桃花尺半鱼"。叶方蔼听后大为惊异。待宫禁值宿刚罢，叶匆匆命仆人备车驾，往吴雯的住处探访，从此，吴雯的诗名便显赫于朝。

汪琬好批评别人，前辈人物从钱谦益以下没有不被批评的，后辈有以诗文请教的，汪亦没有好话，王常常劝导他。王士禛的另一位老友计东（字甫草）在王士禛的门人汪懋麟（字蛟门）文集的序中说："钝翁性子稍急，不能容物，他认为不可的，即使有一百个大力士也不能使他开口。他品评当时人物，能获得称赞的也不过几个人。王士禛品性和易宽简，好鼓励同道，然而有以诗文来请教的，必定尽力说明它的得失，毫不含糊其辞。"王士禛认为这几句话比较切合他和汪的情况。

如淄川蒲松龄（字留仙）穷一生之精力，著成清代一大奇书《聊斋志异》。书稿初成时，王士禛闻其名，登门造访。蒲松龄一连三次均避而不见，并说："王氏虽是风雅之士，但总脱不掉富贵气，我辈粗茶淡饭自给的人，不习惯与他结缘。"不久，王士禛又传书给蒲松龄，愿出三千两银子将书稿买下后刻印，蒲松龄坚决不同意。王士禛又托人多次求见此书稿，蒲见其情真意诚，才答应派人骑快马送去。王士禛连夜读完书稿，并作了一些评论，同时还在书后作了一七绝后，便把书稿交来人带回。诗曰："姑妄言之姑听之，豆棚瓜架雨如丝。料应厌作人间语，爱听秋坟鬼唱时。"可谓深得蒲松龄作《聊斋》的苦心。

王士禛：风格

　　成都人费密（字此度）所作《朝天峡》诗云："一过朝天峡，巴山断入秦。大江流汉水，孤艇接残春。暮色愁过客，风光感榜人。明年在何处？杯酒慰艰辛！"一天，王士禛偶然在友人的书案上看到诗作一卷，便随手取来翻阅，当读到《朝天峡》诗中"大江"一联时，禁不住击节叹赏，经询问，始知诗为费密所作。于是，王士禛赋诗赠费密云："成都跛道士，万里下峨岷。虎口身曾拔，蚕丛句有神。大江流汉水，孤艇接残春。十字须千古，何为失此人。"王士禛因此与费密结为文友。

　　王士禛任户部侍郎时，曾往西岳华山祭神，途中游览了慈恩寺，见塔上题有两首绝句，其中《题秦庄襄王墓》云："园庙衣冠此内藏，野花岁岁上陵香。邯郸鼓瑟应如旧，赢得佳儿毕六王。"经打听，始知为郃阳人康太乙（字乃心）所作，王对康的诗才一再赞赏。第二天，康太乙的诗名就在长安城内传开了，而康太乙本人却全然不知。康太乙从此诗名昭著，并因此得到督学使者陆德元（字俨庭）的提拔，这年科举考试以进士第五人及第。

　　王士禛就是这样地爱才，不要以为王士禛会滥赞别人的诗文，有一则故事足可说明王士禛的风格。

　　侍郎钱谦益的孙子钱锦城（字镜先）从小就有诗名，他有诗集一卷，同族一布政使为之作序。钱锦城携诗集到京师拜见王士禛，请他评点。王士禛一见诗集前的序言，就说："钱家有才子钱陆灿（字湘灵）在，却叫布政使作序，这是从官爵的大小来决定高低水平，这样的诗不看就知道格调如何了！"于是，把诗集抛掉不看。

　　王士禛为扬州府推官时，一天夜里下大雪，深更时分，万籁俱静，还在灯下翻检书箧中的书。当翻到泰州布衣吴嘉纪（字宾贤）的诗集时，便取出阅读，边读边赞叹，于是欣然提笔为其作序。第二天，立即遣人飞速地将序文送给远在二百里之外的吴嘉纪。吴得序十分感激，特地撑船来到扬州拜谢，两人相见，极为欢悦。

王士禎以诗名重于当时，但起初也只不过当一个部曹小官，无法施展其才能。当时，张英值南书房时，曾经在清圣祖玄烨面前极为赞扬他。圣祖因此召王士禎入宫，出诗题当面考他。王作诗的灵感来得迟缓，加上以一个部曹小官，初见当今皇帝，紧张得连手执笔都在发抖，竟然写不出一个字来。张英见此状，立即暗中代王士禎作一诗，将纸捏成墨丸大小，偷偷放在王士禎手边，王士禎依靠这小纸丸才得以完卷。因此，圣祖阅诗后并不见人们传谓的那样有"丰神妙语"之气。但王士禎总算敷衍过了这一关，他从此终身感激张英。

王士禎当上高官之后从不摆架子。清代陈康祺著的《郎潜纪闻三笔》上记载了这样一件事：通州的布衣邵潜（字潜夫），明万历年间已以诗闻江南。清康熙初，邵潜已经八十多岁了，因家贫而被徭役所困。当时，王士禎任扬州府推官，一次巡查部属到达邵潜居住的地方，第一个就拜访了邵潜。邵潜住在僻陋曲折的一条小巷中，王士禎屏退车马侍从，徒步走到邵家。邵问王士禎："我正好有酒一斗，你能喝不？"王士禎欣然与邵潜对饮，叙谈良久，方才告别。当地官府听说此事后，立即免除了邵潜的徭役。

王鸣盛：激将法

嘉定王鸣盛（1722—1797），字凤喈，1763年解京职还，定居在苏州阊门，专心著述，自定《西庄始存稿》三十九卷、辑刻《宝山十家诗》十卷、《江浙十二家诗选》二十四卷、辑并世人诗为《苔岑集》十二卷、辑《续宋文鑑》八十卷、刻所著《十七史商榷》一百卷等。由于辛劳过度，双目失明达三年之久，后来经人介绍，由针灸医师闵生为他治好。

王鸣盛勤奋好学，十分敬畏姚鼐的学识。姚鼐，字姬传，年轻时，受当时浙中地区盛行词学的影响，曾一度学作填词。王鸣盛对戴震（字东原）说："我过去非常敬畏姚姬传，现在却不再敬畏他了。"

戴震十分惊讶，问他为什么。

王鸣盛说："他喜好多能，见人家有一个专长，就想让自己也兼而有之。治学若用力专业一门则精，而杂乱俱学则必然粗，所以不足以让人对他敬畏了。你可以将此话转告于他。"

后来，戴震遇见姚鼐时果然将王鸣盛的话转告了他。姚鼐听后深为震惊，脱口而出："王凤喈我师也。"

从此，他舍弃了许多其他爱好，潜心研习古文，终于以古文"桐城派"之杰出代表而闻名于世。

王颂蔚：慧眼识英才

王颂蔚（1848—1895），字笔佣，号蒂卿，为明朝宰相王鏊的十三世孙。十八岁应童子试拔第一，在紫阳、正谊各书院学习，成绩名列前茅。进入仕途后，人品、学业为潘世恩、翁同龢所推重。中国近代大教育家蔡元培能于1892年补殿试而成为进士，完全得力于王颂蔚的慧眼识英才。

王颂蔚于1890年被清廷委任为庚寅科会试房官。在阅首场试卷的过程中，他发现有一张试卷与众不同，写的文章不是规定的八股文，这引起了他的注意。等到二、三场卷子下来，经仔细审阅，文章内容渊博无比。然而旧时科举制度，考试文章均须按规定程式，否则不宜录取。王颂蔚不为陈规束缚，爱才心切，竭力向主考官推荐，并在考官们间广为赞誉这位素不相识的考生所答的试卷。揭晓后知道，这位考生名叫蔡元培，然而蔡元培因为知道自己的文章不合程式，又不愿意按程式而影响自己文章的正常发挥，所以对考中不抱希望，早已离京南下了。于是就有了二年后补殿试成为进士的科举史上罕见的佳话。

王颂蔚爱国博学，甲午中日战争时任军机处帮领。他对清军的随便、拖拉之风非常不满，对战争失利后的"偿金割地，委曲求和"更加悲愤。第二年病逝，蔡元培撰诔文叙述他的生平并表示哀悼之情，称颂他"清德迈史……于门下士，尤循循然有博约善诱之道"。

王谢长达：与苏州妇女解放运动

王谢长达（1848—1934）为近代苏州三槐堂后裔王颂蔚夫人。1895 年担任清廷军机处帮领的王颂蔚病逝后，王谢长达于 1900 年携年幼的孩子从北京返回苏州，从此她一面抚育孩子，一面从事苏州的社会变革和妇女解放运动。

清末民初，苏州女子风气很不开通，连清廷都通令各省劝导妇女不再缠足，然而当地妇女积习难改，缠足依旧盛行。王谢长达回苏后认为，中国妇女解放应以身心解放为先，此种风气必须开通，1901 年受上海"天足会"的启发，王谢长达与潘绍芬等苏州开朗女子发起成立了"放足会"，开始向封建陋习发起冲击。王谢长达亲自示范放足，串街走巷大张旗鼓地宣传放足的优点。通过"放足会"深入持久的活动，苏州的社会风气由是得以开通。

妇女要从封建桎梏中彻底解放出来，必须要有现代文化知识，因此妇女教育至关重要。王谢长达在致力于"放足会"工作初见成效的 1905 年，又决意创办女子学校。她与陈星昭等友人募集基金，于严衙前创办了"振华女校"。办校初期，振华女校步履艰难，困难重重，学生仅五名。经过王谢长达的惨淡经营和不懈努力，振华女校终于冲出困境，学生逐年增多，学历从小学开始增设了师范科、幼儿园、中学部。教育事业蒸蒸日上，一直到苏州解放。以振兴中华为学习目的的振华女校后改名为振华女中、江苏师范学院附中，现为苏州第十中学。

为了进一步树立苏州妇女全新的社会形象，王谢长达还身体力行，积极引导妇女参与广泛的社会活动。1915 年，王谢长达与当时的江苏女子师范学校校长汤达权共同倡导成立了"江苏女子公益团"。王谢长达在六十七岁至八十六岁的高龄阶段，一直担任苏州女子公益团团长兼德行部部长。在此期间她高举"女子公益团"的旗帜筹集资助学，首开苏州教育"希望工程"之先河；扶贫帮困，灾荒之年组织向贫苦大众送粮、送衣、送药，帮助介绍工作；参与修筑道路、河岸；为受欺凌妇女讨回公道，伸张正义；支持"拒毒会""禁酒禁烟会""节制会"等其他社会进步团体开展活动，共同推动苏州社会风尚的进步。直至八十六岁逝世那年，她还参加公益团的活动。

妇女解放是民主革命的一部分，王谢长达清醒地意识到这一点，并及时将女子教育与民主革命活动紧密结合起来。1911 年 10 月，武昌起义敲响了清王朝的丧钟。作为苏州女界领袖，民主革命的拥护者，王谢长达心情十分激动，虽已六十三岁高龄仍然积极响应。她组织了苏州女子北伐队，亲任队长率女学生百余人积极参加筹募工作，将苏州妇女运动引向了健康发展的道路，为民主革命作出了重要贡献。

王谢长达为人温柔谦逊、开通豁达，为苏州妇女的解放和社会进步孜孜不倦地作出了无私的奉献。王谢长达是苏州妇女解放的一面旗帜，也是苏州妇女的骄傲。

才情篇

王粲：蔡邕倒穿鞋

王粲（177—217），字仲宣，他是建安七子中最著名的一人。少年时就才思敏捷，记忆力极强。有时与别人同行，读路旁的碑，一过就能背诵，而一字不错。又曾经看人下围棋，不小心把棋搞乱了，王粲替他们重新摆好。下棋的人不相信是原来的样子，用头巾遮着棋盘，请他在另一张棋盘上照原样再摆一副。结果两盘棋对比一下，一个棋子也没搞错，他的强记能力已到了这样程度。

汉献帝西迁，王粲也移居长安。左中郎将蔡邕见到他，大为赏识。当时蔡邕以才学著称，名声显赫，极受朝廷器重。蔡邕的门前车马塞巷，府中常常宾客满座。

一天，听说王粲在门外求见，蔡邕倒穿着鞋出门迎接。王粲不仅年纪很轻，而且身材矮小，满座宾客见蔡邕郑重其事迎接这么一个人，都大为惊异。可是蔡邕介绍："这是三公王畅之孙，有异才，我不如他，我家所有的书籍文章，应当全部都给他。"

王粲十七岁就当上黄门侍郎。因为西京战乱，他和蔡睦一起去荆州投奔刘表。刘表因看他容貌体态不佳而并不重用他。后来刘表死了，王粲劝刘表的儿子刘琮去归顺曹操。曹操任他为丞相掾，后来升迁军谋祭酒，官拜侍中。

王粲与曹操父子关系很好。王粲有一个怪癖，喜爱听驴叫。他死后，曹丕来送葬，哭到伤心处，曹丕环顾了一下同来送葬的人说："王粲最喜欢听驴叫，大家都学一声驴叫来送别他吧！"于是曹丕带头，送葬人都学了一声驴叫，王粲就这样愉快地上路了。

王凝之：才女妻子

谢道韫，谢安的侄女，江左王凝之的妻子，聪明有才。有一年下雪天，东晋太傅谢安同儿女们谈论文义，一会儿雪下大了，谢安兴致勃勃地问："白雪纷纷何所似？"他的侄女胡儿答道："撒盐空中差可拟。"侄女谢道韫却说："未若柳絮因风起。"谢安大笑，十分欣赏侄女的才思，自此，"咏絮才"便成为对工于吟咏的才女的赞同。

谢道韫刚嫁给王凝之时，一次回娘家省亲，她闷闷不乐。谢安说："王郎是王羲之的儿子，人不错，你有什么不高兴的？"道韫回答说："我家一门都是人才，叔父辈有阿大、中郎，堂兄弟又有封、胡、羯、末（分别为谢韶、谢朗、谢玄、谢川的小名），想不到天底下还有王郎这样的人！"后来，人们称兄弟才华出众为"封胡羯末"。

谢道韫曾经讥讽谢玄学问积累增长进步不大，说："你是被琐事分心了呢？还是你天分有限呢？"

一次，王凝之的弟弟王献之与宾客在一起谈玄，辩论不过别人，即将理屈词穷。谢道韫派小丫头送茶时对王献之说："嫂嫂想来帮小叔解围。"于是她用青绫屏风把自己遮蔽起来，继续申说王献之的观点，结果宾客都辩不过她。

王珣、王珉：兄弟才子

吴国内史王珣（350—401），字元琳，小字法护，是江左王导的孙子，文章才学在当时很有名。有一次梦见有人给他一枝像椽子那样大的笔，醒来之后对人说："这预示着有大手笔的文章要做。"不久，皇帝去世，哀册、谥议等文章都是王珣起草的。

王珣和袁宏都是东晋的文士才子，他俩同随桓温北伐。桓温曾任命袁宏作《北伐赋》,写成后,大家传观共赏,都十分赞叹。王珣却说:"可惜少一句,加一个'写'字为韵的句子,就更出色。"袁宏听王珣这么说,就在座中拿起笔来,续写道:"感不绝于余心,泝流风而独写。"

王珉(351—388),字季琰,小字僧弥,是王珣的弟弟,从小有才艺,善写行书,名声超过王珣。当时有人说:"法护非不佳,僧弥难为兄。"当时有个外国和尚提婆,能精妙地解释佛法,替王珣兄弟讲解《毗昙经》。王珉当时年纪还很小,听讲了还未到一半,立起身来说:"懂了。"就到别的房间去对沙门法纲等几个人讲说。法纲赞叹道:"大义都对,只是小地方还不够精。"

王晞:鱼鸟见流连

王晞(511—581),字叔朗,小名沙弥。北齐昭帝时历任太子太傅,武平初(570)改任太鸿胪、待诏文林馆。

王晞仪表俊美,雅有气度,好学不倦,但禀性恬淡,尽管在朝廷负责政务,也不曾被世务所束缚。凡是遇上良辰美景,吟诗宴饮,游水登山,他决不会放弃的,因而人们称他为"超脱的司马官"。

有一次,他游览晋祠,写下两句诗:"日落应归去,鱼鸟见流连。"忽然,丞相府的使者来了,召请他马上赶回去。第二天,丞相卢思道对他说:"昨天你来时脸色已经通红,莫非因为'鱼鸟'而见怪吗?"王晞慢悠悠地笑着说:"昨晚微醉,已尽雅兴,酒喝多了会被人见怪的,何况你们也是值得流连的,并不仅仅在于鱼鸟山水啊!"卢思道本来是以王晞昨日作的诗与他开个玩笑,却又让王晞占了上风。

王筠:知音难得

沈约是南朝刘宋时期的一代文章巨匠,但每读到王筠的文章,便吟咏感叹,总以为自己难与之相比。他曾经对王筠说:"从前蔡邕见到王粲时讲:'真不愧是王公之孙,我家的书籍全部都应当送给你。'我虽然不能同蔡邕相比,却也想附会引用此话。自从谢朓等人相继去世后,我平素的好友都快绝尽了，没想到晚年又遇上了你。"

沈约在郊外的住所建造了楼阁书斋，王筠为他写了十篇诗吟咏其周围的草木，题写于墙壁之上，这些诗作均辞意明了，不题篇名。沈约对别人说："这些诗之形容描绘均根据实物，没有必要再题名说明。"

沈约写了篇《郊居赋》，构思了很长时间也没有完成，便请王筠来看看草稿。王筠读到"雌霓连蜷"一句，将"霓"读成入声，沈高兴地拍掌说："我还担心别人会将它读成平声呢。"接下来读到"坠石榅星"和"冰悬坎而带坻"等句，王筠一边读一边有节奏地拍掌，称赞不已。沈约连声说："知音难得，真正的赏识者已几乎绝尽，我之所以邀请你来，正是想听听你对这些句子的看法，现在不用再说了。"

王建：不是当家频向说

王建（约751—835），字仲初，寿在八十以外。与韩愈为忘年之友，与张籍交情也较厚，二人均工为乐府歌行，格幽思远，同变时流。王建喜欢饮酒，性情放浪不拘。与枢密使王守澄有同宗之分，因此知道许多深宫的秘闻。

有一次，二人小酌。王建喝酒过量，信口说道："东汉恒帝、灵帝因过分信任宦官，正直的士大夫被诬为'党人'而遭牢狱之灾，汉室才会衰亡。"王守澄疑心王建是借左讽右，讥刺他擅权误国，便责问王建："你所作百首《宫词》说的是深宫秘事，宫禁严密，你怎会知道的？"王建一时无言可答。后来写了首诗云：

> 先朝行坐镇相随，今上春宫见长时。
> 脱下御衫偏得着，进来龙马每交骑。
> 常承密旨还家少，独奏边情出殿迟。
> 不是当家频向说，九重争遣外人知？

意思是宫中之事，倘若不是本家你向我讲起，我身在宫外，怎会知道？王守澄怕被牵连，终于不敢告发王建了。

王之涣：诗人打赌

唐玄宗开元年间，诗人王昌龄、高适、王之涣齐名。三人都未做官，处境也十分相似。一天，下着小雪，三人同去酒楼赊账饮酒。这时，有十几个乐工登楼饮酒，三人让到一边，避开乐工，在酒楼的一角围着火炉观看。过了一会儿，又上来四个妙龄歌妓，衣着华丽，容貌姣美。乐工们开始奏乐，他们三人悄悄约定："我们都是著名诗人，没有分过高低。现在倒来看看他们奏乐唱歌，到底谁的诗被唱得最多，说明谁的诗流传最广，谁就是最优秀的诗人。"

一会儿，一个歌妓打着节拍唱了一首王昌龄诗：

> 寒雨连江夜入吴，平明送客楚山孤。
> 洛阳亲友如相问，一片冰心在玉壶。

王昌龄伸手在墙上画道线，说道："一首绝句。"

另一个歌妓唱了一首高适的诗：

> 开箧泪沾臆，见君前日书。
> 夜台今寂寞，犹是子云居。

高适也伸手在墙上画道线，说道："一首绝句。"

过了一会儿，一个歌妓又唱了一首王昌龄诗：

> 奉帚平明金殿开，暂将团扇共徘徊。
> 玉颜不及寒鸦色，犹带昭阳日影来。

王昌龄又在墙上画一道，说道："二首绝句。"

王之涣自以为成名已久，难道自己写的诗竟无人理会？他对二人说："这些人都是潦倒歌手，所唱的都是下里巴人之词。碌碌之辈，难道敢唱阳春白雪之曲？"于是指着其中一个还未唱歌且最美的歌妓说：

"等等，看看她唱的歌，如不是我的诗，从此我终生不与你们比高下。如是我的诗，你们可要尊奉我为师。"三人边说边等，一会儿那歌妓果然唱了王之涣诗：

> 黄河远上白云间，一片孤城万仞山。
> 羌笛何须怨杨柳，春风不度玉门关。

王之涣于是嘲笑他们俩说："乡下人，我会讲错吗？"三人纵情欢笑。

这时惊动了乐工，他们不知三人在笑什么，上前请问。王昌龄说明原委，这些乐工，歌妓纷纷下拜，说道："俗眼不识神仙，希望你们屈尊，和我们一起饮酒。"三人欣然答应，欢饮终日。

后来这件事被改编为明清杂剧、传奇，传为美谈。

王贞白：当改一字

王贞白，字有道，乾宁二年（895）进士，诏翰林学士。他专工诗，诗名盛传。一次，他写了一首题为《御沟》的诗：

> 一派御沟水，绿槐相荫清。
> 此波涵帝泽，无处濯尘缨。
> 鸟道来虽险，龙池到自平。
> 朝宗心本切，原向急流倾。

自以为冠绝一时，无可挑剔，并且将此诗编在诗集的卷首。然后他拿诗去请贯休和尚看，贯休看了说："很好，但是一字未妥。"王贞白心里不太高兴地走了。贯休说："此人思维敏捷，定能领悟过来的。"就随手在掌心写了一个字。

不一会儿，王贞白果然来了，很愉快地说："已改了一字，是'此中涵帝泽'。"贯休推开掌心，写的正是这"中"字。从此王贞白对贯休钦佩之至，二人成了莫逆之交。

王仁裕：《西江集》

尚书王仁裕在后汉乾祐年间任主考，一榜录取了二百一十四人，他写了一首诗："二百一十四门生，春风初动羽毛轻。掷金换却天边桂，凿壁偷将榜上名。"当时，陶榖同任尚书，生性诙谐幽默，看到诗中有"凿""偷"等字，故意大声说："真稀奇，真稀奇，想不到王仁裕今日做了贼头头。"引得大家哄堂大笑。

据说王仁裕到了二十五岁时，才立意读书。一天晚上，梦见自己剖开肚子，用西江水洗涤肠胃，又看见水中鹅卵石上有篆文状的花纹，就拿来吞吃。醒后心胸豁然开朗，从此资性聪敏远过平常。曾作诗万余首，编成百卷，因曾梦见吞吃西江篆文石，便取名为《西江集》。

王播：斋后钟

王播（759—830），字明扬。年少时家境贫寒，曾经借住在扬州惠昭寺木兰院，常吃寺中斋饭。吃得次数多了，和尚都讨厌他，故意先吃饭后撞钟。王播听见钟声赶来，和尚已经吃完饭散了。王播觉得和尚太势利，他愤然在墙上题了首诗，以纪此事。

隔了二十多年，王播以检校尚书仆射兼淮南节度使的身份回到扬州，当初所题之诗，寺里的和尚已用碧纱罩起来了。王播见此举又在墙上题了两首诗，以感慨世态炎凉，人情冷暖：

> 二十年前此院游，木兰花发院新修。
> 而今再到经行处，树老无花僧白头。
>
> 上堂已了各西东，惭愧阇黎饭后钟。
> 二十年来尘扑面，如今始得碧纱笼。

王维：巧登榜首

王维（699—759），字摩诘，以文章著称，又娴于音乐，擅长琵琶，被岐王李范十分推重。

一次，岐王让王维穿着华丽的衣裳，带了琵琶扮成乐工，去公主府邸。岐王对公主说："承蒙你接见，所以我奉上音乐酒宴。"筵席中乐人依次前来。王维年少风流，风度翩翩，在乐人队伍中当然特别引人注目。公主询问岐王："此何人？"岐王含糊地回答："一个音乐行家而已。"

于是，公主就命王维独奏，王维的一曲琵琶曲调哀切，惊倒在场所有的人。公主也听得出神，问："此曲何名？"王维回答：《郁轮袍》。"

岐王又说："此人不但音乐造诣如此，诗文也佳。"公主越觉奇怪，问王维曾作过什么诗。王维奉上自己的作品，公主一见大吃一惊："这些都是我一向在念的诗文，原以为是古人的佳作，怎么竟出于你手？"立即下令让王维更换衣服，请他上座。

王维人品出众，语言诙谐，座中贵宾均深为叹服。岐王见此趁机说道："今科进士考试若能以他为第一名，这才是国家人才之精华！"公主问道："你有如此才华，为何不去应考？"岐王故意说："他说若不能名列榜首，就不去应考。"公主笑道："若你真能前去应考，我定当尽力相助。"

这一年，王维果然一举登科，名列榜首。

王向：批文

王向少年时在滁州做官，欧阳修为知州。有一位先生因学生不交学费，自己上门去索讨，却被拒之门外。这位先生写了状纸向王向告状。

王向在他的状纸上批道："盍二物以收威，岂两辞而造狱。"意思是说："何不用教鞭来树立威信，何必要告状来请求判决呢？"（"二物"，指用拔木和荆木做成的教鞭，出自《礼记·学记》"夏楚二物，极其威也"。"两辞"，出自《尚书·吕刑》"听狱之两辞"。）

先生不服王向的判词，拿了状纸直接去找欧阳修。欧阳修见了状纸上的批文，十分欣赏，夸奖王向的才华，并大力提拔他，终于使王向出了名。

王夫人：《减字木兰花》

元祐七年（1092）正月，月色清朗的一个夜晚，苏东坡和王夫人在汝阴州堂前赏玩盛开的梅花。王夫人说："春月色胜过秋月色，秋月色令人凄惨，春月色使人和悦，你何不叫赵德麟来此饮酒赏花呢？"苏东坡听了大喜说："我竟不知你能作诗啊！这几句话真是诗家语呢！"于是叫了两位客人饮酒赏花，当即用王夫人语句作了《减字木兰花》词。苏东坡文才这么好，谁知道有不少诗句却是从王夫人嘴里得来的呢。

王该：作诗

王该任邓城知县时，官舍旁有一棵树，叶长近尺。王该每作一诗，就拿来一片叶子，把诗写在上面。他死的时候，遗物唯有一大包树叶。

王安石：为学之勤

王安石酷爱读书，寝食之间也手不释卷。他在常州当知州时，办事认真，在宾客面前从未露过笑脸。

有一次，王安石宴请幕僚，艺人在庭院中表演，大家正聚精会神观看表演时，王安石忽然哈哈大笑起来。大家觉得很奇怪，有人说大约是艺人表演得精彩，故而王知州发笑。因此建议重重给艺人赏赐。有人却怀疑王安石发笑也许另有原因，过后便找机会去问王安石。却不料王安石答道："前几天在宴席上偶思'咸''常'二卦，忽然领悟到其中的要义了，心中欢喜，不知不觉就笑出声来了。"

王安石在著《字说》时，真可谓费尽心机。他把一百多颗很硬的莲子放在桌上，咀嚼苦涩的莲心来帮助思考问题。有时莲子吃完了，他不自觉地咬自己的手指，直咬到流血还没有察觉。

一次，王安石和苏轼在谈论诗法。苏轼贬黄州时，曾作过一首诗《雪》，有"冻合玉楼寒起栗，光摇银海眩生花"两句，别人都不知道他用了什么典。这次苏轼迁往汝海，路经金陵，两人由谈论诗法而讲到这首《雪》。王安石说："道家称人的两肩为玉楼，称眼睛为银海，你是否用了这个典故？"苏轼含笑点头。事后苏轼感叹地对叶致远说："学荆公的人，哪有像他这样博学的啊！"

还有一次，苏轼为赵抃作《表忠观》碑文，有人拿给王安石看。王安石读后沉吟道："这是何种体式啊？"当时有位宾客见王安石如此，就趁机对苏文大加指摘贬损，王安石也不作回答。他把苏轼的文章反复诵读，突然叹赏说："他这是《史记》中《三王世家》体，可谓奇异古奥啊！"这宾客听了面红耳赤，惭愧至极。

元丰年间王安石在金陵，苏轼自黄州北迁，每日与王安石郊游，大谈古代文章、佛学禅机。后来王安石对人说："不知要经几百年，方有如此人物！"

王安石十分好学，主持国事时喜欢谈农田水利。有人献计，放干梁山泺的水为田地，王安石想采纳，但是又担心水无去处，便询问刘攽。刘攽同王安石是故交，相处十分随意，今天见他如此认真，有意兜着圈子说："此事杨蟠无齿。"王安石不知刘攽在开玩笑，思来想去不知此话含义，问儿子王雱，也不知其义。王雱只好去问刘攽，刘攽笑道："这还不够明白？杨蟠是杭州人，会做诗，自号浩然居士，宰相熟悉他，现在要干湖造田，此事浩然无涯啊！"听者绝倒。

王禹偁：和莺吹折数枝花

王禹偁（954—1001），字元之，九岁能文，诗学敏捷，曾学白居易诗。宋太平兴国八年（983）中进士，任大理评事，后来宋太宗赵光义亲自召试，改任右拾遗，直史馆。有一次，太宗亲试贡生，召王禹偁赋诗。王禹偁顷刻而就，太宗十分高兴，立即进升他为左思谏、知制诰。咸平初，王禹偁预修《太宗实录》，因为和宰相李沆意见不合被贬官。一次在商州赋诗《春日杂兴》："两株桃杏映篱斜，装点商州副使家。何事春风容不得，和莺吹折数枝花。"他儿子嘉祐脱口而出："杜子美曾有'恰似春风相欺得，夜来吹折数枝花'之句，语言十分相近，父亲能否换句子？"王禹偁听儿子这样说十分高兴，说道："我的诗精粹成熟，竟能暗合杜诗吗？"于是又写道："本与乐天为后进，敢欺杜甫是前身。"

王禹偁父亲是开磨坊的，当时毕士安为州从事。王禹偁七岁那年，一天代父亲送麦到毕家，立在庭下，应对不慌。毕士安正在命几个儿子对句，王禹偁放下麦在旁观看。毕士安心中看不起王禹偁，认为一个开磨坊人家的孩子不守本分，站在自己儿子间有所干扰，就出了个对句："鹦鹉能言宁比凤？"并且对站在一边的王禹偁说："你能对此句吗？"不料，王禹偁昂首即应道："蜘蛛虽巧不如蚕。"同样以讥讽回报毕士安，毕并未生气，非常感慨地说道："你经纶满腹，将来定能有名于世。"

王禹偁在黄州时作《竹楼记》与《无愠斋记》，记的末尾云："后人在办公之余，可召高僧道士来此烹茶炼药。若将此变成马厩或厨房，那就不是我的同道了。"

后来，安咏（字信可）访问黄州时，"无愠斋"改为马厩，王当年刻记的石块，也被厨师用来压羊肉。安咏叹道："先生难道真有预见的吗？怎么他的话变成预言了。"于是，安咏把楼与斋修整如旧，将王禹偁的文章保护在墙壁上的龛中。

王和卿：大名人

大名府人王和卿，性格滑稽放纵，闻名四方。元中统初，北京出现一只蝴蝶，特大异常，王和卿作小令《醉中天》：

> 弹破庄周梦，两翅驾东风。三百座名园，一采一个空。
> 谁道风流种，唬杀寻芳蜜蜂。轻轻飞动，把卖花人搧过墙东。

与王和卿同时的关汉卿也是一个高才风流人物，王经常讥讽嘲谑他。关汉卿虽然也曾挖空心思对付王和卿，但总是落下风。

一天，王和卿突然坐着去世了，鼻涕下垂一尺多，人们都感到很惊奇。关汉卿去吊唁，问："这是为什么？"有人说："这是佛家所说的坐化。"关汉卿又问："鼻子下面悬着的是什么？"回答说："玉筋。"关汉卿："你并不知道，这不是玉筋，是嗓。"牛马牲畜劳伤，鼻中流脓水，称作嗓病，喜欢攻击别人短处的人也叫嗓。大家听了都笑了起来，有人说："你被王和卿侮辱愚弄了半世，他死了你才占此一回上风。"

王稚登：佳句十四字

嘉靖四十三年（1564），王稚登（字伯谷）在北京国子监就读。一次阁试《瓶中紫牡丹》诗，他写的诗中有"色借相君袍上紫，香分太极殿中烟"之句。袁炜读后击节赞叹，并把翰林院士们招来，批评他们说："你们以诗文为职业，可你们写得出王秀才的这十四个字吗？"

王世贞：桑落酒之始

一次，王世贞应邀参加严嵩的宴会。严嵩拿出桑落酒招待大家，并以此炫耀自己的学识。他举杯说："唐代诗人张谓有'不醉郎中桑落酒'之句，可见这桑落酒始于唐代。"在座的宾客异口同声赞美严嵩的博学，并以今日能饮桑落酒而感到荣耀。

唯独王世贞将举起的酒杯放下，自言自语起来："北魏郦道元《水经注》中也提到了这种酒，想来一定是根据张谓的这句诗记载的了。"

严嵩当时面红耳赤，碍于王世贞当时的身份地位才没有发怒，心中却记下了王世贞当众给自己出丑的这笔账。

还有一次，皇宫传说有人看见一个鬼，多手多眼。明世宗朱厚熜问张真人："这是什么鬼？"张答不上来。有人说王世贞博识，就派人去问王，王说："回答这问题何必要博识。《大学》中有一句'十目所视，十手所指'，这是说什么？"意思是指奸相严嵩，严嵩知道后更对王世贞恨之入骨。

王世贞：自以为是

年轻时的王世贞十分高傲。有一次，王世贞请陈继儒在弇园缥缈楼饮酒。席间有位客人拿苏轼来比王。王世贞说："我曾写过《苏长公外纪》，说到苏轼的文章虽不能做我的楷模，但也经常为我所用。"言下之意，是不肯居苏轼之下。这时，陈继儒有点醉了，他惺忪着眼睛笑道："你有一事比不上苏轼。"王世贞问："何事？"陈继儒说："东坡先生不喜欢为人写墓志铭，而你却写了不下四五百篇，在这点上，你似输老苏一招。"王世贞听了大笑起来。

王、谢二氏是南北朝时并称的望族，但王世贞却认为谢氏无法与王氏相提并论，因为"王"是大的意思，而"谢"则有哀谢之意。谢肇淛认为王的这种说法是儿戏，他对王世贞说："按此逻辑，我也可以这样回答你，'王'是大的意思，但满则招损；'谢'有退的含义，但谦则受益。老天爷是讨厌'满'而喜欢'谦'的，那么应该怎样来对待王、谢二姓呢？"

王世贞十五岁时，向骆行简学习《易经》。有一天，看到一个卖刀人，骆要王世贞以此为题作诗。王世贞拈的"漠"字韵，很快就吟出了"少年醉舞洛阳街，将军血战黄沙漠"的诗句。骆行简听了惊讶地说："你以后一定会以诗文著称于世的。"

王士祯：吃藤条

王士祯曾和梁熙、刘体仁、汪琬等同在曹司任官，梁熙任御史，刘体仁任吏部郎中，汪琬任翰林院编修，大家都喜欢以玩笑之语逗乐。

桐城人方文，年轻时即已显露才华，晚年诗学白居易，喜作俚俗浅近之语。方文因为自己生于壬子年，曾经让画师作《四壬子图》，画中四人，陶渊明居中，杜甫、白居易在两旁，三人都高坐堂上，而画中的方文自己则弯腰曲背于前，作呈其诗卷状。方文以此图请王士祯题诗。

王士祯说："方文呈诗于陶、杜、白三大家，陶诗自然直率，白诗通俗浅近，老妇人都能理解，因此陶、白二位不足以使人担心。担心的应该是杜甫，杜甫作诗，字斟句炼，音律精严，我担心方文诗一味追求俚俗，免不了要吃杜老夫子的藤条呀！"满座客人听了为之绝倒，而方文十分尴尬。

康熙十八年（1679）举行"博学鸿词科"，汪琬也被举荐参加。汪琬到京城后，王士祯很高兴，设酒宴招待他，又写诗与他开玩笑：

> 名山书未就，副已满通都。
> 天子询年齿，群公爱腐儒。
> 抛残青箬笠，染却白髭须。
> 冻然常黎甫，来倾酒百壶。

汪琬在答诗中有"老乏染髭方"之句，并不以王士祯在诗句中说他太老而发怒。

不久，汪又与薛奋生开玩笑，写有诗句"山人高价卖青山"，王士祯又作了四首绝句寄给汪琬：

> 颍水箕山傲昔贤，舍庭玉柱隔风烟。
> 逃名却被山英笑，两字尧峰世已传。
>
> 谈经人比郑公乡，徐竹门生到后堂。
> 为奉侏儒一囊粟，山中闲煞束修羊。
>
> 横山山外好烟波，可惜柴门掩绿萝。
> 莫怪山人高价卖，此中佳处本来多。
>
> 吴中高士谢山灵，共指文星傍帝庭。
> 今夜尧峰交处望，不知何处少微星。

诗中都是调侃之语，汪琬见后十分生气。回敬他四首诗，其中有

"车服倘缘稽古力，便应飞札报诸生""太史错占天上象，岁星元异少微星""从此不称前进士，故人亲授隐君衔"等句。汪琬还有诗句如"区区誓墓心，岂因一怀祖"等，也是针对王士禛写的。王士禛后来在刊行自己的诗集时，曾删去了这四首绝句，但见到汪琬的诗集，把他回敬之诗全部收录，于是把自己的这四首绝句再收录到诗集中，以记录自己的过失，并希望子孙能够以此为戒，不要乱开玩笑。

王士禛：题诗

王士禛为一代宗匠，与朱彝尊（字竹垞）并称"朱王"，但从不轻易为人下笔。

一次，内大臣明珠庆寿诞，昆山徐乾学事先以华贵金纸一幅，请王士禛为他作诗，想在寿宴上献诗劝酒。明珠是清圣祖玄烨宠幸的侍臣。王士禛心想，倘使曲笔来献媚权贵，非君子所为，便当场坚决拒绝为徐乾学作诗。

一次，王士禛乘船夜游长江。夜已将尽，方才到达燕子矶。王士禛兴致勃发，想登山游览。这时雨后初晴，林木萧飒，江涛喷涌，涛声震荡回响在山谷中。随从个个面露惧色，王士禛毫不理会，独自命人束火把前往，并且在山顶石壁上挥毫题诗数首，从容下山。第二天，所题之诗立即流传江宁，和他诗的达数十人之多。

王士禛还十分风趣。他患疝气病已经十七年了。有一天，相国陈悦岩读《倦游录》，书上记载了这样一件事：辛弃疾患疝症，有一道士教给他一个土方，用薏苡米和东壁黄土一块炒，然后用水煮成膏状，服食数帖后就可痊愈。程迥也患此症，辛就把此方传授给他，程如法炮制，果然有效验。陈悦岩读到这里，就将此事抄录下来送给王士禛。第二天，王士禛去畅春苑的路上遇见了陈悦岩，他说："承蒙你授我方子，我的病一定会好的，但我又为我的病感到自负。"陈悦岩听了不解其缘故。王士禛接着说："此疾辛弃疾、程迥都曾患过，和二位老前辈同病相怜，难道我还是普通人吗？"

王世名：金华孝烈门

明代，浙江金华府一带曾经传颂过一个王氏孝子节妇的动人故事。

金华府武义县有一少年叫王世名，父亲王良与族兄王俊因事争执，结果被当场打死。此事惊动了地方，上报县衙，立案审理。根据当时的法律规定，殴打致死需解剖尸身，由仵作（法医）验伤、填写尸格（验尸报告），再由县官审结。然而这时作为苦主的王世名却对人讲"人死不能复生"，"冤家宜解不宜结"，"情愿息讼罢仇"。最后由族中尊长们调停，让王俊割让农田多亩以示谢罪赔偿。一场命案"大事化小，小事化了"，就此协议解决。

事后，王世名每年必定将王俊所让田产的收益单独封藏起来，外人都不知道。平时，王俊家为联络感情以示歉意，客客气气地来，王世名也客客气气地去，相互间礼尚往来。随着时间的推移，两家的"过节"渐渐似乎被人们淡忘了。

又过了一段时间，王世名铸了一把剑，暗中在上面刻了"报仇"两字，平时佩戴在身边。又画了一幅父亲的肖像，一位佩剑者站在身侧。有人看到后问他这是什么意思，他回答道："古人习惯，出门必定佩剑在身，我只是仿古而已。"

就这样过了四五年，王世名进了学，妻子俞氏也为他生了个胖小子。这时王世名才对妻子说道："我现在有了这点骨血，我王氏的香火有了后继之人。父仇不共戴天，我所以隐忍到现在，就是因为这件事放心不下。如今事已妥帖，今天应该是我报仇赴死的时候了。家中上有太夫人，下有婴儿，服侍照应他们的责任就落在你的身上。请你将这个责任担当起来，好自为之。"说罢，仗剑而出，很快斩仇人王俊之头于郊外蝴蝶山下。报仇事毕，王世名回家拜别母亲道："儿为报父仇而死，今后不能再待奉您老人家了，请娘保重。"又将多年田产封藏及杀人佩剑一起拿着，头也不回地到县衙自首请死去了。

这一天，武义县满城百姓，人人动容，到处议论。对王世名为保父亲全尸，隐忍五年后手刃仇人的行为，深表同情。县尹陈大人审理后，心中感佩，特地将他暂时监禁在闲室，同时行文禀告上级。上面决定此案由金华府尹汪大人主审。汪府尹是位清廉之官，了解到整个案情的来龙去脉后，对王世名十分爱惜同情。为了让他能活命，审讯时有意对王世名说道："如果你父亲当时确系伤重而死，则念你孝心，可以从轻发落。但是仍须依法对你父进行尸检。"王世名听后表态道："当初我就是因为不忍心让仵作肢解父尸，所以才暂时隐忍，情愿今天手刃仇人后自己赴死。不然的话，早就可以让官府去处死仇人了。哪里有自己犯了杀人的弥天大罪后，再改变初衷的道理呢？这样做是很愚蠢的。我今天应该领死，但是母恩未断，请让我回家一趟，去与母亲话别。"劝说无效，汪府尹无奈，只得放归，陪他同行。一路上汪府尹多次劝他按照前议执行。王世名的朋友以及府县两地的同学秀才们也都一路苦劝："务必要同意府尹的意见。"可是王世名就是不同意。回家后，他不吃不喝，与老母见过面后，头触石阶，从容就死。面对此情此景，府县两尹和众多亲友秀才无不泪流满面。死讯传出后，一片哭声震天。

当初王世名饮恨在心、嬉笑于外之时，早已下了必死的决心。别人不知，妻子俞氏早知。当时俞氏对王世名说道："你能为孝子，我能为节妇。"王世名道："节妇之说，谈何容易！"俞氏道："你怎能认为女子就不及男子呢？你死后我为你偷生三年。三年后，就不是你所能禁止的了。"三年后，俞氏果然绝食而死。起先王世名死后，家人要将灵柩入土为安，俞氏不同意。俞氏死后，家人便将两副灵柩一起出殡合葬。这件事情轰动了整个金华府。地方官申奏朝廷，旨意很快下来，旌表王世名家为"孝烈之门"。

王世名为了不让父尸肢解，苦等时机成熟后手刃仇人，从容赴死。妻子独知而不加阻止，这是深明大义，不为情所掩。丈夫能坚忍五年而为孝死，妻子能再忍三年而为节死，一切都在慷慨从容中办成，这是很了不起的。当然，这是封建社会中由"残暴尸身"的法律规定所引发的悲壮故事，其封建的"孝烈"观不值得后人仿效。但是在特定的历史时代，他们执着的精神，对后人还是有一定的启迪作用的。

王吉：提倡晚婚晚育

汉王吉上疏汉宣帝，说世俗嫁娶太早，是"未知为人父母之道而有子，是以教化不明而民多夭"，这和中国现代晚婚晚育的思想相似。

王肃：谢氏女

汉王肃，博学多才，很得皇帝赏识。王肃过去已聘谢氏女为妻，但到京师任职后，皇帝却将公主嫁他。谢氏女知道此事后，不胜悲怆，作五言诗以赠王：

> 本为薄上蚕，今作机上丝。
> 得路逐胜去，颇忆缠绵时。

公主得知后，代王肃写诗答谢谢氏女：

> 针是贯线物，目中恒任丝。
> 得帛缝新去，何能纳故时！

意针孔里总要穿线的，要缝新布时，自然要换一根新线，怎能老是用那根旧线呢？

王端淑：王嫱岂必无颜色

王端淑，聪颖过人，诗画俱佳。其父亲王思任特别爱怜她，曾经说："我有八男，不如一女。"

后来，毛奇龄选编浙江才女诗集，偏偏遗漏了王端淑。王端淑献诗给毛奇龄说："王嫱岂必无颜色，其奈毛君笔下何！"十分巧妙地以汉代王昭君不贿赂宫廷画师毛延寿而未被选为嫔妃的典故，暗指自己诗作落选之事，令毛奇龄惭愧不已。

王苹：王黄叶

王苹（1661—1720），字秋史。与王士禛同宗，喜欢读书，乡里人把他看作狂士。康熙四十五年进士，不久因照顾老母亲要求回乡。

王苹的住处紧靠望水泉，此泉是元于钦所品出的七十二泉之第二十四泉，王苹自称七十二泉主人。王苹嗜古好学，他作的诗清拔绝俗，富有才情，所作"乱泉声里才通屣，黄叶林间自著书""黄叶下时牛背晚，青山缺处酒人行"诸句，很受王士禛赞赏。他曾寄诗给王士禛云："得名自公始，失路失谁怜。"当时人们因其佳句可吟诵，戏称他为"王黄叶"。

王氏：情续芙蓉屏

元至正辛卯年，真州（今江苏仪征）有个叫崔英的年轻人，因父荫补授温州永嘉县尉，携妻王氏赴任。行船路过苏州崦山，停船上山祭拜神庙后，夫妻回到船上休息。一时高兴，拿出了金银餐具，停船小饮了一番。不料船夫见财起意，当日半夜，趁其不备，将崔英沉入水中，婢仆杀尽，只留下年轻貌美的王氏，想要将她配给次子为妻。船夫对王氏道："我次子还未成家，现在有事往杭州一两月，等他回来，与你成亲。只要你愿做我儿媳，我们就是一家之人，我不杀你，不要害怕。"这王氏是个有胆有识的奇女子，见此光景，又有一两个月余暇，于是假装答应。从此装作心甘情愿，尽力为这船夫操持杂务，表现得十分勤快听话。船夫见状暗中高兴，自以为既发了一笔横财，又得了一房好儿媳。时间一长，也就不再防她了。

过了一个多月，这天正是中秋佳节，一轮明月高挂。船夫高兴，办了很多酒菜，大吃大喝后醉倒在船中。王氏等他沉睡过去后，立即悄悄上岸逃了出来。一口气走了二三里，王氏忽然迷路，只见四面都是河网，到处都是芦苇菰蒲，一望无际。王氏脚小难走，又怕船夫追踪，于是尽力狂奔。好久以后，东方渐渐发白，远远望去，前面林中有一屋宇显现。王氏急忙前去，原来是一座尼院。叫开院门，院主问起前来投院原因。王氏不敢尽露真相，半真半假道："我是真州人，舅舅在江浙一带做官，我们全家随行。到任后，我丈夫病故。我孀居多年后，舅舅又将我嫁给崔县尉为妾，正室凶悍，我受尽苦楚。最近崔县尉解官，船停泊于此，因中秋赏月，命我取金杯饮酒，不料失手掉入江中，非要置我于死地不可。无可奈何之下，只得趁夜逃生到此。"院主道："小娘子既不敢归船，家乡又远，孤苦一身，有何打算？"王氏只有哭泣而已。老尼见状后，叹了一口气，念了一声阿弥陀佛道："这里地处荒僻，又在水边，人迹不到，娘子若能舍却人间爱痴，醒悟身体万物即是虚幻，在此削发随缘，则总比为人小妾，受尽今世的苦恼，再结来世的仇报为好。"王氏拜谢道："这其实正是我的想法。"于是就此为尼，名为慧圆。王氏本是读书识字之人，天生又慧敏，不到一个月，院内各事都通，院主大为赏识，人又宽和柔善，大家都很喜欢她。从此王氏每天在白衣大士前跪拜百余次，密诉心事，不论寒冬盛暑，从不间断。结束后即到内室，别人很少能看见她。

光阴似箭，日月如梭，一年多时间过去了。忽然有一天，有人来尼院随便坐坐，院主留斋后而去。第二天，此人又来，将一幅芙蓉画，布施给了尼院。老尼将画张挂在素屏之上，王氏看到后，认出这是崔英的手笔。仇人踪迹显现，心中暗自激动，于是不露声色，向院主打听来处。院主道："这是近日檀越布施，檀越是本县顾阿秀，兄弟靠船为生，近年来十分顺当，外面有人议论他在江湖间劫掠，不知是否确实。"王氏又问："顾阿秀是否常来院中？"回答道："难得来此。"王氏暗中记住，感慨之余，提笔在屏上题了一首《临江仙》词：

少日风流张敞笔，写出不数黄筌。芙蓉画出最鲜妍。岂知娇艳色，翻抱生死冤。

粉绘凄凉余幻质，只今流落谁怜！素屏寂寞伴枯禅。今生缘已断，愿结再生缘。

又有一日，忽然城中有位叫郭庆春的人因事来到了院中。看到屏上的画与题词十分精致，很是喜爱，于是买了回家，欣赏消遣。正好这时御史大夫高公家中生子，请假退居姑苏。高御史平生喜欢书画，郭庆春就将画屏献给了他。高公将画安置在内馆，还没有仔细赏鉴，又听到外面有人叫卖草书四幅。高公立即走出招呼，取在手中观看。只见所写之字酷似唐朝僧人怀素的风格，且又清劲不俗。高公问卖字之人："谁写？"回答是："自己学写。"高公看他相貌清秀，绝不像庸碌之人，就又问他的姓名籍贯。那人苦着脸回答道："我叫崔英，字俊臣，世居真州，以父荫补永嘉县尉，带着妻子家属上任，途中自己不够慎重，被船夫阴谋得逞，将我沉入水中，家财妻妾无法顾及。幸而我幼时会水，潜游于波浪之间，拾得一条性命。估计贼船远去后，我方才登岸投奔民家。主人是位善良的老翁，让我换了湿衣，招待酒食后赠我盘缠，让我去报官。于是我就问路出城，将遭遇陈告了平江路。如今在此听候已有一年，只能卖字度日，实在不敢自认为是善书之人，请不要见笑。"高公听他所述，非常同情，说道："既然如此，你可否暂且留在我家教我孙子写字？"崔英十分庆幸。高公即将崔英请入内馆，招待饮酒。席间，崔英忽然见到了芙蓉画屏，凝视之下不禁泪如雨下。高公见状很是奇怪，崔英道："这幅画是我船中失落之物，是我亲笔所作，怎么会在这儿的呢？"又诵读画上题词，再道："这是我妻子新题。"高公道："怎么辨识的呢？"回答道："我熟识她的字画，肯定是她无疑。"高公道："如果是这样，我为你担当捕捉强盗的责任，你暂时要保守秘密。"

第二日，高公秘密召见郭庆春询问。庆春道："画买自尼院。"又使庆春婉转询问老尼此画得于何人？是谁题词？几天后回报，同县顾阿秀施舍，院尼慧圆题。高公于是派人到尼院："夫人喜诵佛经，无人做伴，听闻慧圆了悟，想要礼拜为师。"院主开始不同意，而慧圆听了以后，很想出去，借此机会或许能有报仇之望，院主只得同意。就这样，慧圆来到了高府陪伴夫人。过了几天，闲暇之时，夫人详细询问了她的家世。慧圆边哭边诉，将真情全部告诉了夫人，并且将题词芙蓉屏之事一起相告，请求夫人帮助报仇："强盗就在附近，请夫人转告高公，若能报得大仇，下报夫君，自己死都愿意。"夫人及时告诉了高公，高公叮嘱夫人好好地看待她，也不与崔英言明，暗中查实了顾阿秀居处出没的行迹，只是未敢轻动。又叫夫人暗中劝王氏蓄发，再穿初时服装。

又过了半年，进士薛溥化为监察御史按临苏州。溥化是高公旧时的下属，精明能干。高公转请溥化将顾阿秀追捕到案，崔英的赴任敕牒和家财仍在，只是不见王氏下落。追问之下，回答是："诚心想将她留下配给次子，但后来趁机逃走了，现在不知去向。"于是将顾阿秀判处极刑，而以原赃归还给崔英。

崔英即将辞别高公再去赴任。高公道："等我替你做媒娶亲后再走，好吗？"崔英谢道："糟糠之妻，久同贫贱，如今不幸流落他方，存亡未卜，暂且单身到任，假以时日。万一老天帮忙，或许我们还有团圆之日。另娶她女，不是我的心愿。"高公听后，动情地对崔英说道："你能如此重情，上天必会保佑你，请让我设宴为你践行，然后再起程吧！"

第二日开宴，各官及郡中名士齐集。高公举杯祝酒，告诉大家："老夫今日要为崔县尉了今生缘。"崔英与客人们都不明白，高公遂将慧圆呼出，告诉大家："这就是崔县尉遭难失散的妻子。"崔英夫妇相见，悲喜交加，恍如隔世，实在想不到能有今日。于是高公向大家说出了前因后果，并且当场将芙蓉屏拿出展示。大家方才知晓高公所谓"了今世缘"，原是王氏词中之意。满座宾客感叹唏嘘，敬佩高公的盛德。宴毕，高公赠送崔英奴婢各一，送崔英夫妻就水路赴任。

后来崔英任满，重过吴门，而高公已仙逝。夫妇痛哭流涕，如丧亲人，就在墓园做了三昼夜水陆道场相报后而去。从此王氏长斋，每天在观音像前念经祷告，感念高公的恩德。

王舜卿：玉堂春

明朝正德年间，河南有位名叫王舜卿的年轻人，父亲是当朝大官。当时奸宦刘瑾当权，王父劾了一本，于是遭到了发回原籍为民的处分。由于时间仓促，京中还有不少债务琐事未了，王舜卿就被留在京中处理遗留问题。这王公子是个聪明能干之人，边读书边办事，不到三个月，事情全部妥善处理完毕，三万两银帐也都到手。本来打算处理了琐事后就回家，哪知年轻人心性，动了在京城游玩一番的念头。事又凑巧，惹上了风流情债，结交了名妓玉堂春。这玉堂春原是大同府周姓良家女子，年前被鸨母用八百钱骗买到京，年纪不过十五六岁，生有十二分姿色，弹拉吹唱样样都精。鸨母将她当做摇钱树，跟随王八姓苏，排名第三，号玉堂春。玉堂春卖笑不卖身，一心想物色一个年轻貌美、有情有义的公子哥儿替她赎身。王八鸨母也想高价"出售"，长线钓鱼。

这一天，王舜卿尽往京城热闹处游玩，到了春院胡同，一时兴起，走进了玉堂春家。郎才女貌，一见钟情，就此发展到一个定要娶她、一个非他不嫁的程度。银子当前，事事称心。王舜卿沉湎在温柔乡中，早将父亲的教训、回家攻读的正事忘得一干二净。

转眼一年过去，王舜卿三万两银子用尽，鸨母热脸变成了冷面孔，终于将他赶了出去。堂堂王公子从此只得流落京城，寄住在一座破庙之中。有一天，庙廊间有一卖水果的人见到了王舜卿，高兴地对他说道："公子原来在这里啊！自从公子走后，玉堂春誓死不肯接客，叫我到处打听你的下落，幸亏你没有往别处去。"原来，自从王公子离开玉堂春家，苏三情系公子，一直派人暗中寻访下落。这卖水果之人，将王公子近况回报了苏三。苏三知道后，很快找了个借口，骗得鸨母同意后，急急忙忙赶往庙中来见情郎。看到王公子在庙中的窘迫之状，苏三哭着道："你是名家公子，现在落到如此地步，都是因我而起。你为什么还不赶快回家呢？"公子道："回家路途遥远，盘缠费多，无法成行。"苏三当即从身边拿出银两，递到公子手中道："这些银两暂且给你买些衣服饰物，你再到我家，我们再慢慢商量。"隔日，王公子装扮成当年模样，再次来到了玉堂春家。鸨母一看王公子气象不减当年，鲜衣仆从，以为他回家后又带来了大笔银两，重游故地，心中不觉大喜。当天晚上，专门设宴，为王公子接风。夜深人静后，两人再叙旧情。不觉鼓打四更，公子起床，说道："姐姐！我走吧！"苏三道："哥哥！我本想留你多住几日，只是留君千日，终须一别。这次急速回家，不要再惹闲花野草。见了双亲，用心攻读。倘能成名，也可以争得一口气。"两人难舍难分。苏三又道："哥哥，你到家只怕娶了家小不再想念我了。"公子道："我怕你在北京另外接人，到时再来也没用了。"苏三道："你指着天上的神灵发誓。"于是两人双膝跪下起誓，永不相忘。苏三又让公子将房中金银首饰器皿，尽数席卷而去。第二日鸨母知道后，暴跳如雷，气得半死，差一点将苏三打死。从此鸨母剪掉了苏三的长发，松掉了她的裹脚布，作践她做厨房粗使丫头。过了一段时日，有位山西商人慕玉堂春之名，要求相见。知道了事情的经过后，敬佩苏三为人贤德，愿意花一百两纹银为她赎身。过了一年多，苏三恢复了原来容貌，被山西商人带回山西为妾。苏三因与王公子有约，誓死不肯失节于人。这商人见她志坚，心想已是自己的人了，不妨慢慢软化，所以也不使强。谁知祸有不测，山西商人家中陡起变故，商人丧命，苏三被打入死囚牢中。

原来这商人有一原配夫人皮氏，当初因为丈夫外出经商，自己不甘寂寞，于是由邻居王婆中间牵线，于隔壁一位监生私通，连钱财也是倒贴。商人带着苏三回家后，皮氏又妒、又急、又恨，起了歹毒念头。隔夜置毒酒于房中，请商人和苏三入席。苏三不喝酒，商人帮忙代饮，结果七窍流血，命丧黄泉。监生想娶皮氏，趁机暗中唆使皮氏，诬告苏三"毒杀丈夫"。公堂之上苏三辩解道："酒是皮氏一手操办的。"皮氏道："我丈夫起初骗她回来为正室，她不甘心为侧室，所以杀夫想改嫁。"监生又暗中做手脚，打通关节，致使苏三被打入死囚牢中，差一点丧命。

王公子回家后，遭到父亲的痛斥，立志读书，博取功名。一年后，天从人愿，登甲科、任御史，一举成名。重返京城之日，再寻苏三，谁知人去楼空。又一年后，吏部考选天下官员，王舜卿思念苏三之情未断，想要到山西为官，顺便暗中探访苏三下落。机缘巧合，王舜卿被点为山西巡按。审录囚犯名单之时，得知苏三已入狱，只等秋后问斩，于是将苏三一案调按察院复审。

王舜卿暗中访得了监生、王婆之事，立即逮来审讯。起先监生、王婆拒不招供，舜卿设计，在庭下柜中暗藏一办事吏胥。监生、皮氏与王婆都在柜侧受刑。官吏借口有事暂退，吏胥们趁机散开休息。王婆年老，吃不住刑讯，私下对皮氏道："你杀人带累了我，我只得到你们五两银子及两匹布，怎能为你们受此刑讯？"二人听后慌忙恳求道："求婆婆再熬一熬，这次如果罪能逃脱，我们一定重重报答你。"柜中吏胥听后立即大声道："三人已全部招供了。"审官立即出庭，三人不得不画供伏法。

事后，王舜卿请一家乡人伪称是苏三的兄长，领她暂回原籍，暗中安置在别处居住,然后再娶她为侧室。王舜卿与玉堂春这一对有情人,历经磨难,终成眷属。明代著名通俗文学巨匠冯梦龙,又将这故事演绎为《玉堂春落难逢夫》,载入《警世通言》之中。戏曲家们又将之编为戏文,一出《苏三起解》,使这故事几乎达到了家喻户晓的程度。

王善聪:女扮男装

明朝成化年间,金陵城中有一女子,名叫王善聪。十二岁时丧母,姐姐也已出嫁。父亲王老实,一向以贩卖线香为生。考虑到女儿年幼孤单,只得将她女扮男装,带往江北一带行贩。

王老实父女俩乘船来到庐州府,老主顾们见善聪生得清秀,个个夸奖。问王老实:"这孩子是你什么人?"王老实回答道:"是我外孙,叫做张胜。我老汉没有儿子,带他出来走走,让他认认各位主顾,以后好接管我的生意。"众人听说,也不疑惑。此后,王老实下了个单身客房,每日出去发货付账,留下善聪看房。

王老实在庐州生意顺畅,谁料想两年后却得了绝症,一命呜呼。善聪哭了一场,买棺入殓,暂时寄于城外古寺之中。思想年幼孤女,往来江湖不便。隔壁客房,住着的也是个贩香客人,同是应天府人氏,平时看他少年诚实,问他姓名来历,那客人答道:"小生姓李,名美,从小跟随父亲出外经商。今父亲年老,受不得风霜辛苦,因此把本钱与我,在此行贩。"善聪道:"我张胜跟随外祖父在此,不幸外祖父病故,孤单无依。如果足下不弃,愿结为异姓兄弟,合伙经营,彼此有靠。"李美道:"如此最好。"李美十八岁,善聪十四岁,于是善聪拜李美为兄,互相友爱。两人同住一房,善聪只说自己从小有寒病,睡觉从来不脱衫裤、不脱鞋袜,大小便必定要到深夜,再去私下方便。李美是个诚实男子,一切均被善聪瞒过。

弘治癸丑春,假张胜在庐州不觉一住几年,已经是二十岁的人了。这几年勤苦营运,手头也宽裕了不少。思想父亲灵柩暴露他乡,亲姐姐多年不见面,自己终身也不是个了当,就与李美商议,想搬取外公灵柩,回家安葬。李美十分赞同,愿意相助同行。回到金陵后,善聪直奔姐姐家。

一进家门，姐姐不认识，说道："我上无兄弟，只有妹妹，我父亲带往外地经商，如今音讯不通，不知存亡。哪儿来的油嘴光棍，到此认亲？"善聪哭道："我就是你妹妹呀！当年随父到庐州，不想两年后父亲病故，你妹子虽然殡殓，却很孤贫，不能扶柩而归。不得已与同乡李美合伙经营，到现在才能回家拜见姐姐。"姐姐道："男女长久相处，能够没有私情吗？"入密室相验，果是童身。姐妹俩相认，抱头痛哭，善聪也换了女装。

第二天，李美登门来访。善聪害羞，躲在内室不肯相见。姐姐硬是苦劝，只得勉强见面。李美一见，十分骇异，问明了其中原委。李美尚未娶亲，立即主动提出，要与善聪联姻。善聪羞得满面通红，急急起身退去。李美回去后，念念不忘，于是央媒婆去求亲说合。谁知善聪态度十分坚决地加以拒绝，并且说道："当初嫌疑之际，不可不从权，今日若同意婚配，则没有私情也变成了有私，这样数年贞节付之流水，不怕别人笑话吗？"李美敬服她节操有守，更加爱慕她。然而多次往返努力求亲，善聪终不同意。

王善聪女扮男装，在当时本是千古奇事，且又这样贞节，世间罕有。她的事迹很快一传十、十传百，霎时间传遍京城。这件事传到了守备太监李公耳中。这李公是位热心肠人，赞叹他们的节义传奇经历，一心要成全李美与王善聪的婚姻。李公暗中设下圈套，以替自己侄儿求亲之名，促成了善聪见亲。成亲之日，李公秘密先送李美住下，再娶王善聪进门成亲。交拜后，夫妻见面，一场好笑。至此，王善聪节操恩情两得全，千古佳话胜梁祝。

这个故事，冯梦龙曾改编为《李秀卿义结黄贞女》，载《古今小说》之中。

王孟端：新花枝胜旧花枝

明朝永乐年间，有一客居京师与王孟端相厚，移情别恋另娶了新妇。家乡传讯，原配妻子望归，此人全不放在心上。王孟端闻讯后，心中气愤，写了首诗寄去，诗曰：

新花枝胜旧花枝，

从此无心念别离。

可信秦淮今夜月，

有人相对数归期。

其人得诗后反复吟诵，良心受到谴责，思想自己怎能喜新厌旧，忘了当日与发妻的离别之情？怎能陶醉在新欢之中，而置家人殷殷期盼团聚之情于不顾？细细品味诗意，心中惭愧，思乡念亲之情油然而生，不觉流下泪来。第二天，此人专程到王孟端府上登门拜谢。随即整理行装，携新妇踏上了归途。

王积薪：闻棋

唐朝围棋高手王积薪年轻时学习棋艺，初步成功后自以为天下无敌。家乡附近已无人能超越他，于是踌躇满志，踏上了遨游京师的道路，期盼打遍天下，扬名立万。

一日晚间，住宿村野客栈。灭烛上床后，忽然听到隔壁店主婆对媳妇道："今晚天气晴好，时间尚早，与你下棋如何？"媳妇回答道："行。"接着王积薪仔细听棋。婆婆道："下子第×道！"媳妇道："下子第×道！"各人讲了几十句。最后婆婆道："你输了！"媳妇道："伏局。"即媳妇认输了。原来这客栈主人系婆媳两人，一天劳累下来，良宵难遣，在下盲棋解闷。

王积薪听棋暗记。第二日拿出自己的棋子复盘研究，竟然发现，自己的棋艺远不如这婆媳俩。

从此王积薪开始谦虚起来，再也不敢目中无人，他的棋艺也有了长足的进步。

王懿荣：甲骨揭秘

文字是人类最伟大的发明创造之一，是人类历史由野蛮进入文明的一个转折点，没有文字的社会是不可想象的。根据近代史料记载，目前世界公认我国最早的文字是商代的甲骨文。我国第一部著录甲骨文的专著，是清末刘鹗的《铁云藏龟》。书中大量的甲骨文资料，主要来自他的好友王懿荣。王懿荣首先发现甲骨文，使我国历史研究进入一个崭新的纪元。

清光绪二十五年（1899），担任清廷国子监祭酒的王懿荣体亏得病，请太医诊治后，按处方从药房抓回了中草药。其中有一味药叫"龙骨"，是埋藏在地下的古代动物骨头，据说有涩精补肾的作用。那一天晚上，煤油灯下，王懿荣准备煎药，拿出了煎药的砂锅，打开药包，按照习惯先检视各味草药是否有误。当他拿起一块龟甲，正准备投入砂锅时，突然发现龟甲上有几行显然是人为刻在上面的排列有序的蝌蚪状纹路。王懿荣本人是位金石学家，癖好考古。他敏锐地觉察到，这可能是远古祖先的文字记述，激动欣喜之余，立即找纸十分小心地将刻纹拓印了下来，并将龙骨收藏在一边。第二天，他又命家人将京城药铺中龙骨全部买来，细心考辨。又进一步从山东老乡范姓药商处买回八百多片，并通过他与外地药商联系，共购得了近万片龙骨。经过对精心筛选出的五千多片龙骨的考证研究，王懿荣最终弄清楚了：有刀刻痕迹的龙骨均为龟甲，所刻痕迹确为古文字，这些龟甲全部来自河南省安阳小屯村一带我国商朝都城旧址，均是三千多年前殷商时期的遗物。王懿荣发现殷墟出土的甲骨上刻有文字一事，使许多学者专家激动不已。于是搜购研究之风日盛，甲骨文遂被正式定名。遗憾的是正当王懿荣本人全身心投入龟甲文片的研究时，病魔恶狠狠地将他扑倒，并很快夺取了他宝贵的生命。王懿荣死后，子孙辈后继无人，于是全部珍藏甲片卖给了生前好友——当时的候补知府刘鹗。

刘鹗（1857—1909），字铁云，江苏丹徒人。通过对王懿荣五千多片龟甲文的仔细研究，他从中精选了字迹清晰有代表性的一千零五十八片，于光绪二十九年（1903）以"抱残守缺斋"之名，拓印出版发行，定名为《铁云藏龟》，成为我国第一部著录甲骨文的专著。一年以后，浙江瑞安孙诒让著《契文举例》，对甲骨文加以考评，为甲骨文的研究"稍开端绪"。

甲骨文的系统研究，向世人揭示了殷商时代的许多奥秘，反映了三千多年前我国商朝政治、经济、文化、地理等社会情况。

我国古代十分崇拜龟，特别是在商朝达到了顶峰。据说，成汤接受龟传达的天意而伐夏建立了商朝。龟是上天和人君之间的使者，其形上隆法天，下平法地，四足为天柱，二目是日月，甲上的凹凸纹理为山川湖海。龟能上知天文，下知地理，前知过去，后知未来，现知诸事兴衰成败。朝廷为了及时得到龟传来的天意，每事都要"龟卜"，判断吉凶，决定行止。所谓龟卜，就是将龟的上甲用火烤裂，根据裂纹走向得出辨卜之词，并刻录在同一只龟的底甲上，寓意为天意垂降。龟的底甲平整，便于保管收藏，日后验证。这刻在底甲上的文字，就是甲骨文，又叫契文、卜辞和殷墟文字。甲骨文记录了大量的朝廷登极、巡察、出征、天时、年景、祭祀、田猎、婚配、生育、丧葬等等占卜之事，是殷商王朝活动的实录。后人发掘的每一穴（组）甲片，就是当时某一时间或某一类事件的一橱档案资料。武王伐纣，殷都变成了殷墟，这些档案资料被埋在地下三千多年。虽有出土，又被当做珍贵药材，直到王懿荣的惊人发现，才逐渐恢复了它的真面貌。

现在已知的甲骨文字共有四千多个，经辨认出来的约有两千多个。近年来，殷墟考古发掘不断获得巨大成就。1976 年发现了商王武丁王妃妇好墓，大量的甲骨文字档案记录，显示了这位殷商王妃协助武丁王，励精图治的丰功伟绩，妇好可谓我国古代历史上不让须眉巾帼第一人。若不是甲骨揭秘，谁人知晓？

王懿荣发现甲骨文，对我国古代文明史的研究作出了不可估量的巨大贡献。前不久，山东省烟台市王懿荣故乡的人民为了缅怀他的历史功绩，将其故居修建成"王懿荣纪念馆"，他的名字将永远与甲骨文一起流传于世。

王謇：《宋平江城坊考》创作记

1986 年，苏州地方志编纂委员会向苏州建城两千五百周年献礼，整理出版了王謇先生生前未及刊行的《宋平江城坊考》补正本。国内一些著名的专家学者对此予以高度评价，认为该书既有学术价值，又兼具史料价值，是我国古代城市史、建筑史及苏州地方史志不可或缺的参考文献。补正本的出版意义重大，王謇先生的美名将与此书俱永。

王謇（1888—1969），原名鼎，字佩诤，号瓠庐，晚署瓠叟，江苏吴县人。王謇另有一名，据说他当年在东吴大学求学时课本上所题之名叫培春。后来嫌自己的名字俗气，因慕近代实业家张謇，于是就改名为王謇。

苏州自宋徽宗政和三年（1113）至元末，两百多年来一直被称为平江府。南宋建炎四年（1130）二月二十五日，苏州人民遭受了历史上最大的一次被外族侵略者屠城的灭顶之灾。金将完颜宗弼自盘门入平江，抢掠子女金帛既尽，纵火烧城，五日才灭，金兵三月离苏而去。当初，苏州百姓过分相信官府能保安全，因此金兵攻入苏州再想乘船逃跑为时已晚。这一役下来，平江士民"死者近五十万人，得脱者十之一二而已"。绍兴十四年（1144）春二月，王唤知平江府，开始了大规模重建平江府的工作。八十多年后的绍定二年（1229），平江府已恢复昔日的繁华，为了永志纪念，当时的郡守李寿朋主持了镌刻《平江图》等图的工作。

苏州是全国著名的历史文化名城，原苏州府学，现在的苏州碑刻博物馆内珍藏的《平江图》与《天文图》《地理图》《帝王绍运图》，均为全国重点保护文物，享誉海内外。宋石碑《平江图》刻了一幅平江府城全图。图中刻有内外两重城垣及水陆五门，坊表六十五座，桥梁三百一十四座，还有公署、军寨、学校、楼台、亭馆、园第、寺观、祠庙、坛墓、河流、湖泊、山陵、古迹等，标出题榜者六百一十余处，许多名称一直沿用至今。图中许多建筑，采用平面和立体形象结合的方法表示，生动、形象地反映出当时平江府的面貌和一些细部内容，实在是不可多得的杰作。更为难得的是，今日之苏州老城区，规模仍一如七百多年前的《平江图》所示，这也是一大奇迹。

民国初年，石刻《平汀图》历尽七百年风吹雨打，图面已经模糊不清。时逢1917年，客居长沙的叶德辉先生归吴探祖。叶先生于苏州孔庙内见《平江图》碑图面剥蚀，引为憾事，遂毅然出资与朱锡梁一起督工，将之深刻了一次。从此石刻《平江图》再显清晰图面。叶先生深知王謇先生精熟吴中掌故，于是又敦请他创作《平江城坊考》，以印证《平江图》今昔，王謇先生欣然从命。

王謇先生满怀对家乡的深厚情意，以极其严谨的治学态度，全身心地投入了《平江城坊考》的创作工作。

平江城坊七百年人间沧桑，调查考证，整理撰述，谈何容易？

王先生为此不辞辛劳，奔波踏勘，细细探究，头脑中又哪有什么白天黑夜？还分什么一日三餐？

王先生根据史志记载实际调查，对《平江图》上题榜者的称谓、方位、沿革等一一加以考证并予以说明，务必做到语义明晰，证据确凿，无一语无来历，无一字杜撰，详详细细进行逐条剖析。王先生以其渊博的学识以及对苏州风物掌故的精熟了解，花了七年时间，终于撰写成了十万余字的《宋平江城坊考》，并于 1925 年自费刊印出版。此书一出，苏城轰动，凡热心乡邦史地传统文化的吴中士民争相传诵，并为中外学者所推崇。

为了使《宋平江城坊考》一书内容更翔实丰富，王先生在该书出版后，立即又拟订了续补计划。工作之余，王先生又继续广征博引，反复批辩，积累和整理了大量的资料。经过三十多年持之以恒的精心耕作，王先生最终又于 1958 年辑录为补正本，得二十余万字，较原著更为精详，可惜当时竟无力出版。

1969 年王謇先生被"四人帮"迫害致死。直至改革开放的 1986 年，补正本原稿才得以重见天日。《宋平江城坊考》补正本正式刊印出版，王先生英灵得到告慰，定将含笑于九泉之下。

王赣骏：堂旗进太空

《中国大百科全书·航天卷》上，记载了一位华裔美籍航天专家王赣骏。

王赣骏祖籍江苏盐城，1940 年生于江西赣县，1950 年随父母到台湾，1963 年高中毕业后赴美，在加利福尼亚州立大学洛杉矶分校攻读物理，

1971 年获博士学位。现任加利福尼亚州帕萨迪纳市加州理工学院喷射推进研究所太空研究室主任，兼任加利福尼亚州立大学客座教授。

1985 年 4 月 29 日，王赣骏博士神态庄重地身穿绣有中国太极图案的特制太空服，携带《王氏宗谱》、三槐堂堂旗与"国族之光"锦旗，搭乘美国"挑战者号"太空梭，由美国甘乃迪太空中心进入太空，这是一次在航天飞机上做实验的载人宇宙飞行。

代表中国的太极图进入太空了！

代表炎黄子孙兴旺发达的《王氏宗谱》和三槐堂堂旗进入太空了！

代表华夏文明、民族光辉的"国族之光"锦旗进入太空了！

我们的王博士进入太空了！

当太空梭绕行地球七天安抵地球时，接受记者采访的王赣骏兴奋而激动地说道："一切都太成功了，太幸运了！这一切的一切，都应归功于我祖上有德吧！"

"郁郁三槐，惟德之符"，三槐堂堂旗进入太空，王赣骏博士将"惟德之符"的"郁郁三槐"带到了太空，为三槐堂王氏谱写了新的一页。

王偁：功盖黎母山

海南岛黎母山麓鳌山书院左近有一五贤祠，里面奉祀着唐、宋、元、明时五位对开发建设祖国宝岛、维护社会安定团结、确保人民安居乐业有突出贡献的贤者。其中有一位王姓贤者，他就是明朝云南按察院使王偁。王偁在任琼州兵备时，以其平定千家村生黎寇匪作乱的杰出武功，赢得了海南人民的衷心感佩。

王偁，字用俭，太仓人，明成化戊戌进士。正统丁卯，任琼州兵备。海南岛为黎族聚居区，明朝时，黎人居于黎母山，其中能服从当地州县管辖的称作"熟黎"，居于山洞，无徭役税收的称作"生黎"。黎母山极高，有五峰直入云雾之中，故又称五指山。黎母山"屹立琼、崖、儋、万之间"（明《一统志》），熟黎居于山外，生黎居于山中。成化年间，崖州黎人作乱，特别是千家村一带，成了黎人寇匪的巢穴。成化乙未时，兵备涂棐虽然曾经进剿过，但是成效不大。弘治数十年间，黎人更加嚣张。

他们经常从山上下来烧杀抢掠，致使百姓背井离乡，到处一片凄凉景象。百姓生活在阴影之中，垦田荒于野，商旅断于途，山里山外贸易不通，牲畜不见。

王倬到任后，适逢新平府南蛇之乱，生黎作梗，到处骚扰。王倬立即整顿兵备，亲自带兵巡视，予以迎头痛击。王倬用俘虏的生黎与他们交换被掳去的男女百姓，他的军队得到了百姓的拥护和支持。符南蛇在王倬的连续打击下不得不逃往千家村，由此千家村贼势更行猖獗。王倬了解到千家村生黎多年来横行乡里为恶一方，成为海南地区多年的"肿块"后，决心为民除害，铲除这颗毒瘤。

为了打好这一仗，王倬进行了周密的筹划。他加紧训练兵将，命令全体将士做好战斗准备，随时准备兵发千家村。他制定了"虚虚实实"的行动方针，先"雷声大、雨点小"，虚张声势的声言征讨，就是迟迟不予行动，让千家村生黎造成官军"假剿真怕"的错觉，时间一长渐渐地放松了戒备。他派出暗探，了解生黎虚实动态，力争"知己知彼，百战不殆"。时机成熟后，王倬暗中调兵遣将，于三月十一日夜潜进崖州西里。那一晚，崖人都在睡梦之中，王倬亲率兵丁，趁黑直扑贼巢，踏营冲杀。千家村贼人梦中惊醒，仓促奔窜，不敢交战，结果死伤无数，弃巢而逃。剿灭千家村寇匪的战斗终于打响了，王倬一把火烧掉了贼巢。贼人失去了根据地十分恐慌，第二天组织力量反扑，然而夜里已经吓破胆的匪徒，与王倬的官军一触即溃。他们只能再次抛下大量尸体，仓皇逃入深山之中。

千家村残敌失去了根据地后粮草短缺，生黎们身体疲惫，士气低落，处境日益困难。其他地方的峒民，慑于王倬的军威，纷纷脱离了千家村贼众，来向王倬归附投降。王倬见贼势已经一蹶不振，于是采取了"剿抚结合"的策略。明令"顺者存、逆着亡"，只要改恶从善，真心投降，一律给予生路，否则一律剿灭。生黎们见大势已去，只有走归降投诚一途，王倬平定千家村生黎之乱以全胜而告终。

为了有效防止生黎们今后再聚众作乱，王倬又十分策略地将生黎们聚居的三个大村分为若干小村，命令他们分散居住，以减弱他们的势力，同时奏请朝廷，将这些小村在行政上划归守御千户所"军管"。

这样一来，黎人在严密的控管下，从此再也不敢造反。

王倬剿匪时间不长而卓有成效，寸铁不丢而寇患荡平，人们公认为奇功一件。千家村生黎被剿后，海南人民从此安居乐业。人们外出再也不用携带武器防身，牲畜悠游于野外，商旅放歌于路途，岛内能开垦的田全都种上了庄稼，贸易往来直通深山峡谷。百姓认为这是王公所赐。为了纪念这位功盖黎母山的宪副兵备大人，在王倬因功被晋升为云南按察使后不久，知州陈芝恩根据百姓的请求，在州西建立了王公生祠，并请侍郎钟芳作了《王公生祠记》。万历壬辰年，知州郑瑞星重修。清朝康熙十一年，知州张擢士修五贤祠，以纪念对开发海南有突出贡献的贤者，王公生祠始并入五贤祠。

王倬公以靖国奇功，在海南历史上写下了重重的一笔。五指山为证，海南人民将永远纪念他。

王悦：为民抗命

海南琼州三槐堂王氏聚居地，流传着一则南宋先祖王悦为民抗命的悲壮故事。

王悦（1086—1151），高宗时曾任礼部尚书，后又选授观文殿大学士、同平章事，拜丞相，兼枢密院，赠太师、龙图直学士。由于多次毫不留情地严厉抨击宰相秦桧卖国求荣的政策和奸诈险诡的用心，遭到秦桧的迫害。他先被罢官，后又起用，在婺州担任地方行政长官。

婺州地处江西山区，穷山恶水，百姓生活十分困苦。朝廷税额很高，百姓不堪重负。王悦看在眼里，急在心中。他亲自微服私访，考察民情，撰写赋税情况调查报告。为了减轻老百姓的过重负担，他毅然为民请命，上疏朝廷，请求减免税额。然而权奸执政，豺狼当道，朝廷不同意他的意见，一定要他按原规定执行。王悦面对朝廷不顾百姓死活的横征暴敛做法，十分气愤，表示拒不执行。王悦对他的下属官员们说道："百姓苦不堪言，哪有多少钱粮交纳？朝廷如此责罚，要坐牢由我个人来坐，绝不累及诸君。"王悦关心百姓疾苦，不惜置个人前途于不顾，为民抗命，表现出了非凡的勇气和高尚的情操。然而为民抗命的结果，只能加剧秦桧之流对他的不断迫害。迫于朝廷压力，王悦深知"直道不能行"，于是辞官杜门不出，然而报复心极强的秦桧却死死不肯放过他。

秦桧利用手中的权力，不让王悦在家安度。不久王悦被逼迁到福建，再迁粤东，最后困于海南琼州。王悦在琼州与当地民众和睦相处，以高风亮节行道琼崖，受到当地人民由衷的爱戴。大旱灾荒之年，六十四岁的王悦抱恨逝世。琼州民众感其忠诚，为他立祠。出丧之日，沿途一片号哭之声，声震山野。

从此王悦的子孙后代落籍琼崖繁衍不绝，并远播南洋。他们将永远继承先祖王悦公爱国爱民的优良传统，如王悦墓碑对联中所写的那样：一代伟人留青史，千万贤孙慰忠灵。

王理堂：九品芝麻官

1844年仲春，河北赵州九品芝麻官缉捕委员王理堂奉调回省城。这一天全州绅士兵民夹道送行，以万民朱盖伞在前面导引，送出赵州境。在此之前，名闻全国的赵州桥畔元帝庙门口，悬挂着两块兵民百姓专为他制作的匾额，以颂扬这位微员末职的智、仁、勇，颂扬他对赵州兵民的功德。小小九品芝麻官，离任如此风光，军民如此敬仰，历史上绝无仅有，实属罕见。

王理堂名敷征，河南光山县人。在来赵州之前，曾在江苏崇明参加过抗英斗争，以大智大勇率乡勇冲锋陷阵，勇立战功。

那一年，王理堂随叔叔到丹徒任上，正值英军侵华犯境，崇明危急。中丞大人颁发檄文给各下属府县，号召备战，征召有能解崇明之危者驰援。王理堂叔叔招募乡勇，准备应招，派理堂挑选了千余人。理堂对大家道："这次行动，我们面对的是用洋枪洋炮装备起来的洋鬼子，只有做好有死无生的打算，才能奋发有为。你们回去与父兄们商量，不愿意者、有顾虑者，现在可以退回，不要勉强。"第二日，乡勇们回复道："父兄们教训，我们应募是急父母之急，是为了爱国，并不是仅仅为了解救崇明。官府为了保护我们百姓，将我们当做子女看待，哪有子女敢不听亲人教训的道理呢？我们都愿意死斗！"理堂随后又复查了应募者中的独生子及兄弟同来者，退回一人，得敢死勇士八百人。此举使群情更加激奋，大家欢呼听令。备足粮草器械，适当操练后，理堂与叔叔一起领兵航海，直驶崇明。

当时军门所发救兵千余人也到崇明，见乡勇们踊跃争光，兵气也随之大为振奋。乡勇们二十艘战船乘风破浪，直冲英军攻打炮船。英军指挥官立即命令炮船掉头发炮。敌人炮船高大，超过我方民船多倍，炮弹在空中飞越，烟火满天，英军以为我方船只已被击沉。理堂奋勇当先，炮弹落在身边，衣服起火全然不顾，冒烟直入，竟然冲至敌人指挥船。理堂以大挠钩勾住敌人船舷，两船靠拢后持刀跳上敌船。敢死勇士们蜂拥而上，立即在敌船上展开肉搏。英军自从入侵以来，从来未见到过这样勇敢之人，吓得战栗不已，举手投降。

这一仗生擒敌将，杀尽敌兵，剩余敌船仓皇逃遁。崇明之危被解，捷报上达朝廷。

中丞接受战俘后保奏理堂战功，朝廷赏戴六品军衔。而后又逢浙江军情紧急，中丞赶赴台州（今临海县）救援。谁知中丞在行军途中短给乡勇口粮，引起乡勇们强烈不满。为安定军心，顾全大局，理堂自己拿出了八百两银子补给大家。通过这件事，理堂已经知道，由这样的官员带兵，必定无功，很担心被他所累。正好这时老母亲来信叫他回家，于是向中丞呈上家书，以母亲年老需人照料为由告退。

理堂回河南后不久，按例捐了个九品小吏，被分配到河北。布政使知道他是位很能干的人。癸卯（1843）冬，委派他到赵州缉捕匪盗，驻地在大桥元帝庙。到任后，理堂不辞辛劳，每夜必定亲自带人出巡附近村庄，往往置风雪寒冷于不顾，直至黎明方才返回。就这样，附近方圆数里不再有盗匪警讯，村民们几乎夜不闭户，百姓深深地感激他。

有一次，大桥南村按乡俗准备举行庙会。举办庙会，娼赌在所难免，没有娼赌，不能聚众热闹，但却是政府明令禁止的。事在两难，主会的长者们担心理堂秉公执法，因此想贿赂他。他们以十余贯制钱，通过庙祝送达理堂，婉转将为难之情告诉他。理堂听后即请长者们进门入座，告诉他们道："你们担心我捉赌娼之人，其实这里有地方官在，这些不属我管辖范围，我无必要干预！但是娼赌场合，容易混入盗贼，而盗贼的行迹也难以瞒过当地乡亲的眼睛。如果你们能为我找出他们，这比送钱来要好得多。"所送之钱，坚决推辞不受。长者们道："官爷要清正廉明，从人们应该得些辛劳报酬，请将这些钱赏给你的手下吧！"理堂道："这是纳贿的又一种方便手段，我怎能这样做？你们既然同情我手下人辛苦，我应该赏赐他们。"随即拿出自己的衣服，命僧人当场抵押，换钱三贯，立即分赏给从人们道："这是给你们的赏钱，今后大家不许谈钱。"长者们见状，都感激称叹而归。庙会如期举行，理堂日夜在会场巡察而不加干扰，村民们也在会场中揪出了几个盗贼，送交给他。庙会结束，没有出事。商人民众都十分感激理堂，大家商量在庙门上为他悬挂了一块匾额，以表达他们的心意。

又有一次，赵州军兵为迟发粮饷酝酿兵变。按例，兵饷由文官领取，武官发放。当时刺史已领得饷银，因事耽搁，拖延了一个多月。就此惹发了营兵骚动，群情哗然，定好时间要包围衙署，劫夺刺史责问。一时间满城流言四起，刺史十分恐慌惧怕，平时熟知理堂能干，特地迎请他到衙署商量求计，理堂道："光天化日之下，营兵们哪敢公然叛逆？这是虚言恐吓。但是军饷已违时不发，应当赶快发放，军心就会立即安定。"刺史道："畏惧他们的压力而发饷，必有后患，今后又怎么办呢？"理堂道："只要使主将认识到给大人施加压力的罪责，让他们知错而改，然后再发饷银，相信绝无后患。"刺史同意了理堂的建议，由他出面调停。

理堂辞别刺史后就去拜见武官主事人，说道："你们可知道有灭门大祸就要降临了吗？"主事人道："从何说起？"回答道："我听说你的部下想要劫夺兵饷，有这回事吗？"主事官道："这是小人之言，不值一谈。但是冬饷按例早就应该发放，如今已过期一个多月，这不是明摆着刺史在侵蚀兵饷吗？为什么只怪我部下呢？"理堂听后仰天大笑道："你们真不了解国事，全凭血气任意用事。现在朝廷有'扣一两平'之说，据说从今冬开始，省里宪司所发兵饷，扣与不扣，尚无明确规定，所以刺史大人需等明示后才敢发放。至今未见批文，因此拖延至今。你以'侵蚀'之说诬言刺史，能不激成闹饷大祸吗？"主事官道："这是我不明上情的过错。然而军兵无法过冬，怎么办呢？"理堂道："这没有什么为难的，你只要向军兵们说明迟延的原因，再到刺史处请罪，我再劝刺史垫付一部分，立时发饷，怎么样？"主事官道："能这样，最好！"随即便到刺史处负荆请罪。就此文武和好如初，立即将兵饷发放完毕。一场即将爆发的闹饷兵变，很快消失于无形。全军将士都很高兴道："我们如果不是缉捕委员公的恩典，父母妻子都将受到冻饿之苦，自己也脱不了兵变大罪。此恩此德，无法图报！"于是公制匾额，由主事官亲自带队，全副武装，鼓乐喧天，仪仗队前导，送到元帝庙。全体跪拜后，当面悬挂。赵州百姓空巷而出，盛况空前。

王理堂赵州公事圆满结束，奉调回省。于是就出现了开头军民大送行的壮观场面。地方百姓为九品委员送行，军民分挂二匾于元帝庙门，成了千古佳话。

王从事：悲喜鳖鱼宴

明代天热痴叟《石头点》中有一篇根据《夷坚丁志》卷十《王从事妻》条编写的小说故事《王孺人离合团鱼梦》。故事情节曲折离奇，悲欢离合中尽显人间真情。故事梗概如下：

南宋绍兴年间，高宗初在临安建都，社会动乱，盗寇正盛。汴梁人王从事，少年时做秀才，后来又入太学。妻子乔氏，面容姣好，知书达理。夫妻二人，一双两好，只是家境贫寒，没有婢女仆人，也没有生儿育女。那一年王从事按照朝廷规定，可以安排任职。机会难得，王从事征求妻子意见，乔氏没有异议。于是打点行装，择日上路。

王从事到了临安，人地生疏，仓促间在抱剑营找到一临时住处。这抱剑营在临安是个有名的嫖赌区，左右前后都是明妓暗娼，自然就有一班小人杂处其地。王从事夫妻到了下处，一见地方落得不好，心里已是不高兴。到了晚上，各处娼妓家接了客人，饮酒、赌钱、吹拉弹唱，嘈嘈杂杂，喧喧嚷嚷，直到深夜方才歇息。临安住房又与汴梁不同，虽然门面好看，实则内里简陋狭小，隔壁说话都能听得清清楚楚。王从事夫妻住在这种地方，感到既不安稳，又不雅相，商议要搬个地方居住。哪知隔墙有耳，被一个地痞光棍嫖娼时偷偷听到，顿起掠色之念。王从事在钱塘门外找到一处理想住处后，回来对乔氏说道："我已寻到某巷某家，明天早晨我先护着箱笼行李去安顿，再唤一顶轿子来接你。"这些事情，隔壁听得一清二楚。

第二天一早，王从事先行，乔氏在寓所等候。半个多时辰后，接人轿到，乔氏上轿而去。又过了一个多时辰，王从事带着轿子回来接人，只见门户洞开，妻子已毫无踪影。王从事急得像热锅上的蚂蚁在临安到处访找，丝毫没有着落。不久自己又选上了湖州训导，不得已，只得闷闷不乐，走马上任去了。

五年后，王从事升任衢州府教授，衢州西安县知县王从古与他交往密切。

某日，王知县请王从事到县衙后堂庭前玩赏桃花，预先吩咐厨房准备酒席。那一天王知县做主人，王教授坐第一位，还有一位叶训导坐第二位。席间宾主款洽，杯觥交错。这三位官府中人，因为是莫逆相知，行令猜拳，放怀大酌。正当欢乐之时，厨房送上一道好菜，却是一盘鳖鱼。叶训导自来戒食鳖鱼，王知县品尝数块后连声叫好。而王从事一见供上鳖鱼，忽然脸上显出不开心的样子，再看一眼后又有惊疑之色。等到举筷拣尝了一块鱼肉后，竟然失神停筷，看一看、想一想，眼泪忽然涌了出来。王知县见状，知有隐情，不得不收了筵席，单独请王从事另室叙谈，动问原因。

王从事道："实不相瞒，我一直有件心事，只因说出来有污清听，所以未便告诉你。我原配妻子乔氏，平时最会烹烧鳖鱼，她先把裙边刮去黑皮，再切成方方正正的小块。今日见贵衙中整治此鱼，与先妻一样，如今触景感怀，怎不教人堕泪。"于是将五年前夫妻离散情由细说了一遍。王从事五年来没有再娶，思念前妻情真意切。王知县听后心中亦觉怅然，于是叹了一口气，唤一妇人出来与王从事相见。意想不到其人正是乔氏。夫妻相见无言，只是抱头痛哭而已。

原来五年前奸徒听了王从事夫妻搬迁的打算后，将乔氏骗到了一暗娼家，逼奸不成后卖给了要找小妾陪同到西安去赴任的王知县。乔氏心中企盼能与王从事有再见之日，于是只得从权，勉强答应。乔氏年轻貌美，温良贤淑，王知县十分怜爱。只是乔氏怀念前夫，心中怏怏不乐。两年后王知县问出了乔氏心中的悲苦，感其真诚，答应日后若访得她前夫消息，定然使她月缺重圆。乔氏听说后跪拜王知县道："愿官人百年富贵，子孙满堂。"这时笑容可掬，是近两年来唯一一次。王知县看了，点头嗟叹她不忘前夫，难能可贵。王从事升任衢州府教授，西安县为附郭首县，因此王知县与他过从甚密。从交往中，察觉王教授可能是乔氏的前夫。只是王知县一方面不能割舍乔氏娘子，另一方面又不知王从事是否仍钟情于乔氏。今日设宴，乔氏娘子知有可能是自己前夫的王教授将来赴宴，于是有意烹调鳖鱼相试。王从古见王从事道出真情，对乔氏仍然思念深深，于是慨然让他们夫妻相见。

王知县决定将乔氏送还王从事，让他们夫妻团圆。王从事拜谢后，愿意偿还当日买妾原值三十万钱。王知县说道："以同官妻为妾，没有能够详审，我的过错是不小的。幸好没有生育子女，现在还能谈钱吗？"最后妥善将乔氏送到了王从事府上。

对此，后人单作一诗，赞王知县不好色忘义，成就了情深意厚的王从事夫妻重合。诗云：

> 见色如何不动情，可怜美少遇强人。
> 五年月色西安县，满树桃花客馆春。
> 墨迹可知新翰墨，烹羹乃售旧调烹。
> 若非仗义王从古，完璧如何返赵君。

又编出一段美谈：后来王从事任满应当升迁，上司举荐升任临安府钱塘县知县。钱塘就是王从事当年夫妻失散之地，最后机缘巧合，他们报了当年之仇。

神童篇

王羲之：自救

晋代大书法家王羲之幼时聪明活泼，很讨人喜欢。大将军王敦非常喜爱这个侄儿，经常留他在自己床上睡觉。

有一次王敦先起床，心腹钱凤进来，王敦屏退左右后和他一起商讨如何背叛朝廷的机密事情。王羲之正好醒来，在帐子中听到了他们的秘密谈话，知道自己无意中偷听了这样的机密大事一定难以活命。事情已经发生，如何解救自己，刻不容缓。王羲之急中生智，故意将口中唾液吐出，玷污自己的头脸，连被褥上也是，假装口水拉拉睡得很香甜的样子。

王敦事情谈了一半，忽然想起帐子中还有一个小侄儿未起床。两人大惊，决定只好先将他除掉了。他们掀开帐子一看，见王羲之睡得这样香甜，相信他并没有听到秘密谈话，因此王敦没有杀他。

王羲之逃过了生死大关。王敦后来造反未成病死武昌，遭到了挖尸乱刀之刑。

王戎：童子采李

王戎是晋时"竹林七贤"之一，从小精于算计。

七岁时，王戎曾经与小伙伴们一起玩耍，看见路边有一棵李树上结满了李子，果实压得树枝弯折下来，人能够得着采摘。小伙伴们很高兴地蜂拥了过去，只有王戎眨巴着大眼睛，站在原地不动。别人感到很奇怪，问他为什么不一起去摘李子。王戎一副"小大人"的腔调回答道："树在大路边，果实结得又大又多，采摘又很方便，为什么还能留到现在？其中一定有原因。我估猜这棵树上的李子肯定不好吃，否则早就应该被过路人摘光了。这棵树枝繁叶茂，几年下来好多人肯定上过当，所以当地人连碰都不去碰它了。"

结果小伙伴们尝试以后，果然是苦酸之李，大家皱眉挤眼地吐都来不及。

王献之：写字画画

王献之善写草书、隶书，并擅长画画。七八岁时学习书法，父亲王羲之冷不防从他手中抽笔，不能抽出，不由赞叹道："这孩子将来会有大名气的。"献之曾经在墙壁上写一丈见方的大字，羲之认为儿子确实有能耐，围观的人达几百之多。桓温曾请献之在扇面上画画，献之不小心误点了一笔，于是他因势象形，画了一只黑花母牛，画得很好。

王献之喜欢游山玩水，曾说："走在山阴县一带的路上，山水互相映衬，使人眼睛都来不及应付。如果在秋冬之际，会更让人难以忘怀。"

王守仁：从游金山寺

王守仁十一岁时，随父亲王华等长辈一起去游镇江金山寺。父亲酒饮得酣畅时想作诗助兴，然而一时想不出好的诗句。结果在一旁的王守仁却将诗作好了，随口吟道：

> 金山一点大如拳，打破维扬水底天。
> 醉倚妙高台上月，玉箫吹彻洞龙眼。

在座的客人们十分惊奇，便又要他作一首《蔽月山房寺》。王守仁又随口吟道：

> 山近月远觉月小，便道此山大于月。
>
> 若人有眼大如天，还见山小月更阔。

在座的父辈们听了益发地惊奇了。

王士禛：幼对诗文

王士禛的从叔祖王象咸，明末为光禄寺署正，擅长草书，崇祯年间曾奉皇帝之命书写宫中屏风。一天，王士禛的祖父备酒招待王象咸，酒兴将尽时，孙儿们纷纷上前求取墨迹。当时，王士禛尚年幼，祖父一手拿着酒杯吟道："醉爱羲之迹。"王士禛应口对道："狂吟白也诗。"化杜甫《春日忆李白》诗"白也诗无敌"之句，祖父大喜，马上赏了他一杯酒。

妙医篇

王旭高 : 唇焦为食积

有一个妇人,平常有肝胃病,近日有感湿热病邪,舌苔灰,口唇焦,牙齿板滞,口渴喜喝热水,右脉洪大,左脉弦数,中脘疼痛。请王旭高诊视。询问病人大便情况,说:"大便坚硬色黑。"王旭高想,这是肠胃有实热,也就是所谓的燥屎。口渴喜喝热水,像是寒症,湿与热相合,湿邪去除,胸中就会痛快,这与阴寒假热不同,《伤寒大白》中说:"唇焦为食积。"

于是,王旭高开出处方,用豆豉、郁金、延胡、山栀、香附、赤苓、连翘、竹茹、瓜蒌皮,另外还叫病家加葱头十四个、盐一杯,炒热后熨在痛处。妇人服药后,病很快就痊愈了。

王育 : 立春后五日

王定庵专门经营高利贷,并且非常工于心计,又贪诈猥琐,嗜好暴食。后来得了脾劳症,每年一入冬,病愈严重,多方请医服药,全无效验。医生王育与他有交往,常劝他节食节劳。但定庵以为这非医生之言,医生只需诊病开方。后来,病稍微好些,定庵又忙于经营,无一刻空闲。饮食过饱后,痰嗽喘满,终夜不能安睡。有一年冬,疾病又加重了,去请王育医治,王育让他进以健脾之剂,痰嗽稍止。王定庵又暴饮暴食，不加节制，因此病势越发沉重。病重时服药，病稍微轻些便不再服药。王育的好心规劝他置之不理，王育见他如此不知调养，也不再过问他了。到了年终，劳累过度，一日早晨起来，面目四肢俱浮肿。王育见后告诉他的同事说："定庵患的是脾绝，肝木克脾土。现在还未立春，虽是春令，还可以回家乡，立春过后就不可能回去了。"同事亦忙于年关，不以为然，为他另外请了一名医生，这医生说："这是水病，下之就可痊愈了。"王育知道后问用了什么药？同事说："舟车丸。"王劝说不可用，但病者赌气急服三钱，肿未减，反而卧床不起了。切其脉似有似无，同事怕他死在店铺里，便急匆匆寻车请人送他回家乡，出京几天，就死在道上的松林店里，这时为立春后五日。

王育：二赴勾栏

　　王育与孝廉马景波是莫逆之交。京中有一位能诗善文的妓女，才色超群，景波非常喜爱她。一日，王育赴同乡之邀，在前门酒肆饮酒，开席不久，景波派仆人驱车前去接王育，说："家中主人得暴病，危在旦夕，迫切地请你去诊视。"王育大吃一惊，便离席登车匆匆而去。车子弯弯曲曲来到一处所，并非景波的居处，便问车夫，车夫扬鞭赶车，头也不回，答道："老爷到了便会知道。"到陕西巷下车，景波等候已久，对王说道："唯恐你不愿来，所以假借我之名让你速来诊视，请你赶快开一服汤药，救人一命。"这时王育方知是为景波喜爱的妓女诊病。只得随景波入室，见好多老太、丫环守候在床边。掀开被褥，见此女蓬首裸体，昏迷不知人事，扪其肌肤，十分烫手，面红气粗，切其脉，六脉浮数，便说："此为外感风热之症，一服便可愈了。"当开出防风、通圣散，去麻黄加桂枝时，景波争辩道："硝黄为劫药，此女娇弱不能忍受。"王育说："你情深如此，使此女为之倾倒，难道只有你懂得怜香，我还能使玉碎不成？有病则除病，保你不用惊吓。"景波这才遣仆人去买药，煎汤服药后，王育又叮咛："三更后，会大汗出，口渴不要多给她饮水，明早必定痊愈，我去了。"

　　第二日下午，景波又遣车前来接王育说："某女病更重了，请再去诊视。"王育大惊，心里想着，脱口而出："既然病重，则药和病不相符合，另请高人，我就不必前往了。"其仆人说："家主非要请你去不可，不去的话，我岂不要受到责怪！"不得已，王育随车而去。只见景波愁容满面说："病更重了，怎么办呢？"

此女仍然拥被而卧在床上，蒙着脸。王育上前掀开被，只见她梳妆整齐，一跃而起。并且命老太、丫环们整衣作拜叩头说："昨夜服你开的药，三更浑身出汗，到今日拂晓，病痊愈了。为了表示感激之情，特设一筵，恐你不来，所以托辞而请，得罪，得罪。"

王育素来不与妓女交往，此次只是碍于景波的面子才为其开方治病。于是他假托公事推辞，此女当即跪下说："我自知这些不洁净的菜肴，本不配入高贤的腹中，但我献上这些菲薄之礼，实在是出于一片真心。"说完，已是泪流满面。景波急忙说道："勾栏中一杯水，未必能阻拦特豚（古代祭祀，献一牲为特，庶人献特豚），何必如此假惺惺地作态呢？"王育见景波此状，不敢再推辞，一起狂欢，直至夜归。

王育：驱鬼病

段某的妻子，二十来岁，一日忽然得病，神志昏乱，浑身颤抖出汗，口不能言，腹中满闷，颠倒欲绝。家中人以为有鬼作祟，便招女巫来驱鬼，折腾一番，病越加重。第三日，来求王育诊视。王育诊其脉，乱动如泉涌，并且手足时伸时屈，不能自主，便说："这是风痰之症，病人年轻气盛，只需用下法便能治愈。"随即让病人服下祛风至宝丸。到了晚上，则泻出红黄色秽浊大便许多，第二天早晨便觉轻松舒适。切其脉，六脉平和，神清气爽。便叮嘱道："病已去了，不需再服药，但要注意避风寒，节制饮食，不能暴食，更不用驱鬼。"不久，其病就痊愈了。

王育：雪比药还胜万倍

王丹文之母，忽然得一病，口渴神昏，发晕出汗，身热如火烧，烦躁如狂。王丹文之母舅亦以医为业，诊视后知是热病，说道："此阳明正病。"用白虎汤、石膏一两，但身热仍旧。

又有邻居李茂才也以医为业，用承气汤泻下后，大小便稍有通利，而身热仍不退。

丹文只得去请王育前往诊视，按其脉极沉数，知是阴火大炽，而肠胃燥结。便对丹文说："中无实物，火热熏心，下之无所可下，宜用清降之法。"急用地黄汤加山栀、三黄（指黄连、黄芩、黄柏三味药），服药后心稍清静，而热依然如故。夜里，忽然下起大雪，第二天天刚亮，病人想要吃雪。丹文以为母亲年老，不敢给她吃。过了一会，丹文外出，其母趁其不在，便爬出门外，在石阶上取雪，卧着吃雪。大约吃了三碗雪，感觉心境顿时清爽，又继续吃了不少雪后，回房卧床休息。到了傍晚热退身凉，第二日便能起床了。三日后，病完全消除了。王育得知后说："噫！药则无效而天降雪以除其病。雪阴寒，不借烟火，比药的清降还胜万倍！"

王育：此为心病

有兄弟俩，姓杨，兄名清礼，经营鞋铺，家中颇有积蓄。平时爱好符咒，逢人便谈论丁甲，用法术圣水为人治病。偶尔也有些效果，但为人不善，心术不正。与弟同住，其弟豁达挥霍，但善于理财。

有一年冬天，其弟去应试武童子科而离家。杨清礼突然大病，头痛如裂，身热似火烧，急忙去请医生王育治疗。诊其脉为滑而数，便对其说："你必定有很大的不遂心愿之事，以致肝郁心痛，用平肝之法能使痛自止。"但为何此病会突然而发作呢？仔细询问后才知是为狎邪之资，内外交迫所致。投于左金丸清泻肝火，三更后头痛减轻。正巧其弟考入武学，报信的人络绎不绝，清礼不顾严寒，只穿单衣外出接待，再遭受外感，第二日，病势加重。又来请王育治疗，王育不愿与这种人交往，便一口回绝。

清礼只能日日换医，但病势越加转剧，已接近癫狂。清礼的弟弟去请王育，王育说："此为心病。不是靠药所能治疗的，不用去过问，到了过年时，自己会好的。"其弟笑着点头。除夕时果然病情减轻，不治而愈了。了解内情的人对王育没有不口服心服的，交口称赞道："能这样了解症候，即使是华佗、扁鹊也不过如此的了。"

王育：两个恶鬼

陕西财政大人司徒芝在各省提取军饷时，突然发现库中短缺了许多银款，这一惊非同小可。司徒芝从此整天提心吊胆，忧形于色。这年夏天，他得了痴呆症，经常坐卧不安，自言自语，有时浑身瘙痒，眼睛一闭就会看见有两个恶鬼在眼前晃动。从这以后，司徒芝再不敢独自睡觉，亦不能接待下属官员。曾经请过许多医生，都说是冤鬼作祟。后来，有一个医生诊视后说是心血亏损，用天王补心丸治疗，服药后饮食大减，病情越发加重。家里人来请王育治病，说："病已到了这种程度，恐怕是不能治好了，想请您诊断一下，到底得的什么病？不要有一丝隐瞒。"

王育切过脉，六部弦缓而滑，寸部浮取更加明显，认为是痰症，便轻声告诉司徒芝："大人得的病是由于脾湿停痰，又加上劳倦伤脾，心火浮动，引起痰涎上扰心包络，所以有时昏迷，有时清醒，平时一定是喜欢吐痰，痰吐出以后就感到胸腹宽畅舒服。现在痰涎停结，不能吐出。有时可出现烦闷，或者口渴心悸，四肢颤抖，小便不通畅，这些症状都是因为痰涎上扰的缘故。"芝翁问："那么两个恶鬼又是怎么回事呢？"王育说："二鬼是因为大人神魂颠倒所致，其实并没有恶鬼，大人不要多虑。我一定能给您把病治好。"司徒芝十分高兴，问王育："现在应该服什么药？"王育说："大人的病不是汤药可以治疗的，应先用白金丸来致吐，然后用控涎丸来通利，再多服去痰健脾的药就可以了。"两天后，司徒芝在家设宴邀请王育。饭后他扶着拐杖对王育说："这两个晚上都没有见到那两个恶鬼，精神也有好转，我实在佩服你的高明医术。"

王育：一洗不白之冤

观察黄庚垣，专管漕粮上运的事，因为有功绩，曾受到朝廷赏戴花翎，一年的俸禄十分优厚。黄庚垣为官清廉，对下属亦很宽厚，所以朋友及下级均很称颂他。

黄庚垣五十多岁，长期患有遗精的毛病。因为他有妻妾好几房，朋友中凡懂得医道的人，都认为他是因为妻妾太多，所以导致虚损之症，让他常服三才封髓丸。其实，黄庚垣平时也很讲究饮食调养，天天吃燕窝、人参等滋补品，但遗精还是照常。朋友们又都说他已成了虚痨，无药可医了。

一天下午，黄庚垣忽然差人去召王育，并且专门叮嘱让王育穿便服前来。王育匆匆坐车赶到黄府，只见黄庚垣也穿着便服迎了出来，并请王育坐在上座。王育惊奇十分。黄庚垣直说："我遗精这毛病已经有多少年了，曾经服药百多帖，丸药也有好几斤了，总不见一点好转。"王育问他饮食情况，他回答说："虽然吃得不很多，但也不是不能吃，因为老夫子们都认为我患的是虚痨之症，所以不敢多吃。"王育又问："咳嗽少气，发热自汗吗？"他答道："没有。"王育告诉他："既然没有这些症状，怎能断言不足之症呢？我看倒似有余之症。"黄庚垣十分奇怪地问："难道遗精还有实症的吗？"王育肯定地说："大人恐怕没有看过医书，所以不懂这些道理，要知道遗精的原因很多，如相火太旺，夜梦时出现遗精，阳色必定很盛；如平时多吃油腻荤腥食物，湿热内淫，迫精下泄；如长期独居而气充，精满而溢；只有中气下陷，清阳不升而遗，如果坐着或卧着时无故遗精，那才是虚极的病症，最为危险。凡是得了这种病的人，大凡都蒙受不白之冤，医生不管青红皂白地断病，只能遗恨于人。"

黄庚垣听到这时，对王育肃然起敬，说道："听了你的解释，我像在夜里顿时见到了亮光一般，心里豁然开朗，看来我这病是有救的了。"

王育仔细诊他的脉，脉象缓而坚，右关非常明显。说道："大人平时一定是有胸腹闷滞、大便厚重之感，这就是刚才所说的湿热之症。"黄庚垣笑着点头说："确实如此。"王育开了一张以震亨渗湿汤为主的药方给他。黄庚垣见药方中有清热的黄连，认为不太适宜，方中还有厚朴、苍术之类的温燥药，恐怕损伤胃气。王育对他说："大人因为心中有偏见，当然不能容许一误再误了，别人也许会说这张药方不是治疗遗精的毛病，但他们又怎么能知道治病必求其本的道理呢？你尽管放心地按照我开的处方去服药四帖，然后再常服香砂六君丸调理，不但遗精能治好，胃口亦会大开。"黄庚垣听了王育的话照方服药。五天以后，黄庚垣又派人来请王育去吃饭。一见面，黄庚垣拉住了王育说："先前听了先生的话，非常有道理，刚服药时心里还存有怀疑，现在遗精已止，精神振奋，饭量大增。最要紧的是先生对我的病判断如神，一洗我所蒙受的不白之冤呀！"

王育：饮食伤胃之症

李莲峰博览群书，与王育交往密切。莲峰的父亲赓堂先生生来性情豪爽，为乡里人排难解忧，亦深得乡里人的信赖。

有一年春天，李莲峰的兄长李车樵因官钱铺案发，受到牵连，被关押在刑部大狱。一年多，案子也没有结果，李老先生非常担忧，突然感到胸膈满闷，饮食不进，逐渐出现手脚肿胀。请了位医生治疗，诊断为水肿病，仅用利水药治疗，不见效果。后来又请一位医生，认为患的是肾虚病，用肾气丸治疗，仍然没有效果，肿胀一天天加重。

一天，莲峰在同族的葬礼上碰见王育，就请他给父亲医治。王育随莲峰到李府，为李老先生诊脉，脉象为六脉坚实，右关硬面搏指。他说："这是饮食伤胃之症。因为平时喜欢吃油腻荤腥的食物，积滞在胃里，胃主四肢，胃气调和，四肢就强健；胃气阻滞，四肢必会肿胀。"就用渗湿汤加枳实、木通、牛膝治疗，莲峰认为这些药性可能太猛。王育却说："这是'急则治标'的方法，只要胃气通，积滞自然就消了。肿胀也自然而退了，然后再用健脾养胃的药调理，三五个月后才能完全康复。"莲峰听后，才放心让父亲按方服药。只服一帖，肿势稍有消退，三帖之后，病已好了一半。过了几天，王育再次上门，李老先生的脉已稍有平和，但右关还是没有改变，小便尚未通畅。王育又用葶苈、二丑（黑丑、白丑两味药）给他疏通，顿时能出小便十多碗，腹部宽松舒畅，饮食也增加了。又继续用资生健脾丸改为汤药服用，莲峰因为马上就要到省城参加秋试，恐怕父亲再发病。王育说："只要不用附子、人参、熟地之类的滋补药，慢慢调养，就会好的。"莲峰见父亲的病已没有什么大的变化，就整装到省城去了。

王育：巧治心病

　　一天，王育在泾阳令周备三家中闲谈。诸位同官正作斗牌游戏，王育不喜欢这种事，就在一旁闲谈。晚饭刚端正，一位老妇人慌慌地从内室出来，禀告备三："老爷，太太不知怎地忽然心烦呕吐，坐卧不安，听说王先生懂得医道，赶快请到房中诊视一下。"

　　周备三的夫人，琴棋书画十分精通，平时喜欢作诗画画，尤其一手女红更是独一无二，人也长得端庄典雅，自信好强。王育与备三听说后一起进入内房，只有两个丫环扶着夫人坐在床边，脸上汗津津，双手捧心。王育急忙切她的脉，脾部细弱，左寸滑数非常明显，就对备三说："夫人得的是脾虚停痰之症。这是由于长期思虑过度，而损伤脾胃，饮食不化，运化失健而引起的，平时肯定有健忘惊悸的病症。现在痰涎上扰心包络，所以心烦呕吐，交替交作。应该先清除痰涎，再调理脾胃。清痰用莲子清心饮，理脾用人参归脾丸。因为这病来得缓慢，故而也需慢慢痊愈。"先用莲子清心饮治疗，两天后，心烦呕吐停止。再用人参归脾丸治疗，十四天后，王育再去看望时，夫人似没病人了。

王育：治病无法除根

　　王云集夫妇精于技艺，大至土木，小到钟表，裁衣烹调，骑马射箭，无·不通。但手艺人，家中清贫得极，夫妇俩诵经念佛，深受乡里老少的敬慕。

　　有一年，王云集突然患了脑后疼痛之症，起卧不能转侧，动则如针刺。请医治疗，说是风病，用散发药治而无效，便来请王育医治。

　　王育诊其脉，为六脉浮滑，两寸俱出鱼际半寸。他对云集说："这病是痰厥头痛，不是外感病。严重的为刚痉，必定会引起角弓反张，身体强直；轻的亦会半身不遂，口眼歪斜，这是大病。止头痛非常容易，但这病需吃汤药几十帖，才能根除，不然，疼痛虽止，仍会复发。"

云集家十分贫穷，所以说："只要能止住头痛，举动自如就好了。"王育就开了通气太阳汤二帖，服药后头痛果然减轻，继续服了五六帖，疼痛全止了。云集妻劝他再治，云集苦于无钱，便停止医治。

后来，王育听说云集手足活动不便，饮食不思，皮肤已不觉疼痛了。不由叹道："唉！贫苦人患此大病，要我治病无法除根。假使跌扑在地痰壅而死，这还算不错，若是卧床不起，长年累月地忍受此折磨，实在是太使人伤感了呀！"

王育：少妇情怨宜用逍遥散

壬戌夏，少妇杏云遣人来请王育。杏云是莲舫之妻，王育非但认识，并且她曾为王育画过桃花春燕扇幅。来人进门说杏云患病，所以王育急忙随同来人一起前往。到杏云家，见其衣饰整齐，切其脉，六部沉伏。王育直言说："夫人所患郁滞之症，宜用逍遥散治疗。"杏云也略通医，浅浅地叹了口气，点头称是。

杏云嫁给莲舫时，莲舫还只是个诸生，杏云却精于书画，通晓音律，无所不能。婚后苦口婆心劝丈夫攻读诗书，几年后乡试中举，任裕州牧。杏云随夫同行，一切事务，均经杏云之手。然莲舫留恋于风月之处，并娶了二个妓女在身旁，整日寻欢作乐。后来因失职而丢掉了官位，却不能自省，且时常与夫人反目。辛酉秋，杏云独自一人回了老家，此时家道已败落，公婆亦均年老，家中诸事全靠她一人操劳，故而积成此疾。

隔了一个月，王育赴好友宴请，巧遇莲舫的弟弟晓圃，晓圃说："五嫂上次二服药后痊愈了，这几天又病了，王兄可去诊视一下否？"王育随晓圃到家，入内询问，杏云道："先是感冒，只觉得恶寒发热，肢体沉重，自己用柴胡四物汤，服了一副药后腹中作痛，昨晚似稍许缓解，今朝又疼痛不止了。现在正价时疫流行，恐怕是时疫之症，请大哥诊视辨别。"王育切其脉，右关颇实而滞，便说："此不是外感，也不是时疫，是食为气滞，故中脘不通，不但疼痛，而且多胀，胸间作闷，时时暖气，用藿香正气散治疗，药到病自治。"杏云连连称是，按方服用二帖就痊愈了。

王育：荒庙弃棺

有一年夏天，一位银子客商得了痢疾，请医生诊治。医生认为这是火热之症，用承气汤治疗，但腹泻加剧。又请一位医生，认为是虚症引起，运用补法，腹泻还是不止，反而胸腹鼓胀，精神萎靡。银铺老板恐怕他死在铺里，就差人叫他的表兄来把他带走，表兄将他安顿在一座荒庙里，继续请医生治病，十多天后，仍不见有所好转。他的表兄为他办妥了寿衣、棺木等，以备不测。一面急急赶到王育门上说："我的表弟病很重，恐怕不可好了，听别人说王先生切脉准确，想请你屈尊前往一看以断定生死，倘若还能拖延十天或半月，我还来得及送他回老家乡下去，总比死在异乡客地强。"

王育见他如此着急，随他一同前往。到了荒庙里，臭气熏天，无法靠近，赶快帮其表兄将病人搬到另一间屋里。只见他紧闭双目，迷糊不醒，如此上下搬动，他亦全然不知。王育提起病人手腕切脉，脉微弱沉细，但次数正常，只有右关脉大而搏指，便说："这是积食引起的痢疾。刚开始就应消除食积，药方上只泻火，这使他腹部鼓胀，醒来见到食物就要恶心作呕，病情虽然十分危重，但却不是不治之症。"病人的表兄见王医生说能治，当即跪下叩头不止。

王育用平胃散再加神曲、夏芽消食。到了晚上，病人解出许多秽浊大便，肚子顿时就平软了，神志也清楚了。过了一天再去看他，脉小、气虚，又用真人养脏汤治疗，三帖药后，腹泻止了，能吃少量食品。又继续用人参养荣丸治疗半月，身体完全康复了。上门给王育致谢，并且说："我承蒙先生起死回生之法，身体比以往还好，我定衔环结草，以报答先生的救命之恩。"

王育：绝顶聪明

星槎膝下仅一女儿，自幼能读《诗经》《四书》、唐诗、古文，写字画画也有十分法度。星槎欢喜得含在嘴里怕化，握在手中怕痛。小姐在十三岁那年夏天得了病，发热，全身红赤。星槎请医生来治疗，有的说是瘟疫，用藿香正气散治疗；有的说是过食生冷食品，已郁在脾胃，用散火汤；也有的说是中暑，用香薷饮；还有的说是实火症，用承气汤、天水散治疗，但通通没有效。星槎急得团团转，忽然想起名医王育，急忙差人去请。

王育问星槎："头痛吗？腹痛吐泻吗？皮肤灼手吗？口渴心烦出汗吗？"星槎说："都没有。"王育说："不头痛，就不是瘟疫；没有腹痛吐泻，就不是中暑；皮肤不灼手，那就不是脾郁；没有心烦口渴出汗，那更不是实症了。既然没有这些症状，那么下午一定还要加重，而且会出现眼前发黑，耳内鸣响，口干喉痛之症象。"星槎十分惊奇："确是这样，先生还未诊脉，如此了如指掌！"王育说："这是阴虚内热之症，症状已符合了，那么脉象一定是沉数，不用再切脉了。"于是用大剂量的归芍地黄汤加生地、蝉蜕，二帖药后病就痊愈了。

星槎感激地说："先生寥寥几句话，却是如此准确奏效，且这样迅速，若不是绝顶聪明之人，哪会有如此的本事呀！"

王育：一坛救命酒

五月以后，天阴多雨，地上非常潮湿。这一年，王育在一座小庙中借读。他见连日绵绵阴雨，而农民在外面劳动，时常露宿在田间，容易引起疟疾、痢疾之症。他预先泡制了一坛常山酒，存放在庙里。六月中下旬，果然疟疾流行起来，十人中竟有五六人得时疫，王育就用这酒治病，来讨酒的人接连不断，很多人喝了这酒而保全了性命。一个多月之后，疟疾渐平绝了，坛里的酒也干了。

这时，庙中有一个和尚，法名叫昌裕，平时无赖迹劣，因为王育住在寺庙里，他稍稍有所收敛。七月中旬，昌裕和尚得了疟疾，也向王育求酒。王育告诉他："酒已用完了，如果再制，需浸泡十多天可用。"

昌裕和尚以小人之心度君子之腹，以为王育小气，面露不满之意。王育见他如此，就招呼他坐下来，对他说："你以为我吝啬，这是没有道理的，坛中之酒确已用完了，但疟疾虽是一种病，人的虚实不同，我所施的酒，也并不是人人都能见效的，我给你切过脉，出一药方可好？"

昌裕和尚转怒为喜。王育诊他的脉，脉象为弦而迟，告诉和尚："脉弦是疟疾的正脉，而迟却是寒象。你得的是寒症，发作时必定寒多热少，而且是先寒后热，身痛无汗。"昌裕和尚点头称是。王育用越婢汤给他治疗，二日后疟疾稍止，五帖药后，疟疾病全好了。以后昌裕和尚更加尊重王育，再不为非作歹了。

王育：农夫之妻

农夫李寿昌，生活贫苦，却有饮酒的嗜好，喝醉之后还要打骂妻子。妻子四十多岁忽然闭经，逐渐成病。

有一年夏天，阴雨绵绵，李寿昌走进王育家，说："内人病情严重，想请你去诊视一下。"

王育问得的是什么病，他答道："闭经已经好几个月了，现在腹中胀痛，饮食不进，别人说她是蛊症，请你去看看还能不能治。"

王育问："身体肿否？"农夫说："不肿。"王育说："不肿就不是蛊症。"又问："痛多呢？还是胀多？"农夫说："痛有止的时候，胀却没有停止过，大便也不通畅。"王育说："这是气滞阻碍了血的运行，不用诊视，只需服三四帖药，病就会好的。"便开了一张《本事》琥珀散的药方，交给农夫，让他给妻子服药四帖。

中秋节晚上，王育饭后无事，在田间散步。农夫李寿昌突然手握镰刀从菜地里窜出来，对着王育跪下叩头。王育十分惊奇，问他何故。他说："内人服了你的药，一帖后就胸膈鸣响如雷，下气后腹胀减轻，再服一帖，病就全好了。现在内人身体强壮。因为农忙，没有前来给你叩谢，今晚正好碰见你，向你致谢了。"王育笑着把他扶起，一同散步谈话，直至半夜方还。

王育：仵作段克宽

仵作段克宽的孙子得疳积之症已经好多天了。曾经请了一位医生给他治疗，说是痧症，用割治法割小孩的耳根和虎口穴后，病仍然没有好转。过了几日，病儿两眼干涩怕见光，头大颈细，腹部青筋暴露，且哈欠连连。经人介绍后，抱了孙子来寻王育治疗。王育观察病儿的情形和症状后对段克宽说："前医诊断为痞症没有错，所谓痞症，就是古人所说的疳积。这种病有十多种，五脏六腑都有这种病，你孙子得的是肝疳。起初出现干呕，二肋作胀，肝火上冲于目，所以流泪怕光，渐渐眼起云翳，不出三个月，两眼会失明，性命也随之而去了。现在这孩子的病还可以治，如果再迟一个月，就无法医治了。"王育知道段克宽家境比较富裕，但是非常吝啬。就特地告诫他说："这病性命相关，如果重财轻命，刚有点起色就停止治疗，还不如不治为好。"段克宽再三表示自己不会这样做的。王育就先用退翳散，并且用逍遥散清肝热。几帖药下去病儿两眼云翳消失，精神也有好转。王育又用化痞消疳汤给病儿治疗。几天后，王育在路上遇见段克宽，问起孩子的病情，段克宽谢道："孙子的病经你治疗，已经痊愈，现在天气太热，不想再服药了。"王育说："我知道你是舍不得药钱，现在这病虽已治好，但元气还没有恢复，脾脏还很虚弱，如不加以调理，病还是会发作的，要是不愿服汤药的话，就买芦荟消疳丸半斤，服完以后就可以了，否则病再复发，就不要来求我了。"段克宽笑着点头答谢，再三道谢而回。

王育：在北京做官

一年夏天，王育在北京做官。一日因公事要去圆明园，穿戴整齐，刚要登车，忽然有一位老妇人跪倒在车下，哭泣着请求王育："我的孙子得了痘症，非常危险，听说老爷你精通医术，乞求救我孙儿一命。"王育恐怕耽误了公事，推辞说："我不善于治病，尤其痘症没有学过，你还是请别的医生吧。"

老妇人泪如雨下不愿离去，王育没有办法，只好跟老妇人前去，没走多少路就到了。王育看那孩子，大约四五岁，只见他痘形平板，颜色不红润，手足冰冷，而且时时腹泻，病情确实严重。但仔细观察，痘症颗粒分明，大小匀称，并且每天吃粥两三碗。王育说："这是气虚不能托送，又过多地服用寒凉的药物，所以痘症不能透起。"又问老妇人："孩子病了几天？"老妇人答道："已经十天了。"看看以前所服的药方，大多是黄芩、黄连之类，便开了一张六味回阳饮的药方交给老妇人，并说："只需服两三帖就可以了。"他一边说，一边急匆匆地走了。

接连几天，因为公事繁忙，王育竟也把此事忘了。有一天，天下着大雨，王育不能远出，雨后没事，就散步走到大门口，只见老妇人抱着孙子走过来，跪在地上致谢，这才想起了这件事，便对老妇人说："痘症治好了以后，还应该避免吹风，赶快抱孩儿回去吧。"

王育：痧最忌粥

一日，太史寻管香在文昌馆聚会，突然感到全身酸痛，以为坐久了疲劳所致，稍事休息一下，就让仆人驾车回家了。

第二天一早，掌管宗庙礼仪的张炳堂坐车前来请王育，说："太史病情严重，恐怕命在旦夕了。"说着，寻管香的仆人跪倒在地上哭泣，恳求王育看在同乡情上一定救救主人性命。

王育说："昨天聚会我同他一张桌子，今天怎会如此的呢？"王育与太史一向交往密切，所以也不梳洗，就随车到了太史家。只见寻太史四肢摊开倒在床上，昏迷不知人事，提起他的手腕切脉，已没有一丝搏动，再按太奚穴，却似沸水，心头突突地跳。王育说："这是红痧症，症状虽然吓人，并没有多大的危险。"他拿出三棱银针，在寻太史的委中穴、尺泽穴上针刺，放出半碗黑血后，寻太史的脉象稍有好转。王育马上又给他灌下柴葛解肌汤，并吩咐仆人："不要去惊动他，到下午四肢会发出红紫色点点，晚上再给他服这药，我明早再来。"

第二天早上，王育前来，张炳堂在门口迎接，告诉他："你的话真灵验，现在紫斑夹痧已经发透了，遍身红赤，但心里非常清楚，刚才还吃了一碗粥。"王育大惊，责问张炳堂："是谁给他吃的粥，痧最忌的就是粥，恐怕病情要加重了。"张炳堂听王育这么说，吓得面色死白，随王育入房，只见寻太史手足乱动，烦躁不安。王育吩咐急取麦芽汤，给他灌下，症状才稍稍缓解。王育又用犀角地黄汤解热，用小陷胸汤解烦。过了五天，病渐渐好了，只是有低热未退净，身体像被绳子捆绑了一般。王育说："这是血热伤阴所致。"又开方让寻太史服滋补阴血的药，半月之后，症状全部消失了。

王育：杞菊地黄汤

乔夏清来到王育门口，先递进一封书信，王育拆开一看，赶快把他接进家门。交谈时，夏清说："自从你给我父亲治病之后，这一别已十年。现在家道萧条，大嫂为人刻薄，为了避免和她打交道，我已在祁县教书。立春后，只觉得两眼珠疼痛，一到晚上更其厉害，已经请过几位医生医治，都没有用。因想起以前你曾经给我父亲治过病，医术十分高超，今日特地赶来，请求你给我治一治，恐你想不起我来，故先投书自报家门，请勿见笑。"

王育拨开夏清的眼皮，仔细观察，只见黑眼珠的周围已起了白膜，还带有两三点红血点。再诊他的脉，左关弦滑，尺微细，便说："这是阴亏肝郁引起的，幸亏时间不算长，不会有什么大碍，倘若再迟几个月，就会造成翳膜遮住黑睛，要揭去就不那么容易了。"于是先开了一张疏肝散、一张杞菊地黄汤，二张药方一起交给夏清，并吩咐说："先服疏肝散三四帖，疼痛就会止的，然后再服地黄汤，不用十帖，就会好了。每晚临睡前，还需要用大酒洗眼，平时需避风寒炎热。来去几十里路，你不用再来回奔走了。"半月后，夏清前来拜谢，说："遵你嘱咐，眼病已痊愈了。"

王育：肾开窍于耳

王育和张文泉是同谱的兄弟。有一年夏天，张文泉告诉王育，他的叔父张一斋忽然耳聋，不知何故。当时王育听了也未在意。

一天，王育上门去约张文泉消夏会餐，进门就遇见张一斋。王育赶紧招呼他，只见他面无表情，这才想起日前张文泉说起的事。于是就指指耳朵问他："耳病是什么时候起的？"张一斋回答："四月中旬已经请过四个医生，都说是肝气病，平时用肝的方子，吃了几十帖，仍未见好，看来是不会好的了。"

王育切他的脉，觉得六脉沉，兼带弱象，便说："这是明火上冲引起的耳聋，肾开窍于耳，肾气旺盛，两耳就通，肾气亏虚，两耳就闷，严重时还会从耳中流出黄汁，不可用散肝之药去治。"张一斋问："应该服什么药呢？"王育用知柏地黄汤给他治，张一斋以为药性太凉，不适宜。王育说："长夏气冲，兼胃中有湿热，药性虽凉，不会有什么妨碍，待等耳不聋，立即停服此方，再服麦味地黄丸。"张一斋听后，按方服药，只服了四帖药，耳就通了。

王育：豆腐也是药

辛亥年，王育的父亲患了臁疮外症，脓臭难闻，常年溃烂，王育用了许多办法也未治好。后来一位多福寺的和尚，法号钟灵，祖传外科已好几代了，专治疮疡外科疾病。王育前去请教。

钟灵诊视过说："令尊患的是臁疮，最忌散药、膏药。只需生豆腐一块，切成薄片，用温水浸过后贴在疮面上，每日更换多次，就会好的。"

王育依此法给父亲贴治，果然几天后便愈合了。疮口是渐渐收敛了，然患处仍旧疼痛，有位邻居教他用黄蜡烊化去烟，加松香末少许，摊在竹纸上贴在疮口，疼痛果然止住。王育以后遇此症即用此法，功效如神。

王育：汗毒非瘰疬

初秋时，沈似竹的爱妻忽然颈部红肿疼痛，请医生看后说是厥阴瘰疬，开了外贴膏药、内服疏肝解郁的方药。五六日后，尚未见效，沈似竹去请王育。

王育见她颈项处局部高肿殷红，手按觉得坚硬，便问："初发时有寒热否？"似竹答："不但有寒热，且还有头痛目眩之状，时时出汗。"

王育切其脉，两寸浮数，便说："这是汗毒病，不是瘰疬。因内蓄积热，外伤于风，引起火郁经络，出现四肢不舒，骨节酸痛，如将此当做瘰疬治，就相差甚远了。贴膏敷药后已有破溃处，会使病情缠绵不休，再想治也没用的。"立刻让人除去膏药，用通草汤把颈部洗干净，然后服用连翘败毒饮。过了一天，疼痛就止了，服药五天，症状完全消失了。

王育：龟尿点舌头

商人穆栖桐体形肥胖，平时不注意节制饮食。一天，朋友请他喝酒，他刚从酒肆出来，突然晕倒在地，四肢不能运动，胸腹鼓胀，命在旦夕，朋友连忙用车把他送回去。这些朋友中有一人是南方人，也通医术，他认为穆栖桐是瘫痪，即用续命汤给他治疗，连续服用了几天不见效。穆栖桐的朋友们急了，去请王育。王育诊脉，六脉缓大，唯右关脉坚而搏指，他询问穆的症状、病因，朋友告诉他："不吃饭，没有大便，口不能言，并且经常指着自己的腹部，似要转侧身体。"

王育肯定地说："瘫是瘫了，不过邪风中府，绝不是续命汤能治的，一定要用三化汤泻下后才能治疗，可能还有其他病症。"朋友听他这么说，不以为然地说："泻下后恐怕也不会有效。"王育说："倘使泻下后没有效，我情愿不再行医。"

于是立即给穆灌服三化汤，且留这位朋友一起守在病人旁边。刚刚一顿饭工夫，穆栖桐挣扎着要坐起来，肠中咕咕作响，接着排出许多大便，腹部小了，嘴里也能出声了，但舌根僵涩，口齿不清，却伏在枕上朝王育叩头求命。又服了二剂后，病状逐渐好转，又用龟尿点在他舌头上，说话也清楚了。

王育：先提十桶水

王育在京城里时请了一位厨师。这厨师的手艺很粗，却食量过人，一有吃的机会就大吃一顿，一个人可吃好几个人的饭量，平常还常喝冷水。王育多次劝阻，他都不听，不以为然地说："我习惯了，不爱喝茶。"

一天，突然腹部疼痛，稍许吃点东西就要呕吐，汗出如雨，大便不通，躺在床上大喊不止，大家以为他得了急症，王育却说："没有什么大病，不要去理他。"

晚饭后，厨师爬着来边哭边求王育救命。王育有意说："病是你自己造成的，以前我劝你，你总不听，现在来求我，我有什么法子？"厨师再三求救，别人也在一旁求情。

王育这才说："倘使一定要我给你医病，你先提十桶水，倒在这水缸里，然后再从这个缸里倒到另一个缸里，如此两只水缸轮番倒上三十次，我再给你治病。"

厨师说："我现在病得这样，这十桶水叫我如何提呢？待你帮我治好之后随你要我提多少水，我一定遵命就是了。"王育坚持说："你不愿提水，我也不愿替你治病。"旁人都以为王育心肠太狠，厨师为了要活命，只好硬撑着提了水桶去取水，然后再从这缸倒在那缸，还未倒到二十次，腹中开始咕咕作响，大汗淋漓，急忙跑进厕所去，大泻一场后，软弱得站立不起，别人把他扶上床，他便呼呼睡着了。下半夜醒来，感到腹中饥饿，要吃东西。王育已叫人给他端来了粥。王育到厨房里去问他："肚子还痛吗？"厨师回答："不痛了。""还呕吐吗？""不吐了。"

王育这时才说："你这是饱食后伤胃，又因喝了冷水凝结，刚才我让你受点提水之苦，省去了汤药针灸。"厨师恍然大悟，连连叩头道谢。

王育：热鞋熨脐治中暑

六月里的一天，有一个唱戏的名旦刚演完戏，一个当官的又出钱叫他再演一出《卖武》。这位名旦来不及换妆，身上紧束着戏装，佩戴着刀矛剑戟，又在台上旋转了两个多小时，到后台即呕吐起来，腹部绞痛，随即昏迷不省人事。他的师傅火冒三丈，去找这位出钱的官员算账拼命。这官员久闻王育的名气，马上派人去请王育。王育见唱戏人脸上残脂还未擦去，浑身淌汗，呼吸短促急迫，神志不清。提起他的手腕切脉，六脉浮濡，按下即不见。王育说："这是中暑引起的。"赶快让人用热鞋底熨在他脐部，一会儿他就慢慢醒过来了。王育又命用大剂香薷饮给他服，两天痊愈了。一天，有人到王育门上来投了名片。王育不认识，问了门公，才知是唱戏的名旦前来道谢。

王育：二剂失笑散

王育的小姨子产后得了心胃痛病，发作时一点东西也不能吃，气短促，口舌干。请医生治疗，都说："产妇没有实症，这是虚症，当用补益气血的药，气血流通，痛自然就好了。"开始时服八珍汤，然后又服十全大补汤。治了一个多月，症状丝毫不改。她带着孩子回娘家，去请王育给她治疗。

王育诊其脉，左寸关脉坚凝而涩，便说："这是淤血停在胸膈而引起的疼痛，不是心胃疼痛。发作时胸膈内似针刺一样，口舌干渴，呼吸急促。马上用散瘀止痛的方子，定能有效。"随即开了二剂失笑散，服药后，疼痛即缓解。三天后，病症已全部消失了。

王育：茶叶客人治疟疾

一年夏天，一位茶叶行的客人得了疟疾。反复医治都没有效，每天下午发作，大约一个钟头后自行消失。接连几个月，身体拖垮了，饮食减少，走路也要人扶持。茶叶客人已经五十开外的人了，平时收入不多，家中又无子女，因此整天长吁短叹，再不想活下去了。

也是他命不该绝，这年秋天王育到茶行去，朋友把这客人扶出来求王育医治。王育只见他面色灰暗，呼吸急促，脉象是六部都沉细迟微，右关更是缓慢，就说："病倒是疟疾，但这是外感疟疾。刚发作时用清解的方法应该有效果，你服的却是草果、常山等劫药，中气本来就虚寒，再用此等药克伐，这病怎能治好呢？现在满腹虚寒，中气大伤，寒热倘使再发下去,这还能好？"朋友问："还能治否？"王育答："六脉虽虚，但没有一点坏象。"给他开了一帖附子理中汤，服后寒战就停止了。再给他开了补中益气汤，加白芍、白蔻仁、肉桂等药，五日后，胃口大增，半月后，完全恢复了。

王育：《桂花亭》

马介樵最喜欢看阿二演的《桂花亭》。有一年秋天，阿二得了疟疾，寒多热少，精神软弱。马介樵也懂医道，他说阿二得的是虚寒症，用肉桂、附子温补阳气。服药后不但疟疾发作次数未减少，反而转为热多寒少了，发作时心烦口渴，浑身冒汗。

一天，马介樵与朋友们在吟秀堂饮酒。饮至一半时，马介樵忽然派人用车去把阿二接来，阿二坐立都不能自主。马介樵说："阿二，今天招你来不是让你来陪酒的，这位王老先生非常精通医道，让他来给你治治这身体。"阿二连忙向王育请安，并下跪叩头。王育赶紧扶住他说："你已病成这样，不要拘什么礼节了。"王育切其脉，脉象浮而缓，重按较为实，就对介樵说："疟疾是外感症，阿二内有积热，外又被风邪伤害，必须先解表，再清热。"让阿二服五积散，加桂枝去麻黄。二天后，疟疾发作稍稍减退，但仍心烦口渴。王育又让他服桂枝白虎汤，十天后症状全部消失了。

一天，王育在文昌馆与朋友相聚，阿二得讯赶来，专为王育演了一折《桂花亭》表示谢意。

王育：气有行血之功

宋某富甲一方，因为居住地离县城较远，恐怕家中突然会发生急病，就医不方便，所以在家中备有许多药材，以防万一。他自己也时常翻阅医书，对医道也略通，乡里贫苦的人家上门来求药，他也十分慷慨。

一天，夫人得了血崩，宋某用血余散给夫人止血，没能止住。他请了一位医生来医治，医生认为夫人得的是热病，需用凉药清热泻火，不料症状更加严重。不得已请亲家张七前来求王育。王育见夫人面色苍白，就像石灰一样，口唇指甲亦都雪白。诊她的脉，脉象非常微弱，便对宋某说："夫人这是因中气下陷，脾虚不能摄血，导致血崩，倘若再服寒凉的药，恐会血脱。现在不宜进补，应该先提其中气，气能统血，血崩才会自止。"宋某拿出文房四宝，王育开了一张补中益气汤的药方。宋某看后，嫌药方太平淡无奇，说："宋某药房中略有好药，可否开好一些的药。"王育说："你曾经读过医书，李中梓先辈说过'气有行血之功，补血无行气之理'，这两句话是再明确不过的了。可见血随气行，气升则血也升，气降则血也降。如果不能摄其气，而是只止其血，是行不通的。"宋某似有所悟。王育又开了一张大剂量的圣愈汤药方，交给宋某："服补中益气汤，用不了四帖血就会止的，以后再继续服用圣愈汤，如果嫌麻烦，可将汤剂改为丸药服。我这就回县城，夫人的病不需再复诊了。"

王育回家后没几天，宋某派人挑来两盆含苞欲吐的牡丹送给他，以表谢意。

王育：用手指来报答救命之恩

刘锡庆的姐姐年近五十，守寡多年。一天，忽然大血崩，乡村医生用发灰、地榆类药止血，全无效。一个月后，刘锡庆前来请王育医治。王育见她面色如灰，气短息微，诊其脉亦沉细迟弱，各种虚象无所不有，便对刘锡庆说："此病就似早晨的露水一样，十分危险，半个月后恐怕就无法救了。"刘锡庆见姐姐家贫如洗，难以付药费，就急急地辞别而去。一旁刘姐的女婿却拉住王育不放："岳母的病倘若能治，药钱我以后一定还你。"王育十分感动，说："难得你一片孝心，我定竭力给她治疗。虽然没有十分把握，但性命或许无碍。"立即就给她服用大剂六味回阳饮，第二天果然精神好转，但血崩仍然。其女婿说："岳母的性命是保住了，但血崩不止，仍未治彻。"王育答道："你不要忧虑，单治血崩本是十分容易的事，但你岳母眼下阴阳两虚，不固其气，血崩难止。现在用回阳饮固其气，然后再用提补之剂，定当见效。"又投人参养营丸，加柴胡、升麻以提升，再加芡实、龙骨以固涩，服药五帖后血崩竟止了，又让患者专门服用人参养营丸。

二个月后，刘锡庆姐姐携其女婿一起上门来拜谢，并从王家取回些针线活精心缝制，说家贫没有什么可以酬谢，只有用手指来报答救命之恩了。

王育：同行相助

郭鹤轩是个乡村医生，常年在乡间行医卖药。一年夏天，忽然双眼疼痛，自己用黄连、山栀、菊花、薄荷之类的清热泻火药治疗，症状不但没有减轻，反而更加厉害了。郭鹤轩不得已，去请王育医治。王育仔细观察他的双眼，不红不肿，也没有翳障，只是在黑眼珠上有一个小红点。脉象沉数细弱，明白这是阴虚血热，郁积在肝脏，难怪寒凉药用后没有效，就用杞菊地黄汤改生地给他治疗。郭鹤轩仅服一帖，两眼疼痛就减轻了，服了三帖，黑眼珠上的红点消除，疼痛也完全停止了。病好后，郭鹤轩设宴向王育请教，王育告诉他说："眼睛的疾病也有内外之分，前人虽然说眼没有火不会得病，但是火有虚实，病有内外。假如大暑天，天气酷热，引起两眼暴肿，见到光亮不能睁开，这是外症，用黄连、蝉蜕等洗眼就可以了。如果是湿热内蕴，脾胃郁火，上攻于眼，定会兼有头晕口渴，上下眼眶作肿，这是内实热症，可用泻下的方法治疗。如果双眼不红不肿，又没有翳障，诊断为阴虚血热就不会有错。你自己曾经用寒凉药，截断了生发之源。经书上说'阴虚生内热'，又说'乙癸同源'，还说'壮水之主，以制阳光'，这是指肝肾同源，用补肾水的方法去制肝火。根据这些道理，运用朱丹溪滋阴降火的方法一定能取得效果。倘使是阴虚有寒，那么黑眼珠上一定会生翳障，病情就严重了，治疗方法也就不相同。"郭鹤轩听后，佩服得五体投地，并深表谢意。

王育：不宜躺在床上喂奶

王育的妻妹有个刚满一周岁的孩子，跟着母亲一起住在外公家。

一天，孩子突然手脚发热，精神软弱，神情痴呆，呼吸气粗，乳食一点都不进，喉咙口经常有拉锯声。家里的人都以为是惊风，请了邻居家一位老太太来给小孩针灸治疗。正巧王育到岳父家来，看了之后，立即阻止，并说："这是痰症，针灸会加重病情的。这是平时过分的保暖，母亲又经常躺在床上给他喂奶而引起的。"吩咐妻妹以后不宜躺在床上给孩子喂奶，立即给孩子服下几粒白玉饼（《证治准绳》方：滑石、轻粉、半夏、南星各一钱，马豆二十四粒，去皮加水一碗，煮水尽，共研细末，用糯米为丸，或捏成饼）。到了晚上，排出许多绿色的粪便，孩子马上就感到肚子饿了，向母亲要奶吃。摸摸他的手脚，和平常一般样了。

王育：停食之症

庞守愚的儿子今年四岁，有一天忽然浑身发热，口中喊痛，见食就吐，大汗不止，昏昏沉沉不知人事。庞守愚在外教书，也不常回家，病刚开始时听之任之，病情加重了才来求王育治疗。王育来到庞家，提腕切脉，脉搏强大，就问庞夫人："孩子吃过东西吗？"庞夫人回答说："已经好几天不吃东西了，并且见食就吐。"王育又问："大小便时情况如何？"庞夫人说："小便和血一样红，大便没有。"王育检查了小孩的腹部，腹部胀气明显，按按胸部，只见他张口好像非常痛苦的样子，便对庞夫人说："这是停食之症，不用下法怎么会治愈呢？"就给他用平胃散，加黄连、大黄治疗。服药后大约一个钟头，先解下几粒黑色的大便，接着又连续几次解出酱色的大便，腹胀顿时减轻，神志也清醒了，脉已转为小脉。又用保和丸加槟榔末给他治疗，当天夜里孩子就喊饿，庞夫人马上蒸馒头给孩子吃，孩子狼吞虎咽吃了几大口。到三更时，病又复发了。第二天早晨，庞家再派人去请王育来诊治。王育看了后，责备庞夫人说："食积刚清就让他吃面食，恐怕是新的积食，比旧的积食更难治了。"立即让孩子仍然服平胃散，药方中重用莱菔子消食，并且再三叮嘱夫人："不需要再来找我了，但一个月内千万不能给他吃面食，只能用米粥来调养，如果病再复发，到那时就晚了。"夫人听后又惊又悔，以后一直细心调理，再不敢有丝毫马虎了。

图书在版编目（CIP）数据

苏州，一个甲子的林林总总 / 俞明，朱熙钧主编 . 一上海 ：文汇出版社，2017.3
ISBN 978-7-5496-2015-9

Ⅰ . ①苏… Ⅱ . ①俞… ②朱… Ⅲ . ①苏州－地方史－史料 Ⅳ . ① K295.33

中国版本图书馆 CIP 数据核字（2017）第 039031 号

苏州，一个甲子的林林总总（四）

主　　编 / 俞　明　朱熙钧

责任编辑 / 许　峰

装帧设计 / 周　丹

出版发行 / 文匯出版社

　　　　　上海市威海路755号

　　　　　（邮政编码200041）

印刷装订 / 苏州华美教育印刷有限公司

版　　次 / 2017年3月第1版

印　　次 / 2017年3月第1次印刷

开　　本 / 787×1092　1/16

印　　张 / 93.5

字　　数 / 800千

ISBN 978-7-5496-2015-9

定　　价 / 138.00元（全四册）